# 寶冶誌

陈振濂题

1978 — 2018

《宝冶志》编纂委员会 编

上海人民出版社

## 领导视察

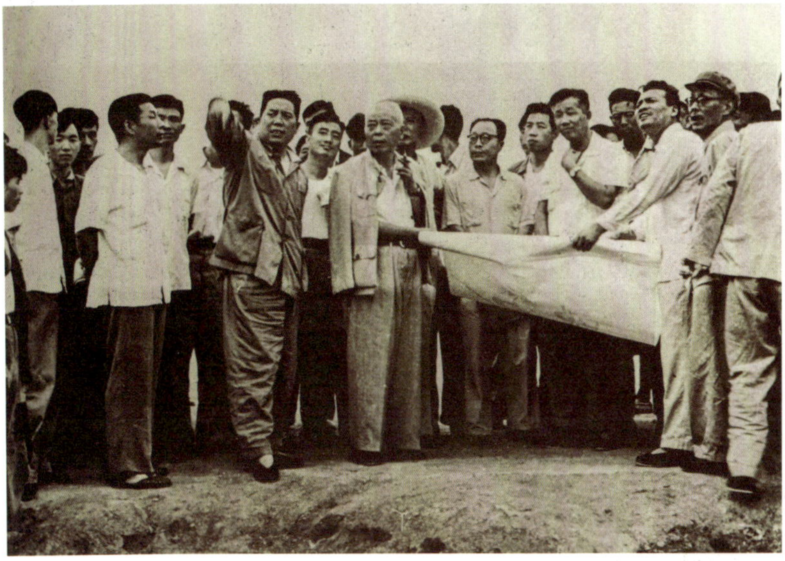

1965年11月，西南局第一书记李井泉（中）视察攀枝花

1966年3月，国务院副总理贺龙（中）视察攀枝花钢铁基地

1976年6月1日，中共中央政治局委员、国务院副总理方毅（中）在韩喜（右二）等陪同下视察公司承建的武钢“一米七”热轧工程

1978年6月8日，国务院副总理王震（右二）在分指挥部副指挥长韩喜（左二）等陪同下视察公司承建的武钢“一米七”热轧工程

1983年1月2日，国务院副总理姚依林（中）视察公司承建的宝钢高炉、转炉等工地，向节日坚持施工的建设者问好

1984年2月26日，全国政协副主席肖华（中）在公司副经理蔡德慧（左二）等陪同下视察宝钢一号高炉工地

1984年3月26日，中共中央纪律检查委员会书记韩光（中）在公司经理韩喜（后排左三）、党委书记裴东旭（前排左一）等陪同下视察宝钢长江引水工程

1984年4月30日，中共中央书记处候补书记郝建秀（左二）在公司经理韩喜（中）等陪同下视察宝钢炼钢厂，和公司职工热情交谈

1985年1月25日，国务委员张劲夫（中）在公司党委书记裴东旭（右一）等陪同下视察宝钢高炉和炼钢建设工地

1985年1月26日，中共中央政治局委员、国务院副总理田纪云（右）在公司经理韩喜（左）等陪同下视察宝钢一号高炉建设工地

1985年11月23日，冶金部副部长黎明（中）为宝钢一期工程建设成果展览开幕式剪彩

2006年4月6日，中央政治局委员、北京市委书记、京奥组委主席刘淇（左一）视察公司参建的国家体育场（鸟巢）项目，公司董事长、党委书记程志广（右一）介绍国家体育场（鸟巢）建设情况

2006年8月，中央政治局委员、北京市委书记、京奥组委主席刘淇一行莅临普洛斯施工现场，视察工程进展，对公司参建员工作出的努力和贡献给予高度评价

2015年11月6日，中冶集团总经理、中国中冶总裁张兆祥（中）来到宝冶承建的中冶沈勘科技研发中心工程现场检查指导工作

2017年2月20日，五矿集团总经理、党组副书记，中冶集团党委书记、董事长，中国中冶董事长国文清（左二）到宝冶进行工作调研。五矿集团副总经理，中冶集团总经理，中国中冶党委书记、副董事长张兆祥（右二），中冶集团暨中国中冶党委常委、中国中冶副总裁、宝冶党委书记、董事长王石磊（左一），中冶集团暨中国中冶党委常委、纪委书记石德新（右一）等陪同调研

2017年12月6日，中冶集团暨中国中冶党委副书记、中国中冶总裁张孟星（中）赴宝冶（柬埔寨）金边Gateway项目和Sky Villa项目现场调研指导

2018年8月14日，五矿集团总经理、党组副书记，中冶集团董事长国文清（左）赴宝冶参建的河北纵横丰南钢铁项目现场视察指导工作

2018年11月7日，五矿集团总经理、党组副书记，中冶集团董事长国文清（中）到宝冶进行工作调研。五矿集团党组成员、副总经理，中冶集团暨中国中冶党委书记、中冶集团总经理张兆祥（左二），中冶集团暨中国中冶党委副书记、中国中冶总裁张孟星（左一）等陪同调研

## 外宾参观

1982年9月30日，日本首相铃木善幸(右一)参观公司承建的宝钢一号高炉工地

1983年6月8日，朝鲜中央政治局常委金正日(中)一行参观公司承建的宝钢一号高炉工地

1984年2月11日，澳大利亚总理鲍勃·霍克(中)及夫人一行在公司副经理于永浩(左一)等陪同下参观宝钢一号高炉工地

1984年5月24日，加拿大前总理查尔斯·约瑟夫·克拉克(左四)及夫人一行在公司经理韩喜(左二)等陪同下参观宝钢高炉工地

1984年6月1日，联邦德国社会民主党主席、前总理维利·勃兰特(中)一行参观公司承建的宝钢一号高炉工地

1994年3月12日，日本著名政治家、社会活动家、中日邦交缔造者之一——二阶堂进(左一)同上海市副市长徐匡迪(中)、公司经理高天赐(右一)等会谈

# 领导题字

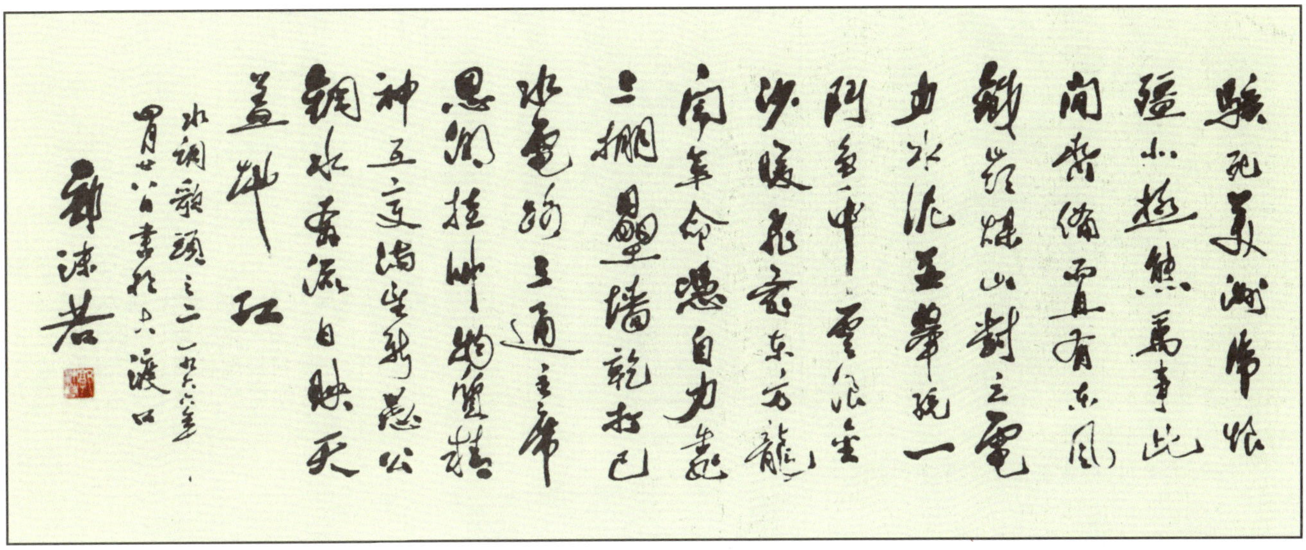

1966年4月，全国人大常委会副委员长郭沫若在渡口视察十九冶工地，并写《水调歌头》词二首

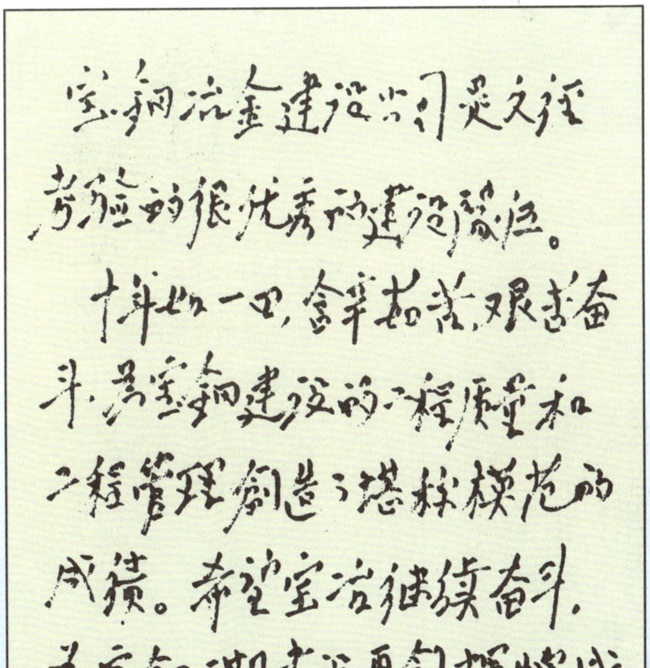


1995年7月，中纪委原第二书记、原冶金部部长王鹤寿题词

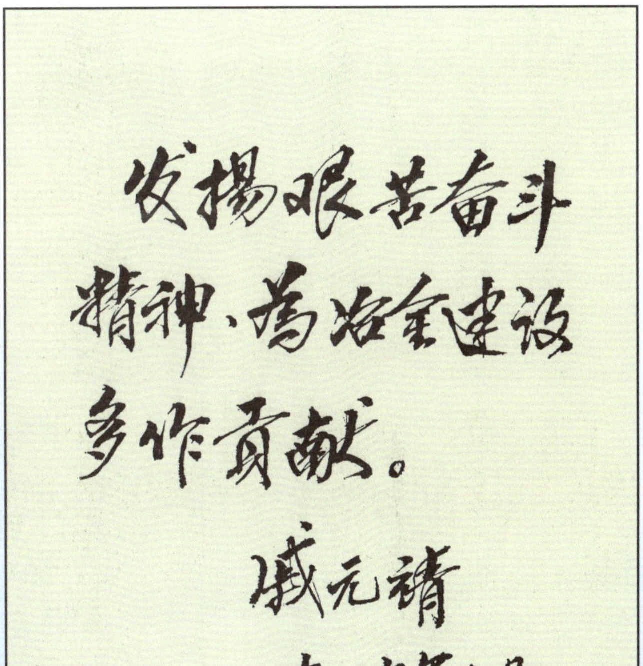


1989年7月，冶金部部长戚元靖题词

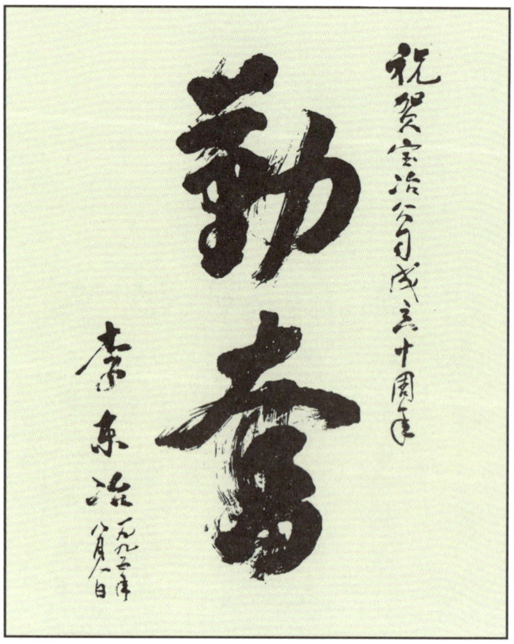


1995年8月，冶金部部长李东冶题词

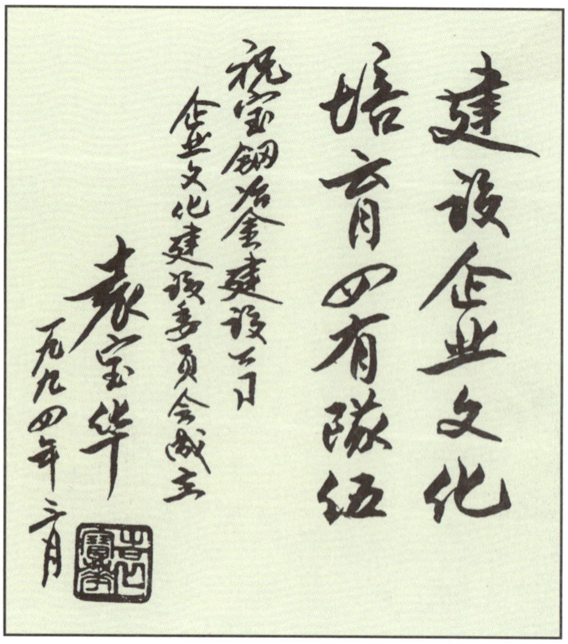


1994年3月，原国家计委主任袁宝华为公司企业文化建设委员会成立暨《宝冶报》增刊题词

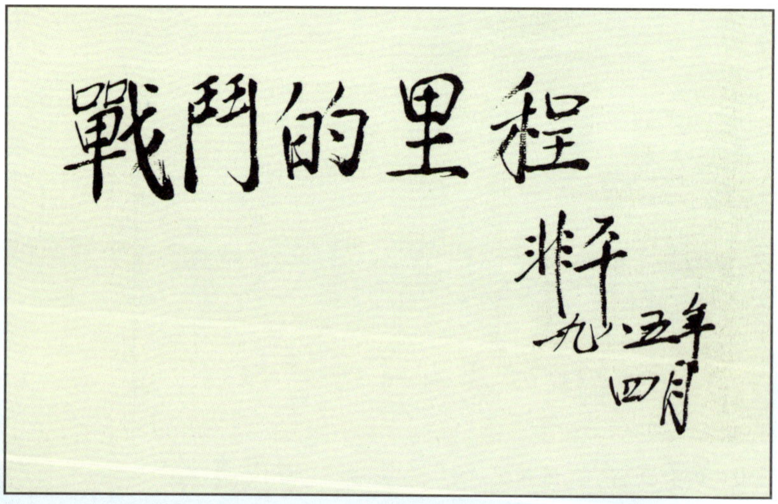


1985年4月，冶金部顾问李非平为公司编印的《战斗的里程》画册题字

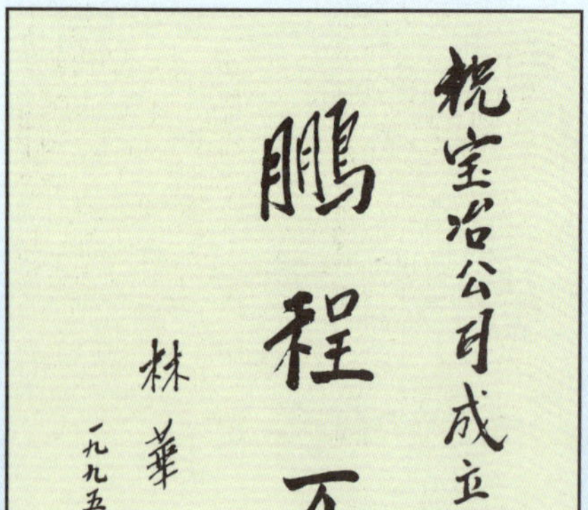


1995年10月，冶金部副部长林华题词

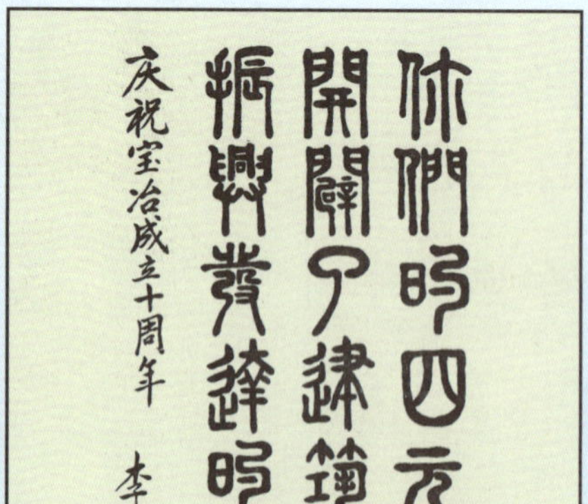


1995年，冶金部副部长李超题词

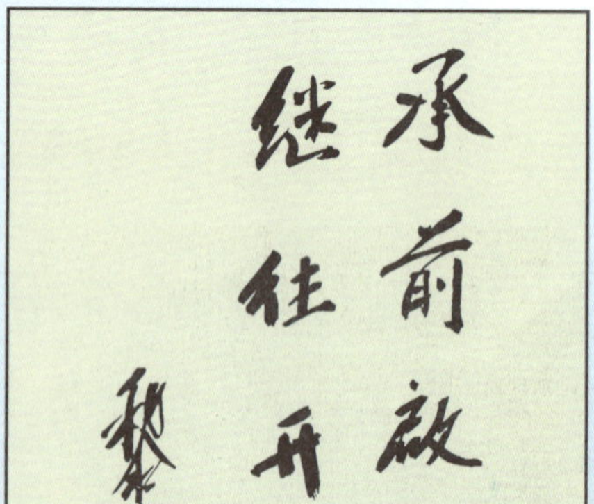


1997年10月，宝钢集团董事长黎明为宝冶新一届领导班子题词

## 武钢一期工程建设时期（1954—1964年）

建设中的武钢高炉工地夜景

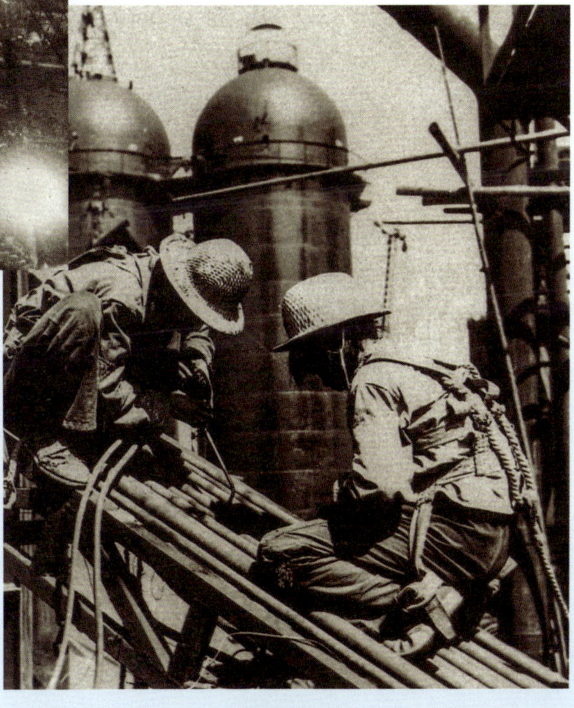

师徒苦战

1959年9月29日，武钢一号平炉出钢

**马鞍山轮箍厂建设时期（1961—1964年）**

1961年，马鞍山轮箍厂开始场平

参加建设的马鞍山车轮轮箍厂外景

轧制轮箍

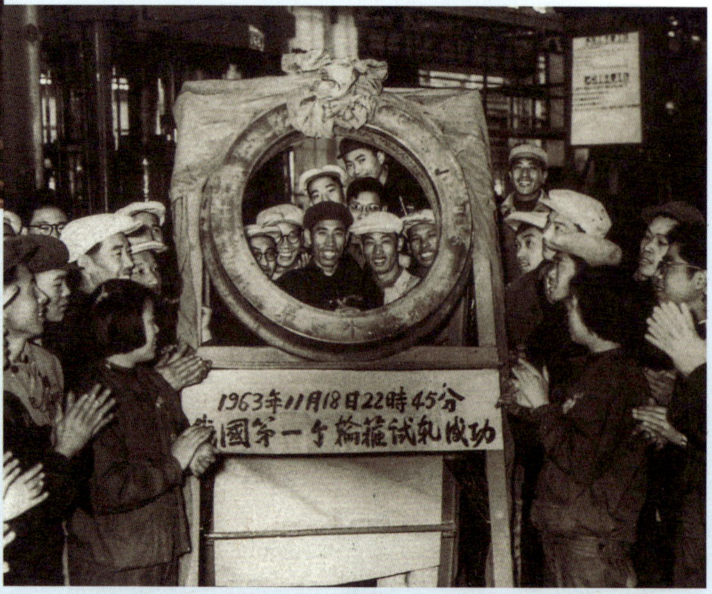


庆贺我国第一个轮箍胜利诞生

## 攀枝花钢铁基地建设时期（1965—1974年）

荒山开路筑坦途

脚踏红军长征路

冶建工人自己盖茅棚、帐篷和“干打垒”

攀枝花建设者艰苦创业

机电工人在安装焦化厂堆取煤机

蜿蜒道上运输忙

结构安装工人提前吊装攀钢一号高炉热风炉第一圈炉壁

大件巧渡金沙江

“一号高炉出铁之日，就是二号高炉开工之时”，图为攀钢二号高炉基础浇灌施工场面

## 武钢“一米七”热轧工程建设时期（1974—1978年）

穿山越江三千里，日夜兼程奔“○七”

庞大的粗轧机牌坊运往工地

武钢“一米七”热轧厂的“大脑”——电子计算机室

## 上海宝钢工程建设时期（1978—2008年）

宝钢炼铁厂原始地貌

公司职工进行宝钢一号高炉基础土方开挖

公司职工进行宝钢工艺铁路施工

公司职工在宝钢炼钢厂进行
OG系统上部锅炉吊装

公司职工在宝钢能源中心控制室进行调试

公司参建的宝钢马迹山港工程正在进行抛石筑坝

公司选派技术骨干到日本学习先进焊接技术

公司职工在宝钢宽厚板
轧机工程现场进行配管施工

公司职工进行宝钢二号高炉炉壳焊接

厦门国际会展中心施工全面展开

公司职工在浦东国际机场二期工程建设中

公司参建的国家体育场（鸟巢）正在吊装钢结构

上海迪士尼主题乐园施工现场同心协力的宝冶职工

宝钢广东湛江钢铁基地项目施工

公司承运中国石化中科炼化项目巨无霸设备——裂解装置2号丙烯塔，从码头安全运抵装置现场，是中科项目单体最长、最大、最重的塔体设备

国家雪车雪橇中心项目赛道底部基层喷射混凝土振捣和吹扫

公司承建的贵阳市轨道交通2号线贵富区间全线贯通

公司承建的上海北虹通道立交桥吊装

# 时光印记

1982年12月25日，公司召开首届职工代表大会

1984年10月18日，冶金部企业整顿检查验收团团长、冶金部基建局副局长邱祖华宣布宝冶企业全面整顿工作验收合格

1984年11月27日，公司召开首届知识分子工作会议

1985年，宝钢一号高炉投产前夕，公司党委副书记杨长恒（中）深入工地同干部交谈

1985年，公司党政领导学习讨论党的十二届三中全会《关于经济体制改革的决定》。后排左起为：陆羽、翟传恭、蔡德慧、于永浩、张维信、韩喜、裴东旭、朱宗明、杨长恒

1985年，公司正、副总工程师，副总经济师同工程技术人员共同研究公司技术发展规划

1988年8月4日，公司召开首次档案工作会议

1988年8月13日，为迎接党的十一届三中全会召开十周年，公司举行首次改革成果发布会

1989年3月25日，宝冶业余党校举行开学典礼

1989年7月14日，公司领导集体向职代会签订承包经营责任书

1990年3月26日，公司党政工联合开办的职工政治学校正式开学，经理高天赐（左三）、党委书记高岐峰（左二）为学校挂牌

1991年5月9日，公司召开攻克十大难关，誓保“5·25烘炉”立功竞赛动员会，经理高天赐（左三）、党委书记高岐峰（左二）等参加会议

1996年6月6日，公司举行成立十周年庆祝大会，经理高天赐（右一）陪同宝钢领导步入会场

2002年7月25日，宝冶国家认可实验室暨宝钢工程质量监督站检测中心正式揭牌

2002年8月8日，公司为宝冶工业炉窑公司、宝冶工程技术公司、宝冶商品混凝土公司等三家全资子公司举行成立揭牌仪式。总经理程志广（后排左三）、党委书记傅国安（后排左二）等出席仪式

2004年4月29日，公司召开“全国五一劳动奖状”庆典大会，上海市总工会领导颁发全国五一劳动奖状

2004年12月9日，公司被评为1994—2004年“中国企业文化建设十佳单位”，董事长、党委书记程志广（右）在北京人民大会堂领奖

2006年1月26日，宝冶建设一届五次职代会暨2005年度双文明建设总结表彰会在电装分公司会议厅召开。从左至右为：徐立群、刘安义、张创一、程志广、陈刚、王石磊、刘洪亮

2007年5月8—9日，宝冶建设科技大会在沪召开。中冶科工集团董事长、党委书记杨长恒，公司董事长、党委书记张创一（右四），总经理王石磊（左四）等参加会议

2009年1月21日，公司召开2009年工作会、双文明总结表彰会暨新春团拜会，并进行《企业文化手册》发布。董事长、党委书记张创一（左五），总经理王石磊（左四）等参加会议

2010年9月14—15日，公司举行2010年职业技能竞赛

2011年1月31日，公司召开2011年工作部署会、一届十五次职代会暨2010年度双文明建设总结表彰会、新春团拜会。从左至右为：李移峰、朱永贵、陈刚、陈明、王石磊、徐启文、刘洪亮

2011年8月26日，共青团上海宝冶集团有限公司第一次代表大会在公司科技大楼召开

2014年3月14日，公司举办《女职工劳动保护特别规定》知识竞赛答题活动

2016年2月2日，公司企业文化与“四五”战略规划正式发布，左为董事长、党委书记王石磊，右为总经理陈刚

2016年9月9日，公司“三个100”紧缺人才培训开班，共有128名学员参加培训，推行人力资源供给侧改革，助力“四五”目标早日实现

2016年11月18日，中冶集团在中冶东方召开全体干部大会，宣布中冶集团暨中国中冶对宝冶与中冶东方进行整合与业务重组的决定

2017年9月3日，公司召开青岛地区干部扩大会，研讨EPC全产业链业务对接，推进中冶东方和宝冶的深度整合融合，党委书记、董事长白小虎作重要讲话

2017年10月9日，中国共产党上海宝冶集团有限公司第二次代表大会召开。190名来自各单位的代表，肩负着公司2 200余名党员的重托，齐聚一堂，共商公司改革发展和党建工作大计，党委书记、董事长白小虎作重要讲话

2017年10月16日，公司企业展示厅揭牌暨喜迎党的十九大“大美宝冶”企业文化系列活动启动仪式举行，党委书记、董事长白小虎（左），党委副书记、总经理陈刚（右）等为企业展示厅揭牌

2017年10月26日，中冶集团党委巡察组正式进驻宝冶开展巡察

2017年11月7日，公司举行仪式，迎接赴京参加中国建筑业协会纪念鲁班奖创立30周年暨2016—2017年度创精品工程经验交流大会载誉归来的代表，党委书记、董事长白小虎（左四）等出席仪式

2018年4月16日，公司举行党建工作标准化“一册三本”发布仪式，左六为党委书记、董事长白小虎

2018年4月23日，公司领导干部学习贯彻党的十九大精神集中轮训班开班

2018年6月26日，公司工会第二次代表大会召开

2018年11月23日，中冶集团暨中国中冶在中冶华天包头设计研究总院有限公司召开会议，宣布将包头院并入宝冶

2018年12月13日，“财界奥斯卡”CGMA全球管理会计2018年度中国大奖揭晓，公司财务共享中心获评“年度最佳共享服务中心”

2019年1月31日，公司召开2019年工作会议，从左至右为：张文、王黔、胡鹰、刘洪亮、刘剑平、白小虎、陈刚、徐启文、李移峰、刘亚莉、宋勇、陈岩峰

## 历史回放

1958年9月13日，公司承建的武钢一号高炉炼出第一炉铁水

1970年6月29日，公司承建的攀钢一号高炉炼出第一炉铁水

1978年11月6日，公司承建的宝钢一号高炉工地试桩。12月23日，打下第一根桩

1985年9月15日，公司承建的宝钢一号高炉工程举行点火仪式

1986年6月18日，公司承建的宝钢二期2 050毫米热轧工程破土动工

1991年6月29日，公司承建的宝钢二号高炉工程举行点火仪式

1996年4月18日，象征公司面向21世纪发展腾飞的主要标志性建筑——宝冶科技大楼正式开工，公司经理高天赐（左六）、党委书记高岐峰（左五）等出席仪式

1996年9月2日，宝钢三期1 580毫米热轧加热炉点火烘炉一次成功，公司党委书记高岐峰（左三）参加点火仪式

1999年1月31日，公司经理董文军(右三)代表公司与业主签订厦门国际会展中心工程施工总承包(管理)合同

2000年2月28日，公司承建的上海克虏伯不锈钢一期工程举行开工仪式

2002年10月12日，公司承建的芜湖奥林匹克体育场举行开园仪式，总经理程志广(左一)、党委书记傅国安(左二)等出席仪式

2004年7月29日，公司承建的南京青少年科技活动中心科技馆工程举行钢结构封顶仪式

2005年3月1日，公司建成宝钢宽厚板工程——“中国轧机之王”，轧出第一块宽厚板

2006年9月17日，国家体育场（鸟巢）完成钢结构施工最后一个环节——整体卸载。公司董事长、党委书记张创一（左三）等出席卸载仪式

2006年10月13日，太钢集团在4 350立方米高炉出铁场平台举行开炉仪式，公司总承包的太钢4 350立方米特大型高炉正式点火投产

2007年8月9日，公司参与施工的上海首个国际航空转运工程——UPS位于浦东国际机场的国际航空转运中心正式破土动工

2007年11月8日，公司承建的国内首座、世界最大的COREX炼铁工程炼出第一炉铁水

2008年5月10日，公司承建的总投资64亿元、产能150万吨的首钢冷轧薄板生产线全面投产，公司总经理王石磊等参加仪式

2008年12月28日，公司承建的上海世博会主题馆钢结构工程举行封顶仪式。公司董事长、党委书记张创一，总经理王石磊等出席仪式

2009年4月29日，公司承建的由中国科学院和上海市人民政府共同向国家建议建设、经国务院批准的上海光源国家重大科学工程举行竣工典礼

2009年9月20日，公司参建的广州亚运会自行车馆举行钢结构主体封顶仪式

2009年12月25日，公司参建的上海世博会一轴四馆永久性建筑之一的世博中心正式竣工

2010年3月30日，梅钢炼铁项目五号高炉工程举行开工庆典

2010年6月28日，公司总承包的珠海十字门中央商务区首期总额40亿元工程项目开工仪式在珠海施工现场举行，董事长、党委书记陈明（前排中）代表公司与华发集团签约

2010年9月1日，公司承建的惠山区新经济产业园举行奠基仪式

2010年12月18日，公司承建的罗店大型居住社区（一期）举行开工仪式

2011年10月31日，公司承建的万博广场项目举行商业裙楼封顶仪式

2012年6月11日，公司承建的福欣不锈钢项目热轧工程举行轧机机架吊装仪式

2012年7月28日，公司承建的中国博览会会展综合体项目（北块）桩基工程举行开工典礼

2012年10月20日，公司承建的哈尔滨大剧院钢结构工程举行封顶仪式

2012年12月17日，公司与珠海华发集团签署战略合作框架协议，董事长、党委书记陈明（前排右），总经理王石磊（后排右八）等出席仪式

2013年5月17日，公司承建的宝钢湛江钢铁基地高炉工程开工仪式在湛江东海岛高炉施工现场举行

2013年6月19日，公司承建的沈阳财富中心大厦封顶仪式在财富中心大厦现场举行，总经理王石磊等出席仪式

2013年7月4日，台塑越南河静炼钢工程举行开工典礼，标志着公司承建的炼钢工程正式开工建设，董事长、党委书记陈明（前排右六）等出席典礼

2013年12月9日，公司承建的上海迪士尼明日世界项目举行游乐设备吊装仪式

2014年8月26日，公司EPC总承包的青海光科光伏玻璃生产线产出第一块玻璃

2015年7月28日，乌兹别克斯坦卡尔希利泰纺纱项目一期工程举行开工奠基仪式

2015年12月18日，珠海中心主体结构正式封顶，公司董事长、党委书记王石磊（左三）等出席仪式

2016年5月4日，公司承接制造的全球最大桁架式双翼跨海架桥机DL——SE174050完成最终调试

2016年5月18日，柬埔寨Gateway商住楼总承包项目签约仪式在金边举行，公司董事长、党委书记王石磊（左三）等出席仪式

2016年10月13日，中芯国际上海新12吋集成电路生产线厂房举行奠基仪式，公司董事长、党委书记王石磊（左一）为新项目奠基培土

2016年11月21日，马来西亚马中关丹产业园350万吨钢铁项目举行施工动员大会暨2×1 080立方米高炉工程开工仪式

2016年12月13日，中冶集团暨中国中冶党委常委、中国中冶副总裁，宝冶董事长、党委书记王石磊（右五）等领导出席公司承建的科威特医保医院工程项目签约仪式

2017年2月28日，公司承建的贵阳市城市轨道交通2号线（二期）PPP工程项目举行开工仪式

2017年11月16日，公司制造的美洲加勒比天然气化工有限公司年产100万吨甲醇转化炉整体模块举行发运仪式，党委书记、董事长白小虎（左三）等启动推杆

2017年12月7日，郑州宝冶钢结构有限公司年产5万吨钢结构项目开工奠基仪式在郑州市经开区举行，宝冶党委书记、董事长白小虎（左五），党委副书记、总经理陈刚（左三）等出席仪式

2017年12月8日，公司与湖北省十堰市政府举行战略合作协议签订仪式，党委书记、董事长白小虎（后排中），党委副书记、总经理陈刚（前排左）等出席仪式

2018年11月15日，公司与江苏永钢战略合作协议签约仪式暨张家港装配式基地项目开工仪式在张家港装配式基地举行，党委书记、董事长白小虎（左三），党委副书记、总经理陈刚（左二）等出席仪式

## 时代经典

国内当时最大的高炉——武钢一号高炉(容积1 386立方米)

整体从日本引进,国内当时最大的具有国际先进水平的特大型高炉——宝钢一号高炉(容积4 063立方米)

攀钢是我国完全依靠自己的力量建设的新中国第一家特大型钢铁厂

国内当时最大的转炉——宝钢一期工程一炼钢三座300吨纯氧顶吹转炉

国内产量最高的热轧生产线,也是轧制宽度最大的热轧工程——年产400万吨的宝钢2 050毫米热轧工程

“亚洲第一坑”——宝钢1 580毫米热轧漩流沉淀池,该工程基坑土方开挖深度34.90米,为国内当时工程深度之最

国内当时宽幅最大的热轧生产线——武钢二热轧（武钢2 250毫米热轧）工程

“中国轧机之王”——宝钢5米宽厚板轧机及配套连铸项目，其中四辊可逆精轧机是当时世界上为数不多的特大型轧机之一

国内第一个沿江沿海淡水资源开发利用的大型水库——宝钢长江引水工程

上海第一条高速公路——沪嘉高速公路，也是中国大陆上第一条按高速公路标准施工，沿线设施、设备齐全，带有试验性的高速公路

上海地铁1号线徐家汇车站、新闸路车站、上海站折返段等项目，是宝冶首次承担地铁车站工程

国内第一个现代化国际会议展览中心——厦门国际会展中心项目，也是亚洲单体第二，世界单体第三大的会展中心

国内首条磁浮线路——上海磁悬浮列车

国内当时最大的膜结构工程——佛山世纪莲体育中心膜结构屋盖

中国境内首条4F级机场跑道——上海浦东国际机场第二条跑道主体工程

国内最大的自行车场馆和最高标准赛道——广州亚运会自行车馆及轮滑场

国家体育场（鸟巢）是2008年北京奥运会主体育场，被美国《商业周刊》称为“现代十大建筑奇迹之首”

深圳大运中心Ⅱ标段主体育馆，采用自主知识产权施工工艺完成国内最大重量的累积旋转滑移，在国内第一次将预制清水看台应用于体育馆内

国内唯一冠以“中国”字样的全国性煤炭交易中心——中国（太原）煤炭交易中心展览中心

2014年APEC领导人非正式会议接待酒店——北京日出东方酒店

上海迪士尼主题乐园是中国大陆第1个、亚洲第3个、世界第6个迪士尼主题乐园，是国内最大的室内主题乐园，宝冶承建明日世界园区等项目

全球首条类6代柔性显示屏生产线项目——深圳柔宇类6代柔性显示屏生产线

亚洲第一、全球第四的邮轮母港——上海吴淞国际邮轮港

被誉为“中国存储器航母”的国家存储器基地（一期）项目，建成量产后将实现中国集成电路存储芯片产业规模化发展“零”的突破

国内第一条高强度双曲面喷射混凝土成型雪车雪橇赛道

# 闪光荣耀

宝冶部分荣誉及证书

宝冶部分荣誉及证书

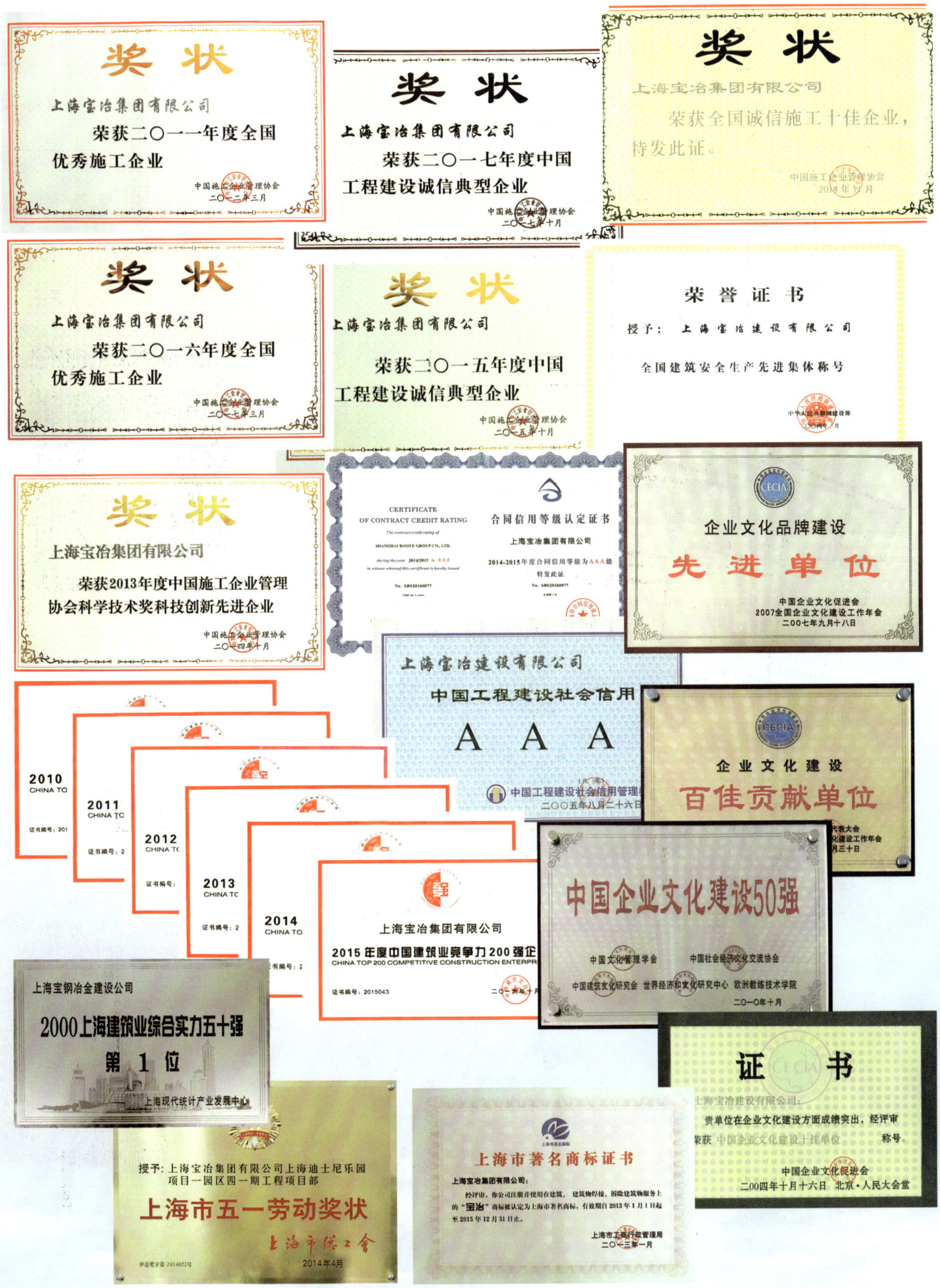

奖 状
上海宝冶集团有限公司
荣获二〇一一年度全国
优秀施工企业
中国施工企业管理协会
二〇一二年三月
奖 状
上海宝冶集团有限公司
荣获二〇一七年度中国
工程建设诚信典型企业
中国施工企业管理协会
二〇一七年十月
奖 状
上海宝冶集团有限公司
荣获全国诚信施工十佳企业，
持发此证。
中国施工企业管理协会
奖 状
上海宝冶集团有限公司
荣获二〇一六年度全国
优秀施工企业
中国施工企业管理协会
二〇一七年三月
奖 状
上海宝冶集团有限公司
荣获二〇一五年度中国
工程建设诚信典型企业
中国施工企业管理协会
二〇一五年十月
荣 誉 证 书
授予： 上 海 宝 冶 建 设 有 限 公 司
全国建筑安全生产先进集体称号
奖 状
上海宝冶集团有限公司
荣获2013年度中国施工企业管理
协会科学技术奖科技创新先进企业
中国施工企业管理协会
二〇一四年十月
CERTIFICATE
OF CONTRACT CREDIT RATING
合同信用等级认定证书
上海宝冶集团有限公司
2014-2015年度合同信用等级为AAA级
特发此证
企业文化品牌建设
先 进 单 位
中国企业文化促进会
2007全国企业文化建设工作年会
二〇〇七年九月十八日
上海宝冶建设有限公司
中国工程建设社会信用
A A A
中国工程建设社会信用管理
二〇〇五年八月二十六日
企 业 文 化 建 设
百佳贡献单位
2010
2011
2012
2013
2014
上海宝冶集团有限公司
2015年度中国建筑业竞争力200强企
CHINA TOP 200 COMPETITIVE CONSTRUCTION ENTERPR
证书编号：2015043
中国企业文化建设50强
中国文化管理学会
中国社会经济文化交流协会
中国建筑文化研究会 世界经济和文化研究中心 欧洲教练技术学院
二〇一〇年十月
上海宝钢冶金建设公司
2000上海建筑业综合实力五十强
第 1 位
上海现代统计产业发展中心
证 书
上海宝冶建设有限公司：
贵单位在企业文化建设方面成绩突出，经评审
荣获 中国企业文化建设十佳单位 称号。
中国企业文化促进会
二〇〇四年十月十六日 北京·人民大会堂
授予：上海宝冶集团有限公司上海迪士尼乐园
项目一园区四一期工程项目部
上海市五一劳动奖状
上海市总工会
2014年4月
上海市著名商标证书
上海宝冶集团有限公司：
上海市工商行政管理局
二〇一三年一月

## 宝冶部分荣誉及证书

2012上海企业100强
荣誉证书
上海宝冶集团有限公司
2018上海企业100强
CERTIFICATE
证书
上海宝冶集团有限公司
为2010-2011年度
上海市守合同重信用企业
"上海品牌"认证证书
2007
中国建设工程鲁班奖
中国钢结构金奖
证书
广州国际体育演艺中心（NBA多功能篮球馆）
荣获第十二届中国土木工程詹天佑奖
哈尔滨大剧院
第十四届中国土木工程詹天佑奖
鄂尔多斯市体育中心
荣获第十四届中国土木工程詹天佑奖
北京金雁饭店重建工程
第十三届中国土木工程詹天佑奖
中国市政工程
金杯奖
中国市政工程协会

## 宝冶部分荣誉及证书

全优工程

国家优质工程奖金质奖

上海市“白玉兰”奖

美国绿色建筑协会（USGBC）LEED金奖

## 宝冶部分管理体系认证证书

# 主要经济指标

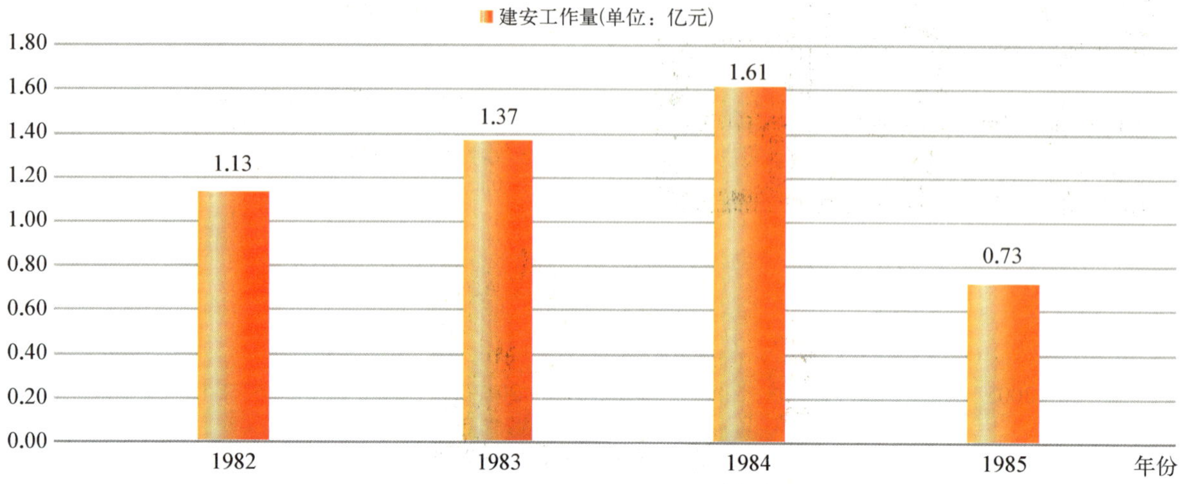


1982—1985年建安工作量完成情况

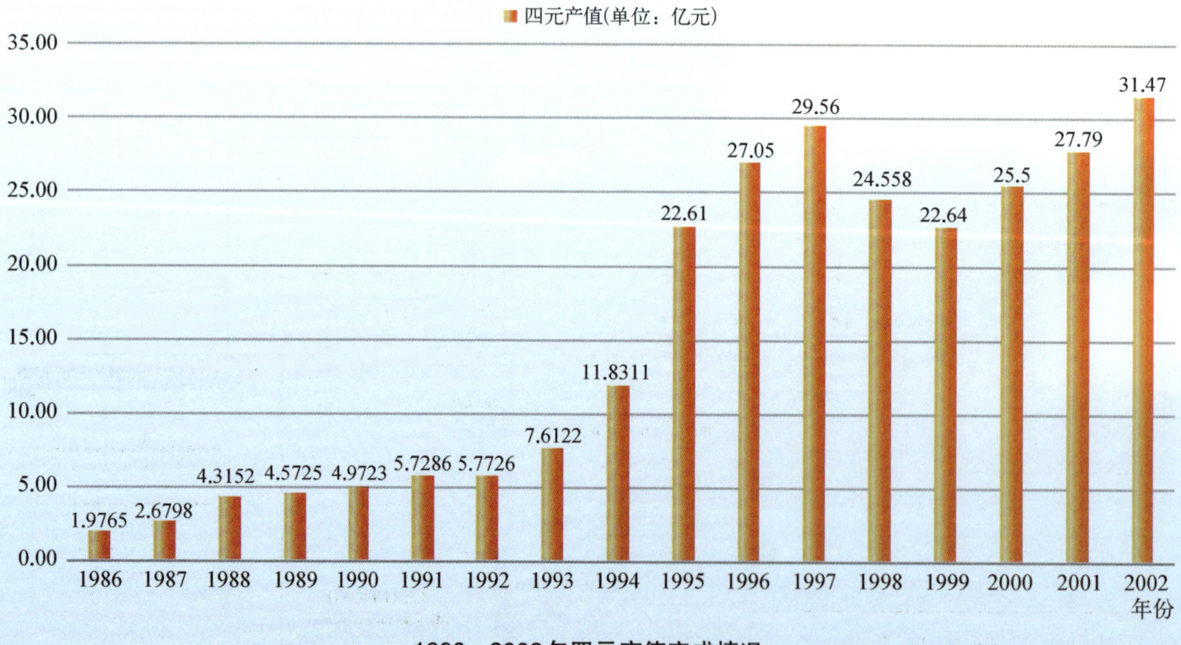


1986—2002年四元产值完成情况

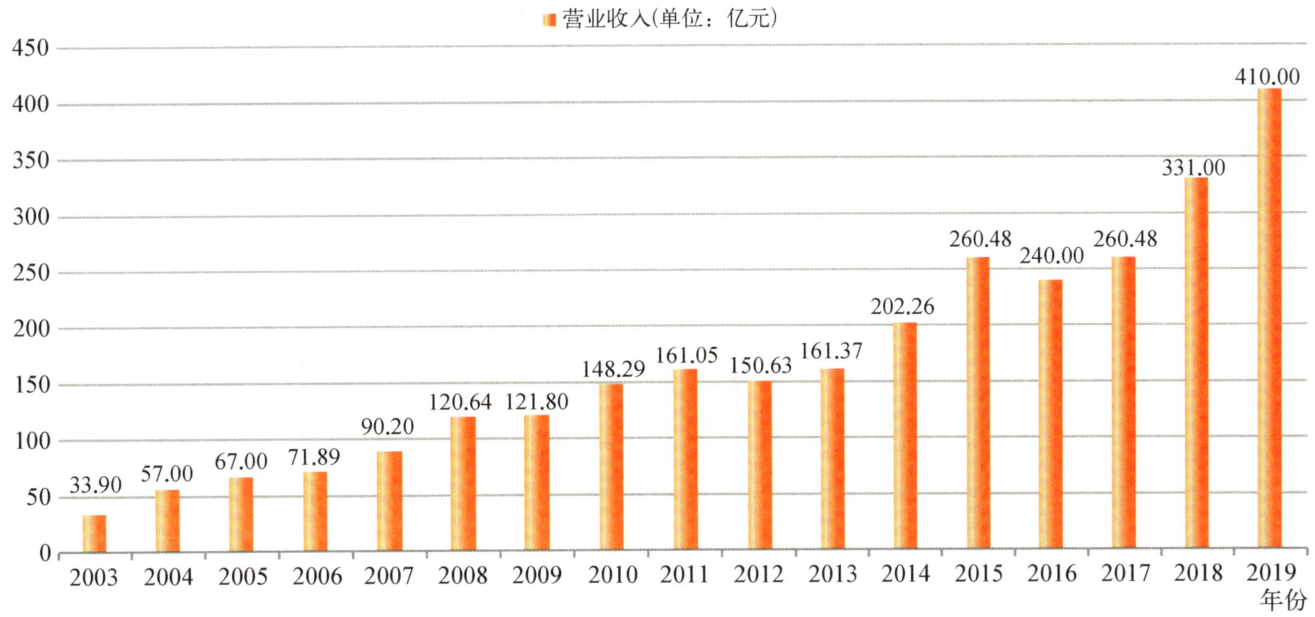


2003—2019年营业收入完成情况

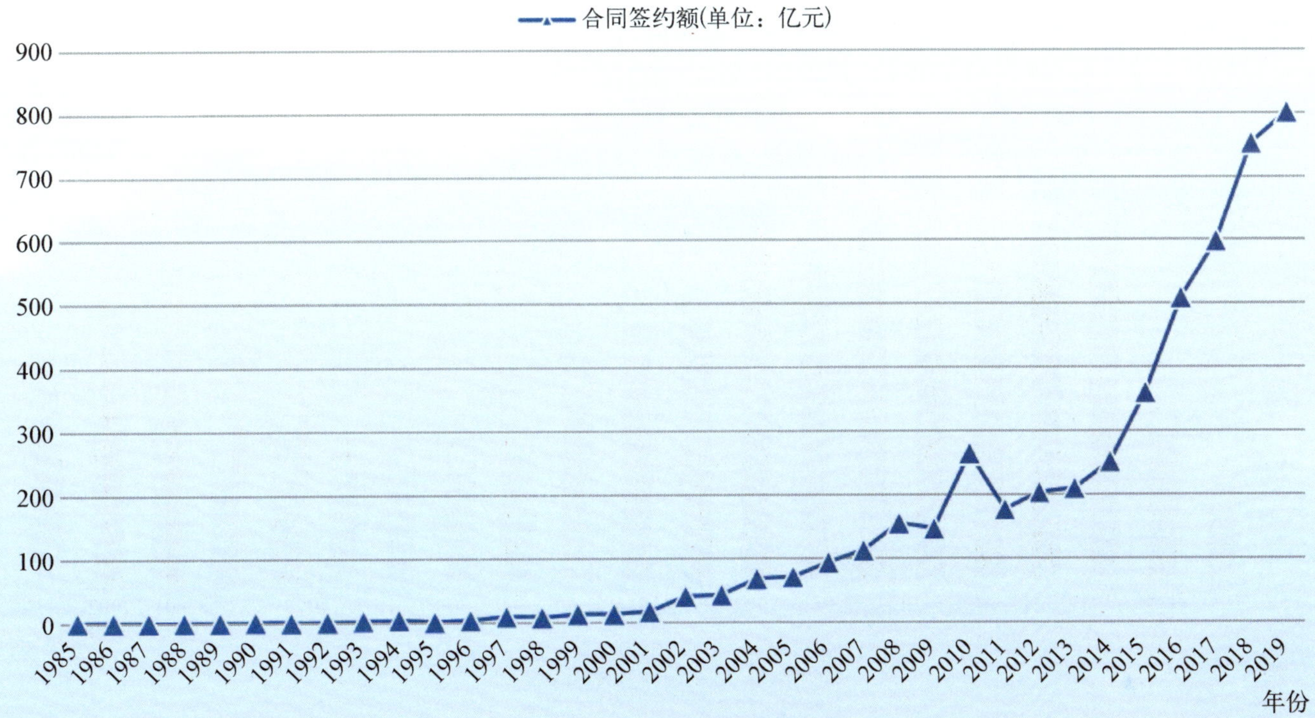


1985—2019年合同签约额完成情况

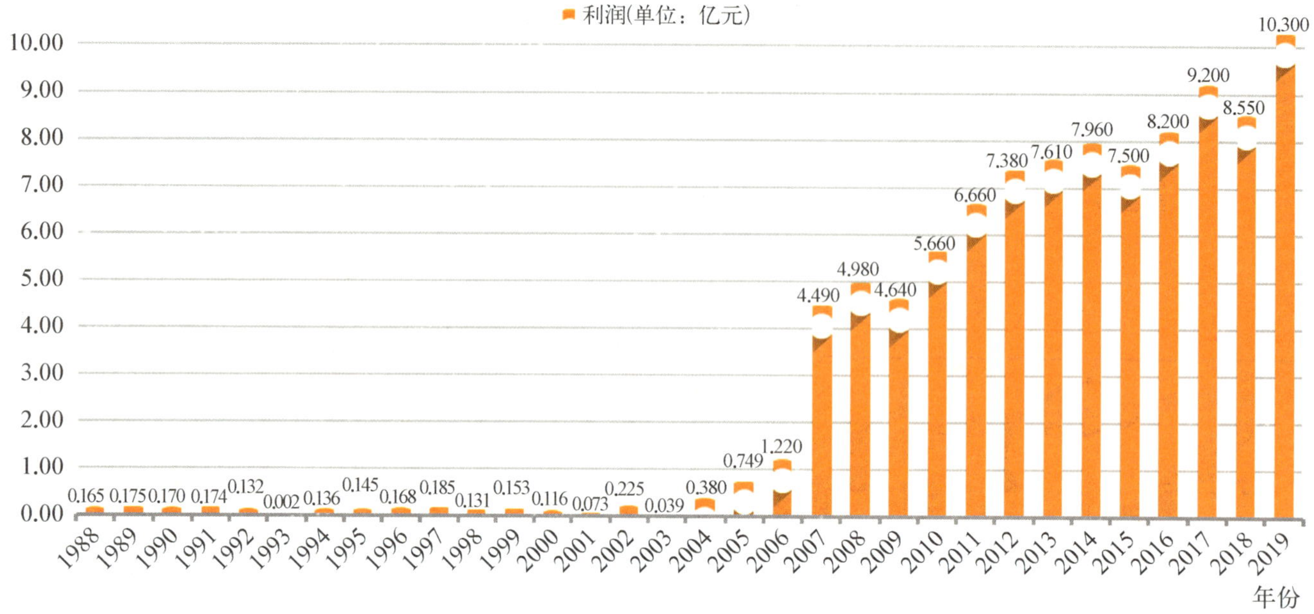


1988—2019年利润情况

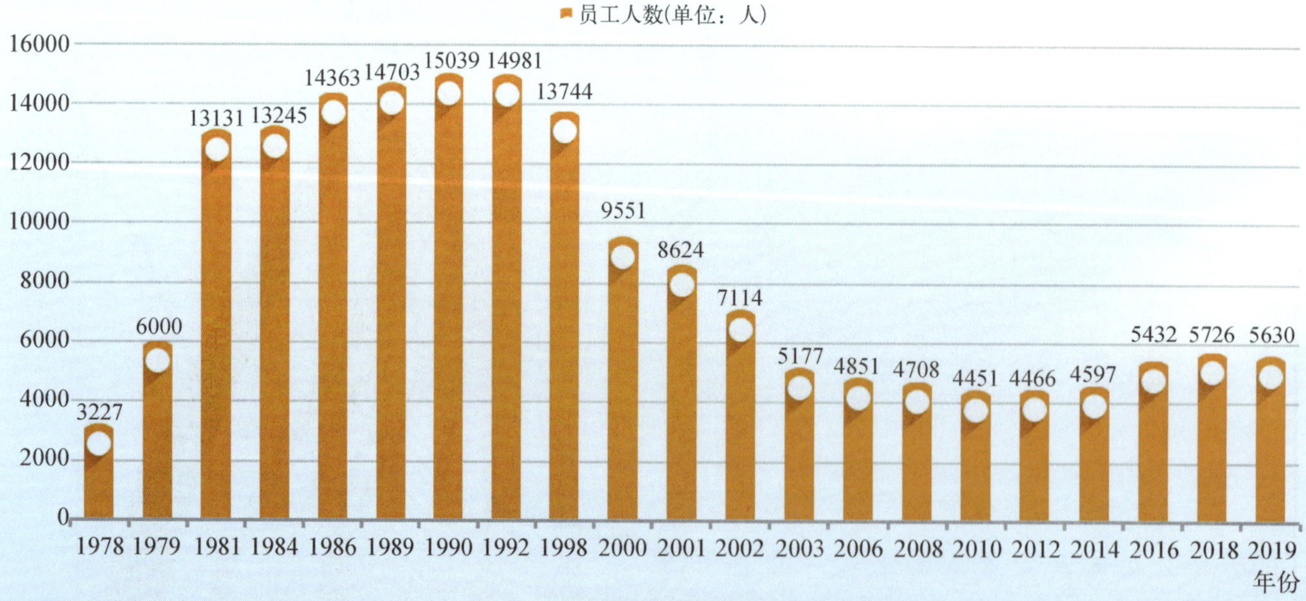


1978—2019年员工人数

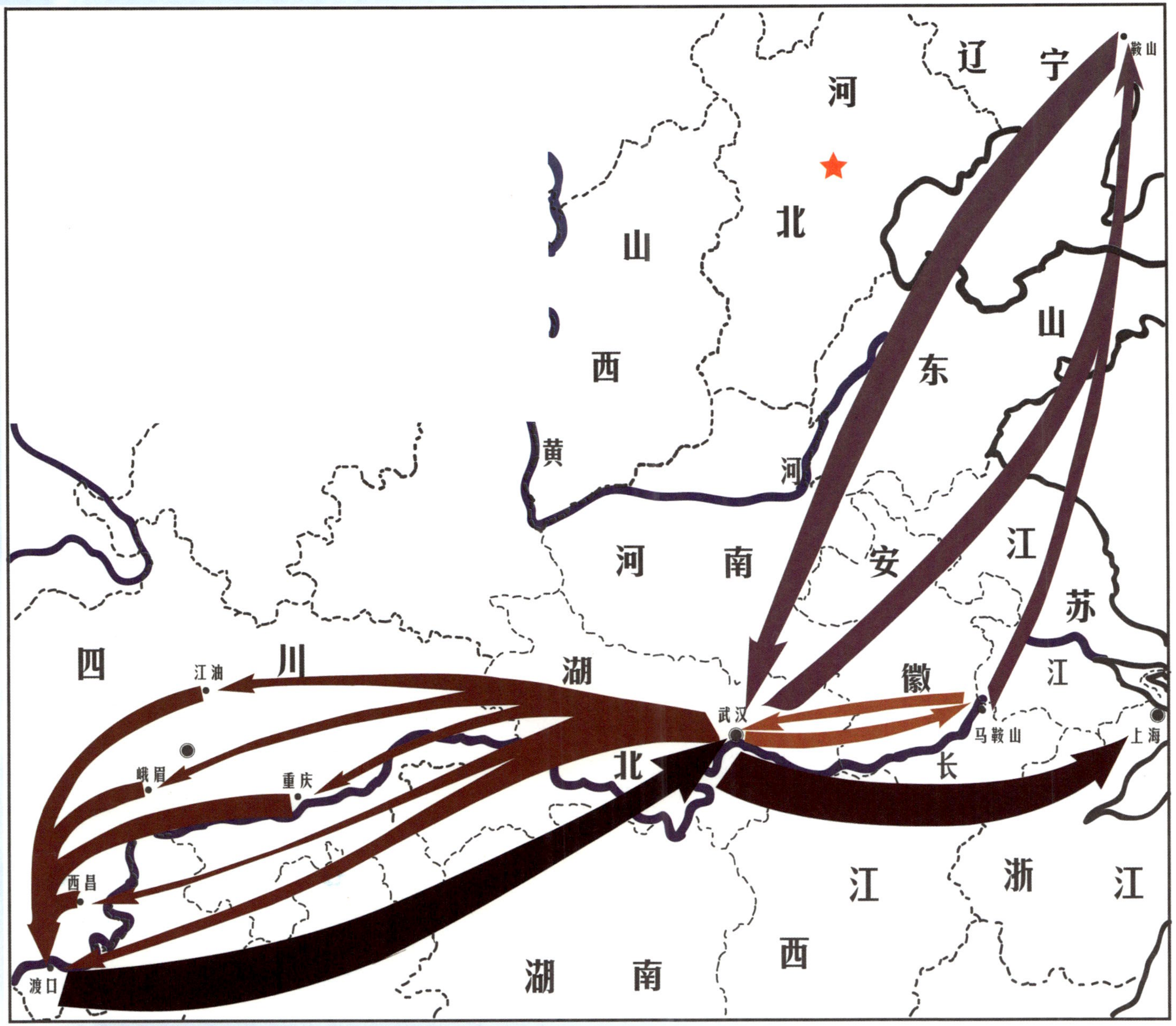


队伍征战图

图例说明

一九六一年底，在武钢一期工程基本建成后，队伍向安徽省马鞍山转移，参加马鞍山车轮轮箍厂建设。

一九六四年八月，马鞍山车轮轮箍厂全部建成后，部分队伍由武汉和马鞍山分两路赴鞍山，参加鞍钢九号高炉大修，安装工期两个月零十天。

一九六五年，队伍奉调挺进西南，参加重庆2350中板厂、峨嵋739厂、江油654厂、西昌410厂等三线工程项目建设，于一九六六年分五路汇集攀枝花，参加攀枝花钢铁基地建设。

一九七四年底，攀钢一期工程建设投产后，根据国家钢铁工业发展需要，抽调一支17000人的精干施工队伍回师武汉，参加大型引进工程项目——武钢一米七热轧工程建设。

一九七八年，施工队伍在完成武钢一米七热轧工程建设后，转战上海，参加宝山钢铁总厂建设。

俄罗斯
中华人民共和国
蒙古
哈萨克斯坦
印度
伊朗
沙特阿拉伯
土耳其
阿尔及利亚
利比亚
埃及
毛里塔尼亚
马里
尼日尔
乍得
苏丹
中非
刚果民主共和国
安哥拉
赞比亚
纳米比亚
南非
马达加斯加
澳大利亚
新西兰
印度尼西亚
日本
美国
加拿大
墨西哥
巴西
秘鲁
玻利维亚
阿根廷
智利
委内瑞拉
哥伦比亚
厄瓜多尔
格陵兰
北美洲
南美洲
亚洲
欧洲
非洲
大洋洲
南极洲
太平洋
大西洋
印度洋
北冰洋

项目、产品分布图

2019年9月19日，公司召开《宝冶志》编审会

# 《宝冶志(1978—2018)》编纂委员会

**主任委员** 白小虎

**副主任委员** 陈　刚　刘剑平

**委　　员** 刘洪亮　徐启文　李移峰　李　力　岳文彦　胡　鹰　刘亚莉
王　黔　李乘建　宋　勇　张　文　陈岩峰　裴志清　华敏玉
李发良　龚利文　游志文　方学军　周杨春

（以下按姓名笔画为序）

丁海涛　于百军　于　港　马心新　王云高　王　靖　方　强
史秉刚　朱　虹　刘冬青　刘奉军　阳　刚　孙建奖　孙　铎
李　飞　李　红　李晋鹏　李　鹏　连厚舫　吴天河　吴忠瑜
何玉标　何靖昕　张　典　陈　爽　陈雪峰　金　龙　金江卫
周义东　周百勇　周寅如　庞洪海　郑小宝　孟松涛　赵　培
胡崇富　施剑栋　姚　尧　夏　涛　顾伟兴　顾智红　徐晨尧
高延峰　高国荣　唐文革　唐兵传　黄伟强　黄晓红　曹继泽
康　安　葛红明　董　清　遇　瑞　赫　然　潘惠芳　薛　蕾
魏广峰　魏海军

**顾　　问**（按姓名笔画为序）

严梅峻　李湘源　陈　明　姚廷杰　高天赐　高玉良　高孝铉
高岐峰　程志广　程培兴　傅国安　蔡德慧

# 《宝冶志(1978—2018)》编纂人员

**主　　编** 裴志清

**责任编辑** 董如平　夏彧彰　赵　瑞　姚相辉

**主要审稿人员** 裴志清　董如平　夏彧彰　李建冶　张超志　童　强　杨江华
赵　瑞　姚相辉

**主要撰写及资料提供人员**（按姓名笔画为序）

于学峰　于　玲　于竟博　卫　竑　马振春　王丹进　王令恒

王会会　王会玲　王亦奇　王　欢　王　侠　王建荣　王艳彪
王梦瑶　王啸远　王　超　王惠刚　王　鹏　区文军　车　歆
毛一新　文　睿　卢立香　田怡卿　丛　红　包　萍　兰文清
冯庆源　司国华　邢振宇　吕　韬　朱卫军　朱　敏　乔美华
庄道春　刘占军　刘传根　刘江南　刘　欢　刘志宏　刘良超
关　键　汤继友　安宇健　许　芳　许　珂　许　晖　孙亦思
孙　宇　孙怀平　孙苗苗　孙　杰　孙国亮　严　军　严　震
杨庆华　杨江华　杨青安　杨晓莉　李小鹏　李丙慧　李沛霖
李建冶　李荣勋　李　娜　李秦灿　李晓娜　李敏宽　李　琳
李　辉　李　璐　李　霞　吴大伟　吴民渊　吴旭日　吴志明
吴　宏　吴　敏　吴静松　邱　菊　谷　蓉　沈文蔚　宋安琪
张　冉　张如海　张志庆　张　抒　张建平　张　骁　张超志
张滋业　张　瑞　张新强　张　慧　陆　军　陆家林　陆雲鹏
陈永明　陈泽鑫　陈继光　陈　燕　苗恩坛　范圣平　林汉铭
林　青　郁群妹　罗　斌　金　梅　周　明　周展斌　鱼　莉
郑建果　郑　涛　郑翠红　赵光明　赵忠会　赵知容　赵学礼
赵　虹　赵紫宇　赵　婷　胡卓可　皇甫欢欢　姜泓蛟
洪　亮　姚　远　骆　艳　秦保仁　贾立虹　贾屹鸿　贾晓辉
夏利平　夏彧彬　顾庆红　顾震宇　顾蕾蕾　钱　程　徐　云
徐岩松　高　利　高　珊　郭　仙　郭冠宏　黄飞娟　黄少川
黄忠家　曹广敏　曹宏科　曹　忠　龚　伟　龚庆锋　龚瑞斌
龚　锦　章　力　梁开鹏　彭先刚　彭银龙　程建强　储德恒
童　鸣　童秦枫　童　强　游娟云　赖永莲　睢慧娟　鲍　磊
黎　文　黎晓林　潘柏佺　潘　亮　冀中年　魏玉麟　魏艳平
濮　妍

**史料、照片提供人员**　（按姓名笔画为序）

王连宝　孙守田　李学农　李建冶　沈有福　张成斌　陈冰樵
林　涛　易元清　易　军　周　捷　郑建果　孟翠华　胡英明
晁国荣　高天赐　高孝铉　董贵昌　程志广　鲁成群　鲍爱国
蔡德慧　潘南雁

# 序

《宝冶志(1978—2018)》经过二十个月的编纂,现在正式出版。这是宝冶发展历程中的一件大事。志书按照尊重历史、实事求是的原则,完整记述了宝冶1978年进沪以后的发展历史。同时又追根溯源,梳理了自20世纪50年代初宝冶的起源和历史沿革,告诉人们"我们从哪里来"。关于宝冶的发端有多种说法,似乎都有一定道理,但却没有一个完整的解释。今天,《宝冶志(1978—2018)》正本清源,作出了权威解答。《宝冶志(1978—2018)》为人们了解宝冶、研究宝冶提供了丰富的事实和翔实的史料。

作为在宝冶工作了近三十年的现任领导,我一直在拷问自己,我们的企业、我们宝冶人的灵魂究竟是什么?2017年6月30日,在纪念建党九十六周年大会上,我有过一段表述:"宝冶今天之所以能够成为中冶集团的排头兵、王牌军和领跑者,能够屹立于中国建筑业的强者之林,令人瞩目、受人尊敬,靠的是我们宝冶人吃苦耐劳、艰苦创业的精神;靠的是我们宝冶人厚积薄发、勇于创新的精神;靠的是我们宝冶人不畏艰难、奋勇争先的精神;靠的是我们宝冶人以德为先、代代传承的精神。这些精神,是我们弥足珍贵的精神财富……"今天看来,这样的总结提炼远不够全面,尤其是我全过程组织并参与了《宝冶志(1978—2018)》的编纂工作,回望宝冶六十多年艰苦曲折、波澜壮阔的历史,感慨万千,使我对宝冶又有了全新的、更深刻的认识。

宝冶从沧桑岁月中走来。20世纪50年代初,战争的硝烟刚刚散去,我们的国家百废待兴、百端待举。工业强国、钢铁强国成为新中国成立初期的国家战略。于是,一批批建设者从四面八方齐聚武汉青山,长江边立下雄心壮志,要在这片荒野建设一座全新的钢铁厂。物资匮乏、技术匮乏,要实现这个宏大的理想何其之难。苏联曾伸出援手给予技术上的支持,全国各地的人们省吃俭用支援武钢建设。可是好景不长,中苏关系紧张。苏联撤走专家,带走图纸,停止了对中国的援助。一时间,乌云压顶,困难重重。但广大建设者在困难面前表现出了惊人的爆发力,夜以继日,经过艰苦努力,仅用一年两个月的时间,建成了武钢一号高炉,并于1958年9月13日出铁投产。奔腾的铁水把艰苦奋斗、不屈不挠的品格铸进了宝冶人的骨子里。

20世纪60年代是个火红的年代。宝冶人书写了属于自己的苦难辉煌。武钢建成投产以后,国家决定在马鞍山建设车轮轮箍厂,以解决火车车轮生产被外国垄断的被动局面,历史的重任又落在了宝冶人的肩上。他们认真总结武钢建设的经验,与时间赛跑,攻克了无数的技术难题,仅用4年时间,提前建成了国内第一个车轮轮箍厂,并于1963年11月18日成功轧制出第一个轮箍,极大地增强了中国人民自力更生的斗志。而这一时期又是新中国的生存环境十分艰难的年代。国际风云变幻,乌云压境,战争的危险笼罩着新中国。党中央果断决策,做出了将工业向西南、西北内陆转移,建设大三线,形成坚固的战略后方基地的重大部署。党中央一声令下,宝冶人争先恐后,踊跃报名,主动请战,打起背包,迅速长途跋涉奔赴大山深处。一不怕苦,二不怕死,奋力建设大三线。"备战备荒为人民,好人好马上三线"就是那个热血沸腾年代的真实写照。当时的攀枝花人迹罕至,条件异常艰苦。吃的是供给有限的杂粮咸菜,喝的是从几公里外的山谷里挑来的浑浊的金沙江水,住的是帐篷和自己搭建的芦席棚。"三块石头架口锅,帐篷搭在山窝窝""青春热血献三线,干打垒里写春秋",这些朗朗上口的歌谣就是当年的生活场景,它表现出了建设大军不惧艰辛、战天斗地、无私奉献的革命乐观主义和英雄主义精神。他们人挑肩扛,废寝忘食,不分昼夜,连续奋战,历时八年时间,在横断山脉深处建成了西南大三线第一个钢铁基地。攀枝花钢铁基地的建成震惊了世界,没有人相信在这荒山峡谷、用这么短的时间能够创造出如此人间奇迹。此后,宝冶人又转西昌、进江油、上峨眉、入重庆,一次又一次出色地完成国家赋予的艰巨而又光荣的建设任务。这段极端艰苦的峥嵘岁月磨炼了宝冶人的毅志品质,使宝冶人的血脉里又融入了坚韧不拔、改天换地的豪情。

来不及洗去一路风尘,1974年,宝冶人又回师武汉,承建当时国内第一个成套引进的现代化热轧生产线。这是一项极具挑战的工程,设备从德国、日本引进,自动化程度高,轧机速度快,产品品种多、质量高,在当时具有国际先进水平。在史无前例的考验面前，宝冶人的聪明才智被充分激发出来。从土建施工到设备安装全部打破传统，采取全新的技术方案，使工期大大提前并一次轧钢成功，令外国专家赞叹不已。“一米七”工程奠定了宝冶在冶金工程建设领域的领先地位。如果说武钢“一米七”热轧工程是宝冶学习吸收国外先进技术的开端，那么宝钢工程则演绎了宝冶的一次新的升华。宝钢工程从 1978 年 12 月全面开工至今四十余年，宝冶全过程参与并承建了大部分主体工程和关键项目。同时还承担了投产以后的设备维护、大修和技术升级改造。从学习到创造，宝冶在宝钢工地激情挥洒，所建工程荣获多项鲁班奖、国家优质工程金奖，并摘得了国家最高奖项——国家科技进步特等奖。从 50 年代初武钢工程开始，宝冶人西征东进，南征北战，为中国冶金工业建设建立了卓越功勋，成为冶金建设国家队的领跑者。

20 世纪 90 年代末，在国内钢铁工业还处于一片红火的鼎盛时期，宝冶人果断开启了转型发展之路。凭借自己突出的综合实力，一举中标当时国内最大的会展工程——厦门国际会展中心。自此开始，宝冶在竞争激烈的高端大型公建、电子工业等市场上尽显风采。国内第一条磁浮线路、号称“世界第一拱”的南京奥林匹克体育中心、被誉为世界顶级建筑产品的国家体育场、内地第一个迪士尼主题乐园、国内第一条(全球唯一设置回旋弯)冬奥会雪车雪橇赛道、亚洲第一的邮轮母港、“中国存储器航母”国家存储器基地等，宝冶在大江南北留下了无数经典地标性建筑作品，屹立于强者如林的中国最优秀的建筑企业行列。2016 年和 2018 年，宝冶又先后重组中冶东方、中冶华天包头设计院两大设计院，开启了从传统的建筑施工企业向“最具产业链竞争优势的全生命周期工程服务商”跨越发展的新征程。

回首六十多年波澜壮阔的发展历程，我们不难看出，宝冶是一支传承着红色基因、有着厚重历史底蕴的队伍。以韩喜同志为代表的宝冶老一代领导人，他们有的在红军长征路上参加革命，有的在抗日救国的烽火中英勇杀敌，有的在抗美援朝的硝烟中痛击侵略者，他们身上充满了不怕牺牲，战无不胜的革命英雄主义气概，并深深影响着一代又一代宝冶人。只要国家需要，宝冶人胸怀大局，从不讲条件，招之即来，来之能战，战则必胜，成为宝冶人的时代精神，也培育了宝冶人的家国情怀。宝冶人几十年来厚德载物，代代传承，一棒接着一棒接续奋斗。但是宝冶人又不拘泥于历史，他们紧跟时代的步伐,勇立于时代大潮之上,用行动诠释着“超越自我、敢为人先”的企业精神。

抚今追昔,我们对宝冶艰苦曲折、高亢激昂的辉煌历史感到无比自豪;展望未来,我们对宝冶实现“综合实力最强、品牌形象最佳、发展质量最优、幸福指数最高的建筑企业集团”的美好愿景满怀信心。

在我们党实现“两个一百年”奋斗目标的历史交汇点上,宝冶又吹响了打造一流的最具产业链竞争优势的全生命周期工程服务商的时代号角,宝冶人以强烈的责任感和使命感,传承红色基因,践行企业精神,自觉肩负起新时代赋予国有企业的崇高使命,致力于打造中国最优秀的建筑企业集团,建精品工程,铸长青基业。

历史是最好的老师,它忠实记录下我们走过的足迹,给未来的发展提供启示。希望宝冶人,尤其是宝冶各级领导干部认真研究宝冶历史,既知道我们从哪里来,更清楚我们往哪里去,始终不忘初心,牢记使命,乘着新一轮改革开放的春风,在伟大的时代书写更加精彩的华章。

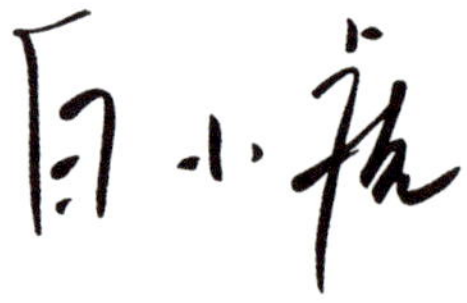

# 凡　例

一、本志记述内容的时限，上起1978年，下迄2018年，历史沿革上溯到1954年，个别重大事项的记述延伸至2019年。

二、本志以“尊重历史、实事求是；横不缺项、纵不断线；述而不论、科学规范；全面记录、突出特色”作为编纂的基本准则，力求完整、准确、全面地记述宝冶该阶段的历史，实事求是地反映宝冶生产经营、工程建设、企业管理、改革发展、技术创新、职工队伍等各方面基本情况和发展轨迹。

三、全志采用述、记、志、录、图、表等志书体裁，力求内容与形式统一。根据宝冶发展的特点，本志除序言、总述、大事记、专记、附录和编后记外，卷首设图照，主体内容设历史沿革、改革改制、战略规划、下属单位、重点工程、产业发展、企业管理、科技创新、党群工作、企业文化、社会责任、人物12篇。

四、本志文体采用规范语体文、记述体，行文按《(上海市志)行文规范》，力求严谨、朴实、简洁、流畅，以第三人称记述。志设总述，篇设概述，多数章、节设无题简述，以提示梗概、综述全貌。

五、本志资料均系宝冶各有关单位提供，或采自宝冶档案室、宝武集团中央研究院情报中心、武钢档案馆、历史文献、口述资料以及《一冶志》《十九冶志》《宝钢志》《宝冶报》《宝钢报》等刊物，均经考证核实、一般不注明出处。

六、本志涉及以下主要机构、单位名称时，基本上采用简称：上海宝钢工程指挥部十九冶分指挥部(简称分指挥部)，第十九冶金建设公司上海分公司(简称分公司)；上海宝钢冶金建设公司、上海宝冶建设有限公司、上海宝冶集团有限公司(简称宝冶)。其余机构、单位名称在第一次出现时，括注简称(以篇为单位)，也有的直接称“公司”。货币种类除注明者外,均为人民币。

七、本志人物篇以人物传记、人物简介、人物名录载之。

八、本志所记述的地名、机构名称、职称及币种、计量单位,一般按当时称谓。

# 目　录

序 …… 白小虎 1
凡例 …… 1
总述 …… 1
大事记 …… 11

第一篇　历史沿革 …… 61
第一章　冶金工业部第一冶金建设公司 …… 63
第一节　三一五厂筹备处 …… 63
第二节　华中钢铁公司 …… 63
第三节　武汉钢铁建设公司 …… 65
第四节　武汉冶金化学建筑总公司 …… 66
第五节　武钢建设时期 …… 66
第六节　与武钢合并时期 …… 67
第七节　武汉冶金建设公司 …… 67
第八节　第一冶金建设公司的成立 …… 67
第九节　一冶与十九冶分家 …… 68
第二章　冶金工业部第十九冶金建设公司 …… 69
第一节　攀枝花冶金指挥部 …… 69
第二节　十九冶的成立 …… 69
第三节　十九冶机构设置及统辖单位 …… 70
第四节　十九冶所辖单位及机构调整 …… 71
第五节　武钢“一米七”热轧工程指挥部 …… 71
第三章　上海宝钢工程指挥部十九冶分指挥部 …… 72
第一节　分指挥部组建和队伍调集 …… 72
第二节　分指挥部所辖机构及调整 …… 73
第三节　组织培训提高技术水平 …… 73
第四节　初步探索经济管理改革 …… 74
第四章　第十九冶金建设公司上海分公司 …… 75
第一节　第十九冶金建设公司上海分公司成立 …… 75
第二节　分公司领导班子调整 …… 75
第三节　分公司机构设置及人员 …… 75
第四节　分公司机构调整 …… 76
第五节　落实知识分子政策注重人才培养 …… 76
第六节　贯彻三个《条例》健全企业领导制度 …… 78
第七节　企业全面整顿 …… 79
第八节　改革发展逐步推进 …… 79
第五章　上海宝钢冶金建设公司 …… 81
第一节　上海宝钢冶金建设公司成立及落户工作 …… 81
第二节　宝冶领导班子调整 …… 81
第三节　所辖单位及调整 …… 82
第四节　拓展外包工程 …… 86
第五节　全面开展企业改革 …… 87
第六章　上海宝冶建设有限公司 …… 92
第一节　上海宝冶建设有限公司的

成立 …… 92
第二节 宝冶领导班子调整 …… 93
第三节 职能机构和下属单位调整 …… 94
第四节 改革与发展 …… 95
第七章 上海宝冶集团有限公司 …… 100
第一节 上海宝冶集团有限公司的成立 …… 100
第二节 宝冶领导班子调整 …… 100
第三节 职能机构和下属单位调整 …… 101
第四节 改革与发展 …… 103

**第二篇 改革改制** …… 115
第一章 管理体制改革 …… 117
第一节 领导制度改革 …… 117
第二节 管控模式调整 …… 117
第三节 职能部门改革 …… 119
第四节 二级单位调整 …… 121
第五节 劳动用工制度改革 …… 124
第六节 人事制度改革 …… 125
第七节 分配制度改革 …… 126
第二章 经营机制改革 …… 127
第一节 产业结构调整 …… 127
第二节 公司制改革 …… 131
第三节 法人治理结构 …… 132
第四节 绩效考核机制 …… 137
第五节 主辅分离改革 …… 138

**第三篇 战略规划** …… 141
第一章 分立改制前公司发展规划 …… 143
第一节 上海宝钢冶金建设公司经理任期目标 …… 143
第二节 抓管理上一级 全面提高企业素质 …… 144
第三节 宝冶1989—1990年度现代化管理规划 …… 145
第四节 宝冶五年规划(1991—1995年) …… 146
第五节 宝冶“三五”期间发展目标 …… 149
第二章 分立改制后公司发展战略规划 …… 150
第一节 宝冶2004—2006年发展规划及管理持续改进纲要 …… 150
第二节 宝冶2006—2010年发展战略与规划 …… 152
第三节 宝冶2011—2015年发展战略与规划 …… 154
第四节 宝冶2016—2020年发展战略与规划 …… 157

**第四篇 下属单位** …… 161
第一章 设计院 …… 163
第一节 中冶东方工程技术有限公司 …… 163
第二节 中冶西北工程技术有限公司 …… 175
第三节 宝冶建筑设计研究院 …… 187
第二章 工业总承包公司 …… 196
第一节 上海宝冶冶金工程有限公司 …… 196
第二节 宝冶工业工程公司 …… 204
第三章 建筑总承包公司 …… 217
第一节 宝冶北京建筑工程分公司 …… 217
第二节 宝冶郑州分公司 …… 221
第三节 宝冶江苏分公司 …… 226
第四节 宝冶建筑工程公司 …… 231
第五节 宝冶成都分公司 …… 240
第六节 宝冶厦门分公司 …… 243
第七节 宝冶广州分公司 …… 246
第八节 宝冶国际工程公司 …… 252
第四章 专业承包公司 …… 258
第一节 宝冶钢结构工程公司 …… 258
第二节 宝冶安装工程公司 …… 266
第三节 上海宝冶建筑装饰有限公司 …… 275

第四节　宝冶市政工程公司 …………… 282
第五节　宝冶能源环境工程公司 …… 291
第六节　上海宝冶工程技术有限公司 …………………………… 297
第七节　宝冶工程物资设备公司 …… 305
第八节　郑州宝冶钢结构有限公司 …………………………… 312
第五章　事业部及其他机构 ………… 318
第一节　宝冶投融资事业部 ………… 318
第二节　宝冶教育培训中心 ………… 321
第六章　主业对外投资公司 ………… 338
第一节　全资、控股、参股公司 ……… 338
第二节　投融资类项目公司 ………… 345
第七章　已注销单位、成建制分离单位 ……………………………… 357
第一节　建筑分公司 ……………… 357
第二节　宝冶医院 ………………… 357
第三节　中冶国贸 ………………… 359

第五篇　重点工程 ………………… 367
第一章　工程之最 ………………… 369
第一节　国内外有影响力工程 ……… 369
第二节　宝冶突破性工程 ………… 376
第二章　冶炼工程 ………………… 380
第一节　武钢工程 ………………… 380
第二节　攀钢工程 ………………… 382
第三节　宝钢工程 ………………… 385
第四节　首钢工程 ………………… 396
第五节　其他钢铁工程 …………… 398
第六节　有色工程 ………………… 402
第三章　非冶炼工程 ……………… 411
第一节　会议展馆(含钢结构) ……… 411
第二节　体育场馆(含钢结构) ……… 416
第三节　电子厂房 ………………… 420
第四节　城市综合体(超高层) ……… 424
第五节　特色主题公园(文化娱乐) ………………………… 427
第六节　交通枢纽 ………………… 431
第七节　民生工程 ………………… 435
第八节　教育科研 ………………… 439
第九节　新能源工程 ……………… 443
第十节　其他工程 ………………… 447
第四章　海外工程 ………………… 458
第五章　工程获奖 ………………… 464

第六篇　产业发展 ………………… 475
第一章　钢结构产业 ……………… 477
第一节　钢结构产业发展的三个阶段 ……………………… 477
第二节　钢结构产业的整体实力 …… 479
第三节　钢结构转型发展的产业化提升 ……………………… 481
第四节　钢结构产业科技发展与成果 ……………………… 483
第五节　钢结构产业智能化发展 …… 485
第二章　检修技改协力 …………… 487
第一节　检修 …………………… 487
第二节　技改 …………………… 492
第三节　生产协力 ………………… 495
第三章　装备制造 ………………… 498
第一节　发展历程 ………………… 498
第二节　主要业绩 ………………… 501
第四章　房地产开发管理 ………… 503
第一节　发展历程 ………………… 503
第二节　项目开发 ………………… 503
第三节　管理特色 ………………… 504
第四节　营销业绩 ………………… 506
第五节　荣誉 …………………… 507
第五章　投融资业务 ……………… 509
第一节　发展历程 ………………… 509
第二节　主要业绩 ………………… 510
第六章　建筑设计产业发展 ……… 512
第一节　核心技术及装备 ………… 512
第二节　资源整合　打造 EPC 全产业链 ……………………… 513
第三节　建筑设计系列品牌 ……… 514

第七篇　企业管理 …………………… 521
第一章　企管投资 …………………… 523
第一节　机构沿革 …………………… 523
第二节　产权管理 …………………… 525
第三节　全面风险管理 ……………… 526
第四节　企业内部控制 ……………… 529
第五节　综合绩效管理 ……………… 529
第六节　规章制度建设 ……………… 532
第七节　“三合一”管理体系推进 …… 534
第八节　信息化管理 ………………… 539
第九节　固定资产管理 ……………… 544
第十节　资质与商标管理 …………… 547
第十一节　协会管理 ………………… 549
第二章　市场营销 …………………… 550
第一节　机构沿革 …………………… 550
第二节　市场营销变革与发展 ……… 551
第三节　市场营销管理 ……………… 558
第四节　战略协议签订 ……………… 561
第三章　财务管理 …………………… 563
第一节　机构沿革 …………………… 563
第二节　财务信息管理 ……………… 564
第三节　财务资金管理 ……………… 565
第四节　成本管理 …………………… 567
第五节　全面预算管理 ……………… 569
第六节　税务管理 …………………… 570
第七节　清欠管理 …………………… 571
第八节　统计管理 …………………… 572
第九节　管理会计工具应用 ………… 573
第四章　审计管理 …………………… 576
第一节　机构沿革 …………………… 576
第二节　组织体系 …………………… 577
第三节　制度建设 …………………… 578
第四节　审计管控 …………………… 579
第五节　工作效果和成果运用 ……… 584
第五章　经营管理 …………………… 586
第一节　机构沿革 …………………… 586
第二节　体系建设 …………………… 587
第三节　合同管理 …………………… 587
第四节　预结算管理 ………………… 591
第五节　项目成本管理 ……………… 595
第六节　项目分包招标管理 ………… 599
第六章　人力资源 …………………… 601
第一节　机构沿革 …………………… 601
第二节　人员情况 …………………… 602
第三节　体系建设 …………………… 604
第四节　人事管理 …………………… 606
第五节　人力资源规划管理 ………… 607
第六节　员工管理 …………………… 608
第七节　员工培训与人才队伍建设 …………………… 609
第八节　薪酬与社保管理 …………… 612
第九节　员工福利及职业健康 ……… 615
第七章　采购管理 …………………… 617
第一节　机构沿革 …………………… 617
第二节　体系建设 …………………… 618
第三节　物资采购管理 ……………… 618
第四节　物资供应管理 ……………… 621
第五节　周转材料管理 ……………… 622
第八章　工程管理 …………………… 624
第一节　机构沿革 …………………… 624
第二节　体系建设 …………………… 626
第三节　施工管理 …………………… 628
第四节　环境管理体系 ……………… 633
第五节　绿色施工 …………………… 633
第六节　协作队伍管理 ……………… 634
第九章　质量技术 …………………… 635
第一节　质量管理 …………………… 635
第二节　技术管理 …………………… 639
第三节　特种设备管理 ……………… 645
第四节　焊接工艺评定管理 ………… 647
第十章　安全管理 …………………… 652
第一节　机构沿革 …………………… 652
第二节　安全生产 …………………… 653
第三节　安全体系 …………………… 659
第四节　消防管理 …………………… 661
第五节　交通管理 …………………… 662
第六节　环保管理 …………………… 663
第十一章　法律事务 ………………… 665

第一节 机构沿革 …… 665
第二节 体系建设 …… 666
第三节 法律事务管理 …… 667
第四节 重大事项法律建议 …… 669
第五节 合法合规性审核 …… 669
第六节 法律风险管理 …… 670
第七节 企业法治文化建设 …… 672
第十二章 行政事务 …… 673
第一节 机构沿革 …… 673
第二节 文秘工作 …… 675
第三节 政策研究 …… 677
第四节 档案管理 …… 677
第五节 总务后勤服务 …… 680

第八篇 科技创新 …… 683
第一章 系统建设 …… 685
第一节 机构沿革 …… 685
第二节 体系建设 …… 686
第三节 制度建设 …… 686
第四节 科技规划 …… 687
第二章 科技创新平台管理 …… 689
第一节 创新平台的建设维护 …… 689
第二节 创新平台的提升发展 …… 690
第三节 宝冶博士后科研工作站 …… 690
第三章 技术研发管理 …… 691
第一节 研发管理模式 …… 691
第二节 研发管理成效 …… 691
第四章 科技成果管理 …… 699
第一节 科技成果 …… 699
第二节 知识产权 …… 722
第三节 新技术应用示范工程 …… 731
第五章 技术标准管理 …… 733
第一节 技术标准体系 …… 733
第二节 标准编制 …… 733
第三节 工法管理 …… 735
第六章 技术总结论文 …… 736
第七章 技术专家和科协管理 …… 738
第一节 技术专家管理 …… 738
第二节 科协管理 …… 738

第九篇 党群工作 …… 741
第一章 党委工作 …… 743
第一节 机构沿革 …… 743
第二节 组织建设 …… 746
第三节 制度建设 …… 749
第四节 主题教育活动 …… 749
第五节 历届党代会 …… 753
第六节 精神文明建设 …… 754
第七节 政研会 …… 755
第八节 人大、政协工作 …… 756
第九节 统战工作 …… 756
第十节 民兵武装工作 …… 759
第十一节 治安保卫维稳信访工作 …… 761
第二章 纪检监察工作 …… 764
第一节 机构沿革 …… 764
第二节 制度建设 …… 766
第三节 廉政教育 …… 767
第四节 主题活动 …… 768
第五节 监督检查 …… 769
第六节 作风建设 …… 771
第七节 问题处置与执纪问责 …… 772
第三章 工会工作 …… 774
第一节 机构沿革 …… 774
第二节 民主管理 …… 775
第三节 工会改革 …… 779
第四节 劳动竞赛 …… 780
第五节 职工创新工作 …… 781
第六节 群众文化建设 …… 782
第七节 女职工工作 …… 784
第八节 工会帮扶工作 …… 786
第九节 劳动保护 …… 787
第四章 共青团工作 …… 789
第一节 组织建制 …… 789
第二节 团员代表大会 …… 789
第三节 下辖有关组织机构 …… 790

第四节 特色青年工作 …………………… 791

**第十篇 企业文化** …………………… 795
第一章 企业文化建设 …………………… 797
第一节 机构沿革 …………………… 797
第二节 视觉识别系统 …………………… 797
第三节 企业精神 …………………… 798
第四节 宣传媒介 …………………… 799
第五节 品牌文化建设 …………………… 802
第二章 企业文化成果 …………………… 804
第一节 企业文化活动 …………………… 804
第二节 企业文化荣誉 …………………… 817

**第十一篇 社会责任** …………………… 821
第一章 公益慈善责任传承 …………………… 823
第一节 扶贫攻坚 …………………… 823
第二节 抗震救灾爱心捐赠 …………………… 825
第三节 关爱农民工 …………………… 828
第二章 工程建设绿色发展 …………………… 830
第一节 民生工程重点工程 …………………… 830
第二节 节能减排绿色施工 …………………… 833
第三节 推进新旧动能转换 …………………… 836

**第十二篇 人物** …………………… 839
第一章 人物传记 …………………… 841
韩喜传 …………………… 841
童选卿传 …………………… 844
王茂松传 …………………… 848
毛琪钦传 …………………… 850
第二章 人物简介 …………………… 853
第一节 全国劳模、五一劳动奖章获得者 …………………… 853
第二节 省部级劳模获得者 …………………… 856
第三节 历任领导班子成员 …………………… 859
第三章 人物名录 …………………… 867
第一节 国家级荣誉集体和个人 …………………… 867
第二节 省部级荣誉集体和个人 …………………… 868
第三节 历任领导班子名录 …………………… 871
第四节 总经理助理及副三总师名录 …………………… 873
第五节 中层管理人员名录 …………………… 874
第六节 直管项目部领导名录 …………………… 905
第七节 首席专家、高级专家、高级职称人员名录 …………………… 911
第八节 省部级以上工匠、技术能手、优秀项目经理名录 …………………… 917

**专记** …………………… 919
专记一 落户上海 …………………… 921
专记二 全产业链整合 …………………… 925
专记三 四元产业 …………………… 929
专记四 三次攻坚战 …………………… 931
专记五 退休老工人集访 …………………… 935
专记六 越南“5·14”暴乱事件 …………………… 937

**附录** …………………… 941
一、 重要文件辑录 …………………… 943
二、 重要报道 …………………… 956
三、 重要综合奖项 …………………… 965

**索引** …………………… 975
图片索引 …………………… 975
表格索引 …………………… 980

**编后记** …………………… 982

# 总述

宝冶是世界500强企业中国中冶旗下核心子企业，始建于1954年。宝冶的发展历史可以追溯到20世纪50年代初期，其前身为冶金工业部第十九冶金建设公司（简称十九冶），而十九冶又发端于冶金工业部第一冶金建设公司（简称一冶）。20世纪50年代初，十九冶承担了新中国第一个大型钢铁工业基地——武钢的建设；20世纪60年代初，在“为祖国争气”的马鞍山车轮轮箍厂建设中，克服三年自然灾害的艰难困苦，为高速度、高质量、高风格地创出“样板工程”作出了贡献；20世纪60年代中期，这支队伍挺进大西南的高山峡谷之中，在人烟稀少，交通不便，“三块石头支口锅、帐篷搭在山窝窝”的极其艰苦条件下，参与并建成了国内自行设计，自行制造设备的大型钢铁基地——攀枝花钢铁公司；20世纪70年代中期，这支队伍又回师武汉，承担了国内钢铁工业第一个大型引进项目——武钢“一米七”热轧工程建设，在学习新技术、不断创新和同外国技术人员合作的过程中，队伍的素质经受了锤炼，得到新的提高。1978年9月，十九冶参加武钢“一米七”会战的力量转战上海宝山，参加大型现代化工程——上海宝山钢铁总厂建设，并于1986年6月4日落户上海，成建制改组成上海宝钢冶金建设公司（简称宝冶），进入一个新的发展时期。

进沪40年里，宝冶承建了宝钢一期、二期、三期主要工程，建立了现代化的世界一流钢铁基地，并以上海为依托，全面参与全国各地的公共及民用建筑、市政、交通、新兴电子、水利、建材、轻工、军工、化工等工程建设，逐步扭转工程承包主业高度依附于冶建市场的局面，以全新的理念、广阔的视野在继承中创新，在创新中发展，形成企业发展新的推动力。宝冶不仅在传统冶金行业作出了突出贡献，更是在现代大型公共建筑建设，如国家体育场“鸟巢”、上海世博建筑群、“一带一路”高峰论坛主会场、世界大学生运动会场馆、亚运会场馆、全运会场馆等多项工程建设中大放异彩，向世界展示了中国建筑企业的雄厚实力。

进入宝冶“四五”高速发展期后，通过和中冶东方工程技术有限公司（简称中冶东方）、中冶华天包头设计研究总院有限公司（简称包头院）的战略整合，更是在全国率先实现了冶金工程全产业链贯通。从投资、研发、设计、采购、制作、施工到运营、维保，从上游到下游，提供全流程一体的服务，EPC全产业链竞争优势逐步显现，成功打造了中冶集团领跑者和“王牌军”品牌，综合实力位列“中国建筑业竞争力百强企业”前20强，获得首批“上海品牌”认证，企业发展不断焕发勃勃生机。

## 一

1978年上半年，武钢“一米七”热轧工程基本建成，与此同时中央也批准了宝钢建设项目，冶金部遂决定从参加武钢“一米七”工程建设的十九冶抽调13 400人分批赴上海宝山钢铁总厂参加会战。

1978年9月29日，冶金部发文成立上海宝钢工程指挥部十九冶分指挥部（简称分指挥部），分指挥部设立于上海市宝山区月浦宝泉路1号。1980年4月，冶金部和上海市委根据宝钢建设需要，决定将参加宝钢工程会战的十九冶分指挥部从十九冶分出，单独成立一个冶金建设公司，基地设在宝钢。分指挥部按上级决定提出了《关于十九冶分部从十九冶金建设公司分出的意见（草案）》，并逐步实施。1981年6月4日，冶金部和上海市委将分指挥部从十九冶分出，成立地区级的第十九冶金建设公司上海分公司(简称分公司),并把参加宝钢工程建设的13 400人从十九冶划出来,独立承担宝钢建设主体任务。由于宝钢工程仍按照指挥部模式实施,分公司在宝钢工程建设中继续保留分指挥部建制,实行一套班子,两块牌子。

1978—1985年,分公司的主要任务是承担宝钢一期工程建设。在这7年多时间里,面对着党的十一届三中全会以来政治、经济等方面出现的大转折、大变革,分公司13 000多名职工怀着为国争光,为中国工人阶级争气,为振兴钢铁工业建功立业的雄心壮志,万众一心,团结奋战,顽强拼搏,经受了宝钢工程抢建、缓建、续建的考验,经受了建设现代化大型引进钢铁联合企业的先进技术、先进工艺和艰巨任务的考验,经受了转战动迁、分家交接的考验,用热血和汗水、聪明和才智实现了宝钢一期工程"85·9"建成投产的宏伟目标。宝钢一期工程中,分公司共承担和参加了具有"高、大、精、新"特点,以炼铁厂、炼钢厂为主体的十二个合同项目以及长江引水工程的建设任务。经过全体职工两千多个日日夜夜奋战,提前抢回了因其他单位耽误半年至一年工期的炼钢、厂区铁路和四大煤气柜工程;仅用两年半时间建成按常规需要四年工期的长江引水工程;相继突破安装、调试、交工、保驾等几大难关,达到了主体工程与辅助配套项目协调发展,硬件、软件同步交工的要求。7年来完成宝钢建设总投资28亿多元,建安工作量6亿多,累计上交国家利润2 500多万元。在完成宝钢建设任务的同时,还努力挖掘企业潜力,先后承担外包施工任务353项,完成建安工作量3 536万元。在施工中创出195项全优单位工程,其中55项获国家和冶金部优质工程银牌。

在抢建宝钢一期工程的同时,分公司以改革为动力,全面推行经济责任制,促进企业素质和管理水平的提高。分公司从实际出发,提出"一不等,二不靠,积极稳妥,看准一点改一点,看准一条改一条"的改革方针,在分配制度、劳动人事管理和劳动组织结构、领导体制三个方面进行探索性改革。全面推行经济承包责任制,适当拉开奖金差距,对部分科队干部和工人班组进行有领导、有组织的自由组合,实行干部聘用制,进行各级领导班子建设和经理负责制试点,建立和健全两级公司职工代表大会制度,加强职工民主管理,通过一系列改革工作较好地解决了党政分工,健全和完善了各项规章制度,分公司的活力、应变能力、竞争能力有了显著增强。

分公司把人才开发作为一项长远的战略计划,注重职工科学文化和业务技术知识的教育,采取文化补课、培训深造、开办电大、技术练兵等多种途径提高职工文化水平,培养出了一批电调行家、液压专家、焊接能手、喷涂能手以及十八大主要工种的几千名经验丰富、技术全面、操作熟练的技术骨干和多面手,使职工队伍从体力型向智力型发展,从苦干型向技术型发展。同时,认真响应党的号召,积极落实知识分子政策,在政治上关心、工作上信任、生活上照顾,广大知识分子不断学习、创新,成功地运用先进的系统工程理论和网络施工方法,成功地运用新技术、新工艺、新材料,在各条战线上发挥了重要作用。这个时期,有336名知识分子进入各级领导岗位,29人被授予优秀知识分子称号。

在建设宝钢一期工程时期,分公司逐步形成五种企业精神:敢打硬仗,战则必胜的拼搏精神;藐视困难,勇克难关的进取精神;以业主利益为重,以尽社会责任为荣的奉献精神;牺牲小我,顾全大局的团结协作精神;尽职尽责,干好本职工作的主人翁精神。

## 二

1986年5月30日,上海市政府发文同意将第十九冶金建设公司上海分公司作为整个单位下放给上海宝山钢铁总厂。6月4日,冶金部发文将第十九冶金建设公司上海分公司成建制改组成宝钢冶金建设公司(简称宝冶)。6月18日,冶金部再次行文明确宝冶党政关系隶属宝钢总厂,原级别(地师级)不变;经济上实行独立核算,自负盈亏;干部任免由宝钢总厂报上级审批,并更名为上海宝钢冶金建设公司(仍简称宝冶)。宝冶落户上海后主要担负宝钢建设、设备检修和为上海冶金建设服务三项任务。自此,宝冶的发展进入了一个新的时期。

1986—1995年是宝冶落户上海、扎根宝钢的十年。1985年宝钢一号高炉投产后,二期工程也开始建设,宝钢迫切需要一支熟悉宝钢设备、装备技术精良、实践经验丰富、工程配套齐全的队伍长期担负维修改造任务,宝冶从传统的建筑施工单一产业中分离出为宝钢生产保驾的检修队伍,后又积极涉足部分生产环境和条件比较艰苦的车间或工序,逐步拓展形成了检修协力产业。1987年,宝冶精干一线、开发二线,把企业内辅助生产的一系列二线加工厂推向市场建立生产制造产业。1988年,抓住国家改革开放的发展契机,广泛开展外引内联,积极兴办三产实体和三资企业,建立形成了建筑施工、检修协力、生产制造、三资三产的四元产业格局。此后,宝冶在发展四元产业的基础上提出四个转变的发展战略:由过去"大而全"的劳动密集型企业向技术、管理、装备、资金密集、科技先导型企业转变;由过去只承担国内建设生产任务的内向型企业向国际市场延伸,发展内外向结合型企业转变;由过去单一的建筑施工企业向大三产科工贸结合型企业转变;由冶金施工企业向总承包和检修协力综合总承包公司转变。通过四个转变实现经营结构的改革、改组、改造,从根本上解决企业进入市场后整体经营综合素质的提高,实现企业经营四元产业的数量型向四个转变的质量型跨越,实现经营方式由粗放型向集约型的转变。

在施工生产上,宝冶建设宝钢、服务上海、面向全国,为国家经济建设作出了应有的贡献。1986年,宝冶在宝钢二期工程中承担了从联邦德国引进的年产400万吨热轧板的宝钢2 050毫米热连轧带钢厂,以及容积为4 063立方米、年产326万吨生铁的宝钢二号高炉工程施工任务。热轧工程从1986年6月18日破土动工至1989年6月底建成,仅用36个月时间,受到冶金部、宝钢工程指挥部领导的高度赞扬。当时西马克财团负责人感慨地说:"世界上还没有哪个国家的施工单位能在这么短的时间内,取得这么大的成就。"宝钢二号高炉是学习、消化、吸收从日本全套引进的宝钢一号高炉新技术,立足国内自行设计、自行制造、自行施工,国产化程度达90%的国内第一座国产化、现代化大型高炉。从1987年7月1日开工至1991年6月29日点火投产,经历4年的建设时间。二期工程建成后,宝冶又投入到宝钢三期工程建设中。宝钢三号高炉于1991年1月1日开始打桩,经过38个月的日夜奋战,终于按党中央、冶金部和宝钢工程指挥部的要求提前8天实现"94·9"点火投产目标。1994年6月16日宝钢1 580毫米热轧工程动工,此后二炼钢和一号高炉大修工程也相继开工。宝冶建设者把总工期形象地称作"后墙","万众一心夺工期,众志成城保后墙"这个响亮的口号激励着宝冶人不断拼搏,确保了承担的每一项工程都按期投产。在参加宝钢建设的同时,宝冶积极主动地进入上海及苏浙地区广阔的建筑市场,先后承担了宁波机场、杭州机场、嘉兴电厂围海筑坝、梅山钢厂高炉大修、上海地铁、苏州河污水治理、月浦水厂、陈行水库、浦东耀华皮尔金顿玻璃厂等国家或地方重点工程建设。每一次都高速优质地完成任务,产生了良好的社会影响。特别是宝冶承建的陈行水库和月浦水厂提前建成投产,使上海人民的饮用水质得到显著改善,受到上海市委、市政府领导的称赞,《解放日报》头版头条刊发《吃水不忘挖井人》的长篇报道,给予宝冶高度评价。十年来,宝冶共完成国家和地方重点工程基本建设投资80亿元,获鲁班奖、上海建筑工程白玉兰奖、上海市政工程金奖多项。

在管理改革上,宝冶围绕企业领导体制、管理体制、机构体制、用工制度、分配制度、人事制度等主线不断进行深化改革,建立起适应社会主义市场经济发展需要的一系列企业内部激励约束机制,为各个时期发展战略正确有效地贯彻实施创造良好的内部环境。1988年起，宝冶全面推行经理负责制，先后经历“单轨制”和“双加强”两个不同时期的领导体制改革，培育形成党政工团齐抓共管的优良传统和宝贵经验，取得了工程建设组织指挥上的一个又一个胜利。按照将“企业办社会”功能逐步回归社会的原则进行机构体制改革，通过多次进行两级机关改革，一步步剥离分流、逐步精简机构和人员，促进并支持他们走向市场。按照社会化大协作大分工的原则和两层分离模式改革企业用工制度，实行多种用工形式并存的模式，建立了以固定工、合同工为主体，以代培工、轮换工、顶替工、劳务工、农合工为辅的多种用工格局；建立内外两大劳务基地，即创立以两级人才开发中心为主要形式的内部劳务市场和以在国家指定扶贫地区创办劳务基地为主体的外部社会劳务市场；推行管理层和作业层有效分离，进一步优化企业队伍结构，引进资质合格、相对稳定，有一定素质的外协队伍群体作为企业作业层力量，按照按劳分配、效率优先原则进行分配制度改革。在实行产值、利润“双挂钩”分配制度的基础上不断完善、发展，推行按全额利润单系数进行分配；在完成由等级工资制向结构工资制的改革后，又进一步推行具有市场特性的按效益分配形式。对两级公司领导班子成员实行集体风险抵押承包制，对基层承包体按承包效益计发工资，对工人实行全额计件或联利计件等形式的个人承包。1989年，宝冶改革经营承包责任制，率先推出全员风险抵押承包，把工期、质量、安全、物耗、成本、信誉、管理等各项经济技术指标和双文明建设任务落到各级组织、每个职工，与职工收入挂钩，形成企业与职工收益共创、风险共担、利益共享的共同体。1992年，改革全员风险抵押承包制，推行“双挂钩、全浮动、领导集体风险抵押承包”制，把企业四大类(质量、效益、消耗、安全)12项经济技术指标(工程优良率、材料成本降低率、人均创利额、劳动生产率等)以及企业管理基础工作、精神文明建设等固定为统一的数学模型，公式化进行挂钩定量考核，实行超额奖励，亏损处罚。在人事制度改革上，宝冶从引入竞争机制入手，打破干部、工人界限，搬掉“铁交椅”，废除终身制，对干部实行聘任制，建立起干部能上能下、能进能出、能官能民的竞争机制和激励机制。推行全员竞争上岗，通过“以事定岗、以岗定责、以责定利”的原则精简两级机关管理人员。对厂队、工段、班组进行层层优化组合，进一步精干队伍力量，提高整体作战能力和作业效率。

在技术创新上，宝冶坚持以科技为先导，用高新科技武装建筑施工主业，建立形成企业八大技术系列，即电子及自动控制应用技术系列，机械、设备检测、安装、维修技术系列，冶金炉窑耐材加工砌筑技术系列，建筑施工与软土地基处理技术系列，钢结构制作安装及焊接技术系列，新型建筑材料生产及应用系列，专用工器具及备品备件设计、制造技术系列，三废综合利用技术系列。锻炼和培养了一支包括科技专家、科技精英、科技新星、工种状元、技术能手等在内的科技人才队伍。

1996—2002年，宝冶着眼于企业长远的生存发展，着眼于跨世纪的发展目标，提出走科技质量效益型发展道路的集约经营战略。

在市场经营上，1998年厦门国际会展中心项目建设拉开宝冶向大型公建、民建市场转型的序幕。随着宝钢三期工程进入尾声，宝钢基建市场萎缩，外部建筑市场竞争激烈，面对严峻的经营形势，宝冶确立以大宝钢集团、上海、苏浙为重点目标市场的经营发展战略，将经营工作主战场定位在上海，同时向江苏、浙江两翼辐射发展，努力进入中西部和北方、南方建筑市场。先后中标上海浦东中芯国际集成电路工程、浦东国际机场、浦东克虏伯不锈钢工程以及嘉兴污水处理厂、苏州体育馆、镇江金东纸业等一大批工程项目，开拓了以高速公路、不锈钢工程为代表的施工新领域，进入以南京会展中心、海南千年塔为典型的具有较高技术含量的承包项目。至2002年，宝冶的市场营销突破40亿元。

在施工生产管理上，1998年初宝冶开始推行项目管理体系建设，公司设直管项目部，分公司设二级项目部。根据中标承建的项目规模，实行两级项目管理。同期，宝冶开始确立以设计、设备工程为先导的施工总承包企业发展定位，明确机关定位为“营销、管理、资产经营、监督”四大职能，把生产施工过程管理下放到二级公司和项目部。2001年，宝冶先后在山西海鑫钢厂炼钢、芜湖奥林匹克公园体育场、新余钢厂、涟源钢厂四个项目试点推行一级项目管理制，取得显著成效。同年，宝冶将原来分散在各二级公司的8家钢构加工厂实行战略性整合，着手打造“宝冶钢构”品牌，增强整体竞争能力，在继续扩大传统冶金建筑市场的同时，成功进入电力、造纸、交通、市政等行业，获得美国“ICBO”证书并承担美国加州电厂有关项目钢结构制造任务，“宝冶钢构”走向世界。2001年，宝冶钢结构制作突破10万吨，跻身国内为数不多的大型钢结构制作厂家之列。

在企业管理上，宝冶从1995年启动质量管理体系认证，1998年8月通过北京中建协质量体系认证中心的认证审核，取得GB/T19002：1994质量管理体系认证证书。2002年6月，在建设部开展的建筑业企业资质重新就位工作中，宝冶获得施工总承包特级(冶炼工程)资质，同时还获得市政公用工程、机电安装、房屋建筑工程共3个施工总承包一级，以及钢结构工程、机场场道工程、地基与基础工程、炉窑工程、防腐保温工程、无损检测工程6个专业承包一级资质。根据冶金部、上海市的统一部署，宝冶在1996年全面推行劳动合同制，并不断完善住房制度、医疗保险制度和社会养老保险制度，实现与上海市接轨运作。在机构改革上，1998年重点是面向市场，突出经营与生产，设立经营部加大开拓市场的力度；强化财务、劳资计划等部门综合管理，弱化机关对生产过程的管理；推行二级单位内部模拟法人运作，形成二级公司与宝冶内部独立核算的局面。中国加入WTO后，宝冶决定推行公司制改革，于2002年2月4日成立改革工作领导小组和改制工作办公室，全面负责公司改制的策划及实施。

随着宝冶一步步走向市场，由主要承担宝钢建设任务辐射到公用、电力、水利、化工等更广阔的市场，由计划经济向市场经济转型，宝冶对建设宝钢时期形成的五种精神进行提炼，总结出“团结、奉献、求实、创新”新的企业精神。

## 三

2003年1月15日，中国冶金建设集团(简称中冶集团)作为出资人，将上海宝钢冶金建设公司资产进行重组、人员结构进行优化。上海宝钢冶金建设公司改制分立为上海宝冶建设有限公司(简称宝冶建设，俗称“新宝冶”)和上海宝钢冶金建设公司(简称上海宝冶，俗称“老宝冶”)两个公司。改制后宝冶建设拥有从事施工总承包的人财物等核心资产，建立起主业突出、效益至上的市场运作机制、法人治理结构和新型契约劳动关系，成为具有核心竞争能力的管理技术密集型工程总承包企业，进入跨越提升发展的“快车道”。

2004年6月，公司确定战略指导思想及发展方向为：以宝钢发展为依托，致力于做强做大工程设计施工总承包和专业承包两大核心主业，做大做优钢结构产业，做精做专检修协力产业，加快发展房地产产业，并稳步发展以适度相关为原则的大型设备租赁业务，工程机械、特种设备检验、修造业务，工程检测、测量业务，工程设计、监理、策划、咨询业务，产品(建材、金属制品及高新技术产品等)加工制造业务以及物流配送业务等。2007年，结合企业发展情况和外部形势，公司将战略定位调整为：由施工总承包转型为EPC工程总承包，尝试在市政基础设施等工程项目中采用BT、BOT等经营方式，并强化、提升以钢结构为骨架、以钢材深加工和利用为主的装备制造业，持续开展房地产开发业务，适时抓住有色金属和矿产资源开发的时机，使公司形成关联互补型多元主业结构及相对完整的产业链。

在区域布局上,2003—2009年先后成立南京分公司、中冶钢构宝冶建设南京有限公司、合肥分公司、厦门分公司、成都分公司、广州分公司、北京建筑工程分公司、沈阳分公司等分(子)公司。通过大力实施“建立营销根据地”发展战略,两级营销系统上下联动,抓住新一轮以提升产业集中度和调整产品结构为特点的大型冶金项目,先后承建宝钢宽厚板热轧连铸、涟钢热轧、武钢二冷轧、首钢顺义冷轧、太钢高炉、沙钢高炉、湘钢宽厚板、首秦宽厚板、舞阳宽厚板厂等大型冶金工业项目,同时积极拓展市政公用建筑等非冶金项目,实现超高层钢结构零的突破,以精、特、优与专业化赢得高端客户群体,承接了大量国内外有影响力的大项目,如厦门海峡交流中心、国际会议中心工程,南京国际会议中心、中山博览中心、国家体育场、五棵松体育馆、广州白云机场、郑州机场、上海陆家嘴42层黄金置地工程、上海金昌摩尔大厦钢结构工程,以及TXU电厂、美国CLECO电厂、印度煤斗电厂等钢结构加工出口任务。2007年,宝冶合同签约额突破百亿元大关,达到112.36亿元,2008年达到154.66亿元。

在装备制造上,公司确定以“设计为龙头、制作为基础、安装为关键、检修为延伸、产品为依托”的钢结构产业发展战略,并在当年组建成立钢结构设计院。2005年,对钢结构产业进行整合,成立钢结构分公司。2006年,罗店二期项目建成试运营。2007年,南京基地投入生产运营,并逐步形成年产5 000吨的轻型钢结构加工基地。2009年,罗店三期项目交付使用,罗店钢结构加工基地最终形成年产量10万吨加工能力,并在质量管理上形成以欧标、美标等不同标准的加工体系,取得相应的认证资质。

2003—2009年,公司在深化企业改革上采取一系列强有力措施,积极向价值链上游前行。2003年,全面推行一级项目管理,本着“一级管理,两层分离”原则,走出成本控制和推行项目经理责任制的新路子。在综合性项目上,继续发挥项目两级管理的经验优势,按照规模—效益—定员—分配一体化的分配方式,实现两级工程管理高度协同。对直管项目部实行工资总额与项目工程规模挂钩,对项目经理实行经营责任抵押经营承包,对二级单位领导收入由基薪收入、业绩考核收入、经营风险调节收入组成,使其收入与经营业绩、承担的风险紧密挂钩。在欧倍德项目上首次实践设计带动施工,施工依托设计的工程总承包方式。2003年11月,公司进行公务用车改革。2004年,推行《建造合同》,全面推进岗位绩效工资制度,建立宽带薪酬分配模式。2006年,对与辅业相关的力博公司、混凝土公司实施主辅分离、改制分流。2007年,出台营销经理、项目经理职位序列,执行全新岗位设置和薪酬制度。

伴随着中国改革开放的脚步,公司在进沪30年里不断超越自我,开启企业品牌化发展之路,并于2008年出台《企业文化手册》。以创新提升、做强做大、持续发展、长富久安为发展总战略,以实现“五个率先”为发展愿景,以敬业、忠诚、团结、进取为企业精神。

经过30年努力,公司拥有包括软土地基、深坑基础、高炉快速安装、大型网格钢结构设计制造安装、液压综合、电气自动化与智能楼宇等高科技技术系列。形成十大工程品牌:一是以宝钢四座全国最大的4 000立方米以上的高炉为代表的高炉品牌;二是以宝钢全国最大300吨转炉为代表的炼钢品牌;三是以宝钢2 050毫米、1 580毫米、武钢1 700毫米、2 250毫米热轧为代表的热轧品牌;四是以厦门国际会展中心、湖南国际会展中心、上海浦东新博览中心、苏州新国际博览中心等工程为代表的会展中心品牌;五是以国家体育场(鸟巢)、南京奥林匹克体育中心、芜湖奥林匹克体育场、宁波大剧院等工程为代表的场馆品牌;六是以上广电、南亚电子、友达光电、中芯电子等工程为代表的电子工程品牌;七是以宝钢电厂、漳州电厂、玉环电厂等工程为代表的电力品牌;八是以广州大学城、上海浦东磁悬浮、上海地铁、上海碧玉蓝天大厦等工程为代表的市政及民用工程品牌；九是以上海宝山湖、上海河流污水治理、宁波北仑港、浦东国际机场围坝等为代表的水力筑坝品牌；十是以宁波栎社机场、杭州萧山机场、上海浦东国际机场等为代表的机场场道建设品牌。在建筑行业连续十年获得上海市五十强第一名，并在上海市各类企业中列百强之榜。

## 四

2010 年 3 月，宝冶经过多年的市场经营和发展，已逐步由原来单一的冶金建筑总承包企业拓展为以 EPC 工程总承包、钢结构及装备制造、检修协力和房地产开发四大产业板块为主的集团型企业。为适应市场变化要求及产业板块发展需要，以上海宝冶建设有限公司为母公司，联合下属子公司——上海宝冶工程技术有限公司、南京中冶钢结构有限公司、上海中冶新域置业有限公司、常熟中冶宝润置业有限公司、上海宝冶轻钢有限公司、上海宝冶建筑装潢有限公司、慈溪中冶置业有限公司、扬州中冶凯程置业有限公司、上海宝冶安装作业有限公司、上海宝冶建设工业炉工程技术有限公司、上海中冶新月浦置业有限公司、上海中冶凯程置业有限公司等成立上海宝冶集团，母公司名称变更为上海宝冶集团有限公司(简称宝冶)。

2010—2016 年，宝冶开启集团化发展征程。首先，在企业发展战略上进行全面规划。2010 年制定《2011—2015 年发展战略规划》，将企业战略定位为围绕“EPC 工程总承包、钢结构及装备制造、检修协力和房地产开发”四大主业板块，打造“主业突出、多专业、跨行业、具有可持续发展能力”的国际化工程公司。2014 年，将战略指导思想调整为：以创新提升、持续增长的科学发展观统领公司发展全局，围绕中国中冶“三五”规划总目标，突出增强宝冶工程总承包、钢结构制作安装及房地产开发能力，关注国家重点发展领域，把宝冶发展成技术领先、管理精益、资金密集、具有可持续发展能力的大型建筑企业集团。2016 年，确定企业发展思路为：围绕一个目标、加速两个升级、聚焦三大核心、建设四个平台，通过转型升级实现总部服务控制、区域属地管理、专业公司运营、项目授权运作、社会协力合作的集团化管控格局。

其次，根据内部实际情况和外部市场变化，适时调整下属二级公司主业定位，提高 EPC 工程总承包能力。2015 年，将已具备转型条件的建筑工程公司、工业工程公司转型为施工总承包公司；设立八大区域公司，并引导区域公司向建筑工程施工总承包公司方向发展；对各专业公司进行清晰的专业定位，通过推行专业化发展战略，打造“宝冶钢构”“宝冶安装”“宝冶市政”等专业品牌，力争以各自不同的拳头产品，形成细分市场的竞争优势；集合各版块配套资源，向配套型专业公司输入，鼓励其拓展业务版图，形成“总承包公司—专业化品牌公司—资源配套专业公司”三类公司协同发展的新格局。2016 年，为建立较为完善的海外业务管理体制，设立国际工程公司，投资设立上海宝冶集团(马来西亚)有限公司、上海宝冶(柬埔寨)有限公司。

第三，在管理创新上，建立起规范有效的全面风险管理体系；开展管理提升活动；改进薪酬分配体系，提高经营管理绩效水平；率先上线采购电子商务平台，实现采购管理制度、采购操作流程和采购管理信息的“三统一”；加强企业信息化建设，建立统一的数据库和信息中心，实现企业核心业务系统模块一体化；资质能力不断提升，资质种类更加齐全。

2010 年宝冶新签合同金额突破 200 亿元，2014 年突破 250 亿元，2015 年突破 400 亿元，2016 年突破 500 亿元。先后承接了多项有影响力的大项目，如集国际标准甲级写字楼和白金五星级酒店为一体、被誉为“珠澳第一高楼”的珠海十字门 300 米标志塔楼、沈阳财富中心 189.6 米高档写字楼和保定万博广场258米地标大厦、上海迪士尼乐园、2014年中国APEC峰会新闻发布中心暨2016年G20峰会主会场、中国博览会会展综合体等重点工程。通过不断创新、完善和提升，在岩土工程、土木建筑、市政工程、钢结构工程、冶金工程、安装工程、工程设计、工程测量与检测、信息技术与信息化、能源和环境工程等技术领域形成十大专业技术系列。

2016年，宝冶汲取60余年的发展智慧，汇聚几代宝冶人的精神财富，凝练出宝冶人的“合创之道”，即“建精品工程，铸长青基业”的企业使命；“成为综合实力最强、品牌形象最佳、发展质量最优、幸福指数最高的建筑企业集团”的企业愿景；“诚信、笃行、创新、共赢”的核心价值观；“超越自我，敢为人先”的企业精神。

2017年始，面对复杂多变的宏观经济形势和激烈的市场竞争，公司先后与中冶东方工程技术有限公司、中冶华天包头设计研究总院有限公司成功实现战略重组，整合融合为宝冶打造最具产业链竞争优势的集团化公司提供了新的动力，宝冶开始迈入高技术高质量发展时期。

2017年，宝冶提出打造“最具产业链竞争优势的全生命周期工程服务商”奋斗目标，确定“平台建设年—集团化管控年—标准化管理年—跨越式发展年”发展主线，以大思路、大格局积极搭建市场营销、项目管理、集团管控、创新发展“四个平台”。搭建“228711”组织架构(即2个设计院、2个工业总承包公司、8个建筑总承包公司、7个专业承包公司、1个投融资事业部和1个国际工程公司，实施“大专业区域化、小专业公司化”和“资本化+国际化”战略)和“75521”人员结构(即7 000名员工、50名博士、500名硕士、200名注册造价师、1 000名注册建造师)。通过与中冶东方、包头院的整合，进一步延伸贯通冶金、市政、民建领域EPC产业链。

2018年，宝冶在企业管理上运用平衡计分卡作为战略执行工具，突破依靠单一财务指标进行绩效考核的企业预算框架，以“图、卡、表”的方式将公司战略分解为可操作、可衡量的目标、指标，确保企业年度预算全面完成。同时，构建“业财一体化”的平台，统一公司业务单元、部门、岗位体系、供应商、客商等基础信息，打通各系统与财务的协同、供应链和中冶电商、人力资源系统和协同办公(OA)平台、教培培训系统，实现公司多系统集成和融合应用。设立财务共享中心，推动传统的财务核算向战略支撑、管控分析、监督制衡、经营预测四大职能转变，打造会计业务处理中心、项目经营管控中心、数据资产管理中心、人才队伍培养中心四大中心，践行共享服务，打造智慧财务。同时，大力开展注册类执业资格证书取证工作，仅2018年一级建造师通过人数高达215人，同比增长134%；造价师通过人数达45人，同比增长10倍。

2018年，上海宝冶冶金工程有限公司正式挂牌落位，国家技术标准创新基地高炉工程建造标准研究院落户宝冶，宝冶“冶金建设国家队”有了更加丰富的内涵和更高的技术支撑平台。同时，为提升企业在建筑领域的技术创新能力，宝冶成立工程技术研究院，打造专业技术团队、提升技术服务水平。

2017—2018年，宝冶各项经营指标再创新高，各项指标位列中冶集团施工子企业前列，被誉为中冶集团的“排头兵”和“领跑者”。新签合同额2017年突破600亿元，2018年突破750亿元；营业收入2017年突破260亿元，2018年实现营业收入331亿元。除此之外，宝冶在市场开拓方面，在合同规模、工程体量、项目影响力上都取得前所未有的历史性突破。先后获评全国优秀施工企业、上海市建筑施工诚信企业；位列2017年度上海市建筑(集团)企业经营实力排名第五名；获CGMA全球管理会计大奖；认定为国家知识产权示范企业；通过上海市质量认证品牌联盟颁发的“上海品牌”认证。宝冶将继续深化体制机制改革，推进适应EPC全产业链、项目管理精细化的管理架构和流程创新，不断超越自我，奋力打造一流的最具产业链竞争优势的全生命周期工程服务商。

# 大 事 记

## 1978 年

5 月 25 日，冶金工业部（简称冶金部）下发《关于组成参加上海宝山工程会战的各基建单位领导班子的通知》，刘锡成任第十九冶金建设公司分指挥部党委书记，李伟任党委副书记、指挥长，韩喜任副指挥长，张铨任党委副书记兼政治部主任，张维信、于家忠、孙金照任副指挥长，陆羽任政治部副主任。

9 月 11 日，冶金部紧急抽调第十九冶金建设公司（简称十九冶）13 400 人参加宝钢工程建设。

9 月 29 日，冶金部成立上海宝钢工程指挥部十九冶分指挥部（简称分指挥部）。

10 月 12 日，冶金部决定马华兼任分指挥部党委副书记、代理党委书记。同年 11 月 8 日，冶金部对分指挥部领导班子再次调整，马华兼党委副书记、代理党委书记，朱宗明任党委副书记、指挥长，韩喜任党委副书记、副指挥长，张维信、孙金照、郑诗亮任党委委员、副指挥长，于家忠任党委委员、副指挥长、总工程师，陆羽任党委委员、政治部副主任，于永浩任副指挥长，王成金任党委委员。

12 月 23 日，宝钢一期工程举行动工典礼，分指挥部承担的一号高炉项目开工。一号高炉容积 4 063 立方米，从日本成套引进，设计年产铁水 325 万吨。

是日，分指挥部承担的宝钢一炼钢项目开工，项目设计年产钢水 671 万吨。除建设 3 座转炉外还包括铁水预处理和二次精炼装置。

12 月，分指挥部第五工程公司（简称五公司）为适应宝钢建设需要，在夜校开办日语班。每周一、五晚上学习两次。参加学习的有五公司党委书记、经理、工程师、技术员、政工干部和工人等 60 余人。

是月，分指挥部根据上海地下水位高的特点和高炉、热风炉基础工程施工要求，在高炉区进行一比一（50×50 米基坑）轻型井点降水试验。通过试验为取消支撑基坑壁的钢板桩及修改日方提出的 1∶1.5 边坡方案、少挖土方提供了科学依据。仅以高炉、热风炉基础为例，可为国家节省投资 857 500 元。

## 1979 年

1 月 6 日，分指挥部在科技处设立中心实验室，负责土建、耐材、焊接探伤测试等检验试验工作。第三工程公司（简称三公司）、五公司、筑炉分公司的原试验室及检查处探伤组的机构撤销，原有人员及设备集中到中心试验室统一安排使用。

1 月 9 日，分指挥部承担的宝钢自备电厂主厂房基础打桩，4 月 26 日破土动工。

1 月，分指挥部召开加强经济管理经验交流会，推广三公司第一工程队在大临工程施工中推行《全优工程超额奖励（试行）办法》的试点经验。

是月，分指挥部党委认真落实党的知识分子政策，提升顾占臣、崔友斌、岳东元、顾奎林等 28 名同志为工程师、经济师、统计师和技师。

2月,分指挥部在承包练祁河土方施工中推行合同制,利用挖河土方为高炉填土,仅用不到10天时间就铲运41 000立方米。按劳动定额考核,工效提高48.57%,机械完好率达95.63%,利用率达91.88%。

8月,分指挥部党委决定分期分批举办关于真理标准问题讨论的学习班,轮训科级干部,为广大职工深入开展对真理标准的讨论准备条件。

9月3日,分指挥部成立集体所有制的青年基建工程队,安置十九冶武汉市中学毕业留城和下乡的职工子女,承担建筑安装等工程任务,实行独立核算、自负盈亏。

12月,在宝钢钢结构设计制作现场会上,分指挥部金属结构制造厂(简称结构厂)为宝钢电厂加工制造的H型钢结构被评价为“质量达到了日本的水平”。

## 1980年

3月10日,冶金部发文对在武钢“一米七”热轧工程建设中作出突出贡献的同志授予技术专家和技术能手荣誉称号。十九冶有36人获技术专家称号,76人获技术能手称号。

3月,分指挥部团委响应团中央关于广大青少年要在绿化祖国的事业中勇当突击手的号召,组织150多名团员青年在宝钢厂区附近开展植树活动,栽树八百多株。

是月,分指挥部三公司机械队所属班组进行民主选举,改变过去长期由上级任命指派的现象,调动了广大职工建设宝钢的积极性。

4月1日,为加强科技干部队伍建设和管理,分指挥部成立技术委员会。

5月6—10日,分指挥部代表宝钢工程指挥部参加冶金部钢跳板选型会,参与《冶金部钢跳板标准规程》《冶金部钢跳板定型标准图集》《钢跳板质量标准》和《钢跳板使用管理规定》的编制工作。

5月9日,分指挥部成立青年基建工程队上海分队,承担装卸、运输和建筑安装等任务,实行独立核算、自负盈亏。

5月18日,分指挥部承担的宝钢一号高炉80米烟囱混凝土浇灌完成。6月14日,进入结构安装阶段。

## 1981年

1月2日,《宝钢战报》报道分指挥部科技处中心试验室安装的国内第一台从西德引进的“423型”导热系数测定仪开机试验成功。

2月13日,分指挥部召开设备维护会议,争取以少量投资发挥更大的作用,将设备维护好,切实做到工程缓建,设备不锈蚀、不变质、不变形。

3月20日,为使土建力量更适应宝钢工程需要,分指挥部撤销原第四工程处建制,成建制调整合并到三公司。

6月4日,根据宝钢建设需要,冶金部和上海市委作出决定,将参加宝钢工程会战的十九冶分指挥部从十九冶分出,成立地区级的第十九冶金建设公司上海分公司(简称分公司),独立承担宝钢建设主体任务。

是日,冶金部在成立十九冶上海分公司的同时对分公司领导班子相应进行调整:朱宗明任党委书记，韩喜任党委副书记、经理，张维信任党委副书记，孙金照、于家忠、郑诗亮、陆羽、于永浩任副经理。

8 月 7 日，分公司召开科技工作会议，传达冶金部、上海市和宝钢工程指挥部科技工作会议精神，总结科技工作成绩，表扬做出显著成绩的先进集体和先进个人，并颁发科技奖和工程师证书。工程技术人员、技术干部计 400 余人参加。

## 1982 年

4 月 17 日，分公司成立企业整顿办公室和干部学校。

是日，经分指挥部党委研究决定，郝新华任分公司工会主席。

4 月 30 日，分公司承担的宝钢自备电厂一号机组并网发电；11 月 20 日，一号机组举行交工验收仪式，正式投产，成为宝钢工程第一个投产的项目。

6 月 13 日，分公司和有关单位一起，高速、优质地完成上海市延安东路外滩人行天桥主体工程安装任务。该天桥是上海市人民政府为提高外滩车辆通行能力，保证交通安全而批准兴建的全市第一座钢结构立体人行桥。

7 月 31 日，分公司成立职工教育委员会。

8 月 20 日，分公司党委发文成立共青团上海宝钢工程十九冶分指挥部委员会。彭志利任团委副书记。

11 月 25 日，分公司提前全面完成全年计划，建安工作量首次突破 1 亿元，达到 1.043 亿元，创历史最高水平。

12 月 25—26 日，分公司召开首届职工代表大会，810 名代表出席。会议期间，全体代表讨论通过《关于颁发分公司职工代表大会暂行条例实施细节的决定》《关于颁发分公司职工奖惩条例实施细则的决定》《关于颁发分公司计划生育若干规定的决定》。

## 1983 年

1 月 2 日，国务院副总理姚依林视察分公司承建的宝钢一期工程高炉、转炉等工地。

1 月 26 日，经冶金部决定，蔡德慧任分公司副经理，杨长恒任分公司党委副书记。

2 月 13 日，分公司承建的宝钢长江引水工程开工。引水工程库容为 1 190 万立方米，日供水量 225 万立方米。

3 月 15 日，分公司承担的宝钢自备电厂二号机组并网发电；11 月 23 日投入生产。

3 月 22 日，分公司成立物资供应公司，物资供应公司和材料处为双重职能机构，一套班子，两块牌子。

3 月 26 日，分公司召开优秀通讯员表彰会，28 名优秀通讯员受到表彰。1982 年分公司共向《宝钢战报》投稿 402 篇，采用 172 篇，投稿数和采用数比 1981 年分别提高 33% 和 28%。

3 月 28 日，上海电视大学宝钢十九冶分指挥部分校成立。

4 月 14 日，分公司团委召开深入学习张海迪动员大会，邀请电装公司爱国归侨、工程师周元创以亲身经历和感受为 200 多名青年做关于爱国主义的报告，激发青年的爱国热情。

6 月，分公司在冶金部召开的设备工作会议上被评为设备保管维护先进单位。

7 月 1 日，分公司成立十九冶金建设公司上海分公司技工学校。

7 月 12 日，冶金部调攀枝花矿山公司裴东旭到十九冶上海分公司工作。

7 月 27 日，分公司承担的宝钢一号高炉炉顶液压系统冲洗结束。经中日双方抽样化验，油清洁度达到国际宇航标准八级，比设计标准高二级。

8 月 20 日，中共中央政治局常委、中央委员会总书记胡耀邦视察宝钢一期工程建设工地，分公司经理韩喜、副经理蔡德慧介绍高炉施工情况。

是日，冶金部对分公司领导班子再次进行调整：裴东旭任党委书记、杨长恒任党委副书记，韩喜任经理，高天赐、蔡德慧、孙金照、于永浩任副经理，于家忠任总工程师；朱宗明、陆羽不再担任领导职务，做调研工作。张维信任纪委书记，免去其党委副书记职务。

9 月 13 日，分公司成立基建办公室。

11 月 24 日，中共中央政治局常委、国家主席李先念视察分公司承建的宝钢一期工程建设工地。

## 1984 年

2 月 15 日，中共中央政治局常委、中央顾问委员会主任邓小平和中共中央政治局委员王震视察宝钢一号高炉工地。

3 月 25 日，分公司成立维护检修办公室。

3 月 26 日，国务院代表韩光视察宝钢长江引水工程。

4 月 6 日，分公司承担的宝钢一号高炉鼓风机并网成功。

是日，分公司党委召开首次信访工作会议。

4 月 30 日，中共中央书记处候补书记郝建秀视察宝钢炼钢厂，和分公司职工热情交谈。

5 月 22 日，分公司承担的宝钢一炼钢项目 3 座 300 吨转炉单体试车。

6 月，分公司召开共青团十九冶上海分公司首次代表大会。大会选举产生 19 名团委委员，7 名团委常委，张万炎当选为团委副书记。

7 月 1 日，分公司将科级干部管理权和任免权下放到下属各二级单位，新任命的科级干部实行任期制。

8 月 9 日，分公司成立企业经营管理研究室。

8 月 31 日，分公司承建的宝钢自备电厂工程获国家优质工程银质奖。

8 月 31—9 月 1 日，分公司召开工会第一次会员代表大会，选举产生分公司工会第一届委员会，选举涂建国为工会主席。

11 月 8 日，分公司举办技术革新、劳动竞赛成果展。

11 月 27 日，分公司召开首届知识分子工作会议。

11 月 28 日，分公司党委按浮动升级办法，为作出突出贡献的 29 名优秀知识分子晋升一级工资。

12 月 25 日，分公司承担的宝钢一号高炉综合联动试车。

12 月，分公司同上海市嘉定县沪嘉高速公路指挥部签订承建沪嘉段的合同。

## 1985 年

1 月 25 日，国务委员张劲夫视察分公司承建的宝钢一期工程一号高炉、原料码头等项目。

1 月 26 日，中共中央政治局委员、国务院副总理田纪云视察分公司承建的宝钢一期工程一号高炉、原料码头项目。

2 月 14 日，分公司承担的一炼钢项目 3 座转炉完成联动试车，二号转炉无负荷模拟炼钢试运转；9 月 20 日 12 点 40 分，一号转炉炼出第一炉钢。

3 月 7 日，分公司召开首届女职工代表大会，选举产生女职工委员会，通过《女职工代表大会暂行条例》，表彰一批“三八”红旗手和五好家庭。

3 月 31 日，分公司召开干部大会，动员全体职工大干 90 天，确保 6 月底全面交付生产上岗。

4 月 4 日，由广大文艺爱好者自愿结成的群众组织——分公司职工业余文艺协会成立。协会有文学创作组、美术创作组、书法组、摄影组、文艺组。第一批会员共计 109 人。

5 月 27 日，为确保一期工程投产后设备正常运行，宝钢总厂和分公司签订合同，将烧结、高炉、炼钢、初轧单元工程的 2 849 台机电设备定修委托分公司承担。同时，分公司还参加原料、烧结、高炉的日修和全厂性紧急抢修工作。

6 月 24 日，分公司承建的炼钢厂完成全厂模拟生产综合试运转，炼钢厂全部建成并交付生产。

8 月 2 日，分公司三公司财务科获冶金部基建局“优质工作单位”银牌。

8 月 17 日，分公司承担的宝钢一号高炉开始烘炉。

8 月 21 日，分公司承建的宝钢二期 2 050 毫米热轧工程开始打桩。该工程是当时国内轧制宽度最大的热轧工程，主体设备从德国西马克成套引进，年产热轧卷 400 万吨。

8 月 27 日，分公司撤销维检办公室，成立维护检修公司。

9 月 4 日，长江水通过江心泵站进入长江引水工程调蓄水库，再由输入泵站和地下管道送到宝钢中央水处理厂，实现与一期工程“85·9”(1985 年 9 月宝钢一号高炉投产)投产同步送水的目标。

是日，为庆祝分公司在承建的宝钢一期工程一号高炉系统 22 个项目竣工，工会、文艺协会联合举办大型美展。

9 月 15 日，分公司承建的宝钢一号高炉举行点火仪式，国务委员宋平等出席。

9 月 25 日，分公司召开宝钢一期工程建成投产庆祝大会，1 200 多人参加会议。

11 月 23 日，宝钢一期工程建设成果展览举行开幕式，冶金部副部长黎明为展览剪彩。

12 月 6 日，分公司成立设备检修工程公司。

12 月 24 日，分公司成立综合经营办公室，负责归口分公司在对外联营、技术服务、生活服务、第三产业等方面的综合管理业务。

是日，十九冶职工家属管理委员会在月浦新村成立。

是年，分公司在冶金部举办的创全优工程和全面质量管理活动中取得显著成绩，获奖牌 33 枚，累计获得 55 枚。工安分公司获冶金部质量管理奖。

## 1986 年

1 月 28 日，分公司工会举办 1985 年度女工工作成果展览，共展出版面十三块，各种技术比赛、先进事迹图片 80 多张。

4 月 12 日，分公司成立审计室，行政上隶属经理办公室。

5 月 27 日，分公司承担的宝钢长江引水工程全部竣工，调蓄水库面积 2 500 亩。陈云为调蓄水库题名“宝山湖”。

6月4日,因宝钢建设和维护工作需要,经国务院、冶金部和上海市委市府同意,分公司在上海落户,更名为上海宝钢冶金建设公司。

6月18日,宝冶承建的宝钢2 050毫米热轧工程破土动工。

6月21日,宝冶员工万捷在1986年上海市货运汽车节油比赛中获第一名,并在市工人文化宫召开的总结表彰会上汇报夺魁体会,宝钢工程指挥部授予万捷新长征突击手称号。

6月,宝冶研制成功国内冶金企业第一条轨链新机作业线。

7月5日,宝冶23项工程在冶金部检查团对宝钢一期全优工程复查和二期在建工程质量检查中被评为部级全优工程。

7月8日,宝冶与上海梅山冶金公司签订梅山二号高炉大修合同补充协议。

7月24日,宝冶提前31小时完成首次宝钢初轧厂年修任务,宝钢初轧厂送来感谢信。

7月28日,冶金部对宝冶领导班子进行调整,杨长恒任宝冶临时党委副书记,主持党委工作;高岐峰任临时党委副书记,兼纪委书记;高天赐任宝冶副经理,主持行政工作;蔡德慧、翟传恭、方宗林任副经理。裴东旭不再担任党委书记职务;韩喜不再担任经理职务;孙金照、于永浩不再担任副经理职务;张维信不再担任纪委书记职务。

7月,宝冶筑炉公司、机动公司青年突击队承担的2项青年工程被团中央命名为"国家重点建设青年突击工程",并获得奖牌和证书。

8月9日,宝钢总厂在钢专100号教室召开处以上干部会议,总厂党委书记朱尔沛宣读冶金部文件,宣布成立宝冶党政新班子,并代表总厂对宝冶划归总厂领导表示热烈欢迎。

8月21日,宝冶五公司在热轧现场举行"连续壁青年突击队"授旗仪式,连续壁施工是1986年全国重点建设青年突击工程之一。

8月,宝冶承建的宝钢一号高炉系统工程、宝钢长江引水工程和宝钢炼钢工程获冶金部颁发的优质工程奖。

9月24日,宝冶承建的苏钢一号高炉热风炉工程开工。

10月15日,宝冶第一个对外横向联营项目——江苏省启东县江海钢厂250车间试轧成功。

10月31日,上海市建委、市建委党委、市城乡规划环境保护委员会召开建设系统模范集体、先进标兵命名表彰大会。宝冶特种分公司经理王茂松被命名为"上海市建设系统标兵"。

是日,宝冶18 197名职工及家属正式在上海落户,成为上海市市民。

10月,在中国建筑统筹管理研究会年会上,宝冶被评为推广应用网络计划技术先进单位,公司2篇论文被评为优秀论文,1人被评为研究会工作积极分子。

是月,宝冶1 992名正式党员和136名预备党员组织关系从渡口正式转入上海,隶属宝钢总厂党委管理。

11月10—14日,全国冶金施工企业工会第三次协作会议在宝冶召开。全总机械冶金工会,上海市总工会,基建局、总厂、宝指等有关负责人出席开幕式。

11月,宝冶在全国冶建施工机械检查评比中以915分的成绩再次夺魁,取得"二连冠"。

12月1日,宝钢二号高炉开始打桩。二号高炉容积为4 063立方米,设计年产325万吨铁水,设计和制造均由国内承担,宝冶负责施工。

12月2日,宝钢长江引水工程纪念碑举行落成典礼。纪念碑正面刻有国家主席李先念"宝钢长江引水工程落成纪念"题字,背面的碑文由宝钢工程指挥部引水工程办公室撰写,记载了所有参加此项工程建设者的功绩,书法家任政书写纪念碑碑文,宝冶职工陈新民篆刻,一共641个字。

12月17日，宝冶承建的梅山二号高炉点火烘炉。

## 1987年

1月1日，宝冶侨联小组成立。根据侨联章程，选举产生宝冶侨联小组领导成员。

2月20日，经宝冶党委研究并征得上级工会同意，李湘源任宝冶工会主席。

2月，宝冶承建的宝钢一期工程获国家优质工程金质奖。

3月5日，冶金施工企业安全工作会议在宝冶召开，18个单位70名代表参加，冶金部基建局副局长王裕明及安环司副司长刘华等领导出席大会。

4月27日，宝冶自筹资金建成生产国内最大口径螺旋钢管的华东地区第一座螺旋钢管厂投料试车成功，生产出第一根直径609毫米的成品螺旋钢管。

4月28日，宝冶成立综合开发公司，承担宝冶部分后勤生活服务，部分辅助生产和对外横向联合以及经营开发等任务；撤销行政处和综合经营办公室，其业务和人员划归综合开发公司；撤销基建办公室，成立基建工程处，原基建办公室业务和人员归属基建工程处；原属于材料处管理的预制厂、搅拌站划归机动公司。

4月，宝冶在冶金部组织的1986年度统计年报评比中获一等奖。

是月，宝冶承建的宁波栎社机场工程开工。这是宝冶第一次承担机场工程。

5月29日，宝冶承建的苏钢一号高炉热风炉工程点火；次日，苏钢一号高炉炼出第一炉铁。

6月2日，宝冶特种分公司被上海市人民政府命名为1986年度“文明单位”。

8月7日，宝冶负责筹建的耐火组合砖厂引进技术和设备的外事谈判全面结束，并在北京签署合同。

8月27日，宝冶首届职工暨工会会员代表大会经过两天预备会议正式召开。

8月28—29日，冶金部基建局邀请上海交大、清华大学、冶金建筑研究总院、冶金管理协会、五冶、二十冶、十三冶等单位的专家、教授、工程师组成鉴定小组，对宝冶研发的财务管理系统软件(简称AMSP系统)进行鉴定，认为系统在施工企业的固定资产管理、工资管理等方面达到国内先进水平，具有广泛的实用性和推广价值。

9月5日，经冶金部党组研究决定，杨长恒任宝冶党委书记、高天赐任经理。

9月15日，宝冶成立技术委员会。

9月，宝冶承建的国家“七五”重点工程宁波北仑电厂灰库工程开工。

10月，上海市建设系统和冶金学组分别召开第二届思想政治工作研究年会。宝冶思想政治工作研究会被评为市建设系统先进单位，宝冶三公司研究分会《多样化形象化地进行思想政治工作》被评为优秀论文。

是月，宝冶技工学校经市劳动局验收合格后，开始面向社会招生，并列入市统招计划，共招收应届初中毕业生和高中毕业生250名。

是月，冶金部基建局下文，正式批准宝冶开发公司与江苏省宜兴县和桥镇合资联营兴办纺织厂和热电厂。

11月14日，冶金部发文批准宝冶从1988年1月起施行经理负责制，经理任期5年。

11月16日，宝冶5万平方米双职工住宅工程完成征地工作，武汉勘测设计院开始进行地址钻探。

11 月，宝冶在 1987 年度冶金施工机械设备管理工作检查评比中获第一名。

是月，宝冶员工马树青撰写的《汽车节油措施》成果在共青团中央、国家经委和中国科技协会联合组织的第二届全国青工“五小”智慧杯竞赛活动中获三等奖。

12 月 17 日，宝冶首届女职工代表大会召开。

12 月 29 日，宝冶成立监察室，监察室、审计室、经济犯罪打击办公室(简称经打办)三室合署办公。

## 1988 年

1 月 28 日，宝冶承包的上海奉贤灰坝工程全部竣工。该工程在 1987 年上海市水利在建工程质量评比中获一等奖。

2 月 10 日，宝冶召开首届二次职代会，审议通过高天赐经理的五年经理任期目标，并选举参加宝冶管理委员会的 4 名职工代表，从而完成由党委领导下的经理负责制向经理负责制、党委保证监督、职工民主管理新的领导体制的转变。

3 月 7 日，经冶金部党组研究决定，高岐峰任宝冶副经理，不再担任党委副书记和纪委书记职务；程志广任党委副书记兼纪委书记。

3 月 16 日，宝冶举行聘请常年法律顾问合同签字仪式，聘请吴淞区律师事务所等部门 6 名律师。

3 月 18 日，宝冶职工技术协作委员会成立。

3 月 22 日，国家计委批准宝冶获评第二届(1986—1987 年)全国设备管理优秀单位称号，冶金部基建局发来贺电。

3 月 31 日，宝冶成立管理委员会，协助经理决定企业的重大问题。

3 月，宝冶承建的宝钢月浦生活区 5 万平方米冶建住宅破土开工。

是月，中国冶金建设公司委托宝冶设立中国冶金建设公司上海石洞口电站代表处，负责对美国伦迪·沙金公司的有关石洞口电站的业务联系，代表处全部人员由综合开发公司出任。

4 月 4 日，国内冶金系统最大的球型压力容器——宝钢在用一号贮氮球罐首次开罐检查，由宝冶科技处中心试验室承包该工程。

4 月 7 日，宝冶 8 个工程公司领导集体与经理高天赐签订承包经营责任合同。这是宝冶首次推行领导集体抵押承包。

4 月 22 日，宝冶党委成立党务工作研究会，在全国冶金系统尚属第一家。

4 月 26 日，宝冶与上海市建筑业联合召开建筑企业管理现代化成果研讨会，40 多名与会者着重对量本利分析法进行研讨。

5 月 25 日，由冶金部主持召开的宝冶科技成果鉴定会结束。来自全国各有关单位的专家教授、高级工程师等几十名评委对宝冶申报的《宝钢热轧厂铁皮坑地下连续墙施工新技术》《超级小型机的向量汉字库的建立及彩色绘图仪汉字系统开发》和《宝钢炼钢厂计算机炉次跟踪试验》3 项科技和施工技术成果进行鉴定，认为炉次跟踪试验、彩色绘图仪汉字系统开发均属国内首创，热轧铁皮坑地下连续墙施工新技术达到同类施工国际先进水平，具有广泛推广应用价值。

5 月 27 日，宝冶与江苏宜兴和桥镇合资兴建的纺纱厂投产。

5 月，宝冶电大分校被上海电大命名为“1987 年度先进办学单位”。至此，电大分校已连续三次获市先进办学单位称号。同月，电大分校召开建校十周年暨分校校友会成立大会。

6月30日，宝冶召开首届二次职代会第二阶段会议，审议通过《一号高层分配方案》。

7月9日，宝冶自行设计研制，与浙江嘉兴冶金机械厂联合制造的U75－200型金属压型板生产线试制成功，在宝钢工地举行投产剪彩仪式。

7月，宝冶承担的宝钢一期工程施工新技术获国家科技进步特等奖。

是月，宝冶承担的宝钢二期工程2 050毫米热轧厂地下连续墙施工新技术经冶金部鉴定，获科技成果奖。

8月4日，宝冶召开首次档案工作会议。

8月13日，宝冶召开首次改革成果发布会。

8月15日，宝冶召开首次经营工作例会，对如何开展对外经营、承揽外包工程和外销加工进行研究讨论。

8月30日，由《宝冶工人》报、《宝钢报》《二十冶报》和"上海大众文学学会"联合举办的《海派文学》创刊号座谈会在宝冶工会俱乐部举行。

8月，宝冶电装公司为解决进口仪表资料不足的困难，自行编译《西德电工仪器仪表汇编》一书并出版。

是月，宝冶工程技术公司撰写的国内第一套施工企业管理干部岗位培训丛书，由上海科学技术文献出版社出版。这套丛书包括《施工技术员》《预算员》《材料员》《劳动定额员》《工资员》《计划员》《质量检查员》《机械管理员》《成本会计员》《安全员》10本共150万字。此外，还录制了与丛书相配套的51盒共102小时的教学录像。

9月6—8日，中日建筑企业管理比较研究第二次交流会在上海市政协楼月潭厅和宝冶联谊厅举行。宝冶是全国冶金系统参加此次中日建筑企业管理比较研究会的唯一单位。

9月17日，宝冶职工集邮爱好者协会成立。

9月26—27日，中国共产党上海宝钢冶金建设公司首次代表大会在特种公司召开。245名正式代表、26名列席代表出席会议。杨长恒作了题为《努力提高党员素质和党组织的战斗力，切实保证党的基本路线在宝冶公司全面贯彻》的党委工作报告。大会选举产生了中国共产党上海宝钢冶金建设公司首届委员会，由9名委员组成，杨长恒任党委书记，程志广任党委副书记。选举产生了中国共产党上海宝钢冶金建设公司首届纪律检查委员会，由7名委员组成，程志广任纪委书记，张德良任纪委副书记。

10月10日，中国冶金施工审计学会在宝冶成立。全国13个冶金施工企业和宝钢工程指挥部审计部门负责人，有关单位的总会计师等40多人出席会议。

10月22日，宝冶设备处与宝钢工程指挥部设备处签订宝钢大件码头承包经营协议。自1989年1月至1993年底，一包五年不变。

10月31日，宝冶承担的沪嘉高速公路举行通车典礼，交通部、上海市府等领导和参建单位代表1 000多人出席通车庆典。这是国内大陆第一条全封闭、全立交、装有现代化监控设备的高速公路。

10月，宝冶获评冶金施工企业1987年度国家二级企业。

11月14日，宝冶筑炉公司和江苏省昆山县蓬朗乡共同投资创办，年生产能力为1 500吨的宝昆联营耐火材料厂在宝山举行签字仪式。

12月7日，宝冶被上海市政府授予上海市1988年投入产出调查工作先进集体称号，成为宝钢地区唯一获得这一称号的施工单位。

12 月 9 日,经建行上海市分行信用等级评定委员会评定,宝冶被评为“信用一级企业”,有效期一年。

12 月 13 日,自发组织起来的群众性艺术团体——宝冶书画社成立,宝冶工会副主席李耀东任名誉社长,郭达任社长。

12 月 28 日,经中国人民银行上海分行金融管理处批准,宝冶与建行宝钢支行联办的储蓄所开业。该所设立在月浦新村一号高层。

12 月,宝冶作为团体会员单位加入上海市设备管理协会。

## 1989 年

1 月 26 日,宝冶在上海市嘉定县马陆乡境内,用钢渣铺筑成功一条长 1 100 米,宽 7 米的公路,达到三级公路标准。这是国内第一条全钢渣公路。

是日,宝冶承建的国内首座双层停车库——内江路停车库被评为上海市优质工程,为宝冶在民用建筑中首次创出声誉。

2 月 1 日,上海市总工会副主席杜玉英、原副主席裔式娟、女工部长袁觉英等领导带领各区县局女工干部 40 多人来宝冶学习交流女工工作经验。

2 月 14 日,杨长恒不再担任宝冶党委书记职务,调离宝冶。

3 月 4 日,宝冶科学技术协会成立。

3 月 11 日,宝冶业余党校举行揭牌、开学典礼。

3 月 14 日,宝冶成立宣传处。

3 月 17 日,华东地区女工工作理论研讨会期间,全总女工部长郭彤、安徽省总副主席黄桂兰、上总女工部长袁觉英以及山东、江西、江苏、浙江、安徽等省女工部长一行来到宝冶,听取宝冶工会和女工委员会的工作汇报,参观由宝冶承建的宝钢炼铁厂、炼钢厂及 2 050 毫米热轧厂。

3 月 18 日,宝冶台胞台属联谊分会成立,赵黎明、许立新、贾贤鹤三人当选为分会理事。

4 月 15 日,农工民主党宝冶支委会在宝钢体育馆宣告成立。

4 月 26 日,上海市社科院情报研究所组织上海理论界、企业界、新闻界及市府部委局办等近 40 名领导专家、记者来宝冶参加四元经营思想理论研讨会。与会人员围绕宝冶《建立四元产业的思路及其实践》展开研讨并给予高度评价。

5 月 4 日,宝冶召开共青团上海宝钢冶金建设公司首次代表大会。大会选举产生 8 名团委委员,于波当选为团委书记。

5 月 5 日,宝冶为美国 UMC 公司加工制作的出口船用舱门通过鉴定,正式投入批量生产。这是宝冶第一次承担出口产品的生产。

5 月,宝冶获 1988 年度施工企业管理优秀奖。

是月,宝冶“财务系统软件包(AMSP)”获得中国科学院联想汉卡应用系统一等奖,通过部级鉴定,被列为“上海市建设系统现代化管理实例”加以推广应用。

7 月 5 日,宝冶经理高天赐获“上海市 1987—1988 年度优秀经理”称号。

7 月 14 日,宝冶领导集体向职代会签订承包经营责任书。

7 月 15 日,宝冶成立档案处。

8 月 3 日,国内第一批精加工耐火组合砖——宝钢二号高炉系统热风炉蓄热室下部人孔组合砖在宝冶组装成功，经检验达到设计要求，从此结束组合砖进口的历史，填补了国内耐材工业的一项空白。

8月17日，宝冶召开宝钢2 050毫米热轧带钢厂建成庆功表彰大会。10月31日，宝钢2 050毫米热轧工程投料负荷试车。

9月2日，中央党校上海分校宝冶经济管理大专班在基建处会议室举行开学典礼。此班是干部处教培中心电大分校为提高宝冶处级干部领导素质，委托市党校开办的经济管理专业大专班。

9月5日，经冶金部党组研究决定，高岐峰任宝冶党委书记，不再担任副经理职务。

9月7日，宝冶成立生产检修处。

9月26日，获得全国劳动模范荣誉称号的宝冶特种公司经理王茂松赴京参加全国劳模大会。

9月，宝冶中心试验室与宝冶科协合作完成上海比欧西气体工业有限公司（简称SBOC）4台进口设备的安装工作，安装中采用无垫板灌浆工艺，施工质量良好，得到SBOC、英方代表及上海联建公司的好评。这是宝冶设备无垫板灌浆安装技术首次进入上海建筑市场。

10月20日，冶金部人事司在宝冶召开冶金部施工企业干部工作座谈会。

11月7日，上海地铁一号线徐家汇车站地下连续墙工程由宝冶率先开钻，从而拉开上海第一条地下铁道最大车站大规模施工建设的帷幕。这是宝冶首次承担地铁车站工程。

11月29—30日，华东冶金档案学会第三次常务理事会暨通讯员会议在宝冶召开。国家档案局副局长李凤楼等领导视察宝冶档案室，并向宝冶颁发《国家一级企业档案管理合格证》。宝冶成为上海市施工企业和冶金部直属施工企业中，企业档案管理第一个达到国家一级水平的单位。

12月8日，宝冶成立生产经营处。

12月11日，宝冶成立党委宣传部，撤销宣传处，其业务和人员划归党委宣传部。

12月20日，宝冶施工处更名为工程管理处。

12月，宝冶获上海市建筑业企业特级信用企业称号。

是月，经中国建筑业联合会常务理事会批准，宝冶经理高天赐获全国首届优秀建筑企业家称号。

## 1990年

1月3日，国内第一套国产300吨转炉复合炉底组合砖在宝冶筑炉组合砖厂加工组装成功后通过鉴定，优良率达100%。

1月9日，宝冶撤销基建工程处，成立基建房产处。

1月20日，宝冶少数民族联络会成立。

3月3—7日，冶金部监察工作会议在北京召开，宝冶监察处被评为1989年冶金部直属和重点企事业监察工作先进单位。

3月10日，宝山区第二届人大代表选举，宝冶165、166选区选举工作获得一次成功，王茂松、高天赐、陈义春、宋祖德4人依法当选为宝山区人大代表。

3月11—14日，全国冶金施工企业升级研讨交流会在宝冶召开。

3月14日，宝冶承担的上海国际贸易中心大厦喷涂防火涂料工程首战告捷。此项工程是我国第一幢由国内施工队伍承担的防火喷涂工程，宝冶为国家节省大笔外汇，填补了国内民建喷涂施工空白，开辟了喷涂施工新领域。

3月15日,宝冶机动公司在上海市建筑密集区桩基施工中制定打预防桩的方案,得到市科学技术委员会专家的高度评价和肯定,被评为市级科技成果。机动公司施工技术管理的成功经验,被市科技委专家认定为"具有国内先进水平"。

3月26日,宝冶党政工联合开办的职工政治学校开学。

3月28日,宝冶建研所与上海宝盛节能炉窑材料厂签订BY-40商品灌浆料合同。BY-40无收缩灌浆材料由宝冶建研所消化国外资料,总结宝钢一期工程经验研制而成。该材料使国内设备安装继"研磨法""坐浆法"之后,在设备安装工艺及材料方面有了重大技术突破。

3月,宝冶承建的宝钢2 050毫米热轧工程获1990年度国家建筑工程鲁班奖。

4月,宝冶承建的上海合流污水4.1标彭越浦泵站工程开工。彭越浦泵站是当时亚洲最大的污水泵站。

是月,中华全国总工会授予宝冶全国先进集体称号,宝冶获全国五一劳动奖状。

5月10日,宝冶获全国施工企业优秀管理奖。

5月28日,宝冶BY-40成品灌浆料投入市场,首次在马钢三钢板坯连铸车间获得成功。

5月,宝冶获全国冶金思想政治工作优秀企业称号。

是月,宝冶被授予1988—1989年度第三届全国设备管理优秀单位称号。这是宝冶连续两届获此荣誉。

6月15日,宝冶承建的宁波栎社机场首航成功,标志着国内"七五"期间又一项重点工程全面建成。

6月,宝冶承担施工的国家重点科技攻关项目——宝钢二号高炉新钢种炉壳焊接成功,一次合格率全面超过从日本引进的获得国家优质奖的宝钢一号高炉。

7月23日,宝冶召开千人干部大会传达国务院第十次办公会精神,要求迅速掀起二号高炉施工高潮,做到后墙不倒、质量确保,登上两个台阶,打好三个翻身仗。

7月27日,经冶金部研究决定,高孝铉、高玉良、严梅峻任宝冶副经理;姚廷杰任宝冶总工程师;蔡德慧不再担任宝冶副经理职务(退休);于家忠不再担任总工程师职务(退休)。

7月31日,由宝钢设计院设计、宝冶加工制造的布料机通过技术鉴定,解决了宝钢高炉布料难题。

8月,全总书记处书记张富有在上海市总工会副主席石圣钰、宝指工会主席张宏荣、宝冶工会主席李湘源等陪同下,参观宝冶承建的宝钢一号高炉、炼铁厂、热轧厂,鼓励宝冶职工在二号高炉施工中再创新的成绩。

11月17日,由宝冶和宝指筹办的中国冶金职工思想政治工作研究会冶建学组第五届年会在宝山宾馆召开。

11月29日,国内首创大型高炉用堇青石组合砖在宝冶诞生,标志着靠引进才能施工的特殊炉衬工业有了值得信赖的替代品。

11月30日,上海市第一座取长江水建造的大型民用水厂——月浦水厂陈行水库揭开施工序幕。该工程为宝冶首次承担水厂工程。

11月,宝冶被评为全国施工技术进步先进企业,宝冶单独承担的混凝土施工技术、钢结构安装及焊接技术以及宝冶部分参与的软土地基处理技术被评为全国技术进步优秀项目。

12月上旬,宝冶承建的上海市能源扩建重点项目杨树浦油库扩建工程全面竣工。

12月18日,月浦十村住宅工程交工,宝冶召开首批二室一厅分房会议。

## 1991 年

1 月 1 日，宝冶承建的宝钢一号高炉易地大修工程（三号高炉）开始打桩。三号高炉容积为 4 350 立方米，年产生铁 325 万吨，是当时国内最大的高炉。

是日，国务委员邹家华，上海市委书记、市长朱镕基视察宝钢三号高炉建设工地。宝冶经理高天赐汇报工程建设情况。

1 月 5 日，在北京召开的全国百家企业提高效益经验交流会上，宝冶作为冶建系统唯一一家单位在会上作典型发言。

1 月，宝冶经理高天赐获全国首届优秀施工企业家称号，并被授予“金星奖”。

是月，由宝冶劳资处副处长李彦博和上海市烹饪学校教师仲华华合作撰写的《企业食堂炊事人员岗位培训教材》一书，由上海科技文献出版社出版发行，上海高教音像出版社将该书内容摄制成 40 课时的教学录像片。这是当时国内第一本企业食堂炊事人员岗位培训教材。

3 月 26 日，宝冶 5 项新技术参加全国首届工业企业科技进步成就展并获荣誉奖，宝冶以唯一冶建施工企业的身份参加盛会。

4 月，宝冶档案管理创造“四个第一”：宝钢地区第一家进入国家档案一级，上海市施工企业第一家进入国家档案一级，冶金建设系统第一家进入国家档案一级，冶金部直属企业第一家进入国家档案一级。

5 月 9 日，宝冶召开攻克十大难关，誓保“5·25 烘炉”立功竞赛动员会，来自机装、电装、工安、筑炉、特种公司的 70 位班长以及公司党政工领导在“好汉榜”上签下自己的名字。

5 月 25 日，宝冶承建的宝钢二号高炉开始烘炉，6 月 29 日举行点火仪式，6 月 30 日上午出铁，标志宝钢二期工程基本建成。

6 月 12 日，宝冶成立计量处。

6 月 18 日，首届全国冶金施工企业女职工工作研讨会在宝冶召开，中华全国总工会女职工委员会副主任韩春梅，上海市总工会副主任杜玉英，市总女工部长袁觉英，宝指、宝钢总厂和宝冶等领导出席会议。

6 月，上海第一条引进焊丝生产线——宝冶昆山焊丝厂形成批量生产能力，其产品为焊丝中的最高级——3Y 级，获得中国船级社颁发的合格产品质量证书。

7 月 25 日，宝冶顾伟兴、茅剑柱被评为共和国重点工程建设青年功臣。

7 月 28 日，宝冶承建的厦门特区最大工业建设项目——国内自动控制水平最高的厦顺铝箔生产线全面建成投入试生产。

7 月，宝冶连续五次获“冶金部施工机械设备管理先进单位”称号，连续两年获“全国设备管理优秀单位”称号。

8 月 1 日，宝冶医院搬迁至鱼塘路南侧新址落成启用。

8 月 28 日，宝冶召开首次计量委员会扩大会议，通过《计量工作基本制度》。

10 月 11 日，宝冶第二次工会会员代表大会召开，选举李湘源为工会主席。

10 月 23 日，中共中央政治局常委、书记处书记李瑞环在上海市市长黄菊陪同下，视察宝冶施工的 4.1 标彭越浦泵站工地。

10 月 25 日，中国共产党上海宝钢冶金建设公司第二次党员代表大会在三公司召开。高岐峰作了题为《坚持党的基本路线,发挥政治核心作用,为把公司建设成为一流企业而奋斗》的党委工作报告。大会选举产生了中国共产党上海宝钢冶金建设公司第二届委员会,由 9 名委员组成,高岐峰任党委书记,程志广任党委副书记。选举产生了中国共产党上海宝钢冶金建设公司第二届纪律检查委员会,由 7 名委员组成,程志广任纪委书记(兼),洪海清任纪委副书记。

10 月 31 日,共青团上海市委书记韩正、副书记钟燕群,青工部部长葛培建,以及宝钢总厂团委书记张仁良等一行来宝冶检查共青团工作,韩正对宝冶团委的工作给予肯定。

11 月 12 日,宝冶成立人才开发中心,标志着劳动人事分配制度改革全面展开。

11 月 22 日,全国第二届公关理论研讨会在宝冶举行,中共中央顾问委员会常委胡乔木发来贺信。

11 月,上海市安装协会工程质量专业技术委员会在宝冶挂牌设立。

12 月 6 日,宝冶二届二次职工代表大会通过《1991 年工资改革方案》。

12 月,宝冶获建设部颁发的"全国先进施工企业"证书。

## 1992 年

1 月,宝冶焊丝厂获中国船舶检验总局颁发的"工厂认可证书"。

2 月 4 日,上海市春节慰问团在上海市文化局党委副书记杨益萍带领下到市重点工程合流污水 4.1 标圆井工地慰问节日期间坚守岗位的宝冶职工。

3 月 21 日,宝冶第二届女职工代表大会召开,选举产生宝冶第二届女职工委员会。

4 月 10 日,宝冶成立对外经济部,撤销生产经营处和外事处;设备处、机械处合署办公,名称对内称设备处,对外根据业务需要称设备处或机械处。

4 月 18 日,宝冶取得上海市起重机械一级安装许可证,获准安装所有类型级别的起重设备。

4 月 20 日,全国建筑业统计工作交流会在宝钢召开,宝冶获全国建筑业统计先进单位称号。

4 月,国家建设部公布全国首批国家级工法,宝冶《地下连续墙施工多头钻机工法》《大型高炉中心串罐无料钟炉顶设备安装工法》2 篇入选。

5 月 12—15 日,宝冶召开共青团上海宝钢冶金建设公司第二次代表大会。大会选举产生 11 名团委委员,赵守杰当选为团委书记。

5 月 12 日,宝冶承建的国内规模最大火电厂——浙江嘉兴电厂厂区围堤工程拉开序幕。

6 月 12 日,上海市手工电弧焊和二氧化碳气体保护焊技术操作选拔赛在宝冶锅炉压力容器检验站拉开帷幕。全市焊工高手汇聚宝冶,角逐全国焊工比赛入场券。

6 月 12 日,宝冶承建的月浦水厂一期工程基本建成试通水,标志着上海市民结束了饮用黄浦江水的历史。

8 月 31 日,宝冶特种公司兼并宝山电梯厂的协议签字仪式在宝冶举行。这是宝山区首次签订的跨行业兼并协议。

8 月,由国务院发展研究中心、《管理世界》、中国企业评价中心与国家统计局固定资产投资统计司共同组织的"中国 500 家最大建筑企业及 500 家最佳经济效益建筑企业"评选揭晓,宝冶榜上有名。另外,经建行评定,宝冶利税总额在全国大中型国有施工企业中名列第四,被列为"中国行业一百强"。

9 月 4 日,上海市技术监督局授予宝冶有权对社会开展计量器具检定,标志着宝冶计量量传工作迈上新台阶。

9 月 8 日，上海宝九和耐火材料有限公司投料生产。宝九和耐火材料有限公司是宝冶筑炉公司与日本九筑工业株式会社合资创办，也是宝冶第一家经等级注册的合资企业。

9 月 18 日，首批落聘和未被组合上的职工到宝冶人才开发中心报到，标志着宝冶改革迈出实质步伐。

10 月 8 日，由宝冶、上海市普陀区城建综合开发公司、中国香港础业有限公司合资兴办的锦海房地产发展有限公司挂牌开业。这是作为冶金基建行业的宝冶首次利用自有资金参与房地产开发。

10 月 14—17 日，中国建筑学会安装学组与中国安装协会科学工作部联合在宝冶召开《安装技术名词术语》第二次编纂工作会。

10 月 28 日，宝冶二届五次职代会通过《宝冶公司一九九二年度分房方案》。

11 月，由宝冶与中国台湾松林公司合资兴办的上海宝鼎金属制品有限公司将其首批生产的 58 512 件 8 吋平底不粘锅精心包装后装箱运销美国。这是宝冶兴办合资企业以来，以 40 英尺标准装箱直接运往美国亚特兰大港的第一只标准货柜。

12 月 1 日，上海市技术监督局授权同意宝钢地区原属市政府的电磁类量使检测权下放给宝冶，在宝冶电装公司成立宝钢地区电磁测试中心。12 月 17 日，测试中心揭牌。

12 月 28 日，宝冶月浦三幢高层职工住宅楼开始验收交工。

## 1993 年

1 月 7 日，宝冶成立退休职工管理委员会。

1 月 8 日，宝冶与中国香港飞时(国际)唱片有限公司合资兴办的上海飞时制衣有限公司开业。

1 月，从 1993 年开始宝冶劳动工资由宝钢集团管理，冶金部不再管理宝冶的工资奖金核发业务。

2 月，宝冶特种公司经理王茂松当选上海市第十届人民代表大会代表。这是宝冶职工在汉、沪两地工作以来第一位当选为省市级的人民代表。

4 月 4 日，宝冶被国家技术监督局、中国质量管理协会评为 1992 年度全国质量效益型先进企业。

4 月 5 日，宝冶成立检修大队。

4 月，宝冶与宝山审计师事务所合作兴办的上海宝山审计事务所宝冶办事处经上海市宝山区审计局批准成立。

5 月，宝冶主要完成的“宝钢 2 050 毫米热轧工程施工新技术”和参与完成的“宝钢板坯连铸车间深基础施工拉锚及地下连续墙施工技术”两项科技成果获国家科技成果奖，在宝冶历史上尚属首例。

7 月 28 日，宝冶成立实验检测中心，实验检测中心下辖三个实验检测室：宝冶中心实验室、宝冶机械液压实验室、宝冶电气及自动化仪表实验室。

8 月 18 日，宝冶获建设部颁发的“一级工程总承包企业”资质等级证书。

8 月 28 日，宝冶承建的上海耀华皮尔金顿二期工程开工。这是宝冶首次承担浮法玻璃生产线工程。

9 月 20 日,冶金部施工项目经理上海培训基地首期培训班在宝冶开学。

11 月 16 日,全国首届建设系统焊工技术比赛在宝冶举行。

12 月 7 日,宝钢(集团)公司二号高炉渣处理作业承包合同在宝冶签订。

12 月 23 日,宝冶承建的宝钢三期 1 580 毫米热轧工程开工。该工程是宝钢三期第一个主体项目,在宝钢二期 2 050 毫米热轧工程基础上引进节能、优质、高效的十项先进技术。

12 月 27 日,宝冶经理高天赐当选为中国建筑业协会副会长,高天赐是全国建筑企业经理唯一当选的副会长。

12 月 29 日,中央政治局委员、上海市委书记吴邦国启动彭越浦泵站房按钮发出通水令,上海合流污水治理工程彭越浦泵站开始通水。

## 1994 年

1 月 11 日,冶金部副部长毕群、冶金部办公厅主任赵喜子,冶金部建设司司长鲍德芝、副司长董文军等领导察看宝冶螺旋焊管、组合砖、宝九和耐材、昆山焊丝等加工生产厂。

1 月 20 日,宝冶承建的浙江嘉兴电厂海堤工程全面竣工。

1 月 20—22 日,宝冶试验检测中心一次性通过国家计量认证和资质评审。

1 月 22 日,宝冶开展铆、焊、电、木等十大工种状元评选活动,唐克华为铆工状元、耿兴光为电焊工状元、胡玉纯为电调工状元、顾逢涛为重修工状元、袁宏刚为汽修工状元、刘建章为起重工状元、陈德华为瓦工状元、朱斌为木工状元、黄开友为筑炉工状元、张明植为安装钳工状元。

1 月 31 日,宝冶成立企业文化部,企业文化部与经理办公室、档案处、企业管理办公室合署办公;成立宝冶公司浦东分公司;组建上海宝益房地产开发经营公司;检修工程公司更名为检修协力公司,检修协力部与检修协力公司合署办公。

2 月 3 日,宝冶召开二届八次职工代表大会,审议通过《宝冶改革方案》和《宝冶改革中有关职工待遇的规定》。

3 月 12 日,日本著名政治家、社会活动家、中日邦交缔造者之一——二阶堂进为中日合资建设的上海宝日高分子材料有限公司投产剪彩。

3 月 14 日,中共中央总书记江泽民在中南海亲切接见日本著名政治家、社会活动家二阶堂进及陪同前往的宝冶经理高天赐。

3 月 18 日,宝冶成立企业文化建设委员会。

4 月 1 日,宝冶成立基建工程处,与宝益公司合署办公。

4 月 6 日,宝冶将原电装公司、企业公司派入检修大队的检修队伍,按建制从 4 月 25 日起正式调入检修大队,实行组织机构、管理方式一体化。检修大队隶属检修协力部(公司),使宝冶的检修工作走上集中、一体化的管理轨道。

4 月 19 日,宝钢一号高炉易地大修工程(三号高炉)进入全面联动试车,9 月 20 日点火,9 月 21 日出铁。

5 月,经冶金部批复和上海浦东新区工商管理部门注册登记,宝冶浦东分公司成立,办公地点位于浦东新区金桥大厦,标志着宝冶参与浦东开发建设进入全面运作阶段。

6 月,宝冶承建的上海新沪型钢车间工程开工。

7 月 7 日,经上海市医院评审委员会评审认定,上海市卫生局核准宝冶医院为二级乙等医院,并按二级乙等医院标准收费。9月7日，职工医院举行跨入“二级乙等医院”工作汇报暨揭牌仪式大会。

7月20日，宝冶党委召开合资企业党建工作座谈会。

7月22日，由冶金部组织召开，为期4天的建筑施工企业建立现代企业制度座谈会在宝冶拉开帷幕。

7月，宝冶现代企业制度试点工作开始运行。

9月1日，宝冶总承包建设的上海市重点工程——新沪钢厂“二、四分厂”举行合同签字仪式，冶金部将此工程列为样板工程。

9月16日，宝冶物资分公司举行揭牌仪式。

9月22日，宝冶党委书记高岐峰被聘为月浦新村小学名誉校长。月浦小学的学生有80%左右是宝冶职工子女，这次聘请是双方合作办学更进一步的体现。

10月7日，上海市召开远南运动会庆功大会，宝冶检修分公司蒋苏娟被授予优秀运动员。中共中央政治局委员，上海市委书记、市长黄菊为她颁奖。

12月12日，宝冶与马来西亚顺源公司合资创办的顺宝机构(马)有限公司的机械制造厂生产出第一台CM1混凝土搅拌机，且一次试运转成功。至此，宝冶的第一个境外合资产品问世。

是日，宝冶参与建设的上海地铁一号线全线建成，进入试运行。

12月，北京电视台组织开拍十集专题系列片《中外优秀公关案例精选》，上海市公关协会首推“宝冶公关案例”入围。

## 1995年

1月17日，宝冶召开中外合资企业总结会，宝冶合资企业工会组建率达到100%。

1月，由宝冶等公司联合创办的华东地区唯一的承压螺旋焊管生产线——上海宝津钢管有限公司建成投产。

2月，宝冶分流剥离改革和向现代企业制度迈进的经验引起新闻舆论界的普遍关注。继《冶金报》和《新闻报》在一版显要位置、《建筑时报》在一版报眼位置、《中国建设报》在二版头条位置刊登宝冶的改革经验报道之后，2月5日中央人民广播电台6时30分早新闻黄金时间内播出宝冶的改革经验。

3月30日，宝冶获上海市优秀企业称号，同时取得上海市1995年度施工项目招投标和企业资质升级两个优先资格。

4月18日，由宝冶和日本三光开发株式会社合资创办的上海宝光建筑装潢有限公司开业。

4月20日，宝冶召开二届十一次职代会，通过《宝冶公司一九九五年分房方案》。

5月5日，宝冶的科技发明项目“宝钢300吨钢包贯穿性裂纹检测修复技术”获1995年度联合国技术信息促进系统中国国家分部颁发的发明创新科技之星奖。

6月3日，宝冶希望工程助学奖学金奖励基金在安徽大别山腹地的金寨县天堂寨乡设立。

6月18—19日，冶金部首届焊工比赛在宝冶举行。

6月，由国家建委牵头，中央电视台拍制30家“百强企业”专题片，宝冶入选。

7月21日，上海市副市长夏克强到宝冶承建的耀华皮尔金顿二期工程检查工作。

8月25日，宝钢系统工程学会宝冶分会成立。

9月27日，宝冶与上海浦东国际金融大厦签订4 431吨钢桩管供货合同，由企业公司螺旋钢管厂负责生产，这是国内200米以上超高层建筑首次采用国产桩管。

9月28日，宝冶承建年产300万吨钢的宝钢第二炼钢厂破土动工。

9月，宝冶入选上海科教电视制片公司拍摄的上海市30家大中型企业专题片《竖起时代的丰碑》。

11月8日，耀华皮尔金顿二期工程举行点火仪式。宝冶仅用25个月建成该工程，比合同工期提前5个月。

11月，宝冶的"四元产业理论建立与实践"获全国冶金企业管理现代化创新成果一等奖，这是14家获奖的钢铁企业中，唯一获一等奖的冶建企业。

12月4日，冶金系统首期施工企业经理培训班在宝冶教培中心开学。

12月21日，宝冶螺旋钢管大批量出口韩国，与韩国签约2万吨业务，质量全部达到A级。

12月，宝冶获建设部授予的"全国先进建筑施工企业"证书；宝冶获中国企业形象认定委员会授予的"中国企业最佳形象AAA级"认定证书。

## 1996年

1月，宝冶月浦生活区新3万平方米住宅楼破土兴建。

2月15日，宝冶退休职工活动中心开馆。

4月2日，宝钢一号高炉(一代炉役)停炉，同年4月9日开始大修。

4月17日，宝冶医院与武汉冶金科技大学关于建立教学医院的协议书在宝冶医院签订，同时举行武汉科技大学教学医院揭牌仪式，标志着宝冶医院具备医疗、科研、教学三位一体的综合能力。

4月18日，象征宝冶面向21世纪发展腾飞的主要标志性建筑——宝冶科技大楼正式开工。

5月16日，宝冶检修协力部与检修协力分公司分署办公，检修协力部更名为检修协力总部，检修协力总部归属宝冶机关建制。

5月22日，上海市职业技能鉴定中心第十六技能鉴定所宝冶焊工技能鉴定所成立并举行揭牌仪式。

6月6日，宝冶举行成立十周年庆祝大会。

6月，宝冶承建的上海地铁一号线工程获1995年度中国市政工程金杯奖。

7月7日，由复旦大学提供技术、从美国引进关键设备的上海宝泉饮用水厂建成，开始向月浦地区供应"复旦牌"饮用水。

8月18日，坐落在大别山革命老区安徽省金寨县天堂寨乡境内，由宝冶经理高天赐题写校名、凝聚着宝冶一万多名职工爱心的上海宝冶希望小学落成揭牌，同时举行首届宝冶青年奖学金发放仪式。

9月，宝冶编写的《宝钢大型高炉工程技术汇编》出版。

9月2日，宝冶承建的宝钢三期1580热轧加热炉点火烘炉一次成功。12月12日，1 580毫米热轧工程热负荷试车轧出第一卷。

10月14—15日，宝冶召开共青团上海宝钢冶金建设公司第三次代表大会。大会选举产生13名团委委员，吴文忠当选为团委书记。

10月15日，在北京召开的1996年度中国国际公共关系大会上，宝冶获第二届中国最佳公共关系案例大赛优秀奖。

10月28日，宝冶编制的《宝钢2 050毫米热轧工程施工新技术》获得由联合国技术信息促进系统中国国家分部颁发的发明创新科技之星奖。

10月，宝冶承建的浦东国际机场跑道等工程开工，该工程是宝冶第一次承担大型机场的跑道等项目。

11月4日，上海市地名委员会办公室批复，同意将月浦镇境内的鱼塘路更名为四元路，起讫为月杨路—蕰川路。将鱼塘路更名为四元路，旨在突出宝冶在该区域经济呈四元系列经营发展格局的特征。

11月10—14日，宝冶团委、科协联合举办1996年度英语大赛，此次大赛在宝冶尚属首次。

11月28日，宝冶举行劳动合同签订仪式，标志着宝冶全面推行劳动合同制工作进入实施阶段，开始进入法律化轨道。

12月4日，宝钢一号高炉大修工程经宝冶员工两个多月施工，最终完成具有世界先进技术水平的陶瓷杯内衬砌筑安装，标志着高炉大修突破爆破解体、碳砖安装、铁口砌筑和陶瓷杯安装四大难关。

12月6日，宝钢科协钢渣研究学会在宝冶成立。

## 1997年

1月5日，宝冶承建的总投资1.2亿美元的韩松潜力纸业有限公司工程破土动工。

1月22日，宝冶中心实验室获上海市建筑业管理办公室颁发的综合一级实验室资质等级证书。

是日，由宝冶与长沙矿山研究院联手制造的国内载荷最重的LCT40型40吨重型废钢运输车，通过国家部级科技成果鉴定和国家冶金机械质量监督检验中心对整车的参数测定级5个月现场工业性实验，填补了国内此种车辆生产的空白。

2月28日，宝津钢管有限公司召开股东大会及董事会，做出股份变更的重大决定。天津津海集团在宝津钢管有限公司投入的35%的股份、长兴汇源实业总公司在宝津投入的28%的股份全部转让给宝冶，宝津钢管有限公司更名为宝冶钢管公司。

3月21日，宝冶承建的大型现代化船厂南通船厂开工。

3月24日，宝冶科协、团委联合举办宝冶首届青年科技节活动。

3月，《宝冶工法汇编(一)》出版。全书共收集41篇工法，其中有16项经冶金部审定批准为部级工法，3项经建设部审定批准为国家级工法。

4月1日，宝冶承建的上海梅山一号高炉(二代炉役)改造扩容性大修工程开工。10月8日，一号高炉点火投产。

4月12日，宝冶承建的上海合流污水治理一期工程彭越浦泵站主体工程获1996年度中国市政工程金杯奖。

4月，宝冶《四元产业理论的实践与发展》论文获第四届全国企业管理现代化新成果一等奖。

是月，宝冶承建的上海通用汽车动力总成总装车间工程开工仪式在浦东新区金桥出口加工区内举行。

5月21日，经冶金部研究决定，董文军任宝冶总经理，高天赐不再担任宝冶总经理职务(退休)。

5月22日，经冶金部党组研究决定，程志广任宝冶党委书记，高岐峰不再担任宝冶党委书记职务(退休)。

5月25日,宝钢一号高炉点火恢复生产。大修工期只用420天,比原定工期提前2个月,创造了同类高炉大修的先进水平。

5月,宝冶承建的宝钢三号高炉、2 050毫米热轧以国内最大容积、创造建设工期最短和创特大型轧钢厂建设工期最短3项纪录,被确认为中国企业新纪录,分别获中国企业管理协会颁发的中国企业新纪录证书。

6月9日,经冶金部党组研究决定,高玉良任宝冶党委副书记兼纪委书记,不再担任宝冶副经理职务。程培兴任宝冶总工程师,程志广不再担任宝冶纪委书记职务,姚廷杰不再担任宝冶总工程师职务(退休),李湘源不再担任宝冶工会主席职务(退休)。

6月,宝冶医院被上海市卫生局批准获得职业性健康检查资格。上海市只有26家医院获此资格,宝山吴淞地区仅宝冶医院一家通过认证。

7月9日,宝冶业余团校挂牌成立。这是宝冶政治思想战线上的第3所学校。

9月24日,宝钢三期1 550毫米冷轧工程由宝冶打下第一根钢管桩。这是宝冶首次承担冷轧工程建设。12月19日,1 550毫米冷轧工程破土动工。

10月15日,宝冶施工的浦东国际机场停机坪地段组织开工奠基仪式,中共中央总书记、国家主席、中央军委主席江泽民和其他国家领导人吴邦国、李铁映、曾庆红,以及上海市委、市政府领导黄菊、徐匡迪参加奠基仪式。

10月22日,宝冶驻镇江办事处成立。

10月30—31日,中国共产党上海宝钢冶金建设公司第三次党员代表大会在特种公司召开。程志广作了题为《高举旗帜、继往开来、深化改革、加快发展,为实现公司跨世纪发展目标而努力奋斗》的党委工作报告。大会选举产生了中国共产党上海宝钢冶金建设公司第三届委员会,由7名委员组成,程志广任党委书记,高玉良任党委副书记。选举产生了中国共产党上海宝钢冶金建设公司第三届纪律检查委员会,由7名委员组成,高玉良任纪委书记,曾凡彬任纪委副书记。

12月7日,宝冶承建的宝钢三号高炉工程获1997年度中国建筑工程鲁班奖。

12月18日,由宝冶筑炉公司和宝冶教培中心联合研制的国内首台移动式喷涂站问世,通过有关专家的技术鉴定。

12月19日,宝冶召开二届十七次职工代表大会。审议并表决通过《宝冶公司一九九七年分调房方案》。

## 1998年

1月18日,宝冶明天大酒店开张,标志着宝冶以资产重组为内容的经营体制改革揭开新的篇章。

3月18日,由宝冶等单位承建的国内又一座大型现代化船厂——南通船厂举行开业典礼,开始造第一艘4.7万吨散装货轮。

3月29日,宝冶承建的宝钢高炉煤粉喷吹工程全面建成,其建设速度创造同类工程的国内最快速度。

3月,世界最先进的炼钢环保设施——国内第一套共2台LT干式电除尘由宝冶完成总装。

是月,宝冶接到对外贸易经济合作部的复函,标志着宝冶获准开展对外经济合作业务。

4 月 10 日，宝冶承建的宝钢第二炼钢厂热负荷试车成功。

4 月，宝冶总承包的国内最大铸铁洁具厂——上海科勒有限公司一期工程开始单体试车。

5 月 13 日，宝冶参与施工的上海历史上规模最大的造地工程——上海化学工业园区海堤工程全面交工。

5 月 25 日，宝冶设立三资三产企业管理处；设立审计处，独立行使审计职能。

7 月 8 日，宝钢能源中心三期工程举行投产仪式，宝冶承建的具有 20 世纪 90 年代世界先进水平的能源中心扩容改造全面完工，实现国内最大最复杂的能源管理系统无间隙切换。

7 月，宝冶承建的位于厦门海沧投资开发区新阳工业区的美国柯达胶片厂破土动工。

8 月 15 日，宝冶成立工程技术公司，与设计研究院实行一个机构、两个牌子的管理模式。

8 月 17 日，宝冶成立首批以工程项目营销为主要职能的 6 个办事处：厦门办事处、宁波办事处、杭州办事处、南京办事处、镇江办事处、南通办事处。

8 月 24 日，宝冶通过北京中建协质量体系认证中心的认证审核，取得 GB/T19002：1994 质量体系认证证书。

8 月 25 日，宝冶宝泉饮用水厂成为首批获得上海市准产证的单位。

9 月 8 日，宝冶承建的厦门国际会展中心工程开工。该工程是宝冶第一次承担大型公用建筑项目，此项目由宝冶总承包，为宝冶扩展民用建筑市场打下基础。

9 月，宝冶钢管公司获美国石油学会发出的 API 会标使用权许可证，标志着宝冶钢管正式得到国际石油管行业最高权威认可。

10 月 29 日，宝冶成立再就业服务中心。

11 月 8 日，宝冶参建的国内最大矿山中转港——宝钢马迹山港一期工程开工。

11 月 12 日，宝冶成立法律事务室，与企管处并设。

11 月 13 日，宝冶召开二届十九次职代会，审议通过《减员分流实施方案》《再就业工程实施方案》《宝冶公司劳动纪律暂行规定》《关于修改宝冶劳动合同制实施办法部分条款的意见》《关于职工加班加点及各种休假期间工资支付暂行办法》和《关于职工待岗期间有关工资待遇暂行管理办法》6 个文件。

11 月 19 日，宝冶获建设部颁发的工程总承包甲级资格证书。

11 月 26 日，宝冶召开机关改革动员大会，标志着宝冶机关改革实施正式启动。

12 月 17 日，宝冶承建的上海通用汽车有限公司全面建成，生产出第一台别克样车。中共中央政治局委员、上海市委书记黄菊，上海市市长徐匡迪参加投产剪彩仪式。

12 月，宝冶科技大楼竣工。

是月，宝冶承建的宝钢 1 580 毫米热轧工程获 1998 年度中国建筑工程鲁班奖。

## 1999 年

2 月 1 日，经中冶集团研究决定，傅国安、龚一平任宝冶副总经理，程培兴任宝冶副总经理兼总工程师；方宗林不再担任宝冶副总经理职务，另行安排工作。

2 月 5 日，宝冶承建的金东纸业一期工程基本建成，一号纸机进入试生产。

4 月 16—18 日，中国施工企业管理协会召开第 14 次年会暨庆祝协会成立 15 周年大会。宝冶以“15 年来一贯表现较好、重合同、守信誉、保证质量”的评价，获全国最佳施工企业称号，宝冶特种分公司获1998年度全国优秀施工企业称号。

5月28日,宝冶科技大楼入驻办公,举行升旗仪式,公司地址变更为上海市宝山区四元路168号。

5月,上海市建委发文公布,宝冶设计研究院为1998年度第一批通过上海市建筑工程甲级设计年检单位之一。

8月29日,宝钢重要技改项目一炼钢2号RH真空脱气工程投产。

9月10日,宝冶首届职工艺术节开幕。9月28日在月浦影剧院闭幕。

9月17日,上海市中冶医院在原宝冶医院挂牌成立。这是中冶集团在上海地区宝冶、五冶、十三冶、二十冶4个冶建单位主辅剥离、4个冶建医院资产重组改革的一个重大举措。

9月27日,宝冶成立校准实验室。

9月,宝冶参建的上海浦东国际机场一期工程竣工通航。

10月29日,宝冶召开第二届职工代表大会第二十二次会议,审议通过《岗位效益工资制度实施方案》。

11月8日,成立宝冶宝钢协力生产分公司。

11月16日,宝冶首届高级技师颁证大会在科技大楼二楼会议厅召开。

11月23日,宝冶获中国民用航空总局颁发的民用机场工程施工许可证。

11月23—25日,中国冶金政工思想政治工作研究会第五次年会公布,宝冶自1997年至1999年连续三年获全国冶金思想政治工作优秀企业称号,在全国冶金施工企业中是唯一一家。

11月,宝冶承建的海南千年塔工程开工。千年塔工程由宝冶总承包,塔高126.8米,占地284平方米,因其造型独特,为海南省的标志性建筑,载入“大世界吉尼斯纪录”。

12月17日,宝冶工会第三届工会会员代表大会召开,选举袁斌臣为工会主席。

12月28日,宝冶校准实验室举行颁证授牌仪式,宝冶成为上海市第七家获得认可证书的单位。

12月,宝冶获中国资信评估中心等部门授予的中国建筑企业信誉AAA级单位评估书。

## 2000年

1月5日,宝冶获中国交通部颁发的公路工程施工资质。

是月,经中冶集团研究同意,袁斌臣任宝冶工会主席。

2月1日,宝冶召开第一批专业技术专家命名会议,命名12人为首批技术专家。

是日,宝冶在科技大楼二楼会议厅举行安全生产责任书签字仪式。这是宝冶首次签订安全生产责任书。

2月26—28日,经国家质量技术监督局锅炉局、上海市劳动和社会保障局锅炉处联审,宝冶获得GA类+GB类+GC类压力管道安装资质。这是国家最高级别也是最全面的压力管道安装资质,宝冶成为上海市第一家压力管道安装取证单位。

2月28日,经中冶集团研究决定,董文军不再担任宝冶总经理、法人代表职务,另行安排工作。

是日,由宝冶承建的上海克虏伯不锈钢工程破土动工,10月30日开始设备安装。该工程由德国引进,是宝冶第一次承担不锈钢工程。

2月29日,由美国独资、宝冶总承包的厦门戴尔计算机厂房工程破土动工。

3月2日,宝冶获国家质量技术监督局颁发的压力管道安装许可证。

3 月 20 日，宝冶获上海市劳动局颁发的锅炉安装许可证。

3 月 27 日，宝冶承建的国内最大民营钢铁企业——山西海鑫钢厂 80 吨转炉炼钢工程破土动工。

4 月，宝冶成立有限责任制的上海宝冶工程建设监理有限公司。

5 月 12 日，经中冶集团党委研究决定，傅国安任宝冶党委书记，程志广不再担任宝冶党委书记职务，严梅峻不再参加宝冶党委工作。

是日，中冶集团研究决定程志广任宝冶总经理，陈明、张创一、陈刚任宝冶副总经理，傅国安不再担任宝冶副总经理职务；严梅峻不再担任宝冶副总经理职务，保留原政治、生活待遇，由宝冶安排专项工作。高孝铉不再担任宝冶副总经理职务(退休)。

5 月 30 日至 6 月 1 日，中冶集团贯彻《国有企业监事会暂行条例》会议在宝冶召开。6 月 8 日，宝冶召开贯彻《国有企业监事会暂行条例》大会，就贯彻《暂行条例》和填报《企业基础材料》工作进行部署。

6 月 3 日，宝冶承建的位于厦门海沧投资开发区新阳工业区的美国柯达胶片厂投产。

6 月 6 日，经中冶集团研究决定，龚一平不再担任宝冶副总经理职务，另行安排工作；同时，龚一平不再参加宝冶党委工作。

6 月 30 日，宝冶承建的厦门国际会展中心工程竣工。8 月 9 日，厦门国际会展中心工程新建落成后举行首次消费品博览会暨图书展。

是日，宝钢三期 1 550 毫米冷轧工程热镀锌机组热负荷试车，标志着 1 550 毫米冷轧项目全面建成。

8 月 1 日，宝冶承建的中芯国际集成电路制造(上海)有限公司开始建设。

8 月 18 日，宝冶承建的萧山机场公路最大互通枢纽——横跨杭甬高速公路立交桥开吊。

8 月，宝冶教培中心获全国建设类培训机构一级资质。

是月，宝冶承建的上海浦东国际机场一期场道工程获 2000 年度中国市政工程金杯奖。

9 月 4 日，宝冶撤销三公司、五公司建制，整合组建成立建筑分公司。

9 月 20 日，宝钢一炼钢 3 号 300 吨转炉开始“纳铁吐钢”，标志着国内大型冶金设备炼钢炉壳成功实现国产化，同时也标志着宝冶大型冶金设备检修技术登上新台阶。

9 月 28 日，宝冶镇江办事处落户镇江新区并举行揭牌仪式。

9 月，蔡惠良设计的“一种用于顶管施工减少管壁与土层之间摩擦阻力的装置”获得国家实用型专利权。戴为志和张友建共同发明的“热风炉烘炉装置”获得国家发明专利权，这是宝冶获得的第一件发明专利权。

10 月 20 日，宝冶参建的宝钢马迹山港工程开始设备安装。

10 月 27 日，宝冶发布总部机构改革实施方案。改革后职能处室由原来 27 个调整精减至 9 处 4 部 1 室，工作岗位由原来 197 个精减至 164 个。

11 月 3 日，宝冶产业发展分公司正式挂牌，对原有的 114 家三资三产企业通过集约和整合，确保资产保值增值。

11 月 8 日，宝冶钢管公司 ISO9002 在华东地区同行业中首家通过 2000 年版换版认证。

11 月 17—19 日，冶金工程建设焊工考试委员会有关专家对宝冶工程建设焊工考试委员会进行资质认证评审，最终以 92.5 分通过资质评审。

11 月，宝冶总承包的厦门戴尔计算机厂房工程竣工。

是月，宝冶生活区改造工程（宝冶大院内 6 幢单宿改造为双职工过渡房工程）开工。

12 月 14 日，宝冶召开贯彻执行上海市城镇职工基本医疗保险办法实施意见的专门会议。宝冶从 2001 年 1 月 1 日起施行上海市基本医疗保险办法。

12 月 16 日，宝冶参建的宁波北仑发电厂举行第二期工程投产仪式，标志着这座国内最大的火力发电厂全面运营。

12 月 20 日，宝冶完成宝钢集团益昌薄板改造项目。国家经贸委副主任王万宾，冶金局长蒲海清等领导出席热负荷试车仪式。

12 月 28 日，宝冶承建的中央直属徐州棉花储备库举行开工典礼。

## 2001 年

1 月 11 日，宝冶撤销群众工作部，宝冶工会作为职工的群众组织单独设立，独立开展工作。

2 月 2 日，宝冶承建的昆山市最大引进项目、总投资 30 亿美元的南亚电子材料工程动工。

2 月 10 日，宝冶承建的宝钢二号彩涂机组动工兴建。

2 月 28 日，宝冶承建的武钢 2 250 毫米热轧工程举行开工典礼。这是继武钢 1 700 毫米热轧、宝钢 2 050 毫米热轧和 1 580 毫米热轧后，宝冶承建的第四座热轧厂。

3 月 1 日，宝冶参建的世界首条磁悬浮列车商业运营线正式开工。

3 月 23 日，宝冶企业管理信息系统建设启动。

4 月 27—28 日，宝冶召开共青团上海宝钢冶金建设公司第四次代表大会。大会选举产生 13 名团委委员，王靖涛当选为团委副书记（主持工作）。

5 月 28 日，宝冶举行钢构分公司成立大会暨揭牌仪式，为打造钢构“航母”提升竞争力。

5 月，宝冶获评 2000 年度全国优秀施工企业。

6 月 6 日，中共中国冶金建设集团上海企业工作委员会成立暨揭牌仪式在宝冶总部大楼会议厅举行。

6 月 20 日，宝冶承建的山西海鑫钢厂 80 吨转炉炼钢工程建成投产。

7 月 8 日，宝冶承建的湖南国际会展中心项目开工。

8 月 8 日，宝冶成立上海机器人工程技术研究中心。这是上海地区首家由企业成立的建设机器人工程技术研究机构。

9 月 8—9 日，缅甸政府第一工业部副部长、纸化局局长等人到宝冶考察。

9 月 25 日，宝冶承建的中芯国际集成电路制造工程举行投片生产典礼，标志着中国芯片生产进入国际先进水平。

10 月 13 日，宝冶钢构一厂通过美国 ICBOES 有限公司认证，获得亚洲及环太平洋抗震地区钢结构加工许可证书。

10 月 25 日，宝冶参建的宝钢马迹山港工程开始全线负荷试车。

11 月 2 日，宝冶承建的克虏伯不锈钢一期工程正式投产。

11 月 28 日，中冶集团政研会施工学组第一次年会在宝冶召开。

12 月 19 日，宝冶房产分公司正式挂牌成立，标志着原宝冶企业公司已更名为宝冶房产分公司。

12 月 22 日，宝冶总承包施工的国内商业规模最大、技术最新、智能化管理程度最高的物流中心——上海北翟物流中心奠基动工。

12月28日，宝冶外部网站正式建成开通，对外全方位展示宝冶的实力和形象。

12月，宝冶获2000年全国工程建设质量管理优秀企业称号（有效期四年），程志广被推选为全国建筑协会副会长。

是月，经国务院批准，宝冶冯桂煊、蔡惠良二人被评为2000年享受国务院政府特殊津贴的专家。

是月，上海首届发明创造专利奖初评结果揭晓，宝冶共有三项发明创造专利获奖。其中《热风炉烘炉装置》《轻质建筑材料及生产方法》获发明三等奖，《自沉式轻型井点装置》获实用新型三等奖。

## 2002年

2月8日，冶建行业首家企业内部信息网络系统——宝冶内部信息网络平台正式开通。

3月28日，宝冶承接的上海焦化有限公司甲醇及一氧化碳扩产项目正式签约。这是宝冶首次进入化工建设领域。

是日，由宝冶建筑分公司和设计院共同组建的宝冶设计研究院装潢设计室挂牌成立。

4月10日，以高起点、高标准提高冶金渣综合利用为目标，以治理保护环境、提高产品附加值、扩大市场占有率为重要内容的上海市资源综合利用协会冶金渣处理专业委员会全体会议在宝冶召开。

4月12日，宝冶首期高级项目经理培训班在教培中心开学，培训重点讲授经营、成本、法律及财务等方面的知识，有近50名学员参加为期8天全封闭脱产学习。

4月25日，宝冶第一期支部书记培训班开班。

5月22日，宝冶成立技术中心。

5月27日，宝冶承建的宝钢二号彩涂机组正式投产。

6月18日，由上海同济大学和宝冶共同合资组建的上海同济宝冶建设机器人有限公司在同济大学科技院正式挂牌开业。

是日，宝冶承建的湖南省最大单项工业技改项目——华菱涟钢热轧带钢车间工程正式开工。

6月28日，在建设部开展的建筑业企业资质重新就位工作中，公司获得施工总承包特级（冶炼工程）资质，同时还获得市政公用工程、机电安装、房屋建筑工程共3个施工总承包一级，以及钢结构工程、机场场道工程、地基与基础工程、炉窑工程、防腐保温工程、无损检测工程6个专业承包一级资质。

6月29日，宝冶承建的国内第一座产量最大、技术最先进的环形套筒石灰竖窑——宝钢集团梅钢500吨级活性石灰竖窑大修工程点火投产。

7月5日，以增加投资和资产重组方式成立宝冶工程技术公司、宝冶工业炉窑公司和上海宝冶商品混凝土公司。8月8日，3家全资子公司正式揭牌成立。

7月25日，作为全国冶金建设系统第一家，上海市建设系统第二家通过国家实验室认可的宝冶设计研究检测站揭牌。

8月26日，为进一步适应市场经济竞争环境的要求，宝冶提出改制方案，拟通过公司制改造将上海宝钢冶金建设公司改制为有限责任的竞争主体。9月23日，中冶集团回复《上海宝钢冶金建设公司改制方案》的请示，原则上同意宝冶上报的改制方案。

10月12日,宝冶总承包的大型公共民用建筑芜湖奥林匹克公园主体育场建成投入使用。

11月19日,宝冶参建的国内首座重水堆核电站——秦山核电站三期工程一号机组并网发电。

11月22日,宝冶向革命老区安徽省金寨县天堂寨乡"宝冶希望小学"捐赠36台电脑、1台摄影机、1台电视机和200册新书,使该校成为金寨县第一个配备电脑班、第一个拥有摄影机教学的小学。

12月3日,宝冶承建的国内最大连铸工程——宝钢股份5米宽厚板连铸机工程动工兴建。

12月15日,宝冶企业管理信息系统项目建设正式竣工。

12月17日,中冶集团对上海宝冶建设有限公司申请工商注册登记的请示批复,同意以分立改制方式,将原来的上海宝钢冶金建设公司分立为上海宝冶建设有限公司和作为存续公司的上海宝钢冶金建设公司两个公司。

12月31日,宝冶参建的世界首条磁悬浮列车商业运营线举行通车典礼。

## 2003年

1月12日,经中冶集团党委研究,成立上海宝冶建设有限公司党委,程志广、刘安义、张创一、陈刚、王石磊任上海宝冶建设有限公司党委委员;程志广任上海宝冶建设有限公司党委书记;刘安义任上海宝冶建设有限公司党委副书记兼纪委书记,主持工会工作。经中冶集团研究,决定程志广、张创一、陈明、陈刚任上海宝冶建设有限公司董事;程志广任上海宝冶建设有限公司董事长、法人代表;张创一任上海宝冶建设有限公司总经理;陈刚、王石磊任上海宝冶建设有限公司副总经理,刘洪亮任上海宝冶建设有限公司总工程师。

1月16日,改制后宝冶第一次股东大会在上海召开。会议审议并通过《上海宝冶建设有限公司章程》,选举程志广、张创一、陈明、陈刚、徐立群、雷俊(外部董事)、董文军(外部董事)为董事,选举刘安义、包朝亮、李移峰出任监事。

是日,改制后宝冶第一届董事会2003年第一次会议在上海召开。会议审议并通过《上海宝冶建设有限公司董事会议事规则》,选举程志广为董事长、法人代表,徐立群为董事会秘书,刘安义为监事会主席,聘任张创一为总经理,聘任陈刚、王石磊为副总经理,刘洪亮为总工程师。

是日,宝冶召开中层干部大会,由中冶集团党委副书记吴凤山宣布调整任命上海宝钢冶金建设公司、上海宝冶建设有限公司领导班子。

1月17日,上海宝冶建设有限公司成立揭牌。

1月24日,宝冶承建的杭钢三座转炉改造工程全面完工。总工期89天,比国内同类转炉缩短工期一半,创老厂改造新纪录。

2月21日,宝冶召开机关管理人员大会,出台机关改革实施方案。该方案的实施,标志着机关改革正式启动,宝冶法人治理结构全面形成。

2月27日,分立改制后的宝冶设立董事会办公室。

3月,宝冶承建的上海浦东中芯国际FAB1、FAB2厂房工程获中国建筑钢结构金奖。

4月12日,全国第六届焊工技术比赛在江苏省镇江市落下帷幕,由宝冶独立组队的上海市代表队获团体比赛第二名。

6月6日,上海市社会团体管理局副局长单杰和上海宝冶总经理、宝冶建设董事长程志广为新成立的上海宝冶养老保障中心揭牌。

6 月 18 日，改制后宝冶第一次职工暨工会会员代表大会在电装分公司召开，选举刘安义为工会主席。

7 月 18 日，宝冶总承包的德国欧倍德超市上海梅陇连锁店建成并举行开业仪式。

7 月 24 日，宝冶首次举行《项目管理责任书》签字仪式。旨在全面落实项目经理责任制和项目经理成本控制责任制，深入推进项目管理。

8 月 26 日，宝冶承建的宝山罗泾中学扩建设计项目举行竣工仪式，9 月 1 日正式投入使用。

9 月 19 日，宝冶党校举行挂牌仪式。

10 月 15 日，宝冶承建的广州美术学院设计教学综合大楼工程开工。

12 月 10 日，宝冶召开共青团上海宝冶建设有限公司第一次代表大会。大会选举产生 13 名团委委员，厉见会当选为团委书记。

## 2004 年

1 月 27 日，中共中央政治局常委、国务院副总理黄菊和国务院有关部门负责人，在上海市委副书记、市长韩正，以及宝钢集团公司董事长、总经理谢企华等陪同下，看望慰问正在宝钢宽厚板轧 I 标工地施工的宝冶员工。

2 月 18 日，上海宝冶物业有限公司成立揭牌。

3 月 10 日，宝冶承建的梅钢 2 号活性石灰环型套筒竖窑工程点火投产，创造了同类工程建设工期最短新纪录。

3 月，经上海市建委推荐，宝冶被评为 2002—2003 年度全国建筑安全生产先进集体。这是宝冶首次获得此项荣誉。

是月，宝冶机装结构厂焊工二班获全国三八红旗集体称号。

4 月 6 日，宝冶科协召开首届工作会。会议审议并通过《上海宝冶建设有限公司科学技术协会章程》，选举产生了宝冶科协第一届委员会、常务委员会、主席、副主席、秘书长。

4 月 16 日，宝冶钢结构设计研究院揭牌成立。

4 月 29 日，宝冶召开“全国五一劳动奖状”庆典大会，上海市总工会领导向宝冶颁发全国五一劳动奖状。

5 月 9 日，宝冶设立资产运营部。

5 月 16 日，以卡塔尔钢铁公司总经理为团长的卡塔尔代表团一行 5 人访问宝冶，了解宝冶在建工程施工能力、技术能力等情况。

5 月 21 日，上海力博劳务有限公司揭牌成立。

8 月 11 日，宝冶首届焊工技能比赛暨全国第六届焊工技能比赛选拔赛开幕式在宝冶焊培中心举行。

9 月 1 日，宝冶参建的广州大学一期工程正式投入使用。

9 月 30 日，宝冶承建的苏州国际博览中心一期工程竣工。

10 月，由中国企业委员会认定，宝冶成为全国企业注册企业文化管理师认证委员单位。

是月，宝冶通过国家质量监督检验检疫总局审核，取得《中华人民共和国特种设备安装改造维修许可证(起重机械)》。

11 月 18 日，宝冶参建的武钢矿业有限责任公司鄂州 500 万吨球团工程举行开工典礼。

11 月，宝冶组织推荐的《超长大直径钻孔灌注桩在软土层施工中若干问题分析及对策》《高速公路路基层软土处理新技术》及《宝钢宽厚板漩流池施工技术》三篇论文入选《岩土工程界》一书。

12 月 9 日，宝冶被评为 1994—2004 年中国企业文化建设十佳单位，董事长程志广在北京人民大会堂领奖。

## 2005 年

2 月 28 日，宝冶承建的韶钢中板轧机易地改造工程热负荷试车成功，轧出第一块钢板。

3 月 1 日，宝冶承建的宝钢“十五”规划重大项目 5 米宽厚板轧机一期工程圆满建成，热负荷试车成功轧出第一块宽厚板。同年 3 月 21 日，宝钢举行宽厚板轧机热负荷试车仪式。

3 月 17 日，宝冶参建的国内首条 4F 级机场跑道——浦东国际机场第二条跑道投入使用。

3 月 21 日，宝冶总承包施工的国内第 2 座容积 4 350 立方米、年产 350 万吨铁的宝钢四号高炉比计划节点提前 72 天烘炉，整个工期由原来的 28 个月缩短到 26 个月，创 4 000 立方米以上特大型高炉建设工期最短纪录。4 月 27 日，四号高炉点火投产，标志着宝钢股份“十五”规划重大项目基本建成。

4 月 28 日，胡崇富获全国劳动模范称号。

4 月，宝冶承建的郑州国际会展中心(会议中心)、南京奥林中心体育场钢屋盖工程获中国建筑钢结构金奖。

5 月 10 日，年加工能力 8 万吨的宝冶罗店工业园钢结构制作扩建一期项目(重钢车间)破土动工。此钢结构厂投产后，宝冶的钢结构年加工总量将达到 30 万吨以上。

5 月 14 日，宝冶参建的缅甸最大工程日产 200 吨纸浆厂竣工投产。

5 月 23 日，宝冶举行宝钢 1 880 毫米热轧带钢 I 标段打桩开工仪式。

5 月 31 日，宝冶承建的亚洲最大新闻纸厂——河北泛亚龙腾纸业投入试生产。

5 月，宝冶获市级花园单位称号，为上海市企事业单位环境绿化最高荣誉。

6 月 8 日，据上海市金属结构行业协会统计，2004 年宝冶生产各类钢结构和非标设备 25 万吨，跃居国内第一。

6 月 20 日，“宝冶建设视界”网站点击总数累计达到 20 万次，机动分公司员工王建荣成为网站开通以来的第 20 万个幸运访问者。

6 月 28 日，宝冶获得由北京中建协认证中心颁发的质量管理体系、职业健康安全管理体系、环境管理体系认证证书。

6 月 29 日，宝钢集团浦钢搬迁罗泾工程正式开工。10 月 27 日，宝冶承建的国内第一座也是世界上容量最大，技术最先进的 COREX－C3000 炼铁炉动土建设。

7 月 8 日，宝冶召开保持共产党员先进性教育活动动员大会，党委书记程志广做动员报告。

7 月 27—28 日，宝冶通过锅炉安装、锅炉修理许可证换证审核。

8 月 8 日，宝冶获 2004 年度上海市建筑施工企业综合实力排名 30 强企业第三名。

8 月 20 日，宝冶承建的舞钢新建宽厚板工程开工。

8 月 22 日，中共中央总书记、国家主席、中央军委主席胡锦涛视察武钢，并参观宝冶承建的武钢二热轧工程施工现场。

8 月 26 日，宝冶社会信用排名全国第四。董事长程志广在北京钓鱼台国宾馆领取“中国工程建设社会信用AAA级企业”奖牌和证书。

8月，宝冶员工毛琪钦在全国工程建设系统第七届焊工技术比赛中以最高分获得个人总分金牌，被授予全国技术能手称号。

是月，宝冶参与编写的《水泥基灌浆材料》国家建材行业标准正式实施。

9月11日，宝冶首个在外地投资建设的南京基地主厂房钢结构吊装暨综合楼举行开工仪式。

9月11—12日，德国巴西CAS钢厂项目代表团一行到宝冶考察。

9月，宝冶BY系列新型建筑材料产品被认定为“全国质量过硬重点推广建材产品”。

10月10日，宝冶参建的上海市重大市政工程项目临港新城两港大道一期工程通车。

11月16日，宝冶获第四届全国优秀生产力理论与实践成果奖中唯一的成功企业典范奖，程志广董事长获得发展生产力杰出贡献奖。

11月，宝冶获上海建筑业50强第一名，连续十年获此荣誉。

12月5日，宝冶成为中冶集团首家“双特级”企业，先后获得国家冶炼工程和房屋建筑施工总承包特级资质。

是日，宝冶承建的鞍钢新二号高炉投产。

12月20日，宝冶成立钢构分公司，钢构一厂投入使用。

12月，宝冶承建的武钢二热轧工程获2005年度国家优质工程银质奖。

## 2006年

1月，宝冶参建的四川启明星电解铝工程获2005年度中国建筑工程鲁班奖。

2月，宝冶首次入选为上海市勘察设计行业协会理事会成员。

3月，宝冶工安分公司综合计划部获全国三八红旗集体称号。

4月6日，中共中央政治局委员、北京市委书记、北京奥组委主席刘淇视察北京国家体育场（鸟巢）项目，陪同视察的宝冶董事长程志广介绍了国家体育场（鸟巢）的建设情况。

4月14日，宝冶举行职业技能考核站揭牌暨职工技能登高启动仪式。

4月29日，宝冶举行南京基地落成暨南京分公司钢结构厂投产典礼。

6月18日，上海宝冶建设工业炉工程技术有限公司揭牌。

7月21日，宝冶承建的武钢1 580毫米热轧工程正式开工。

7月26日，经中冶党委研究决定，张创一任宝冶党委书记；程志广不再担任宝冶党委书记职务，不再参加党委工作。经中冶研究，张创一任宝冶董事长、法定代表人；程志广不再担任宝冶董事、董事长、法定代表人。

8月23日，美国柏克德公司全球采购总裁拉瑞·福特来宝冶考察，为由其EPC总包的美国得克萨斯电厂钢结构采购选择新的制造厂家。

9月1日，宝冶承担的宝钢二号高炉停炉大修；12月7日点火投产，工期98天。

10月1日，中共中央总书记、国家主席、中央军委主席胡锦涛视察国家体育场（鸟巢）建设工地和宝冶员工亲切交谈。

10月，经中冶研究，王石磊任宝冶董事会董事、总经理，张创一不再担任总经理职务。

11月22日，宝冶承建的首秦4 300毫米宽厚板一期工程举行竣工投产仪式。

11月29日，宝冶总承包的瑞典宜家家居成都分店举行开业典礼。

11月,宝冶承建的宝钢厚板坯连铸工程、参建的无锡体育中心二期工程获2006年度国家优质工程银质奖。

12月6日,由中国钢结构协会组织的2006年全国钢结构学术年会在武汉举行,宝冶获得首批钢结构制造特级资质证书。

12月12日,宝冶圆满完成宝山区换届选举工作,张创一、华敏玉当选上海市宝山区第六届人大代表。

## 2007年

1月16日,由上海力博劳务有限公司接管的宝冶职工食堂开张营业。

2月4日,宝冶承建的宝钢宽厚板轧机工程和南京奥林匹克体育中心体育场工程获2006年度中国建筑工程鲁班奖。

2月8日,宝冶设立设计中心。

2月12日,宝冶承建的宝钢1 880毫米热轧4号加热炉点火烘炉。4月18日,举行宝钢1 880毫米热轧工程热负荷试车仪式。宝钢1 880毫米热轧工程热负荷试车比预定工期提前3个半月,这在中国乃至世界热轧厂建设史上都是一个创举。

2月,宝冶取得建筑工程设计甲级资质,成为中冶集团第一家既拥有建筑施工双特级资质又拥有甲级设计资质的企业,从而在资质准入上实现设计—施工资质一体化。

3月3日,宝冶增设采购中心、海外部、产业发展管理部、房地产置业部、总工程师室;董事会办公室与行政事务部合并为办公室/董事会秘书处。

3月,经中冶党委研究决定,徐立群任党委副书记、纪委书记,刘安义不再担任党委副书记、纪委书记职务(另有任用)。经中冶集团研究决定,张创一、王石磊、陈刚、徐立群、杜志信、周晓冬、初文恩为第二届董事会董事,张创一任董事长、法定代表人;王石磊任总经理,陈刚、刘安义任副总经理,刘洪亮任总工程师;陈文龙为监事会监事、监事会主席。

是月,宝冶获评2006年度全国优秀施工企业。

4月1日,宝冶主编的《炼铁机械设备工程安装验收规范》修编后上升为国家标准,由建设部组织发布实施。

4月15日,宝冶通过QHSE管理体系监督审核。

4月,经中冶集团研究,朱永贵、徐启文任宝冶副总经理。

5月20日,宝冶承建的具有国际一流水平的舞钢新百万吨宽厚板生产线建成投产,这也是宝冶建成的第4项宽厚板工程。

5月31日,宝冶承建的邯钢2 250毫米热连轧工程开工。

5月,经建设部网上公示,宝冶被确定为首批全国建筑业诚信企业。

6月4日,南京中冶钢结构有限公司揭牌,这是宝冶成立以来第一个离上海本部以外的实体化全资性子公司。南京中冶钢结构有限公司与宝冶南京分公司实行一个机构、两块牌子的运作模式。

6月19日,宝冶承建的宝钢增设8号制氧机工程开工。宝钢增设8号增氧站是国内第一座自主集成的6万立方米制氧设施,也是宝冶第一次承建宝钢制氧工程。

6月27日,宝冶工会召开一届十次全委会,选举徐立群为工会主席。

6月,宝冶承建的郑州新郑国际机场航站楼改扩建钢结构工程、国家体育场钢结构工程(安装)

获 2006 年度中国建筑钢结构金奖。

7 月 1 日，宝冶承建的宝钢集团南京梅钢冷轧热镀锌工程开工。

8 月 9 日，宝冶参建的上海首个国际空转运工程——UPS 位于浦东国际机场的国际航空转运中心破土动工。

8 月 10 日，宝冶承建的梅钢一号、三号高炉易地大修(四号高炉)工程开工。

10 月 8 日，中冶集团与南京市政府首次合作的大型房地产开发项目南京建邺区首轮经济开发项目莲花村经济适用房工程举行开工仪式，宝冶承建二标段工程。

10 月 27 日，宝冶承建的宝钢马迹山港二期工程建成投产。

10 月，宝冶胡英明、徐瑞国、曹宏、张友建、周杨春、游志文、蔡汉荣、范耀中、蒋振彦、方来安、贺建明、朱永贵、唐根福、顾卫忠、朱国坤共 15 人获评“鲁班奖”工程项目经理。

11 月 7 日，由宝冶等单位施工的上海市苏州河环境综合整治三期暨防汛改造工程举行开工仪式。中共中央政治局委员、上海市委书记俞正声，上海市委副书记、市长韩正等市领导出席仪式。

11 月 8 日，宝冶承建的浦钢搬迁 COREX 炼铁工程顺利投产。

12 月 3 日，宝冶承建的总投资近 30 亿元，全球设计产量最大的红矿球团链箅机——回转窑工艺生产线及其配套工程开工。

12 月 5 日，宝冶钢构分公司通过欧标认证，取得进入欧洲市场的通行证。

12 月 14 日，宝冶获评鲁班奖特别荣誉企业，宝冶承建的南通体育会展中心体育场工程、郑州新郑国际机场航站楼改扩建工程获 2007 年度中国建筑工程鲁班奖。

12 月，宝冶钢构分公司连续承接美国 FW 公司总包下的韩国 HNAWHA、泰国 GLOW、美国 CUSMO 电厂锅炉钢结构、美国 LONGVIEW 电厂烟道美国 SHAW 公司总包下的美国 TURK 电厂钢结构，美国 B&W 公司总包的美国 GRE 电厂锅炉钢结构六个电力钢结构项目。世界三大锅炉制造商齐聚宝冶钢构，宝冶钢构分公司成为中国电力钢构出口大户。

## 2008 年

1 月 5 日，宝冶主申报，宝冶、中冶天工总承包施工、上海五冶参建的宝钢二号高炉易地大修(宝钢四号高炉)工程获 2007 年度国家优质工程金质奖，宝冶总承包施工的湖南华菱涟钢冷轧薄板工程获国家优质工程银质奖。

1 月，宝冶获评中冶集团首批创新型企业。

2 月 15—16 日，中国共产党上海宝冶建设有限公司第一次党员代表大会在电装分公司召开。总经理王石磊主持会议并宣读中冶集团党委发来的贺信，党委书记、董事长张创一在大会上作题为《创新提升党建工作，大力弘扬政治优势，为实现宝冶建设“二五”发展目标而努力奋斗》的党委工作报告。大会选举产生了中国共产党上海宝冶建设有限公司第一届委员会，由 9 名委员组成，张创一任党委书记，徐立群任党委副书记。选举产生了中国共产党上海宝冶建设有限公司第一届纪律检查委员会，由 5 名委员组成，徐立群任纪委书记。

2 月，宝冶取得二级承装(变电、电缆)、二级承修(变电、电缆)、二级承试(变电、电缆)的电力设施许可证。

3 月，宝冶获评 2007 年度全国优秀施工企业。

4 月 16 日，宝冶签订泰国 NTS 钢铁集团有限公司 50×104 t/a 铁系统安装工程施工承包合同。

7 月 12 日，泰国 NTS 工程高炉吊装第一钩，这是泰国历史上第一座高炉。

4 月，经中冶集团研究，李移峰为宝冶委派总会计师。

5 月 6 日，宝冶承建的湛江龙腾物流有限公司球团项目原料场工程开工。该工程是宝冶配套服务于湛江钢铁基地的首个建设工程。

5 月 10 日，宝冶参建的总投资 64 亿元、产能 150 万吨的首钢冷轧薄板生产线投产。

5 月 12 日，四川汶川发生里氏 8.0 级地震，宝冶积极组织开展向四川地震灾区捐款活动，在发出募捐号召后，累计有 8 608 名职工参与，共捐款 922 171 元。公司女职工开展“抗震救灾——爱心妈妈献爱行动”，向四川地震灾区孩子捐助价值 10 万元的学习用品。公司工会组织职工响应上海市总工会发出的“伸出援手、情系灾区，向都江堰市民捐书”号召，共捐赠书籍 1 288 册。5 月 19 日 14 时 28 分，宝冶组织员工默哀 3 分钟表达对汶川大地震遇难同胞的深切悼念。

6 月 25 日，经宝山区人大常委会对宝山区第 125 选区投票审查，徐立群当选为上海市宝山区第六届人民代表大会代表。

6 月 28 日，北京国家体育场(鸟巢)项目宣告竣工，宝冶员工陈桥生的名字登上“鸟巢”纪念柱。

6 月 30 日，由宝冶总承包的上海世博会浦东临时场馆 C1 标工程开工典礼在卢浦大桥下举行。

6 月，宝冶承建的北京五棵松文化体育馆、中山博览中心工程(制作、安装)、佛山世纪莲体育中心体育场工程、上海浦钢公司搬迁罗泾 COREX 炼铁工程主体单元钢结构工程、中融碧玉蓝天商务综合楼钢结构工程(制作、安装)获 2007 年度中国建筑钢结构金奖。

8 月 30 日，宝冶承担的宝钢一号高炉(二代炉役)停炉大修。11 月 18 日，大修工程完成。施工历时 78 天，开创国内特大型高炉大修时间最短纪录。

9 月 8 日，宝冶承建的厦门国际会展中心二期工程正式投入使用。

10 月，经宝山区工商行政管理局批准，上海力博劳务有限公司取得为国内企业提供劳务派遣服务的经营许可。

11 月 3 日，宝冶校准实验室获得中国合格评定国家认可委员会颁发的认可证书，升级为国家实验室。

11 月 6 日，总投资 100 亿元的湘潭钢铁集团 5 米宽厚板项目奠基开工，宝冶承包该项目的炼钢及连铸部分的建设工作。

11 月 10 日，宝冶承建的宝钢 1 880 毫米热轧带钢工程，参建的国家体育场工程、北京奥林匹克篮球馆、武汉新芯集成电路制造有限公司 12 吋集成电路生产线项目 FAB12a 生产厂房共 4 项工程获 2008 年度中国建设工程鲁班奖。

11 月，在北京市奥运工程建设总结表彰中，宝冶获奥运工程建设先进集体称号，陈桥生被评为奥运工程优秀建设者。

12 月 9 日，宝冶承建的武钢 1 580 毫米热轧工程投产。

12 月 25 日，宝冶承接的宝钢运输部科技攻关项目混铁车驻车止动装置通过宝钢专家验收，这是国内首套混铁车驻车止动装置。

12 月 30 日，宝冶承建的国家重点环保工程，亚洲最大、技术最先进的生活垃圾卫生填埋场——上海老港生活垃圾卫生填埋场渗沥液厂扩建工程开工。

12 月，在由搜房网发起的有“房地产界的奥斯卡”之称的 2008 第五届中国房地产网络人气榜上海分区楼盘评选活动中，宝冶投资开发建设的中高档住宅小区——中冶尚城最终摘得“2009 上海十大值得期待楼盘”桂冠。

是月，宝冶房屋安全鉴定检测专业取得房屋司法鉴定机构资质。

## 2009 年

1 月 26 日，宝冶继 2005 年被评为首批全国工程建设社会信用 AAA 级企业后，再获评全国工程建设社会信用 AAA 级企业。

2 月 13 日，宝冶总承包的 2010 年上海世博会卢森堡场馆工程正式开工。

2 月，宝冶员工毛琪钦、杨新松、龚国兴获评第一批全国冶金建设行业高级技能专家。

3 月 4 日，宝冶设立技改分公司。

3 月 14 日，宝冶成立保障性住房开发工作小组和宝冶城市轨道交通业务拓展工作小组。

3 月 25 日，宝冶承接的宝钢分公司宽厚板厂厚板轧线改造不停产叉车替代辊道驳运热板项目全部结束。此项目生产工艺为世界首创。

3 月，宝冶获评 2008 年度全国优秀施工企业。

4 月 6 日，宝冶厦门分公司揭牌。

4 月 29 日，宝冶承建的上海光源国家重大科学工程举行竣工典礼。该工程是由中国科学院和上海市人民政府共同向国家建议建设、经国务院批准的项目。

4 月，宝冶承建的厦门会展二期钢结构工程、曲阜孔子文化中心一期钢结构工程、淮安市国际会展中心钢结构工程获 2008 年度中国建筑钢结构金奖。

5 月 12 日，宝冶承建的梅钢四号高炉点火投产，宝钢梅钢形成 350 万吨钢生产能力。

5 月 18 日，宝冶员工阎增兴获第七届上海市十大工人发明家称号。

5 月 31 日，经中冶党委研究决定，陈明任宝冶党委书记；张创一不再担任宝冶党委书记职务，不再参加党委工作（另有任用）；徐立群不再担任宝冶党委副书记、纪委书记、工会主席职务，不再参加党委工作（另有任用）。经中冶研究，陈明任宝冶董事，任宝冶董事长、法定代表人；张创一不再担任宝冶董事、董事长、法定代表人职务（另有任用）；徐立群不再担任宝冶董事职务（另有任用）；刘安义不再担任宝冶副总经理职务（另有任用）。

6 月 1 日，宝冶获得上海市计量技术监督局认可的校准项目及其计量标准的技术能力证书。

6 月 24 日，宝冶获 2006—2008 年度上海市实施“走出去”战略先进企业称号。

7 月 6 日，宝冶承接的国内首座自主开发设计制造并建设的 IGCC（整体煤气化联合循环发电系统）示范工程——华能绿色煤电天津 IGCC 示范电站开工。

7 月 20 日，宝冶承建的中国（太原）煤炭交易中心工程开工。

8 月 24 日，宝冶设立保障性住房开发（城市综合改造）办公室。

8 月 31 日，安哥拉总统助理一行来宝冶参观交流。

9 月，宝冶参建的上海市重大产业项目长兴岛船舶基地沪东中华船厂主体工程竣工并投入使用。

10 月 16 日，宝冶 EPC 总承包的内蒙古君正能源化工股份公司电石炉尾气综合利用、年产 20 万吨石灰项目竣工投产。

10 月 18 日，宝冶承建的湘钢 5 米宽厚板炼钢连铸工程投产。

是日，宝冶承建的国内首个宽钛带卷项目（高性能钛板带）——湘投金天钛金高性能钛板带项目动工。

11月25日,宝冶承建的浦钢搬迁项目COREX炼钢工程主体单元,参建的南京会议展览中心会议中心工程,太原机场改扩建工程航站楼工程获得2009年度中国建设工程鲁班奖。

11月28日,宝冶员工葛红明获全国职工教育培训先进个人称号。

11月,宝冶获评全国建筑业先进企业、第八届全国设备管理优秀单位、2009年度上海市设备管理优秀单位。

12月11日,宝冶首个BT(建设—移交)公路项目——信阳明港机场进场道路改扩建工程在河南省信阳市明港镇开工。

12月16日,宝冶承建的上海浦东国际机场二期飞行区(第二跑道)项目获2009年度国家优质工程银质奖。

12月17日,经中冶党委研究决定,陈刚任宝冶党委副书记、纪委书记。

## 2010年

1月6日,信阳市体育中心工程举行开工仪式。采用BT(建设—移交)模式合作建设,是信阳市政府与宝冶继明港机场进场道路改扩建项目之后实施的又一重大合作项目。

1月15日,中共中央总书记、国家主席、中央军委主席胡锦涛,在中共中央政治局委员、国务院副总理、上海世博会组委会主任委员王岐山和中共中央政治局委员、上海市委书记、上海世博会组委会第一副主任委员俞正声等陪同下,对上海世博会场馆建设以及筹办情况进行考察。其中,宝冶承建的非洲联合馆、荷兰自建馆、卢森堡自建馆已基本完工。

1月17日,国内最重粗轧机——秦皇岛首秦金属材料有限公司宽厚板轧机工程4 300毫米粗轧机机架吊装成功。5月15日,4 300毫米粗轧机顺利过钢;6月6日,粗轧机投产。

1月25日,根据中国冶金科工股份有限公司整体战略部署,经研究,同意上海宝冶建设有限公司更名为上海宝冶集团有限公司。

1月29日,中共中央政治局常委、全国人大常委会委员长吴邦国在上海市委领导的陪同下来到上海世博会荷兰自建馆,实地考察宝冶承建的荷兰自建馆的建设情况。

1月,宝冶商标获上海市著名商标认定。

3月11日,钢结构设计规范国家标准管理组在宝冶钢结构总部基地为宝冶举行《钢结构设计规范》GB50017-2003修订参编单位授牌仪式。

3月27—28日,宝冶国家实验室通过CNAS现场监督评审。

3月,由宝冶自主研发的国内首例高炉热态全炉身湿法造衬技术在福建三安钢厂成功应用。

是月,宝冶获评2009年度全国优秀施工企业。

4月9日,宝冶5项工程获2009年度中国建筑钢结构金奖,其分别是:湛江龙腾物流球团原料库网壳钢结构工程(总承包、制作、安装)、深圳大运中心项目Ⅱ标段(主体育馆)钢结构工程(总承包、制作、安装)、赛迪大厦钢结构工程(制作、安装)、沈阳展览中心钢结构工程(制作、安装)、广州国际体育演艺中心钢结构工程(制作、安装)。

是日,宝冶研发的“360米跨双斜拱空间结构钢屋盖施工技术”和“国家体育场(鸟巢)特大型空间异型钢结构工程施工技术”获建国60周年钢结构十大新技术奖,宝冶参建的国家体育场钢结构工程获建国60周年钢结构金奖十大工程奖,宝冶承建的郑州国际会展中心工程获建国60周年钢结构金奖十大工程提名奖。

5 月 5 日，宝冶保障性住房开发（城市综合改造）办公室更名为宝冶房地产开发部；撤销海外部，在工程总承包部下增设海外部。

6 月 10 日，安阳钢厂 3 号高炉炼铁工程开工建设。

6 月 28 日，宝冶总承包的广东珠海十字门中央商务区首期总额 40 亿元工程项目开工仪式在珠海施工现场举行。

7 月 30 日，宝冶承建的沧州中铁 1 780 毫米生产线投产。

8 月 1 日，宝冶承建有国内第一海拔风电工程——大唐云南罗平山风电场（一期）工程开始吊装。

8 月 31 日，宝冶参建的广州亚运城竣工移交。

8 月，宝冶获 2009 年度上海市建筑业诚信企业称号，连续 3 年获得该项荣誉。

9 月 18 日，宝冶中冶尚园商品住宅工程开工。

10 月 11 日，宝冶承建的国内第一条自主研发的冶金玻璃基板生产线——彩虹（合肥）液晶玻璃基板项目 CH01 线池炉点火。

10 月 20 日，宝冶承建的华菱锡钢棒材生产线投产。

10 月，宝冶获准设立博士后科研工作站。

11 月 6 日至 8 日，宝冶在第七届中国国际专利与名牌博览会上获评中国专利十佳企业，一种采用旋转平衡法吊装特大型设备的工艺方法、标高可调式超平地坪模板及其制作方法、半挂牵引式废钢料槽运输车、对化工生产硫胺结晶槽区域局部地质基础污染的治理方法 4 项专利获中国专博会金奖。

11 月 23 日，宝冶当选上海市特种设备管理协会第二届会员代表大会代表。

11 月，宝冶获评“十一五”全国建筑业科技进步与技术创新先进企业。

是月，宝冶钢构分公司通过美国钢结构协会（AISC）认证复审。

12 月 18 日，宝冶设计、开发、施工的上海市保障性住房重点工程罗店大型居住社区（一期）项目开工。

是日，宝冶承建的湖北省显示产业单体最大投资项目——武汉天马微电子公司 4.5 代液晶面板及彩色滤光片生产线投产。

12 月 23 日，宝冶施工总承包的首钢顺义冷轧薄板工程项目获国家优质工程金质奖。宝冶承建的邯钢新区 2 250 毫米热轧工程，参建的中融・碧玉蓝天大厦工程、广州市政务服务中心（广州市财政局业务用房）获国家优质工程银质奖。

## 2011 年

3 月 10 日，宝冶承建的世界第一特厚板坯连铸机工程——新钢特厚板坯连铸机工程投产。

3 月 28 日，宝冶承建的宝钢五冷轧带钢工程（一期）冷 2 标、浦钢搬迁罗泾工程 COREX 炼铁工程主体单元获 2010 年度中国安装工程优质奖（安装之星）。

4 月 7 日，宝冶撤销技改分公司；撤销房地产开发部，其全部职能调整到企业发展管理部。

是日，中共中央政治局委员、广东省委书记汪洋视察了宝冶承建的珠海十字门中央商务区会展组团项目。

5 月，宝冶承建的宝钢五冷轧带钢工程（一期），参建的首钢冷轧薄板生产线工程、中山博览中心和中国2010年上海世博会主题馆获2010—2011年度中国建设工程鲁班奖。

5月30日,宝冶承建的广州JFE钢板有限公司180万吨冷轧项目投产。该工程是宝冶与广钢的首次合作。

6月14日,中共中央政治局委员、上海市委书记俞正声,上海市委常委、市委秘书长丁薛祥等市委领导视察位于临港产业区奉贤园区的宝冶三一重工临港产业中心项目。

6月,宝冶承建的中国(太原)煤炭交易中心展览中心钢结构工程获2010年度中国建筑钢结构金奖。

7月12日,宝冶承造的东北特钢120吨钢水包运输车下线交付甲方使用。该车是国内第一台带随车吊可自揭盖的120吨钢水包运输车。

8月26日,宝冶召开共青团上海宝冶集团有限公司第一次代表大会。大会选举产生11名团委委员,朱虹当选为团委书记。

9月22日,宝冶承建的全球第一家尾气制乙醇燃料示范工程——上海宝钢朗泽新能源有限公司乙醇示范项目开工。

9月30日,广东省深圳第26届世界大学生夏季运动会总结大会在宝冶总承包的大运中心体育馆举行。

10月,由中国冶金建设协会主办,中国冶金建设协会吊装工作委员会和中联重科承办的"中联杯"首届冶金建设行业吊装技能竞赛在湖南长沙完成。宝冶代表队在50吨汽车吊竞赛中获得第一名和"风尚奖",130吨履带吊竞赛获得第二名,团队获组织奖。

11月11日,宝冶广州分公司总经理白小虎作为亚运建设者代表成为一名火炬手,在广州大学城传递圣火。

11月25日,宝冶承建的宝山区罗店大型居住社区(二期)工程开工。

12月12日,宝冶承建的安徽省青阳生态文明工程生活垃圾处理项目开始启用。该工程是国家发改委立项后列入国债投资的项目。

12月21日,宝冶博士后工作站与同济大学土木工程博士后流动站联合招收博士后进站考核在同济大学土木工程学院进行,经过专家组考评,同意王仁华博士进入宝冶博士后工作站进行课题研究工作,这标志着宝冶博士后工作站的运行进入实际科研阶段。

## 2012年

1月,宝冶获评首届中国建筑业企业"竞争力百强"和"最具成长性百强"企业。

2月8日,宝冶获评上海市2011年度安全生产工作优胜单位。

2月23日,宝冶和同济大学共同建设的国内最大直径反力架试验室进行首席节点试验获得成功。

2月29日,宝冶参建的三一重机临港产业园开业。

3月23日,宝冶承建的中共辽宁省委党校文体活动中心工程举行开工仪式。

3月,宝冶承建的首钢京唐钢铁联合有限责任公司一期二步2 230毫米第二冷轧厂主厂房钢结构工程、三门峡体育中心会展钢结构工程、福建三明体育中心钢结构及金属屋面钢结构工程获2011年度第十届中国钢结构金奖。

是月,宝冶获评2011年度全国优秀施工企业。

4 月 16 日，宝冶获建筑智能化工程设计与施工一级资质。

4 月，宝冶成功就位房屋建筑工程、冶炼工程施工总承包特(一)级资质。

5 月 1 日，宝冶主编的国家标准《炼铁机械设备安装规范》正式实施。

5 月，宝冶获得全国工程建设企业社会信用等级“AAA”级(有效期三年)。

5 月 31 日，宝冶承建的宝钢广东湛江钢铁基地项目开工仪式在一期工地炼铁区一号高炉场地举行。中共中央政治局委员、广东省委书记汪洋出席仪式并下达开工令。

6 月 2 日，梅钢五号高炉点火开炉，标志着宝冶承建的梅钢炼铁项目 4 070 立方米高炉投产。

7 月 28 日，宝冶承建的中国博览会会展综合体项目(北块)桩基工程开工。

8 月 27 日，第二届鄂尔多斯国际那达慕大会在宝冶承建的鄂尔多斯运动场主会场伊金霍洛旗跑马场开幕，国务院副总理回良玉出席本次开幕式并宣布那达慕大会开幕。

9 月 5—7 日，宝冶员工毛琪钦和金周在第 26 届中国焊接博览会上分获 B 组二等奖、A 组三等奖。

10 月 26—27 日，宝冶校准实验室通过国家实验室认可委监督评审。宝冶校准实验室于 2008 年 11 月首次通过国家实验室认可。

10 月，宝冶主编的国家标准《炼铁机械设备安装规范 GB50679－2011》经中华人民共和国住房和城乡建设部第 1082 号公告批准发布，由中国计划出版社正式出版发行。

是月，宝冶获评 2010—2011 年度上海市守合同重信用企业和合同信用等级认定 AAA 级。

12 月 1 日，宝冶参建的中国首条、同时也是世界上第一条投入运营的新建高寒地区长大高速铁路——哈大高铁开通运营。

12 月 5 日，宝冶总承包的武钢三冷轧工程、邯钢结构优化产业升级总体规划邯钢新区二冷轧工程，参建的上海浦东国际机场扩建工程第三跑道系统工程、深圳市宝安体育场工程获国家优质工程银质奖，同时胡崇富、夏友木、汪烈智三人获国家优质工程奖先进个人称号。

12 月 17 日，珠海华发集团与宝冶签订战略合作框架协议。

12 月 21 日，在北京会议中心召开的中国建设工程鲁班奖(国家优质工程)创立 25 周年大会上，宝冶获突出贡献奖银奖，宝冶总经理王石磊，项目经理黄伟强、周杨春获先进个人称号。

## 2013 年

2 月 3 日，宝冶召开 2013 年度工作会议，此次会议是在中央出台“改进工作作风，密切联系群众的八项规定”的大背景下召开，集合了年度工作会议、职代会、质量工作会等多项内容，将以往 3 天的会期压缩到 1 天，同时在以往参会人员的基础上扩大了参会范围，使公司的会议精神更加直接地向基层传达。

3 月 19 日，宝冶承建的安钢 3 号高炉工程投产。

3 月 25 日，中冶集团职业学院转设宝冶教培中心挂牌仪式暨第 32 期高级技师培训开班典礼在宝冶教培中心二楼报告厅举行。

3 月，2012 年度上海市行业(系统)安全生产履职考核成绩揭晓，宝冶获得总分 92 分的好成绩，获上海市安全生产优胜单位称号。

4 月 15 日，宝冶增设法律事务部。

4 月 23 日，黄伟强获全国五一劳动奖章。

4月25日,宝冶承建的爱励铝业(镇江)有限公司一期项目全面投产。这一航空航天及交通运输用大规格高强度铝合金板项目的投产填补了国内航空航天用铝合金板材的空白。

5月7日,宝冶承建的京东商城亚洲一号沈阳项目总包工程开工。

5月17日,宝冶承建的宝钢湛江钢铁基地高炉工程开工仪式在湛江东海岛高炉施工现场举行。

5月,宝冶承建的南京德基广场二期主楼钢结构工程、中国东盟(柳州)工业品展示交易中心钢结构工程、镇江市体育会展中心钢结构工程获2013年度中国钢结构金奖。

是月,宝冶参建的宝钢特钢炉卷热轧设备安装工程获2011—2012年度中国安装工程优质奖(安装之星)。

6月19日,宝冶承建的沈阳财富中心大厦封顶仪式在财富中心大厦现场举行。

7月4日,宝冶承建的台塑越南河静钢铁炼钢工程开工。

7月9日,宝冶参建的深圳市大运中心项目获第十一届中国土木工程詹天佑奖。

7月,宝冶以EPC总承包合同模式承建的德国巴斯夫大中华区总部大楼项目,获美国绿色建筑协会(USGBC)颁发的LEED金奖认证证书,这是宝冶首次获此荣誉。

8月8日,上海市企业信用管理专业委员会成立。首届上海市信用管理专委会由十一家单位组成,宝冶是上海市建设行业中唯一进入专委会的企业。

8月28日,宝冶承建的珠海横琴国际金融中心大厦工程开工。

8月,宝冶机动分公司获评2012年度全国"安康杯"竞赛优胜单位。

9月3日,宝冶承建的宝钢湛江钢铁基地2 030毫米冷轧工程开工。

9月16日,经中冶集团研究决定,朱永贵不再担任宝冶副总经理职务,另有任用。

9月29日,经中冶集团研究,白小虎任宝冶副总经理。

10月24日,宝冶承建的中共辽宁省委党校文体活动中心工程验收后全面移交业主投入使用。

11月14日,经中冶集团研究决定,岳文彦任宝冶副总经理。

11月16日,经宝冶员工76天奋力拼抢,宝钢三号高炉提前实现点火投产目标,标志着宝钢三号高炉大修主体工程圆满完成。

11月,宝冶获建筑金属屋(墙)面设计与施工特级资质证书,该资质填补了公司建筑金属屋(墙)面设计与施工资质方面的空白。

12月5日,宝冶承建的中国(太原)煤炭交易中心、深圳市大运中心,宝冶、三冶、五冶、二十冶等单位承建的首钢京唐钢铁联合有限责任公司钢铁厂一期轧钢(2 250毫米热轧、2 230毫米冷轧)工程,宝冶参建的南阳体育场、天津海河教育园区(北洋园)一期综合配套工程(体育场、游泳馆、体育馆及公共实训中心)、山西体育中心主体育场获2012—2013年度中国建设工程鲁班奖。

12月27日,宝冶承建的首钢京唐钢铁厂项目一期轧钢(2 250毫米热轧、2 230毫米冷轧)工程、参建的上海临港燃气电厂一期工程获国家优质工程金质奖,三门峡市文化体育中心会展部分(Ⅰ区)工程获国家优质工程奖。黄伟强、刘振钢获国家优质工程突出贡献者称号。

## 2014年

1月20日,宝冶获建筑装饰装修工程专业承包一级资质。

1月,宝冶工业炉公司筑炉分公司获全国模范职工小家称号。

2月,宝冶取得承装(修、试)电力设施许可证二级资质延续,是冶金行业唯一一家取得承装

(修、试)电力设施许可证二级资质的企业。

3 月 18 日,宝冶承建的安钢 1 550 毫米冷轧工程建成投产。

3 月 25 日,宝冶注销房地产分公司,增设房地产事业部。

4 月 14 日,宝冶承担的上海浦东国际机场大飞机试飞跑道道路工程开工。

4 月 18—19 日,宝冶获评 2013 年中国建筑钢结构行业三十强企业;承建的北京金雁饭店重建钢结构工程、济宁市奥体中心场馆建设工程射击射箭馆及游泳跳水馆钢结构工程、海南昌江核电钢结构工程、上海金山和辉光电钢结构工程、哈尔滨大剧院钢结构工程(制作、安装)、厦门会展三期钢结构工程、郴州市国际会展中心获 2013 年度中国钢结构金奖。

4 月,董清获全国五一劳动奖章。

5 月 30 日,宝冶援建施工的广东省河源市连平县上坪镇的"世纪阳光幼儿园"举行开工仪式。

6 月 18 日,宝冶江苏分公司入驻揭牌仪式在江苏省南京市建邺区烽火科技大厦 22 楼举行。

7 月 16 日,经中冶党委研究决定,费利东任宝冶党委委员、纪委书记,陈刚不再兼任宝冶纪委书记。

7 月 20 日,宝冶开发建设的宝山区罗店大型居住社区一期项目 B3 地块实现首批房源提前交付,迎来首批居民入户。

8 月 26 日,由宝冶 EPC 总承包的青海光科光伏玻璃 250 t/d 压延生产线项目生产出第一块玻璃,这是青藏高原上第一块压延玻璃。

9 月,宝冶完成首个装配式建筑试点项目深化设计工作(从罗店大型居住社区 C10 地块中选择 3、6 号两栋楼作为试点项目推行)。

10 月 30 日,宝冶总承包的珠海十字门中央商务区珠海国际会议中心开业运营暨珠海市首届国际车展开幕。

10 月,经中冶集团研究,胡鹰任宝冶副总经理。

是月,宝冶获全国工程质量管理优秀企业称号。

11 月 12 日,宝冶承建的宝钢四号高炉大修工程举行点火投产仪式。

11 月 26 日,宝冶召开会议,中冶集团党委组织部部长、人力资源部部长闫爱中主持会议并宣读任免文件:王石磊任宝冶董事长(法定代表人)、党委副书记,陈明不再担任宝冶董事长(法定代表人)。

12 月 4 日,宝冶参建的广州国际体育演艺中心(NBA 多功能篮球馆)获第十二届中国土木工程詹天佑奖。

12 月 12 日,宝冶获评全国诚信施工十佳企业,宝冶董事长、总经理王石磊获评全国诚信施工模范。

## 2015 年

1 月,住房和城乡建设部发布《住房城乡建设部关于全国工程质量管理优秀企业的通报》,依据五年来中国工程质量最高奖鲁班奖获奖数来确定,宝冶进入全国二十家登红榜。

1 月 27 日,为构建布局合理的区域化分公司网络,不断巩固并扩展宝冶的品牌影响力,将成都分公司、厦门分公司提升为实体型区域分公司。

3 月 27 日,为进一步优化资源配置,构建"总承包公司—专业化品牌公司—资源配套专业公司"三类公司协同发展的新格局,宝冶对各二级单位主业进行重新定位。

是日,整合技改管理部、检修产业部和宝钢湛江钢铁工程项目相关机构,设立高炉工程事业部/

宝钢工程事业部;以原工程总承包部海外处为基础,整合柬埔寨金边 Sky Villa 项目、菲律宾项目等资源,组建海外事业部;增设组织部,与人力资源部合署办公;增设宣传部,与企业文化部合署办公;增设纪委办公室,与监察部合署办公;增设信息化管理部。

4 月 9 日,宝冶承建的爱励铝业(镇江)一期厂房工程厂房结构工程获 2013—2014 年度中国安装工程优质奖(安装之星)。

4 月 15 日,宝冶获评钢结构行业 50 强企业、中国建筑钢结构诚信企业(5A);宝冶董事长、总经理王石磊被授予全国钢结构行业优秀企业家称号。鄂尔多斯体育中心体育馆钢结构工程、绍兴金沙东方山水国际商务中心钢结构工程、北京雁栖湖国际会展中心钢结构工程(制作、安装)、甘肃科技馆建设项目钢结构工程(制作、安装)、江苏新长江(雅阁)国际酒店钢结构工程(总包、制作、安装)、南京国际博览中心二期北侧钢结构及金属屋面工程(制作、安装)、珠海十字门国际展览中心钢结构工程 7 项工程获中国钢结构金奖。

4 月 20 日,宝冶与安阳钢铁集团有限责任公司、河南省国有资产控股运营集团有限公司合资成立郑州宝冶钢结构有限公司。

4 月 28 日,董清获全国劳动模范称号。

5 月 5 日,宝冶参建的宝钢湛江钢铁基地 1 550 毫米冷轧主体工程开工。

5 月 24—27 日,宝冶通过北京中建协认证中心有限公司审核组对 QHE 的监督审核。

5 月 29 日,经上海市总工会研究同意,杨柳任宝冶工会主席。

是日,举行宝冶装配式住宅建筑展示厅揭牌仪式。首个装配式住宅项目——罗店大型住宅社区 C10 地块启动吊装。

6 月 15 日,宝冶召开党委扩大会,宣布中冶集团对宝冶领导班子调整的决定,王石磊任宝冶党委书记,陈明不再担任宝冶党委书记;陈刚任宝冶常务副总经理。

6 月 27 日,在上海市土木工程学会主办的工程建设"互联网+"新技术与新模式研讨会上,宝冶 BIM 中心正式发布"宝冶云平台"产品并对其功能进行详细介绍。

7 月 20 日,江苏金昇实业股份有限公司投资的乌兹别克斯坦卡尔希地区最大外资工业项目利泰 12 万锭纺纱厂项目签约仪式在宝冶举行。

7 月 22 日,中冶集团首届 BIM 技术应用大赛在中冶集团职业学院(宝冶教培中心)拉开序幕。

7 月 24 日,中冶集团"湛江蓝 · 中冶梦"主题实践活动首季流动红旗落户宝冶。

7 月,经中冶集团研究,陈刚任宝冶总经理,王石磊不再兼任总经理职务;包朝亮任宝冶副总经理。

是月,宝冶获由住房和城乡建设部批准的电力工程施工总承包三级资质。

8 月,宝冶获中国网格结构制造一级企业资质。

9 月 17 日,中国施工企业管理协会在北京召开 2015 年全国施工企业领军人物峰会,宝冶董事长王石磊获 2014 年度全国优秀施工企业家称号。

9 月 24 日,中共中央政治局常委、国务院总理李克强来到郑州航空港核心工程新郑机场二期工程建设工地进行考察。在经过宝冶施工的郑州新郑机场二期工程综合交通换乘中心(GTC)项目施工场地时,李克强总理亲切地向宝冶项目部施工人员挥手致意,并接见了员工。

9 月 25 日,宝冶承建的宝钢湛江钢铁一号高炉点火投产。

9 月,宝冶市政分公司获评 2014 年度全国"安康杯"竞赛优胜单位。

10 月 15 日,宝冶举行合肥分公司入驻揭牌仪式。

10月16日，“首钢建设杯”第三届全国冶金建设行业吊装技能竞赛正式开幕，宝冶代表队获本届竞赛汽车吊组的团体优胜奖，吴陈铭、顾卫忠分获冠军和亚军。

11月15日，宝冶承建的福州市投资及建设规模最大的社会福利设施福州市社会福利中心工程开工。

11月17日，中国建筑业协会在北京钓鱼台国宾馆召开2014—2015年度中国建设工程鲁班奖经验交流暨表彰大会。宝冶承建的珠海十字门会展商务组团一期国际展览中心和鄂尔多斯市体育中心、参建的北京日出东方酒店和郴州市国际会展中心共4项工程获鲁班奖。

12月8日，为构建“总承包公司—专业化品牌公司—资源配套公司”三类公司协同发展的集团化管控模式，进一步整合安装专业资源、打造“宝冶安装”品牌，宝冶对机电工程施工资源进行整合。将安装工程事业部并入安装工程公司，将安装工程公司从事冶金等业务的相关资源划转至工业工程公司。

12月18日，宝冶承建的珠海中心主体结构正式封顶。

12月31日，在2015年上海市建设机械行业协会三届四次会员大会上，宝冶获上海市建筑机械租赁二十强企业称号。

12月，宝冶获评2015年度国家知识产权优势企业。

## 2016年

1月7日，宝冶以总综合排名第19位的成绩获评2014年度中国建筑业竞争力百强企业。

1月14日，宝冶教培中心获评“上海市社会组织评估4A级单位”，获得开展政府采购培训项目的资格。

1月24日，美国第三大传媒公司维亚康姆集团旗下尼克罗迪恩频道亚洲区副总裁张天佑、北京尼克主题公园陈建明、西安市西咸新区沣东新城管委会主任关奎元来宝冶考察访问。

2月2—3日，宝冶召开2016年工作会议。董事长、党委书记王石磊传达中冶集团暨中国中冶2016年工作会议精神，做了题为《敢为人先铸基业　继往开来启新程　蓄势扬帆　合创共荣　全力谱写宝冶“四五”发展新篇章》的重要讲话，总经理陈刚做工作报告。宝冶企业文化与“四五”战略发展规划正式发布。

3月9日，上海市总工会举行首批50个“上海市技师创新工作室”授牌仪式，宝冶工程技术公司“毛琪钦焊接创新工作室”获此荣誉。

3月18日，宝冶出席光伏绿色生态合作组织（PGO）2016年会，该组织是由多家光伏行业央企及上市公司组成。会上，总经理陈刚代表宝冶与会长单位招商新能源签订战略合作协议，并做入会致辞。

3月24日，宝冶设立国际工程公司，海外事业部、迪士尼项目管理团队并入；设立投融资开发部。

3月30日，宝冶参建的北京金雁饭店重建工程获第十三届中国土木工程詹天佑奖。

是日，宝冶承建的湛江钢铁基地2 030毫米冷轧工程产线全线贯通。

3月，宝冶获评2015年度全国优秀施工企业。

4月15日，宝冶获评2015年度河南省建筑业先进企业。

4月18日，驻越南、柬埔寨、孟加拉国前任大使胡乾文来到宝冶参观访问，并对“一带一路”倡议

(东南亚地区)进行了专题讲解。

4月29日,宝冶市政分公司水电工程部电维护班获全国工人先锋号称号。

5月4日,宝冶承接制造的全球最大桁架式双翼跨海架桥机DL——SE1740-50完成最终调试。

5月13日,宝冶获评中国钢结构行业2015年诚信企业(5A)、2015年全国钢结构行业综合实力前30强企业。承建的郑州新郑国际机场二期建设项目综合交通换乘中心(GTC)钢结构及金属屋面钢结构工程(制作、安装)、扬州体育公园体育场钢结构工程(总包、制作、安装)、新疆库尔勒纺纱项目钢结构工程(总包、制作、安装)、武汉光谷国际网球中心主场馆钢结构工程(制作、安装)、邯郸客运中心主站钢结构工程(制作、安装)、四川国际旅游交易博览会场馆钢结构工程(总包、制作、安装)、东港D10地块项目(维多利亚广场)二标段钢结构工程(制作、安装)7项工程获中国钢结构金奖。

5月16日,经中冶党委研究决定,费利东不再担任宝冶党委委员、纪委书记职务(另有任用)。

5月18日,柬埔寨Gateway商住楼总承包项目签约仪式在柬埔寨首都金边市洲际酒店举行。

6月16日,经中冶党委研究决定,刘亚莉任宝冶党委委员、纪委书记。

是日,宝冶参建的中国内地首座迪士尼主题乐园——上海迪士尼乐园开幕。

6月29日,宝冶党委获中央企业先进基层党组织称号。

是日,宝冶承建的长春龙翔国际商务中心大型城市综合体项目开工。

7月1日,宝冶党委获中国五矿先进基层党组织称号。

7月15日,宝冶承建的宝钢湛江钢铁二号高炉点火试生产。

9月9日,宝冶"三个100"紧缺人才培训开班,共有128名学员参加培训,党委书记王石磊以"推行人力资源供给侧改革,助力'四五'目标早日实现"为题讲授开班第一课。

10月12—17日,宝冶工会、团委、人力资源部、企业文化部联合举办第一届"合创之道,青年先行"主题青年文化节。

10月27日,宝冶钢结构整合大会在钢结构工程公司召开。中冶集团党委常委、中国中冶副总裁、宝冶董事长、党委书记王石磊出席会议并作重要讲话,宝冶总经理、党委副书记陈刚宣布整合方案和领导班子任免安排,会议由公司副总经理、董事会秘书岳文彦主持。

是日,宝冶工程技术公司毛琪钦获评2016年上海工匠。

10月28日,宝冶投融资开发部与房地产事业部整合。

11月2日,宝冶召开会议,宣布中冶集团对宝冶主要领导进行调整,陈刚任宝冶副董事长,白小虎任宝冶总经理(法定代表人)、党委副书记、董事。王石磊不再兼任宝冶法定代表人,陈刚不再兼任宝冶总经理。

11月13—15日,2016上海国际建筑工业化及先进建筑技术展览会(简称BIC)在上海浦东新国际博览中心举行。宝冶作为国内外知名施工总承包企业应邀参加此次盛会。

11月16日,宝冶顺利完成宝山区人大代表换届选举投票工作,王石磊当选为宝山区第八届人大代表。

11月18日,中冶集团党委常委、中国中冶副总裁,宝冶董事长、党委书记王石磊在中冶东方召开全体干部大会并作重要讲话。中冶集团企业策划与管理创新部部长邵波主持会议并宣读了中冶集团暨中国中冶对上海宝冶集团与中冶东方进行整合与业务重组的决定。

12月5日,宝冶承建的天津忠旺铝业有限公司特大高精铝及铝合金加工材项目1号线热轧车间生产线建筑安装工程获中国安装工程优质奖(安装之星)。

12月13日,科威特Dhaman集团与中冶集团合作的科威特医保医院项目DB(设计施工)合同签约仪式在科威特举行。该项目由宝冶、中冶华天工程技术有限公司及中冶国际工程集团有限公司组成联合体共同实施。

12月16日,首届“合创杯”技术标简报竞赛决赛在宝冶二楼会议厅举行,16份作品入围决赛。

12月19日,由深圳市建筑工务署和宝冶共同结对帮扶援建的广东省汕尾市陆丰市东海镇龙光村—炎龙村道路工程举行开工仪式。

12月20日,经上海市总工会批复同意,裴志清任宝冶工会主席,杨柳不再担任工会主席职务。

12月27日,宝冶获“中国建筑机电设备维修安装企业资质”等级认证。

## 2017年

1月13日,柬埔寨总商会副会长、澳法集团董事长李坤泰勋爵访问宝冶。

1月18日,宝冶“BY”商标通过上海市工商行政管理局专家评审,被认定为“上海市著名商标”。

1月22—23日,宝冶召开2017年工作会议。会上,中冶集团暨中国中冶党委常委、中国中冶副总裁、宝冶董事长、党委书记王石磊传达了中冶集团暨中国中冶2017年工作会议精神,作了题为《转型升级再造发展新优势,乘势而上续写“四五”新篇章,向“最具产业链竞争优势的建筑企业集团”奋勇前进》的重要讲话,总经理、党委副书记白小虎作工作报告,会议由副董事长、党委副书记陈刚主持。

2月20日,中国五矿集团总经理、党组副书记、中冶集团董事长、党委书记国文清到宝冶调研指导工作,召开干部座谈会,听取公司发展情况汇报,并做重要讲话。

2月23日,宝冶承建的宁国城北新城综合开发PPP项目签约仪式在宁国市政府会议厅举行。

2月28日,宝冶召开会议,宣布中冶集团对公司领导班子进行调整,白小虎任宝冶董事长(法定代表人)、党委书记,陈刚任总经理,刘剑平任党委副书记;王石磊不再兼任宝冶董事长、党委书记,白小虎不再兼任宝冶总经理。中国五矿集团副总经理、中冶集团总经理、中国中冶党委书记、副董事长张兆祥出席会议并作重要讲话。

3月,宝冶获评2016年度全国优秀施工企业。

是月,经中冶集团研究,王黔、袁斯浪任宝冶副总经理。

4月6日,宝冶云图—图纸管理平台发布。

4月14日,宝冶参建的鄂尔多斯市体育中心工程、哈尔滨大剧院获第十四届中国土木工程詹天佑奖。

5月18—20日,2017年全国建筑钢结构行业大会在沈阳召开,会上对中国钢结构金奖获奖工程、企业、个人进行表彰。宝冶获评2016年中国建筑钢结构行业竞争力榜单前十名企业、2016年度中国建筑钢结构行业(5A)诚信企业。宝冶承建的珠海十字门会展商务组团一期标志性塔楼钢结构工程,长春国际金融中心钢结构工程,天津市滨海新区文化中心(一期)项目文化场馆部分钢结构工程,临夏民族大剧院建设项目钢结构工程,临夏体育场、馆建设项目钢结构工程,海峡青年交流营地第1标段项目钢结构工程,宝能中心(12-04)施工总承包工程钢结构工程7项工程获第十二届第二批中国钢结构金奖。

5月26—27日,中国五矿集团召开2015—2016年度“百强班组”表彰大会。宝冶工业工程公司张平班组、钢结构工程公司“数字钢构”创新班组、工程技术公司张凯班组榜上有名。

7月13日,宝冶机关党委不再单独设置,与党群工作部合署办公。

7月28日,宝冶新版企业宣传片对外发布。

8月8日,宝冶获2016年度上海市建筑(集团)企业经营实力排名第五名,获2016年度上海市建筑业诚信企业称号。

8月9日,宝冶总承包的梦东方梦幻嘉善项目举行开工奠基仪式。

9月3日,宝冶召开青岛地区干部扩大会,研讨EPC全产业链业务对接,推进中冶东方和宝冶的深度整合融合。

9月3—5日,金砖国家领导人第九次会晤在厦门举行,由宝冶倾力打造的2017厦门金砖会议主会场——厦门国际会议中心和会展中心,是金砖国家领导人第九次会晤的主会场。

9月6日,宝冶承担的上海浦东国际机场大飞机试飞跑道与C919飞机轮胎首次“亲密接触”,正式投入使用。

9月19日,在上海市总工会召开的2017年“上海工匠”命名暨“创新创业零距离”工匠论坛上,宝冶高炉工程事业部钱国被授予上海工匠称号。

是日,由全球起重机峰会暨中国吊装百强大会组委会与《中国工程机械》杂志共同主办的“2017全球起重机峰会暨中国吊装百强大会”在北京召开。宝冶被授予2017中国吊装二十强企业称号。

10月9日,中国共产党上海宝冶集团有限公司第二次代表大会在工业炉公司会议厅召开。党委副书记、总经理陈刚主持开幕式,党委副书记刘剑平宣读中冶集团党委贺信。党委书记、董事长白小虎代表第一届委员会作题为《突出政治引领,聚焦中心发力,坚定不移地为实现集团化发展战略目标而努力奋斗》的党委工作报告。大会选举产生了中国共产党上海宝冶集团有限公司第二届委员会,由11名委员组成,白小虎任党委书记,陈刚、刘剑平任党委副书记。选举产生了中国共产党上海宝冶集团有限公司第二届纪律检查委员会,由5名委员组成,刘亚莉任纪委书记,施剑栋任纪委副书记。

10月16日,宝冶企业展示厅揭牌暨喜迎党的十九大“大美宝冶”企业文化系列活动启动仪式举行。

10月24日,宝冶工业炉公司与高炉/宝钢工程事业部整合。

10月26日,中冶集团党委巡察组进驻宝冶动员会在公司总部大楼会议厅举行。会上,巡察组副组长刘晓岚宣读《关于对上海宝冶集团有限公司开展巡察的通知》,巡察组组长张新江做动员讲话,并对开展好巡察工作提出三点要求。宝冶党委书记、董事长白小虎代表公司党委领导班子作表态发言。11月17日,宝冶组织总部有关职能部门和各基层单位党组织负责人,召开中冶集团党委巡察反馈问题整改专题会,党委书记、董事长白小虎,党委副书记刘剑平、总会计师李移峰、纪委书记刘亚莉等领导出席会议并对问题整改工作提出要求。

11月6日,2016—2017年度中国建设工程鲁班奖经验交流暨表彰大会在北京钓鱼台国宾馆召开,上海宝冶共获7项鲁班奖,延续中冶集团创奖的绝对主力地位。获奖项目分别为:2016年参建的北京雁栖湖国际会展中心、哈尔滨大剧院和郑州新郑国际机场二期扩建工程(T2航站楼、综合交通换乘中心及塔台小区);2017年承建的上海迪士尼乐园及配套设施(一期)项目、南京河西地区综合性医院(河西儿童医院)门诊医技病房楼,参建的苏州国际博览中心三期、花桥国际商务城博览中心新展馆,宝冶建筑装潢有限公司参建的上海迪士尼乐园及配套设施(一期)项目。宝冶被授予创建鲁班奖工程突出贡献单位和创建鲁班奖工程优秀企业称号,黄伟强、胡英明、许立新被评为创建鲁班奖工程荣誉项目经理，庞洪海、姚尧、杨晓莉、邓再春被评为创建鲁班奖工程先进个人。

11 月 9 日，住建部办公厅公布首批装配式建筑示范城市和产业基地名单，宝冶成为第一批装配式建筑产业基地。

11 月 14 日，宝冶 2017 年“三个 100”紧缺人才培训隆重开班，共有 127 名学员参加培训。

11 月 16 日，宝冶制造的美洲加勒比天然气化工有限公司年产 100 万吨甲醇转化炉整体模块发运仪式在张家港港新重装码头举行。

11 月 18 日，中冶集团党委常委、中国中冶副总裁王石磊，宝冶党委书记、董事长白小虎应邀参加宝冶承建的南京金鹰世界开业典礼。

12 月 6 日，宝冶承建的上海迪士尼乐园一园区二一期（探险岛）安装工程、宝钢广东湛江钢铁基地项目炼铁工程 1＃高炉安装工程获中国安装工程优质奖（安装之星）。

12 月 7 日，郑州宝冶钢结构有限公司年产 5 万吨钢结构项目开工奠基仪式在郑州市经开区举行。

12 月 13 日，宝冶参建的无锡市轨道交通 1 号线工程获国家优质工程金质奖。宝冶承建的马鞍山市体育中心—会展中心工程、珠海十字门会展商务组团一期公寓式酒店工程、宝钢广东湛江钢铁基地项目炼铁工程（1 号高炉工程），参建的南京国际博览中心二期工程、上海华电奉贤南桥新城能源中心项目、江苏华电戚墅堰发电有限公司 F 级 2×475 MW 燃机二期扩建工程获 2016—2017 年度国家优质工程奖。

12 月 22 日，修缮升级后的宝冶总部员工餐厅举行点火仪式。

是日，宝冶承建的京东亚洲一号厦门同安物流园项目开工。

12 月 28 日，由宝冶作为原始权益人的宝冶应收账款资产支持专项计划正式发行成立，发行规模 14.69 亿元，发行期限 3 年。

## 2018 年

1 月 8 日，经中冶集团研究，李乘建任宝冶副总经理。

1 月 13 日，中冶集团“美好中冶”官微发布 2017 年中冶集团新闻宣传工作评分排名，宝冶连续两年位居第一。

2 月 8 日，宝冶与安阳市政府战略合作协议签订仪式在安阳市政府大楼举行，安阳市委常委、常务副市长陈志伟和宝冶副总经理王黔代表双方签订协议。

2 月 11 日，宝冶召开 2018 年工作会议。党委书记、董事长白小虎传达了中国五矿和中冶集团暨中国中冶年度工作会议精神，并做题为《新起点开启新征程，新使命赋予新内涵，以时不我待的责任担当向国内一流工程服务商新目标全力迈进》的重要讲话。总经理陈刚作题为《“平台建设”创实效，“集团管控”铸辉煌，全力打造最具竞争力的全生命周期工程服务商》的工作报告。

2 月 27 日，宝冶举办“平衡计分卡和战略管理”专项培训。公司助理、副总师以上领导，总部职能部门负责人，首席专家、高级专家，主管以上人员，二级单位领导班子成员、企管部、计财部及人力资源部部长等共计 200 余人参加培训，中冶东方、6 家区域分公司及部分总部部门主管 60 余人以视频形式在 8 个分会场在线同步参加培训。

2 月，宝冶党委获中国五矿集团有限公司先进基层党组织、中冶集团 2017 年度先进基层党组织荣誉称号。

3 月 5 日,宝冶获得“军工涉密业务咨询服务条件备案”资质审核,具备军工涉密业务咨询服务条件,成为中冶首家具备该资质的企业。

3 月 8 日,宝冶获得“高新技术企业”证书。

3 月 16 日,宝冶承建的台州市路桥城区道路建设改造提升 PPP 项目签约仪式在台州市路桥区区行政大楼举行。

3 月 17 日,华发集团推动高质量发展动员暨先进表彰大会在宝冶总承包建设的珠海国际会展中心珠海厅内举行。会上,宝冶与华发集团共同签署全面战略合作协议,并被授予特别贡献奖。

3 月 27 日,企业发展管理部与信息化管理部合并,更名为企业发展和信息化部;企业文化部/宣传部不再单独设置,与党群工作部合署办公;增设党委办公室,与经理办公室合署办公;新设上海宝冶集团有限公司工程技术研究院。

3 月 28 日,宝冶施工总包的由宝钢股份自主集成建设的全球首套大型高炉控制中心正式启用,成功实现对宝钢四座高炉和其他高炉进行远程操作和控制。

3 月 31 日,宝冶承建的国际乒乓球联合会博物馆和中国乒乓球博物馆开馆迎客。国际乒乓球联合会国际乒联主席托马斯·维克特,上海市副市长翁铁慧出席仪式。

3 月,宝冶获 2017 年度全国优秀施工企业。

3 月,宝冶首个 BIM 相关发明专利《基于 BIM 的双曲面玻璃幕墙预拼装方法》获得授权。

4 月 2 日,政协第十三届全国委员会副主席、中国香港特别行政区行政长官梁振英一行赴宝冶承建的莲塘口岸项目调研。

4 月 16 日,在第十二届中国(河南)国际投资贸易洽谈会即将开幕之际,宝冶应邀参加巩义市开放招商洽谈会暨重点项目签约仪式。

是日,宝冶举行党建工作标准化“一册三本”发布仪式。

4 月 23 日,宝冶领导干部学习贯彻党的十九大精神集中轮训班开班。

4 月 26 日,中共中央总书记、国家主席、中央军委主席习近平来到武汉新芯集成电路制造有限公司考察,听取了国家存储器基地项目情况介绍,并到生产车间察看国内领先的集成电路生产线。宝冶承建国家存储器基地项目(一期)A 标段、D 标段、通用配电 B/C 标段等。

5 月 19 日,中国吊装联盟成立大会在安徽省淮南市召开,宝冶当选为中国吊装联盟会员单位、安全专业委员会副主任单位。

6 月 3 日,宝冶参建的上海迪士尼度假区获第十五届中国土木工程詹天佑奖。

6 月 4 日,宝冶召开共青团上海宝冶集团有限公司第二次代表大会。大会选举产生 11 名团委委员,张典当选为团委书记。

6 月 26 日,宝冶召开上海宝冶集团有限公司工会第二次代表大会。上海市总工会第十四届委员会常委、经审会主任丁巍到会祝贺并讲话,来自公司各单位的 170 余名代表参加会议。工会主席裴志清宣布大会开幕,并代表公司工会第一届委员会作题为《唱响主旋律,建功新时代,为实现一流的最具产业链竞争优势的全生命周期工程服务商的宏伟目标不懈奋斗》的工作报告。

6 月 29 日,中国五矿集团职工岗位创新十大成果表彰发布会召开。宝冶《大型冶炼高炉技改建造综合技术三电快速安装施工方法的研究和应用》获评中国五矿集团首届职工岗位创新十大成果之一。

7 月 11 日,宝冶与西安建筑科技大学土木工程学院成立校企合作实习就业联盟。

7 月 13 日,宝冶承建的上海吴淞口国际邮轮港客运大楼举行启用仪式,同时迎来盛世公主号、诺唯真喜悦号、地中海辉煌号3艘大型邮轮靠泊。

7月21日，中共中央政治局委员、北京市委书记，北京2022年冬奥会和冬残奥会组织委员会主席、党组书记蔡奇，十九届中央委员、北京市委副书记、市长、市政府党组书记，北京冬奥组委党组副书记、执行主席陈吉宁一行赴宝冶承建的国家雪车雪橇中心项目考察调研。

7月25日，宝冶在总部大楼会议厅组织召开中国冶金建设协会团体标准、工法编写培训暨宝冶标准化专业技术委员会首次工作会议。

8月1日，宝冶设立财务共享中心，隶属于计财部。

8月14日，宝冶获2017年度上海市建筑业诚信企业称号。

8月，宝冶被认定为2018年度国家知识产权示范企业。

9月18日，上海宝冶雄安检测中心在雄安新区雄县揭牌成立。这是宝冶在雄安新区设立的第一家所属企业。

9月29日，宝冶承建的衢州市体育中心项目开工仪式暨快乐运动小镇设计方案全球发布会在衢州市高铁新城快乐运动小镇体育中心项目地块举行。

9月，宝冶BIM学院网络平台上线。

10月1日，央视财经频道(CCTV2)大型融媒体直播"改革开放40年"主题特别节目，现场卫星直播宝冶黔东南村村通公路项目贯通仪式。

10月30日，第十届上海宝山国际民间艺术节暨第十四届月浦锣鼓年会在宝冶大楼广场举行。

11月15日，宝冶与江苏永钢战略合作协议签约仪式暨张家港装配式基地项目开工仪式在宝冶承建的张家港装配式基地项目现场举行。

11月16日，宝冶承揽的宝钢广东湛江钢铁基地项目轧钢工程(2 250毫米热轧主体、2 030毫米冷轧)和惠山区全民健身中心工程获国家优质工程奖。

11月23日，中冶集团暨中国中冶在中冶华天包头设计研究总院有限公司召开会议，宣布将包头院并入宝冶。

11月26日，2018年全球起重机峰会暨中国吊装百强峰会在上海浦东隆重召开，宝冶获评中国吊装二十强企业，宝冶负责施工的徐汇滨江贯通工程龙腾大道淀浦河桥吊装工程获中国年度吊装工程奖。

11月29日，成立《宝冶志(1978—2018)》编纂工作领导小组、编纂委员会、顾问组。

11月，全国第一届"市政杯"BIM应用技能大赛获奖结果揭晓，宝冶"宁国城北新城振宁大桥及配套路网项目BIM应用"获三等奖、"深圳前海市政工程BIM应用"获优秀奖。

12月10日，中国交通运输协会第七届会员代表大会暨第七届理事会第一次会议在北京举行，宝冶市政分公司首次成为中国交协第七届常务理事单位。

12月13日，"财界奥斯卡"CGMA全球管理会计2018年度中国大奖暨CFO高峰论坛在上海外滩茂悦大酒店举办，宝冶财务共享中心获评年度最佳共享服务中心，宝冶总会计师、总法律顾问李移峰获评年度财界先锋。

12月21日，由宝冶和中国一冶联合举办的"冶建情"第二届职工摄影书画联展在宝冶开幕。

12月24日，宝冶工程管理有限公司管理权移交仪式在中冶宝钢技术三楼会议室举行，中冶宝钢技术总经理徐永峰、宝冶总经理陈刚分别代表中冶宝钢技术和上海宝冶签署管理权移交协议。

是日，上海力博城市建设发展有限公司揭牌。

12月29日，宝冶财务共享中心揭牌。

12 月,宝冶承建的扬州京华城中城 A6-1-2-3-4 项目总包工程(安装工程)、中国香港中文大学(深圳)一期项目(下园)施工总承包Ⅱ标段(安装工程)和宝钢广东湛江钢铁基地项目 1 550 毫米冷轧工程二标段机电安装工程获 2018 年度中国安装工程优质奖(安装之星)。

是月,经中冶集团研究,宋勇、张文任宝冶副总经理;岳文彦不再担任宝冶副总经理职务(另有任用)。

次年 1 月,经中冶集团研究,陈岩峰任宝冶副总经理。

# 第一篇

# 历史沿革

上海宝冶集团有限公司(简称宝冶)的前身为冶金工业部第十九冶金建设公司(简称十九冶),而十九冶又发端于冶金工业部第一冶金建设公司(简称一冶)。宝冶的历史沿革可以追溯到20世纪50年代初期,当时新中国成立不久,工业基础薄弱,急需筹建大型钢厂。为此,以建设新钢厂为使命的“三一五”厂筹备处于1952年5月正式成立。此后,经改组、管理体制调整,公司先后更名为华中钢铁公司、武汉钢铁建设公司、武汉冶金化学建筑总公司、武汉冶金建设公司。其间,公司不辱使命,历时1年2个月建成武钢一号高炉,为新中国钢铁工业发展作出巨大贡献。20世纪60年代初期,武钢一期工程结束后,公司改名为第一冶金建设公司(简称一冶)。

1964年,中共中央、国务院作出开发建设攀枝花钢铁基地(简称攀钢)的战略决策。为加速攀钢建设,冶金部将一冶一分为二,成立第十九冶金建设公司(简称十九冶),承担攀钢建设任务。在攀钢一期工程建设期间,公司广大职工在极其艰苦的条件下,发扬顽强拼搏和无私奉献精神,历时8年,完成攀钢一期工程建设。

1974年,国家决定在武汉钢铁厂建设大型引进工程项目—武钢“一米七”热轧工程。冶金部决定,十九冶抽调主力承建热轧带钢厂主体工程。公司更名为武钢“一米七”热轧工程指挥部。经过4年拼搏,公司完成“一米七”热轧工程建设。

1978年3月,中共中央、国务院作出在上海建设特大型现代化钢铁厂的部署。冶金部遂决定从建设武钢“一米七”热轧工程的十九冶调集主力队伍参加宝钢工程会战。在宝钢一期工程建设期间,公司先后更名为上海宝钢工程指挥部十九冶分指挥部、第十九冶金建设公司上海分公司。

宝钢一期工程结束后,宝钢急需一支实力较强的冶建队伍留在上海,承担宝钢后期建设和生产保驾。因此,冶金部决定将第十九冶金建设公司上海分公司成建制改组成上海宝钢冶金建设公司(简称宝冶),并落户上海,主要担负宝钢建设、设备检修和为上海冶金建设服务等三项任务。至此,公司驶入了快速发展轨道。1998年3月,根据冶金部文件,宝冶总资产划转到中冶集团。这一年,随着中国市场经济的不断发展,宝冶开始实施转轨变型发展战略,确定了“巩固冶金,加速向民用建筑市场转型发展”的战略发展方向,开始由冶金工程施工进入民用建筑施工领域,并推进项目管理,全面进入建筑施工市场化运营。

进入21世纪后,中冶集团作为出资人,对公司进行分立改制,公司分别更名为上海宝冶建设有限公司和上海宝冶集团有限公司。2016—2018年,中冶集团为进一步优化资源配置,打造具有国内一流水平的工程总承包企业,实现施工领域EPC全产业链贯通,分别将中冶东方工程技术有限公司和中冶华天包头设计研究总院有限公司并入宝冶。这一时期,宝冶以“平台建设年”为起点,搭建市场营销、项目管理、集团管控、创新发展“四大平台”,使宝冶的发展上升到一个新的高度。

# 第一章　冶金工业部第一冶金建设公司

宝冶的发展可追溯到20世纪50年代初期，其前身为冶金工业部（简称冶金部）第十九冶金建设公司（简称十九冶），而十九冶又发端于冶金工业部第一冶金建设公司（简称一冶）。

一冶承担了新中国第一个大型钢铁工业基地——武汉钢铁公司（简称武钢），于20世纪50年代初期开始组建，并随着武钢建设的大规模展开而发展起来的。经历了从三一五厂筹备处、华中钢铁公司（简称华钢）的组建时期，到1954年11月1日正式建制时，名称为武汉钢铁建设公司（简称武建）；1956年，改名为武汉冶金化学建筑总公司、武汉冶金建筑总公司（仍简称武建）；1958年，武钢与武建合并；1963年，与武钢再次分家时名称为武汉冶金建设公司（简称武建），1964年始，更名为第一冶金建设公司。

## 第一节　三一五厂筹备处

三一五厂筹备处，是中央人民政府重工业部（简称中央重工业部）为在华中地区筹建新的钢铁工业基地而在黄石市建立的工作机构。三一五厂筹备处成立后，便开始着手集结施工力量。一冶最早的一批干部和工人就是在这个时期调集的。

在三一五厂筹备处成立之前，国家早已酝酿在华中地区建立新的钢铁基地。1950年，中央重工业部开始组织力量进行实地考察和调查研究。同年10月，中央重工业部邀请苏联专家到大冶考察建厂条件。1951年起，在中央重工业部钢铁局的组织下，以中南工业部华中钢铁公司（大冶钢厂的前身）为依托，相继开始了有关新厂建设的矿产资源勘探、工程地质勘察、资料搜集和设计筹备等前期准备工作。

1952年5月1日，筹建大冶钢铁厂（工程代号为“三一五”，当时为区别大冶原有的钢厂，亦称“新厂”“大厂”）的工作机构——三一五厂筹备处，在湖北省黄石市正式成立。

根据中央指示精神，三一五厂筹备处在中南局的直接组织下，从当时中南地区中的河南、湖北、湖南、广东、广西、江西抽调大批干部，并从社会上召集工程技术人员、经济管理人员和工人，着手筹建施工队伍，筹办施工技术学校和技工学校。在此期间，大批干部、技术人员和工人怀着发展钢铁工业和实现国家工业化的强烈愿望，从四面八方汇集到三一五厂筹备处。

1952年末，为适应建厂筹备工作发展的需要，三一五厂筹备处由黄石市迁到武汉市，与成立不久的中南钢铁局合并，组成中央重工业部华中钢铁公司。

## 第二节　华中钢铁公司

华中钢铁公司时期，新厂建设的各项准备工作以更大的规模展开。在此期间，施工力量成批集结，各个专业的工程公司相继建立。

### 一、华中钢铁公司的成立

1952年12月27日，在中南钢铁局和三一五厂筹备处的基础上，组成中央重工业部华中钢铁公司(当时口头惯称“新华钢”),表明它已不仅仅是筹备机构,而将是承担新厂的筹备、建设直至组织生产的经济实体。在黄石市的原中南工业部华中钢铁公司(当时口头惯称“老华钢”)同时改名为大冶钢厂(亦称大冶特殊钢厂)。

新成立的华钢设在汉口江汉路 104 号(原中南工业部大楼)。下设地矿处、设计处、经理处、计划处、人事处、财务处、教育处、保卫处、经理办公室 8 处 1 室。同时还领导大冶钢厂、乐华锰矿、湘潭锰矿、海南铁矿(当时亦称中南第一铁矿)等生产单位。因此,华钢还兼有中南地区钢铁工业行政管理部门的职能。

## 二、施工队伍的集结与组建

1953 年 1 月,由大冶钢厂基建处和原三一五厂筹备处地质勘探队等单位共千余名职工组建成华中钢铁工程公司(1954 年 3 月改名为华钢民用土建工程公司)。这是华钢组建的第一支施工队伍,也是一冶历史上成立的第一个工程公司。这个公司成立后,随即担负起大冶钢厂宿舍、医院、技校和武昌钢校、何家垅住宅区等工程的施工任务。

到 1953 年底,华钢(不包括 4 个生产厂矿)已集结 6 138 人,其中行政管理干部 1 477 人,工程技术人员 629 人,工人 3 245 人,医务、教学、警卫及其他人员 787 人。

1953 年末,国家决定扩建大冶钢厂。1954 年 2 月,华钢从武汉迁到黄石。2 月 27 日,中央重工业部钢铁局发出钢基施字第 0209 号文,决定华钢成立 6 个工程公司。施工队伍集结和组建的步伐大为加快。2 月至 5 月,有三支队伍相继调到华钢,它们是:西南钢铁公司工程公司 1 800 余人,从重庆成建制调到黄石,划归华钢建制。以这支队伍为基础,组建成华钢金属结构工程公司。太原钢铁厂工程公司 2 700 余人,从太原成建制调到黄石,划归华钢建制。以这支队伍为基础,组建成华钢机电安装工程公司和炼钢工程公司。在武汉的中南建工部第二工程公司 5 500 余人,成建制调入华钢。该公司除留下部分力量继续完成武汉地区在建工程外,大部分人员陆续迁到黄石。以这支队伍为基础,组建成华钢轧钢工程公司和特种工程公司。其在汉人员组成轧钢工程公司武汉办事处。

在此期间,还从中南各省以及上海、东北等地调入一批管理人员、工程技术人员和技术工人。

## 三、华钢改组与武汉钢铁建设公司的成立

华钢担负的任务十分艰巨,既要负责完成新厂从资源勘探、厂址选择、组织设计、基地建设直至生产准备等日益繁重的建厂准备工作,又要集结、组建、培训一支综合性的施工队伍以承担建厂任务,还要管理中南地区原有的一批生产厂矿,随后又承担大冶钢厂扩建任务。所有这些工作都由华钢一身承担。华钢成为集勘察、设计、施工、生产于一体,兼有企业和管理部门双重职能的“四合一”机构。随着各项工作的发展,这种组织形式日渐不能适应需要。

1954 年 5 月 12 日,国家计划委员会和国家建设委员会批准新钢厂厂址选定在湖北省武汉市青山地区。新厂建设准备工作的重点随之向武汉方面转移。

同年 6 月 1 日,大冶钢厂扩建工程正式动工。华钢的施工力量主要集结在黄石,承包大冶钢厂扩建任务。

这样,华钢的总负责人势必在汉口以主要精力筹划新厂建设的各项准备工作,华钢的职能处室又需在黄石直接组织大冶钢厂扩建,形成“司令员”与“参谋部”脱节的不正常局面,从而使原来存在

的管理体制与工作任务不相适应的矛盾更加突出。这个态势要求华钢进行必要的改组，建立起有利于工作的管理体制和基建体制。

另外，经过一年多的努力，华钢于1954年中已调集了一支4 000余人的干部队伍，包括领导干部和技术干部，机关职能部门发展到17处2室。下属单位除6个工程公司和4个生产厂矿外，还成立了勘探公司、矿山公司和武汉钢铁公司筹备处。随着职能机构的发展，相应的工作制度和工作秩序也相继建立，这也为华钢改组准备了必要的条件。

经反复研究之后，中央重工业部于1954年9月召集华钢经理到北京开会，正式确定改组方案，决定分别成立武汉钢铁公司和武汉钢铁建设公司。前者为生产单位，负责武钢筹备工作。后者为施工单位，承担大冶钢厂扩建和总承包武钢工程。双方为平行单位，均隶属于中央重工业部。为保证统一领导，由总经理兼任两个公司的经理。原由华钢领导的大冶钢厂等生产厂矿划归中央重工业部钢铁局领导。

1954年11月1日，武汉钢铁建设公司正式与武汉钢铁公司分署办公。划归武钢的职工为583人，划归武建的职工为16 791人。

1955年1月10日，大冶钢厂、海南铁矿、乐华锰矿、湘潭锰矿等正式改由中央重工业部钢铁局领导。

## 第三节　武汉钢铁建设公司

1954年11月1日，武汉钢铁建设公司单独建制，标志着历时两年多的施工队伍组建工作基本完成。武建作为中国最大的冶金施工企业和武钢建设的总承包者，进入新的发展时期。

### 一、武建成立时的机构设置

武建成立时，机关设在黄石市，组织上统一由“武钢总党委”领导，李一清任总党委书记兼任武钢总经理。主要组织大冶钢厂扩建，在武汉有一部分力量进行武钢的施工准备工作。

当时，武建机关有13处2室，即计划处、工程技术处、技术检查处、供应处、运输处、财务处、人事处、劳资处、附属企业处、保卫处、教育处、行政处、卫生处、监察室和经理办公室。下属3个土建公司：轧钢工程公司、炼钢工程公司、民用土建工程公司；3个专业公司：机电安装工程公司、金属结构工程公司、特种工程公司；兼有管理职能的辅助生产单位：机械动力处以及大冶技工学校等。

为加强对青山地区武钢施工准备工作的领导，在民用土建工程公司（已在武汉）和轧钢工程公司武汉办事处的基础上，成立了武昌分公司，设在武昌何家垅。

1955年，武钢建设的施工准备工作全面展开，武建的工作重点逐步转移至青山。同年8月，武建机关由黄石迁到汉口沿江大道119号。在黄石地区，以炼钢工程公司为基础，成立武建大冶分公司，继续进行大冶钢厂扩建。在铁山，成立武建矿山工程公司（后改名为武建矿山分公司），负责大冶铁矿的建设。同时撤销武昌分公司，成立第一工程公司；轧钢工程公司改名为第二工程公司。由于武建机关尚在汉口，便成立青山前线指挥部，代行公司的部分职权，直接指挥青山地区的工作。1956年初，青山工人村生活基地初步建成，武建机关由汉口迁到工人村七街坊，青山前线指挥部随之撤销。在此前后，武建所属的各工程公司除大冶分公司和矿山分公司外，也相继迁到青山地区。从此，武建的施工和生活基地便一直设立在青山一带。

### 二、施工队伍进一步扩大

武建成立后,施工队伍继续发展。

1955 年初,在海南岛修筑国防公路的中国人民解放军公路二师,在师长钟春林率领下,集体转业到武建。同公路二师一起调入武建的还有华南公路工程指挥部机械筑路第二大队和二局、五局部分工程技术人员。同年 11 月,公路二师建制撤销,以这支力量为基础,组建成特种工程公司(原武建特种工程公司改名为管道工程公司),一部分人员充实到武建其他单位。

1956 年初,在黑龙江省哈尔滨市建设 101 厂的重工业部建筑局第一建筑工程公司,成建制调入武建。以这支力量为基础,组建成装饰工程公司、砌筑工程公司和混凝土工程公司,一部分人员充实到武建其他单位。同年 3 月,机电安装工程公司一分为三:以其机械安装队为基础,组建成机械安装工程公司;以其电气安装队为基础,组建成电气安装工程公司;以其筑炉队和有色局三公司(抚顺)五工地为基础,组建成工业筑炉工程公司。与此同时,铆焊厂从金属结构工程公司分出,组建成武建金属结构制作厂。

在此期间,还从湖南省、广东省和湖北等省招收了一批新工人。

1956 年,武建发展到 55 594 人。

## 第四节　武汉冶金化学建筑总公司

1956 年,中央重工业部对所属施工企业的管理体制进行调整,负责总承包的各建设公司均改名为建筑总公司。同年 3 月,武汉钢铁建设公司改名为武汉冶金化学建筑总公司,由中央重工业部建筑局领导。同年 6 月,中央重工业部改组为冶金、化工、建材三个工业部,武汉冶金化学建筑总公司划归冶金部。同年 8 月,再次改名为武汉冶金建筑总公司。1958 年 3 月,武建与武钢合并,武汉冶金建筑总公司名称取消。

## 第五节　武钢建设时期

武钢是新中国建设的第一个大型钢铁工业基地,是中国第一个五年计划期间兴建的最大的工业项目之一。

建设武钢的施工准备阶段历时 2 年,即自 1955 年 7 月附属企业开始平土起,至 1957 年 6 月高炉系统主体工程基槽开挖止。在此期间,武建的职工人数由 1954 年底的 16 791 人发展到 1956 年底的 55 594 人,集结各类施工机械两千多台,其他各项准备工作也按预定规划基本完成,为武钢建设的如期开工创造了一切必要的条件。

1957 年 7 月 1 日,一号高炉正式动工,标志着武钢一期工程大规模施工正式开始。原规划一号高炉于 1959 年初建成投产,1958 年初,国家要求提前于 1958 年底之前出铁。根据冶金部的指示,重新安排了一号高炉的施工计划,计划于 1958 年 10 月 1 日出铁。按照新的施工计划,各施工单位连续奋战,终于以 14 个月零 13 天建成了这座中国当时最大的高炉,提前于 1958 年 9 月 13 日炼出第一炉铁水。这一天,毛泽东主席参加武钢一号高炉出铁剪彩,并与参建职工代表韩喜(时为五公司工地主任,后为十九冶上海分公司经理、宝冶经理)亲切握手。

## 第六节　与武钢合并时期

1958年,中国基本建设管理体制发生新的改变,原来实行的甲、乙方承发包体制,被认为不符合"大协作"的要求而逐步取消,代之以生产、基建合一的行政指挥体系。在这种形势下,武建与武钢开始酝酿合并。1958年3月10日,冶金部下发(58)冶劳字第37号文,正式通知"武汉冶金建筑总公司与武汉钢铁公司合并,并取消武汉冶金建筑总公司的名称"。

武建与武钢合并后,从大公司一级来说,甲乙方关系不复存在,但在武钢内部,仍存在生产、施工两个系统,在组织上工作上各自有其相对的独立性。1960年,国家决定在安徽省马鞍山市兴建中国第一座车轮轮箍厂,并决定由原武建的施工力量承担建设任务。自此,施工队伍开始陆续东移,到1961年底,在马鞍山的职工已达5 765人。这样,武钢领导机关既要组织自身的生产和基建,又要指挥马鞍山车轮轮箍厂的建设,甲乙方合一的体制已明显不能适应这一形势。因此,武钢在马鞍山成立工程指挥部,施工系统各职能处室也在指挥部建立相应的职能机构。指挥部行使建设公司部分职权,直接指挥马鞍山工程的建设。

承担马鞍山工程的建设,是武建从地区性施工企业向区域性建筑安装企业发展的一次转折。在此之前,武建一直在武汉——黄石地区负责武钢建设。在此之后,武建的施工领域扩展到整个长江流域以及更广阔的地区,发展成为一支远离基地施工的冶金建设"野战军"。1962年,车轮轮箍工程正式动工,集结在现场的有3个土建公司(第一、第三、第四工程公司),各专业工程公司及辅助施工单位的一部,总人数达到1万多人。连同在武汉青山地区、武钢各矿山的施工任务,出现了"三山作战"的态势。这在客观上进一步要求建立一个独立的强有力的施工指挥管理体系,来统一指挥、组织、管理和协调各地的施工,以确保车轮轮箍厂这个国家重点建设项目的如期建成和其他工程的建设。

1962年6月,经冶金部批准,以原武建的施工队伍为基础,成立武汉钢铁公司建设公司,仍属武钢领导。

## 第七节　武汉冶金建设公司

1963年1月17日,冶金部下发(63)冶人字第344号文,文称"为集中使用建筑安装施工力量,加强经营管理,更好地完成国家基本建设任务,决定将武汉钢铁公司建设公司由冶金部直接领导,并更名为武汉冶金建设公司,负责武钢建设任务,当前要负责完成马鞍山钢铁公司车轮轮箍厂建设任务"。同文还通知将武汉钢铁公司建设公司所属的施工机械修造厂由冶金部直接领导,定名为武汉冶金建筑机械修造厂,委托武汉冶金建设公司代管。根据冶金部上述通知,武汉冶金建设公司及武汉冶金建筑机械修造厂从1963年2月1日起按新的领导关系办事。

武汉冶金建设公司(简称武建)与武钢再度分家时,划归武建的职工为26 787人,划归武钢的职工为41 769人。此外,在1961年至1963年间,武钢和武建共精减下放职工24 491人。

1963年3月9日,在安徽省马鞍山市的工程指挥部更名为武建马鞍山工程指挥部。3月25日,经中共湖北省委批准,成立中共武建委员会马鞍山工作委员会。

## 第八节　第一冶金建设公司的成立

20世纪60年代初,中国国民经济经过调整迅速好转,冶金工业又出现大干快上的局面,特别是西南、西北“大三线”上马的基建项目很多。冶金部所属的施工队伍纷纷从沿海向内地转移,一些大型施工企业开始分家和改组,一批新的施工单位开始着手组建。为此,提出了冶金施工队伍要成为“建设野战军”的口号。原来以施工地区命名冶金建设公司的做法已不适应这个形势的需要。1964年11月23日,冶金部发(64)冶劳字第6052号文,决定将所属施工企业按序号命名。武汉冶金建设公司改名为第一冶金建设公司。1965年初,一冶机关由武汉市青山区蒋家墩迁至八大家。

武建改名为一冶,意味着要成为一支经常远离武汉到外地施工的“建设野战军”。

1963年和1964年,一冶除继续承担武钢建设任务外,大部分施工力量转战安徽、湖南、江西以及辽宁等省,承担马鞍山车轮轮箍厂工程、湖南和江西的高压输电线工程、景德镇瓷厂工程以及鞍钢九高炉大修工程。

1964年,在胜利建成马鞍山车轮轮箍厂之后,一冶随即派出大批职工西进四川,成立了一冶重庆指挥部,承担重庆钢铁公司中板厂、峨眉七三九厂、江油西南金属制品厂(六五四厂)、西昌四一〇厂等一批重点工程建设任务。1965年,攀枝花特区总指挥部在仁和镇召开的会议上,决定成立冶金指挥部,负责攀钢和矿山建设。

由于施工任务大量增加,冶金部于1965年从湖南省、辽宁省、广西壮族自治区等地抽调一批施工力量充实到一冶。其中成建制调入一冶的工程公司有:湖南湘潭锰矿公司矿山工程公司、辽宁杨家杖子井巷工程公司、广西有色局大厂井巷工程公司,并分别改名为一冶第一、第二、第三井巷工程公司。湖南湘潭锰矿公司一个土建工区充实到一冶第三工程公司,组成该公司第四工地。调入一冶的还有武钢基建办公室等。这一年,一冶还从湖北、四川招收了一批新工人。

到1965年底,一冶下属的工程公司增加到13个,职工人数发展到38 461人。

## 第九节 一冶与十九冶分家

1966年5月20日,冶金部发(66)冶基字第1304号文,为加速渡口及武钢两大钢铁基地的建设,经国家建设委员会批准,将第一冶金建设公司一分为二,分出一半力量成立第十九冶金建设公司,承担渡口建设任务。一冶留下的力量仍承担武钢建设任务。第十九冶金建设公司于1966年6月1日起成立。

根据冶金部决定和分家方案,从一冶分出约16 000人成立十九冶。

# 第二章　冶金工业部第十九冶金建设公司

## 第一节　攀枝花冶金指挥部

1964年5月，中共中央、国务院作出开发建设攀枝花钢铁基地的战略决策。1964年11月，冶金部为落实中共中央、国务院部署，决定一冶除留一线人员外，分两路进入四川：一路由经理林维带队，负责建设西昌四一〇试验厂和筹建攀枝花钢铁基地；另一路由副经理白培兰率队，负责重庆中板厂、綦江铁矿、峨眉山半导体材料厂（七三九厂）、江油西南金属材料制品厂（六五四厂）的工程建设，负责盆地内冶金工程建设。1965年2月26日，中共中央、国务院决定设立攀枝花特区，成立中共攀枝花特区委员会和特区工地指挥部，受冶金部领导，统一指挥攀枝花工业建设；任命冶金部副部长徐驰为特区党委书记兼工地指挥部总指挥长，冶金部基建总局局长李非平为特区党委第一副书记兼工地指挥部第一副指挥长。3月20日，攀枝花特区党委、攀枝花特区人民委员会、攀枝花特区建设指挥部正式成立。3月22日，攀枝花特区建设指挥部于仁和召开的会议上决定成立冶金指挥部，负责攀钢和矿山建设，又称第二指挥部，代号为二号信箱。冶金指挥部由胡山任党委书记，白培兰任指挥长，刘锡成任党委副书记兼政治部主任，徐荣仁、田长青任副指挥长。5月1日，徐驰、李非平、四〇公司党委书记胡山，一冶经理林维在金沙江一轮船上开会，提出钢铁、矿山建设投资拨给一家掌管，甲、乙、丙三方统一由施工单位（乙方）负责，确定了冶金指挥部的职能及指挥机构雏形。同月，冶金指挥部正式成立，一冶经理林维为指挥长，代理党委书记；一冶施工副指挥长李华一为副指挥长。5月6日，冶金指挥部在弄弄坪原西昌钢铁厂留下的两栋土墙旧瓦挂牌办公，进行建厂规划、组织施工队伍进场。8月，为加强矿山建设指挥，冶金指挥部迁至密地办公。

1965年4月8日，攀枝花钢铁公司的前身四〇公司并入冶金指挥部，甲乙方合为一体。

## 第二节　十九冶的成立

为加速攀枝花钢铁基地建设，1966年5月2日，冶金部副部长夏耘、徐驰向冶金部党组提出了一冶一分二，在渡口成立十九冶的分家方案。同月9日，冶金部党委同意夏耘、徐驰的分家方案，在渡口组建十九冶。其原则是：(1) 优先考虑攀枝花的需要，同时兼顾一冶建设任务；(2) 一冶一定要为十九冶的各级领导班子配备得力干部；(3) 分家应在3月底建制的基础上进行；(4) 分给十九冶的人员，必须合乎中央规定的支援三线人员的标准；(5) 渡口急需的人员和设备，应马上从一冶调进来；(6) 老弱病残在编制内的，随建制调动，在编制外的留在一冶；(7) 分给十九冶的职工家属留在武汉期间，一冶应一视同仁，负责到底，十九冶应派一个工作组常驻武汉，协助一冶做好家属工作；八、分家方案一次分定，快分快进。

1966年5月20日，经国家建委批准，第一冶金建设公司一分为二，6月1日起成立第十九冶金建设公司。

1966年6月1日，以一冶分出的16 000余人为骨干在渡口市正式成立十九冶时，加上属一冶建制、从辽宁省调入的二井巷工程公司、从广西调入的三井巷工程公司，职工总计18 988人。新成立的十九冶以冶金指挥部的体制统辖勘察、设计、施工、生产，对钢铁厂和矿山建设及生产准备实行统一领导，对外称“二号信箱”或“第二指挥部”。之后，十九冶陆续从河南安阳机修厂、西昌四〇公司、武冶机修厂、十三冶、邯郸矿山建设指挥部等单位调入 2 381 人，从四川南充市、内江市等地区招收合同工 13 000 人，到 1966 年底，职工总数达到 34 905 人。1972 年施工高峰期，十九冶职工人数达到 45 683 人。

## 第三节　十九冶机构设置及统辖单位

为适应当时指挥需要，机构设置效仿解放军，建立司、政、后勤工作机构，下设计划、施工、技术、设计、检查、劳动工资、机械、设备、材料、行政、财务、教育、卫生等处和办公室。为做好生产准备和矿山生产规划，搞好机械设备运输，实行城乡结合，亦工亦农，还设立了“三办”(生产办公室、矿山办公室、运输办公室)和财务办公室。

党委的工作机构有：组织部、干部部、宣传部、武装部、农村工作部、监委、保卫处、工会、团委。

工作机构成立后，“文化大革命”开始，城乡结合，亦工亦农亦商的构想无从实现。1969 年和 1973 年攀钢与攀矿相继成立，生产办、运输办人员去攀钢，矿山办人员划归攀矿，“三办”遂相继撤销。

### 一、直属单位

**土建单位：**第三工程公司(2－6)、第四工程公司(2－14)、第五工程公司(2－12)；

**专业单位：**机械设备安装公司(2－22)、电气设备安装公司(2－23)、工业安装工程公司(2－20)、筑炉公司(2－21)、特种公司(2－10)；

**为施工服务的单位：**机械动力公司(2－11)、生产企业公司(2－15)；

**为施工服务和制造半成品的单位：**机械修造厂(2－8)、金属结构制造厂(2－24)；

**矿山基建单位：**第二井巷工程公司(2－7)、第三井巷工程公司(2－13)、剥离公司(三十号信箱)；

**为生活服务的单位：**德昌新农村指挥部、职工医院、技工学校、四所小学。

### 二、代管单位

重庆钢铁设计院驻渡口设计队(2－1)、长沙黑色冶金矿山设计院驻渡口设计队(2－2)、鞍山焦耐设计院驻渡口设计队(2－3)、昆明勘察公司驻渡口勘察队(2－16)、武汉勘察公司驻渡口勘察队(7 号信箱，后移交昆勘)、渡口市地震台(2－5)、安阳机械制造厂(2－9，后并入机修厂)、一冶一公司、西南给排水设计院渡口设计队、国家建委土方五公司、014 部队、02 部队、851 部队、渡口水文站。

### 三、科研与筹备单位

部属西南冶金建筑研究所(2－4)，始为代管，1969 年归属十九冶，为十九冶建研所，主要为十九冶服务，兼顾西南建筑科研。1966 年西昌四〇公司与十九冶合并后，十九冶直接领导四一〇厂，至 1969 年 3 月划归西南钢铁研究院领导。攀枝花冶金矿山公司成立前，十九冶还直接领导白马铁矿筹建处和间接领导泸沽铁矿。

### 四、驻外机构

十九冶成立后，因工作需要，在湖北省武汉市和四川省成都市设立办事处；在北京、上海设工作组；在杨家杖子、西昌和广西大厂设家属工作组；在贵州省安顺市、云南省昆明市和四川省成都市设物资转运站。

1972 年 11 月 9 日，为适应矿山和攀钢建设需要，四公司一分为二，成立二公司。1973 年 5 月，二公司成建制划归攀矿后，因土建力量与专业队伍比例失调，经渡口市委同意，从三、五公司等 17 个单位抽调力量，组建了一公司。

## 第四节　十九冶所辖单位及机构调整

1969 年 3 月 4 日，根据冶金部决定，东风钢铁公司（简称东钢，后改为攀枝花钢铁公司）成立，原四〇公司合并至冶金指挥部的人员（未被“解放”的领导干部一律留在十九冶），定向委培的大、中专学生，为生产招收的新工人计 4 000 余人及相应的设备划归东钢。

1973 年 3 月 24 日，冶金部决定成立攀枝花冶金矿山公司（简称攀矿），十九冶所属剥离公司，第二、第三井巷工程公司，土建二公司，机装、电装、特种、机动四个公司的部分职工计 14 065 余人，划归攀矿。至此，十九冶的职能由统管甲乙丙三方变为乙方，冶金指挥部亦不复存在。

1969 年初，十九冶革委会在“精兵简政”时将机动公司材料处、机械处合并为供应公司，工安公司与金属结构厂合并为结构安装公司，机装公司与电装公司合并为机电公司；将机动公司水电队供水部分划归结构安装公司，供电部分划归机电公司。1971 年 1 月，将行政处、职工医院和机修厂合并，成立大后勤，致使许多实际工作难以解决。1972 年 10 月，大后勤撤销，恢复原建制。

为方便施工，加强管理，1972 年 6 月，十九冶经渡口市革委会同意，将“文革”中建立的“五大组”撤销，重新组织两级机关处（科）室；将学解放军时设立的营、连、排、班撤销，恢复队、厂、工段和工人作业组。

1974 年 8 月，合并后的结构厂与工安公司、机装公司与电装公司分开，恢复结构厂、工安公司、机装公司、电装公司建制。

1974 年下半年，十九冶抽调主力参加武钢“一米七”热轧工程后，留在渡口的土建力量不足，遂于 1978 年 6 月 26 日将留在渡口的三、五公司合并，并招收一部分新成员，组建了土建第二工程公司。

## 第五节　武钢“一米七”热轧工程指挥部

1974 年，国家决定在武汉钢铁厂建设引进“一米七”热轧大型设备项目。冶金部决定，十九冶抽调主力承建热轧带钢厂主体、活性石灰厂、三空压站、原水处理站、新轧钢车站等工程。为保证国家重点建设项目完成，1974 年 6 月 3 日，武钢“一米七”连续轧板工程开工，十九冶 17 463 人前往参加会战，8 月 13 日，经渡口市委同意，十九冶成立武钢“一米七”热轧工程指挥部及党委，代行十九冶行政及党委职权，机关处室配套前往。

1978 年上半年，“一米七”热轧工程基本建成，冶金部决定从在武汉的十九冶队伍中抽调 13 400 余人赴上海宝山钢铁总厂参加会战，4 000 余名留武汉职工成立十九冶武汉指挥所，负责热轧板厂收尾工作（1978 年底热轧板厂竣工后，该部分职工留在武钢）。

# 第三章　上海宝钢工程指挥部十九冶分指挥部

1977 年 1 月，上海市和冶金部鉴于上海地方钢铁企业长期缺铁，提出建设现代化铁厂的建议。上海市于 11 月 24 日成立上海新钢厂筹建指挥部；12 月 5 日，成立上海新建钢铁厂工程指挥部，撤销筹建指挥部，在市中心人民广场市人大常委会大楼内办公。次年 2 月 28 日，指挥部也由筹建初期的上海市人民广场迁往工地现场，在宝山县丁家桥原雷锋中学校址办公。1977 年末、1978 年初，经中共中央政治局和国务院领导进行两次讨论，于 1978 年 3 月 30 日批准宝钢建设项目，国务院正式批复《上海宝山钢铁总厂计划任务书》，这一年上半年，武钢"一米七"工程基本建成，冶金部遂决定从参建武钢"一米七"主体工程的十九冶抽调 13 400 人分批赴上海宝山钢铁总厂参加会战。

## 第一节　分指挥部组建和队伍调集

1978 年 5 月 25 日，冶金部下发(78)冶基字第 1182 号文《关于组成参加上海宝山工程会战的各基建单位领导班子的通知》，刘锡成任第十九冶金建设公司分指挥部党委书记，李伟任党委副书记、指挥长，韩喜任副指挥长，张铨任党委副书记兼政治部主任，张维信、于家忠、孙金照任副指挥长，陆羽任政治部副主任。9 月 29 日，上海宝钢工程指挥部十九冶分指挥部(简称分指挥部)成立，分指挥部设立于上海市宝山区月浦镇宝泉路 1 号。10 月，十九冶上海分党委成立，代行十九冶党委职权，并接受宝钢总厂工程指挥部党委领导。10 月 12 日，冶金部决定马华兼任分指挥部党委副书记、代理党委书记。同年 11 月 8 日，冶金部对分指挥部领导班子再次调整，马华兼党委副书记、代理党委书记，朱宗明任党委副书记、指挥长，韩喜任党委副书记、副指挥长，张维信、孙金照、郑诗亮任党委委员、副指挥长，于家忠任党委委员、副指挥长、总工程师，陆羽任党委委员、政治部副主任，于永浩任副指挥长，王成金任党委委员。

为顺利完成宝钢工程建设任务，并根据宝钢工程指挥部部署，分指挥部逐步加快施工队伍集结步伐，1978 年底，三公司、五公司、特种工程处、机械动力工程处、筑炉工程处、工安公司、机装公司、电装公司 8 个公司陆续到位；分指挥部机关有材料处、设备处、机械处、计划处、施工处、质量检查处、技术处、安全处、劳资处、财务处、行政处、组织处、宣传处、干部处、保卫处、办公室 16 个处室和医院，总人数为 3 227 人。次年 3 月，进沪职工达到 6 000 余人；到 1981 年 3 月 14 日，进入宝钢地区的职工达 13 131 人，双职工 1 950 户。在动迁中，分指挥部要求：来沪职工坚持四带，即"带关系(粮食、工资、组织)，带行李，带床铺，带机具(干部带办公桌椅)"，但不准人未来沪先把关系转到上海。

根据宝钢建设的需要，冶金部和上海市委决定将参加宝钢工程会战的十九冶分指挥部从十九冶分出，单独成立一个冶金建设公司，基地设在宝钢地区。为坚决贯彻上级这一决定，1980 年 4 月，分指挥部提出《关于十九冶分部从十九冶金建设公司分出的意见(草案)》。文称在此之前，1978 年 10 月和 1979 年 11 月，冶金部领导曾指示两家做好分家协商事宜，十九冶党委也在 1979 年 5 月与 1979 年 12 月，针对人员问题做出两次决议，该回渡口(四川省渡口市)的动员回渡口，该来沪(上海市)的继续来沪。根据冶金部领导指示，人员问题：(1) 分部四工程处家在四川的人员要全部返回渡口。(2) 原定分指挥部职工在渡口子女分三批调入上海共 465 人。(3) 按照冶金部领导指示,为解决配偶在上海市和江浙两省、在渡口的单职工长期分居问题,已从渡口调沪 297 人。装备问题:1978 年 10 月,冶金部领导决定,从分指挥部调回渡口施工机械 803 台,现已调回 802 台,只有 1 台 91 吨坦克吊在武汉使用,结束后即运回渡口。1979 年 12 月从分部调回渡口 10 台机械(汽车 9 台、冲床 1 台)。其他问题:分家后,由于上海条件限制,分部尚有部分家属不能马上进沪,加之一些遗留问题要处理,在渡口需成立一个留守处。武汉工作处的工作内容大部分是分部所属的工作对象。因此,分家后隶属分指挥部。十九冶技校一分为二,教职工力量要基本平衡,现有学生中,凡分指挥部职工子女,一律随分校来沪。据此分家意见,后期逐步得以实施。

## 第二节　分指挥部所辖机构及调整

随着动迁人员逐步到位,1979 年 1 月 6 日起,分指挥部所辖组织机构有:第三工程公司、第五工程公司、特种工程处、机械动力工程处、第二工业安装工程公司、筑炉工程处、第二电气设备安装工程公司、第二机械设备安装工程公司、职工医院、材料处、设备处、机械处、计划处、施工处、科学技术处、质量检查处、安全处、劳动工资处、财务处、行政处、组织处、宣传处、保卫处、办公室以及中国共产主义青年团上海宝钢工程指挥部十九冶分指挥部委员会。

同年 1 月,分指挥部在科学技术处内设立中心实验室,负责土建、耐材、焊接探伤测试等检验试验工作。原三公司、五公司、筑炉公司的实验室及检查处探伤组的机构撤销,原有人员及设备集中到中心试验室统一安排使用。中心实验室位置定于潘桥,建筑面积 1 000 平方米,占地面积为 3 500 平方米。2 月,设立武装部。

同年 5 月 24 日,成立分指挥部爱国卫生运动委员会和计划生育委员会,两个委员会的办公室设在行政处。9 月 3 日,根据《国务院关于指示青年上山下乡若干问题的试行规定》,成立青年基建工程队。是属分指挥部领导下的一个独立核算、自负盈亏、集体所有制单位。主要是安置本单位武汉市中学毕业留城和下乡的职工子女,承担建筑安装等工程任务,分三步共招收 870 人。7 月,分指挥部成立优抚普查领导小组,下设优抚普查办公室,办公室设在武装部。

1980 年 4 月 1 日,成立分指挥部技术委员会。5 月 9 日,根据中发(1979)51 号文件,为安置随同父母来沪待业知青的工作,除已在武汉成立青年基建工程队外,又成立青年基建工程队上海分队,承担装卸、运输和建筑安装等任务。9 月 1 日,分指挥部组建中共上海宝钢十九冶分指挥部武汉指挥所委员会。10 月 17 日,成立分指挥部武汉指挥所,设有办公室、保卫科、武装部、劳资科、财务科、行政科、施工科、计划科、科技科、机械科、供应科、安全质量检查科,继续承担武钢"一米七"热轧工程的收尾和生产检修保驾任务。留存单位有:一公司、四公司、机修厂、建材公司、结构厂等。12 月 9 日,分指挥部成立外文翻译组,承担图纸、资料笔译任务。

## 第三节　组织培训提高技术水平

1979 年 1 月 8 日,分指挥部为适应宝钢工程建设需要,迅速提高职工的技术水平,壮大专业工种力量,掌握特殊工程施工技术,高速度、高质量、高水平地建设宝钢,制定了 1979—1980 年技术培训计划。共培训 24 种专业技术人员,落实经费 1 361 800 元。同年,分指挥部组织工人进行技术考试工作(考工)。分指挥部成立考工领导小组,负责上海、武汉两地工人的考工工作。工人考工的范围是二至七级工（土建六级工）的等级工种，参加考工的工种有120余个。依照冶金部技术标准，于1979年12月19日至22日统一命题进行应知考试，23日至12月底进行应会考核。

## 第四节　初步探索经济管理改革

1978年宝钢工程建设开始。到1981年，正值全国改革开放的萌芽期，此时中央新设立的蛇口工业区打响改革开放第一炮，第一次因为4分钱奖金惊动全国，并出现“时间就是金钱、效率就是生命”的口号。同期，宝钢工程在上海北郊正式开工，被称为“现代化”的象征。

1978年12月18日，为发挥经济手段的作用，严格实行经济核算制，把企业管理转到现代化的轨道上来，加速宝钢工程建设，分指挥部试行《加强经济核算的规定》，从1978年12月开始实行大星期工作制，即将每月四个星期单休假日拿出两个假日作为工作日，每月只休两个星期日。12月28日，根据中央关于按经济规律办事的指示精神，分指挥部围绕效率和成本的关键环节，开始实行经济合同制。规定要求，宝钢建设的一切经济活动，凡是与计划有关的能签订合同的都要签订经济合同，共同遵守。合同分为总分包合同、大二包合同、分包合同、外包合同。12月29日，为改变用行政办法管理经济的方式，加速宝钢工程建设，分指挥部开始实行经济核算。

1979年1月1日，分指挥部对资金管理实行分指挥部与工程公司（厂、处、院）两级核算制；对施工（生产）成本管理，实行分指挥部、工程公司（厂、处、院）、施工队（车间）三级核算制。分指挥部负责核算工程建设成本，同时核算建设单位管理费和分指挥部直接承担基层施工（生产）、管理工作所发生的“统管费”收支盈亏；各工程公司（厂）负责核算建筑安装工程成本（生产成本），施工队（车间）负责核算直接费成本，工人班组核算工料机具；材料处、设备处、机械处负责核算物资（机械设备、备品备件、材料工具）成本收支盈亏；行政处负责核算食堂、托儿所、浴室、理发、招待所的成本收支盈亏；医院负责核算医药费收支盈亏。1月19日，分指挥部推行《全优工程超额奖励（试行）办法》。1月26日，分指挥部开始推行技术职称制度，首次提升顾占臣、崔友斌、岳东元、顾奎林等28名职工为工程师、经济师、统计师和技师。

1980年，中央明确规定对国民经济实行“调整、改革、整顿、提高”的八字方针。在此期间，分指挥部紧随改革开放步伐，并根据宝钢工程指挥部要求，在宝钢工程建设过程中，进行一系列改革探索。3月21日，分指挥部提出：健全全面质量管理、全面能源材料管理、全面经济核算三个体系。同年，国家基本建设委员会（简称国家建委）发文《扩大施工企业的生产经营自主权，改善经营管理、提高经济效果》。根据国务院和冶金部的文件精神，分指挥部开始实行“劳动定额管理暂行办法”，以体现各尽所能，按劳分配的原则，调动广大职工建设宝钢的积极性和创造性。同时制定“流动资金定额管理”制度，以此加强各项流动和储备资金定额管理，充分挖掘内部物资、资金潜力，加速资金周转。

1981年4月20日，分指挥部实行《全优工程降低成本提成奖励试行办法》。同年，又进行以主要技术经济指标为内容的企业内部责任制、企业内部合同制；对冶金部实行上缴利润包干，对宝钢实行预算结算；对内部考核采用全优计件、全优降低成本、小指标百分计奖、小工号包干、全优综合超额奖等一系列经济管理改革措施。

# 第四章　第十九冶金建设公司上海分公司

从1981年6月到1986年6月的五年里，是第十九冶金建设公司上海分公司（简称分公司）成立，大干宝钢一期工程关键性的五年。在这五年期间，分公司历史性地实现了宝钢一期工程全面投产目标，并在外包工程、企业整顿和企业改革等方面取得重大突破。

## 第一节　第十九冶金建设公司上海分公司成立

1981年6月4日，根据宝钢建设的需要，冶金部和上海市委作出决定：将参加宝钢工程会战的十九冶分指挥部从十九冶分出，成立地区级的第十九冶金建设公司上海分公司，并把十九冶在宝钢的13 400人单独划出来，独立承担宝钢建设的主体任务。由于宝钢工程仍按照指挥部模式实施，分公司在宝钢工程建设中继续保留分指挥部建制，实行一套班子、两块牌子。同年12月，冶金部决定将分公司留在武汉的施工队伍4 430人移交武钢。

1982年5月10日，由冶金部基建局负责人主持，渡口十九冶和十九冶上海分公司负责人就分公司分开管理后有关遗留问题进行协商。从那以后，十九冶与分公司完全分开。同年6月2日，在渡口市委、市府的关心、支持下，渡口市委批准成立分公司渡口办事处。办事处为县团级单位，负责办理公司在渡口的有关人事调动、退职、退休、户口、粮食关系等事宜。至此，分公司开始集中人力、物力和精力，全力以赴建设宝钢。

## 第二节　分公司领导班子调整

1981年6月4日，根据（81）冶干任字第118号文，冶金部在成立十九冶上海分公司的同时对分公司领导班子也相应进行调整：朱宗明任党委书记，韩喜任党委副书记、经理，张维信任党委副书记，孙金照、于家忠、郑诗亮、陆羽、于永浩任副经理。

1983年1月26日，经冶金部决定，蔡德慧任副经理，杨长恒任党委副书记。7月12日，冶金部调攀枝花矿山公司裴东旭到十九冶上海分公司工作。8月20日，冶金部对分公司领导班子再次进行调整：裴东旭任党委书记、杨长恒任党委副书记，韩喜任经理，高天赐、蔡德慧、孙金照、于永浩任副经理，于家忠任总工程师；朱宗明、陆羽不再担任领导职务，做调研工作。张维信任纪委书记，免去其党委副书记职务。

## 第三节　分公司机构设置及人员

1984年，分公司下设8个县团级工程公司，其中2个土建公司（三公司、五公司），1个土石方、铁路公司（特种工程公司），4个专业公司（工业安装工程公司、机械设备安装工程公司、电气设备安装工程公司、筑炉工程公司），1个机械动力公司，以及职工医院和职工教育培训中心。分公司和各工程公司设党委,工程队设党支部。分公司机关设 17 个行政职能处室和 6 个党群工作部门;为便于工作,分别设立分公司渡口办事处和武汉工作处。

截至 1984 年 10 月,分公司全员 13 830 人,其中正式职工 12 919 人,大集体 326 人,民工 585 人。正式职工中,工人 10 642 人,干部 2 277 人;党员 1 822 人,团员 1 388 人;职工平均年龄 38 岁;平均工资级别 4.05 级。2 277 名干部中,有处级干部 151 名,科级干部 524 名;高级工程师 10 名,具有工程师、统计师、会计师、经济师技术职称的 321 人,一般工程技术人员 691 人,其他专业人员 374 人。

## 第四节　分公司机构调整

1982 年 4 月 17 日,成立十九冶分指挥部企业整顿办公室和十九冶分指挥部干校。7 月 31 日,成立十九冶分指挥部职工教育委员会。8 月 20 日,成立共青团上海宝钢工程十九冶分指挥部委员会。

1983 年 3 月 22 日,成立十九冶上海分公司物资供应公司,物资供应公司和材料处为双重职能机构,实行一套班子、两块牌子。3 月 28 日,成立上海电视大学宝钢十九冶分指挥部分校。7 月 1 日,成立分公司技工学校。9 月 13 日,为加强对分部职工生活住宅民建施工的领导,成立宝钢十九冶分指挥部基建办公室(对外称上海宝钢工程指挥部冶建生活区筹建办公室,负责组织宝钢冶金队伍月浦生活区的施工)。9 月 19 日,为精简机构,将干部处合并到组织部,集体企业管理处合并到劳资处。11 月 10 日,撤销十九冶上海分公司职工生活服务公司,仍称分公司行政处,党的关系隶属于机关党委领导。12 月 10 日,成立上海宝钢十九冶分指挥部科技档案室,暂设在科技处。

1984 年 3 月 25 日,成立上海宝钢工程指挥部十九冶分指挥部维护检修办公室。4 月 5 日,撤销十九冶上海分公司物资供应公司,仍称分公司材料处,成立党总支委员会,隶属于分公司党委领导。8 月 9 日,成立分公司企业经营管理研究室。8 月 27 日(批复时间),成立共青团十九冶上海分公司首届委员会。12 月 12 日,将原施工处、安全处调整为工程管理处,原劳资处调整为劳动人事处。

1985 年 1 月 24 日,冶金部准予十九冶上海分公司设计室承担公司内部及由该公司负责施工的小型工业与民用建筑工程的小区规划及单项工程的土建设计任务,勘察设计证书编号是冶乙设证字第 232 号。8 月 27 日,根据冶金部党组的指示精神,撤销维检办公室,成立宝钢工程十九冶分指挥部维护检修公司。维护检修公司为县团级单位,实行经理负责制,承担宝钢设备检修任务,并于 10 月份第一次承接一号高炉休风热态检修。12 月 24 日,分公司成立十九冶综合经营办公室。负责归口分公司对外经营、技术服务、生活服务、第三产业等方面综合管理业务。

1986 年 4 月 12 日,成立上海宝钢工程十九冶分指挥部审计室,行政上隶属经理办公室。6 月 2 日,成立十九冶分指挥部计量管理办公室,办事机构设在科技处,下设计量管理科。

## 第五节　落实知识分子政策注重人才培养

### 一、全面落实知识分子政策

从 1978 年党的十一届三中全会以来,到 1984 年 7 月的六年间,分公司主要从六个方面落实党的知识分子政策。

**【极"左"思想影响得到清除】**

党的知识分子政策深入人心，在党的十一届三中全会以后，党中央制订了在政治上充分信任，工作上大胆使用，生活上关心照顾为主要内容的知识分子政策。各级党组织认真学习，广泛宣传和努力落实党的政策，坚决清除极"左"影响。绝大多数知识分子感到多年来压在头上的政治帽子被去掉了，心情舒畅，从心底里称颂党的政策好。广大知识分子大干"四化"的积极性得到了空前的调动和发挥，在各自的工作岗位上作出了出色的成绩，为确保宝钢一期工程"85·9"(1985 年 9 月宝钢一号高炉投产)点火和搞好分公司的各项工作，作出了较大贡献。

**【平反冤假错案】**

六年间，分公司在知识分子中共改正错划为右派的 26 人，纠正反右中错误处分的 5 人，纠正"文革"中错案 4 人、假案 1 人，共平反冤假错案 36 人。

**【知识分子入党难的问题有了较大突破】**

分公司各级党组织不断清除极"左"影响，纠正在知识分子入党问题上的偏见。其间，分公司坚持把吸收知识分子入党作为重点来抓，知识分子入党难的问题在各单位都有程度不同的突破。1983 年到 1984 年 7 月，分公司共发展 44 名知识分子党员。

**【一批优秀中青年知识分子走上各级领导岗位】**

1978 年 6 月至 1984 年 7 月，共有 3 人进入分公司领导班子；34 人进入工程公司和处室领导班子；48 人进入科队领导班子，领导班子的结构发生较大变化。

**【进行业务技术职称的套改和晋升工作】**

1979 年 1 月至 1984 年 7 月，分公司共晋升高级工程师 10 人，工程师 202 人，会计师 14 人，统计师 4 人；评定助理工程师 4 人，技术员 30 人，助理会计师 24 人，助理统计师 3 人，助理翻译 6 人。

**【知识分子的生活待遇问题得到改善】**

解决了 62 对夫妻分居问题(调进 47 人，调出 15 人)；1985 年对助理职称以上的知识分子共 509 人，进行了一次身体检查；解决一部分知识分子"农转非"问题等；在旅游、疗养、困难补助等方面，侧重对知识分子的安排。

1984 年 11 月 27—28 日，分公司召开知识分子工作会议。会议的主要任务是总结和交流落实党的知识分子政策，做好知识分子工作的经验体会，听取党委负责人的知识分子工作报告，研究和制定如何进一步发挥知识分子作用的意见和措施。通过这次大会，使党的知识分子政策在分公司得到进一步落实，开创了知识分子工作的新局面。

## 二、举办培训班　提高职工队伍素质

1983 年，分公司职工队伍有 13 000 余人，但有职称的工程技术人员仅 684 人。职工队伍素质明显偏低,已不适应现代化钢厂施工技术要求。为此,分公司采取两级办学和多种办法加快人才培养,仅 1983 年,参加培训 100 学时以上的职工近 5 000 人次,其中接受高等教育的 399 人,参加技术补习职工 1 441 名。

1984 年 2 月,分公司制定《关于青壮年职工初中文化补课的两项规定》,规定不同工种应补及应考科目;同时规定"文革"后经各种形式的培训,并经考试,具备初中毕业水平者,可免补、免试。同年 3 月 13 日,分公司又出台《关于举办企业管理基本知识干部培训班的通知》,对年龄在 48 岁以下,具有初中文化或者相当初中文化程度的科级干部或有培养前途的青年干部进行轮训,轮训为四期。并于 1984 年下半年组建技工学校,规模达 450 人,第一期招收 50 名职工子弟入学。

### 三、校企联合　培养急需人才

1984 年 8 月 24 日,分公司下发《关于开办计算机软件专修班的通知》,委托复旦大学数学系为分公司开办一个计算机软件专修班,经分公司内部选拔择优、定向培养软件工程技术人员,学制两年,学习期满,经考试合格,由复旦大学发给大学专科结业证书。

同年 10 月 7 日,分公司与同济大学经济管理学院签订"协议书",决定建立长期合作关系,主要合作内容为:分公司委托同济大学代培本科生。从 1985 年秋季开始,人员在高考招生中录取,定向培养,毕业后分配给分公司,培养指标的申请手续由同济大学代办,代培经费由分公司支付;分公司选派学生参加管理学院举办的施工企业工程师进修班、经理进修班等短期培训,每期 4 人左右;分公司与管理学院联合举办建筑技术、经济与管理方面的专题培训班;分公司聘请同济大学教员举行技术经济与管理讲座,每月一次。

## 第六节　贯彻三个《条例》健全企业领导制度

1981—1982 年,党中央国务院相继颁发了《国营工业企业职工代表大会暂行条例》《国营工厂厂长工作暂行条例》《中国共产党工业企业基层组织工作暂行条例》(简称三个《条例》)等企业领导体制改革的文件。

1982—1983 年,分公司遵照中央指示精神,在企业全面整顿中把企业领导制度的建设作为整顿的一项重要内容,认真贯彻三个《条例》,逐步实行党政分工。按照"党委集体领导,职工民主管理,厂长行政指挥"的原则,整顿、建设领导班子,健全企业领导制度。

### 一、从党政分工入手,进一步完善党委会工作制度,逐步使党的工作走向正规化、制度化

行政工作由经理统一指挥,实行责、权、利统一,在职务上,党委书记不兼任经理,经理不兼任书记,党委工作机构和行政管理机构不互相交叉管理,使党政分工在形式上、内容上得以真正实现。

### 二、加强以经理为首的生产行政指挥系统,发挥生产行政指挥作用

其主要做法是:建立党委领导下的经理负责制;建立生产行政系统各种管理制度和责任制度;

建立必要的会议制度。

### 三、建立和完善职代会制度，加强企业民主管理

遵照中央三个《条例》的精神，分公司于1982年12月25日至26日召开首届职工代表大会第一次会议，建立职代会制度。并建立职代会组织机构和工作制度，开展职工民主管理活动。同时建立民主评议干部制度，由职代会下发《十九冶上海分公司职工代表大会民主评议干部的暂行办法》。

## 第七节　企业全面整顿

1982年，中共中央、国务院下达《关于国营工业企业进行全面整顿的决定》文件，根据文件精神和冶金部安排，分公司认真学习首钢经验，以整顿班子为重点，以落实经济责任制为突破口，以提高经济效益为目标，开始有序推进企业全面整顿。1983年，分公司企业全面整顿走上正轨，并对下属10个单位，17个职能处室、6个党群工作部的整顿工作全面进行自检验收。

1984年10月15日至17日，冶金部组织检查验收团，对分公司的企业全面整顿工作进行三天检查，验收合格。

通过企业全面整顿，分公司取得六个方面的成果：企业经济效益明显提高；经济责任制逐步落实，基础工作更加健全；不断改进奖励办法，推行经济承包制；职工队伍技术素质提高，技术改革、合理化建议成果增多；思想政治工作更加活跃深入；各级领导班子结构趋于合理。

1985年11月9日，在企业整顿基础上，进一步使机构设置和定编定员完善合理，并开始制定行政、党群和专业技术人员职务系列。

## 第八节　改革发展逐步推进

1981年，分公司成立，独立承担宝钢建设任务。此时分公司面临沉重的宝钢建设主体任务和自行承揽的外包任务，只有通过改革、提高效率，才能顺利完成宝钢建设任务和生产经营目标。从1981年至1985年期间，分公司逐步加大改革力度，为提升企业管理水平、增强企业活力注入新内容。

### 一、加大体制、机制调整

1983年，分公司开始试行经济责任制，把责任制与经济利益挂钩。同年，按照“党委集体领导、职工民主管理、厂长行政指挥”的原则，分公司开始实行党政分工，逐步建立健全党委集体领导下的经理分工负责制。随着党政分工体制的落实和有效运行，分公司施工生产大幅增长，1983年，分公司完成建安工作量13 652.52万元，年增长率达20.79%；全员劳动生产率首次突破1万元，达到10 558元/人/年；实现利润1 600万元。

1984年，分公司所属的工业安装公司、电装公司试行经理负责制。与此同时，分公司开始对经济管理进行改革，实行三级管理（分公司、工程公司、工程队），两级核算（分公司、工程公司），以工程公司核算为主的经济管理体制。

## 二、逐步引入信息化管理

1984年,分公司引进第一台计算机用于企业管理。主要应用于施工图预算、施工预算、实物量累计、人事档案、工资、固定资产折旧、计划、劳资、财务报表、定额管理、平面图绘制、结构计算、网络规划、规划调整等方面。自编程序29个,移植与购买程序6个。1988年,计算机总数达到55台。

## 三、有效实施干部制度改革

1984年6月27日,为适应经济体制改革的需要,根据国务院《关于进一步扩大国营工业企业自主权暂行规定》的精神,分公司本着"管少、管活、管好"的原则,决定将科级以下干部(含正科或相当科级干部)任免权下放到工程公司和材料处、设备处、医院、教培中心。逐步改变干部终身制,从1984年7月1日以后,新任命的干部,实行任期制,任期为两年。

## 四、自主经营　提高经济效益

根据自主经营、自负盈亏,搞活企业的改革思路,分公司从1984年到1985年,放权、扩权下属8个工程公司和行政处先后试办第三产业,经营百货、熟食、冷饮、游艺、缝纫和电气修理等项目,开办12个店铺,从业人员104人。

1984—1985年,分公司继续推行经济承包责任制。在冶金部对分公司实行百元产值工资含量系数包干(20.7%)的情况下,分公司对下面采取层层承包办法,对二级公司(包括独立核算的处室)实行两种包干形式,即百元产值工资含量系数包干和绝对工资总包干。前者是按实际完成的百元工作量的一定比例,提取工资定额(包括基本工资、各种津贴、奖金),把原来按人头核定工资基金的办法,改为联产计酬,按各单位的经济效益来核定工资基金。后者是按规定从事管理、后勤业务的单位,下达各项经济技术包保指标,在完成包保指标的基础上,分公司拨给核定的工资总额,对超计划完成的工作量,另行按"万元奖"提取奖金。各工程公司对工程队实行百元产值工资含量系数包干,定员定包,包工包料,定额工包干,人工费包干等五种形式;工程队对班组采取超领计件、全额计件、包工三种形式。

## 五、走向市场　承揽外包工程

1982年,分公司开始走出宝钢,对外经营,承揽了35项、853万元的外包工程和检修任务。分别承建上钢五厂热轧带钢厂、外滩人行天桥、新华香料厂、上剂一厂、上海船厂集装箱分厂等外包任务。

1985年,分公司承担宝钢工程建安量是7 255万元,只有1984年的45%。面对这一情况,在确保宝钢工程建设任务的同时,分公司还承担川沙水泥厂扩建工程(年产水泥34万吨,建筑面积39 650平方米,合同价3 000万元)、上钢五厂、梅山钢厂、苏州钢厂、上海锅炉厂、上海铁合金厂、上海电车二场等改造、扩建任务,以及国内首条高速公路——沪嘉高速沪嘉段工程建设。为社会各行业提供多方面服务,使企业取得了较好经济效益。

# 第五章　上海宝钢冶金建设公司

## 第一节　上海宝钢冶金建设公司成立及落户工作

1985年11月26日，国务院领导人参加宝钢一期工程投产仪式前，会见宝钢及参建单位党政一把手，分公司党委书记裴东旭和经理韩喜参加了会见。其间，上海市委书记芮杏文提到第十九冶金建设公司上海分公司落户问题，黎明副部长、中央财经领导小组顾问李东冶也先后提出由于宝钢建设和生产保驾任务十分繁重，需要由实力较强的第十九冶金建设公司上海分公司留在上海进行宝钢二期、三期工程建设和生产保驾，并尽快解决落户问题。国务院领导人问明情况后，当即拍板同意第十九冶金建设公司上海分公司落户上海。

1986年5月30日，上海市人民政府以沪府(1986)55号文，对(85)沪宝钢指字第674号《关于要求落实宝钢十九冶户口问题的报告》给予批复，同意将第十九冶金建设公司上海分公司作为整个单位下放给上海宝山钢铁总厂，职工可在本市落户。此文于6月3日印发。6月4日，冶金部以(86)冶基字第592号文，决定将第十九冶金建设公司上海分公司成建制改组成宝钢冶金建设公司(简称宝冶)。6月18日，冶金部再次行文，明确宝冶党政关系隶属宝钢总厂，原级别(地师级)不变。经济上实行独立核算，自负盈亏，宝冶的干部任免由宝钢总厂报上级审批，并更名为上海宝钢冶金建设公司(仍简称宝冶)。自此，宝冶划归宝钢集团，成为宝钢集团紧密层成员。根据冶金部和上海市文件精神，宝冶立即成立落户工作领导小组和工作班子，直接对口上海市、四川省攀枝花市、湖北省武汉市有关部门，全面开展宝冶职工在上海落户的具体工作。

在上级领导及有关部门关怀、支持、帮助下，经过落户办全体工作人员4个多月艰苦努力、细致工作，办完所有落户手续。1986年10月31日，宝冶18 197人(包括职工、家属、技校学生)正式落户上海。宝冶落户上海，主要担负宝钢建设、设备检修和为上海冶金建设服务等三项任务，同时也为宝冶生存、发展起到助推作用；在沪职工子弟进入本市大专院校、技校、中小学就读及就业问题也相应得到解决。

## 第二节　宝冶领导班子调整

1986年7月28日，冶金部下发(86)冶党字第022号文，对宝冶领导班子进行调整。8月9日下午，宝钢总厂在宝钢职工中专100号教室召开处以上干部会议，总厂党委书记朱尔沛宣读冶金部任命文件：杨长恒任宝冶临时党委副书记，主持党委工作，高岐峰任临时党委副书记，兼纪委书记；高天赐任宝冶副经理，主持行政工作；蔡德慧、翟传恭、方宗林任副经理。裴东旭不再担任党委书记职务；韩喜不再担任经理职务；孙金照、于永浩不再担任副经理职务；张维信不再担任纪委书记职务。并代表总厂对宝冶划归总厂领导表示热烈欢迎。

1987年2月20日，李湘源任工会主席。9月5日，杨长恒任宝冶党委书记、高天赐任经理。同年，冶金部批准韩喜、裴东旭离休；张维信、朱宗明退休。

1988年3月7日，高岐峰任宝冶副经理，不再担任党委副书记和纪委书记职务；程志广任党委副书记兼纪委书记。同年 10 月 11 日,(88)冶党字第 026 号,同意中共上海宝钢冶金建设公司首届代表大会选举结果。杨长恒任党委书记,程志广任党委副书记兼纪委书记。

1989 年 2 月 14 日,杨长恒不再担任宝冶党委书记职务,调离宝冶。9 月 5 日,高岐峰任宝冶党委书记,不再担任副经理职务。

1990 年 7 月 27 日,高孝铉、高玉良、严梅峻任宝冶副经理,姚廷杰任宝冶总工程师;蔡德慧不再担任宝冶副经理职务(退休),于家忠不再担任总工程师职务(退休)。

1997 年 5 月 21 日,董文军任宝冶总经理、高天赐不再担任宝冶总经理职务(退休)。5 月 22 日,程志广任宝冶党委书记,高岐峰不再担任宝冶党委书记职务(退休)。6 月 9 日,高玉良任宝冶党委副书记兼纪委书记,不再担任宝冶副经理职务;程志广不再担任宝冶纪委书记职务,程培兴任宝冶总工程师,姚廷杰不再担任宝冶总工程师职务(退休),李湘源不再担任宝冶工会主席职务(退休)。

1999 年 2 月 1 日,经中冶集团研究决定,傅国安、龚一平任宝冶副总经理,程培兴任宝冶副总经理兼总工程师,方宗林不再担任宝冶副总经理职务,另行安排工作。

2000 年 1 月 5 日,袁斌臣任宝冶工会主席。2 月 28 日,董文军不再担任宝冶总经理、法人代表职务,另行安排工作。5 月 12 日,傅国安任宝冶党委书记,不再担任宝冶副总经理职务;程志广任宝冶总经理,不再担任宝冶党委书记职务;陈明、张创一、陈刚任宝冶副总经理;严梅峻、高孝铉不再担任宝冶副总经理职务。6 月 6 日,龚一平不再担任宝冶副总经理职务,另行安排工作。

2002 年 12 月,傅国安不再担任宝冶党委书记职务;袁斌臣不再担任宝冶工会主席职务。

## 第三节　所辖单位及调整

### 一、机构设置及所辖单位

1986 年,宝冶成立并落户上海之初,其所辖单位有:第三工程公司、第五工程公司、工业安装工程公司、机械设备安装工程公司、电气设备安装工程公司、筑炉工程公司、机械动力公司、特种工程公司、设备检修工程公司;办公室、企业管理办公室、计划处、科学技术处、施工处、安全处、质量检查处、劳动人事处、教育培训中心、教育处、财务处、材料处、设备处、机械处、外事处、保卫处、基建办公室、行政处、综合经营办公室、职工医院、卫生处、人民武装部、审计室、武汉办事处。

### 二、职能部门调整

自 1986 年 6 月 4 日至 2002 年宝冶分立改制的 16 年间,为适应宝钢二、三期工程建设和市场经济的发展变革,宝冶先后六次对机关部门进行较大范围调整,其间还进行多次微调。

**【第一次调整】**

1987 年 4 月,公司决定保留武汉办事处机构,并更名为上海宝钢冶金建设公司武汉办事处,仍为县团级建制,在编职工 91 人,党务及日常工作均由一冶代管。4 月 28 日,成立基建工程处,原基建办公室业务和人员归属基建工程处,同时撤销基建办公室。基建工程处是归口管理、承包、经营民用建筑等工程的单位,经济上独立核算、自负盈亏,同时承担由上海宝钢工程指挥部批准组建的上海宝钢工程指挥部冶建生活区筹建办公室的职能和任务。9月15日，成立宝冶技术委员会。加强对技术工作的领导，对科研成果、优秀技术总结论文的评选工作。

**【第二次调整】**

1989年2月28日，公司将全优工程、优质工程（优质产品）的管理工作从企管办划出，归口检查处管理，全面质量管理工作的管理仍由企管办负责。3月14日，成立宣传处；3月26日，成立施工机械技术服务中心。7月15日，成立档案处。8月2日，成立工程指挥部。9月7日，成立生产检修处；12月8日，成立生产经营处；11日，成立党委宣传部，撤销宣传处，其业务和人员划归党委宣传部；20日，施工处更名为工程管理处；成立建筑设计研究所（直属宝冶）；计划处改名为经营计划部，经营办公室归并经营计划部；撤销科学技术处，成立技术处。

**【第三次调整】**

为转换企业经营机制，适应市场经济需要，并加强对四元产业管理和协调，宝冶机关进行第三次调整。

1992年4月，宝冶成立4个准事业部，即成立对外经济部，撤销生产经营处和外事处，其业务和人员划归对外经济部，对外经济部兼有分指挥部外事处和宝冶外事办公室的职能；成立检修协力部，撤销生产检修处，其业务和人员划归检修协力部；成立综合计划部，撤销经营计划部，其业务和人员划归综合计划部；成立工程管理部，撤销工程管理处，其业务和人员划归工程管理部。同期，设备处、机械处合署办公，名称对内称设备处，对外根据业务需要，可称设备处或机械处；武装部与保卫处合署办公。9月8日，纪律检查委员会的办事机构与监察处、审计处合署办公。9月24日，成立宝冶驻南通办事处，负责两地有关建设工程业务联系及协调工作。10月4日，企业管理办公室与经理办公室合署办公。

**【第四次调整】**

1994年，宝冶进行机关改革。此次机关改革以转换机制为关键，以推进事业部体制、开展矩阵管理为重点，以剥离分流、精干人员为中心，以精干业务、调整机构为手段，以提高工作效率和经济效益为目的，坚持小机构、大服务的原则和服务、精干、高效的方针开展机关改革工作。

1994年1月31日，宝冶将技术处更名为科学技术发展部。科技发展部、计量处、科学技术协会和科学技术设计研究所合署办公。财务处与审计处合并，成立财务审计部。成立企业文化部，企业文化部与经理办公室、档案处、企业管理办公室合署办公。劳资处与干部处合并，成立劳动人事部。安环处与质量检查处合并，成立质量安全部。成立生产管理部。成立机关工作部，机关工作与机关党委合署办公。科技发展部不作机关编制；检修协力部与检修协力公司合并，不作机关编制。

同年3月18日，宝冶成立企业文化建设委员会。6月2日，成立外省市劳动力管理办公室，是宝冶对外地劳动力管理的职能机构，劳动人事部管理，人员不属机关部（室）编制。8月12日，材料处、设备处合并成立物资公司，物资公司行使宝冶设备、材料、机械的管理职能。同日，成立计量中心，主要负责宝冶各计量室的业务集中统管、技术指导。

**【第五次调整】**

为转换经营机制，理顺管理关系，强化内部管理，适应市场经济，本着实事求是、“因事设庙”、分工明确、不重不漏的原则,宝冶机关进行第五次大调整。

1998年5月,设立经营部,归口负责施工(包括加工生产)对外经营业务的管理。设立三资三产企业管理处,作为企业管理职能部门,负责三资三产企业的立项、申办、变更、停业、清理、年审、汇总编制三资三产企业的投资回报计划,日常的考核检查监督和统计报表的管理。原综合计划部改为计划处、财审部改为财务处(并设立资产管理处,不另设机构),共同组成计财部,其主要职责是企业内部计划与财务资金管理。原劳人部分为干部处和劳动人事处:干部处和组织部职能合并,实行一个机构、两块牌子,受党委及行政双重领导。法律事务划入企管处,企管处并设贯标办公室。设立科技处,并设投资项目论证办公室。设立机械材料管理处。设立审计处,独立行使审计职能。原武装保卫部改为武装保卫处,职能不变。在经营部设立4个处,负责宝钢基建市场、钢结构市场、外包市场综合性大项目的跟踪,两级经营人员达400人左右。同年10月29日,成立再就业服务中心。11月12日,成立法律事务室,与企管处并设。

**【第六次调整】**

进入2000年后,宝冶总部定位于企业发展规划、监督管理、资产经营、综合营销四种综合性职能。基本体现总部是决策中心、二级单位是利润中心、项目部是成本中心的组织结构体系的系统观思想。以适应市场、观念创新为导向,着眼于建立现代企业制度为目标,着手强化科学管理和项目管理体制,进一步完善总部机构设置和功能定位。本着精兵简政、精干高效的原则,制定总部机构改革实施方案。据此,宝冶机关进行第六次调整。

2000年4月26日,宝冶在经营部内部设立经营一部、二部、三部、四部、五部、六部(国外工程部)、商务部、技术部等机构。将经营部综合处更名为经营管理处,并作为公司职能管理处室。10月27日,宝冶总部按业务性质不同划分为宝冶总部机关、市场营销部和独立编制的总部费用单位。总部部门设置为9处4部1室,科室为48个,设置工作岗位164个。党政办公室合署设置;项目管理的进度控制、工程技术、外协管理等职能归并设立工程管理处。将计划处、经营管理处、法律事务室职能合并成立经营计划处。将原财务处、审计处合并成立财务审计处。将原国资处、科技处论证办、机械材料处、基建工程处、基建房产处职能合并成立资产管理处。将计算机网络建设、科技开发等职能归并到企业管理处。将党群、工会、团委、科协工作分别设置党务工作部和群众工作部。三资三产企业管理处从宝冶机关划出,其对独立法人企业管理职能并入公司新筹建的产业发展分公司,对外投资及其权益管理职能划归资产管理处。科技处资料室、情报室、经办档案室、技术处图纸资料室(除宝钢在建工程图纸资料外)合并,成立档案科,划归经办统一管理。为突出市场营销的中心地位,成立市场营销部。原教培中心不再视为二级单位,作为公司总部费用单位,协调管理部门为劳动人事处。继续保留宝冶汽车服务队(协调管理部门是办公室)和宝钢工程外事办公室(协调管理部门是工程管理处);宝钢月浦闭路电视台划归物业管理分公司。为了对三资三产企业集中强化管理,成立产业发展分公司。11月21日,成立退休职工管理办公室。

## 三、实体单位调整

1987年4月28日,把原行政处与机关划开,成立综合开发公司,承担宝冶部分后勤生活服务,部分辅助生产和对外横向联合以及经营开发等任务。成立基建工程处,撤销基建办公室。基建办公室业务和人员归属基建工程处。基建工程处是归口管理、承包、经营民用建筑等工程的单位,同时承担上海宝钢工程指挥部冶建生活区筹建办公室的职能和任务。经济上独立核算，自负盈亏。同年12月，宝冶对部分单位进行业务调整，把属于材料处管理的预制厂、搅拌站划归机动公司，使机动公司具有混凝土搅拌、预制、运输等一条龙施工的综合生产经营能力。

1989年3月11日，将综合开发公司更名为企业公司。翌年1月9日，撤销基建工程处，成立基建房产处，基建房产处与上海宝钢工程指挥部冶建生活区筹建办公室合署办公，各负其责，经济上独立核算、自负盈亏。6月2日，建筑研究所开办，注册登记营业执照，其经营范围为建筑工程设计、压力容器检验及无损检测。

1992年9月18日，材料处成立材料公司，对外设立经营部，材料公司参与市场物资流通的经营批发销售和材料调剂串换业务，实行自主经营，独立核算。12月14日，成立劳动服务公司，挂靠劳动工资处。

1993年4月5日，建立宝冶检修大队，定员750人，其中管理人员占7%。大队设一科一室一车间，设大队长1人，副大队长3人，其中一名由宝钢设备部派驻。11月28日，特种公司成立生产协力分公司。

1994年1月31日，检修工程公司更名为检修协力公司，检修协力部与检修协力公司合署办公。成立宝钢集团国际贸易总公司宝冶分公司(简称国贸宝冶分公司)。成立宝冶浦东分公司。组建上海宝益房地产开发经营公司。4月1日，成立基建工程处，与宝益公司合署办公。成立宝冶浦东公司董事会，对宝冶浦东公司实行董事会领导下的总经理负责制。

1997年9月16日，将企业公司两条卷管机组与宝冶钢管有限公司合并经营。次年8月15日，成立工程技术公司，与设计研究院为一个机构、两块牌子，将压力容器修复厂的经营业务范围和资产归属工程技术公司。8月17日，为强化企业市场经营机制，加大企业对外经营和工程项目开发力度，成立以工程项目营销为主要职能的办事处。首批成立驻厦门市、宁波市、杭州市、南京市、镇江市、南通市6个办事处。1999年11月8日，成立宝冶宝钢协力生产分公司。

本着精干高效，强化专业的原则。2000年，宝冶对三公司、五公司实行战略性整合。这两家土建公司长期共存是计划经济体制下的产物，随着市场经济的发展，宝冶内部同行竞争、资产及资金分散、人员臃肿所带来的种种不利因素，给企业的发展背上沉重的包袱。针对这种情况，宝冶果断决策，于9月将两家以土建为主的公司实行战略性整合，成立建筑分公司。11月2日，根据内部深化改革和发展需要，集中强化对宝冶投资的三资三产企业的管理，进一步发挥资产经营效益，确保资产的保值和增值，成立宝冶产业发展分公司。

2001年4月28日，将原宝冶南京工程处更名为宝冶南京分公司。5月14日，成立宝冶钢构分公司，组建5个厂：在原工安结构厂基础上组建成立宝冶钢构一厂，取消工安结构厂建制。在原宝冶机装公司罗店金属结构厂基础上组建成立宝冶钢构二厂，保留宝冶机装公司罗店金属结构厂的名称；在原建筑分公司结构厂基础上组建成立宝冶钢构三厂，取消建筑分公司结构厂建制；在原工安压型板厂基础上组建成立宝冶钢构压型板厂，取消工安压型板厂建制；在原宝冶轻钢有限公司基础上组建成立宝冶钢构轻钢厂，保留宝冶轻钢有限公司的名称。12月5日，将宝冶的分支机构宝冶混凝土制品厂与宝冶的全资子公司上海宝冶月华实业公司重组，成立宝冶商品混凝土公司。12月12日，将宝冶企业公司更名为宝冶房产分公司。

2002年2月26日，宝冶与上海同济大学和同济大学建设机器人中心共同出资成立上海同济宝冶建设机器人有限公司。7月5日，以增加投资和资产重组方式成立上海宝冶工程技术公司、上海宝冶工业炉窑公司和上海宝冶商品混凝土公司。7月24日，为进一步开拓市场，在已有市场基础的地域设立区域性分公司,设立宝冶北京分公司、山西分公司、河南分公司、南京分公司、安徽分公司、武汉分公司、湖南分公司、杭州分公司、厦门分公司,主要从事区域市场的开拓和营销工作。12 月 17 日,在上海贸易分公司基础上改制成立上海中冶国际经济贸易有限公司。

### 四、人员变动

到 1989 年 9 月,宝冶统辖单位有 10 个工程公司和 5 个独立处室,设有 17 个行政职能处室和 4 个党群工作部门,共有职工 17 949 人[干部 3 246 人,工人 14 703 人(含计划外用工)],职工平均年龄 36 岁。各类专业技术人员 2 370 人,其中高级职称 141 人,中级职称 547 人,初级职称 1 682 人,有 500 余名工程技术人员先后出国学习和考察。

1990 年底,宝冶实际人数 16 869 人,其中固定职工 13 432 人,合同制职工 1 607 人,计划外用工 1 830 人。1992 年底,宝冶人数 18 654 人,固定职工 12 872 人,合同制员工 2 109 人,临时用工 2 515 人,计划外用工 1 158 人。

2001 年底,宝冶主体员工 8 624 人。

2002 年,宝冶进一步加大减员增效力度,全年减员 1 510 人,年底主体员工总数 7 114 人,减幅 17.5%。主体从事管理技术岗位、生产作业岗位、服务岗位的员工分别为 2 685 人、3 701 人和 561 人。

## 第四节　拓展外包工程

建筑施工是宝冶主导产业、传统产业。在完成宝钢一期、二期、三期建设的同时,宝冶还承揽了大量宝钢外各类工程,把经营视野扩大到全国建筑市场。

1986—1991 年,宝冶相继承建了苏钢烧结一期工程、梅山钢铁厂二号高炉主体工程、宁波栎社机场工程、上海地铁 1 号线(徐家汇车站、新闸路车站、上海站折返段)、上钢一厂、宁波北仑港、宁波机场、上海市杨树浦油库、广东东莞轧钢厂、上海合流污水 4.1 标彭越浦泵站、杭州笕桥机场整修工程、上海市第一座取长江水建造的大型民用水厂——月浦水厂、陈行水库、太浦河治理工程等重点外包工程建设任务,并在外包工程中探索项目法管理。

1992—1996 年,宝冶主要承建了当时国内规模最大火电厂——浙江嘉兴电厂厂区围堤工程、上海耀华皮尔金顿二期浮法玻璃生产线工程、昆山名人庄园工程、上海永生招商大厦工程、梅山一号高炉原地改造扩容大修工程和上海商办大厦地下连续墙以及浦东国际机场飞行区跑道、滑行道地基处理等外包工程。

1997 年,两级公司共参与外包工程投标 163 项,中标 84 项,中标率达 52%,中标(合同)金额为 10.52 亿元,中标项目涉及冶金、市政、轻工、建材、能源、交通等各行业。这一年宝冶承建的主要外包工程为梅钢一号高炉大修工程、南通船厂工程、浦东通用汽车城工程。

1998 年,宝冶总承包承建第一个大型标志性公共建筑——厦门国际会展中心。这项工程是宝冶转型发展进程中具有里程碑意义的项目,也是宝冶在业主和众多实力强劲分包单位面前显示宝冶总包管理能力,创立宝冶信誉的一项工程。该项目投资约 11.7 亿元,占地面积 15 万平方米。以该项目为标志,宝冶已全面进入建筑施工市场化运营,外包工程概念逐渐淡化。

2000 年,相继中标浦东中芯工程、浦东国际机场、克虏伯不锈钢工程以及嘉兴污水处理厂、苏州体育馆、镇江金东纸业等一大批工程项目。为进一步发挥宝冶的优势项目,相继中标益昌薄板、上钢一厂、梅钢、宝日、涟钢、杭钢等冶金行业工程项目。

2001年,宝冶先后中标上钢五厂、梅钢二热轧、新余钢厂、福建三安钢厂等冶金建设项目,为稳固冶金建筑市场奠定了有力基础。同年,又连续中标上海磁悬浮列车工程、湖南国际会展中心、深圳地铁、苏州体育场、安徽芜湖体育中心等一批市政及民用建筑工程;中芯电子工程、克虏伯不锈钢公司、通用汽车工程、南亚电子城工程后续项目也相继中标。

2002年,宝冶中标UT斯达康杭州研发中心、上海威宇科技测试封装有限公司工程,不断扩大在高科技建筑领域的市场影响力;成功中标广西南宁国际会展中心、浙江宁波大剧院、福建台州体育中心、广州白云机场、哈尔滨国际会议体育中心等一大批市政标志性项目。

## 第五节 全面开展企业改革

改革要在“全面”上下功夫,“全面”就是要综合系统地促进企业变革。经过8年多的宝钢一期工程建设和外包工程市场化探索,作为传统施工骨干企业的宝冶,开始新的改革探索和升级换代。

### 一、稳步实行体制变革

为适应经济体制改革和加强企业管理的需要,1986年12月15日,宝冶成立企业管理办公室。

经宝冶提出申请、冶金部批准,1988年1月,宝冶开始进行体制变革,实行党政分开,推行经理负责制,经理任期5年。随后公司党政职能分开的改革方案于12月12日出台。

1998年,冶金部根据国有资产管理的有关规定,将原属冶金部管理的宝冶资产委托中冶集团统一管理经营。

同年3月18日,根据冶金部文件,将宝冶的资产(资产总额214 655万元,负债总额172 129万元,所有者权益42 536万元)划转到中冶集团。

### 二、有效推进转轨变型

**【形成三大经营支柱】**

1986年,宝冶首次提出“转轨变型”,即企业管理由单纯的生产型转变为生产经营型。企业的主要经营范围由单纯的基建型转为基建检修型,建立起施工、检修、综合开发三大经营支柱,形成宝钢工程施工任务和宝钢生产检修任务并举,又积极开拓建筑业市场,广泛进行横向经济联合,开发第三产业,实现工、商、贸兼收并举经营格局。

**【推进企业四个转变】**

1991年,逐步推进“四个转变”:由产值速度型向质量品种效益型集约经营企业转变;由劳动密集型向技术管理密集型总承包企业转变;由内向型向外向型企业转变;由单一基建型向四元工贸结合型企业转变。到1994年,“四个转变”又升级为由过去大而全的劳动密集型企业向技术、管理、装备、资金密集、科技先导型企业转变;由过去只承担国内建设生产任务的内向型企业向国际市场延伸,发展内外向结合型企业转变;由过去单一的建筑施工企业向工贸结合型企业转变;由冶金施工企业向建设总承包和检修协力综合总承包公司转变。

**【建立项目管理体系】**

1998年初,宝冶开始推行项目管理体系建设,总公司设直管项目部,分公司设二级项目部。根据中标承建的项目规模,实行两级项目管理。

同期,宝冶开始确立以设计、设备工程为先导的施工总承包道路企业发展定位,明确机关定位为"营销、管理、资产经营、监督"四大职能,把生产施工过程管理下放到二级公司和项目部,对机关机构设置与职能进行调整,将各直管项目部从机关编制中独立出去。

2001年,宝冶先后在山西海鑫钢厂炼钢、芜湖奥林匹克公园体育场、新余钢厂、涟源钢厂四个项目上做试点,推行一级项目管理制,取得显著成效。

## 三、全面构建"四元"产业

1986年,宝冶由基建产业分离出设备检修和生产协力,承担宝钢生产设备的维护检修,即检修协力产业,形成基建施工和检修协力二元产业,初步竖起两根经济支柱。

1987年,宝冶成立综合经营开发公司,从事三资三产的开发与经营,建立起建筑施工、检修协力、三资三产的三元产业,初步形成三根经济支柱。

1988年,宝冶在上述三元产业基础上,以开发"二线"为标志,把附属辅助生产的"二线"推向社会,大搞生产制造产品外销,建立起加工制造产业,初步形成四星拱月的四元产业经营格局。

四元产业结构的建立,使宝冶产业由低级向高级发展过程中完成三级跳跃式的演进。

1988年6月5日至6日,经冶金部、上海市联合评审组检查评审,宝冶达到国家二级企业标准。同年,宝冶又提出"以改革求发展,以管理求效益,以技术求进步,以质量求生存"的企业发展之路和"立足宝钢,服务上海,面向全国,迈入世界"的战略目标。与此同时,宝冶已逐步形成基建施工、设备检修、加工生产、多种经营的"四元"产业结构。

四元产业理论的形成过程,是宝冶由基建施工型向经营型转变、由单一生产型向四元产业型转变的过程,它既是宝冶经营机制转换的一条主线,又是宝冶产业结构调整的突破口。

1989年4月26日,上海市社科院情报研究所组织上海理论界、企业界、新闻界及市府部委局办等近40名领导专家、记者来宝冶,参加四元经营思想理论研讨会。

随着四元产业不断发展完善,企业经营空间随之扩大,经营机会相应增多,企业经营思想,经营机制,经营规模均发生深刻变化。

从1985年到2002年,宝冶先后成立组建三资三产企业250余家,同时陆续注销、合并、重组200多家。

## 四、精干主体转机建制

1991年11月12日,宝冶成立人才开发中心,劳动工资处负责管理。

1994年开始"剥离分流、转机建制"的阶段性改革,此次改革是宝冶历年来改革涉及面最广、力度最强、难度最大、层次最深、风险最大的一次改革。这次改革关系到企业机构体制调整、组织结构调整、职工利益调整。

同期，宝冶对中外合资企业、内联与三产企业等人员实行剥离分流。与此同时，宝冶成立具有独立法人资格的劳务协力公司，实行独立核算、自负盈亏。二级公司也相应成立劳务协力分公司或办公室，具体负责本单位农民合同工管理工作。至此，宝冶主体得以精干。

1998 年和 1999 年，宝冶开展外地劳动力清退与转制工作，建立外地劳动力的轮换机制，调整外劳力素质和结构。

2000 年，为适应市场及企业生存发展的需要，宝冶在减员过程中，注重采用科学合理的用人制度，即留住有用的、用好在岗的、安置好富余的、培养好急需的，确保在员工数量减少的同时，人员素质和能力相应得到提高。宝冶全年共减员 2 000 多人。到 2000 年底，宝冶主体在岗职工人数为 9 551 人。

## 五、精简机构分流人员

1987 年 12 月 16 日，将党委组织部、宣传部和办公室，合并为党委办公室。将纪检室、调研室、案件审理室、信访室和办公室，合并为纪委办公室。各工程公司和材料处、设备处、教培、医院、机关的党委（总支）及纪委的办事机构合设一个办公室。各队、厂、科室和宝冶机关各处室支部书记，全部实行兼任制。

1992 年，宝冶开始精简管理层次，改过去的工程队、工程公司、宝冶公司三级管理为宝冶公司、工程公司两级管理。将工程队的计划、预算、统计、技术、成本、劳资、定额、调度、安全、质检、福利等管理工作归并到工程公司有关科室负责。以生产经营为中心，精干、高效、服务为原则，以“定项、定量、定时、定岗、定职、定员、定标、定责、定权、定利”为主要内容，进行两级机关改革，并以机关改革为突破口，促进和推动其他配套改革。宝冶处室由 25 个合并为 19 个，减少 24%，两级公司厂、队、科室由 490 个减少到 342 个，减少 30%；两级公司减少科干 177 人，占科干总数 20.6%；两级机关减少一般干部 531 人。与此同时，对精减人员进行妥善安排：30 多人充实到基层单位，加强一线的指挥和管理力量；157 人选派到合资厂、联营厂工作；142 人兴办三产经济实体；原管理岗位的工人 174 人回到生产班组。同年 9 月 18 日，首批落聘和未被组合上的职工到宝冶人才开发中心报到，培训待聘。

1994 年，机关部室由原来的 19 个减为 16 个，宝冶机关人员由 571 人减至 382 人。精简分流 189 人，精简率达到 33.1%，宝冶和二级单位机关全部工作人员由 2 535 人减至 1 753 人，精简分流 782 人，精简率达 30.8%。同期，通过严格考评、岗位竞争，调整分流处干 109 人，调整分流面占处干总数的 65%，其中包括退居二线专务 14 人，免去处干职务降级使用 5 人。科干中 26 名被免职，54 名降级使用，165 名分流到内联独资（三产）企业，100 多名一般干部转到工人岗位。

1998 年，将各直管项目部从机关编制中独立出去，工会文化服务职能及其相关人员划转到企业公司，使机关管理人员从 518 人减少到 254 人。

随着企业不断发展，两年间，宝冶机关又有所扩张。2000 年，本着精兵简政，加强管理的原则，宝冶对总部机构及人员设置再次进行大幅调整，将原来 23 个处室重新设置为 9 处 4 部 1 室，设置工作岗位 164 个。改革后机构减少 9 个，机关人员减少 44 人。

## 六、实施用工制度改革

1989年,宝冶用工制度开始由劳动密集型向技术密集型、智能型转变;由单一、固定的用工制度发展为固定工、合同工、劳动工、代培工、季节工、临时工6种用工制度。1989年,推出固定轮换制,让年老体弱不能顶岗的老工人,提前办理内部退休手续,由一名符合条件的子女来厂工作。同年7月1日起,取消大礼拜加班制。

1994年,建立职工岗位竞争机制:对工人建立优化组合、竞争上岗机制,在职工中开展上岗、试岗、下岗、待岗等多种形式岗位竞争,并规定相应待遇。次年,宝冶加快两层分离建设,主要表现在两个方面:一方面是为满足宝钢工程施工的需要,广泛吸纳社会力量,调整企业员工队伍结构,加快培育、发展企业建筑施工优势。通过调查考核,择优录用110多家成建制的外协施工队伍,在宝钢三期工程建设和外包工程建设中发挥了重要作用,形成了新的劳动力分工格局。另一方面是为带好、管好外协队伍群体,配备足够的管理力量,把好外协队伍的工程质量、进度、供应的协调和调度关,促使外协队伍的工程进度、质量与往年比上升到了一个新的高度。

根据冶金部、上海市的统一部署,宝冶在1996年全面实行劳动合同制度。这项改革措施,完全按照冶金部《冶金企业实施劳动合同制座谈会纪要》、劳动部《集体劳动合同规定》和《上海市劳动合同规定》等上级文件进行操作。1996年11月28日,宝冶举行劳动合同签订仪式,标志着宝冶全面推行劳动合同制工作进入实施阶段,开始进入以劳动合同管理为主的法制轨道。劳动合同制逐步在宝冶两级公司全面推开。

1996—1997年,完善公司住房制度、医疗保险制度和社会养老保险制度,实现与上海市接轨运作。

1999年,改革用工制度,实施减员、分流,员工队伍正常进、出机制初步形成。次年,在用工形式上,改变过去合同制员工长期化、外劳力固定化所带来诸多负面影响,采取合同制员工短期和长期相结合、外劳力合同到期轮换的措施。

## 七、完善工资分配体系

### 【工资分配】

1989年,宝冶实行新技能工资标准,由原等级工资靠标到新技能工资标准;实行年功工资;效益奖励浮动升级。

1990年,职工岗位工资基数由17.5元提高到28元,平均每人每月增加16.8元。

### 【岗效工资】

1991年,全面实行《宝冶劳动定额》。在分配形式上,1999年制定《宝冶公司岗位效益工资制度实施办法》,目的是打破宝冶多年来执行固定化平均主义的结构工资制,实行岗位效益工资制。内部单位之间分配开始拉开差距;分配开始按岗位定薪,与效益任务挂钩,向经营、项目管理人员和上岗作业人员倾斜。

为调动员工工作积极性,逐步与市场接轨。2000年,宝冶将传统结构工资制改革为以"按劳分配、市场导向、效益决定、岗位贡献"为原则的岗效工资制。岗效工资制的推行,较好地发挥了工资分配的激励功能和调节功能。

### 【风险抵押承包】

1988年4月7日，8个工程公司签订承包经营责任合同，推行领导集团抵押承包。两年后，为缩小干群差距，形成风险共担，宝冶首次实行全员统一风险抵押。

1998年，宝冶承包经营开始调整完善，改变只与利润指标挂钩的“单系数”承包分配办法，对9个工程公司（不含企业公司）采用产值、利润“双系数挂钩”的分配机制，促进企业在保证盈利的前提下，扩大企业经营规模。

# 第六章　上海宝冶建设有限公司

## 第一节　上海宝冶建设有限公司的成立

2002 年 12 月 17 日，中冶集团对上海宝冶建设有限公司申请工商注册登记的请示批复，同意以分立改制方式，将原来的上海宝钢冶金建设公司分立为上海宝冶建设有限公司和作为存续公司的上海宝钢冶金建设公司两个公司。

2003 年 1 月 15 日，中冶集团作为出资人，将上海宝钢冶金建设公司资产进行重组、人员结构进行优化，以分立方式改制的上海宝冶建设有限公司正式成立。改制后宝冶拥有从原宝冶分立出来从事施工总承包的人、财、物等核心资产，吸收科研、物流等股东单位参加与投资，建立起主业突出、效益至上的市场运作机制、法人治理结构和新型的契约劳动关系，形成具有核心竞争能力的管理技术密集型工程总承包企业。存续的上海宝冶公司从事协力生产、废钢收购、加工与储存、钢渣处理、货物运输，工程机械、冶金设备、运输车辆维修及冶金机械设备修造，钢渣检验、工程机械液压检测，

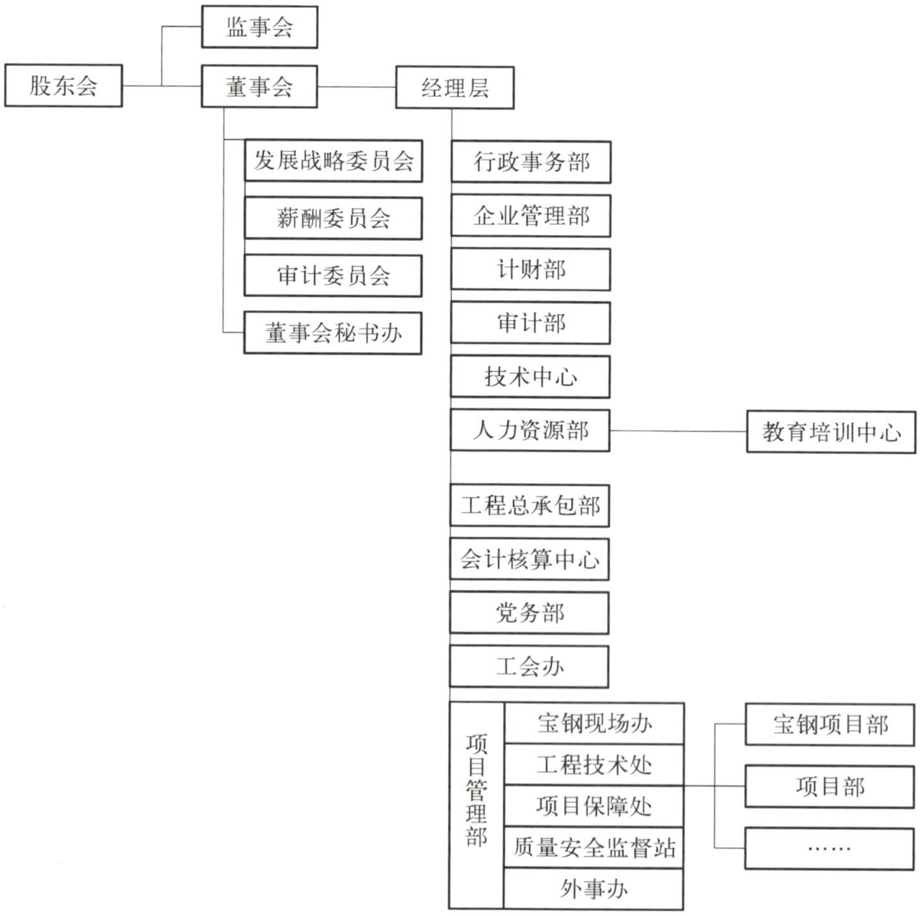


上海宝冶建设有限公司组织机构图

耐材生产、砌筑，物业管理、房屋置换中介、餐饮服务，国际经济贸易、金属制品加工，劳务作业及多种经营、实业投资等，并兼营建筑工程施工经营承包业务。

宝冶建设注册资本：3.6亿元。中冶集团出资1.836亿元，占注册资本的51%；员工集体股权投资由宝冶建设工会（筹）委托华宝信托投资有限责任公司代为持股，向宝冶建设投资1.638亿元，占注册资金的45.5%；山西省海鑫钢铁有限公司出资360万元，占注册资金的1%；中冶集团建筑研究总院出资360万元，占注册资金的1%；北京中冶和坤防腐工程有限责任公司出资180万元，占注册资本的0.5%；上海宝恒物流经济发展有限公司出资360万元，占注册资本的1%。

2003年1月16日，改制后宝冶第一次股东大会在上海召开。1月17日，上海宝冶建设有限公司成立揭牌。宝冶建设建立起由股东会、董事会、监事会和经理层组成的法人治理结构，按照《公司法》及章程的要求规范运作，形成权力机构、决策机构、监督机构和经营者之间的制衡机制与科学决策机制。同时，公司设立党委，党委发挥领导核心和政治核心作用，把方向、管大局、保落实。董事会决定公司重大问题，事先听取公司党委的意见。公司党委书记、副书记、委员的职数按上级党组织批复设置，并按照《党章》等有关规定选举或任命产生。符合条件的党委成员通过法定程序进入董事会、监事会、经理层，董事会、监事会、经理层成员中符合条件的党员依照有关规定和程序进入党委。公司党委下设党委办公室。2007年，公司建立"三重一大"制度，发布《"三重一大"决策机制的实施办法》，明确"重大决策、重要人事任免、重大项目安排及大额度资金运作，必须经集体讨论做出决定"。

## 第二节　宝冶领导班子调整

分立改制后，中冶集团对宝冶建设和上海宝冶两个公司领导班子进行调整。2003年1月12日，任命程志广为宝冶建设党委书记，刘安义党委副书记兼纪委书记，主持工会工作。程志广、张创一、陈明、陈刚、徐立群、董文军、雷俊出任董事，程志广任董事长、法人代表；张创一任总经理，陈刚、王石磊任副总经理，刘洪亮任总工程师。2003年6月，刘安义任宝冶建设工会第一届委员会主席。

2006年7月26日，经中冶党委研究决定张创一任党委书记，程志广不再担任党委书记职务，不再参加党委工作（另有任用）。选举张创一任宝冶建设董事长、法定代表人，任中国冶金科工集团管理委员会委员，程志广不再担任董事、董事长、法定代表人。同年10月24日，经中冶集团研究，王石磊任董事、总经理。张创一不再担任总经理职务。

2007年3月7日，经中冶党委研究决定，徐立群任宝冶党委副书记、纪委书记，刘安义不再担任党委副书记、纪委书记职务（另有任用）。经中冶研究决定，张创一、王石磊、陈刚、徐立群、杜志信、周晓冬、初文恩为第二届董事会董事，选举张创一为董事长、法定代表人。王石磊为总经理，陈刚、刘安义为副总经理，刘洪亮为总工程师。同年4月29日，经中冶研究，徐启文、朱永贵为副总经理。2008年4月，经中冶研究，李移峰为委派总会计师。

2009年5月31日，经中冶党委研究决定：陈明任宝冶党委书记；张创一不再担任宝冶党委书记职务，不再参加党委工作（另有任用）；徐立群不再担任宝冶党委副书记、纪委书记、工会主席职务，不再参加党委工作（另有任用）。经中冶研究：陈明任宝冶董事，任宝冶董事长、法定代表人；张创一不再担任宝冶董事、董事长、法定代表人职务（另有任用）；徐立群不再担任宝冶董事职务（另有任用）；刘安义不再担任宝冶副总经理职务（另有任用）。12月17日，经中冶党委研究决定：陈刚任宝冶党委副书记、纪委书记。

## 第三节　职能机构和下属单位调整

### 一、职能机构调整

2003年，总部设置行政事务部/董事会秘书室、企业管理部、计财部、会计核算中心、审计部、技术中心、人力资源部、项目管理部、质量安全部、工程总承包部、检修工程部、党务部/团委及工会办/监事办共13个部门。

2004年，为达到各项管理职能落实到位，职责明确，管理流程清晰、顺畅，管理结构合理，业务执行能力有效提升以及部门负责人领导能力增强的目的，从而最终实现提升管理水平和管理效能的目标，确定宝冶建设总部定位：具有战略规划功能、资源及资金调配功能、投资融资功能、审计监督功能、信息反映功能、国际合作与开发功能、资产重组功能、工程总承包功能和企业文化建设等功能。增设董事会办公室和资产运营部，项目管理部更名为工程管理部，会计核算中心更名为会计中心，质量安全部派出机构宝钢“十五”规划项目质量安全监督站更名为宝钢项目质量安全监督站。董事会下设董事会办公室，监事会下设监事会办公室，经营管理层设行政事务部、企业管理部、资产运营部、预算部、合同法务部、会计中心、审计部、技术中心、人力资源部、检修工程部、工程管理部、质量技术部、安全环保部、工程总承包部、党务部及工会办、罗店基建办。

2006年，预算部更名为预结算中心，会计中心更名为财会中心。

2007年3月，搭建适合EPC工程总承包、装备制造、房地产开发、资源开发四大主业板块发展的管理架构，满足总部作为“战略决策、经营决策、资源配置、财务资产管理、技术保障、信息管理”的功能定位，新成立房地产置业部、产业发展管理部、海外部(工程总承包部外资处与宝钢外事办合并为海外部)、采购中心等，增设总工程师室，与技术中心合署办公；董事会办公室与行政事务部合并为办公室/董事会秘书处；合同法务部、资产运营部与企业管理部合并为企业发展管理部；企业文化部从党务部分离独立设置；工会办与党务部合并为党群工作部/信托受益人管委会办公室，团委同党群工作部合署办公；工程管理部工程管理处、宝钢办与安全环保部合并为安全工程部/安全生产办公室；检修工程部更名为检修产业部；工程管理部钢构管理处与罗店基建办撤销，钢构管理处职能并入产业发展管理部，罗店基建办职能并入企业发展管理部。共设办公室/董事会秘书处、审计部、企业发展管理部、人力资源部、海外部、安全工程部/安全生产办公室、质量技术部、企业文化部、党群工作部/信托受益人管委会办公室、工程总承包部、产业发展管理部、检修产业部、房地产置业部、财会中心、预结算中心、技术中心/总工程师室、采购中心17个部门。

2008年，董事会秘书处更名为董事会秘书室，与办公室合署办公；撤销总工程师室，将原专家管理中专业技术、经营管理人才队伍建设与培养职责调整至人力资源部，原总工程师室其余职责保留在技术中心。为保护、积累、巩固、发展公司在非钢项目中专业安装方面的管理及技术力量，成立房屋建筑安装工程部。为更好地参与宝钢湛江钢铁项目的建设，设立湛江钢铁工程指挥部。

2009年，为进一步适应公司产业转型、结构调整的需要，以科学合理的组织架构为公司产业发展提供体系上的保证。撤销房地产置业部、产业发展管理部、安全工程部/安全生产办公室，新设项目推进与作业资源管理部、安全生产监督管理部，企业发展管理部增加产业发展管理、风险管理、房地产开发管理、资质证照管理等职能。同年，项目推进与作业资源管理部名称变更为工程管理部；人力资源部项目部设立、撤销职责调整至工程管理部，成立保障性住房开发(城市综合改造)办公室。共设办公室/董事会秘书室、审计部、企业发展管理部、人力资源部、海外部、工程管理部、安全生产监督管理部、质量技术部、企业文化部、党群工作部、工程总承包部、检修产业部、财会中心、预结算中心、技术中心、采购中心 16 个部门。

### 二、二级单位变动

2003 年，下设建筑分公司、工业安装分公司、特种工程分公司、电气设备安装分公司、机械设备安装分公司、机械动力分公司、物资分公司、检修工程分公司 8 个二级单位。与建筑业关联度较高的上海宝冶轻钢有限公司、上海宝冶机装公司罗店金属结构厂、上海宝冶奥达建筑智能化工程公司、上海宝光建筑装潢有限公司、上海宝冶安装作业公司、上海宝冶第一加油站、上海宝冶商品混凝土公司、上海宝冶工程技术公司、上海宝冶工业炉窑公司、上海宝冶海顿工程有限公司等 14 家对外投资公司进入宝冶建设。2003 年 2 月，成立南京分公司。

2005 年，为培育自己的特有品牌、提升钢结构产业的综合竞争力，对公司钢结构产业进行整合，成立钢结构分公司；参股中冶置业（上海）有限责任公司。

2006 年 1 月，落实区域化布局，梅钢检修大队划转南京分公司，南京分公司转化为实体型分公司，南京分公司基地落成及南京钢结构厂投产，巩固了钢结构产业实体化的资源整合。同年，成立厦门分公司、广州分公司和成都分公司，投资 600 万元参股中冶华南工程技术有限公司，做大做强宝冶在南京及其周边地区的市场，投资 3 000 万元设立全资子公司——中冶钢构宝冶建设南京有限公司。宝冶工业炉窑公司改制成为宝冶相对控股的股权多元化的中外合资经营企业。与辅业相关的力博公司、混凝土公司实施主辅分离、改制分流。适应宝冶打造设计—施工一体化企业（DB 企业）和发展 EPC 工程总承包业务的要求，公司吸收合并上海宝冶海顿工程有限公司，原海顿公司所从事的建筑工程（含装饰）设计、咨询等业务、业绩、设备、人员、资产全部进入宝冶。发展房地产业务，参股中冶置业重庆有限责任公司、上海中冶新奥房地产开发有限公司。

2007 年，为尽快把宝冶打造成为设计施工总承包企业，设立设计中心。设立上海中冶新域置业有限公司。上海宝冶安装作业公司改制为宝冶建设控股的有限公司。

2008 年，成立合肥分公司；7 月，广州分公司转化为实体型分公司。2008 年，根据中冶集团（2008）73 号文的要求，上海宝冶奥达建筑自动化工程有限公司、上海宝冶工程技术公司完成公司制改革。上海宝光建筑装潢有限公司吸收合并上海宝冶奥达建筑自动化工程有限公司，奥达公司所有资产整体转入合并后的宝光公司；设立常熟中冶宝润置业有限公司。

2009 年，成立北京建筑工程分公司、沈阳分公司、青岛工程分公司；设立慈溪中冶置业有限公司、扬州中冶凯程置业有限公司。

## 第四节　改 革 与 发 展

### 一、战略筹划确定企业发展方向

2004 年 6 月，宝冶制定《2004—2006 年三年发展规划及管理持续改进纲要》，确定了战略指导思想及发展方向，致力于做强、做大工程设计施工总承包、专业承包核心主业，做大、做优钢构产业，做精、做专检修协力产业，加快发展房地产产业，并稳步发展以适度相关为原则的大型设备租赁业务,工程机械、特种设备检验、修造业务,工程检测、测量业务,工程设计、监理、策划、咨询业务,产品(建材、金属制品及高新技术产品等)加工制造业务,以及物流配送业务等;钢铁、汽车、电力等行业与市政、场馆、基础设施以及其他民用建筑是宝冶的重要目标市场。在积极拓展国内市场份额的同时,稳步进入国际市场。

2005年,宝冶提出《2006—2010年"二五"发展战略与规划》,瞄准以宝钢为重要战略客户的钢铁冶金市场和市政、民用、公用建筑以及道路、桥梁、轨道交通等基础设施建设的非冶金市场以及电子、化工、能源等建设领域,以成为具备项目开发、设计、采购、施工、检修能力的国内一流工程承包商为主体,整合企业内外资源,突出增强企业EPC工程总承包能力,精心打造EPC工程总承包、检修协力、设备制造及成套(钢构加工制造、金属制品生产、机械设备修造制造)和资源开发四个产业板块。

2007年,调整战略定位:宝冶由施工总承包企业转型为EPC工程总承包,尝试在市政基础设施等工程项目中采用BT、BOT等经营方式;并强化、提升以钢结构为骨架、以钢材深加工和利用为主的装备制造业;持续开展房地产开发业务;适时抓住有色金属和矿产资源开发的时机,使宝冶形成关联互补型多元主业结构及相对完整的产业链。积极拓展海外市场,以南北美市场为主,紧盯宝钢集团、中冶集团海外项目。

## 二、推进区域发展布局

2003年2月,成立南京分公司。2006年1月,落实区域化布局,梅钢检修大队划转南京分公司,南京分公司转化为实体型分公司,做大做强宝冶建设在南京及其周边地区的市场,投资3 000万元设立全资子公司——中冶钢构宝冶建设南京有限公司。南京分公司基地落成及南京钢结构厂投产,巩固了钢结构产业实体化的资源整合。2008年,成立合肥分公司。

2006年,成立厦门分公司和成都分公司,投资600万元参股中冶华南工程技术有限公司。10月,成立广州分公司;2008年7月,广州分公司转化为实体型分公司。

2008年,实现"走出去"战略,海外工程类项目取得突破,成功签约承建泰国NTS铁系统项目安装工程、迪拜跑马场项目、阿布扎比旋挖桩工程等。次年,成立北京建筑工程分公司、沈阳分公司、青岛工程分公司。

## 三、提升装备制造能力

2004年,公司确定了"以设计为龙头、以制作为基础、以安装为关键、以检修为延伸、以产品为依托"的钢结构产业发展战略,并组建成立钢结构设计院。在宝山区罗店镇购置380亩土地(分三期建设)、南京购置36亩土地,筹建上海罗店工业园区钢结构扩建项目、南京分公司钢结构厂项目,奏响专业化产业重组的序曲。

2005年,为培育自己的特有品牌、提升钢结构产业的综合竞争力,对公司钢结构产业进行整合,成立了钢结构分公司。次年,罗店二期项目建成试运营。2007年,南京基地投入生产运营,并逐步形成年产5 000吨的轻型钢结构加工基地。2009年,罗店三期项目交付使用,罗店钢结构加工基地最终形成年产量10万吨的加工能力,并在质量管理上形成了以欧标、美标等不同标准的加工体系,取得了相应的认证资质。

## 四、涉足投融资业务

2005—2008年，参股中冶置业（上海）有限责任公司。并以浦东新区高行镇战斗村20/2、20/3宗地块的开发为起始点，正式进入房地产领域。发展房地产业务并合理布局，参股中冶置业重庆有限责任公司、上海中冶新奥房地产开发有限公司。同时，设立上海中冶新域置业有限公司和常熟中冶宝润置业有限公司。

2009年，设立保障性住房开发（城市综合改造）办公室。根据政策导向和市场趋势影响，结合中冶股份开发保障性住房的精神，宝冶积极介入保障性住房开发，在上海市、浙江省慈溪市、江苏省扬州市等地高质高效的开发了近200万平方米的项目，着力改善民生，构建和谐社会，勇担社会责任，彰显央企风范。设立慈溪中冶置业有限公司、扬州中冶凯程置业有限公司。

2009年，企业转型、产业结构优化取得进展，产业链的横向拓展和纵向延伸初见成效。公司尝试在广西防城港市青少年活动中心、信阳明港机场进场道路改扩建、信阳市体育中心等工程采用BT的运作方式扩大市场经营规模。

## 五、深化企业改革

2003年，公司积极进行经营提升，向价值链上游前行，在欧倍德项目上首次实践设计带动施工，施工依托设计的工程总承包方式。7月，设计研究院改组为上海宝冶海顿工程有限公司，设计研究院的业务、人员及固定资产划转到上海宝冶海顿工程有限公司。2006年，适应宝冶打造设计—施工一体化企业（DB企业）和发展EPC工程总承包业务的要求，公司吸收合并上海宝冶海顿工程有限公司，原海顿公司所从事的建筑工程（含装饰）设计、咨询等业务、业绩、设备、人员、资产全部进入宝冶。

在总结2002年一级项目管理试点成功经验的基础上，2003年全面推行一级项目管理，本着“一级管理，两层分离”的原则，走出成本控制和推行项目经理责任制的新路子。在综合性项目上，继续发挥项目两级管理的经验优势，按照规模—效益—定员—分配一体化的分配方式，实现两级工程管理层高效协同。对直管项目部实行工资总额与项目工程规模挂钩，对项目经理实行经营责任抵押经营承包，对二级单位领导收入由基薪收入、业绩考核收入、经营风险调节收入组成，使其收入与经营业绩、承担的风险紧密挂钩。

2003年11月，为继续改善资本结构，公司进行公务用车改革，保留约80辆非生产用车的最低配额，实行公务用车货币化政策，全公司非生产车辆总量减少75%。

同时，加强资金预算管理，实施资金收支两条线，并利用银行汇票、商业承兑汇票等手段，增加资金的时间价值，实行项目部会计主管委派制。2003年起，推行经济活动分析会制度，旨在摸清家底、弄清问题。次年，推行《建造合同》，指导项目部进行前期策划、阶段盘点和后期测算。并全面推进岗位绩效工资制度，建立宽带薪酬分配模式，体现不同岗位之间的劳动要素差别和劳动力市场价位差别，两级经营者以及项目经理的考核兑现进一步规范。

2006年，充分利用宝冶品牌优势、资质优势，按照区域化经营思路，将市场划分为冶金类市场、长江以北市场、长江以南市场和海外市场等，内部实施矩阵式管理，区域化经营管理包括从承接项目订单、合同签约开始至项目竣工结算、资金回收完毕的项目全过程履约管理，由分管领导一揽子总负责,各职能部门基于"尽职尽责无界限,精益求精无止境"原则进行业务支撑、管理、服务、协调和监控。

2006 年 1 月,落实区域化布局,梅钢检修大队划转南京分公司,南京分公司转化为实体型分公司。

同年,与辅业相关的力博公司、混凝土公司实施主辅分离、改制分流。完善股权激励与约束机制,建立劳资利益共同体,激发员工责任感和使命感,公司在深化改制过程中推出员工持股计划,符合一定条件的员工所持有的信托受益权均为职务股,遵循"职在股在,职变股变,职退股退"的原则,符合持股条件且愿意持股的员工 590 人共认购 12 370 万份信托受益权(占宝冶注册资本的 34.361%),继续由华宝信托投资有限责任公司代为持有。2007 年,根据中冶集团(2007)64 号文的要求,宝冶职工 599 人持有 12 370 万职工股以及上海宝冶建设工业炉工程技术有限公司和上海宝光建筑装潢有限公司职工股统一回购。

2007 年,出台营销经理、项目经理职位序列,执行全新岗位设置和薪酬制度。同时对公司经营管理层实行"产供销一体化、区域化"分工,强化工程建设的全过程履约和有效衔接;将总部功能定位为"分解、细化、执行、落实董事会决策,进行财务资金管理、信息管理、技术管理、资源配置"。

2008 年 7 月,广州分公司转化为实体型分公司。根据中冶集团(2008)73 号文的要求,上海宝冶奥达建筑自动化工程公司、上海宝冶工程技术公司完成公司制改革。上海宝光建筑装潢有限公司吸收合并上海宝冶奥达建筑自动化工程有限公司,奥达公司所有资产整体转入合并后的宝光公司。

## 六、持续提升企业竞争力

2004 年 9 月 28 日,秉持"节约资源,保护环境,珍视员工安康;诚信守法,超越自我,铸造时代精品"的质量、职业健康安全、环境管理方针,发布 HSE 体系文件,质量、职业健康安全、环境管理三合一体系以文件化方式正式建立。次年 6 月 28 日,公司通过质量管理体系认证、职业健康安全管理体系认证和环境管理体系认证。

2006 年,成功取得房屋建筑工程施工总承包特级资质,成为中冶集团首家双特级单位,成为国家建筑行业为数不多的双特级企业之一,同年 12 月,获得中国钢结构制造企业(特级)资质。

2007 年,通过上海市企业技术中心认定,成为中冶集团首批创新型企业,被授予国家钢结构技术研发中心安装分中心。同年,宝冶合同签约额突破百亿元大关。

2008 年,获得承装(修、试)电力设施许可证,宝冶的主营业务收入突破 100 亿元。

2009 年,宝冶资产总额突破 100 亿元。

## 七、重大项目实现新突破

2004 年,承接了上海市陆家嘴地区 42 层的黄金置地工程,实现民用超高层建筑的新突破。

2006 年,承建了施工难度大、工期要求紧、技术含量高的标志性重点工程,如国家体育场"鸟巢"、宝钢二号高炉原地大修项目。

2007 年,第一次承建了厦门会议中心及厦门维多利亚五星级酒店总承包项目,进入民用超高层建设领域;第一次在民用项目上获得鲁班奖,总承包的南通体育会展中心体育场工程获此殊荣;第一次涉足特大型高炉炉壳制造,并完成制作宝钢一号高炉炉壳任务;成功建设世界第一座 COREX 炉;安装了世界第一承载重力 20 000 吨桥式起重机。

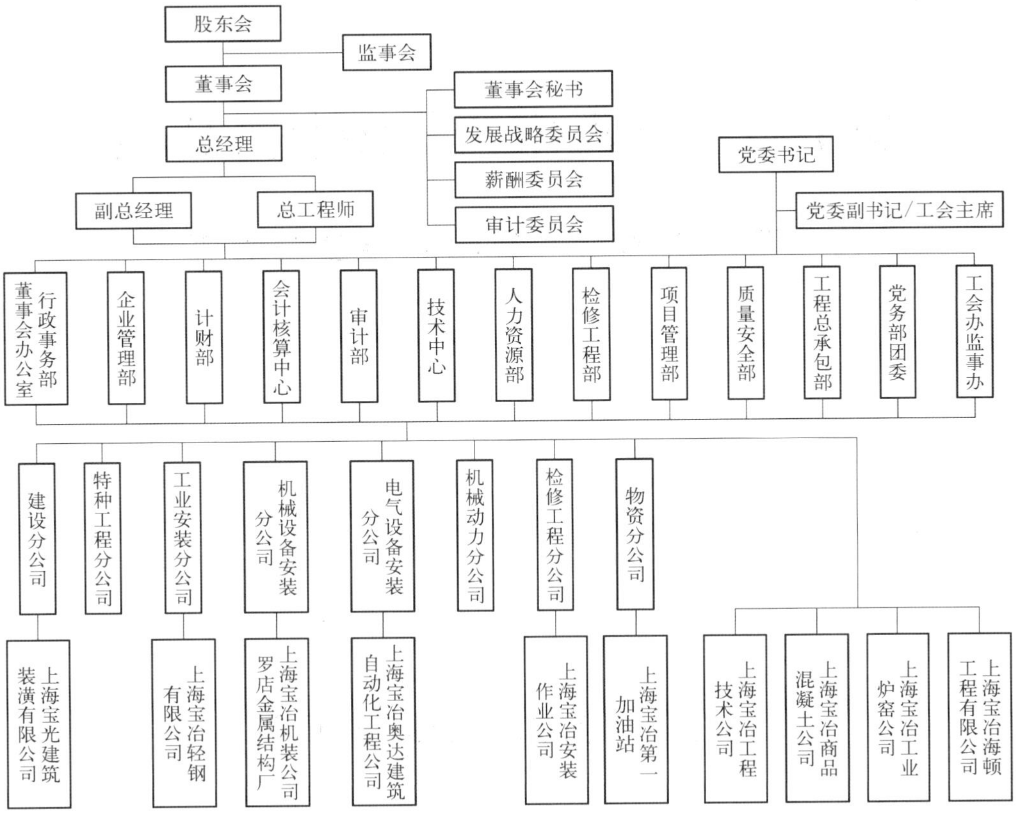


**2003 年组织机构图**

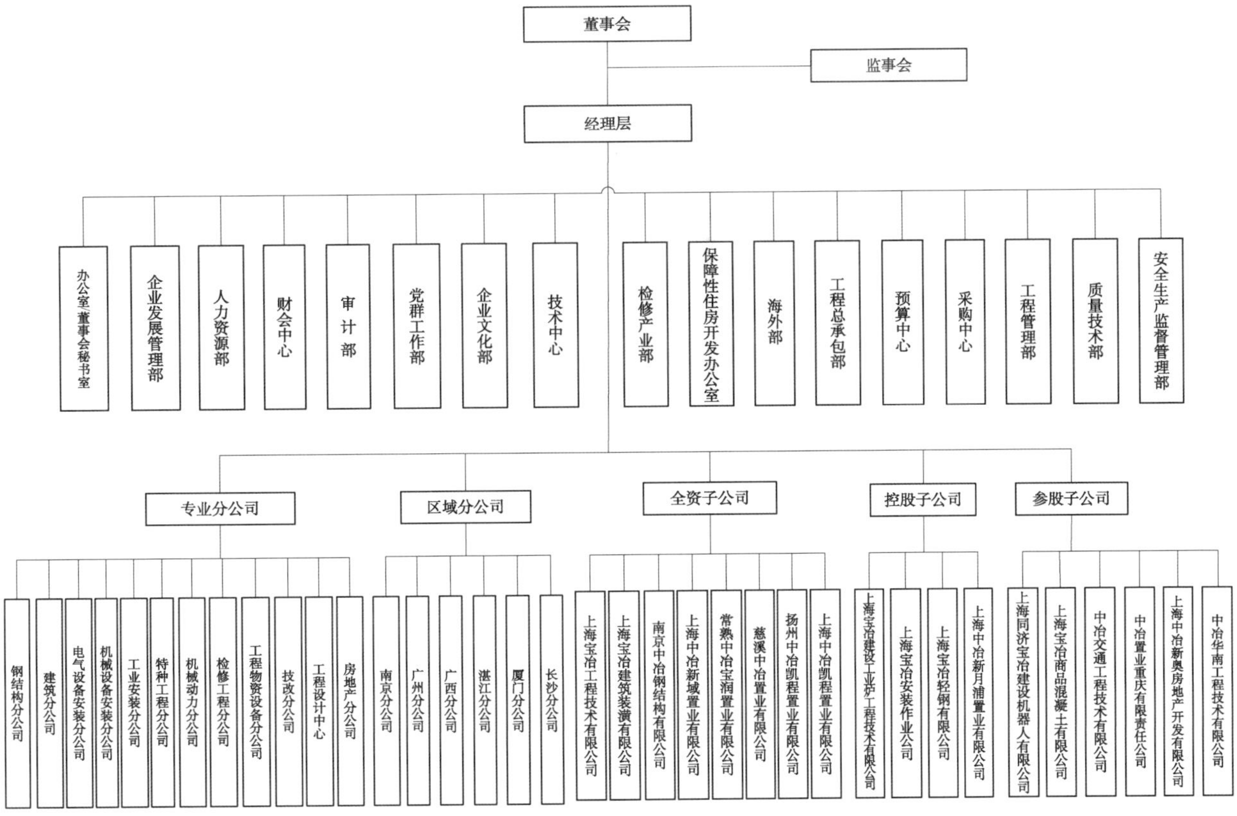


**2009 年组织机构图**

# 第七章　上海宝冶集团有限公司

## 第一节　上海宝冶集团有限公司的成立

2010年3月，宝冶经过多年的市场经营和发展，已逐步由原来单一的冶金建筑总承包企业，拓展为具有四大产业板块为主业的集团型企业。为适应市场变化要求及企业产业板块发展需要，以上海宝冶建设有限公司为母公司，联合下属子公司——上海宝冶工程技术有限公司、南京中冶钢结构有限公司、上海中冶新域置业有限公司、常熟中冶宝润置业有限公司、上海宝冶轻钢有限公司、上海宝冶建筑装潢有限公司、慈溪中冶置业有限公司、扬州中冶凯程置业有限公司、上海宝冶安装作业有限公司、上海宝冶建设工业炉工程技术有限公司、上海中冶新月浦置业有限公司、上海中冶凯程置业有限公司等成立上海宝冶集团，母公司名称变更为上海宝冶集团有限公司。

## 第二节　宝冶领导班子调整

2013年9月16日，经中冶集团研究决定，朱永贵不再担任宝冶副总经理职务，另有任用。9月，经中冶集团研究，白小虎任宝冶副总经理。11月14日，经中冶集团研究决定，岳文彦任宝冶副总经理。

2014年7月16日，经中冶党委研究决定，费利东任党委委员、纪委书记，陈刚不再兼任纪委书记。10月，经中冶集团研究，胡鹰任宝冶副总经理。11月26日，王石磊任党委副书记；选举王石磊为董事长(法定代表人)；陈明不再担任董事长(法定代表人)职务。

2015年6月11日，经中冶党委研究决定，王石磊任党委书记；陈明不再担任党委书记、党委委员职务；7月，经中冶集团研究，陈刚任宝冶总经理，王石磊不再兼任总经理职务；包朝亮任宝冶副总经理。

2016年5月16日，经中冶党委研究决定，费利东不再担任宝冶党委委员、纪委书记职务(另有任用)。6月16日，刘亚莉任宝冶党委委员、纪委书记。10月31日，经中冶研究，白小虎为宝冶董事、总经理(法定代表人)；陈刚为副董事长；王石磊不再兼任法定代表人，陈刚不再兼任总经理职务；白小虎任宝冶党委副书记。

2017年3月1日，经中冶党委研究决定，白小虎任宝冶党委书记，刘剑平任宝冶党委副书记，王石磊不再担任宝冶党委书记职务，不再参加党委工作；白小虎为宝冶董事长(法定代表人)，陈刚为宝冶总经理，王石磊不再兼任宝冶董事长、董事职务，白小虎不再担任宝冶总经理职务。3月31日，经中冶集团研究，王黔、袁斯浪任宝冶副总经理。

2018年1月8日，经中冶集团研究，李乘建任宝冶副总经理；12月，经中冶集团研究，宋勇、张文任宝冶副总经理，岳文彦不再担任宝冶副总经理职务(另有任用)。

2019年1月，经中冶集团研究，陈岩峰任宝冶副总经理。

# 第三节　职能机构和下属单位调整

## 一、职能部门调整

2010 年，总部职能部门按照“战略导向，统一指挥”“分工协作，责权清晰”“因事设岗，精干高效”和“服务周到，监控有力”的设置原则进行调整，共设办公室/董事会秘书室、审计部、企业发展管理部、人力资源部、工程管理部、安全生产监督管理部、质量技术部、企业文化部、党群工作部、工程总承包部、检修产业部、财会中心、合同预算部、技术中心、采购中心、房地产开发部、技改管理部 17 个职能部门。同年，预结算中心更名为合同预算部；保障性住房开发（城市综合改造）办公室更名为房地产开发部；增设技改管理部；工程总承包部下增设海外部，撤销原海外部，其中宝钢工程外事管理；企业进出口贸易职能调整到工程物资设备分公司，海外市场开发、企业进出口代理管理职能调整到工程总承包部海外部，海外项目合同管理职能调整到合同预算部。次年，撤销房地产开发部，房地产开发等职能调整到企业发展管理部，增设房屋建筑安装工程处。

2013 年，增设法律事务部；增设督查室、监察部、保卫处，与党群工作部合署办公；增设政研室，与办公室合署办公。次年，财会中心更名为计财部；房屋建筑安装工程处更名为安装工程事业部。

2015 年，工程总承包部更名为市场营销部，撤销技改管理部、检修产业部；增设组织部，与人力资源部合署办公；增设宣传部，与企业文化部合署办公；增设纪委办公室，与监察部合署办公；增设信息化管理部。

2017 年，设立上海宝冶装配式建筑技术研究院。

2018 年，提升公司总部管理效率和创新能力，企业发展管理部与信息化管理部合并，更名为企业发展和信息化部；企业文化部/宣传部不再单独设置，与党群工作部合署办公；增设党委办公室，与经理办公室合署办公。监视和测量设备管理职责由技术中心调整到质量技术部、将“宝冶云”由设计院调整到企业发展和信息化部。落实 EPC 环节中设计、工程设备采购管理职能，确定质量技术部负责设计管理、采购中心负责工程设备采购管理，市场营销部负责五矿集团内业务协同，明确临时用电管理由工程管理部负责。新设工程技术研究院，主要承担公司前沿技术、重大技术的研发，技术应用转化，EPC 技术推广、商业模式以及相关政策的研究。

## 二、二级单位调整

2010 年，投资设立上海宝冶建筑工程有限公司、上海宝冶集团沈阳建筑有限公司，参股宝冶（菲律宾）建设有限公司。先后投资设立上海中冶凯程置业有限公司、上海中冶新月浦置业有限公司、信阳中冶宝润置业有限公司、上海中冶联杨置业有限公司、珠海中冶置业有限公司、绍兴中冶新域置业有限公司等房地产项目公司。次年，设立广州宝冶建设有限公司。

2013 年，先后成立兰州分公司、郑州分公司，投资设立上海宝冶集团大连建筑工程有限公司、镇江中冶宝润置业有限公司。广州宝冶建设有限公司由广州迁往珠海，更名为珠海宝冶建设有限公司。次年，为进一步深入研究、推广应用 BIM 技术，设立 BIM 中心；工程设计中心更名为建筑设计研究院；打造更具竞争优势的钢结构品牌，设立钢结构设计院；设立江苏分公司；注销房地产分公司，设立房地产事业部，原房地产分公司全部管理职能、业务及企业发展管理部房地产开发管理职能调整到房地产事业部;参股云南盘兴房地产开发有限公司。

2015年,公司进一步深化调整机构,整合资源,发挥顶层设计优化引领优势,打出了一系列深化企业改革的组合拳。构建布局合理的区域化分公司网络,厦门分公司、成都分公司、合肥分公司提升为实体型区域分公司。同年8月,为统筹协调区域资源、积极开拓重点市场,宝冶与中国中冶共同出资设立中冶华南(深圳)投资发展有限公司。填补公司在中原地区重型高端钢结构市场的空白,设立郑州宝冶钢结构有限公司。同年,为提升施工总承包能力,特种工程分公司转型为建筑工程施工总承包公司,名称变更为建筑工程公司;机械设备安装分公司转型为工业建筑工程施工总承包公司,名称变更为工业工程公司;电气设备安装分公司转型为机电工程施工总承包公司,名称变更为安装工程公司;机械动力分公司转型发展为市政公用工程施工总承包公司,名称变更为市政工程公司;钢结构分公司更名为钢结构工程公司;工业安装分公司更名为工业安装工程公司;检修工程分公司更名为检修工程公司;工程物资设备分公司更名为工程物资设备公司。

同年,整合公司机电安装专业资源、打造"宝冶安装"品牌,将安装工程事业部并入安装工程公司,安装工程公司从事冶金等业务的相关资源逐步划转至工业工程公司,安装工程公司主业调整为高端民用建筑机电设备安装工程施工、建筑智能化等,不再承揽与冶金工程相关的机电设备安装工程。

同年,打造"宝冶高炉"品牌,设立高炉工程事业部/宝钢工程事业部,继续巩固宝冶大型高炉施工和高炉快速大修等独占鳌头的传统优势。将宝钢湛江钢铁总图运输工程四标项目部并入;将宝钢湛江钢铁炼铁工程项目部并入;技改管理部和检修产业部相关职能并入;各二级单位已有的宝钢检修、技改业务分阶段逐步并入。

同年,设立海外事业部,抢抓"一带一路"建设、"亚投行设立"等企业"出海"的发展机遇,进一步加大海外市场开发力度,承担国际工程项目信息跟踪、市场营销区域开发、项目投标等事务的集团化管理,打通海外市场从市场营销到设计施工的全产业链。

2016年,为整合公司内部设计资源,将建筑设计研究院与BIM中心合并;整合钢结构产业资源,提升"宝冶钢构"品牌价值,将钢结构工程公司及工业安装工程公司整合为钢结构工程公司;积极响应国家号召进入新能源产业,探寻新领域,将检修工程公司更名为能源环境工程公司;为建立较为完善的海外业务管理体制,设立国际工程公司,将海外事业部、迪士尼项目管理团队并入。继续发挥宝冶在冶金领域的技术、管理、品牌优势,巩固冶金市场领先地位,将市政工程公司水电队整体划转至高炉工程事业部。同年11月,根据中国中冶决定,中冶东方工程技术有限公司整合并入宝冶,将设计业务板块与宝冶主业相融合,实现冶金领域EPC全产业链贯通。

同年,为进一步优化市场布局,优化资源配置,构建布局合理的区域化分公司网络,将沈阳分公司相关资源注入北京建筑工程分公司,北京建筑工程分公司由此转为实体型区域分公司,将合肥分公司并入江苏分公司,兰州分公司整体划转至郑州分公司;同年,投资设立上海宝冶集团(马来西亚)有限公司、上海宝冶(柬埔寨)有限公司。

2017年10月,根据中冶集团"打造全球最大最强最优冶金建设运营服务'国家队'"的顶层设计,结合宝冶"四五"规划中冶金工程总承包发展规划,将上海宝冶建设工业炉工程技术有限公司与高炉/宝钢工程事业部整合。

2018年4月,中国中冶为大力提升"中冶钢构"品牌,整合上海地区钢结构业务,以宝冶所属钢结构业务的组织架构为基础,对宝冶、上海五冶和中国二十冶在上海地区的主要钢结构制造业务及相关资源进行整合,设立中冶(上海)钢结构科技发展有限公司。7月,发挥"宝冶钢构"专业品牌优势,在上海以外地区培育并提升宝冶大型场馆工程、超高层建筑工程非钢优势品牌,以及进一步完善郑州宝冶钢结构有限公司法人治理结构的需要，郑州宝冶钢结构有限公司由公司按照控股子公司模式对其进行直接管理。9 月，设立上海宝冶市政工程有限公司。11 月 16 日，中冶集团进一步优化资源配置，打造具有国内一流水平的工程总承包企业，彻底解决中冶东方控股有限公司和中冶东方工程技术有限公司重组后的历史遗留问题，将中冶华天包头设计研究总院有限公司(简称包头院)并入宝冶。12 月，投资设立上海中冶顾村大居置业有限公司。

## 第四节　改革与发展

### 一、战略谋定促进公司转型升级

2010 年，《2011—2015 年发展战略规划》明确指出公司围绕“EPC 工程总承包、钢结构及装备制造、检修协力和房地产开发”四大主业板块，战略定位为“主业突出、多专业、跨行业、具有可持续发展能力”的国际化工程公司。

2013 年，构筑企业核心竞争力，减少各分(子)公司间出现同业竞争的情况，发布了公司所属 17 家分(子)公司的主业定位。

2014 年，宝冶战略指导思想调整为“以创新提升、持续增长的科学发展观统领公司发展全局，围绕中冶集团‘三五’规划总目标，突出增强宝冶工程总承包、钢结构制作安装及房地产开发能力，关注国家重点发展领域，把宝冶发展成技术领先、管理精益、资金密集、具有可持续发展能力的大型建筑企业集团”。

2015 年，为打造企业核心竞争力，明确各单位发展方向，对各二级单位的主业重新定位。宝冶积极践行国家建筑产业现代化的政策导向，从传统模式向新型业态发展，在行业内具有示范导向引领性。

2016 年 2 月，公司《2016—2020 年发展战略与规划》确定了“合创之道”的企业文化主题，指出了企业发展思路为“围绕一个目标、加速两个升级、聚焦三大核心、建设四个平台”，提出在“四五”期间规划对集团总部、区域公司、专业公司管控模式进行转型升级，实现集团化管控新格局——总部服务控制，区域属地管理，专业公司运营，项目授权运作，社会协力合作。

2017 年初，公司提出以集团管控为目标，进一步调整、优化机关各职能部门职责及业务流程，理顺各部门及各业务板块的协作、管控关系，不断强化总部服务职能，着力培育区域公司、专业公司独立搏击市场的能力。7 月，公司成立集团化管控领导/工作小组，走出去与中建八局、上海建工等业内先进开展大对标、沉下去对下属二十多家二级单位进行大调研，坚持问题导向、注重工作实效，逐步凝练出“集团管总、系统主建、实体主战”的集团化管控思路。

同年，公司提出按照“平台建设年—集团化管控年—标准化管理年—跨越式发展年”的发展主线，到 2020 年实现“15121”(即 1 000 亿元新签合同额、500 亿元营业收入、10 亿元利润、人均收入 20 万元，奋力打造一流的最具产业链竞争优势的全生命周期工程服务商)这一更具挑战性的奋斗目标，并为之配置了“228711”的组织架构(即 2 个设计院、2 个工业总承包公司、8 个建筑总承包公司、7 个专业承包公司、1 个投融资事业部 和 1 个国际工程公司，实施“大专业区域化、小专业公司化”和 “资本化+国际化”战略)和“75521”(即 7 000 名员工，50 名博士、500 名硕士、200 名注册造价师、1 000 名注册建造师)的人力资源支撑。在不断探索的基础上，沿着“集团管总、系统主建、实体主战”的集团化管控主线，导入卓越绩效模式，梳理授权体系，确定总部、二级单位和项目部定位，基本形成“SBC－152211”的集团化管控体系，从发展目标、管控方式、管理体系、制度体系等方面入手,将管控模式落实到企业管理实践,在既定的目标体系下,解决总部定位及职权划分、集团组织架构、管控模式的选择、核心管理流程这几个集团管控的核心问题。

## 二、打造 EPC 工程总承包能力

2015 年,明确提出将已具备转型条件的建筑工程公司、工业工程公司转型为施工总承包公司;设立八大区域公司,并引导区域公司向建筑工程施工总承包公司方向发展;对各专业公司进行清晰的专业定位,通过推行专业化发展战略,打造“宝冶钢构”“宝冶安装”“宝冶市政”等专业品牌,力争以各自差异化的拳头产品,形成细分市场上的竞争优势;同时集合各版块配套资源,向配套型专业公司输入,鼓励其拓展业务版图;宝冶“总承包公司—专业化品牌公司—资源配套专业公司”三类公司协同发展的新格局初具雏形。

### 【工业工程总承包能力提升】

2015 年,打造“宝冶高炉”品牌,设立高炉工程事业部/宝钢工程事业部,将宝钢湛江钢铁总图运输工程四标项目部和宝钢湛江钢铁炼铁工程项目部并入。2016 年,继续发挥公司在冶金领域的技术、管理、品牌优势,巩固冶金市场领先地位,将市政工程公司水电队整体划转至高炉工程事业部。2016 年 11 月,中冶东方工程技术有限公司整合并入宝冶,设计业务板块与宝冶主业相融合,实现冶金领域 EPC 全产业链贯通。2017 年 10 月,根据中冶集团“打造全球最大最强最优冶金建设运营服务‘国家队’”的顶层设计,结合宝冶“四五”规划中冶金工程总承包发展规划,将上海宝冶建设工业炉工程技术有限公司与高炉/宝钢工程事业部整合。2018 年 11 月 16 日,中冶集团为进一步优化资源配置,将中冶华天包头设计研究总院有限公司(简称包头院)并入宝冶。

2015 年,机械设备安装分公司转型为工业建筑工程施工总承包公司,名称变更为工业工程公司;安装工程公司从事冶金等业务的相关资源逐步划转至工业工程公司。

### 【建筑工程总承包、市政公用工程和机电工程施工总承包能力夯实】

2014 年,为进一步深入研究、推广应用 BIM 技术,设立 BIM 中心;工程设计中心更名为建筑设计研究院。2016 年,为整合公司内部设计资源,将建筑设计研究院与 BIM 中心合并。

2015 年,提升施工总承包能力,特种工程分公司转型为建筑工程施工总承包公司,名称变更为建筑工程公司。机械动力分公司转型发展为市政公用工程施工总承包公司,名称变更为市政工程公司。电气设备安装分公司转型为机电工程施工总承包公司,名称变更为安装工程公司;整合公司机电安装专业资源、打造“宝冶安装”品牌,将安装工程事业部并入安装工程公司,安装工程公司主业调整为高端民用建筑机电设备安装工程施工、建筑智能化等,不再承揽与冶金工程相关的机电设备安装工程。

### 【区域公司网络构建】

2009 年,成立北京建筑工程分公司、沈阳分公司。2010 年,投资设立上海宝冶集团沈阳建筑有限公司,2013 年投资设立上海宝冶集团大连建筑工程有限公司(2016 年注销)。2016 年,为进一步优化市场布局,优化资源配置,构建布局合理的区域化分公司网络,将沈阳分公司相关资源注入北京建筑工程分公司，北京建筑工程分公司由此转为实体型区域分公司。

2011 年，设立广州宝冶建设有限公司(2013 年从广州迁往珠海，更名为珠海宝冶建设有限公司)。2015 年 8 月，为统筹协调区域资源、积极开拓重点市场，宝冶与中国中冶共同出资设立中冶华南(深圳)投资发展有限公司(2017 年注销)。

2013 年，成立兰州分公司、郑州分公司；2016 年，兰州分公司整体划转至郑州分公司。

2014 年，设立江苏分公司。2015 年，合肥分公司提升为实体型区域分公司；2016 年，将合肥分公司并入江苏分公司。

2010 年，投资设立上海宝冶建筑工程有限公司；2018 年，设立上海宝冶市政工程有限公司。

2010 年，参股宝冶(菲律宾)建设有限公司。2013 年，海外工程实现大跨越，中标台塑越南河静钢铁项目，中标金额 29.10 亿元，这是宝冶在海外项目的历史性突破，具有里程碑意义，为宝冶立足国内，走出国门奠定了良好基础。2015 年，加大海外市场开发力度，设立海外事业部。海外业务强势出击，走出了原来仅仅局限于东南亚市场的局面，扩展到南美的玻利维亚、中东的乌兹别克斯坦等国际区域。2016 年，为建立较为完善的海外业务管理体制，设立国际工程公司，海外事业部、迪士尼项目管理团队并入，投资设立上海宝冶集团(马来西亚)有限公司、上海宝冶(柬埔寨)有限公司。

2015 年，成都分公司、厦门分公司提升为实体型区域分公司。

**【积极介入新能源产业】**

2015 年，检修工程分公司更名为检修工程公司。2016 年，积极响应国家号召进入新能源产业，积极探寻新领域，将检修工程公司更名为能源环境工程公司。主业由“钢铁企业检修、协力、技改”拓展从事光伏电站施工总承包、新能源及其他环境治理项目，致力于分布式光伏发电、光伏电站、风力发电、垃圾发电、分布式能源、光热发电等清洁能源项目的 EPC 总承包，光伏电站智能运维服务及其他新能源、环境治理项目施工技术和运作模式的开发与探索。先后承建浙江合大汉川脉旺 30 MWp 农光互补光伏电站、贵州关岭县新铺 50 MWp 光伏电站等集中式光伏发电项目；常州复睿屋顶光伏、宝冶大院办公大楼屋顶光伏安装改造技术开发等分布式光伏发电项目；贵州省纳雍县骔岭北风电场设计采购施工 EPC 总承包项目。

## 三、提升装备制造能力

2014 年，打造更具竞争优势的钢结构品牌，设立钢结构设计院。

2015 年 5 月，填补公司在中原地区重型高端钢结构市场的空白，设立郑州宝冶钢结构有限公司。

2015 年，钢结构分公司更名为钢结构工程公司，工业安装分公司更名为工业安装工程公司。次年，为整合钢结构产业资源，提升“宝冶钢构”品牌价值，将钢结构工程公司及工业安装工程公司整合为钢结构工程公司。

2018 年 4 月，中国中冶为大力提升“中冶钢构”品牌，整合上海地区钢结构业务，以宝冶所属钢结构业务的组织架构为基础，对上海宝冶、上海五冶和中国二十冶在上海地区的主要钢结构制造业务及相关资源进行整合，设立中冶(上海)钢结构科技发展有限公司。7 月，公司发挥“宝冶钢构”专业品牌优势，在上海以外地区培育并提升宝冶“大型场馆工程”“超高层建筑工程”非冶金优势品牌，以及进一步完善郑州宝冶钢结构有限公司法人治理结构的需要，郑州宝冶钢结构有限公司由公司按照控股子公司模式对其进行直接管理。

## 四、稳定保持检修协力规模

2015年,撤销技改管理部、检修产业部,检修、技改业务实施整合。高炉工程事业部/宝钢工程事业部承担大宝钢区域(包含宝钢厂区、湛江、梅山、宁波等)的技改、检修、大修、大定修等业务;检修工程公司承担大宝钢区域外的检修相关业务。工业工程公司宝钢技改、检修业务划转到高炉事业部,太钢、涟钢检修业务划转到检修公司;市政工程公司环保工程部、设备修造厂和相关检修、技改、协力、设备修造等业务划转到高炉事业部,焦化项目部划转到检修工程公司;安装工程公司宝钢专项检修等业务划转到高炉事业部;工业安装工程公司宝钢工程项目部相关检修、技改业务划转到高炉事业部。

## 五、积极发挥投融资职能

积极响应国家发展绿色建筑及建筑产业化的倡导,紧跟住宅发展趋势,以设计为龙头,推动装配式住宅相关技术和产品的应用,做强房地产板块,使其与建筑主业形成产业互补,有效增强企业盈利能力。常熟、绍兴、上海宝山月浦等地100万平方米商品房项目的顺利开发则昭示着房地产开发业务的全面铺开。2010年,获得房地产开发企业资质证书(暂定级),房地产产业板块进入利润产出期,保障性住房开发取得重大突破,承接上海罗店60万平方米大型居住社区建设等一系列工程,形成上海、慈溪、扬州三大保障性住房建设区域。作为宝冶四大产业板块之一的房地产板块形成了以商品住宅开发、保障性住房开发、商业地产开发三大支柱齐头并进的势头,并且不断寻求新的投资机会,力争拥有一定土地储备,项目滚动开发。先后投资设立上海中冶凯程置业有限公司、上海中冶新月浦置业有限公司、信阳中冶宝润置业有限公司、上海中冶联杨置业有限公司、绍兴中冶新域置业有限公司等房地产项目公司、镇江中冶宝润置业有限公司等项目公司。

2010年,公司在企业转型、产业结构优化方面取得进展,产业链的横向拓展和纵向延伸已见成效,BT项目建设领域取得新突破。跳出建筑做建筑,公司采用BT运作方式,成功签约总投资达40亿元的珠海十字门中央商务区项目、信阳体育中心以及无锡市惠山区新经济产业园等项目,短时间内形成了BT项目建设的规模化、产业化,开始融资项目建设的探索之路。2015年6月,为执行福州高新区海西园创新园三期及配套设施建设项目建设,设立福州中冶基础设施投资有限公司。2016年,建立并完善公司投融资职能,设立投融资开发部,此后,进一步优化资源配置,加强投融资集中管控,将投融资开发部与房地产事业部整合。响应国家关于推广运用政府和社会资本合作模式(PPP模式),拓宽城镇化建设融资渠道,促进政府职能加快转变,完善财政投入及管理方式,从2016年初开始,宝冶大规模参与PPP项目建设,涉及市政工程、保障性安居工程、医疗卫生、教育、交通运输、城镇综合开发、水利建设及文化体育类等,为加快城市基础设施建设作出贡献。2017年5月,公司将投融资开发部/房地产事业部更名为投融资事业部,调整为事业部建制,进一步明晰公司投融资业务的主体责任,将投融资类业务前端的市场开发、中端的项目实施、后端的项目运营融为一体,形成投、建、管、运四位一体的管控体系,为公司发展奠定基础。

截至2018年底,宝冶历年累计签约PPP合同16个,合同签约额为385.46亿元,撬动相应施工合同额为223.17亿元。设立项目公司16个,新蒲厂房项目进入运营期,南京浦口及宁国城北新城项目部分进入运营期,南京浦口项目获得4.5亿元回款额,其他项目均处于在建状态。

## 六、推动装配式产业发展

宝冶紧跟建筑工业化和现代化主流，大力推广建筑业 10 项新技术，创新实践装配式建筑技术。2009 年，公司开始涉足装配式钢结构领域，2012 年将装配式混凝土结构体系应用于工程实践。在国家装配式建筑产业政策的引导下，通过研究开发和工程实践，建立了以 PC 混凝土结构、钢结构、建筑 MEP 模块和装饰模块为主的核心技术体系，并开发出配套的产品和技术，形成了技术集成度高、专业协同度高、产品工艺先进的装配式建筑技术能力。2017 年，宝冶被认定为首批国家装配式建筑产业基地。同年，设立上海宝冶装配式建筑技术研究院。公司积极推动装配式产业的发展，以“标准化设计、工厂化生产、装配化施工、一体化装修、信息化管理、智能化应用”为目标，集中宝冶优质专业资源，研究装配式建筑构件的预制生产技术，培养具有研发、设计、建造和运维综合实力的团队，开发建筑机电集成技术、智能家居和装饰产品，为建筑全生命周期提供优质的技术服务，形成具有宝冶特色的绿色建筑产品和技术体系。陆续承担了上海市宝山区大场镇 38－02 地块商品房项目、上海宝山顾村世界外国语学校、华发静安府、清华大学深圳研究生院创新基地等装配式混凝土结构项目，装配式项目建筑面积达到 273 万平方米。2018 年 8 月，推动公司产业转型升级，张家港装配式基地正式获批，11 月 15 日，宝冶与永钢集团签订战略合作框架协议、投资合作协议，12 月 20 日，宝冶永联（江苏）建筑科技有限公司正式注册成立。

## 七、持续推进管理创新

### 【建立企业全面风险管理体系】

加强风险管控，实现企业健康稳健发展。2010 年，根据国资委颁发的《中央企业全面风险管理指引》以及中冶集团《全面风险管理规定》《“三重一大”决策监督制度》《内部审计信息报告办法》等文件要求，宝冶建立起规范有效的全面风险管理体系。2011 年 6 月，根据《关于在中国中冶全面推广风险管理体系建设工作的通知》的具体要求，宝冶成立全面风险管理领导小组，重点负责公司生产经营的全面风险管理工作。同年 7 月，宝冶发布《全面风险管理规定》。

### 【开展管理提升活动】

2012 年，根据国资委、中冶集团要求全面开展管理提升活动，成立管理提升活动工作领导小组，下发《上海宝冶集团有限公司管理提升活动工作安排》《上海宝冶管理提升活动第二阶段工作方案》等文件，召开动员大会和各层面的管理提升专题会。围绕发展方式的转变、质量管理、安全管理、工程项目管理、资金管理、成本管理、预结算管理和人力资源管理八个方面 29 个薄弱环节，认真按照专项方案中的要求有序落实专项管理提升计划并取得显著改进。

### 【改进薪酬分配体系】

2010 年，完善薪酬分配体系，提高经营管理绩效水平。制定出台了《分（子）公司岗位绩效工资制实施办法》《项目部岗位绩效工资制实施办法》，新办法更加规范、清晰、明确，大大增强了薪酬分配的导向作用，强化分（子）公司，项目部分配的主观能动性。对分（子）公司、直管项目部领导的激励力度进一步加大。

**【率先上线采购电子商务平台】**

2013 年 11 月 1 日，宝冶领先中冶其他子企业正式上线测试运行采购电子商务平台。通过制定《采购电子商务平台运行管理规定》和《采购电子商务平台运行管理实施细则》，实现采购管理制度、采购操作流程和采购管理信息的“三统一”。

**【增强合规性管理】**

2013 年，加强法务管理水平，公司新成立法律事务部，建立健全两级法律管理工作体系，优化法务管理工作流程，提高法务管理工作水平。

**【有效降低“两金”】**

2014 年，公司集思广益，多种措施并举，经过业务系统上下共同努力，在降低“两金”方面做了诸多努力，采用保理融资、法律诉讼、以物抵债盘活资产、债务重组改善资产结构、股权转让防范风险等多种手段有效降低“两金”。

**【推进业务财务一体化】**

在信息化建设方面，公司加强企业信息化建设，通过调研和持续的管理流程梳理，确定了“搭建一体化集成应用平台，实现公司业务一体化”的信息化工作目标。建立统一的数据库和信息中心，陆续升级已有的财务管理、资产管理、供应链管理，引入人力资源管理、合同预结算管理等系统，实现企业核心业务系统模块一体化，达到业务互通、数据共享，实现企业操作层、运营管理层和决策层高效协同，分层应用的良好格局。2014 年，完成软件选型和硬件环境的搭建，打通企业内部局域网通道，完成互联网宽带升级以及核心网络设备和辅助设备的升级、改造，为 2015 年信息化系统全面上线做好准备。2015 年，公司推进“业务财务一体化”的建设，统一公司业务单元、部门、岗位体系、供应商、客商等基础信息，打通各系统与财务的协同，打通供应链和中冶电商，人力资源系统和协同办公(OA)平台，人力资源系统和教培培训系统，实现业务系统互联互通。2018 年，完成竣工验收，业务财务一体化不仅实现了人、财、物数据信息流的集团式集中管理，而且实现了“跨组织、跨部门、跨流程”无纸化电子办公的协同应用。

**【搭建财务共享平台】**

贯彻落实五矿集团和中冶集团深化改革工作要求，推动实施集中管控、强化精细化管理，促进业务财务融合，同时按照“集团管总、系统主建、实体主战”的集团化管控思路，在“业务、财务一体化”的基础上，财务系统先行革新，宝冶作为第一批试点单位，自 2017 年 6 月起正式启动财务共享中心建设项目。财务共享中心发挥会计业务处理中心、项目经营管控中心、数据资产管理中心和人才队伍培养中心四大管理中心的作用。2018 年 12 月 29 日，宝冶财务共享中心正式揭牌。

**【资质能力不断提升】**

2012 年 3 月，宝冶获得住建部颁发的“房屋建筑工程”和“冶炼工程”施工总承包双特(一)级资质，成为国内为数不多的拥有两项住建部最新核定的建筑施工企业最高资质——特级资质的施工企业，在新一轮的资质就位竞争中抢占了市场竞争的制高点。

2013 年，宝冶新申报并获得“建筑装饰装修工程专业承包一级资质”，并在钢结构加工制作和设计施工方面取得三项新资质，填补了公司在建筑金属屋（墙）面设计与施工、网格结构制造等资质方面的空白，标志着公司的资质种类更加齐全，对开拓市场、占有更大的市场份额起到了更加积极的作用。

**【多层级引入“平衡计分卡”管理工具】**

为推动公司高质量发展作为根本要求，2018 年，宝冶首次引入平衡计分卡编制企业年度预算，增加“客户”“内部运营”“学习与成长”三个维度，弥补财务性指标业绩评价方法的不足。通过战略地图、平衡计分卡和关键行动计划的编制，使各二级单位、职能部门将企业战略分解落实为可操作的衡量指标和目标，解决制定战略和实施战略脱节的问题，有效助推公司集团化管控落地。

**【开展“上海品牌”认证】**

公司始终坚持在质量、品牌、技术、管理等方面追求卓越。2018 年，积极推进“上海品牌”认证工作，不断提升公司核心竞争力，达到“国内领先，国际一流”水准，彰显公司行业领先的品牌效应，重视知识产权的持续创新能力，提供持续稳定产品和服务质量的保障能力，持续满足顾客需求的能力以及诚信经营、绿色发展理念，并积极履行社会责任，以新作为打造“上海服务”金字招牌。2018 年 12 月，通过认证联盟对公司服务认证。

## 八、不断提高科技创新水平

**【科技创新平台建设】**

2010 年 8 月 30 日，人社部发文批准宝冶设立博士后科研工作站。博士后工作站的设立，进一步加强宝冶与高校合作的开展以及重大课题研究的合作，对公司培养、吸引高层次优秀人才，提升技术创新能力具有十分积极的意义。次年，成立中冶钢结构制造与安装工程技术研究院、中冶结构及设备安装工程检测与监测工程技术中心和国家钢结构工程技术研究中心中试基地。

2012 年，成立中冶液压系统集成工程技术中心。

2017 年，宝冶通过国家高新技术企业、国家企业技术中心认定，成立中国中冶装配式建筑（上海）技术研究院、上海宝冶装配式建筑技术研究院。次年，宝冶通过国家知识产权示范企业、上海市专利工作示范企业认定，成立国家技术标准创新基地（冶金工程国际标准化）高炉工程建造标准研究院。

中冶东方工程技术有限公司、上海宝冶建筑装饰有限公司通过国家高新技术企业认定。

**【自主创新能力的提升】**

通过不断创新、完善和提升，在岩土工程、土木建筑、市政工程、钢结构工程、冶金工程、安装工程、工程设计、工程测量与检测、信息技术与信息化、能源和环境工程等技术领域，形成十大专业技术系列。模块化建造技术是宝冶在工业建设领域的重大突破。多年来，公司通过对模块建造技术的不断深化研究，逐步形成高炉模块化施工技术、模块化短期大修技术、数字化预制工厂技术、轧钢生产线的在役快速改造技术、大型转化炉全模块化智慧建造成套技术等一系列模块化建造核心技术。2017 年，宝冶以骄人的业绩与实力，成功获得 2022 北京冬奥会雪车雪橇建设项目。该项目在技术上填补了国内空白，由宝冶、清华大学、中国建筑研究院等单位联合攻关的“人工剖面赛道类场馆新型建造、维护与运营技术”，被列为科技部重点研发计划“科技冬奥”重点项目专项研究项目。

**【BIM 技术的应用及推广】**

随着建筑业信息技术的迅猛发展，公司积极尝试和探索在工程施工技术管理上的应用，2012 年立项研发的《基于三维设计的 BIM 技术研究与应用》获得财政部项目资助，组建了 10 余人的 BIM 工作室，利用先进的设计软件创建三维建筑模型，并应用于工程项目投标展示、设计图纸会审、施工深化设计、部分工程量测算等方面。BIM 技术的应用，一方面展示了公司具有前瞻性的技术实力和先进的项目技术管理手段，另一方面推动了项目实施团队应用模型的创新，比传统施工方法更加及时的发现设计问题，更直观、更有效地传递、沟通工程信息，让信息化“预施工”成为可能。在工程项目中，深度融合 BIM、项目云平台、三维数字扫描、MR 等多项现代信息应用技术，全面创新“互联网＋建造”新模式。截至 2018 年底，BIM 技术的应用成果获得省部级及以上奖项 110 多项。

## 九、持续提升项目管理水平

**【抢占“大项目”订单】**

2010 年，宝冶借多年来在大型高端民用建筑施工中积累的丰富经验，在超高层建设领域连续中标，先后承接了集国际标准甲级写字楼和白金五星级酒店为一体、被誉为珠澳(广东省珠海市、中国澳门特别行政区)第一高楼的珠海十字门 300 米标志塔楼、沈阳财富中心 189.6 米高档写字楼和保定万博广场 258 米地标大厦。2013 年，宝冶大项目营销战略收效显著，超过 5 亿元的项目有 6 个，先后中标上海迪士尼乐园、2014 年中国 APEC 峰会新闻发布中心暨 2016 年 G20 峰会主会场、中国国家会展屋面等重点工程。

**【开展质量创优工作】**

2012 年，公司提出“创优全覆盖”工作要求，确定标志性、大型工程项目争创国家级质量奖项，一般性工程争创地方、行业质量奖的工作目标。在激烈的市场竞争环境中，公司将创优和创品牌作为企业发展的切入点，着力提高创优意识，以品牌创优为核心，推动企业各项工作。

**【强化项目精细化管理】**

2010 年，推进“劳务分包”管理模式，抓好项目作业资源组织建设。做好项目工序划分，加强劳务公司管理，充实作业资源，培养自有作业班组。

强化项目精细化管理。注重前期策划和过程控制，以项目管理双月例会为抓手，关注项目动态、把握工程控制点、把握利益创造点，以管控成本为核心全面提升管理水平。

防范项目各类风险的发生，完善项目材料管理制度、完善分包单位的领料制度、完善项目材料的月报制度，加强项目材料的过程控制，动态掌握每月工程材料各品种的预算量、采购量、入库量、出库量、库存量等数据，真正控制项目材料的消耗水平。

大力推进建造合同执行力度，提高项目预结算管理水平。

**【推广绿色施工】**

宝冶秉承“创新、协调、绿色、开放、共享”发展理念，打造建筑全生命周期链，以环保优先、以人文本、因地制宜、资源高效利用为原则，制定《绿色施工指引》，全面推广实施绿色施工，在建工程绿色施工推广率 100%，在绿色工程示范工地取得良好成绩。围绕“可持续发展、节能减排、环境保护”

的宗旨，宝冶将环境保护、绿色施工的理念融入日常管理工作中。

## 十、呈现高质量发展

2017 年以来，尽管面对复杂多变的宏观经济形势、激烈的市场竞争，以及与中冶东方、中冶西北整合融合的全新挑战，但宝冶以“打造最具产业链竞争优势的全生命周期工程服务商”为奋斗目标，以“平台建设年、集团化管控年、标准化管理年、跨越式发展年”为发展主线，以大思路、大格局搭建市场营销、项目管理、集团管控、创新发展“四个平台”，以项目管理为高质量发展和竞争力提升的出发点和落脚点，通过打造 EPC 全生命周期工程服务商向产业链要效益；通过提高集约化的资源配置能力向项目成本要效益；通过投资驱动带动价值创造，进一步向行业前后端延伸，以资本获取效益，不断增强企业盈利的稳定性和持续性，各项工作都呈现出高质量发展，先后获评全国优秀施工企业、上海市建筑施工诚信企业；位列“2017 年度上海市建筑（集团）企业经营实力排名”第五名；获 CGMA 全球管理会计大奖；被认定为国家知识产权示范企业；通过上海市质量认证品牌联盟颁发的“上海品牌”认证。

在发展战略上，公司在原有“15121”战略目标、“228711”业务定位、“75521”人力资源战略的基础上，增加 7 大职能战略（即人力资源、财务、营销、科技创新、信息化、企业文化、项目标化管理）和“131”品牌战略（即一项认证：上海品牌；三组品牌：诚信、产品、人才；一个商标体系），搭建“SBC—152211”集团化管控架构，战略实施体系更加完整。

在核心主业上，充分释放与中冶东方、中冶西北整合红利，利用冶金主业 EPC 全产业链贯通竞争优势，进一步巩固高端冶金总承包的市场龙头地位。同时，国家技术标准创新基地高炉工程建造标准研究院、李鹏高炉大修短期化技术劳模创新工作室相继落户宝冶，使“冶金建设国家队”有了更加丰富的内涵和更高的技术支撑平台，全力助推“冶金建设国家队”再拔尖、再拔高。在此基础上，公司进一步扩大全产业链竞争优势，先后中标讷河医药中间体项目工程总承包（EPC）、郑州宝能国际金贸中心施工总承包等项目，产业链营销成果斐然，集成整合优势彰显。

在企业管理上，公司突出系统引领，驱动业务增长；应用信息技术，实现管理“穿透”；创新商业模式，驱动转型发展；坚持底线思维，筑牢风险防控堤坝。运用平衡计分卡作为战略执行工具，突破依靠单一财务指标进行绩效考核的企业预算框架，以“图、卡、表”的方式将公司战略分解为可操作、可衡量的目标、指标，确保企业年度预算全面完成。构建“业财一体化”的平台，统一公司业务单元、部门、岗位体系、供应商、客商等基础信息，打通各系统与财务的协同、供应链和中冶电商、人力资源系统和协同办公（OA）平台、教培培训系统，实现公司多系统集成和融合应用。财务共享中心构建基于业、财、资、税一体化“三横六纵”财务管控体系，推动传统的财务核算向战略支撑、管控分析、监督制衡、经营预测四大职能转变，打造会计业务处理中心、项目经营管控中心、数据资产管理中心、人才队伍培养中心四大中心，践行共享服务，打造智慧财务。

在科技创新上，成立工程技术研究院，打造专业技术团队，提升公司在建筑领域的技术创新能力和技术服务水平。公司科技创新工作“三箭齐发”，成为国家首批装配式建筑产业基地。

在人才培养上，公司大力开展注册类证书取证工作，仅 2018 年一级建造师通过人数就高达 215 人，同比增长 134%；造价师通过人数达 45 人，同比增长 10 倍。

公司以“15121”为战略目标，三年来呈现跨越式发展。市场签约额 2017 年突破 600 亿元、2018 年突破 750 亿元、2019 年突破 800 亿元；营业收入 2017 年突破 260 亿元、2018 年突破 300 亿元、2019 年突破 400 亿元。

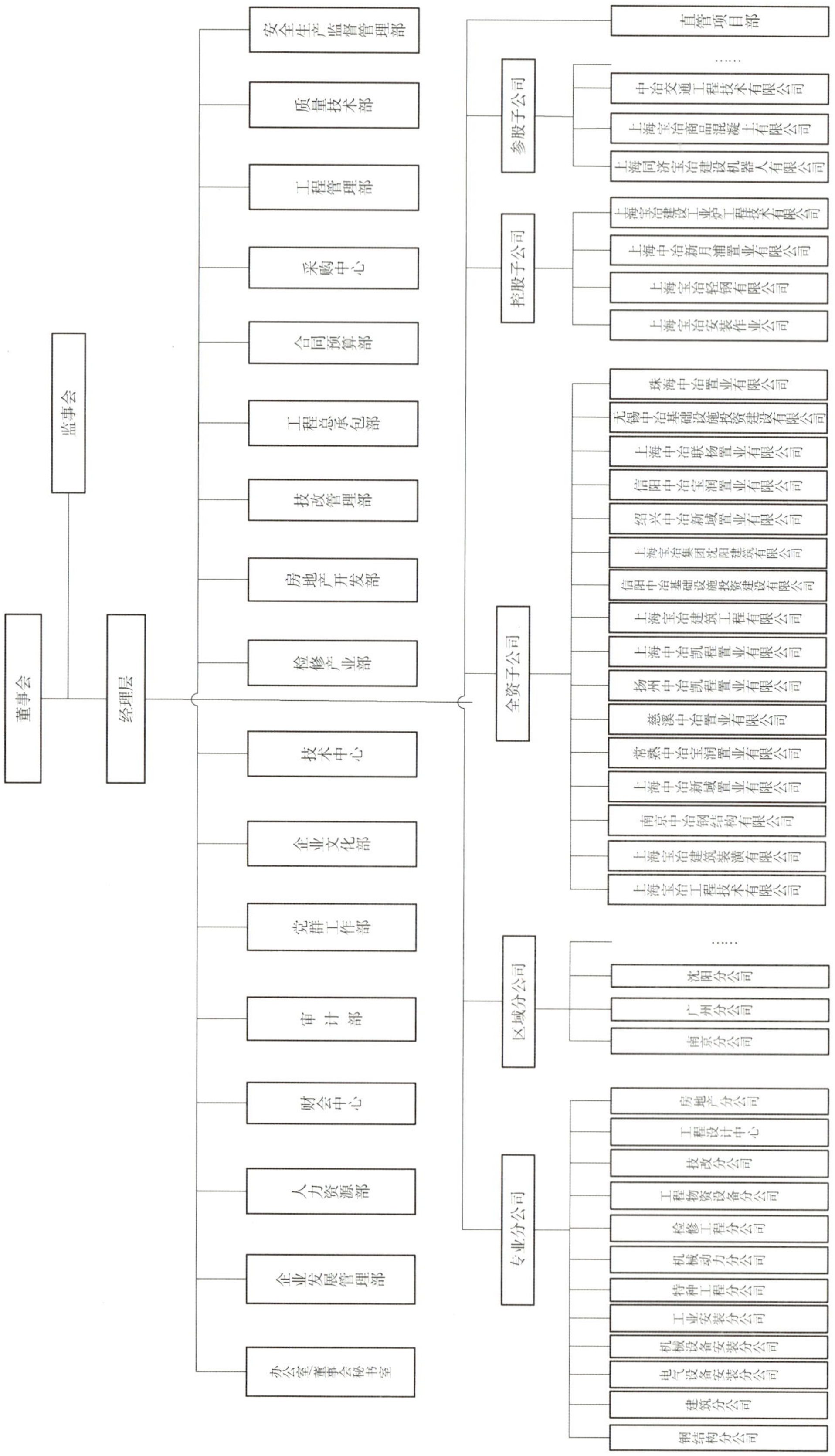
董事会
监事会
经理层
安全生产监督管理部
质量技术部
工程管理部
采购中心
合同预算部
工程总承包部
技改管理部
房地产开发部
检修产业部
技术中心
企业文化部
党群工作部
审计部
财务中心
人力资源部
企业发展管理部
办公室/董事会秘书室
直管项目部
参股子公司
……
中冶交通工程技术有限公司
上海宝冶商品混凝土有限公司
上海同济宝冶建设机器人有限公司
控股子公司
上海宝冶建设工业炉工程技术有限公司
上海中冶新月浦置业有限公司
上海宝冶轻钢有限公司
上海宝冶安装作业公司
全资子公司
珠海中冶置业有限公司
无锡中冶基础设施投资建设有限公司
上海中冶联畅置业有限公司
信阳中冶宝润置业有限公司
绍兴中冶新城置业有限公司
上海宝冶集团沈阳建筑有限公司
信阳中冶基础设施投资建设有限公司
上海宝冶建筑工程有限公司
上海中冶凯程置业有限公司
扬州中冶凯程置业有限公司
慈溪中冶置业有限公司
常熟中冶宝润置业有限公司
上海中冶新城置业有限公司
南京中冶钢结构有限公司
上海宝冶建筑装潢有限公司
上海宝冶工程技术有限公司
区域分公司
……
沈阳分公司
广州分公司
南京分公司
专业分公司
房地产分公司
工程设计中心
技改分公司
工程物资设备分公司
检修工程分公司
机械动力分公司
特种工程分公司
工业安装分公司
机械设备安装分公司
电气设备安装分公司
建筑分公司
钢结构分公司

**2010年组织机构图**

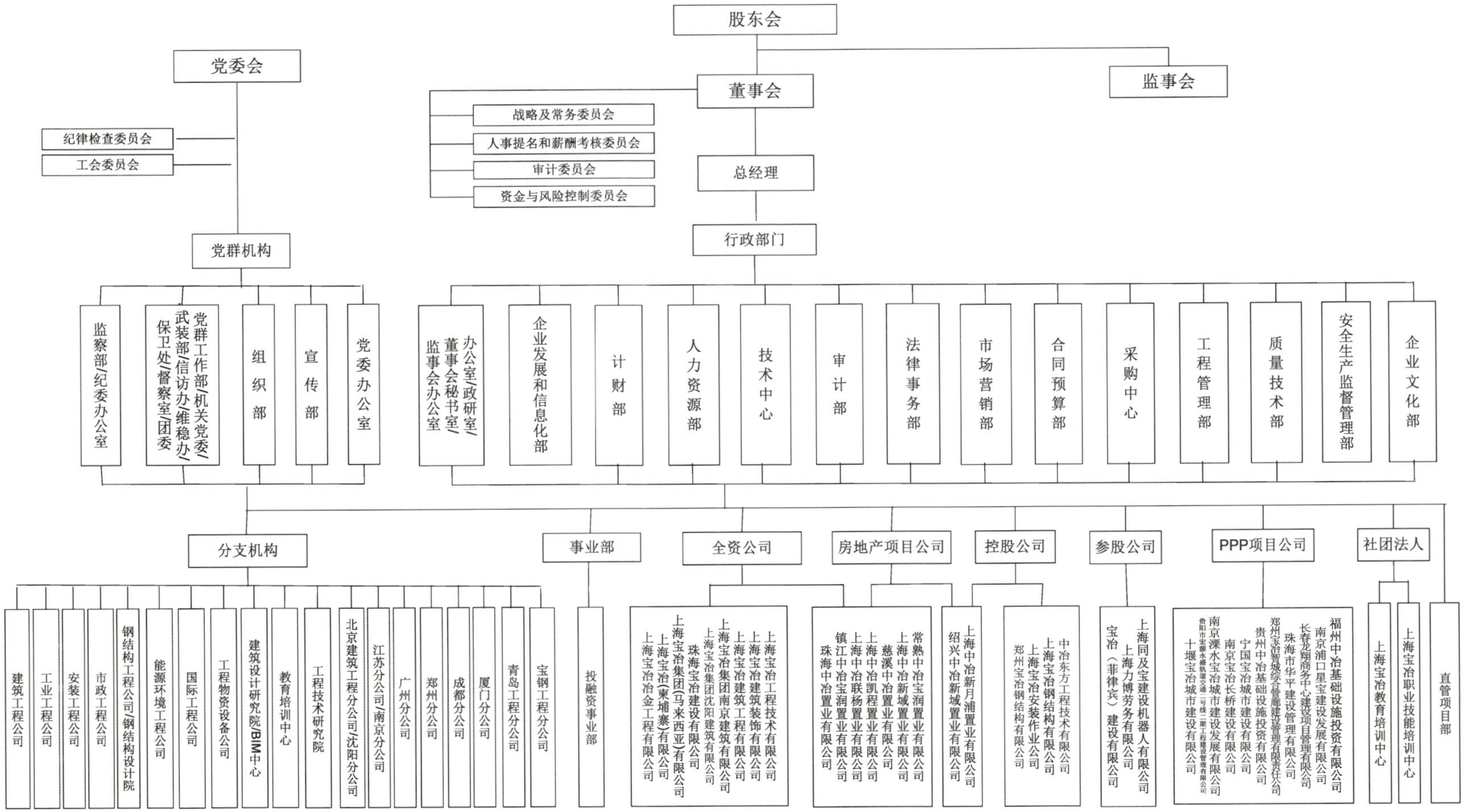


**2018年组织机构图**

注：9个专业工程公司；2个研究院；1个教培中心；7个区域分公司；1个事业部；10个全资子公司；5个控股子公司；4个参股公司；9个房地产项目公司；14个ppp项目公司；2个民办非企业单位。

# 第二篇

## 改革改制

1978年12月23日，宝钢工程正式开工建设，此时，党的十一届三中全会召开，在中国吹响了改革开放的号角。正是伴随改革开放和现代化的宝钢建设，宝冶的改革不断发展深化，40余年来，公司在体制机制、经营管理、市场营销、集团管控等方面不断实施改革创新，为保证完成公司不同阶段的发展目标打下了坚实基础。

在宝钢一期工程建设中，公司开始探索经济管理改革，实行经济核算制、经济合同制，内部考核采用全优计件、小工号包干、全优综合超额奖等一系列经济改革措施。在全面贯彻“三个条例”、企业全面整顿期间，适时推动企业建立新的领导体制，实行党政分工，并试行经济责任制。在计划任务出现缺口情况下，公司开始走出宝钢、对外经营、承揽外包合同；对部分下属公司试行经理负责制和试办第三产业，提出“转轨变型”发展战略，即由单纯的生产型转变为生产经营型。

在参与宝钢二期、三期工程建设中，公司在组织干好宝钢工程的同时，开始构建“四元产业”，使宝冶走上多元经营、良性发展轨道。在管理体制和运行机制上进行改革和优化，实行党政分开，推行经理负责制，并对工程公司签订承包经营责任书，实行领导集体抵押承包。同期，公司对用工制度、工资制度和劳动关系进行改革：实行劳动合同制，开始进入以劳动合同管理为主的法制轨道；将传统结构工资制改革为以按劳分配、市场导向、效益决定、岗位贡献为原则的岗效工资制。

在冶金建筑转民用建筑的转型发展时期，公司借助分立改制契机，对生产经营体系进行重组整合，逐步形成建筑主业突出、管理技术密集、市场运作机制灵活的良好发展态势。为了拓展经营，公司以浦东新区高行镇地块的开发为起点，正式进入房地产领域，并涉足装配式钢结构领域，推动装配式产业发展。同时，成立北京建筑工程分公司、沈阳分公司，开始区域公司网络构建。

从2010年起，为适应市场变化及企业产业板块发展需要，公司进一步朝市场化方向迈进，设立八大区域公司，对各专业公司进行清晰的专业定位，打造“宝冶钢构”“宝冶安装”“宝冶市政”等专业品牌，形成细分市场上的竞争优势。公司在现代化管理方面也注入了新内容：在BT项目建设领域取得突破，建立并完善投融资功能；组建BIM工作室，在工程项目中深度融合BIM、项目云平台、三维数字扫描、MR等多项现代信息应用技术，全面创新“互联网＋建造”新模式。

2016年—2018年，公司将三个设计院的设计业务板块与宝冶主业相融合，实现建筑领域EPC全产业链贯通。在确定创“国内领先、国际一流”创业目标后，公司在管控模式上，引入平衡计分卡编制企业年度预算，增加“客户”“内部运营”“学习与成长”三个维度，弥补财务性指标业绩评价方法的不足，有效助推公司集团化管控落地。公司积极推进“上海品牌”认证工作，不断提升公司核心竞争力。

# 第一章　管理体制改革

## 第一节　领导制度改革

按照党中央的要求和公司实际，宝冶不断理顺领导体制，从原来党委一元化领导，到党委领导下的经理负责制，最后实行经理全面负责制。并在国家重点工程建设的领导指挥实践中，培育形成了党政工团齐抓共管的模式。2003 年，实施分立改制后，公司按照法人治理结构运行。

1983 年，分公司开始试行经济责任制，把责任制与经济利益挂钩。同年，按照“党委集体领导、职工民主管理、厂长行政指挥”的原则，实行党政分工，逐步建立健全党委集体领导下的经理分工负责制。

1986 年 6 月 4 日，第十九冶金建设公司上海分公司（简称分公司）成建制改组成宝钢冶金建设公司（简称宝冶），承担宝钢的维护检修和基本建设任务，同时为上海冶金建设服务。6 月 18 日，冶金部行文，将宝钢冶金建设公司更名为上海宝钢冶金建设公司（仍简称宝冶）。宝冶党政关系隶属宝钢总厂，原级别（地师级）不变；干部任免由宝钢总厂报上级审批；在经济上实行独立核算、自负盈亏，物资供应、财务、劳资等仍由冶金部管理；由于仍承担宝钢基建任务，保留分指挥部的体制。

1988 年 1 月起，宝冶开始实行经理负责制，经理任期五年，并制定经理任期责任目标。12 月 12 日，宝冶实行党政职能分开的政策。此后，公司先后经历了“单轨制”和“双加强”两个不同时期的领导体制改革。这一领导制度运行至 2003 年 1 月 15 日上海宝冶建设有限公司成立。

2003 年 1 月，宝冶实施分立改制。上海宝冶建设有限公司是按照《公司法》组建而成的有限责任公司，宝冶按照现代企业制度，设立股东会、董事会、监事会和经理层，形成权责明确的法人治理结构。设立党委、工会、团委，经理层由总经理、副总经理、总会计师、总工程师等高管人员组成。另设立党委书记、党委副书记、纪委书记、工会主席。

2010 年 3 月，宝冶经过多年的市场经营和发展，已逐步由原来单一的冶金建筑总承包企业拓展为具有四大产业板块为主业的集团型企业，为适应市场变化要求及企业产业板块发展需要，以上海宝冶建设有限公司为母公司，联合下属子公司，成立上海宝冶集团，母公司名称变更为上海宝冶集团有限公司。上海宝冶集团有限公司法人治理结构继续由股东会、董事会、监事会和经理层组成。

## 第二节　管控模式调整

1984 年，推行一级法人、三级管理（分公司、工程公司、工程队）、两级核算（分公司、工程公司）的管理体制，以工程公司核算为主的经济管理体制。

1992 年，开展“三级变二级管理”，五公司、电装公司和筑炉公司先行试点。将工程队的计划、预算、统计、技术、成本、劳资、定额、调度、安全、质检、福利等管理工作归并到工程公司有关科室，逐步使工程公司向管理层、工程队向作业层过渡，把决策层、管理层、作业层分开。

1994 年，形成小机关、大服务的矩阵式管理模式。建立全额利润经营效益承包制、产值利润四六开、风险承包年薪制、联利分红制等多种形式的经营效益承包分配制度。

1998 年,以模拟法人运作方式对机构、体制、用工制度、分配制度、资产重组等方面进行改革,推动企业走向市场。使机关管理职能向市场经营型、集约管理型转变,打破高度集权、集中管理的模式,确立了宝冶走以设计、设备工程为先导的施工总承包道路的企业发展定位,明确了公司定位为"营销、管理、资产经营、监督"四大职能,把生产施工过程管理下放到二级公司和项目部,直管项目部从机关编制中独立出去,推行项目管理,进一步强化项目部职能,牢牢树立干好现场、拓展市场的观念,做大做强宝冶。

1999 年,推进二级公司管理层与劳务层的分离,建立起以合同为主线,对业主负责的以项目部为主体,内部劳务、材料、机械供应市场为资源的工程项目施工管理运行机制,使项目部真正成为企业的成本中心,工程公司真正成为利润中心。宝冶开始从以分公司为管理和核算基础的管理体制向适应市场要求的、以项目部为管理和以项目核算为基础的管理体制转变。

2000 年,充分体现宝冶具备总承包能力的竞争优势,总部定位于企业发展规划、监督管理、资产经营、综合营销四种综合性职能。建立"总部是决策中心、二级单位是利润中心,项目部是成本中心"的组织体系。

2001 年,试行一级项目管理,改变原有两级管理模式带来的责权利不明确、管理层次多、效益低等弊端,建立起适应市场竞争、精干高效的项目管理体系,先后在山西海鑫钢厂炼钢、芜湖奥林匹克公园体育场、新余钢厂、涟源钢厂四个项目部试点,与项目经理签订经营承包责任书。

2003 年,建立股东会、董事会、监事会和经理层各司其职、有效制衡、协调运转、科学高效的法人治理结构,项目经理实行经营责任抵押承包。

2004 年,在继续积极探索适宜的项目管理模式的同时,细化区域分公司模式。在苏州博览中心、上广电等项目上,试行授权专业公司为总承包的管理模式,在申久化纤项目上实行特许经营。

2006 年,南京分公司作为第一家区域分公司正式运行。

2007 年,宝冶经营管理层实行"产供销一体化、区域化"分工,强化工程建设的全过程履约和有效衔接,提高服务水平。总部功能定位为"战略决策、经营决策、资源配置、财物资产管理、技术保障、信息管理",为生产经营一线提供服务和支持。总部机构在功能效用上实施扁平化改进,推行矩阵式管理模式。同年,逐步建立房地产开发的管控体系。

2008 年,改进和完善项目管理体制,全力推进标准化管理,大力推行工序分包。

2010 年,在继续推行项目精细化管理、区域发展的基础上,转型发展、产业结构优化,即产业链的横向拓展和纵向延伸初见成效,信阳市体育中心等工程采用 BT 模式的运作方式初步建立。

2015 年,将具备转型条件的建筑工程公司、工业工程公司转型为施工总承包公司;设立八大区域公司,并引导区域公司向建筑工程施工总承包公司方向发展;对各专业公司进行清晰的专业定位,通过推行专业化发展战略,打造"宝冶钢构""宝冶安装""宝冶市政"等专业品牌,力争以各自差异化的拳头产品,形成细分市场上的竞争优势;同时集合各版块配套资源,向配套型专业公司输入,鼓励其拓展业务版图。宝冶"总承包公司—专业化品牌公司—资源配套专业公司"三类公司协同发展的新格局初具雏形。

2016 年,围绕"四五"规划期间的"1234"战略,确立"管控模式转型升级——总部服务控制,区域属地管理,专业公司运营,项目授权运作,社会协力合作,实现集团化管控新格局"的目标。

2017 年,提出打造"最具产业链竞争优势的全生命周期工程服务商"的奋斗目标,确定"平台建设年—集团化管控年—标准化管理年—跨越式发展年"的发展主线,以大思路、大格局积极搭建市场营销、项目管理、集团管控、创新发展四个平台。

2018年，按照“集团管总、系统主建、实体主战”的主线，确定配置“228711”的组织架构，实施“大专业区域化、小专业公司化”和“资本化＋国际化”战略；设计“75521”的人力资源结构，打造一支适应公司未来发展的人才队伍。在此基础上，进一步搭设“152211”集团化管控体系，总部定位为“战略投资中心、财务管理中心、项目管理中心、资源配置中心和企业文化中心”，二级单位定位为“管理中心、效益中心和信息交互中心”，项目部定位为“品牌创建中心、合约执行中心和成本控制中心”。通过集团各管理层级准确的功能定位，确保发挥集团整体优势，提高企业核心竞争力。

## 第三节 职能部门改革

自1986年6月4日至2018年间，宝冶为适应宝钢二、三期工程建设、市场经济的发展变革以及适应现代企业制度的要求，先后十二次对机关部门进行较大范围调整，其间还进行多次微调整。

1986年6月，第十九冶金建设公司上海分公司成建制改组成上海宝钢冶金建设公司，成立办公室、企业管理办公室、计划处、科学技术处、施工处、安全处、质量检查处、劳动人事处、教育处、财务处、材料处、设备处、外事处、机械处、保卫处、基建办公室、行政处、综合经营办公室、卫生处、审计室、人民武装部等处(室)、工会及党委组织部、宣传部、办公室等。

1992年，贯彻宝钢工程指挥部“以宝钢工程建设为中心，以实行倒班作业制为突破口，以调动职工积极性和提高劳动生产率为目的”的改革方针，开展以“定项、定量、定时、定岗、定职、定员、定标、定责、定权、定利”的“十定”为主要内容的两级机关改革。以生产经营为中心，“精干、高效、服务”的原则，经过宣传发动、三定写实、科学测评、合理定员定编和深入细致的思想政治工作，精简机构和人员。处室由25个合并为19个，减少24%，两级公司厂队科室由490个减少到342个，减少30%；两级公司减少科干177人，占科干总数的20.6%；两级机关减少一般干部531人。

1994年，坚持精干、高效、服务的方针，按照事业部和矩阵式管理模式，推进两级机关改革。质量管理由一级管理改为两级管理，并将原质量处与安全处合并成质量安全部；劳资处与干部处的干部管理部分合并成劳动人事部；财务处与审计处合署办公；成立机关工作部，与机关党委合署办公；成立企业文化部与经理办公室合署办公；将加工制造的管理职能从外经部划出，成立生产经营部；将技术处、科协与科研所合并，成立科技发展部；检修协力部与检修公司合署办公，机关部室总数由原来的19个减为16个，公司机关由571人减至382人，精简分流189人，精简率达到33.1%。公司机关和二级公司机关全部工作人员由2 535人减到1 753人，精简分流782人，精简率达到30.8%。机关部门有经理办公室(与企业文化部、企管办、档案处合署办公)、综合计划部、工程管理部、生产经营部、对外经济部、质量安全部、劳动人事部、财务审计部、党委办公室、党委组织部、纪委(与监察室合署办公)、工会、团委、保卫武装部、机关党委(与机关工作部合署办公)。

1998年，为使机关管理职能进一步向市场经营型、集约管理型转变，打破高度集权、集中管理的模式，确立了宝冶走以设计、设备工程为先导的施工总承包道路的企业发展定位，明确机关定位为“营销、管理、资产经营、监督”四大职能，把生产施工过程管理下放到二级公司和项目部，按照机关人员的配置与其责任、经营规模和工作量相一致的原则，将各直管项目部从机关编制中独立出去，将工会文化服务职能及其相关人员划转到企业公司，使机关管理人员从518人减少到254人。部门有经营部(一处、二处、三处、综合管理处)、工程管理总部(工程管理处、工程技术处、项目管理处)、检修协力总部、三资三产企业管理处、计划财务部(计划处、财务部(国有资产管理处))、劳动人事处、干部处/组织部(统战部、老干部处)、办公室、企管处(贯标办)/(法律事务室)、安全处、质量处、科技处(论证办)/(科协)、机械材料处、审计处、机关党委(机关工作部)、保卫处(武装部)、宝冶团委、党委宣传部、党委办公室、纪委(监察)、工会。

2000年,本着精兵简政、加强管理的原则,不断加大对公司两级机关的改革力度。强化总部职能,理顺管理关系,提高机关工作效率,将原来的23个处室重新设置为9处4部1室,设置工作岗位164个。机构减少9个,人员减少44人。此次改革机关是适应市场进行定位,对机关职能范围、运作流程、管理人员年龄及知识结构进行了全面调整,两级机关仅下半年就减员284人。职能部门是:办公室、企业管理处、技术中心、经营计划处、财务审计处、劳动人事处、资产管理处、工程管理处、质量处、安全处、检修协力总部、机关工作部、武装保卫处、党务工作部、工会、市场营销部、外办。

2003年1月15日,上海宝冶建设有限公司经分立改制正式成立,为适应分立改制后经营管理的需要,宝冶总部机关定位为公司经营管理的执行者,全面贯彻执行公司董事会的经营决策,通过机构设置,达到管理严谨、科学的目的。总部设置行政事务部/董事会秘书室、企业管理部、计财部、会计核算中心、审计部、技术中心、人力资源部、项目管理部、质量安全部、工程总承包部、检修工程部、党务部/团委及工会办/监事办共13个部门。

2004年,完善法人治理结构,满足企业自身发展的要求,本着明确管理权责,完善管理职能,优化业务流程的原则,对总部管理机构予以调整,以达到各项管理职能落实到位,职责明确,管理流程清晰、顺畅,管理结构合理,业务执行能力有效提升以及部门负责人领导能力增强的目的,从而最终实现提升管理水平和管理效能的目标。确定宝冶总部定位:具有战略规划功能、资源及资金调配功能、投资融资功能、审计监督功能、信息反映功能、国际合作与开发功能、资产重组功能、工程总承包功能和企业文化建立等功能。董事会下设董事会办公室,监事会下设监事会办公室,经营管理层设行政事务部、企业管理部、资产运营部、计财部、会计中心、审计部、技术中心、人力资源部、检修工程部、工程管理部、质量安全部、工程总承包部、党务部及工会办共14个部门。

2005年,为进一步体现"精干适用、部门业务专业化、扁平化原则和适应业主、适应市场"四大原则,促进职能管理向业务流程管理转变,增强执行能力,对机关职能部门职责进行调整。职能部门设董事会办公室、行政事务部、企业管理部、资产运营部、预算部、合同法务部、会计中心、工程管理部、审计部、检修工程部、人力资源部、质量技术部、安全环保部、技术中心、工程总承包部、党务部/企业文化部、工会办/监事会办公室、罗店基建办。

2007年,满足总部作为"战略决策、经营决策、资源配置、财务资产管理、技术保障、信息管理"的功能定位,总部机关机构进行调整。指导思想:适应公司产业转型、结构调整的需要,打造公司四大产业板块,以科学合理的组织架构为公司产业发展提供体系上的保证;进一步推动公司由施工总承包向设计施工一体化工程总承包企业方向发展;在效能上从注重对现有资源配置发挥营运效率、资产保值增值转变为注重提高资产回报和企业长期持续发展;管理方式上按矩阵式结构为分(子)公司、项目部提供业务管理、监控、服务与支撑;推动部门管理从以职能为中心向以流程为中心转变,追求功能效用的扁平化。共设办公室/董事会秘书处、审计部、企业发展管理部、人力资源部、海外部、安全工程部/安全生产办公室、质量技术部、企业文化部、党群工作部/信托受益人管委会办公室、工程总承包部、产业发展管理部、检修产业部、房地产置业部、财会中心、预结算中心、技术中心/总工程师室、采购中心17个部门。

2009年,为进一步适应公司产业转型、结构调整的需要,以科学合理的组织架构为公司产业发展提供体系上的保证;探索实行职能有机统一的大部门体制,强化部分部门的职能;按照一件事情原则上由一个部门负责的要求,重点梳理和解决各职能部门间职责交叉和关系不顺的问题。共设办公室/董事会秘书室、审计部、企业发展管理部、人力资源部、海外部、项目推进与作业资源管理部、安全生产监督管理部、质量技术部、企业文化部、党群工作部、工程总承包部、检修产业部、财会中心、预结算中心、技术中心、采购中心 16 个部门。

2010 年，总部职能部门按照“战略导向，统一指挥”“分工协作，责权清晰”“因事设岗，精干高效”和“服务周到，监控有力”的设置原则进行调整，共设办公室/董事会秘书室、审计部、企业发展管理部、人力资源部、工程管理部、安全生产监督管理部、质量技术部、企业文化部、党群工作部、工程总承包部、检修产业部、财会中心、合同预算部、技术中心、采购中心、房地产开发部、技改管理部 17 个职能部门。

2018 年，提升公司总部管理效率和创新能力，公司对总部职能部门进行部分调整：企业发展管理部与信息化管理部合并，更名为企业发展和信息化部；企业文化部/宣传部不再单独设置，与党群工作部合署办公；增设党委办公室，与经理办公室合署办公；监视和测量设备管理职责由技术中心调整到质量技术部、将“宝冶云”由设计院调整到企业发展和信息化部；落实 EPC 环节中设计、工程设备采购管理职能，确定质量技术部负责设计管理、采购中心负责工程设备采购管理，市场营销部负责五矿集团内业务协同，并明确临时用电管理由工程管理部负责；新设工程技术研究院，主要承担公司前沿技术、重大技术的研发，技术应用转化，EPC 技术推广、商业模式以及相关政策的研究。设置办公室（党委办公室、董事会秘书室、监事会办公室、政研室）、企业发展和信息化部、计财部、人力资源部（组织部）、技术中心、审计部、法律事务部、市场营销部、合同预算部、采购中心、工程管理部、质量技术部、安全生产监督管理部、监察部（纪委办公室）、党群工作部（督查室、保卫处、团委、武装部、信访办、维稳办、企业文化部、宣传部、机关党委）15 个职能部门。

## 第四节　二级单位调整

1986 年 6 月，宝冶下设第三工程公司、第五工程公司、工业安装工程公司、机械设备安装工程公司、电气设备安装工程公司、筑炉工程公司、机械动力公司、特种工程公司、设备检修工程公司 9 个二级单位和教育培训中心、职工医院。

1987 年 4 月，把原行政处与机关划开，成立综合开发公司，承担宝冶部分后勤生活服务，部分辅助生产和对外横向联合以及经营开发等任务。12 月，宝冶对部分单位进行业务调整，把属于材料处管理的预制厂、搅拌站划归机动公司，使机动公司具有混凝土搅拌、预制、运输等一条龙施工的综合生产经营能力；把原基建办公室从机关中划出来，成为独立核算单位，承包经营民用建筑和辅助生产设施建设。

1989 年 3 月 11 日，综合开发公司更名为企业公司，改名后的企业公司原职能不变，经营范围为辅助生产、经营开发、对外横向联合等。

1990 年 1 月 9 日，撤销基建工程处，成立宝冶基建房产处，基建房产处与上海宝钢工程指挥部冶建生活区筹建办公室合署办公，各负其责，经济上独立核算、自负盈亏。5 月 7 日，将材料处检修队成建制划归检修公司。

1992 年 4 月 8 日，上海宝钢冶金建设公司冶金建设锅炉压力容器检验站更名为上海宝钢压力容器检验站。4 月 10 日，宝冶建筑设计研究所更名为宝冶科学技术设计研究所（简称科研所）。

1993 年 2 月 23 日，恢复宝冶建筑设计研究所名称。10 月 1 日，宝冶劳动服务公司更名为宝冶生产协力公司，隶属关系仍挂劳资处，在经济上实行自负盈亏，独立核算。

1994年1月31日,检修工程公司更名为检修协力公司,检修协力部与检修协力公司合署办公。4月6日,电装公司190人、企业公司14人派入检修大队,实行组织机构、管理方式一体化。

1996年10月8日,物资公司更名为物资分公司。

1997年9月,宝冶在资产重组、企业内部兼并等方面进行初步探索和尝试。对企业公司卷管厂以租赁形式合并到宝津钢管厂,成立控股性的宝冶钢管有限公司;又将新成立试营业中的明天大酒店与宝泉宾馆合并。通过资产重组和兼并,较好地发挥两个钢管厂和两个宾馆的整体优势,达到内部统一协调,避免内部竞争,提高效益。同年,在内部经营管理体制、机制上动手术。对过去靠在主体吃"皇粮"的企业公司实行逐步断奶,打破现有管理体制,成立以1个管理型公司的小机关、4个分公司(物业、后勤、工程、运输)为实体的具有后勤服务管理职能和独立创效、自负盈亏双重功能的实体企业。机关人员由182人减少为45人,提高其适应市场的能力和自我生存发展的能力。

1998年5月25日,钢管公司(独立法人)与企业公司脱钩,均直属宝冶领导;物资分公司改名为物资设备工程公司,同时对宝钢保留设备处名称。

1999年5月16日,对工业安装工程公司实行一套班子、两块牌子的管理模式,在保留工业安装工程公司的同时,冠名为宝冶钢结构公司。9月,中冶集团将在上海地区各冶建单位的医疗机构(宝冶、二十冶、十三冶、五冶、十九冶等四所医院和一个卫生所)从各单位划出,经资产重组合并而成中冶医院。11月8日,整合分散在各二级单位的宝钢生产协力项目,按照经营、资产、人员三集中的原则,进行集中管理,组建宝冶宝钢协力生产分公司。

2000年,本着精干高效、强化专业的原则,对三公司、五公司实行战略性整合。三公司、五公司这两家土建公司长期共存是计划经济体制下的产物,随着市场经济的发展,宝冶内部同行竞争、资产及资金分散、人员臃肿所带来的种种不利因素,给企业发展背上沉重的包袱。针对这种情况,宝冶果断决策,于9月份将两家以土建为主的公司实行战略性整合,成立宝冶建筑分公司。

2001年4月21日,物资设备工程公司更名为物资分公司。4月28日,宝冶南京工程处更名为宝冶南京分公司。5月14日,成立宝冶钢构分公司。12月5日,将宝冶的分支机构宝冶混凝土制品厂与宝冶的全资子公司宝冶月华实业公司重组,成立宝冶商品混凝土公司。12月12日,将企业公司更名为房产分公司。

2002年2月10日,上海宝淞劳务协力公司变更为上海宝冶建筑工程劳务公司;上海兴吾工贸实业公司名称变更为上海宝冶安装作业公司。7月5日,以增加投资和资产重组方式成立上海宝冶工程技术公司、上海宝冶工业炉窑公司和上海宝冶商品混凝土公司。上海宝冶工程技术公司由上海宝钢冶金建设公司工程技术分公司和上海宝特实业公司重组成立;上海宝冶工业炉窑公司由上海宝钢冶金建设公司筑炉工程公司和上海宝筑工贸实业公司重组成立;上海宝冶商品混凝土公司由上海宝钢冶金建设公司混凝土制品厂与上海宝冶月华实业公司重组成立。8月14日,房产分公司更名为房屋管理分公司。12月17日,在2001年批准组建的中冶集团上海贸易分公司基础上,改制成立上海中冶国际经济贸易有限公司。

2003年,分立改制后公司下设建筑分公司、工业安装分公司、特种工程分公司、电气设备安装分公司、机械设备安装分公司、机械动力分公司、物资分公司、检修工程分公司8个二级单位。7月,设计研究院改组为上海宝冶海顿工程有限公司。

2005年,为了培育自己的特有品牌、提升钢结构产业综合竞争力,宝冶对钢结构产业进行整合,成立钢结构分公司。

2006年,宝冶落实区域化布局,将梅钢检修大队划转南京分公司,南京分公司转化为实体型分公司；与辅业相关的力博公司、混凝土公司实施主辅分离、改制分流；适应宝冶打造设计—施工一体化企业（DB 企业）和发展 EPC 工程总承包业务的要求，公司吸收合并上海宝冶海顿工程有限公司，原海顿公司所从事的建筑工程（含装饰）设计、咨询等业务、业绩、设备、人员、资产全部进入宝冶。

2007 年 6 月，公司将委托宝冶建筑分公司履行维护营业资质和运营职能的上海宝光建筑装潢有限公司剥离出来，与宝冶奥达建筑自动化工程公司合并，成为全资独立经营的上海宝光建筑装潢有限公司。

2008 年 7 月，广州分公司转化为实体型分公司。根据中冶要求，宝冶奥达建筑自动化工程公司、宝冶工程技术公司完成公司制改革。

2009 年 4 月，为突出核心主业，物资分公司更名为工程物资设备分公司。

2014 年，工程设计中心更名为建筑设计研究院。

2015 年，公司进一步深化调整机构，整合资源，发挥顶层设计优化引领优势，打出一系列深化企业改革的组合拳。一是构建布局合理的区域化分公司网络，设立八大区域公司，并引导区域公司向建筑工程施工总承包公司方向发展，厦门分公司、成都分公司、合肥分公司提升为实体型区域分公司。二是调整明确二级单位的主业定位，将已具备转型条件的公司转型为施工总承包公司。提升施工总承包能力，特种工程分公司转型为建筑工程施工总承包公司，更名为建筑工程公司；机械设备安装分公司转型为工业建筑工程施工总承包公司，更名为工业工程公司；电气设备安装分公司转型为机电工程施工总承包公司，更名为安装工程公司；机械动力分公司转型发展为市政公用工程施工总承包公司，更名为市政工程公司；三是对各专业公司进行清晰的专业定位，通过推行专业化发展战略，打造“宝冶钢构”“宝冶安装”“宝冶市政”等专业品牌，力争以各自差异化的拳头产品，形成细分市场上的竞争优势。宝冶“总承包公司—专业化品牌公司—资源配套专业公司”三类公司协同发展的新格局初具雏形。四是优化整合产业资源。检修、技改业务整合，高炉事业部/宝钢工程事业部承担大宝钢区域（包含宝钢厂区、湛江、梅山、宁波等）的技改、检修、大修、大定修等业务；检修工程公司承担大宝钢区域外的检修相关业务。工业工程公司宝钢技改、检修业务划转到高炉事业部，太钢、涟钢检修业务划转检修公司；市政工程公司环保工程部、设备修造厂和相关检修、技改、协力、设备修造等业务划转到高炉事业部，焦化项目部划转检修工程公司；安装工程公司宝钢专项检修等业务划转高炉事业部；工业安装工程公司宝钢工程项目部相关检修、技改业务划转到高炉事业部。完成冶金业务资源全面整合，安装工程公司相关资源逐步划转至工业工程公司；进一步整合安装专业资源，安装工程事业部并入安装工程公司，形成安装合力。

2016 年，为更好地发挥公司测量业务的专业优势，宝冶将测量中心定位为独立核算单位，自负盈亏，公司所有测量业务原则上委托测量中心实施，测量中心委托宝冶建筑工程公司管理，工程管理部不再托管；整合公司内部设计资源，建筑设计研究院与 BIM 中心合并；整合钢结构产业资源，提升“宝冶钢构”品牌价值，将钢结构工程公司及工业安装工程公司整合为钢结构工程公司；积极响应国家号召进入新能源产业，积极探寻新领域，将检修工程公司更名为能源环境工程公司；设立国际工程公司，海外事业部、迪士尼项目管理团队并入；进一步优化资源配置，打造“宝冶钢构”品牌，上海宝冶轻钢有限公司更名为上海宝冶钢结构有限公司；11 月，中冶东方工程技术有限公司整合并入宝冶，实现冶金领域 EPC 全产业链贯通。为进一步优化市场布局，优化资源配置，构建布局合理的区域化分公司网络，宝冶将沈阳分公司相关资源注入北京建筑工程分公司，北京建筑工程分公司转为实体型区域分公司；将合肥分公司并入江苏分公司；兰州分公司整体划转至郑州分公司。为继续发挥公司在冶金领域的技术、管理、品牌优势，巩固冶金市场领先地位，将市政工程公司水电队整体划转至高炉工程事业部。

2017 年 5 月,调整投融资开发部/房地产事业部的管理模式,将投融资开发部/房地产事业部更名为投融资事业部,进一步明晰其作为公司投融资业务的主体责任,并对相应的项目公司运营实施全过程管理。10 月,打造冶金建设国家队,将上海宝冶建设工业炉工程技术有限公司与高炉/宝钢工程事业部整合。

2018 年 4 月,中冶集团为大力提升"中冶钢构"品牌,整合上海地区钢结构业务,以宝冶所属钢结构业务的组织架构为基础,对宝冶、上海五冶和中国二十冶在上海地区的主要钢结构制造业务及相关资源进行整合,设立中冶(上海)钢结构科技发展有限公司。11 月 16 日,中冶集团进一步优化资源配置,打造具有国内一流水平的工程总承包企业,彻底解决中冶东方控股有限公司和中冶东方工程技术有限公司重组后的历史遗留问题,将中冶华天包头设计研究总院有限公司并入宝冶。

## 第五节　劳动用工制度改革

宝冶与十九冶分家前,公司职工以固定工为主要用工形式,职工来源由国家统招统分,企业长期用工,一般不能辞退,用工形式单一,不利于企业与职工发展。

宝冶参加宝钢工程建设后,随迁来沪双职工子女因户口不在上海,除少部分进入大学、技校外,大部分双职工适龄子女无法在上海市就业,为稳定职工队伍,经渡口市劳动局同意,公司以"大集体"用工方式,安排大部分双职工适龄子女就业,主要安排在生产一线岗位。

宝钢工程进入施工高峰后,公司生产一线劳动力十分紧张,虽采取多种措施,鼓励二、三线职工到一线岗位,仍难以满足。每年除计划分配中毕、大专业生和家在农村老职工退休后子女顶职外,公司难以在上海市招用工人。

1986 年,宝冶落户上海后,公司多次向上海市劳动局申请工人用工计划,经上海市劳动局批准,公司在上海市崇明县、青浦县陆续录用 700 名合同制工人,部分缓解一线劳动力紧张状况。为进一步解决一线劳动力紧张状况,公司在安徽、四川等地与当地劳动部门合作,以代培工、短期劳务等方式补充一线岗位人员,公司单一的用工方式发生改变。1988 年 10 月,公司召开改革成果发布会,用工制度改革成果获得一等奖。

1990 年后,随着上海市经济快速发展和浦东大开发,就业形势良好,公司难以在上海市招录到工人。为解决宝钢二期工程劳动力紧张状况,经上海市劳动局批准,陆续在河南固始县、四川遂宁市、四川南部县、山东苍山县等贫困地区招录人员,以计划外用工方式劳务用工,有效缓解一线劳动力紧缺状况,在部分工程项目上开始使用"包工队"工程分包形式用工。此阶段公司一线固定工身份职工年龄普遍偏大,为更新一线职工队伍,公司陆续出台职工内部退岗休养、提前退休政策,固定工身份老职工退出工作岗位,公司用工模式进一步多样化。

1995 年,《中华人民共和国劳动法》实施后,公司按照《劳动法》和上海市有关全面实行劳动合同制的有关文件精神,制定全员实行劳动合同制工作方案和实施细则。

1996 年 11 月 28 日,宝冶举行劳动合同签订仪式,标志着宝冶全面推行劳动合同制工作进入实施阶段,开始进入法律化轨道。到 1997 年初,全部职工均签订劳动合同,宝山区劳动局对签订的劳动合同进行了鉴定。公司内部实行统一的用工制度,劳动关系管理进一步规范化。

20 世纪 90 年代后期,公司受冶金市场萎缩影响,部分单位职工陆续出现待岗、窝工现象,为解决这部分职工再就业问题,公司成立再就业中心,对这部分职工进行托管,安排重新上岗或办理一次性缴交养老保险。1998 年，公司实施减员分流方案，一是对非重要岗位职工合同到期后予以终止，支付经济补偿金；二是对长期待聘人员，通过协商一致，支付经济补偿金，办理劳动合同解除；三是对非重要岗位计划外人员，终止劳务关系。到 2000 年末，公司职工大幅减少。

2003 年，公司分立改制成立上海宝冶建设有限公司，公司全部职工签订《劳动合同变更协议书》，劳动合同用人主体单位变更为上海宝冶建设有限公司。同年，经公司职代会审议，通过《劳动合同制管理规定》，并制定《劳动合同制实施细则》，确立了劳动合同制为公司用工制度的主要形式。2008 年，《中华人民共和国劳动合同法》开始实施，公司按照法律要求，修改劳动合同文本等文件，保障公司与员工双方合法权益。

经过 30 多年用工制度演变，公司从业人员已形成以劳动合同制职工为核心，其他用工形式为补充，适应市场变化的新型用工模式。

## 第六节　人事制度改革

20 世纪 80 年代初期，公司干部任用按照行政级别管理权限，公司级领导由冶金部考察、考核、任免，同时报四川省委审核；处级干部任免由公司考核、提名上报，冶金部人事司批准，同时报渡口市委审核；科级干部的任免由二级单位考核、提名上报，公司批准。干部任用中存在“终身制”现象，造成干部队伍年龄偏大、文化程度不高。

为改变干部队伍状况，公司按照国家有关干部队伍“四化”要求，对各级领导干部进行评价和调整，一是对年纪大、身体弱、文化低的领导干部退出一线岗位，安排合适工作岗位；二是选拔一批具备“革命化、知识化、专业化、年轻化”要求的年轻干部进入二级单位领导班子；三是下放干部任用管理权限，1984 年 6 月开始，公司将科级干部任用权限下放到二级单位；四是按照党管干部原则，任免干部须经党委会讨论决定。

公司参加宝钢工程建设初期，正式干部 2 300 余人，其中工程技术人员不足 1 000 人，为解决一线工程技术人员不足状况，公司开始从一线优秀工人中选拔干部，让他们承担一线基层单位工程、技术管理工作，有效缓解工程技术人员不足状况，确保宝钢工程进度。至 20 世纪 80 年代末，公司通过选拔干部、聘干等措施为干部队伍补充 1 100 余人。

进入 20 世纪 90 年代，公司根据国家干部人事改革政策，全面实行干部聘任制，二级单位实行经理负责制，基层部门领导由经理提名，主管部门考核，经党委会、经理办公会讨论同意，由经理聘任。

1998 年，全国人大决定撤销冶金部，冶金部施工企业人事任免权划归中冶集团，公司级领导干部由中冶集团任免。1998 年后，公司主要领导均由中冶集团任免。

2003 年，公司改制分立后，公司人员结构从以工人为主，转变为以管理及工程专业技术人员为主的结构，干部管理工作进入新局面，20 世纪 80 年代后出生的高校毕业生成为公司人员主要构成。加强青年员工教育、培养是实现公司长期健康发展的基础，公司按照党管干部要求，建立起青年员工培养、教育、选拔体系后备干部梯队，通过基层推荐、组织考察、民主评议、党委讨论决定，选拔一批政治素质好、工作业绩突出、廉洁奉公的青年干部担任二级单位主要负责人，进一步夯实公司发展基础。

党的十八大召开后，公司加强领导干部队伍建设，按照“德才兼备，以德为先”的原则任用各级领导干部，一是加强领导干部日常教育，重点在政治思想、个人品德、专业素养、廉洁自律等方面教育,树立正确价值观;二是加强领导选拔任用,重点考察群众评价、工作业绩、知识结构、廉洁自律等方面,树立正确业绩观;三是加强领导日常考核,在试用期、年度、任期考核中,对政治过硬、干事担当、业绩突出人员予以提拔任用,对考核排名靠后人员,进行岗位调整、工作谈话、诫勉谈话,直至降职,形成领导干部能上能下的用人机制,各级领导干部综合素质明显提高。

## 第七节　分配制度改革

20 世纪 80 年代初,公司职工大部分来自第十九冶金建设公司,这部分职工来自不同地区、不同行业,标准工资中有地区和行业差别,工资标准十分繁杂,同级同岗标准工资不一致,造成工资管理困难,也影响分配公平性。

1983 年 4 月,国务院批转了劳动人事部《关于 1983 年企业调整工资和改革工资制度问题的报告》,经劳动人事部和冶金部批准,公司纳入工资改革试点单位。此次工资改革文件提出具体要求,一是凡是调整工资的职工,都要经过考核;二是在同一地区、企业执行同一工资标准。公司通过此次工资改革,将繁杂工资标准归并为干部、工人二种工资系列。

1985 年 11 月,公司在 1983 年工资改革基础上再次进行工资改革。此次工资改革,将公司工资系列纳入上海市企业工资体系,形成干部十五级 29 档,工人八级正副 16 档工资系列,干部、工人经考核合格后进行升级。公司虽在 1979 年恢复奖金制度,但奖金水平占职工全部收入比例不高,难以充分调动职工积极性,公司先后实施浮动升级和奖励升级制度,对职工部分工资进行浮动,对考核优秀职工浮动或奖励升级。

1988 年,公司在原有标准工资基础上,进行工资结构性改革,增加岗位工资单元,行政干部按职务等级序列,工程技术人员按专业技术职务序列,工人按岗位一线、二线、三线制定不同岗位工资标准,适度拉开分配差距。1989 年,公司再次进行工资结构性改革,在工资单位中增加体现累计贡献的年功工资和企业经济效益的绩效工资,形成具有宝冶特色的工资结构——结构工资制。

1990—1996 年,公司工资结构未做调整,除 1993 年,每年均对岗位工资进行调整,此后受宝钢工程陆续结束影响,公司职工收入水平提高缓慢,因工资中固定部分较高,职工大多不愿到一线工作,工资分配结构性矛盾初步显现,部分二级单位开始尝试分配制度改革,一部分单位将岗位工资与绩效奖金进行浮动,一部分单位在一线工人岗位推行全额计件工资,取得较好效果。2000 年,公司总部机关率先进行分配制度改革,取消结构工资制,将岗位工资和奖金作为薪酬分配基本结构。

公司分立改制后,于 2004 年 3 月,经一届二次职代会审议通过,实施《岗位绩效工资制度实施方案》,该文件确立岗位绩效工资制为公司基本工资制度,明确年薪制、项目承包工资制、计件工资制等 11 种工资分配形式。为完善分配制度,公司在 2007 年 7 月、2013 年 3 月对《岗位绩效工资制度实施方案》进行了修订并实施。

2010 年,公司总结岗位绩效工资制实施后经验,为提高总体经济效益和分配激励作用,量化不同组织形式分配规则,分别制定实施《项目部岗位绩效工资制实施办法》和《二级单位岗位绩效工资制实施办法》2 个文件,进一步完善薪酬分配体系。

2016 年 11 月,中冶东方工程技术有限公司整体并入公司,2017 年 3 月,中冶东方工程技术有限公司参照公司岗位绩效工资制度,制定本单位《岗位绩效工资实施方案》,该方案除保留工龄工资外,全面纳入公司薪酬分配体系。

# 第二章　经营机制改革

## 第一节　产业结构调整

建筑企业被率先推向市场，面临断“皇粮”，独自到市场找活干、找饭吃的局面。宝冶积极探索在困境中求生存，在竞争中图发展的企业改革之路，大胆进行产品结构，产业结构改革，在同行业率先创立了四元产业经营模式，在发展四元产业的基础上实施四个转变的发展战略，进一步突出增强企业 EPC 工程总承包能力，精心打造 EPC 工程总承包、检修协力、设备制造及成套（钢构加工制造、金属制品生产、机械设备修造制造）和房地产开发四个产业板块，并延伸 EPC 产业链上下游，确立“打造一流的最具产业链竞争优势的全生命周期工程服务商”的奋斗目标。宝冶始终坚持以改革总揽全局，逐步建立并完善了适应社会主义市场经济发展需要的企业内部机制。

### 一、四元产业

1985 年，公司在承担宝钢工程建设任务外，还承担了川沙水泥厂、上钢五厂、梅山钢厂、苏州钢厂、上海锅炉厂、上海电车二场等改造扩建任务，以及国内首条高速公路——沪嘉高速沪嘉段工程建设。在此期间，先后试办第三产业，经营百货、熟食、冷饮、游艺、缝纫和电气修理等项目。

1986 年，率先从传统的建筑施工单一产业中分离出为宝钢生产保驾的检修队伍，随后又积极涉足部分生产环境和条件比较艰苦的车间或工序，逐步拓展形成了检修协力产业。1987 年，宝冶因势利导精干一线、开发二线，把企业内辅助生产的一系列二线加工厂推向市场，建立生产制造产业。1988 年，抓住国家改革开放的发展契机，广泛开展外引内联，积极兴办三产实体和三资企业。形成了建筑施工、检修协力、生产制造、三资三产的四元产业格局。

### 二、四个转变

1991—1995 年期间，宝冶在发展四元产业的基础上实施四个转变的发展战略。即：一是由过去大而全的劳动密集型企业向技术、管理、装备、资金密集、科技先导型企业转变，形成了企业八大技术系列，两个合资的基础施工公司拥有先进的、型号种类较齐全的地下连续墙施工设备；二是由过去只承担国内建设生产任务的内向型企业向国际市场延伸，发展内外向结合型企业转变，先后创办 14 个中外合资企业，同时在境外创办工厂和公司，把企业的主元产业建筑施工带入国际市场，参与竞争；三是由过去单一的建筑施工企业向大三产科工贸结合型企业转变，先后创办 100 多家三产经济实体，其中包括以基建工程和国内外贸易为主营业务的宝冶浦东公司，以经营房地产业为主的宝益房地产公司，以国际贸易为主的宝钢国贸公司宝冶分公司，以信息产业为主的宝泉信息公司和奥达电脑公司；四是由冶金施工企业向总承包和检修协力综合总承包公司转变。

## 三、工程总承包业务

在完成宝钢一期、二期、三期建设的同时,宝冶还承揽了大量外包工程,把经营视野扩大到全国建筑市场。

1982—1997 年期间,先后承接了梅钢二号高炉、沪嘉高速公路、宁波栎社机场、上海地铁 1 号线、上海合流污水彭越浦泵站、上海耀华皮尔金顿二期等项目。1998 年,以承接厦门国际会展中心项目为标志,成功地实现从冶建向民建转型。此后,宝冶聚焦大型公建、超高层、市政基础设施、工业工程等领域,积极发展海外业务,承建了诸多彰显现代建筑文明的地标性建筑,代表性工程主要有厦门国际会展中心、深圳大运中心主体育馆、上海迪士尼乐园、珠海十字门中央商务区、厦门天马微电子、深圳莲塘口岸、海南海花岛国际会议中心,330 米高的珠澳第一高楼——珠海中心、214 米高的长春国际金融中心、221 米高的武汉轨道交通 7 号线地上超高层塔楼、368 米高的亚洲最大在建单体建筑——南京金鹰天地广场以及阿联酋迪拜跑马场、菲律宾 Gateway Tower 大楼、科威特中央银行大厦、越南河静台塑钢厂、正阳纸厂、乌兹别克斯坦纺纱厂、柬埔寨金边 Sky Villa 公寓楼、金边巴厘岛水岸度假村、马来西亚旗滨玻璃厂等项目。

2016 年,宝冶确定总承包业务坚持走中高端路线(超高层建筑、大型公建、城市综合体、地标性),全面进军"高、大、深、重、特"的建筑领域("高"——超高层;"大"——大体量;"深"——深基础;"重"——重大项目;"特"——标志性),逐步退出技术含量低、体量小、经济效益差的低端市场。推进"1+8"区域布局,重点落实上海市场的深耕细作,加大区域市场覆盖范围。以"大区域、大客户、大订单"为营销理念,形成稳定的高端客户群。

2017 年,确定了"平台建设年—集团化管控年—标准化管理年—跨越式发展年"的发展主线,以大思路、大格局积极搭建市场营销、项目管理、集团管控、创新发展"四个平台"。匹配"228711"组织架构,即 2 个设计院、2 个工业总承包公司、8 个建筑总承包公司、7 个专业承包公司、1 个投融资事业部和 1 个国际工程公司,实施"大专业区域化、小专业公司化"和"资本化+国际化"战略,使宝冶的发展更具有内生动力和可持续性,内涵更丰富。

2018 年,通过依托公司内部的中冶东方、包头院、宝冶建筑设计研究院三大设计院以及联合社会相关设计院,宝冶已发展成为在道路交通、综合管廊、教育、环境整治、能源光伏、工业厂房、冶金等多领域内,在工业、市政和民用项目上以 EPC 全产业链竞争优势为大客户提供项目前期规划、设计、投融资、施工、运营管理等全生命周期服务的工程服务商。2018 年,EPC 项目全年签约 175 亿元。

## 四、钢结构制造业务

1995 年,公司加工生产逐步摆脱辅助产业地位、迅猛发展,形成独立的支柱产业,首次独立完成大型冶金厂房钢结构的制作任务,全年钢结构产量达 2.1 万吨。

2001 年 5 月 14 日,整合钢构板块资源,成立宝冶钢构分公司。2004 年,公司确定了"以设计为龙头、以制作为基础、以安装为关键、以检修为延伸、以产品为依托"的钢结构产业发展战略,并在当年组建成立钢结构设计院,在宝山罗店购置 380 亩土地(分三期建设)、南京购置 36 亩土地,筹建上海罗店工业园区钢结构扩建项目、南京分公司钢结构厂项目,奏响专业化产业重组的序曲。2006

年，将机装公司钢结构厂等划入新成立的钢结构分公司，2007 年、2009 年南京基地形成年产 5 000 吨的轻型钢结构加工能力、罗店钢结构加工基地最终形成年产量 10 万吨的加工能力，并在质量管理上形成了以欧标、美标等不同标准的加工体系，并相应取得了认证资质。2015 年 4 月，设立郑州宝冶钢结构有限公司，填补公司在中原地区重型高端钢结构市场的空白，产品定位“高端钢结构（大型场馆、超高层）、装配式钢结构、维护结构（金属屋面、幕墙）、总承包（钢结构为主）”，形成年产 5 万吨的钢结构加工能力。2016 年，整合钢结构产业资源，提升“宝冶钢构”品牌价值，将钢结构工程公司及工业安装工程公司整合为钢结构工程公司。2018 年 4 月，中国中冶为大力提升“中冶钢构”品牌，整合上海地区钢结构业务，以宝冶所属钢结构业务的组织架构为基础，对宝冶、上海五冶和中国二十冶在上海地区的主要钢结构制造业务及相关资源进行整合，设立中冶（上海）钢结构科技发展有限公司。

## 五、检修协力、技改业务

检修协力是宝冶“立足宝钢、服务宝钢、依托宝钢”创造社会效益的战略产业。1986 年，宝冶组建检修公司，各工程公司也相继成立检修协力分公司（部），在体制上、管理上与宝钢接轨。

1990 年以后，宝冶在稳定检修、扩大协力，开发备件修复加工的总方针指引下，用质量一流、服务一流、创出信誉去赢得生产厂的信任，不断拓宽检修领域，扩展生产协力。理顺检修体制，建立了 24 小时值班调度制度，加强日修、定修、大定修的管理，成立了动力设备、除尘设备、压力容器和卷帘门等专业性很强的检修专业队，稳步推进协力和加工生产工作。1999 年，公司为了适应宝钢市场要求，更好地经营宝钢生产协力市场，加强生产过程管理和控制，组建了宝冶宝钢生产协力分公司。

2003 年，宝冶分立改制过程中，常规检修、生产协力等业务保留在存续的上海宝钢冶金建设公司，从事工程施工总承包和以工程施工承包资源为依托的检修经营业务进入改制后的上海宝冶建设有限公司。2007 年 3 月，检修工程部更名为检修产业部。

2009 年，为开拓宝钢技改工程项目市场，设立技改分公司。2011 年，根据公司结构调整、产业转型的需要，撤销技改分公司，业务移交技改管理部组织实施。

2015 年，检修、技改业务整合，技改管理部和检修产业部相关职能并入高炉事业部/宝钢工程事业部。高炉事业部/宝钢工程事业部承担大宝钢区域（包含宝钢厂区、湛江、梅山、宁波等）的技改、检修、大修、大定修等业务；检修工程公司承担大宝钢区域外的检修相关业务：工业工程公司宝钢技改、检修业务划转到高炉事业部，太钢、涟钢检修业务划转到检修公司；市政工程公司环保工程部、设备修造厂和相关检修、技改、协力、设备修造等业务划转到高炉事业部，焦化项目部划转到检修工程公司；安装工程公司宝钢专项检修等业务划转到高炉事业部；工业安装工程公司宝钢工程项目部相关检修、技改业务划转到高炉事业部。

## 六、房地产开发业务

在四元产业发展阶段，三资三产开始涉及房地产开发业务，参与浦东开发和旧城区改造。1992 年后，陆续成立宝益、锦海房地产公司和上海宝华房地产开发实业公司等。由上海市普陀区城建综合开发公司、宝冶、中国香港础业有限公司合资兴办的锦海房地产发展有限公司，是作为冶金基建行业的宝冶首次利用自有资金参与的与港合资的房地产开发公司。在此后的一段时间，由于国家宏观政策的调整和企业进行三资三产企业整顿清理，未再继续开展房地产开发业务。

2004 年，公司积极推进商住房地产项目的开发，考察了苏州、盐城等地的情况，跟踪调研了普陀区真北路建配龙项目、虹口区新港城项目、罗店新镇房地产土地招标、苏州金鸡湖土地拍卖项目，详细了解房地产开发的程序和要求。

随着房地产市场逐步成熟，2006 年 12 月 27 日，以浦东新区高行镇战斗村 20/2、20/3 宗地块的开发为起始点，宝冶再次正式进入房地产领域。此后，重点关注一、二线城市市场需求，择机选择性价比较高的住宅地块，审慎介入商业、办公项目。同时，积极响应国家发展绿色建筑及建筑产业化的倡导，紧跟住宅发展趋势，以设计为龙头，推动装配式住宅相关技术和产品的应用，做强房地产板块，使其与建筑主业形成产业互补，有效增强企业盈利能力。先后参股中冶置业重庆有限责任公司、上海中冶新奥房地产开发有限公司。2007 年，设立上海中冶新域置业有限公司。2008 年，设立常熟中冶宝润置业有限公司。2009 年，设立房地产分公司。

2009 年，设立保障性住房开发（城市综合改造）办公室。根据政策导向和市场趋势影响，结合中冶股份开发保障性住房的精神，宝冶积极介入保障性住房开发，顺利承接上海罗店 60 万平方米大型居住社区建设等一系列工程，形成上海、慈溪、扬州三大保障性住房建设区域，开发近 200 万平方米。先后设立慈溪中冶置业有限公司、扬州中冶凯程置业有限公司。2010 年，投资设立上海中冶凯程置业有限公司、上海中冶新月浦置业有限公司、信阳中冶宝润置业有限公司、上海中冶联杨置业有限公司等项目公司、珠海置业有限公司、绍兴中冶新域置业有限公司等。

2010 年，作为宝冶四大产业板块之一的房地产板块已经形成了以商品住宅开发、保障性住房开发、商业地产开发三大支柱齐头并进的大好势头，并且不断寻求新的投资机会，力争拥有一定土地储备，项目滚动开发。2013 年，新设立镇江中冶宝润置业有限公司。2014 年，注销房地产分公司，设立房地产事业部，原房地产分公司全部管理职能、业务及企业发展管理部“房地产开发管理”职能调整到房地产事业部，入股云南盘兴房地产开发有限公司。2018 年，投资设立上海中冶顾村大居置业有限公司。

## 七、投融资业务

2009 年，企业转型、产业结构优化取得进展，产业链的横向拓展和纵向延伸初见成效。公司尝试在广西防城港市青少年活动中心、信阳明港机场进场道路改扩建、信阳市体育中心等工程采用 BT 的运作方式扩大市场经营规模。2010 年，采用 BT 运作方式，成功签约总投资达 40 亿元的珠海十字门中央商务区项目以及无锡市惠山区新经济产业园等项目，短时间内形成了 BT 项目建设的规模化、产业化，开始了融资项目建设的探索之路。BT 类项目成立珠海中冶置业有限公司、信阳基础设施投资建设有限公司、无锡中冶基础设施投资建设有限公司等管理公司。2015 年 6 月，为执行福州高新区海西园创新园三期及配套设施建设项目建设，设立福州中冶基础设施投资有限公司。

2016 年，建立并完善公司投融资职能，设立投融资开发部，此后，进一步优化资源配置，加强投融资集中管控，将投融资开发部与房地产事业部整合。并响应国家关于推广运用政府和社会资本合作模式（PPP 模式），拓宽城镇化建设融资渠道，促进政府职能加快转变，完善财政投入及管理方式，从 2016 年初开始，宝冶大规模参与贵阳市轨道交通 2 号线二期工程项目等 PPP 项目建设，涉及市政工程、保障性安居工程、医疗卫生、教育、交通运输、城镇综合开发、水利建设及文化体育类等，为加快城市基础设施建设作出了贡献。2017 年 5 月，公司将投融资开发部/房地产事业部更名为投融资事业部，调整为事业部建制，进一步明晰公司投融资业务的主体责任，将投融资类业务前端的市场开发、中端的项目实施、后端的项目运营融为一体，形成投、建、管、运四位一体的管控体系，为公司发展奠定基础。

截至 2018 年底，宝冶历年累计签约 PPP 合同 16 个，合同签约额为 385.46 亿元，撬动相应施工合同额为 223.17 亿元。设立项目公司 16 个。

### 八、装配式产业发展

2009 年，宝冶开始涉足装配式建筑体系，建设了多项装配式砼结构建筑工程，建成和在手项目建筑面积超过 100 万平方米，平均预制率 30%以上。引入模块化的理念，装配式建筑技术日益完善。宝冶运用工业项目建造的成熟技术，解决装配式建筑预制构件在工厂生产和现场安装过程中的技术问题，不断提高预制率和装配率。另外，应用 BIM、MR、“宝冶云”等先进技术，建立三维的建筑混合现实环境，提高项目参建各方对建筑产品的全面认知，辅助提升装配式建筑建造的技术能力。2016 年、2017 年期间，上海宝冶承建的上海市 18 万平方米的住宅，预制率平均 30%，采用预制剪力墙、叠合楼板等 PC 结构 2 万立方米。上海罗店大型居住社区二期 C10 地块项目，10－3＃楼、10－6＃楼为装配整体式示范楼，建筑层数为地上 18 层，地下 1 层，两幢楼总建筑面积约为 26 000 平方米。

宝冶紧跟建筑工业化和现代化主流，大力推广建筑业 10 项新技术，创新实践装配式建筑技术。在国家装配式建筑产业政策的引导下，通过研究开发和工程实践，建立以 PC 混凝土结构、钢结构、建筑 MEP 模块和装饰模块为主的核心技术体系，并开发出配套的产品和技术，形成了技术集成度高、专业协同度高、产品工艺先进的装配式建筑技术能力。2017 年，中冶装配式建筑技术研究院落户宝冶，公司被认定为首批国家装配式建筑产业基地。公司积极推动装配式产业的发展，以标准化设计、工厂化生产、装配化施工、一体化装修、信息化管理、智能化应用为目标，集中优质专业资源，研究装配式建筑构件的预制生产技术，培养具有研发、设计、建造和运维综合实力的团队，开发建筑机电集成技术、智能家居和装饰产品，为建筑全生命周期提供优质的技术服务，形成具有宝冶特色的绿色建筑产品和技术体系。陆续承担了上海市宝山区大场镇 38－02 地块商品房项目、上海宝山顾村世界外国语学校、华发静安府、清华大学深圳研究生院创新基地等装配式混凝土结构项目。装配式项目建筑面积达到 273 万平方米。2018 年 8 月，张家港装配式基地正式获批；11 月 15 日，宝冶与永钢集团签订战略合作框架协议、投资合作协议，12 月 20 日，宝冶永联（江苏）建筑科技有限公司正式注册成立。

## 第二节　公司制改革

宝冶是冶金部、建设部首批推行现代企业制度的试点单位。以建立现代企业制度为突破口，深化企业各项配套改革，为加快企业发展做了大量的准备工作。1995 年，成立建立现代企业制度领导小组，下设建立现代企业制度办公室，并建立改制例会制度，开展改制工作宣传，组织两级处干和部分骨干人员进行学习培训，开展清产核资，摸清家底等改制的准备工作，完成《建立现代企业制度试点方案》及财务制度、劳动人事制度、工资制度、加强党组织工作实施意见、加强工会和职工民主管理实施意见5个配套方案和公司章程等基础文件草案的编写工作，正式向宝钢集团提出改制申请。

1998年，宝冶资产划入中冶集团后，根据中冶集团的安排，2002年正式启动股份制改造工作。2002年初，成立以总经理为组长的改制工作领导小组，全面负责宝冶改制工作的策划和实施。2002年，中冶集团作为出资人，将上海宝钢冶金建设公司资产进行重组、人员结构进行优化，以分立方式改制。上海宝钢冶金建设公司改制分立为上海宝冶建设有限公司(简称宝冶建设)和上海宝钢冶金建设公司(简称上海宝冶)两个公司。从事工程施工总承包和以工程施工承包资源为依托的检修经营业务，从上海宝钢冶金建设公司分立，同时吸收社会股东参与投资，成立上海宝冶建设有限公司。存续的上海宝冶从事协力生产、废钢收购、加工与储存、钢渣处理、货物运输，工程机械、冶金设备、运输车辆维修及冶金机械设备修造，钢渣检验、工程机械液压检测，耐材生产、砌筑，物业管理、房屋置换中介、餐饮服务，国际经济贸易、金属制品加工，劳务作业及多种经营、实业投资等，并兼营建筑工程施工经营承包业务。宝冶建设注册资本：3.6亿元，中冶集团持股51%；员工集体股权投资由宝冶建设工会(筹)委托华宝信托投资有限责任公司代为持股，占注册资金的45.5%。上海宝冶注册资金1.5亿元，是中冶集团的全资子公司。

2006年，完善股权激励与约束机制，建立劳资利益共同体，激发员工责任感和使命感，公司在深化改制过程中推出员工持股计划，符合一定条件的员工所持有的信托受益权均为职务股，遵循“职在股在，职变股变，职退股退”的原则，符合持股条件的且愿意持股的员工590人共认购12 370万份信托受益权(占宝冶建设注册资本的34.361%)，继续由华宝信托投资有限责任公司代为持有。

2006年，上海宝冶工业炉窑公司改制成为宝冶建设相对控股、员工参股的股权多元化的中外合资经营企业。2007年，上海宝冶安装作业公司改制为宝冶建设控股的有限公司。

2007年，根据中冶集团(2007)64号文的要求，宝冶建设职工599人持有12 370万职工股以及上海宝冶建设工业炉工程技术有限公司和上海宝光建筑装潢有限公司职工股统一回购。

2008年，根据中冶集团(2008)73号文的要求，上海宝冶奥达建筑自动化工程公司、上海宝冶工程技术公司完成公司制改革。

2010年3月，宝冶经过多年的市场经营和发展，已逐步由原来单一的冶金建筑总承包企业，拓展为具有四大产业板块为主业的集团型企业。为适应市场变化要求及企业产业板块发展需要，以上海宝冶建设有限公司为母公司，联合下属子公司，成立上海宝冶集团，母公司变更为上海宝冶集团有限公司。

## 第三节　法人治理结构

宝冶按照《公司法》规定的法人治理结构规范运作，形成权力机构、决策机构、监督机构和经营者之间的制衡机制与科学决策机制。

### 一、法人治理结构

股东会是公司的权力机构，由全体股东组成，对公司发展战略、重大投资、担保、财务预算方案、董事、监事的选举及报酬事项、股权转让、公司注册资本变更等重大事项进行决策。

设立党委，党委发挥领导核心和政治核心作用，把方向、管大局、保落实。董事会决定公司重大问题，事先听取公司党委的意见。公司党委的书记、副书记、委员的职数按上级党组织批复设置，并按照《党章》等有关规定选举或任命产生。符合条件的党委成员通过法定程序进入董事会、监事会、经理层，董事会、监事会、经理层成员中符合条件的党员依照有关规定和程序进入党委。公司党委下设党委办公室。2007年，公司建立“三重一大”制度，发布《“三重一大”决策机制的实施办法》，明确“重大决策、重要人事任免、重大项目安排及大额度资金运作，必须经集体讨论做出决定”。2017年，根据中共中央组织部、国务院国资委党委要求，把党建工作要求写入公司章程，确定了党组织在公司法人治理结构中的法定地位。

董事会是公司的日常决策机构，对股东会负责，对一定限额以内的投资、担保及日常管理等事项进行决策。设立初始，董事会下设发展战略委员会、薪酬委员会和审计委员会，后于2007年3月调整为战略及常务委员会、人事提名和薪酬考核委员会、资金与风险控制委员会、审计委员会，上述专门委员会为董事会重大决策提供咨询与建议，除战略及常务委员会外，其他专门委员会不具有决策权。董事会下设董事会办公室，先后更名为董事会秘书处、董事会秘书室，负责股东会、董事会会议筹划、安排、议案收集、决议草案起草、会议记录、会议决议组织落实与督办、会议文件与资料管理等工作。

监事会是公司的监察机构，对股东会负责，行使检查公司财务、对公司高管人员执行职务的行为进行监督等职权。监事会下设监事会办公室，协助监事会工作。

经理层是公司的经营管理机构，对公司董事会负责，负责公司日常营运。经营层设总经理，由董事会聘任或解聘，设副总经理、总工程师、总会计师，经总经理提名由董事会聘任或解聘。

## 二、公司股东的变化情况

**表2-2-1　股东变化情况**

| 股东单位 | 变化情况 |
| --- | --- |
| 中国冶金建设集团公司 | 2006年更名为中国冶金科工集团公司 |
| 华宝信托投资有限责任公司 | 2007年6月更名为华宝信托有限责任公司 |
| 山西省海鑫钢铁有限公司 | 2004年更名为山西海鑫钢铁集团有限公司<br>2007年2月更名为海鑫钢铁集团有限公司<br>2011年8月退出 |
| 中冶集团建筑研究总院 | 2008年10月更名为中冶建筑研究总院有限公司 |
| 上海宝恒物流经济发展有限公司 | 无变化 |
| 北京中冶和坤防腐工程有限责任公司 | 2005年更名为北京中冶和坤天冕工程有限责任公司 |

## 三、公司注册资本及股权结构变化情况

2003年1月15日，公司注册资本金3.6亿元。股东及股权结构如下：

表 2-2-2　2003 年股东及股权结构

| 股东名称 | 出资额(万元) | 出资比例(%) |
| --- | --- | --- |
| 中国冶金建设集团公司 | 18 360 | 51% |
| 华宝信托投资有限责任公司 | 16 380 | 45.5% |
| 山西省海鑫钢铁有限公司 | 360 | 1% |
| 中冶集团建筑研究总院 | 360 | 1% |
| 上海宝恒物流经济发展有限公司 | 360 | 1% |
| 北京中冶和坤防腐工程有限责任公司 | 180 | 0.50% |
| 合　计 | 36 000 | 100.00% |

2007 年 1 月,因员工持股计划及引入外部投资者,华宝信托投资有限责任公司将其代宝冶建设工会委员会持有的宝冶建设 11.139%的股权(原出资额 4 010 万元)通过上海联合产权交易所公开挂牌转让给山西海鑫钢铁集团有限公司,山西海鑫钢铁集团有限公司持股比例增至 12.139%。

2008 年 3 月,因职工股回购,华宝信托投资有限责任公司将其代宝冶建设工会委员会持有的宝冶建设 34.361%的股权(原出资额 12 370 万元)通过上海联合产权交易所公开挂牌转让给中国冶金科工集团公司,中国冶金科工集团公司持股比例增至 85.361%。12 月,中国冶金科工集团公司联合宝钢集团有限公司以发起方式设立中国冶金科工股份有限公司。根据中国冶金科工集团公司与中国冶金科工股份有限公司签署的《重组协议》及国务院国资委《关于中国冶金科工股份有限公司(筹)国有股权管理有关问题的批复》(国资产权〔2008〕1289 号)的批准,中国冶金科工集团公司持有的宝冶建设全部股权变更为中国冶金科工股份有限公司持有。

2009 年 12 月,中国冶金科工股份有限公司先后两次以货币方式对宝冶建设增资,两次累计增资 706 138 240 元,其中 112 800 000 元计入注册资本,593 338 240 元计入资本公积。北京中冶和坤天冕工程技术有限公司以货币方式认缴两次增资,两次累计增资 3 646 770 元,其中 600 000 元计入注册资本,3 046 770 元计入资本公积。中冶建筑研究总院有限公司以货币方式认缴一次增资,增资额为 1 384 000 元,其中 200 000 元计入注册资本,1 184 000 元计入资本公积。海鑫钢铁集团有限公司放弃两次认缴增资。增资后,宝冶建设注册资本由 3.6 亿元增至 4.736 亿元。股东及股权结构变更如下:

表 2-2-3　2009 年股东及股权结构

| 股东名称 | 出资额(万元) | 出资比例(%) |
| --- | --- | --- |
| 中国冶金科工股份有限公司 | 42 010 | 88.70% |
| 海鑫钢铁集团有限公司 | 4 370 | 9.23% |
| 中冶建筑研究总院有限公司 | 380 | 0.80% |
| 上海宝恒物流经济发展有限公司 | 360 | 0.76% |
| 北京中冶和坤天冕工程有限责任公司 | 240 | 0.51% |
| 合　计 | 47 360 | 100.00% |

2011 年 8 月，中国冶金科工股份有限公司以协议方式收购了海鑫钢铁集团有限公司持有的宝冶集团 9.23%股权。股东及股权结构如下：

**表 2－2－4　2011 年股东及股权结构**

| 股 东 名 称 | 出资额(万元) | 出资比例(%) |
| --- | --- | --- |
| 中国冶金科工股份有限公司 | 46 380 | 97.930 7% |
| 中冶建筑研究总院有限公司 | 380 | 0.802 4% |
| 上海宝恒物流经济发展有限公司 | 360 | 0.760 1% |
| 北京中冶和坤天冕工程有限责任公司 | 240 | 0.506 8% |
| 合 计 | 47 360 | 100.00% |

2013 年 12 月，各股东单位以转增资本的方式对宝冶集团同比例增资 132 640 万元，增资后宝冶集团注册资本由 4.736 亿元增至 18 亿元，各股东持股比例不变。

2015 年 11 月，各股东单位以资本公积转增资本的方式对宝冶集团同比例增资 5 亿元，增资后宝冶集团注册资本由 18 亿元增至 23 亿元，各股东持股比例不变。

2016 年 6 月，各股东单位以收益转增资本的方式对宝冶集团同比例增资 8 亿元，增资后宝冶集团注册资本由 23 亿元增至 31 亿元，各股东持股比例不变。

2017 年 5 月，因中国冶金科工股份有限公司使用非公开发行募集资金对宝冶集团增资 21.4 亿元，为避免股权稀释，其他股东单位以同比例认缴增资，4 家股东单位共对宝冶集团增资 2 185 229 986 元，增资后宝冶集团注册资本由 31 亿元增至 5 285 229 986 元，各股东持股比例不变。股东及股权结构如下：

**表 2－2－5　2017 年股东及股权结构**

| 股 东 名 称 | 出资额(元) | 出资比例(%) |
| --- | --- | --- |
| 中国冶金科工股份有限公司 | 5 175 836 063 | 97.93% |
| 中冶建筑研究总院有限公司 | 42 314 726 | 0.80% |
| 上海宝恒物流经济发展有限公司 | 40 169 628 | 0.76% |
| 北京中冶和坤天冕工程有限责任公司 | 26 909 569 | 0.51% |
| 合 计 | 5 285 229 986 | 100.00% |

## 四、董事、监事、法定代表人、总经理、董事会秘书变更情况

**表 2－2－6　董事、法定代表人变更情况**

| 时　　间 | 董　　事 | 法定代表人 |
| --- | --- | --- |
| 2003 年 1 月至 2004 年 3 月 | 程志广(董事长)、张创一、陈刚、陈明、徐立群、董文军、雷俊 | 程志广 |
| 2004 年 3 月至 2005 年 12 月 | 程志广(董事长)、张创一、陈刚、徐立群、董文军、占兴华 | |
| 2006 年 1 月至 2006 年 8 月 | 程志广(董事长)、张创一、陈刚、徐立群、占兴华 | |

(续表)

| 时 间 | 董 事 | 法定代表人 |
|---|---|---|
| 2006年8月至2006年10月 | 张创一(董事长)、陈刚、徐立群、占兴华 | 张创一 |
| 2006年10月至2007年3月 | 张创一(董事长)、王石磊、陈刚、徐立群、占兴华 | |
| 2007年3月至2008年3月 | 张创一(董事长)、王石磊、陈刚、徐立群、杜志信、周晓冬、初文恩(职工董事) | |
| 2008年3月至2009年6月 | 张创一(董事长)、王石磊、陈刚、徐立群、徐启文、周晓冬、初文恩(职工董事) | |
| 2009年6月至2011年6月 | 陈明(董事长)、王石磊、陈刚、徐启文、周晓冬、初文恩(职工董事) | 陈 明 |
| 2011年6月至2014年11月 | 陈明(董事长)、王石磊、陈刚、徐启文、初文恩(职工董事) | |
| 2014年11月至2015年12月 | 王石磊(董事长)、陈明、陈刚、徐启文、初文恩(职工董事) | 王石磊 |
| 2016年1月至2016年11月 | 王石磊(董事长)、陈明、陈刚、徐启文、杨柳(职工董事) | |
| 2016年11月至2016年12月 | 王石磊(董事长)、白小虎、陈刚、徐启文、杨柳(职工董事) | 白小虎 |
| 2017年1月至2017年4月 | 王石磊(董事长)、白小虎、陈刚、徐启文、裴志清(职工董事) | |
| 2017年5月起至今 | 白小虎(董事长)、陈刚、徐启文、裴志清(职工董事) | |

**表2-2-7 监事变更情况**

| 时 间 | 监 事 |
|---|---|
| 2003年1月至2007年3月 | 刘安义(监事会主席)、李移峰、包朝亮 |
| 2007年3月至2013年4月 | 陈文龙(监事会主席)、姜淑兰、王秀珍(职工监事) |
| 2013年4月起2014年11月 | 袁俊可(监事会主席)、姜淑兰、王秀珍(职工监事) |
| 2014年11月起至今 | 袁俊可(监事会主席)、姜淑兰、施剑栋(职工监事) |

**表2-2-8 总经理变更情况**

| 时 间 | 总 经 理 |
|---|---|
| 2003年1月至2006年11月 | 张创一 |
| 2006年11月至2015年7月 | 王石磊 |
| 2015年7月至2016年11月 | 陈 刚 |
| 2016年11月至2017年5月 | 白小虎 |
| 2017年5月起至今 | 陈 刚 |

表 2-2-9　董事会秘书变更情况

| 时　　间 | 董事会秘书 |
|---|---|
| 2003 年 1 月至 2007 年 9 月 | 徐立群 |
| 2007 年 9 月至 2014 年 3 月 | 杜志信 |
| 2014 年 3 月至 2018 年 12 月 | 岳文彦 |
| 2018 年 12 月起至今 | 宋　勇 |

## 第四节　绩效考核机制

### 一、内部经营承包方式

1988 年 4 月 7 日，8 个工程公司签订 1988 年承包经营责任合同，推行领导集体抵押承包。2 年后，为缩小干群差距，形成风险共担，宝冶首次实行全员统一风险抵押。内部经营承包，基本形式是全员抵押、分档承包、双向考核、全方位挂钩为主要内容的全员风险抵押承包，对各承包经营体的二次分配以双系数、连续七年滚动的数学模型进行。实施承包的主体有工程公司、独立处室、机关处室、宝冶领导成员等。体现风险与奖罚对等的原则，工程公司分别以三个不同档次进行风险抵押承包，由各承包经营单位自选风险档次。采用处室对基层、基层对处室的双向考核方式，每年实施两次考核，标的完成情况由有关处室考核。其间，设立工程质量、劳动精神、材料节约、技术进步和红旗设备单项奖。

### 二、全额利润工资试点

1995 年，为促进四元产业进一步全面发展，确保宝钢三期工程建设和上海市重点工程项目施工全面顺利展开，进一步加大向经济效益倾斜的力度，对二级单位进一步扩大全额利润工资试点，提高利润工资含量的分配比例，对部分二级单位、独立处室实行百元利润工资含量包干，对部分单位继续实行产值、利润“双系数”与工资总额挂钩，对医院等继续推行行政费包干节支提奖的办法。对二级单位由各主管部门按照质量、安全、进度、精神文明等指标进行考核。1997 年，在总结几年来部分二级单位实行全额利润工资试点的基础上，对 10 个工程公司以全面完成产值计划为前提，全部实行工资总额与全额利润挂钩。1998 年，宝冶承包经营开始调整完善，改变只与利润指标挂钩的“单系数”承包分配办法，对 9 个工程公司（不含企业公司）采用产值、利润“双系数挂钩”的分配机制。促进企业在保证盈利的前提下，扩大发展规模。

### 三、“模拟法人”方式

1999 年起，宝冶全面走向市场，为适应内部单位“模拟法人”的需要，对经营承包方式进行调整，对部分二级单位除计核保障工资外，绩效工资实行百元产值工资含量和百元利润工资含量双挂钩，并按规定征收工资调节基金；对医院等单位参照 1998 年收入核定全年工资基数。对部分已有项目部和新设项目部实行工资总额与项目结算工作量挂钩,并对工期、质量、安全、文明施工、工程款回收等指标进行考核,并下达承包责任书。机关员工工资收入水平与宝冶整体经济效益挂钩,机关员工试行保障工资、岗位工资、效益奖。同时,设立经营、质量、科技、安全、劳动竞赛、双文明、红旗设备和材料节约单项奖。

### 四、建立综合绩效考核体系

自2004年1月1日起,为促进各二级单位经营管理目标的实现,消除管理缺陷,落实责任考核,公司提出《二级单位经营管理目标考核办法》,对各二级单位的考核包括:责任书指标考核、职能部门系统业务基础管理考核、公司领导考核三个部分。考核采取打分制,满分1 000分,责任书指标考核占700分,职能部门系统业务基础管理考核占150分,领导考核占150分,各项考核要素得分累加。责任书指标考核年度进行一次,职能部门系统业务基础管理考核与公司领导考核半年度进行一次。

2007年,为客观公正地评价和考核各单位的经营绩效,促进各单位规范管理、理顺业务流程,提高公司整体运营效率,圆满完成年度经营目标及实现自身的可持续发展,公司组织开展综合绩效评价工作。12月14日,发布《综合绩效评价管理考核暂行办法》,明确分(子)公司、职能部门考核为年度责任书指标考核;直管项目部考核包括项目管理目标责任书考核及过程管理考核两方面。此后,持续不断修订完善绩效考核制度。2011年,各分(子)公司及直管项目部对职能部门从"业务服务情况、业务管理情况、业务支撑情况、业务监控情况四个方面实施考核"。2017年12月,增设"二级单位年度业绩专项特别奖",可以设置"突出贡献奖""全面完成预算主要经济指标奖""跨越进步奖""市场开拓奖"和"科技创新先进单位奖"等奖项。为更加全面、合理地评价二级单位经营绩效,2018年度二级单位经营管理目标责任书中增加了平衡计分卡指标,责任书中既包含量化的财务指标和平衡计分卡应用的管理指标,也包含了定性与定量相结合的管理指标,财务指标、平衡计分卡和管理指标的考核权重调整为20%、40%和40%,并增设关键绩效考核指标,2018年采用平衡计分卡中10个关键指标。完善公司项目责任书有关上交利费奖励办法,实现项目规模所创造效益与项目奖励兑现相挂钩的激励原则,对一级管理的项目经理部,视项目竣工结算价与合同原价的差额多少,确定奖励系数,并综合质量、安全、文明施工、应收账款等指标进行考核,明确推行项目领导班子风险抵押制度。

## 第五节 主辅分离改革

1986年,宝冶推行两层分离,建立和发展外协队伍群体。精简两级机关,把有技术管理经验的人员充实到管理层,引进资质合格的、相对稳定的,有一定素质的外协队伍群体作为企业的作业层力量,实现管理层和作业层的有效分离,进一步优化了企业队伍结构,深化了用工制度改革。

1993年,按照将企业办社会的功能逐步回归社会的原则,进行机构体制改革。通过一次一次的两级机关改革,一步一步地剥离分流、逐步精简吃"皇粮"的机构和人员,促进并支持他们走向市场。最初把管理食堂、澡堂、幼儿园的行政处独立出去,成立企业公司,经营上独立核算、自负盈亏。随后又把职工医院改为独立二级单位,每年由宝冶拨给一笔行政费用补贴,不足部分,由其面向市场创造效益作为补充。对于两级机关办的独资和内联企业,采取剥离分流的办法。区别不同情况,给予一定的扶持和优惠政策，进行闭口经营承包。

1994 年，开始“剥离分流、转机建制”的阶段性改革，宝冶对中外合资企业，内联与三产企业，农民合同工等人员，实行剥离分流，其中农民合同工 2 444 人全部剥离分流。宝冶成立具有独立法人资格的劳务协力公司，统一管理农民合同工，实行独立核算，自负盈亏。二级公司也相应成立劳务协力分公司（或办公室），具体负责本单位农民合同工管理工作。至此，宝冶主体得以精干，宝冶主体由 18 238 人，精简分流，压缩为 11 889 人。

1995 年，满足宝钢工程施工的需要，广泛吸纳社会力量，调整企业施工队伍结构，择优录用了 110 余家成建制的外协施工队伍，在宝钢三期工程建设和外包工程建设中发挥了重要的作用，形成新的劳动力分工格局。

1999 年 9 月，中冶集团将在上海地区各冶建单位的医疗机构（宝冶、二十冶、十三冶、五冶、十九冶 4 家医院和 1 个卫生所）从各单位划出，经资产重组合并而成中冶医院。

2002 年，配合建设部对建筑业企业资质就位重新申报以及企业加强管理的需要，宝冶对公司的管理层、劳务层实施两层分离，设立上海宝冶建筑工程劳务公司和上海宝冶安装作业公司 2 个劳务公司，满足宝冶推行一级项目管理的要求。

2006 年，根据国资委、中冶集团对主辅分离辅业改制分流安置富余人员实施方案的批复，上海宝冶商品混凝土公司、上海力博劳务有限公司实施辅业改制分流工作，改制为非国有法人控股企业，通过劳务基地持股和经营者个人持股等方式，使股本结构多元化，为宝冶实现两层分立奠定架构。同年，转让上海宝冶第一加油站。改制单位分流 1 043 人，其中在册职工 948 人（其中从业人员 404 人，内退人员 544 人），退休人员 95 人。实际安置从业人员 370 人，33 名职工选择自谋职业，1 名回主体企业。

# 第三篇

## 战略规划

企业战略是对企业整体性、长远性、前瞻性和基本性问题的计谋，是一个自上而下的整体性规划过程，也是一个企业发展的总构想和大方向。

1978年至1985年，公司的主要任务是承担宝钢一期工程建设。其间，公司对制度、领导体制、劳动人事管理和组织结构进行了探索性改革，但尚未形成企业中长期的战略发展规划。1986年6月，公司正式落户上海后，积极探索在困境中求生存、在竞争中图发展的企业改革之路，大胆进行产品结构，产业结构改革，在同行业率先创立四元产业经营模式，实施四个转变的发展战略，先后制定了《上海宝钢冶金建设公司经理任期目标》《宝冶公司抓管理上一级，全面提高企业素质工作规划》《宝冶公司1989—1990年度现代化管理规划》。1992年1月，出台《宝冶公司五年规划》，进一步贯彻"立足宝钢、服务上海、面向全国、迈入世界"的发展战略，追求全面发展，提高企业素质。1996年到2000年，公司着眼于企业长远的生存发展，着眼于跨世纪的发展目标，提出走科技质量效益型发展道路的集约经营战略。

2003年，公司分立改制后，坚持以战略引领发展，根据不同时期企业面临形势和实际情况科学设定战略规划，不贪功冒进，也不踌躇不前，公司中长期发展战略形成系统化、规范化，对企业发展起到了积极重要的作用。2017年后，公司在原有"15121"战略目标、"228711"业务定位、"75521"人力资源战略的基础上，增加7大职能战略和"131"品牌战略，搭建"SBC—152211"集团化管控架构，使战略实施体系更加完整。

在战略实施过程中，公司注重持续对外部环境及企业发展状况进行监控和评估，即时对发展目标、发展策略进行评价、调整，确保企业高质量发展，奋力打造一流的最具产业链竞争优势的全生命周期工程服务商。

# 第一章　分立改制前公司发展规划

1986 年落户上海至 2003 年分立改制期间，宝冶先后经历经理负责制、企业升级、四元产业、四个转变等改革转型，在不同时期结合企业实际制订相应的目标、管理规划，但是没有形成连贯的中长期发展规划。

## 第一节　上海宝钢冶金建设公司经理任期目标

1987 年 12 月 24 日，根据冶金工业部对宝冶 1988 年 1 月起实行经理负责制的批复，公司制订《上海宝钢冶金建设公司经理任期目标》。

### 一、任期期限

1988 年 1 月 1 日至 1992 年 12 月 31 日，任期五年。

### 二、任期指导思想

立足宝钢、服务上海、面向全国，坚持以改革求发展、以管理求效益、以技术求进步、以质量求生存的宗旨，增强企业的竞争能力、应变能力，提高企业经济效益和社会效益，创建新型的冶金施工检修企业。

### 三、任期奋斗目标

确保三项任务（宝钢生产设备检修、宝钢基本建设和为上海冶金工业服务）；实现两个转型（由单纯的基建型向检修基建型转变，由生产型向生产经营型转变）；巩固三根支柱（检修、基建、多种经营）；企业管理上等（跨二上一攀特级）；实现超一期、创一流（宝钢二期工程）；主要经济技术指标居全国同行业先进水平；职工收入和生活福利进一步改善；厂风建设进入本地区先进行列。

### 四、任期目标保证措施

**【完善经营机制和全方位推行经营承包责任制】**
加强和完善经理负责制及其运行机制。实行以经理为首的“三师”分工负责制，发挥“三师”的管理和技术决策作用。执行“三个条例”实施细则，做到职责分工制度化、经营决策程序化、保证监督条例化、民主管理法规化。经理任期目标从纵向分解到底，横向分解到边，逐级负责，严格考核，并与企业升级规划相统一，以经理任期目标促进企业升级，以企业升级确保经理任期目标的实现。以改革和完善多形式、多层次的经营承包责任制为中心内容，深化企业改革。按照“充实一线、开发二线、搞活三线”的方针,一业为主,多种经营,内包外联,形成以检修、基建、经营开发为三大支柱的企业新格局。

**【狠抓全面质量管理,提高企业素质,实现上等级目标】**

抓好全面质量管理培训,组织职工进行全面质量管理活动,强化质量意识,把各项工作纳入全面质量管理轨道,提高工作质量,保证工程质量。以提高工程质量、降低消耗、增强经济效益为目的,建立完善的保证体系,纵向抓系统打基础,横向抓综合促水平,步骤上抓机关带集成,手段上抓电算带基础。加强规范化、标准化建设,按国内外技术标准,迅速形成公司内部标准化系列,并严格组织实施管理。抓好安全环保,改善职工劳动条件,保障职工安全和健康。

**【加强技术管理,推动技术进步,发挥技术优势】**

坚持科技为施工服务,向技术进步要效率、要质量、要效益。全面学习宝钢一期工程建设和全国同行业中的技术开发、技术管理及推广先进技术的经验、学习消化国外的先进技术,发挥并发展公司技术优势。执行三级技术责任制,建立健全各项技术业务规章制度,形成强有力的技术指挥系统。开展群众性的双革、技措和合理化建议活动,推广应用现代化管理技术,加强技术进步。树立“依靠科技、尊重知识、尊重人才”的风气,进一步落实知识分子政策,切实发挥专业技术人员的聪明才智和积极性。挖掘现有装备潜力,优化机械选型,进行装备更新,加强施工机械检修,提高技术装备率和机械化施工综合水平。

**【党政工团齐抓共管,创建双文明企业】**

端正经营思想,树立良好的职业道德,开展优质服务,争获企业信誉。加强思想政治工作,开展党的基本路线教育、法制教育和厂规厂纪教育,抓好职工队伍建设。充分发挥党组织的保证监督作用、职代会的民主管理作用,共青团的突击队作用,党政工团齐抓共管,创建双文明企业。

## 第二节　抓管理上一级　全面提高企业素质

1988 年 6 月 6 日,宝冶在宝钢地区率先通过由冶金部和上海市联合组织的企业升级考评,经评审核定为国家二级企业。同年 11 月 5 日,制订《宝冶公司抓管理上一级　全面提高企业素质工作规划》。

### 一、企业升级目标

(1) 1988 年四类十二项指标全部达到国家一级企业标准。

(2) 1989 年确保指标稳定在国家一级企业水平,通过国家一级企业预审,争获冶金部质量管理奖预评。

(3) 1990 年正式通过国家一级企业考评,获冶金部质量管理奖。

(4) 1991 年巩固国家一级企业,申报国家质量管理奖预评。

(5) 1992 年向国家特级企业攀登,争获国家质量管理奖。

## 二、做好五件实事

(1) 规划的贯彻落实与完善;把内部晋升等规划由两级公司延伸到队、厂、科室,上下纵横成网。

(2) 宝冶的一切经营活动和各项管理实现法治和标准化。

(3) 升级组织、管理和保证体系的落实与质量、消耗、效益、管理的工艺逻辑和组织逻辑网络的有机联系和完善。

(4) 系统工程在各项专业管理中的应用与深化。

(5) 做好升一级资料的准备。

## 三、实现七个突破

(1) "抓管理、上等级全面提高素质"的强烈自我需求意识上的突破。

(2) 抓企业四类十二项经济技术指标全线达标并突破国家一级企业标准。

(3) 抓十项管理基础工作全线达标,特别是企业规章、制度的标准化有所突破。

(4) 抓各项专业管理现代化管理观念与方法的突破。

(5) 抓企业管理手段上的突破。

(6) 抓企业内部配套改革上的突破。

(7) 抓增强企业活力,多种经营上的突破。

# 第三节　宝冶 1989—1990 年度现代化管理规划

宝冶认真贯彻国务院《关于加强工业企业管理若干问题的决定》和《企业管理现代化纲要》,扎实抓企业升级,实现晋升国家二级企业的管理目标。随着配套改革的深化,面临国家大幅度压缩基建投资规模的形势,公司明确提出"四元产业结构"经营战略,重组企业生产要素、完善内部经营机制,积极参与市场竞争。1989 年 6 月 29 日,制订《宝冶公司 1989—1990 年度现代化管理规划》。

## 一、指导思想

全面贯彻国家《企业管理现代化纲要》精神,以各业务管理系统为主导来推进企业管理现代化。在推进过程中实行"条块"结合、分工负责的制度,从单项应用向综合应用发展,充分调动各业务系统(处、室)和各工程公司推进现代化管理的积极性。

## 二、五大目标

树立以质量和效益为中心的新观念,进一步从理论和实践上完善四元产业结构,实现经营思想的现代化。发挥大型建筑企业优势,适应国际国内工程承包环境,主要运用鲁布革经验进行项目管理试点,实行工程项目承包,取得项目管理经验,不断优化企业组织,逐步实现企业组织的现代化。在管理方法运用上联系实际,制订推进现代化管理成果目标责任分工表。做到管理目标明确、责任落实、立项管理、确保成果,做到从部门到系统的结合和配套。在管理手段上提高电子计算机辅助企业管理的水平,提高电脑利用率,在理顺企业信息流程和完善企业管理基础工作的基础上,实现各专业系统(子系统)的计算机管理,同时设计和建立宝冶企业管理信息系统,实现经理办公自动化。在管理人才现代化方面对各种管理人员进行多层次、多途径、多种形式的管理现代化方法的应知应会培训,使之能够熟练地掌握本专业的现代化经营管理知识与技能。

### 三、具体措施

强化对各级领导的现代化意识教育和培训,加强对管理思想、企业组织、管理方法、管理手段、管理人才现代化的宣传,把管理现代化提到领导工作的重要议事日程上。把推进现代化管理和经营承包有机联系,运用现代化管理方法保证承包目标的实现。宝冶设立年度企业管理奖,鼓励运用各种现代化管理方法取得更多成果,大力表彰在推进企业管理现代化过程中取得显著成绩的集体和个人。各级全面质量管理委员会(或领导小组)及评审机构发挥在企业管理现代化的决策咨询指导作用,对本单位或部门推进现代化管理负领导责任,各基层单位设现代化管理联络员,具体负责现代化管理的组织工作。发挥宝冶科协现代化管理学组的核心作用,组织学术活动,定期召开现代化管理研讨会、讲习班,参与成果评审和推荐工作。由教培中心牵头,各业务系统配合,组织各种现代化管理知识培训。购买现代化管理书刊,满足各业务系统推进管理现代化的需要。

## 第四节　宝冶五年规划(1991—1995 年)

1992 年 1 月 18 日,出台《宝冶公司五年规划》(简称《规划》)。宝冶成为宝钢集团全资性紧密型企业,进一步贯彻“立足宝钢、服务上海、面向全国、迈入世界”的发展战略,深化四元产业,全力推进四个转变,追求全面发展,提高企业素质。

### 一、宝冶五年发展奋斗目标

《规划》提出 1991—1995 年期间的奋斗目标,概括起来就是“5432”,即创立五个一流;发展四元产业,推进四个转变;实现三个翻番;夺取两枚金牌。

#### (一) 创立五个一流

企业的整体素质、综合能力和经营管理水平显著提高,创出国内同行业五个一流,即一流的科学技术,一流的产品质量,一流的经营管理,一流的经济效益,一流的职工队伍。

#### (二) 发展四元产业,推进四个转变

坚定不移地推进四个转变,即由劳动密集型企业向技术、管理、装备密集、科技先导型企业转变;由内向型企业向内外向结合、工贸结合型企业转变;由冶金施工企业向建设总承包公司转变;由宝钢检修型企业向全方位、多功能检修协力综合生产总承包公司转变。通过四个转变,使宝冶成为有特色的技术管理、装备密集型内外向结合、工贸结合、科技先导、多元经营的建设和生产协力的综合总承包公司。

### （三）实现三个翻番

企业主要经济技术指标力争实现三个翻番：

**【企业(四元)总产值翻番】**

五年内达到 7 亿—8 亿元。其中，各元产值占企业四元总产值比例分别为施工产值占 30%，检修协力占 20%，加工生产占 25%，多种经营占 25%。

**【全员劳动生产率翻番】**

五年内达到 4 万元，前三年每年平均递增 6%，1993 年达到 3 万元，后两年每年平均增 9%，1995 年达到 4 万元，比 1990 年翻一番。

**【实现利润(含合资企业分利)翻番】**

五年内达到 3 400 万元，前三年递增率为 12%，1993 年达到 2 400 万元，后两年递增率为 19%，1995 年达到 3 400 万元，比 1990 年翻一番。

### （四）夺取两枚金牌

工程(产品)质量创两个国优金奖，即宝钢三号高炉创国家优质工程奖、螺旋焊管产品创国优产品奖。

## 二、宝冶五年发展方针

继续坚持以经济建设为中心，坚持四项基本原则，坚持改革开放，坚持企业的社会主义方向，坚持物质文明建设和精神文明建设一起抓，保证企业沿着建设有中国特色的社会主义道路前进。全面贯彻中共中央关于搞活大中型企业的方针和措施，坚持深化企业内部配套改革，建立起适应有计划的商品经济和计划调节与市场调节相结合的国家宏观经济调控的新型企业制度及其运行机制。充分发挥党的政治核心作用，进一步完善经理负责制，全心全意依靠工人阶级办企业，调动一切积极因素，党、政、工、团齐抓共管，团结奋斗。进一步发展四元产业，坚定不移地加速推进四个转变，不断拓展企业经营空间，提高经营质量，优化企业生产要素，提高企业集约经营、规模经营的水平。充分利用国家改革开放的大环境，卓有成效地打入国内、国际两大市场，全力发展内外向结合、工贸结合型经济。牢固树立“立足宝钢、建设宝钢、服务宝钢”的经营方针，充分利用宝冶成为宝钢集团全资性紧密型企业的优势，加速同宝钢形成互为依托，共同生存发展的内在联系。强化质量是企业生命的观点，把质量作为企业生产经营活动的永恒主题，作为企业管理的中心环节，持之以恒地推行全面质量管理，走质量效益型道路。强化以人为本的企业管理，把提高人才素质作为企业管理的核心，实现企业管理整体优化。牢固树立科学技术是第一生产力的思想，大力推行技术进步，把技术开发、新工艺、新方法、新技术的推广应用作为企业求生存、求发展、求效益，在竞争中立于不败之地的重要手段，使新技术与多元经营相互依托，相互促进。坚持继承和发扬宝冶艰苦创业、艰苦奋斗的优良传统，勤俭办企业，不断增加企业积累，提高企业生存发展能力。坚持前三年后两年两步走的发展战略，前三年是全力为四个转变创造条件，打基础，形成雏形的阶段；后两年是完善和发展四个转变阶段。

## 三、宝冶五年发展主要任务和措施

围绕五年发展奋斗目标,《规划》提出十项主要任务和措施:

(1) 坚持不懈地拓宽企业经营领域,扩大经营空间,完善经营机制,加快实现由冶金施工企业向建设总承包公司的转变。前三年实现四个具体目标:依托宝钢集团与勘察、设计、大专院校、科研单位等联合,形成工程项目的勘察、设计、科研开发能力;形成大中型工程项目的经营决策、管理指挥、协调中心;形成若干个能独立承担大中型项目施工的项目经理部;各专业管理发展成准事业部制,实现矩阵管理和系统监督。后两年积极试行工程总承包,加速建立和完善工程总承包运行机制,通过五年努力,把宝冶发展为初具规模的建设总承包公司。

(2) 坚持实行企业"产、供、销"一体化,逐步实现企业由过去的内向型经营向内外向结合、工贸结合型企业转变。通过大办合资企业,把产品打进国际市场,带动和培养一批外向型经营人才(其中包括掌握国际经济法规、国际贸易惯例等),提高企业技术管理和装备水平,增加企业创汇和外汇储备。把主导产业——建筑施工带入国际市场,形成双向迈入世界参与国际市场竞争的态势。

(3) 坚持贯彻"立足宝钢、建设宝钢、服务宝钢"的经营方针,大力发展深化检修协力产业,实现向多功能、全方位的检修办和综合生产总承包公司转变。

(4) 认真贯彻"科学技术是第一生产力"的思想,坚持把企业发展转到主要依靠科技进步和提高劳动者素质上来,加快实现企业由过去劳动密集型企业向技术管理装备密集、科技先导型企业转变。1991—1995 年形成宝冶新的八大技术系列。建立一套创办科技先导型企业的激励机制和约束机制。

(5) 强化企业管理,不断提高企业管理水平。形成企业行为秩序井然,法制轨迹清晰,管理要素优化,管理水平先进的新格局,全面提高企业管理水平和整体素质。大力推行以工程、产品质量为核心的全面质量管理工作;建立具有宝冶特色的现代化管理模式;完善以宝冶信息中心为龙头的企业管理信息系统;五年内完成与二级公司的计算机联网,形成纵横交错、立体运行的两级计算机管理网络体系;建立标准化管理体系的运行、考核机制,积极推广运用国际标准和国外先进标准;抓好"两基"(基础、基层)工作;积极推行定置管理,逐步建立良好的施工、生产环境和秩序,开展创建文明现场、文明车间、文明仓库等文明活动;加强材料和机械设备管理;强化安全管理工作,全面贯彻"安全第一、预防为主"的方针,坚持把抓好安全生产同搞好企业经济建设,深化企业改革,加速技术改造和大力发展生产力有机结合;抓好合资企业管理。

(6) 突出以搞活企业为主题,以转换企业经营机制为重点的企业深层次改革,通过改革建立搞活企业的新机制,使企业在更加持续、稳定、协调的轨道上发展。1991—1995 年认真抓好六个方面的改革:一是改革管理模式,精简管理层次。通过 2—3 年时间的努力,把现有的三级管理(宝冶、工程公司、厂队)改革为宝冶和工程公司的两级管理。二是搞好内部经营承包责任制的配套、完善和深化,把承包向广度和深度渗透,实行由前方工程承包到后方岗位承包,推行全方位、全岗位、全员性的经营承包责任制。三是开展用工制度改革。四是积极推进干部制度改革。五是深化工资制度改革,加速完善具有宝冶特色的企业弹性结构工资制。六是坚持以"十定"(定项、定量、定标、定时、定岗、定职、定员、定责、定权、定利)为主要内容的两级机关改革。

(7) 强化职工教育培训,加速人才开发。

(8) 坚持两个文明一起抓,加强精神文明建设。大力抓好企业的思想建设、理论建设、制度建设、队伍作风建设、企业文化建设和企业公共关系等工作。

(9) 抓好财务、审计、监察、治安保卫、医疗卫生、计划生育、住宅区绿化等其他方面的工作。

(10) 抓好生产生活基地建设,搞好职工生活福利。建设第二生产基地,确保厂区五个单位(五公司、特种、筑炉、检修、材料处)搬迁新基地。加快筹建生产指挥中心,形成综合配套的宝冶生产经营中心;三年内建成三栋高层和三万平方米住宅,基本解决双职工住房问题;逐步实现单身职工宿舍公寓化;全面完成单、双身职工生活区用煤气;全面建成月浦游泳池以及职工住宅区采暖工程;加紧筹建医院门诊楼和制剂室等配套设施,形成200张病床、综合配套、设施完整的宝钢地区一流职工医院;三年内建成月浦地区退休职工活动室,使宝冶退休职工有一个安度晚年的良好环境和活动场所;努力提高职工收入,"八五"期末争取人均年收入达到5 500元以上。

## 第五节 宝冶"三五"期间发展目标

1996—2000年是宝冶第三个五年发展时期,宝冶着眼于企业长远的生存发展,着眼于跨世纪的发展目标,坚持科技先导、科教兴企方针充分抓住国内高新科技大发展的机遇,按照国家关于向科技进步要效益,向科学管理要效益的指示精神,努力把企业的经济增长方式由主要依靠资金、物资、劳动力等生产要素量的扩张,转变到主要靠科技进步、高新技术、提高生产要素的合理构成使用效益上来,提出走科技质量效益型发展道路的集约经营战略。

在宝冶"三五"发展时期,要加快形成具有宝冶特色的、具有高新科技含量的十大技术系列,其中包括地基基础工程技术系列;建筑装潢、装饰工程技术系列;高层和轻钢结构技术系列;液压、气动技术系列;电气自动控制技术系列;压力容器制作安装技术系列;焊接技术系列;江海围堤筑坝施工技术系列等。建成一个检测试验中心和十个相应的专业试验研究室,不断增强宝冶在国内外市场的综合实力和生产竞争能力。

# 第二章　分立改制后公司发展战略规划

2004—2018 年，宝冶中长期发展战略形成系统化、规范化，根据不同时期企业面临形势和实际情况分别制订五年发展战略规划。同时，按照中冶集团统一要求，还编制了 2015—2017 年、2018—2020 年、2019—2021 年三年滚动发展规划。总体来说，滚动发展规划以经济指标调整为主，在战略方向、战略措施方面未做大的调整。

## 第一节　宝冶 2004—2006 年发展规划及管理持续改进纲要

2003 年初，上海宝冶建设有限公司完成公司制改革，基本实现主辅剥离、管理层和作业层两层分立，初步形成股东会、董事会、监事会和经理层职责清晰、权责明确、有效制衡的法人治理结构，建立起主业突出、效益至上的市场运作机制。根据当时的市场状况和发展态势，编制了公司设立以来的首个中长期战略规划《宝冶建设（2004—2006）三年发展规划及管理持续改进纲要》。

### 一、战略指导思想及发展方向

**【经营理念】**

在经营的每一个领域，都追求卓越。突出工程承包主业的特强地位，打造精品工程。在确保业主满意的同时，创造企业价值最大化，形成我们的核心竞争力，成为国内一流企业。

**【战略指导思想】**

调整定位和方向以增强适应变化能力；优化产业结构以增强创效能力；提高资源质量以增强持续发展能力；注重科技开发以增强长期支撑能力；培育企业文化以增强团队协同能力；坚持以人为本以增强持续竞争能力。

**【发展方向】**

继续坚定不移地以宝钢发展为依托，致力于做强、做大工程设计施工总承包、专业承包核心主业，做大、做优钢构产业，做精、做专检修协力产业，加快发展房地产产业，并稳步发展以适度相关为原则的大型设备租赁业务，工程机械、特种设备检验、修造业务，工程检测、测量业务，工程设计、监理、策划、咨询业务，产品（建材、金属制品及高新技术产品等）加工制造业务，以及物流配送业务等；钢铁、汽车、电力等行业与市政、场馆、基础设施以及其他民用建筑是宝冶的重要目标市场。在积极拓展国内市场份额的同时，稳步进入国际市场。

## 二、总体发展目标

**【经营目标】**

至 2006 年末，企业总产值超过 60 亿元；主营业务收入不低于 55 亿元；净利润不低于 5 000 万元。

**【能力目标】**

提高资产使用效能，控制非施工生产用设备规模；购置 1 000 亩生产基地，建设“宝冶建设工业园”；主业员工人数保持在 4 800 人以内，其中专业技术、管理人员占 70%以上；申报并获房屋建筑工程施工总承包特级资质、完成建筑装修装饰工程专业承包资质由二级升级为一级，取得房地产开发二级资质。

**【核心技术系列】**

通过 2—3 年时间形成六项核心技术：地基与基础工程综合技术；钢结构设计、制作、安装、检修及制品系列技术；特大型高炉、连铸、轧机等设备安装调试技术；电气自动化与建筑智能化技术；高层建筑物、构筑物结构、屋面施工技术及装修装饰技术，大跨度、大面积场馆施工技术；机器人液压顶升技术，大件吊装技术。

## 三、战略举措

深化改制，激活机制，建立符合现代产权制度的股份制企业。实施资产重组，优化产业结构，推进企业集团化建设，调整完善管理结构，适应法人治理结构，改进业务流程，完善总部管理职能。

完善制度，消除缺陷，提升能力，持续改进。通过提升市场营销、项目管理、财务管理能力，持续改进人力资源管理、技术开发与科技进步管理，持续推进基础管理，大力推进信息化建设，提高信息技术利用能力，创建学习型企业，在工作中学习，在岗位上成材，抓好企业文化建设，打造企业品牌。

## 四、战略实施情况

公司积极进行经营提升，向价值链上游前行，在欧倍德项目上首次实践设计带动施工、施工依托设计的工程总承包方式。公司承建了施工难度大、工期要求紧、技术含量高的标志性重点工程，如国家体育场（鸟巢）、宝钢二号高炉原地大修等项目。全面推行一级项目管理，本着“一级管理，两层分离”的原则，走出成本控制和推行项目经理责任制的新路子。在综合性项目上，继续发挥项目两级管理的经验优势，按照规模—效益—定员—分配一体化的分配方式，实现上下两级工程管理层高度协同。

提升装备制造能力，在“以设计为龙头、以制作为基础、以安装为关键、以检修为延伸、以产品为依托”的钢结构产业发展战略指引下，2004 年组建成立钢结构设计院，在宝山罗店购置 380 亩土地（分三期建设）、南京购置 36 亩土地，筹建上海罗店工业园区钢结构扩建项目、南京分公司钢结构厂项目。2005 年，为培育宝冶品牌、提升钢结构产业综合竞争力，对公司钢结构产业进行整合，成立钢结构分公司。

2005 年 6 月 28 日,公司通过职业健康安全管理体系认证和环境管理体系认证。2006 年,成功取得房屋建筑工程施工总承包特级资质,成为中冶集团首家双特级单位,成为国家建筑行业为数不多的双特级企业之一,同年 12 月,获得中国钢结构制造企业(特级)资质。

2006 年,公司合同签约额实现 93.41 亿元,营业收入超 70 亿元,三年规划经营指标全面完成。

## 第二节 宝冶 2006—2010 年发展战略与规划

“二五”规划战略发展期,宝冶在主导战略上采取差别化发展战略,即通过服务创新、技术领先、产品质量可靠、全面为业主提供解决方案等措施来培养公司的独特竞争能力,形成不同于行业竞争对手的差别化特征。此外,根据公司的价值链特征,采取辅助的后向一体化战略,发展设备制造及成套产业,以降低公司成本。

### 一、战略定位及发展指导思想

#### 【战略定位与战略描述】

瞄准以宝钢为重要战略客户的钢铁冶金市场和市政、民用、公用建筑以及道路、桥梁、轨道交通等基础设施建设的非冶金市场以及电子、化工、能源等建设领域,以成为具备项目开发、设计、采购、施工、检修能力的国内一流工程承包商为主体,整合企业内外资源,突出增强企业 EPC 工程总承包能力,精心打造 EPC 工程总承包,检修协力,设备制造及成套(钢构加工制造、金属制品生产、机械设备修造制造)和资源开发四个产业板块。到 2010 年,宝冶四大产业板块占总经营规模比例大致预设为 78%、5%、10%和 7%。

#### 【发展指导思想】

以创新提升、持续增长的科学发展观统领公司发展全局,突出增强 EPC 工程总承包能力,围绕中冶集团“二五”规划总目标和公司 2010 年发展目标,切实制定各项战略措施,全面提高经济效益和企业素质,努力提升核心竞争力和可持续发展能力,把宝冶发展成为国内一流工程总承包商集团公司。

### 二、发展总体目标

#### 【总体目标】

围绕中冶集团 2010 年进入世界企业 500 强总目标,到 2010 年总营业收入应不低于 100 亿元,争取达到 125 亿元,继续稳占冶建行业排头、上海市建筑企业综合实力 50 强第一名地位和全国建筑业企业十强。员工收入年均增长率不低于 10%,力争在 2010 年人均收入达到 8 万元。

#### 【技术创新体系】

建立完善以企业技术中心为研发管理核心的技术创新组织机构、技术开发研发管理体系。建立健全两个中心，即以企业技术中心为核心的研究发展机构和以为社会提供检测、校准技术保证服务的检测中心。在完善十一大专业技术系列的基础上形成与企业产业板块相适应的核心技术板块。“二五”期间形成省部级成果、工法、国家专利不低于50项。逐步完善企业施工规程体系，组织编写并发布实施新的企业施工规程不低于20项。到2010年宝冶的技术研发能力争取达到国内先进水平，科技投入指标达到国家同行业企业先进水平，每年技术开发投入总规模不低于营业收入1%。

**【人力资源】**

通过人力资源不断优化、调整、开发，构建支撑公司四大产业板块、三个经营承包体系的人力资源结构。到2010年，公司主体员工人数4 580人，管理人员、技术人员、作业人员分布结构为2∶2∶1。八大人才系列基本形成，人员专业结构合理，梯级化分布均衡，职业资格体系健全，确保公司正常的生产经营需要以及长远发展的人力资源储备。

**【改革调整重点】**

完成全部子公司的改制工作；钢构加工制造业务实行资产重组，改制成立钢构股份有限公司；宝冶完成（集团）股份有限公司的整体变更。实施资源整合，进行事业部制改革。根据四大产业板块发展进程，在公司“二五”发展期间，逐步设立EPC工程总承包、检修协力、设备制造和成套、资源开发事业部，以事业部制搭建四大产业板块发展平台，发挥资源整合效应，增强产业盈利能力。

## 三、战略举措

一是制定并实施战略风险管理计划，定期识别、分析、评估企业风险，制定实施风险管理解决方案，并不断监控、改进风险管理过程。

二是制定并实施经营方式创新计划，以大区划片经营和专业分公司经营共同支撑EPC工程总承包事业部发展平台，以各大钢厂为主要目标市场，承揽检修协力订单。

三是制定并实施管理创新计划，从观念转变、组织创新、流程再造、项目管理等方面优化资源配置，打造核心竞争力。

四是制定并实施品牌发展计划，通过准确品牌定位，优化品牌组合，明晰品牌结构，推广宝冶品牌扩大知名度、提升竞争力。

五是制定并实施人力资源开发计划，优化公司人力资源结构，建立以素质能力、工作业绩为导向的用人机制，充分发挥薪酬制度激励作用，明确八大人才序列职业生涯规划，以能力建设为核心，大力开发人力资源。

六是根据市场营销工作需要申请房建施工总承包特级资质。

七是制定并实施企业财务管理及资金运作计划，推进财务全面预算管理、成本精细化管理、资金集中管理。

八是制定并实施技术创新与科研开发计划，保证科技投入，提高科技创新能力，完善专业技术体系，强化以企业技术中心为核心的研发能力和以检测中心为核心的服务能力。

九是制定并实施国际化经营计划,加大海外市场开发力度。

十是发挥党组织政治核心作用,推进企业持续、健康、协调发展。

十一是加强企业文化建设,通过宣传教育、学习活动等方式,提升企业精神、统一员工价值观、提高员工素质、塑造企业形象。

### 四、战略实施情况

总部机关进行调整,满足作为“战略决策、经营决策、资源配置、财务资产管理、技术保障、信息管理”的功能定位,以“适应公司产业转型、结构调整的需要,打造公司四大产业板块,以科学合理的组织架构为公司产业发展提供体系上的保证”为指导思想。

2006 年,与辅业相关的力博公司、混凝土公司实施主辅分离、改制分流。适应宝冶打造设计—施工一体化企业(DB 企业)和发展 EPC 工程总承包业务的要求,公司吸收合并上海宝冶海顿工程有限公司,上海宝冶安装作业公司改制为宝冶控股的有限公司。2008 年,上海宝冶奥达建筑自动化工程公司、上海宝冶工程技术公司完成公司制改革。

2007 年,南京基地投入生产运营,并逐步形成年产 5 000 吨的轻型钢结构加工基地;2009 年,罗店三期项目交付使用,罗店钢结构加工基地形成年产量 10 万吨的加工能力,并在质量管理上形成以欧标、美标等不同标准的加工体系,并相应取得认证资质。

2009 年,根据政策导向和市场趋势影响,结合中冶股份开发保障性住房的精神,公司积极介入保障性住房开发,在上海、慈溪、扬州等地开发近 200 万平方米的项目。

2009 年,企业转型、产业结构优化取得进展,产业链横向拓展和纵向延伸初见成效。公司尝试在广西防城港市青少年活动中心、信阳明港机场进场道路改扩建、信阳市体育中心等工程采用 BT 的运作方式扩大市场经营规模。2010 年,签约总投资达 40 亿元的珠海十字门中央商务区、无锡市惠山区新经济产业园等项目,短时间内形成 BT 项目建设的规模化、产业化,开始融资项目建设的探索之路。

2010 年,公司完成合同签约额 264.48 亿元,营业收入超过 125 亿元,全面完成五年规划经营目标。

## 第三节　宝冶 2011—2015 年发展战略与规划

2010 年 9 月,公司制定《2011—2015 年发展战略与规划》,随着企业文化的沉淀和转型升级发展需要,2014 年 7 月,公司对《2011—2015 年发展战略与规划》进行了修订。

### 一、核心内容

**【战略定位】**

主业突出、多专业、跨行业、具有可持续发展能力的国际化工程公司。

**【主业突出】**

集中资源,优化配置,调整主业结构,立足国内国际市场,着力发展 EPC 工程总承包、钢结构及装备制造、检修协力和房地产开发四大主业。

**【多专业】**

业务涵盖设计、建筑、安装、制造、冶炼以及相关技术服务、房地产等多个专业。

**【跨行业】**

主业跨行业，客户跨行业。

**【可持续发展】**

多专业、多行业、国内国际两个市场，形成较强抗风险能力、较高盈利能力、较强综合竞争能力和持续发展能力。

**【国际化】**

经营理念现代化，企业经营管理与国际接轨，市场、人才、技术、资本国际化，国际业务比重逐步提高，国际企业管理能力逐步增强，力争 2015 年海外营业收入达到 30%左右。

**【发展指导思想】**

以创新提升、持续增长的科学发展观统领公司发展全局，围绕中冶股份“三五”规划总目标，突出增强宝冶 EPC 工程总承包、钢结构及装备制造、检修协力以及房地产开发能力，全力挺进轨道交通等国家重点发展领域，把宝冶发展成为技术密集型、管理密集型、资金密集型、具有可持续发展能力的国际化工程公司。

**【总体目标】**

到 2015 年，把宝冶发展成为技术密集型、管理密集型、资本密集型的具有可持续发展能力的国际化工程公司，年营业收入达到 220 亿元以上，其中海外营业收入占年营业收入 30%左右。

**【主业结构调整目标】**

到 2015 年，EPC 工程总承包主业的营业收入比重占 65.45%；钢结构及装备制造主业的营业收入比重占 18.18%；检修协力主业的营业收入及利润总额比重基本维持不变；房地产开发主业发展成宝冶第三大盈利板块，营业收入比重占 13.64%。

## 二、修订后的 2011—2015 年发展战略与规划

### （一）企业文化

**【核心价值观】**

顾客满意、员工满意、股东满意。

**【企业愿景】**

铸精品工程，创一流企业。

### (二) 战略定位及总目标

**【指导思想】**

以创新提升、持续增长的科学发展观统领公司发展全局,围绕中冶集团“三五”规划总目标,突出增强宝冶工程总承包、钢结构制作安装及房地产开发能力,关注国家重点发展领域,把宝冶发展成技术领先、管理精益、资金密集、具有可持续发展能力的大型建筑企业集团。

**【战略定位】**

聚焦主业、做强专业、行业领先、具有可持续发展能力的大型建筑企业集团。

**【基本战略】**

科技领先战略、高端市场战略、精益管理战略、精品工程战略、区域经营战略。

**【总体目标】**

到2015年,宝冶继续保持冶建行业排头地位,积极开拓非冶金市场和海外市场,发展成为综合绩效一流、国内知名、集团内部领先的大型建筑企业集团。实现合同签约额300亿元,营业收入230亿元,人均创利15万元,在岗员工人均收入15万元,净资产回报率15%,资产负债率不高于75%。

## 三、战略举措

一是整合优势资源,优化组织机构,鼓励相关公司重新定位。

二是以产业性质和专业核心力的培育为导向,引导相关专业建立设备租赁平台,依托中冶河南分公司,在郑州建设规划年产10万吨的钢结构厂,实现区域内资源有效配置。

三是梳理科技创新主要方向,注重科研成果积累,强化科研团队建设。

四是重点发展基于互联网的协同建造、应用系统和建筑施工企业信息化的关键技术,推动标准化管理,全面提高企业信息化总体应用水平。

五是深入研究BIM应用技术,强化专业BIM团队建设,提高企业BIM应用能力。

六是继续调整人员结构,完善公司职位体系,以能力建设和职业发展为导向,加大对企业管理人才、项目管理人才、专业技术人才的培养力度,科学规划后备人才队伍建设。

七是深化集中采购工作,优化集中采购渠道,加强材料消耗管理。

八是完善作业资源管理,在作业资源的引进、使用、考评过程中不断优胜劣汰,确保为工程项目集聚优质资源。

九是通过业务财务一体化信息平台的建设及其他信息化手段,实现财务集中管理;拓宽融资渠道,不断尝试使用新的融资工具;建立财务共享中心,实现公司内资金业务和费用报销业务的高度集中管理。

十是推广精益管理理念,创建企业成本价格体系,加强成本精细化管理。

十一是全面推进创优全覆盖,实现质量、安全、绿色施工、文明施工全面达标,提升工程项目管理总体水平。

十二是推行项目管理标准化,优化项目管理模式,通过管理行为标准化、安全文明施工标准化逐步构建各类标准化工作框架，优化作业流程，规范作业行为。

十三是加强企业文化建设，提高舆论引导能力，发挥领导示范作用，强化项目文化建设。

### 四、战略实施情况

2015 年，公司进一步深化调整机构，整合资源，发挥顶层设计优化引领优势，打出一系列深化企业改革的组合拳。调整明确二级单位的主业定位。将已具备转型条件的建筑工程公司、工业工程公司转型为施工总承包公司；设立八大区域公司，并引导区域公司向建筑工程施工总承包公司方向发展；对各专业公司进行清晰的专业定位，通过推行专业化发展战略，打造“宝冶钢构”“宝冶安装”“宝冶市政”等专业品牌，力争以各自差异化的拳头产品，形成细分市场上的竞争优势。宝冶“总承包公司—专业化品牌公司—资源配套专业公司”三类公司协同发展的新格局初具雏形。优化整合产业资源。完成冶金业务资源全面整合，将安装工程公司相关资源逐步划转至工业工程公司；进一步整合安装专业资源，将安装工程事业部并入安装工程公司，形成安装合力；设立高炉事业部，继续巩固宝冶大型高炉施工和高炉快速大修等独占鳌头的传统优势。

构建布局合理的区域化分公司网络，陆续成立北京建筑工程分公司、沈阳分公司、兰州分公司、郑州分公司、江苏分公司，提升厦门分公司、成都分公司、合肥分公司为实体型区域分公司，投资设立上海宝冶建筑工程有限公司、上海宝冶集团沈阳建筑有限公司、广州宝冶建设有限公司和上海宝冶集团大连建筑工程有限公司，填补公司在中原地区重型高端钢结构市场空白，设立郑州宝冶钢结构有限公司。

海外工程实现大跨越，台塑越南河静钢铁项目是公司在海外一次历史性突破，具有里程碑意义。海外业务走出以往仅仅局限于东南亚市场的局面，市场陆续扩展到南美的玻利维亚、中东的乌兹别克斯坦等国际区域。

公司完成合同签约额 360 亿元，营业收入突破 200 亿元，全面完成五年规划经营目标。

## 第四节　宝冶 2016—2020 年发展战略与规划

2015 年 9 月 15 日，宝冶启动“四五”发展战略与规划编制工作，全公司近 200 人接受访谈，1 300 多人填写了问卷，召开 30 多次不同层级的专题会、讨论会。在全体员工的积极参与下，宝冶企业文化手册与“四五”发展战略与规划编制完成，在 2016 年工作会议上正式发布。

### 一、企业文化

**【主题】**

合创之道。

**【使命】**

建精品工程，铸长青基业。

**【愿景(四最)】**

成为综合实力最强、品牌形象最佳、发展质量最优、幸福指数最高的建筑企业集团。

**【核心价值观(4C)】**

诚信、笃行、创新、共赢。

**【企业精神】**

超越自我，敢为人先。

## 二、企业总体战略

**【“531”战略目标】**

500 亿元合同额、300 亿元营业收入、10 亿元利润。

**【“622”业务结构目标】**

民建施工总承包占比 60%，市政公用工程总承包占比 20%，冶金工程总承包占比 20%。

**【“1234”战略思路】**

围绕一个目标——“四五”期间，使宝冶成为最具产业链竞争优势的建筑企业集团；

加速两个升级——业务结构转型升级、管控模式转型升级；

聚焦三大核心——总承包业务、专业业务、投融资职能；

搭建四个平台——集团管控平台、区域运营平台、两化运营平台、人力资源平台。

**【业务组合与定位】**

“四五”期间，宝冶以总承包和专业承包为主业，以投资为发展助力，聚焦房建、冶金、市政三大板块及专业施工领域。

## 三、战略举措

一是进一步推进资源整合，组织结构调整，构建“总承包公司—专业品牌公司—资源配套公司”发展格局，优化公司结构和职能结构。

二是深化宝冶“四五”发展战略，明确自身发展定位、目标，实现战略的层层分解、各级支撑，保障目标。

三是开展集团管控模式梳理，夯实发展基础，实现管控模式升级——总部服务控制，区域属地管理，专业公司运营，项目授权运作，社会协力合作。

四是强化各关键战略职能板块管理能力，包括人力资源管理、市场管理、技术管理、财务管理、项目管理等；明确战略职能定位，不断优化内部管理体系，实现对业务发展、集团发展的强有力的管控、支撑。

## 四、战略实施情况

2016 年，公司发布 2016—2020 年发展战略与规划以后，从顶层设计着手，将适应传统冶金市场的工序公司向适应房建、市政的总承包公司、专业公司转型，引领公司从传统冶建市场向民建、市政等市场发展。改革释放的生产力打通掣肘公司发展的瓶颈，新签合同额当年即突破 500 亿元，完成“四五”规划单项指标。

2017 年，公司与中建八局、上海建工等先进企业对标学习，对二十多家二级单位开展大调研，了解二级单位在发展中遇到的问题，并以问题为导向讨论解决方法。按照“平台建设年—集团化管控年—标准化建设年—跨越发展年”的发展主线，于 2018 年初正式提出，到 2020 年实现更具挑战性的“15121”奋斗目标，即：1 000 亿元新签合同额、500 亿元营业收入、10 亿元利润、人均收入 20 万元，奋力打造一流的最具产业链竞争优势的全生命周期工程服务商。

围绕新的奋斗目标，聚焦高技术高质量发展，公司深入开展体制机制创新，设定“228711”的组织架构，实施“大专业区域化、小专业公司化”和“资本化＋国际化”战略，业务覆盖设计、采购、施工全产业链，服务涵盖投资、融资、建设、运营全生命周期。

根据“228711”组织架构人才配置需要，公司制定“75521”人力资源目标，即到 2020 年，公司拥有 7 000 名员工，50 名博士，500 名硕士，200 名一级造价师，1 000 名一级建造师。

公司编制《管控体系》，从战略高度搭设“152211”管控架构，自上而下理顺管控关系，强化系统服务、支撑、监管职能，划分管控界面；调整、完善二级单位主业、市场、管理定位，明确发展方向；编制 21 本管理手册（含党建）统一管理标准，引入平衡计分卡管理工具，聚焦发展关键问题精准发力，为战略目标的实现铺陈组织保障、战略支撑、实施路径和策略谋划。

2018 年，宝冶实现合同签约额突破 750 亿元，营业收入达到 331 亿元。

# 第四篇

## 下属单位

2 冶金工程、工业工程
二家工业总承包公司
8 七大区域公司及国际工程
公司定位为建筑总承包公司
“228711”
组织架构
7 七家专业公司
1 投融资事业部
1 国际工程公司

1978年9月29日，上海宝钢工程指挥部十九冶分指挥部（简称分指挥部）成立，为顺利完成宝钢工程建设任务，分指挥部逐步加快施工队伍集结步伐。至1979年1月，分指挥部下辖机构有第三工程公司、第五工程公司、特种工程处、机械动力工程处、第二工业安装工程公司、筑炉工程处、第二电气设备安装工程公司、第二机械设备安装工程公司8个公司，材料处等15个处室和职工医院。后根据宝钢工程建设和检修需要，成立维护检修公司。1986年，上海宝钢冶金建设公司（简称宝冶）成立，下设第三工程公司、第五工程公司、特种工程公司、机械动力公司、工业安装工程公司、筑炉工程公司、电气设备安装公司、机械设备安装工程公司、设备检修工程公司9个工程公司。1988年，公司抓住改革开放的发展契机，广泛开展外引内联，积极兴办三产实体和三资企业。根据内部深化改革和发展需要，先后成立综合开发公司、协力生产分公司、工程技术公司、钢构分公司等单位；将三公司、五公司整合为建筑分公司；设立南京分公司、北京分公司等区域分公司。1999年后，面对三资三产企业创利效果不佳的情况，公司对三资三产企业进行了改组、改制。

2003年1月，以分立方式改制的上海宝冶建设有限公司（简称宝冶）成立。2003—2016年，公司根据企业发展战略对下属单位进行了多次调整。重点是优化整合产业资源，对钢结构、检修技改、冶金、设计等业务进行重组整合；调整明确二级单位的主业定位，将具备转型条件的公司转型为施工总承包公司，提升施工总承包能力；推进区域发展布局，引导区域公司向建筑工程施工总承包公司方向发展；积极介入新能源产业；发挥投融资职能；调整、关闭经营状况不佳的单位。通过推行专业化发展战略，形成“总承包公司—专业化品牌公司—资源配套专业公司”三类公司协同发展的新格局。

2016年11月，随着中冶东方工程技术有限公司整合并入，宝冶在全国率先实现冶金建设领域EPC全产业链贯通，具备了国际领先的竞争优势。公司以打造“一流的最具产业链竞争优势的全生命周期工程服务商”为奋斗目标，搭建“228711”组织架构（即2个设计院、2个工业总承包公司、8个建筑总承包公司、7个专业承包公司、1个投融资事业部和1个国际工程公司），实施“大专业区域化、小专业公司化”和“资本化＋国际化”战略。2018年11月，中冶华天包头设计研究总院有限公司整合并入宝冶，进一步延伸贯通了公司冶金、市政、民建领域EPC产业链。

# 第一章　设 计 院

## 第一节　中冶东方工程技术有限公司

中冶东方工程技术有限公司（简称中冶东方）是以工程设计、咨询、EPC 工程总承包及相关服务为主的多专业、跨行业的宝冶全资子公司，拥有国家授予的冶金、建筑、市政工程、化工、轻工、环境工程与评价、智能化系统集成等 10 余项行业最高设计、咨询、评估等资质，形成了技术开发与研究、技术咨询、经济和环境评价、项目规划、工程设计、设备供货及成套、工程监理、项目管理服务、工程总承包等工程建设全过程的技术服务支撑体系。总部位于青岛西海岸新区阿里山路 11 号。

图 4－1－1　中冶东方大厦

### 一、公司历史

中冶东方的前身——冶金部包头钢铁设计研究总院（简称包头院），最早可追溯至 1952 年组建的重工部鞍钢黑色冶金设计研究院。1957 年 3 月，为适应国民经济第二个五年计划时期（1958—

1962年)包头钢铁基地建设的需要,决定由北京黑色冶金设计研究总院抽调455人,迁至包头投身包钢建设。

在包头院发展的最初阶段,冶金部对其归属进行了几次调整:1957年12月,由冶金部北京黑色冶金设计总院领导改由包钢领导,并改称为包头黑色冶金设计院。1958年4月,更名为包头钢铁公司设计院。1963年1月,冶金部决定包头院与包钢分开,恢复包头黑色冶金设计院,并直属冶金部领导。

1959年9月至1966年12月,包头院参与设计的包钢一号高炉、包钢二号平炉、包钢1 150毫米初轧工程先后建成投产。此后,包头院又相继完成包钢950/850/800大型轨梁轧钢厂,直径400毫米大型无缝钢管厂的设计。包头院从学习、模仿国外设计到独立设计,逐渐成长为一支成熟的钢铁设计队伍。

1966—1976年,包头院高速度地完成包钢三号1 800立方米高炉和两座50吨氧气转炉的设计,此外还完成了西宁特钢、广东韶钢、首钢新轧钢厂、酒钢、兰钢等十余家钢铁厂的设计任务,设计步入成熟阶段。

1970年5月,包头院又改由包钢领导,第二次更名为包头钢铁公司设计院。1978年8月,包头院再次改由冶金部为主领导,明确包头院是以从事工程设计为主的设计和科研双重工作性质的科技单位,级别为地司级,定名为包头钢铁设计研究院。

20世纪80年代,包头院实行对外开放、对内搞活的方针。1984年,包头院实行企业化管理试点,对外执行设计合同制,按合同收取设计费,以收抵支、自负盈亏;同时开始扩大业务范围,除钢铁行业外,把设计科研的服务对象扩大到轻工、纺织、化工、电力和城市建筑等行业,并开始把设计产品推向国际建设市场,先后为约旦、尼日利亚、印度、孟加拉国等国家提供工程造价、科研和设计等服务,并协助施工。同年,包头院开始参与沿海开放城市建设,建立新的经济增长点——筹备建设秦皇岛分部;至1994年,成立了包头钢铁设计研究院大连分院和包头钢铁设计研究院上海分院。1998年,包头院秦皇岛分部成建制入驻秦皇岛市,搬迁员工260人。

20世纪90年代,包头院开始建立适合市场经济的运行机制和管理体制,并组织专业室进行公司化改造,指导、协助专业公司开展经营活动,整体进入市场;大力开拓非钢铁设计领域;统一管理专业所、室技术延伸业务、促进技术转化为生产力;推动专利和专有技术转让,开发技术市场,创建新的经济增长点——先后改制分离出星河公司、大连分院、上海分院、北雷高新技术开发有限公司、北雷实业总公司、北雷国际工程总公司等多个独立经营实体。从这一时期开始,包头院迈开了实施国际标准化体系认证的脚步。

1998年4月,随着国家体制改革,冶金部撤销改为国家冶金局,包头院也随之由国家冶金局领导。1999年6月,包头院与国家冶金局脱钩,归由中国冶金建设集团管理,并更名为中国冶金建设集团包头钢铁设计研究总院。

2004年末,包头钢铁设计研究总院实行分立式改制,注册成立中冶东方工程技术有限公司,注册地为山东省青岛市黄岛经济技术开发区中冶东方大厦,注册资本8 000万元。

翌年12月,根据国家相关政策及中冶集团批准的包头钢铁设计研究总院改制方案,改制后包头院的主营业务及相关资质进入中冶东方公司,与主业相关的人员也一并组建到中冶东方公司,主营业务有:工程设计、工程咨询、工程总承包、技术延伸(专有技术产业化及机电设备成套)及工程监理。

2006年,经国资委和国家工商行政管理总局批准,中国冶金建设集团公司更名为中国冶金科工集团公司,进入董事会规范运作试点后又更名为中国冶金科工集团有限公司,中冶东方随之更名为中冶科工集团中冶东方工程技术有限公司。

2010年，包头院改制为中冶东方控股有限公司，中冶东方工程技术有限公司与中冶东方控股有限公司以“一套班子、两块牌子”形式开展经营生产运作。同年10月，中冶东方搬迁首批设计人员共150人至青岛总部，2012年5月，又将第二批400余人迁至青岛总部，成为青岛中冶东方公司在岗员工的基础。

2016年6月，中冶集团试点设计院与施工单位整合发展新路径，将中冶东方工程技术有限公司主体并入宝冶，其名称存续。存留包头部分以中冶东方控股有限公司名义与中冶华天工程技术有限公司实施战略重组，更名为中冶华天包头设计研究总院有限公司。

## 二、组织机构

截至2018年底，公司下设办公室、党群工作部（工会、团委）、人力资源部（教培中心）、企业管理部（法律事务、科技质量、网络中心）、市场营销部、物资采购管理部、安全生产监督管理部、工程管理部（调度中心、图文、档案）、财务部（清欠办）9个职能部门，冶金工程事业部（炼铁、炼钢、板、管、长材、设备）、铁合金事业部、市政工程事业部（动力、暖通、给排水、环保）、自动化设计研究所（信息工程）、建筑工程设计研究所、翻译中心6个业务部门。

## 三、职工队伍

截至2018年12月，在岗合同制员工400人，其中女员工150人，人员构成主要结构如下：

30岁以下63人，31岁至35岁132人，36岁至40岁103人，41岁至45岁22人，46岁至50岁39人，51岁至55岁28人，56岁以上13人，平均年龄37.4岁。

博士研究生2人，硕士研究生99人，大学本科274人，大专16人，大专以上学历占在岗员工97.75%。

教授级高级工程师46人，高级工程师137人，高级经济师3人，高级会计师2人，高级政工师1人，其他专业高级职称3人，中级职称148　人，中级以上职称占在岗员工85%。

注册一级建筑师1人，注册一级结构工程师4人，注册一级建造师17，注册公用设备工程师（给水排水）3人，注册公用设备工程师（动力）3人，注册电气工程师（供配电）4人，注册监理工程师31人，注册造价工程师13人。从事建筑设计人员56人，冶金设计人员78人，市政设计人员65人，铁合金设计人员60人，自动化设计人员48人，翻译人员8人，项目管理人员9人。职能部门76人。

中冶东方其他方式用工人数25人。

## 四、专业资质及技术装备

中冶东方较早开始跻身国际市场，拥有进出口企业资格和对外经营资格，与40余个国家和地区的100多家厂商建立了业务关系，承担国外咨询、设计、设备供货及成套以及工程项目总承包。在2001年中国勘察设计单位综合实力百强评比中，国际业务列百强院第七名、冶金行业第一名。

中冶东方是国家级高新技术企业、山东省服务名牌企业、中国石油大学和山东科技大学硕士研究生教学实践基地,拥有青岛市企业技术中心、铸轧工程技术中心等创新平台,形成了完善的科研开发和技术创新体系。参加和完成了国家多项重点科研课题和试验研究;获得国家、省、部级优秀工程设计奖、发明奖、科技进步奖等奖项500余项;拥有专有技术200余项,累计获得国家专利授权1 000余项;主编和参编了国家和行业标准、规范、规程近100项。

1998年10月,中冶东方获国家发展和改革委员会颁发工程咨询资格证书甲级:钢铁、轻工(制糖)、市政公用工程(热力、环卫、燃气、给水)、建筑、环境工程(废水、废气、固废)环境影响评价;乙级:有色、石油天然气(油气库)、电力(25 MW及以下热电)、通信信息(有限通信)、市政公用工程(排水、风景园林)、其他(冷藏库、粮食仓储)、城市规划。

1999年4月,获建设部颁发智能建筑(系统工程设计)甲级;同年11月获国家环境保护局颁发建设项目环境影响评价证书甲级。

2000年8月,获建设部颁发消防工程甲级;11月,获建设部颁发冶金工程、市政(燃气、热力)、轻工(食品制糖)、建筑工程甲级,邮电(专用通信网)、市政(给水、排水)乙级;同时获工程设计市政(燃气)乙级升为甲级。

2001年8月,获建设部颁发工程造价咨询企业甲级资质证书;12月,获信息产业部颁发计算机信息系统集成资质证书。

2002年,获建设部颁发建筑行业建筑工程甲级、轻纺行业(制糖)甲级、市政公用行业(热力、环境卫生、燃气)甲级、(给水)甲级(有效期二年)、冶金行业甲级。电力行业(25 MW及以下热电)乙级、电子通信广电行业通信工程类(有线通信)乙级、商物粮行业(冷藏库、粮食仓储)乙级(有效期二年)、石油天然气行业(油气库)乙级(有效期二年)市政公用行业(排水)乙级、(风景园林)乙级(有效期二年);获建设部颁发工程建设监理(冶炼工程、房屋建筑工程)甲级、市政公用工程部分甲级。和建设部颁发城市规划编制资质证书乙级。同时获国家质量监督检验检疫总局颁发特种设备(压力管道)设计许可证、特种设备(压力容器)设计许可证以及获国家环境保护局颁发建设项目环境影响评价证书。

2003年2月13日,建设部下发《关于培育发展工程总承包和工程项目管理企业的指导意见》,进一步推行工程总承包和工程项目管理的措施,鼓励具有工程勘察、建立与工程总承包资质的勘察、设计和施工企业,通过改造和重组,建立与工程总承包业务相适应的组织机构、项目鼓励体系,充实项目管理专业人员,提高融资能力,发展成为具有设计、采购、施工(施工管理)综合功能的工程公司,在其勘察、设计或施工总承包资质等级许可的工程项目范围内开展工程总承包业务(1993年7月获工程总承包甲级资格证书,注册号:建承甲字4105号)。

2004年11月,重新获建设部颁发工程建设监理冶炼工程监理、房屋建筑工程监理、市政公用工程监理甲级。同年12月,重新获国家环境保护局颁发建设项目环境影响评价证书。

2005年5月,重新获建设部颁发建筑行业建筑工程甲级、轻纺行业(制糖)甲、市政公用行业(热力、环境卫生、燃气、给水)甲级、冶金行业甲级。环境工程(废气、固废甲级、废水、噪声乙级)专项工程设计;电力行业(25 MW及以下热电)乙级、电子通信广电行业通信工程类(有线通信)乙级、商物粮行业(冷藏库、粮食仓储)乙级、石油天然气行业(油气库)乙级、市政公用行业(排水)乙级。同年12月,重新获商务部颁发对外承包工程经营资格证书。

2006年12月,重新获信息产业部颁发计算机信息系统集成资质证书、建设部颁发工程造价咨询企业甲级资质证书以及获国家环境保护局颁发建设项目环境影响评价证书。

2007年10月,重新获国家质量监督检验检疫总局颁发特种设备(压力管道)设计许可证、国家发展和改革委员会颁发工程咨询资格证书甲级钢铁、市政公用工程（热力、环境卫生、燃气、给排水）、建筑；乙级市政公用工程（风景园林）、城市规划。

截至2018年底，中冶东方拥有服务器、计算机、工作站、实验设备等技术装备1 000余台，专业设计软件50余种。

## 五、业绩特色

公司坚持走创新发展之路，在各个历史发展时期投入了大量人力、物力、财力，通过引进国外先进技术、消化移植、创新开发，掌握了当代先进的钢铁前沿技术，形成了多项具有自主知识产权的专利技术和专有技术，多项核心技术处于国内领先水平，形成明显的技术优势。

20世纪50年代，中冶东方设计建成当时国内最先进的特大型冶金联合企业——包钢，设计建成了第一台国产化的1 150毫米初轧机、第一台自行设计的950毫米轨梁轧机和第一座直径400毫米无缝轧管车间，以及最大跨度的冶金厂房。20世纪60年代，承担国家下达的五机架冷连轧，连续塔式盐酸酸洗机组、连续退火机组、连续电镀锡机组等重点冷轧技术的研究和工业化试验机组，并在上钢十厂成功投入生产，开创了国内冷轧连轧设计和建设的先河。20世纪70年代，设计建成国内第一座全国产化的大型氧气转炉；20世纪80年代，率先设计建成国产化转炉全连铸车间，第一条国产化的沈阳高速线材轧机，第一座国产化的包钢万立制氧车间，第一条引进的具有世界最高水平的酒钢高速线材轧机，第一座国产化的酒钢高线大型步进梁式加热炉，以及国产化的沈阳冷轧薄板车间，率先成功研究开发了完全国产化的高炉无料钟炉顶，并取得发明专利。20世纪90年代至2018年，先后设计建成了具有国际冶金前沿技术的包钢和酒钢的薄板坯连铸连轧板厂，具有世界先进水平的莱钢中小型，第一条全部国产化的西安小型材轧机，西宁合金钢大方坯连铸机，包钢2 200立方米高炉，直径245毫米少机架连轧无缝钢管车间，包钢精炼和大方坯、方圆坯连铸车间，酒钢2 800毫米中板，以及以莱钢中型为代表的一批H型钢生产线，设计建成了国内第一台国产化大方坯连铸机，设计建成了引进国外先进技术的西宁特钢康思迪电炉，自行开发、掌握了切分轧制技术并开始在生产线上使用；设计建成了包钢210吨大型转炉，建成了包钢两条百米高速重轨生产线，设计建成了第一套国内技术总成的唐山国丰1 450毫米中厚板坯连铸连轧生产线，率先研究开发了高炉及转炉煤气干式除尘，在高炉煤气及转炉煤气干式除尘技术开发和应用中取得了显著成绩，建成了国内单线产量最高的酒钢集团榆中双高速线材生产线，总承包建设了具有国际先进水平的西宁特钢大、小合金钢棒材生产线，并配套建设了完整的后部精整设施。

60年来，特别是改革开放以来，中冶东方发挥专业配套，人才实力雄厚的特点，为包头市、内蒙古自治区的经济建设作出了应有贡献，为内蒙古一机厂、北重集团、包铝集团等一大批地方企业提供技术咨询和设计服务，承担了地方的集中供热、城市煤气、天然气、垃圾处理、城市道路等一大批市政工程和技术监理，承担了机场、党政办公大楼、大厦、酒店、住宅小区等一大批公共及民用建筑的设计，为地方的经济建设和发展绘制了宏伟蓝图。

**【炼铁系统业绩特色】**

中冶东方炼铁系统经历60余年的沉淀，逐步形成了带有东方特色的设计模式，从20世纪60、70年代的小型高炉，到80年代的中型高炉，再到90年代以后的中型高炉，在设计上，形成了以下特色：

1. 智能化

入料矿槽称量误差自动补偿技术、焦炭全水分及重量自动测量补偿技术；槽上设备精确定位，精确控制，校称系统，可实现无人值守；转运站自动取样；热风炉自动燃烧、自动换炉技术、达到最佳空燃比；智能液压系统，智能润滑系统，实现无人值守；紧凑式机械和雷达探尺，炉喉激光料面监控技术；铁水在线温度检测，炉前铁水自动取样及风动送样装备；BT 型无料钟系统＋无料钟布料数学模型系统(后附详述)，料罐料流检测系统；自动检测铁口深度，高炉风口成像系统及风口损坏预判系统；铁水罐轨道衡自动计量，摆动溜槽加平坦化出铁场所；喷煤防堵料监控系统。

2. 绿色、节能、环保

高炉采用焦炭烘干、烧结矿分级入炉技术和小块焦回收利用技术；均压放散煤气回收系统；软水密闭循环冷却系统；富氧大喷煤技术，精确控制煤粉量技术，氮气回收技术；顶燃式热风炉技术，分离式或整体式热管换热。除尘采用旋风除尘器＋干法布袋除尘工艺。轴流电动鼓风机＋BPRT。炼铁炼钢直连短流程系统。废水处理设施，工业废水循环利用；烟气脱硫脱硝技术。采用无填沙层完全平坦化矩形出铁场，汽车上出铁场平台出铁场采用无机耐磨钢化地坪；中型高炉铁口除尘密室结构；环形或矩形出铁场等技术以保证节能环保。

3. 新技术、高效、长寿

高炉采用适当矮胖强化炉型；铜冷却壁及砖壁合一薄内衬全冷却壁结构；采用软水密闭循环冷却系统；富氧大喷煤技术。炉体热流强度计算及侵蚀数学模型。水冷碳砖炉底，长寿炉底炉缸内衬结构，使得中冶东方设计的高炉一代炉役大于 15 年。

图 4-1-2　酒钢全景

## 【炼钢系统业绩特色】

公司冶炼事业部业务范围涵盖铁水预处理、转炉、电炉、炉外精炼(LF、VD、VOD、RH 等)、连铸、不锈钢冶炼及有色和特种冶金等，60 余年来共完成 150 余项大中型炼钢工程设计及建设，50 余项获国家、部、省级发明、优秀设计和科技进步奖，其中，西宁特钢迁建新建工程获国家优秀工程设计金奖、包钢炼钢连铸工程获国家优秀工程设计银奖、包钢薄板坯连铸连轧、唐山国丰连铸连轧和酒钢不锈钢等工程获国家优秀工程设计铜奖。

表 4-1-1　中冶东方设计和总承包建设的炼钢工程(截至 2016 年)

| 脱硫站 | 转炉 | 电炉 | 精炼炉 | 连铸机 | 铝及铝合金熔保炉 | 铝及铝合金铸轧机 | 中频感应炉、电渣炉、真空自耗炉 |
|---|---|---|---|---|---|---|---|
| 60 套 | 125 座 | 45 座 | 120 台 | 52 台 | 53 座 | 23 台 | 23 座 |

**图 4-1-3　包钢四号高炉**

1. 先进的设计和研发手段

应用 Solidworks 和 Solidedge 等三维软件进行设备设计和仿真；通过 Hyper Mesh 和 Ansys 等软件进行热分析和热—结构耦合应力场分析；通过水力学模拟和 Fluent 软件分析进行转炉吹炼和中间罐流场等分析；PDS、PDMS 等工厂设计软件，实现工厂、设备、管道和材料数字化，开创了“无缝 3D 设计”。

2. 界面技术

以节能降耗、生产紧凑、环境友好、降低投资和运行成本等为出发点，中冶东方潜心研究“铁—钢”和“钢—轧”等主体工艺界面，针对界面的生产节奏匹配、采用调度仿真模拟实际生产，已成功研发出各种模式的“一罐到底”和热送工艺。成功应用于包钢薄板、唐山国丰、青钢、酒钢和阿城钢铁等工程中。

3. 铁水预处理技术

20 世纪 80 年代起，公司即开始研究铁水三脱工艺，根据铁水条件，配置不同的具有自主知识产权的铁水脱硅、铁水脱硫、铁水脱磷等铁水预处理设备，已在酒钢一期和二期、包钢一炼钢、包钢二炼钢、天钢等工程中应用。

4. 转炉炼钢技术

在转炉炼钢工艺技术中自主潜心研究转炉炼钢新工艺、新技术，在自动化炼钢、转炉长寿化、顶底复吹、下渣控制、钢水罐(铁水罐)全程加盖、干法除尘及煤气回收、合金加热、转炉蒸汽余热发电等方面积累了丰富经验，实现了智能炼钢、转炉炉龄大幅提高、冶炼周期缩短、清洁生产、节能降耗。

5. 电炉炼钢技术

公司的电炉炼钢工艺及设备研发和设计起步较早，从最初的工艺集成到如今的设备供货，研发了大容量变压器、全铁水冶炼工艺、干法除尘和电炉烟气余热回收发电等技术，国内生产的 70%

Consteel 电炉工厂均由公司设计，并拥有国内最大电炉（220 吨）中试基地（中冶东方丹阳重工），为电炉工艺和设备的进一步开发奠定了良好的基础，提供第一手生产数据。先进技术应用于丹阳重工、酒钢、石横、恒立等工程。

除此之外，还形成有钢渣处理技术、精炼技术、不锈钢炼钢技术、特种冶金技术、连铸技术等。

**【有色冶金业绩特色】**

经过几十年的技术沉淀和储备，公司有色加工专业具备了丰富的铝加工、镍基合金加工、钛合金加工等领域工程设计经验、自主集成和 EPC 总包能力，有较强的综合竞争优势。自主集成了多套铝板带热轧生产线（在大型热轧铝板带方面占有国内半壁江山）、连铸连轧生产线、冷轧生产线、铝箔生产线等，具备开发短流程节能的铝板带铸轧专有技术并转化为产品。在难变形金属轧制方面有着深厚的技术积累，在行业处于领先地位。自主集成了多个项目的热轧、冷轧及热处理机组机电液及自动化系统总集成，如金川 5 000 吨镍板带的热轧生产线及冷轧车间全套工艺设备，西部材料 2 800 毫米钛合金板带热轧及冷轧车间全套工艺装备等。

**【铁合金系统业绩特色】**

公司在铁合金领域着力打造较具特色的“铁合金国家队”，在铬系合金、电石、硅系合金、锰系合金、镍系合金等冶炼领域的设计具有较高的市场占有率和较强的行业影响力。

1. 铬系合金

75 MVA 预热式高碳铬铁电炉为国内高碳铬铁冶炼领域单体最大电炉。电炉配备带式铬矿球团焙烧机（年产 70 万吨铬矿球团），生产工艺中采用粉矿湿法磨矿技术、陶瓷过滤技术、滚筒造球技术、炉料预热技术、大型全封闭电炉回收煤气技术、煤气内燃机发电技术等。项目经过多年运行实践，实现了工艺现代化、设备大型化、生产连续化和控制自动化的设计目标，生产能耗降低约 20%，排放比半封闭电炉减少 50%以上，使得生产实现了高产、高效和低污、低耗。

2. 电石

公司设计的当时国内最大的密闭电石炉工程为 6×81 MVA 矿热炉，主要设施包括原料储备及供配料系统、电炉车间、通风除尘、供电设施、给排水设施、机修、检化验、总图运输、成品库、材料库等。公辅设施设有：生产辅助用房、原料供料、配料、上料系统、水系统、供配电、制氮系统、空压站、电极壳及机修间、电极糊库、备品备件库等系统。

3. 硅系合金

硅系合金主要包括硅铁和工业硅，设计的 81 000 kVA 硅铁矿热炉、33 000 kVA 工业硅矿热炉均为国内最大。主要技术特点：矿热炉采用半封闭固定/旋转矿热炉；硅铁电炉电极系统和工业硅电炉电极系统采用国内成熟可靠的压力环式电极把持器；采用余热锅炉对高温烟气中的热量进行回收利用。

4. 锰系合金

锰系合金涵盖锰系合金全系列、全炉型设计、全流程冶炼。产品品种包含高碳锰铁、锰硅合金、中低碳锰铁。炉型涉及全封闭型矿热炉、半封闭型矿热炉、固定式精炼电炉及倾动式精炼电炉。生产工艺涵盖电炉少熔剂法生产高碳锰铁、电炉法生产锰硅合金、电硅热法和摇包法结合生产中、低碳锰铁全流程冶炼工艺。锰系合金生产能源消耗与综合利用指标达到国内清洁生产先进水平。

5. 镍系合金

33 MVA 镍铁冶炼电炉采用热装工艺冶炼镍铁为热兑生产不锈钢提供原料。通过 RKEF 方式处理红土镍矿冶炼镍含量为 10%左右的镍铁，能够降低不锈钢生产对 NiS 矿的依赖，同时能够大大降低不锈钢的生产成本。采用矿热炉煤气和回转窑尾气作为烘干热源，有效降低了烘干所需煤粉量。煤气经过处理后直接用于物料烘干，不需经过煤气柜，大大节省了项目投资。矿热炉采用渣铁分出，铁水包通过轨道直接运送至精炼跨进行精炼，精炼后的铁水用于热兑生产不锈钢。

## 【轧钢系统业绩特色】

公司轧钢专业成立于 1957 年，设计建成了榆钢、西宁特钢等棒线材轧机 22 套、包钢轨梁等大中型材及轨梁轧机 20 套；设计建成了包钢 CSP、酒钢 CSP、国丰等短流程热轧板带生产线 4 套，福建鼎信、河北敬业、广西盛隆等 1 780 毫米、1 450 毫米常规热连轧机以及酒钢、泰山 1 750 毫米炉卷轧机约 15 套，安丰 850 毫米等中窄带轧机 6 套。设计建设了具有世界先进水平的包钢 1 700 毫米冷轧、酒钢 1 700 毫米冷轧及其他众多冷轧及深加工项目逾 50 套，涵盖碳钢和不锈钢。设计建成了包钢无缝、鞍钢无缝等无缝管轧机和热处理机组约 44 套。有色领域业绩涵盖热、冷轧铝板带加工和挤压铝型材加工，以及镍合金、钛合金、镁合金等难变形金属加工。设计建成了柳州银海 2 800 毫米/3 300 毫米热连轧及冷轧、锦宁巨科 1 700 毫米热连轧及冷轧、河南伊川哈兹莱特连铸连轧、力同铸轧及冷轧，以及渤海铝业铝箔等大型铝板带材生产线约 28 套；设计建成了世界规模最大、品种最全的金川镍合金精密带工程，以及西部材料钛合金板生产线。

中冶东方上述技术在国内均处一流水平，其中尤以不锈钢热、冷轧板带技术，大中型材轧机、无缝管技术、铝加工及难变形金属压延及深加工技术最为突出，在国内均处于领军地位。分别具有如下特色：

1. 长材技术

从 20 世纪 50 年代建院以来，公司在棒材轧机、线材轧机、型钢（包括百米高速钢轨）轧机技术领域，先后完成了百余套的设计以及工程总承包，遍及全国各地以及东南亚等国际市场，形成了具有中冶东方自己独特技术的设计以及工程总承包的特色。

在高速线材领域，成功设计了国内第一条引进的具有当时世界最高水平的酒钢高速线材轧机，并随着高速线材精轧机组的更新换代，不断提高设计水平，充分了解国际高水平高速线材轧机的配置，掌握线材生产的关键工艺，通过技术集成，设计出达到世界一流水平的高速线材生产，设计了当前单线最高产量的榆中双高速线材轧机，同时承担和总承包设计了国产十几条高速线材轧机。此外，作为主编单位编写了国家标准《线材轧钢工程设计标准》。

在合金钢生产领域，熟悉并掌握了合金钢生产工艺和热处理工艺、精整线的各种工艺路线和设备设计，设计了国内抚顺特钢基地，总承包建设了具有国际先进水平的西宁特钢大、小合金钢棒材生产线，承担了全线的工艺总负责和非标设备设计，并配套建设了完整的后部精整设施，成为国内合金钢精品生产基地。

对于大型轨梁轧机及型钢轧机，始终是该设计领域的领头羊。自主集成设计了国内第一套百米重轨车间——包钢重轨/H 型钢车间。2012 年又设计投产了第二套百米高速重轨/大型 H 型钢钢板桩复合轧机。

2. 不锈钢热轧及冷轧深加工技术

拥有从铬铁、镍铁冶炼—炼钢—热轧—冷轧及深加工的全流程工艺技术。在轧钢方面：全面掌握现代不锈钢热轧核心轧制工艺技术,拥有多种材料变形抗力模型、轧制能力计算模型、板型平直度模型以及温度计算、层流冷却计算模型等核心工艺模型。自主开发不锈钢轧薄系统化技术,如1+8热连轧及热酸线黑皮轧制等配套技术,并成功应用于北海诚德、鼎信、盛阳等项目中。自主开发1+8热连轧后续的五机架冷连轧工艺路线,成功设计建成了国内第一套五机架不锈钢冷连轧—北海诚德冷轧工程,大大提高了冷轧生产效率、成材率,并迅速得到推广应用。自主开发带在线固溶的热轧板卷复合产线,充分利用炉卷轧机粗轧闲置时间进行套轧中厚板并进行在线退火,具有工艺灵活、设备利用率高、产品覆盖面大、余热利用节能。自主开发铁素体热轧分段控温轧制技术,对于材质很软的部分铁素体,通过附加强化冷却对轧件温度施行分段控制,使之在最不易发生粘辊的区域进行轧制,显著提高产品质量和成材率,已申请专利。

3. 大中型材技术

拥有多条关键设备进口的点菜式总承包工程业绩,如西宁特钢大棒工程和特钢小棒工程。西宁大棒生产线是全球工艺设备、技术水平最高配置的大规格棒材生产线,引领了中国高端特殊钢发展新方向。拥有先进的型钢工艺核心技术,包括孔型系统设计模型、轧机选型及相关计算模型、强制冷却模型、形变分析及计算机仿真模拟技术等。拥有工艺总负责自主集成全线机电液系统的技术及众多业绩,先后设计建成包钢轨梁1号百米钢轨、2号百米钢轨、唐钢大型、石横特钢等大中型型钢生产线。拥有自主研发及设备成套供货能力,其中型钢智能冷床、型钢智能码垛机械手等设备多次获科技进步奖,型钢智能冷床在2017年通过中冶集团专家鉴定,达到国际领先水平。截至2018年,已经成套供货了型钢智能冷床10余座,其他相关配套设备也拥有了10余项业绩。

4. 无缝管技术

起步早,无缝管技术理论及实践基础扎实。自20世纪60年代起就开展了无缝钢管工程设计业务,是国内少数几个最早开展此业务的设计单位之一,1973年建成投产了当时世界上最大口径的包钢直径400毫米自动轧管生产线。深入研究消化并推广由少机架限动芯棒连轧管机组(Mini-MPM)代替新型斜轧管机组的技术,并用于包钢无缝厂建设,由此开启了国内建设少机架限动芯棒连轧管机组的序幕。承担鞍钢无缝厂利用Mini-MPM技术改造现有生产线的工程设计,受改造资金及在现有厂房内建设的限制,在国内连轧管生产线建设中首次提出“点菜式”引进的改造方案,在当时以2.48亿元的建设投资建成了一条高水平的连轧管生产线。首次提出利用斜轧穿孔代替水压穿孔、盘式炉加热、延伸机延伸三道工序的工艺方案,并应用于攀钢工程,不仅大大提高毛管精度与成材率,更主要的是为直接使用连铸圆坯料创造了条件,这种先进工艺广泛应用到了后来建设的几套周轧生产线中。在石油管加工生产线中,2005年就建成了利用机器人完成保护环拧接功能的生产线。几十年来由公司技术总负责、工艺集成无缝管项目有:风宝159TCM连轧管生产线、印度Rasimi159TCM连轧管生产线、风宝89连轧管生产线等多套生产线。供货设备有:包钢159步进式冷床等,并承担各种无缝钢管生产线非标设备设计。

## 【市政民建领域业绩特色】

1. 土建技术

公司擅长于建筑设计、厂区生活福利建筑和一般民用建筑的建筑设计,尤其在大型重工业厂房设计上,娴熟掌握大厂房的空间组合和造型艺术等先进技术,具有丰富的各类地基与基础设计的能力和丰富经验。尤其对深厚软土地基、岩溶与土洞地基、洞室岩石地基及其他地基处理设计,以及滑坡防治设计、各类复杂场地的基坑支护设计等均具丰富的实践经验。擅长并完成了各类单层厂房、多层厂房的钢结构设计(含改造加固设计),以及高炉、烟囱和水塔等特种钢结构设计,特别是具有设计装有300吨吊车的特重型厂房钢结构、大跨度空间网架的钢结构设计的能力。

2. 电气及自动化技术

公司拥有大量自主知识产权的自动化技术、产品及专利技术,具有强大的工程设计、电气传动及自动化系统集成、软件开发、现场调试、成套制造及系统研发能力,能够为各类冶金企业提供从原料到各种成品全工艺流程系统的整体解决方案;在市政工程、民用建筑、节能环保等行业各类工程的高低压供配电、电气传动、自动化仪表、计算机系统、电信及消防设施等工程各阶段的设计、咨询、系统集成、设备成套和工程总承包服务。其中较为典型的是热网集中监控SCADA系统:系统具有生产数据及各种信号采集传输、数据处理分析、集中监控、报表管理、调度管理、数据对外发布、手机App等功能,具有能源管理与能耗分析等功能,满足用户的生产运行、智能监控的要求,达到子工艺无人值守,达到节能降耗的总体目标。

3. 城市集中供热

公司完成的蒙古国乌兰巴托市集中供热工程项目是国内较早的城市集中供热涉外项目,集中供热技术在行业内有较大影响力,获省部级设计奖项十余项。在城市集中供热领域具有以下技术优势:大直径架空敷设供热管道(直径1 220毫米)固定支架推力处理;大直径供热管道(直径1 420毫米)直埋敷设技术;大直径供热管道(直径1 120毫米)无补偿冷安装直埋敷设技术;大直径供热管道(直径1 220毫米)直埋过河技术。

4. 气体净化及分离(脱硫脱硝、除尘、气体分离)

气体净化技术包括高炉煤气净化、脱酸,转炉一次烟气干法、半干法、湿法除尘净化,电炉烟气喷雾冷却及净化、密闭矿热炉煤气净化、半密闭矿热炉烟气净化及微硅粉加密,烧结、球团、焦炉烟气脱硫脱硝、焦炉煤气精制净化、变压吸附气体分离技术制氢、制氧、制氮,深冷空分装置等。代表性工程有山钢焦炉煤气精制项目、包钢焦炉煤气精制及制氢项目、安钢焦炉煤气脱硫脱硝、安钢信阳烧结、球团烟气脱硫脱硝、包钢高炉煤气干法除尘、神华宁煤制氧等。

5. 煤气柜

设计、总包建设完成了首钢、酒钢、包钢、天钢、宣钢、永洋特钢、西宁特钢、青钢等近百项煤气柜项目,柜形包括曼型(多边形)柜、新型(圆形)柜、橡胶膜密封型单段式煤气柜、橡胶膜密封型两段式煤气柜等所有型式,拥有国内最大的稀油柜30万立方米、橡胶膜柜15万立方米及以下所有柜容设计能力,具有丰富的设计、总包、建设经验,申请专利多项,多个项目获得多项国家、省部级奖励。

6. 城市管道直饮水

城市管道直饮水技术,采用了微滤、纳滤、反渗透处理技术、浓水回用技术、同程式供回水技术、变频节能技术、物联网+技术和云平台控制管理系统,实现分质供水,远程监控和操作,完成的包头市管道直饮水项目是国内唯一一个百万级人口以上的城市分质供水工程。中冶东方管道直饮水技术先后通过成果鉴定2项、拥有专利7项,取得省部级优秀设计2项,行业科技创新二等奖1项。

7. 污水处理

完成多项市政污水处理和工业污水处理。完成的包头北郊水质净化厂中水回用项目,是国内最早的城市中水回用项目之一;完成的酒钢污水处理厂污水处理规模为$16\times104\ m^3/d$,是钢铁行业设计规模最大的污水处理项目之一;完成的包钢新体系总排污水处理及回用处理规模$10\times104\ m^3/d$,建设污水深度处理和污水零排放设施,助力包钢达到污水零排放,是当时国内最大的中水深度处理项目。完成的青钢雨排水泵站是青岛市最大的雨水泵站设计规模$60\ m^3/s$,采用耐高含盐防腐、抗浮和防倒灌技术。在污水处理方面获冶金行业优秀设计一等奖1项,冶金行业优秀设计三等奖1项,青岛市优秀设计三等奖1项。

8. 工业循环水处理

设计、总包完成了数百项工业循环冷水项目,完成的单项最大循环水处理量4.5×104 $m^3/h$,拥有永磁絮凝器、粗颗粒分离、高效斜板沉淀器、磁化除油器、上向流过滤器、虹吸集水箱、闭路系统自动补水装置等数十项节水节能专利技术和专利设备,参编《工业循环冷却水处理设计规范》《钢铁行业给排水设计规范》《钢铁企业给水排水设计手册》等数十项标准、规范,获数十项冶金行业优秀设计奖项。

9. 城市综合管廊

在城市综合管廊设计中应用有限元分析模拟、BIM三维设计等技术,运用动态综合管线信息管理平台,实现统一管理,完成的西藏那曲综合管廊是西藏自治区第一个管廊项目,也国内海拔最高的综合管廊项目,在高海拔、永冻土地区综合管廊技术方面国内领先,获得了发明专利6项。

10. 余热余能利用

掌握冶金行业的各类余热利用技术,如烧结余热发电、电炉余热发电、饱和蒸汽发电、富余煤气发电、气煤混烧发电、高炉冲渣水余热利用等。

专用技术有:高温烟囱烟气封闭及调节技术、大直径高温烟道弯管耐磨技术、热管技术、激波吹灰技术。

**【其他业绩特色】**

1. 专业翻译

翻译中心成立于1988年7月,是青岛地区唯一的国务院直属央企翻译中心。作为中国翻译协会会员单位,中冶东方翻译中心主攻科技翻译,提供40余种语言文字专业、精准、高效的语言翻译服务,业绩涉足近30个领域,与北京大学、中国石油大学(华东)、山东科技大学等知名高校共同建立MTI实训基地、山东省研究生联合培养基地,培养优秀的翻译人才。

2. 工程监理

1994年,监理公司正式注册成立,具有冶炼工程监理国家甲级、房屋建筑工程监理国家甲级、市政公用工程监理国家甲级三项国家甲级监理资质,具有冶金、机械制造、电气、自动化、计算机应用、通讯、煤化工、机械化、热力、通风除尘、给水排水、环境工程、总图运输、测量、建筑学、建筑结构、道路桥梁、技术经济、工程经济、试验等专业。

3. 环保咨询

自1979年,环保专业就开始开展环境影响评价工作,1987年已取得原国家环境保护总局颁布的"建设项目环境影响评价证书"(甲级),是内蒙古自治区最早开展环评的单位之一。始终将建设项目和区域规划环评作为核心业务做优做强,同时开拓各类咨询(含规划)、治理方案、设计等业务。掌握多种设计、预测、建模等专业计算机软件的应用技能,主要以CALPUFF法规导则模型、VISUAL MODFLOW等地下水模型、MapGIS通用工具型地理信息系统等专业软件为各类用户带来合理的各类环保解决方案。

## 六、获得荣誉

截至2018年底,中冶东方在工程项目上获国家级金奖4项、国家级银奖10项、国家级铜奖15

项;省部级一等奖 89 项、省部级二等奖 103 项、省部级三等奖 62 项;省部及其他奖项共 9 项。科技研发上获地、市级以上奖项 49 项,其中中国钢铁工业协会、中国金属学会颁发奖项 10 余项,内蒙古自治区科技奖项 6 项,青岛市科技奖项 4 项,中冶集团科技奖项 17 项,中国中冶专利技术奖项 3 项。

至 2018 年底,员工获地、市级以上个人奖项累计超过 120 人次:吴德宝获全国劳动模范称号,李国忠获全国优秀设计院长称号,李元德获全国五一劳动奖章,高红玉、朱丹蒙先后获全国五一劳动奖章,高红玉获全国先进工作者称号,朱丹蒙、郭飞宇、庞宏先后获内蒙古自治区劳动模范称号,王小功获内蒙古自治区先进工作者称号,曹英获首届内蒙古感动草原十杰母亲称号,程志旺、冀中年、闫文彪、郭飞宇、张慧、刘欢先后获中冶集团劳动模范称号,程雪芹获中冶集团先进工作者称号,王小功、郭飞宇、王艳彪、万捷、倪日新先后获包头市劳动模范称号,冀中年、闫耀峰获包头市五一劳动奖章,谭文新获包头市三八红旗手称号,刘建忠获内蒙古自治区优秀共青团干部称号,周春秀获包头市优秀妇女工作者称号及包头市优秀党务工作者称号,包头院城市供热事业部获包头市工人先锋号称号。

## 第二节　中冶西北工程技术有限公司

中冶西北工程技术有限公司(简称中冶西北)是以技术研究、工程设计和咨询为主业,以国内外 EPC 工程总承包及相关服务产业为支撑的,多专业、跨行业的宝冶全资子公司。拥有 7 项工程设计专业甲级资质,所从事的工程设计业务范围已全面涵盖市政、建筑、环境工程等行业,成为内蒙古自治区甲级资质最多、资质种类最全、资质等级最高的科研设计类企业之一,此外还拥有 3 项乙级资质及特种设备许可证(压力管道),中冶西北全资子公司包头北雷监理咨询有限公司拥有 3 项工程监理甲级资质。公司位于内蒙古包头市钢铁大街 45 号。

图 4-1-4　1958 年的公司办公大楼

### 一、公司历史

中冶西北的历史沿革在 2016 年 6 月前与中冶东方是一脉相承。2016 年 6 月,中冶集团试点设计院与施工单位整合发展新路径,将中冶东方工程技术有限公司主体并入宝冶,其名称存续。存留包头部分以中冶东方控股有限公司名义与中冶华天工程技术有限公司实施战略重组，更名为中冶华天包头设计研究总院有限公司。

2018年11月，为进一步优化资源配置，打造具有国内一流水平的工程总承包企业，同时解决中冶东方工程技术有限公司与中冶东方控股有限公司历史遗留问题，中冶集团决定将中冶华天包头设计研究总院有限公司整体并入宝冶。

2019年4月17日，经中冶集团对字号的授权，中冶华天包头设计研究总院有限公司名称变更为中冶西北工程技术有限公司。

**图4-1-5　2017年的公司办公大楼**

## 二、组织机构

截至2018年12月，公司组织机构设置为6个业务部门，即城市供热事业部、市政设计研究院(综合管廊事业部、水务事业部)、建筑设计研究院(城市街景事业部、美丽乡村事业部)、国际工程咨询分公司(环境工程技术分公司、包头北雷监理咨询有限公司)、智慧城市事业部、供热技术研究院；6个职能管理部门，即办公室(党群工作部、企业文化部、离退休办公室)、人力资源部(党委组织部、审计部、纪检监察部)、财务部、市场发展一部、市场发展二部、项目建设与运营管理部(科技发展部、质量安全部、招标采购管理中心)。

## 三、职工队伍

截至2018年12月，在岗合同制员工408人，其中女员工149人。人员构成主要结构如下：

30岁以下67人，31岁至35岁74人，36岁至40岁90人，41岁至45岁47人，46岁至50岁51人，51岁至55岁49人，56岁以上30人，平均年龄39岁。

博士研究生1人，硕士研究生111人，大学本科273人，大专20人，大专以上学历占在岗员工99.26%。

教授级高级工程师61人，高级工程师125人，高级经济师1人，高级会计师2人，高级政工师2人，其他专业高级职称4人，中级职称107人，中级以上职称占在岗员工74.02%。

注册一级建筑师1人，注册一级结构工程师5人，注册一级建造师27人，注册电气(供配电)、公用设备(动力、给排水、暖通)工程师12人，注册二级建筑师6人，注册二级结构工程师2人，注册城市规划工程师2人，注册环境影响评价工程师16人，注册咨询工程师9人，注册造价工程师11人，注册监理工程师44人，注册安全工程师28人，具备压力管道设计审批人员证书19人，压力容器A级设计审批员1人。

院领导2人，从事建筑设计人员31人，结构设计人员42人，市政(除建筑、结构)设计人员128人，环评设计人员36人，造价咨询人员24人，项目管理人员27人，项目监理人员61人，营销、综合管理人员11人，职能部门35人，后勤服务11人。

中冶西北其他方式用工人数3人。

## 四、技术装备

中冶西北坚持以技术改革引领企业变革，以科技创新促进企业发展，深入开展技术攻关和科技创新实践，不断提升企业的科技含量和资质品质。1997年8月11日通过北京中设质量管理体系认证中心ISO9001质量管理体系认证，并于2005年5月通过换证复审审核。2001年5月通过换证后一监审核。2002年5月通过二监审核。2003年完成了ISO－9000质量管理体系覆盖工程总承包业务的2000年版认证。2004年8月通过第一次外部监督审核。2006年建立了质量管理体系(GB/T19001、2000－ISO9001：2000)、环境管理体系(GB/T24001、2004－ISO14001：2004)及职业健康安全管理体系(GB/T28001、2001)，并通过认证。

2014年被批准成为内蒙古自治区绿色城市集中供热企业研发中心；2014年获内蒙古自治区主席质量奖；2018年12月，经国家评审认定为国家高新技术企业。

作为行业技术领先的科研设计类企业，公司承担了大量国家、部(省)级科研项目和相关行业及国家标准规范编制任务。拥有专有技术和国家专利百余项，主编或参编了国家行业标准、规范、规程30余项。2016年7月到2018年底，累计申报知识产权103项，其中发明专利33项、软件著作权2项；拥有知识产权71项，其中发明专利6项、软件著作权2项；编制《城市地下综合管廊断面节点构造图集》《城市地下综合管廊工程技术导则》等地方标准4项；

公司切实贯彻国家“创新、协调、绿色、开放、共享”的发展理念，在能源环境、市政污水、工业水处理与资源化利用、高浓度高色度有机工业废水处理、河道湖泊治理与生态修复、城市综合管廊、建筑智能化、绿色建筑与建筑产业化设计技术等领域再造竞争新优势。完成了多项业内极具影响力的工程，在提升企业知名度的同时造福当地百姓，为“青山绿水”贡献力量。通过内蒙古自治区企业研发中心的建设，把中冶西北打造成核心技术产业化的基地，创新研发的基地，吸引人才的基地。

截至2018年底，中冶西北拥有固定资产原值8 828.87万元，净值4 840.93万元。各种技术装备电脑打印机595台(套)，7类计算机软件，共17个点，大型工程打印机8台(套)，其中运输设备

24 台,电器设备及其他设备 192 台(套)。

## 五、业绩特色

昔日的包头院参与了新中国钢铁工业发展的全过程,包钢[包头钢铁(集团)有限责任公司]、酒钢[酒泉钢铁(集团)有限责任公司]、西宁特钢等老牌钢铁公司的建设发展历程中饱含了包头院人的智慧和汗水。钢铁冶金、有色金属、市政房建、环境工程等领域取得累累硕果,业绩遍布祖国大地,更在海外市场取得丰硕成果。

**【钢铁领域】**

包头院是为包钢建设而成立的,建院之初的任务仅是包钢工程设计,到"大跃进"时期,为了满足全国大炼钢铁的地方钢铁厂设计工作,主要工程有呼和浩特钢铁厂、石嘴山钢铁厂、乌兰浩特钢铁厂、临汾钢铁厂、长治钢铁厂、河西堡钢铁厂等。三年调整之后,冶金部按地区划分了包头院的设计分担范围,主要是内蒙古、山西及西北地区五省。1965—1979 年间,陆续增加的工程设计项目有新疆"八一"钢厂、西宁钢厂、西北铁合金厂、金堆城钼铁冶炼厂、青海钢铁厂、汉江钢铁厂、酒泉钢铁公司以及广东省的韶关钢铁厂、五机部的"五三一"工程等。1979 年以后,贯彻实行"改革开放"政策,设计工作打破了地区的界限和行业的界限。包头院大力开拓市场,业绩遍布全国。除了设计项目,更在工程总承包领域开了先河,也是国内较早开始承揽尼日利亚、约旦、孟加拉国、印度、马来西亚等国的国际项目企业。

包钢是国内大型钢铁生产基地和全国最大的稀土科研生产基地,也是内蒙古自治区最重要的

图 4-1-6　包钢建设初期一号高炉

支柱企业。包钢工程是中国建国初期苏联援助中国建设的重点工程项目之一。包钢从1953年开始筹建，其主体设计由苏联列宁格勒业绩工厂设计分院完成，包头院是为建设包钢需要在1957年末成立的，承担包钢工程设计的总包院工作，并承担钢铁部分的设计。包头院成立后为包钢钢铁厂，炼铁、炼钢、轧钢主体及辅助工程以及全厂的动力和公用设施做了大量施工图和单体设计方案；编制了全厂性的节约方案，修改了初步设计；80年代，利用多项技术又对包钢主要工艺设备大修和工厂技术改造做了大量工作。进入“九五”时期以后，包钢在继续改造、完善配套一炼钢生产体系的基础上，重点建设以CSP连铸连轧系统为代表的二炼钢生产体系，包钢由此跨入了1 000万吨级钢铁生产企业的行列。

包钢一炼钢生产体系的建设主要以结构调整和配套完善为主线进行，包头院先后承担了包钢炼钢厂六号、七号100吨转炉工程，大方、圆坯连铸机加流改造工程、五号连铸工程；包钢轨梁厂百米长尺钢轨工程，型钢加工线工程，钢轨成品库改造工程；还完成了公用辅助系统包钢氧气厂40 000 N $m^3$/h工程、包钢炼铁厂一号、二号、三号、四号、五号、六号高炉干法除尘改造工程、高炉电动鼓风机站、综合原料场等项目的设计工作。

在包钢二炼钢生产体系建设中，包头院先后完成CSP连铸连轧工程、二号210吨转炉工程、冷轧工程、宽厚板工程、一号、二号210吨转炉干法除尘改造工程等。

包钢炼铁一号高炉主体工程采用的是国外施工图，包头院成立了炼铁工作组，组织翻译国外设计，各专业设计人员学习消化国外设计内容，进行设计管理和工地工作的准备工作，与此同时开展了辅助车间和公用系统的配套设计。包钢炼铁工程自1958年开始兴建，一号高炉于1959年9月29日建成投产，二号高炉于1960年9月12日建成投产。在此期间，包头院派出了强有力的现场工作组，常驻工地配合施工投产；及时处理设计技术问题，取得了良好的效果。1970年，包头院设计了容积为1 800立方米的包钢三号高炉，并于同年10月1日建成投产。

包钢炼钢工程的施工图全系包头院设计完成。包头院参考了国外提供的标准设计，进行炼钢主厂房施工设计。该设计质量良好，经受了施工和近三十年生产实践的考验。1970年，包钢决定在五号平炉的位置建设50吨氧气顶吹转炉，包头院及时高质量地完成了该项设计。

1986年，包头院参加了包钢发展规划工作，于1987年1月完成了《包钢“七五”技术改造规划》，《规划》对包钢1987年已经形成的生产规模进行了统计和分析，指出了包钢生产中存在的产品质量、设备能力不平衡以及管理工作等方面的问题，同时对包钢发展远景建设第二体系工程作了探索。

2002年，包头院参与包钢钢联股份有限公司轨梁厂热轧工艺改造工程项目投标，中标后完成包钢钢联股份有限公司轨梁厂100米长尺钢轨改造工程可行性研究报告，2003年年底完成初步设计。2004年4月完成国外设计联络工作后正式开始详细设计工作，到2005年11月完成全部设计工作。包钢轨梁厂100米长尺钢轨改造工程于2005年12月建成，经过调试后于2006年9月15日竣工投产。包钢所处地域优势及薄板坯连铸连轧产品成本优势，增加包钢产品规格和市场覆盖面，提高热轧产品附加值，解决热轧卷产品销路，提高企业效益，包钢决定续建冷轧及其深加工项目。2002年底，包头院承担包钢薄板坯连铸连轧厂冷轧工程设计任务。2005年初，包头院开始进行包钢炼钢厂六号、七号100吨转炉工程初步设计和施工图设计工作，该工程当年12月建成投产。2005年10月开始进行包钢炼钢厂大方、圆坯连铸机加流改造工程施工图设计，2009年1月完成圆坯连铸机加流改造，同年5月完成方坯连铸机加流改造。2007年，包钢决定在“九五”“十五”发展基础上，调整产品结构，提高产品附加值，新建直径159毫米无缝工程，扩大高端无缝管产品的产能和质量,进一步提升包钢无缝厂的产品档次和工艺技术装备水平。包钢直径159毫米无缝工程采用由包头院完成整体工艺设计,关键设备“点菜”式引进,其余所有设施由国内设计制造施工的方式。

酒钢原由北京黑色冶金设计总院设计,1971年,冶金部基建局通知酒钢设计任务改由包头院承担。20世纪70年代,包头院为酒钢进行了轧钢工程的设计;结合酒钢炼钢工程进行了30吨氧气顶吹转炉车间的定型设计;为炼铁系统生产配套的10万立方米煤气贮罐、油煤气站、煤气加压站、3 200 $m^3/h$制氧站、第二煤车解冻库等工程。20世纪80年代,包头院为酒钢工程进行了炼钢、连铸、线材车间及有关配套工程的第二次设计。进入21世纪,酒钢转变思想,励精图治,与时俱进,由包头钢铁设计研究院建成了中板工程、炉卷工程和不锈钢工程、200万吨钢工程、翼城钢铁公司、兰州榆中工程等一批工程,展示了酒钢人的气魄与风采。

西宁特殊钢厂也是包头院传统的涉及市场之一。早在1964年8月,冶金部就向包头院下达了西宁特殊钢厂(代号为五六厂)的设计任务,规定该厂建设规模为年产10万吨合金钢,预留发展规模为年产14万吨。为完成设计任务,包头院组建了近百人的设计队伍赴本溪进行初步设计。1965年4月按照西北建设指挥部指示,设计队全体人员由本溪转入西宁现场工作。包头院从1965年起为西宁特钢工程设计成立了西宁钢厂工程现场设计队,派出人员经常在70人左右,最多时可达120人,坚持了8年现场设计,共完成初步设计和方案设计3 100余项及附图折合甲1型图150张。完成施工图1 979套共计25 520张(折合甲1图14 100张)。又坚持了五年现场服务工作,为西宁特钢在现场工作前后无间断长达13年,这在企业建设过程中是极为罕见的。包头院为西岗的建设做出了卓越的贡献。西宁特钢工程设计于1981年获得冶金部部级70年代优秀设计项目奖,并获得国家建委颁发的国家级优秀设计奖。

在“十五”期间(2001—2005年),包头院依据西钢总体发展规划,为西宁钢厂设计360吨超高功率电炉、石灰窑、和球团等改造工程,总承包了铁、钢、轧技术改造工程。为西宁钢厂的发展作出了重要贡献。1998年3月—1999年10月为西宁特钢设计了一座60吨超高功率电炉。2003年9月至2005年,包头院总承包完成了西宁特钢厂区铁、钢、轧技术改造,这是当时包头院开展总承包业务以来承担的涵盖冶金行业最全、投资规格最大的总承包工程。

青岛钢铁总公司始建于1958年,是山东省地方钢铁骨干之一。2004年7月22日,青岛钢铁控股集团有限公司委托包头院承担2号高炉大修扩容改造工程设计任务,并于2005年1月双方签订工程设计合同。工程改造后建设规模为:生铁产量50.54万吨/年,扩容改造高炉容积为420立方米。设计范围包括:高炉本体、热风炉系统的工艺流程设计、设备选型、设备配置、高炉煤气除尘系统、高炉鼓风机站、与生产相关的辅助设施及投资估算。2007年,为了适应市场需要和寻求新的经济增长点,青钢决定易地进行炼钢工程技术改造,增加高附加值产品钢种,适度扩大生产规模,采用先进适用技术提高装备水平,从而提高企业的综合竞争力和提高企业的经济效益。青钢发展股份有限公司委托包头院进行第二炼钢厂转炉技术改造。同年11月5日,青岛钢铁气体有限公司委托中冶东方公司承担25 000 $m^3/h$制氮工程设计任务,并于2007年12月签订青钢25 000 $m^3/h$制氧工程设计合同,建设规模为建设一套25 000 $m^3/h$制氧机组。

**【非钢领域】**

包头钢铁设计院铁合金设计研究室自成立以来,主要进行用矿爆发炉冶炼硅铁、硅钙、硅铝、工业硅,锰硅和高中低碳锰铁,硅铬和高中低碳铬铁,电石,镍铬渣和钛渣回收等产品的专业工程设计，20 世纪 90 年代，中国从埃肯引进 8 台 25 000 kVA 电石炉，该电炉使用的是组合式把持器，包头院成功地将该技术进行消化并运用于所设计的电石炉中，使得组合式把持器国产化。先后承担过新疆八钢、甘肃西北、兰星、青海民和、湟源、乐都等，以及山西忻州、黎城、大同、晋城、宁夏银川、石嘴山、平罗、陶乐等，河北宣化、唐山、天津等，内蒙古包钢、呼钢、乌钢、赤峰、包头稀土等，四川雅安、上海等铁合金项目设计。在铁合金设计方面同行业领先。

随着市场发展的需要和包头院技术的积累，包头院将产业开始向非钢市场延伸。2006 年 3 月，包头院与平安高精铝业有限公司签订了“建设工程设计合同”。该项目是包头院签订的第一个铝加工项目，而且是当时公司签订的项目投资高、设计合同费高且跨行业的工程项目，对公司的技术进步、经济效益、市场开拓具有重要意义。为了保证项目的顺利实施，公司下发了“平安高精铝项目公司领导小组及人员安排的通知”。从项目人员保证、设计质量保证、设计进度保证、投资控制保证、施工服务保证等方面提出了“项目设计保证措施”。项目设计生产规模为年产铝及铝合金板带材 20 万吨，其中带卷 16 万吨（铝箔坯料 9 万吨、装饰板用带材 4 万吨、PS 版基 3 万吨），板材 4 万吨（幕墙板 2 万吨、合金板 2 万吨），合金品种包括 1×××系、3×××系、5×××系及 8×××系等。项目关键技术装备从国外引进，生产线总体技术和装备达到国际当代先进水平。

包头汇众铝合金锻造有限公司利用包头铝厂的铝业优势，在包头国家生态工业（铝业）示范园区，兴建锻造基地，进行底盘部件的模块装配、零部件锻造以及周转成品仓库，形成年产 225 万件铝合金零部件锻造能力。2006 年 5 月，包头院签订了该项目的总承包合同。该项目是包头院第一个在汽车制造业的项目，而且在项目建设过程当中，取得了两项科研成果并通过中冶集团的鉴定：以自铸造铝合金原料取代挤压棒材原料工艺；深基础的沉井施工工艺。

**【市政房建领域】**

随着国家综合实力的增强，各地城市建设飞速发展，包头院在完成冶金行业工程设计的同时，依托强大的技术实力，丰富的设计经验，积极介入城市市政建设，承揽完成了大批城市道路、垃圾处理、污水处理及集中供热工程项目设计，在为地方城市建设作出贡献的同时，扩大了设计院的知名度，也取得了较好的社会效益和经济效益。先后完成了包头市沼潭东路、市府东路、民族东路、富强南路、幸福南路、万青路、富林路、稀土路、新光东路、黄河路、校园路、黄河大街改造以及包头市新都市区市政基础设施建设改造工程经四路等 10 条道路工程的设计。

包头院通过几十年的供热工程设计实践，积累了丰富的设计经验，承接了大量大中城市集中供热工程的设计工作。在积极跟踪、掌握国内外供热技术发展趋势的同时，通过对外交流及合作，不断吸取国内外的先进技术和经验，形成了自己的设计理念及方法，在国内外同行中具有领先水平。包头院从 2000 年开始完成了华能包头一电厂至市区 30 千米长输、华电河西电厂至市区 20 千米长输，对长输管线敷设存在的各种复杂工程问题进行深入的研究并取得了成熟可靠的经验成果。包头院供热技术在大高差长输供热系统工程技术措施研究，动态水力计算、应力计算，泵站、管网系统 BIM 设计、浮桥敷设供热管道研究等方面掌握关键技术，同行业领先，先后完成了包头市阿尔丁东热源厂扩建工程、蒙古国乌兰巴托市集中供热工程、包头市热力总公司供热系统节能改造工程、包头市东河区集中供热网改扩建工程、包头昆都仑热电厂供热主干线工程等一系列代表工程。

随着国家经济发展，环境保护日益提高到重要议事日程，生活污水处理成为城市基础设施不可少的组成部分，生活污水处理行业也受到了越来越多的重视。鉴于此种情况，包院给排水专业在 1998 年后，在完成钢铁设计任务的基础上，抽出一部分人力从事城市生活污水处理的准备工作。

完成了平罗污水处理厂、内蒙古西乌旗污水处理厂等项目。

1998年,包头院为适应经济发展需要,成立了建筑设计研究院,乘着改革开放的东风,包头院在公共与民用建筑方面取得了丰硕的收获。完成了呼和浩特白塔机场航站楼改扩建工程、包头机场航站楼工程、包头市交通运输指挥中心办公楼工程、包头市东方明珠休闲广场工程、包钢公司科技信息中心大楼工程获自治区和冶金行业优秀工程设计奖;包头市小肥羊畜牧生产基地整体规划设计、青岛颐德留学生园区规划设计获自治区优秀规划设计奖。包头市永生光彩国贸大厦、神华集团包头煤化工生活基地、中冶东方大厦等工程设计项目获得大家好评。特别是包钢公司科技信息中心大楼工程设计获国家优质工程银奖。

## 【国际工程】

党的十一届三中全会以来,包头院为适应国内外工程建设市场需要,较早跻身国际市场,拥有进出口企业资格和对外经营资格,与40余个国家、地区100余家厂商建立了业务关系,先后承担了印度、巴基斯坦、沙特、约旦、菲律宾、印尼、蒙古国、越南、加拿大等国家一大批咨询、设计、设备供货以及工程项目总承包,完成的海外总承包项目有:蒙古国乌兰巴托热效能工程、沙特阿拉伯两所50(床位)医院、印度ESSAR钢铁公司2 200立方米高炉工程、越南太原钢铁公司(TISCO)冶金生产线工程二期扩建工程、印度Uttam450立方米总承包工程、加拿大阿尔果玛钢铁公司六号高炉热风炉改造总承包项目。

蒙古国乌兰巴托热效能工程第一包是蒙古国政府通过ADB(亚洲发展银行)贷款,对蒙古国首都乌兰巴托市二电厂、三电厂、四电厂的三个电厂进行改造的工程项目,工程项目采用EPC总承包模式发包。在1998年,包头院就对蒙古国热网改造项目给予高度重视,先后参加了蒙古国仪表管道包国际招标的投标活动;积累了一定的投标经验。

蒙古国热效能第一包工程属国际招标项目,1998年3月购买招标文件后,包头院成立了以公司主要领导为核心,各相关专业室选派的专业技术水平高、精通英语的设计人员、工程管理人员组建的投标项目部,对招标文件认真消化、掌握了国际最先进的供热技术,对招标文件要求的设备与多家国内外公司进行了询价,针对设备技术有特殊要求,对投标报价的影响大的设备供货商,如丹麦ABB公司、丹佛斯哥制造商进行了合作协商,从关键设备技术上得到供货商的支持,价格上获得了供货商提供的最优价格;为投标报价在技术上可行、报价准确奠定了基础。

2000年6月1日,包头院正式签订了蒙古国热效能第一包总承包合同,取得了中国在蒙古国最大项目的合同。蒙古国热效能第一包总承包合同的签订,在蒙古国和内蒙古地区产生巨大影响,中国驻蒙古国大使馆特命全权大使黄家骙给予了很高评价:项目中标为中国人争了光。蒙古国热效能第一包工程涉及范围广,国内参加的主要有关部门或单位有:银行、工商、税务、外汇、海关、商检、铁路运管部门,外运公司、保险公司、各供货制造厂商、施工单位(二十二冶、二冶);该项目的完成在政治上、经济上对包头院产生了重大的社会影响,为包头院国际工程总承包项目的建设培养了一批懂工程技术、会管理的综合人才,积累了一定的国外总承包工程管理工作的经验。

根据中冶集团海外经营工作总体发展方针和集团领导指示精神,对印度ESSAR钢铁公司高炉项目进行开发。2005年11月30日,中冶集团与印度ESSAR钢铁公司正式签订《2 200立方米高炉设计、设备供货和技术服务合同》。2006年6月,中冶集团又与包头院签订了项目委托管理协议(包头设计、设备供货、技术服务),由包头院执行上述合同。该项目是包头院承接的第一个较大型的涉外EP项目,除设计工作外,还要编制设备采购文件,主要设备的采购、编制操作维护手册以及竣工图。参加该项目工作的共计 27 个部门约 150 余人。项目于 2006 年 8 月开始施工，2008 年 6 月投产。

【2014 年后业绩特色】

2014—2018 年，根据公司战略发展方向，中冶西北以房建市政、能源环境为主要发展领域，承揽了一批技术领先、造福百姓、影响深远的业内重大项目。在城市供热领域，中冶西北作为国内集中供热率最高的城市——包头市的城市集中供热规划者，完成了市内所有大型供热项目的设计工作，积累了大量的技术经验并培养了大量的供热人才。2017 年，承揽宁夏华电灵武公司向银川市供热热网项目的全流程设计工作。该工程是银川市的民生工程与蓝天工程，供热主输送管线全长 46 千米，主、支干线距离 217 千米，穿越交通枢纽 108 处、水利设施 53 处，公路、铁路 21 处，盾构穿越黄河 1 838 米，供热面积达 3 400 万平方米，接近银川市供热面积的一半，设计难度之大、热输距离之长、工期节点之紧、参数选择之复杂等，均开创了国内供热项目之先河。该工程的成功完成标志着中冶西北成为国内长输大温差供热技术领域的领军企业。在市政房建领域，中冶西北承揽了包头市新都市中心区管廊三期设计，包头冬季奥林匹克馆，包头市万达广场、香格里拉大酒店、北梁棚户区改造等项目设计，包头城市展示馆、博物馆，包头市新都市区文化艺术中心建设项目管理及包头立体综合交通枢纽项目监理等工作。在能源环境领域，中冶西北完成了灵武市东沟人工湿地水质净化工程 EPC 总承包项目、内蒙古华云新材料有限公司 50 万吨合金铝产品结构调整升级技术改造项目 3×350 MW 自备热电联产机组环评、苏里格经济开发区规划环境影响评价等工作。中冶西北扎根内蒙古，辐射西北，为西北地区经济发展和环境保护提供智力支持与技术保障。

图 4－1－7　包头市新都市区三期管廊工程(全国首批试点项目)

## 六、获得荣誉

中冶西北自建院以来在钢铁冶金、建筑行业(建筑工程)、市政公用行业(给水工程、城镇燃气工程、热力工程、环境卫生工程、排水工程、道路工程)和相关的技术与管理服务中取得了许多出色的业绩，近年尤其在民用建筑和市政管网设计方面尤为突出，参加和完成了国家多项重点科研课题和试验研究；获得国家、省、部级优秀工程设计奖、发明奖、科技进步奖等奖近300余项，包含2017年首届“创新杯”建筑信息模型技术应用设计大赛建筑类一等奖、基础设施类一等奖、结构专业设计奖等来自内蒙古自治区、建设协会及中冶集团等优秀工程设计奖100余项；2015年获内蒙古自治区主席质量奖，2016年获评中国勘察设计协会“十二五”期间（2011—2015年）实施信息化建设先进单位。2016年12月，包头院荣获包头市授予第一批百年老店称号。

在发展的过程中锤炼了一支艰苦奋斗、拼搏进取、诚信求实、团结亲和的员工队伍，造就了一批批老中青结合的技术和管理骨干，涌现出一批国内外知名专家。包头院曾获得内蒙古自治区文明单位、全国模范职工之家、全国企业文化建设先进单位、包头市爱国主义基地、包头市民主团结先进单位称号。涌现出了全国劳动模范吴德宝、全国优秀设计院长李国忠、全心全意依靠职工办企业十佳李元德，全国劳动模范和全国五一劳动奖章获得者高红玉、朱丹蒙等全国和省部级先进集体和劳动模范。涌现出黄兆麟、章明国、范世玮、高云等忠诚企业、公而忘私、死而后已的优秀干部。

在企业转型发展的过程中更是涌现出了一批模范标杆人物和集体。2007年，孙献民获内蒙古自治区厂务公开先进个人称号；2008年，邬培爱获包头市三八红旗手称号；2009年，李雪雁获包头市五一劳动奖章，曹秀娟获国家中央企业团工委优秀共青团员称号；2010年，刘志宏获包头市五一劳动奖章；2012年，万捷获包头市五一劳动奖章，李伟明获包头市优秀共产党员称号，刘建忠获内蒙古自治区优秀共青团干部称号；2013年，庞宏获中冶集团优秀党务工作者称号，李伟明获中冶集团优秀共产党员称号，张志民获包头市优秀工会工作者称号；2014年，关绅、倪日新获中冶集团先进工作者称号，赵鲁民获包头市十佳知识分子称号。

**表4-1-2　中冶西北主要设计类奖项列表**

| 项目名称 | 奖项 | 颁奖单位 | 时间 |
|---|---|---|---|
| 西宁特殊钢厂迁建新建工程 | 国家优秀设计奖 | 中华人民共和国基本建设委员会 | 1970—1979年 |
| 徐州钢铁厂镀锌焊管工程 | 国家优秀设计奖 | 全国优秀设计评选委员会 | 1984年 |
| 上海丝织六厂真丝织造车间振动、多层、密筋升板厂房 | 国家优秀设计表扬项目 | 全国优秀设计评选委员会 | 1984年 |
| 包头钢铁公司1号高炉大修改造工程 | 国家优秀设计奖 | 全国优秀设计评选委员会 | 1987年 |
| 首钢红冶钢厂第一轧钢车间技术改造工程 | 国家优秀设计奖 | 全国优秀设计评选委员会 | 1989年 |
| 鞍钢一号高炉大修工程 | 国家优秀设计奖 | 全国优秀设计评选委员会 | 1989年 |
| 南新铁合金厂6 000 kVA硅铁电炉工程 | 国家优秀设计奖 | 全国优秀设计评选委员会 | 1991年 |
| 包钢三号高炉大修改造工程 | 内蒙古自治区优秀设计奖 | 内蒙古自治区优秀勘察设计设计质量奖审定委员会 | 1992年 |
| 新疆南新铁合金6 000 kWA硅铁电炉 | 冶金工业部优秀工程设计一等奖 | 内蒙古优秀勘察设计质量奖审定委员会 | 1992年 |

（续表）

| 项目名称 | 奖项 | 颁奖单位 | 时间 |
|---|---|---|---|
| 酒钢高线 200 米进步梁式加热炉 | 内蒙古自治区优秀设计一等奖 | 内蒙古自治区优秀勘察设计设计质量奖审定委员会 | 1992 年 |
| 约旦哈桑体育城 | 内蒙古自治区优秀设计（一等奖） | 内蒙古优秀设计质量奖审定委员会 | 1993 年 |
| 酒钢一号高炉修复工程 | 内蒙古自治区优秀设计（一等奖） | 内蒙古优秀设计质量奖审定委员会 | 1993 年 |
| 广东绍钢线材技术改造工程 | 第七次部级优秀工程设计一等奖 | 冶金工业部 | 1995 年 |
| 鞍山市轧钢厂技术改造工程 | 国家优秀设计奖 | 全国优秀设计评选委员会 | 1996 年 |
| 秦皇岛市金属大厦工程 | 第八次部级优秀工程设计一等奖 | 冶金工业部 | 1997 年 |
| 包钢三号高炉大修改造工程 | 第八次部级优秀工程设计一等奖 | 冶金工业部 | 1997 年 |
| 酒钢 220×1 350 立方版杯连铸机工程 | 内蒙古自治区第八届优秀工程设计（工业项目）评选一等奖 | 内蒙古优秀勘察设计质量奖审定委员会 | 1998 年 |
| 包头钢铁设计研究院办公大楼加层扩建 | 内蒙古自治区第八届优秀工程设计（民用建筑）一等奖 | 内蒙古优秀勘察设计质量奖审定委员会 | 1998 年 |
| 包头钢铁（集团）公司炼钢连铸工程 | 冶金行业第九次部级优秀工程设计一等奖 | 中国冶金建设协会 | 1999 年 |
| 莱芜钢铁集团有限公司棒材及轻型材轧钢车间工程 | 冶金行业第九次部级优秀工程设计二等奖 | 中国冶金建设协会 | 1999 年 |
| 酒钢一高炉扩容大修改造 | 冶金行业第九次部级优秀工程设计一等奖 | 中国冶金建设协会 | 1999 年 |
| 酒钢一高炉扩容大修改造 | 全国第九届优秀工程设计铜奖 | 全国优秀工程勘察设计评选委员会 | 2000 年 |
| 包钢炼钢厂炉外精炼、连铸工程 | 全国第九届优秀工程设计银奖 | 全国优秀工程勘察设计评选委员会 | 2000 年 |
| 酒钢炉卷轧机可行性研究 | 冶金行业优秀工程咨询成果一等奖 | 中国冶金建设协会 | 2001 年 |
| 酒钢中板轧钢工程 | 冶金行业第十次部级优秀工程设计一等奖 | 中国冶金建设协会 | 2001 年 |
| 包钢 CSP 工程水系统设计公关 QC 小组 | 全国工程建设优秀质量管理小组 | 中国勘察设计协会 | 2002 年 |
| 酒钢中板轧钢工程 | 全国第十届优秀工程设计项目银质奖 | 全国优秀工程勘察设计评选委员会 | 2002 年 |
| 新疆八一钢厂连续小型轧机工程 | 内蒙古自治区优秀勘察设计评选一等奖 | 内蒙古优秀勘察设计质量奖审定委员会 | 2002 年 |

(续表)

| 项目名称 | 奖项 | 颁奖单位 | 时间 |
|---|---|---|---|
| 包头市稀土高新区集中供热一期工程 | 内蒙古自治区优秀市政公用工程设计评选一等奖 | 内蒙古优秀勘察设计质量奖审定委员会 | 2003年 |
| 包钢连轧钢管厂(热轧) | 冶金行业第十一次部级优秀工程设计一等奖 | 中国冶金建设协会 | 2003年 |
| 包钢薄板杯连铸连轧工程 | 国家第十一届优秀工程设计铜奖 | 全国优秀工程勘察设计评选委员会 | 2004年 |
| 烟囱设计规范项目 | 内蒙古自治区优秀工程建设标准设计评选一等奖 | 内蒙古优秀勘察设计质量奖审定委员会 | 2004年 |
| 宣化钢铁集团有限责任公司棒材生产线进步式加热炉总承包项目 | 冶金行业2004年优秀工程总承包奖 | 中国冶金建协委员会 | 2004年 |
| 酒钢集团有限公司淘汰落后轧机建设炉卷轧机工程 | 冶金行业第十二次部级优秀工程设计一等奖 | 中国冶金建设协会 | 2005年 |
| 莱芜钢铁公司大型H钢生产线转炉工程 | 冶金行业部级优秀工程设计一等奖 | 中国冶金建设协会 | 2007年 |
| 酒钢钢铁有限公司200万吨薄板杯连铸连轧生产线工程 | 冶金行业部级优秀工程设计一等奖 | 中国冶金建设协会 | 2007年 |
| 《钢筋混凝土烟囱》标准设计 | 冶金行业部级优秀工程设计一等奖 | 中国冶金建设协会 | 2007年 |
| 唐山国丰钢铁有限公司1 450毫米中薄板杯连铸连轧工程 | 冶金行业部级优秀工程设计一等奖 | 中国冶金建设协会 | 2007年 |
| 酒钢集团有限公司炼钢转炉大型化改造工程 | 行业部级优秀工程设计一等奖 | 中国冶金建设协会 | 2008年 |
| 包钢轨梁厂热轧工艺改造工程 | 优秀工程设计(工业、市政类)评选一等奖 | 内蒙古优秀勘察设计质量奖审定委员会 | 2008年 |
| 包钢集团有限公司宽厚板项目精炼—连铸工程 | 全国冶金行业部级优秀工程设计一等奖 | 中国冶金建设协会 | 2009年 |
| 国家建筑标准设计图集《钢烟囱》 | 全国冶金行业优秀工程建设标准设计一等奖 | 中国冶金建设协会 | 2009年 |
| 山东泰山钢铁集团国产化紧凑式不锈钢板带生产线炼钢、连铸、炉卷工程设计项目 | 全国冶金行业部级优秀工程设计一等奖 | 中国冶金建设协会 | 2009年 |
| 宣钢120吨转炉炼钢车间技术改造工程 | 全国冶金行业优秀工程设计一等奖 | 中国冶金建设协会 | 2010年 |
| 不锈钢炉卷轧线国产化集成开发与应用 | 内蒙古自治区职工技术创新成果一等奖 | 内蒙古职工"经济技术创新工程"活动领导小组 | 2011年 |
| 西南不锈钢公司1 450毫米热连轧不锈带钢工程 | 全国冶金行业优秀工程设计一等奖 | 中国冶金建设协会 | 2011年 |
| 热轧不锈钢炉卷轧机新型卷取炉技术的研发 | 内蒙古自治区职工技术创新成果一等奖 | 内蒙古职工"经济技术创新工程"活动领导小组 | 2011年 |

（续表）

| 项目名称 | 奖　项 | 颁奖单位 | 时　间 |
| --- | --- | --- | --- |
| 《包钢轨梁余热淬火线可行性研究报告》 | 内蒙古自治区 2014 年度优秀工程咨询成果一等奖 | 内蒙古工程咨询协会 | 2015 年 |
| 信息化先进单位 | 工程勘察设计行业“十二五”期间实施信息化建设先进单位 | 中国勘察设计协会 | 2016 年 |
| 包头市地下综合管廊工程 | 内蒙古勘察设计协会 2017 年首届“创新杯”BIN 技术应用大赛基础设施类一等奖 | 内蒙古勘察设计协会 | 2017 年 |
| 蒙西公铁国际物流港多联运中心 | 内蒙古勘察设计协会 2017 年首届“创新杯”BIN 技术应用大赛建筑类一等奖 | 内蒙古勘察设计协会 | 2017 年 |
| 包头市地下综合管廊工程 | 内蒙古勘察设计协会 2017 年首届“创新杯”BIN 技术应用大赛结构专业设计奖 | 内蒙古勘察设计协会 | 2017 年 |
| 包头总部经济园冶金行业优秀工程 | 全国冶金行业优秀工程设计一等奖 | 中国冶金建设协会 | 2017 年 |
| 包头总部经济园修建性详细规划 | 内蒙古自治区 2017 年度优秀城市规划编制三等奖 | 内蒙古自治区城市规划学会 | 2017 年 |
| 中冶东方大厦工程 | 全国冶金行业优秀工程设计一等奖 | 中国冶金建设协会 | 2017 年 |
| 内蒙古旭晟能源集中供热热源工程 | 全国冶金行业优秀工程设计一等奖 | 中国冶金建设协会 | 2018 年 |

## 第三节　宝冶建筑设计研究院

宝冶建筑设计研究院（简称宝冶设计院）是以建筑设计为主，同时致力于全过程咨询和工程总承包管理的建筑工程领域全产业链的工程服务公司，位于上海市宝山区庆安路 77 号 7 号楼。

### 一、公司历史

建筑设计研究院前身为冶金部第十九冶金建设公司技术处设计科，当时主要任务是承担十九冶以及渡口市的工业与民用建筑设计，并参与攀钢工程的部分设计修改工作。1975 年后大部分设计人员转战武钢热轧工程，1978 年随十九冶分指挥部从武钢“一米七”热轧工程转战到上海宝钢，成立十九冶分指挥部设计室，归属分指挥部技术处。

1985 年 1 月 24 日，经冶金部批准，准予十九冶上海分公司设计室承担公司内部及由该公司负责施工的小型工业与民用建筑工程的小区规划及单项工程的土建设计任务，勘察设计证书的编号是冶设证乙字第 232 号。1987 年 4 月，由冶金部（87）冶基字第 314 号文批准换发“冶设证乙字 0010 号”工程设计证书。

**图 4-1-8　设计院办公楼**

1989 年 12 月 20 日,成立建筑设计研究所(直属宝冶)。冶金部(91)冶建施字第 5 号文批复,同意将“冶设证乙字 0010 号”工程设计证书的持证单位名称由上海宝钢冶金建设公司设计室改名为上海宝钢冶金建设公司建筑设计研究所;决定从 1991 年 3 月 1 日起,凡原宝冶设计室承担的内外设计业务以及设计图纸和印章,全部使用“上海宝钢冶金建设公司建筑设计研究所”的名称和相应印章。

1992 年 4 月 10 日,根据工作和业务拓展需要,原宝冶建筑设计研究所更名为宝冶科学技术设计研究所(简称科研所)。1993 年 2 月 23 日,恢复建筑设计研究所名称及设计印章,与科研所一个机构,两个名称。

1997 年 11 月 6 日,宝冶建筑设计研究所更名为宝冶设计研究院。1998 年,建设部批准宝冶设计研究院建筑甲级工程设计证书,证书编号为 0900261。

2003 年 7 月 9 日,为满足建设部有关资质管理规定要求,宝冶设计研究院改组为宝冶海顿工程有限公司,独立从事建筑工程总承包、建筑工程设计咨询等业务。宝冶海顿工程有限公司与工程技术公司合署一套领导班子。

2007 年 2 月,宝冶吸收合并宝冶海顿工程有限公司,设立宝冶工程设计中心,与工程技术公司正式分离。

2013 年 4 月,宝冶工程设计中心与建筑装潢有限公司实行一套班子,两块牌子。

2014 年 3 月,宝冶工程设计中心更名为宝冶建筑设计研究院。

2016 年 3 月,宝冶整合内部设计资源,将建筑设计研究院与 BIM 中心合并,合并后继续保留原名称不变。

## 二、组织机构

截至2018年底，设计院设有综合管理部、合同预算部、质量技术部、总工程师室、市场营销部、项目管理部、装配式技术研发部7个部门。下辖方案设计一室、方案设计二室、建筑设计室、结构设计室、机电设计(压力管道设计)室、工程服务中心、BIM事业部、郑州分院、苏州分院等单位。

## 三、职工队伍

截至2018年12月，设计院在岗合同制员工134人，其中女员工34人。全员平均年龄32岁，35岁以下青年员工101人，占比75.37%。大学本科及以上学历员工占比100%，其中博士2人，硕士28人，本科104人。高级职称26人(其中教授级高级工程师11人)，中级职称44人，中级及以上职称员工占比52.24%。一级建筑师6人，一级结构工程师6人，设备工程师3人，造价工程师2人，咨询工程师1人，一级建造师7人，二级建筑师2人，二级建造师1人，国家注册持证人员占比20.89%。

设计院其他方式用工人数7人。

## 四、技术装备

设计院自成立始，一直致力于技术进步和科技创新，推动企业资质不断升级。现拥有建筑行业(建筑工程)甲级设计资质(1998年取得)，冶金行业甲级设计资质(2012年3月取得)，工程咨询乙级资质(2006年8月取得丙级，2013年8月升为乙级)，压力管道设计许可证(2002年12月取得)，同时可从事建筑信息模型技术领域内的技术开发、技术咨询、技术转让、技术服务，现已逐步形成建筑设计、BIM全过程咨询、装配式建筑设计的技术优势。

经过多年的发展，设计院不断掌握建筑设计新技术，在公共建筑方面，掌握了办公、城市综合体、旅游酒店、科教文卫、交通航站、室内装饰、框架混凝土装配结构、城市景观环境及亮化美化等设计技术；在居住建筑方面，掌握了住宅户型研究、住宅造型研究、混凝土装配结构、钢结构住宅、住宅外墙外保温、住宅与太阳能一体化设计、住宅小区整体规划设计、景观规划与设计技术；在工业建筑方面，掌握了钢结构厂房、多层标准厂房、洁净厂房、电子厂房、智慧厂房、冶金工厂等设计技术。

2011年，设计院BIM团队组建，通过项目实践进行了大量的BIM技术研发与应用，在成熟应用碰撞检查、三维管线综合的基础上，致力于包括可视化功能规划、可持续绿色能耗性能分析、空间结构分析设计、方案比选评估、管线综合分析设计、节点详图深化设计等全专业参数化的设计指导与优化，帮助客户构建高品质建筑。

2017年9月，宝冶成立装配式建筑技术研究院，是住建部首批认定的国家装配式示范建筑产业基地。设计院与宝冶建筑工程公司负责日常管理和维护，依托博士后科研工作站、国家认可试验室、国家钢结构工程技术研究中心中试基地等平台，在BIM技术、PC结构、钢结构、机电模块、建筑装饰和新型建材等方面开展深入研究，现已形成装配式混凝土结构、装配式钢结构及工程模块三大产品体系，形成了具有自主知识产权的核心技术和产品。

截至2018年底，设计院拥有各类技术装备303台，其中70%为办公电脑和绘图设备，设备资产价值329万元。

## 五、业绩特色

### 【市场营销】

设计院是一个有着丰富设计经验和现代管理意识的甲级设计企业,曾多次获中国冶金建设协会的优秀设计奖、城市建设百项工程奖等,在市、区设计行业中有着独特的地位。依托集团全产业链战略优势,设计院悉心打造建筑工程领域从前期策划、规划设计、工程咨询到项目管理的全生命周期服务品牌。

2016年,BIM中心与设计院整合,设计院在BIM技术和装配式建筑方面拥有行业领先的核心技术优势和初步形成的业务品牌。

2018年,设计院以市场为导向,持续优化资源配置,加快业务模块的转型升级,以装配式建筑为契机,结合绿色建筑、海绵城市、信息技术、互联网技术和智能技术的逐步推广落地,推动设计理念和技术手段的创新变革,设计院确立"DMCS"(Design, Management, Consultation, Service)业务架构目标。继续坚持"建筑设计"的主要发展地位,巩固支柱业务基础;持续擦亮"宝冶BIM"品牌,以信息化技术高端增值服务为市场切入点,充分发挥资源整合融合优势,进一步抢占新兴市场,加快发展"高端咨询"新兴业务板块;加大民用建筑工程总承包市场开拓力度,以设计管理、造价咨询为抓手,积极探索和形成成熟的工程项目管理模式,着力构建"EPC项目管理"核心业务板块,形成"建筑设计""高端咨询""EPC项目管理"的协同发展新格局,打造具有国内知名、行业领先优势的技术服务产品,以"DMCS"主营业务架构有效助力设计院向国内知名的建筑工程领域全产业链的工程服务公司目标迈进,支持和引领宝冶在建筑工程领域的全产业链全生命周期核心竞争优势。

根据"DMCS"主营业务架构以及产业定位,设计院着力培育全产业链市场营销能力。在建设设计方面,发挥核心竞争优势重点开拓文化教育、高端住宅、装配式建筑等,积极关注大型场馆、美丽乡村、商业地产等细分领域;高端咨询方面,充分发挥资源整合优势和宝冶BIM品牌影响力,以高端项目BIM咨询为切入点,向上下游延伸打造具有核心竞争力的高端咨询服务产品,抢占新型咨询业务市场先机;工程总承包方面,一方面加强与宝冶和各区域总承包公司之间的配合协作力度,助力宝冶在民用建筑的EPC项目市场开拓;另一方面,主动积极参与市场竞争,在激烈的市场博弈中不断培养和提升独立的工程总承包项目营销能力。

### 【经营业绩】

设计院依托宝冶全产业链优势,充分发挥技术和人才优势,围绕"建筑设计、全过程咨询、总承包管理"主业板块,为顾客提供从可行性研究、项目咨询策划、规划建筑方案、施工图设计、二次深化设计、工程咨询到项目现场设计服务、总承包项目设计管理的全生命周期服务。

建筑设计方面,设计院自成立以来,先后承接了文化教育、商业综合、工业厂房、精品住宅等多领域的工程设计业务,获省部级优秀设计奖35项,主要项目获奖清单如下:

**表4-1-3 宝冶设计院优秀设计项目列表**

| 项目名称 | 奖项 | 颁奖单位 | 时间 |
| --- | --- | --- | --- |
| 上海宝冶三期月浦生活基地—宝冶新办公大院工程规划 | 冶金行业第十次部级优秀工程设计一等奖 | 中国冶金建设协会 | 2001年9月 |
| 上海精泰实业有限公司 | 冶金行业第十一次部级优秀工程设计二等奖 | 中国冶金建设协会 | 2003年8月 |

（续表）

| 项目名称 | 奖项 | 颁奖单位 | 时间 |
|---|---|---|---|
| UT斯达康通讯有限公司研发生产中心（中国杭州） | 冶金行业第十二次部级优秀工程设计一等奖 | 中国冶金建设协会 | 2005年7月 |
| 上海霍富—利用汽车锁具有限公司迁建 | 冶金行业第十二次部级优秀工程设计二等奖 | 中国冶金建设协会 | 2005年7月 |
| 宝钢（上海）汽车维修服务中心 | 2007年度冶金行业部级优秀工程设计一等奖 | 中国冶金建设协会 | 2007年9月 |
| 无锡宜必思酒店 | 2007年度冶金行业部级优秀工程设计一等奖 | 中国冶金建设协会 | 2007年9月 |
| 南昌广播电视中心钢结构 | 2007年度冶金行业部级优秀工程设计二等奖 | 中国冶金建设协会 | 2007年9月 |
| 世纪广场—新皖西宾馆 | 2009年度冶金行业部级优秀工程设计一等奖 | 中国冶金建设协会 | 2009年8月 |
| 建配龙综合商业楼改扩建工程 | 2011年度冶金行业部级优秀工程设计一等奖 | 中国冶金建设协会 | 2011年8月 |
| 上海松江新城19-1地块 | 2011年度冶金行业部级优秀工程设计二等奖 | 中国冶金建设协会 | 2011年8月 |
| 防城港青少年活动中心 | 2012年度中国中冶优秀设计一等奖 | 中国冶金建设协会 | 2012年12月 |
| 防城港市职业教育中心 | 2013年度全国冶金行业工程设计一等奖 | 中国冶金建设协会 | 2013年8月 |
| 崇明新城24号地块 | 2014年度全国冶金行业优秀工程一等奖 | 中国冶金建设协会 | 2014年8月 |
| 罗店中心校迁建项目 | 2015年度全国冶金行业优秀工程设计一等奖 | 中国冶金建设协会 | 2015年8月 |
| 宝山区月浦镇沈巷社区C-1地块 | 2016年度全国冶金行业优秀工程设计二等奖 | 中国冶金建设协会 | 2016年8月 |
| 罗店大型居住社区动迁安置房二期项目（C10地块） | 2017年度全国冶金行业优秀工程设计一等奖 | 中国冶金建设协会 | 2017年8月 |
| 罗店大型居住社区动迁安置房二期项目（C10地块3、6号楼） | 2018年度上海市优秀住宅设计单体设计三等奖 | 上海市勘察设计行业协会 | 2018年7月 |
| 梅林保障性住房工程项目 | 2018年度全国冶金行业优秀工程设计二等奖 | 中国冶金建设协会 | 2018年9月 |

设计院紧跟国家产业发展步伐，较早介入装配式建筑设计研发，20世纪70年代末，在宝钢建设初期将模块化装配技术应用于冶金工程。2009年开始涉足装配式钢结构体系，2012年将装配式混凝土结构体系应用于工程实践，现已形成具有独特核心技术优势的装配式混凝土和装配式钢结构设计技术体系及相关产品。截至2018年底，宝冶形成装配式建筑技术相关科技成果73项，主编或参编国家标准16项，拥有国家级工法6项，获得专利314项，获得软件著作权61项；装配式建筑项目总数达到23个，总建筑面积约284.27万平方米，单体预制率最高达43%，单体装配率最高达

90%。预制构件范围包括预制剪力墙、预制夹心剪力墙、预制框架柱、预制叠合梁、预制凸窗、预制叠合楼板、预制楼梯、预制阳台、预制空调板、钢柱、钢梁、钢筋桁架楼承板等。

**表 4-1-4 宝冶设计院装配式项目列表**

| 项目名称 | 建设地点 | 建筑面积（万平方米） | 预制率/装配率 |
|---|---|---|---|
| 罗店大型居住社区保障房 C10 地块 | 上海市宝山区 | 10.5 | 30% |
| 祁连社区 A3-04 地块动迁安置房项目 | 上海市宝山区 | 4.4 | 42% |
| 顾村世界外国语学校新建工程 | 上海市宝山区 | 5.6 | 42% |
| 上饶桐子坞棚户区改造项目 | 江西省上饶市 | 33.7 | 33%—43% |
| 上海宝冶郑州钢结构基地项目 | 河南省郑州市 | 13.8 | 32%—90% |
| 静安府 09-03 地块项目 | 上海市静安区 | 35.7 | 32% |
| 宝山区大场镇 38-02 地块项目 | 上海市宝山区 | 18.9 | 41% |
| 中原新区柳沟便民服务中心项目 | 河南省郑州市 | 5.3 | 69% |
| 北京城市副中心职工周转房项目 | 北京市通州区 | 15.1 | 42% |
| 岳阳乐诚小区装配式 EPC 总承包项目 | 湖南省岳阳市 | 7.8 | 20% |
| 宝山新城顾村 A 单元 11-02 地块初级中学 | 上海市宝山区 | 1.9 | 42% |
| 罗店新镇 C3-2 地块美兰湖九年一贯制学校 | 上海市宝山区 | 2.1 | 30% |
| 苏地 2017-WG-83 号地块 | 江苏省苏州市 | 20.8 | 25% |
| 南京五矿九龙湖 G55 项目总承包项目工程 | 江苏省南京市 | 16.1 | 20% |
| 上海徐泾 A18-05 地块总部基地项目 | 上海市青浦区 | 11 | 40%—75% |
| 中山大学·深圳建设工程项目 | 深圳光明新区 | 36 | 15% |
| 清华大学深圳研究生院创新基地(二期) | 深圳大学城清华园区 | 5.1 | 20% |
| 友谊路街道 163 街坊 2 丘地块(盘古路 927 号)商品住宅项目 | 上海市宝山区 | 2 | 17%—34% |
| 宝山区罗店镇老镇区 A19-03 地块动迁安置房 | 上海市宝山区 | 4.756 7 | 40% |
| 新发展 H10 地块新建项目 | 上海市外高桥 | 4.5 | 40% |
| 宝钢股份新建制造运行中心项目 | 上海市宝山区 | 3.895 | 20% |
| 银湖区块安置房建设项目(4 号、5 号安置地块)Ⅰ标项目 | 浙江省杭州市 | 22.03 | 20% |
| 上海太平报恩寺重建项目钢结构工程 | 上海市杨浦区 | 3.29 | 40% |

全过程咨询方面，设计院积极开展工程咨询服务，着力发展全过程咨询能力，重点打造成本、造价咨询和 BIM 咨询服务能力，为集团 PPP、EPC 项目营销和实施运营提供专业支撑。

表 4 - 1 - 5　宝冶设计院工程咨询成果列表

| 项目名称 | 奖项 | 颁奖单位 | 时间 |
|---|---|---|---|
| 安徽宝钢钢材配送有限公司钢材深加工二期扩建项目 | 上海市工程咨询行业协会工程咨询成果三等奖 | 上海市工程咨询行业协会 | 2010 年 9 月 |
| 罗店大型居住社区经济适用房一期 | 上海市工程咨询行业协会工程咨询成果三等奖 | 上海市工程咨询行业协会 | 2011 年 9 月 |
| 普洱蓝眉山运动养生旅游度假村二期 | 上海市工程咨询行业协会工程咨询成果三等奖 | 上海市工程咨询行业协会 | 2012 年 11 月 |

2013—2018 年，设计院重点突出 BIM 全过程咨询服务，与深圳市工务署等多家客户深度合作，为 200 多个项目提供优质的 BIM 服务，主编深圳市建筑工务署 BIM 标准，参编上海市信息化模块标准、安徽省建筑信息模型（BIM）技术应用指南等行业标准，不断培育覆盖前期、设计、施工、运营阶段的全生命周期项目，培养面向设计、监理、施工、供应商的全方位咨询服务人员，探索针对项目质量、安全、进度、成本的全要素增值服务，持续打造具有行业标杆水平的高端项目 BIM 咨询服务综合能力，其中上海迪士尼、珠海十字门、南京蜂巢酒店、龙之谷主体乐园等 BIM 服务成果显著。自行和组织二级单位积极创奖，获省部级及以上奖项 110 项。

自 2016 年设计院与 BIM 中心战略整合之后，设计院就承担起宝冶 BIM 品牌建设这一重任，组织二级单位开展各类国内、国际 BIM 奖项申报工作；代表宝冶与同济大学携手，协同国内数十家科研机构、高等院校、行业企业等共同发起设立建筑产业创新发展研究院，并成功当选首批理事单位；携手上海交大、上海咨询协会等社会资源建立宝冶 BIM 学院，在高校和行业 BIM 培训体系建设方面开展深入合作，通过对外传授实施应用性和创新型的培训课程，持续扩大宝冶 BIM 品牌影响力。同时，设计院充分发挥资源整合优势和“宝冶 BIM 品牌”影响力，以信息化技术高端咨询增值服务为切入点，向上下游延伸打造具有核心竞争力的全过程咨询服务产品，在充分发挥先发优势抢占新兴市场的同时，也极大地丰富了宝冶高新技术企业的内涵和实质。

表 4 - 1 - 6　宝冶设计院 BIM 应用项目获奖列表

| 项目名称 | 奖项 | 主办单位 | 时间 |
|---|---|---|---|
| BIM 技术在福欣不锈钢厂机电设备安装中的应用 | 首届“申新杯”BIM 机电安装应用创新大赛一等奖 | 上海市安装行业协会 | 2013 年 |
| BIM 技术在珠海十字门超高层塔楼中的应用 | 首届中国建设工程 BIM 大赛卓越项目奖一等奖 | 中国建筑业协会 | 2015 年 |
| BIM 技术在主题公园项目管理中的应用 | 首届中冶集团 BIM 应用大赛——民用工程组一等奖 | 中冶集团 | 2015 年 |
| 绍兴山水馆钢结构工程项目的应用 | 首届中冶集团 BIM 应用大赛——民用单项组一等奖 | 中冶集团 | 2015 年 |
| 越南河静钢厂项目 BIM 技术应用 | 安装之星全国 BIM 应用大赛工业安装工程 BIM 应用一等奖 | 中国安装协会 | 2016 年 |
| 越南河静钢厂机电安装工程 BIM 应用 | 第三届“申新杯”BIM 机电安装应用创新大赛一等奖 | 上海市安装行业协会 | 2016 年 |
| BIM 技术在广州白云机场钢结构项目中的应用 | 第二届中冶集团 BIM 应用大赛——施工单项一等奖 | 中冶集团 | 2016 年 |

(续表)

| 项目名称 | 奖项 | 主办单位 | 时间 |
| --- | --- | --- | --- |
| 深圳市前海市政工程Ⅰ标段工程BIM应用 | 第二届中冶集团BIM应用大赛——工程应用一等奖 | 中冶集团 | 2016年 |
| 深圳市莲塘口岸BIM应用 | 上海建筑施工行业第四届BIM技术应用大赛一等奖 | 上海市建筑施工行业协会 | 2017年 |
| TMD大型甲醇转化炉项目模块化施工BIM应用 | 第四届"申新杯"BIM机电安装应用创新大赛一等奖 | 上海市安装行业协会 | 2017年 |
| TMD大型甲醇转化炉项目模块化施工BIM应用 | 安装之星全国BIM应用大赛工业安装工程BIM应用一等奖 | 中国安装协会 | 2017年 |
| 大型工程项目云管理信息系统 | 全国建筑企业管理现代化创新成果一等奖 | 中国建筑业协会 | 2017年 |
| 哈尔滨工业大学深圳校区扩建工程项目的建造过程中的BIM服务 | 荣誉白金级认证 | 北京中建协认证中心 | 2018年 |
| 华策国际大厦BIM综合应用技术成果 | 2018年广东省第二届BIM应用大赛一等奖 | 广东省建筑业协会 | 2018年 |
| 深圳市莲塘口岸全过程BIM应用 | 2018年广东省第二届BIM应用大赛一等奖 | 广东省建筑业协会 | 2018年 |
| BIM技术在深圳同维冷冻机房预制化安装中的应用 | 第五届"申新杯"BIM机电安装应用创新大赛一等奖 | 上海市安装行业协会 | 2018年 |
| 宁国城北新城振宁大桥及配套路网项目BIM应用 | 第四届中冶集团BIM应用大赛施工综合一等奖 | 中冶集团 | 2018年 |
| 清华大学研究生院创新基地项目BIM应用 | 第四届中冶集团BIM应用大赛施工综合一等奖 | 中冶集团 | 2018年 |

总承包管理方面,设计院紧跟宝冶跨越式发展步伐,通过专业的项目设计管理和造价咨询服务,在项目前期、设计、施工阶段进行设计协调与管理,促进设计与施工的有机联动,发挥宝冶内部施工、设计的资源协同优势,打造设计管理团队,助力宝冶EPC、PPP项目顺利推进,标准化管理水平持续提升。在国家雪车雪橇中心、北京环球影城、郑州中原新区、宝冶郑州钢构、上饶桐子坞项目、郑州中央文化区(CCD)、富阳安置房、重庆永川体育馆等工程总承包项目中提供设计管理和造价咨询服务。

## 六、精神文明建设

随着公司的发展与改革,党组织也经历了机关党委下属党支部、宝冶党委直属党支部、党总支等不同阶段。直到2014年开始独立建院,正式成立党总支。截至2018年,共有4个基层党支部,65名党员。设计院积极推动"有场所、有设施、有标志、有党旗、有书报、有制度"的"六有"党员活动室建设,以党建工作标准化手册为指导确保党建工作扎实推进、落地见效。

设计院自成立以来积极推进人才强企战略,打造人才高地,使设计院成为企业高素质人才的聚集地，促进企业创新可持续发展，注重培养和开发人才，进行差异化的职业生涯设计，实现个人和企业发展动态平衡，同频共振。秉承“师徒带教、岗位交流”的人才培养优良传统，通过项目锻炼和岗位交流，激发员工进步的内生动能，促进员工从设计师—专业负责人—项目负责人转变，不断优化设计院人才结构，提升员工整体素质。

设计院以打造国内知名的建筑工程领域全产业链的工程服务公司为目标，建设“党员之家”“职工之家”“青年之家”，不断培育设计院“尊重、协作、奉献、创新”的“设计院·家”文化。坚持以人为本，关爱关怀员工，营造企业形象好、学习风气正、工作氛围浓的良好生态环境，涌现出以上海市五一劳动奖章获得者龚利文、上海市青年岗位能手何兵为代表的先进个人和上海市职工（巾帼）创新工作室、上海市青年文明号等先进集体。

# 第二章　工业总承包公司

## 第一节　上海宝冶冶金工程有限公司

上海宝冶冶金工程有限公司(简称冶金工程公司)是以建筑工程施工总承包形式从事冶炼工程施工的宝冶全资子公司,以建筑工程施工专业承包的形式从事炉窑工程施工、机电设备安装工程施工、建筑防水工程施工、防腐保温工程施工;设计、加工、生产与上述工程施工相配套的耐火材料和钢结构产品,销售自产产品,上述同类设备(产品)的批发(涉及配额、许可证管理、专项规定管理的商品按国家相关规定办理),并提供维修、检测及相关工程的技术服务,从事货物及技术的进出口业务。公司位于上海市宝山区盘古路1022号。

图4-2-1　冶金工程公司揭牌

### 一、公司历史

公司前身为1954年11月成立的武汉钢铁建设公司筑炉工程公司。1956年3月—1978年9月,公司先后更名为武汉冶金建筑总公司筑炉工程公司、武汉冶金建设公司筑炉工程公司、第十九冶金建设公司筑炉工程公司、十九冶武钢"一米七"热轧工程指挥部筑炉工程处。

1978 年 9 月—1981 年 6 月，公司名称为十九冶分指挥部筑炉工程处。

1981 年 6 月—1986 年 6 月，公司名称为十九冶上海分公司筑炉工程处。

1986 年 6 月—2001 年 12 月，公司名称宝冶筑炉工程公司。

2001 年 12 月—2006 年 5 月，公司名称为上海宝冶建设工业炉窑公司，属宝冶全资子公司。

2006 年 5 月 28 日，上海宝冶建设工业炉窑公司吸收 4 家战略投资企业，共同出资设立上海宝冶建设工业炉工程技术有限公司，宝冶为第一大股东。同年 6 月 18 日，上海宝冶建设工业炉工程技术有限公司挂牌成立。

2015 年 3 月 27 日，宝冶整合技改管理部、检修产业部和宝钢湛江钢铁工程项目相关机构，设立宝冶高炉工程事业部/宝冶宝钢工程事业部。5 月，市政工程公司机械设备修造厂 122 人、环保工程部 185 人和工业工程公司宝钢项目部 40 人划转到高炉事业部；6 月，安装工程公司宝钢项目部 32 人划转到高炉事业部。2016 年 1 月，工业安装工程公司宝钢项目部 187 人划转到高炉事业部，同年 10 月，市政工程公司水电队 197 人划转到高炉事业部。

2017 年 10 月 24 日，上海宝冶建设工业炉工程技术有限公司与高炉工程事业部/宝钢工程事业部整合，同时将宝钢工程事业部更名为宝钢工程分公司。

2018 年 5 月 30 日，上海宝冶建设工业炉工程技术有限公司更名为上海宝冶冶金工程有限公司。6 月，上海宝冶冶金工程有限公司股权变更，由宝冶 100%出资，上海宝冶冶金工程有限公司成为宝冶独资子公司。

## 二、组织机构

2018 年，公司共有 11 个职能部门，分别是综合管理部、人力资源部、合同预算部、党群工作部/党委宣传部/监察室、工程管理部、市场营销部、财务部、质量技术部、审计法务部、物资管理部、安全生产管理部。施工生产机构 14 个：工业安装分公司、湛江分公司、环保工程事业部、建材工程事业部、设备修造事业部、水电工程事业部、检测事业部、电气工程项目部、筑炉工程项目部、钢结构工程项目部、第一工程项目部、第二工程项目部、第三工程项目部、第四工程项目部。

## 三、职工队伍

截至 2018 年 12 月，公司在岗合同制员工 564 人，其中女员工 70 人，人员构成主要结构如下：

30 岁以下 90 人，31 岁至 35 岁 76 人，36 岁至 40 岁 67 人，41 岁至 45 岁 56 人，46 岁至 50 岁 155 人，51 岁至 55 岁 81 人，56 岁以上 39 人，平均年龄 42 岁。

博士研究生 1 人，硕士研究生 7 人，大学本科 218 人，大专 116 人，大专以上学历占在岗员工 60.6%。

教授级高级工程师 8 人，高级工程师 28 人，高级经济师 5 人，中级职称 120 人，中级以上职称占在岗员工 28.5%。

注册一级建造师 45 人，注册造价工程师 5 人，注册结构工程师 1 人，注册安全工程师 2 人。从事冶金项目在岗项目经理 28 人，技术负责人 28 人，项目关键岗位 177 人（其中：施工员 40 人、安全员 36 人、质量员 35 人、预算员 15 人、技术员 28 人、材料员 16 人、资料员 7 人）。高级技师 10 人、技师 14 人，高级工 16 人，中级工 30 人，初级工 27 人。职能部门 86 人。

冶金工程公司其他方式用工人数 829 人。

## 四、技术装备

### 【技术】

公司一贯注重研究和开发新技术、新工艺，自 1985 年以来，公司组织编写和参与编写了《筑炉工手册》《筑炉手册》《高级筑炉工》《高级砌筑》等工具书以及《GB50211－2014 工业炉砌筑工程施工与验收规范》《GB50309－2017 工业炉砌筑工程质量验收标准》国家标准。编制的《特大型高炉冷却壁在线快速更换工法》等 15 部工法被评为国家级工法；《不定型耐火材料喷涂工法》等 16 篇工法被评为省部级工法。研发的专利有 19 项获实用新型专利，9 项获发明专利。获省部级以上科学技术奖 14 个，质量奖项 10 个。

公司获得的专利、科技成果广泛应用于各类工程项目施工中。如 2006 年宝钢二号高炉大修首次采用了自主研发的高炉基础钻孔切割充填技术、气垫滑移就位技术、模块化拆装等多项技术，创造当时全国大型高炉大修施工纪录。2008 年宝钢一号高炉大修实现了整个炉顶系统整体拆除与安装，创造国内乃至国际上的先例。

公司在多年工程建设中形成了多项新技术、新工艺。

高炉技术分别有高炉施工总承包技术(高炉施工成套技术)、高炉快速大修技术、COREX 炼铁炉耐材施工技术、高炉冷却壁更换及炉衬耐材修复技术。高炉快速大修技术获得国际先进水平，公司首个高炉快速大修耐材施工技术成果为日后高炉大修耐材施工奠定了基础。2006 年 10—11 月，宝钢二号高炉在 32 天内成功进行高炉大修耐材在线施工，比常规施工工期缩短 52 天，标志着大型高炉快速大修耐材施工技术研究圆满实施完成。高炉快速大修耐材施工技术研究可应用于各种冶炼高炉检修工程，甚至基建工程，对类似大修施工具有指导和借鉴意义。

1. 炼铁炉耐材施工技术

公司在上海浦钢搬迁项目施工中研发的 COREX3000 炼铁工程耐材施工技术提高了公司 COREX 熔融还原炼铁炉耐材施工技术水平，填补了国内此类炉型耐材施工技术空白，使国内耐火材料施工技术水平跨上新台阶。

2. 金刚绳锯切割残铁技术

2009—2011 年，宝冶为解决高炉残铁处理技术难题，突破传统爆破及吹氧切割所带来的安全风险大、劳动效率低下、环境污染大等难题，先后经过四次模拟试验研发了金刚绳锯切割残铁技术，有效解决高炉残铁处理难题，该项技术获得国家发明专利。

3. 节能环保型套筒石灰窑生产新工艺

该成果在冶金、化工、建材等行业广泛应用。截至 2018 年，已建设 70 座节能环保型套筒石灰竖窑，奠定了公司在石灰窑产业内领头羊地位。主要创新点为：利用电石炉尾气作为套筒石灰窑燃料，形成一套稳定、成熟的电石炉、套筒石灰窑循环生产新工艺。其中采用全新的单流体和双流体喷枪相结合的装置，使用喷水和喷雾技术进行降温除焦，将电石炉尾气进行二次净化，具有明显的集成创新性。自主研发的套筒石灰窑 PLC 自动化控制技术通过电源隔离装置及阻容吸收装置等抗干扰措施，提高系统运行可靠性，并利用全参数在线监测实现燃气充分燃烧的闭环控制。

4. 高温陶瓷焊补技术

先后运用于上海宝钢、安徽马钢、河北晶牛玻璃、上海恒信玻璃等用户的各种炉窑，填补了国内在该领域的空白。

5. 浮法线耐材施工技术

按照国内锡槽结构特点并结合工艺要求，在原有国外浮法线锡槽耐材成熟施工技术基础上不断改进，形成浮法线耐材施工技术专业化、系列化。其具体为：底砖耐热钢锚固螺柱采用螺柱焊机焊接、施工检测可做到高效、专业，合格率 100%，经扭矩测试锚固螺柱焊接强度可超过设计值 3 倍以上。运输、吊装槽底砖及顶砖专用机具实现机械化，可将施工过程中耐材破损率降为零，确保耐材在无备品的情况下顺利施工。

6. 组合砖技术

组合砖技术在 20 世纪 80 年代初应用于宝钢一号高炉，解决了国内多年来高炉热风炉各孔洞部位施工难题，全部采用已经加工组装过的组合砖，砌筑时只需按照图纸标明的砌筑顺序施工，不仅加快施工进度，而且保证了耐材砌筑质量，具有耐材单体体积大、灰缝小、砖与砖之间的结合面合理，在使用过程中热应力不易集中，所以炉衬使用寿命长，热风炉一代炉龄可达到 20 年以上，充分体现了组合砖技术的先进性。

7. 湿法喷涂技术

公司成立研究组，以工艺研究为主线，以设备为依托、以湿法喷涂材料研制为核心，前后进行若干次试验形成该项技术，成功应用于宝钢、南钢等检修工程，为国内工业炉炉衬施工与检修提供了可靠的技术支持，为冶炼工业炉长寿技术的发展进步做出了贡献。

8. 可塑料喷涂工艺

这是一项新型的施工工艺，无论从施工工效还是施工质量上都较传统的捣打施工有显著优势。该技术的成功开发填补了国内可塑料喷涂的空白。

**【装备】**

随着宝钢焦炉陶质焊补技术的引进，耐火材料试验室实现了陶质焊补技术的国产化，并在套筒石灰窑、玻璃窑、焦炉等连续式工作炉窑上广泛应用，提高了炉窑的使用安全及使用寿命。经过几十年不断添置和更新，公司耐火材料试验室检验检测装备处于国内领先水平。

至 2018 年底，冶金公司拥有固定资产原值 4 151 万元，净值 684 万元。有各类施工机械 903 台，总功率 10 952 千瓦。

## 五、业绩特色

**【改革发展】**

20 世纪 80 年代，公司主要是围绕宝钢建设和周边企业专门从事耐材专业施工，2001 年 12 月成立上海宝冶工业炉窑公司后，公司由单一耐材专业到多专业齐头并进，以炉窑耐材砌筑专业为主业，涵盖冶金高炉热风炉、加热炉、玻璃窑、石灰窑四大炉型逐步向以四大炉型为基础的涵盖钢结构专业、管道设备专业、电气专业、土建专业的工程总承包转变。2000—2002 年是公司转折时期，营业收入从 0.32 亿元下滑到 0.22 亿元，利润从 86.52 万元跌到 74.75 万元。面对困境，公司树立正确的经营理念和发展思路，管理体制向市场化转轨变型；突破专业局限，闯出中小工业炉窑项目施工总包管理的新路子；改变“人海战术”“全员拼搏”的粗放型经营方式，推行完全项目法施工管理，从 2003 年开始逐步走出困境，营业收入和利润逐年上涨。2006 年 5 月，公司吸收日本黑崎播磨、宜兴宝欣、中冶焦耐的战略投资,成为宝冶控股的中外合资企业。2007年,公司总结EPC工程特点,承建了大量石灰窑项目,将宝冶石灰窑品牌旗帜插遍大江南北。2016年9月,因资质升级增资需要,由上海宝陆收购日本黑崎播磨、宜兴宝欣两家股份,将公司净资产增值到1亿元,并于2017年4月取得冶金工程施工总承包一级资质。2017年9月,宝冶收购上海宝陆和中冶焦耐全部股份,成为工业炉公司全资股东。同年10月,工业炉公司与高炉事业部合并。2018年5月,成立上海宝冶冶金工程有限公司。实现从工业炉窑总承包到EPC+S(设计/采购/施工+维保)总承包的转变,由专业从事冶金炉窑建设到全面参与全国各地建材行业、环保、化工行业等重点工程建设。

2018年,是完成产业整合并平稳运行第一年。公司通过产业优化组合,进一步巩固冶金工程总承包业务,拓展了在冶金工程总承包领域的市场占有率、提升了公司品牌知名度和市场美誉度。公司在发展工业建筑板块(包含物流园项目、环保工程、智能车库工程等)的同时,积极开拓建材工程板块,并潜心培育装备修造板块。对冶金总承包的传统主业进行明确定位,充分发挥公司在冶金领域上的技术、管理、品牌优势,始终以国内冶金市场"钢铁产业技术进步和产品结构升级、城市中心搬迁、阶段性化解产能过剩"为主线,以"产业链推进,巩固冶金市场领先地位"为经营理念,加强与冶金优质客户建立长期联盟,不断扩大稳定的高端客户群。并在此基础上对标国际先进项目管理团队,持续优化业务模式及工程建设水平,优化资源配置和项目管理机制,加大创新攻关力度,突出技术力量和企业文化优势,积极参与"一带一路"建设,借助中冶战略重组,引入大冶金市场概念,积极拓展有色行业及海外市场,努力提升海外施工管理、国际物流管理、国际合同法务等资源管理能力,加强风险识别控制和应对措施落实,分阶段分步骤进入海外目标市场,实现打造冶金建设国家队的目标。

## 【施工生产】

1. 冶金工程

1978—2005年,公司先后参建、承建了宝钢一炼钢、宝钢一号高炉、川沙水泥厂生料粉墨车间加热炉、苏钢一号高炉热风炉、苏钢烧结一期、梅山二号高炉、宝钢二号高炉、宝钢三号高炉、梅山一号高炉、宝钢新日制钢有限公司120万吨高炉技改、本钢板材股份有限公司热轧五号加热炉、宝钢二炼钢挖潜改造、宝钢四号高炉工程、本钢热连轧厂二号加热炉、鞍钢新三号3 200立方米高炉等工程。

在此期间,公司冶金项目施工创造了多个国内纪录。1996年4月,筑炉公司在宝钢一号高炉大修工程中完成具有世界先进技术水平的陶瓷杯内衬砌筑安装,标志着高炉大修突破了爆破解体、碳砖安装、铁口砌筑和陶瓷杯安装四大难关。

2006—2018年期间,公司参建、承建了本钢集团高炉区域工程施工总承包、广东韶钢松山股份有限公司高炉区域工程施工总承包、本钢新一号高炉(八号高炉改造工程)、广西盛隆2×1 600立方米高炉工程、宝钢广东湛江钢铁基地项目、梅钢五号高炉、安钢三号高炉、山东钢铁集团有限公司日照钢铁精品基地项目原料场、马来西亚马中关丹产业园350万吨钢铁项目高炉和石灰工程、黑龙江紫金铜业有限公司铜冶炼项目二标段(电解系统工程)、越南和发榕橘钢铁股份公司4×1 080立方米高炉、河钢乐亭钢铁一号高炉、印尼PT. MEK半焦工程、广西盛隆产业升级改造炼铁单元、山东铁雄新沙能源有限公司煤焦场中间煤场封闭改造项目、梅钢外购焦及煤筒仓改造主体工程、宝钢高炉控制中心建设工程、衢州元立金属制品有限公司运输公司料场全封闭工程EPC总承包项目、安钢原料场封闭工程、宝钢2050热轧新增超高强钢平整机组等工程。

2015 年 8 月 1 日，成立湛江钢铁项目部，作为公司在湛江常设机构，主要承接湛江钢铁检修和技改项目。

2. 建材工程

1983—1990 年，公司参建、承建了宝钢一号高炉热风炉耐火材料砌筑、江苏太仓沪太联营钢厂加热炉耐材砌筑等工程。1989 年 8 月 3 日，国内第一批精加工耐火组合砖——二号高炉系统热风炉蓄热室下部人孔组合砖在筑炉公司组合砖加工厂组装成功，经检验达到设计要求，从此结束组合砖进口的历史，填补了国内耐材工业的一项空白，使中国耐材精加工工业跨入国际先进行列。1990 年 11 月 29 日，国内首创大型高炉用堇青石组合砖在筑炉公司诞生，标志着特殊炉衬工业有了国产替代品。

1988 年 5 月，公司与宝山县盛桥乡月狮村联营兴办宝山耐火材料厂，同年 11 月 14 日，公司与昆山县蓬朗乡共同投资创办年生产能力为 1 000 万吨的宝昆联营耐火材料厂。1991 年 9 月 8 日，国内首家中日合资耐材生产企业——上海宝九和耐火材料有限公司正式领取营业执照。宝九和耐火材料有限公司是公司与日本九筑工业株式会社合资创办，也是宝冶第一家持有注册等级的合资企业。1992 年 9 月 8 日，上海宝九和耐火材料有限公司投料生产。

1993—2005 年，公司参建、承建上海耀华皮尔金顿浮法玻璃生产线二期工程、梅冶炼钢厂石灰窑工程、江西萍乡浮法玻璃厂冷修工程、南京圣韩浮法线冷修改造工程、新余八号 1 050 立方米高炉本体耐材工程、日产 500 吨级济钢活性石灰窑工程、东莞市宝特模具钢加工配送工程土建工程、鞍钢七号高炉系统耐材工程、邢台钢铁股份有限公司活性石灰竖窑煅烧系统工程、天钢 3 200 立方米高炉碳砖砌筑等工程。

2008—2018 年，公司承建了多个石灰窑、玻璃生产线工程。分别为内蒙古君正化工有限责任公司石灰项目 EPC 总承包工程、成都南玻熔窑、锡槽钢结构工程、宁夏英力特集团石灰窑、唐山长城钢铁集团燕山钢铁有限公司石灰窑、新疆新冶电石炉尾气净化系统及气烧石灰套筒竖窑 EPC 总承包工程、天津天钢联合钢铁有限公司升级改造项目石灰窑、内蒙古白雁湖化工股份有限公司石灰窑、内蒙古君正石灰窑、内蒙古多蒙德冶金化工有限责任公司石灰窑、乌海中联化工石灰窑 EPC 工程、西宁特殊钢石灰套筒窑、鄂尔多斯双欣石灰窑 EPC 工程、青海盐湖工业股份有限公司活性石灰窑、内蒙古中谷矿业有限公司 50 万吨/年电石炉配套石灰窑、内蒙古蒙维科技气烧石灰窑 EPC 工程、鄂尔多斯君正气烧石灰窑总承包、内蒙古白雁湖二期气烧石灰窑、内蒙古君正化工石灰窑项目、青海光伏玻璃压延生产线 EPC 总承包、乌海化工股份有限公司 50 万吨/年电石炉配套石灰窑生产装置工程、唐山东华钢铁企业集团有限公司气烧石灰窑、衢州元立年产 40 万吨石灰项目悬挂缸式麦尔兹窑 EPC 项目、新疆新冶能源化工股份有限公司 50 万吨/年电石配套石灰窑技改新疆 1 号石灰窑工程、台塑河静钢铁石灰厂 1 号、2 号石灰窑统包工程、山东日照钢铁控股集团有限公司活性石灰窑工程、日照钢铁控股集团有限公司二期石灰窑、连云港兴鑫钢铁有限公司煤烧双膛窑系统总包工程、旗滨集团节能玻璃厂房工程、广西盛隆冶金有限公司 9 号、10 号双膛石灰窑及粉磨站工程、福建新福兴浮法一期 1 线、2 线窑炉锡槽安装等工程。

3. 环保、民用等工程

2015—2018 年，公司先后完成宁波钢铁有限公司烧结配料除尘改造、宁波钢铁有限公司炼钢地下料仓除尘新增一台除尘改造、联峰钢铁有限公司五号高炉除尘系统改造、梅钢槽前供料系统改造、原料 7 号转运站区域新增除尘设施、宝钢股份除尘设备点检和检修项目（含炼铁厂、炼钢厂、电炉、电厂的除尘设备等项目）、宁波钢铁有限公司一号高炉热风炉大修、宝钢垃圾焚烧作业区常年检修项目、广钢环保迁建湛江钢铁基地广东生产配套工程体育馆工程、宝钢高炉铸铁机综合改造、宝钢二号高炉除尘器达标排放综合改造、丰树重庆两江综合物流园项目总承包工程、河南省永城市垃圾焚烧综合利用工程项目桩基工程、濮阳市静脉产业园生活垃圾焚烧发电项目桩基工程及发电项目全厂土建工程1标段施工项目、宁钢一号高炉易地大修工程喷煤系统改造等工程、永城生活垃圾焚烧发电项目网架施工、新沂市生活垃圾焚烧发电项目主厂房、广西金红叶生活用纸年产3.5万吨土建工程、国家雪车雪橇中心赛道结构工程项目。

**图4-2-2　安钢第二原料厂**

2016年,设备修造厂开始整体谋划建设工地标准化设施的制作,先后推出了材料托架、电缆支架等成套的安全体验设施系列等产品73项,2017年和2018年发布了两版《施工现场安全设施标准化产品图集》。2018年3月,公司取得国家质检总局颁发的《机械式停车设备制造A级》制造资质,2018年6月取得上海市质量技术监督局颁发的《机械式停车设备安装、修理、改造》资质证书。同年,为靖江市新区建设开发有限公司制造安装立体车库766个,为福建省松溪县旭日房地产开发有限公司制造安装立体车库168个,此外还推出了人脸识别门禁系统、VR体验系统、远程监控系统、高清电视墙等智能化产品。

## 【管理创新】

1. 制度管理

公司自成立以来,结合内外部环境的变化不断完善管理制度,为促进市场营销人员积极性,修编《市场营销激励管理实施细则》,将营销人员、技术标与商务标人员的奖励与完成签约额挂钩;为激励项目部超额完成项目经营管理目标,修编《项目部绩效考核管理实施细则》,建立风险抵押金制度，从资料、结算、资金回收等方面完善项目竣工后各项管理要求，实行超额利润奖励。截至2018年，共制订74个管理文件，涉及财务、质量、企划等十三个管理板块。

2. 风险管理

公司以提升主战能力为出发点，修订《风险管理手册》，建立风险管控三道防线，实现风险分级管控，确定公司领导办公会为风险管理最高机构。

3. 项目管理

公司项目遍布全国各地甚至海外，南起广西、福建，北至内蒙古、新疆，海外有马来西亚、越南、印尼，项目地域跨度较大，项目质量、安全和进度管理挑战极大。为了实现对项目的有效管控，让公司领导和各系统能实时、动态了解项目最新进展，公司创立了“冶金智库”远程智能共享信息化平台。在“冶金智库”平台上，各职能部门建立标准化管理模板，由事业部、项目部按照要求实时上报项目资料，职能部门对项目上报资料进行审核，以确保项目管理符合系统管理要求。并且所有资料只能上传，不能删除。“冶金智库”平台全面推行了标准化管理要求，同时也解决了员工离职时资料交接不充分的问题。

4. 安全管理

公司所承揽的项目大多属于综合性项目，施工配合专业较多，施工现场条件较民建工程差，属于安全风险等级较高行业。2018年初，公司聘请第三方安全管理机构——上海普兰认证咨询有限公司对检修作业板块和设备修造板块进行安全管理体系建设。通过第三方管理机构对公司安全管理全方位的梳理，逐步规范公司安全管理制度和体系，减少施工过程中安全事故发生率。

**表4-2-1　冶金工程公司主要经济指标完成情况**

| 时　间 | 合同签约额(万元) | 营业收入(万元) | 利润(万元) |
|---|---|---|---|
| 2006年 | 18 800 | 32 100 | 695 |
| 2007年 | 30 500 | 40 000 | 2 180 |
| 2008年 | 40 500 | 55 000 | 1 250 |
| 2009年 | 35 000 | 42 000 | 1 500 |
| 2010年 | 69 000 | 50 000 | 3 500 |
| 2011年 | 80 000 | 65 000 | 5 018 |
| 2012年 | 60 000 | 65 000 | 4 450 |
| 2013年 | 74 000 | 60 000 | 4 600 |
| 2014年 | 81 600 | 60 000 | 4 500 |
| 2015年 | 51 000 | 45 000 | 1 050 |
| 2016年 | 100 000 | 65 000 | 3 100 |
| 2017年 | 405 100 | 182 200 | 6 411 |
| 2018年 | 405 700 | 270 000 | 6 500 |

### 六、精神文明建设

公司党委始终在两个文明建设上常抓不懈,卓有成效地开展各项主题活动,为完成公司施工生产经营任务保驾护航。在企业改制整合过程中,把党组织建设和建立现代企业制度统一起来。在改革发展中始终高度重视企业文化建设,努力打造富有“精气神”和员工认同的企业文化,为公司转型发展提供文化支持,引领员工凝心聚力,为打造“美好冶金”而奋进。

几十年来,公司涌现出多名模范人物,为公司发展壮大作出了突出贡献。1981 年,朱国坤获上海市劳动模范称号,蔡建国获施工企业协会颁发的鲁班传人奖牌,李鹏先后获全国优秀项目经理称号、上海市五一劳动奖状。2002 年,朱中平获冶金科学技术奖二等奖;2005 年,杨新松获全国技术能手称号。钱国获 2017 年度上海工匠称号和上海市五一劳动奖章。2018 年,张玉蛟获第六届全国职工职业技能大赛上海选拔大赛焊工个人优胜奖,彭辉获中冶集团先进工作者称号,张映波获上海市五一劳动奖章,李鹏劳模创新工作室获上海市劳模创新工作室称号,林涛获全国钢结构工程优秀建造师称号。

## 第二节 宝冶工业工程公司

宝冶工业工程公司(简称工业工程公司)是以冶金工程施工总承包、工业工程施工总承包,钢结构制作安装、装备制造、压力容器制造、大型工业机电设备安装为主的公司。主业定位为“以冶金工程为主的工业建筑工程施工总承包”,是宝冶冶金工程施工核心技术的载体,冶金工程专业技术人才培养基地。公司位于上海市宝山区盘古路 900 号。

### 一、公司历史

**【名称变更】**

1978—1981 年,公司时称十九冶分指挥部机械设备安装工程公司。

1981 年 6 月,公司时称十九冶上海分公司机械设备安装工程公司。

1986 年 6 月 4 日,公司更名为上海宝钢冶金建设公司机械设备安装工程公司。

2003 年 1 月 17 日,公司更名为上海宝冶建设有限公司机械设备安装分公司。

2010 年 3 月,公司更名为上海宝冶集团有限公司机械设备安装分公司。

2015 年 3 月,公司更名为上海宝冶集团有限公司工业工程公司。

**【几次主要机构、人员整合】**

1985 年 7 月,宝钢一期工程接近尾声,十九冶上海分公司应宝钢生产要求,成立维护检修公司,从机装公司抽调 40%的施工力量共 372 人划归维检公司,其中工人 329 人,干部 43 人。

1999 年 11 月 8 日,宝冶进行产业结构调整,成立宝钢协力生产分公司,机装公司协力队整建制 90 余人全部划归协力分公司。

2005 年 10 月,随着宝冶产业整合,公司罗店金属结构厂划归新成立的宝冶钢结构分公司。2006 年 1 月,公司合同制员工 143 人划归钢结构分公司。

**图 4-2-3　工业工程公司更名揭牌**

2015 年 5 月，公司 40 人划转至宝冶高炉工程事业部，57 人划转至检修工程公司。同年 12 月，宝冶对机电工程施工资源进行整合，宝冶安装工程公司从事冶金、工业等业务的项目部和相关资源划转至公司，划转人员 379 人。

2016 年是公司整合年。公司坚持大局着眼，细节入手，通过管理制度融合宣贯、薪酬福利待遇整合统一、组织机构融合调整三个步骤，优化资源配置，按照产业布局，整合成立了冶金板块事业部、工业板块事业部、装备制造事业部及三个资源中心，使事业部主业定位更加清晰，使三个中心（安装中心、调试中心、机械管道中心）成为公司施工资源的蓄水池和核心技术的积淀池，确保了机电优势资源快速有序整合。

2018 年 4 月，钢结构公司压力容器厂划转至公司，划转人员 32 人。

## 【公司所属分公司、三资三产】

1990 年，公司在多种经营方面，主要在实行紧缩投资、深化管理等措施上下功夫，逐步走上公私结合的发展道路。

1990 年 12 月 1 日，公司与中国人民建设银行上海市宝山支行合办盘古西路储蓄所；1992 年，相继成立了以上海宝山永华液压器材工贸公司、上海永华商行为标志的多种经营单位 14 家及液压设备修理厂，形成新的经济增长点；1994 年 12 月 12 日，与马来西亚顺源公司合资创办的顺宝机构（马）有限公司机械制造厂生产出第一台 CM1 混凝土搅拌机；1994 年，先后成立兴吾工贸实业公司、宝鸿科技开发公司、月塘工贸实业公司和公司劳动服务部（对内为人才中心，对外为独立法人实体），人才中心使精减的 149 人和优化下岗的 44 人基本得到妥善安置。

1994年,公司对三产单位进行清理、整顿,先后关停1家,兼并承包3家。清理整顿后,原有的及新成立的共14个法人单位,已具备承包条件的9家单位,相继和公司签订经营承包合同,与公司彻底脱钩。

1995年,与美国派克公司等多个国际知名公司签订贸易协议,代理销售液压设备及元件,形成以贸易为纽带,以液压专业技术为依托,以液压油缸制造、加工、修复为基础,产、供、销一条龙,科、工、贸一体化的经营格局。

1997年5月15日,经报宝冶批准,将公司液压设备修造厂、宝山永华液压器材工贸公司、上海永华商行、深圳浩申工贸公司组建成宝冶机械液压技术工程公司,形成工、贸、产、供、销一体化的经营格局。同年12月,公司境外(马来西亚)中外合资企业顺宝机械制造有限公司因东南亚经济危机而停产歇业。

2000年10月,宝冶对三资三产进行清理、整合,公司共有14家三产单位。其中,宝麦并入倍奋、力山并入瑞欣、汇利达并入芙蓉酒家;宝鸿、永华、友力、红叶、浩申5家三产注销。芙蓉酒家和设备公司收归宝冶产业公司统一管理。

2001年12月12日,按照宝冶对资产整合的要求,注销瑞欣、倍奋2个三产单位,对原有资产和债权、债务进行了清理,对人员去向做了妥善安排。其中,生活服务公司更名为行政科。

## 二、组织机构

2018年,公司职能部门有10个:综合管理部、市场营销部、合同预算部、财务部、人力资源部、工程管理部、质量技术部/总工程师室(设计中心、钢构中心)、安全管理部、物资管理部、党群工作部/监察部。施工生产机构11个:第一工程事业部、第二工程事业部、第三工程事业部、第四工程事业部、第五工程事业部、第六工程事业部、第七工程事业部、第八工程事业部、第九工程事业部、装备制造事业部、压力容器厂;直管项目部4个:中芯国际(上海)工程项目部、国家雪车雪橇中心机电项目部、天津中芯T1B机械系统总包及中低压电气系统总包工程项目部、金昇工程项目部;专业作业中心3个:安装中心、调试中心、机管中心。

## 三、职工队伍

截至2018年12月,在岗合同制员工542人,其中女员工71人,人员构成主要结构如下:

30岁以下101人,31岁至35岁89人,36岁至40岁48人,41岁至45岁71人,46岁至50岁140人,51岁至55岁71人,56岁以上22人,平均年龄41岁。

硕士研究生14人,大学本科228人,大专110人,大专以上学历占在岗员工65%。

教授级高级工程师12人,高级工程师37人,高级经济师5人,高级会计师1人,中级职称105人,中级以上职称占在岗员工30%。

注册一级建造师48人,注册造价工程师4人,注册安全工程师5人,注册质量工程师1人,注册监理师2人。从事冶金项目在岗项目经理35人,技术负责人11人,项目关键岗位64人(其中:施工员41人、安全员13人、质检员5人、材料员5人);从事工业项目在岗项目经理27人,技术负责人6人,项目关键岗位59人(其中:施工员29人、安全员18人、质检员4人、材料员8人)。高级技师36人、技师36人,高级工27人,中级工60人,初级工65人。职能部门57人。

工业工程公司其他方式用工人数 704 人。

## 四、技术装备

**【技术优势】**

几十年来，公司承接多项国内重大工程建设，通过消化、吸收与自主创新相结合，在炼铁、炼钢、轧钢等冶金行业领域中形成了机械液压工程技术、电气与自动化工程技术、地基与基础工程技术、检验与监测技术、装备制造工程技术、钢结构工程技术等具有核心竞争力的专业技术系列，开发了多种新工艺、新技术、新方法和新装备，形成了以大型带钢轧机牌坊（机架）安装成套技术、大型转炉离线组装及在线安装技术、大型连铸机安装技术、大型交流电炉设备安装工艺技术、COREX3000熔融直接还原炼铁炉施工技术、特大型高炉串罐无料钟炉顶设备安装工艺技术、液压系统一步法安装技术、节能高低压组合一体化液压系统在线循环冲洗、试压工艺、大型电机安装、冶金企业电气传动调试、仪表测量管道快速安装、自动化仪表系统调试等为代表的专业优势技术。

在冶金项目上，应用模块化装配式施工技术、工厂预制施工技术，轧线设备在线改造、整体搬迁项目技术成果的提炼积累，进一步巩固了公司在冶金建设行业技术的领先地位和竞争能力。公司还将冶金行业传统专业技术优势开拓到有色、民用和电器电子等行业，在消化、引进先进技术的基础上不断大胆实践与创新，开发出高架仓库成组地脚螺栓工装安装法、高架仓库安装调整技术、推锭式加热炉安装技术、铝箔轧机安装技术、大型铝轧机牌坊旋转平衡安装技术、重型轨道手工焊接技术、超洁净 BA 管道安装等新工艺、新技术。

在装备制造方面，从为宝钢加工生产非标工艺钢结构起步，逐步跨向国内电力行业的脱硫、脱硝环保设备和国内外石油化工行业的转化炉加工制造，通过科技创新研究开发了氢气及甲醇转化炉制造工艺技术、石膏粉储存设备螺旋输送系统制造技术，从而带动转化炉加热炉制造产业的发展。

加强技术成果在工业承包项目上的转化实践。BIM 技术、三维扫描、航拍与三维成像技术，装配式电子厂房施工技术，空间气流场模拟分析等技术陆续在上海中芯、天津中芯、大连 INTEL 项目上运用，不断刷新施工技术高度。

主编了 2 部国家标准：《炼铁机械设备安装规范》GB50679 和《炼铁机械设备工程施工验收规范》GB50372，获得国家优质工程奖、国家质量银奖、中国建筑工程鲁班奖共计 5 项，拥有国家级、部级工法 44 项，专利 223 项，获中冶集团、中国安装协会、上海市、中国施工企业协会科技成果发明奖 28 项，并多次获冶金科学技术奖、上海市科技进步奖和中国安装协会科技进步奖等。

**【装备设施】**

公司有 H147 外圆磨床、TQ2132×6 米深孔钻镗床、2M2125 深孔珩磨机、pipemaster/d 管管自动焊机、TUBOMAT642 多功能弯管机、普利苏德 PS－164－2 管管自动焊机、V55 立式加工中心、MB7150/H 半自动卧轴距平面磨床、PBMWQ16A 移动式管道预制成套设备、DN150－DN600 组对工作站、AUTO MPWT630－A 管道焊接工作站和 AUTO MPWT630－B 管道焊接工作站、PCBSM－24B/DN50－600 管道数控高效切割带锯床、EPEBM－24/DN100－600 固定式管道数控端面坡口机、AUTOPAW830－B 压紧式管道自动焊接设备、WW－0.3/60 无油空气压缩机、YX－30 九轮高速数控弯管机和 HOLON－760 手持式三维扫描机、水下等离子切割机、数控火焰切割机、多头直条切割机、相贯线切割机设备、液压微控三辊卷板机、H 型钢组立机、H 型钢翻转机、门型埋弧焊机、型钢矫正机、BOX 组立机、翻转机、电渣焊机、埋弧焊机、数控平面钻床、摇臂钻、数控冲孔机、立式抛丸机、端面铣床、剪板机、七辊校平机等设备。

自行设计制作的施工、生产设备有：液压系统高低压冲洗装置（400 升、600 升、1 000 升、2 000 升）、液压顶升装置、大型轧机牌坊旋转平衡安装装置、液压系统高低压复合在线循环冲洗和试压装置、旋转支撑环梁提升专用吊具、液压系统高低压复合在线循环冲洗和试压装置、液压冲洗设备、液压元件与系统检测实验室装置、翼缘矫直机、七辊矫直机、100 吨油压机、180 吨液压起升装置、送风支管安装定位专用工具等。

## 五、业绩特色

1978—1985 年，公司“任务靠下达，工资靠下发”，产值常年在低位徘徊。

1986—1997 年，宝冶提出“四元产业”经营模式。公司从单一施工产业走上四元产业（施工、检修协力、加工生产和多种经营）的发展道路。

1999 年底，公司开始从传统直线管理制的四队二厂逐步向矩阵式职能制项目部、区域项目部的管理模式转变，2011 年开始尝试实行事业部管理模式，使事业部成为“找活、干活、算账、要钱”真正意义上的独立核算经济实体。

2011 年之后，公司开始承接工业总承包工程，涉及专业涵盖桩基、土建、钢结构、设备、管道、电气、暖通、消防、装饰等。公司实现从专业承包到施工总承包，从总承包到 EPC 总承包，从冶金工业到工业工程，从国内市场到国际市场的跨越式发展。

**【市场营销】**

2001 年，公司在营销领域实现突破，承担上海市重大标志性工程磁悬浮列车示范线门墩钢梁工程、龙阳路车站工程和卢浦大桥工程，实现了公司在桥梁钢结构制作上零的突破。

2003 年，公司明确将产业定位于建筑安装、结构制作、检修协力的经营思路，在保证宝钢十五规划项目建设前提下，不仅稳固了武钢、杭钢、安钢、涟钢、太钢等大型钢厂阵地，还另辟新地域，承接了四川川威 950 热轧、山东日照、宁波建龙等工程。市场领域从单一的冶金发展到市政、化工、电子、能源等多个领域，工程项目从上海及华东等沿江靠海的地区延伸到内地及西部地区，形成以点带面、点面结合、遍布全国的市场网络，并逐步探索特许经营模式。

2006 年，随着神火铝箔、厦门厦顺、昆山铝箔等铝箔行业合同的签订，公司打开有色金属行业市场大门。

2007 年，签约厦顺铝箔后续工程、亚洲铝业机电管安装工程，使公司在有色金属市场领域稳步拓展，为打造“铝箔品牌”打下良好基础。

2008 年，在有色金属、非钢领域市场进一步拓展。积极探索与国际项目管理公司合作途径，进入国际项目管理市场，签订海外项目。在签约厦门厦顺智能高架仓库非标制作项目基础上，与西马克合作签约 MMK 俄罗斯及 TKS 非标制作出口项目、中海油非标制作等项目。非标项目的承接不仅为公司打造非标制作品牌迈出了更加坚实的一步，而且能够和国外制造行业中的顶尖企业合作，在提升公司的技术水平同时有助于拓展非标设备制造市场。

2013 年，深化营销格局，强化激励机制，层层分解责任，采取领导班子成员牵头承担营销指标，市场部、事业部和项目部具体分担公司总体营销指标的多级营销模式。出台《机装公司营销考核激励办法》，先后中标天津忠旺冷轧、重庆嘉川汽车冲焊车间及涂装车间、宝钢二炼钢等总承包工程。

2014年，公司明确以“开发大客户、大项目，做好在建工程、巩固长期战略客户及设计院关系，依托传统液压专业、开拓液压集成业务，依托设备、管道安装专业，着力开拓大型综合项目的机电安装”为市场发展目标，在“做精做强”专业的同时，坚定不移地发展“工业总承包道路”，加快布局步伐，细分区域，形成华东、东南、东北、西南、西北五大片区，实施区域化营销战略。同时，为加强黑色和有色传统专业版块的专业优势，在设计单位、业主生产单位分区跟踪管理，责任到人，做到信息全覆盖。

2015年，积极响应集团“深化顶层设计，提升品牌价值”指导思想，结合“做强主业、做精专业”的目标，对机构进行调整。增设总工程师室，加强土建、钢结构及BIM、深化设计、焊接等专业技术力量；在原有基础上增设11个营销型区域事业部，在电厂、电子厂房、污水处理领域取得突破。

2016—2018年，按照集团定位，公司承担扛起“冶金建设国家队”大旗的重任。先后修订《营销考核管理实施细则》等文件，制订《承包合同评审实施细则》《法律事务管理实施细则》等文件，分类完善资质、信誉、业绩、人员等资料库，形成pdf/word/ppt、微信版全套资信模板资料，完成冶金板块宣传册和工业板块宣传册编制，出台《市场营销指导手册》等。2016年、2017年、2018年三年合同签约额呈现台阶式增长。

**【改革发展】**

1991年，以绍钢工程为“试验田”首次尝试推行“龙头承包制”，从钢结构制作到设备配套订货和安装全部由公司承担，工期仅为138天，4个台阶17个施工节点全部按期实现，高炉炉壳安装和焊接质量优良率达到100%，获得业主好评，绍钢工程是公司当时承建的最大外包工程。

1992年1月27日，公司印发《宝冶机装公司1992—1996年发展规划》，制订“立足宝钢，服务上海，面向全国，迈入世界”的发展战略。提出五年发展目标是把机装公司办成内外型结合、工贸结合、科技领先、多元经营的现代化企业，力争实现产值、利润两个翻番。总产值五年内达到5 000万元，利润五年内达到350万元。在此期间，公司引进分包管理，在南通钢厂30吨电炉安装工程中以三队为主，实行项目经理负责制，3月进厂，6月试车完毕，为今后采取项目管理模式提供了成功经验。在上海市新沪钢厂二分厂、四分厂和上海钢管厂工程中进行建筑安装总承包尝试。按照宝冶改革总体部署，机关干部从原来的198人精简分流65人，为机关干部总数的35.7%，超过宝冶下达指标5.7%，固定工及合同工优化下岗分流24.4%，超过宝冶下达指标4.4%，全年精简、优化、分流、下岗、提前退休494人，占员工总人数的30.7%。公司成为宝冶第一个改革验收合格单位，得到宝冶领导及改革领导小组的肯定。

进入2000年后，公司成立人力资源部，将4个工程队近600名作业人员划归人力资源部（宝钢项目部除外，宝钢项目部实行一个项目部、两个牌子，对内为宝钢项目部，对外为动力设备检修队，是为了保住动力设备检修队这块来之不易的牌子），结合工程项目实际成立11个项目部。项目部在人、财、物的使用、管理上具有更直接、更大的权力。在用工机制上，完全打破传统行政指派式的用工管理模式，由项目部到人力资源部挑选，被挑选中的班组与项目部签订以计件或承包方式的合同。同时精简机关机构，实现干部能上能下。公司组建6部、6科、2室，将机关管理人员从166人精简到108人，精简率34.9%；根据项目部工程量的大小及难易程度，给项目部核定岗位共计108个。对10个机关管理岗位和108个项目部管理岗位张榜公布，明确岗位职责和评定标准。实行矩阵式项目部制，延续46年的直线职能制工程队退出历史舞台。

自2012年开始，在工业工程总承包发展的道路上实现大的跨越，完成从传统专业到工业总承包道路的成功转型。

2014年，结合国家政策导向的能源、化工、环保、民生等产业，重点实现行业突破，继续做大工业工程总承包板块，同时大力发展装备制造产业，定位于“高端产品制造业”，积极创建自有品牌，稳固、发展、培育装备制造产业战略客户。

## 【产业发展】

1. 工程建设

1978—1989年期间，公司主要是参建武钢“一米七”热轧工程，宝钢一期、二期等工程。此外先后承包和参与了上海市川沙水泥厂、铁合金厂、苏州河河流污水治理一期、耀华皮尔金顿2号玻璃生产线、地铁一号线新闸路车站和控制中心等工程。在宝钢二期工程建设中，公司成立技术、工艺攻关小组，研制的循环酸洗液优于国际著名品牌——西德摩根酸洗公司的酸洗液，达到了国际先进水平，并获得国家专利。国产化酸洗液用于宝钢二期工程冷轧厂平整机组、热轧厂液压、润滑管道配管6万米，分布于39个液压系统之中，经过中、德、法现场专家级技术人员确认，除锈等级Bc(相当于Sa3)，酸洗后经过循环冲洗系统清洁度均达到和超过设计要求，得到加热炉设计厂家法国斯坦因专家的一致好评。宝钢2050热轧采用循环酸洗新工艺，提前190天完成任务，仅轧机换辊液压系统比德方计划缩短30天，卷取液压系统抢回拖期4个半月，与换辊液压系统同步达到试车条件。通过在宝钢二期工程的施工实践，循环酸洗及酸洗液国产化不仅为宝钢创造可观的经济效益，循环酸洗液的研制成功也结束了国内长期进口酸洗添加剂的历史。

1990—1999年，公司走出宝钢，先后承担上海杨树浦油库、广东东莞钢厂、福建厦门厦顺铝箔厂、上钢三厂三米三工程液压设备修复、漳州电厂、南通船厂、常熟亚太纸厂、梅钢热轧厂大修，韩松纸厂等工程项目。其中，1998年承担的上海江南轧辊有限公司工程涉及桩基、土建工程、机械电气工程、给排水、仪器仪表、总图运输、自动化控制、计算机、通风、空调、热力设备等多种专业，是公司第一个完整意义上的施工总承包工程。1999年承担的上海地铁二号线东昌路站工程，仅用8个月完成全部设备、管道、通风系统的安装任务，被上海市重点工程办公室命名为“上海市市政工程文明工地”。1998年，公司工程项目呈现两多两少的特点，即外包工程量增加(占4/5)，宝钢工程量减少(占1/5)；自行组织施工完成的工作量增多(占4/5)；由宝冶统筹施工管理工程完成的工作量减少(占1/5)。公司项目管理采取三种模式：一是以工程队为基础组成项目部，成为基本核算单位；二是跨队组成项目部，由公司施工副经理担任项目经理；三是组成建筑施工总承包类型项目部。

2000—2010年，公司承担的工程点多面广，涉及冶金、电力、建材、电子、交通、桥梁、市政等多个行业。2001年参与世界第一条商业化运营磁悬浮列车线建设，龙阳路车站屋面钢结构工程获上海市钢结构制作“金钢奖”，参建的磁悬浮快速列车运营示范线龙阳路车站获上海市建设工程“白玉兰”奖。

2003年承担上海焦化厂甲醇扩建改造工程项目，是公司首次进入化工建设领域。2004年在宝钢十五规划宽厚板轧1标工程中承担了23 450吨设备、6万米管道的安装，其中5米宽厚板轧机是国内特大型轧机，轧机本体总重量为5 000吨，被称为“中国轧机之王”，是宽厚板生产的关键设备。轧机牌坊超大、超重、超高，轧机牌坊高度超过了吊车吊钩的最高极限位置14米，公司经攻关研究设计、制作了专门夹具和吊具，采用侧翻就位的技术，巧妙地将轧机牌坊吊装到位。同年，作为总承包单位承担宝钢益昌冷轧新建二次冷轧兼平整项目，工程内容包括打桩、土建、机械设备安装、电气设备安装等。2005 年，承担了上海神火铝箔、公司历史上第一个江苏省南京市市政工程南京中山植物园植物宫等工程总承包项目。

2011—2015 年，公司先后承担了历史上第一个 EPC 总承包项目——山东魏桥铝电有限公司新材料(邹平)工程；历史上第一个大型民用建筑工程项目——西宁特钢技术中心综合办公楼及配套设施项目；建造出全球最厚的一台直弧形特厚板连铸机——新钢特厚板连铸工程；历史上第一个电厂施工总承包项目——邯钢热电厂，该项目对宝冶进一步开拓电力行业市场具有十分重要的意义。

2016—2018 年，公司承担了多项重大工程，总承包管理能力不断提高。从上海中芯、北京中芯、天津中芯、江阴中芯到宁波中芯，从厂房施工到洁净室等全专业施工，实现电子厂房全产业链工程服务商的突破；承担河钢炼钢建筑安装工程施工总承包项目，担负起建设"绿色化、智能化、品牌化"精品钢铁基地的历史重任；参与国家雪车雪橇中心赛道建设，承担制冷管夹具的制作与安装；山钢日照 4 300 毫米宽厚板工程创同类产线建设新纪录；徐州鑫晶大硅片项目同时开始 5 块筏板的浇筑，历经 24 小时浇筑混凝土方量 10 057 立方米，创下公司 24 小时内混凝土浇筑的历史纪录。此外还完成了台塑越南河静炼钢厂、马中关丹产业园 350 万吨炼钢连铸工程，柬埔寨海螺水泥等海外工程的建设。

2. 检修协力、技改

1987 年，公司进入宝钢初轧厂检修，自此正式进入宝钢设备检修领域。设备检修开始成为公司"四元产业"重要产业之一。

1990—1992 年，在宝冶"巩固检修、拓展协力"方针指引下，以抓好宝钢热轧厂生产设备检修为重点，完成了宝钢热轧厂、自备电厂、炼钢厂、二号高炉、物资部等单位的检修任务。

1992 年 1 月，成立动力设备检修队，这也是全国冶建行业第一支跨电力行业的动力设备检修队。1993 年，动力设备检修队在全国冶建行业首次跨电力行业，承担宝钢自备电厂 35 万千瓦汽轮机 B 级大修，一次试车成功，获得宝钢建设指挥部及宝冶的嘉奖。公司自此跨入电力行业，连续七年完成宝钢电厂 3 台 35 万千瓦汽轮发电机机组大修，以及上海石洞口电厂、上海吴泾电厂的检修工程、宁波北仑港电厂事故抢修任务等。

1995 年，进入宝钢生产协力作业，成立公司协力队，归属公司动力设备检修队，承担宝钢一、二、三期炼铁系统、原料破碎协力作业。其中，协力队在宝钢原料破碎生产车间实行点检作业制。

1995 年起，液压修理厂先后承担宝钢各二级厂、上钢三厂、上钢五厂、梅山钢铁厂、上海石洞口电厂，以及宝冶内部各二级公司修复任务。

1999—2006 年，先后承担上海耀华皮尔金顿冷修工程、宝钢二炼钢大型除尘器改造、梅山主轧线检修、宝钢一炼钢 1 号 RH 改造、宝钢 2050 热轧二号加热炉综合改造、1580 热轧辊道架等期工程。同时依托在建项目不断延伸检修市场，先后在南钢、涟钢、太钢、首秦等地驻扎检修项目部，基本弥补了公司因宝钢股份调整检修业务、收回部分检修区域而造成的损失。

2009 年，公司检修主要在续签合同，稳固检修市场上下功夫，形成 5 个外地固定检修项目部：新疆八钢检修项目部、湖南涟钢检修项目部、山西太钢检修项目部、天津天钢检修项目部、河北首秦检修项目部；以及宝钢项目部、宏和项目部、液修厂等 8 家检修业务单位。

2010—2014 年，先后承接宝钢集团南通线材制品有限公司设备整修项目、涟钢 180 平方米烧结机改造项目、太钢热连轧厂横切线中修、太钢炼铁厂五号高炉和六号高炉 72 小时定修等项目。

2015 年 5 月，根据宝冶对工业工程公司确定的产业定位，公司全面退出常规检修业务。

2018 年 12 月 12 日，公司根据宝冶统一部署积极参与武钢“一米七”热轧工程复产升级改造项目，并圆满完成电气抢修任务。

3. 加工制作、装备制造、压力容器生产

1990—1994 年，公司在生产方面以加工制作 H 型钢为主，先后承担了宝钢二号高炉钢结构、宝钢三号高炉热风炉钢结构、上港机、昆山寇钧钢结构有限公司吊车梁、厦顺铝箔厂非标设备和构件等制作。

图 4-2-4 上海市中环线共和新路立交工程

1994 年 11 月 25 日，公司罗店金属结构厂建成投产，钢结构加工制作成为机装公司支柱性产业。1997 年，形成了以结构厂为主体，以各个工程队为辅助，以利用资质可靠、有实力并且有密切合作关系的外协厂家为补充的加工生产体系，具备承揽高、大、精、尖、优钢结构生产能力，公司加工生产量首次突破 2 万吨大关，达到 20 084 吨。随着 CAD、CAM 技术和意大利钢结构深加设备的引进，钢结构技术装备能力不断增强、技术水平逐步提高。2002 年，公司加工制作、安装的上海市市政工程——磁悬浮列车龙阳路站钢结构工程获上海市“金钢奖”；2004 年，承担上海市中环线共和新路立交工程主线及 5 个匝道口的钢结构制作及安装任务，此外还陆续承担了苏州博览、宝钢轧 I 标、克虏伯厂房及非标、亚洲浆纸、连铸非标、宁海电厂、上钢一厂、宁波电厂二期等工程。钢结构专业覆盖厂房、电厂、桥梁、非标等。

2005 年，公司非标制作领域从以往的冶金行业拓展到化工行业，承担海南 60 万吨甲醇转化炉炉体钢结构制作运输项目，以及国产第一台电厂脱硝设备——厦门嵩屿电厂二期机组 SCR 烟气脱硝反应器的制造。公司钢结构生产主要有宁波台塑电厂二期、三期工程、ABS 工程、浦项钢结构工程、龙腾光电工程、博思格钢结构工程、黄金置地钢结构、华能玉环电厂钢结构、中环线 A2.6 标等工程，全年共完成实物量 86 375 吨，有力支撑了公司乃至宝冶的钢结构产业发展。同时，公司钢结构向高层钢结构拓展，承接了黄金置地高层钢结构加工任务，为进一步开拓生产领域进行了积极实践。

2008 年，主要项目有宝钢十一五规划项目非标制作、外高桥脱硝装置非标制作、工兵破碎锤非标加工、厦门厦顺铝箔高架智能仓库制作、MMK 及 TKS 非标制作等；2008 年，公司与德国著名企业西马克公司联合，成功地拿下了俄罗斯 MMK 退火炉/冷却塔非标制作及 TKS 非标制作项目。2009 年，主要项目有宝钢“十一五”规划项目非标制作、中海油非标制作、工兵非标加工、厦门厦顺铝箔板带非标制作、MMK 及 TKS 非标制作等。

2013 年，公司明确装备制造高端定位，凭借在转化炉工艺上的优势，中标意大利 ITT 项目、伊拉克转化炉、巴斯夫氢化厂扩建工程、ALSTOM 加拿大支架项目。

2016 年，公司装备制造产业在国家“一带一路”倡议及“中国智造强国梦”战略思想引领下，完善管理体制，做大做强产业规模，积极拓展市场资源，先后签订了科威特、伊朗等多台加热炉及转化炉制造合同，同时在整体模块化技术方面有了重大突破，完成了土耳其加热炉等项目对流段模块化及盘管工厂预制，尤其重点开发了日本三菱 TMD 项目中辐射段的整体大型模块化制造工艺，最大单件模块化重量达 1 200 吨，全年完成签约额超 3 亿元，超额完成了年度计划，在公司装备制造产业发展史上写下了新的篇章。

同年，公司承接的美洲加勒比天然气化工有限公司年产 100 万吨甲醇转化炉整体模块制作、组装及发运，是宝冶承接的首个转化炉全模块化项目，开创了转化炉制造业向大型模块化工厂制造的先例，使公司成为国际化、专业化炼油化工工业炉技术服务商。公司装备制造部申请专利 10 项、发明专利 3 项、形成企业工法 2 部、获得 4 项奖励，核心关键技术达到国际领先水平。

**图 4－2－5　美洲加勒比年产 100 万吨甲醇转化炉整体模块制作**

2018年11月27日，公司与ITT(国际热能技术公司)签署“宝冶—ITT”全面战略合作伙伴关系协议，同时签订了俄罗斯(甲醇)转化炉、秘鲁转化炉、哈萨克斯坦加热炉模块化等三个项目合约，公司与ITT再次实现优势互补，共同开拓国际高端装备制造市场新阶段。

装备制造产业的升级发展是公司转型发展的重中之重，公司通过调整结构、整合资源、加强内部管理、发掘培育新的核心竞争力，提高了项目盈利水平和竞争力，打造出了业务板块清晰，管理严格有序，战略目标明确，经济效益良好的品牌形象。基于与德国鲁奇公司良好的信誉关系，形成了转化炉制造生产相对固定的产品，带动了意大利ITT公司、德国阿尔斯通相关产业新的客户群体，逐步形成相对稳定客户群。公司拥有国家计量认证的试验室，建立了中冶液压系统集成工程技术中心、液压元件与系统检测实验室、液压系统中试基地，配置了制造各类产品的加工设备。取得了多项具有自主知识产权的专有技术和科技成果。先后为宝钢、梅山、武钢、昆山铝箔、厦门铝箔、中海石油、上海外高桥电厂、厦门嵩屿电厂以及众多跨国企业，如鲁奇、法液空、ITT、阿尔斯通等用户提供服务，产品业绩遍布国内、外市场，涉及冶金、电力、化工、有色、市政等多种产业。

公司压力容器厂拥有中国钢结构制造企业资质(特级)证书、中华人民共和国特种设备制造许可证书(压力容器)、中华人民共和国特种设备制造许可证书(锅炉)、ASME锅炉制造许可证书、ASME压力容器制造许可证书、AISC证书、EN1 090证书、新加坡钢结构协会会员证书、新加坡钢结构协会S1级证书等，是专业生产压力容器与余热锅炉，以及大型高炉炉壳设备节能环保设备、高端钢结构、钢管制品为主的专业制造厂，先后为宝钢、太钢、马钢、柳钢、涟钢、安钢、华能电厂等厂家提供设备千余台(套)。

**表4-2-2　工业工程公司主要经济指标完成情况**

| 时　间 | 合同签约额(万元) | 完成产值(万元) | 利润(万元) |
|---|---|---|---|
| 1978年 | — | 379 | — |
| 1979年 | — | 28 | — |
| 1980年 | — | 164 | — |
| 1981年 | — | 407 | — |
| 1982年 | — | 743 | — |
| 1983年 | — | 1 581 | — |
| 1984年 | — | 2 240 | — |
| 1985年 | — | 825 | — |
| 1986年 | — | 1 131 | — |
| 1987年 | — | 1 649 | — |
| 1988年 | — | 2 495 | — |
| 1989年 | — | 2 689 | — |
| 1990年 | — | 2 412 | 156 |
| 1991年 | — | 2 597 | 315 |
| 1992年 | — | 3 058 | 154 |

（续表）

| 时　间 | 合同签约额（万元） | 完成产值（万元） | 利润（万元） |
|---|---|---|---|
| 1993 年 | — | 4 238 | 24 |
| 1994 年 | — | 6 900 | 152 |
| 1995 年 | — | 15 986 | 644 |
| 1996 年 | 4 000 | 18 000 | 316 |
| 1997 年 | 7 000 | 20 014 | 695 |
| 1998 年 | 8 000 | 31 302 | 500 |
| 1999 年 | 18 006 | 31 000 | 260 |
| 2000 年 | 6 780 | 25 478 | 170 |
| 2001 年 | 14 804 | 22 562 | 216 |
| 2003 年 | 16 493 | 40 120 | 1 283 |
| 2004 年 | 46 452 | 63 000 | 1 866 |
| 2005 年 | 45 949 | 84 207 | 2 150 |
| 2006 年 | 34 006 | 51 254 | 1 366 |
| 2007 年 | 28 960 | 65 624 | 1 450 |
| 2008 年 | 46 084 | 74 997 | 1 777 |
| 2009 年 | 47 278 | 65 731 | 1 933 |
| 2010 年 | 49 366 | 85 052 | 3 752 |
| 2011 年 | 53 370 | 52 163 | 3 252 |
| 2012 年 | 112 739 | 75 500 | 4 108 |
| 2013 年 | 102 416 | 82 861 | 4 518 |
| 2014 年 | 157 050 | 124 000 | 3 542 |
| 2015 年 | 118 539 | 150 098 | 5 123 |
| 2016 年 | 302 893 | 222 702 | 6 007 |
| 2017 年 | 530 053 | 240 635 | 6 917 |
| 2018 年 | 700 000 | 340 325 | 7 000 |

## 六、精神文明建设

公司党委深入融合生产经营中心工作，以项目部党建工作为重点，推进党建工作标准化建设，将党的建设融入工程建设全过程，着力培育高素质工程管理人才队伍、一线作业人才队伍，构建员工作风优良、企业文化氛围浓厚、劳模工匠涌现的党建工作格局。在宝冶“合创之道”引领下，以创新发展为导向，以文化软实力为开拓市场助力，不断提升“宝冶冶金”“宝冶工业”“宝冶装备”品牌的知名度和精神内涵。

公司被评为上海市文明单位、上海市工业系统思想政治工作优秀企业、上海市“模范职工之家”、上海市军民共建社会主义精神文明先进集体等，并涌现出以 1983 年四川省劳模杨焕文、1986 年上海市三八红旗手刘新景、1994 年上海市劳模王宗明、2006 年全国五一劳动奖章获得者刘小滨、2011 年上海市五一劳动奖章获得者包朝亮、2016 年上海市五一劳动奖章获得者周太浜、2016 年中国五矿集团优秀共产党员王黔、2017 年中国五矿集团优秀共产党员刘冬青为代表的先进楷模。

# 第三章　建筑总承包公司

## 第一节　宝冶北京建筑工程分公司

宝冶北京建筑工程分公司(简称北京分公司)是以工程(施工)总承包为主的北方区域公司，以立足北京，布局雄安，深耕京津冀，辐射黑吉辽蒙为区域定位。公司位于北京市朝阳区五里桥一街1号院16号楼。

图4-3-1　北京分公司办公楼

### 一、公司历史

**【沈阳分公司】**

沈阳分公司是北京分公司的前身。2009年8月26日，宝冶在东北区域承接项目的基础上注册成立沈阳分公司。最初以黑龙江、吉林、辽宁为经营区域，经过几年发展，经营区域扩大到东北、华北及内蒙古。

2014年5月，宝冶将原直管项目部华府新天地项目、抚顺大酒店项目划归沈阳分公司统一管理。但受东北经济影响，2016年以前，公司受资金与环境所限，经营生产陷入谷底。

**【沈阳建筑有限公司】**

2010年7月9日，为扩大区域市场，实现东北区域属地化管理，宝冶成立以房建施工总承包为主业的全资子公司——宝冶沈阳建筑有限公司(简称沈阳子公司)。注册资金2 000万元,注册地:辽宁省沈阳市和平区三好街76号30层11、15室。沈阳子公司受分公司托管,和分公司两块牌子、一套人马。子公司拥有房屋建筑工程施工总承包二级资质、市政公用三级、钢结构专业三级资质。

**【北京分公司】**

北京分公司初始是宝冶2009年在北京注册成立的营销型分公司,2016年前一直受宝冶工安分公司托管。2016年10月,为解决沈阳分公司发展困境,进一步优化公司市场布局,聚焦京津冀一体化带来的发展机遇,宝冶将沈阳分公司相关资源注入北京分公司,标志着北京分公司转化为实体型分公司。

2017年1月,分公司完成办公场所搬迁、公司挂牌、人员和资产转移、公司负责人变更等工作。同年3月,公司根据宝冶"四五"规划制定了2017—2020年发展规划,同年实现合同签约额25亿元,为公司在京津冀市场站稳脚跟,深耕细作,开拓市场奠定了坚实基础。

2018年,公司推行管理变革,调整三年滚动规划,引入平衡计分卡管理,强化战略执行管理,找准主业定位、区域定位和管理定位,制定北京分公司决胜腾飞"6+1"指标["6"是指全年新签合同金额确保50亿元;全年营业收入确保20亿元;公司人员规模要突破400人;完成一批具有核心竞争力的技术专利/发明数80项(科技成果鉴定转化2项);形成2个有影响力的区域观摩工地;高端主流媒体发稿量4篇。"1"是指东北区域遗留问题处理完成率100%。],初步实现签约额、营业收入、员工规模、人均收入等指标跨越式增长。2018年,新签合同额突破40亿元,营业收入达到20亿元。

## 二、组织机构

至2018年12月,北京分公司下设11部1室1中心,即市场营销部、合约法务部、工程管理部、安全监管部、质量技术部/BIM中心、物资管理部、财务部、资金管理部、企业管理和信息化部、人力资源部/组织部、党群工作部/党总支办公室/团总支/企业文化部、办公室、报价中心。

## 三、职工队伍

截至2018年12月,在岗合同制员工157人,其中女员工18人,人员构成主要结构如下:

30岁以下68人,31岁至35岁46人,36岁至40岁21人,41岁至45岁3人,46岁至50岁5人,51岁至55岁13人,56岁以上1人,平均年龄33岁。

硕士研究生6人,大学本科126人,大专16人,大专以上学历占在岗员工94.27%。

教授级高级工程师3人,高级工程师8人,中级职称39人,中级以上职称占在岗员工31.85%。

注册一级建造师22人,注册造价工程师4人。在岗项目经理10人,技术负责人8人,项目关键岗位90人(其中施工员40人、安全员5人、质检员6人、预算员15人、技术员18人、材料员6人)。职能部门46人。

北京分公司其他方式用工人数244人。

## 四、技术装备

公司始终坚持科技创新,注重技术成果积累,不断推进科技成果转化。自2010年以来,公司通过工程实践及科技研发促进形成了岩土工程、土木工程、钢结构工程、信息技术与信息化等专业技术系列。

参与编写了北京市地方标准《建筑工程轮扣式钢管脚手架安全技术规程》；组织编写的《外墙陶土砖及夹心保温墙体施工工法》《现浇屋面发泡水泥保温板施工工法》《集成外防护屏在超高层建筑中的应用工法》《运用BIM技术进行管线系统综合平衡施工工法》等6项工法被评为省级工法；公司科技成果《超大截面钢管砼柱+钢支撑结构超高层建筑施工关键技术》达到国际先进水平，《基于建筑工程施工档案归档系统的研发及应用》达到国内领先水平。公司引入“智慧城市”和“互联网+”管理理念，采用云计算、大数据和物联网等技术手段，针对所收集的信息特点，结合工程项目不同需求构建信息化、智能化施工现场。集成采用塔吊防碰撞监控、劳务实名管理系统、VR虚拟现实技术、无人机航拍、智慧监控管理平台、视频监控、延时摄影等技术，打造了一批优质的智慧工地项目。

## 五、业绩特色

### 【经营管理】

1. 布局东北，开疆拓土

2010年7月至2012年10月，沈阳分公司在东北区域开拓市场，先后承建了沈阳财富中心、中国医科大学沈北新校区、东北大学浑南校区、沈阳新华国际二期、沈阳苏泊尔卫浴产业园、中共辽宁省委党校文体活动中心、抚顺大酒店、沈阳华府新天地、辽中县全民健身中心及体育场附属配套设施等项目。

沈阳财富中心项目为沈阳北站新地标，建筑高度达188米，2014年、2015年获辽宁省优质主体工程奖及沈阳市优良工程结构奖。承建的新华国际二期工程获评2014年辽宁省新技术应用示范工程。在中国医科大学沈北新校区工程中承担了体育馆、游泳馆、文体馆、训练馆、公共卫生学院、高职学院、国际交流中心、公共卫生学院、国际交流中心的建安任务，体育馆及游泳馆获2012年沈阳市优良工程结构奖。沈阳华府新天地项目获2014年沈阳市优良结构工程奖及2015年辽宁省建设工程优质结构奖。

2. 深耕细作，初具规模

2012年12月至2014年5月，沈阳分公司深耕细作，承建的东北大学浑南校区一期工程文科1楼、文科2楼主体工程获2014年沈阳市优良工程结构奖、2015年辽宁省优质主体结构工程奖。2013年公司与电商巨头京东达成合作，承建京东商城亚洲一号仓储工程，获2015年、2016年沈阳市优良工程结构奖、辽宁省建设工程优质结构奖，并获评2015年辽宁省新技术应用示范工程。阜新宝地太阳广场项目2号楼、5号楼获2014年、2015年阜新市优良结构奖、辽宁省建设工程优质结构奖，并获评2016年辽宁省新技术应用示范工程。承建的中冶沈勘科技研发中心工程获2016年辽宁省建设工程优质结构奖及新技术应用示范工程奖。

3. 夯实基础，稳步提升

2014年6月至2016年12月，沈阳分公司进军超高层项目和高端住宅楼项目，打造了一座座精品工程。

2015年5月，沈阳分公司承建长春国际金融中心项目，于2017年3月完成施工。该项目主楼高214米，为吉林省长春市第一高楼，也是国内截至2018年底全钢结构第一高楼，项目获2017年中国钢结构金奖。2016 年 4 月,沈阳分公司联手华夏幸福集团打造高端住宅类项目,承建了剑桥郡 10.2 期项目、牛驼温泉孔雀城漪泉苑项目。公司还与京东再度联手,承建了京东商城亚洲一号(二期)综合楼项目。2016 年 11 月,沈阳分公司与河北地产运营商盈时集团——百世金谷实业合作,承建燕郊科技商贸物流港项目,为进一步扎根京津冀区域打下坚实基础。

图 4-3-2　北京 2022 冬奥会国家雪车雪橇中心项目

4. 立足北京,决胜腾飞

2017—2018 年是北京分公司发展的重要节点,原沈阳分公司相关资源注入后,公司迅速调整区域布局,搭建大平台、对接大客户,秉持"扎根北京,布局雄安,精耕京津冀,辐射黑吉辽蒙"的方针,市场开拓主要针对"高特大"项目精准营销,合同签约实现大跨步发展。

先后承建了中冶集团建筑研究总院科研实验用房、涿州市高新区校区、北京 2022 冬奥会国家雪车雪橇中心项目、唐山新体育中心、北京城市副中心职工周转房项目施工总承包(B1 标段)、京东商城亚洲一号哈尔滨物流园、秦皇岛中冶德贤公馆等工程。

北京城市副中心职工周转房项目施工总承包(B1 标段)为北京区域最大装配式住宅项目,预制率约 40%,装配率接近 80%,是中冶集团在北京地区第一个装配式住宅项目。

自战略转移以来,宝冶在京津冀地区市场影响力和美誉度大幅提升。2010 年北京分公司完成产值 973 万元,2018 年完成产值 19.09 亿元,实现利润 2 203.5 万元。

## 【施工管理】

公司从招标、安全文明标化施工、危险源控制、智慧工地建造及团队文化建设等方面进行全面精准策划,明确管理方向、管理思路、管理目标。施工过程中每季度对项目安全、工期节点、技术质量、文明标化、绿色智慧工地建设等内容进行综合检查,进行纠偏,并通过召开工程大例会将检查考评结果排名公示,采用奖惩措施,确保各项管理工作落到实处,大力提升工程项目管理水平。后续又逐步将"互联网+"的理念和技术引入建筑工地,从施工现场源头抓起,紧紧围绕现场的人、机、料、法、环五大要素,建立智慧云平台+移动端,通过推进公司工程项目远程监控、劳务实名制管理等工作,初步实现了项目"智慧建造"。

## 【人力资源管理】

为实现公司"66533"人才战略目标,通过校园招聘、社会招聘、特殊人才引进等多种形式补充公司快速发展所需人员数量,员工数量从 2010 年最初成立的 20 余人,到中期 2014 年 117 人,发展到如今已达 416 人,员工数量实现了跨越式发展。人才培养形式多样,入司教育、师徒带教、岗位技能培训、职能支撑类培训、后备干部培训等工作有序开展,迅速提升人员质量。通过校企合作,签订产学研合作协议，为企业输送了源源不断的人才，进一步充实了公司所需的各类管理人才。通过见习期考核、转正考核、合同到期考核以及以平衡记分卡为核心的年度全员岗位绩效考核等多项考核动态，反映员工工作状况及绩效产出，完善绩效考核体系，进一步激发员工的积极性、主动性和创造性，从而实现公司的人才战略规划目标。

**【BIM技术应用】**

公司自2016年应用BIM技术以来，依托于工程项目，立足于生产实践，持续推进技术创新，从专业模型搭建、三维施工动画、4D施工模拟、管线综合、碰撞检查、深化设计、BIM排砖、BIM算量、施工工艺模拟、BIM5D算量计价，再到无人机、VR、720全景等方面应用。通过BIM技术与施工总承包管理的深度融合，探索出一套完整且先进的适合公司发展的BIM总承包管理模式，在项目建设的全过程中全面深入推广应用。截至2018年底，已取得了很好的应用成效，国家雪车雪橇中心项目顺利通过了北京市BIM应用示范工程第一次验收；中冶建筑研究总院有限公司科研实验用房改造项目获2018年第八届“龙图杯”全国BIM大赛三等奖、2018年度北京市工程建设BIM综合应用成果二类奖、2018年“优路杯”全国BIM技术大赛金奖。

### 六、精神文明建设

公司在大力改革创新发展经济的同时，认真抓好党的建设和精神文明建设各项工作。积极开展属地化党组织共建活动，努力构建共建共享、互联互动、共同发展的基层党建工作新格局，推动各项工作取得新进展。公司承建的多个项目先后获先进单位、示范工地、优秀施工现场、优质工程等荣誉。2016年，京东商城亚洲一号仓储(二期)项目被沈阳市建设工程安全监督站评为沈阳市安全文明标准化工地，并被辽宁省住房和城乡建设厅评为安全标准化示范工程。2017年，长春国际金融中心项目获评2016年度沈阳、长春、哈尔滨三市联检金牌工程、全市安全生产先进集体、2017年度省级标准化管理示范工地。2018年，北京分公司获河北省工程建设质量管理小组活动先进企业称号。

公司发展过程中涌现出众多先进人物。2015年，裴海清、张尊良、王兵、熊科伟、周代杰、宋天帅、王群星、刘卫东获辽宁省优质结构工程个人奖，郝洪涛被评为工程质量管理先进工作者，姜宏贵、郝洪涛获评沈阳市优秀工程师；同年9月，裴海清获辽宁省建筑业协会先进个人。12月，裴海清、刘卫东获辽宁省优质结构工程个人奖。2016年4月，裴海清、郝洪涛获辽宁省工程建设优秀质量管理小组个人奖。2018年4月，裴海清、李海林获评河北省工程建设质量管理小组活动优秀管理者。

## 第二节　宝冶郑州分公司

宝冶郑州分公司(简称郑州分公司)是以建筑总承包为主的区域分公司，是宝冶在河南省郑州市设立的分支机构。公司位于郑州市郑东新区商鼎路56号东方陆港16层。

### 一、公司历史

**【兰州分公司】**

2013年4月8日，在宝冶“开发以‘郑州—西安—兰州’为轴线的中西部市场”的区域经营战略部署下，为抓住甘肃省设立兰州新区的契机，充分利用宝冶品牌优势、资源优势以及在西北地区良好的市场基础，宝冶在兰州市设立兰州分公司，4 月 27 日，兰州分公司正式在兰州市工商管理局备案注册。

**【郑州分公司】**

2013 年 9 月 25 日，中冶集团下文成立中冶科工股份有限公司河南分公司；11 月 5 日，河南分公司成立揭牌。在中冶集团布局中原，成立中冶河南分公司的大背景下，为全面落实区域化发展之路和聚焦主业、做强专业、行业领先、持续发展的要求，依托中冶和宝冶品牌，同年 12 月 24 日，宝冶郑州分公司正式成立，并于 2014 年 4 月完成注册，成立之初分公司仅有“四人一间屋”。

2016 年 10 月 31 日，宝冶为整合资源，将兰州分公司整体划归郑州分公司统一管理，自此公司形成扎根郑州、立足河南，依托西安、武汉两个中心，辐射西北、湖北的区域布局。

图 4-3-3 郑州分公司办公场所

## 二、组织机构

截至 2018 年 12 月底，公司下设党群工作部/企业文化部、纪委办公室/监察部、综合办公室(与党群工作部/企业文化部、纪委办公室/监察部合署办公)、市场营销部、合同预算部、财务部、工程管理部/质量技术部、安全生产监督管理部、物资管理部、人力资源部/党委组织部、企业发展管理部等部门，另下辖安装事业部。

## 三、职工队伍

截至 2018 年 12 月，在岗合同制员工 205 人，其中女员工 12 人，人员构成主要结构如下：

30 岁以下 110 人，31 岁至 35 岁 42 人，36 岁至 40 岁 19 人，41 岁至 45 岁 2 人，46 岁至 50 岁 19 人，51 岁至 55 岁 8 人，56 岁以上 5 人，平均年龄 31 岁。

硕士研究生 6 人，大学本科 135 人，大专 43 人，大专以上学历占在岗员工 89.4%。

教授级高级工程师 1 人，高级工程师 9 人，高级经济师 2 人，高级政工师 1 人，中级职称 41 人，中级以上职称占在岗员工 26%。

注册一级建造师 38 人，注册造价工程师 4 人。在岗项目经理 31 人，技术负责人 9 人，项目关键岗位 106 人(其中，施工员 41 人、安全员 7 人、质检员 11 人、技术员 22 人、预算员 20 人、材料员 5 人)。职能部门 29 人。

郑州分公司其他方式用工人数 373 人。

## 四、技术装备

**【技术】**

公司通过“学习、引进、转化、应用、推广、集成和创新”，不断激发自身的科技攻关潜力和造血功能，积极搭建 BIM 应用平台，培养 BIM 技术人才，开展合理化建议活动，依托“宝冶云”平台、“宝冶云图”，将航拍技术、VR 技术运用到项目管理中，提升项目管理标准化、信息化、数字化水平，提高项目管理效率，积累了丰富的施工技术，逐步形成公司工艺工法和技术序列，以科技创新推动属地化公司发展。短短 5 年时间里共形成专利 118 件，工法 15 部，其中《预铺式高分子自粘胶膜防水卷材施工工法》《大跨度现浇混凝土箱梁预应力后张拉施工工法》《隐蔽式土钉支护施工工法》《等厚水泥土地下连续墙施工工法》4 项工法被定为省部级工法。

“BIM 技术在郑州航空港区安置房项目施工中的应用”获河南省建设工程“中原杯”BIM 大赛土建单项三等奖；“市民中心项目 BIM 技术的应用”获河南省第二届建设工程“中原杯”BIM 大赛综合奖二等奖；“信阳信钢嘉园房地产项目施工组织设计”获 2017 年度河南省建筑业优秀施工组织设计三等奖。获河南省 QC 成果奖 8 项。

**【装备】**

郑州分公司固定资产 269.9 万元。

## 五、业绩特色

自 2013 年成立以来，郑州分公司坚持“走房建总包之路、创区域发展之道，夯实基础、做大业绩、树立品牌”的发展思路。坚持聚焦主业、做强专业，先后承接了 60 余项工程，遍布 9 个省份。与此同时，公司组织架构完善、人员队伍建设、在建项目标准化管理、市场开拓布局和企业管理体系完善等都取得了巨大进步，区域市场占有率和宝冶品牌社会影响力显著提升。

**【市场营销】**

2014 年，公司以最快时间融入河南市场的开拓和发展中，以郑州为中心，大力开拓郑州航空港经济综合实验区、郑(州)汴(开封)新城、龙湖 CBD 副中心等热点经济区域、重点项目的跟踪、策划及开发，由重点项目带动重点城市营销，重点城市市场成熟带动区域市场的策划实施，积极战略性客户市场。

2015年,形成了航空港实验区、郑汴一体化和郑州市区域布局和郑州市以外城市市场开拓的布局,与濮阳市政府签订战略框架协议,形成了航空港区管委会、航程置业、银基集团、河南省国控集团、省市政府投资平台公司等一批优质大客户。

2016年,随着兰州分公司整体并入后,公司积极调整区域布局,深耕地级市场,在"重点开拓三个大区域和三个小区域"即"陕西(西安)+湖北(武汉)+河南"和"郑州航空港区、郑州市区东区、郑州市西区+郑州市以外区域"营销思路的基础上,还分别与许昌市、禹州市签订了框架合作协议。

2017年,公司由郑州市为中心区域开拓为主转为其他地级市同步开发,形成"河南+西安+武汉三足鼎立及辐射湖北、西北"的区域格局。由点对点单个项目跟踪向阵地式区域性开发转变,由单项目专业营销向全产业链(EPC)的团队营销转变。主攻工程总承包业务、精选投融资项目、延伸全产业链营销(EPC工程总承包营销)。公司已与河南省郑州市、安阳市、濮阳市、三门峡市、许昌市、周口市、十堰市7个地市签署战略合作协议。

2018年,公司聚焦大型场馆、超高层、市政道路、高端房建四大营销板块,积极探索EPC+F商业新模式,树立市场营销全产业链发展理念。坚定不移践行"大区域、大平台、大客户、大订单"的营销理念,积极打造长期稳定的大客户资源,先后拓展安阳市、郑州市惠济区等新的战略合作伙伴。持续推进建筑企业信用信息评价和"四库一平台"工作,成立专项工作小组积极开展信用信息评价工作,公司被评为郑州市建筑市场AAA级企业,取得了在公投及政府采购类项目中的优先权。

**【工程业绩】**

2014年,承建航空港经济综合实验区2014年度道路第八标段工程。这是公司成立后中标的首个项目。同期承建郑州大学第一附属医院郑东新区医院建安工程Ⅳ标段。

2015年,承建郑州市农业路快速路第九标段。这是公司承建的第一个市政高架项目。承建武汉市轨道交通7号线三阳路风塔配套综合开发项目一期工程,进入高层建筑施工领域。

2016年,先后中标城市地下空间、体育场馆、地下车库等项目,在综合管廊项目、道路项目上取

图4-3-4　郑州市民活动中心项目

得收获，先后承建了二七区综合管廊项目、郑州航空港经济实验区（郑州新郑综合保税区）双鹤湖中央公园地下暗涵及鹤首内环路工程、武汉中北路项目施工总承包等工程。

2017年，先后承建郑州市民活动中心项目施工总承包二标段、西宁果洛中学项目、郑州综合交通枢纽东部核心区地下空间综合利用工程（A、B、C区主体工程施工及8个人行通道装饰工程）施工第二标段、南乐县城区集中供热（EPC）项目一期工程、许昌市职工活动用房（职工之家）项目、郑州报业大厦、郑东新区市民体育公园及地下空间人防工程项目体育场及地下空间人防工程施工、中原新区柳沟片区便民服务中心建设项目EPC总承包、中原新区郑上路以北片区红松路等6条道路建设项目EPC总承包、十堰市武当路复线与三峡路工程PPP项目、安阳高陵本体保护与展示工程（主体）施工等项目。

2018年，相继承建中原新区北部片区改造项目安置区建设项目EPC总承包（第一标段）、巩义市城区基础设施完善提升PPP项目、安阳市文体中心建设工程PPP项目建设工程施工项目等重大工程。此外承建了开封恒大童世界主题乐园，进入主题乐园建设领域。

**表4－3－1　郑州分公司主要经济指标完成情况**

| 指标名称 | 2014年 | 2015年 | 2016年 | 2017年 | 2018年 |
|---|---|---|---|---|---|
| 合同签约额（万元） | 127 329 | 645 147 | 235 008 | 550 626 | 826 789 |
| 营业收入（万元） | 31 143 | 80 140 | 126 086 | 160 668 | 170 113 |
| 利润（万元） | 506 | 2 001 | 1 817 | 580 | 195 |

## 六、精神文明建设

2013年12月至2018年底，党员人数从3名发展到125名，党支部从无到13个。公司党委坚持开展“一个党员一面旗帜、一个支部一个特色、一个区域一个品牌”活动，充分发挥党组织的政治核心作用、党支部的战斗堡垒作用和党员的先锋模范作用。按照“走房建之路，创区域发展之道、夯实基础、做大业绩、树立品牌”的整体发展思路，把企业文化融入生产经营活动之中，组织开展立功竞赛、安康杯竞赛、青年安全示范岗、职工创新工作室、优秀合理化建议等活动，打造“党员之家”“职工之家”，同时加大重点工程建设、先进典型人物事迹宣传，营造了上下一心、其乐融融的和谐环境。作为进豫建筑央企，公司还充分发挥模范带头作用，积极承担社会责任。2017年12月，公司为在郑州大学第一附属院住院的身患再生障碍性贫血的周口12岁女孩张莎莎募集善款102 666元，展现了央企的责任和担当。

2016—2018年，公司连续三年被河南省建筑业协会授予河南省建筑业先进企业称号；获评河南省建筑业协会河南省建筑安全先进企业、2017年度河南省建设工程质量管理先进企业；2017年被上海市总工会授予工人先锋号、模范职工之家称号；2017年，被郑州市城市科学研究会、郑州市建筑业协会、郑州市住宅与房地产协会授予郑州绿色施工突出贡献企业、郑州绿色施工突出贡献企业称号；2018年，获郑州市五一劳动奖状。

在公司发展过程中，涌现出一大批模范人物，赵国优被授予中冶集团2016年度先进个人称号；叶尉被评为中国五矿2017年度先进工作者；杨远获评郑州市2013—2018年度劳动模范（先进工作者）；顾伟兴获2018年度河南省建设劳动奖章。

# 第三节　宝冶江苏分公司

宝冶江苏分公司(简称江苏分公司)是以大型公共建筑、电子厂房、超高层工程(施工)总承包为主的区域分公司,以立足南京,布局合肥、青岛,辐射江苏、安徽、山东三省为区域定位。公司位于南京市江宁滨江开发区地秀路 777 号。

图 4-3-5　南京江宁滨江基地

## 一、公司历史

1998 年 8 月 17 日,为加大企业对外经营和工程项目开发力度,宝冶成立了 6 个以工程项目营销为主要职能的办事处,其中之一就是南京办事处。

2001 年 4 月 28 日,为统一规范宝冶各分支机构名称,南京工程处更名为南京分公司。

2005 年 5 月 13 日,南京分公司江宁滨江基地破土动工。10 月 31 日,宝冶开始部署南京分公司实体化运作事宜。

2006 年 1 月 6 日,宝冶将南京分公司转化为实体性区域分公司,对原在梅山施工的各二级分公司项目部资源进行整合。分公司机关设 7 部 1 室:财务部、预算部、物资管理部、市场开发部、人力资源部、安全管理部、质量技术部、综合办公室;实体单位设有:机械工程部、电气工程部、建筑工程部、镇江项目部、检修大队、结构厂。在册员工 66 人。同年 4 月 29 日,南京分公司位于滨江开发区地秀路 777 号的基地落成,随后办理了基地产权证书。

2007 年 1 月 12 日,注册成立南京中冶钢结构有限公司(2013 年 10 月 21 日变更为上海宝冶集团南京建筑有限公司)。

2011 年 7 月，南京分公司检修大队并入宝冶检修分公司。

2014 年 3 月 11 日，宝冶在江苏省南京市设立江苏分公司，对外运营主体由南京分公司变更为江苏分公司。6 月 6 日，为加强与南京市政府部门沟通协调力度，提高办事效率，江苏分公司机关办公地点由南京江宁滨江开发区地秀路 777 号搬迁至建邺区云龙山路 88 号烽火科技大厦 B 座 22—23 楼。

2016 年 3 月 10 日，为进一步深化机制改革、优化资源配置，打造“宝冶钢构”品牌，宝冶将江苏分公司江宁滨江开发区基地钢结构厂的人员及在用设备整体划转至宝冶钢结构工程公司。3 月 24 日，为落实宝冶“四五”规划，进一步优化资源配置，构建布局合理的区域化分公司网络，宝冶将合肥分公司并入江苏分公司。

2018 年下半年，宝冶钢结构工程公司南京江宁滨江基地钢结构厂及在用设备整体划转至江苏分公司。

## 二、组织机构

至 2018 年，江苏分公司机关设有办公室、企业发展和信息化部、人力资源部（含党委组织部）、党群工作部（含党委办公室、监察部）、市场营销部、计财部（含清欠办）、商务管理部（含计量中心、配筋中心）、物资管理部、项目管理部（含项目推进办公室、测量中心）、科技部（含设计管理部）、安全生产监督管理部、合约法务部、招采中心等 13 个职能部门以及结构厂、安装工程部、各项目部。

## 三、职工队伍

截至 2018 年 12 月，在岗合同制员工 229 人，其中女员工 28 人，人员构成主要结构如下：

30 岁以下 80 人，31 岁至 35 岁 61 人，36 岁至 40 岁 27 人，41 岁至 45 岁 11 人，46 岁至 50 岁 15 人，51 岁至 55 岁 30 人，56 岁以上 5 人，平均年龄 36 岁。

博士研究生 1 人，硕士研究生 10 人，大学本科 130 人，大专 60 人，大专以上学历占在岗员工 87.8%。

教授级高级工程师 1 人，高级工程师 15 人，高级经济师 1 人，中级职称 38 人，中级以上职称占在岗员工 24%。

注册一级建造师 45 人，注册造价工程师 7 人，注册安全工程师 1 人。在岗项目经理 21 人，技术负责人 9 人，预算负责人 7 人，项目关键岗位 92 人（其中：施工员 24 人、安全员 11 人、质检员 9 人、技术员 27 人、材料员 9 人、预算员 11 人、资料员 1 人）。职能部门 39 人。

江苏分公司其他方式用工人数 395 人。

## 四、技术装备

公司深入实施创新驱动发展战略，着力推进产学研深度融合，加强对装配式混凝土结构技术、地下空间工程技术、钢筋与混凝土技术、信息化技术等方面的研究与应用，围绕总承包项目开展关键技术研究，提高创新能力，在专利、工法、标准、技术开发等方面取得了丰硕的成果。

**【技术成果】**

2006年以来,公司获得江苏省土木建筑学会土木建筑科技奖三等奖1项,完成技术开发23项;组织编写了《科技工作者汇编手册》《样板引路指导手册》《总工必备手册》等工具书和《高层建筑铝合金模板技术规程(QBSBC08-2018)》企业标准。编制的《幕墙组合式陶土板线条安装工法》《大跨度双拱形网架同步滑移施工工法》《玻璃钢GRP板精确安装工法》《三维弯扭箱型构件制作工法》《双曲面点式拉索玻璃幕墙安装工法》等10项工法被评为江苏省省级工法。

2012—2018年,累计申报国家专利356项,获得专利授权194项,其中发明专利9项,实用新型专利184项,软件著作权1项;获省市优秀QC成果奖20项。南京河西儿童医院、南京外国语学校河西分校等9个工程获评省部级新技术应用示范工程。

公司2014年9月成立BIM中心,运用BIM技术为项目协同建设提供支持,加快项目管理精细化进程,《苏州高新金鹰商业广场BIM综合应用》获中冶集团首届BIM大赛优秀奖;《南京河西地区综合性医院》获2017年中国建设工程BIM大赛单项三等奖、2017年第六届“龙图杯”BIM大赛三等奖、中冶集团2017年BIM技术应用大赛优秀奖;《BIM技术在德州太阳能小镇项目中的应用》获2018年第七届“龙图杯”BIM大赛获优秀奖、上海建筑施工行业第五届BIM技术应用大赛(A组三等奖)、中冶集团2018年度BIM技术应用大赛(施工综合单项优秀奖)。2017年,BIM中心被南京市建设系统授予工人先锋号称号。

**【机械设备】**

截至2018年12月,公司拥有各种机械设备1 938台(套),其中机器设备157台(套),运输设备10台(套),其他设备1 604台(套),设备资产原值1 679.4万元,净值406.3万元。

## 五、业绩特色

**【经营管理】**

2006—2011年,主要是围绕南京梅钢检修技改项目逐步拓展周边小型冶金建设项目市场。2012—2014年,以南京为中心,拓展江苏、安徽、山东市场,中标项目以公用房屋建筑为主,且具有一定规模和标志性的政府投资项目,如南京河西外国语学校、南京儿童医院、南京特警纪委大楼等;特别是以先锋水岸为代表的市政工程中标,实现分公司在该板块“零”的突破,为以后市政工程管理的人才培养奠定了基础。共承揽48项工程,其中房屋建筑工程14项,占比29%;钢结构工程13项,占比27%;冶炼工程9项,占比18.7%;市政公用工程4项、占比8.3%;其他建筑8项,占比17%。

2015—2017年,公司根据宝冶“大区域、大客户、大订单”营销指导思想,凝心聚力,先后承揽了连云港、宿迁、徐州、南京、苏州、扬州、昆山等地的金鹰国际项目,南京江北星甸新市镇PPP项目、南京台积电项目、淮阴中学项目、安徽科技馆项目、合肥长鑫电子项目、宁国中学项目、山东德州太阳能小镇项目等,不断提升在江苏、安徽、山东区域市场品牌影响力;三年间签约合同62项,签约额共计127.5亿元。

2018年,通过区域营销布局,在公投项目及高端市场取得突破,先后中标南京江北图书馆项目、南京美术馆新馆项目、苏地2017-WG-83号地块项目施工总承包及总承包管理配合服务项目、惠科第8.6代薄膜晶体管液晶显示器件及附属配套工程、安徽涡阳县席楼安置小区工程、烟台中冶A2东区、A4、A6地块项目等,全年中标项目21个,合同签约额46.6亿元,其中公投项目占市场营销额 57.5 亿元的 50%以上。

1. 找准区域定位，发挥自身优势

2006 年，依托梅钢冶金工程积极拓展外部市场，承建了上海梅山矿业有限公司铆焊厂房工程技改、梅山粗轧及精轧主传动技术改造三号加热炉技改、济南军区八一文体馆等工程。

2007 年下半年，开始突破市场瓶颈，足迹遍布杭钢、淮钢、南钢、梅钢、锡钢等地冶建市场，不断扩展辐射江苏、安徽、山东、广东、湖北等市场，设局布点的经营思路进一步拓宽，承建了江苏涟水县交通服务中心大楼、南京普洛斯南京江宁物流园一期、梅山热轧板厂粗轧机械车间检修等工程，形成了以南京为中心辐射周边地区的经营格局。

2008 年，以技术标、商务标均获评第一名而中标南京农贸物流园项目。该项目由江苏省商贸局投资建设，是当时亚洲最大的农副产品物流配送中心。首次进入大型民用高层住宅市场，承建河西莲花村经济适用住房项目 A 组团二标段项目（建筑面积 18 万平方米，层高为 23 层的 9 个单体高楼）。

2009 年，正式进入南京市政建设领域，承建南京河西新城区莲花地块配套市政项目。

2010—2012 年，发挥在冶金和钢结构厂房建筑领域的优势，先后承建常州中天钢铁集团有限公司南区二期 120 吨转炉系统及区域内公辅设施项目，江苏德龙镍业 3、4 号厂房钢结构建安工程，中国石油集团济柴动力总厂发动机产能建设项目，江苏宝通镍业，山东禹城汉能光伏有限公司 250 MW 薄膜太阳能电池生产项目等工程。

2. 深耕区域市场，快速转型发展

2012 年之后，公司在转型发展中迈出坚实步伐，打破原机械工程部、电气工程部、建筑工程部、镇江项目部的建制，以项目为载体进行运作，在“一主二辅”战略定位下（主业：房屋建筑施工总承包，辅业：钢结构工程和工业建设项目），立足江苏、辐射周边（山东），以南京为中心，开拓苏南（苏州、无锡、常州）、苏北（徐州）市场，依托经济热点和重点投资区域，涉足公共建筑、民用建筑，大型电子厂房，市政基础设施等领域，开始走上持续健康发展道路。

2013—2018 年，以安徽科技馆、无锡惠山全民健身中心等为代表的一系列大型场馆工程，堪称建筑艺术与技术的完美杰作；以南京纪委、监察局、南京公安局特警营房等为代表的一系列商务办

图 4-3-6　南京河西儿童医院

公工程,设计标准与功能配置均达到行业领先水平;以南京中冶置业滨江新城、南京五矿九龙湖等为代表的一系列高端住宅工程,不断刷新人们对高品质生活的标准;以南京仙林金鹰购物中心、苏州高新金鹰商业广场等为代表的一系列城市综合体建设,构建了一个又一个城市新中心;以南京河西儿童医院、南京外国语河西分校、宁国中学、淮阴高级中学等为代表的一系列医疗教育工程,均为所在区域医疗教育系统的标志性建筑;以嘉兴梦幻嘉善等为代表的一系列文化旅游工程,对当地的文化旅游产生巨大的引领效应,让全球共享东方之美;以青岛西海岸黄金海岸升级改造工程、南京百里秦淮景观带为代表的一系列市政基础设施建设,为名城再添一道道亮丽的风景线;以合肥长鑫12寸储存器制造基地、惠科第8.6代薄膜晶体管液晶显示器件项目附属配套工程、南京台积电等为代表的大型电子厂房快速竣工投产,为助力打造"中国芯"树立了一座座城市丰碑。

3. 做强做优做大,开启高质量发展

2018年,按照集团"大区域、大客户、大订单"的营销战略指导思想,公司先后与南京江北新区、金鹰国际等企业建立战略伙伴关系,通过战略合作、PPP等创新模式、公开投标等多种组合拳,在电子厂房、大型公建、超高层等高端建筑市场取得较多订单。承建了南京江北新区图书馆、南京江北新区美术馆新馆、合肥创新产业园三期一标段、合肥龙兴家园EPC装配式住宅、青岛国际院士港二期三标段等项目,为公司实现"两个100亿元"目标,全力打造"上海宝冶副中心"的使命愿景,开启高质量发展奠定了基石。

公司自成立以来,在全体员工奋力拼搏下,一年一个台阶稳步前进,各项指标逐年大幅攀升,从2006年营业收入0.8亿元到2018年营业收入40亿元,经济规模持续扩大,实现了跨越式发展。

表4-3-2 江苏分公司主要经济指标完成情况

| 指标名称 | 2013年 | 2014年 | 2015年 | 2016年 | 2017年 | 2018年 |
|---|---|---|---|---|---|---|
| 合同签约额(万元) | 62 056 | 150 466 | 377 833 | 492 857 | 408 000 | 577 800 |
| 营业收入(万元) | 57 868 | 80 979 | 151 699 | 250 077 | 301 744 | 402 300 |
| 利润总额(万元) | 1 012 | 2 004 | 2 968 | 3 620 | 4 300 | 4 195 |

**【施工管理】**

公司从招标、安全标化施工、危险源控制、质量技术创优、物资管控、二次经营及团队文化建设等方面进行全面精准谋划,明确管理方向、管理思路、管理目标。施工过程中每季度对项目安全、工期节点、技术质量、文明标化、绿色智慧工地建设进行综合检查,推进纠偏,并将检查考评结果排名公示。建立以BIM应用推广为载体的项目管理信息化,深入推进智慧工地建设,出台《上海宝冶南京分公司智慧工地应用指南》。坚持以电商平台采购为载体,建立物资调拨数据库、南京和合肥区域常用物资价格采购指导价数据库,降低采购成本,提高项目盈利点。出台《工程项目竣工结算考核实施细则》等管理制度,项目实体完工即开始推进结算工作。

**【人力资源管理】**

通过校园招聘、社会招聘等形式开展人才引进工作。公司从2006年组建时的60余人,到中期2014年的300余人,发展到2018年的600余人(包括基地用工机制),企业人才数量快速增加。通过试用期(见习期)考核、聘用期考核、合同到期考核、全员岗位绩效考核等多种方式,完善绩效考评体系，做到公平、公正、公开，最大限度地调动广大员工工作积极性、主动性和创造性。2015—2018年，共选拔90余名中层干部，进一步充实了公司所需的各类管理技术人才队伍。

## 六、精神文明建设

公司在开拓区域市场、改革创新发展的同时，始终加强党的建设和精神文明建设各项工作，着力打造“五个一”工程，即建立政治引领、集团与区域共建共管的区域党建工作管理体系；营造一个风清气正、干事创业的良好企业氛围；打造一支忠诚担当、开拓创新的党员干部队伍；建设一个温暖和谐 、朝气蓬勃的美好“南分 · 家”；开展一项贴近基层、鲜活生动的立体化文化体系建设工程。

在企业文化建设中，积极注入新时代创新元素。2015—2018年，开展了“一项目一特色”创建活动，找准工程特点与区域文化的结合点，挖掘丰富项目内涵的创新点，每年年底进行创建成果发布，进一步增强了企业员工的凝聚力和项目在所在地区的影响力。2018年，在总结前几年工作的基础上，增加系统文化建设的模块，推行“一项目一特色，一系统一主题”的立体文化建设，推进公司企业文化建设更上一个新的台阶。2017年至今，积极组织开展项目流动书屋创建暨“五个一”活动，即每个项目成立一个流动书屋；每个员工选择读一本好书；每个员工写一篇读书心得；每个党支部、项目部开展一次读书交流会，每个团支部参与一次“江分 · 朗读者”活动，进一步提升了广大员工，特别是一线员工的思想认识、学习知识、建设企业的热情。

公司还紧扣市场开拓、项目建设、创优获奖、党建工作、企业文化等主题，不断创新形式、手段和内容，通过企业内外网站、微信公众平台、大众媒体等宣传方式展现公司良好面貌，为企业生产经营等各项工作提供强有力的精神动力、思想保证和舆论支持。

在全体员工的锐意进取与奋力拼搏下，公司斩获多项荣誉。所承建的工程获鲁班奖、扬子杯、金陵杯、全国建筑业绿色施工示范工程、江苏省与安徽省建筑施工文明工地等奖项近百项。2014年，公司获评南京市城建工会联合会工人先锋号和模范职工之家，李红获评南京市优秀基层单位工会主席，孙辉明获上海市五一劳动奖章，张贵廷获南京市五一劳动奖章。2015年，袁斯浪获南京市五一劳动奖章。2016年，徐峰获南京市五一劳动奖章。2017年，公司获南京市五一劳动奖状。2018年，公司获上海市五一劳动奖状、获评南京市企业联合会与企业家协会“两会工作”先进会员企业，南京美术馆新馆项目部获评江苏省住房和城乡建设系统工人先锋号，南京江北图书馆项目部获评南京市工人先锋号，于百军获江苏省五一劳动奖章。

# 第四节　宝冶建筑工程公司

宝冶建筑工程公司（简称建筑工程公司）主业定位为建筑工程施工总承包，以建筑工程总承包为主，水利水电工程施工总承包、机场场道、地基与基础专业承包为辅。公司位于上海宝山区庆安路77号9号楼。

## 一、公司历史

**【特种公司】**

特种公司是建筑工程公司的前身。特种公司原名土方公司，组建于1956年。1974年，在从四川渡口派往武汉参加武钢“一米七”热轧工程会战前，为了更好地体现公司在土石方施工以及其他施工方面的专业特长，更名为特种工程公司。

1978 年 9 月，特种公司从武汉转战上海，参加了宝钢一期、二期、三期工程建设，主要承担热轧厂基础、热风炉基础、炼铁车间、炼钢车间、中央水处理场坪及道路、电厂灰坝、石灰石焙烧车间场坪及道路、厂区内部工业铁路、长江引水工程等项目的施工，其中主要包括宝钢厂区工业铁路总里程的 99%，土石方开挖约 1 000 万立方米。

**图 4-3-7　建筑工程公司新春联欢会合影**

宝钢一期工程结束后，特种公司承担的宝钢二期工程计划任务急剧减少。大量人力、机械面临窝工，职工经济收入滑坡。在这种严峻的形势下，公司反复思考和实践企业的改革，把单一的土石方基建施工转向社会，提出“一业为主，多种经营，工商贸易并举”的经营方针，以建筑施工为主，先后承接了宁波北仑港电厂灰坝、沪嘉高速公路土方、金山石化总厂拆堤围海等 100 余项外包工程，工作量累计达 4 000 万元以上。承建了国内首先用于宝钢厂区的 60 余千米，60 千克/米工艺铁路；完成了宝钢 3 座高炉、2 座热轧厂、2 座炼钢厂全部基础土（深 5—14 米）1 580 余万平方米的挖、填任务、其中深达 32 米以上的超深基础坑 3 座；参建了国内首条高速公路——沪嘉高速；筑就了长江口和杭州湾南北滩涂 10 座大堤，围堤总长达 38 941 米，围区面积达 1 160 余万平方米。

1988 年 6 月，公司通过投标竞争，与宝钢炼钢厂签订一炼钢渣处理车间协力生产合同，随后又承接了宝钢废钢公司废钢堆场的协力生产、宝钢炼钢厂的落锤车间、冷锭车间等等一系列宝钢厂区协力生产项目。由于宝钢钢产量逐年递增，废钢铁“吞吃量”和钢渣处理量呈倍数增长，为适应宝钢炼钢连续化、高节奏生产的需要，成立了特种公司生产协力分公司，并于 1993 年 12 月挂牌。

作为宝冶机械设备大户，特种公司机械维修及加工力量实力雄厚，技术先进，装备精良，曾经是宝钢地区机械修理王牌军。拥有占地 2 万平方米，其中厂房面积 6 000 平方米的三座修理和加工车间；拥有年修理 1 000 辆汽车、工程机械和制造特种汽车、设备及年加工钢结构件 5 000 吨以上的能力。不仅对内对外承接修理业务，还针对宝钢生产需求扩大经营范围，开展了研发生产适用于宝钢生产的特种车辆制造业务，并借助湖南、黑龙江所属的两所高等院校和研究院校大批专家的智慧，改制成功了35吨轻量级废钢铁运输车和宝钢转炉不停炉清理炉下钢渣的“机器人”化铲掘机，制造成功了载重量为40吨的重量级废钢铁运输车。修造并举满足了特种公司承担协力生产任务急需的大量特种机械，为国内这方面机械国产化闯出了新路。

公司还积极搞活多种经营。1984年，特种公司率先办起第三产业，从一个综合商店，发展成为二个百货商店、一个餐馆、一个缝纫店。1987年8月，与江苏昆山县蓬朗乡联营成立了宝钢地区第一家与外商开展补偿贸易的企业——宝昆焊丝厂。1988年，组建了上海宝钢“815”汽车维修和配件供应服务站，并兼营其他车型的零配件销售及五金交电业务。1992年3月，成立上海宝日高分子材料有限公司。该公司是宝冶和日本产研工业株式会社共同出资建造的中外合资企业，主要生产碳酸钙发泡材、碳酸钙发泡材复合材料。1994年11月，开办上海宝月码头，拥有年吞吐量18万吨的能力，主要从事物资储存、码头货物装卸、电机维修、非承重砼制品加工，兼营建材、金属材料批发和零售。截至1996年，公司辖属经济实体与合资企业有协力分公司、建筑分公司、修造厂、机械修理分厂、宝江工贸公司、太脱拉汽车维修站、宝冶焊丝厂、宝冶常州焊丝厂、宝特实业公司、宝月码头、宝群实业公司、友谊堆场、宝特焊材销售部、宝山电梯厂、雪窦山宾馆、宝日高分子材料有限公司、宝津钢管有限公司。

通过经营理念转变和经营方式调整，公司由单一的基建结构变成基建施工、宝钢协力生产、机械修造、横向联合和多种经营的“四元化”产业结构，一举改变了以往等米下锅的被动局面，逐渐走出低谷，即使在计划任务严重缺口的形势下，特种公司人均产值、劳动生产率和创利等主要经济指标仍然保持在全国同行业先进水平，成为宝冶经济效益排头兵、利税大户，取得了在冶金部同行业中连续五年人均上缴利润排名第一的佳绩。

**图4-3-8　宝钢马迹山港施工**

1999年12月，宝冶将隶属特种公司的生产协力分公司分离出来单独成立上海宝钢冶金建设公司宝钢协力生产分公司，同时将隶属特种公司的机械修造厂、机械科、备件科，昆山焊丝厂、宝日高分（子）公司、宝山电梯厂等三资三产单位一并划拨；经过这样大规模的产业划分及资产重组，特种公司的四元产业被划走了三元，仅剩下建筑施工一元；这是特种公司的经营管理体制上的一次重大变革，也是一次极大的阵痛。

2002年1月，宝冶将建筑分公司路桥施工人员及设备整体划拨给特种公司。同年6月，特种公司修理厂所有管理人员以及与汽车修理有关的设备、维修人员成建制划拨到宝冶协力分公司。

特种公司先后参加了攀钢、武钢、宝钢、马钢、重钢、长钢等大型钢铁基地建设；参加了广西防城港钢铁基地和台塑越南河静钢铁基地建设；参加了沪杭铁路、沪嘉高速公路、上海郊环高速公路、镇大（镇江—大港）公路、嘉兴三环公路、上海临港新城主干道、华东奉贤排灰工程、上海合流污水治理工程、上海长江饮水工程、浙江北仑电厂、嘉兴电厂、浦东围海造地、浦东林克司外商休闲社区、宝钢嵊泗列岛马迹山港、宁波栎社机场、杭州萧山国际机场、上海浦东国际机场、上海虹桥国际机场扩建、上海化学工业区围海造地、上海苏州河下游段防汛墙加固和底泥疏浚、上海老港垃圾处理场扩建、安徽青阳县生活垃圾处理等众多大型超大型国家级、省市级重点工程建设。承建的项目先后获国家优质工程金质奖、国家优质工程银质奖、国家与上海市市政金杯示范工程奖、上海市政工程金奖等。公司为国家建筑业工程施工总承包一级资质企业、国家二级企业、国家一级档案管理企业、重合同守信誉企业、中国最佳企业形象AAA级。

**【建筑工程公司】**

2015年3月27日，为构建“总承包公司—专业化品牌公司—资源配套专业公司”三类公司协同发展的新格局，提升施工总承包能力，宝冶将部分原专业承包公司转型为施工总承包公司。特种工程分公司转型为建筑工程施工总承包公司，名称变更为宝冶建筑工程公司；主业定位为建筑工程施工总承包；施工区域为“1+2”模式：即上海地区+苏浙地区；主要职能：打造“宝冶建工”品牌，成为宝冶建筑施工核心技术的载体，土建专业技术人才培养的基地。受托管理上海宝冶建筑工程有限公司。宝冶罗店大型居住社区项目部、祁连基地项目部并入建筑工程公司。

2015年11月，宝冶绍兴梧桐园项目部并入建筑工程公司。

2016年3月，受托管理上海宝冶测量中心。

同年11月，宝冶合景广场项目部并入建筑工程公司。

2018年12月，受托管理宝冶永联（江苏）建筑有限公司。

1. 上海宝冶建筑工程有限公司

成立于2010年，原由宝冶工程管理部管理。2015年3月，建筑工程公司受托管理上海宝冶建筑工程有限公司。2016年12月3日，取得建筑工程总承包二级资质。截至2018年底，上海宝冶建筑工程有限公司完成了建筑工程总承包二级/市政工程总承包三级/建筑装饰装修专业承包二级/建筑幕墙专业承包资质二级/地基基础专业承包三级/模板脚手架专业承包三级/机电安装工程专业承包三级/钢结构工程专业承包三级等建筑工程相关专业资质。

2. 宝冶永联（江苏）建筑科技有限公司

其是宝冶和江苏永钢集团有限公司共同出资设立的联营公司，于2018年12月20日注册成立，注册资本8 500万元，主要经营范围为建筑领域的技术研发；混凝土构件设计、制造、销售；工程技术咨询服务；建筑材料购销；工程机械租赁；建筑工程总承包；等等。

3. 上海宝冶测量中心

测量中心承担的主要是宝冶内部施工测量任务，测量服务范围覆盖宝冶承接的全部大、中型工程项目和一些零星项目，按照内部测量取费标准收取测量费，并提供优质服务。各种资源实行有效共享，助推测量中心朝着科学高效方向不断向前迈进。

1979年1月17日，十九冶分指挥部下发《关于加强测量管理工作办法》的通知，要求各工程公司由施工科牵头组建测量队，负责本单位测量工作。分指挥部施工处成立测量大队，负责对各工程公司测量队进行业务指导。各工程公司测量专业技术人员主要以国家冶金系统所属院校定向分配的大、中专毕业生为主，主要负责本单位施工测量工作的组织实施；各施工队配备测量班组，负责工程队的施工测量任务；现场测量作业人员主要从其他工种经过培训转换为测量工，测量技能以传帮带为主。

2000年，宝冶对原有的两个土建公司（三公司、五公司）进行整合，成立建筑分公司。依托整合后的建筑分公司测量队成立宝冶测量中心。2013年3月，宝冶撤销建筑分公司，测量中心整体划归宝冶工程管理部托管。2016年3月，测量中心整体划归建筑工程公司托管。

截至2018年底，测量中心有员工153人，仪器设备283台，其中三维扫描仪1台、GPS35台、全站仪116台、水准仪101台、垂准仪30台。

## 二、组织机构

2018年，公司设市场营销部、工程管理部、安全管理部、质量技术部、物资管理部、合同预算部、装配式建筑中心（BIM中心）、财务部、人力资源部/党委组织部、综合管理部、企业管理部（企业管理部与综合管理部合署办公）、党群工作部/党委宣传部/党委办公室/工会办公室、监察部等部门。另设专业作业中心、专业事业部和工程项目部。

## 三、职工队伍

截至2018年12月，在岗合同制员工270人，其中女员工30人，人员构成主要结构如下：

30岁以下84人，31岁至35岁39人，36岁至40岁24人，41岁至45岁27人，46岁至50岁41人，51岁至55岁40人，56岁以上15人，平均年龄39岁。

博士研究生1人，硕士研究生15人，大学本科149人，大专36人，大专以上学历占在岗员工74.4%。

教授级高级工程师6人，高级工程师29人，高级会计师1人，高级政工师1人，中级职称56人，中级以上职称占在岗员工34.4%。

注册一级建造师43人，注册造价工程师6人，注册安全工程师4人。在岗项目经理17人，技术负责人15人，项目关键岗位117人（其中，施工员48人、安全员16人、质检员10人、材料员10人、预算员16人、技术员17人）。职能部门34人。

建筑工程公司其他方式用工人数351人。

## 四、技术装备

**【技术】**

特种公司时期，走科技兴企之路，增加科技资金和设备投入，在开发高附加值产品上下功夫。

至1999年已实现机动车辆检测自动化，工程质量控制仪器化，油料化验科学化，计算机应用普及化，特种机械制造多样化，筑坝围海标准化。

在一系列国家重点项目的施工建设中，广大施工技术人员为高质量、高效率地完成施工生产任务，大家开动脑筋出谋划策，研发了《“F级”机场跑道施工工法》《机场场道面板保护性拆除施工工法》《高真空＋击密＋冲击碾压施工工法》各类国家级、省部级工法，《校正光学对点棱镜基座的方法》发明专利及《真空预压地基处理装置》实用新型专利等优秀成果。

建筑工程公司时期，公司协同设计院负责宝冶国家首批装配式建筑产业基地的运营维护，同时以全国劳模创新工作室为平台，打造职工创新高地。《装配式混凝土住宅关键技术研究与应用》科技成果获上海市土木工程学会科技进步奖银奖和中国施工企业管理协会科学技术奖二等奖。在房建、地基处理、市政水利、机场场道等专业，拥有省部级以上工法11部。2015年以来，获得专利授权专利31项（其中发明专利4项），在外部期刊发表各类论文10篇。

**【装备】**

1996年，公司拥有多种运输、拖载、吊卸、装载、挖掘、推土、平整、碾压、破碎、夯实等施工机械和维修设备687台，设备原值1.1亿元。

2002年，公司拥有设备260台（套），设备原值7 726.9万元、净值1 221.8万元。

2014年，公司有以进口为主的挖、装、压、推、平等土石方施工、生产机械和维修设备34台，设备原值3 100万元。

2015年12月，建筑工程公司成立当年固定资产原值2 995.9万元，净值469.8万元，各种机械设备41台（套），其中施工机械26台，加工设备7台，机具7台，各类仪器11台。

2018年12月，拥有固定资产原值3 160.2万元，净值966.8万元，各种机械设备248台（套），其中施工机械16台，机具7台，测量等各类仪器225台（套）。

## 五、业绩特色

**【第一次改革转型时期（1978—1999年）】**

特种公司在当年的时代背景下提出了“立足宝钢，服务上海，面向苏浙，走向世界”的经营战略，1990年开始全面实施经营战略转移，由过去单一的土石方施工转为参与宝钢协力生产为主，在确保土石方施工的同时，积极努力拓展经营领域，强化支柱产业，形成“人无我有，人有我优”的经营格局。除保留传统的施工业务外，还涉及沿江沿海筑堤造地，冶金厂钢渣系统化处理、加工和综合利用，废钢铁运输、特种车辆的加工制造，以及二氧化碳镀铜焊丝、埋弧焊丝、高分子材料和以钢渣为原料的砖块制造等领域。在产业布局上形成“22211”分布，即2个协力生产区域板块（宝钢渣处理区域及废钢堆场区域）、2个土石方工程队、2个联营厂（宝昆镀铜焊丝厂及宝月机修厂）、1个机械配件销售站、1个综合商店。在产值利润格局上形成“5311”比例结构，即生产协力占5成、土方工程占3成、横向联营和第三产业各占1成。主要经济指标从1982年开始，先后6年居全国同行业前列，连续五年上缴利润排名第一。

在企业管理上借鉴发达国家经验并结合实际情况推出“矩阵式管理”新模式，实行考核毛利等指标的分配制度，在上级政策允许的范围内实施员工分配“上不封顶，下不保底”模式，使公司全面进入市场有了全新的激励机制。

在施工管理上学习鲁布革经验，落实承包经营责任制，实现了由单纯完成行政指令计划为主转变为主动找外包任务干为主；由管理机构上的多层次、多环节转变为管理层和作业层的现场管理：由单纯追求产值变为讲求综合经济效益。在此期间公司除干好宝钢工程项目外，还承建了多个有代表性的项目，如1984年，参与上海第一条高速公路——沪嘉高速公路建设；1987年4月，第一次承揽中大型民用机场——宁波栎社机场；1990年11月，承建上海第一座取长江水建造的大型民用水厂——月浦水厂(陈行水库)；1996年，参建上海第一座围海大坝——奉贤围坝。在多年的施工中，形成了自己的特色品牌工程。

宝钢厂区工艺铁路是为宝钢的特种货物(高温铁水、热锭等)服务的60千克/米钢轨铁路，是国内首次设计、首次施工、首次用于冶金厂的工程。主要分布于宝钢炼铁区、脱硫排渣区、炼钢区和整脱模区。主要实物量有：铺轨28.923千米(包括固定道床)；大块石15.74万立方米；窨井865座；有孔管2.073 2万米；黄砂1.774 1万立方米；道砟15.73万立方米。这项工程从1982年7月破土加固路基，1983年11月开始铺轨，由于工艺复杂、部分材料需试制，施工进展一度缓慢，1984年初被列为宝钢七大“危险工程”之一，经特种公司员工努力，于1984年底摘掉了“危险工程”的帽子，1985年8月建成通车，确保了宝钢一号高炉“85·9”开炉炼铁、炼钢等运输的需要。

1. 加工废钢10万炉无响爆

为确保宝钢转炉生产时“吞进”炉内的大量废钢不发生响爆，杜绝事故的发生，1994年10月12日，特种公司协力分公司、宝钢实业公司和炼钢部等单位联合成立“防爆堵害推进小组”。这项长达4余年的安全系统工程中，特种公司员工摸索出了“一看、二摊、三分选、四归堆、五监装”的废钢标准化分选作业流程，将分选状态与员工收入挂钩，逆向考核，即下道工序分选出炸弹等爆炸物品，将扣罚上道分选工序的责任人的收入，并用此作为下道工序责任人的奖励额度。此举措极大地激励了废钢分选员工的积极性和责任感。据统计，4余年时间里每年从大量废钢中挑出易爆容器7万只，各种炸弹、炮弹50余枚。至1999年1月，经特种公司员工们51个月的持续奋斗，累计加工、并供给690余万吨废钢于宝钢转炉冶炼生产，创造了宝钢转炉连续炼钢10万炉无响爆纪录，也在此领域诞生了一项新的世界先进纪录。

2. 筑坝工程

特种公司在1980年1月至1996年8月的16年时间里，先后在长江口和杭州湾南北岸等地筑就了9座大坝。累计坝长达37 041米，圈围滩涂1 075万平方米。自首次在长江口筑成首座大坝—宝钢自备电厂灰坝，其工程质量获国家银奖后，宝钢工程指挥部指定特种公司再次施工宝钢调蓄水库大坝，抢回原设计更改而造成的314天施工脱期，提前达到投产条件，工程质量获国家金奖。不仅树起了特种公司高速度建坝的实体丰碑，还树起了特种公司建坝高质量的丰碑。此后，特种公司在杭州湾流塑状海涂上筑成的北仑电厂灰库大堤提前152天竣工，工程质量被评定优质；127天优质筑成长达3 646米的浦东水上乐园堤坝；提前152天优质完成浦东“931”围区筑坝工程。

**【第二次转型发展时期(2000—2014年)】**

为适应宝钢生产需要，1999年12月，宝冶对特种公司进行重大改革调整，近亿元资产和1 300余名员工成建制划拨。面对施工机械老化不配套，管理人员与施工人员严重不协调等种种困难，公司重新进行资源整合，调整市场布局，加强经营力度，把发展主攻方向定位于围堤、机场、道路和宝钢检修协力等领域，努力开拓市场新领域。

2004年1月，中标施工浦东国际机场二期，即第二条跑道，也是中国境内首条4F级跑道的施工任务。这条跑道全长3 800米(其中特种公司施工1 400米),宽75米(含两侧道肩15米),可满足当时乃至以后相当长时期内世界上最大型飞机的起降(如翼展达79.8米的空客A380)。除质量要求高外,施工工期比此机场的第一条跑道缩短达8个月。2005年3月17日,跑道投入使用。2011年9月5日,特种分公司施工的国家战略工程——国内首条大飞机配套的试飞跑道——浦东国际机场第五跑道地基处理项目,比合同要求提前3天顺利完成机场地平22.6万平方米,插设塑料排水板478万米的施工任务,其工程质量、安全、文明等指标,在上海机场建设开发公司组织的全面检查评比和立功竞赛活动中,获得了综合评比第一名。特种公司在这个时期积极开拓机场场道市场,仅浦东国际机场这个省市级重大工程中累计中标和续标30余个项目、工程量达15亿元,公司也从"没有机场施工资格"的"门外汉"到"民用机场施工专业承包一级资质"的专业队,先后获上海市和国家市政工程金奖,总结和制订出当时世界最先进的4F级机场场道施工工法,开发了在中国境内首次开发、拥有7项专利技术的机场跑道扩缝倒角技术,并在浦东机场和虹桥机场成功应用。

除了机场场道,公司还先后参建了上海人工半岛、上海磁悬浮高速列车辅道及桥梁等标段、南钢宽厚板工程、上海市北郊环线高速公路、嘉兴市三环路东南段道路工程、浦东国际机场国际航空转运中心、上海市苏州河环境综合整治三期暨防汛改造、上海老港生活垃圾卫生填埋场渗液厂扩建、海南汉能光伏一期工程、汉能硅基薄膜太阳能研发制造基地、安徽省青阳生活垃圾处理、台塑越南河静钢铁厂11余千米铁路及配套设施等工程。

公司经受改革阵痛后,一方面充分利用宝冶的品牌优势和资质优势,努力拓展发挥自己的特长,形成具有特种特色的水利、机场品牌效应;另一方面采取引进、培训和考核等途径提高员工队伍综合素质,形成与企业相适应的人员结构和人员素质,大力开发新技术新工艺,提高市场竞争力。

**【第三次转型发展时期(2015年以来)】**

2015年3月,建筑工程公司成立后,按照宝冶对公司"扎根宝山,立足上海,辐射华东"的要求,坚持"区域定位不动摇、产业方向不动摇、管理方向不动摇、发展目标不动摇",深耕细作上海市场,打造品牌和精品工程,不断扩大市场份额和项目影响力。

在市场营销方面,以公投项目为主,邀标项目为辅,投融建项目为补充,立足上海,拓展江浙市场。公司紧盯大客户、大订单,通过正在施工的项目,以现场赢市场,发展长期战略客户。

在项目管理方面,完善项目标准化管理手册,实现项目管理模块化,达到项目管理标准化、规范化的目标。发挥区域优势,搭建项目资源配置平台,形成完善"四中心两平台"(即BIM中心、配筋中心、算量中心、招采中心,年度招标平台、作业资源平台),为在建项目提供强有力的支持。以"项目策划—责任书签订—资源集中配置—过程巡查—管理要素考评"为项目管理主线,通过开工前期策划,过程精细管理,全面提升项目总包管理水平。加强对项目的检查监督,从职能型考核向项目管理要素考核转变。

从2012年开始,宝冶关注装配式住宅,从启动到研发经过2余年的积累和摸索。2014年,宝冶联合上海建工设计研究院有限公司以正在施工的罗店大型居住社区二期工程为对象,选定C10地块3号楼与6号楼为装配整体式示范楼,被列为2014年上海市装配式住宅示范项目。2015年5月28日,罗店大居二期C10地块装配式住宅进行了第一块构件吊装,实现宝冶装配式住宅建设零的突破。随后工程进展顺利,第3层开始实现6天一层目标。2015年10月30日,罗店大居C10地块所有楼栋全部顺利封顶。2016年8月30日,项目竣工完成。整个项目获评上海市文明工地、上海市"白玉兰"(群体)工地,项目管理目标全部实现。宝冶也具备了装配式住宅全产业链的资源整合能力，可以为客户提供一整套装配式住宅的解决方案。

主要工程：

2015 年 6 月，建筑工程公司成立后中标承揽的第一个大型民用建筑项目——上实泉州海上海商住区项目 C－6－2 地块总承包工程，该项目合同工作量达 9 亿元，有 8 栋 31—33 层的高层住宅、2 栋幼儿园，还有 2 栋 30 层的办公楼。

同年 11 月，中标装配式施工又一典型代表项目——宝山大场镇 38－02 地块商品房施工总承包工程项目。

2016 年 10 月，公司中标上海核心区域市场营销的重大突破——国际乒乓球联合会博物馆和中国乒乓球博物馆工程项目，新建的国际乒联博物馆是在上海设立的公益非营利性、永久性机构，是世界范围内唯一冠以“国际乒乓球联合会博物馆”名称的实体博物馆。

同年 11 月，公司承建的上海市重点工程——吴淞口国际邮轮码头下游客运大楼项目正式开工，2017 年 3 月完成结构封顶，2018 年 3 月首次进行三船同靠，2018 年 5 月完成交工验收，2018 年 7 月正式投入试运营。新客运大楼启用标志着吴淞口国际邮轮码头迈入四船同靠的时代。

同时，公司进入机场建设核心施工领域，中标上海浦东国际机场三期扩建工程港湾机坪场道及附属设施工程（一标段）。同年 12 月，中标贵阳龙洞堡国际机场三期扩建工程飞行区场道 FXQ－CD－001 标段工程项目，主要施工内容为新建一条长 4 000 米、宽 45 米的近距平行第二跑道，这也是宝冶机场场道专业一次性中标额首次突破 7 亿元的项目。

2017 年 5 月，中标第一个真正意义的“总承包”项目——顾村世界外国语学校新建工程 EPC 项目，该项目是自 2017 年 1 月 1 日起施行《上海市工程总承包试点项目管理办法》以来的第一个项目而且是以“建筑工程有限公司”独立资质投标承建的。

宝冶在上海中标的最大的公投项目——海尚云栖中心项目，该项目为商务办公、四类住宅组团混合项目，位于上海市浦东新区，总用地面积 3 万平方米，总建筑面积为 12 万平方米，其中，地上建筑面积 8 万平方米，地下建筑面积为 4 万平方米。

建筑工程公司成立 4 年以来，公司经营规模快速增长，合同签约额、营业收入、利润不断增长，人均收入实现稳中有升的目标，为公司发展壮大奠定了良好基础。主业营销逆势增长，2018 年市场营销一举突破 40 亿元大关，再创新高。辅业营销实现快速增长，并进入机场场道施工的核心领域。建筑施工总承包“一主三辅”市场定位不断巩固，市场份额不断扩大。

**表 4－3－3　建筑工程公司主要经济指标完成情况**

| 指标名称 | 2015 年 | 2016 年 | 2017 年 | 2018 年 |
| --- | --- | --- | --- | --- |
| 合同签约额（万元） | 102 300 | 200 500 | 317 000 | 407 700 |
| 营业收入（万元） | 65 000 | 78 000 | 140 000 | 200 000 |
| 利润（万元） | 2 300 | 2 500 | 3 300 | 3 840 |

## 六、精神文明建设

无论是在特种公司时期还是建筑工程公司时期，公司党委始终坚持加强党的建设，将党建工作融入企业生产经营工作中心，不断推进党建工作和业务工作相融合，提升党建工作活力，使党支部成为攻坚克难的战斗堡垒,党员积极发挥先锋模范作用,带领员工努力完成施工生产经营任务,实现两个文明建设双丰收。在公司多年发展历程中逐步形成了"众志成城的同心文化、追求卓越的品牌文化、敢为人先的创新文化、风清气正的廉洁文化、多彩奋进的业余文化"这个具有建工特色的"五元文化"。公司不断丰富文化内涵,讲好宝冶建工人的故事,营造"建工·家"的良好氛围,激发了广大员工的自豪感、使命感和责任感。

"宝冶建工"品牌影响力不断增强。获得"白玉兰"奖、"金钢奖",获评上海市文明工地和绿色工地、上海市平安工地、上海市重点工程实事立功竞赛优秀团队。公司曾3次获评上海市文明单位,2017年获上海市五一劳动奖状。涌现出一大批思想好、党性强、作风正、拼劲足的业务能手、技术尖子、生产模范、政工干部等优秀人物,多人多次在不同领域分别获得全国劳动模范、全国五一劳动奖章、全国优秀项目经理、宝钢总厂劳动模范、上海市劳动模范等荣誉和奖章。

## 第五节　宝冶成都分公司

宝冶成都分公司(简称成都分公司)是以民用和工业建筑工程施工总承包、EPC工程总承包为主的区域公司,区域定位为立足成都、扎根四川、辐射西南。公司位于四川省成都市高新区天府三街218号1幢1单元。

图4-3-9　成都分公司办公场所

### 一、公司历史

2015年1月27日,宝冶成都分公司正式组建并进入实体化运营,同年5月23日揭牌营业。

成都分公司成立后立足川渝云贵，全力开拓区域市场，通过干好在建项目、提升服务品质、加强沟通交流，发展了联发集团重庆房地产开发有限公司、中冶赛迪等战略客户，逐步开始融入川渝建筑市场，形成稳定健康发展的良好局面。

## 二、组织机构

至2018年底，公司机关设有综合管理部、人力资源部/党群工作部、合同法务部、工程技术部、安全管理部、财务部和市场营销部7个部门。

## 三、职工队伍

截至2018年12月，在岗合同制员工67人，其中女员工3人，人员构成主要结构如下：

30岁以下27人，31岁至35岁19人，36岁至40岁4人，41岁至45岁6人，46岁至50岁3人，51岁至55岁5人，56岁以上3人，平均年龄34.59岁。

硕士研究生1人，大学本科47人，大专14人，大专以上学历占在岗员工92.54%。

教授级高级工程师2人，高级工程师6人，高级经济师1人，中级职称13人，中级以上职称占在岗员工32.84%。

注册一级建造师11人，注册造价工程师4人，注册安全工程师2人。在岗项目经理5人，技术负责人9人，施工负责人8人，项目关键岗位26人(其中，施工员9人、安全员2人、质检员1人、材料员3人、预算员9人、技术员2人)。职能部门20人。

成都分公司其他方式用工人数124人。

## 四、技术装备

**【技术】**

公司在施工中扎实开展技术研发，有计划、分层次推广新技术、转化成果的应用，2015—2018年共形成《预应力锚索施工工法》《液压静力碎桩工法》等企业工法10项，完成《跳仓法在电子厂华夫板区施工》《主体框架楼板一次成型耐磨地坪施工技术应用与研究》等科研课题研发8项；完成专利申请34项(其中已授权5项)；完成《加筋土边坡挡墙工程施工工艺应用与研究》科技成果鉴定，被认定为处于国内领先水平。中国商飞民机示范产业园一期项目通过中冶新技术应用示范工程审核认定。

**【装备】**

截至2018年12月31日，成都分公司拥有各类设备254件，固定资产净值79.71万元。

## 五、业绩特色

公司成立以来立足川渝云贵区域市场，坚持以“品牌营销”和“战略客户营销”为主线，以“创优全覆盖提升工程质量”为重点，以“技术创新”为突破口，以“标准化管理”为着力点，通过完善管理制度体系、培养和储备经营管理与技术人才、加强成本控制和风险管控、搭建区域市场营销平台。先后承建了中国商飞民机示范产业园一期、成都中电熊猫电子厂房、京东亚洲一号、重庆中美协同创新加速器及大数据学院、重庆联发欣悦二期、重庆联发西城首府、重庆中冶铁山坪、重庆永川体育馆、云南盘兴博大广场等大型施工总承包项目,逐步在西南地区打响"宝冶品牌"。

2015 年是成都分公司开局之年,公司围绕"聚焦主业、做强专业、行业领先、持续发展"的定位设置职能机构,制定管理制度 35 项,重心放在"立规矩、建队伍,摸市场、找定位,抓项目"上。

2016 年,公司承建了中国商飞民机示范产业园一期施工总承包项目。该项目包含 5 个单体建筑与室外工程,建成后将为国内自主研制的 ARJ21 飞机商业运营提供支持和服务。项目先后获得中冶集团四川片区安全大检查第二名、成都市双流区文明施工达标工地、四川省绿色施工示范工地、成都市优质结构示范工地、成都市安全文明标化工地、四川省安全文明标化工地等称号。该项目总结编写的《提高民用机场高填方填筑质量一次合格率》分别被中国冶金建设协会质量管理专业委员会、四川省建设工程质量安全与监理协会授予 2018 年度全国冶金建设行业 QC 成果一等奖、2018 年度四川省工程建设系统优秀质量管理小组二等奖。该项目发明的带倒刺土工格栅专用固定卡获发明专利。《加筋土边坡挡墙工程施工工艺应用与研究》科技成果被认定为达到国内领先水平。2016 年 10 月,公司承建重庆联发欣悦二期项目,该项目位处重庆盘龙新城,总建筑面积约 25 万平方米,集城市商业、精品住宅为一体。项目团队在有限的场地实现材料、机械、人工的最大周转利用,圆满完成建设任务,项目获"三峡杯优质结构"称号。

**图 4-3-10　成都中电熊猫 8.6 代液晶面板项目**

2017—2018 年,公司积极强化投标策划,建立投标信息库;编制《成都分公司项目管理手册》,以项目管理手册为抓手,提高项目管理全过程标准化、精细化水平,不断提高品牌影响力。2017 年 1 月,公司承建成都中电熊猫显示科技有限公司第 8.6 代薄膜晶体管液晶显示器件(TFT-LCD)项目彩膜/成盒厂房(4B# 建筑)土建工程施工标段。该项目对于四川发展万亿级电子信息产业集群、打造成都具有全球影响力的光电显示产业基地有着重要意义。项目从前道工序移交场地开始施工到结构封顶仅历时 272 天，创造了同类型液晶面板项目建设的高速度。

主要经济指标完成情况：

2015—2018 年，成都分公司累计完成总产值 21.05 亿元。2018 年，完成产值 12.03 亿元，实现利润 202.42 万元，自找工程任务量约 16 亿元。

### 六、精神文明建设

公司党总支认真贯彻落实“项目发展到哪里、党的建设就跟进到哪里、党支部的战斗堡垒作用就体现在哪里”，始终做到“支部建在项目上、党旗飘在工地上、党员冲在火线上”。把项目党建与施工管理有机融合，建立党支部考评机制，在各党支部开展“三有三无”活动。在中电熊猫、中国商飞民机示范产业园、联发西城首府等重点项目成立党员突击队、青年突击队、技术攻关小组，开展劳动竞赛，党员干部带头钻研、树立标杆，涌现出一批先进集体和模范人物。

公司在大力抓创新发展的同时，认真抓好反腐倡廉工作，2016 年 11 月和中国商飞四川分公司联合开展防腐倡廉暨“双重双优”共创共建活动(重大科研项目和重大建设工程创“工程优质”“干部优秀”)，努力打造“廉洁工程”“精品工程”。

公司自成立以来，主要经济指标稳步攀升，获宝冶 2017 年度跨越进步奖。

## 第六节　宝冶厦门分公司

宝冶厦门分公司(简称厦门分公司)是以工程(施工)总承包为主的东南区域公司，以福建、江西、湖南为区域定位。公司位于厦门市思明区观音山国际商务营运中心 2 号楼。

图 4-3-11　厦门分公司办公场所

## 一、公司历史

2006年10月,宝冶成立营销型的厦门分公司。2015年1月,提升为实体型分公司。公司办公地点最初设在厦门市思明区观音山国际商务营运中心9号楼,2017年2月迁至厦门市思明区观音山国际商务营运中心2号楼。

## 二、组织机构

截至2018年底,厦门分公司下设7部1室1中心,其分别是财务部、安全监督管理部、工程管理部、合同预算部、物资管理部、市场营销部、钢结构事业部、综合办公室、技术中心(BIM中心)。

## 三、职工队伍

截至2018年12月,在岗合同制员工140人,其中女员工9人,人员构成主要结构如下:

30岁以下83人,31岁至35岁28人,36岁至40岁15人,41岁至45岁4人,46岁至50岁5人,51岁至55岁2人,56岁以上3人,平均年龄30.8岁。

大学本科106人,大专29人,大专以上学历占在岗员工96%。

教授级高级工程师3人,高级工程师3人,中级职称37人,中级以上职称占在岗员工30.7%。

注册一级建造师14人,注册造价工程师3人,注册安全工程师1人。在岗项目经理8人,技术负责人6人,项目关键岗位71人(其中:施工员25人、安全员6人、质检员7人、预算员11人,材料员6人,技术员16人)。职能部门50人。

厦门分公司其他方式用工人数149人。

## 四、技术装备

### 【技术】

公司自创建以来不断加强技术开发力度,至2018年底,共编制《QG/SBC GF009-2017装配箱现浇混凝土密肋楼盖施工工法》《QG/SBC GF014-2017奇氏桶施工工艺研究与应用施工工法》《QG/SBC GF020-2017大面积弧形超长气密性金属屋面施工工法》《QG/SBC GF020-2018超高异形华夫板施工工法》《QG/SBC GF021-2018新型一体板外墙装饰施工工法》《QGSBC GF027-2018岩溶地区灌注桩施工工法》《QG/SBC GF036-2018装铠缝金刚砂耐磨地坪施工工法》《电子厂房复合墙板安装施工工法》《新型铝框木模板施工工法》9部工法,形成专利62件。完成技术开发5项、申报受理专利32项,其中实用新型24项,发明专利8项。《大型电子厂房综合施工技术成果研究》通过中冶集团科技成果鉴定,达到国际先进水平。

### 【装备】

截至2018年底,厦门分公司固定资产323万元。无大型施工生产装备。

## 五、业绩特色

宝冶在正式成立厦门分公司之前已在厦门承建了多个大型工程，如1998年承担的厦门国际会展中心工程。2000年2月，承建了厦门戴尔新厂工程。

厦门分公司成立后不断深耕市场，承建了厦门大学访客中心及演武运动场改造、福州市社会福利中心、福建华佳彩一期A标、武汉天马G6项目施工总承包一标段(M1厂房)、深圳柔宇类6代柔性显示屏生产线项目桩基工程2(其他建筑)工程、云谷(固安)科技有限公司第6代有源矩阵有机发光显示面板项目一临建工程、厦门国际会展中心片区展馆提升改造，国家存储器基地项目(一期)A标段、D标段，厦门西海湾邮轮城1号、2号、3号、4号地块主体，康得新年产1亿片裸眼3D模组产品项目K6厂房总包、当代东方集团影视工程、京东亚洲一号厦门同安物流园施工总承包、强力巨彩LED显示屏产业园桩基工程、厦门世茂2016XP10地块主体及室外工程、鹰潭市应用工程学校迁建、乔丹品牌工业园工程、海西高新技术产业园创新园三期项目DE地块工程 、武汉新芯12吋集成电路生产线项目二期工程等，在多个行业形成了自己的品牌。

**【电子厂房】**

2015年7月，承建厦门天马第6代低温多晶硅(LTPS)TFT-LCD及彩色滤光片(CF)生产线项目施工总包一标段(M3主厂房)工程。2016年，承建武汉天马第6代低温多晶硅(LTPS)TFT-LCD及彩色滤光片(CF)生产线项目，80天完成2.8万吨钢结构加工制作安装，123天实现结构封顶。

2016年3月，承建福建华佳彩一期A标工程，该工程为福建华佳彩有限公司联合福建省建投投资建设的LCD电子厂房，主要生产高阶智能手机显示屏、平板显示屏、车载显示屏。A标段建筑面积约为13万平方米，包括阵列厂房、机械栋、特气站、硅烷站、化学品供应间、化学品库等建筑。

2016年12月，承建深圳柔宇类6代柔性显示屏生产线项目桩基工程，项目总占地面积约96 095平方米，主要包括动力站、特气站、硅烷站、废水站、化学品库、固废站、氢氦间、大宗气站、门卫等的桩基工程，标志着宝冶率先迈入柔性屏电子厂房施工领域。

2017年4月，承建国家存储器基地项目(一期)A标段工程，该项目由紫光集团联合国家集成电路产业基金、湖北省地方基金、湖北省科投共同投资建设。宝冶承建的1号主厂房建筑面积约28万平方米，地上四层，长446.4米，宽169.2米，高32.6米，最大跨度为50.4米，是当时全球单体面积最大的芯片生产制造厂房。作为电子厂房核心构件的华夫板结构，该项目采用了世界最高的1 350毫米华夫筒，总量多达4.5万组。由于华夫筒高度太高，且分布非常密集，华夫筒筒间距离仅250毫米，由此带来华夫筒脱模、内支撑加固以及钢筋绑扎等一系列施工难题。宝冶员工在施工中攻克异型超大华夫筒施工工艺课题。项目于2017年4月30日开工，9月28日提前封顶，历时152天，凸显了宝冶在电子厂房施工领域进度最快、质量最优、服务最佳的优势，实现了客户满意、业界领先的目标。2018年2月，又承建了国家存储器基地项目(一期)D标段工程。

**【大型城市综合体】**

宝冶承建的厦门国际会展中心一期工程自2000年9月建成投入使用后，成功地举办了100余个国际性和全国性展会，赢得海内外商户的广泛关注和赞誉。此后，宝冶又先后承建了厦门国际会议中心，厦门国际会展中心二期、三期、四期工程。

2012—2018 年期间，先后承建闽南古镇 B－E 工程，建发悦城中心(综合体)，厦门西海湾邮轮城 1 号、2 号、3 号、4 号地块主体工程。

**【仓储物流】**

先后承建厦门国际物流中心工程，京东亚洲一号厦门同安物流园施工总承包工程。厦门国际物流中心工程获福建省闽江杯奖(省优质工程奖)。

**【高端住宅】**

先后承建建发燕郡 A 标段主体工程项目，上实泉州海上海项目，厦门世茂 2016XP10 地块主体及室外工程。

**【大型公共建筑】**

先后承建厦门帝元维多利亚大酒店，福州市最大医疗养老中心——福州市社会福利中心工程，当代东方集团影视工程和鹰潭市应用工程学校迁建工程。

**【工业园区】**

先后承建友达光电(厦门)有限公司厂房一期新建土建工程，达运精密工业(厦门)有限公司厂房一期土建工程，景智光电有限公司厂房新建工程，海西高新技术产业园创新园三期项目 DE 地块工程，乔丹品牌工业园工程，强力巨彩 LED 显示屏产业园桩基工程。

主要经济指标完成情况：

2016 年，厦门分公司合同签约额完成 11.38 亿元，为年度营销指标的 113.8%。营业收入完成 13.2 亿元，为年度预算的 101.5%，较上年增长 169%。利润总额完成 2 600 万元，为年度预算的 130%，较上年增长 261%。

2017 年，厦门分公司合同签约额完成 19.4 亿元，为年度营销指标的 129.3%。营业收入完成 16 亿元，为年度预算的 106.6%。利润总额完成 2 000 万元，为年度预算的 66.6%。

2018 年，厦门分公司合同签约额完成 12.2 亿元，为年度营销指标的 41%。

至 2018 年底，公司承揽项目共计 27 个。其中，在建项目有 12 个，合同额 46 亿元；收尾有 7 个，合同额 29.9 亿元；已完工 8 个，合同额 19.88 亿元，累计合同额 95.78 亿元。

### 六、精神文明建设

厦门分公司党总支着力加强基层党组织建设，提高党建工作质量。结合分公司实际推进企业文化建设，形成“厦分·家”的良好氛围，为分公司持续稳健发展提供了保证。

2009 年 2 月，厦门分公司获厦门市五一劳动奖状。

2016 年，龚鹏获评中冶集团先进工作者；2018 年，潘道斌获评中冶集团安全生产先进个人。

## 第七节　宝冶广州分公司

宝冶广州分公司(简称广州分公司)以广州为行政总部，主要在广东区域承接业务，同时兼顾广西、海南区域市场的开发，是宝冶在华南地区的品牌和形象窗口。公司位于广州市番禺招商金山谷。

图 4－3－12　广州分公司办公楼

## 一、公司历史

2007 年 3 月 3 日，为更好地开拓华南市场，宝冶设立上海宝冶建设有限公司华南分公司。

2008 年 7 月，上海宝冶建设有限公司华南分公司更名为上海宝冶建设有限公司广州分公司。

2010 年 3 月 15 日，上海宝冶建设有限公司广州分公司更名为上海宝冶集团有限公司广州分公司。

公司办公地点最初设在广州市海珠区客村珠影广场鸿运花园；2012 年，搬迁到广州市番禺惠信商业园办公；2018 年搬迁到广州市番禺招商金山谷。

## 二、组织机构

截至 2018 年底，分公司下设 9 部 1 中心，其分别是市场营销部、财务部、工程管理部、安全管理部、合同预算部、人力资源部、党群工作部、物资采购部、综合管理部、技术中心(BIM 中心)。

## 三、职工队伍

截至 2018 年 12 月，在岗合同制员工 191 人，其中女员工 17 人，人员构成主要结构如下：

30 岁以下 123 人，31 岁至 35 岁 28 人，36 岁至 40 岁 12 人，41 岁至 45 岁 8 人，46 岁至 50 岁 7 人，51 岁至 55 岁 8 人，56 岁以上 5 人，平均年龄 31.7 岁。

硕士研究生 6 人，大学本科 154 人，大专 23 人，大专以上学历占在岗员工 95.8%。

教授级高级工程师 4 人,高级工程师 13 人,中级职称 54 人,中级以上职称占在岗员工 37.2%。

注册一级建造师 38 人,注册造价工程师 3 人。在岗项目经理 23 人,技术负责人 20 人,项目关键岗位 102 人(其中:施工员 31 人、安全员 5 人、材料员 6 人、技术员 29 人、预算员 25 人、质量员 4 人、资料员 2 人)。职能部门 34 人。

广州分公司其他方式用工人数 295 人。

## 四、技术装备

2014 年,公司成立技术中心,加强科技创新管理。

公司秉承"重策划,抓过程"的原则,通过采取"走出去、引进来"的方式,大力推进新技术、新工艺、新知识的广泛应用,特别是在推广 BIM 技术应用与装配式建筑方面成果颇多。2016 年 5 月,以在建项目为载体,参与广东省建协组织的 BIM 大赛,参赛的三个作品均获得不同级别奖项。以深圳人民医院项目为平台推广"宝冶云",并将该项目作为深圳工务署的试点推广,并在项目上召开了工务署 2016 年度的 BIM 实施内容及协同模式研讨。

公司积极响应深圳市建筑产业化试点项目推广要求,推动装配式混凝土结构建筑施工技术,如清华大学深圳研究生院项目作为深圳市第一个装配式公共建筑由公司实施,并作为 2017 年深圳市装配式观摩工地和工务署的工序教学示范工地;推动多高层装配式钢结构施工,如深圳龙岗天安数码城项目,在项目工期紧要求高的背景下,业主采纳公司建议,选择采用钢结构框架+钢筋桁架楼承板体系,推动了装配式钢结构的推广发展。

2016 年,公司成为深圳市建筑业协会 BIM 分会会员单位,获 BIM 奖项 3 项。2017 年,获得授权专利 2 项,省部级科技成果鉴定 3 项,省部级新技术应用示范工程验收 2 项,完成省部级工法 1 项,BIM 获奖 4 项。2017 年,参加广东省地方标准《装配式钢结构技术规程》的制定。2018 年,获得授权专利 23 项,省部级科技成果 8 项,广东省省级工法 4 项,省部级新技术应用示范工程验收 3 项,对广州市建筑联合会推荐专家 8 名,获中国 BIM 认证体系"荣誉白金级"一项,获 2018 年中冶 BIM 技术应用大赛一等奖 1 项,获全国第九届"创新杯"BIM 大赛二、三等奖 5 项,获全国第七届"龙图杯"BIM 大赛二等奖 1 项,获广东省第二届 BIM 大赛一、二等奖 3 项,参加广东省地方标准《钢结构施工质量技术规程》的制定。

## 五、业绩特色

**【市场开拓】**

截至 2018 年底,分公司累计承接项目 102 项。

广州分公司正式成立之前,2003 年,宝冶承建广州大学城广州美术学院项目,这是宝冶在广州市场的第一个项目。项目团队在干好项目的同时,主动承担起开拓华南市场的重任。2003—2006 年期间,宝冶在广东先后承建了佛山世纪莲体育中心、广州财政局大楼等项目。

2007—2010 年,按照"立足广州、突破深圳、面向广东、辐射华南"的经营思路,先后中标广州亚运城技术官员村总承包工程、高达 41 层的猎德村改造房建总承包工程、147 米跨度的亚运自行车馆钢结构工程、广西北海南中国海工程总承包、深圳宝安体育场钢结构工程和深圳技工学校等一大批标志性房建、钢结构项目,在广州地区站稳脚跟并逐步打开深圳、佛山市场,广州分公司的市场口碑和美誉度也得到显著提高，获 2008—2009 年度广东省最具竞争力建筑企业称号。

2011—2014 年，围绕“扎实深入区域市场，紧抓细分经济热点，大力拓宽营销思路，重点突破高端民用”的主导思想开拓市场，先后承建了由珠海华发集团、香港建设、深圳工务署、深圳市投资控股有限公司、光彩置业等大型单位或公司投资的项目，并与重点战略客户——深圳工务署、珠海华发集团建立密切的合作关系，实现了区域布局突破珠海、专业优势更加凸显，经营利润扭亏为盈，员工收入稳步提升等一系列目标。

2015 年，围绕“聚焦高端民用建筑，确保稳健快速发展”主导思想开展市场营销工作，成功与中兴通讯、天安数码城集团、中国金茂、珠江投资等大型公司合作。

2016 年，围绕“大区域、大平台、大客户、大项目；聚焦高端民用建筑，确保稳健快速发展；注重风险管控，严守集团营销制度；培养战略客户，提升诚信排名”的市场营销开拓理念，在盯三大区域、抓战略客户、抢高端市场的基础上探索营销新举措，承建的深圳投行大厦项目获 2016 年广东省建设工程优质奖，实现了公司省优零的突破。

2017 年，广州分公司成立十周年。公司围绕“搭平台、拓规模、树品牌、抓管理、纳贤才”的战略方针，明确了“一拼、二绘、三深”的营销理念。一拼：市场是拼出来的，而不是等出来的；二绘：发挥钉钉子精神，沉下心跟踪项目，一张蓝图绘到底；三深：深入布局华南市场、深耕核心热点区域、深度发力平台搭建。

2018 年，公司围绕宝冶“奋力打造一流的最具产业链竞争优势的全生命周期工程服务商”奋斗目标，以“三个突出、三个打造”的营销理念，奋勇向前：突出“规模＋质量”，为打造“宝冶副中心”提供样本；突出“做实＋做优”，为打造“双一流公司”奠定基础；突出“品质＋效益”，为打造“高品质宝冶”提升形象。在“一区、两省、三核心、四片区”的营销区域上进一步深入布局，积极打造“广州分公司—区域公司—城市公司”市场营销三级平台。形成了以广州、深圳、珠海、南宁为核心的粤北、粤东、粤西、广西营销区域，并分别配置了分管领导、营销主要负责人及相应的营销团队，更进一步细化了成立中山、清远、东莞、惠州等城市分公司的具体路线，以项目为基础，落地城市公司营销点，以点及面，实现对市场营销区域布局的精细化管理。

公司朝着合同签约和营业收入“双百亿元”目标迈进。

## 【品牌项目】

2016 年承建的深圳投行大厦项目获广东省建设工程优质奖，实现了广州分公司省优零的突破。

公司坚持绿色建筑、智能建筑、装配式建筑发展方向，以推动建筑工业化、信息化、智能化深度融合为抓手，积极抢占行业制高点，在体育场馆建设、学校、工业厂房建设上打造宝冶品牌。

1. 体育场馆

2008 年 11 月 26 日，公司承建的广州自行车馆工程开工。自行车馆主体为预应力钢筋混凝土框架结构，屋盖为局部双层的单层网壳结构，造型酷似自行车运动员的头盔。整个屋盖平面呈椭圆状，长轴跨度为 147 米，短轴跨度为 120 米。工程最大亮点为钢屋盖中部的单层穹顶网壳部分，将屋盖单双层结构混合在一起。钢网壳结构，最大跨度 147.6 米，建筑面积约 25 908 平方米，钢结构约 3 000 吨。公司通过研发，在工程实践中不断克服各种突发性难题，最终形成成熟的施工技术在项目成功实施。该安装技术的成功开发填补了国内在单双层混合网壳这一领域的技术空白。

公司承建的深圳宝安体育场屋盖工程获 2010 年度广东钢结构金奖“粤钢奖”，2011—2012 年度国家优质工程银质奖，2012 年度广东省建设工程金匠奖，2012 年度广东省建设工程优质奖，2011

年度深圳市优质专业工程奖。广州国际体育演艺中心钢结构工程获2011年度广州地区建设工程质量"五羊杯"奖，获评2011年度广州市优良样板工程。江门市滨江体育中心工程获评2016年广东省房屋市政工程安全生产文明施工示范工地。广州亚运城技术官员村获2012年度全国冶金行业优质工程奖、第三届广东省土木工程詹天佑故乡杯，获评2011年度广州市优良样板工程。

**图4-3-13 深圳宝安体育场**

2. 机场

2010年3月22日，公司承建的揭阳潮汕机场航站楼钢结构工程开工，2011年8月5日竣工。获2012年度广东省重大建设项目档案金册奖，广东省机场集团公司工程建设指挥部劳动竞赛金奖。

广州白云国际机场扩建工程二号航站楼项目比预定节点提前30天完成北指廊屋面网架施工，推动了施工进程，为后续工作创造了条件，得到业主、监理、总包的高度评价。

公司还承接了深圳机场扩建工程T4航站区软基处理工程。

3. 教育科研类

公司大力推动信息技术、装配式技术，自提升式爬架技术，铝合金模板技术等先进技术在学校类项目的深入应用，参与了多项学校工程建设，至2018年底，仅在广深地区承建学校工程就达10个，如香港中文大学(深圳)校区、深圳大学西丽校区、哈尔滨工业大学深圳校区、清华大学深圳研究生院、南方科技大学、广州美术学院大学城校区、深圳高级技工学校，推进了工地现场绿色建造，快速建造，优质建造和智慧建造的转型升级。

公司承接的深圳高级技工学校(龙岗)新校区施工总承包Ⅲ标段获2011年度下半年深圳市优质结构工程奖。深圳公明学校获2013年度广州建设行业优秀QC小组二等奖，2012年度下半年深圳市优质结构工程奖。深圳大学西丽校区建设工程(一期)项目Ⅱ标段工程获2016年度上半年深圳市优质结构工程奖，深圳市建筑工务署2015年度房建工程质量评比第三名，2016年度广东省建设工程优质结构奖，2017 年广东省工程建设优秀质量管理小组二等奖。香港中文大学(深圳)一期项目(下园)施工总承包 II 标段工程获 2018 年广东省建设工程优质结构奖。哈尔滨工业大学深圳校区扩建工程(Ⅰ标段)获广东省建设工程优质奖(金匠奖)、广东省建设工程优质结构奖、获评广东省建筑新技术应用示范工程、广东省建筑业绿色施工示范工程、广东省房屋市政工程安全生产文明施工示范工地、广东省建设工程项目施工安全生产标准化工地，获广东省詹天佑故乡杯、全国工程建设质量管理小组活动优秀成果、工程项目建筑信息模型服务 BIM 荣誉白金级、广东省装饰行业科技创新成果奖、深圳市优质工程金牛奖等。清华大学深圳研究生院创新基地建设工程(二期)总承包获 2017 年广东省工程建设优秀质量管理小组二等奖。

图 4－3－14　广州大学城美术学院

4. 工业厂房类

富士康超视堺第 10.5 代显示器全生态产业园区项目 2017 年 11 月 21 日开工，45 天完成大底板约 20 万立方混凝土，提前 5 天开始吊装钢结构，提前 3 天完成首层筏板完成，提前 1 天实现西支持区封顶，提前 17 天实现东支持区封顶。50 天安装钢结构 6 万吨、日平均吊装量达 1 200 吨、高峰时日吊装量达到 1 800 吨，刷新国内电子厂房单体日完成量最高的新纪录；创造了钢筋 7 万吨，模板 40 万平方米，混凝土 41 万立方米，钢结构 10.5 万吨的中国同类大体量项目施工建设奇迹。

此外，公司还承接了中船龙穴造船基地民船项目，联众项目，广州花都宝井汽车工程，广州植之元精炼油厂项目，彩虹 4.5 代 AMOLED 生产线建设项目生产厂房(M1)栋土建总承包工程，广州风神汽车有限公司树脂二车间，广州尤希路油剂有限公司厂区工程，联塑机器制造工程，广州风神汽车有限公司郑州工厂 20 万辆产能建设项目冲压车间(一期)工程，深圳中外运平湖物流中心总承包工程，京东商城亚洲一号仓储华南总部项目。中兴通讯(河源)生产研发培训基地一期工程，珠海市益天技术有限公司电子信息产业基地，凤岗天安数码城项目一组团 1 号厂房、2 号厂房、3 号厂房、9 号厂房、地下室 1 项目。其中，深圳中外运平湖物流中心总承包工程获 2014 年度深圳市优质结构工程奖，深圳市 2017 年市优质工程奖。

表 4-3-4　广州分公司主要经济指标完成情况

| 时　间 | 营业收入(万元) | 利润总额(万元) |
|---|---|---|
| 2007 年 | 14 883 | 407 |
| 2008 年 | 42 366 | 689 |
| 2009 年 | 12 107 | 1 411 |
| 2010 年 | 80 203 | 1 859 |
| 2011 年 | 65 497 | 125 |
| 2012 年 | 66 732 | 3 018 |
| 2013 年 | 114 455 | 2 504 |
| 2014 年 | 150 655 | 2 360 |
| 2015 年 | 222 868 | 4 127 |
| 2016 年 | 220 775 | 5 086 |
| 2017 年 | 198 117 | 6 004 |
| 2018 年 | 417 619 | 6 638 |

### 六、精神文明建设

2007 年 7 月，分公司成立党总支，至 2018 年底党员人数从 7 名发展到 95 名，党支部 7 个。公司在开拓市场、转型发展的同时注重抓好精神文明建设，积极推进央企责任担当，2014 年援建施工了广东省河源市连平县上坪镇世纪阳光幼儿园，为边远贫困地区的学前教育作出贡献。立足广州开展属地化建设，加入广州市建筑业联合会(负责广州市优良样板工程的评选工作及广东省优良样板工程的推荐工作)、广东省空间结构学会(负责广东钢结构金奖的评选工作)、深圳市建筑业协会。

2008 年，广州分公司获广东建设报 2008—2009 年度广东最具竞争力建筑企业；连续 8 年获评广东省守合同重信用企业；2015 年，获广东省建设工程质量创优特别贡献奖；2018 年，获上海市五一劳动奖状、珠海华发特别贡献奖；2019 年，获评上海市建交委文明单位。广州分公司作为宝冶在华南的窗口，历经 10 余年的发展，涌现出一大批先进模范人物。魏海军、靳峰、杨卫平三人先后获评五矿集团、中冶集团优秀党员，其中杨卫平被评为 2018—2019 年度国资委表彰的中央企业优秀党员。

## 第八节　宝冶国际工程公司

宝冶国际工程公司(简称国际工程公司)是以海外工程(施工)总承包为主的公司，位于上海市宝山区庆安路 77 号。

### 一、公司历史

**【海外部】**

2002 年底，中冶集团召开第一次海外工作会议，宝冶响应集团“走出去”的号召，于 2003 年 2 月

27 日设立工程总承包部，下设 4 个处：商务处、技术处、市场处、海外部。海外部主要负责境外工程项目信息跟踪、营销、投标、合同商务评审、合同签订。

2004 年 5 月 9 日，海外部更名工程总承包部外资处，强化外资项目尤其是境外市场的开拓。

2007 年 3 月 3 日，工程总承包部外资处与宝冶外事办合并为海外部，主要职能是海外市场营销，辅助以宝冶海外业务统筹管理和协调以及宝钢厂区内的外事管理业务；主要职责是建章立制，建立相关的管理体系，负责海外工程项目的信息跟踪、项目承揽。当时，一方面依托中冶集团在海外项目开发上的平台优势，配合中冶集团组织的海外投标项目；另一方面，立足自身发展要求，主动寻找项目信息进行跟踪报价，职能从海外工程项目信息跟踪、营销以及海外项目投标、合同商务评审、合同签订、人才体系建设到海外事务管理等。

2010 年 5 月 5 日，宝冶撤销海外部，工程总承包部下增设海外部，原海外部“宝钢工程外事管理、企业进出口贸易”职能调整到工程物资设备分公司，“海外市场开发、企业进出口代理管理”职能调整到工程总承包部海外部，“海外项目合同管理”职能调整到合同预算部。

**图 4－3－15　科威特医保医院项目中外员工在项目现场合影**

## 【海外事业部】

2015 年 3 月 27 日，为进一步优化资源配置，抓住“一带一路”建设机遇，加大海外市场开发力度，培育更多适应国际工程管理的高素质、复合型、开拓型管理团队，宝冶设立海外事业部。以原工程总承包部海外部为基础，整合柬埔寨金边 Sky Villa 项目、菲律宾项目等资源组建而成。负责宝冶国际市场发展战略规划编制与修订；国际工程项目信息跟踪、市场营销；组织国际项目投标、合同签订、项目实施监管；负责海外子公司管理；海外项目经营管理人才培养、人才体系建设以及海外其他事务管理。主业定位：建筑工程施工总承包、冶金工程施工总承包、城市基础设施建设、钢结构制作与安装等。

海外事业部下设市场部、合约部、财务部、质量技术部、工程管理部、安全管理部、物流贸易部、党务办公室、行政部 9 个部门,组建了 3 个项目部,涉及柬埔寨、越南和乌兹别克斯坦三个国家,职工队伍由成立之初的 27 人发展到 59 人。事业部设立后,进一步加大了海外尤其是东南亚市场的开发力度,推进了海外业务实体化运营步伐。通过派驻或照管的方式优先布局东南亚、中东、中亚等独联体国家及地区,东南亚地区,重点关注越南、柬埔寨、缅甸和马来西亚及菲律宾市场,逐步实现海外营销、设计、施工一体化。

**【国际工程公司】**

2016 年 3 月 24 日,为充分把握国际工程承包发展机遇,不断加强海外业务开拓力度,扩大经营规模,建立较为完善的海外业务管理体制,宝冶对海外业务资源进一步整合,设立国际工程公司,将原海外事业部、迪士尼项目管理团队部分人员并入国际工程公司。

国际工程公司主业定位:负责海外业务归口管理,建立健全海外项目管理体系;以海外建筑工程施工总承包及相关业务为主,承担海外市场开拓、海外项目实施管理以及海外业务综合管理职能;负责承接国际公司在国内投资按国际化管理的项目。

## 二、组织机构

截至 2018 年底,公司设有综合事务部、市场营销部、工程管理部、物资管理部、安全监督部、合同预算部、财务部、党群工作部 8 个职能部门。

## 三、职工队伍

截至 2018 年 12 月,在岗合同制员工 177 人,其中女员工 21 人,人员构成主要结构如下:

30 岁以下 101 人,31 岁至 35 岁 36 人,36 岁至 40 岁 10 人,41 岁至 45 岁 13 人,46 岁至 50 岁 12 人,51 岁至 55 岁 4 人,56 岁以上 1 人,平均年龄 31 岁。

博士研究生 2 人,硕士研究生 16 人,大学本科 132 人,大专 21 人,大专以上学历占在岗员工 96.61%。

教授级高级工程师 2 人,高级工程师 10 人,高级经济师 3 人,高级会计师 1 人,中级职称 36 人,中级以上职称占在岗员工 29.38%。

注册一级建造师 23 人,注册造价工程师 3 人。在岗项目经理 8 人,技术负责人 10 人,项目关键岗位 80 人(其中:施工员 64 人、安全员 5 人、质检员 11 人)。职能部门 47 人。

国际工程公司其他方式用工人数 190 人。

## 四、主要业绩

**【海外市场开拓】**

20 世纪 90 年代末,宝冶参建了中冶集团在缅甸投资建设的日产 200 吨大巴竹浆厂项目。

2003—2007 年间,在中冶集团组织下,宝冶作为施工总承包方与中冶集团下属设计院合作参与了印度、巴西等国家钢厂 EPC 项目的投标。

2008 年，宝冶钢结构出口取得了较好成绩，宝冶钢结构出口总量约为 9.6 万吨。福斯特惠勒电力公司等四大锅炉供货商齐聚宝冶，宝冶同柏克德、道康宁、斗山巴布科克、巴威、力拓等十几家世界著名大公司建立长期稳定的合作关系，为宝冶海外订单的稳定发展打下坚实基础。同年，海外项目拓展取得重大突破，先后承揽了中冶华天总包的泰国 NTS 钢铁集团、阿联酋迪拜跑马场屋面钢结构项目。泰国年产 50 万吨铁系统工程项目业主为泰国 NTS 钢铁集团有限公司，宝冶承担的工作内容主要为高炉、烧结、原料、电站各系统的机电设备安装，工艺钢结构安装，设备的修配改和试生产保驾等。阿联酋迪拜跑马场屋面钢结构项目业主为阿联酋 Meydan 公司，宝冶主要承担跑马场新月形屋顶框架钢结构详图设计、制作、运输和安装，总量约为 9 000 吨。

2010 年，宝冶进入菲律宾建筑市场，签订菲律宾 Gateway Tower 项目结构施工和总承包管理合同，后又获得停车场结构施工总承包合同。

2013 年，宝冶承建台塑集团越南河静钢厂项目中的炼钢、连铸和石灰窑工程，其中炼钢工程是台塑河静钢铁基地最大的施工总承包工程，也是宝冶有史以来所承建的最大海外冶金工程。

2014 年，宝冶承建柬埔寨金边 Sky Villa 高端住宅项目。该项目是柬埔寨金边的地标性高层建筑，也是宝冶在柬埔寨的第一个项目。

2015 年 7 月，宝冶承建乌兹别克斯坦利泰 12 万锭纺纱厂项目。该项目位于乌兹别克斯坦共和国卡什卡达里亚州卡尔希地区。项目标志着宝冶加快“走出去”步伐、融入“一带一路”建设取得阶段性成果。同年 11 月，宝冶承建越南平阳省正阳纸厂年产 44.28 万吨高档包装纸项目。该项目是玖龙纸业(控股)有限公司与宝冶合作以来最大的单体工程，该项目的承建具有重要意义，在打开越南南部市场的同时，也填补了近年来宝冶造纸工程业绩的空白。

2016 年 4 月，承建柬埔寨西港 D' Seaview 公寓一期总包工程。该项目位于西港市 Mitapheap 分区，项目业主是逢来发柬埔寨开发有限公司，新加坡 YSCA Consultant 控股，施工采用新加坡标准，是柬埔寨首个采用装配式轻质隔墙板的项目。同年 5 月，承建柬埔寨金边云极(Gateway)商住楼总承包工程，该项目位于俄罗斯大道北侧，132 路西侧，距离总理府仅 1 千米，占地面积 6 040 平方米，总建筑面积 11.7 万平方米，项目结构形式为框剪结构，业主为新加坡 Park Associates Pte Ltd 投资公司，施工作业等规范全部采用新加坡标准。

2017 年 1 月，承建科威特医保医院项目。该项目是科威特政府当局为解决大量外来务工人员的医疗保障而出资建设的系统工程，第一批启动杰赫拉省、艾哈麦迪省两座医院。项目执行模式是宝冶、中冶华天、中冶国际三家组成联合体以中国中冶名义执行。同年 4 月，国际工程公司应宝冶战略要求成立北京环球项目筹备组，于 2018 年 9 月 17 日与北京首寰文化旅游投资有限公司、北京国际度假区有限公司签约北京环球影城主题公园项目标段五工程。同年 9 月，承建马来西亚拉庆苏丹伊布拉欣体育场总包工程，拉庆苏丹伊卜拉欣体育场位于马来西亚新山市浦来区，是苏丹王储旗下南虎足球队的主战场。该项目是国际工程公司在马来西亚的第一个项目，以上海宝冶集团(马来西亚)有限公司名义签约，为马来西亚子公司后续的属地化发展创造了条件。

2018 年 4 月，承建南方水泥(柬埔寨)有限公司 2 500 吨/天熟料生产线及 2×12 MW 燃煤发电厂土建、钢结构及附属工程。5 月，承建柬埔寨昊利酒店 10＃、11＃商住楼建设工程。同年 9 月，承建柬埔寨金边富力华庭二期总承包工程，总建筑面积 55 万平方米，包括 20 栋 33 层和 35 层住宅楼及配套的临街商铺、体育会所、销售中心等。该工程是广州富力地产集团在柬埔寨开发的第一个项目。

表 4-3-5 国际工程公司主要经济指标完成情况

| 时　间 | 合同签约额(万元) | 营业收入(万元) | 利润(万元) |
|---|---|---|---|
| 2015 年 | 59 282 | 7 262 | 0 |
| 2016 年 | 71 700 | 54 700 | 1 500 |
| 2017 年 | 223 900 | 46 600 | 2 200 |
| 2018 年 | 102 200 | 61 000 | 2 004 |

## 【海外项目管理主要工作】

1. 人员属地化管理

为符合项目所在国的规定(如马来西亚必须聘用有当地资质的安全官),便于与相关政府部门对接,和当地工人的管理,国际工程公司所有海外项目均实践管理人员的属地化原则。柬埔寨项目管理人员属地化比例已达 60%。科威特医保医院 EPC 项目整体管理采用中外混合管理团队的模式,管理员工属地化比例超过 50%,其中有些高级项目管理岗位在本地聘用,还聘用大量外籍设计师及专家等弥补设计方能力和投入不足的短板。属地化员工来自项目所在国,也有在当地常驻的其他国家项目管理人员。

2. 质量技术和安全管理标准“取高不就低”

根据不同国家的规范要求和实际情况,输出中国的或采用并适应当地的质量技术和安全管理标准。柬埔寨在 2018 年之前没有强制推行其国家的规范和标准,也没有类似国内质检站和安检站的政府监督机构,项目都采用业主指定的规范和标准,如新加坡、中国台湾地区等,接受业主的检查和监督。公司在现场文明施工上统一采用宝冶标准化要求,在质量技术和安全管理上采用“取高不就低”的原则严格管理。在马来西亚和科威特有严格的英标、美标和当地标准及规范,项目管理采用适应当地的质量和安全管理标准。

3. 物资采购管理的流程化和属地化

利用中国和当地两个市场获取资源。国内采购利用集团电商平台,在当地逐步建立供应商资料库,在条件成熟的境外公司,如宝冶(柬埔寨)有限公司实行大宗物资属地化的统一采购,降本增效。公司于 2018 年制定并发布《现场物资管理手册》,形成了管理图表、样表,并督促项目部根据手册内容规范化管理,同时发放集团编制的《物资验收手册》,规范项目部物资验收工作。

4. 培养自有人员和利用第三方,做好设计管理

与国内项目不同,采用美标和英标规范的国际工程,其深化设计图是由施工方来做,因此现场技术人员还需要做深化图及设计管理工作,现场工程师可以完成美标和英标的结构、机电专业的深化设计,其他专业由分包完成。如科威特医保医院项目是国际 EPC 项目,借助第三方设计公司及专业分包来完成从方案设计到深化设计的工作,项目团队还聘请了外籍设计专家做设计协调和管理工作。

5. 项目管理风险防范

在市场开拓阶段即通过充分的市场调研,注意规避风险;对业主进行资信调研防控风险;合同评审阶段,通过聘请国际性律师事务所来进行合同评审和风险识别和谈判;在合同谈判阶段,注重条款的磋商,以便防范经济风险和财税风险。在项目实施阶段,启动之初即通过有效的风险分析方

法，找到项目过程中重大风险点，在项目策划方案中，针对重大风险制定行之有效的应对方案，在实施过程中注重对管理人员进行境外风险管理培训，提升员工风险管理能力，加强企业风险管理意识。

**【发展战略目标】**

2018 年，国际工程公司提出未来营销战略规划，拟定"2＋1＋1"的战略布局。"2 个重点"是深耕细作柬埔寨和马来西亚市场，"1 个突破"是争取年内对商务部海外经济合作援外项目有所突破，"1 个扩充"是国内外主题公园项目信息收集、跟踪、投标、实施。基于国际工程公司的现有市场布局，考虑到海外新市场的开拓难度及自身有限的人力，要充分利用在建项目和境外子公司的优势。2019 年仍应坚持把柬埔寨和马来西亚两大区域作为市场布局和发力的重点，并尝试对商务部国际经济合作事务局招标的对外援助项目投标，争取对外援助项目的市场，在主题公园项目方面，积极搜集国内外主题公园项目信息，接洽项目管理方及设计方，多渠道跟踪项目。同时，随着柬埔寨的快速发展，我们承接的柬埔寨区域项目越来越多，体量也越来越大，宝冶柬埔寨公司的发展将由建筑工程服务商逐步向工程投资方向转变。

**图 4－3－16　"2＋1＋1"战略布局图**

制定国际工程公司"1235"战略目标：1 年内确定国际工程区域定位；2 年内落成海外总部管控格局；3 年内开始施工承包向 EPC 总承包的管理升级；5 年内开始工程总承包商向服务商的企业转型。

## 五、精神文明建设

国际工程公司党总支严格按照上级党委要求落实党建、反腐倡廉和群团工作，结合公司实际因地制宜采用多种形式开展活动，注重落实中外员工的融合和交流，在属地化发展过程中，加强对当地员工的培训和培养，通过传帮带培养一批有意在宝冶境外公司谋求长期职业发展的员工。

自 2016 年以来，公司每年邀请优秀的属地化员工来上海总部交流学习，参与集团新员工联欢会，通过参观学习和交流，增强了外籍员工对属地化企业发展和自身职业规划的信心。公司经常举办中外员工座谈交流活动，让属地化员工感受"宝冶・家"文化，增强归属感。

国际工程公司成立以来涌现出许多模范人物和先进集体。2016 年，宋世岩被上海市重点工程实事立功竞赛领导小组评为建设功臣，许春华被上海国际旅游度假区建设工程指挥部评为建设标兵。2017 年，谢洪军获上海市五一劳动奖章。2017 年 10 月，宝冶国际工程公司被评为上海市外贸创新企业。

# 第四章　专业承包公司

## 第一节　宝冶钢结构工程公司

宝冶钢结构工程公司(简称钢构公司)是以钢结构设计、制作、安装和非标设备、压型板制作安装为主的专业公司,位于上海市宝山区罗新路305号(罗店工业园区)。公司于2001年5月由宝冶三家分公司共5个结构厂整合成立,定位为非法人性质的管理型公司。2005年9月,借罗店钢构厂建成投产之机,开始重组整合独立运营。2016年10月,由钢结构工程公司、工业安装工程公司整合为新的钢结构工程公司,以进一步提升“宝冶钢构”品牌价值,实现专业公司做强、做大、做优目标。

图4-4-1　钢构公司办公楼

### 一、公司历史

公司前身为工业安装工程公司。

1978年9月至1979年1月,公司时称第十九冶分指挥部工业安装工程公司。

1979年1月至1981年6月,公司时称第十九冶分指挥部第二工业安装工程公司。

1981年6月至1986年6月,公司时称第十九冶上海分公司工业安装工程公司。

1986年6月,公司名称为宝冶工业安装工程公司。

1999年5月,为进一步发挥工业安装工程公司在钢结构加工制作及安装施工上的专业优势,宝冶对工业安装工程公司实行一套班子两块牌子的管理模式,在保留现有工业安装工程公司的同时,冠名钢结构公司。

2001年5月，为进一步提高钢结构产业整体竞争优势，塑造宝冶钢结构品牌，使钢构人才、技术和设备等资源发挥最大效用，宝冶对各二级单位下属钢结构厂进行统一管理，成立宝冶钢构分公司。钢构分公司定位为宝冶下属非法人性质的管理型公司，代表宝冶对钢构各厂统一规范标识，“宝冶钢构”品牌的宣传、推介，国内外钢构市场发展的调研，以及质量、技术的管理等。钢构分公司组建五个厂：一是在原工安结构厂基础上组建成立钢构一厂，同时取消工安结构厂建制；二是在原宝冶机装公司罗店金属结构厂基础上组建成立钢构二厂，同时保留宝冶机装公司罗店金属结构厂的名称；三是在原建筑分公司结构厂基础上组建成立钢构三厂，同时取消建筑分公司结构厂建制；四是在原工安压型板厂基础上组建成立钢构压型板厂，同时取消工安压型板厂建制；五是在原上海宝冶轻钢有限公司基础上组建成立钢构轻钢厂，同时保留上海宝冶轻钢有限公司的名称。

2003年，工安公司名称变更为工业安装分公司。

2004年，宝冶确定“以设计为龙头、以制作为基础、以安装为关键、以检修为延伸、以产品为依托”的钢结构产业发展战略，筹建上海罗店工业园区钢结构扩建等项目，积极推进专业化产业重组。

2005年9月29日，宝冶发布钢构产业整合方案，借罗店钢构厂投产之机，整合宝冶钢构一厂、钢构二厂、轻钢公司、压型板厂、罗店结构厂，成立钢结构分公司，钢结构营销、设计与制作业务纳入钢结构分公司。同年12月20日，钢结构分公司成立暨钢构一厂投产仪式在罗店工业园举行。钢构一厂位于罗店工业园区抚远路2431号，建筑面积9.9万平方米，年产钢结构达8万吨，最大制作构件单体重量达100吨以上，可制作桥梁、超高层、电厂、会展场馆等各种大型钢构。自此，钢构分公司（以钢结构制作为主）与工安分公司（以钢结构安装为主）分别开拓钢结构制作与安装市场，共同打造“宝冶钢构”品牌，提升“宝冶钢构”品牌价值。

2015年3月27日，钢结构分公司更名为钢结构工程公司，工业安装分公司更名为工业安装工程公司。

2016年10月，为进一步深化体制改革，构建“总承包公司—专业公司—资源配套公司”三类公司协同发展格局，充分发挥钢结构工程公司制作优势和工业安装工程公司安装优势，宝冶将从事钢构产业相关的钢结构工程公司、工业安装工程公司整合为钢结构工程公司，以进一步提升“宝冶钢构”品牌价值，实现专业公司做强做大做优的目标。整合后的钢结构工程公司定位是以钢结构制作与安装、金属屋面墙面系统工程设计与施工、特种设备制造（锅炉、压力容器）为专业，以工程总承包业务带动专业业务发展，致力于“宝冶钢构”品牌维护及提升，是宝冶钢结构核心技术的载体，专业技术人才培养的基地。

## 二、组织机构

截至2018年11月，公司共有12个职能部室，分别是办公室、企业管理部、财务部、合同预算部、工程管理部、质量技术部、安全管理部、人力资源部、物资管理部、党群工作部、监察部、市场营销部、海外市场部，以及制造事业部（含制造一厂、制造二厂、压力容器厂、南京结构厂）、安装事业部、金属屋面事业部、钢结构设计院。

## 三、职工队伍

截至2018年12月，公司在岗合同制员工516人，其中女员工113人，人员构成主要结构如下：

30岁以下75人,31岁至35岁105人,36岁至40岁80人,41岁至45岁73人,46岁至50岁121人,51岁至55岁44人,56岁以上18人,平均年龄40岁。

博士研究生3人,硕士研究生18人,大学本科259人,大专84人,大专以上学历占在岗员工71%。

教授级高级工程师9人,高级工程师52人,高级经济师12人,高级政工师1人,中级职称110人,中级以上职称占在岗员工35.6%。

注册一级建造师64人(其中,机电工程4人,建筑工程57人,市政公用工程3人),注册造价工程师14人。在岗项目经理19人,项目副经理21人,项目总工程师11人,项目总经济师5人,项目副总工程师2人,项目副总经济师3人,项目技术负责人5人,项目关键岗位149人(其中,施工员10人,技术员48人,安全员22人,质量员31人,材料员17人,造价员21人)。职能部门55人。

钢结构工程公司其他方式用工人数673人。

## 四、技术装备

**【技术】**

公司在发展过程中,形成了较强的设计研发和技术能力。

设计研究院自2006年成立以来,先后完成了一大批标志性建筑的结构设计及深化设计工作,如国家体育场、科威特中央银行大厦、上海迪士尼等项目,涵盖大跨度、超高层及工业建筑。从当初单一的深化设计发展成为涵盖深化设计、结构设计、科技研发的钢结构专业设计院,拥有博士5名,国家一级注册结构师5名。形成了深化设计、结构设计、技术研发三大中心,主研方向为钢结构数字化及软件开发、钢结构信息化技术研发、装配式钢结构建筑研发;主营业务为钢结构深化设计、钢结构专业化BIM服务、施工仿真分析及措施设计、主体结构及二次结构设计、常规节点及复杂节点设计、复杂节点分析及试验研究。

设计院钢结构专业化BIM团队技术能力主要有:

1. BIM建模出图

通过自主研发,开发了相应的钢结构专业建模软件。(1)弯管桁架自动建模出图软件:基于AutoCAD平台,研发二次插件,设计的弯管桁架可以自动建模,并出最终施工图,此软件已经在10余个管桁架项目中得到应用。(2)网壳结构的自动建模出图软件:基于Tekla软件平台,经过二次开发形成了一款软件,能够自动处理焊接球杆件搭接的加劲肋、马道及檩条支座的定位,提高了建模效率。

2. 碰撞检查/动态碰撞检查

通过碰撞检查,提前处理局部节点、杆件碰撞问题。在吊装作业、负重行驶过程中,动态检查吊机与结构或施工胎架的碰撞情况。

3. 数字化制造

利用建好的BIM模型数据,无须转化,将其中的相贯线数据直接导入数控加工设备,进行数控加工。例如圆管相贯切割。利用BIM模型导出的构件及零件数据,通过自主开发的排版预处理软件,实现自动的排版预处理。

4. BIM共享平台

借助协同工作平台软件Navisworks、BIMsight等,对BIM模型互导,实现信息共享,通过相关专业软件的应用实现诸如吊装、滑移、提升、合拢、卸载等施工仿真分析，指导施工方案选择。

5. 4D施工过程模拟

通过4D施工过程模拟进行场地划分、计划编排、虚拟建造，对工程的重点和难点部位进行分析，制定切实可行的对策，实现最优化的施工方案设计。通过进度模拟，预测建造可行性及相关资源分配的合理性，识别潜在作业次序错误和作业安排冲突问题。

6. 钢结构项目信息管理云平台

项目信息管理云平台是项目全过程的信息管理平台。数据载体为企业云平台，目标是项目一体化信息管理，通过二维码扫描等各类实时数据采集进行反馈，并综合计划、物资、质量等横向管理，实现从设计、采购、制造、安装等全过程信息管理。平台通过数据统计分析和可视化呈现，为生产、追溯和管理决策提供支撑的信息系统。平台主要功能模块有：工期计划、统计报表、数据分析、3D可视化、资料管理、角色权限等。实现这些功能模块需要三个平台，其一的项目信息一体化管理平台有策划、设计、物资、制造、运输、安装等；其二的浏览器(表现层)平台有项目信息、资源分类、区块划分、权限分配。图纸清单、零件清单、构件清单、变更管理；采购清单、出入库管理、库位管理。班组分工、排版下料、工序汇报、成品管理。包装管理、车船管理。班组分工、扫描接收、堆场管理、安装汇报；其三的后台数据库平台有系统数据库、项目信息数据库、用户信息数据库、模型数据库、文件数据库。宝冶自主研发的此项目信息管理云平台融合了ERP，体现了BIM技术的互联网应用，通过线上线下虚实结合，促进管理、流程、生产及标准化，实现数据互联互通，保证生产数据的实时性、一致性和可追溯性，促进了各部门的工作协同。该平台自2018年初试运行以来，有40余个项目涵盖25万件共计30万吨的构件上线。信息平台具有六大优势：一是数据的实时性、一致性，促进了工作协同，提高了管理效率；二是紧密结合项目管理体系，制造安装过程全构件可追溯；三是用数字落实项目策划，让大数据为项目管理提供支撑；四是建立项目数据库，定制报表相领资源合理配置；五是建立工程实施全过程的可视化；六是建立物资一体化，辅助项目成本管控。

**【装备】**

公司根据钢结构设计与施工技术深入研究方面的需求，与同济大学联合建设全方位加载结构试验室，这也是国家钢结构工程技术研究中心、中冶钢结构制造与安装工程中心和博士后工作站的重要试验基地。试验室装备有3 000吨全方位加载开合式球形反力架：外径8米，内径6米，可满足360度空间任一方向试验加载的要求，是国内尺寸及加载吨位最大的球形反力装置。主要加载设备有4个1 200吨推拉式千斤顶、5—630吨配置齐全的分离式千斤顶；采集设备有高精度IMP分散式数据采集系统，先进的结构健康监测系统和高清网络球机。试验室长期与多所国内知名高校进行科研交流和合作，致力于大型复杂钢结构节点试验的研究，具有方向设计、过程加载与测试、数据分析、研究报告等试验全过程的技术服务能力。2012年1月14日，试验室开始运行后，先后完成郑州车站、天津117大厦、上海金沙江路真北路人行天桥、扬州体育场、苏州工业化区体育场和体育馆、广州白云国际新机场、海口塔、南航北京1号机库等16个项目近百个大型复杂节点试验。

截至2018年11月，公司拥有各类机器设备1 421台，电子设备1 385台。

## 五、业绩特色

1978—2018年，公司承建了宝钢、武钢、太钢等一系列国家和省市重点工程，并参与奥运会、亚运会、世博会、大运会、亚太经合组织(APEC)、进博会等场馆建设,在冶金工程、大型体育场馆、大型会展中心、超高层、交通枢纽、电子厂房、文旅娱乐等领域业绩突出,“宝冶钢构”品牌影响力不断提升。

**【工业安装工程公司】**

1978年工安公司参与宝钢工程建设,先后承担了宝钢一号高炉、一炼钢、二号高炉、2 050毫米热轧、三号高炉、1 580毫米热轧、二炼钢、1 550毫米冷轧、宽厚板轧机、宝钢浦钢搬迁罗泾的钢结构安装任务,以及宝钢二号、一号、三号、四号高炉的快速大修工程。同时,在宝钢建设中逐步提升了重钢、轻钢、彩板、压力容器等加工制造能力和先进的加工制造工艺。是“宝冶钢构”品牌的奠基者之一。

1978年11月23日,宝钢一号高炉打下第一根桩,1980年6月14日工安公司上场施工,进入结构安装阶段,工安公司职工在施工中攻克种种难关,高炉本体和热风炉焊接一次合格率超过日本大分钢厂水平。

宝钢二号高炉于1987年7月1日破土动工,至1991年6月投产。1988年4月,工安公司进入结构安装阶段。工安公司在二号高炉施工中攻克了国产BB502新钢种焊接。次年3月23日,二号高炉第一条手工厚板横焊工程经X光严格探检,焊缝一次合格率高达99.96%,一级焊缝率达91%。与宝钢一号高炉同类工程比,在施工工期缩短33%的情况下,焊缝质量创历史最好水平,一次合格率超出日本20世纪70年代水平(81%—83%)的16.96%。

1998年,工安公司在上海通用汽车城建设中,仅用2个月时间,完成总成和总装两大车间总共8 000余吨厂房结构吊装,比合同工期分别提前15天和10天。

1998年9月8日,开始打桩,2000年6月30日建成的厦门国际会展中心一期工程是宝冶转型发展、全面走向市场的标志性工程。在这一工程建设中,工安公司承担16万米管道、10万平方米通风、500台设备安装任务。宝冶钢构也从冶炼工程向非冶炼工程渗透,为“宝冶钢构”品牌价值拓展奠定了坚实基础。

2003年12月,工安公司承建南京奥林匹克体育中心体育场钢结构安装工程,该工程2004年5月17日钢结构斜拱合拢建成,2005年5月1日交付运行。建筑面积达13 634平方米,屋盖主拱跨度372.4米,弧线长度415米,向外倾斜45度,号称“世界第一拱”。其屋盖钢结构总用量12 153吨,跨度大、用量大,居国内同类工程之首。在施工中,工安公司专门进行大跨度双斜拱空间结构钢屋盖施工技术的研究攻关,形成“360米跨双斜拱空间结构钢屋盖施工技术”,达到国际同类结构先进水平。南京奥体中心体育场钢屋盖工程获2005年中国建筑钢结构金奖;南京奥林匹克体育中心体育场获2006年中国建筑工程鲁班奖。

2004年1月20日,宝冶承建太钢4 350立方米高炉工程第Ⅰ、Ⅲ标段工程破土动工。宝冶承担钢结构制作与安装,检验考核高炉安装精度的关键性数据——高炉炉壳和框架同心度误差只有3毫米,远远小于设计标准20毫米,这样的安装精度在国内外是罕见的。太钢4 350立方米高炉工程获2008年度冶金行业优质工程。

2005年3月30日,宝冶签订国家体育场(鸟巢)东区钢结构工程安装合同,该工程由工安公司负责整个体育场东部和北部钢结构的安装,10月28日开始第一榀桁架柱吊装;2006年2月11日开始立面次结构吊装,7月18日主结构吊装全部完成,8月31日合拢完成;2007年2月9日钢结构工程验收;2008年4月国家体育场工程验收。针对“鸟巢”施工的支撑塔架设置和拆除量大、难度大的课题，工安公司自行研制开发了“新型多功能可拆卸钢结构施工胎架”并获得国家专利。“‘鸟巢’工程建设技术创新与应用”获 2012 年国家科技进步二等奖。国家体育场钢结构(安装)获 2007 年中国建筑钢结构金奖(国家优质工程)；国家体育场工程获 2008 年中国建筑工程鲁班奖。

同年，工安公司承建五棵松体育馆，该工程屋架结构为双向正交鱼腹式空间钢桁架体系。屋面桁架采用三滑道逐条高空累积滑移的施工方法，总滑移量为 3 800 吨。现场施工时，将形成的第一个滑移刚度单元由北向南滑移，组装完成一榀桁架并将其与前面单元连成整体后，采用三滑道 6 条滑轨同步液压推进滑移法向前滑移，依次将剩余 9 榀桁架分别高空组装完成并累积滑移到位。

2005 年 11 月，工安公司承建中融・碧玉蓝天大厦钢结构制作与安装工程。该工程建筑主体型态呈椭圆形，地下 4 层，地上 43 层，楼高 220 米，总建筑面积近 10 万平方米，其中钢结构用钢量约 7 200 吨，这是宝冶首次承接钢结构制作和安装一体化的 200 米以上超高层钢结构项目。该项目于 2005 年 11 月开工，先后获 2008 年中国建筑钢结构金奖(国家优质工程)、2009 年上海市“白玉兰”奖(市优质工程)、2010—2011 年国家优质工程银质奖。

2006 年，工安承揽烟台来福士龙门吊安装工程。烟台来福士海洋工程有限公司 20 000 吨×125 米多吊点桥式起重机横跨于 120 米×400 米的大型船坞之上，为双梁形式。两根钢结构主梁架设于四根砼立柱顶部，平行布置，钢结构主梁为变截面实腹箱形截面。根据实际情况，钢结构主梁采取在地面组装成型后利用“超大型构件/设备液压同步提升技术”将其一次提升到设计标高，大大降低了安装施工难度，对质量、安全和工期等均提供了有力保证。

深圳大运主体育馆是 2011 年世界大学生运动会的主赛场，建筑面积为 73 761 平方米，看台可容纳观众 17 964 人。主体育馆造型新颖独特，结构复杂。集高耸结构和大跨度空间结构于一体，其结构形式为空间折面网格结构，是世界上最新颖的一种结构形式，也是在国际上首次应用于大型体育馆建筑。

宝冶总承包大运中心Ⅱ标段主体育馆工程。在施工中，工安公司大胆创新，采用自主知识产权的空间多轨道对称累积旋转滑移施工工艺完成国内最大重量的累积旋转滑移。主体育馆工程于 2008 年 7 月 10 日开工，2009 年 4 月 14 日主馆钢结构第一滑移单元滑移到位，7 月 1 日主体育馆工程主体钢结构正式合拢。深圳大运中心项目获 2012—2013 年中国建设工程鲁班奖、2013 年第十一届中国土木工程詹天佑奖。Ⅱ标段(主体育馆)钢结构工程获 2010 年中国建筑钢结构金奖。

2013 年，工安公司承建北京雁栖湖国际会展中心钢结构工程，该工程位于雁栖湖生态发展示范区，总建筑面积约 7.9 万平方米，建筑结构分为地下 2 层、地上 5 层，由主会议厅和临时展厅组成。会展中心整个地面结构采用钢结构，但五千多平方米曲面弧型大面积屋盖因特殊设计要求却是混凝土的，需要在地面造好，高空安装。刚柔不同的大型钢桁架要和混凝土大型屋面一起提升，难度更大。工安公司运用建筑信息化先进技术，采用模块化施工，完美实现“刚性结构与柔性结构的整体提升”。工程于 2013 年 8 月 30 日开工，2014 年 4 月 15 日钢结构施工提前一个月完成。工程获 2015 年中国钢结构金奖(国家优质工程)奖。

1. *初始阶段*(2001—2005 年)

2001 年 5 月，钢构分公司挂牌成立后，在打造品牌、工厂化管理、市场调研及市场开发等方面呈现出明显的整体优势，“宝冶钢构”品牌在同行和社会上形成一定影响。

从生产方面来看，2001 年共完成钢结构制造 6.5 万吨，压型板 45 万平方米，创造了钢构产量新纪录，代表工程有苏州体育场、湖南国际会展中心、深圳游泳跳水馆、上海浦东泰隆半导体工程，上海磁悬浮龙阳路站主体工程及门墩梁钢结构制作等。压型板厂承担了总量近 20 万平方米的兰州铝厂压型板工程，为宝冶开拓西部市场迈出重要一步。轻钢厂陆续承担了某军区战斗机库，青岛橡胶集团等新领域工程。钢构二厂承接了当时世界第一拱桥上海市卢浦大桥 1 000 余吨钢构的制作任务，在大型桥梁结构制作方面实现历史性突破，为宝冶钢构涉足桥梁工业奠定了良好的基础。

在管理方面，钢构分公司经过调研，出台了《宝冶钢构现状调查与分析》，对钢构产业布局、设备装备及加工生产能力进行了评估，肯定优势，找出不足，提出努力方向。陆续出台了一系列管理规定，如《宝冶钢构关于统一外在形象的管理规定》《宝冶钢构钢结构制作管理规定》《宝冶钢构安全及文明生产管理规定》等，有效规范了各厂的设计、材料、制作、成品管理等各个生产环节，为进一步集约化、大生产打下了基础。

钢构分公司加强同上海市金属结构协会及中国金属结构协会之间的联系，主动接受行业协会指导，掌握国内外钢结构市场的最新动态，参加北京 2001 年国际钢结构展览会，通过图片、画册、模型、音像等多层次、多方面展示宝冶钢构的整体形象，尤其是实力及工程业绩的展示，大大提高了宝冶钢构的市场知名度。通过承接墨西哥电厂、土耳其电厂、美国加州电厂等海外工程，钢构一厂成功获取美国 ICBO 质量认证，使公司获得进军海外市场的国际通行证。

2002 年，对钢构一厂进行大规模改扩建，新增 BOX 柱、管桁架(方管)生产流水线，对原来的生产工艺进行大规模调整，使工艺布局更加合理。购置钢结构 X－Steel 应用软件 5 套，使一厂、二厂设计室的详图设计从质量、转换能力方面上了一个新台阶。

2. *成熟发展阶段*(2006—2010 年)

2006 年，罗店基地二期建设顺利投产，钢结构加工制作能力迅速提升，产能不断提高。在 2006—2008 年期间，公司购置了 EZW11S－100×4500 大型卷板机和一些通用、制造设备，为承接高炉炉壳、大型煤气柜、压力容器等制作提供了必要的装备支持，成功制作了宝钢一号高炉炉壳，成为国内为数不多具备特大型高炉炉壳制造能力的生产商。公司通过美国(AISC)质量体系认证、德国 LGA(巴伐利亚州商业总会)颁发 DIN18800－7(钢结构—焊接生产制造和企业资格)和 ISO3834(焊接企业质量体系)资格证书，为海外市场开拓取得了重要的通行证。

在市场开拓方面，一是巩固体育场馆、会展中心等以钢结构为主的市政工程领域，先后承接常州市体育馆会展中心总包工程、烟台会展钢结构工程、南昌国际展览中心钢结构工程等项目；二是拓展民用高层钢结构领域，先后承接上海金昌摩尔大厦钢结构工程、大连国贸钢结构安装工程、上海王宝和大酒店二期上部钢结构工程；三是进入铁路基础建设领域，承接了苏州火车站项目；四是承接上海世博会主题馆及高架步道项目，为继续拓展上海重大工程市场打下基础；五是国际市场开拓顺利，先后承接美国 TXU 电厂、美国 CLECO 电厂、印度煤斗电厂、迪拜跑马场、科威特中央银行大厦、柏克德公司草原州电厂、力拓铝厂、德国阿尔斯通、道康宁化工等钢结构加工出口任务。

2009 年，罗店三期基地建设顺利完成。公司以“超越客户期望，超越自我，确保客户满意度”为理念，持续打造“宝冶钢构”品牌，继续在“高、难、特、大、精”系列产品市场扩大市场份额。在京沪高铁上海虹桥站国家重点项目建设上，公司承担了地下、地上钢结构近 4 万吨以及屋面压型板 3 万平方米施工任务，宝冶钢构在虹桥高铁钢结构工程上以 50%的份额成为承接任务最大的一家。此外，还签订了京沪高铁济南站 2.5 万吨钢结构加工和安装任务。在世博工程建设上，公司承建了 2010 年上海世博会主题馆工程，并在开工晚的情况下成为世博“一轴四馆”五个永久保留场馆中第一个交付参展方的工程。该项目施工技术也成为同济大学举办的第三届结构工程新进展国际论坛上交流的专题项目，得到众多国内、国外专家的认可和称赞，成为会后国际专家指定参观项目。公司先后中标成都双流国际机场、高度达 301 米的苏州东方之门项目和高度达 338 米的南京德基广场主楼钢结构项目。在海外市场实现从最初的国内码头交付产品迈向国外的施工现场服务，公司在资质证照、业务流程、专业外语翻译、习俗理念、金融贸易、风险防范等形成一整套运作体系。

2010 年，公司钢构年生产能力达 35 万吨，成为华东地区先进的现代化钢结构产业基地。

3. 经历低谷并重塑阶段(2011—2015 年)

2010—2011 年，因国际国内各种不利因素影响，钢结构市场受到较大冲击，加之阿尔斯通、鄂尔多斯事件使“宝冶钢构”品牌遭到重创，在投标时屡屡被同行打压，公司加工生产陷入低谷。

2011 年 4 月，宝冶对钢构公司领导班子进行调整。同年 8 月，组织相关人员赴中国台湾春源钢铁工业股份有限公司学习考察。此后公司在四个方面进行改革：一是人员结构调整优化；二是改善工厂内外部环境，有计划有步骤地实施工厂除尘改造，完成工厂污染治理，全面启动 6S 标准化管理工作；三是转移低效产能，寻求战略伙伴；四是改进管理再造流程，逐步摸索形成工厂生产消耗定额。

2013 年，公司钢结构加工量和海外项目比例实现增长，先后承接了鄂尔多斯体育馆、微山游泳馆、大连东港区维多利亚广场 B 塔楼、中国博览会综合体(D1 区)、绍兴金沙东方山水国际商务休闲中心、中国博览会综合体北块 B 区金属屋面、苏州国际博览会三期、宁波环城南路高架桥、营口康辉石化管廊管架等项目。所有的加工生产项目和建安项目质量受控，业主满意，为公司赢得良好的市场信誉。通过三年努力，公司形象日益改善，重新跻身于国内最优秀的钢结构企业行列。

2015 年，公司承接了越南台塑河静钢铁项目转炉区钢结构、宝钢广东湛江钢铁基地项目原料工程一标段、上海迪士尼明日世界钢结构、马尾船政联合车间、绍兴金沙·东方山水国际商务休闲中心 B\F 馆屋面幕墙、广州白云国际机场扩建、四川国际旅游交易博览会场馆钢结构及屋面、江苏大剧院屋面及外部装饰工程(二标段)、大连维多利亚广场第二标段钢结构工程、神华宁煤 400 万吨/年煤炭间接液化项目、青岛东方影都项目万达茂金属屋面、上海合景广场、青岛万达港区景观桥钢结构、长春国际金融中心、大连欧力士中国总部大厦钢结构等工程。

公司积极响应国家“一带一路”倡议，逐步形成以老客户为主、中资公司为辅，结合供应商及咨询公司等第三方资源的三级市场布局，形成有钢构特色的“一带一路”布局。成立数字化钢构领导小组，由技术研发部牵头数字化钢构的各项推进工作，致力于新技术、新工艺以及管理创新等领域的研究，打造数字化钢构，提升核心竞争力。

4. 持续提升阶段(2016—2018 年)

2016 年 10 月，宝冶将从事钢构产业相关的钢结构工程公司、工业安装工程公司进行整合，通过改革激发活力，通过整合取得“1+1>2”的效果。2017 年 12 月 7 日宝冶郑州钢结构基地项目开工建改。2018 年底投产，填补了中原地区钢结构产品高端制造空白。“宝冶钢构”品牌持续提升。

广州富士康项目是广州改革开放以来单笔最大的投资项目，是中国制造及工业 4.0 的代表性项目，公司用 126 天时间完成 9.4 万吨钢结构制作和安装任务，创造了中国钢结构“新速度”。雪车雪橇、高山滑雪项目是北京冬奥会在北京市范围内仅有的 2 个建设项目，公司承担了所有的钢结构建设任务。该项目是公司继北京奥运会、广州亚运会、深圳大运会、南京青奥会之后承接的又一个国际顶级体育盛会项目，实现了大型体育盛会建设的“大满贯”。大连恒力石化项目是国内乃至全球一次性建设难度最大、要求最严、工程量最大的炼化项目，公司在不到一年时间内完成 9 余万吨钢结构制任务。西安园林酒店项目为 2019 年“一带一路”峰会会场，项目体量大、工期紧，公司如期完成了目标。其他还有广州 LG、青岛红岛会展中心、万达和恒大主题公司文旅类系列项目的完成，进一步提升公司发展质量。

2018 年,工程一次交验合格率 100%,钢结构制品出厂合格率 100%。共获省部级以上奖项 21 项。广州白云机场等 8 项工程获中国钢结构金奖,其中天津周大福金融中心项目获中国钢结构金奖杰出工程大奖,13 项工程分获全国优秀焊接工程"金禹奖"、上海市"白玉兰"奖和"金钢奖"、江苏省"扬子杯"等。

### 六、精神文明建设

公司在改革发展进程中始终坚持加强党的领导,在发展硬实力的同时,根据公司自身特点和发展需要打造"宝冶钢构"品牌文化软实力,使公司的实力和知名度不断增强。

2005 年,公司获中国钢结构协会团体先进会员单位;2006 年,获评上海市重大工程立功竞赛优秀集体;2009 年,世博主题馆项目部获评全国工人先锋号集体;2011 年,钢构一厂工会获评上海市模范职工小家;公司"数字钢构"创新班组获评五矿集团 2015—2016 年度百强班组;公司设计院深化设计部获 2018 年上海市巾帼文明岗称号。

## 第二节 宝冶安装工程公司

### 一、公司历史

宝冶安装工程公司(简称安装工程公司)是以高端民用建筑机电安装调试为主,兼营建筑智能化设计与施工、BIM 深化设计与咨询的专业工程公司。公司位于上海市宝山区盘古路 838 号。

图 4-4-2 安装工程公司办公楼

1978—1981 年,公司时称十九冶分指挥部电气设备安装工程公司。

1981—1986 年,公司时称十九冶上海分公司电气设备安装工程公司。

1986 年 6 月—2002 年 12 月,公司更名为上海宝钢冶金建设公司电气设备安装工程公司。

2003 年 1 月—2010 年 3 月，公司更名为上海宝冶建设有限公司电气设备安装分公司。

2010 年 3 月，公司更名为上海宝冶集团有限公司电气设备安装分公司。

2015 年 3 月，宝冶电装分公司更名为安装工程公司。同年 12 月 8 日，宝冶对机电安装资源重组，安装工程事业部并入安装工程公司，原安装工程公司的安装中心、调试中心、冶金项目、工业项目划转至工业工程公司，新能源(光伏)项目划转至检修公司，部分调试人员划入冶金工程公司。公司主业定位为高端民用机电业务，全面迈向民用建筑市场领域，打造“宝冶安装”品牌。

## 二、组织机构

截至 2018 年底，公司的组织机构包括办公室、企业管理部、党群工作部、监察部、市场营销部、财务部、人力资源部/组织部、合同预算部、工程管理部、质量技术部、安全管理部、物资管理部 12 个职能部室，以及深化设计室、智能化事业部、运营维保事业部、第二至第二十三项目部等 14 个事业部/项目部。(部分番号空缺)

## 三、职工队伍

截至 2018 年 12 月，公司在岗合同制员工 285 人，其中女员工 49 人，人员构成主要结构如下：

30 岁以下 117 人，31 岁至 35 岁 26 人，36 岁至 40 岁 22 人，41 岁至 45 岁 37 人，46 岁至 50 岁 42 人，51 岁至 55 岁 21 人，56 岁以上 20 人，平均年龄 37 岁。

硕士研究生 1 人，大学本科 184 人，大专 48 人，大专以上学历占在岗员工 81.75%。

教授级高级工程师 7 人，高级工程师 18 人，高级经济师 6 人，高级政工师 1 人，中级职称 73 人，中级以上职称占在岗员工 37%。

注册一级建造师 17 人(其中，机电工程 13 人，建筑工程 6 人)，注册造价工程师 7 人，注册电气工程师 1 人。在岗项目经理 16 人，项目副经理 17 人，技术负责人 5 人，项目总经济师 3 人，项目关键岗位 122 人(其中，施工员 73 人、安全员 13 人、质检员 4 人、材料员 16 人、造价员 16 人)。职能部门 68 人。

安装工程公司其他方式用工人数 175 人。

## 四、技术

公司通过攀钢、武钢、宝钢等国家重大钢铁基地的建设，在冶金电气安装调试领域，形成了独树一帜的核心技术能力。在冶金领域，掌握了以电气安装调试、仪表安装调试、自动化系统调试、特大型高炉快速大修电调技术、检测等 8 个大项、数十个小项的核心技术。

进入 21 世纪后，开始涉足电子、汽车、场馆、主题乐园等领域，在民建领域开始探索并形成机电安装的新技术，形成了太阳能与建筑光电技术、医药行业洁净室设计优化及施工技术、大型主题公园水暖风系统施工技术、建筑节能系统智能控制平台技术、智慧园区综合监控平台技术、装配式机房安装调试等数十个核心技术。

公司共形成各类科技成果 22 项(2006—2018 年)，其中 12 项达国际先进水平；编制工法共 31 部，其中部级工法 16 部(1991—2017 年)；专利 70 项(2008—2018 年)，其中发明专利 2 项；科技成果发明奖36项（2002—2018年），上海市优秀发明奖金奖1项。

## 五、业绩特色

### 【经营】

2016年之前，公司的主营业务是冶金、工业领域的电气安装调试。2016年起，完全退出冶金行业，从事民建机电安装调试。

宝钢建设时期，在宝钢建设任务繁重时，公司生产任务重点在宝钢；在宝钢建设任务相对不足的年份，外包找任务成为必要补充。基建、检修、外包是公司经营的三大支柱。

1981年，由于宝钢生产任务不饱满，公司把外包工作提到议事日程上来，先后完成了上钢五厂、上海铁合金厂、上海缝纫机二厂及川沙水泥厂、青浦等地的外包工程。1985年在开始宝钢二期建设准备的同时，承揽了梅山钢厂、川沙水泥厂、无锡二钢、苏钢、上海真如储运站、南汇防水涂料厂、石洞口电厂等外包工程。1989年起，公司先后承接了东莞宝成轧钢厂、四川万县发电厂、杨树浦油库、上海平板玻璃厂、厦门厦顺铝箔厂、万县沱口电厂、上海重点工程4.1标合流污水工程和月浦水厂。1993年，公司形成了杭钢和南通两大外包基地，品牌影响力开始向外辐射。此后，开始尝试使用外协队，推行项目法施工的应用，上海市新闸路地铁站，南通钢厂30吨电炉改造、新沪钢厂、浦东耀华皮尔金顿、宝钢炼钢转炉仪表改造、宝钢月浦居民闭路电视改造、进道集装箱厂安装等工程均顺利建成交工。1997—2000年，公司外包工程重点在梅钢一号高炉大修、南通船厂、上海通用汽车、金东纸业、亚太纸厂、金华盛纸厂、上海科勒洁具厂、上钢一厂、厦门会展中心、漳州电厂、山西海鑫等项目。

图4-4-3　香港中文大学（深圳）机房实景

公司的经营特点从建设宝钢初期(1978—1985年)的单一基建型企业,到1986年转型为维检基建型企业,检修开始成为公司的主营板块。四元产业时期(1992—2000年),以基建、检修、加工制作、三资三产为板块的四元产业成为公司业务的核心。多领域高速发展时期(2001—2015年),公司在冶金、工业、汽车、民建、制药等领域全面发展,搏击市场,冶金领域依然是公司最大的产业板块,但份额占比逐年减少,机电专业依然是公司最核心的主业,逐步形成一批战略客户,与绿谷制药、深圳同维、金昇集团的战略合作,给公司带来稳定的订单,公司的营销能力得到迅猛提升。小总包大机电的营销思路、大客户大平台的营销战略逐步形成。高端民建时期(2016年以来),公司在主题乐园、场馆、综合体、商业体、地铁等领域全面开花,为集团的重大项目提供机电专业支撑,与区域公司形成合作提供专业服务,同时加大自身在市场上机电领域的营销投入,努力寻找市场根据地,机电安装调试是公司最核心的主营业务。

**【检修技改】**

1986年,公司完成宝钢炼钢厂、炼铁厂为主的宝钢一期设备维护检修任务,由单一的基建型企业转型为维检基建型企业,并于1987年6月24日成立检修队(后更名为检修项目部),承担了宝钢炼钢、炼铁及原料、烧结、初轧等厂的电气、仪表、设备检修和技术改造工作。

1991年,检修创利占公司的1/2,扭转以往"基建养检修、检修靠基建"的观念,提出"挖掘检修潜力,实行全员检修"的指导思想,推出各队、厂按专业分工和检修力量进行区域划片包干的管理办法,检修工作出现了前所未有的势头。技改项目上,完成了二号转炉煤气柜、总图运输、金属材料堆场及能源中心改造等工程。1993年,完成能源中心改造、炼钢小球团、高炉煤气检测、热轧空调改造、热轧板坯库改造等34个技改技措工程,完成48项年修大修任务,检修产值达到1 500万元。

1994年4月,检修队190人成建制划入宝冶检修公司。面对检修变革冲击,公司利用加工能力和在电气、仪表、马达、计算机等领域的专业优势,发展专业检修,开拓备品备件修复、设备修配改业务,大力开展设计、安装、调试、维护一条龙服务,确保了宝钢能源部的日、定、抢、年修的顺利完成,完成2050热轧厂加热炉仪表改造、能源部低压锅炉仪表改造,初步形成具有电装特色的专业化"拳头"产品。

1997—1998年,公司针对宝钢检修形势的变化,提出"巩固现有阵地,发展专项检修,开拓生产协力"的原则,专业检修有很大突破,增加了新宝E/S设备维护呼叫及保驾项目。并重点开拓能源中心、1580热轧的检修项目,基本站稳了这两个检修阵地。

1999—2000年,完成了宝钢二炼钢、一高炉、二高炉、三高炉、电厂、水厂的部分检修任务。为适应市场变化的新情况,公司成立了技改项目部,对技改项目统一协调管理。确保1580热轧三号加热炉、一炼钢2号RH真空脱气装置、一炼钢增设LP精炼炉、一炼钢三电改造,炼钢石灰焙烧改造、1 580新增平整机组项目的如期投产。并继续承担了宝钢日、定抢修,专项检修、改善维修等工作任务,出色完成宝钢一炼钢"2·28"抢修任务。

2003年,扎根通用汽车,进行检修运营维保任务。在宝钢常规检修成定量和检修费下降10%的情况下,调整经营策略,把重点放在改善维修项目上,实行经营施工同步进行,同步推进、同步管理,与宝钢能源部、1580热轧部、一炼钢部等业主,建立了相互信赖的合作伙伴关系,全年完成产值1 449万元。

2005年,检修产值达到历史峰值2 262万元。通过不断开拓,保持公司在宝钢、金东、上钢一厂、南钢的检修市场的份额。宝钢厂内,检修区域开始扩展到以前未参与的区域,如运输部的2个抢修和4个改造项目（“铝芯电缆更换”“16号变压塔更换”“原料码头港机电缆卷筒更换”和“Tr-1B/7B变压塔高压柜更换”）；在上钢一厂，检修领域也从原来的炼钢区域拓展到了能源、高炉区域。在区域拓展的同时，进一步增强了与客户各部门和设计院及备件供应商的联系，如“1550工业电视系统改善”项目就是由宝钢推荐的。

2008年，公司撤销检修项目部。

**【三资三产】**

通过对四元产业中三资三产的摸索完善，在宝林新村、海滨新村闭路电视、空调改造大显身手，完成了能中三电设计、能中设备非标设计、鼓风仪表设计、热轧板坯改造等任务。多个三资三产如宝通发展总公司、浦东四元公司、宝冶机电自动化研究所、江南电线电缆厂、梅园钢结构联营厂、宝电实业公司、宝荣集装箱厂均如火如荼地开展业务。

1992年8月，为适应改革发展的需要，拓展“四技”服务业务，发挥电装技术人员充足、从事自动化仪表系统的安装与调试，以及检测与维修业务的优势，在原自动化安装调试业务基础上进一步拓展自动化系统软件编程、工程设计、机电设备的配套、精密焊接、科技咨询等“四技”服务业务，成立“上海宝冶自动化所”，为公司自动化系统软件编程、工程设计等高科技业务发展奠定了基础。同年10月，公司为发展多种经营，抓住浦东新区内资企业发展机遇，为创办科工贸一体化企业打下基础，公司在浦东大道2516号注册成立宝钢冶金建设公司四元公司，为公司第三产业的发展奠定了基础。11月，为加快企业改革发展，适应市场发展需要，充分发挥组合下岗人员的作用，发展第三产业，公司将原宝电综合经营部变更为宝电实业公司，下设检修工程队、综合经营部（商店）、机电设备修理部、舞厅、饮食店等。同时，公司抓住在江苏南通港口基础指挥部承担电器、通信设备安装调试的机遇，成立宝通发展总公司，下设建筑材料供应公司、高新技术开发公司、建筑安装工程公司、宝通购物中心、宝通酒楼、宝通美发厅等业务。

1992年11月，为扩大对外开放，宝冶与香港万荣国际有限公司、香港信达贸易有限公司合资成立上海宝荣国际集装箱有限公司，主营国际集装箱的制造、储存、航运业务。

1994年12月6日，公司投资50万元成立上海宝电生产协力部，经过1—2年的发展，资产规模达到91.43万元，净资产达到53.87万元。

1997年6月—7月，公司为扩大对外经营，实现技术、营销互补，将上海宝泉信息公司合并到上海奥达电脑技术公司，将宝鸿修造厂划入电装公司管理，使公司多种经营迈向设备修造行业。

截至1999年底，公司共有三资三产单位11家。

**【冶金领域】**

1. 电气安装技术

（1）大型电机安装技术。主要包括设备进场就位、基础处理及垫铁设定、电机底板安装、轴承座安装、定转子穿芯落位、找中（定心）、气隙磁中调整、附件安装及二次灌浆等。该技术使用自主研发的自爬式液压顶升装置，该装置于2007年通过中冶集团科技成果鉴定，成果技术达国际先进水平，获国家授权专利1项，形成部级工法1部。

（2）大型变压器安装技术。主要包括大型设备的进场就位、器身检查（抽芯）、附件安装、电气线路配接、抽真空、注油、变压器油的循环过滤及变压器绝缘油的全套理化试验。

（3）GIS高压开关安装技术。主要包括无吊车进场就位、相邻间隔基础找平、相邻间隔快速对接、滑移式导体穿管、抽真空及充填 SF6 气体、微水测试等，形成部级工法 1 部。

（4）高压电缆头制作技术。主要分电缆终端附件安装和电缆接头两部分内容。高压电缆终端附件分 GIS 终端和油浸终端；电缆接头主要采用现场扩张预制接头结构。施工主要工艺包括电缆加热校直、电缆绝缘预处理、导体连接、预扩张接头、环氧套管安装、终端入仓等。该技术形成企业工法 1 部、部级工法 1 部。

（5）重型电缆机械化敷设技术。主要包括重型电缆机械化敷设、重型电缆卷盘回收、大型电缆隧道内重型电缆敷设监控技术等。该技术形成企业级规程 1 部、部级工法 1 部、部级科技成果 2 项、国家授权专利 6 项。

2. 仪表安装技术

（1）测温检测仪表安装技术。主要包括热电阻、热电偶的安装及保护，其核心为热电偶的检测及保护，安装附件（如法兰、卡套紧固件）配套核查，热电偶对接技术，COREX 气化炉热电偶安装模具及导管加工及施工方法；温度取源部件选型及四种安装方式。形成专利技术 6 项、部级工法 1 部。

（2）仪表测量管道快速安装技术。该技术特点是管材必须选用负公差小、光洁度高的管材；选用加工精度高、材质合格的卡套式接头；并严格密封材料选型。通过完善工艺测量点核对、测量管道最佳路径选择，缩短测量管道敷设长度。该技术还包括卡抱式支架制作安装，测量管道现场弯制等，形成专利 4 项、部级工法 2 部。

3. 电气调试技术

（1）220 kV 及以下等级供配电系统电气调试技术。主要包括供配电系统中的各种设备试验、检测，各种保护装置的整定，系统的模拟试验，可在不停电的状况下改造大型变电所保护系统更新升级，220kV 及以下长距离动力电缆的交流耐压试验。各种断路器的试验。变压器等绝缘油的全套理化试验。该技术形成企业级工法 4 部、部级工法 1 部；获国家授权专利 4 项，获各类科学技术奖 5 项。

（2）冶金电气传动调试技术。形成了各种变频调速系统调试技术、传动系统调试技术、直流系统的电气传动调试技术，主要应用在轧制系统、炼钢系统和高炉系统的传动调试。

4. 自动化仪表系统调试技术

该技术采用标准的仪器设备，通过信号的模拟或工况的模拟，对常规热工测量与调节仪表、分析仪表、秤重仪表、机械量仪表进行性能检校和调整；通过工艺要求期望值的设定，进行工艺联锁报警确认，最终进行工程无负荷联动试车。

5. 基础自动化调试技术

（1）工业数据通信应用技术。实现了实现下位机与上位机之间、两个或多个控制器之间、控制器与网络设备之间、系统主站与子站之间的数据实时双向通信功能。实现网络通信构架设计、网络通信组态、网络通信测试、工业数据监视等功能。

（2）工业自动化控制应用技术。能根据自动化工艺控制要求，完整的实现控制程序。其核心要素为控制系统框架设计、控制系统组态、控制系统软件开发、控制系统软件模拟测试。

（3）工业控制系统集成技术。能根据工艺控制要求，通过设计软件及各种工器具，对整个控制系统形成一套完整的控制装置，使之与控制软件完美协调配合，以达到控制工艺流程的目的。

6. 大型高炉快速大修电调技术

大型高炉快速大修电气安装调试技术：能实现短期内高炉快速大修的目标，形成授权专利 9

项，其中授权发明专利3项，部级工法2部。

7. COREX熔融直接还原炼铁炉电调技术

形成了熔融直接还原炼铁炉塔体电气安装与调试技术、原料输送系统与矿煤槽称量系统电气安装与调试技术、液压动力控制系统与煤气烘炉系统电气安装与调试技术。该技术获专利3项，2008年通过中冶集团成果鉴定，整体达国内领先水平。

8. 检测技术

电缆故障诊断技术适用于110kV及以下的电缆金属护层故障查找。包括电力电缆金属护层故障查找方法主要是有波反射法和电桥法。该技术形成专利1项，部级工法1项。

**【工业领域】**

1. 太阳能与建筑光电技术

(1) 太阳能与建筑光电一体化设计技术：主要包括光伏组件排布及相关遮挡计算、组件支架型式设计、组件串并联设计、防雷汇流箱选型设计、逆变器选型设计、交流配电设计、抗风能力、与建筑结合方案、防雷接地及其他特殊设计、防逆流及监控系统设计、并网接入及系统集成技术。

(2) 太阳能与建筑光电一体化施工调试技术：主要包括组件支架安装技术、光伏组件板安装技术、组件串并联及接线技术、防雷接地施工技术、直流电缆绝缘测试、交流电缆耐压测试、线路检查、并网侧电压测试、并网接入及系统集成技术。

2. 医药行业洁净室设计优化及施工技术

应用BIM技术进行空间管理可视化，自主研发一种洁净室过墙套管技术、一种洁净室隐蔽式喷淋头结构和一种快速管卡、一种风量平衡技术、新型子母式风口差压平衡技术。该成果技术2015年通过中冶集团鉴定，成果综合技术达国内领先水平。形成专利5项、部级工法1部。

3. 基于三维设计的BIM技术

深化设计领域主要形成了基于BIM的施工深化技术、可视化的预施工及协同管理技术、电缆信息管理与电缆标签打印系统、基于Navisworks模型的快速定位技术、基于BIM的建筑构件工厂化预制技术、基于BIM的竣工资料管理系统等。形成软件著作权2项。2013年，通过中冶集团成果鉴定，成果综合技术达国际先进水平。

**【民建领域】**

(1) 大型主题公园水暖风系统施工技术：主要包括BIM模型在大型主题乐园中水暖风系统施工中的应用，空调系统风管的内保温工艺，直埋空调水管现场接口保温层防水工艺，大型内衬水泥砂浆的球墨铸铁管切割、安装工艺，钢丝网骨架塑料复合PE管安装工艺等，形成专利5项、企业工法3部、部级工法1部。2016年9月，通过上海市土木工程学会科技成果鉴定，成果综合技术达国际先进水平。

(2) 建筑节能系统智能控制平台技术：宝冶建筑楼宇柔性能源监测平台，该平台针对多项目、多种监测对象可动态配置，能源监测过程中可动态增加或者减少监测对象，根据配置文件和上传的监测数据，自动识别监测对象后进行有效的数据处理。监测点位置和监测数据可选择在BIM模型中显示。形成专利2项、软件著作权4项。2016年9月，通过上海市土木工程学会科技成果鉴定，成果综合技术达国内领先水平。

(3) 大型建筑空调风管系统数字化工厂预制技术：该技术包含基于BIM技术对风管制作综合

信息的管理、风管分割、风管管件数据库的开发与建立技术、族自动替换、风管的自动识别跟踪技术、项目风管清单跟踪、物流跟踪、安装确认等功能，实现风管系统数字化工厂预制管理的一体化解决方案。形成宝冶风管预制管理平台，软件著作权2项。2017年12月，通过上海市安装行业协会的科技成果鉴定，成果综合技术达国内领先水平。

(4) 机电工程材料设备全流程信息化管理平台技术：基于B/S、C/S架构技术及二维码编码技术，开发的机电工程材料设备全流程信息化管理平台，实现了对项目材料设备全方位、全过程信息化管理，大幅度提高了管理和协同效率。形成软件著作权4项。2017年12月，通过中国安装协会科学技术委员会的科技成果鉴定，成果综合技术达国际先进水平。应用于厦门会展四期项目。

(5) 高层管道直饮水供水技术：纳滤处理技术解决了传统过滤无法保留水中部分矿物质的问题，既能有效过滤原水中的有害物质，并能保留原水中部分矿物质，水质检测指标高于国家标准，主要指标优于欧盟标准，实现了水站自动控制、监测报警及远程监控的功能。形成专利5项，其中授权实用新型4项。2018年12月，通过上海市安装行业协会的科技成果鉴定，成果综合技术达国内领先水平。应用于宝冶总部办公区和中冶东方大厦。

(6) 智慧园区综合监控平台技术：该平台具有在区域的物联网控制器具备数据采集，逻辑控制和就地取材数据存储等多种功能，使系统整体可靠性大大提升；在网络接入的方式和手段方面适应能力非常强。形成软件著作权3项。

(7) 建筑机电工程中央冷站模块化施工技术：基于测绘技术及BIM技术的结合，创建了毫米级高精度的BIM模型，结合工业智能化生产，实现了DPTA机房的模块化、预制化、装配化的EPC式一体式施工方法。

(8) 建筑智能化技术：拥有从事大中型智能化系统项目的全过程咨询服务、建筑智能设计、建筑智能集成、建筑智能总包管理及与之相关的系统运维服务能力。

## 【实验室】

公司下属两个实验室：校准实验室和机电实验室。实验室为公司所有在建项目的调试提供可靠的数据支撑和数据分析。

1. 校准实验室

宝冶校准实验室为中国合格评定国家认可委员会认证的校准实验室，证书编号为CNAS L3745。其前身为电装公司仪表室、调整队和机装长度计量室以及建筑工程公司测量队，自1975年成立以来已有40余年的历史，40年来跟随宝冶辗转国内主要的大型钢铁基地，先后参加了武钢、马钢、重钢、攀钢、宝钢、上海梅山钢铁公司、上钢等大型钢铁企业的建设和改造工程，为保证工程中所使用的计量工作标准器的量值准确可靠、为参加建设的各项国内外重点工程投入正常的生产运行作出贡献。

2. 机电试验室

机电试验室隶属于宝冶试验检测中心，机电专业试验室主要从事电气设备绝缘保护试验及系统试验、继电保护试验，以及变频电机、高压电机试验、UPS电源装置、电除尘装置等的调整试验、电气自动化PLC控制系统调试。

2015年12月8日，随着宝冶对机电安装资源重组，校准实验室、机电试验室均划转至工业工程公司。

表 4－4－1　安装工程公司主要经济指标完成情况

| 时　间 | 营业收入(万元) | 利润总额(万元) | 合同签约额(万元) |
|---|---|---|---|
| 1978 年 | 808 | — | — |
| 1979 年 | 28 | — | — |
| 1980 年 | 781 | 36 | — |
| 1981 年 | 705 | 18 | — |
| 1982 年 | 1 381 | 130 | — |
| 1983 年 | 1 709 | 218 | — |
| 1984 年 | 2 204 | 366 | — |
| 1985 年 | 1 067 | 256 | — |
| 1986 年 | 941 | 99 | — |
| 1987 年 | 1 771 | 123 | — |
| 1988 年 | 3 730 | 297 | — |
| 1989 年 | 3 785 | 366 | — |
| 1990 年 | 3 098 | 253 | — |
| 1991 年 | 3 338 | 393 | — |
| 1992 年 | 3 455 | 252 | — |
| 1993 年 | 4 511 | 94 | — |
| 1994 年 | 5 225 | 165 | — |
| 1995 年 | 8 312 | 804 | — |
| 1996 年 | 19 041 | 378 | — |
| 1997 年 | 16 040 | 792 | — |
| 1998 年 | 14 808 | 427 | — |
| 1999 年 | 12 849 | 442 | 11 129 |
| 2000 年 | 12 428 | 100 | 9 141 |
| 2001 年 | 15 658 | 145 | 12 431 |
| 2002 年 | 14 782 | 183 | 23 503 |
| 2003 年 | 15 171 | 352 | 14 118 |
| 2004 年 | 21 590 | 817 | 22 395 |
| 2005 年 | 31 380 | 1 445 | 13 407 |
| 2006 年 | 38 272 | 1 657 | 20 186 |
| 2007 年 | 52 522 | 2 114 | 30 232 |
| 2008 年 | 77 656 | 2 640 | 34 606 |
| 2009 年 | 73 598 | 2 680 | 35 000 |

（续表）

| 时　间 | 营业收入（万元） | 利润总额（万元） | 合同签约额（万元） |
| --- | --- | --- | --- |
| 2010 年 | 59 124 | 2 240 | 35 800 |
| 2011 年 | 60 657 | 3 520 | 29 700 |
| 2012 年 | 52 051 | 3 743 | 48 000 |
| 2013 年 | 75 028 | 4 267 | 51 100 |
| 2014 年 | 100 045 | 4 311 | 101 800 |
| 2015 年 | 148 422 | 4 726 | 200 000 |
| 2016 年 | 119 872 | 4 869 | 130 000 |
| 2017 年 | 70 882 | 3 852 | 104 000 |
| 2018 年 | 94 561 | 2 400 | 66 000 |

### 六、精神文明建设

公司始终坚持加强党的领导，稳步推进企业改革发展，党组织领导核心和政治核心作用得以有效发挥。公司狠抓精神文明建设，逐渐建立起“铁军文化”。其内涵就是“保后墙不倒”的传统、“招之即来、来之能战、战之能胜”的精神、“人无我有，人有我精”的核心竞争力等元素。无论是在宝钢建设时期，进入民建领域时期，还是全面转型为从事高端民建机电安装调试时期，“创新超越，匠心笃行”已成为公司企业文化的行为自觉。

1996—1999 年，公司连续四年被评为上海市实事工程立功竞赛优秀公司；1993 年、2003 年获上海市文明单位称号；2003 年公司获上海市劳模集体称号；2005 年获上海市重大工程竞赛优秀集体称号；2013 年，公司被评为上海市劳动关系和谐示范单位；2015—2017 年连续三年获全国“安康杯”（上海赛区）竞赛优胜单位。

## 第三节　上海宝冶建筑装饰有限公司

上海宝冶建筑装饰有限公司（简称装饰公司）是以建筑装饰装修、主题乐园、景观园林为主业，承担装饰方案设计、施工图及深化设计等设计施工一体化专业工程承包，兼营电子和智能化工程专业、消防设施工程专业、建筑幕墙专业等工程承包的宝冶全资子公司。截至 2018 年底，公司注册资金 5 000 万元，拥有建筑装修装饰工程专业承包一级资质、电子和智能化工程专业承包二级资质、消防设施工程专业承包二级资质、建筑幕墙专业承包二级资质、建筑工程总承包三级资质。公司位于上海市宝山区庆安路 77 号 4 号楼。

公司自 2007 年下半年重组以来，立足华东，深耕华南，开拓华北及东北市场，辐射中原及西南市场，陆续承揽了大量建筑装饰装修工程的设计与施工等业务，涉及高档办公楼、研发楼、商务中心、汽车 4S 店、学校、医院、会展、高层住宅、主题乐园等各类建筑装饰工程和景观园林工程，业务遍布国家重点建设区域及海外市场。

**图 4-4-4　装饰公司新年团拜会部分在沪员工合影**

## 一、公司历史

1995 年 1 月,宝冶与日本三光开发株式会社各自出资 25 万美元,注册成立中日合资企业上海宝光建筑装潢有限公司(简称宝光装潢公司),资本金 50 万美元(按当时汇率折算成人民币 421.62 万元)。同年 3 月,注册资本验资到位,经营期限为 10 年。经营期间公司董事长、总经理等人员多次变动。

2002 年 4 月,宝冶以位于上海市浦东新区金桥路 1389 号金桥大厦 10 层办公楼(建筑面积 718.39 平方米)对宝光装潢公司进行增资,折价 50 万美元(当时评估值为 420.40 万元),公司注册资本金变更为 100 万美元,其中宝冶方占比 75%。

2005 年经营期满,日本三光开发株式会社将所持有的 25%股权转让给公司部分员工,办理外资转内资等工商变更手续,员工股后续于 2007 年由宝冶统一收购。委托宝冶建筑分公司进行生产经营管理,具体业务开展由原宝冶建筑分公司下属的“装潢工程处”(科级单位)履行运营职能。

2007 年 6 月,宝冶作出战略调整,由宝光装潢公司吸收合并上海宝冶奥达建筑自动化工程公司,组建新的宝光装潢公司。办公地点位于上海市宝山区铁力路 2165 号。

2009 年 1 月,宝光装潢公司更名为宝冶建筑装潢有限公司,注册资本金由 835.47 万元增资到 1 035.47 万元。2011 年 5 月,公司搬迁到上海市宝山区漠河路 600 弄东鼎国际商务大厦 A 座 19 楼办公。

在 2007 年至 2016 年的第一次创业过程中,公司从宝冶内部办公楼装饰改造、电子智能化的网络改造等零星工程起步,逐步聚集施工资源,加强基础管理工作,加大与潜在业主等相关方的对接,逐步打开局面，先后承接了大型房建工程、高档轿车 4S 店建筑装饰工程、上海世博会工程、德国巴斯夫等工程项目，直至承接上海迪士尼主题乐园明日世界工程。10 年创业，公司综合实力得到显著增强，为后续发展打下了基础。

2016 年 4 月，宝冶对建筑装潢有限公司进行战略拆分，将从事主题乐园的相关人员和资产剥离到新设立的国际工程公司。同年 6 月，公司对组织机构及职工队伍进行调整，申报的建筑装饰装修一级资质于 2016 年 11 月获批，再次回归装饰主业。

2017 年 2 月，按照宝冶“四五”规划对公司的战略定位和发展要求，公司作出了转型升级、回归主业、聚焦主业的战略部署，实施了企业更名、营业增项、注册增资、资质扩容、加入行业协会、制定企业中长期发展规划等一系列举措：2017 年 3 月，办理了法人变更手续；4 月，经宝冶批复同意，办理了营业执照更名为上海宝冶建筑装饰有限公司的相关手续；同年 5 月，提出增资可研报告，并修订了公司章程，经中冶集团投资审查批准和宝冶的批复，由宝冶增资，注册资本金由 1 035.47 万元增资为 5 000 万元；2017 年 6 月之后，相继加入了上海市、北京市、广东省及深圳市、珠海市等工程所在地的建筑装饰行业协会，加入中国土木学会、中国建筑装饰协会，为扩大行业交流、提升“宝冶装饰”品牌知名度和为装饰工程质量报奖等创造了条件。同年 9 月，公司召开党员大会，按照程序选举并报请宝冶党委批复，产生新一届公司党委。公司以党建为引领，进入了聚焦装饰主业练内功、对标行业先进补短板的第二次创业新阶段。

进入 2018 年，公司紧跟宝冶“平台建设年—集团化管控年—标准化管理年—跨越式发展年”这一主线，进一步明晰战略发展路线图，加强体系建设，健全标准化管理，夯实战略执行体系。相继获得营业增项的货物贸易进出口许可权、中国建筑装饰行业企业信用评级 AA 级；获建筑幕墙专业承包二级资质、建筑工程总承包三级资质，由此形成了涉及建筑装饰装修、主题乐园等各相关专业较为完整的资质序列。特别是抓住机遇，创造条件，实施了高新技术企业认定的申报工作，2018 年 12 月获得上海市 2018 年第二批高新技术企业认定，为公司聚焦主业的转型升级和提速发展开好了头，起好了步，为公司的可持续性发展打下了坚实基础。

## 二、组织机构

截至 2018 年 12 月底，公司设置党群监察部、行政管理部、财务部、合约采购部、质量技术部、项目管理部、安全管理部、市场营销部、设计室 8 部 1 室，下辖若干工程项目部。并规定了业务及管理部室的职能，细化了职责，以适应经营及管理的需要。

## 三、职工队伍

截至 2018 年 12 月，公司在岗合同制员工 114 人，其中女员工 18 人，人员构成如下：

30 岁以下 51 人，31 岁至 35 岁 22 人，36 岁至 40 岁 6 人，41 岁至 45 岁 10 人，46 岁至 50 岁 7 人，51 岁至 55 岁 13 人，56 岁以上 5 人，平均年龄 35 岁。

硕士研究生 3 人，大学本科 89 人，大专 13 人，大专以上学历占在岗员工 92%。

教授级高级工程师 4 人，高级工程师 11 人，高级经济师 1 人，中级职称 20 人，中级以上职称占在岗员工 30.7%。

注册一级建造师 18 人，注册造价工程师 6 人。在岗项目经理 8 人，技术负责人 3 人，项目关键岗位55人(其中,设计师8人、施工员15人、安全员10人、质量员4人,造价员14人、材料员4人)。职能部室43人(含不作编制的设计室、市场营销部合计14人)。

建筑装饰公司其他方式用工人数66人。

## 四、技术装备

### 【软件技术】

截至2018年底,拥有知识产权28项,其中发明专利1项、软件著作权1项;累计编制形成企业标准2项、企业工法7项、部级工法5项;参与编制团体标准1项;先后获国家、省部级、中冶集团等优秀发明专利奖和科技成果奖共4项;专业技术及科技研发成果累计转化为生产技术服务10余项。公司的《上海迪士尼明日世界项目综合技术研究与应用》《大型主题乐园项目综合施工技术研究与应用》2项科技成果分获部、省级科技奖,其中《上海迪士尼明日世界项目综合技术研究与应用》获第二十九届上海市优秀发明选拔赛优秀发明金奖。此外,公司编制的《ETFE膜结构施工工法》《轻钢龙骨外墙抹灰施工工法》等5项工法被评定为冶金行业部级工法。2018年公司通过高新技术企业认证,获评上海市高新技术企业认定,激发了企业创新的内在活力,助推了企业转型升级和提速发展。

公司对标行业先进如苏州金螳螂股份等,组建装饰技术创新工作室,开展室内模块化装饰技术、基于BIM技术的室内装饰设计技术、主题雕刻仿真技术、装配式装饰技术研发,建立技术创新团队,积极对接大专院校和知名设计单位,先后与上海同济大学及同济大学所属上海同大规划建筑设计有限公司建立产学研战略合作,联合开展课题攻关;与上海固工建筑工程顾问有限公司、华建集团上海现代建筑装饰环境设计研究院有限公司、深圳卓艺装饰设计工程有限公司等建立设计施工一体化合作关系,共同参与高端设计施工一体化项目,加快高端设计积累业绩,通过设计推进施工经营,实现技术创新效益最大化和集约化,为公司打造设计施工一体化创造了前提。

### 【资产装备】

截至2018年底,公司拥有固定资产共计255台(套),原值326万元,净值83.15万元。其中,上海浦东金桥大厦第10层楼面,原值85.49万元,净值37.23万元(按原值和计提折旧纳入财务报表,若按市场价重估值将远大于原值);运输设备(小型车辆)4辆,净值2.97万元;机械设备(含办公用固定资产)250台(套),净值42.95万元。

## 五、业绩特色

### 【第一次创业阶段(2007—2016年)】

公司自2007年第一次起步创业至2016年,为公司后续发展打下坚实基础,综合实力得到显著增强。

1. 全面聚集发展资源,不断壮大发展实力

公司自2007年底,广泛涉足各区域建筑施工,在发展中聚集资源,全面参与市场竞争,选准突破口,先后承建了浙江省杭州世茂新城项目一、二期总承包高层住宅工程、四川成都京东方装修装饰工程、江苏淮安文化馆及美术馆工程、上海虹桥国际机场29＃地块设施工程、江苏省苏州市吴江

区苏州湾一号东地块工程、苏州恒力中心工程等。特别是承建的浙江省金华市保时捷、宝马4S店总承包项目，为公司承接高档轿车4S店建筑及装饰工程创出了口碑；陆续承建了浙江省骏宝行宝马及保时捷华东总部所属杭州市、台州市等5个连锁4S店建筑装饰工程，扩大了市场份额，站稳了目标市场。

2. 奋力挺进重点工程，不断提升企业声誉

2009年8月，公司挺进上海世博会工程，先后承接波兰馆、世博会交卫游道路、停车场、安保设施及办公楼，非洲馆改造、意大利馆改造等，为上海世博会按时开园及后续改造作出了积极贡献。同年9月，公司全面参与浙江慈溪市城市改造，承接了慈溪市北二环动迁安置房的市政府重点民生建筑工程，从11层的小高层到26层的高层住宅计11幢楼，对工期、质量、文明施工等规范管理，按期交付，受到慈溪城市投资公司、慈溪建管部门和中冶集团好评。

图4-4-5　上海市世博会波兰馆

3. 拓展外商投资项目，吸取外商管理精华

2010年，公司先后承接了上海浦东外高桥巴斯夫大中华区办公大楼建筑及装饰工程、上海浦东金桥拜耳研发楼工程等项目。特别是承建的巴斯夫大中华区总部办公楼EPC总承包工程，按照德方业主要求，第一次按照美国LEED标准（绿色能源与环境设计标准，被认为是最完善、最有影响力的评估标准）要求组织设计与施工，并且首次运用BIM技术实施项目过程管理，开创了上海宝冶引进并应用BIM技术之先河，使整个项目技术管理、工地安全文明施工管理和绿色节能跨上了新的台阶，由此成为宝冶首次获得美国绿色建筑协会（USGBC）“LEED金奖”的外商投资绿色节能认证的典型项目。2011年，公司所承建的上海浦东金桥拜耳（中国）研发楼工程，学习掌握欧洲安全环境管理体系标准，实行施工“作业票制”，达到标准及规范、人员及资格、环境及条件、设施及工具、作业程序及方法高度融合“五统一”的统筹各专业施工，使整个现场设施完善、整洁有序，项目管理

再上台阶,并获评上海市浦东新区文明工地。由此公司完全适应和掌握了欧美工程管理理念和模式,为公司后续承接美资杭州玫琳凯厂房及办公楼工程、上海迪士尼乐园工程等,做好了人员思想和管理模式的准备。

2012 年,公司首次跨出国门,承接了菲律宾 Gateway Tower Project CP. 08 高级商务中心酒店装饰工程,积累了国外市场环境、人文环境、法律环境下工程施工管理实践经验。

2013 年,公司相继中标上海迪士尼明日世界项目地下结构工程、迪士尼 GC－5 明日世界总承包工程。针对外方业主——华特迪士尼欧美模式的施工管理和技术要求,公司系统灌输欧美工程管理标准和理念,全面管控工程风险和劳务风险;准编制技术方案和运营计划,做到施工进度节点环环相扣;抓住机遇,在向外方专业技术团队学习的同时,大胆创新。向外方提出优化明日世界 302 创极光轮摩托区域塔吊设置方案,经采纳和实施,提高了吊装效率,缩短工期 3 个月,显著降低施工成本。同时,在施工过程中发扬工匠精神,对各专业施工质量严格苛求,精雕细琢。2014—2017 年,该工程获得上海市优质结构工程"金刚(特等)奖"、上海市"白玉兰"奖、第十五届中国土木工程詹天佑奖,公司履行宝冶总包单位职责获得了该工程的国家优质工程"鲁班奖",公司作为参建单位获得了装饰专业参建单位"鲁班奖"。在安全与文明施工上先后两次获评上海市文明工地,一次获评上海市重大工程文明示范工地,获国家 AAA 级安全文明标准化诚信工地奖牌、绿色节能工地奖牌。在技术创新上获上海市建筑业新技术应用示范工程称号。共计有 24 项实用型新专利和 1 项发明专利已获授权。通过该工程建设,全面实现了"干好工程,培养人才,树立品牌,创效收益"四大目标。

**图 4－4－6　上海迪士尼主题乐园明日世界夜景**

**【第二次创业再出发阶段(2016—2018 年)】**

2016 年,在部分人员和资产划转到宝冶国际工程公司后,公司全力提升企业管理,规划和实施了一系列战略发展的各项举措,包括实施技术创新、项目创优和标准化管理在项目上的全覆盖,开启了第二次创业再出发的新征程。

*1. 以标准化建设规范企业管理行为*

公司为优化公司层级的定位和提升公司层及项目层的两级管控能力,实施了企业管理规范化、项目管理标准化(装饰细部做法的作业标准化、施工安全文明的现场标准化、材料及分包价格的资源管理标准化)。

一是全面修编规章制度,全面梳理管理流程,为规范管理、清晰审批控制管理流程,初步建立了公司层针对项目层的快速支撑、有效掌控和过程纠偏系统，实现了公司运营规范化。

二是组织编制和集成了两级运营全过程标准化样本，包括编制《项目管理手册》《室内装饰工程细部做法》《装饰工程安全文明生产指导手册》《装饰材料与分包指导价格体系标准》等，通过参与国家战略的粤港澳大湾区建设所承接的深圳大学西丽校区装饰工程、珠海十字门会展塔楼办公酒店装饰工程、香港中文大学（深圳）一期项目Ⅱ标段总承包及装饰装修工程、深圳同维电子厂房工程、深圳健宁医院Ⅰ标段装饰工程等，全面实施项目标准化管理，定目标、定措施，样板先行，促进了装饰施工实体质量的提升；展现出了各项目部标识统一、设置规范、整洁有序、形象鲜明的施工现场新面貌；建立装饰材料、分包招标价格体系，动态维护，实现了快速招标标准化，为项目投标的标书编制和材料采购创造条件。由此规范了项目管理，提高工作效率，使项目进度、质量、安全等全面受控。通过标准化施工管理树立了“宝冶装饰”的品牌形象。

三是编制项目责任书及项目资源配置手册，启动了对项目层资源准备、项目实施至交工全过程的、可复制性的文件化管理模式。公司以深圳健宁医院装饰项目、贵州铜仁九龙洞项目和宝冶大院改造项目为样本，精心策划，分步实施，全程标准化先行，特别是在北京冬奥会雪橇项目、北京环球影城项目、贵阳地铁等重点项目上，由于按照项目责任书、资源配置手册和标准化手册的实施，项目策划先行，做到了成本资金风险预判、安全质量过程预控、人员材料资源预备、技术支撑创新预研。

2. 以设计施工一体化延伸企业价值链

根据装饰专业特点，设计是该专业不可或缺的重要组成部分，为打造设计施工一体化，当好业主参谋，以设计施工一体化扩大经营成果，公司实施了加快设计人员培养，充实设计力量，整合设计资源，建立与社会知名设计单位的战略合作，优势互补、合力开拓市场。特别是对接目标客户和EPC项目相关方，通过对主题乐园设计施工的实践总结，将装饰方案设计、深化设计、BIM设计等纳入设计施工一体化，与施工商务的深度融合，实施并运用于宝冶总部大楼展示厅、接待室、视频会议室、员工餐厅、教培中心、郑州宝冶钢结构基地建设等装饰工程，以及贵州九龙洞4A级风景园林EPC总承包升级改造等项目，切实起到通过设计推广新材料应用、提高工效、提升设计附加值和降低成本的目的，受到了业主等相关方的高度评价，为公司进军景观园林、仿古建筑领域奠定了扎实的基础，为此宝冶将贵阳地铁2号线沿线车站装饰工程给予公司承建。公司将设计施工一体化运用于安阳市文体中心、浙江衢州文体中心、杭州富阳现代五项馆、长春市龙翔商务中心等PPP项目装饰工程。通过打造设计施工一体化，拓展了市场，增强了公司可持续发展的后劲。

3. 以技术创新和质量创优创响品牌

公司以高新技术企业认定为抓手，促进科技创新。

一是成立装饰技术研发工作室，建立创新团队，加强技术骨干培养，选准突破口，分专业、定项目、列课题，重点围绕室内模块化装饰技术、基于BIM的室内装饰设计研究等课题组织技术研发，培育核心技术，同时加快科技成果的市场化应用。

二是鼓励员工钻研技术和业务，开展工法研究，组织新技术及专利申报等，激发技术人员的创新动能，促其自我价值的实现和成就感的产生。2017—2018年，公司累计拥有知识产权28项；累计编制形成企业标准2项、企业工法7项、部级工法5项；其技术成果先后获得国家、省部级、中冶集团等优秀发明专利奖和科技成果奖共4项；专业技术及科技研发成果累计转化为生产技术服务10余项。激发了企业创新的内在活力，助推了企业转型升级和提速发展。

三是实施项目创优全覆盖，提升品牌影响力。公司通过系统加强重大奖项的申报工作，把创鲁班奖、中装奖、金鹏奖等纳入公司年度目标考核，予以通盘策划、综合施策，列出方案，明确责任主体、工作内容、时间节点,发挥体系的力量,上下联动、内外协调、一抓到底,抓出成效。2017—2018年,该公司获得省市级优质工程奖9项;省市级文明工地奖3项。特别是公司所承建的香港中文大学(深圳)工程获得国家优质工程"鲁班奖",该项目被授予全国建筑业绿色施工示范工程称号,该工程获校方授予"匠心打造精品工程,携手共筑育才基石"的锦旗一幅,通过树品牌形象拓展了市场。

4. 以人才队伍建设支撑企业长远发展

为破解人才短缺的瓶颈,公司对内抓紧员工培训,对外广开招聘渠道。一是制定了员工培训年度计划,组织注册类取证及BIM、P6业务管理应用技术培训等,使相当一部分员工达到了一人多证、一专多能,部分弥补了专业岗位人员数量和能力的不足。二是加紧社会招聘工作,同时精准对接相关大专院校,加大招聘,取得成效。三是建立人才梯队,完善人力资源结构。四是为新入职的大学生安排师徒结对,签订"师徒带教协议",加快了新员工的岗位成才。五是加强绩效考评,完善分配机制,培育"全能运动员"队伍的形成。六是筑巢引凤,做好加大人才的"增项"工作,引进特需人才,做好稳定人才的"存项"工作,以"事业留人、待遇留人、情感留人"的具体工作,内培外引、荐贤举能,搭设人才成长进步的阶梯和施展才华的平台,加快了公司人才培养和成长的步伐。

2008年1月至2016年3月,公司累计合同签约额36.23亿元,同比完成宝冶下达预算指标29.7亿元的122%;完成营业收入32.85亿元,同比完成宝冶下达预算指标的117.53%;实现利润总额1.48亿元,同比完成宝冶下达预算指标的156.63%。进入2018年,公司实现合同签约额5.33亿元,营业收入6亿元,利润2 000万元,全员劳动生产率566.04万元/人·年,全面完成了宝冶下达的年度指标,按年均完成指标,均有所突破。

### 六、精神文明建设

公司自2007年重组成立以来,以"引领、凝聚、创新、融入"为主线,围绕中心工作抓党建,为公司聚焦主业、转型升级、提质增效提供了强有力的政治保证和精神动力。

公司大力推进企业文化建设工作,多形式、多载体、多平台弘扬主旋律,宣传典型事例,培育员工钻研技术、精益求精、追求卓越、合规做事的工作习惯,形成了以"小匠哥"为代表的员工形象品牌,促进员工创新精神、工匠精神、敬业精神的建树,涌现出了一批先进集体和模范人物。2014年,上海迪士尼乐园项目一园区四一期工程项目部获上海市五一劳动奖状;2016年,公司获上海市五一劳动奖状;2018年,公司以胡艳为领衔人的创新工作室获上海市总工会"上海市巾帼创新工作室"的授牌。2009年,高延峰获上海市五一劳动奖章;2010年,高延峰获上海市劳动模范称号;2013年,闵廷超获上海市青年岗位能手称号;2015年,张文获上海市五一劳动奖章;2015年,吴华忠获上海市建设功臣称号,孙铎获中冶集团优秀党务工作者称号;2016年,孙铎获中国五矿集团优秀党务工作者称号,沈勤获中国施工企业协会科技创新先进个人称号;2018年,胡艳获上海市三八红旗手称号,田俊年获中冶集团先进生产工作者称号。

## 第四节　宝冶市政工程公司

宝冶市政工程公司(简称市政工程公司)是从事各类公路开发建设,各类桥梁、隧道建设,机械维修、租赁、风电安装工程,各类基础工程、地下顶管和盾构施工等为主产业的现代化施工专业公司。公司位于上海市宝山区盘古路827号。

图 4-4-7　市政工程公司办公楼

## 一、公司历史

市政工程公司前身为机械动力分公司，是集桩基施工、顶管施工、工程机械租赁、水电安装、工程机械检测维修、设备制造、工业除尘检修、合金铸造等多专业为一体的综合性工程公司。

1965 年 6 月，为建设攀钢的需要，从一冶机械化站分出机械设备和人员组建成立机械动力公司。

1974 年，公司从四川攀枝花调出部分机械和职工，转战武汉青山，参加了武钢“一米七”热轧工程会战，承担工程材料和各种物资的运输任务，为工程的顺利进行提供用水用电保障。1978 年 9 月，公司又移师上海，参加上海宝山钢铁总厂建设。

1986 年，为了立足宝钢、服务全国，增强企业实力，公司组建了打桩分队，开启了由单一的生产服务向施工生产转变的模式。1987 年，随着打桩队的组建完成和材料处预制厂划归，公司的施工生产能力显著增长，由单一的生产服务型企业发展到拥有施工作业、产品生产、生产协力三大类 18 种主要生产项目综合企业。

1992 年，施工生产任务严重不足。为增强基层厂队的市场竞争意识和自主经营的能力，公司将资源进行整合，对基层厂、队实行事业部形式来进行管理。公司将汽车队、机械队和修理厂合并为设备管理部，预制厂和金属加工厂合并为产品生产部，水电队更名为检修协力部，打桩队更名为工程管理部。

1995 年，随着市场的变化，4 个事业部的名称重新进行更名，汽车队和机械队进行了合并，更名为吊装运输部，工程管理部更名为桩基工程部，修理厂更名为修造厂，检修协力部更名为水电工程部。同年，预制厂与兴南（中国香港）有限公司进行合资，组建兴宝建设工程有限公司。2000 年合资结束，预制厂回归机动公司，2005 年预制厂从公司划出，成立宝冶商品混凝土公司，成为宝冶独立法人单位。

1993—1995年,公司响应宝冶做强四元产业的号召,本着在建筑施工、加工制造、协力生产和三资三产领域开拓市场的宗旨,公司相继成立了宁波经济技术开发区宝钢冶建机动工程公司、宝冶机动实业公司和上海藻北物资中转储存有限公司。这些公司的成立,增加了公司创造效益的手段,较好地吸纳了公司富余职工,起到了营销的窗口和桥梁的作用。

1997年12月,公司在水电工程部和修造厂为班底的基础上组建了检修协力部。同年,为了扩大公司在宝钢以外的检修市场,组建了上海焦化厂项目部。在1999年至2001年期间,为了做大做强企业,实现长富久安的愿景,公司先后组建了宝钢工程部和顶管工程部,公司的检修和施工生产规模登上了新台阶。

2015年3月,公司由机械动力分公司更名为市政工程公司,主营业务也随之改变,公司踏上了全新的转型发展之路。

2015—2017年,宝冶因产业布局的整体需要,将机械设备修造厂、环保工程部、上海焦化厂项目部和水电工程部先后整体划出市政工程公司,归并到宝冶冶金工程公司。同时,公司结合经营生产的实际,适时地组建了各个直属项目部,有效地对各个项目进行管控。

## 二、组织机构

公司下设市场营销部、合同预算部、工程管理部、安全管理部、质量技术部、财务会计部、人力资源部、综合管理部、物资管理部和党群工作部10个部室;设安装工程机械服务中心和多个直属项目部。

## 三、职工队伍

截至2018年12月,在岗合同制员工289人,其中女员工42人,人员构成主要结构如下:

30岁以下94人,31岁至35岁38人,36岁至40岁29人,41岁至45岁34,46岁至50岁41人,51岁至55岁37人,56岁以上16人,平均年龄38岁。

博士研究生1人,硕士研究生5人,大学本科165人,大专43人,大专以上学历占在岗员工74%。

教授级高级工程师1人,高级工程师17人,高级经济师5人,高级政工师2人,中级职称61人,中级以上职称占在岗员工30%。

本单位注册一级建造师66人(持证专业及证次情况:市政34人;公路8人;水利水电6人;机场1人;建筑24人;机电7人;铁路1人;通信广电1人;合计82证次)在岗项目经理19人,技术负责人12人,项目关键人员97人(其中,施工员32人,安全员20人,质检员14人,预算员23人,材料员8人)。职能部门68人。

市政工程公司其他方式用工人数199人。

## 四、技术装备

**【专业技术】**

1. 市政施工板块

公司形成了自身的核心八大技术系列。

(1) 智能化道路施工技术。获得《用于混凝土罐车的溜槽口防抛洒滴漏装置》等国家专利 4 项；发表《基于 3D 智能引导系统的路基数字化施工技术》等论文 4 篇；形成《基于 TC63 管理系统的道路路基压实智能化控制施工工法》等工法 2 篇。

(2) 装配式桥梁施工技术。获得《组合式操作平台》等国家专利 4 项；发表《城市高架桥梁预制墩柱安装关键技术》等论文 3 篇；编制《预制墩柱、盖梁安装施工》企业工法 1 篇。

(3) 大跨径变截面连续桥梁施工技术。

(4) 地下综合管廊成套关键施工技术。获得《受限空间内的管道提升车及使用方法》等国家专利 5 项；发表《钢筋混凝土预制管廊刚性连点止水技术》等论文 6 篇；编制《综合管廊裂缝控制》等细部做法 18 项；形成《受限空间内综合管廊大口径管道》等工法 2 篇。编制国内首部针对地下综合管廊运行维护管理的国家行业标准《城市地下综合管廊运行维护及安全技术标准》。

(5) 地下交通枢纽工程施工技术。获得《直接测量锚索中单根钢绞线拉力的锚具》等国家专利 5 项；形成《明挖长距离地下混凝土结构箱涵施工工法》等 4 篇工法；发表《基坑支护锚索的钢绞线受力不均匀分析》等论文 5 篇。

(6) 轨道交通施工技术。获得《喀斯特地质地铁隧道的施工方法》等国家专利 2 项；发表《贵阳轨道交通工程隧道区间施工技术》等论文 2 篇；形成《盾构机水平移动施工工法》工法 1 篇。

(7) 市政综合管线施工技术。获得《四点定向的拖拉管施工方法》等国家专利 12 项；发表《复杂地质情况顶管施工技术》等论文 12 篇；形成《泥水加压平衡式顶管工法》等部级工法 3 篇、企业工法 2 篇、企业标准 1 篇。

(8) 河道综合治理及生态修复施工技术。

2. 其他专业技术板块

上海轨道 M8 号线 U 型梁吊装工程形成《城市轨道交通高架薄壁 U 型砼梁运输、吊装与安装关键技术》并申请获得四项专利；闵浦大桥和太原火炬桥吊装工程形成《大型桥梁主桥边跨钢桁架拼装、吊装、提升、滑移等关键技术》和《大型桥梁空间曲线形塔柱钢结构吊装关键技术》；风力发电安装工程形成《高原山地区域风力发电机组运输、安装关键技术》；宝钢宝能变电所电源电缆工程形成《大直径双排平行钢管顶管施工技术》；南京师范大学附属中学南北校区过街通道工程形成《大截面矩形顶管施工技术》；上海青草沙水源地金海支线 C4 标工程形成《长距离大口径顶管施工技术》。

**【装备】**

截至 2018 年底，公司拥有固定资产 23 519.31 万元。拥有 20 余台大型施工设备，750 吨履带起重机 1 台，650 吨履带起重机 1 台，400 吨履带起重机 2 台，350 吨履带起重机 1 台，200 吨履带起重机 1 台，180 吨履带起重机 1 台，150 吨履带起重机 1 台，200 吨全路面汽车起重机 1 台，德国海瑞克 S638 盾构机 1 台，SP135 打桩机 1 台，DH558 柴油打桩机 2 台，10 吨级桩锤 1 台，8.0 吨级桩锤 8 台等施工设备。其中，运输设备 8 台，生产设备 47 台，机具及仪器 15 台。

## 五、业绩特色

**【整合业务，助推多元化发展】**

1. 水电工程业务

水电工程部的业务范围共包括宝钢烧结、焦化、热轧、冷轧、高炉等区域的水电讯的检修，逐步开拓了烧结厂、焦化厂、炼铁厂和炼钢厂的除尘检修任务和技术改造。

水电工程部进沪以来，先后承揽了宝钢一期、二期、三期、“十五”计划、“十一五”规划项目以及浦钢搬迁罗泾工程基建变电站、湛江钢铁基建变电站、综合性技改工程、基建供水管道（全长约155千米）、供电线路（全长约452千米）及通信线路（全长约100.5千米）设施的施工及10 kV，35 kV变电站的运行维护工作，并长期承担宝钢各项能源介质管道及电缆线路的检修及抢修任务，塑造了宝冶在宝钢基建供水、供电、通信线路施工，生产作业外协管理和设备检修作业的特色品牌。

1985年后，随着公司将机械设备修理和水电施工业务向着宝钢检修协力逐步进行拓展，水电工程部、机械设备修造厂和环保工程部在保证水电运行维护及公司内部机械设备维修保养的同时，利用自身的技术优势和较强的重型工程机械检测维修及钢铁厂协力检修能力，承接了宝钢生产厂的设备检修和生产协力任务。1994年，水电工程部开始承建宝钢基建1号、2号、3号、4号、5号，装机容量为5 000 kVA×2的变电站；宝田新型材料公司一、二期，装机容量为5 000 kVA的变电站；装机容量为6 300 kVA×2的变电站。2003年，承接宝钢能环部大临供水供电、常规检修系统承包业务；承接宝钢马迹山35 kV变电站改造工程；承接浙江东海岸船业有限公司投资建设的蚂蚁岛造船基地外网给水、工业管道及电气安装工程。2010年，承接广东湛江钢铁大临供水、供电系统协力承包业务；承接广东湛江钢铁废钢综合堆场改造等综合性改造工程；承接溱湖公司投资建设的宝钢厂区浴室用能优化改造等合同能源项目。2015年，承接浦钢搬迁罗泾工程35 kV，装机容量为6 300 kVA×2的变电站施工、基建供水管线、通信设施等施工。2016年，承接宝钢能环部滩涂区域供配电设施改造工程及烧结、原料变电所改造工程等综合性改造工程。2018年，承接宝钢热轧厂、钢管事业部、炼钢厂、设备部等厂部的综合性改造工程。

2. 生产协力、设备修造业务

机械设备修造厂专业从事公司业务板块中的工程机械维修改造、冶金特种车辆及设备研发制造、非标设备研发制造、汽车维修服务专业。

成立之初，修造厂主要从事本单位的工程机械及汽车维修业务。经过多年发展，逐步配备了专业化的电器实验室、多功能液压元件测试系统、工程机械发动机及变矩器检测系统、大功率电器实验台、双踪示波器、逻辑扫描仪、IC自动测试仪等多种测试设备及各种汽车、工程机械专业检修设备和成套的加工设备，包括车、镗、刨、铣、磨、钻等各种加工机床。修造厂所能维修的车种有：各种载重汽车、工程机械（包括国内外各种履带式、汽车式起重机、挖掘机、装载机、推土机、桩基机械、叉车等），以及其他一些专用机械设备和冶金机械，尤其在各类大、精、稀工程机械的高级别维修保养及事故维修上具有强大的维修实力。

从1992年开始，修造厂依靠自身在工程机械维修方面的实力，逐步扩大在宝钢区域的检修协力市场。主要业务有：高炉干渣工程机械、炼焦工程机械、高炉大沟解体机、碾泥房工程机械、一二炼钢工程机械、宽厚板叉车热板驳运、宝钢大院内洗车台管用养修协力承包，运输部大件码头废钢、大件及固废物作业协力承包合同，宝钢化工的检修协力承包，冷轧区域工程机械、原料码头工程机械、成品码头工程机械维修承包。随着自身技术力量、设备能力、场地条件的不断壮大，业务范围逐渐从单一维修，向研发、设计、制造为一体的发展，实现了从修理到修造的一个转换。修造厂根据市场的需求设计、改装和制造了系列铁水车、多功能吊斗运输车、轻型废钢自卸车、钢锭保温运输车、无线遥控工程机械（炉前机器人）、框架升降式运输车、混铁车接地装置、框架雨棚道路运输框架车配套框架的雨棚、铁水车加盖系统改造、380吨铁水包制作等。

2016年，修造厂开始关注民生市场，逐步涉足小汽车维修服务和停车设备设计制造，通过了

“场内机动车制造资质”认证，并以此为契机促进装备制造产业规模化和标准化，开拓了改装及非标制作市场。其研发制作的废钢料槽运输车、自抱罐运输车、密闭式冶金废渣自卸车等机械设备在宝钢、沙钢、上钢五厂等钢厂安全运行。其中，废钢料槽运输车具有鞍载质量高、重心高度低、行驶安全性高、油耗低、使用成本低、使用寿命长、且更适合长距离运输等优点，市场推广空间大，填补了国内空白，共获 6 项国家专利。

3. 环保检修除尘业务

环保检修除尘业务范围主要分为四大板块：烟气治理、冶金施工、暖通施工、耐磨管道制造。

1992 年，环保工程部开始从事宝钢除尘设备专业检修，并派驻巡检员作为宝钢点检员的辅助人员，主要职责是点检现场设备，并协助宝钢专职点检员把握现场设备状态。2005 年，宝钢股份本部实施除尘设备区域化专业管理。环保工程部以原来除尘设备巡检员为主，选拔部分优秀员工补充到巡检员队伍，经宝钢分公司设备部组织统一培训，并经考试取得点检员岗位资格证书后，全厂除尘设备点检员实现自主管理，从而实现了宝钢股份本部除尘专业化管理基本全覆盖。

2007 年 1 月开始，环保工程部承担宁波钢铁有限公司除尘设备维运工作。同年 5 月开始，承担宝钢股份中厚板分公司除尘设备维保工作，由此开启了环保工程部承担从除尘设备的安装调试到设备维护的全过程一体化管理。2008 年，检修工程部更名为环保工程部，先后承揽宝钢一高炉除尘设备大修和宝日轧辊有限公司的常规检修业务。

2009 年 5 月开始，环保工程部承担了湛江龙腾球团除尘器调试和点检维护工作，积极开辟宝钢湛江检修市场。同年 9 月，开始承接湘钢五米宽厚板环境除尘设施维运项目以及宁波钢铁有限公司检化验设备维保项目。同期，承接宝日金属轧辊(南通)有限公司全厂检修。

2010 年，环保工程部取得环境污染治理设施运营单位(除尘脱硫)甲级资质证书。2012 年，随着宝钢罗泾区域厂区关闭。宝钢罗泾区域的环境除尘维保业务、废钢堆场行车检修业务、检化验设备维保业务结束。开展第一次技术开发项目研发，项目名称为《布袋除尘系统运营效果检测、分析技术研究》。2013 年，第三次进入宝钢高炉快速大修的除尘项目工作，工作含除尘设备的原样大修和改造大修。实现了除尘设施 EPC 项目的突破，承接了联峰钢铁有限公司炼铁厂一号高炉出铁场除尘设施改造。2014 年，第四次进入宝钢高炉快速大修的除尘项目工作。并承接了联峰钢铁有限公司炼铁厂二号高炉除尘设施改造。开展第二次技术开发项目研发，项目名称为《出铁场除尘系统技术提升研究和应用》。

环保工程部在冶金施工板块对设备的管理及维修技术有较深的研究，同时也培养了一大批专业化的点检、检修队伍，对检化验风动送样装置、检测仪器、仪表、试件加工数控机床等都积累了丰富的经验。环保工程部还在大型商场、宾馆、购物中心等场所的暖通施工、采用消失模技术生产制造高铬铸铁双金属耐磨管道制造方面也有所建树。

## 【挖掘潜力，开拓新产业】

1. 基础工程业务

打桩队的成立开启了公司由施工生产辅助型企业向施工生产型企业的跨越，打桩队承担了宝钢二、三期、“十五”计划、“十一五”规划，包括三号高炉、1580 热轧、二炼钢、四号高炉、五冷轧、湛江钢铁等桩基工程的施工。

宝钢一期工程所用的桩材大部分是从日本进口的钢管桩，为了降低钢管桩的成本，保证钢管桩的施工质量，为后续工程开发出新的桩型，打桩队调配机械设备和技术人员，配合宝钢工程指挥部，参加了对SCP桩(钢管隔板桩)的可行性研发,经过周密的组织、严格的测试和科学的论证,SCP桩试验圆满成功。用小口径SCP钢管桩替代大口径钢管桩,为宝钢基础工程施工增加了可以选择的桩型。SCP桩在宝钢1580热轧和二炼钢等工程中广泛地应用,从而有效地降低了工程成本,提高了施工效率,保证了桩基工程的施工质量。

在宝钢二、三号高炉大修桩基工程施工中,由于出铁厂称量装置厂房空间不足6米,而钢管桩的标准节长度为10—15米,所有的压桩机设备都开不进去。为此公司组织专家和技术团队,对在低窄空间下压桩的方案进行了研究,经过对施工现场认真的测量和模拟推演,确定了降低压桩机高度,将钢管桩长度缩短至3.5米的方案。用公司提供的相关技术参数,设备制造厂家完成了250吨压桩装置制作,按照编制的出铁厂称量装置低窄空间下压桩的施工方案组织施工,既保证了宝钢高炉的正常生产运行,又圆满完成了桩基工程施工,为宝冶快速完成高炉大修基础工程,提供了技术支撑。通过项目的成功实施,此项工法被确定为部级工法,该工法在宝钢其他技术改造项目的桩基工程施工中,不断得到应用。

2010年,凭借公司的技术和装备实力,打桩队承担了宝钢湛江钢铁开工前的试桩任务,依靠打桩队在全国各地转战施工积累的经验,面对湛江复杂的地质构造,施工人员认真编写试桩施工方案,合理选用施工机械设备,严格做好打桩施工过程各道工序的安全质量控制,仔细进行施工过程中的监测,详实地记录施工过程的各项技术参数,给设计方提供准确的数据,为湛江钢铁工程全面铺开打下良好的基础。立足上海,面向全国,打桩队承担了上海国际金融大厦、上海商检大楼、上海中芯国际、厦门会展中心、戴尔计算机厂房、南京奥体中心、龙腾光电、华为研发中心和国家会展中心等桩基工程,为宝冶承揽后续工程项目打下了坚实的基础。在10余个省市的冶金、电力、化工、市政、电子、交通等领域建设了精品基础工程。

2. 混凝土预制业务

混凝土预制厂成立于1999年。混凝土预制场为宝钢工程建设做好商品混凝土供应的同时,积极参加上海市重大工程的建设,为彭越浦泵站工程、耀华皮尔金顿、上钢五厂、宝林九村高层,上海烟草公司等工程提供混凝土及混凝土制品。到2000年,预制厂商品混凝土月产量保持在12 000立方米以上,宝山地区市场占有率由20%提高到30%,销售业绩逐年上升。预制厂抓住宝冶承接武钢2250热轧厂建设的机遇,在武汉设立了搅拌站分站,不仅规范了宝冶内部混凝土市场管理,也为开发武汉市场创造了条件。

3. 顶管工程业务

顶管工程部成立于2001年1月,凭借整体的技术和装备优势,承载着公司转型发展的重任,开辟了上海、广东、云南、江苏、河北、浙江等省市的市政领域市场。1999年,完成上海苏州河支流污水截流工程。2005年,完成云南昆明滇池污水网改造工程。2005年下半年,在宝钢宝能变电所及电源电缆顶管项目施工中,实现了DN3 000毫米大口径的双排钢管道顺利顶进贯通的目标,实现了顶管专业的两次大跨越,初步掌握了沉井施工技术。2008年,完成江苏省江阴市东横河污水截流系统工程。

**【厚积薄发,踏上新征程】**

1. 设备租赁、吊装工程业务

安装工程机械服务中心作为公司更名后的唯一存续基层单位,经历和见证了公司的转型发展,走过了从单一设备租赁业务到设备租赁加吊装工程两大业务再到第三阶段总承包业务、安装工程和吊装租赁三大业务的发展历程。

在宝钢工程建设时期，安装工程机械服务中心参与了宝钢一期、二期、三期、“十五”计划、“十一五”规划工程几乎所有项目的吊装施工任务，配合宝钢运输部铁路工厂站，承担了二期工程建设物资的装卸任务。伴随市场经济的蓬勃发展和市政基础设施的大干快上，安装中心吊机租赁业务开始涉足全国冶金、石油化工、会展场馆、市政桥梁、电力建设等多个行业领域。先后参与了宝山钢铁一期至五期、浦钢 COREX 高炉项目、宝钢湛江钢铁、梅山钢铁、马鞍山钢厂、太钢、沙钢、舞阳钢厂、浙江玉环电厂、东海大桥、山东日照围海工程、上海金山石化、南京扬子石化、湛江码头海上石油平台安装、上海高桥石化、五棵松体育场、国家体育场(鸟巢)、南京会展、厦门会展、浦东机场、上海地铁、卢浦大桥、上海世博会、上海轨道 M8 线、闵浦大桥等数十个工程建设，以及参与多个国家重大项目建设。

2006 年以来，受全球金融危机影响，为了生存和发展，公司决定坚持采取租赁互补原则，以租赁带工程，以工程促租赁，结合公司“产业拓宽、专业延伸、技术提升”总思路，由单一的“吊机租赁”向范围更广阔的“吊装工程”和“安装工程”方向发展转型，并更名为安装工程机械服务中心。为扭转被动局面、摆脱困境，走出一条适合自身发展的产业发展道路，制定了发展思路：一是盘活自有设备，巩固内部市场，最大限度利用社会资源，做优“宝冶租赁”服务品牌。二是发挥“吊装技术”优势，向承揽吊装、安装工程领域延伸，承揽技术含量高、短平快的吊装一体化工程。三是抓住国家在发展低碳绿色环保新能源方面的投资力度加大有利时机，重点瞄准新型朝阳产业——风力发电机组安装工程。其间，中心与上海建工、上海基础等公司进行合作，先后承揽了轨道 M8 号线 U 型梁吊装、闵浦大桥主桥边跨钢结构工程、轨道三号线江杨北路人行天桥钢结构安装、太原火炬桥钢结构吊装，上海市金沙江路跨中环人行天桥钢结构吊装工程等，宝冶吊装在行业里脱颖而出，打响了“宝冶吊装”品牌。同时，从 2010 年承揽当时国内海拔最高的大唐云南罗平山风电场的第一个风电项目至今，与大唐新能源、国华风电、三峡新能源、华能新能源、中国电建昆明勘测院、华电电力、国电新能源等国内知名电力公司建立了良好的合作关系，先后承揽了 30 余个风电安装项目，创造产值 2.5 亿元以上，利润 2 000 万元以上。“宝冶吊装”旗帜又高高飘扬在新型新能源施工建设领域。在“以租赁带工程、以工程促租赁”取得成效后，中心继续朝着总承包业务、安装工程和吊装租赁三大业务方向发展。

2. 市政工程业务

2009 年，为产业拓宽、专业延伸、技术提升，公司顶管工程部更名为市政工程部，并承建上海市重点工程——上海青草沙水源地原水工程金海支线 C4 标工程项目，同时公司积累了市政工程地下连续墙、大型沉井、SMW 工法等深基坑施工和长距离大口径顶管施工管理的经验。2012 年，该项目获上海市市政金奖。2013 年，在南京师大附中南北校区地下通道项目中掌握了大截面矩形顶管施工技术。2014—2015 年，承接了浦江拓展基地大型居住社区浦锦路(鲁南路—盐铁塘)道路新建工程、青浦区崧润路二期(秀源路—公园东路)新建工程、青浦区南淀浦河路(崧潭路—崧涟二路)新建工程、青浦区大盈浦路新塘江桥新建工程、浦东机场第五跑道场内道路及室外管线工程、南汇新城 S7 路二标段工程等几个市政道路工程，使得市政工程部在产业上得到了很大的延伸，通过这几个项目公司掌握了道路、桥梁施工技术，掌握了塑料排水板、真空预压等地基处理技术。

## 【转型发展，合创美好未来】

2015 年 3 月 27 日，公司更名后，转型成为主要从事市政公用工程施工总承包、地基与基础工程专业承包、大型设备租赁市政公用工程施工总承包公司。先后承担了上海浦东国际机场第五跑道工程场内道路、浦东国际机场三期扩建工程综合管廊土建及部分管线、上海北横通道新建工程Ⅰ标北虹路立交工程钢结构及预制砼立柱安装、江西省吉安市君华大道地下综合管廊、杭州余姚区崇贤至东湖路一期工程钢箱梁安装、上海徐汇滨江龙腾大道淀浦河桥梁钢箱梁结构吊装、溧水区洪蓝新市镇综合建设 PPP 项目、浙江台州路桥城区道路建设改造提升 PPP 项目、上海市奉贤区金汇镇断头浜桥梁 EPC 总承包、上海建工 S7 公路新建项目装配式预制砼结构安装和钢箱梁安装、宝钢气体有限公司渭河彬州化工 30 万吨/年煤制乙二醇配套空分装置供气项目等工程。

图 4-4-8 宁国市城北新城综合开发 PPP 路桥项目

2018 年,宝冶设立市政工程公司的青浦子公司,实行一套机构、两块牌子,体制上确立了专业发展战略方向。在区域上,形成了以"上海"为大本营,扎根"青浦",环顾"崇明、浦东、奉贤、松江",逐步推进"点、面"结合的建"家"营销规划,为公司改革转型纵深发展奠定了基础。

表 4-4-2 市政工程公司主要经济指标完成情况

| 时　间 | 合同签约额(万元) | 完成产值(万元) | 利润(万元) |
|---|---|---|---|
| 2009 年 | 77 754 | 78 526 | 3 380 |
| 2010 年 | 90 500 | 81 700 | 3 517 |
| 2011 年 | 61 300 | 78 700 | 3 500 |
| 2012 年 | 71 423 | 61 852 | 3 552 |
| 2013 年 | 39 000 | 63 200 | 2 601 |
| 2014 年 | 94 000 | 76 900 | 3 000 |

（续表）

| 时　间 | 合同签约额（万元） | 完成产值（万元） | 利润（万元） |
|---|---|---|---|
| 2015 年 | 83 000 | 80 000 | 3 501 |
| 2016 年 | 125 000 | 74 000 | 3 000 |
| 2017 年 | 316 000 | 182 000 | 4 172 |
| 2018 年 | 49 000 | 75 000 | 100 |

## 六、精神文明建设

公司党委紧密围绕经济建设这个关键点，把握正确导向，保证党和国家政策方针在企业的落实，坚持服务于生产经营中心，服务于大局的原则，坚持抓好党组织固本强基，积极推进党建工作不断创新，教育和引导党员群众同心同德，积极进取，为公司的改革发展贡献力量。

公司通过夯实文明创建体系建设、深化思想道德教育、加强企业文化宣传引导、开展文明共创共建等活动，有效实现企业综合竞争力、创新发展力、员工凝聚力、社会影响力的提升，公司及基层单位先后获得国家、冶金部、上海市等级别的荣誉称号。公司多次获年度中国吊装百强企业称号；连续五年被中国建筑业协会评为全国建筑施工机械租赁 50 强企业；2003—2005 年，公司分获上海市总工会和中华全国总工会授予的上海市模范职工之家、全国模范职工之家称号；公司连续六年获全国“安康杯”竞赛（上海赛区）优秀单位；2008 年和 2013 年，两次获上海市总工会授予的厂务公开民主管理先进单位称号。公司基层厂、部先后获上海市劳动模范集体、上海市工人先锋号称号和上海市五一劳动奖状，获上海市建交委员平安单位、贵州省工人先锋号和上海市青年文明号等称号。

# 第五节　宝冶能源环境工程公司

宝冶能源环境工程公司（简称能源环境工程公司）是从事新能源（光伏电站施工总承包、光伏电站智能运维服务及其他新能源、环境治理项目施工技术和运作）、工业设备维护、建筑安装三位一体的综合性专业公司。该公司位于上海市宝山区庆安路 77 号 8 号楼。

## 一、公司历史

1984 年初，随着宝钢一期工程投产的临近和十九冶上海分公司所承接宝钢工程建设进入收尾阶段，分公司领导班子提出成立一个专门机构，力争在宝钢一期工程投产之后能承接到宝钢设备维护检修业务，特别是分公司所承接的炼铁厂、炼钢厂的设备维护、检修与保驾业务。

1984 年 3 月 25 日，设备维护检修办公室正式挂牌成立，分别从原计划处、材料处、机装公司抽调 7 人组成维检办公室。1985 年 3 月，维护检修办公室代表分公司与宝钢签订了第一份宝钢设备维护检修合同《上海宝钢总厂炼铁厂、炼钢厂机电设备维护检修合同》。

1985 年 8 月 27 日，为巩固和拓展维护检修业务，分公司决定撤销维护检修办公室，成立十九冶上海分公司设备维护检修公司。其主要任务是代表分公司独立承接宝钢炼铁炼钢两个厂的机电设

图 4－4－9　能源环境工程公司办公楼

备维护检修业务，同时也为后续承接宝钢二期、三期工程投产之后更多的设备检修业务打下基础。

1990 年 5 月，宝冶把材料处、企业公司承担的石灰系统业务与人员整体转入设备维护检修公司。

1993 年，宝钢对检修业务进行归口管理，检修市场竞争更加激烈，宝冶将总部机关检修协力部同检修协力公司合署办公。4 月，成立宝冶检修大队，大队被宝钢统一编制命名为四号检修站。

2003 年 11 月，宝冶安装作业公司正式归检修分公司托管。2003 年，宝冶分立改制，原检修分公司在宝钢股份和宝钢集团所辖的检修大队、益昌项目部、浦钢项目部、三钢五厂、特钢检修大队等单位承担的检修市场整体划拨出去。

2006 年 3 月 29 日，成立宝冶特殊钢检修大队，原宝冶特钢检修工程项目部撤销。同年 6 月，特殊钢检修大队整体划转至检修分公司。

2015 年 3 月 27 日，检修工程分公司更名检修工程公司。

2016 年 3 月 10 日，检修工程公司更名为能源环境工程公司。

## 二、组织机构

截至 2018 年底，能源环境工程公司职能部室有办公室、企业发展管理部、财务部、人力资源部、质量技术部、清欠办公室、市场营销部、合同预算部、物资管理部、工程管理部、安全管理部、监察部/纪委办公室、党群工作部、党委办公室、党委组织部、党委宣传部、信访办公室、维稳办公室 18 个部室，下辖第一工程项目部、第二工程项目部、第三工程项目部、第五工程项目部、第六工程项目部、第七工程项目部、第八工程项目部、第九工程项目部、第十工程项目部、第十一工程项目部、第十二工程项目部、第十五工程项目部、第十六工程项目部、第十七工程项目部、第十八工程项目部、基建事业部、沙钢项目部等单位。

## 三、职工队伍

截至2018年12月，在岗合同制员工163人，其中女员工19人，人员构成主要结构如下：

30岁以下19人，31岁至35岁37人，36岁至40岁20人，41岁至45岁12人，46岁至50岁40人，51岁至55岁25人，56岁以上10人，平均年龄41.8岁。

硕士研究生3人，大学本科91人，大专28人，大专以上学历占在岗员工74.8%。

教授级高级工程师2人，高级工程师17人，高级经济师5人，高级政工师2人，中级职称44人，中级以上职称占在岗员工42.9%。

注册一级建造师12人(其中，机电工程11人、建筑工程2人、市政工程1人)，注册造价工程师4人，注册安全工程师证3人。在岗项目经理13人，技术负责人8人，项目关键岗位25人(其中，施工员9人、安全员7人、材料员2人、技术员1人、质量员1人、预算员5人)。职能部门46人。

能源环境工程公司其他方式用工人数240人。

## 四、技术装备

**【技术】**

公司坚持不断研发新技术、新工艺、新装备，从1985年至2018年，组织编写了《冶金设备检修作业标准》《设备检修作业安全手册》等工具书；编制《板坯连铸系统点检作业标准》《滚切式双边剪检修作业标准》《屋顶光伏电站设计规程》《供配电运行维护检修标准》等14项宝冶企业级技术标准；编制屋顶光伏电站施工工法等9项部级工法；编制JN60－6特大型焦化核心设备检修工法等15项企业级工法；申报便携式风口快速拆卸装置等197项技术专利；《大型转炉三点球面支承装置在线快速更换技术》等10项科技成果获得省部级科技奖。

**【装备】**

截至2018年12月，能源环境工程公司拥有固定资产原值510.43万元，净值103.60万元。施工用机械设备197台(套)，运输设备13台，其他类设备327台。

## 五、业绩特色

公司按照宝冶对公司的定位要求，打造“宝冶新能源”“宝冶检修”两个品牌，拓展工业建筑施工总承包市场，努力成为本领域中最具核心竞争力的专业化公司。2018年，公司新签合同额20.5亿元，营业收入12亿元，实现利润3 600万元。

**【冶金检修产业】**

公司成立之初，主要人员有原维护检修办公室并抽调原机装公司、工安公司、机关处室等人员组成，下辖第一工程队、第二工程队，承担宝钢一期工程原料、烧结一号高炉本体和炼钢厂转炉、水泵系统和机械、液压设备检修、维护。1990 年 5 月,材料处、企业公司承担的石灰系统业务与人员整体转入后,成立第三、第四工程队,主要业务分布到炼铁、高炉、炼钢厂本体,整脱膜车间、440 号行车检修、保温罩制作等,职工队伍扩大到 600 余人。

1991 年底,针对宝钢钢结构制作加工和设备备件修复业务,公司相继建成钢结构加工厂、备件修造厂和气动元件试验室等,公司基本具备设备检修、钢结构制作加工、设备备件修复和气动元件检测修复能力。

1993 年,合署办公的宝冶检修协力部(公司)统筹协调宝冶检修公司和机装、机动、工安等单位的检修业务管理,扩大宝冶对宝钢检修、协力、技改的市场份额,充分展现检修协力公司的专业优势,开拓承接了宝钢以外的检修市场——益昌薄板厂行车检修,并成立了宝钢以外在上海的第一个检修项目部——益昌项目部。同年 4 月,宝冶成立检修大队,大队现场隶属检修公司,建制 750 人组成(其中检修公司 560 人,电装公司 190 人,企业公司 14 人)。主要职责是承接宝冶承包区炼铁厂、炼钢厂、热轧厂机械电仪设备的日修、定修、抢修、年修的技改、技措业务。检修大队的成立,使检修公司设备检修从单纯的机械设备维护、检修延伸到电器、仪表,为今后更加全面、系统抢占宝钢机电、议设备检修市场抢得了先机。

2003 年宝冶分立改制,检修公司在宝钢股份和宝钢集团所辖的检修大队、浦钢项目部、特钢检修大队等单位承担的检修市场整体划拨出去,整个公司面临着业务市场、人员等困难。公司围绕“稳定、扭亏、发展”主线,制定“走出去寻找市场,调整产业结构,突出检修主业,加大外围市场开拓(上海区域以外),适度参与基建、技改项目”的发展战略,全力开拓外部检修市场和基建、技改业务项目。先后承接江苏梅钢、沙钢、南通钢厂、南京钢厂、浙江宁波钢厂、湖南湘钢、涟钢、江西新余钢厂、福建福欣特钢、广东韶关钢厂、阳春钢厂,山东日照钢厂、河北京唐首钢、邯郸钢厂、湖北鄂钢、武钢,河南信钢、安钢等检修业务,成立了专门从事检修业务的工程项目部 17 个。

图 4-4-10　邯钢 2 250 毫米热轧工程

2011—2015年，中国钢铁步入亏损或微利常态化时期，钢铁企业纷纷采取对设备检修外委服务进行持续压缩整合、收回原有外委检修市场业务等降低成本的措施，公司积极推进“一业为主、做精做强、多元协同、协同发展”的思路，一方面站在长远与钢铁企业合作的高度，加强对常规检修的服务，确保检修市场的稳定；另一方面加大与钢厂在技改、大修的深度合作。2013年初，公司集中人力、施工、技术、管理优势，重点开拓承接高炉大修业务，先后承接天津江天重工高炉技改、山东日照钢铁五号、六号高炉、辽宁营口三号、四号高炉、珠海粤裕丰一号高炉、湖南华菱湘潭钢厂一号2 500立方米高炉、涟源钢厂六号高炉、河北邯郸钢厂二号高炉、河南信阳钢厂一号高炉、安阳钢厂高炉、江苏溧阳申特钢厂五号高炉等20余个高炉大修，工程进度、质量施工技术创国内同行最优，成为各大钢厂高炉大修施工的首选企业。当年光承接高炉大修业务，营业收入达7 000余万元，占公司检修业务25%，为后续检修业务在相关钢厂的进一步占领起到关键性作用。

至2018年，公司从事检修、技改业务的项目部有16个，检修业务辐射全国27个钢厂，覆盖广东、广西、福建、江西、湖南、湖北、河南、河北、江苏、浙江、上海、山西、天津等13个省市，合同签订从1985年的760万元上升到2018年的4.8亿元，成为国内首家拥有从原料、烧结、焦化、炼铁、炼钢、连铸、热轧、高线、棒材、宽厚板、冷轧、硅钢、钢管等钢铁生产全流程检修技术和管理能力的专业检修公司。

**【新能源产业】**

2012年，宝冶涉足新能源领域，先后承建山东安丘市郚山镇大埠沟（一期）等22个光伏发电项目；承建湖北省武汉市梅家山风电场等13个风电发电项目。这些项目的实施，坚定了宝冶大力发展“环境工程与新能源”产业的信心与决心。2015年，检修工程公司按照集团“聚焦主业、做强做优、适度多元、稳健发展”的战略部署，坚持以“调结构、抓转型、促发展”作为公司全年工作基调，加大企业转型布局，聚焦新能源产业，积极对外寻找市场，承接了云南省昆明市北大村60 MW光伏电站EPC总承包项目并顺利完成。

2016年3月10日，宝冶将检修工程公司更名为能源环境工程公司，专门从事光伏电站EPC总承包、光伏电站智能运维服务及其他新能源、环境治理项目施工技术和运作。公司先后加入中国信息产业商会新能源分会、光伏绿色生态合作组织PGO，参加了光伏绿色生态合作组织（PGO）深圳年会、中国信息产业商会新能源分会长沙年会、第十届国际太阳能产业及光伏工程（上海）展览会（SNEC），并首次参展第十一届亚洲太阳能光伏创新技术产品展览会。

公司在新能源光伏EPC总承包市场全力布局。结合各大钢厂全力推进绿色生态文明建设、转变经济发展方向、调整优化产业结构的实际需求，积极跟进屋顶分布式光伏项目，先后实施了宝钢股份金太阳（一期、二期）40 MWp、宁波钢厂20 MWp等十余个用户并网集中连片光伏发电工程；在国家重点扶持地区，结合国家政策导向及配额分布情况，先后承接了云南省昆明市石林石漠化区域农光互补光伏示范项目、浙江合大大悟四姑20 MWp农光互补光伏电站EPC总承包项目、贵州省安顺市关岭县新铺50 MWp光伏电站EPC总承包项目等10余个光伏发电项目；在风电领域相继承接了梅家山风电场、华电七台河七里嘎山风电场、贵州省纳雍县猔岭北风电场EPC总承包项目；加大新能源技术方案设计与系统集成能力的提升，充分发挥机电总承包壹级、电力设施承装（试、修）二级资质的优势，积极开拓光伏电站智能运维服务及其他新能源、环境治理项目施工技术和运作模式。

至2018年,公司在新能源领域从2015年的大型地面集中式光伏发电,发展到分布式光伏发电和山地风力发电项目,累计装机器量700 MW,足迹遍布云南、湖北、河南、贵州、内蒙古、上海、浙江、江苏、山东、山西等省市。从光伏设备制造商到项目资源开发方以及融资方等,建立了完善成熟的市场业务合作体系。新能源业务营业收入从2015年的4亿元发展到2018年的8亿元,成为能源环境工程公司的主业。

**【基建产业】**

2014年4月,公司营口项目部成功开拓营口忠旺铝业沿海产业基地二期开发建设市场,中标营口忠旺铝业有限公司60万吨/年高强度、大断面铝合金挤压型材及深加工项目厂房工程施工总承包,先后承接A1、B1、A2、B2、A4五个厂房的建设任务。同年12月,福欣特钢项目部打开漳州旗滨玻璃有限公司建安工程市场,承接原料加工中心土建及钢结构制作安装工程。

2016年,公司先后承接营口忠旺铝业一期第九标段熔铸车间与整流所项目、广东旗滨节能玻璃土建项目、武汉兴井钢材加工有限公司搬迁工程和昆山联德精密机械有限公司二期项目4个项目,其中昆山联德精密机械有限公司二期工程项目,是公司首次参与的双外资企业投标的工程项目。

2017年,公司成立基建事业部,负责公司基建项目的市场开发与项目管理工作,先后承接了江西亿维年产30万辆纯电动乘用车一期冲焊联合厂房、各类辅房办公楼新建工程等9项基建工程。2018年,先后承接了溧阳申特煤棚改造、信钢恒信汽车新材料轧钢工程、江西亿维年产30万辆纯电动乘用车六标段工程等多个基建项目。

截至2018年,公司基建业务遍布广东、福建、江西、辽宁、河南、江苏等省市,合同签约额从1994年的330万元增至2018年的7.3亿元。

**图4-4-11　贵州省安顺市关岭县新铺50 MWp光伏电站EPC总承包项目**

### 六、精神文明建设

公司围绕施工生产经营中心，注重两个文明建设一起抓，针对不同时期的主业定位、工作重点开展党建和企业文化活动，在公司“立、强、固、破”各个发展阶段形成有特色的企业文化，对内增强了凝聚力，对外打响了企业品牌，塑造了良好的企业形象。

公司连续多年被评为上海市文明单位，公司工会获评全国安康杯竞赛（上海赛区）优胜单位、上海市模范职工之家；多个班组先后获得上海市青年突击队、上海市红旗班组、上海市工人先锋号、上海市团队创先特色班组等荣誉；王元喜获评上海市劳动模范，张任涛获评上海市新长征突击手。公司女职工蒋苏娟代表中国队参加第六届远南残疾人排球比赛运动会获得冠军，这块金牌是当时中国在远南运动会三大球类比赛中获得的唯一一块金牌。

## 第六节　上海宝冶工程技术有限公司

上海宝冶工程技术有限公司（简称工程技术公司）为宝冶全资子公司，现已发展成为集检测监测、装备制造、节能环保、新型建材、专业工程于一体，提供科研、设计、施工全过程系统服务的工程技术服务商。公司拥有国家级认可实验室、上海市企业技术中心、上海市科技小巨人培育企业、上海市专利工作示范企业、中冶检测与监测中心等。公司位于上海市宝山区庆安路 77 号 4 号楼。

图 4－4－12　工程技术公司办公场所

## 一、公司历史

1979 年 1 月 6 日，十九冶分指挥部成立科技处中心试验室。成立初期，主要从事宝钢一期工程建设材料检测业务。随着宝钢工程建设不断推进和发展，中心试验室相继增加化学检测、无损检测、耐火材料检测、地基结构检测等检测业务。

1989 年 12 月 20 日，为加强建筑设计与压力容器检验工作，中心试验室与设计室合并，成立建筑设计研究所(直属宝冶)，实行独立核算，自主经营，面向社会技术开发，主要从事工民建设计、工程地质钻探和测试、压力容器检验和各种无损检测、结构和应力测试、建筑材料及半成品检验、焊工培训等业务。

1992 年 4 月 10 日，根据工作和业务拓展需要，宝冶建筑设计研究所更名为科学技术设计研究所，原机构、人员、经营范围不变。

1993 年 2 月 23 日，恢复建筑设计研究所名称及印章，与科研所一个机构、两个名称。1997 年 11 月 6 日，建筑设计研究所更名为宝冶设计研究院。

1998 年 8 月 15 日，根据工作开展需要，成立宝冶工程技术公司，公司主营范围：压力容器检验及无损检测、桩基检测、工程勘察、建材检化验，起重机械安全检验、设备管道防腐、房屋检测及加固、阀门修理及安全阀效验、焊工培训；兼营钢结构制作安装。原上海宝冶设计研究院上述业务范围的机构部室和人员划至工程技术公司。

1998 年 9 月，宝冶承担厦门国际会展中心大型公用建筑项目，公司负责该项目的综合检测工作，这标志着公司业务由冶金领域开始走向民用建筑领域，为拓展民用建筑市场综合检测业务打下基础。

2000 年 4 月 7 日，为适应上海市工程建设对外检测资质管理要求，宝冶中心试验室更名为宝冶设计研究院检测站。2001 年 12 月 11 日，因企业产业结构调整的需要，注销宝冶工程技术分公司。

2002 年 7 月 5 日，因资质管理要求，重组上海宝特实业公司(注册资本金 80 万)，以增加投资和资产重组方式，增资 920 万元，成立具有独立法人资格的宝冶工程技术公司。同年 8 月 1 日，正式作为宝冶全资子公司挂牌运作，注册资金 1 000 万元。经营范围，主要从事各类无损检测工程，建筑工程质量检验，房屋质量检测，压力容器、压力管道检验加工及安装，金属结构件制作、加工、安装，管道设备防腐保温、喷涂、热处理，建筑防水、化学灌浆，各类仪器安装、检修，新型建材制造及批售，焊工培训，建筑工程设计咨询等业务。

2003 年 6 月，工程技术公司将原宝冶建筑设计研究所下属企业科友新型建筑材料厂组建变更为新型建筑材料厂，从事 BY 系列灌浆料、轨道胶泥、耐热砂浆料、套筒灌浆料、造型砂浆、赛道喷射料等新型建筑材料的研制、生产、销售等业务。同年 7 月 9 日，为满足建设部有关资质管理规定要求，宝冶与工程技术公司各出资 75 万元，将宝冶设计研究院，改组为上海宝冶海顿工程有限公司，独立从事建筑工程总承包、建筑工程设计咨询等业务。上海宝冶海顿工程有限公司与工程技术公司合署一套领导班子。

2007 年 2 月，上海宝冶海顿工程有限公司并入宝冶后，宝冶设立工程设计中心，与工程技术公司正式分离。

2008 年 1 月，为适应精密装备制造产业发展需要，充分发挥焊接技术优势，工程技术公司成立装备制造部，后改名为装备制造厂，主要从事非标设备研发制造、高温冶炼设备研发制造、精密钢结构制作、整机一体化设备制造、核能精密部件设备制造、装配式住宅 PC 构件制造等业务。同年 6 月 12 日，工程技术公司变更为宝冶工程技术有限公司，经营范围及股权结构保持不变。

2010 年 6 月 2 日，因发生产权变动，工程技术公司股东进行增资，变动后注册资本为 2 500 万元，股东为宝冶，持股比例 100%。

2012 年 12 月，根据经营业务发展需要，公司相继增加建筑业特种工程施工，普通机电设备安装，在节能材料、建筑能源审计、能效测评、合同能源管理、建筑节能技术领域内从事技术开发、技术咨询、技术转让、技术服务等业务。

2015 年 3 月，为进一步实现企业转型升级，推进新兴节能环保产业深入发展，公司整合成立节能环保服务部门，后改名为节能环保分公司，主要从事高性能水泵节能改造、风机节能改造、工业废水处理、工业废气脱硫脱硝、固废土壤修复等业务。

2016 年 4 月，根据华南市场开拓及经营需要，公司成立华南分公司，负责宝钢湛江钢铁内检测检修业务的日常承揽经营及两广地区的市场开拓工作。

2016 年 9 月，因马来西亚联合钢铁（大马）集团公司钢厂建设需要，工程技术公司在马来西亚关丹工业园区成立马来西亚检测站，主要负责新建钢厂原材料、钢结构、桩基等综合检测业务。

2018 年 7 月 12 日，根据市场检测业务布局规划，公司组建成立华中分公司（周口检测站），主要负责华中区域检测市场开拓业务。9 月 18 日，公司成立首家国家级认证检测机构——上海宝冶雄安检测中心，“宝冶检测”正式进入雄安新区检测市场。10 月 18 日，公司在江苏泰兴黄桥经济开发区组建成立新型建筑材料厂泰兴分厂，并与江苏泰兴苏冶建筑材料公司达成战略合作协议，进一步深化和拓展“BY”新型建筑材料的新技术和新市场。

## 二、组织机构

截至 2018 年底，公司机关设有办公室、经营管理部、计财部、人力资源部、技术研发部、市场营销部、物资管理部、工程管理部、安全管理部、检测站、党群工作部（党委办公室）、监察部（纪委办公室）、党委宣传部、党委组织部、维稳办公室 15 个部门。下辖地基结构检测部、材料检测部、钢结构检测部、房屋质量检测站、检修技改部、装备制造厂、新型建筑材料厂、焊工培训中心、节能环保分公司、工业工程事业部、建筑工程事业部、华南分公司、华中分公司、马来西亚检测站、雄安检测中心 15 个单位。

## 三、职工队伍

截至 2018 年 12 月，在岗合同制员工 173 人，其中女员工 43 人，人员构成主要结构如下：

30 岁以下 55 人，31 岁至 35 岁 38 人，36 岁至 40 岁 31 人，41 岁至 45 岁 21 人，46 岁至 50 岁 17 人，51 岁至 55 岁 10 人，56 岁以上 1 人，平均年龄 35 岁。

博士研究生 2 人，硕士研究生 9 人，大学本科 91 人，大专 28 人，大专以上学历占在岗员工 75.14%。

教授级高级工程师 8 人，高级工程师 22 人，高级经济师 1 人，高级政工师 1 人，中级职称 66 人，中级以上职称占在岗员工 56.65%。

注册一级建造师 21 人（其中，机电工程 5 人，建筑工程 15 人，市政公用工程 1 人），注册造价工程师 5 人,注册岩土工程师 2 人,注册结构工程师 3 人,注册安全工程师 1 人。在岗项目经理 7 人,技术负责人 14 人,项目关键岗位 129 人(其中,施工员 33 人、安全员 48 人、质检员 28 人、材料员 1 人、资料员 3、机管员 2 人、计量员 4 人、统计员 3 人、造价员 7 人)。职能部门 45 人。

工程技术公司其他方式用工人数 330 人。

## 四、技术装备

### 【技术资质】

公司自成立以来,坚持以科技创新引领企业发展理念,深入开展技术攻关和科技创新实践,不断提升宝冶技术的资质品质,科技创新成为促进企业创新发展的“助推器”。2002 年 4 月,被国家合格评定认可委员会评定为国家认可实验室。同年 10 月,获国家科技部颁发的科技经营许可证书。2006 年 10 月至 2018 年,连续被国家评审认定为高新技术企业。截至 2018 年底,公司拥有国家级认可实验室、中冶检测与监测中心、上海市企业技术中心、上海市科技小巨人培育企业、上海市专利工作示范企业、上海市著名商标企业,具备国家计量认证、国家认可检测和校准试验认证、建设工程质量检测、房屋质量检测、特种设备检验检测 A 级、建筑工程司法鉴定、产品质量鉴定、钢结构制造安装、环保工程专业承包、机电设备安装专业承包、特种专业工程专业承包等 30 余项专业技术资质,掌握并具有工程检测与监测技术、装配式住宅连接配套技术、“BY”灌浆料系列产品研发制造、节能环保新技术、高端装备制造技术五大核心技术。

### 【科研成果】

公司作为国家级高新技术企业,每年要承担大量国家、部(省)级科研项目和相关行业及国家标准规范编制任务。截至 2018 年底,累计申报知识产权 141 项,其中发明专利 64 项、软件著作权 2 项;拥有知识产权 94 项,其中发明专利 31 项、软件著作权 2 项;累计编制形成企业标准 12 项、企业工法 10 项、部级工法 6 项、国家级工法 1 项;参与编制团体标准 2 项、行业标准 3 项、地方标准 1 项、国家标准 4 项;主编国家标准 1 项;先后获国家、省部级、中冶集团等优秀发明专利奖和科技成果奖共 40 余项;专业技术及科技研发成果累计转化为生产技术服务 30 余项,有力促进企业产业发展和经济效益提高。

### 【产学研融合】

公司致力推进产学研高度融合,充分利用高等院校的人才、实验平台优势,围绕工程领域相关课题和关键技术展开合作研发。2002 年以来,先后与同济大学、中科院上海应用物理研究所、上海交通大学、华东理工大学、厦门大学、上海材料研究所等高等院校和研究院所建立产学研合作关系,取得一系列科研和技术创新成果。公司还与上海应用技术学院合作成立“工程试验中心”,与上海海事大学联合成立工程技术联合实验室,开展联合课题攻关和技术实验,实现技术创新效益最大化和集约化。

### 【机械装备】

截至 2018 年底,工程技术公司拥有固定资产原值 2 612.15 万元,净值 672 万元。各种机械设备 886 台(套),其中运输设备 10 台,施工生产设备 245 台,检测设备及仪器 255 台。

## 五、业绩特色

**【创新经营发展模式】**

公司成立初期，主要是围绕宝钢一、二、三期工程建设，具体从事建筑材料检测、钢结构无损检测、耐火材料检测、压力容器检验、冶金结构和应力测试等检测监测和评估试验业务，为宝钢建设提供检测服务和技术保障，属于计划经济体制机制下指令性生产经营方式。

随着宝钢工程建设任务相继完成，企业面临全面走向市场，在市场中求生存、求发展的严峻考验，迫切需要企业转换经营发展方式，改革经营管理体制和机制，从计划经济生产经营方式转向以经济效益为中心的市场经济导向上来，更好适应市场发展变化需求。1999 年，是公司全面走向市场的一年。公司在制定企业经营发展策略上提出以市场为导向，突出经营中心地位，调整经营职能，充实市场经营力量；建立经营激励机制，明确企业市场定位和市场开发重点，全力开拓国内和海外两个市场，制定企业对外经营目标，分解任务，明确责任，对经营部门和经营人员实行承包责任制，不断促进市场开发力度和经营效率提升。

进入 21 世纪，随着企业市场化改革的深入推进，公司已基本形成检修协力产业、工程检测产业、新型建材产业、特种工程产业、工程设计与咨询产业等五大产业板块共 21 类核心技术，企业的综合技术实力和市场竞争力得到明显增强。为进一步寻求新的经济增长点，提高企业经济效益和经营素质，全面增强企业创新能力和核心竞争力，公司在制定企业“二五”规划中明确提出“二五”期间经营发展战略：一是创新提升，推进实施观念创新、战略创新、模式创新、功能创新、结构创新、管理创新、技术创新和文化创新，加快实现盈利能力、抗风险能力、销售能力、管理能力以及利用资源能力提升；二是做大做强，精心打造五大产业，做大产业规模，以行业前排企业为标杆，减小差距，提升产业发展竞争力，将公司打造成全国行业内领先的工程技术服务企业；三是以人为本，不断优化人才梯队建设，提高员工待遇，为员工提供广阔成长发展空间；四是和谐发展，通过 5 年乃至更长时间的不断努力实现企业发展目标和企业愿景，达到社会、企业、员工三方满意，推动企业健康、稳定、可持续发展。

2010 年以来，为进一步巩固和发展企业“二五”规划建设成果，立足公司长远发展，优化产业结构，实现公司持续、健康、和谐发展，在编制形成 2011—2013 年三年发展规划纲要中对企业今后三年经营发展战略做出规划和设计，提出以技术创新为先导，全面整合成套技术服务能力，加强新技术、新产品、新能力培育，拓展业务口径，优化产业结构，提高盈利能力，不断增强核心竞争力和可持续发展能力，把企业打造成为具有鲜明产业特色、独特商业运营模式、国内一流的集科研、设计、施工全过程系统服务的技术服务商。实现路径采取做优做强检测监测、检修技改产业不动摇，持续提升和深化以工程技术服务为核心主业，以装备制造、新型建材、加固施工为战略性多元业务的“2＋3”组合发展模式，并在国家产业结构调整中积极捕捉机遇，发现快速增长的业务领域，孵化培育具有高附加值的新产业。坚持“区域经营、技术创新”战略不动摇，在满足“布局合理、市场可控、技术互补、产业延伸”四项原则的基础上，有选择、有原则地积极参与新领域新市场介入，推动企业加快向高技术创新型发展方向迈进。

2016 年，公司在制定的“四五”规划中明确提出，企业经营要以贯彻落实新发展理念为牵引，将推进企业实现高技术高质量发展放在优先方向，立足企业高技术、专业化优势，坚持走谋求攀登高端市场、高端科研项目、高端装备、高端人才的创新发展之路，创新推进传统技术品牌向高新技术品牌转化、冶金技术行业向民用建筑领域转型、国内优势市场向境外新兴市场拓展、传统营销方式向"互联网+"模式转变，推进形成以工程检测监测为核心，装备制造、节能环保、新型建材等新兴产业为重点，专业工程产业为支撑的产业发展新模式，全力打造具有鲜明产业特色、独特商业运营模式、强大产业链竞争优势的国内一流工程技术服务商，努力将公司塑造成为"五大产业发展竞相添彩、经济运营质量亮丽精彩、科技创新之路推新出彩、专业服务品牌频显亮彩、企业文化建设绽放异彩"的"五彩"工程技术发展新形象。

表4-4-3 工程技术公司主要经济指标完成情况

| 时 间 | 合同签约额(万元) | 营业收入(万元) | 利润总额(万元) |
|---|---|---|---|
| 2010年 | 20 006 | 25 011 | 2 854 |
| 2011年 | 32 329 | 34 503 | 3 200 |
| 2012年 | 32 515 | 31 101 | 3 041 |
| 2013年 | 25 068 | 31 018 | 2 903 |
| 2014年 | 33 363 | 32 134 | 3 109 |
| 2015年 | 56 314 | 38 610 | 3 333 |
| 2016年 | 69 748 | 42 749 | 3 591 |
| 2017年 | 81 307 | 50 535 | 3 597 |
| 2018年 | 81 593 | 71 074 | 3 508 |

### 【优化经营管理方式】

公司以创新的思维和举措，不断进行管理思路、管理方式、管理制度、管理体制等方面的变革和创新，进一步完善企业内部各类资源配置方式，优化整合各生产经营要素资源，改革效率低下、运转不畅的管理形式，健全灵活高效、快捷有序的经营管理运行模式，从而形成一套适合现代企业经营运行特点、适应市场发展需求的企业管理体制机制。

公司成立初期，在计划经济体制下，企业经营管理实行指令性计划安排和平均分配制度。进入20世纪90年代，公司逐步走向市场，企业经营管理努力适应市场经济发展规律要求和市场经营发展需要，相继推行部门、车间、班组承包责任制，实行计件取酬和岗位绩效工资制，建立岗位聘任制和经营管理者竞争上岗等管理制度，有力促进企业管理质量和效益不断提高。

1999年，公司开展以质量管理体系建设为重点的质量管理工作，研究制定质量管理工作规划，明确以贯彻ISO9002质量管理体系标准为核心，以施工生产质量管理过程控制为重点，进一步健全质量管理体系，严格落实质量管理责任制，加大质量标准执行力度，确保工程施工和产品质量全面达标。

2000年，为适应市场需要，进一步优化和调整公司管理结构和管理体制，推进二级公司管理层与劳务层分离，建立以合同为主线，以项目部为主体，内部劳务、材料、机械供应市场为资源的工程项目施工管理运行机制，使项目部真正成为企业成本中心，公司真正成为利润中心，有效解决企业管理层次过多、经营权与财权过于分散、控制企业经营风险降低的问题。

2003年，公司首次通过ISO9001-2000质量管理体系认证，将企业质量管理提升到新的阶段，确保市场营销准入条件实现。

2005 年，公司在经过 ISO9001－2000 质量管理体系两年运行的基础上，又顺利通过 ISO14001－1996 环境管理体系、GB/T28001－2001 职业健康安全管理体系认证，完整建立"三合一"管理认证体系，有效建立起 PDCA 管理效果持续提升机制，使得企业管理更加科学化、制度化和标准化。

2008 年以来，为适应市场信息化发展浪潮，提升企业信息化管理水平，公司运用先进信息技术，相继开发建设内部办公系统、会议系统、人力资源管理系统、合同管理系统、财务管理系统、对外信息发布系统、网络营销系统、ERP 检测管理系统等信息化管理系统，并重视运用现代信息技术和大数据分析手段，加强对项目经营运行信息及资源收集和集中动态管理，建立畅通高效的信息资源互联互通网络，有力提升企业管理科学化、信息化和专业化水平。

2016 年以来，为实现企业高技术高质量发展，公司坚持以管理创新为导向，以全面提升管理服务质量为目标，着力优化管理方式，完善管理制度，创新管理运行机制，实现管理效益最大化。进一步强化营销体系建设，健全完善三大营销平台，建立大客户管理、集团内部协同、网络营销机制，更加有效抢占市场，赢得先机。全力加强风险管控体系建设，完善项目运行管控、资金预算管理等制度，建立项目评估决策机制、风险分类识别机制，规范招投标运作程序和资金使用审批流程，防止项目和资金管理风险隐患发生。全力开展服务提升体系建设，建立落实服务提升相关制度措施，每季度组织"红旗科室""服务明星"评选，有效促进公司职能部门服务能力提高。扎实推进项目管理标准化体系建设，推行实施项目扁平化管理，完善项目经营管理考核机制，提升项目精细化管理水平。主动对接宝冶推进平衡计分卡管理体系建设，从"四个维度"全面发力，全面推进管理体系创新升级和流程再造，深度利用"平衡计分卡"工具和"量本利"分析法，发挥绩效考核指挥棒作用，科学有效指导和促进企业经营发展。

**【展示创新发展成果】**

1. 推进"宝冶检测"品牌提质升级

检测监测业务是公司传统核心产业。作为国内知名的检测服务机构，不仅在传统专业工程检测、钢结构工程检测、特种设备检测、房屋质量检测等领域取得多项检测成果，而且主动适应检测行业新市场、新产业发展需要，学习借鉴国内外最新检测技术成果，探索具有地下综合管廊检测监测、司法鉴定评估、环保节能检测、地铁轨交施工运营检测等最新检测技术，加快推动"宝冶检测"这一传统品牌提质升级。从 1978 年 12 月开始，公司先后承接参与宝钢一、二、三、四期炼铁炼钢高炉及配套设施、浦钢搬迁罗泾工程、宝钢湛江钢铁工程等冶金类检测项目。进入 21 世纪，公司先后承接厦门国际会展中心、新疆独山炼油和乙烯工程、国家体育场(鸟巢)工程、上海迪士尼明日世界钢结构工程、贵阳轨道交通 2 号线工程、西安丝路国际会议中心等民建类检测项目、北京冬奥会雪车雪橇项目等；同时，还先后承接上海青草沙水源地工程、上海市区县部分校舍抗震安全鉴定、上海罗店大型居住社区工程、延吉城市地下综合管廊工程、江苏盐城法院司法鉴定等民生类检测项目，充分展示"宝冶检测"技术实力和品牌影响力。

2. 推进装备制造业迈入中高端水平

公司重视培育和发展高新技术产业，致力开拓和发展高端装备制造产业，培养新的市场增长点，推动企业发展实现量的提升和质的飞跃。2007 年，公司承接芬兰科尼起重机制造端梁配套设备项目，由此开启了非标装备和精密装备制造新篇章。从 2012 年开始，与中科院上海应用物理研究所达成紧密战略合作关系，先后承接制造 TMSR 熔盐制备及纯化样机、基盐制备高温反应器及关键设备、质子主环、中子源靶体维护拖车系统、四代核能熔盐反应器等核能设备;与上海航天智造、南京航天晨光等研究制造自动转运平台车架、桁架机器人等自动化设备;与日本松下、日本三菱、英国多门朗、芬兰科尼等公司开展合作,先后制造松下机器人、三菱出渣机、桁架式双翼跨海架桥机、MPW 起重机端梁等设备,向世界展示“中国制造”的实力。

3. 推进节能环保新产业蓬勃发展

公司致力开拓节能环保市场新领域,强化节能环保新技术的产业化推广和应用,不断培育和发展新兴节能环保产业。成功承接首家上海梅山钢铁四、五号高炉循环水系统节能改造项目,节能环保新兴产业快速发展。从 2015 年开始,先后承建梅山钢铁循环水系统改造项目、柳州钢铁除尘改造项目、安阳中联海皇水泥高温风机节能技改项目、上海大场土壤修复项目、安阳钢铁脱硫脱硝项目、信阳钢铁球团干法烧结脱硫脱硝项目等一大批环保节能工程。2017 年 4 月,公司中标承建安钢焦炉脱硫脱硝 EPC 总承包项目,在钢铁冶金环保项目建设上具有标杆和示范性意义。安钢焦炉脱硫脱硝项目,主要采用国际先进、国内一流的活性炭—烟气逆流集成净化技术,在安钢 6 座焦炉附近建设 5 套烟气脱硫脱硝环保装置。该项目自 5 月初开工,到 10 月 12 日建设完成的 5 套烟气脱硫脱硝环保装置全部通过焦化烟道气排放达标测试,稳定实现焦炉烟气脱硫脱硝处理能力 14 万标方/小时至 18 万标方/小时目标,污染物排放含量达到国际标准,极大降低安钢焦化烟气污染物硫和硝的排放含量,有效满足国家对大气污染物特别排放限值标准要求。脱硫脱硝技术被《世界金属导报》评为 2017 年度世界金属工业工程十大技术要闻,受到钢铁冶金行业高度关注。

4. 推进“BY”新型建材走向海内外市场

公司重视加强对新材料技术开发和应用,致力深耕灌浆料系列建材新领域,积极研发新产品、开拓新市场,不断提升新型建材市场竞争新优势。从 1978 年开始,自主研制成功第一代 BY-40、BY-50、BY-60、BY-Ⅱ类等系列灌浆料产品。进入 21 世纪,对“BY”灌浆料实施以新技术、新材料、新工艺为主要标志的链式反应和性能升级改造,相继开发研制出 BY-80、BY-滤板密封料、BY-轨道胶泥、BY-管道压浆料、BY-套筒灌浆料、BY-造型砂浆等特种和专用灌浆料系列产品。“BY”灌浆料 30 余种系列产品已畅销美国、马来西亚、印尼等境内外市场,广泛应用于冶金化工、核能核电、轨道交通、装配式建筑等重大工程建设领域。2014 年,“BY”灌浆料被认定为上海市著名商标。2018 年,北京冬奥会雪车雪橇赛道需要开发研制适合北京赛道建设特点的专用喷射混凝土。公司研制成功具有优异功能品质和高标准技术性能的赛道专用喷射混凝土,获得国际奥委会权威机构一致通过认证。赛道专用喷射混凝土研制成功,创造了喷射混凝土配合比新的设计原理,掌握了结构混凝土质量控制新的核心技术,打破了国外对高强度喷射混凝土配方技术的垄断,并创新获得《一种喷射混凝土干混料》等三项发明专利。

5. 全力推进专业工程产业建设

公司坚持发挥高技术优势和产业集群特点,从 2000 年开始,相继承建宝钢酚氰废水系统技术改造工程、上海港六期检查桥工程、宝钢化工煤气系统升级改造项目、华鑫通国际度假酒店钢结构项目、陕西天宏瑞科光伏新材料产业化 BOP 项目、东方特钢原料场环保提升改造工程、中天钢铁料场封闭改造工程、湖北金盛兰原料场 EPC 总承包项目、吴淞国际客运码头钢结构制作安装项目、京沪高铁无锡站和常州站金属雨棚项目等一批重大专业工程,并收到业主的一致赞赏和好评。2008 年 5 月,承建的郑州新郑国际机场货运站改扩建项目,获评河南省安全文明工地、河南省建筑业新技术银奖示范工程等。2014 年 11 月,承建的北戴河科技会展中心项目,获评河北省安全文明工地。

### 六、精神文明建设

公司坚持以党的政治建设为统领，自觉将党建工作融入企业改革发展和经营管理中心工作，充分发挥党在国有企业改革、发展、稳定中特有政治优势，着力探索党建工作新方法、新思路和新举措，切实提高党建工作科学化、制度化、标准化水平，为推进企业转型升级和创新发展提供坚强的政治基础和思想保证。

结合公司实际开展“加强文化建设、提升服务质量”主题活动，通过“三亮”(亮个人身份、服务标准、岗位承诺)、“三比”(比作风、比服务、比业绩)、“三评”(自评与互评、客户回访领导点评、群众评议)等形式，不断提升服务质量和服务水平。用企业共同价值观凝聚员工爱企兴企的团队精神。公司还积极践行社会公益事业，长期开展社区志愿服务、公益活动、精准扶贫工作。组织员工主动为全国各地灾区、贫困地区中小学爱心捐款10余万元。

公司自成立以来先后获省部级以上各类集体荣誉30余项，自2004年开始连续14年获上海市文明单位称号，连续12年获评守合同重信用AAA等级企业；先后获联合国技术信息促进系统颁发的发明创新科技之星奖，获评全国建材标准情报信息网先进网员单位、全国安康杯优胜单位、全国模范职工之家、全国工人先锋号、上海市模范职工之家等；张凯班组获评中国五矿集团百强班组，节能检测研究室获评上海市三八红旗集体。公司在创新发展过程中，还涌现出许多先进典型和模范代表人物。廖建平获评宝钢集团1994年度宝钢重大科技进步成果三等奖；毛琪钦先后被授予全国工程建设系统优秀焊工、全国技术能手、上海市工人创新技术能手称号，2016年获评上海工匠、获上海市五一劳动奖章，2018年获百名网络正能量榜样称号。秦叶民、田猛在2016年上海市职工焊接技能比赛中分获金奖和铜奖。张庆雷、杨永江、原睿参赛团队在参加上海市装配式混凝土结构灌浆连接项目竞赛中，获2018年中国技能大赛(上海赛区)冠军。

## 第七节　宝冶工程物资设备公司

宝冶工程物资设备公司(简称物资公司)是从事工程项目甲供设备、甲供材料、码头接卸、大件运输、仓储配送、物资配供、外事服务、废钢回收，冶金基建工程项目的搬迁及项目的拆除处置，以及周转材料“技术＋租赁＋施工”、施工机械“智慧化＋租赁＋施工”等业务的综合性经营公司。主业定位为“资源配套型、技术服务型”专业公司，主要职能是“奋力打造服务最优、专业最精、主业最强的宝冶大物流国家队，擦亮宝冶物资品牌”。公司位于上海市宝山区铁力路2165号。

### 一、公司历史

**【物资公司起源之一——材料处】**

材料处主要负责宝钢一期、二期、三期工程以及宝冶承揽的其他工程项目用的所有材料的计划、采购、储存、运输、管理等业务，以及甲供材料的管理工作。

1983年3月21日，成立十九冶上海分公司物资供应公司，和材料处为双重职能机构，实行一套班子、两块牌子。

1984年4月5日，撤销十九冶上海分公司物资供应公司仍称为公司材料处。

图 4-4-13 物资公司办公场所

1987 年 12 月,材料处管理的预制厂、搅拌站划归机动公司,使机动公司具备混凝土搅拌、预制、运输等一条龙施工的综合生产经营能力。

1990 年 5 月,材料处储运科下属检修队划归检修公司。

1978—1983 年,办公地点在宝钢厂区纬一路近 6 号门;1983—1994 年,办公地点在宝钢厂区经四路纬五路。

## 【物资公司起源之二——设备处】

设备处负责宝冶承担的宝钢工程设备供应管理,涉及设备订货、到货、储存、检验、发货、现场服务等。主要经营资金来源是设备的运杂管理费。

1992 年 4 月,机械处的业务和人员划归设备处,同时根据业务需要,对外有时也称机械处。

## 【物资公司起源之三——机械处】

机械处对宝冶施工机械和非施工机械设备的固定资产实行全面管理。对机械设备固定资产进行计划、购置、运行、检查、维护、保养、修理、统计台账、报废等全过程管理。下设设备科、技术科、备件科、储运科等科室。

1987 年,宝冶拥有施工设备总台数 4 233 台,固定资产总原值 11 498 万元,固定资产总净值 7 264 万元,固定资产总功率 100 393 千瓦,全员技术装备率 6 428 元/人,全员动力装备率 6.4 千瓦/人,机械系统职工有 3 057 人。在保修机构方面,机动公司、特种公司各设一个专业修理厂承接大修任务,10 个工程公司和设备处、材料处分别设有专业保修工段或班组。

1992 年 4 月，机械处的业务和人员划归设备处，同时根据业务需要，对外有时也称机械处。

**【物资公司成立】**

1994 年 8 月 10 日，为适应市场经济和宝冶四元产业结构发展，将材料处与设备处合并成立宝冶物资公司，公司行使设备、材料、机械的管理职能。9 月 16 日，公司正式揭牌。

1996 年 10 月 8 日，物资公司更名为物资分公司。

1998 年，物资分公司更名为物资设备工程公司，同时对宝钢保留设备处名称。宝冶将物资设备工程公司的机械、材料管理职能划归宝冶总部机关并明确定位物资设备工程公司为经营性的二级单位，从管理型单位转变为经营型单位。

2000 年，物资设备工程公司更名为物资分公司。

2002 年，为了更好地整合资源、调配资源，建筑分公司所属的周转材料划转至物资分公司。

2003 年，上海宝钢冶金建设公司物资分公司更名为上海宝冶建设有限公司物资分公司。

2004 年 11 月，公司办公地点从果园克山路 214 号搬迁至月浦宝冶总部大院 9 号楼，公司租赁中心推行“大市场，小计划”的管理模式。

2005 年，公司新增废钢业务，二、三类材料集中采购供应，公司备件机械维修服务中心整体划转至宝冶机动分公司。

2009 年，物资分公司更名为工程物资设备分公司。

2010 年，上海宝冶建设有限公司工程物资设备分公司更名为上海宝冶集团有限公司工程物资设备分公司。为大力拓展民用建筑市场，宝冶采购了 45 台塔吊、升降机等施工机械，近 2 万吨钢管、400 万套扣件由工程物资设备分公司经营管理；宝冶将海外事业部的外事管理职能划转至工程物资设备分公司集中统一管理，针对宝钢开展外事管理业务；宝冶将采购中心的内外贸易业务职能划转至工程物资设备分公司。

2015 年，工程物资设备分公司更名为工程物资设备公司，简称物资公司。

2016 年 1 月 6 日，宝冶将华东、华南及以外区域的周转材料由物资公司集中供应及管理。

2017 年 12 月 25 日，公司办公新址从月浦乔迁至果园铁力路 2165 号。

## 二、组织机构

截至 2018 年底，公司有综合办公室/监察部、经营管理部、财务部、人力资源部、质量技术部、安全生产监督管理部 6 个管理部门，模架事业部、施工机械事业部、材料设备事业部/外事部、湛江事业部、物资配供部、长春龙翔项目部 6 个经营部门。

## 三、职工队伍

截至 2018 年 12 月，在岗合同制员工 71 人，其中女员工 18 人，人员构成主要结构如下：

30 岁以下 14 人，31 岁至 35 岁 13 人，36 岁至 40 岁 6 人，41 岁至 45 岁 9 人，46 岁至 50 岁 12 人，51 岁至 55 岁 12 人，56 岁以上 5 人，平均年龄 42 岁。

大学本科 43 人，大专 19 人，大专以上学历占在岗员工 87%。

高级工程师 5 人，高级经济师 5 人，中级职称 15 人，中级以上职称占在岗员工 35%。

注册一级建造师建筑工程 2 人、机电 1 人(分专业,如市政、装饰),注册造价工程师 1 人。在岗项目经理 1 人,技术负责人 4 人,项目关键岗位 28 人(其中,施工员 6 人、安全员 5 人、机管员 4 人、材料员 7 人、质量员 4 人、资料员 2 人)。职能部门 20 人(包含 5 位领导)。

物资公司其他方式用工人数 75 人。

## 四、技术装备

### 【技术】

为提高公司核心竞争力,适应市场发展的需要,公司技术人员围绕主营业务,在建筑施工机械、模板脚手架体系、工程材设管理、仓储物流等方面,以“技术引领创新、创新谋求发展”为原动力,积极实践。截至 2018 年底,公司通过开展各类科技研发项目,拥有了一批自主知识产权。形成的《Revit 环境下全现浇及装配式混凝土结构的铝模板三维配模技术》和《建筑工程模板及脚手架体系三维数字化设计技术研究与应用》,被上海市土木协会专家鉴定为具有国际先进和国内领先水平。获得专利授权 5 项、软件著作权 3 项。在技术基础方面形成企业标准 4 项,企业工法 5 项、参编上海市团体标准 1 项,并有多篇论文在《施工技术》《建筑工程技术与设计》等核心期刊上发表。

### 【装备】

截至 2018 年底,公司拥有总资产原值 3 471.14 万元,净值 1 005.57 万元。拥有大小型设备等资产 425 台(套),原值 2 526.45 万元,净值 789.56 万元。其中机械设备 53 台(套),原值 2 281.82 万元,净值 731.36 万元。

## 五、业绩特色

### 【市场开拓】

在宝钢工程建设时期,公司主要业务职能是工程材料、设备管理及配送,全程参与了宝冶承建的宝钢所有工程的材料设备管理及发送,与宝钢相关部门签订了长期供货协议。随着宝钢工程建设完成,公司经营业务急剧萎缩,公司及时调整策略,加大钢材贸易力度,并以宝冶承建的工程项目进行钢材贸易布局,在湖北武汉、江苏无锡设立贸易经营站点,并取得马钢 H 型钢代理资格,钢材贸易约为物资公司经营份额的一半;在周转材料与施工机械租赁方面,以华东、华中、华南三大区域为立足点,与宝冶相关区域分公司紧密联系,以获取租赁市场;在周转材料租赁中,由单一的出租向业务源头延伸,即以脚手架的搭拆带动租赁业务的扩展;积极采用新材料、应用新技术,先后购买盘扣、碗扣,并成立技术组研究科学合理的供料方案。

### 【管理创新】

1. 材料处

材料处自成立以来先后参加了武钢、马钢、攀钢、宝钢的建设,在这些重大工程建设中,除了发挥粮草先行的作用,保证工程顺利完工外,还以有效手段控制成本实现良好效益。

以前,材料采购人员总是认为“储备不怕多,就怕没有货”,采购时对单价和需求关注不足,造成库存物资大量积压,大量资金被占用。材料处组织相关人员走出去,到建工、华电、二十冶等单位学习取经，在内部广泛发动职工献计献策并进行流程管控，加强材料计划审核，仅从 1979 年 1 月—9 月，就审核了 21 项工程共 530 份施工预算，审核减少施工用钢材 1 200 吨、木材 700 立方米、水泥 140 吨；加强资金控制，把资金指标落实到相关科室及个人，改变了采购弊端。

材料供应系统一度机构庞大，供料人员达到 1 200 人，由于职责不清造成效率低下。材料处划定职责范围，明确责任对象，审核施工核算，编制材料申请计划，组织货源分配。为了保证材料供应走在施工前面，材料处实行一级供料，分级管理，两级设库，即材料处设总库，工程公司设分库，按区设站划片供应，在人员减少到 565 人时，供应链仍能快速运转。在供料中，材料处实行限额领料核算制度，工程公司供应科编制材料计划，按施工进度组织材料进场，并做好消耗统计；工程队材料员按施工预算限额领料并及时退料。在宝钢工程全程供料中，材料处审核了几百份进料预算，发现了近千个不合理问题，不仅及时消除了这些供应障碍，而且避免了大量损失。

自 1978 年宝钢工程建设开始到 1994 年被合并，材料处完成了宝钢一、二、三号高炉、2050 热轧及 1580 热轧、1550 冷轧、二炼钢的材料供应，其中，热轧、冷轧、二炼钢三个项目供应钢材约 32 万吨，电缆 5 019 千米，在这巨大的供应量中，由于设计问题、抢工期、图纸变动等原因，导致施工急需的许多材料库存没有，材料处供应人员以高度负责、不怕苦累、不怕烦琐的态度不等不靠，提出在不影响施工质量的前提下采用代替材料，代替方案提出后首先与施工单位研究可行性，再到设计院办理代替手续，为抢工期做出了贡献。

2. 设备处

宝冶设备供应管理工作在冶金部同行业中名列前茅，其中设备的储存与运输成绩尤为显著。宝钢三号高炉设备供应总量约 3.2 万吨，其中宝冶约 2.8 万吨(国内承担 2.6 万吨，国外引进 2 000 吨)。除高炉系统设备外，还有能源中心改造和供配电及通信设备。在宝钢三高炉设备供应中安全接运热风炉炉壳、高炉本体 1—4 段，及进口计算机、第四代冷却壁等设备 1.1 万吨(毛重)，并按工程节点需要及时将 7 000 吨(毛重)设备送往工地。特别是在大件与精密设备的运输保管中，成功地储运了 526 个超大件和高精密设备并节省设备运杂费数十万元。

储运重点是“两超一精”设备。两超即超重与超尺寸，一精即精密设备。在设备处供应的 2.8 万吨三高炉设备中，“两超一精”设备高达 72%。设备处从自身管理入手，运用全面质量管理方法，分析影响运输费用高的主要因素，抓住一次运输这一主要矛盾，对承制 4 000 余吨高炉本体设备的武汉冶金设备制造公司和承制 4 000 吨热风炉设备的渤海船厂等承制厂实行运费包干，消除了以往实报实销，水涨船高运费呈开口状的浪费现象，仅此一项就节约运杂费 30 万元，还通过提高自运量，择优择廉委托两超大件等措施节省了大量运输费用。在设备储存保管上，设备处率先在同行业中采用设备分级管理、分类堆放办法，运用 ABC 分类法和使用计算机管理，使宝冶的仓储管理成为冶金系统的排头兵。

3. 机械处

1991 年 8 月，机械处总结出单机管理的“十个落实”规律：一是操作规程落实；二是上岗培训落实；三是定人定机定岗位职责的“三定”落实；四是交接班制度落实；五是基础资料管理落实；六是保修计划落实；七是燃油消耗考核落实；八是合理使用油料落实；九是设备检查落实；十是安全管理落实。“十个落实”使基础管理工作和设备技术状况有了可靠的保证。特别是公司坚持长期抓红旗设备竞赛活动，全面地落实了“三基”工作(基础工作、基层工作、人员的基本功)，提高施工机械的服务质量。

宝冶专门发文《宝冶现场施工机械巡回检查管理办法》指导实施单机管理“十个落实”，要求建立两级公司巡检员队伍，由公司统一印发巡检员证件，授予巡检员必要的权力，包括有权对一切违章人员进行教育，有权制止一切违章行为，有权处理一切故障隐患，有权停止违章机械的使用直至下达停机令，有权直接进行经济处罚案。通过《办法》的有效实施，宝冶培养和锻造了一支素质较高的巡检员队伍。1980—1991年，宝冶通过抓节油管理，平均每年节约燃油50万升，1988年以后每年节约70万升以上，每年节约价值达50万元以上，在连续两届的上海市汽车节油赛中，宝冶获第一、二名各一次。

4. 物资公司

1996年，为使物资供应从根本上适应市场经济发展，宝冶要求物资公司从实际需要出发，尽快从单纯管理型向经营型转变，适应市场并占领市场。为了摆脱困境，公司抓住时机在管理体制和机制上进行改革，管理体制上由原一级管理变二级管理，下放权力。所承接的任务划分为指令性和非指令性两种，鼓励在完成指令性任务的同时多承接非指令性任务。在经营管理上，公司分为三个部分：一是对具有法人资质的三产、合资、联营企业实行自主经营、自负盈亏、承包兑现；二是对业务科室按其性质组成四个事业部，在公司的宏观管理下，对外开展经营活动，单独核算、自主分配，按额定上缴利润；三是机关科室对上述各有关单位进行管理和服务。遵循岗位责任制的原则，对工作、服务质量，服务态度严格考核，结合公司综合效益决定其分配。改革从1997年1月1日起实施。此后公司以材料、设备、储运3个事业部为第一层次，主要完成宝钢、宝冶指令性任务及物资公司对外经营的非指令性任务，这是物资公司增效的主渠道；以计划、财务、三办等9个管理科室为第二层次，主要服务于三个事业部和三资三产公司；三资三产为第三层次，主要在消化人员上做文章。

1999年，公司转变观念，完善"小机关、大事业部、能独立生存的子公司"的经营管理体制。设备事业部工作重点放在协助甲方从事"甲供设备"的管理，并要从中积累经验，以适应规范的工程总承包建筑市场的需要；材料事业部开始走贸易、运输、仓储、加工综合服务的道路；储运事业部则利用组成人员、场地、机具条件，以仓储为主，带动运输、加工及其他经营业务的发展，各事业部在扩大对外经营业务的同时，坚持做好宝钢和宝冶各单位的服务。子公司与联营企业，以独立生存和投资的原则进行管理。

2000年，公司从加大钢材贸易入手，紧跟宝冶承建的工程项目进行钢材贸易，在湖北武汉、江苏无锡、上海本部都设有经营站点，并取得马钢H型钢代理资格，取得钢材贸易试车通行证，与宝钢采购部签订长期供货协议。当时贸易支撑着物资公司经营的半壁江山，通过钢厂代订货、H型钢订货及市场销售、市场囤货销售、宝冶内部项目供应及外部市场销售、利用宝冶银行承兑汇票开展钢厂代订货定向销售等形式开展贸易活动。

公司加大周转材料与施工机械租赁力度，在周转材料及施工机械租赁中根据宝冶的经营战略布局开拓租赁市场，以华东、华中、华南三大板块为立足点，与宝冶相关区域公司紧密联系，以获取租赁市场。周转材料在传统租赁形式受到严重挑战，传统租赁资源受到激烈挤压的情况下，公司积极调整经营思路及经营方式，首先是向周转材料的源头拓展，即以脚手架的搭拆取代单一的材料租赁，在材料租赁领域尝试双包，承包上海真如A6地块脚手架搭拆。这是物资公司材料租赁迈出的第一步。在这个项目中基本掌握了施工队伍的管理、施工技术的应用、施工成本的测算，为后面开展相同业务储备了经验。其次，积极采用新材料、新技术，先后购买了盘扣、碗扣，并成立了技术组专门研究科学合理的供料方案及施工方案。施工机械租赁是公司2010年开始经营的一个新型产业，在没有管理经验、没有操作经验的情况下，选派专人到上海一建学习塔吊及升降机的安装、安全操作、巡检监督、隐患整改与定期维护保养等方面的经验和做法，并在浙江慈溪、江苏扬州、镇江、常熟等工地成功进行运营。在吉林省长春市龙翔项目 A、B 两个地块，需要投入 23 台塔吊、25 台升降机和 8 台物料机，机械租赁人员积极主动与总包项目部沟通，对塔吊基础预埋、安装、验收、使用、检查、保养等每一个环节都提前做好，有力地保证了施工顺利进行，多次受到总包项目部肯定和称赞。

除了在传统领域加大占领力度外，公司还尝试着向码头、仓储、物流领域进军，寻求业务合作。积极与湛钢物流部、资材备件采购部、投资部、工程设备部、财务部等部门密切联系，并获取宝钢物流部码头段运输业务、湛钢 80 万吨码头废钢水运接卸协力项目、建设期废旧物资处置、废钢回收及卸运业务等。在仓储物流智能化方面，公司与同济大学、安装工程公司、钢结构工程公司开展了技术交流，实现了基于条形码的数据共享与统一管理，通过条形码扫描可快速实现仓储物流数据采集和交换，实现了个性化查询和即时化状态显示，实现了对库存点菜式提货计划管理，借助手机微信平台实现了智能化提醒功能。至 2010 年，公司秉承“做优做强工程物资设备品牌，做好做实做细主营业务”的科学发展总体思路，从单一的传统管理型向多专业方向转变，逐步实现了管理最优化、效益最大化的发展目标，经济技术指标逐年攀升并超额完成。

公司在紧紧依托宝冶开展经营活动的同时，也积极采取走出去战略，经过前期努力，湛钢决定将建设工程所需 230 万吨资材及 68 万吨设备全部交由物资公司管理及配送，在这么短时间内完成这么大量的接运，公司在管理经验、组织协调、作业资源保障等方面全面受到巨大压力和挑战。通过有序的组织人员、机械、车辆投入，顺利完成了炼钢转炉本体、冷轧牌坊、热轧牌坊等超大件设备抵达安装现场，在设备运送中突破单月 2 万吨的历史纪录。与中科携手，签订了首批 91 件大件设备接运及发送合同，并成功将单体最长、最大、最重的塔体设备千吨百米长的“巨无霸”运送至安装现场，以强大的实力在宝钢以外的市场项目上亮相。

通过实施“物资贸易”“建筑周转材料”“施工机械租赁”“工程技术服务”四大转型发展战略，公司各项工作均实现较好发展。2014 年完成 16 922 万元营业收入、1 450 万元利润，2015 年完成

**图 4－4－14　公司接卸中国石化单体最长、最大、最重的塔体设备千吨百米长的“巨无霸”运送至安装现场**

8 594 万元营业收入、1 800 万元利润,2016 年完成 11 500 万元营业收入、2 000 万元利润,2017 年完成 9 000 万元营业收入、1 800 万元利润,2018 年完成 12 000 万元营业收入、1 500 万元利润。全员人均收入连续四年持续增长。

### 六、精神文明建设

在几十年的发展过程中,物资公司始终坚持抓好两个文明建设,组织开展"我是党员我承诺,我是党员我服务"活动,号召全体党员承诺做到"四先四优"(即工作优先、质量优先、服务优先、效益优先;学习优、作风优、素质优、品牌优),大力营造创先争优氛围,逐步形成了"服务提升、创新共赢"的文化理念和"认真负责、精干高效、诚信专业、服务一流"的经营理念,以"服务提升"展物资品质,以"创新共赢"树物资品牌。公司(含成立前的三个处)自成立以来,获得国家部委、省市荣誉 20 余项,其中 8 次获得上海市行业协会诚信企业荣誉称号,6 次获得全国设备管理优秀单位称号。公司党委被评为中冶集团创先争优先进基层党组织;公司租赁中心获评全国"安康杯"竞赛(上海赛区)优秀班组;公司二分会获评上海市模范职工小家;设备事业部女工集体获评上海市及上海市建设交通系统巾帼文明岗;公司团委获评上海市"五四"特色团委、"五四"红旗团委。

## 第八节　郑州宝冶钢结构有限公司

郑州宝冶钢结构有限公司(简称:郑州宝冶钢构)位于郑州市经济技术开发区金柳南路 55 号,是宝冶紧跟国家战略,为大力提升"宝冶钢构"品牌而在中原地区设立的控股子公司。钢结构基地占地面积 11 万平方米,工厂建筑面积 6.3 万平方米,建设五条钢结构生产线,其中三条现代化生产

图 4-4-15　郑州宝冶钢构公司办公楼

线，两条智能化生产线。公司聚焦钢结构行业，形成以装配式钢结构建筑为主兼顾中高端钢结构的产品定位，打造钢结构“研发、设计、制作、安装、围护”五位一体的专业品牌公司，提升品牌影响力；积极参与钢结构为主的总承包项目，提升公司钢结构系统集成能力；积极研发装配式钢结构建筑体系，提升企业的研发能力。奋力将宝冶钢构打造成一流的绿色钢结构系统集成服务商，使宝冶钢构成为国内领先品牌。

## 一、公司历史

2013 年 11 月 5 日，中冶集团与河南省政府签署战略合作协议，建设中原地区最大的重型钢结构生产企业，由中冶集团旗下领军企业——宝冶负责实施。

2015 年 4 月 20 日，宝冶与安阳钢铁集团有限责任公司、河南省国有资产控股运营集团有限公司合资成立“郑州宝冶钢结构有限公司”。注册资本金 2 亿元，宝冶持股 70%，安阳钢铁集团有限责任公司和河南省国有资产控股运营有限责任公司各持股 15%。

2016 年 11 月 10 日，土地摘牌成功。

2017 年 12 月 7 日，年产 5 万吨钢结构项目开工建设。

2018 年 7 月 19 日，宝冶正式提升郑州宝冶钢构为二级公司管理，正式成为宝冶钢构品牌的拔高者。

2018 年 12 月 30 日，郑州宝冶钢结构有限公司生产基地进行试生产。

## 二、公司发展定位

企业宣言：宝冶智造　钢领未来　通过智能化钢结构系统集成能力整体提升发展，统领钢结构未来发展。

企业理念：共源、共创、共享、共荣。

战略定位：奋力打造一流的绿色钢结构系统集成服务商，提升宝冶钢构品牌内涵，把宝冶钢构打造成最具竞争优势的钢结构行业领跑者。

区域定位：立足中原 面向全国 涉足海外。

产品定位：以中高端钢结构为主，以金属屋面系统为支撑的建筑钢结构系统集成。形成一主三辅钢结构、围护系统、设备制造、信息管理系统产品结构。

管理提升：提升“两化”系统，即提升制造智能化系统、提升工厂产品化系统。

发展理念：创新引领意识、整合共赢意识、质量服务意识和市场为大四个意识；品牌一流自信、技术领先自信、发展方向自信和团队文化四个自信。

## 三、组织机构

截至 2018 年 12 月，公司共有 12 个职能部室和 2 个研究院，分别是办公室/董事会办公室、企业发展和信息化部、财务部、合同预算部、工程管理部、质量技术部、安全管理部、人力资源部、物资设备部、党群工作部、市场营销部、制造管理部、钢结构设计研究院、钢结构技术研究院。

## 四、职工队伍

截至2018年12月,公司在岗合同制员工45人,人员构成主要结构如下:

30岁以下23人,31岁至35岁5人,36岁至40岁9人,41岁至45岁1人,46岁至50岁5人,51岁至55岁1人,56岁以上1人,平均年龄32.8岁。

硕士研究生3人,大学本科38人,大专3人,大专以上学历占在岗员工91%。

教授级高级工程师1人,高级工程师4人,中级职称9人,中级以上职称占在岗员工31%

注册一级建造师4人(其中:机电工程1人,建筑工程3人,),注册造价工程师1人。在岗项目经理2人,项目副经理2人,项目总工程师2人,项目总经济师1人,项目技术负责人2人,项目关键岗位12人(其中:施工员2人,技术员2人,安全员2人,质量员2人,材料员2人,造价员2人)。职能部门24人。

## 五、技术装备

**【技术】**

1. 钢构制造技术

(1) 空间弯扭构件制作技术:空间弯扭构件制造技术是在精确三维详图的指导下,通过材料展开放样、然后搭设与弯扭构件形状匹配的胎架,按照合理的工序,完成弯扭构件装配、焊接的成套技术。弯扭构件包含箱型弯扭构件、钢管冷弯、复杂超小角度斜交钢管、大直径厚壁钢管热弯成型。

(2) 重型复杂钢结构制作技术:重型复杂钢结构制作技术包含大型高炉框架、复杂箱型BOX柱、特大板梁(叠梁)、大型复杂结构节点、Q390E圆弧变截面超大断面吊车梁等重型复杂钢结构的装配、焊接、装卸车等制作技术。

(3) 高精度连接复杂钢结构制作技术:高精度连接复杂钢结构制作技术是采用空间法兰连接曲面钢管、全钢管法兰连接塔桅、高精度高强度螺栓连接钢结构模块化制作技术。

(4) AESS建筑外露钢结构制作技术:AESS建筑外露钢结构集承载和美观于一体的钢结构艺术品,已经逐渐的应用于国内多个机场、车站、展览馆(厅)、和游乐基础设施等当中。主要是通过控制原材料进厂质量,对原材料表面处理,结合钢结构构件的外露部位对其焊接形式或焊接部位进行优化,对清晰可见的外露焊缝进行打磨光滑,并通过成套的成品保护(制作过程中的保护、运输过程中的保护、安装过程中的保护)措施,更好地满足了建筑外露钢结构美观的要求。

(5) 钢结构基底处理与精细涂装技术、高固份厚浆型油漆涂装技术:高固份厚浆型油漆具有优良的耐水性和耐盐水性,具有良好的耐油性和抗化学品性,漆膜坚硬,具有优良的附着力、耐磨性、耐冲击等物理性能,漆膜一次成型可达500 $\mu$m以上。适用于高压水管内壁、化工设备、水下构筑物、码头钢桩、海上石油钻井平台、水工钢闸门、矿井钢铁支架、地下管道及其他腐蚀环境的钢材和构件作长效防腐涂层。

(6) 智能制造新技术研究:经过数次分析论证确定了宝冶钢构智能化建设方向,引进行业领先的智能化设备,开发一站式智能制造信息管理系统。智能化制造新技术研究领域包含高效焊接、零件分拣、组焊矫、钻锯锁、机器人装焊、物流控制、生产设备互联互通等。

2. 钢构安装技术

(1) 空间钢结构模块化施工技术：空间钢结构模块化施工技术是指将空间钢结构划分为多个组装单元，在工厂或安装现场进行模块化拼装后进行现场整体吊装的施工技术。空间钢结构模块化施工技术能够有效降低高空作业风险，缩短工程工期，为实现工程整体效益提高保障。

(2) 钢结构施工模拟、仿真分析与检测监测技术：复杂节点分析设计技术采用软件分析、实验模拟等手段对建筑钢结构的承载力性能进行计算分析，优化设计出符合建筑受力和便于施工的节点形式；施工工况模拟分析技术采用计算机分析软件对目标对象进行荷载分析、内力分析、变形分析、应力分析及稳定性分析，从而实现对施工全过程的仿真技术分析。

(3) 超高层钢结构建筑与大型高耸构筑物安装技术：超高层钢结构施工周期长、安装精度高，根据超高层钢结构的安装高度和构件的大小，选择合适的塔吊作为主要起重设备，在高精度测量技术的监控下，以极小的尺寸误差将钢构件逐层安装到位的施工技术。其关键技术主要包括：塔吊爬升与装拆技术、超高层钢结构施工全过程模拟分析技术、超高层钢结构测量技术与精度控制技术。

(4) 大型工业厂房钢结构安装技术：大型装配式工业厂房钢结构建筑，结构体系主要包括钢框架结构、钢框架—支撑结构、门式刚架结构，根据工程结构特点，科学划分安装作业段进行组织，构配件工厂化生产、现场机械化安装，根据构配件空间位置及重量，合理选择安装机械，利用三维空间精确定位技术高精度装配，实现大型工业厂房钢结构快速施工。

(5) 异型弯扭网架(网壳)结构施工技术：异形弯扭网架(网壳)结构形式复杂、安装精度要求高的特点，先将无序的异型结构在合理的边界条件下划分成易于施工的单元区块，并形成模块化的拼装和吊装工艺，在计算机工况模拟和高精度测量技术的配合下，完成异形弯扭网架(网壳)的施工。该技术的关键是如何巧妙划分基本拼装和吊装单元，使得整体上差异巨大的结构，在经过单元划分后，各个单体差异变得足够小，形成易于加工和安装的模块。同时利用计算机软件辅助确定构件控制点的三维坐标，以保证拼装和吊装的精度。

(6) 金属屋面系统设计施工技术：金属屋面系统设计施工技术集金属屋面系统设计、屋面板制造运输、现场装配安装为一体的综合技术。该技术通过优化的设计确定屋面系统的组成、材料和连接方式，以满足系统在隔音、隔热、防水等性能在内的建筑围护要求，并将辊压成型的金属屋面板与系统其他材料一起，在现场安装组成屋面系统的整体。

(7) 复杂条件下大跨度桁架组装提升技术：液压提升施工技术被广泛应用于大型构件的吊装，解决了超重钢桁架的起重能力限制、高空拼装焊接等施工难题，提升过程中在液压提升系统上设置压力传感器、行程传感器分别对提升器的压力、行程等进行反馈，通过液压提升系统反馈数据、全站仪跟踪测量数据、盘尺读数计算机协助数据三种方法的反馈数据进行分析比较，对液压提升整体同步性进行联动纠偏控制，从而保证了钢结构的安装精度，实现了大跨度桁架整体同步提升。

(8) 大跨度多轨道不等高逐步累积旋转滑移技术：大跨度多轨道不等高逐步累积旋转滑移技术采用液压同步滑移控制技术保证滑移的同步性、计算机模拟分析及仿真技术对施工全过程进行受力模拟分析和动画模拟、采用“沙漏”卸载控制技术、采用应力应变检测技术、球铰支座安装技术，广泛应用在体育馆钢结构安装中。

3. 钢构设计研发技术

(1) 钢结构设计研究院：PS 系统的设计能力；工业系统结构设计能力；大型结构设计中对重要节点或分部进行优化和分析能力；基于加工、安装等 BIM 技术；围护系统的设计能力。

（2）钢结构技术研究院：公建 PS 建筑技术研发；大型公建施工技术应用与研发；智能化管理应用与研发；高效制造技术（分拣、组焊矫、智能焊接）；围护系统的技术应用与研发。

（3）智能化应用与研发部：研究钢结构智能化设备及一站式信息化管理系统。

**【装备】**

公司主要装备 5 条钢结构生产线，其中 3 条现代化生产线，分别是装配式钢结构生产线、BH/RH 装配式建筑钢结构生产线、BOX/BH 钢结构生产线；2 条智能化生产线，分别是：智能化焊接机器人生产线（奥地利泽曼）、BH/RH 智能化生产线。在生产线中还有高端进口设备，如：钻锯锁联合生产线（意大利菲赛普）、板材加工中心（德国梅赛尔）、自动直条切割机（德国梅赛尔）；还有联合研制的智能化生产设备，如：智能 H 型钢组焊矫生产线（联合研制）、零件分拣系统（联合研制）。通过引进国外高端设备和自行合作研发智能化设备，钢结构智能化生产基地形成六大中心：

一是智能下料中心：零件智能高效下料设备，具有自动巡边、坡口、车铣钻孔、刻字划线、共线切割等功能，减少零件工序流转，高效实用；全自动直条切割机：一键启动，无人值守，自动定位校准，自动排距，自动切断，完成钢板主材下料。

二是部件加工中心：包括智能坡口机器人、条板坡口成型机和平面钻等设备，通过离线编程和 3D 扫描技术，自动完成各类坡口的开设。

三是智能配送中心：通过 3D 扫描技术，实现对零件的识别、100%检测、分类；通过 RFID 跟踪技术，完成零件指定工位的配送工作。

四是智能 H 成型中心：根据国内钢结构需求自行设计制造的 H 型钢成型生产线，可自动完成上下料、对中、组立、焊接、清渣、校正等工序。

五是智能型钢加工中心：包括三维钻及划线中心、数控锯床、锁口机器人等主要设备，通过软件优化型钢生产工序，自动完成车铣钻孔、四面刻字划线、型钢锁口等工作。

六是智能装焊中心：是国内首条钢结构装配焊接生产线，实现钢结构制造过程中最复杂工序生产的无人化。自动识别零件，自动校准装配位置、自动完成装配和焊接工作，较传统装配方式相比，可节约 85%的装配时间。

截至 2018 年 12 月，公司拥有常规生产制造设备 107 台（套），智能化生产线设备 23 台（套），其他生产设备 271 台，办公生活检测设备 428 台。

## 六、智能制造特色与亮点

宝冶钢构的智能化建设，不但要引进一流的智能化设备，做到硬件要“硬”，更要开发引进一站式智能化信息管理系统，做到软件更“强”，达到软硬深度融合目的，实现设计—制造—安装全过程数据链贯通。

1. 充分利用 BIM 数据指导生产：从 BIM（TEKLA、BOCAD、AutoCAD）中提取生产施工数据进行加工分析，自动进行材料套料生成材料需求、自动对生产的工作量进行分析、自动分析构件在生产过程中工序流程、自动形成推荐班组和设备任务计划，形成轻量化模型。

2. 实现构件生产施工全过程跟踪：充分利用现代跟踪技术（影像识别、RFID、二维码、条形）对材料和构件进行跟踪定位，确保材料和构件可追溯。充分分析构件在生产过程中流转速度，找出生产过程中瓶颈，及时进行调整保证生产通畅。充分结合质量检查，确保构件关键工序质检 100%执行，杜绝不合格品流到下道工序。攻克构件变更难关，定位构件状态、分析变更性质、人机交互确定变更方案，确保每根变更的构件得到合理的处理。

3. 以物联网为手段，实现生产设备的互联互通：收集设备运转参数，分析设备运转效率。实现设备与 BIM 直连，实时管理指令传输、加工进度收集。远程控制设备运转参数，确保设备运转过程中工艺参数满足标准要求。实时分析设备状态，确保设备安全运转。

4. 充分利用大数据技术工具：分析生产过程中设备运转参数、能源消耗、人工配比，与构件或工序形成匹配关系，为智能制造提供资源配置依据，并经过不断的优化使资源配置最优。结合 BIM，将施工过程中的各类数据包括材料、工艺参数、设备、人员、进度、质量等信息反馈至系统的轻量化模型形成每一个构件的身份证。充分分析生产过程中的成本要素，进行优化，可大幅降低成本。配置生产节拍、工艺参数、资源配置、制造能力形成生产仿真，实现自动排产。

# 第五章　事业部及其他机构

## 第一节　宝冶投融资事业部

宝冶投融资事业部（简称投融资事业部）是宝冶投融资类经营性项目的主责管理单位，是以投融资项目开发为核心，以项目公司管理为主线，将投融资类业务前端的市场开发、中端的项目实施、后端的项目运营融为一体，形成投、建、管、运四位一体的管控体系。

图 4－5－1　投融资事业部合影

### 一、公司历史

2014 年以来，随着国家对 PPP 模式的大力推广，PPP 项目进入一段快速发展时期。2017 年，宝冶提出打造一流的最具产业链竞争优势的全生命周期工程服务商目标，在这个目标指引下，建立完善宝冶投融资职能，并将这一职能转化为前可对接市场、中可利用资金、后可资本组合的竞争优势，是宝冶加快业务模式升级，实现管理创新的重要途径。

2016 年 3 月，为建立并完善投融资职能，深入探索、研究以资金撬动市场的 PPP 为核心经营性投资运作模式，建立健全投融资业务运营管控体系，宝冶设立投融资开发部。同年 10 月，为进一步优化资源配置，加强投融资集中管控，宝冶将投融资开发部与房地产事业部进行整合，整合后的名称为投融资开发部/房地产事业部。职能定位为：深入探索、研究以资金撬动市场、以投融资为核心的经营性投资运作模式，建立健全投融资业务运营管控体系；负责投融资类项目信息收集整理、跟踪及市场开发，组织项目可研报告的编制，对口中冶集团办理项目报批审核、备案；组织完成项目相关协议及合同签订工作；加强与基金公司、投资公司、保险公司、银行等金融机构合作，建立信息沟通机制，探索获取外部资源的模式，拓展投融资渠道；全面加强与建筑产业链条上游、中游、下游的外部相关方的合作，拓展市场信息渠道，包括政府、土地开发商、规划研究机构、施工合作方及运营管理方等；投融资类项目公司管理；项目开发与销售，保障性住房项目开发、结算与资金回收等工作。

2017 年 5 月，宝冶将投融资开发部/房地产事业部更名为投融资事业部，调整为事业部建制，进一步明晰其作为公司投融资业务的主体责任，并对相应的项目公司运营实施全过程管理。业务定位为：以投融资项目开发为核心、以项目公司管理为主线，承担部分职能部门的管理职责，作为职能部门全面负责投融资业务管控体系的建设，投融资类项目的风险管控、项目论证、立项审批、可行性评估及可行性研究报告编制、报批等；作为二级单位全面负责投融资类项目全过程的管理，主要包括投融资类项目的信息收集整理、跟踪及市场开发、合规性审查、投标、项目相关协议及合同谈判、签订工作，项目实施（包含项目公司发起设立与组建，项目资金筹集及项目建设、销售、招商及运营管理等）、过程监督、处置以及后评价工作的组织和执行，将投融资类业务前端的市场开发、中端的项目实施、后端的项目运营融为一体，形成投、建、管、运四位一体的管控体系。

**图 4-5-2　宁国城北新城综合开发 PPP 项目宁国中学迁扩建项目**

## 二、组织机构

投融资事业部下设综合管理部/党群工作部、财务部、投资管理部、融资部、项目管理部、成本合约部、设计运营部 7 个职能部门，另管辖常熟中冶宝润置业有限公司、上海中冶新域置业有限公司、慈溪中冶置业有限公司、上海中冶新月浦置业有限公司、绍兴中冶新域置业有限公司、上海中冶联杨置业有限公司、上海中冶凯程置业有限公司、镇江中冶宝润置业有限公司等房地产开发项目公司和南京浦口星宝建设发展有限公司、南京溧水宝冶城市建设发展有限公司、南京宝冶长桥建设有限公司、贵阳市宏源永盛轨道交通二号线二期工程建设管理有限公司、宁国宝冶城市建设有限公司、十堰宝冶城市建设有限公司、台州宝冶建设有限公司、巩义市宝冶城达建设有限公司、安阳宝冶文体中心项目管理有限公司、衢州宝冶体育建设运营有限公司、杭州宝冶城市建设发展有限公司等 PPP 项目公司。BT 项目青岛宝金蓝湾投资有限公司及珠海中冶置业有限公司于 2018 年划入事业部管理。2018 年 12 月,上海力博城市建设发展有限公司揭牌成立,归事业部管理。

## 三、职工队伍

截至 2018 年 12 月,在岗合同制员工 105 人,其中女员工 26 人,人员构成主要结构如下:

30 岁以下 31 人,31 岁至 35 岁 29 人,36 岁至 40 岁 7 人,41 岁至 45 岁 14 人,46 岁至 50 岁 16 人,51 岁至 55 岁 6 人,56 岁以上 2 人,平均年龄 37 岁。

博士研究生 2 人,硕士研究生 12 人,大学本科 75 人,大专 14 人,大专以上学历占在岗员工 98.10%。

教授级高级工程师 3 人,高级工程师 11 人,高级经济师 4 人,中级职称 30 人,中级以上职称占在岗员工 45.71%。

注册人员按专业分类:从事投融资策划人员 9 人,房地产策划人员 4 人,从事项目公司管理负责人 10 人,其他管理人员 42 人,从事房地产公司管理负责人 2 人,其他管理人员 20 人。职能部门 31 人。

投融资事业部其他方式用工人数 15 人。

## 四、业绩特色

**【投资阶段】**

根据项目评估条件及要求,提示项目风险,提出优化建议,编制可行性研究报告;拓展融资渠道,搭建融资平台。

**【建设阶段】**

加强与建筑施工合作方的沟通,组织项目建设管理工作。

**【管理阶段】**

以《项目公司管理手册》为指引,以"一图、一表、一计划、一方案"为管理核心,对项目全过程管理。

**【运营阶段】**

在设计阶段即加入运营理念,根据项目运营内容选择适合的运营模式。

宝冶积极开拓 PPP 市场,通过 PPP 的业务模式实现以股权带动施工、以资金撬动市场,获取"高、大、深、重、特"的项目,巩固提升市场竞争力和占有率,促进企业可持续发展。自 2016 年以来,事业部先后中标 PPP 项目 15 个，施工合同额 266 亿元，为宝冶在地铁轨道交通方面的业绩实现零突破，巩固了宝冶在大型场馆建设方面的业绩，成功开拓了市政公用工程市场，进入了文化教育、医疗卫生等业务新领域，主要业绩如下：

2016 年，南京浦口新市镇项目、珠海高栏港经济区平沙医院项目、郑州市中心城区地下综合管廊工程二七商业区 PPP 项目、贵州新蒲经开区标准厂房及附属工程建设项目、宁国市城北新城综合开发项目。

2017 年，南京长桥路东延秋荫路道路工程项目、贵阳市轨道交通 2 号线二期工程 PPP 项目、溧水区洪蓝新市镇综合建设 PPP 项目、台州路桥城区道路建设改造提升项目、十堰市武当路复线与三峡路工程项目。

2018 年，巩义市城区基础设施完善提升 PPP 项目、珠海市香洲区人民医院改扩建 PPP 项目、安阳市文体中心建设工程项目、衢州市体育中心 PPP 项目、富阳区亚运射击射箭现代五项馆及安置房建设工程 PPP 项目。

为完善审批决策制度，做好公司 PPP 项目的管理工作，规范引导公司 PPP 模式下营销业务的健康发展，防范项目风险，提升项目运营效率，促进实现项目管理预期目标等，事业部根据中冶集团发布的《中冶集团暨中国中冶投资管理制度》《中冶集团暨中国中冶政府和社会资本合作（PPP）业务投资管理实施细则》等文件要求，结合事业部实际情况，制定了相关管理文件：《对外投资管理制度》《上海宝冶集团有限公司政府和社会资本合作（PPP）项目营销指引》《上海宝冶集团有限公司政府和社会资本合作（PPP）项目营销管理规定》以及《项目公司管理考核实施细则》（管理行为考核）、《PPP 项目公司综合绩效考核实施细则》（管理结果考核）。除管理文件外，为健全项目公司管理体系，规范项目公司管理行为，提升项目管理质量和效率，投融资事业部编制了《项目公司管理手册》，内容涵盖项目投（融）、建、管、运等管理过程的全周期管理内容，指导 PPP 项目的实施，保障投资项目运营的安全性和收益性，对投资项目实施过程进行了专业的分项管理。

在房地产开发上，自 2006 年 12 月以来，宝冶先后在上海、江苏、浙江、河南等地开发七个商品房项目，总建筑面积约 108 万平方米；先后开发五个保障房项目，总建筑面积约 170 万平方米。宝冶房地产致力于为社会各界奉献品质、舒适的人居住宅，赢得了政府及广大业主的一致好评。

### 五、精神文明建设

投融资事业部党总支于 2018 年 3 月 27 日成立，事业部党群团工作紧密融入中心，努力打造“投融资”品牌，为“宝冶·家”文化贡献力量。

## 第二节　宝冶教育培训中心

宝冶教育培训中心（简称教培中心）是以承担宝冶职工岗位资格、任职能力、学历教育、技能等级提升培训任务为主的办学实体。教培中心既是宝冶人才学院，承担着宝冶经营管理、职能支持、专业技术、职业技能，各个层级的人才培养的任务，同时作为中冶集团职业学院，承担着中冶集团高级技师的培训教育。位于宝冶大院内 10 号楼，占地面积 6 493.2 平方米，教学行政用房建筑面积 4 375.2 平方米。

图 4-5-3　教培中心办公楼

## 一、发展历史

1978 年底,原十九冶教培中心人员陆续进入十九冶分指挥部,并于 1979 年成立分指挥部教育处。当时主要任务是解决分指挥部进沪职工子女入学问题,同时也解决月浦地区入学难问题。

1979 年,分指挥部电大辅导站成立,在校学生规模 200 人左右。

教培中心通过自办小学、合作办学以及委托办学、借调优秀教师等形式,不断加强职工子女的入学组织和教学工作。1981 年,教培中心成立十九冶子弟小学,在学校开办 4 年过程中,累计解决 300 余名职工子女的教育问题,该学校于 1985 年停办;对于中考和高考未录取人员,教培中心及时安排补习和复读。教培中心解决宝冶职工子女入学问题的工作一直持续到 20 世纪 90 年代中期。

1982 年,教育处与十九冶党校上海分校合并,成立十九冶分指挥部教培中心,抽调有专业知识和实践经验的工程技术人员和干部担任专职职工培训教师,承担公司职工教育培训任务。

分指挥部建设宝钢工程任务重,对员工技术水平要求又高,在长期没有招收新工人的情况下,分指挥部的技术工人形成青黄不接的局面,工人技术水平普遍较低,为解决职工的学历培训及继续教育问题,满足发展需要,结合全国成人教育工作会议精神,分指挥部陆续申请筹办职工电大、技校及中专。

为解决一线技术工人短缺的难题,1983 年 7 月,经冶金部批复成立十九冶上海分公司技工学校。1986 年，随着宝冶正式落户上海，教培中心也随之更名为上海宝钢冶金建设公司教育培训中心，技工学校则于 1987 年 4 月更名为上海宝钢冶金建设公司技工学校，于 1998 年停止招生。

1986 年 8 月，经上海市高等教育局批复成立上海电视大学宝钢十九冶分校，同年 9 月更名为上海电视大学宝冶分校，并于 1994 年停止招生。

1988 年 7 月，经冶金部批复成立宝冶职工中专学校，于 2000 年左右停止招生。

1989 年 3 月，中共上海宝钢冶金建设公司委员会业余党校正式成立，在宝冶党委的领导下开展对职工的政治思想教育培训工作，宝冶宣传部负责党校业务，教培中心配合策划和组织相关培训工作。

1995 年，上海市交通安全教育学校宝钢分部在教培中心成立上海市交通安全教育学校宝钢分部宝冶教学点，于 2007 年停止招生。

根据 1998 年 10 月 25 日中华人民共和国国务院令第 251 号《民办非企业单位登记管理暂行条例》和《上海民政局关于印发(上海市民办非企业单位登记实施意见)的通知》(沪民社非〔2000〕003 号)的要求，以及宝冶的需要，教培中心先后申请成立上海宝冶教育培训中心和宝冶职业技能培训中心两个法人培训机构。

2001 年 10 月 31 日，经上海市宝山区教育局和民政局批复成立宝冶教培中心。上海宝冶教育培训中心是上海市建委建筑施工岗位培训实施单位，是教培中心下设法人机构，主要培训项目有施工员、安全员、材料员、资料员、质量员等与建筑施工行业相关的岗位取证和继续教育，由教培中心培训部负责其相关业务。

2002 年 5 月，经上海市宝山区劳动和社会保障局批复，上海宝冶职业技能培训中心成立，由教培中心考核站负责其相关业务。同年，经安徽工业大学批准，教培中心与安徽工业大学职业技术学院合作成立安徽工业大学在上海地区的唯一一所校外实训基地：宝冶实训基地，由教培中心学历部负责其相关业务，并于 2011 年暂停合作。宝冶实训基地总共培养 740 名学员，其中建筑工程管理 636 人，机电一体化技术 104 人。

2003 年，教培中心更名为上海宝冶建设有限公司教育培训中心。同年，宝冶教培下设两个法人机构，上海宝冶教育培训中心更名为上海宝冶建设教育培训中心，上海宝冶职业技能培训中心更名为上海宝冶建设职业技能培训中心。业余党校更名为中共上海宝冶建设有限公司委员会业余党校。

为了提升宝冶职工的学历层次，为职工继续教育提供平台，2004 年经上海市教育委员会批复同意，哈尔滨工业大学宝冶教育培训中心现代远程教育学习中心(简称哈工大宝冶学习中心)成立，由教培中心学历部负责其相关业务。2017 年底，由于哈尔滨工业大学停止网络学历教育招生，哈工大上海宝冶学习中心也随之停止招生。

2010 年 5 月 13 日，教培中心更名为上海宝冶集团有限公司教育培训中心。同年，下设法人机构上海宝冶建设教育培训中心更名为上海宝冶教育培训中心，上海宝冶建设职业技能培训中心更名为上海宝冶职业技能培训中心。

2013 年 1 月 7 日，中冶集团决定，将中冶集团职业学院转设到宝冶，高级技师培训项目由上海宝冶职业技能培训中心负责实施。同年 5 月 27 日，宝冶业余党校正式更名为中共上海宝冶集团有限公司委员会业余党校，校址设在教培中心。

2018 年 3 月，经上海市教委批准成立武汉理工大学宝冶校外学习中心，由教培中心学历部负责其相关业务，同年 3 月开始招生。

## 二、组织机构

至2018年底,教培中心设有综合管理部、培训部、学历部、考核站4个部门,下辖员工招待所。

## 三、职工队伍

截至2018年12月,在岗合同制员工17人,其中女员工8人,人员构成主要结构如下:

31岁至35岁4人,36岁至40岁2人,41岁至45岁2人,46岁至50岁6人,51岁至55岁1人,56岁以上2人,平均年龄43.6岁。

硕士研究生2人,大学本科13人,大专1人,大专以上学历占在岗员工94.1%。

教授级高级工程师1人,高级经济师4人,中级职称4人,中级以上职称占在岗员工52.9%。

教培中心其他方式用工人数3人。

## 四、教学基础设施建设

教培中心拥有完备的办公设备和教学设施,拥有先进的网校教学平台,其中包括:多媒体教室16间,大小机房2间,用于教学与考试的计算机共110台;拥有叉车、电焊考试的配套机械设备和场地以及建筑行业中用于架子工、钢筋工、电焊工、起重指挥工等工种的配套学习和考试场地;用于管理考试纪律、培训情况和教培中心人员出入登记的监控系统以及用于网校平台课件制作、网络教学和网络直播的录播系统等。

## 五、教育培训工作

自1979年成立教育处以来,遵照中共中央、国务院《关于加强职工教育工作的决定》,结合建设施工单位的特点,教培中心始终围绕宝冶的施工生产需求以及企业的长远发展目标,以提高企业素质和职工队伍素质,使职工教育直接为宝钢施工服务,为企业技术进步服务,为提高经济效益服务,为“四化”建设服务,从而不断增强企业后劲和开拓、竞争能力。

20世纪80年代,由于职工素质不能满足现代化钢厂施工技术要求,因此为落实职工教育任务,在办学分工上主要采取了两种方式:一是采取三级办学:分指挥部抓提高,以教培中心为基地,组织初高中文化教育、技校、中专、大专教育和科干轮训;工程公司一级抓普及,组织技术工人的专业培训、技术补课和工长、班长的培训;工程队一级抓基层,组织岗位练兵,单项技术培训和扫图盲、电盲。二是采取系统办学:由有关业务处室牵头,对本系统的业务人员有计划地进行培训。办学过程中,坚持文化教育与技术教育相结合,特殊工种培训与普通工种培训相结合,委托外校代培与内部自培相结合,国内培训与出国培训、考察相结合。

分指挥部陆续开办了电视大学、电视中专、技工学校、业余学校、经济日报社人才开发函授部、十九冶分部和各种培训班,初步形成了一个从初等、中等到高等的多层次、多学科、多渠道、多种形式的职工教育体系。截至1986年5月,为宝钢建设培养了大批人才,举办了各种技术业务培训班597期,参加培训人数为25 283人,其中参加培训100学时以上的员工为2 175人;外语培训班19

期，参加培训人数为572人；技术、业务和管理知识讲座900余场，参加听讲人数达27 000余人；送出外培人数为782人；还选送了80余名工程技术人员和工人出国学习、考察；并培养178名电大毕业生和71名工民建专业的中专人才，大专以上人数占比已经由1981年的3.6%提升到5.4%，职工素质得到大幅提高。

教培中心成立初期，办学能力不能满足企业对员工学历层次及岗位能力的要求，故对外委托办班较多，从而大量选送在职职工至高校学习。20世纪80年代初，教培中心先后委托苏州卫生专科学校组织招收了二期护士班，共有20名女职工接受了三年的培训，解决了宝冶职工医院护理人员的紧缺问题；委托上海公安专科学院为宝冶在职保卫干部开办了一期保卫干部专科班；委托青岛建工学院办了两期大专建筑专业班；委托马鞍山华东冶金学院办了一期大专建筑专业班；委托复旦大学开办计算机软件专业班，共有20名员工接受了两年的培训；委托山东冶金学院开办了三期工民建专业中专班，共有71名员工培训了两年。为搞好校企合作，分指挥部还与同济大学签订了长期合作协议，协议中规定同济大学为十九冶进行智力开发、人才培养，并定期组织工程师进修，同济大学还派人来教培中心先后举办了建筑投标招标培训班、QC骨干学习班、特殊施工技术培训班等。

除大专班外，教培中心还委托西安建筑科技大学（原名西安冶金建筑学院）办了一期企业管理班和财会班（三个月）；委托华东师大办了一期英语班和一期日语班；委托哈尔滨工业大学办了一期企业管理班和一期工程硕士班；委托东北大学办了一期英语口语班和企业管理；委托天津建筑学院办了一期预算班；委托宝钢钢专办财会班、统计班、外语班以及宝钢职大等外培活动的组织。截至1986年5月，分指挥部共送出282人到各大院校学习和进修。

分指挥部在现代化建设中，首先开展管理人才现代化建设，加强干部培训，培养了一批能掌握现代化管理能力的人才，以适应宝钢建设和企业现代管理需要。截至1986年底，整个干部培训达到100学时以上人数占干部总数50%以上。

一是抓在职培训。以业余、半脱产和短期脱产形式。在宝钢建设初期，对广大领导干部和业务干部，普遍进行了施工管理、质量管理、安全管理、计划管理、财务管理、材料管理、劳动定额管理业务培训和新技术、新工艺技术讲座。

二是利用函授、刊授、电视进行教育。其中组织102人参加《经济日报》社经济人才开发部举办的现代企业管理函授教育，参加学习的绝大部分是中、青年科、处级领导干部和工程技术人员。

三是抓系统正规培训。通过办电视大学和电视中专，自己培养高等和中等工程技术人员和企业管理人员。电大招收前五届共计332名学员，设工科、文科和经济类，7个专业。为使电大教学更符合企业实际和宝钢施工需要，除学完电大规定课程外，教培中心还增开了一些课程，如本单位急需的土建专业人才培训课程，共培训了40余名土建专业的大专人才。

除领导干部培训，教培中心也十分注重工程技术人员的技术更新教育。20世纪80年代初期，为解决部分技术人员知识老化问题；同时因施工需要，教培中心组织液压传动学习班、TQC骨干学习班、特殊施工技术学习班、计算机技术培训班及网络计划技术讲座等。

经过1985年工调和工资改革后，工人技术等级有了很大提高，但工资级别与实际技术能力倒挂现象十分严重。因此，在职工“双补”（文化补课和技术补课）的基础上，教培中心积极开展中高级技术教育和高中文化教育，逐步形成一支以中级技术工人为主体，技术等级结构比较合理，具有较高政治、技术、文化素质的工人队伍。

1988—1990年间，教培中心共培训19 185人。其间，教培中心会同干部处用一个多月的时间，对宝冶16个单位的1 493名管理“十一大员”的岗位任职资格进行了初审和复审，经上海市审查，对

1 010 名干部颁发岗位合格证书;在二级公司配合下,审编了铆工、管工、气焊工、电焊工、结构吊装起重工、设备起重工、起重架工、车工、瓦工、钢筋工、混凝土工、油漆工、重型机械修理工、汽车修理工、汽车驾驶员、维修钳工、液压管道工、电气安装工、电气调整工等 22 个工种教学计划大纲,审定教材等;为解决岗位职务培训中专业教师不足的问题,通过积极工作,经教委批准,共组聘 211 人的兼职教师队伍。

1991—1995 年间,坚持职工教育为发展宝冶四元产业,加快四个转变,为宝钢二期、三期工程建设服务,开展大规模的岗位培训工人技能培训及继续工程教育,大力培养企业紧缺人才和跨世纪复合型人才。八五期间,累计培训职工约 4 万人,培训覆盖面达 98%以上,职工人均受培训 2.4 次/人。当时为适应全国的劳动工资改革,宝冶对全部工人进行初中高级工技术等级鉴定考核,制订各工种初中高等级应知应会标准。

通过职工培训,极大地改善宝冶职工队伍的技术结构,提高职工队伍的素质,促进宝冶生产经营的发展。截至 1995 年底,宝冶有各类技术人员 3 410 人,其中高级职称 60 人,中级职称 5 人。

1996—1999 年间,是职工教育培训工作全面启动"一全三百"人才培养工程(即培养一百名高级经营管理人才、一百名专业技术带头人、一百名高级技术工人),形成"三支队伍"(即一支文武兼备、素质优良的施工生产、经营管理人才队伍;一支高素质的高科技人才队伍;一支坚持党的基本路线、德才兼备的党政干部队伍)的人才培训时期,此时期教培中心培训的重点是抓好对复合型人才的培养,干部培训重点抓好工段长培训、岗位资质培训;工人培训同上海市职业技能考核鉴定管理接轨,搞好初级工升中级工、中级工升高级工、高级工升技师的培训,深化大工种培训。1998 年教职工峰值总数达 200 人以上。

1999 年 2 月,宝冶调整教培中心的机构、职责及定员编制,实现教培中心与宝冶主体的整体剥离,进一步明确教培中心定位,职责与权限范围,机构设置于定员以及运营模式。

1988—1999 年间,教培中心职工培训工作主要项目如下:

### 【干部培训】

施工项目经理培训、施工企业经理培训、外语培训、保卫系统岗位培训,处干、科干计算机应用技术培训,职业道德培训、系统政治理论教育、现代化管理方法培训、工程管理人员培训、三产管理人员培训、人事劳资干部培训、干部三门课(《电工基础》《机械制图》《数学》)培训等。

### 【工人培训】

班组长培训、初级工培训、中级工培训、高级工培训、大工种培训、富余人员转岗培训等。

### 【岗位培训】

开展所有十一大员培训,例如预算员、质检员、施工员、安全员、机械员、材料员、资料员、劳务员等,以及人事管理岗培训、计算机应用能力培训、全国职称外语等级培训、冶金部职称外语培训、初级工程管理人员培训、CAD 绘图。

### 【继续工程教育】

英语初、中、高级培训、计算机应用培训、钢结构防腐、外经贸培训、经济合同法培训、定额编写培训、新技术和特殊技术讲座培训、毕业三年内的大中专毕业生继续教育、TQC 普及和提高班、国际招投标培训、经理办公室人员培训班等。

## 【教材编写工作】

教培中心把培训教材的编写工作当作培训的重要内容来抓，组织有丰富实践经验和理论水平的专家和工程技术人员参加编写工作，出版包括《高级工制图》《施工企业班组长培训教材》《汽车修理》以及《电焊工》《气焊工》《安装钳工》等施工企业中高级技术工人培训教材一套共 14 本，《预算员》《计划员》等施工企业管理干部岗位培训教材共 10 本。1991—1995 年间在中国冶建协会职教年会发布论文 25 篇，获一等奖 3 篇、二等奖 2 篇、三等奖 4 篇，在全国有影响的杂志上发表论文 6 篇。

2000—2009 年间，教培中心职工培训工作以中高层领导管理能力和员工整体素质提升为重点，通过工商管理能力、项目经理取证/复证培训提升在职中、高层领导的管理能力；通过办公自动化、计算机网络技术、英语等通用知识培训提升全体员工的综合素质；通过 CAD、采购师、报关员、通讯员、配筋员、工序分包、会计电算化等培训提升专业技术人员综合实力；通过关键岗位和各工种取证/复证培训满足企业员工持证上岗的要求，这期间，共培训约 13 万人。

2010 年后，教培中心职工培训工作以逐步完善两级培训体系的构建为重点。宝冶层面着重关注中、高层理念性、提升性及系统性培训，二级单位重点围绕自身产业重点开展各类培训，打造“5＋2＋1”（“5”即经营管理类、职能支持类、专业技术类、项目管理类、作业服务类；“2”即新员工培养、骨干人才培养；“1”即建造师、造价师等注册执业资格取证培训）八位一体立体人才培训体系。每年各职能系统及分（子）公司各类专题讲座约 5 000 人，中高层管理人员和项目管理专项培训约 500 人，新员工培训、注册类职业资格取证等培训常态化。

## 【企业特色培训项目】

1. 双补指标超额完成

1982 年，根据中共中央、国务院《关于加强职工教育工作的决定》和中央五个部委发出的《关于切实搞好青壮年职工文化技术补课工作的联合通知》精神，结合分指挥部的具体情况，制定《青壮年职工文化、技术补课的暂行办法》，提出本单位“双补”的指标、进度、要求和具体措施，在各级组织的重视和领导下，在全体教育工作人员和学员的努力下，经过四年的奋斗，采取办补课班、岗位练兵和自学考试等多种形式。截至 1985 年底，文化补课合格人数为 2 419 人，占应补对象的 91%；技术补课合格人数为 2 854 人，占应补对象的 83.4%，均提前完成中央规定的高限指标。其中，文化补课由教培中心负责，技术补课由各工程公司、队负责。在“双补”的基础上，教培中心还开展高一层次教育，例如高中文化补习班，每年办班规模均在 100 人以上，截至 1985 年，组织 163 名青壮年职工学习高中文化。

2. 质量管理培训

为加强质量管理，1986 年之前，质量检查处举办 QC 学习班 183 期，有 8 425 人接受质量教育，教育面占职工总数的 64.8%，通过 QC 教育，推动“双全”活动的开展，提高经济效益，在宝钢一期工程中共创造 196 项全优单位工程和一个单项优质工程，获国家级银牌一枚，冶金部级银牌 54 枚。

3. 安全技术培训

为扭转安全生产被动局面，分公司加强安全技术教育。在 1985 年内普遍进行安全教育并分期分批进行安全测验，有 9 923 人参加（包括领导），占职工总数的 77%。另外，开办 6 期施工队长和专业安全人员培训班,广大职工安全技术知识普遍提高,1985 年杜绝死亡事故,重伤率和千人负伤率均比 1984 年下降 45%。安全生产排名从 1984 年列为冶金部基建系统倒数第二到 1985 年的顺数第二。

4. 冶金部施工项目经理培训

教培中心是冶金部全国下设的培训与考核基地之一,该培训项目 1993 年 11 月开始设立。截至 2003 年,共办班 28 期,建设部发证,培训约 2 350 人,2000—2006 年,继续教育共培训约 1 250 人。该项目培训人员层次较高,很多学员在全国各地担任要职。

5. 注册类培训

随着"四库一平台"(即住建部全国建筑市场监管与诚信发布平台,包括企业库、人员库、项目库、信用库,四库互联互通)的推广和宝冶的不断发展,注册类一级建造师和造价工程师培训模式不断创新,尤其是 2018 年,分阶段、逐步推进,培训形成多样化,培训管理更严格、完善,总之培训效果显著,参加培训人数和学员合格率不断提高。一级、二级建造师取证及继续教育(2004 年至 2018 年)共培训约 2 542 人;造价工程师取证及继续教育(2004—2018 年)共培训约 593 人。

6. 工程项目软件培训

教培中心积极协助宝冶开展 BIM 等高端技术人才的培训工作,为引入最先进的建筑软件的设计方式和思维模式,集 BIM+P6+SYNCHRO 三大核心软件功能为一体,提供正规和专业化的高端技术服务方案。

2002 年,教培中心开始 CAD 取证培训班。2011 年 12 月 1 日,教培中心领先业界首先开展 BIM 企业内训,2011—2013 年间,共培训 268 人。2014 年 5 月,中冶集团为增强集团核心竞争力,全面提高 BIM 技术应用水平,要求中冶集团科技部牵头,宝冶教培中心组织开展《中冶集团 BIM 技术应用系列培训》,共计 5 期,分 BIM 推广负责人+项目高管+项目技术人员三阶段,历时两个月,参加培训人数共计 260 人。2014 年 9 月 28 日,教培中心获得中国图学学会在上海地区的全国 BIM 技能等级考试培训点及考点授权,每年陆续为宝冶员工的 BIM 资质鉴定提供服务,截至 2018 年底,已经完成 1 499 人的取证考试,并取得 BIM 一、二级证书 796 人。

**表 4-5-1　2000—2018 年宝冶工程项目软件培训数据统计**

| 培训项目 | 培训时间 | 培训人数 | 备　注 |
|---|---|---|---|
| CAD | 2002—2011 年 | 200 | |
| P6 | 2013—2018 年 | 526 | |
| BIM | 2011—2018 年 | 2 598 | 不含只考试人员 |
| SYNCHRO | 2014 年 | 260 | |
| 合　计 | | 3 584 | |

7. 教师任职资格认定培训

教培中心一直致力于建立一支富有实践经验的稳定的内部讲师团队。2008 年下半年,结合上海市职业培训指导中心发布的教师任职资格认定工作,针对有意愿成为宝冶教培中心职业讲师的内部员工开设教育学和心理学的培训,培训时间为 2008 年 8 月 23 日至 9 月 26 日,共培训 9 天,完成 125 人的培训及本单位 65 人的教师资质申报工作,为教培中心的职业讲师储备提供保障,也为企业内训成本的节约和员工职业生涯的发展提供空间。

8. 全员培训

1988年，为配合宝冶劳动工资改革，教培中心进行全员岗位培训。工人培训分工种和等级办班和考核，利用晚上和双休日，借用松浦中学、宝钢三中的教室办班，规模较大，每晚培训人数近千人，总共办了100多个班，历时1个多月，结合技能考核和工龄定各人的工资等级。干部按岗位必备知识培训，考核定岗。

2012年全员培训，培训对象覆盖领导层、中层管理者、项目部和各职能部室基础管理人员及技术人员，培训内容覆盖管理素养、岗位技能、高新技术软件、项目管理和安全、质量知识等。此系列培训完成培训人数1 748人，占集团当年所有员工总数的39.8%，综合反馈学员满意度高达91%。

9. 报关员培训

2009年6月25日至11月8日，教培中心开展报关员培训，学员121人，共培训6天，课程分成进出口货物报关程序、进出境货物的国家外贸管制、主要报关单证介绍、进出口货物报关单填制等主要部分。对于宝冶涉及报关知识的工作部门有：钢构财务部、项目技术部，机关企业管理部、海外发展部，工业炉的合同预算部门等。

10. 项目管理后备人才培训

根据宝冶员工培训工作规划要求，2012年11月起，教培中心起草管理提升及项目管理后备人才培养方案，并于2013年8月28日至2014年11月17日组织实施。该项目完善人才培训体系的梯队化建设，实现员工培训的连贯性和系统性，同时对员工的自我发展也起到很强的激励作用。通过实训演练、现场观摩、讨论交流等丰富的教学形式的运用，起到较好的教学效果。

11. 民办非企业单位规范化建设4A级评估

2014年5月至2014年11月，在宝山区民办非企业单位规范化建设4A级评估工作中，教培中心通过前期的评估工作培训，再到优秀培训机构进行观摩学习，之后逐步完成所有申报流程及申报资料的编写、收集、整理工作，最终在各相关部门的全力配合下，通过近半年的努力，获得上海市社会团体管理局颁发的中国社会组织评估等级4A级证书。

12. 新员工培训

2007—2018年，教培中心承担历年新大学生培训策划并全程参与实施，通过入司培训、岗位取证培训、专业技术知识培训、专业技术实训等几个主要培训阶段的推进，共培训2 868名新员工，顺利帮助适应角色转换，掌握上岗前的必备知识，并且引导其规划自身的职业生涯发展。

**【其他】**

新检验标准培训、银行结算制度培训、汽修合同培训、食品安全培训、机动车驾驶员培训、交通安全培训等。

## 六、下辖培训机构

教培中心下设的技校、电大、中专、两个法人机构、党校、交通安全学校教学点和哈工大宝冶学习中心。

**【技工学校】**

技校开设有安装电工、钳工、铆工、焊工、工程机械修理、土建等专业，规模400名学生，学制二年至三年,招收初中及以上毕业生,毕业生全部分配在宝冶工作,解决宝冶的招工问题,共为宝冶培养 2 395 名技工人员。通过几年的教学实践,技校摸索了一条办学之路,有大中专毕业的青年教师为主体的 32 名专职教师,实验实习指导教师 17 人,有 26 台设备的实习工厂和电工、物理、机械实验室、资料室、计算机室。

图 4-5-4　宝冶技校实习实验基地协议签字仪式

技校是为宝冶培养技术工人后备队伍的基地,同时也担负着在职职工的上岗培训,从教师的授课、学生管理、管理制度、实习课教学四个环节入手。成立之初,在各种资源都比较匮乏的情况下,不等不靠,因地制宜,使技校工作逐步向正规化方向发展,教学质量逐步提高。在完成理论和实习课教学的同时,实习工厂广泛开展增产节约,增收节支活动,变学生实习消耗性劳动为创造性劳动,把实习教学同创效益紧密结合。

1998 年,为转换企业经营机制,充分发挥现有资产效能,精干管理机构,根据宝冶改革发展的需要,经研究决定,自 1998 年 7 月 26 日起,将教培中心实习工厂划拨电装公司统一管理。

### 【电大分校】

电大分校开设机械、电子、土建、行政管理、中文、政工等专业,每年在校生约 200—300 人左右,除招收宝冶的职工外,同时招收同行业其他单位的职工,例如十三冶、二十冶。电大毕业生大部分成为宝冶的技术骨干和中层管理人员。

电大分校担负着宝冶的学历教育任务。一是不断拓宽办学领域。电大分校在继续办好大专学历教育的同时,分别同华师大、上海市委党校、上海市公安学校等单位联合开办《行政管理》《土木建筑》《公安保卫》《建筑管理》《经济管理》5 个专业学历(专业证书)班,同时狠抓职工中专的筹建和准备工作。二是狠抓教学质量的提高。电大针对教学中的薄弱环节,把重点放在教学质量的提高上,每年多次召开教学研讨会,分析教学中的具体问题,除个别班级外,其余班级合格率都在 93%以上。

**图 4-5-5　宝冶电大分校机电 93 班毕业答辩**

三是注重抓毕业班的工作。除正常的教学工作外，电大教学管理人员将重点放在毕业论文的撰写、答辩上，对前期的调研、收集资料和安排辅导老师投入大量工作，极大地提升电大学员的毕业率和优秀率(均 90%以上)。20 世纪 80 年代，上海电视大学宝冶分校曾获得“上海电视大学先进分校”称号，并拍摄《电大新花》电视篇，片长 15 分钟，在上海电视台与中央电视台播出。

## 【职工中专】

职工中专从宝冶发展需要和职工文化素质状况出发，主要设立以半业余为主的全科班；同时，也举办一些不同形式和不同内容的单科班，例如，中高级英语班，开展岗位职务培训和实用技术等短期培训，分别按照教材和大纲要求，组织教学。经考试合格后，分别颁发中专毕业证、单科结业证书和岗位职务培训合格证书，几年内成为企业各类中等层次的较完备的办学实体。

职工中专通过自主开办和联合上海其他专科院校的方式先后开设工民建、物资管理、机械安装、电气安装、财务会计、行政管理、企业管理、建设施工、卫生护理和人事管理等专业，招收初中文化程度在职职工，学校规模保持在同一学期 100—150 人，学制 3 年，学校规模为 400 人左右。

## 【上海宝冶教育培训中心】

教育培训中心作为宝冶人才培训和文化传播的重要窗口，办学 18 年来，依托宝冶综合专业和技术优势，集聚社会多方资源，积极实施以品牌化建设为核心的高端培训发展计划，培养了大批建筑业优秀项目管理人才。培训中心形成严格的服务机制，通过体质创新、教学及管理模式创新，不断优化培训、咨询服务流程，完善教育培训制度，构建先进良好的教学环境，形成鲜明的办学特色，受到学员和业内的广泛好评。

宝冶教育培训中心拥有专兼职业教师 30 余人，所有教师具有大专以上学历，中级以上职称或技能等级证书，并定期参加市考办组织的教师资格培训。自培训中心成立到 2018 年，共培训学员近 41 531 人。

表 4-5-2　2001—2018 年宝冶教育培训中心培训人数统计

| 培训项目 | 取证人数 | 继教人数 | 合　计 |
| --- | --- | --- | --- |
| 施工员 | 4 146 | 5 671 | 9 817 |
| 质量员 | 4 083 | 4 620 | 8 703 |
| 资料员 | 856 | 665 | 1 521 |
| 材料员 | 1 348 | 2 588 | 3 936 |
| 安全员 | 2 157 | 2 119 | 4 276 |
| 劳务员 | 241 | 0 | 241 |
| 标准员 | 158 | 0 | 158 |
| 机械员 | 129 | 38 | 167 |
| 三类安全 | 4 508 | 5 184 | 9 692 |
| 造价员 | 1 673 | 1 120 | 2 793 |
| 计量员 | 227 | 0 | 227 |
| 合　计 | 19 526 | 22 005 | 41 531 |

**【上海宝冶职业技能培训中心】**

职业技能培训中心作为宝冶内部负责作业人员培训教育的一个平台，一直致力于公司员工培训工作以及培训体系的建立，尤其在技能工人的职业技能培训方面，经过几十年来的不断探索创新，形成了一套特有的、行之有效的技能培训(鉴定)体系，为宝冶培养一大批高技能人才，促进公司稳定发展。以集中培训与业余培训相结合，分等级分专业开展针对性培训。将技能等级培训和素质教育相结合，充分发挥技能鉴定站的作用，促进高技能人才尽快成长。

技能培训中心成立之初培训业务范围包括冷作工、架子工、筑炉工。

2004 年 9 月，经上海市安全生产监督管理局发文批准，技能培训中心取得特种作业人员安全培训机构资质。

2006 年 2 月，经中冶集团发文批准，设立宝冶职业技能鉴定考核站，开展职业技能鉴定工作。鉴定工种包括：测量工、架子工、冷作工、管道工、钳工、工程安装钳工、焊工、电气设备安装工、电气设备调试工、砌筑工、工程机械司机、电工、起重机械驾驶员、工程机械修理工、汽车修理工、天车工，计 16 个鉴定职业工种。截至 2018 年，累计鉴定人数近 4 000 人。同时职业技能考核站参与并完成包括教案汇编、包括起重工、钳工、冷作工等工种的教材修编工作。

2009 年 8 月，经上海市质量技术监督局特种设备处和市特种设备作业人员考核管理委员会的审核认定，技能培训中心取得“场(厂)内专用机动车辆”的培训及考试资质。

2010 年 5 月，根据上海市《关于加强本市建筑施工特种作业人员考核和持证上岗管理工作的通知》沪建交〔2009〕243 文精神，在上级有关部门指导下，经审核决定，技能培训中心成为首批开展上海市建筑施工特种作业人员培训考核点。

2011 年 6 月，经上级批准，技能培训中心业务范围由冷作工、架子工、筑炉工变更为冷作工、架子工、筑炉工、叉车司机、天车工、起重工。

图 4-5-6　中冶集团职业学院挂牌仪式

2013 年 3 月 25 日，中冶集团职业学院第三十二期高级技师培训班在上海开班。截至 2018 年，中冶职院累计在宝冶开办 7 期高级技师培训班，培训人数 665 人。

截至 2018 年底，技能培训中心开设培训业务包括五大类：(1) 安监特种作业操作证：低压电工、金属焊接切割(电焊)、企业安全生产管理人员、登高作业。(2) 质监局特种设备操作证：起重机械驾驶、起重机械指挥、叉车等。(3) 上海建管委特种作业操作证：建筑电工、建筑焊工、建筑起重工等。(4) 上海市人力资源与社会保障局技能等级证书：电工、起重工、砌筑工等级证书培训及农民工安全教育等。(5) 其他项目包括：宝钢项目进厂安全教育、中冶职院高级技师培训等。

技能培训中心师资力量雄厚，拥有各类专业教师 100 余人，所有教师具有大专以上文凭、中级以上职称或高级以上职业技能等级证书。同时，技能培训中心拥有考评员 103 余人，部分优秀考评员获得了"上海市优秀考评员"的光荣称号。在长期的培训实践中，技能培训中心积累了丰富的教学经验，能够胜任和把握各类职业技能考核培训。技能培训中心成立以来，累计培训各类作业人员近 25 万人，在宝山区乃至整个上海地区取得了较高的知名度。

表 4-5-3　宝冶职业技能培训中心主要项目培训人数统计

| 项目<br>时间 | 安全教育 | 特种作业 | 技能培训 | 职　院 | 合　计 |
|---|---|---|---|---|---|
| 2002—2005 年 | 15 000 | 45 000 | 2 000 | | 62 000 |
| 2006—2010 年 | 19 043 | 55 092 | 1 177 | | 75 312 |
| 2011—2015 年 | 12 874 | 53 122 | 1 041 | 4 571 | 67 037 |
| 2016—2018 年 | 5 663 | 31 375 | 1 386 | 334 | 38 758 |
| 合　计 | 52 580 | 184 589 | 3 604 | 4 905 | 245 678 |

主要特色项目:

1. 安全教育

根据项目建设及业主的要求,培训中心对农民工培训的主要是安全教育,且以宝钢集团内的"安全教育"为主。在培训过程中,考虑到农民工的文化程度、项目工期紧,人员难以集中培训等特点,培训中心因地制宜、因人而异,采用多种形式开展培训,保证培训效果。截至2018年,累计培训52 000余人。

2. 特种作业

上海宝冶职业技能培训中心坚持"服务企业、面向社会"为宗旨,承担上海安监局所属特种作业取证,上海建交委所属建筑类特种作业取证及技术工人培训,上海质监局所属特种设备特种作业取证复证等项目,自成立以来累计培训取证人员近19万人。

**【党校】**

宝冶业余党校主要是培训党的基层干部、党员、入党积极分子和两级党务干部,并接受兄弟单位对相关知识的委托培训。2000年初,由党群工作部、人力资源部和教培中心共同管理宝冶业余党校。教学内容主要以马克思主义基本理论、党的路线、方针、政策,党的基本知识为主,并结合宝冶实际情况,对党员进行科学知识、管理知识、工作业务培训以及一些专题性的学习交流研究活动。1988—1999年间,业余党校每年培训约500人左右。2000—2018年间,宝冶党校共培训2 176人,其中入党积极分子培训953人,支部书记培训538人,领导干部培训685人,团干部培训95人。

**【上海市交通安全教育学校宝钢分部宝冶教学点】**

上海市交通安全教育学校宝钢分部是由上海市公安局宝江分局交巡警支队主办,是负责宝钢及周边冶金建设单位所辖机动车驾驶员安全教育的专门学校。下设两个教学点,分别为:与宝冶教培中心联办的宝冶教学点;与宝钢教委联办的宝钢教育培训中心教学点。

宝冶教学点主要负责各冶和开发总公司驾驶员(含外地驾驶员和民工等)的教学任务,所授课程包括驾驶员日常教育、事故驾驶员事故防范专题教育、新驾驶员交通安全入门教育、营运驾驶员交通法规培训、交通安全管理干部进修培训、外地登记驾驶员日常教育和社会公众交通安全教育等。

宝冶教学点配合宝江公安分局交巡警支队完成学员的学习通知单准备、报到登记、收费开票、课堂管理、监考和阅卷等工作。宝冶教学点以服务宝钢非营利目的办校,所聘请的教师是各联办单位的在编职工,并在宝冶电大设立宝钢分部财务室。2007年,宝冶教学点不再开展交通安全教学,停止招收学生,截至招生前,教学点已培训学员近15万人。

**【哈工大宝冶学习中心】**

2004年,为满足宝冶员工对学历教育的需求,同时解决项目人员流动大,工学矛盾的问题,结合国家最新推出的"互联网教育"的要求,经上海市教委批复,教培中心与哈尔滨工业大学成立哈工大宝冶现代远程教育学习中心,取得联合办学资质。学习中心开设成人学历培训,专科和专升本两个层次的培训,涉及专科13个专业,专升本14个专业。专科中热门的专业有工程管理、工商管理、行政管理和会计等,专升本中电气工程及其自动化、公共事业管理也较为热门。学习中心成立以来,大部分毕业生成为企业施工生产和经营管理的骨干,部分人成为宝冶中层管理人员,为宝冶的发展贡献力量。

表 4-5-4　哈工大宝冶学习中心招生人数和毕业人数统计

| 时　间 | 招生人数 | 毕业人数 | 备　注 |
|---|---|---|---|
| 2003—2007 年 | 1 360 | 195 | |
| 2008—2012 年 | 2 482 | 1 984 | |
| 2013—2017 年 | 2 350 | 2 510 | |
| 2018 年 | 0 | 599 | 停招 |
| 总　计 | 6 192 | 5 288 | |

## 七、培训管理制度

教培中心有完善健全的管理制度，主要可分为教学管理制度和行政管理制度两类，这些制度是为顺利开展培训工作而服务的。

**【教学管理制度方面】**

教培中心 20 世纪 80 年代成立初期，提出要充分发挥“三级办教育”的积极性，坚持抓好职工培训、学历（专业证书）教育，技校教学工作。为提升教培中心的服务水平，教培中心的教学管理更加规范，相应的管理制度和流程逐渐完善。20 世纪 80 年代中后期，教培中心不断加强对教师授课、学生学习和实习课教学的制度管理，并且不断深化配套改革，将理论学习与学生实践充分结合。在对学生的管理方面，将助学金改为奖学金，提升学生的学习积极性；在对教师的管理上，实施上班签到制度，同奖金的分配挂钩，并进行“教学双轨制”改革，解决师资结构不合理的问题。

20 世纪 90 年代初，在《宝冶技工学校规章制度汇编》中对学生提出较为规范和系统的规章制度。规章制度制定得非常全面，包括学生的行为规范、学生的学籍管理、奖励条例、惩罚条例、考勤条例、奖学金的发放、学生证的使用、学生会的章程等，以及乘车和食堂的制度都有明确的规定。不仅对学生有明确的制度要求，对教师和班主任也有相应的考核条例，以确保整个教学工作平稳有序地进行。为保证教育教学质量，教培中心遵守上海市《学校卫生管理条例》，对学生的学习时长，教室的卫生，环境的噪声等又有系统严格的检查和监督。不仅如此，教培中心重视理论教学方面的制度管理，加强对教师的业务培训。

到 20 世纪 90 年代中后期，教培中心再次进行教育体制改革，在教育系统中推广运用方针目标管理、TQC、经济责任制、微机、ABC 分类法等现代化管理方法，坚持抓好培训基础工作的标准化、规范化和现代化，使得培训管理工作科学化，更加顺应时代发展和企业成长的要求。教培中心从未松懈过对于教育教学的管理，因此相应的规章制度也在不断地更新与完善。

截至 2018 年，教培中心经过多次修改整理，编撰了最新版的《教培中心规章制度手册》。根据时代发展背景以及教培现今的培训内容，对学生的日常行为、上课纪律、签到考勤、课堂纪律、教室卫生等推行了相应的管理制度。对学生在培训活动中的安全管理以及紧急情况的处理做出明确规定，添加一系列包括控制教学质量、制定授课教学计划等方面的教学管理制度。

**【行政管理制度方面】**

根据时代背景和教培中心的实际发展情况，在成立初期就有关于办公室职教管理的相关制度，对各岗位的职责范围做出细分,并遵守宝冶企业管理标准中的宝冶职工教育培训管理规定。20世纪80年代初,教培中心曾提出教学后勤服务口号:改变作风,服务上门,做到三面向,即面向教学、面向教师、面向学生。此外,教培中心还组织过工作小组对办公室管理制度进行学习与考试。

20世纪80年代中后期,教培中心提出有关《教培车辆、物资等的十三项管理规定》。在车辆管理方面主要围绕着对驾驶员的管理,规定驾驶员的工作时长、学习要求和奖惩制度。在物资方面主要是对档案的保存与管理制定相关制度,对教培中心收入的分配也有明确规定。因为当时教培中心教育经费比较紧张,所以提出创收节支奖励办法,并在当时的管理规定中对教培中心教职工的工资以及教培中心其他收入的用处都以节约为前提做了细化的规定,以达到开源节流的目的。随着1988年公司领导体制由双轨制转向单轨制,行政由原来的只抓物质文明建设变为对"双文明"建设全面领导,全面负责,教培中心在坚持抓好物质文明建设的同时,切实加强思想政治工作,促进了职工队伍的思想建设,保证各项任务的完成。

到20世纪90年代,教培中心不断完善创收管理办法和规章制度,加强创收立项管理和成本核算,提升职工教育培训的硬件设施,增加相应教学设备,以改善教学环境。90年代初,教培中心积极推广标准化现代化管理手段,坚持不懈地抓企业管理晋等,并于1991年正式申报冶金部质量管理奖;教培中心认真做好档案的上等晋级,并被批准为国家二级档案单位。90年代中期,教培中心下发《企业升级工作指南》,狠抓企业管理的标准化工作,坚持月工作PDCA的计划管理方法,要求各科年初有工作设想,年终有总结,月月有计划、有实施、有检查,并与奖金挂钩,促进各科工作质量的不断提高,也进一步提升管理人员的管理艺术和管理水平。教培中心不断深化教育培训改革,进行风险抵押承包制,全面推行"满负荷工作法",在教师中实行"两分流",广泛开展"双增双节"活动,积极做好思想政治工作,取得物质文明和精神文明建设的双丰收。90年代末期,教培中心深入开展增收节支活动,规范创收管理,创收工作形势大好,这体现创收节支奖励办法的有效性和重要性,因此教培加强财务的监督、指导、检查的职能,严格资金费用的使用和开支项目的审核;改革奖金分配制度,修改完善经营管理办法和物资管理办法;改革劳动人事管理办法,实施干部考核和教师业务考核;重新修订车辆、文印、通讯、水电管理办法;并按照国家档案局颁发的《企业档案工作目标管理办法》的规定要求,抓紧档案资料管理,并基本实现微机管理。

至2018年,行政管理制度已基本完善,包括职工大会召集管理制度、业务培训制度、信息发布管理制度、印章使用管理制度、合同协议审批归档制度和物资采购管理制度。在员工管理方面,对员工的考勤、请假、违纪行为的处理都有明确系统的规定,确立教培员工的管理原则与管理职责,对存在的争议以及可能出现的风险也有明确的处理办法,充分体现教培中心对员工管理工作的重视。在车辆使用方面结合教培实际情况,对用车原则做出规定,规定允许使用车辆的各种情况,也规定审批流程,使得公务车的使用更加规范。在财务方面严格按照区教育局要求,对学杂费的收取与使用做出明确规定,并且设立"存取专用账户",明确账户主要支出项目,例如:培训进修和教师课酬经费、办学场所租赁和修缮、职业培训教学设施设备购置、招生宣传经费、教材等代办经费、行政性办公经费等,这使得教培经费的使用更加规范合理。

## 八、运营情况

自1979年成立教育处以来,教培中心始终围绕着宝冶的施工生产需求,坚持服务企业内部,以解决企业的实际问题为己任。1999年以前,教培中心日常运营纳入公司预算。1999年2月,宝冶发文调整教培中心的机构、职责、定员编制及运行模式，赋予教培中心对外承揽培训业务权、工资分配权、内部职工调配和奖励权。1999 年 2 月以后，教培中心在不断深化的教育培训改革中，坚持服务企业为主，也同时履行大型国企的社会职责，面向社会展开培训，服务社会。

2000 年以后，教培中心承担培训项目的部门有培训部、考核站、学历部，在服务企业的基础上，三个部门继续积极开展对外开拓，除内训项目外均对外展开招生和宣传，并且利用现有的先进计算机、多媒体教学设备、实训场地等，承接各种计算机应用技术培训及上机考核任务；各类工种的考核鉴定任务；通过联合办班的形式开办注册安全工程师、人力资源管理师、报关员、采购师、物流师、内审员、一级建造师、造价师、中级经济师等全国统考或上海市统考项目的培训班；对外承接其他公司内训项目等。通过不断的探索，教培中心不仅实现了教培中心运营的自给自足，并且做到了上缴利润逐年递增。截至 2018 年底，教培中心累计上缴利润近 4 500 万元。

## 九、获得荣誉

教培中心自 1983 年至今，先后获得省部级及以上先进集体、先进个人荣誉 10 项。1983 年，电大辅导站获评上海市职工教育先进集体；1989 年，职工中等专业学校行政管理专业 90 级（春）专修班获评上海市成人中等专业学校先进集体；2000 年，教培中心获评全国建设类一级培训机构；2004 年，教培中心获评冶金建设行业继续教育工作先进单位；2009 年，教培中心获评冶金建设行业继续教育工作先进单位；2015 年，教培中心获评中国社会组织评估等级 4A 级资质；1991 年，陈菊英获评冶金部先进教育工作者，谌月兰获评上海市优秀园丁、金关瑞获评上海市中专系统模范班主任；2005 年，葛红明获评全国企业培训先进工作者。

# 第六章　主业对外投资公司

## 第一节　全资、控股、参股公司

1986 年宝冶成立后，成为宝钢集团的紧密层企业（但财产关系仍由冶金部管理），新公司除继续承担宝钢的基建任务外，还要承担宝钢的设备检修和上海的基建任务。随着“85 · 9”宝钢一号高炉投产，宝钢一期工程胜利建成，二期工程尚未开始，公司步入施工任务低谷时期。1986 年，公司首先从传统的建筑施工单一产业中分离出为宝钢生产保驾的检修队伍，随后又积极涉足部分生产环境和条件比较艰苦的车间或工序，逐步拓展形成检修协力产业。1987 年，公司因势利导精干一线、开发二线，把企业内辅助生产的一系列二线加工厂推向市场建立生产制造产业。1988 年，公司紧抓改革开放的发展契机、广泛开展外引内联，积极兴办三产实体和三资企业。至此，宝冶建立形成了建筑施工、检修协力、生产制造、三资三产的四元产业格局。90 年代初期，四元产业格局基本形成并展现出蓬勃的生命力，多元经营的开展尤其是检修协力和钢结构、钢管加工的发展，使企业的产值不断翻番，公司规模迅速扩大。到 1992 年，检修协力、加工生产和其他产值占到企业总产值的 53%，四元产业发展对企业规模扩大的贡献到达峰值。

为了加强对四元产业的管理，宝冶先后成立四个准事业部。1994 年组建生产经营部，负责宝冶生产制造系统的全面规划和系统协调，形成以机装、工安两结构厂为龙头，各中小加工厂为联合体的综合生产制造体系，这也是后来宝冶钢结构业务板块的最初雏形。1995 年成立工程管理总部，以强化建筑施工主导产业的协调指挥权；1996 年组建检修协力总部，对检修协力进行全方位归口管理。1998 年设立三资三产企业管理处（2000 年该职能并入新筹建的产业发展分公司），负责对三资三产企业的立项、申办、变更、停业、清理和年审等事宜的管理。

出于盘活总量资产、进行优化配置以获取更大的资产收益和经济效益的目的，1998 年新设的三资三产企业管理处对宝冶历年兴办的三资三产企业进行全面清理，宝冶投资兴办的中外合资企业已达到 15 家，独资、联营企业达到 106 家。然而，由于市场、决策、人才、管理以及合作伙伴等多方面因素，三资三产这一元产业的总体效益并不理想：1998 年，三资三产实现产值 6.4 亿元，创利润 879.42 万元；到 1999 年，三资三产企业完成产值较上年出现大幅下降，仅为 4.8 亿元，利润也由盈转亏，为－1 540.25 万元。面对庞大的三产数量以及创利效果不佳的现状，在 1998 年国家开始推进国有企业经营机制改革的大背景下，宝冶开始推动三资三产企业的改组、改制和改革工作。从管理体制上，宝冶首次明确投资权限集中并明确改革改制原则，一是各二级公司作为受托经营的直接管理者，承担公司投入资本金的经营责任；二是按照“强化主体、剥离辅助”的原则进行主辅分离；三是按照同类合并的原则加速企业资产重组；四是采取改组、联合与租赁、委托、承包经营等多种形式，推动所有制结构调整；五是按照“优胜劣汰”原则积极推进企业依法破产清算。宝冶按照上述原则对三资三产展开全面清理，到 2002 年改制前夕，宝冶尚保留有 47 家子公司（详见下表）。

表 4－6－1　2002 年度宝冶子公司清单(共 47 家)

| 管理单位 | 企业名称 |
|---|---|
| 产业发展分公司 | 南通市宝通发展总公司、深圳宝冶电工材料有限公司、宝荣国际集装箱有限公司、上海宝欣管件有限公司、上海宝冶汽车驾驶员培训中心、上海宝冶印刷厂、上海天良酒店、上海宝冶工程建设监理有限公司、上海宝泉贸易公司、宝山区芙蓉酒家、上海宝鼎金属制品有限公司、上海宝港建筑工程有限公司、上海宝光建筑装潢有限公司、上海宝九和耐火材料有限公司、上海宝冶宝山电梯厂、上海宝特焊材配件销售部、昆山市宝昆焊丝厂、上海特友废次金属加工厂、上海宝日高分子材料有限公司、宝月码头、上海宝泉宾馆、上海宝冶钢管有限公司、上海中冶国际经济贸易有限公司、上海信达国际贸易有限公司、上海锦海房地产有限公司、宝阁发展有限公司、武汉永华液压器材经营部、上海英万思招商信息有限公司、上海宝冶宝春工贸实业公司 |
| 工安分公司 | 上海宝盛金属制品联营厂、上海宝冶轻钢有限公司、上海同济宝冶建设机器人有限公司 |
| 机装分公司 | 上海宝冶机装公司罗店金属结构厂 |
| 电装分公司 | 上海宝冶奥达建筑智能化工程公司 |
| 特种分公司 | 上海宝群实业公司、上海宝月机械修理厂 |
| 机动分公司 | 上海藻北物资中转储存有限公司 |
| 房产分公司 | 上海宝冶兴宝工贸中心、上海飞时制衣有限公司 |
| 物资分公司 | 上海宝冶第一加油站 |
| 协力分公司 | 上海宝鸿工贸实业公司 |
| 设计院 | 上海宝冶特种压力容器复新厂 |
| 宝冶直管 | 上海宝冶建筑工程劳务公司、上海宝冶商品混凝土公司、上海宝冶工程技术公司、上海宝冶工业炉窑公司、上海宝冶安装作业公司 |

2002 年 8 月，宝冶向中冶集团呈报《上海宝钢冶金建设公司改制方案》，方案明确将从事工程施工总承包和以工程施工总承包资源为依托的检修经营业务，从宝冶剥离，同时吸收社会股东参与投资，成立上海宝冶建设有限公司，与这两个板块直接相关的子公司、分公司以及委托其代管的子公司分立进入宝冶，随改制一同并入宝冶建设的子公司清单如下：

表 4－6－2　2003 年度宝冶子公司清单(共 15 家)

| 管理单位 | 企业名称 |
|---|---|
| 工安分公司 | 上海宝冶轻钢有限公司、上海同济宝冶建设机器人有限公司(参股) |
| 机装分公司 | 上海宝冶机装公司罗店金属结构厂 |
| 电装分公司 | 上海宝冶奥达建筑智能化工程公司 |
| 建筑分公司 | 上海宝光建筑装潢有限公司 |
| 检修分公司 | 上海宝冶安装作业公司 |
| 物资分公司 | 上海宝冶第一加油站(2006 年) |
| 机动分公司 | 上海藻北物资中转储存有限公司(2006 年) |

(续表)

| 管理单位 | 企 业 名 称 |
|---|---|
| 设计院① | 上海宝冶特种压力容器复新厂 |
| 宝冶直管子公司 | 上海宝冶商品混凝土公司、上海宝冶工程技术公司、上海宝冶工业炉窑公司、上海宝冶海顿工程有限公司②、上海中冶钢管有限公司(参股)③、宝钢财务有限公司 |

改制后的宝冶专注主业发展,结合企业自身实际情况,稳步推进企业改革改制、产权转让、结构调整等工作,于2004年底提出《宝冶建设主辅分离改制分流实施总体方案》,以公司发展战略和产业结构调整、精干建筑施工主业的需要为划分依据,将物业管理、保安、保绿、保洁、食堂管理等后勤业务;钢筋加工、铁件加工、小型机具修理等辅助加工生产业务、车辆运输作业;工程劳务分包作业;油品销售;砼生产与销售;计算机维修、软件开发等业务界定为辅业。将上海宝冶商品混凝土公司等单位列入辅业改制范围,拟对其采取改制为非国有法人控股企业或者采取股权出售方式进行产权多元化改革。

随后的几年中,宝冶逐步组织落实各辅业子公司改制实施方案。2007年,中冶集团启动泰山项目,也促使宝冶进一步加快对下属全民所有制企业改制成为公司制企业的步伐,到2008年底,宝冶的子公司全部改制成有限责任公司,或通过转让、合并、注销等方式予以处置。

**表4-6-3 改制进入宝冶的子公司现状(截至2018年底)**

| 企 业 名 称 | 现 状 |
|---|---|
| 上海宝冶轻钢有限公司 | 存续,上海宝冶钢结构有限公司 |
| 上海同济宝冶建设机器人有限公司 | 存续,上海同及宝建设机器人有限公司 |
| 上海宝冶机装公司罗店金属结构厂 | 2008年注销 |
| 上海宝冶奥达建筑智能化工程公司 | 2008年改制,后并入上海宝光建筑装潢有限公司,奥达公司注销 |
| 上海宝光建筑装潢有限公司 | 存续,上海宝冶建筑装饰有限公司 |
| 上海宝冶安装作业公司 | 2007年改制,上海宝冶安装作业有限公司 |
| 上海宝冶第一加油站 | 2006年转让 |
| 上海藻北物资中转储存有限公司 | 2007年初转让 |
| 上海宝冶特种压力容器复新厂 | 2006年注销 |
| 上海宝冶商品混凝土公司 | 2006年改制,上海宝冶商品混凝土有限公司,目前处停业状态 |
| 上海宝冶工程技术公司 | 2008年改制,上海宝冶工程技术有限公司 |

① 2003年8月,宝冶设计院改制为具有独立法人的上海宝冶海顿工程有限公司,宝冶和工程技术公司各投资75万元,持股50%。

② 2003年8月,宝冶设计院改制为具有独立法人的上海宝冶海顿工程有限公司,宝冶和工程技术公司各投资75万元,持股50%。

③ 2003年4月,根据中冶集团统一安排,上海宝冶钢管有限公司进行股权重组,重组后公司更名为上海中冶钢管有限公司,宝冶以货币出资2 800万元,持股36%。

（续表）

| 企业名称 | 现状 |
|---|---|
| 上海宝冶工业炉窑公司 | 2006年改制，上海宝冶冶金工程有限公司 |
| 上海宝冶海顿工程有限公司 | 2007年并入宝冶建设 |
| 上海中冶钢管有限公司 | 2007年转让 |

2003年以后新设企业及其变更如下：

表4-6-4　宝冶对外投资公司（全资及控股）情况一览表

| 公司名称 | 成立时间 | 注册资本（万元） | 注册资本/股权变更沿革 | 文件依据 |
|---|---|---|---|---|
| 上海宝冶工程技术有限公司 | 2008年6月12日 | 2 500 | 前身为上海宝冶工程技术公司，2008年改制成为一人有限责任公司，注册资本1 000万元 | 关于上海宝冶工程技术有限公司改制的批复（中冶集发改〔2007〕250号） |
| | | | 2010年，注册资本增加至2 500万元 | 关于对上海宝冶工程技术有限公司增资的批复（中冶发规〔2010〕60号） |
| 上海宝冶冶金工程有限公司 | 2006年5月26日 | 7 200 | 前身为上海宝冶工业炉窑公司，2006年改制，原工业炉窑公司注销，新设上海宝冶建设工业炉工程建设有限公司（中外合资），注册资本1 600万元，上海宝冶持股59% | 关于设立中外合资经营沪外资委批〔2006〕1717号上海宝冶建设工业炉工程建设有限公司的批复 |
| | | | 2010年同比例增资，注册资本2 000万元，上海宝冶持股59% | 关于宝冶建设对上海宝冶建设工业炉工程技术有限公司增资的批复（中冶发规〔2009〕64号） |
| | | | 2016年日资退出，公司性质变更为内资有限公司，注册资本增加至7 200万元，上海宝冶持股59% | 关于对上海宝冶建设工业炉工程技术有限公司增资的批复（中冶投资〔2016〕172号） |
| | | | 2017年，小股东转让所持股份，公司变更为一人有限责任公司 | 关于上海宝冶回购上海宝冶建设工业炉工程技术有限公司剩余41%股权的批复（中冶投资〔2017〕252号） |
| | | | 2018年，公司更名为上海宝冶冶金工程有限公司 | 关于上海宝冶建设工业炉工程技术有限公司更名的通知（上海宝冶发〔2018〕185号） |

(续表)

| 公司名称 | 成立时间 | 注册资本(万元) | 注册资本/股权变更沿革 | 文件依据 |
|---|---|---|---|---|
| 上海宝冶建筑装饰有限公司 | 2008年12月24日 | 5 000 | 前身为中日合资的上海宝光建筑装潢有限公司,1995年成立,注册资本50万美元,中日双方各持股50% | 关于同意中日合资"上海宝胜建筑装潢有限公司"项目建议书的批复(浦经贸项字〔1994〕1443号) |
| | | | 2005年,日资退出,公司由外商投资企业变更为内资企业 | 上海市浦东新区人民政府(关于同意上海宝光建筑装潢有限公司股权转让的批复)浦府项字〔2005〕第470号 |
| | | | 2008年上海宝冶奥达建筑自动化工程公司并入,合并后的名称不变,注册资本1 100万,上海宝冶持股73% | 关于宝冶建设所属宝光公司与奥达公司合并的批复(中冶集发改〔2007〕162号) |
| | | | 2007年,收购原宝光员工所持股权,上海宝冶持股100% | 关于宝光公司与奥达公司合并及上海宝冶安装作业公司改制涉及员工持股问题调整的批复——(中冶集发改〔2007〕249号) |
| | | | 2009年,公司更名为上海宝冶建筑装潢有限公司 | 关于上海宝光建筑装潢有限公司更名的通知(宝冶建设发〔2009〕18号) |
| | | | 2017年,注册资本增加至5 000万元 | 关于同意上海宝冶对上海宝冶建筑装潢有限公司增资的批复(中冶投资〔2017〕103号) |
| | | | 2017年,公司更名为上海宝冶建筑装饰有限公司 | 关于上海宝冶建筑装潢有限公司更名的通知(上海宝冶发〔2017〕148号) |
| 上海宝冶建筑工程有限公司 | 2010年3月26日 | 10 000 | 2010年,成立上海宝冶建筑工程有限公司,注册资本5 000万元,上海宝冶持股100% | 关于成立上海宝冶建工有限公司的批复(中冶发规〔2010〕14号) |
| | | | 2017年,注册资本增加至10 000万元 | 关于上海宝冶集团有限公司对上海宝冶建筑工程有限公司增资的批复(中冶投资〔2017〕116号) |
| 上海宝冶集团南京建筑有限公司 | 2007年1月12日 | 10 000 | 2007年,成立中冶钢构宝冶建设南京有限公司,注册资本3 000万元 | 关于设立中冶钢构宝冶建设南京有限公司的批复(中冶集企〔2006〕215号) |
| | | | 2017年,注册资本增加至10 000万元 | 关于上海宝冶集团有限公司对上海宝冶集团南京建筑有限公司增资的批复(中冶投资〔2017〕196号) |

（续表）

| 公司名称 | 成立时间 | 注册资本（万元） | 注册资本/股权变更沿革 | 文件依据 |
|---|---|---|---|---|
| 上海宝冶集团沈阳建筑有限公司 | 2010年7月9日 | 2 000 | 2010年，成立上海宝冶集团沈阳建筑有限公司，注册资本2 000万元，上海宝冶持股100％ | 关于设立上海宝冶集团沈阳有限公司的批复（中冶发规〔2010〕69号） |
| 珠海宝冶建设有限公司 | 2012年5月7日 | 5 000 | 2012年，成立广州宝冶建设有限公司，注册资本5 000万元，上海宝冶持股100％ | 关于宝冶建设成立广东宝冶建设有限公司的批复（中冶发规〔2010〕15号） |
| | | | 2013年，公司注册地变更至珠海，公司更名为珠海宝冶建设有限公司 | 关于变更"广州宝冶建设有限公司"名称及注册地的通知（上海宝冶发〔2013〕175号） |
| 上海宝冶集团（马来西亚）有限公司 | 2016年5月31日 | 100万马币 | 2016年，成立上海宝冶集团（马来西亚）有限公司，注册资本100万马币，上海宝冶持股100％ | 关于设立上海宝冶（马来西亚）有限公司的批复（中冶海外工程〔2016〕3号） |
| 上海宝冶（柬埔寨）有限公司 | 2016年6月6日 | 100万美元 | 2016年，成立上海宝冶（柬埔寨）有限公司，注册资本100万美元，上海宝冶持股100％ | 关于设立上海宝冶（柬埔寨）有限公司的批复（中冶海外工程〔2016〕13号） |
| 上海宝冶市政工程有限公司 | 2018年9月28日 | 10 000 | 2018年，成立上海宝冶市政工程有限公司，注册资本10 000万元，上海宝冶持股100％ | 关于同意上海宝冶投资设立上海宝冶市政工程有限公司的批复（中冶投资〔2018〕190号） |
| 上海宝冶工程管理有限公司 | 2000年1月20日 | 300 | 2018年，上海宝冶受让中冶宝钢技术服务有限公司所持的上海宝冶工程管理有限公司100％股权 | 关于同意上海宝冶收购上海宝冶工程管理有限公司100％股权的批复（中冶投资〔2018〕222号） |
| 中冶西北工程技术有限公司 | 1989年5月22日 | 6 000 | 2018年，上海宝冶受让中冶华天工程技术有限公司所持的中冶华天包头设计研究总院有限公司100％股权 | 关于将中冶华天包头设计研究总院有限公司并入上海宝冶集团有限公司的决定（中冶企管〔2018〕18号） |
| | | | 2019年，公司更名为中冶西北工程技术有限公司 | 关于中冶华天包头设计研究总院有限公司名称变更为中冶西北工程技术有限公司的通知（上海宝冶发〔2 019〕136号） |
| 上海宝冶教育培训中心（民非法人） | 2001年10月 | 50 | 2001年，成立上海宝冶教育培训中心，开办资金10万元，属民办非企业单位 | 关于上海宝冶设立上海宝冶职业技能培训中心和上海宝冶教育培训中心的函（中冶发规函〔2012〕7号） |
| | | | 2017年，开办资金增加至50万元 | 关于上海宝冶对上海宝冶教育培训中心增资的批复（中冶投资〔2017〕117号） |

(续表)

| 公司名称 | 成立时间 | 注册资本(万元) | 注册资本/股权变更沿革 | 文件依据 |
|---|---|---|---|---|
| 上海宝冶职业技能培训中心(民非法人) | 2002年5月 | 50 | 2002年,成立上海宝冶职业技能培训中心,开办资金50万元,属民办非企业单位 | 关于上海宝冶设立上海宝冶职业技能培训中心和上海宝冶教育培训中心的函(中冶发规函〔2012〕7号) |
| 上海宝冶安装作业有限公司 | 1994年6月 | 120 | 前身为上海兴吾工贸实业公司,成立于1994年6月,注册资本280万元 | |
| | | | 2001年,公司更名为上海宝冶安装作业公司 | 关于上海宝冶变更月华实业等五家子公司企业名称经营范围等事项的请示的批复(中冶集管〔2001〕156号) |
| | | | 2003年,投资主体由上海宝钢冶金建设公司变更为上海宝冶建设有限公司,注册资本变更为30万元,属上海宝冶全资非公司制企业 | 关于确认上海宝冶建设有限公司十个子公司隶属关系的批复(中冶集企〔2003〕92号) |
| | | | 2007年改制,上海宝冶与上海靖力冶金设备安装有限公司等共同出资设立上海宝冶安装作业有限公司,注册资本120万元,上海宝冶出资61.2万元,持股比例51% | 关于上海宝冶安装作业公司改制方案的批复(中冶集发〔2007〕155号) |
| 郑州宝冶钢结构有限公司 | 2015年5月 | 20 000 | 2015年,上海宝冶与安阳钢铁集团有限责任公司、河南省国有资产控股运营集团有限公司共同出资设立上海宝冶钢结构有限公司,注册资本20 000万元,上海宝冶出资14 000万元,持股比例70% | 关于上海宝冶设立郑州宝冶钢结构有限公司的批复(中冶投资〔2015〕6号) |
| | | | 2019年4月,上海宝冶受让河南省国有资产控股运营集团有限公司所持的郑州宝冶钢结构有限公司15%股权,上海宝冶持股85% | 关于同意上海宝冶回购郑州宝冶钢结构有限公司15%股权的批复(中冶投资〔2018〕287号) |
| 中冶东方工程技术有限公司 | 2004年12月 | 28 721.13 | 2016年底,中冶东方工程技术有限公司整合并入上海宝冶,注册资本28 721.13万元,上海宝冶持股91.69% | 关于印发中冶东方重组整合方案的通知(中冶企管〔2016〕20号) |

（续表）

| 公司名称 | 成立时间 | 注册资本（万元） | 注册资本/股权变更沿革 | 文件依据 |
| --- | --- | --- | --- | --- |
| 中冶（上海）钢结构科技发展有限公司 | 2018年9月 | 100 000 | 2018年，上海宝冶与中国冶金科工股份有限公司、中国五冶集团有限公司、中国二十冶集团有限公司共同出资设立中冶（上海）钢结构科技有限公司，注册资金100 000万元，上海宝冶以货币方式出资26 571.68万元，以实物（净资产）方式出资24 428.32万元，持股比例51% | 中国中冶关于上海地区钢结构业务整合的决定（中冶企管〔2018〕7号） |
| 宝冶永联（江苏）建筑科技有限公司 | 2018年12月 | 8 500 | 2018年，上海宝冶与江苏永钢集团有限公司共同出资设立宝冶永联（江苏）建筑科技有限公司，注册资金8 500万元，上海宝冶出资4 335万元，持股比例51% | 关于成立上海宝冶永联装配式科技有限公司的批复（中冶投资[2018]173号） |

## 第二节　投融资类项目公司

### 一、房地产项目公司

**【上海中冶新域置业有限公司】**

1. 公司简介

上海中冶新域置业有限公司是由宝冶独家投资的首个房地产开发企业，2007年6月26日，经上海市浦东新区市场监督管理局批准设立，具体承担“中冶尚城”（即高行镇16街坊20/2丘地块、高行镇16街坊20/3丘地块）商品房项目开发任务。

2. 开发情况

2007年5月28日，宝冶通过招拍挂，取得上海市浦东新区高行镇16街坊20/2丘地块、高行镇16街坊20/3丘地块，该地块位于繁锦路688弄。2007年6月26日，宝冶注册设立上海中冶新域置业有限公司，负责该地块的开发任务。2007年12月19日，经上海市浦东新区地名办公室核准，该项目命名为“中冶尚城”。2008年1月15日取得建设用地规划许可证，2008年7月9日取得建筑工程施工许可证，项目分五期开发，项目于2009年3月取得预售许可证开始对外销售。2010年9月29日取得上海市新建住宅交付使用许可证，2010年10月1日交房。

3. 项目概况

项目总建筑面积155 319.99平方米（其中地下面积26 064.62平方米）；项目主要建设内容为16幢高层住宅、2幢多层住宅楼，以及公建配套楼、商业楼、地下车库、变电站等建构筑物。

## 【常熟中冶宝润置业有限公司】

1. 公司简介

常熟中冶宝润置业有限公司是由宝冶独家投资成立的房地产开发企业,2008 年 1 月 15 日,经苏州市常熟工商行政管理局批准设立,具体承担“中冶虞山尚园”(即常熟市 2007A－G036 地块)商品房项目开发任务。

2. 开发情况

2007 年 9 月 24 日,宝冶通过招拍挂,取得江苏省常熟市 2007A－G036 地块,该地块位于长江路 68 号。2008 年 1 月 15 日,宝冶注册设立常熟中冶宝润置业有限公司,负责该地块的开发任务。2008 年 5 月 19 日,经常熟市地名办公室核准,该项目命名为“中冶虞山尚园”。项目分三期开发,项目一期于 2009 年 9 月 24 日取得销售许可证,2011 年 3 月 29 日房屋交付;项目二期于 2010 年 3 月 24 日取得销售许可证,2011 年 9 月 29 日房屋交付;项目三期于 2011 年 1 月 24 日取得销售许可证,2012 年 11 月 29 日房屋交付。

3. 项目概况

项目总占地面积 136 329 平方米,总建筑面积 204 387 平方米(其中地下面积 13 527 平方米);共计楼房 39 栋,住宅房源总套数 1 442 套,商铺 92 套。

## 【上海中冶新月浦置业有限公司】

1. 公司简介

上海中冶新月浦置业有限公司是由宝冶和上海新月浦房地产(集团)有限公司共同投资成立的房地产开发企业,2010 年 1 月 20 日经上海市工商行政管理局宝山分局批准设立,具体承担“中冶尚园”(即宝山区月浦镇月富路地块)和“中冶锦园”(即宝山区沈巷社区 C－1 地块)商品房项目开发任务。

2. 中冶尚园开发情况

2009 年 9 月 17 日,宝冶和上海新月浦房地产(集团)有限公司通过招拍挂,取得宝山区月浦镇月富路地块,该地块位于申浦路 288 号。上海中冶新月浦置业有限公司负责该地块的开发任务。2010 年 4 月 20 日,经上海市宝山区地名管理办公室核准,该项目命名为“中冶尚园”。项目分别于 2011 年 7 月 5 日、9 月 27 日和 11 月 30 日分三批次取得商品房预售许可证,2011 年 7 月 16 日开盘销售,2012 年 10 月 25 日竣工,2012 年 11 月 23 日交付。

3. 中冶尚园项目概况

项目总占地面积 78 041 平方米,总建筑面积 108 352 平方米(其中地下面积 18 102 平方米),容积率 1.13,建筑密度为 14.1%,绿地率为 46.7%。项目建筑形式为 16 栋高层住宅、1 栋商业和 1 栋公建。项目住宅总面积 89 701 平方米,住宅总套数 970 套;商业用房总面积 1 665 平方米,商业用房 15 套。

4. 中冶锦园开发情况

2012 年 11 月 28 日,上海中冶新月浦置业有限公司通过招拍挂,取得宝山区沈巷社区 C－1 地块,负责该地块的开发任务,该地块位于月富路 88 号。2013 年 6 月 8 日,经上海市宝山区地名管理办公室核准,该项目命名为“中冶锦园”。项目分别于 2013 年 12 月 2 日和 2014 年 5 月 13 日分二批次取得商品房预售许可证,2013 年 12 月 3 日开盘销售,2015 年 6 月 23 日交付。

5. 中冶锦园项目概况

项目总占地面积 48 817 平方米,总建筑面积 88 476 平方米(其中地下面积 19 520 平方米)。项目建筑形式为 4 栋多层住宅、14 栋高层住宅、3 栋商业和 1 栋公建。项目住宅总面积 66 183 平方米，住宅总套数 937 套；商业用房总面积 1 716.21 平方米，商业用房 32 套。

## 【绍兴中冶新域置业有限公司】

1. 公司简介

绍兴中冶新域置业有限公司是由宝冶及汇投控股集团有限公司共同投资（其中宝冶持股 95%，汇投控股集团有限公司持股 5%）成立的房地产开发企业，2010 年 6 月 21 日，经绍兴市工商行政管理局批准设立，具体承担中冶“梧桐园”（即绍兴市袍江新区 G56 - 1 地块）商品房项目开发任务。

2. 开发情况

2009 年 10 月，宝冶与汇投控股集团有限公司联合体通过招拍挂，取得浙江省绍兴市袍江新区 G56 - 1 地块，该地块位于袍江新区育贤路以南、群贤路以北、越王路以东、规划路以西。2010 年 6 月 21 日，宝冶注册设立绍兴中冶新域置业有限公司，负责该地块的开发任务。2011 年 6 月 14 日，经绍兴市地名委员会办公室核准，该项目命名为“梧桐园”。项目分三期开发，项目一期于 2012 年 9 月 13 日取得销售许可证，2013 年 11 月 28 日房屋交付；二期于 2014 年 5 月 12 日取得销售许可证，2015 年 11 月 21 日房屋交付；三期于 2013 年 11 月 7 日取得销售许可证，2015 年 7 月 30 日房屋交付。

3. 项目概况

项目总占地面积 190 196 平方米，总建筑面积 285 092.77 平方米。建筑形式为低层、高层住宅、低层公建。项目住宅总面积 193 370 平方米，住宅总套数 1 432 套；项目共计住宅 72 栋，一期为 5 栋 18 层高层计 540 户、联排别墅 26 栋计 146 户；二期为 8 栋 18 层高层共计 512 户；三期合院建筑 10 栋共计 70 户，联排别墅 19 栋计 116 户，叠加建筑 4 栋共计 48 户。商业办公教育用房总面积 12 194 平方米，商业用房 69 套，办公用房 8 套，幼儿园 1 座。

## 【慈溪中冶置业有限公司】

1. 公司简介

慈溪中冶置业有限公司是由宝冶独家投资成立的房地产开发企业，2009 年 8 月 17 日经慈溪市工商行政管理局批准设立，具体承担“梅林保障性住房工程”土地编号慈国用〔2010〕第 018098 号地块。“慈溪北二环路东延综合改造—拆迁安置房一期工程”慈国用〔2013〕第 01100218 号地块的安置房项目开发任务。

2. 开发情况

梅林保障性住房工程于 2010 年 12 月 4 日，通过浙江省慈溪市政府土地出让取得编号慈国用〔2010〕第 018098 号地块，该地块位于白沙街道三北大街与梅林路交叉口。2012 年 8 月 22 日完成工程验收。慈溪北二环路东延综合改造—拆迁安置房一期工程于 2013 年 1 月 10 日，通过慈溪市政府划拨，取得慈国用〔2013〕第 01100218 号地块，该地块位于白沙路街道后油车村、赖王村。2012 年 7 月 26 日完成工程验收。

3. 项目概况

梅林保障性住房工程：占地面积 107 238.7 平方米，地上地下总建筑面积 267 608.04 平方米，其他面积 38 921.47 平方米。

慈溪北二环路东延综合改造—拆迁安置房一期工程：项目用地面积 36 579 平方米，总建筑面积 133 014.50 平方米,建筑占地面积 9 273.5 平方米,总户数 803 户。

## 【上海中冶凯程置业有限公司】

1. 公司简介

上海中冶凯程置业有限公司是由宝冶独家投资成立的房地产开发企业,2010 年 1 月 14 日,经上海市宝山区市场监督管理局批准设立,具体承担祁连基地 A2、A3 地块(保障性住房)和祁连基地内配套市政道路项目开发任务。

2. 开发情况

祁连基地 A2、A3 地块(保障性住房):2011 年 7 月 27 日取得立项批复,2011 年 9 月 13 日取得建设用地规划许可证,2011 年 11 月 15 日取得工程规划许可证,2011 年 11 月 17 日取得施工许可证,2013 年 12 月 18 日取得 A3 地块房地产权证,2015 年 1 月 13 日取得 A2 地块房地产权证,2015 年 9 月 28 日取得 A3 地块一期交付许可证,2016 年 9 月 8 日取得 A2 地块一期交付许可证。

祁连基地内配套市政道路:2012 年 5 月 29 日取得项目建议书,2013 年 11 月 8 日取得用地规划许可证,2014 年 3 月 5 日取得工程规划许可证,2014 年 4 月 2 日取得施工许可证,2017 年 12 月 22 日全部通过竣工验收备案。

3. 项目概况

祁连基地 A2、A3 地块(保障性住房):项目东至瑞丰路,南至锦秋路,西至丰宝路,北至祁华路,总占地面积:100 054.6 平方米,A2 地块容积率:2.218,A3 地块容积率:2.4;A2 地块建筑面积 174 914.12 平方米,A3 地块建筑面积 122 276.47 平方米,总建筑面积 297 190.59 平方米。项目共计 25 栋 18 层住宅单体,其中 A2 地块 15 栋,A3 地块 10 栋。项目总房源套数 3 742 套,其中 A2 地块 2 139 套,A3 地块 1 603 套。

祁连基地内配套市政道路:塘祁路:全长 216 米,宽 24 米;祁华路:全长 313 米,宽 20 米;祁真路:全长 355 米,宽 16 米;丰宝路:全长 754 米,宽 32 米;瑞丰路:全长 779 米,宽 24 米;锦秋路:全长 487 米,宽 35 米。

## 【上海中冶联杨置业有限公司】

1. 公司简介

上海中冶联杨置业有限公司是由宝冶独家投资成立的房地产开发企业,2010 年 9 月 28 日,经上海市工商行政管理局宝山分局批准设立。

2. 开发情况

根据沪宝府土〔2010〕293 号文,宝冶通过国有土地划拨方式,取得宝山区罗店镇 0209 村(街坊)P4、P3、P2、P1 四块宗地。罗店大型居住区经济适用房一期项目分为 B1、B2、B3、B4,共 4 个地块开发。罗店大型居住区经济适用房一期项目 2010 年 11 月 24 日获得政府立项批复。根据沪房管保〔2013〕109 号批文,其中 B1 和 B2 地块 2013 年 4 月 3 日调整为动迁安置房。B1 地块 2015 年 2 月 8 日竣工验收,B2 地块 2015 年 8 月 8 日竣工验收,B3 地块 2014 年 6 月 6 日竣工验收,B4 地块 2014 年 6 月 6 日竣工验收。B1 地块 2015 年 8 月 10 日开始交房,B2 地块 2016 年 6 月 29 日开始交房,B3 地块 2014 年 7 月 20 日开始交房,B4 地块 2014 年 9 月 10 日开始交房。

根据沪宝府土〔2010〕268 号文,以国有土地挂牌方式取得罗店大型居住社区市属动迁房 B5 地块。2010 年 11 月 24 日获得政府立项批复,2014 年 12 月 25 日开始交房。

根据沪宝府土〔2011〕204号文,以国有土地挂牌方式取得罗店大型居住社区市属动迁房B6地块。2010年11月24日获得政府立项批复,2014年12月25日开始交房。

根据沪宝府土〔2010〕267号文,以国有土地挂牌方式取得罗店大型居住社区市属配套商品房B7地块。2010年11月24日获得政府立项批复,2014年12月26日开始交房。

根据沪宝府土〔2010〕266号文,以国有土地挂牌方式取得罗店大型居住社区市属配套商品房B8地块。2010年11月24日获得政府立项批复,2015年1月6日开始交房。

根据沪宝府土〔2014〕95号文,以国有土地挂牌方式取得罗店大型居住社区市属动迁房C10地块。2014年7月16日获得政府立项批复,2017年6月20日开始交房。

3. 项目概况

罗店大型居住区经济适用房一期B1地块占地面积46 775.41平方米,B2地块占地面积43 816.59平方米,B3地块占地面积36 859.76平方米,B4地块占地面积38 891.36平方米,B5地块用地面积32 934.3平方米,B6地块用地面积28 235.05平方米,B7地块用地面积21 624.2平方米,B8地块用地面积16 667.4平方米,大型居住社区市属动迁安置房C10地块用地面积41 622平方米。

截至2018年12月31日,罗店大型居住区一期B1－B8一共8个地块全部销售完毕。B3、B4地块经适房1 169套,进户1 168套。罗店大型居住区二期C10地块全部销售完毕。

## 【镇江中冶宝润置业有限公司】

1. 公司简介

镇江中冶宝润置业有限公司是由宝冶独家投资成立的房地产开发企业,2013年1月14日经镇江市工商行政管理局批准设立,具体承担“中冶玉翠园”(即镇江体育会展中心南4—2地块)商品房项目开发任务。

2. 开发情况

2012年12月24日,宝冶通过招拍挂,取得镇江体育会展中心南4—2地块(宗地编号:2012－8－2),该宗地出让面积104 693平方米,合157亩,位于镇江市润州区枣林路309号。2013年1月14日注册设立镇江中冶宝润置业有限公司,负责该地块的开发任务。2014年1月13日取得该地块土地使用权证。2015年9月25日经镇江市地名办公室核准,该项目命名为“玉翠园”。项目分三期开发,2014年8月该项目规划方案通过镇江市规划局审批,同年9月28日取得该地块所有单体规划许可证,10月20日取得该地块施工许可证。项目一期于2014年11月13日取得销售许可证,进行销售,2016年1月27日房屋交付。在建设过程中,结合相关部门优化意见,对尚未开发建设的二、三期进行规划方案调整。项目二期于2016年6月23日取得工程规划许可证,2016年7月15日取得施工许可证,2016年11月29日取得销售许可证,进行销售,2017年12月1日房屋交付。项目三期于2017年8月22日取得工程规划许可证,2017年11月28日取得施工许可证,2018年1月26日取得销售许可证,进行销售,计划于2019年9月30日完成交付。

3. 项目概况

项目占地面积104 693平方米,总建筑面积160 347平方米,地下建筑面积54 181平方米。项目建筑形式为多层洋房、叠加、联排。项目住宅总面积106 790平方米,住宅总套数712套,商业办公用房总面积2 648平方米。

4. 现状

截至2018年12月底,镇江中冶玉翠园项目住宅712套,共计销售621套。

**【珠海中冶置业有限公司】**

1. 公司简介

2010 年 12 月 23 日，在珠海市工商行政管理局完成公司注册登记手续，注册名为“珠海中冶置业有限公司”、注册地址为珠海市香洲区湾仔银湾路 1663 号 C 区。

2. 项目概况

珠海十字门中央商务区会展商务组团一期项目地处西江入海口，东面与中国澳门一水相隔，南至横琴环岛东路，西临珠海保税区及横琴大桥，北靠将军山脉。项目建设规模约 78 万平方米，于 2010 年 6 月 28 日正式开工。宝冶先后组建 1 个指挥部和 2 个总包项目部，按合同约定工期向地方国企陆续移交了珠海国际展览中心一期(2014 年 9 月 12 日，鲁班奖)、珠海国际会议中心(2014 年 10 月 28 日，省优)、公寓式酒店(2014 年 10 月 28 日，省优)、喜来登酒店(2015 年 2 月 6 日，省优)、330 米标志性塔楼(2017 年 12 月 28 日，金匠奖、行业金奖、省优)等全部项目设施及营运物品，并在建设过程中获全国绿色施工示范工程等多项国家级荣誉称号。

## 二、PPP 项目公司

**【福州中冶基础设施投资有限公司】**

1. 公司简介

福州中冶基础设施投资有限公司是由高新区投资控股有限公司、宝冶、中冶交通工程技术有限公司和中冶建设高新工程技术有限责任公司四方共同出资，于 2015 年 6 月 25 日经福州市工商行政管理局批准设立，具体承担福州高新区海西园创新园三期及基础配套设施建设项目的投资建设。宝冶为实施该 PPP 项目的社会联合体牵头人。

2. 项目建设运营情况

福州高新区海西园创新园三期及基础配套设施建设项目分 2 个子项目：创新园三期项目和基础配套设施建设项目。

创新园三期项目 A、B、C、D、E 地块整体于 2016 年 5 月 18 日获得政府立项批复，2016 年 11 月 2 日取得建设用地规划许可证，2018 年 3 月 8 日取得建设用地批准书，2018 年 12 月 29 日取得不动产权证书。D、E 地块于 2018 年 3 月 28 日取得建设工程规划许可证，2018 年 8 月 29 日取得施工许可证。A、B、C 地块建设工程规划许可证正在办理中。

基础配套设施建设项目 5 条市政道路的手续，除学园路齐全外，其他 4 条路除立项批复外由于土地手续原因，尚不齐全。

3. 项目概况

福州高新区海西园创新园三期及基础配套设施建设项目投资建设合作特许经营期年为 10 年。项目规模总建设用地面积约 128 200 平方米，总建筑面积约 422 903 平方米；基础配套设施建设项目：含乌龙江大道二期、高新大道南段、高岐路、学园路、晓岐东路等 5 条道路。

**【珠海华发汇炬济康建设有限公司】**

1. 公司简介

珠海华发汇炬济康建设有限公司是由珠海汇炬项目管理有限公司、珠海华发城市运营投资控股有限公司、宝冶共同投资，于 2018 年 7 月 30 日经珠海市香洲区工商行政管理局批准设立，具体承担香洲区人民医院改扩建工程的投资、建设、运营及维护、移交等项目建设运营任务。

2. 项目建设运营情况

珠海香洲区人民医院改扩建PPP项目于2017年7月20日获得政府立项批复。本项目合作期为15年，其中建设期暂定3年，运营期为12年。本项目为改扩建项目，在现有医院规模基础上新增建筑面积55 360平方米，其中：地上建筑面积39 730平方米，包括四栋建筑：新建一栋护康大楼26 520平方米，新建一栋社区卫生服务中心大楼8 150平方米，新建一栋辅助楼4 810平方米，新建制氧中心250平方米。地下建筑面积15 630平方米，主要为两层地下停车场。

## 【珠海市华平建设管理有限公司】

1. 公司简介

珠海市华平建设管理有限公司是由珠海华发综合发展有限公司和宝冶共同投资，于2016年11月11日经珠海市工商行政管理局金湾分局批准设立，具体承担珠海高栏港经济区平沙医院PPP项目的融资、规划设计、施工、后勤服务运营管理及相关咨询顾问等建设运营任务。

2. 项目建设运营情况

珠海高栏港经济区平沙医院PPP项目于2014年10月23日获得项目建议书批复。本项目合作期为10年，其中建设期暂定2年，运营期为8年。项目规模为住院行政综合楼地上工程建筑面积30 354平方米，地下工程建筑面积4 065平方米，瓶储站建筑面积22平方米，新建工程建筑面积合计34 441平方米。

## 【南京浦口星宝建设发展有限公司】

1. 公司简介

南京浦口星宝建设发展有限公司由上海宝冶、中冶建信投资基金管理(北京)有限公司共同投资，于2016年8月26日经南京市浦口区市场监督管理局批准设立，具体承担南京市浦口区新市镇PPP项目建设移交运营任务。宝冶为实施该PPP项目的社会联合体牵头人。

2. 项目建设运营情况

南京市浦口区新市镇PPP项目建设保障房，包括夏桥保障房二期、高华幸福家园三期保障房及杨山雅苑保障房；新建市政道路万寿河路北延、纬一路、星龙北路、经三路、纬四路及纬七路项目。夏桥保障房二期项目于2016年9月21日取得立项批复。

3. 项目概况

本项目合作期为10年，其中建设期暂定2年，运营期为8年。保障房地块占地130 308平方米，新建市政道路总长度8 430米，占地222 740平方米。项目建设地址为南京市浦口区。

## 【南京溧水宝冶城市建设发展有限公司】

1. 公司简介

南京溧水宝冶城市建设发展有限公司是由宝冶、中航信托股份有限公司共同投资，于2017年9月15日经南京溧水区市场监督管理局批准设立，具体承担南京溧水区洪蓝新市镇综合建设PPP项目建设运营任务。

2. 项目建设运营情况

南京溧水区洪蓝新市镇综合建设PPP项目分6个子项目：洪蓝镇华塘佳苑二期安置房项目、

洪蓝科创中心项目、工业园区景观提升工程、洪蓝天生桥河综合整治项目、新市镇市政道路建设项目以及老镇区形象提升工程项目。华塘佳苑二期安置房项目于2018年1月4日获得政府立项批复,洪蓝科创中心项目于2017年7月28日获得政府立项批复,天生桥河道综合整治项目于2017年11月13日获得政府立项批复。

3. 项目概况

本项目合作期为12年,其中建设期为3年,运营期为9年。洪蓝科创中心项目位于凤凰井路以西,金牛北路以北总用地面积约5 726.6平方米,华塘佳苑二期安置房项目位于凤凰井路以东、五峰山路以西,总用地面积68 571.13平方米(合102.86亩),总建筑面积约134 400平方米。天生桥河(洪蓝段)综合整治项目设计范围153 710平方米(不包含河道面积),道路设计范围26 948平方米,河道长度2.3千米,建设内容包括河道清淤、生态修复及景观提升、行人游步道建设等。建筑面积204 598.48平方米。

## 【南京宝冶长桥建设有限公司】

1. 公司简介

南京宝冶长桥建设有限公司由宝冶、上海首泓投资管理有限公司共同投资,于2017年5月11日经南京浦口区市场监督管理局批准设立,具体承担南京市浦口区长桥路东延秋荫路东延双联路道路建设工程PPP项目,负责项目建设运营及移交任务。

2. 项目建设运营情况

南京市浦口区长桥路东延秋荫路东延双联路道路建设工程PPP项目分3个子项目:长桥路东延项目、秋荫路东延项目、双联路项目。双联路建设工程项目于2016年5月24日获得立项批复,2018年2月6日获得可行性研究报告批复,2018年5月9日获得建设用地规划许可证;长桥路东延建设工程项目于2016年5月31日获得立项批复,2017年6月9日获得可行性研究报告批复,2018年5月9日获得建设用地规划许可证;秋荫路东延建设工程项目于2016年6月8日获得立项批复,2017年10月30日获得可行性研究报告批复,2018年4月28日获得建设用地规划许可证。

3. 项目概况

南京市浦口区长桥路东延秋荫路东延双联路道路建设工程PPP项目合作期为11年,其中建设期定为2年,运营期为9年。本工程包括长桥路东延、秋荫路东延、双联路三条道路建设,共计7 792米。三条道路红线宽为30米,规划为双向四车道的三级公路兼城市次干道,道路设计车速40 km/h。其中,长桥路东延项目总长2 572米,包含两座桥,西起浦乌路,东至双联路;秋荫路东延项目总长2 120米,包含两座桥,起于浦乌路,止于规划双联路;双联路项目总长3 100米,包含两座桥,起于春藤路,止于规划金鼎路。本项目建设地址为南京市浦口区。

## 【贵阳市宏源永盛轨道交通二号线二期工程建设管理有限公司】

1. 公司简介

贵阳市宏源永盛轨道交通二号线二期工程建设管理有限公司于2017年6月19日经贵阳市工商行政管理局批准设立,具体承担贵阳市轨道交通2号线二期工程PPP项目投资、建设、运营、维护等任务,公司由贵阳市城市轨道交通有限公司、宝冶、五矿国际信托有限公司合资设立。

2. 项目建设运营情况

贵阳市地铁PPP项目工程于2016年12月28日获得政府立项批复。贵阳轨道交通2号线二期工程项目承建模式为 PPP 模式，由贵阳市城市轨道交通有限公司、宝冶、五矿国际信托有限公司合资设立（其中宝冶为社会投资人牵头人）贵阳市宏源永盛轨道交通二号线二期工程建设管理有限公司（简称项目公司）进行管理。2 号线二期线路长 13.0 千米，地下线长 9.83 千米，高架线及过渡段长 3.17 千米，共设置 8 座车站（6 座地下站，2 座高架站），平均站间距 1.6 千米。其中富源北路站与规划 4 号线换乘，机场站与规划 S4 号线换乘，水淹坝站与规划 S3、S4 号线换乘，在终点站附近设小碧停车场，总投资额 79.33 亿元。

本项目合作期为 29 年，其中建设期暂定 4 年，运营期为 25 年。贵阳轨道交通 2 号线二期工程项目为 PPP 模式承建，线路由油榨街站（不含）至水淹坝站，长 13.0 千米，其中地下线长 9.83 千米，高架线及过渡段长 3.17 千米，共设置 8 座车站（6 座地下站，2 座高架站，3 座换乘站），在终点附近设小碧停车场。

## 【宁国宝冶城市建设有限公司】

1. 公司简介

宁国宝冶城市建设有限公司是由宝冶、上海首泓投资管理有限公司、中冶华天南京工程技术有限公司共同投资，于 2017 年 3 月 9 日宁国市工商行政管理局批准设立，具体承担宁国市城北新城信合开发 PPP 项目建设运营任务。宝冶为实施该 PPP 项目的社会联合体牵头人。

2. 项目建设运营情况

宁国城北新城 PPP 项目分五个子项目：宁国中学工程项目，配套路网工程项目，金桥路跨西津河大桥工程项目，振宁路跨东津河工程项目，游泳馆、体育馆、全民健身中心工程项目。宁国中学工程项目于 2016 年 4 月 21 日获得政府立项批复，2017 年 7 月 10 日取得建设用地规划许可证，2018 年 3 月 6 日取得建设工程施工许可证；金桥路跨西津河大桥工程项目于 2016 年 6 月 6 日获得政府立项批复，2019 年 9 月 12 日取得建设用地规划许可证；振宁路跨东津河工程项目于 2016 年 6 月 6 日获得政府立项批复，2016 年 9 月 12 日取得建设用地规划许可证；配套路网工程项目于 2016 年 6 月 6 日获得政府立项批复；游泳馆、体育馆、全民健身中心工程项目于 2016 年 6 月 21 日获得政府立项批复。

3. 项目概况

本项目合作期为 22.5 年，其中建设期暂定 4.5 年，运营期为 18 年。宁国市城北新城综合开发项目包括配套路网项目（8 条市政道路），桥梁项目（包括金桥路跨西津河大桥和振宁路跨东津河大桥），宁国中学高中迁扩建项目和宁国体育馆、游泳馆、全民运动中心项目。

根据宁国市发改委批复的项目建议书，配套路网项目主要包括汪溪路、凤凰路、嵩和路、胡乐路、振宁路、张村路、金桥路和规划路。

## 【巩义市宝冶城达建设有限公司】

1. 公司简介

巩义市宝冶城达建设有限公司是由宝冶、中冶建信投资基金管理（北京）有限公司、巩义市城达建设开发有限公司共同投资，于 2018 年 6 月 12 日经巩义市工商行政管理局批准设立，具体承担巩义市城区基础设施完善提升 PPP 项目建设运营任务。宝冶为实施该 PPP 项目的社会联合体牵头人。

2. 项目建设运营情况

巩义市城区基础设施完善提升 PPP 项目分 3 个子项目：苏秦路西段道路及桥梁工程项目、新老城区新建道路工程项目、新区公共服务设施提升建设工程项目。苏秦路西段道路及桥梁工程于

2017 年 8 月 15 日获得政府立项批复，2018 年 8 月 27 日取得建设用地规划许可证；新老城区新建道路工程于 2017 年 7 月 28 日获得政府立项批复，2018 年 8 月 2 日陆续取得建设用地规划许可证；新区公共服务设施提升建设工程项目于 2017 年 7 月 28 日获得政府立项批复，2018 年 11 月 29 日陆续取得建设用地规划许可证。

3. 项目概况

本项目合作期为 22 年，其中建设期暂定 2 年(除苏秦路西段道路及桥梁工程预计建设期为 3 年)，运营期为 20 年。新老城区新建道路工程十三条路全长约 13.782 米，苏秦路西段道路及桥梁工程总长约 7 130 米，新区公共服务设施提升建设工程占地面积约 57 718.65 平方米。

**【安阳宝冶文体中心项目管理有限公司】**

1. 公司简介

安阳宝冶文体中心项目管理有限公司是由上海宝冶集团有限公司、中冶建信投资基金管理(北京)有限公司、安阳市文化影视出版有限公司、机械工业第六设计研究院有限公司、中奥广场管理集团有限公司共同投资，于 2018 年 11 月 12 日经安阳市工商行政管理局批准设立，具体承担安阳市文体中心建设工程 PPP 项目投融资、设计、建设、运营维护、移交等任务。宝冶为实施该 PPP 项目的社会联合体牵头人。

2. 项目建设运营情况

安阳市文体中心项目于 2017 年 5 月 31 日获得政府立项批复，2018 年 3 月 15 日取得建设用地规划许可证。

3. 项目概况

本项目合作期为 25 年，其中建设期暂定 3 年，运营期为 22 年。本项目包含文化艺术科技中心和体育中心两个片区，项目总占地面积 596 100 平方米，总建筑面积 213 000 平方米；其中文化艺术科技中心占地面积 243 500 平方米，建筑面积 96 000 平方米(包含大剧院、音乐厅、文化馆、科技馆)；配套路网项目全长 17 127 米；体育中心占地面积 303 900 平方米，总建筑面积 117 000 平方米(包含体育场、体育馆、全民健身和游泳馆、配套服务设施)。建设地址为安阳市高新技术开发区。

**【台州宝冶建设有限公司】**

1. 公司简介

台州宝冶建设有限公司是由宝冶、中冶建信投资基金管理(北京)有限公司共同投资，于 2018 年 5 月 3 日经台州市工商行政管理局批准设立，具体承担台州市路桥城区道路建设改造提升 PPP 项目建设运营任务。宝冶为实施该 PPP 项目的社会联合体牵头人。

2. 项目建设运营情况

台州市路桥城区道路建设改造提升 PPP 项目分三个子项目：存量道路运营工程项目、改造提升道路工程项目及新建道路工程项目。截至 2018 年 12 月底，存量道路工程运营暂未开展；改造提升道路工程项目于 2018 年 8 月 13 日明确了 2018 年实施银安街(文化路—翠苑路)及南官大道(新安西街—山水泾)综合改造提升工程。其中，银安街(文化路—翠苑路)综合改造提升工程于 2018 年 8 月 17 日获得政府立项批复。南官大道(新安西街—山水泾)综合改造提升工程于 2018 年 9 月 27 日获得政府立项批复，2018 年 10 月 13 日封道，计划于 2019 年 1 月 20 日机动车道开放交通，2019 年 3 月 3 日竣工验收。

3. 项目概况

本项目合作期为 14 年，其中建设期 3 年，运营期为 11 年。项目总长度约 82 413 米，总面积约 2 937 738 平方米，其中存量道路 6 条，道路总长度约 10 380 米，总面积约为 403 799 平方米；改造提升道路 31 条，道路总长度约 63 558 米，总面积约 2 300 989 平方米。新建道路 4 条，道路总长度约 8 475 米，总面积约 232 950 平方米。

## 【衢州宝冶体育建设运营有限公司】

1. 公司简介

衢州宝冶体育建设运营有限公司是由衢州市基础设施投资基金有限公司、宝冶、中冶建信投资基金管理(北京)有限公司和广州珠江体育文化发展股份有限公司共同出资组建。衢州宝冶体育建设运营有限公司于 2018 年 11 月 16 日经衢州市工商行政管理局批准设立，具体承担衢州市体育中心 PPP 项目建设运营任务。

2. 项目建设运营情况

衢州市体育中心 PPP 项目可行性研究报告于 2018 年 06 月 19 日获得衢州市发改委批复。

3. 项目概况

本项目合作期为 20 年，其中建设期暂定 3 年，运营期为 17 年。项目用地总面积约 327 369 平方米。本项目建设内容包括“一场三馆”，其中“一场”为 3 万座体育场，“三馆”为 1 万座体育馆，2 000 座游泳馆和 1 个综合训练馆。地下停车场，体育公园，室外工程和其他相关市政配套工程。

## 【杭州宝冶城市建设发展有限公司】

1. 公司简介

杭州宝冶城市建设发展有限公司是由宝冶、中冶建信投资基金管理(北京)有限公司、中冶置业集团有限公司、浙江富春山居集团有限公司共同投资，于 2018 年 12 月 11 日经杭州市富阳区市场监督管理局批准设立，具体承担杭州亚运射击射箭现代五项馆及安置房建设 PPP 项目建设运营任务。宝冶为实施该 PPP 项目的社会联合体牵头人。

2. 项目概况

本项目包括 2 个子项目：亚运射击射箭现代五项馆项目和银湖区块安置房建设项目(4 号、5 号安置地块)。两项目均位于富阳区银湖街道。

亚运射击射箭现代五项馆项目概况：本项目合作期为 15 年，其中建设期 3 年，运营期 12 年(含赛事服务期 2 年，赛后运营期 10 年)。项目总用地面积 275 182 平方米(以实测为准)。项目建设内容：主要包括新建射击综合馆、新闻及安保中心、飞碟辅助用房、射箭及现代五项辅助用房、马厩、隔离马厩及地下室。

银湖区块安置房建设项目(4 号、5 号安置地块)概况：本项目合作期为 15 年，其中建设期 3 年，运营期 12 年。总用地面积 275 182 平方米(以实测为准)。项目建设内容：主要包括新建射击综合馆、新闻及安保中心、飞碟辅助用房、射箭及现代五项辅助用房、马厩、隔离马厩及地下室。

## 【十堰宝冶城市建设有限公司】

1. 公司简介

十堰宝冶城市建设有限公司成立于 2018 年 2 月 11 日，公司坐落于十堰市张湾区万达广场 B

座22楼,由宝冶、中冶建信投资基金管理(北京)有限公司、十堰市建设投资有限公司、中冶京诚工程技术有限公司共同投资成立。

2. 开发情况

武当路复线与三峡路工程PPP项目2017年9月13日取得用地规划许可证。

3. 项目概况

武当路复线与三峡路工程PPP项目:

十堰市武当路复线与三峡路工程PPP项目包含武当路复线道路工程和三峡路道路工程,道路全长16.987千米,合同建安投资费19.3亿元,项目计划开工日期2018年11月1日,计划竣工日期2021年10月30日,计划总工期36个月。

(1) 武当路复线工程:起点接三峡路与车城南路交叉口,终点接吉林路交叉口,全长9 755米,道路红线宽40米,双向四车道,等级为城市主干道。包含3座桥梁和4处隧道,桥梁全长为615米,隧道总长为1 928米,桥隧总长为2 543米,桥隧占道路的26%。

(2) 三峡路工程:起点接西城开发区西城路,终点至十堰市东汽体育馆接车城南路,全长7 232米,道路等级为城市主干道。起点新疆路立交至规划发展大道交叉口段道路红线宽30米,设双向四车道;规划发展大道交叉口至终点段道路红线宽40米,设双向四车道。包含3座桥梁和3处隧道,桥梁全长1 311米,隧道总长为895米,桥隧总长为2 206米,桥隧占道路的31%。

## 【郑州宝冶智城综合管廊建设管理有限责任公司】

1. 公司简介

郑州宝冶智城综合管廊建设管理有限责任公司(简称郑州宝冶智城)由社会资本方宝冶、中冶京诚工程技术有限公司(简称中冶京诚)及郑州市政府资本方郑州智城综合管廊建设有限公司(简称郑州智城)共同出资5 000万为公司资本金,经郑州市金水区工商管理局批准,于2016年12月15日设立。

2. 项目建设运营情况

截至2018年12月底,郑州市中心城区地下综合管廊工程二七商业区项目地下商业和地下管廊公共部分分摊内容、分摊界面、分摊比例及方式已确定。但项目总投资超概算,建设期已结束却仍未开工,存在较大的PPP项目出库风险。若要以PPP模式运行,必须重新进行项目可研和初步设计批复、重新进行物有所值评价和财政承受能力论证。同时项目面临是否重新进行政府招标采购问题。

# 第七章　已注销单位、成建制分离单位

## 第一节　建筑分公司

建筑分公司的前身是宝冶三公司、五公司。

1978年底，为顺利完成宝钢工程建设任务，根据宝钢工程指挥部部署，分指挥部逐步加快施工队伍集结步伐，三公司、五公司等7个公司陆续到位。

1978—2000年期间，三公司、五公司在完成宝钢工程建设的同时，还承担了许多国家重大冶金工厂的建设，在上海地铁1号线徐家汇车站、新闸路车站、上海站折返段，上海合流污水4.1标彭越浦泵站，月浦水厂陈行水库等市政工程中作出贡献。但随着市场经济的发展和竞争日趋激烈，两个土建公司由于专业相似，规模过小；资源配置重复，整体优化不够；专业不突出等原因而缺乏市场竞争力。

2000年9月，宝冶深化企业改革，实施专业联合进行战略整合，撤销三公司、五公司建制，整合组建成立宝冶建筑分公司。专业定位为土建(即大宝钢及冶金厂土建和综合性土建)、地下连续墙、路桥。组织机构为10个部科室。编制定员机关人员不超过100人，项目部、工程处等基层管理人员控制在100人以内。

建筑分公司成立后，从加强管理入手，陆续制订了86项管理制度，使各项工作有规可依、有章可循。同时健全市场开发，提高科技含量，打响地下连续墙品牌，先后承建了北翟物流中心、上海捷强物流中心、德国欧倍德上海梅陇连锁店、上广电—NEC第五代液晶薄膜显示器工程、苏州国际博览中心、石家庄泛亚龙腾纸业、苏州普洛斯物流园、友达光电(厦门)厂房一期新建工程A标/B标土建工程、苏州明基医院一期土建工程、山东日照亚太森博浆纸有限公司PL12项目土建工程三标段总承包工程、上海世博会C1标、上海海洋工程及高技术船舶工程配套项目浮体结构工场等工程。从单一土建专业分包公司发展成为专业齐全、实力较强的多专业总承包和设计施工总承包公司。公司先后获上海市劳模集体、全国“安康杯”竞赛优胜企业、上海市重点工程立功竞赛优秀集体等荣誉。

2012年初，因建筑分公司在经营管理中存在的问题导致亏损严重，宝冶自2月起对建筑分公司采取了一系列措施进行调整，对在建项目进行托管，妥善安置员工，办公资产、大临设施等划归相关部门负责，确保了整个调整工作平稳有序进行。

2014年10月14日，宝冶正式发文注销建筑分公司。

## 第二节　宝冶医院

1978年，武钢“一米七”热轧工程基本建成，十九冶(地处四川攀枝花)派出大批员工赴上海参加宝钢建设，十九冶医院派出部分医务人员随建设大军到上海组建了宝钢十九冶指挥部医务室。随着建设的需要和队伍的扩大，组建成了宝钢十九冶分指挥部职工医院，床位60张，地址在宝山月浦宝泉路1号(原上钢五厂技校校址)。

1981年6月4日,更名为十九冶上海分公司职工医院。1982年成立十九冶上海分公司卫生处,实行处院合一的管理体制,即两块牌子,一套班子,处院合署办担负双重职能,既负责宝冶公司卫生管理健康服务职能,又担负宝冶职工家属的医疗和保健任务。床位增至120张。

1984年2月8日,经上海市卫生局批准同意成立十九冶上海分公司职工医院,核定床位160张。

1986年10月,随着宝冶落户上海,十九冶上海分公司职工医院更名为宝冶职工医院,隶属宝冶。医疗业务纳入上海市卫生行业管理,接受上海市、宝山区卫生局的领导。1992年6月4日,经上海市卫生局批复同意宝冶医院增加核定床位21张,总床位数由原来的160张变更为181张。

1987年下半年,新建宝冶职工医院一期工程动工。一期工程包括病房大楼、医技楼、食堂、锅炉房,建筑面积为9 650平方米。1991年7月26日,旧医院停诊,新医院开诊;同年8月1日,新医院正式启用。

1993年10月15日,经上海市卫生局批复同意宝冶职工医院为二级乙等综合性职工医院并参加二级综合医院的等级评审。1994年7月7日,经市医院等级评审委员会评审认定,上海市卫生局核准宝冶医院为二级乙等医院,并按二级乙等医院标准收费。1996年1月14日,医院整体搬迁至新建医疗大楼内,地址:月浦鱼塘路96号,后更名为四元路(北侧门),医院正门在春雷路456号。

为适应市场和建立现代企业制度的需要,解决企业办“社会”带来的一系列制约企业和医院发展的困难和问题,达到优化结构、主辅剥离、人员分流的目的。1999年7月,中冶集团决定将所属冶建单位在上海地区的宝冶、二十冶、十三冶、五冶、十九冶四院一所医疗机构从原企业划出,进行资产重组,合并为一所具有独立法人资格的综合性医院。

1999年7月13日,中冶集团在上海召开筹建整合上海中冶医院专题会议,拉开整合的序幕。7月16日,中冶集团下发沪中冶集字〔1999〕01号《关于在上海地区各单位医院改革工作意见通知》文件,决定将上海地区各冶建单位的医疗机构从各单位划出,整合具有独立法人资格的医院,隶属中冶集团,成立了上海地区医院改革工作领导小组。按照摸底阶段、确立方案阶段、实施方案阶段等三个阶段开展重组工作。

1999年8月30日,中冶集团在上海召开在沪各冶建公司党政领导会议,组建上海中冶医院管理委员会和上海中冶医院筹备领导小组,提出了具体的工作目标,整合工作进入到实质性阶段。同年9月1日,中冶医院筹备领导小组联合办公,正式承担起中冶医院的管理责任,行使领导职权,筹备医院挂牌前的日常事务工作。整合工作进入到内部整合阶段。

1999年9月6日,中冶集团向上海市卫生局上报《关于上海地区所属单位医疗机构改革的报告》《关于申报上海地区医疗机构冠名的报告》《关于中冶集团上海地区四所职工医院重组的请示》三份文件。同年9月14日,宝山区卫生局同意上海宝冶医院等四院所进行资产重组并向上海市卫生局上报请示。9月16日,上海市卫生局批复同意宝山区宝冶等四所职工医院重组。重组后的医院隶属中冶集团,为二级乙等综合性医院,冠名为上海中冶集团职工医院,核定床位260张。设置一个院本部和两个门诊部。

1999年9月17日,中冶医院隆重举行成立暨揭牌仪式,整合全面完成。设立一个院总部和两个门诊部。总部坐落在春雷路456号,两个门诊部分别为德都路门诊部,地址在德都路218弄62

号;铁力路门诊部,地址在铁力路 2501 号。合并后的中冶医院总建筑面积为 37 391.7 平方米,其中,总部建筑面积 31 182 平方米,德都路门诊部建筑面积 3 239.7 平方米,铁力路门诊部建筑面积 2 970 平方米。核定床位 260 张,实际开放床位 300 张,是一家集医疗、预防、保健、康复、急救、教学于一体的综合性医院。

## 第三节　中 冶 国 贸

1993 年 10 月,宝钢集团国际经济贸易总公司向宝冶下发批复文件,《关于同意设立"宝钢集团国际经济贸易总公司宝冶分公司"的批复》[(93)沪宝钢国贸字第 088 号]。

1994 年 1 月,宝钢国贸宝冶分公司(简称宝冶国贸)成立,经营所属企业自产产品和相关技术的出口业务,经营所属企业生产所需原辅材料、机械设备及相关技术的进口业务等。同期,成立宝冶浦东分公司。

1996 年,上海杰西实业有限公司成立。

1999 年 1 月 8 日,成立宝冶浦东办事处,浦东办事处与浦东分公司一套机构、两块牌子,合署办公。

1999 年 4 月,宝冶国贸被撤销。此后,宝冶国贸人员依托上海杰西实业有限公司从事内贸业务,原进出口业务交由其他外贸公司代理。

2000 年 2 月,上海杰西实业有限公司名称变更为上海宝冶杰西实业有限公司,注册资金变更为 1 000 万元,宝冶投资 950 万元,占股 95%,上海宝冶钢管有限公司投资 50 万元,占股 5%(宝冶发〔2000〕第 19 号《关于同意"上海杰西实业有限公司有关工商变更请示"的批复》)。

2000 年 3 月,根据宝冶函字〔2000〕第 1 号《关于变更上海宝钢冶金建设公司浦东分公司金桥大厦 11 层产权归属的函》,宝冶将金桥大厦 11 层资产产权作为对杰西实业的投资。

2000 年 10 月,宝冶将浦东分公司并入上海宝冶杰西实业有限公司,浦东分公司注销。

2000 年 11 月,宝冶向中冶集团申请组建中冶集团上海国际贸易分公司(简称中冶国贸),依托中冶集团的外贸经营权,以原宝冶国贸人员和业绩为基础,以重组后的宝冶杰西实业有限公司为框架,设立中冶国贸。

2001 年 2 月,中冶集团下发《关于同意设立"中国冶金建设集团公司上海贸易分公司"的批复》(〔2001〕中冶集管字第 024 号),文件同时明确,在办好上海贸易分公司的基础上,中冶集团将与宝冶以及在上海的其他单位,共同组建具有独立法人资格的国贸公司。

2002 年 12 月,根据中冶集企〔2002〕58 号《关于对"上海宝钢冶金建设公司改制方案"的批复》文件精神,在中冶上海贸易分公司和上海宝冶杰西实业有限公司的基础上组建上海中冶国际经济贸易有限公司(上海宝冶杰西实业有限公司更名),注册资本 1 000 万元。

2003 年,宝冶改制,中冶国贸留在存续公司。

中冶国贸组建后,由于企业发展和参与市场竞争的需要,于 2004 年 6 月进行了资本金的增加和资本结构的调整,同时吸纳了驻上海的中冶集团 5 家子公司参股,最终形成了以中冶公司控股,这 5 家单位参股的有限责任公司,注册资金为 2 182 万元。

附件一：注销三产企业清单

| 注销时间 | 单位名称 |
|---|---|
| 1995年 | 上海宝冶科研所综合经营部 |
| 1996年 | 宝冶申华贸易商行 |
| 1996年 | 上海奥达职业服装研究所 |
| 1996年 | 上海昊天综合经营部 |
| 1996年 | 天厦综合经营部 |
| 1996年 | 齐志工程机械配件中心 |
| 1996年 | 上海宝山果园春卡拉OK歌舞厅 |
| 1996年 | 上海双信物资贸易部 |
| 1996年 | 宝机实业公司 |
| 1996年 | 机动综合经营部 |
| 1997年 | 宝冶工会实业部综合经营商店 |
| 1997年 | 上海益昌贸易部 |
| 1997年 | 上海宝光月浦实业公司 |
| 1997年 | 安达汽车配件商店 |
| 1997年 | 上海宝业劳务协力中心 |
| 1997年 | 上海宝江工贸公司 |
| 1997年 | 宝山宝安消防器材经营部 |
| 1997年 | 宝冶职工技术公司 |
| 1998年 | 上海宝筑工贸材料公司 |
| 1998年 | 上海宝冶瑞欣工贸实业公司 |
| 1998年 | 上海宝冶冠东工贸公司 |
| 1998年 | 上海昌力工贸部 |
| 1998年 | 宝钢冶建宏益工贸公司 |
| 1998年 | 上海宝冶机动劳务协力部 |
| 1998年 | 宝迪工贸公司 |
| 1998年 | 宝翼特种劳务部 |
| 1998年 | 上海宝泉信息公司 |
| 1998年 | 上海宝华基建工贸发展公司 |
| 1998年 | 宝宇装配厂 |
| 1999年 | 上海宝冶机动公司综合工程部 |
| 1999年 | 冶烽机电工程技术中心 |
| 1999年 | 吴县宝艺建筑施工料具联营公司 |
| 1999年 | 上海联君实业公司 |
| 1999年 | 上海铁鑫综合商店 |
| 1999年 | 上海宝山月发酒家 |

（续表）

| 注销时间 | 单 位 名 称 |
| --- | --- |
| 1999 年 | 上海宝发工贸实业公司 |
| 1999 年 | 上海宝山宝冶炉窑工程部 |
| 1999 年 | 上海宝冶机电设备修造厂 |
| 2000 年 | 上海宝冶企业公司工程部 |
| 2000 年 | 上海宝冶利康工贸公司 |
| 2000 年 | 上海环通工贸发展部 |
| 2000 年 | 上海宝冶企业公司加工制作部 |
| 2000 年 | 上海凯瑞运输服务部 |
| 2000 年 | 上海宝日工贸经营部 |
| 2000 年 | 宁波经济技术开发区宝钢冶建机动工程公司 |
| 2000 年 | 天鑫综合开发中心 |
| 2000 年 | 上海钢浦机械配件销售服务中心 |
| 2000 年 | 上海宝山汇利达综合经营部 |
| 2000 年 | 宝罗电线电缆厂 |
| 2000 年 | 上海宝冶工安技术发展公司 |
| 2000 年 | 上海宝冶阀门检测修理中心 |
| 2000 年 | 上海宝山通达酒家 |
| 2000 年 | 上海宝大建筑装饰工程有限公司 |
| 2000 年 | 上海久顺冶金设备修造厂 |
| 2000 年 | 上海简达汽车修理厂 |
| 2000 年 | 上海宝山金宝财务咨询服务中心 |
| 2000 年 | 冶金渣建筑砌块公司 |
| 2000 年 | 上海永华液压器材经营部 |
| 2000 年 | 上海宝鸿科技发展公司 |
| 2000 年 | 上海红叶编织厂 |
| 2000 年 | 上海宝冶机装友力机械设备安装工程部 |
| 2000 年 | 深圳浩申工贸公司 |
| 2000 年 | 上海宝冶机电自动化所 |
| 2000 年 | 上海宝钢冶金建设公司四元公司 |
| 2000 年 | 宝山多纳工贸实业公司 |
| 2000 年 | 上海宝盈劳务协力部 |
| 2000 年 | 上海银宇发展公司 |

（续表）

| 注销时间 | 单 位 名 称 |
|---|---|
| 2000 年 | 上海宝冶科技实业分公司 |
| 2000 年 | 上海宝山宝发技术开发部 |
| 2000 年 | 宝材工贸公司 |
| 2000 年 | 上海工翼实业部 |
| 2000 年 | 上海宝群特种综合工程部 |
| 2000 年 | 上海宝益房地产开发经营公司 |

附件二：保留存续公司的三产公司和子公司清单

| 单 位 名 称 |
|---|
| 南通市宝通发展总公司 |
| 深圳宝冶电工材料有限公司 |
| 宝荣国际集装箱有限公司 |
| 上海宝欣管件有限公司 |
| 上海宝冶汽车驾驶员培训中心 |
| 上海宝冶印刷厂 |
| 上海天良酒店 |
| 上海宝冶工程建设监理有限公司 |
| 上海宝泉贸易公司 |
| 宝山区芙蓉酒家 |
| 上海宝鼎金属制品有限公司 |
| 上海宝港建筑工程有限公司 |
| 上海宝九和耐火材料有限公司 |
| 上海宝冶宝山电梯厂 |
| 上海宝特焊材配件销售部 |
| 昆山市宝昆焊丝厂 |
| 上海特友废次金属加工厂 |
| 上海宝日高分子材料有限公司 |
| 宝月码头 |
| 上海宝泉宾馆 |
| 上海中冶国际经济贸易有限公司 |
| 上海信达国际贸易有限公司 |
| 上海锦海房地产有限公司 |

（续表）

| 单位名称 |
| --- |
| 宝阁发展有限公司 |
| 武汉永华液压器材经营部 |
| 上海英万思招商信息有限公司 |
| 上海宝冶宝春工贸实业公司 |
| 上海宝盛金属制品联营厂 |
| 上海宝群实业公司 |
| 上海宝月机械修理厂 |
| 上海宝冶兴宝工贸中心 |
| 上海飞时制衣有限公司 |
| 上海宝鸿工贸实业公司 |
| 上海宝冶建筑工程劳务公司 |
| 上海宝冶钢管有限公司 |

附件三：改制后处置公司清单（转让和注销）

| 时间 | 状态 | 企业名称 | 备注 |
| --- | --- | --- | --- |
| 2006 年 | 注销 | 上海宝冶特种压力容器复新厂 | |
| 2006 年 | 注销 | 上海宝冶海顿工程有限公司 | 并入宝冶建设 |
| 2006 年 | 转让 | 上海宝冶第一加油站 | |
| 2007 年 | 转让 | 上海藻北物资中转储存有限公司 | |
| 2007 年 | 转让 | 上海宝冶钢管有限公司 | 与中冶宝钢工程技术公司共同持有 |
| 2008 年 | 注销 | 上海宝冶机装公司罗店金属结构厂 | 2008 年注销 |
| 2008 年 | 注销 | 上海宝冶奥达建筑智能化工程公司 | 2008 年改制后并入上海宝光建筑装潢有限公司 |
| 2008 年 | 转让 | 上海宝冶物业有限公司 | |
| 2011 年 | 转让 | 中冶交通工程技术有限公司 | |
| 2012 年 | 转让 | 中冶置业重庆有限责任公司 | |
| 2013 年 | 转让 | 中冶华南工程技术有限公司 | |
| 2014 年 | 转让 | 信阳中冶宝润置业有限公司 | |
| 2016 年 | 注销 | 上海宝冶集团大连建筑工程有限公司 | |
| 2017 年 | 注销 | 信阳中冶基础设施投资建设有限公司 | |
| 2017 年 | 注销 | 中冶置业（上海）有限责任公司 | |
| 2017 年 | 注销 | 中冶华南（深圳）投资发展有限公司 | |

(续表)

| 时间 | 状态 | 企业名称 | 备注 |
| --- | --- | --- | --- |
| 2017年 | 注销 | 无锡中冶基础设施投资建设有限公司 | |
| 2017年 | 转让 | 云南盘兴房地产开发有限公司 | |
| 2018年 | 注销 | 扬州中冶凯程置业有限公司 | |
| 2018年 | 注销 | 上海中冶新域置业有限公司 | |
| 2018年 | 转让 | 重庆仙桃协创大数据项目管理有限公司 | |

**附件四：注销分公司清单**

| 注销时间 | 注销单位 |
| --- | --- |
| 2001年 | 上海宝钢冶金建设公司生产协力公司 |
| 2001年 | 上海宝钢冶金建设公司材料公司 |
| 2001年 | 上海宝钢冶金建设公司四元公司 |
| 2002年 | 上海宝钢冶金建设公司浦东分公司 |
| 2005年 | 上海宝钢冶金建设公司筑炉工程公司 |
| 2005年 | 上海宝钢冶金建设公司工程技术分公司 |
| 2005年 | 上海宝钢冶金建设公司第五工程公司 |
| 2005年 | 上海宝钢冶金建设公司物资分公司 |
| 2005年 | 上海宝钢冶金建设公司建筑分公司 |
| 2005年 | 上海宝钢冶金建设公司工业安装工程公司 |
| 2005年 | 上海宝钢冶金建设公司电气设备安装工程公司 |
| 2005年 | 上海宝钢冶金建设公司机械动力公司 |
| 2005年 | 上海宝钢冶金建设公司特种工程公司 |
| 2005年 | 上海宝钢冶金建设公司武汉分公司 |
| 2005年 | 上海宝钢冶金建设公司苏州工业园区分公司 |
| 2005年 | 上海宝冶建设有限公司福州分公司 |
| 2006年 | 上海宝冶建设有限公司南京建设分公司 |
| 2007年 | 上海宝钢冶金建设公司湖南涟钢分公司 |
| 2011年 | 上海宝冶集团有限公司银川分公司 |
| 2011年 | 上海宝冶集团有限公司技改分公司 |
| 2011年 | 上海宝冶集团有限公司湖州分公司 |
| 2012年 | 上海宝冶集团有限公司青海分公司 |
| 2014年 | 上海宝冶集团有限公司慈溪分公司 |
| 2014年 | 上海宝冶集团有限公司房地产分公司 |

（续表）

| 注销时间 | 注　销　单　位 |
| --- | --- |
| 2015 年 | 上海宝冶集团有限公司建筑分公司 |
| 2015 年 | 上海宝冶集团有限公司检修产业部 |
| 2015 年 | 上海宝冶集团有限公司聊城分公司 |
| 2015 年 | 上海宝冶集团有限公司青岛开发区工程分公司 |
| 2016 年 | 上海宝冶集团有限公司鄂尔多斯分公司 |
| 2016 年 | 上海宝冶集团有限公司葫芦岛分公司 |
| 2016 年 | 上海宝冶集团有限公司检修分公司 |
| 2016 年 | 上海宝冶集团有限公司漳州分公司 |
| 2016 年 | 上海宝冶集团有限公司东莞分公司 |
| 2017 年 | 上海宝冶集团有限公司济宁分公司 |
| 2018 年 | 上海宝冶集团有限公司大连分公司 |
| 2018 年 | 上海宝冶集团有限公司济南分公司 |

# 第五篇

# 重点工程

作为新中国最早的一支钢铁工业建设力量，公司的发展伴随着我国钢铁工业的发展而成长。公司职工走南闯北搞建设，被誉为“不穿军装的野战军”。从20世纪50年代到80年代初，在计划经济下，公司是国家级的建设大军，承建的都是技术含量高的国家重点工程。20世纪50年代，承担了新中国第一个大型钢铁工业基地—武钢一期建设。20世纪60年代，在国家三年困难时期，面临帝国主义的封锁，公司职工刻苦钻研、攻克难关建设了被誉为“江南一支花”的马鞍山车轮轮箍厂，结束了我国车轮从1876年以来一直依赖进口洋轮箍的历史。文化大革命时期，在祖国“备战备荒为人民”“好人好马上三线”的号召下投入“大三线”建设，建设了被誉为“象牙微雕钢城”的奇迹工程—攀枝花钢铁基地。20世纪70年代，建设了当时国内最先进、规模最大的武钢“一米七”热轧工程，开创了我国大规模引进国外先进技术的先河。1978年，建设大军从武汉挥师东进，来到上海建设全国瞩目、世界著名的现代化钢厂—宝钢工程，这是中国第一个千万吨级的钢铁生产基地。正因公司在冶金建设领域的功勋卓著，创造出一系列辉煌成就，宝冶成为“冶金建设国家队”的排头兵，持续参与了国内外各大钢铁基地的建设。

1998年，厦门国际会展中心项目建设拉开宝冶向大型公建、民建市场转型的序幕，实现了从冶金领域向市政民建领域的华丽转身。进入21世纪后，随着国民经济的好转、钢铁工业的改革、城市建设进程的加快、“一带一路”倡议的机遇以及自身产业结构调整，宝冶人以全新的理念、广阔的视野、创新的精神，在大型公建市场取得一系列重大突破，全运会、奥运会、世博会、大运会、亚运会、冬奥会等大型场馆建设使宝冶为全社会所关注，珠海十字门商务中心、上海迪士尼主题乐园、北京2022冬奥会国家雪车雪橇中心、北京环球影城等项目更是持续打造宝冶品牌影响力。

宝冶所承建的工程涵盖国内外各大钢铁基地、会议展馆、体育场馆、电子厂房、城市综合体（超高层）、特色主题乐园、交通枢纽、民生教育科研以及新能源等领域，所承建的工程开拓了多项之最。依托优质、精品工程，宝冶先后获国家科技进步特等奖、全国五一劳动奖状、中国建筑施工综合实力百强企业、中国工程建设社会信用AAA企业、全国用户满意施工企业、全国质量效益型先进企业等荣誉，获得多项国家质量奖项，位列“中国建筑业竞争力百强企业”前20名。到2018年底，共斩获中国建筑行业工程质量最高荣誉“鲁班奖”39项、国家优质工程奖（含金奖）31项，被授予“创建鲁班奖工程突出贡献单位”荣誉称号等。

# 第一章　工程之最

## 第一节　国内外有影响力工程

### 一、冶金施工加工生产类工程

**【国内最大高炉】**

1957 年,承建当时国内最大的高炉——武钢一号高炉(容积 1 386 立方米)。

1978 年,承建当时国内最大的具有国际先进水平的特大型高炉(整体从日本引进,自动化程度高、规模大)——宝钢一号高炉(容积 4 063 立方米)。

1991 年,承建当时国内容积最大、技术最新、国产化程度最高的现代化特大型高炉——宝钢三号高炉(容积 4 350 立方米)。其中一万多吨高难度的非标设备和工艺钢结构由宝冶加工制造,在宝冶历史上实现"零"的突破。

**【国内最大转炉】**

1970 年,承建当时国内最大的转炉——攀钢一期工程炼钢系统 120 吨转炉。

1983 年,承建当时国内最大的转炉——宝钢一期工程一炼钢三座 300 吨纯氧顶吹转炉。

**【国内首个全套引进的热轧工程】**

1974 年,承建国内首个全套引进,也是当时国内最大的热轧工程——武钢"一米七"热轧工程。

**【国内产量最高的热轧生产线】**

1986 年,宝冶承建国内产量最高的热轧生产线,也是当时国内轧制宽度最大的热轧工程——年产 400 万吨的宝钢 2 050 毫米热轧工程。

**【国内最大口径螺旋钢管】**

1987 年,宝冶自筹资金建成当时国内最大口径螺旋钢管厂,年设计生产直径 355—1 524 毫米钢管 3.5 万—4 万吨,整套设备从联邦德国引进,是当时国内自动化程度最高、单机产量最多的一条生产线。

**【国内第一批精加工耐火组合砖】**

1989 年,宝冶加工组装国内第一批精加工耐火组合砖——宝钢二号高炉系统热风炉蓄热室下部人孔组合砖,经检验达到设计要求,结束了中国组合砖进口的历史,填补了耐材工业的一项空白。

**【国内首创堇青石组合砖】**

1990 年,宝冶生产出国内首创的堇青石组合砖,标志着靠引进才能施工的特殊炉衬工业有了值得信赖的替代品。

**【国内第一台布料机】**

1990 年,国内第一台布料机在宝冶机动公司加工厂问世,解决了宝钢高炉布料难题。

**【亚洲第一坑】**

1993 年,宝冶承建“亚洲第一坑”——宝钢 1 580 毫米热轧漩流沉淀池,该工程基坑土方开挖深度 34.90 米,为当时国内工程深度之最。

**【国内宽幅最大的热轧生产线】**

2000 年,宝冶承建当时国内宽幅最大的热轧生产线——武钢二热轧(武钢 2 250 毫米热轧)工程。

**【国内宽幅最大的宽厚板生产线】**

2002 年,宝冶承建“中国轧机之王”——宝钢 5 米宽厚板轧机及配套连铸项目,其中四辊可逆精轧机是当时世界上为数不多的特大型轧机之一。宽厚板连铸工程设计年产 180 万吨连铸坯,是当时世界上产能最大、技术最先进的连铸机之一,也是当时国内宽幅最大的宽厚板生产线。

**【湖南省第一个宽厚板轧机工程】**

2004 年,宝冶承建的湘钢 3 800 毫米宽厚板轧机工程结束了湖南省不生产宽厚板的历史。

**【世界上最大的用于实际生产的短流程先进冶炼项目】**

2005 年,宝冶承建宝钢浦钢搬迁罗泾工程,该工程运用熔融还原技术建设的 COREX - C3000 装置,是世界上最大的用于实际生产、年产铁水 150 万吨的短流程先进冶炼项目,其最大限度地实现能源循环利用,是对中国钢铁工业推进清洁生产和促进资源再利用的有益探索。

**【国内第一个特大型高炉快速大修工程】**

2006 年,宝冶仅用 98 天完成宝钢二号高炉大修,这是国内第一个特大型高炉快速大修工程。

**【泰国第一座高炉】**

2008 年,宝冶承建泰国 NTS 钢铁集团有限公司 $50\times10^4$ t/a 铁系统安装工程,这是泰国历史上第一座高炉。

**【世界第一特厚板坯连铸机工程】**

2011 年,宝冶承建的新钢特厚板坯连铸机工程投产,这是世界第一特厚板坯连铸机工程。

**【国内工期最短的特大型高炉快速大修工程】**

2014 年,宝冶仅用 72 天完成宝钢四号高炉大修,同以往高炉快速大修相比,再次刷新国内特大型高炉大修新纪录，跻身于世界高炉大修施工前列。

**【马来西亚容积最大、工期最短、工艺最先进的高炉】**

2016 年，宝冶承建的联合钢铁炼铁工程包含 2 座 1 080 立方米高炉，是马来西亚容积最大、工期最短、工艺最先进的两座高炉。

**【全球首套大型高炉控制中心】**

2018 年，由宝冶建成的宝钢高炉控制中心是全球首套大型高炉控制中心。可实现对高炉进行集中化操作控制、生产管理、远程技术支撑等，实现高炉操作技术的实时在线与技术资源共享，打造集中统一的高炉智能系统，提高劳动生产率，提高运行稳定性，这是炼铁厂智慧制造历程中的重大成果，在行业里尚属首例。

## 二、非冶金工程

**【国内第一个大型水库】**

1983 年，宝冶承建国内第一个沿江沿海淡水资源开发利用的大型水库——宝钢长江引水工程，为沿江沿海淡水资源开发利用提供了成功范例。

**【国内第一条高速公路】**

1984 年，宝冶承建上海第一条高速公路——沪嘉高速公路，也是中国大陆上第一条按高速公路标准施工，沿线设施、设备齐全，带有试验性的高速公路。

**【国内第一条全钢渣公路】**

1989 年，宝冶在上海市嘉定县马陆乡境内筑成国内第一条全钢渣公路，全长 1 100 米，宽 7 米，达到三级公路标准。

**【上海市第一条地铁】**

1989 年，宝冶承建上海市第一条地铁——地铁 1 号线的徐家汇车站、新闸路车站、上海站折返段等项目，这是宝冶首次承担地铁车站工程。

**【亚洲最大的污水泵站】**

1990 年，宝冶承建亚洲最大的污水泵站——上海合流污水治理工程 4.1 标彭越浦泵站。

**【上海市第一座取长江水建造的大型民用水厂】**

1990 年，宝冶承建上海市第一座取长江水建造的大型民用水厂——月浦水厂，该工程也是宝冶首次承担水厂工程。

**【国内第一幢防火喷涂工程】**

1990 年，宝冶完成上海国际贸易中心大厦喷涂防火涂料工程，此项工程是中国第一幢由国内施工队伍承担防火喷涂的工程,为国家节省了大笔外汇,填补了国内民建喷涂施工空白。

**【国内规模最大火电厂】**

1992年,宝冶承建当时国内最大的火电厂——浙江嘉兴电厂厂区围堤工程。

1997年,宝冶承建当时国内最大的火电厂——福建漳州后石电厂,这也是亚洲当时最大的火电厂,装机容量达600万千瓦。

**【世界软土地基同类工程最快建设速度】**

1993年,宝冶承建上海耀华皮尔金顿二期工程,是宝冶首次承担浮法玻璃生产线工程,也是宝冶参与浦东开发,具有开创性、代表性的大型工程项目。宝冶用25个月建成上海耀华皮尔金顿二期工程,比一期工程缩短15个月,比合同工期提前5个月,为世界软土地基同类工程最快建设速度。皮尔金顿集团在世界各地的97条生产线熔窑砌筑,平均工期为11个月,最快的10个月,而宝冶只用了6个半月。

**【国内第一个现代化国际会议展览中心】**

1998年,宝冶承建国内第一个现代化国际会议展览中心——厦门国际会展中心项目,也是亚洲当时单体第二,世界单体第三大的会展中心。

**【国内最大矿山中转港】**

1998年,宝冶参建的宝钢马迹山港工程是当时国内最大矿山中转港。

**【国内第一条国际名车生产线】**

1998年,宝冶承建的上海通用企业金桥基地是上海通用汽车的第一个制造基地。1998年12月17日,由中美合资、宝冶参建的上海通用汽车制造基地第一辆美观豪华型别克轿车下线,从而结束了国内不能生产国际一类名车的历史。

**【国内最大铸铁结具厂】**

1998年,宝冶总承包的上海科勒有限公司一期工程铸铁洁具厂开始单体试车,该工程是国内最大铸铁洁具厂。

**【世界最大、最先进的纸机】**

1999年,宝冶承建的镇江金东纸业一号、二号纸机系从德国引进,为当时世界最大最先进的纸机,金东纸业也是江苏省镇江市引进外资建设的最大工业项目。

**【国内最大的集装箱深水港】**

2000年,宝冶参与国内最大的集装箱深水港——上海洋山深水港建设,主要承担围海大堤等项目。

**【国内第一条磁浮线路】**

2001年,宝冶参与国内首条磁浮线路——上海磁悬浮列车建设。主要承担磁悬浮龙阳路车站、辅道及桥梁等项目。

**【国内产量最大的环形套筒石灰竖窑】**

2002 年，宝冶承建的宝钢股份梅钢 500 吨级活性石灰竖窑是当时国内产量最大、技术最先进的环形套筒石灰竖窑。

**【世界第一拱】**

2003 年，宝冶承建的南京奥林匹克体育中心建筑面积达 13 634 平方米，屋盖主拱跨度 372.4 米，弧线长度 415 米，向外倾斜 45 度，号称“世界第一拱”。其屋盖钢结构总用量 12 153 吨，跨度大、用量大，居国内同类工程之首。

**【国内最大的膜结构工程】**

2004 年，宝冶承建的佛山世纪莲体育中心膜结构屋盖是当时国内最大的膜结构工程。

**【国内规模最大的物流中心】**

2004 年，宝冶承建的上海海烟物流中心交付使用，是当时国内商业规模最大、技术最新、智能化管理程度最高的物流中心，也是上海市建设的第一个大规模现代化物流中心。

**【中国境内首条 4F 级机场跑道】**

2004 年，宝冶承建的上海浦东国际机场第二条跑道主体工程竣工，是中国境内首条 4F 级机场跑道。

**【亚洲最大新闻纸厂】**

2005 年，宝冶承建的河北泛亚龙腾纸业投产，是当时亚洲最大的新闻纸厂。

**【世界顶级建筑产品】**

2005 年，宝冶参与国家体育场(鸟巢)工程建设，主要负责整个体育场东部和北部钢结构安装。鸟巢是 2008 年北京奥运会主体育场，被美国《商业周刊》称为“现代十大建筑奇迹之首”。宝冶在工程中应用了巨型钢桁架吊装技术、高强度低合金建筑用钢焊接技术、分区分级等比例液压同步卸载技术等一系列先进的钢结构施工技术。

**【国内首座自主开发设计制造并建设的 IGCC 示范工程】**

2006 年，宝冶承建的华能绿色煤电天津 IGCC 示范电站是国内首座自主开发设计制造并建设的 IGCC(整体煤气化联合循环发电系统)示范工程。

**【世界第一承载重力的桥式起重机】**

2007 年，宝冶在山东省烟台来福士龙门吊安装工程中安装了世界第一承载重力为 2 万吨的桥式起重机。

**【国内最大的自行车场馆、最高标准赛道】**

2008年,宝冶承建的广州亚运会自行车馆及轮滑场是国内最大的自行车场馆和最高标准赛道。

**【全球设计产量最大的红矿球团链算机】**

2007年,宝冶承建的回转窑生产线及其配套工程是全球设计产量最大的红矿球团链算机。

**【世界最大单体面积太阳能屋面、生态墙】**

2008年,宝冶承建的上海世博会主题馆拥有亚洲最大双向大跨度无柱展厅、世界最大单体面积太阳能屋面、世界最大的生态墙。

**【国内最大重量的累积旋转滑移】**

2008年,宝冶总承包的深圳大运中心Ⅱ标段主体育馆工程,在施工中大胆创新,采用自主知识产权的空间多轨道对称累积旋转滑移施工工艺完成国内最大重量的累积旋转滑移;主体育馆数千吨、大批量清水预制看台以倒"L"法安装,在国内第一次将预制清水看台应用于体育馆内。

**【亚洲最大、技术最先进的生活垃圾卫生填埋场】**

2008年,宝冶承建的上海老港生活垃圾卫生填埋场渗液厂扩建工程是国家重点环保工程,是当时亚洲最大、技术最先进的生活垃圾卫生填埋场。

**【国内唯一冠以"中国"字样的全国性煤炭交易中心】**

2009年,宝冶承建的中国(太原)煤炭交易中心展览中心是国内唯一冠以"中国"字样的全国性煤炭交易中心。

**【上海市四大保障房之一项目】**

2010年,宝冶承建的上海罗店大型居住社区是当时上海市四大保障房基地之一,总建筑量占全市保障房建设四分之一。罗店大型居住社区工程二期项目C10地块中3号楼、6号楼是装配式住宅,是上海市首次在保障房中尝试建设装配式住宅。

**【国内首个大型屋顶光伏发电项目】**

2012年,宝冶承建的宝钢股份金太阳示范项目是国内首个大型屋顶光伏发电项目,也是国内最大的屋顶光伏发电项目。

**【广西壮族自治区防城港市首所大学】**

2012年,宝冶承建广西壮族自治区防城港市首所大学——广西财经学院防城港校区。

**【国内首系修建在高寒地区的长大高速铁路干线】**

2012年,宝冶参建的哈大高铁开通运营,是中国首条、同时也是世界上第一条修建在高寒地区的长大高速铁路干线。

**【中国大陆第一个迪士尼主题乐园】**

2013年，宝冶承建上海迪士尼主题乐园明日世界项目，这是中国大陆第一个、亚洲第3个、世界第6个迪士尼主题公园，是国内最大的室内主题乐园。宝冶开发应用ETFE膜结构、AESS结构、游艺设备安装等多项国际先进施工技术，应用信息化、智能化技术手段，将BIM与施工技术充分融合，运用P6软件及VDC虚拟设计施工实现数字化施工。

**【国内首个深港合作的国际化青年创业社区】**

2014年，宝冶承建国内首个深港合作的国际化青年创业社区——深圳前海深港青年梦工场。

**【云南省第一个农光互补光伏示范电站项目】**

2015年，宝冶承建云南省第一个农光互补光伏示范电站项目——云南石林北大村60兆瓦光伏电站。

**【全球首条类6代柔性显示屏生产线项目】**

2016年，宝冶承建全球首条类6代柔性显示屏生产线项目——深圳柔宇类6代柔性显示屏生产线。

**【亚洲第一的邮轮母港】**

2016年，宝冶承建亚洲第一、全球第四的邮轮母港——上海吴淞国际邮轮港。

**【深圳市第一个公共建筑产业化PC项目】**

2016年，宝冶承建深圳市第一个公共建筑产业化PC项目——清华大学深圳研究生院创新基地建设工程(二期)施工总承包项目。

**【全球最大桁架式双翼跨海架桥机】**

2016年，宝冶制造全球最大桁架式双翼跨海架桥机DL——SE1740－50。

**【全球第一条最高速玻璃基板生产线的生产厂房及动力配套设施】**

2016年宝冶承建的合肥蓝科玻璃基板设施建设项目是全球第一条最高速玻璃基板生产线的生产厂房及动力配套设施。

**【中国存储器航母】**

2017年，宝冶承建被誉为“中国存储器航母”的国家存储器基地(一期)项目，建成量产后将实现中国集成电路存储芯片产业规模化发展“零”的突破。宝冶承担A标段、D标段、通用配电B/C标段等。A标段1号生产厂房是项目核心厂房，主厂房建筑面积约28万平方米，为当时全球单体面积最大的芯片生产制造厂房。

**【国内最大的存储器晶圆生产厂房】**

2017年，宝冶承建国内最大的存储器晶圆生产厂房——合肥长信12吋存储器晶圆制造基地项目，也是安徽省第一个存储芯片项目。

**【江西省首个装配整体式混凝土结构高层住宅项目】**

2018 年,宝冶承建的江西省首个装配整体式混凝土结构高层住宅项目——上饶桐子坞棚户区改造项目。

**【国内第一条高强度双曲面喷射混凝土成型雪车雪橇赛道】**

2018 年,宝冶承建国内第一条高强度双曲面喷射混凝土成型雪车雪橇赛道。

**【国内首个环球影城主题公园】**

2018 年,宝冶承建的北京环球影城主题乐园是环球影城在全球第 6 个、亚洲第 3 个、中国首个主题公园,也是北京建设的首家国际一流特大型现代主题公园。

## 第二节　宝冶突破性工程

### 一、冶金类工程

**【宝冶第一个对外横向联营项目】**

1986 年,江苏省启东县江海钢厂 250 车间试轧成功,是宝冶第一个对外横向联营项目。

**【宝冶第一个鲁班奖项目(冶金类)】**

1990 年,宝钢 2 050 毫米热轧厂轧制车间工程是宝冶承建的第一个获得鲁班奖的冶金项目。

**【宝冶第一个冷轧项目】**

1997 年,宝钢三期 1 550 毫米冷轧工程是宝冶第一次承担冷轧工程。

**【宝冶第一个不锈钢工程】**

2000 年,上海克虏伯不锈钢工程是宝冶首次承担不锈钢工程。

**【宝冶第一个民营钢铁企业工程】**

2000 年,山西海鑫钢厂 80 吨转炉炼钢工程是宝冶承担的第一个民营钢铁企业工程。

**【宝冶最大的海外冶金项目】**

2013 年,台塑河静钢铁项目是宝冶施工总承包最大的海外冶金项目。

**【宝冶最大的高炉】**

2013 年,宝钢湛江 5 050 立方米高炉是宝冶承建的最大高炉项目。

### 二、非冶金类工程

**【宝冶第一个总承包项目】**

1985 年,川沙水泥厂是宝冶从建设宝钢走向市场承建的第一个总承包项目。

**【宝冶第一个机场工程】**

1987 年,宁波栎社机场工程是宝冶第一次承担机场工程。

**【宝冶第一个纸业工程】**

1996 年,上海韩松纸业工程是宝冶在冶金行业外第一次承担纸业工程。

**【宝冶第一个国内超大型民用机场】**

1996 年,浦东国际机场项目是宝冶第一次承接国内超大型民用机场工程。

**【宝冶第一个转型发展项目】**

1998 年,厦门国际会展中心项目是宝冶从冶金向民建转型发展进程中具有里程碑意义的项目。2008 年宝冶承建了厦门国际会展中心二期工程,2011 年承建厦门国际会展中心三期工程,2015 年承建厦门国际会展中心四期工程,2016 年承建金砖五国厦门会晤工商峰会主会场、新闻中心、餐厅等改造项目。宝冶自 1998 年承担一期工程后持续 20 年参与厦门国际会展中心的建设。

**【宝冶第一个电子厂房项目】**

2000 年,中芯国际集成电路项目是宝冶承建的第一个电子厂房项目,因生产规模大,主要生产高档芯片,被称为“中华第一芯”。

**【宝冶第一次推行一级项目管理制】**

2001 年,宝冶在山西海鑫钢厂 80 吨转炉炼钢工程、芜湖奥林匹克公园体育场、新余钢厂、涟源钢厂四个项目首次推行一级项目管理制。

**【宝冶首次进入化工建设领域】**

2002 年,上海焦化有限公司甲醇及一氧化碳扩产项目是宝冶首次进入化工建设领域。

**【宝冶第一个大学城项目】**

2004 年,广州大学城是宝冶承建的第一个大学城项目。

**【宝冶首次承接钢结构制作和安装一体化的 200 米以上超高层项目】**

2005 年,中融·碧玉蓝天大厦是宝冶首次承接钢结构制作和安装一体化的 200 米以上超高层钢结构项目。

**【宝冶第一个鲁班奖项目(房建类)】**

2007 年,南通体育会展中心体育场是宝冶第一个获得鲁班奖的房建项目。

**【宝冶首个 BT 公路项目】**

2009 年,信阳明港机场进场道路改扩建工程是宝冶首个 BT(建设—移交)公路项目。

**【宝冶第一个集设计、制作、安装为一体的海外项目】**

2009 年,科威特中央银行新总部大楼钢结构工程是宝冶第一个集设计、制作、安装为一体的海外项目。

**【宝冶第一次承揽 600 吨以上石灰窑 EPC+生产维保总承包项目】**

2010 年,天津天钢联合钢铁有限公司 3×600TPD 石灰窑 EPC 总承包工程是宝冶第一次承揽 600 吨以上的石灰窑 EPC+生产维保总承包项目,开辟了 EPC+生产维保的新模式。

**【宝冶第一个核电钢结构施工项目】**

2010 年,秦山核电基地方家山核电项目钢结构工程是宝冶承建的第一个核电钢结构项目。

**【宝冶最高的超高层项目】**

2010 年,珠海十字门中央商务区会展商务组团一期标志性塔楼高达 328.8 米,是宝冶施工总承包最高的超高层项目,是宝冶第一个全专业实施 BIM 技术的项目,也是宝冶承揽的最大的 BT 项目。

**【宝冶第一个海外总承包项目】**

2010 年,菲律宾 Gateway Tower 是宝冶施工总承包的第一个海外项目。

**【宝冶第一个 BT+EPC 项目】**

2011 年,防城港市青少年活动中心竣工,该项目是宝冶第一个 BT+EPC 项目,也是防城港市重大工程。

**【宝冶在东北地区承接的首个地方标志性建筑】**

2012 年,哈尔滨大剧院是宝冶在东北地区承接的首个地方标志性建筑。

**【宝冶承建的最长道路】**

2016 年,贵州省黔东南州"十三五"农村公路"建养一体化"服务工程项目是宝冶承建最长的道路,分布在黔东南州 12 个县市,涉及面约 2 万平方千米,共 194 个道路项目,全长约 2 000 千米。

**【宝冶施工总承包单体最大的电子厂房项目】**

2017 年,富士康集团第 10.5 代 TFT-LCD 显示器件生产线项目是宝冶施工总承包单体最大的电子厂房项目,被誉为中国制造 2 025 及工业 4.0 的代表性工程。

**【宝冶首个海外 EPC 项目】**

2017 年,科威特医保医院工程是宝冶承建的首个海外 EPC 项目。

**【宝冶首个风电 EPC 总承包工程】**

2018 年,贵州省纳雍县骔岭北风电场工程是宝冶承建的首个风电 EPC 总承包工程。

**【宝冶第一个文物保护类项目】**

2018 年,安阳高陵本体保护与展示工程(主体)施工项目(又称“曹操高陵”)是宝冶承建的第一个文物保护类项目。

**【宝冶第一条智能化生产示范线】**

2018 年,宝冶郑州钢结构基地的钢构智能化生产线是宝冶第一条智能化生产示范线,推进钢结构产业制造智能化、项目产品化。

**【宝冶第一个装配式 PC 构件厂】**

2018 年,由宝冶和江苏永钢集团有限公司共同出资设立的联营公司宝冶永联(江苏)建筑科技有限公司成立,这是宝冶第一个装配式 PC 构件厂。

**【宝冶最大的 EPC 项目和体量最大的装配式项目】**

2018 年,中山大学深圳建设项目是宝冶最大的 EPC 项目和体量最大的装配式项目。

**【宝冶首个体育场馆类 EPC 项目】**

2018 年,唐山体育中心是宝冶承建的首个体育场馆 EPC 项目。

# 第二章　冶炼工程

## 第一节　武钢工程

武汉钢铁公司厂区位于湖北省武汉市青山区东部，居长江南岸，距长江3.5千米，厂区占地面积843万平方米(建筑系数22%—33%)是一个以生产中、薄板为主的大型钢铁联合企业。其矿山系统则分布在湖北、河南两省。武钢是新中国第一个大型钢铁工业基地，是国内第一个五年计划期间兴建的工业项目之一。

### 一、武钢一号高炉

1957年7月1日，一号高炉正式动工，标志着武钢一期工程大规模施工正式开始。原规划一号高炉于1959年初建成投产，国家要求提前于1958年底之前出铁。根据冶金部指示，重新制订了一号高炉的施工计划，计划于1958年10月1日出铁。按照新的施工计划，各施工单位连续奋战，终于以14个月零13天建成国内当时最大的高炉——武钢一号高炉，提前于1958年9月13日炼出第一炉铁水。

### 二、武钢"一米七"热轧工程

武钢"一米七"热轧工程，因轧钢机轧辊的有效长度为1.7米，故有此称谓。该工程是由国家主席毛泽东和国务院总理周恩来亲自批准，从联邦德国和日本引进的具有20世纪70年代先进水平的成套设备。共有4个主体工程：冷轧薄板厂、热轧带钢厂、冷轧硅钢片厂、二炼钢连铸车间，以及相应的公用辅助设施；共有143个单项工程，其中主体工程40项，辅助配套工程103项。经国家经委批准的工程总预算为38.9亿元，其中引进设备费用6亿美元，折合人民币22.28亿元。

图5-2-1　武钢"一米七"热轧工程开始挖土

热轧带钢厂设计年产 1.2—1.27 毫米的热轧板卷 301 万吨。工程主厂房长 1 032 米，宽 260 米，面积 17 万平方米。厂内有 11 条铁路专用线，总长 4 382 米。全厂共有设备 4 937 套，总重量 4.16 万吨，主要设备有加热炉 3 座，连续式轧机一套，全厂运行电机 3 428 台，总装机容量 16 万千瓦。热轧厂自动化程度高，轧机速度快，产品质量高、品种多、产量大，要求 3 年建成投产。

工程于 1974 年 8 月 16 日破土动工，9 月 7 日指挥部召开誓师大会，建设全面展开。1974 年底，十九冶进武汉 5 000 多人，基本完成了工程场平等施工准备工作。在施工过程中，根据工程特点，从挖土、浇灌混凝土、结构吊装到设备安装，都从精轧机开始，采取"中间开花，两面推进，前开后闭，开闭结合"的方案组织施工，一头向粗轧、加热炉展开，一头向卷取、运输链前进。先后完成土建施工、结构安装、机电设备安装调试几个大的战役。

从 1974 年准备至 1978 年底工程建成投产，共完成建安工作量 3.16 亿元，完成建筑总面积 24.55 万平方米，完成土石方 598 万立方米，混凝土 51.55 万立方米，钢结构件 4.68 万吨，设备 3.91 万吨，工业管道 184.7 千米，上下水管道 184.7 千米，电缆 3 019 千米，耐火砖 1 097 立方米，铁路 2.5 千米，公路 41.1 千米。

1978 年 5 月，三公司被四川省人民政府授予大庆式企业称号；1979 年初，五公司、工安公司、机动公司、特种公司、材料处被湖北省人民政府授予大庆式企业称号；同年 5 月，十九冶武钢"一米七"热轧工程指挥部被湖北省人民政府授予 1978 年度工业学大庆先进单位称号。

## 三、武钢二热轧工程（又称武钢 2 250 毫米热轧工程）

武钢二热轧工程是国家重点建设工程，总投资概算 58 亿元，年产 350 万吨优质热轧板材，生产的产品多为"双高"和填补国内空白，如汽车用钢、石油管线钢、深冲钢、容器钢、双相钢、镀锌板等。

武钢二热轧工程轧制能力、轧制钢种强度等级、轧制规格为国内当时之最。主要工艺装备有国内最宽的 2 250 毫米半连续式热轧带钢轧钢机组，国内第一次采用的定宽侧压机、粗轧机组、卷取机组、平整分卷机组等，采用世界一流的几十项新技术、新工艺。宝冶承担二热轧主体工程主轧线建设，建安工作量近 3 亿元。在施工中宝冶发挥热轧工程建设技术优势，采用施工新工艺、新技术加快进度，确保安装精度和质量。定宽侧压机和卷取机 3 000 多吨设备只用一个半月时间完成安装和配管配线，创造了宝冶设备安装新纪录。

图 5－2－2　武钢二热轧

工程自 2000 年 9 月 16 日破土动工，2003 年 3 月 28 日进入热负荷试车，3 月 29 日清晨 2 点轧出第一卷板卷。

2004 年，武钢二热轧工程获冶金工业优质工程和湖北省"楚天杯"奖；2005 年，获国家优质工程银质奖。

## 四、武钢二冷轧工程

武钢二冷轧总投资 84 亿元,建设项目包括酸洗连轧线、三条热镀锌生产线以及连退线、彩涂线、重卷线、水处理等。宝冶承担三号生产线,生产年产量 35.6 万吨的高质量的镀锌产品或镀铝/锌产品。三号热镀锌生产线采用一系列先进的新工艺新技术,退火炉由传统的卧式炉设计为立式炉。国内一般热镀锌生产线采用一个锌锅系统,而这条生产线采用三个锌锅系统,一个用来镀锌,一个用来镀锌铝合金,还有一个作为预熔锌锅。

图 5-2-3 武钢二冷轧

该工程建设有三大难点:一是生产线上设备多达 118 台套 3 800 吨重,工艺钢结构 1 660 吨,设备小巧精细,安装精度要求非常高。所有设备安装精度水平度误差均要控制在 0.05 毫米/米以内,标高控制在±0.5 毫米以内,要全部达到热轧生产线安装精度最高的精轧机的水平。静电涂油机、带钢焊机、控制镀锌厚度的气刀等设备标高安装精度超过精轧机,要达到±0.2 毫米以内。二是该生产线采用立式退火炉,厂房增高至 51 米,设备基础加深,最深锅底基础达-11.87 米,立式炉工艺非常复杂,机械、电气、仪表、液压管道、保温管道、炉窑等各专业各工序交叉非常多,给施工带来很大困难。三是武钢二冷轧三号热镀锌生产线紧紧夹在由一号热镀锌和连续退火生产线之间,施工场地极为狭小。在热镀锌生产线设备安装中,为保证安装精度,宝冶加强项目管理和协同指挥,以科技创新精神奋力拼抢,使这条生产线成为武钢二冷轧样板工程。

武钢二冷轧三号热镀锌生产线于 2004 年 9 月 28 日破土动工,2006 年 5 月 1 日点火烘炉,比业主原计划提前四天,是二冷轧同期建设的三条镀锌线中最早烘炉成功的生产线。同年 7 月底建成投产,生产出第一卷成品镀锌板卷。

# 第二节 攀钢工程

建设攀钢是 1964 年党中央、国务院为“准备打仗”作出的战略决策,攀钢位于攀枝花市中心地带,主厂区位于金沙江北岸的弄弄坪,面积为 2.5 平方千米,横向自然坡度为 10%—20%,高低差 80 米,背靠大山,面临深谷,建设前一片荒凉,遍地茅草。

一期工程总体布局,根据弄弄坪的地貌及复杂的地质构造和生产工艺流程要求,采取多台阶竖向布置,实行立体运输方法,把整个厂区分为 4 个大台阶、23 个小台阶,相邻台阶高低差 5—21 米,在台阶斜面上还安排了若干建筑物。由于厂区场地过于狭窄,具有独立生产性质的综合性修理系统安排在离主厂区几千米外的密地,耐火材料厂建在弄弄坪附近的枣子坪,相互间不需要铁路联系的烧结、焦化和辅助设施及动力设备分别摆在不同标高的台阶上,只把需要铁路运输的炼铁、炼钢、轧钢、渣场等建造在标高基本相同的台阶上。整个工程建筑系数高达 34.1%,比同类企业的建筑系数提高

图 5-2-4　攀枝花的建设者们在初具规模的攀钢建设工地集会

50%，被喻为“象牙微雕”。比在平坝、丘陵建设同样规模的钢铁厂任务艰巨得多，困难大得多。

一期工程建设于 1966 年 1 月始于兰家火山和尖包包铁矿，期间进行了出矿、夺铁、保钢、成材四个大战役。兰家火山和尖包包铁矿于 1970 年 2 月和 4 月相继建成投产，1970 年 6 月 29 日一号高炉炼出第一炉铁水，1971 年 10 月 1 日一号转炉炼出第一炉钢，1972 年 12 月 26 日初轧厂开轧，1974 年 8 月 16 日，轨梁厂方圆钢进行热试轧，一期工程基本建成。此后经过四年收尾配套施工，至 1978 年底攀钢一期全面建成。

图 5-2-5　建成后的攀钢烧结、焦化、炼铁三大厂全景

攀钢一期工程建设共完成投资 23.6 余亿元（钢铁 14.2 亿元、矿山 9.4 亿元），建安工作量近 10 亿元。先后建成 4 个矿（兰尖铁矿、朱家包包铁矿、粘土矿和石灰石矿）、8 个厂，同时还建成 4 座均热炉、耐火材料厂炉衬车间、大氧站、鼓风机站、机车车辆修理厂等辅助设施和当时我国最大的提钒车间，使攀钢形成从矿山采选到冶炼轧制的综合生产能力。攀钢一期工程的建设，改变了当时中国钢铁工业布局。

## 一、炼铁系统工程

攀钢一期工程的炼铁系统有三座高炉及相适应的焦化厂、烧结厂、动力厂、总图运输和其他辅助设施。一号高炉系统的建设是炼铁系统建设的关键。

一号高炉系统建设的主要项目有：1 000 立方米高炉 1 座，36 孔大型焦炉 2 座，2 台 130 平方米烧结机，炼铁厂部分动力设施，部分总图运输及其他辅助工程。1969 年 1 月 17 日，一号高炉破土动工，7 月开始吊装高炉构件与设备；1970 年 3 月，高炉炉壳加工制作安装完毕，6 月 21 日开始烘炉，6 月 28 日装料完毕，6 月 29 日 4 时 42 分炼出第一炉铁水；7 月 2 日上午，渡口市 5 万军民在弄弄坪厂区举行盛大出铁庆祝会。

一号高炉出铁后，于 1971 年 7 月 1 日、1972 年 6 月 22 日、1973 年 12 月 29 日分别建成二、三、四号焦炉；于 1971 年 6 月 13 日和 1972 年 12 月 20 日分别建成二、三号烧结机；1977 年 12 月 26 日建成四号烧结机；容积均为 1 200 立方米的二、三号高炉分别于 1971 年 9 月 6 日和 1973 年 8 月 16 日建成投产。

## 二、炼钢系统工程

攀钢一期工程炼钢系统包括炼钢、雾化提钒、供料、供水、供气(煤气、氧气、氮气和压缩空气)仓库、机修、生产检验、运输、电讯等 10 个系统以及白云矿、炉衬车间等 50 个项目。

炼钢厂主厂房由原料跨、炉子跨、第一铸锭跨、第二铸锭跨四个跨间组成，全长 221 米，宽 83.2 米，最高高度(炉子跨)48 米。车间内设有 120 吨纯氧气顶吹转炉三座，1 300 吨混铁炉两座，以及相适应的全套辅助生产设备。厂房结构复杂，全车间共有预制混凝土柱 74 根，其中高 28.77 米的柱子单重 73 吨，24 米跨箱形吊车梁每根重 62 吨。

工程于 1970 年 3 月动工，1971 年 10 月 1 日炼钢厂一号转炉试炼出第一炉钢。容积相同的二、三号转炉分别于 1972 年 7 月 7 日和 11 月建成。但因辅助设施问题，二号转炉于 1972 年 9 月 6 日投产，三号转炉于 1974 年 12 月投产。日处理 1 000 吨的雾化提钒试验炉于 1971 年 8 月开始建设，11 月投产，年产钒渣 1 万吨。

## 三、轧钢工程

攀钢一期轧钢工程包括初轧厂和轧梁厂。初轧厂工程安装设备 1 万余吨，浇灌混凝土 3.4 万立方米。该厂的开坯机系国内生产的第二台大型开坯机，可轧制 8 至 16 吨的重钢锭。1 600 吨的剪切机也是国内自行设计制造的，其剪切最大面积为 400×400 的方坯及 250×1 500 的板坯。工程于 1970 年 9 月动工建设，1971 年 10 月主跨和主电室土建完成设备开始安装，板坯库结构开始吊装。1972 年 8 月，初轧厂基本实现通电、通水、通油、通风，9 月底全面试车。12 月 7 日，三号均热炉点火烘炉，12 月 26 日，攀钢初轧厂召开庆祝大会，初轧机正式开轧。与三号均热炉同时开工建设的一号、二号、四号均热炉，分别于 1973 年 10 月、3 月、6 月建成。考虑到开坯能力不足，属二期工程建设项目的五号、六号均热炉，提前于 1972 年 5 月开工建设，1978 年 12 月建成投产。

轨梁厂是攀钢一期工程最后一项主体工程，也是攀钢一期最大一个单项工程。工程投资为 1.93 亿元，总设备为 20 054 吨，浇灌混凝土 10 万立方米，金属结构吊装 9 000 多吨，建筑面积 9 万平方米。工程于 1972 年 3 月动工建设，1974 年 2 月 28 日完成 950 开坯机的安装，8 月 16 日，方圆钢系统成功进行热试轧。至此，攀钢一期工程建设基本完成。

# 第三节　宝 钢 工 程

以规模巨大、技术密集、工艺技术装备先进、大规模机械化施工等特点而驰名的上海宝山钢铁工程，于 1978 年 12 月 23 日正式动工兴建。1980 年调整国民经济中一度停缓建，1981 年 8 月续建，1985 年 9 月 16 日一号高炉顺利出铁，11 月 26 日举行一期工程投产仪式。1983 年 3 月 26 日，国务院批准宝钢总厂第二期工程建设；1991 年 6 月 30 日二号高炉顺利出铁，标志着二期工程基本建成，进入试生产。1992 年 4 月 17 日宝钢举行二期工程建成投产仪式。1993 年 12 月 23 日，1 580 毫米热轧项目开始打桩，这是宝钢三期工程第一个大型项目。2000 年 12 月 20 日，宝钢召开三期工程全面建成投产暨总结大会。三期工程建成后，宝钢成为中国第一个千万吨级的钢铁生产基地。

宝钢一、二、三期工程结束后，宝钢集团发挥联合优势，统一规划，进行结构调整，淘汰落后工艺和装备，加快老企业技术改造，宝冶先后参与了马迹山港工程、5 米宽厚板轧机及配套连铸工程、宝钢浦钢搬迁罗泾、宝钢湛江钢铁基地等工程的建设。

图 5-2-6　宝钢高炉群

## 一、宝钢一期工程

1978 年 10 月 26 日，分指挥部成立后立即下达宝钢工程 11 月份施工计划，主要任务是打好“三通（道路、水、电）一平（平整场地）”歼灭战和基地临时设施建设。12 月 23 日，宝钢一期工程举行动工仪式，国务院副总理谷牧在仪式上讲话并为宝钢动工剪彩，宝钢一号高炉打下第一根桩。

1980 年 9 月，因国民经济计划调整和五届全国人大三次会议上 170 名人大代表就宝钢工程建设问题提出质询。12 月 23 日，国务院召开中央财经领导小组会议，决定宝钢工程“一期停缓、二期不谈、两板（热轧板和冷轧板系统）退货”，宝钢工程全面停缓建。分指挥部按国务院、冶金部和宝钢工程指挥部指令，一方面稳定人心，保证队伍不散；另一方面仍在吊装一号高炉构件，安装已到现场的设备，并对工程设备进行“动维护”，即把机械设备直接安装到厂房，使其就位，隔一个月通上电，转动一下,保证设备的性能。同期,在武汉的职工还在陆续进入宝钢地区。

1981年7月28日,国家建委在宝钢召开现场办公会,决定宝钢一期工程恢复建设。

1985年9月15日,由分公司承建的中国最大的具有国际先进水平的宝钢一号高炉举行点火投产大典。国务委员宋平代表国务院对宝钢一号高炉如期点火表示祝贺,并亲自为一号高炉点火。分公司经过7年的日夜奋战,终于使一号高炉建成投产,产出第一炉铁水(278吨),从而揭开中国钢铁工业发展史上的崭新篇章。同年11月26日下午,宝钢隆重举行一期工程全面投产仪式。

宝钢一期工程的建设,经历了抢建、停建维护和经过科学论证决定续建三个阶段,并于1982年6月国务院确定了宝钢一期工程"85·9"(1985年9月宝钢一号高炉投产)建成投产的总目标。

一期工程建设期间,随着施工任务不断调整,分公司由原规划主要承担宝钢工程重要标志的炼铁一号高炉建设任务外,又增加了另一个主体工程——炼钢厂的建设任务。在宝钢一期22个合同项目中,分公司总共承担了12个合同项目和配套的水源工程。主要为:炼铁厂、炼钢厂、钢锭模制造车间、石灰石白云石焙烧车间、总图运输、动力管网及能源中心、全厂给排水、全厂供配电及通信等项目,以及长江引水工程。参加施工的有全厂修理设施、仓库、检验化验、动力设备等项目。

在一期工程建设中,分公司提出"主攻两大主体、狠抓能源介质、带动外围工程、坚持同步建设、全面建成投产"的方针,积极应用新技术、新工艺,在大体积砼施工、各类厚薄板焊接、液压润滑管道酸洗、耐火材料砌筑喷涂、大型机械、电气设备和计算机的安装调试等方面都达到或接近国际先进水平。一期工程项目单位工程优良率达98.97%,共创全优单位工程330项,其中国家级1项,冶金部级91项。一期工程技术获国家科技进步特等奖。炼铁、炼钢和长江引水系统三项工程获国家优质工程金质奖。

**【宝钢一号高炉】**

被誉为"宝钢代表作"的一号高炉容积为4 063立方米,整体从日本引进,自动化程度高、规模大,是当时国内最大的具有国际先进水平的特大型高炉。高炉采用了多项20世纪70年代末期的先进技术,运用电子计算机对生产进行自动控制和管理,用皮带运输机上料,利用煤气余压发电,采用超高压炉顶装置和大型鼓风机,具有规模大、技术新、能源省、效率高、环保好等特点。一号高炉高113米,相当于38层楼高。当时在世界上已经建成的容积超过4 000万立方米的高炉只有22座,宝钢一号高炉是第23座。

图5-2-7　宝钢一号高炉

1978年12月23日,一号高炉正式开工,1985年9月15日建成点火投产,9月16日炼出第一炉铁水。

分公司职工在施工中攻克种种难关,新高炉本体和热风炉焊接横缝和立缝一次合格率均超过了日本大分钢厂的水平;高炉炉顶液压管道清洁度达到国际宇航员标准8级,比设计标准提高2级;高炉鼓风机的振动值只有4微米,达到世界先进水平。

1986年,宝钢一号高炉系统工程获冶金部优质工程奖。

【一炼钢】

在宝钢一期工程建设中由分公司承建的一炼钢三座300吨纯氧顶吹转炉是国内最大的转炉，当时在世界上也只有37座，年产钢650万吨。由于在冶炼过程中采用一系列先进工艺技术，劳动生产率相当于全国炼钢企业平均生产水平的15倍。厂内还装有三套废气回收处理装置，可以处理转炉吹炼时产生的大量废气，保证每立方米气体中的杂质含量不到0.1克，大大低于国家标准，每8小时还可以回收余热1.7亿千卡，煤气近2 000立方米，相当于30吨优质煤的发热量。

一炼钢设备安装总量3.3万吨，工业管道125千米。三座转炉本体设备从1982年9月1日开始吊装，到1983年8月31日完成，进行倾动试验，只用了一年时间。承受整体转炉和炉内铁水总量为1 700吨的轴承支柱，标高允许误差为2毫米，实际达到0.05毫米；水平允许误差在0.05毫米，实际控制在0.02—0.05毫米之间，只有一根头发丝的1/4粗细，三座转炉上下部炉口对口焊接48段焊缝，有46段达到一级水平。

宝冶在一期工程施工中运用和推广网络计划技术，精心组织"施工准备、土建、结构吊装、设备安装和设备调试"五大战役，过好"炉壳安装焊接、设备安装维护调试、能源介质建设供给"三个关口。经过7年艰苦奋斗，承担的321项三级项目于1985年9月前经验收交付生产。

1986年，宝钢炼钢工程获冶金部优质工程奖。

【宝钢长江引水工程】

宝钢一、二期工程全部投产后，每天需要380万吨生产用水，相当于上海市区人民一天的生活用水和工业用水量。由于宝钢用水量大，水质要求高，水源一度成为棘手难题。宝钢建设之初曾有从淀山湖取水的方案并已铺设管道，为了把淀山湖优质水源让给上海市人民饮用，有关专家对长江口水质进行系统调查，提出了"避咸潮取水，蓄淡水保质"的长江引水方案，得到国务院批准。

宝钢长江引水工程水域面积达2 400亩，调蓄水库容量为1 087万立方米。1983年3月开工，1985年9月5日正式为宝钢送水。它是国内第一个沿江沿海淡水资源开发利用的大型水库，为水资源紧缺的中国沿海淡水资源开发利用提供了一个成功的范例。宝冶只用两年半时间就完成这项常规需要三四年才能建成的工程，确保了宝钢一期工程投产生产用水。

1986年，宝钢长江引水工程获冶金部优质工程奖。

## 二、宝钢二期工程

宝钢二期工程以1983年6月7日2 030毫米冷轧工程开始打桩为起点，到1992年4月17日宝钢举行二期工程建成投产仪式为终点，历时8年10个月。宝冶在二期工程施工中提出"一流、二超、三高、四优"的战略目标，狠抓热轧和二号高炉两大主体，主攻热轧轧制线和高炉、热风炉这两根主导线。期间宝冶承担了2 050毫米热轧、二号高炉以及公用配套等9个项目。完成建筑安装量

图5-2-8　宝钢二号高炉破土动工仪式

7.74亿元,比一期6.462亿元多1.278亿元,增加20%。

### 【宝钢二号高炉】

宝钢二号高炉容积为4 063立方米,年产铁300多万吨,采用世界上先进的中心串罐无料钟设备及其配套的液压系统和水处理“印巴法”(INBA)、煤粉喷吹新技术。高炉主体设备的国产化率达90%以上。主要实物量:混凝土89 500立方米、钢结构10 690吨、工业配管178 000米、设备及工艺钢结构34 300吨,电缆814千米,耐火材料36 700吨。

二号高炉于1987年7月1日破土动工,至1991年6月投产,经历四个阶段。1987年7月1日至1988年4月为地下配管和基础施工阶段;1988年4月至1989年6月为结构安装阶段;1989年6月至1990年8月为耐材施工和设备安装阶段;1990年8月至投产,为调整试车收尾交工阶段。宝冶在二号高炉施工中先后攻克了BB502新钢种焊接,国产组合砖加工、砌筑,能源介质和液压管道酸洗,110 kV高压充油电缆头制作等难关。高炉热风炉烘炉装置的开发应用,不仅实现了五项技术的突破,超过一号高炉日本进口的烘炉装置,而且节省投资350万元。

### 【宝钢2 050毫米热轧】

宝钢2 050毫米热轧工程是宝钢二期工程重要项目之一,荟萃了当时世界上一系列轧钢新技术,生产线采用管理级、生产控制级、过程控制级和基础自动化级四级计算机管理,它的建成对宝钢形成从冶炼到轧制成材完整的生产能力,对发展国内钢铁工业具有十分重要的意义。

图5-2-9　宝钢2 050毫米热轧第一卷

热轧工程具有规模宏大、工期紧迫、工艺先进、设计新颖、技术复杂、自动化程度高等特点,建安工作量6.8亿元,工程合同工期51个月,其中施工工期41个月,整个工程宝冶承担了78%的建安工作量。工程于1986年6月18日破土动工,其间克服了工程开工脱期,国外图纸资料脱期,外部条件不理想,施工配合复杂以及设备、材料、资金等困难,经历了土方施工、土建施工、结构安装、设备安装和调整试车等阶段,历尽曲折和磨难,前后只用了36个月时间建成,比年产300万吨的武钢“一米七”热轧工程缩短14个月。创造了国内冶金施工史上的最好水平,使中国轧钢工程建设迅速进入世界先进行列。

德国西马克财团负责人莱弗尔特·勃洛科夫·汉斯等在和中方共同研究热轧投料试车时说:“从热轧现场施工情况看是非常好的,非常快的。可以说,世界上还没有哪个国家施工单位能在那么短的时间内取得那么大的成就。”

1990年,宝钢2 050毫米热轧厂轧制车间工程获中国建筑工程鲁班奖;1991年,热轧厂工程获国家优质工程金质奖。

## 三、宝钢三期工程

1993 年 8 月 6 日，国务院批准宝钢三期工程可行性研究报告。三期工程总体规划和设计全由国内承担，并在引进成套设备同时，扩大小成套和点菜引进设备的范围。设备国产化率由一期的 12%、二期的 61%提高到三期的 80%以上。

宝冶在三期工程中共承担三号高炉、二炼钢、1 580 毫米热轧、1 550 毫米冷轧、原料、动力设备工程、动力管网工程、全场给排水、能源中心、全厂通信、全厂管理计算机、检验分析、总图运输等项目。在三期工程建设中实行综合进展率和前锋线考核法，考核工程建设形象进度。综合进展率考核法以网络技术为基础，以网络计划进度与前锋线相结合，全面反映工程实际进展情况，从而有效控制工期。三期主体工程项目建设进度比一、二期同类项目工期缩短 8—10 个月，其建设速度达到世界同类工程先进水平。

宝钢三号高炉投资最多、建筑安装量最大、建设速度最快，宝冶作为主攻单位克服了边设计、边施工、边制造、边生产等困难，实行倒班作业，推行项目管理和大工种体制，不仅抢回长达半年以上的脱期，而且还确保了“9·20”宝钢三高炉（1994 年 9 月 20 日点火投产）提前点火投产的目标。三号高炉设备国产化率达 95%以上，其中一万多吨高难度的非标设备和工艺钢结构由宝冶加工制造，在宝冶历史上实现“零”的突破，令国内设备制造行业惊叹。宝冶在三号高炉建设中实现了建设速度、设备制造和施工技术的三大突破。

在 1 580 毫米热轧工程中，因种种原因拖期达 3 个月以上。宝冶组织“BOX 基础及辊道基础施工保结构安装、钢结构安装保第一台阶、道路施工、水处理施工、三期公用施工”五大战役，制定 12 条具体措施，制止了工程滑坡并创造两个宝冶最高纪录：连续两个月浇灌 3 万立方米混凝土、一次浇灌 1 万立方米混凝土，这在宝钢工地也是首例。

### 【一号高炉易地大修（三号高炉）】

一号高炉易地大修（三号高炉）容积为 4 350 立方米，比宝钢一、二号高炉大 287 立方米；高 127 米，比宝钢一、二号高炉高 14 米，工程建安量达 7.6 亿元，是当时国内容积最大、技术最新、国产化程度最高的现代化特大型高炉。

1991 年 1 月 1 日三号高炉开始打桩，4 月 13 日热风炉基础开挖，11 月开始热风炉结构吊装，创造了特大型高炉当年打桩，当年开工，当年开始结构安装的纪录，1994 年 9 月 20 日点火投产，历时 39 个月。

图 5－2－10　宝钢三号高炉点火投产仪式

1996 年,宝钢三号高炉系统工程获冶金部质量样板工程奖;1997 年,获中国建筑工程鲁班奖。

**【宝钢 1 580 毫米热轧】**

1 580 毫米热轧是宝钢三期第一个主体项目,在总结宝钢二期 2 050 毫米热轧生产经验和不足的基础上引进了节能、优质、高效的十项世界新技术,其中板坯定宽测压机、边部电感应加热器、PC 轧机、全交流调速、数字控制、GTO 大功率元件等技术都是当时开发和发展起来的最先进技术。

宝冶职工瞄准韩国浦项光阳厂同类轧机的世界最快建设速度,在设计、设备制造、生产等各方面全力配合下,大力开发创新和推广应用 BOX 基础施工等新技术、新工艺、新材料,抢回长达 5 个月的拖期。1 580 毫米热轧工程于 1994 年 8 月正式破土动工,到 1996 年 12 月 12 日热负荷试车轧出第一卷,仅用 28 个月工期,创下优质、高效建成投产的世界建设速度。

1998 年,1 580 毫米热轧工程获中国建筑工程鲁班奖、冶金部质量样板工程奖。

**【二炼钢】**

二炼钢工程建有 2 座 250 吨大型顶底复吹转炉,年产钢 300 万吨,主要是生产国内急需的高难度、高附加值的优质钢种。采用点菜式、拼盘式引进,荟萃世界各国最先进的炼钢新工艺、新技术。三期工程 600 多亿元投资是由宝钢自筹资金建设,宝钢按照世界最快建设速度确定宝钢三期各建设项目的总工期。二炼钢是宝钢三期承上启下的“咽喉工程”,只有二炼钢建成投产了才能形成综合生产能力和产生综合效益,为此,宝钢确定了“98·3”建成具备试生产条件的目标。

图 5-2-11　宝钢二炼钢

自 1995 年 9 月 28 日破土动工之日起,由于引进合同不同步、图纸资料晚到、设计变更等原因,脱期长达 5 个月之久。宝冶以不等、不靠、不拖、不扯、不埋怨的“五不”精神,先后攻克了转炉系统全汽化冷却烟道排管鳍汽补焊、干式电除尘和 RH 真空脱气设备安装、氧气阀门站 4 次拆装、LT 烟道 1 300 根拉蒙管焊接等一系列危险工程,最终以 30 个月拿下这项工程,创造了世界先进水平。

## 四、宝钢三期工程后重大工程

**【马迹山矿石中转港】**

马迹山港是宝钢为适应发展需求,降低矿石运输成本,在浙江省嵊泗县马迹山岛专门兴建的一座矿石中转深水港。整个港口分两期建设,一期规模年吞吐量 2 000 万吨;二期建成后总规模达到年吞吐量 5 000 万吨。

一期工程主要建设项目包括:卸船码头、装船码头、中转矿石堆场、引桥、转运站及胶带输送系统等。1998年10月28日开始打桩，11月8日举行开工仪式，同月开始陆域回填。2000年10月20日开始设备安装，2001年10月25日全线负荷试车。宝冶承担大小12个合同工程，建安工作量1.5亿元。由宝冶负责施工、全长897米的堆场围海大堤经过多次强台风和大风浪冲击，岿然不动，用于护堤的总共8 000多块钩连体和20 000多块扭工字块没有一块发生移动和损坏。

图5-2-12　马迹山矿石中转港

二期工程于2005年12月28日开工，2006年11月20日开始安装堆取料机，2007年10月27日，二期工程提前2个月建成投产。二期工程中矿石堆场仍由宝冶填海围地建造，比合同要求工期提前一个月竣工。

## 【宝钢5米宽厚板轧机及配套连铸项目】

宝钢宽厚板轧机主轧线全长385米，一共安装13 000多吨设备，其中四辊可逆精轧机堪称“中国轧机之王”，是当时世界上为数不多的特大型轧机之一。轧机单片机架高15米、宽4.7米、厚2.2米、重397吨。宝冶开发了特大型5米级轧机机架安装新技术新工艺，解决了特大型轧机机架侧翻以及侧立就位的技术难题，为国内同类工程建设提供了借鉴。

图5-2-13　宝钢5米宽厚板轧机机架吊装

宽厚板连铸工程设计年产180万吨连铸坯，是当时世界上产能最大、技术最先进的连铸机之一。连铸机厂房最高、深坑深沟最多、工期最短，又与一炼钢和连铸机老厂房相连，工程建设中遇到许多困难，宝冶员工攻关夺隘，努力拼抢，于2004年12月12日实现热负荷试车一次成功，浇筑出第一批板坯比预定节点提前18天。

2002年12月23日，5米宽厚板轧机及配套连铸工程开工。2004年9月1日，主轧线和剪切线单试；12月12日，宽厚板生产线进入热负荷试运行阶段。2005年3月1日，5米宽厚板轧机轧出第一块宽厚板。

宝钢宽厚板轧机工程获2006年中国建设工程鲁班奖、冶金行业优质工程奖；厚板坯连铸工程获2006年国家优质工程银质奖、冶金行业优质工程奖。

## 【宝钢浦钢搬迁罗泾工程】

宝钢浦钢搬迁罗泾工程（简称罗泾工程）是2010年上海世博会城市发展建设的前期项目，

也是宝钢建设钢铁精品基地新一轮战略目标规划的重要组成部分。该工程运用熔融还原技术建设的 COREX－C3000 装置,是世界上最大的用于实际生产、年产铁水 150 万吨的短流程先进冶炼项目,其最大限度地实现能源循环利用,是对中国钢铁工业推进清洁生产和促进资源再利用的有益探索。

图 5－2－14　宝钢浦钢搬迁罗泾工程

2005 年 6 月 29 日,罗泾工程举行开工仪式,一号 COREX 打桩。2006 年 3 月 31 日,举行一号 COREX 炼铁炉壳吊装仪式;7 月 31 日,一号 COREX 熔融气化炉炉壳封顶,炉体基本安装完毕;11 月 4 日,一号 COREX 竖炉封顶。2007 年 7 月中旬,一号 COREX 开始联动试车;11 月 4 日,一号 COREX 一次点火成功;11 月 8 日出铁;11 月 13 日,炼出第一炉钢水,并通过连铸生产线出坯,罗泾一步工程基本建成。

2008 年,上海浦钢公司搬迁罗泾工程 COREX 炼铁工程主体单元钢结构工程获中国建筑钢结构金奖;2009 年,浦钢搬迁项目 COREX 炼铁工程主体单元获中国建设工程鲁班奖、冶金行业优质工程奖;2010 年,搬迁罗泾工程 COREX 炼铁工程主体单元获中国安装工程优质奖(安装之星)。

## 【1 880 毫米热轧(三热轧)】

1 880 毫米热轧带钢(简称 1880 热轧,也称三热轧)工程是宝钢“十一五”(2006—2010 年)规划项目中的重大建设工程,设计年产热轧钢卷 370 万吨,包括高牌号无取向硅钢、取向硅钢、高强钢等战略产品。工程由三个标段组成,宝冶承建第一标段,工程施工内容主要有:板坯库、加热炉及其供配电设施、通讯、工业电视和计算机控制等,辅助设施有空压站。主厂房建筑面积约 75 万平方米。

图 5－2－15　宝钢 1 880 毫米热轧

2005 年 5 月 23 日,1 880 毫米热轧工程Ⅰ标段举行打桩开工仪式;11 月 8

日，进入厂房钢结构吊装；2007 年 3 月 30 日，轧出第一卷热轧卷；4 月 18 日，举行热负荷试车仪式。

1 880 毫米热轧工程。获 2008 年度冶金行业优质工程奖、中国建设工程鲁班奖。

### 【1 730 毫米冷轧（五冷轧）】

1 730 毫米冷轧带钢（简称 1730 冷轧，也称五冷轧）工程是宝钢“十一五”规划中的重大工程项目，包括建设酸洗轧机联合机组、无取向硅钢脱碳退火机组、取向硅钢脱碳退火机组、连续热镀锌机组连续退火机组等。设计年产能 173 万吨。

项目分两期建设，一期年生产规模 175 万吨，共分 5 个标段，宝冶承建Ⅱ、Ⅲ标。Ⅱ标为热镀锌机组，包括热镀锌区主厂房和一号热镀锌机组、二号热镀锌机组、热镀锌重卷机组、热镀锌包装机组。Ⅲ标为连续退火机组/无取向硅钢机组，包括连续退火、无取向硅钢区主厂房和连续退火机组、4 号无取向硅钢机组、普冷包装机组、无取向硅钢重卷机组、无取向硅钢包装机组。

图 5－2－16　宝钢 1 730 毫米冷轧

2006 年 3 月 30 日，宝冶在宝钢五冷轧工地打下第一根柱，五冷轧工程进入施工阶段。2008 年 5 月 27 日，五冷轧工程连续退火机组提前 2 个月实现热负荷试车，生产出第一卷成品；9 月 28 日，全面建成投产。

## 五、宝钢高炉快速大修工程

高炉建设施工是宝冶的传统优势，进入 21 世纪后，宝冶积极参与高炉短期快速施工创新，从 98 天完成宝钢二号高炉大修，到一号高炉的 78 天、三号高炉的 76 天、四号高炉的 72 天，不断刷新国内特大型高炉快速大修最短工期纪录。

### 【宝钢二号高炉大修工程】

宝钢二号高炉大修 2006 年 9 月 1 日停炉，扩容至 4 706 立方米，12 月 7 日点火投产，工期 98 天。

二号高炉大修首次采用短期化施工，要在 98 天之内全面完成大修施工，实现生产恢复，这在国内高炉大修史上是一次创举。宝冶面临三个重大挑战：一是技术，高炉短期化大修中放残铁、高炉基础切割充填、下炉体气垫运输等许多关键技术为国外所垄断；二是速度，4 000 立方米以上高炉建设与大修工期通常都是以年来计算，而二号高炉短期化大修只有 3 个多月；三是管理，二号高炉在原地又拆又建，仅拆除设备就近 2 万吨、钢结构近 5 000 吨、工业管道近 3 000 吨。安装量更大，仅耐材砌筑就达到 1 万多吨，敷设电缆 400 千米，设备安装 6 000 多吨。宝冶在施工中进行科技和施工组织管理创新，采用自主研发的高炉基础钻孔切割充填技术、气垫滑移就位技术、模块化拆装等多项技术，最终实现预定目标，创造了当时全国大型高炉大修施工纪录。

**【宝钢一号高炉大修】**

宝钢一号高炉大修2008年9月1日开始,扩容至4 966立方米,11月18日点火投产,工期78天。

一号高炉大修在二号高炉大修模块化技术的基础上,又进行了多项技术创新,最大的技术亮点是实现了整个炉顶系统整体拆除与安装,其中旧炉顶约2 670吨、SPMT运输+高空滑移,新炉顶约2 200吨、SPMT运输+高空滑移,在44.6米高空上部进行整体滑移,创造了国内乃至国际上的先例。

**【宝钢三号高炉大修】**

宝钢三号高炉大修2013年9月1日停炉,扩容至4 850立方米,11月16日点火投产,工期76天。

三号高炉大修首次未放残铁,旧炉体下段拆除过程中,旧炉体下段运输重量约6 480吨,拆除采用了12台600吨滑靴滑移,二次转运12台600吨滑靴全滑移,6 480吨的运输重量创造了国内大型高炉大修单件运输重量之最。

**【宝钢四号高炉大修】**

宝钢四号高炉大修2014年9月1日停炉,11月12日点火投产,工期72天。

**图5-2-17　宝钢四号高炉快速大修**

宝冶在大修过程中借鉴了一、二、三号高炉成功的管理经验与成熟的施工技术,秉承三号高炉不放残铁的工艺,完成了重达6 140吨的旧炉缸顶升、滑移技术。同时又根据自身特点进行技术工艺的突破与创新,实施了高炉本体基础在线精准开设隧道技术、炉壳在线精细化加工技术、自主研发1 300℃耐热混凝土的新工艺、新突破、新技术。同以往高炉快速大修相比,四号高炉大修再次刷新了国内特大型高炉大修新纪录,跻身于世界高炉大修施工之前列。

## 六、宝钢广东湛江钢铁基地工程

宝钢广东湛江钢铁基地项目是宝钢推进精品加规模的发展战略、推动二次创业、保持国际领先的主战场,致力于建设成为世界效率最高的绿色碳钢薄板生产基地,成为生产清洁、资源节约、环境友好的生态工业园区,成为钢铁业发展循环经济、环境经营的示范区。项目以"简单、高效、低成本"为建设原则,建设采用焦炉、烧结、高炉、转炉、热连轧和冷连轧生产流程的钢铁基地,建设规模为年产钢1 000万吨,主要品种有热轧薄板、热轧高强度板、普冷板、热镀锌、热镀铝锌。2012年5月31日,湛江钢铁基地项目开工仪式在一期工地炼铁区一号高炉场地举行。

宝冶承建了湛江钢铁一号高炉、二号高炉、炼铁厂原料增建D型煤场工程、2 030毫米冷轧、

1 550 毫米冷轧等工程。

### 【湛江钢铁一号高炉】

湛江钢铁一号高炉有效容积 5 050 立方米，设计年产铁水 411.5 万吨，一代炉龄寿命 22 年。其设备设施结合精细，集成了国内外高炉的各项先进技术，投产后将达到清洁生产、资源节约的要求，成为优质、高产、长寿、环保、节能、低成本的新一代大型高炉。工程于 2013 年 5 月 17 日开工建设，2015 年 9 月 25 日点火投产，比合同工期提前约 3 个月。

图 5－2－18　湛江钢铁一号高炉

湛江钢铁一号高炉炼铁工程获 2016—2017 年国家优质工程奖，2016 年获冶金行业优质工程奖；安装工程获 2017—2018 年中国安装工程优质奖（安装之星）。

### 【湛江钢铁二号高炉】

在吸取湛江钢铁一号高炉建设、生产经验教训的基础上，二号高炉的设计、建设全面实施自主集成和自主创新，更加适应湛江钢铁的生产实际，更加契合建设绿色“梦工厂”的目标。二号高炉于 2014 年 5 月 15 日开始打桩，2016 年 7 月 15 日点火试生产，比原计划提前 60 天。宝冶在项目建设过程经受了三次强台风考验，用 34 个小时完成高炉本体基础大体积混凝土浇筑，用 20 小时完成高达 100.3 米的二号高炉五通球安装，提前 18 天完成主电气室 10 kV 受电，先后实现高炉区内送水供气、热风炉烘炉、高炉原料及上料系统设备联试等节点，仅用 26 个月完成二号高炉系统建设，比一号高炉建设周期提前两个多月，再次刷新了“湛钢速度”。

### 【炼铁厂原料增建 D 型煤场】

炼铁厂原料增建 D 型煤场工程主要新建两座直径 120 米的 D 型煤场本体及配套输入、输出系统，总设计贮量约 24 万吨，是湛江钢铁一期投产后的最大技改项目。该工程于 2017 年 2 月 19 日开工打桩，业主根据生产需求提出 C 仓“6 · 30”、D 仓“8 · 30”的投产目标，经宝冶员工努力，C 仓 2018 年 6 月 26 日投产，比合同日期提前 187 天。该项目成功实现了“用煤不见煤、用矿不见矿、运料不见料”的绿色清洁生产，封闭式环保原料储存技术、低能耗粉尘治理技术、清洁化生产系列技术、固废回收和综合利用技术、全行业首次成功研发应用的原料物流仿真分析技术、智能化环保原料场技术等系列先进技术在项目中成功应用，为打造工程投资最省、运营成本最低、环保与社会效益最佳的多赢标杆示范工程项目发挥了显著作用。

### 【2 030 毫米冷轧】

2 030 毫米冷轧工程主要由酸轧机组、连续退火机组、NO. 1 热镀锌机组、NO. 2 热镀锌机组等组成，是宝钢湛江钢铁打造精品基地钢铁业转型升级绿色发展的重要示范性工程，定位于汽车板和家电板等高档产品生产，年产能为 220 万吨。工程充分发挥自我技术创新和系统集成能力，采用世界上最领先的酸洗轧机联合机组新工艺、浅槽紊流、串列式连轧等工艺，实现高效、高精度轧制。

图 5-2-19 湛钢 2 030 毫米冷轧

宝冶承建 2 030 毫米冷轧Ⅰ标，包括一条酸轧机组及辅助设施，工程建筑面积 7.7 万平方米。2013 年 9 月 1 日正式开工建设，2016 年 3 月 30 日产线贯通。工程投产后顺利实现“达产、达标、达耗、达效”目标，创造了国内千万吨级钢铁企业从投产到“四达”的最快纪录。

2 030 毫米冷轧工程获 2017 年冶金行业优质工程奖、2018 年获国家优质工程奖。

### 【1 550 毫米冷轧】

1 550 毫米冷轧工程是继 2 030 毫米冷轧工程后，湛江钢铁生产基地又一条新的精品生产线，年产能 255 万吨。宝冶承建的主要内容包括 1 550 毫米酸连轧机组以及相应配套公辅设施。工程于 2015 年 5 月 5 日开工，2017 年 8 月 17 日生产线全线贯通，经过一年多投产使用，各机组运行平稳可靠，工艺系统先进、功能完备，节能环保各项指标满足设计要求。宝冶在施工中运用建筑业 10 项新技术中的 9 大项、26 个子项，采用公司自有创新技术 5 项、获得 QC 科技成果 2 项，新技术的应用为工程施工效率和质量提供了保障。项目建设中坚持以人为本、绿色低碳的原则，贯彻“四节一环保”，推行绿色施工。

1 550 毫米冷轧工程Ⅱ标段获 2017—2018 年中国安装工程优质奖(中国安装之星)；2018 年，获冶金行业优质工程奖、金钢奖、“申安杯”等诸多奖项。

## 第四节 首 钢 工 程

2006 至 2013 年期间，宝冶主要承担了首钢顺义冷轧薄板、首钢京唐一冷轧、二冷轧、三冷轧等工程。

## 一、首钢顺义冷轧薄板连退工程

首钢顺义冷轧薄板工程总投资 64 亿元，产能 150 万吨，占地约 73 万平方米。

宝冶承担的项目主要包括连退厂房工程、部分成品跨厂房工程、一条连退机组设备基础线、一条重卷机组、一条包装机组、行车安装等。

冷轧薄板生产线是首钢重点工程，同时也是当时中冶集团最大的 EPC 工程。其连退线退火炉是当时最大的立式炉之一，全长约 170 米，高约 27 米，工艺技术先进，退火炉炉壳焊缝长达 7 000 米，密封长达 1 500 米，施工难度相当大。宝冶员工在施工中合理组织，最终过时效终冷炉段气密性试验仅用三天时间、预热加热均热炉段气密性试验仅用两天时间、缓冷快冷炉段气密性试验仅用四天时间就达到外方合格标准，大大缩短了炉子气密性试验时间，创造了国内立式退火炉气密性试验时间最短、效果最好的纪录，收到首钢冷轧工程指挥部和中冶集团首钢工程项目部联合表彰通报。

工程 2006 年 7 月 2 日在北京市顺义区奠基，12 月 18 日炉体气密性试验圆满成功。2008 年 5 月 11 日，首钢顺义冷轧厂全面投产。该项目使首钢拥有了华北地区最高端的冷轧薄板厂。这是国务院批准首钢实施压产、搬迁、结构调整和环境治理方案中第一个竣工的重大项目，也是首钢在北京唯一保留的钢铁项目，它的投产标志着首钢搬迁调整获得重大阶段性成果。

首钢冷轧薄板生产线工程获 2009 年冶金行业优质工程奖、2010—2011 年中国建设工程鲁班奖、2010—2011 年国家优质工程金质奖。

## 二、首钢京唐 1 700 毫米冷轧(一冷轧)

首钢京唐 1 700 毫米冷轧(一冷轧)工程位于渤海海域中的曹妃甸岛西北侧，一冷轧连退厂房平面尺寸为 351 米×30 米，跨度为 27 米，厂房柱采用独立承台桩基础，上部采用全钢结构形式，柱距为 15 米和 18 米两种。设备基础为地坑式，埋深在－4.5 米至－8 米，工程浇筑混凝土 44 685 立方米，厂房钢结构 5 324 吨，钢筋 6 195 吨，设备安装 12 173 吨，焊接管道 680.37 吨，敷设电缆 226.242 千米，地坪 9 477 平方米，附属小房 7 450 平方米。

宝冶承担一冷轧工程连退标段，主要施工范围为一条连续退火机组、一条重卷机组和一号包装机组。连续退火线工艺设备分为入口段、清洗脱脂段、入口活套、连续退火炉、出口活套、在线平整机、检查活套及出口段共 8 个部分。其中施工工期最长，设备安装量最大的是连续退火炉。

一冷轧连退设备基础于 2007 年 11 月开工，2009 年 8 月 28 日热试成功生产出第一个冷轧卷。

首钢京唐 1 700 毫米冷轧(一冷轧)获 2010 年冶金行业优质工程奖。

## 三、首钢京唐 2 230 毫米冷轧(二冷轧)

首钢京唐 2 230 毫米冷轧(二冷轧)工程总建筑面积 238 933 平方米，主厂房面积超过 158 000 平方米，设计年产商品卷 215 万吨，其中冷轧商品卷 108 万吨；以高级汽车板和高级家电板为主的热镀锌商品卷 102 万吨及 5 万吨冷硬产品。

首钢京唐二冷轧工程包括酸轧机组、连续退火机组各 1 条，连续热镀锌机组、重卷检查机组各 2

图 5-2-20　首钢京唐 2 230 毫米冷轧

条，半自动包装机组 3 条。宝冶承担连退生产线施工。

2008 年 12 月 16 日二冷轧举行开工仪式。2010 年 12 月 21 日二冷轧连续退火机组提前 10 天投产。

首钢京唐钢铁厂项目一期轧钢 2 230 毫米(二冷轧)获 2012—2013 年中国建设工程鲁班奖、2012—2013 年国家优质工程金质奖，获评 2012 年冶金行业优质工程。首钢京唐钢铁厂项目一期轧钢 2230 冷轧主厂房钢结构工程获 2012 年中国钢结构金奖。

图 5-2-21　首钢京唐三冷轧

### 四、首钢京唐三冷轧

首钢京唐三冷轧占地 206 667 平方米，总投资 46 亿元，主要建设高档食品包装用电镀锡板及高档家电板生产线。该生产线分别由德国西马克和法国斯坦因公司设计，全长 333 米，最高为 27 米，主要分布有入口段、清洗段、活套段、退火炉段、平整机段和出口段。

三冷轧共有 12 条生产线，宝冶施工第二标段，共负责电解脱脂机组、罩式退火炉机组、连续退火机组、离线平整机组 4 条生产线。机组特点是速度快，最高可达 750 米/分，带钢薄，最薄可达 0.12 毫米，是国际上冷轧高速机组之一。

2012 年 12 月 12 日三冷轧连退线平整机机架开始吊装，2013 年 6 月 15 日—9 月 22 日期间电解脱脂、罩式退火炉、连续退火三条机组分别热试投产，离线平整机组于 2013 年 10 月 28 日热试投产；10 月 31 日 10 点，首钢京唐第三冷轧厂举行投产仪式，庆祝首钢京唐第三冷轧厂 12 条生产线建成投产。

京唐第三冷轧厂连退—电镀锡工程获评 2014 年冶金行业优质工程。

## 第五节　其他钢铁工程

### 一、上海克虏伯不锈钢工程

上海克虏伯不锈钢工程是由上海浦东钢铁(集团)有限公司和德国蒂森克虏伯集团旗下的克虏伯蒂森不锈钢有限公司合资建设的，总投资 118 亿元，整个工程分四期建设。克虏伯主要生产装备有20辊冷轧机3组、光亮退火线1条、热轧钢卷退火酸洗线1条、冷轧钢卷退火酸洗线1条。主要生产300、400等系列品种的不锈钢薄(卷)板,年生产能力40万吨。

宝冶承担一期工程土建、机电和行政大楼的建设。一期工程于2000年2月28日开工,2001年11月2日正式投产。

图5-2-22 上海克虏伯不锈钢工程

## 二、山西海鑫钢厂80吨转炉炼钢

山西海鑫钢铁集团有限公司是山西省规模最大的民营企业,山西海鑫钢厂80吨转炉炼钢工程是宝冶承担的第一个民营钢铁企业工程。

图5-2-23 山西海鑫钢厂80吨转炉炼钢工程

工程于2000年3月27日破土动工,7月16日吊装厂房第一根柱子;2001年5月20日OC系统通水,6月5日通蒸汽,6月8日通煤气,6月10日通氮气、氧气,6月10日进行联动试车,先后攻克了钢结构制作安装、转炉大体积混凝土浇灌、大型沉井施工等难关。经宝冶职工一年半时间拼抢,于2001年6月20日凌晨1时炼出第一炉钢。

## 三、湘钢3 800毫米宽厚板

湖南华菱集团湘钢3 800毫米宽厚板工程总投资18亿元,设计年产宽厚板140万吨。项目计划工期15个月。

工程于2004年8月28日开工建设,2005年9月30日精轧机通板成功,宝冶实际仅用13个月完成项目建设,结束了湖南省不生产宽厚板的历史。

图5-2-24 太钢4 350立方米高炉

## 四、太钢4 350立方米高炉

4 350立方米高炉工程是太钢新建150万吨不锈钢系统工程中的主体骨干项目,总投资约25亿元,年产生铁

325 万吨,这也是太钢冶炼技术最先进、容量最大的高炉,主体高达 108 米。

宝冶承建 4 350 立方米高炉工程第Ⅰ、Ⅲ标段,工程于 2004 年 1 月 20 日破土动工,2006 年 10 月 13 日点火投产。检验考核高炉安装精度的关键性数据——高炉炉壳和框架同心度误差只有 3 毫米,远远小于设计标准 20 毫米,这样的安装精度在国内外是罕见的。

太钢 4 350 立方米高炉工程获评 2008 年度冶金行业优质工程。

## 五、邯钢 2 250 毫米热连轧

邯钢新区 2 250 毫米热连轧工程总投资近 40 亿元,年生产规模热轧钢卷 450 万吨。成品钢卷/板 46.8 万吨。由宝冶承建的邯钢 2250 热轧热连轧 A 标段和大公辅水处理系统标段,合同工期为 15 个月。

2007 年 5 月 31 日上午 9 点 58 分,项目开工建设。该项目获 2010 年冶金行业优质工程奖、2010—2011 年国家优质工程银质奖。

## 六、福欣特殊钢一期项目

福建福欣特殊钢项目位于漳州台商投资区,是福建省重点工程,也是台塑集团投资的第一个钢铁项目。项目分二期建设,其中,一期投资 13.14 亿美元,建设炼钢、热轧、酸洗三大工程;二期计划增加投资 9.11 亿美元,扩充炼钢产能,使热轧板卷总产能达 144 万吨,同时建设先进的冷轧生产线。

图 5-2-25 福欣特殊钢一期项目

福欣特殊钢一期工程炼钢、热轧、酸洗三个项目均由宝冶承建。2011 年 7 月项目正式动工建设,2013 年 5 月 12 日一期炼钢生产线点火试车,8 月 28 日,一期项目建成投产。宝冶仅用 18 个月就完成一期厂房建设和设备购置安装全过程,比国际常规工期缩短了近一半。

## 七、安钢冷轧

安钢冷轧工程是安钢产品结构调整、转型升级重点工程,也是安钢实现钢铁主体精准转型的代表工程,主要生产机组采用国际国内一流生产工艺,建成投产后进一步提升安钢板材产品在高端市场上的竞争力,填补了河南省高端冷轧产品的空白。

冷轧一期 1 550 毫米冷轧工程产品定位高端家电板、建筑板和汽车用结构板,设计年产能 120 万吨。产品厚度为 0.25—2 毫米,可满足包括商业级、深冲级、超深冲级等不同深冲性能和高强度级别等使用要求。主要生产机组配置有酸洗轧机联合机组一条、连续退火机组一条、连续热镀锌机组一条以及配套精整处理机组和公辅设施等。宝冶承担了包括原料库、酸轧线、轧后库、乳化液间及磨辊间及相关的附属设施等部分的土建及机电设备安装工程。二期为1 550毫米冷轧连退、镀锌机组，宝冶承担了连退、镀锌机组及成品库厂房、设备基础、工艺生产线、电气仪表、管道、防腐保温及配套设施等施工内容。

一期酸轧机组2011年4月21日开工，2014年3月18日酸轧机组热负荷投产。二期连退、镀锌项目2015年4月14日开工；2017年3月20日，热镀锌机组线生产出第一卷镀锌卷，至此安钢1 550毫米冷轧工程三大机组全线贯通。

图5-2-26 安钢1 550毫米冷轧

2015年，安钢1 550毫米冷轧一酸轧机组建安工程获2015年冶金行业优质工程奖；2018年，安钢1 550毫米冷轧工程连退镀锌项目建安施工获冶金行业优质工程奖。

## 八、山钢集团日照钢铁精品基地

山钢集团日照钢铁精品基地项目是国家和山东省加快钢铁产业结构调整、“上新压旧、上优汰劣”的核心项目，是山东半岛蓝色经济区建设的标志性工程。项目一期工程计划投资439亿元，其中环保投资64亿元。主要包括原料场、烧结、球团、高炉、转炉、精炼、连铸、热连轧机组、炉卷轧机、宽厚板轧机、酸轧、热镀锌、电镀锌等。

一期工程投产后，年产能炼铁810万吨、钢坯850万吨、钢材790万吨，主要生产高附加值的热轧薄板、冷轧薄板、镀层钢板、宽厚板等中高端产品。一期一步工程于2017年12月17日实现全线贯通。

宝冶在日照精品钢铁基地项目中先后承担了原料场，1号、2号连铸机，2 030毫米冷轧Ⅱ标，4 300毫米宽厚板，3 500毫米炉卷Ⅱ标段等工程，为打造绿色、智能、高端、高效、国际化的山钢作出了贡献。

### 【原料场】

宝冶主要承建码头输入系统、汽车受卸系统、火车受卸系统、一次料场系统（煤粉、矿粉）、直接供返料系统、总图运输、通风除尘系统及与上述项目配套的土建、三电、公辅设施等。

2016年3月31日开工，2017年6月9日热负荷试车成功。

### 【1号、2号连铸机】

宝冶承担1号、2号连铸机工程的土建、机械、流体系统、热力、燃气、给排水、电气仪表自动化等多个专业的工程施工、设备安装及调试。

2016年6月1日开工，2017年12月23日热负荷试车成功。

图 5－2－27　山钢日照公司冷轧工程 2 号连退机组第一卷

【2 030 毫米冷轧Ⅱ标】

宝冶主要承担连退跨、镀锌跨、精整跨及成品库等区域及其辅助设施施工。

2016 年 7 月 6 日开工，2018 年 5 月 3 日热镀锌在产线热试成功，第一卷产品下线。

【4 300 毫米宽厚板】

宝冶承担的施工内容包括热轧和精整成品两个区域新建厂房及厂房内的所有设备以及公辅系统。

2017 年 2 月 25 日开工，2018 年 4 月 28 日成功热试第一板。

【3 500 毫米炉卷Ⅱ标】

宝冶承担的Ⅱ标段施工内容主要为精整成品区域土建、钢结构、设备安装、管道、电气等。

2017 年 7 月 11 日开工，2019 年 4 月 1 日热负荷试车成功。

# 第六节　有 色 工 程

## 一、厦门厦顺铝箔工程

厦门厦顺铝箔有限公司创建于 1989 年，总部设在厦门海沧新阳工业区，是全球大型双零铝箔厂家之一。

宝冶承建了厦门厦顺铝箔有限公司多项工程，早在 1990 年厦顺铝箔一期工程建设中就以过硬的技术力量和优良的工程质量让业主十分信任。2003 年只用 5 个多月时间就完成厦顺增资扩建一步工程，受到业主高度称赞，德国阿森巴赫公司总裁到现场看后评价道：宝冶创造了铝箔轧机安装的奇迹。2007 年 1 月，承担的厦顺增资扩建二步工程提前竣工投产，业主特地送来题为：“精心施工创精品　再接再厉铸辉煌”的锦旗。2009 年 3 月和 7 月，厦顺铝箔高精 PS 板项目

图 5－2－28　厦门厦顺铝箔工程

高架仓库和厦顺铝箔板带工程先后开工。2010 年 9 月 18 日，厦顺铝箔板带项目热轧顺利轧出第一卷。2016 年 9 月，宝冶又承建了厦顺铝箔四期一步扩建机电设备安装及配合调试工程。2018 年 1 月 22 日，四期一步铝箔生产线扩建项目 7＃轧机穿带调试成功。

## 二、四川启明星铝业 125 kt/a 电解铝工程

四川启明星铝业有限责任公司 125 kt/a 电解铝厂电解铝工程由四川启明星铝业有限责任公司 2002 年投资建设。

宝冶承建了电解铝厂电解车间、焙烧车间、阳极组装车间、抬包清理车间、槽大修车间、铸造车间厂房工程及配套设备基础及安装工程。该项目于 2002 年 12 月开工，2003 年 9 月竣工。

四川启明星铝业有限责任公司 125 kt/a 电解铝工程获 2005 年中国建筑工程鲁班奖、四川省建设工程天府杯金奖。

## 三、上海神火铝箔一期工程

上海神火铝箔有限公司是由河南神火集团有限公司、河南神火铝电有限责任公司、商丘市普天工贸有限公司和申美（香港）国际投资有限公司共同出资创办的合资企业。神火铝箔项目建设是河南神火集团煤、电、铝产业链的延伸，列入河南省铝业发展规划重点工程——20 万吨铝板、带、箔项目的组成部分。

上海神火铝箔一期工程总投资 8 亿元，设计能力年产宽幅、超薄铝箔 2.5 万吨，建筑面积 3.6 万平方米，生产设备全部从英国、德国、意大利和美国引进，3 台 2 150 毫米的铝箔轧机由奥地利钢铁联合公司（VAI）设计制造，代表当时世界先进水平。以其 0.006 毫米的超薄、2 000 米/分高速轧制和 1 890 毫米宽度的成品铝箔，创我国超薄铝箔产品之最。宝冶总承包一期工程建设，主要包括厂房建设、厂区道路、设备基础及配套的机电设备安装调试工程。

工程于 2005 年 6 月开工，2006 年 12 月竣工。2007 年 1 月 10 日，举行一期工程竣工投产典礼。

## 四、爱励铝业（镇江）铝合金中厚板项目

爱励铝业（镇江）有限公司是由世界 500 强，全球第三大航空板材生产商的爱励亚太有限公司投资建设的航空航天及交通运输用大规格高强度铝合金板项目。项目位于江苏省镇江市京口工业园内，总投资近 3 亿美元，建成投产后可形成最高年产 25 万吨铝合金板的生产能力，主要生产交通运输用高强度大规格铝合金板带。

宝冶承担该项目厂房、设备基础及机电安装总承包工程。

图 5－2－29　爱励铝业（镇江）铝合金中厚板厂

2011年9月19日厂房承台基础开工,12月6日开始厂房钢结构安装;2012年8月22日热轧轧机机架吊装成功;2013年4月25日一期项目全面投产。

爱励铝业(镇江)一期厂房工程厂房结构工程获2013—2014年度中国安装工程优质奖(安装之星)。

## 五、山东魏桥铝电公司年产60万吨高精铝板带箔项目

魏桥铝电新材料公司项目位于国家经济技术开发区邹平县经济技术开发区内,占地面积约46.6万平方米,总投资70亿元,年设计规模为60万吨高精铝板带箔,设有熔铸、热轧、冷轧、精整四个生产厂,项目采用DC铸造机、"1+4"热轧机、单机架和三机架冷轧机及拉弯矫等近70套国际一流的进口设备与先进技术,生产易拉罐罐料、铝箔坯料及现代热敏印刷用PS和CTP版基等高端产品。宝冶承建了熔铸分厂厂房建筑、设备基础及机电安装总承包工程。

**图5-2-30 山东魏桥铝电公司年产60万吨高精铝板带箔厂**

2012年2月17日举行开工奠基仪式,5月6日热轧车间开始厂房钢结构吊装;2013年10月23日18点50分,第一卷轧制成功。

## 六、天津忠旺铝业工程

天津忠旺铝业有限公司是辽宁忠旺集团有限公司的全资子公司,坐落在天津武清汽车零部件产业园内,占地10平方千米,主要从事高附加值的铝压延材业务,2014年底开始相继投产。

宝冶承建天津忠旺铝业有限公司1号热轧、1号冷轧、2号冷轧、1号熔铸、2号熔铸、1号线高架仓库等项目。

**图5-2-31 天津忠旺1号冷轧**

### 【1号热轧】

1号线热轧车间主轧线长达850米,是当时国内最长、自动化程度最高的铝板轧制生产线,其4500板材轧机是世界上轧制力最大、开口度最大、扭矩最大的铝轧机。该生产线建设刷新了宝冶承建的铝行业轧机生产线最大规模纪录,巩固了宝冶在铝行业建设中的领先地位。

2013 年 12 月 11 日，1 号热轧 4500 板材轧机轻剪设备基础大体积混凝土开始浇筑；2014 年 5 月 29 日，1 号热轧精轧设备基础轧机主体基础封顶，9 月 1 日，1 号热轧精轧机机架开始吊装，10 月 16 日，1 号热轧粗轧机机架开始安装；2015 年 1 月 7 日，1 号热轧 R2 主电机穿芯就位，5 月 19 日，板材轧机 7 000 kW 的主电机——亚洲铝业轧线最大的主电机开始调试，8 月 15 日，1 号热轧 4500 板材轧机成功轧制出铝板。

1 号热轧获 2015—2016 年度第二批中国安装工程优质奖(安装之星)。

## 【1 号冷轧】

天津忠旺 1 号冷轧共有 2 350 毫米、2 800 毫米两个轧机机组，其产品主要供给航空铝板、汽车板、医药铝箔、铝精加工品、办公产品等。

2014 年 1 月 1 日，1 号冷轧车间主体钢结构开始吊装；2014 年 9 月 9 日，1 号冷轧 2 350 毫米轧机机架吊装；2 350 毫米轧机机组于 2015 年 6 月 30 日投产，2 800 毫米轧机机组于 2015 年 11 月 24 日成功轧制第一卷。

## 【2 号冷轧】

2 号冷轧车间工程包含两条三机架冷连轧机组与两条单机架冷轧机组，生产工艺先进，设备全部进口，安装精度要求较高。

2 号冷轧工程于 2014 年 6 月 16 日开工，11 月 23 日开始底板大体积混凝土浇筑；2016 年 9 月 13 日 2 号冷轧 CRM4 单机架冷轧机机架完成吊装；2017 年 4 月 20 日 2 号冷轧出卷。

## 【1 号熔铸】

1 号熔铸车间建筑面积 92 378 平方米，其硬合金生产线产品主要供给航空铝板材、汽车板等高端产品，软合金生产线产品主要供给医药铝箔，铝精加工品，办公产品等。

2014 年 2 月 21 日，1 号熔铸破土动工；2015 年 10 月 23 日，1 号熔铸正式完成软合金铝锭铸造。

## 【2 号熔铸】

宝冶承担 2 号熔铸车间主厂房的基础施工、厂房混凝土柱的制作安装、主厂房吊车梁、屋面梁的制作安装、主厂房维护结构(屋面系统、墙面系统、雨排水系统等)的制作安装、主厂房防雷接地、厂房照明的施工、设备基础施工、机电设备安装等施工内容。2014 年 3 月 22 日 2 号熔铸车间正式开工，7 月 31 日开始钢结构安装；2017 年 4 月 28 日，2 号熔铸铣面机生产线 1 号铣面机组开始进行第一块铝锭铣面调试工作。

图 5－2－32　天津忠旺 1 号熔铸

**【1号线高架仓库】**

2014年9月22日,由宝冶承建的天津忠旺项目1号线高架仓库堆垛机设备完成吊装,按照外方的进度计划,整个堆垛机的组装加吊装需要20天时间完成,但宝冶员工只用了9天。

## 附:冶炼工程主要项目列表

**表5-2-1 炼铁工程**

| 项 目 名 称 | 开 工 时 间 |
|---|---|
| 宝钢一号高炉(4 063立方米) | 1978年12月 |
| 宝钢二号高炉(4 063立方米) | 1987年11月 |
| 宝钢三号高炉(4 350立方米) | 1991年1月 |
| 湖南涟钢高炉(2 200立方米) | 2002年8月 |
| 张家港华盛炼铁2×350立方米高炉 | 2002年9月 |
| 江西新钢高炉(1 050立方米) | 2002年10月 |
| 宝钢四号高炉(4 350立方米) | 2003年2月 |
| 张家港华盛炼铁五号380立方米高炉 | 2003年3月 |
| 山西太钢高炉(4 350立方米) | 2004年6月 |
| 宝钢浦钢COREX一号C3000高炉 | 2005年10月 |
| 辽宁本钢高炉系统(4 350立方米) | 2006年8月 |
| 宝钢二号高炉大修工程(扩容至4 706立方米) | 2006年9月 |
| 南京梅钢高炉大修(3 200立方米)(2座) | 2007年8月 |
| 广东韶钢高炉(3 200立方米) | 2008年2月 |
| 宝钢一号高炉大修工程(扩容至4 966立方米) | 2008年9月 |
| 宝钢浦钢COREX二号C3000高炉 | 2008年10月 |
| 四川达钢高炉(1 780立方米) | 2009年5月 |
| 南京梅钢高炉(4 070立方米) | 2010年4月 |
| 河南安钢高炉(4 747立方米) | 2010年5月 |
| 太钢四号高炉大修工程 | 2011年12月 |
| 宝钢三号高炉原地大修工程 | 2012年7月 |
| 宝钢股份罗泾1号COREX炉整体迁建至八钢工程 | 2012年8月 |
| 宝钢湛江高炉(5 000立方米)(2座) | 2013年9月 |
| 宝钢四号高炉炉缸改造大修工程 | 2014年3月 |

表 5-2-2　炼钢工程

| 项　目　名　称 | 开 工 时 间 |
|---|---|
| 宝钢一期一炼钢 300 吨转炉工程(3 座) | 1978 年 12 月 |
| 宝钢三期二炼钢 250 吨转炉工程(2 座) | 1995 年 9 月 |
| 山西海鑫炼钢 80 吨转炉工程 | 1999 年 10 月 |
| 江西新余炼钢 100 吨转炉工程(2 座) | 2001 年 8 月 |
| 山西海鑫 90 吨转炉系统扩建工程 | 2001 年 12 月 |
| 宁波建龙炼钢 180 吨转炉工程(2 座) | 2003 年 5 月 |
| 河南安钢炼钢连铸 120 吨转炉工程 | 2003 年 6 月 |
| 广州联众年产 80 万吨不锈钢炼钢工程 | 2005 年 8 月 |
| 河南安钢炼钢连铸 150 吨转炉工程 | 2005 年 11 月 |
| 宝钢长材炼钢 150 吨电炉工程 | 2006 年 10 月 |
| 广东阳春炼钢连铸 120 吨转炉工程 | 2009 年 3 月 |
| 河南中天钢铁 120 吨转炉工程 | 2009 年 10 月 |
| 山西通才工贸有限公司炼钢连铸高速线材工程 | 2009 年 12 月 |
| 河北邯钢炼钢 120 吨转炉工程 | 2010 年 3 月 |
| 湖南湘钢 5 米宽厚板连铸工程 | 2010 年 6 月 |
| 鄂钢新二号、三号转炉技改工程 | 2011 年 3 月 |
| 山西通才 120 万吨双高速线材工程 | 2011 年 6 月 |
| 湖北武钢鄂城钢铁 130 吨转炉工程 | 2011 年 6 月 |
| 台塑福建福欣不锈钢炼钢 180 吨转炉工程(2 座) | 2011 年 6 月 |
| 盛隆河北金盛兰炼钢 120 吨转炉 EPC 工程(4 座) | 2014 年 4 月 |
| 山钢集团日照钢铁精品基地 1950×2 连铸工程 | 2016 年 6 月 |
| 盛隆马来西亚关丹炼钢连铸 100 吨转炉工程(2 座) | 2016 年 12 月 |
| 河钢产业升级及宣钢产能转移项目炼钢建筑安装工程 | 2017 年 3 月 |
| 山钢集团日照钢铁精品基地 3 250 毫米连铸工程 | 2017 年 10 月 |
| 河钢乐亭炼钢 200 吨转炉工程(2 座) | 2018 年 4 月 |

表 5-2-3　热轧工程

| 项　目　名　称 | 开 工 时 间 |
|---|---|
| 宝钢 2 050 毫米热轧工程 | 1986 年 6 月 |
| 宝钢 1 580 毫米热轧工程 | 1994 年 4 月 |
| 武钢第二热轧厂主轧线工程 | 2000 年 9 月 |
| 华菱集团超薄板带钢轧机项目热轧一期工程 | 2002 年 8 月 |

(续表)

| 项 目 名 称 | 开 工 时 间 |
| --- | --- |
| 宝钢 5 000 毫米宽厚板工程 | 2002 年 10 月 |
| 江苏南钢 3 250 毫米炉卷热轧工程 | 2002 年 12 月 |
| 湖南湘钢 3 800 毫米宽厚板工程 | 2003 年 6 月 |
| 日照钢铁有限公司 H 型钢工程 | 2003 年 6 月 |
| 河南舞钢 4 200 毫米宽厚板工程 | 2005 年 7 月 |
| 河北首秦 4 300 毫米宽厚板工程 | 2005 年 7 月 |
| 湖北武钢 1 580 毫米热轧工程 | 2006 年 2 月 |
| 山西海鑫 1 500 毫米热轧工程 | 2006 年 6 月 |
| 河北邯钢新区 2 250 毫米热轧工程 | 2006 年 10 月 |
| 沧州 1 250 毫米热轧生产线项目工程 | 2006 年 12 月 |
| 南京梅钢 1 422 毫米热轧工程 | 2007 年 6 月 |
| 江西新余钢铁 1 580 毫米热轧工程 | 2007 年 7 月 |
| 首钢京唐钢铁 2 250 毫米热轧工程 | 2007 年 7 月 |
| 新疆八一钢厂 4 200/3 300 毫米迁建工程 | 2007 年 7 月 |
| 沧州中铁 1 780/1 250 毫米热轧工程 | 2007 年 8 月 |
| 浦钢搬迁(特殊钢分公司地块)V 标段(炉卷热轧)工程 | 2007 年 9 月 |
| 宝钢特钢 2 800 毫米炉卷热轧工程 | 2007 年 9 月 |
| 湖南湘钢 5 000 毫米宽厚板工程 | 2008 年 11 月 |
| 宝钢南通年产 18 万吨线材工程 | 2009 年 6 月 |
| 台塑福建福欣不锈钢 1 780 毫米热轧工程 | 2011 年 6 月 |
| 山钢集团日照钢铁精品基地 4 300 毫米宽厚板 | 2017 年 1 月 |
| 河北纵横丰南钢铁 1 780/1 250 毫米热轧工程 | 2017 年 6 月 |

**表 5-2-4 冷轧工程**

| 项 目 名 称 | 开 工 时 间 |
| --- | --- |
| 宝钢 1 550 毫米冷轧工程 | 1997 年 12 月 |
| 上海克虏伯不锈钢冷轧工程/年产 50 万吨 | 2000 年 1 月 |
| 上海益昌薄板冷连轧机组车间技术改造(酸轧) | 2000 年 4 月 |
| 宝钢 2 号彩涂 1 250 毫米冷轧工程 | 2001 年 2 月 |
| 湖南涟钢 1 570 毫米冷轧工程 | 2004 年 3 月 |
| 宝钢五冷轧 1600 镀锌机组工程 | 2006 年 4 月 |
| 首钢顺义 1 850 毫米冷轧工程 | 2006 年 5 月 |
| 首钢京唐钢铁 1 700 毫米冷轧工程 | 2007 年 7 月 |

（续表）

| 项目名称 | 开工时间 |
| --- | --- |
| 宝钢冷轧不锈带钢（后续工程）7 标工程 | 2007 年 12 月 |
| 南京梅钢 1 420 毫米冷轧工程 | 2008 年 1 月 |
| 湖北武钢 1 430 毫米冷轧工程 | 2008 年 3 月 |
| 河北邯钢 2 030 毫米酸轧机组工程 | 2009 年 2 月 |
| 首钢京唐钢铁 2 230 毫米冷轧工程 | 2009 年 3 月 |
| 广州 JFE1 800 毫米冷轧工程 | 2009 年 4 月 |
| 广州 JFE 钢板有限公司 180 万吨冷轧工程 | 2009 年 5 月 |
| 河南安钢 1 550 毫米酸轧机组工程 | 2011 年 3 月 |
| 台塑福建福欣 1 780 毫米退火酸洗线工程 | 2011 年 6 月 |
| 宝钢取向硅钢环形路工程/年产 80 万吨 | 2011 年 7 月 |
| 宝钢湛江 2 030/1 550 毫米冷轧工程 | 2013 年 9 月 |
| 河南安钢 1 550 毫米冷轧工程 | 2015 年 1 月 |
| 宝钢湛江钢铁基地 1 550 毫米冷轧二标段工程 | 2015 年 5 月 |
| 辽宁本钢 1 780 毫米冷轧机电工程 | 2015 年 5 月 |
| 山钢日照钢铁 2 030 毫米冷轧工程 | 2016 年 4 月 |
| 河钢承德钒钛高强钢 1 630 毫米冷轧工程 | 2018 年 4 月 |

表 5－2－5　有色工程

| 项目名称 | 开工时间 |
| --- | --- |
| 厦顺铝箔一期工程 | 1990 年 9 月 |
| 四川启明星铝业工程/年产 12.5 万吨 | 2002 年 12 月 |
| 上海神火铝业一期工程/年产 2.5 万吨 | 2005 年 6 月 |
| 兰州铝业电解车间工程/年产 16 万吨 | 2005 年 7 月 |
| 昆山铝业设备安装工程/年产 2.5 万吨 | 2005 年 10 月 |
| 厦顺铝箔扩建工程/年产 7.5 万吨 | 2006 年 1 月 |
| 商丘阳光铝材厂房工程/年产 15 万吨 | 2008 年 1 月 |
| 河南神火铝加工精炼工程/年产 25 万吨 | 2008 年 1 月 |
| 广东亚洲铝业铝板带工程/年产 40 万吨 | 2008 年 1 月 |
| 美铝渤海热轧扩建工程/年产 22.3 万吨 | 2008 年 9 月 |
| 厦顺铝箔板带工程/年产 35 万吨 | 2009 年 2 月 |
| 洛阳万基铝业工程/年产 60 万吨 | 2010 年 11 月 |
| 宝钢取向硅钢后续工程 | 2011 年 6 月 |
| 爱励铝业（镇江）有限公司铝合金中厚板项目 | 2011 年 9 月 |

(续表)

| 项目名称 | 开工时间 |
| --- | --- |
| 魏桥铝电邹平热轧工程/年产70万吨 | 2011年11月 |
| 镇江爱励鼎盛铝业热轧工程/年产25万吨 | 2011年12月 |
| 山东魏桥铝电公司年产60万吨高精铝板带项目 | 2012年2月 |
| 美铝苏州轮毂厂EPC工程/年产100万只 | 2012年5月 |
| 威海海鑫压延车间及高架仓库工程/年产15万吨 | 2012年8月 |
| 河南中孚高架仓库建筑安装工程/年产30万吨 | 2012年9月 |
| 昆山铝业二期精轧机与分卷机工程/年产1万吨 | 2012年10月 |
| 泰州振昌65万吨金属铁深加工生产线工程 | 2013年3月 |
| 天津忠旺铝业工程/年产200万吨 | 2013年11月 |
| 黑龙江紫金铜业铜冶炼项目部 | 2014年3月 |
| 厦门厦顺四期一步铝箔扩建工程/年产4万吨 | 2016年9月 |
| 辽宁省营口市忠旺(营口)高精铝业有限公司120万吨板带箔及其配套原料项目 | 2017年5月 |
| 山东省威海市威海海鑫铝箔项目土建、钢结构及设备基础及设备安装工程 | 2017年8月 |

# 第三章　非冶炼工程

## 第一节　会议展馆(含钢结构)

### 一、厦门国际会展中心

厦门国际会展中心(一期至四期工程)是亚洲单体第二,世界单体第三大的会展中心,也是每年“9·8”海峡两岸交流的主场馆。

厦门会展中心是宝冶转型发展进程中具有里程碑意义的项目,1998—2018年期间先后承担了一期、二期、三期、四期工程。

**【厦门会展中心一期】**

项目占地面积15万平方米,造型设计由中间向两翼弧形翘起,展览区主楼长432米,高42.6米,全部展区皆设在主楼的一楼,可设2 000个国际标准展位,展区分隔成5个独立隔段,展厅层高分别为8米、10.5米、16米,两翼各有面积为6 500平方米的无柱厅,可容3 000人集会和2 000人宴会。宝冶在展厅81米×81米大跨度焊接球钢网架安装中采用液压同步整体提升技术,开创了福建省首次大跨度网架整体提升的先例。

一期工程1998年9月8日开工打下第一根钢管桩;2000年6月30日基本建成,9月8日正式举行全国贸易洽谈会。

厦门国际会展中心主楼工程获2001年福建省《建设杯》优质工程;厦门国际会展中心工程获评2002年冶金工业优质工程、2003年全国用户满意建筑工程;厦门海峡交流中心国际会议中心地下室工程获2007年福建省“建设杯”奖(省优质工程)。

图5-3-1　厦门国际会议展览中心

**【厦门会展中心二期】**

位于会展中心主楼北侧,占地面积约4.7万平方米,建筑面积75 745平方米(其中地下2 667平方米),结构类型为主体框架,屋盖为张弦梁结构。

二期工程2008年3月1日开工,9月8日基本完工并试营业。

厦门会展二期钢结构工程获2009年中国建筑钢结构金奖(国家优质工程)。

**【厦门会展中心三期】**

包括展馆主体建筑和前广场地下停车库两部分,总建筑面积16.8万平方米,其中地上建筑面积

7.8万平方米(含纯展厅面积29 527.06平方米),地下建筑总面积9万平方米(其中展馆主体地下建筑面积为4.2万平方米,前广场地下建筑面积为4.8万平方米)。地上主要布置有展览大厅、沿街商业用房及设备机房、办公等辅助用房。地下主要有餐饮、停车库以及库房,前广场地下室为停车库。

三期工程2011年3月开始主体工程建设。2012年9月8日完工。

厦门会展中心三期钢结构工程获2014年中国钢结构金奖(国家优质工程);厦门会展中心三期主楼工程获2015年福建省"闽江杯"优质工程奖。

**【厦门会展中心四期】**

分为A、B、C、D四个展馆,总建筑面积72 350.96平方米。以会展一期为中轴,会展四期A、B馆位于会展一期的西面,分别与会展三期和会展二期通过连廊衔接;C、D馆位于会展一期的东面,也与会展三期、二期建筑联通。建成投入使用的A、B、C三幢展馆主要布置有展览大厅、展览配套用房等。厦门国际会展中心四期建成后将增加3 000个左右国际标准展位,在设计上使用了无柱空间,能够最大限度地提高展览使用面积。

四期工程2015年3月开始主体施工,2015年10月正式投入使用。

## 二、苏州国际博览中心

苏州国际博览中心是21世纪苏州新地标建筑,工程建筑面积达36.2万平方米,可提供上下两层14个展厅7 000个国际标准展位,在当时国内已建和在建的会展中心中其规模居第二位,也是当时苏州历史上建筑规模最大、工期最紧、技术难度最高、资金投入最多的项目。

苏州国际博览中心一期工程采用超常规快速土建结构施工方案,是融地基加固、基坑围护、大体积砼跳仓施工、大跨度屋面钢结构离线组拼、整体吊装、计算机模拟仿真等为一体的高科技系统工程。一期工程3.2万吨钢结构安装工期只有100天。

2004年2月6日开始吊装,9月20日达到布展条件,9月30日举行一期工程竣工典礼,10月20日正式投入运营。

宝冶还承建了苏州国际博览中心三期工程,工程位于金鸡湖畔,地处苏州工业园区CBD核心区域,是集展览、会议、节庆、商贸、餐饮、休闲于一体的大型会展综合体,被誉为"城市会客厅",建成后将成为苏州对外交流的窗口,是长三角地区、中国乃至亚太区重要展览、会议的场馆之一。

图5-3-2 苏州国际博览中心

该项目占地面积 18.86 万平方米，建筑规划总面积 25.5 万平方米。主体建筑包括一个国际会议中心和一个四星级酒店，另设展贸中心，彰显了苏州海纳百川、包容万千的胸怀。

苏州国际博览中心三期工程获 2018 年江苏省优质工程奖“扬子杯”；苏州国际博览中心三期、花桥国际商务城博览中心新展馆工程获 2016—2017 年中国建设工程鲁班奖。

## 三、郑州国际会展会议中心屋盖钢结构

郑州国际会展中心总占地面积 68.6 万平方米，是郑东新区 CBD(中央商务区)中心三大标志性建筑之一。其所包含的会议中心部分建筑面积 6.08 万平方米，圆形结构，直径 154 米。会议中心部分钢屋盖构件由 1 根高 110 米的中央桅杆、24 榀 84 米跨度的折板桁架组成的钢结构屋面，造型新颖、结构独特。远远看去整个会议中心就像一把撑开的伞，半笼在郑东新区 CBD 中心上空。工程造型结构复杂，构件连接紧密，安装精度要求高，集高耸结构和大跨度空间桁架于一体，施工难度属国内大型场馆之最。

图 5－3－3　郑州国际会展会议中心

2004 年 8 月 15 日会展中心钢屋盖开始吊装。2005 年 4 月 25 日钢结构施工完成，9 月主体工程完工。宝冶在承建该屋盖钢结构工程施工中采用“空间多轨道旋转滑移”施工工艺，利用三条轨道角速度相同的原理进行的滑移同步控制等技术为国内首创。

郑州国际会展中心(会议中心)钢结构工程获 2005 年中国建筑钢结构金奖，在 2005 年中国施工企业新纪录评选中荣登“金榜”。

## 四、上海世博会主题馆

世博会主题馆坐落于世博园区浦东世博轴西侧，世博会一轴四馆之一，为永久性展馆，建筑面积 129 409 平方米。世博主题馆在建筑上创造了“一个亚洲之最”和两个“世界之最”，即拥有亚洲最大双向大跨度无柱展厅、世界最大单体面积太阳能屋面、世界最大的生态墙。

图 5－3－4　上海世博会主题馆

宝冶承担的主题馆是世博会有史以来室内展览面积最大、展示内容最丰富的场馆。它是演绎上海世博会“城市，让生活更美好”主题的核心场馆，是 2010 年上海世博会永久性建筑之一。

2008 年 6 月 18 日主题馆钢结构开始吊装，12 月 16 日完成主题馆屋面滑移，12 月 28 日主题馆钢结构封顶，宝冶在施工

中创造了月安装钢结构 8 050 吨的世博最高纪录。

上海世博会主题馆工程获 2010—2011 年中国建设工程鲁班奖、2010 年上海市建设工程“白玉兰”奖(市优质工程)。

## 五、珠海十字门国际展览中心

珠海十字门中央商务区会展商务组团一期项目工程位于珠海市香洲区湾仔南湾大道东南侧，占地面积 20.3 万平方米，包括国际展览中心、国际会议中心、喜来登酒店、公寓式酒店、标志性塔楼(超五星级办公酒店)、商业配套(城市绸带)六个单体钢结构工程，钢结构工程总量约 5 万吨，总建筑面积约 70 万平方米。

国际展览中心工程是珠海十字门中央商务区一期工程中占地面积最大的一个单体，东西长 321 米，南北宽 207 米，建筑高度 33 米，总建筑面积约 19 万平方米，钢结构总量 1.4 万吨。屋面采用双曲面大跨度钢桁架结构屋面，最大跨度为 99 米。地上共分为 6 个展厅，可提供 1 650 个国际标准展位。

2012 年 1 月 15 日，展览中心首根钢柱开始吊装；2013 年 1 月 12 日，展览中心屋面钢结构开始施工；2014 年 9 月 12 日，通过竣工验收。

珠海十字门中央商务区会展商务组团一期国际展览中心工程获 2014—2015 年度中国建设工程鲁班奖，获评 2015 年冶金行业优质工程，获 2015 年广东省建设工程优质奖；珠海十字门国际展览中心钢结构工程(总包、制作、安装)获 2015 年中国钢结构金奖；珠海十字门会展商务组团一期公寓式酒店工程获 2016—2017 年国家优质工程奖；珠海十字门会展商务组团一期国际会议中心工程、珠海十字门会展商务组团一期喜来登酒店工程、珠海十字门会展商务组团一期公寓式酒店工程获 2016 年广东省建设工程优质奖；珠海十字门会展商务组团一期公寓式酒店工程获 2016 年广东省建设工程优质金匠奖；珠海十字门会展商务组团一期公寓式酒店工程获评 2017 年冶金行业优质工程。

图 5-3-5　珠海十字门国际展览中心

## 六、北京雁栖湖国际会展中心

北京雁栖湖国际会展中心位于雁栖湖生态发展示范区，整体结构造型优美，似天坛无盖，寓意天圆，将古典东方之美和现代化气息有机结合，是怀柔区标志性建筑之一。该项目用地规模约10.8万平方米，总建筑面积约7.9万平方米，建筑结构分为地下2层、地上5层，由主会议厅和临时展厅组成。成功举办过2014年亚太经合组织（APEC）领导人会议、2015年第五届北京国际电影节开闭幕式、2017年“一带一路”国际合作高峰论坛等重要活动。

会展中心整个地面结构采用钢结构，但5 000多平方米曲面弧型大面积屋盖因特殊设计要求却是混凝土的，需要在地面造好，高空安装。刚柔不同的大型钢桁架要和混凝土大型屋面一起提升，难度更大。宝冶运用建筑信息化先进技术，采用模块化施工，完美实现刚性结构与柔性结构的整体提升。

工程于2013年8月30日开工，2014年4月15日钢结构施工提前一个月完成。

北京雁栖湖国际会展中心钢结构工程（制作、安装）获2015年中国钢结构金奖（国家优质工程）；北京雁栖湖国际会展中心获2016—2017年度中国建设工程鲁班奖。

图5-3-6　北京雁栖湖国际会展中心

## 七、中国博览会会展综合体

中国博览会会展综合体是由中华人民共和国商务部和上海市人民政府于2011年共同决定合作共建的大型会展综合体项目。用地面积85.6万平方米，总建筑面积约147万平方米。会展中心B、A、D、C四个场馆采用的是金属屋面，巨大的屋盖宛若四叶草的4个叶片。

图5-3-7　中国博览会会展综合体

宝冶承担该工程的1、2号及NH馆。每个叶片单体10万多平方米。金属屋面构造复杂，自2013年9月开始施工后，宝冶从新技术、新工艺应用上入手，不断进行施工创新，2014年4月6日，D1展馆钢结构工程结构封顶。

中国博览会会展综合体项目（北块）总承包F1、B1分别获2015年上海市建设工程“白玉兰”奖。

# 第二节　体育场馆(含钢结构)

## 一、芜湖奥林匹克公园体育场

芜湖奥林匹克体育中心位于芜湖市弋江区,是为迎接2002年安徽省十运会而精心打造的以体育文化为内涵、以体育竞技为标准、以全民健身为内容的现代化体育公园,是芜湖市标志性建筑。总建筑面积113 627平方米,主要为一场一馆一中心,即容纳4万人的主体育场、5 500人的综合体育馆、10—50米靶位的射击中心。

图5-3-8　芜湖奥林匹克公园体育场

芜湖奥园体育场是一座可容纳4万名观众的大型多功能体育场,囊括国内外体育场馆众多先进技术和设施。主体看台采用钢筋砼组合框架和斜向箱形钢梁结构,看台顶部没有大刚度钢结构环梁作为上部网架结构的主要受力和支撑体系,环梁西高东低由内环索形成不对称的月牙形。上部工程采用钢索膜三位一体的设计,为国内独创,受力体系非常复杂。看台挑篷由诸多钢索张拉在巨大的东西钢桁架上,投影面积达2.1万平方米。整座体育场用钢量3万多吨。

工程2001年12月3日破土动工,2002年10月12日建成投入使用,总工期只用了314天,创造了世界最快建设速度。整个工程采用15项施工新技术,成为安徽省科技示范工程。

2003年,芜湖奥林匹克公园一期工程获安徽省“黄山杯”(省优质工程)。

## 二、南京奥林匹克体育场

南京奥林匹克体育中心体育场位于江苏省南京市建邺区河西新城,是2005年江苏全运会、2013年南京亚青会和2014年南京青奥会的主会场。体育场占地面积89万平方米,建筑面积40万平方米,可容纳观众63 000人。

图5-3-9　南京奥林匹克体育场

宝冶承建的体育中心建筑面积达13 634平方米,屋盖主拱跨度372.4米,弧线长度415米,向外倾斜45度,号称“世界第一拱”。其屋盖钢结构总用量12 153吨,跨度大、用量大,居国内同类工程之首。宝冶在施工中专门进行大跨度双斜拱空间结构钢屋盖施工技术的研究攻关,形成360米跨双斜拱空间结构钢屋盖施工技术，达到国际同类结构先进水平。

工程2003年12月开始钢结构吊装，2004年5月17日钢结构斜拱合拢底建成，2005年5月1日交付运行。

南京奥体中心体育场钢屋盖工程获2005年中国建筑钢结构金奖；南京奥林匹克体育中心体育场获2006年中国建筑工程鲁班奖。

## 三、国家体育场（鸟巢）

国家体育场场馆设计如同一个大容器，高低起伏变化的外观缓和了建筑的体量感，并赋予了戏剧性和具有震撼力的形体，体育场外观即为建筑的结构，立面与结构达到完美统一。结构的组件相互支撑形成网络状的构架，其立面、楼梯及屋顶完美有机地融为一体，如同树枝编织的“鸟巢”。

国家体育场的“鸟巢”由一系列辐射式门式钢桁架围绕碗状座席区旋转而成，其屋盖钢结构属大跨度空间巨型桁架结构，建筑面积25.8万平方米，建筑顶面呈马鞍型，主要由48榀主桁架围绕屋盖中间的开口放射型布置而成，大跨度空间钢屋盖支撑在周边的24根桁架柱之上，并将荷载传至基础。为达到预定的视觉效果，编织“鸟巢”用的杆件均为箱型构件。

图5-3-10　国家体育场（鸟巢）

2005年3月30日签订国家体育场东区钢结构工程安装合同，宝冶负责整个体育场东部和北部钢结构的安装，10月28日开始第一榀桁架柱吊装；2006年2月11日开始立面次结构吊装，7月18日主结构吊装全部完成，8月31日合拢完成；2007年2月9日钢结构工程验收；2008年4月国家体育场工程验收。

针对“鸟巢”施工的支撑塔架设置和拆除量大、难度大的课题，宝冶自行研制开发了“新型多功能可拆卸钢结构施工胎架”并获得国家专利。“‘鸟巢’工程建设技术创新与应用”获2012年国家科技进步二等奖。国家体育场钢结构（安装）获2007年中国建筑钢结构金奖（国家优质工程）；国家体育场工程获2008年中国建筑工程鲁班奖。

## 四、深圳大运中心主体育馆

大运主体育馆是2011年世界大学生运动会的主赛场，建筑面积为73 761平方米，看台可容纳观众17 964人，能满足多种国际比赛赛事，堪称国际一流的场馆。主体育馆造型新颖独特，结构复杂。集高耸结构和大跨度空间结构于一体，其结构形式为空间折面网格结构，是世界上最新颖的一种结构形式，也是在国际上首次应用于大型体育馆建筑。

宝冶总承包大运中心Ⅱ标段主体育馆工程，在施工中大胆创新，采用自主知识产权的空间多轨道对称累积旋转滑移施工工艺完成国内最大重量的累积旋转滑移；主体育馆数千吨、大批量清水预

图 5-3-11 深圳大运中心主体育馆

制看台以倒“L”法安装，在国内第一次将预制清水看台应用于体育馆内。

主体育馆工程于 2008 年 7 月 10 日开工，2009 年 4 月 14 日主馆钢结构第一滑移单元滑移到位，7 月 1 日主体育馆工程主体钢结构正式合拢；2011 年 3 月 23 日顺利通过竣工验收。

深圳大运中心项目获 2012—2013 年中国建设工程鲁班奖、2013 年第十一届中国土木工程詹天佑奖。Ⅱ标段（主体育馆）钢结构工程获 2010 年中国建筑钢结构金奖、2012 年广东省建设工程金匠奖、广东省建设工程优质奖、广东省詹天佑故乡杯奖，获评冶金行业优质工程。

## 五、鄂尔多斯市体育中心

鄂尔多斯市体育中心位于康巴什新区东北方向的高新科技园区阿布亥沟南岸，是内蒙古自治区“十二五”重点规划项目。总建筑面积 25.9 万平方米，由体育场、体育馆和游泳馆组成，地下 2 层，地上 5 层，共 76 000 个观众座席。体育中心建设标准为大型甲级体育建筑群，可以举办全国性综合运动会和国际单项体育赛事，为 2015 年第十届全国少数民族传统体育运动会开闭幕式主会场。工程整体设计简洁，造型新颖独特，体育场犹如“金色的马鞍”，体育馆、游泳馆形似优美的海螺。体育中心总体强调绿色、生态、节能、民族特色的设计理念。建筑立面形式统一，外围的巨型斜柱向外倾斜 15 度，最高高度可达 79 米，是集体育赛事、商业办公、文艺活动、市民健身及康体娱乐为一体的综合型体育文化商业城。

工程于 2012 年 3 月 15 日破土动工，2015 年建成并投入使用。

鄂尔多斯市体育中心工程获 2014—2015 年中国建设工程鲁班奖、2017 年第十四届中国土木工程詹天佑奖，鄂尔多斯市体育中心建设项目体育馆钢结构工程（总包、制件、安装）获 2015 年中国钢结构金奖（国家优质工程）。

图 5-3-12 鄂尔多斯市体育中心

## 六、武汉光谷国际网球中心

武汉光谷国际网球中心 15 000 座网球馆是 2015 年武汉国际网球公开赛（WTA）主场馆，建筑外形以旋转提升的竖向杆件构筑出整个建筑向上飞扬的整体动势，外墙 64 根倾斜旋转的三角形立柱形成“旋风”的造型意象，充当外幕墙结构的主支架形成了富有张力的空间效果，形如“皇冠”，故 15 000 座网球馆被称为“皇冠旋风”，是宝冶承建的国内第二座大型闭合式体育场馆。

网球馆钢结构总量 8 700 吨，不仅有大跨度的管桁架，结构复杂的焊接球网架，更有设计施工要求精度极高的开启式活动屋面和极具加工制作、安装难度大的多曲面扭曲的“气旋”，钢结构焊接量非常大。

图 5－3－13 武汉光谷国际网球中心

场馆于 2013 年 12 月 10 日正式动工，2014 年 8 月 9 日钢结构主桁架开始吊装，12 月 10 日钢结构正式封顶。宝冶用一年时间完成施工并进行多项创新，活动屋盖经过了结构自重条件下调试、维护结构施工后的带载调试、联动调试等多个调试过程，经对活动屋盖运行时间、运行噪声、运行姿态、密封性能等多项功能进行测试，结果均达到设计规定，活动屋盖实现平稳、可靠、低噪等最终运行目标并且优于同类开合屋盖的运行参数，成为开合屋盖技术的成功典型案例，为开合屋盖建筑施工提供了良好参考。

2016 年，武汉光谷国际网球中心主场馆钢结构工程（制作、安装）获中国钢结构金奖。

## 七、国家雪车雪橇中心

国家雪车雪橇中心项目位于北京市延庆区，占地面积 19 公顷，建筑面积约 6 万平方米，总长度 1 975 米，垂直落差 121 米，是北京 2022 年冬奥会核心重点工程，主赛道是国内唯一一条雪车雪橇赛道，是世界第 16 条符合冬奥会标准的雪车雪橇赛道，需两个国际单项组织进行认证。

国家雪车雪橇中心项目作为 2022 北京冬奥会核心重点工程，是冬奥会比赛场馆中设计难度最大，施工难度最大的项目，宝冶革新前沿施工技术，取得多项技术突破，引领多个中国“首创”。雪车雪橇赛道最大的施工难点是双曲面赛道混凝土喷射工艺。赛道混凝土喷射需要高性能混凝土配比料与优良喷射工艺相结合，宝冶从零起步，组建自主研发团队，从设备选型、喷射料自主研发到喷射工艺研究、喷射手自行选拔培养，经过反复论证和试验，成功研制完成高强度、高性能的赛道专用喷射混凝土，并实现国人自行完成喷射任务，填补国内空白，打破了国外对高密实度高强度结构喷射混凝土技术的垄断。

图 5－3－14 国家雪车雪橇中心

赛道于 2018 年 1 月 11 日开工，7 月 24 日赛道模块试验段获得国际雪车联合会、国际雪橇联合会相关专家的一致认可，顺利通过国际单项组织的认证；同年 9 月 15 日完成赛道桩基人工挖孔桩施工重要节点，10 月 10 日顺利完成正式赛道首段混凝土喷射，11 月 25 日完成赛道高墙最高段 S44 制冷单元喷射。

2018 年，宝冶圆满完成几个重要的里程碑节点，得到国际单项组织高度评价，充分展示了宝冶作为“全球顶级盛会场馆专业服务商”的品牌实力和技术实力。

## 第三节　电子厂房

### 一、中芯国际集成电路

中芯国际集成电路制造有限公司是世界领先的集成电路晶圆代工企业之一，也是中国内地技术最全面、配套最完善、规模最大、跨国经营的集成电路制造企业，提供0.35微米到28纳米不同技术节点的晶圆代工与技术服务。

图5－3－15　中芯国际集成电路制造(上海)有限公司

上海中芯国际集成电路工程生产规模大，主要生产高档芯片，故被称为“中华第一芯”。宝冶承建全厂桩基，一厂、二厂和办公楼土建及厂房装修，一厂、二厂的厂房钢结构，以及全厂公用辅助和供电工程等。2000年8月24日，宝冶在上海中芯打下第一根钢桩。2001年9月25日，一期工程开始投片生产，宝冶以13个月的新纪录圆满完成了世界上最大规模的芯片厂建设，并创造了宝冶单项工程完成月工作量和年工作量的最高纪录。“中华第一芯”不仅标志着我国芯片生产进入了国际领先水平。同时第一个芯片厂房项目对于宝冶也具有非同寻常的意义。

宝冶与中芯国际的合作也由此开篇并不断深入，仅2017年、2018年就承担了中芯国际(上海)12吋SN1&SN2厂房、中芯国际集成电路制造(天津)T2/T3集成电路生产线项目、宁波中芯N2项目EPC总承包等工程。

中芯国际FAB1、FAB2厂房获2003年中国建筑钢结构金奖。

### 二、上广电NEC第五代薄膜晶体管液晶显示器

上广电NEC第五代薄膜晶体管液晶显示器工程项目位于上海闵行区，由上海广电投资管理有限公司与日本著名的生产电子产品的NEC公司合资建设，占地面积达70万平方米。工程分三期建设，一期工程投产后年生产54万大张(1.3米×1.1米)液晶显示器。这项工程被列为2003年上海市重点工程。

图5－3－16　上广电NEC第五代薄膜晶体管液晶显示器工程

项目于 2003 年 7 月 17 日破土动工。经过宝冶数千名建设者短短 133 天拼抢，阵列成盒模块、中央变电站、废水处理站、造水动力站等厂房和办公大楼拔地而起，提前实现封顶目标，共浇筑砼 11 万立方米，绑扎钢筋 2 万吨，支模 40 万平方米，吊装钢结构 5 000 余吨。上广电液晶显示器洁净室超长超宽清水混凝土井字梁施工工艺获第十八届上海市优秀发明选拔赛一等奖。

## 三、昆山龙腾光电

昆山龙腾光电（一期）工程建筑面积 233 995 平方米。一期工程由 FABIA、FABIB 两个主生产厂房、办公楼、CUP 动力厂供应房、固体废料处理站，发电机房、大宗气体存储站、硅甲烷区、柴油罐、废水生化处理等十余个单体组成。主要实物量：土方 14 万立方米、砼量 12.5 万立方米、钢筋量 1.6 万吨、钢结构安装 4.7 万吨。是当时江苏省建筑面积最大的工地，也是昆山经济技术开发区重点投资项目之一。

图 5-3-17　昆山龙腾光电

工程于 2005 年 1 月 22 日进厂，3 月 24 日 FABIB 生产厂房大型砼底板浇筑。2006 年 6 月 12 日第一片面板点亮。

## 四、上海新昇集成电路制造用 300 毫米硅片技术研发与产业化

上海新昇半导体集成电路制造用 300 毫米硅片技术研发与产业化项目是国家 02 专项、上海市重大工程项目。工程位于浦东新区临港装备产业园区，本项目总建筑面积 128 394 平方米，宝冶作为总承包，施工内容包括：全厂桩基，拉晶厂房、动力站、切磨抛厂房，生产厂房 A/B，中试楼 A/B，变电站，连廊 A/B/C/D/E/F 等 15 栋建筑，全厂给排水、雨排水、污水管道，MEP（机电）工程，围墙，道路等。项目投产后最终将形成 300 毫米硅片 60 万片/月的产能。

图 5-3-18　上海新昇半导体厂房

2015 年 7 月 25 日开工；2016 年 1 月 19 日主厂房结构封顶，7 月 15 日洁净室设备进场，12 月 31 日竣工。

上海新昇集成电路制造用 300 毫米硅片技术研发与产业项目 3 号动力站工程、安装工程分别获上海市优质安装工程奖“申安杯”。

## 五、天马集团微电子生产线

武汉天马第6代低温多晶硅(LTPS)TFT-LCD及彩色滤光片(CF)生产线项目是宝冶和天马集团继成都天马微电子有限公司第4.5代TFT-LCD生产线项目、武汉天马微电子有限公司第4.5代TFT-LCD生产线项目、上海天马微电子有限公司通用厂房建设项目、厦门天马第6代低温多晶硅(LTPS)TFT-LCD及彩色滤光片(CF)生产线项目之后的第五次握手。

图5-3-19　厦门天马微电子G6厂房

武汉天马第6代低温多晶硅(LTPS)TFT-LCD及彩色滤光片(CF)生产线项目施工总承包工程位于武汉市东湖新技术开发区,总建筑面积33.59万平方米,总工期438天。该项目投产后将大大提高我国在中小尺寸显示领域的自主创新能力和国产化水平,增强我国在战略新型显示产业的整体竞争力。LTPS被认为是全球高端应用市场最具发展前景的主流显示技术之一,建成后将应用于高端智能手机、平板电脑等领域,第6代低温多晶硅(LTPS)是当时全球范围内的最高生产世代线。

该项目于2016年4月23日开工,开工一个月便进行钢结构安装,80天完成2.8万吨钢结构加工制作安装,不仅打造了单体厂房面积亚洲最大纪录,且缔造了结构封顶时间123天的最快结构封顶纪录。2017年4月20日,武汉天马第6代LTPS AMOLED产线(G6 LTPS AMOLED)在武汉成功点亮AMOLED产品,该生产线也是全球第一条同时点亮刚性和柔性显示屏的第6代AMOLED生产线,项目刷新同等规模产线的全球最快点亮速度。宝冶"天马速度"不仅创造了同类项目施工新纪录,更书写了江汉平原中部崛起的新篇章。

## 六、深圳柔宇类6代柔性显示屏生产线

深圳柔宇类6代柔性显示屏生产线项目总承包项目为大型电子洁净厂房建设,是全球首条类6代柔性显示屏生产线项目。项目总占地近10万平方米,总建筑面积约18万平方米(规划许可证上是约34万平方米)。项目建成后主要产品以柔性智能手表屏、柔性手机屏和柔性电脑屏为主,设计产能约为5 000万片显示模组/年。

宝冶承担的建设内容包括主厂房、动力站、特气站、硅烷站、废水站、化学品库、固废站、氢氦间、大宗气站、门卫室等。该项目的建设标志着宝冶率先迈入柔性屏电子厂房施工领域。

项目于2016年12月12日开工;2017年4月2日进行主厂房第一块筏板的浇筑;4月7日,钢结构工程开工,11月16日结构封顶。2018年6月6日正式投产。

## 七、合肥长鑫12吋存储器晶圆制造基地项目一期工程

合肥长鑫12吋存储器晶圆制造基地项目一期工程位于合肥经济技术开发区北区(空港经济示

范区),是安徽省第一个存储芯片项目,对于合肥市乃至安徽省发展先进制造业和推动产业结构优化升级具有重要意义,对于提升我国信息安全具有重大战略意义。建设目标为建成工艺制程为19纳米存储器的12吋晶圆生产线并实现月产能12.5万片,项目总用地约1 582亩。

宝冶承建的合肥长鑫12吋存储器晶圆制造基地项目一期工程用地约850亩,建筑面积约49.39万平方米,FAB主厂房建筑面积约33.8万平方米,为全国最大的存储器晶圆生产厂房。

项目于2017年3月9日开工建设,5月11日钢结构开工。

## 八、国家存储器基地

国家存储器基地项目由紫光集团联合国家集成电路产业基金、湖北省地方基金、湖北省科投共同投资建设。以芯片制造环节为突破口,集存储器产品设计、技术研发、晶圆生产与测试、销售于一体,建成后,还将带动设计、封装、制造、应用等芯片产业相关环节的发展。建成量产后将实现我国集成电路存储芯片产业规模化发展"零"的突破,对于保障国家信息安全具有重要战略意义。

国家存储器基地项目位于武汉东湖高新区武汉未来科技城,项目总用地面积131万平方米。将建设3座全球单座洁净面积最大的3D NAND Flash FAB厂房、1座总部研发大楼和其他若干配套建筑。

图5-3-20　国家存储器基地

宝冶承建国家存储器基地项目(一期)A标段、D标段、通用配电B/C标段等。A标段1号生产厂房是项目核心厂房,主厂房建筑面积约28万平方米,地上四层,长446.4米,宽169.2米,高32.6米,最大跨度为50.4米,是当时全球单体面积最大的芯片生产制造厂房。项目于2017年4月30日开工,5月25日钢构吊装,9月28日实现结构封顶,比原计划提前30天。D标段承建的该项目附属研发大楼,于2018年3月开工建设。

A标段项目电子厂房核心构件华夫板高度刷新世界纪录,获武汉市优质结构项目、湖北省安全文明示范工地、湖北省优质结构项目称号。

## 九、富士康集团第10.5代TFT-LCD显示器件生产线项目

富士康集团第10.5代TFT-LCD显示器件生产线项目位于广州市国家级增城经济技术开发区,由富士康子公司——超视堺国际科技(广州)有限公司负责实施,分两期建设,是广州市重点项目。项目是广州改革开放以来单笔投资最大的先进制造业项目,被誉为中国制造2 025及工业4.0的代表性工程。主要生产8K超高清(UHD)液晶面板及相关后段产品生产线,设计产能为每月生产第10.5代显示屏9万片。

宝冶承建富士康集团第10.5代TFT-LCD显示器件生产线项目总承包A包工程,总建筑面积约52.07万平方米。主要施工内容包括园区的最大单体与核心厂房——1号阵列厂房和6号综

合动力站等,建筑面积共54.49万平方米,其中1号阵列厂房48.79万平方米,6号综合动力站5.7万平方米,钢构吊装量总量10.5万吨。

该项目于2017年11月21日正式开工。45天完成大底板约20万立方米砼,钢结构首吊提前5天,首层筏板完成提前3天,西支持区封顶提前1天,东支持区封顶提前17天。50天安装钢结构6万吨、日平均吊装量达1 200吨、高峰时日吊装量达到1 800吨,刷新国内电子厂房单体日完成量最高的新纪录,创造了钢筋7万吨,模板40万平方米,混凝土41万立方米,钢结构10.5万吨的大体量项目中国同类施工建设奇迹。常规施工需8个月的工程量,宝冶人仅用126天完成钢结构的安装,用“中国速度”创下“全球最大”厂房叹为观止的建设奇迹,多项施工技术填补厂房建设领域空白。

## 第四节　城市综合体(超高层)

### 一、中融·碧玉蓝天大厦

中融·碧玉蓝天大厦位于上海浦东小陆家嘴金融贸易区核心位置,与东方明珠电视塔、金茂大厦隔街相视,是一幢现代化、智能化、多功能的国际级金融商务办公楼宇。建筑主体型态呈椭圆形,其设计目的是使每个房间都能充分享受黄浦江美景,是陆家嘴金融中心颇具特色的标志性建筑。

大厦地下4层,地上43层,楼高220米,总建筑面积近10万平方米,其中钢结构用钢量约7 200吨(包括5.6万平方米的楼层板),这是宝冶首次承接钢结构制作和安装一体化的200米以上超高层钢结构项目。

该项目于2005年11月开工,先后获2009年上海市“白玉兰”奖(市优质工程)、2010—2011年国家优质工程银质奖;中融碧玉蓝天商务综合楼钢结构工程(制作、安装)获2008年中国建筑钢结构金奖(国家优质工程)。

### 二、珠海十字门中央商务区会展商务组团一期标志性塔楼

珠海十字门塔楼又叫珠海中心大厦,高328.8米,建筑面积14.7万平方米,地下2层,地上65层,其中37层以下为国际标准甲级写字楼,以上为白金超五星级酒店。塔楼为半腰桁架+伸臂桁架的型钢混凝土框架—钢筋混凝土核心筒结构形式,建筑外形轮廓随高度变化,平面形状沿竖向,从带切角的三角形渐变为接近圆形,再由圆形渐变至与底部方向相反的带切角的倒三角形。塔楼钢结构总量约1.8万吨。

图5-3-21　珠海十字门中央商务区塔楼

2010年6月28日,珠海十字门中央商务区首期项目开工。2014年9月初塔楼工程突破100米大关,10月18日突破150米,宝冶在建设中攻克沿海超深、超高和不规则结构形式带来的建设

难题,突破大直径灌注桩施工、深基坑施工等技术障碍,标准层施工从 6 天一层到 5 天一层直至 4 天一层,确保了每道工序和节点的顺利推进。2015 年 12 月 18 日,主体结构顺利封顶。

2017 年,珠海十字门会展商务组团一期标志性塔楼钢结构工程获第十二届第二批中国钢结构金奖;2018 年,珠海十字门会展商务组团一期标志性塔楼(办公酒店)工程获广东省建设工程优质奖、广东省建设工程金匠奖。

## 三、保定万博广场

万博广场坐落于河北省保定市朝阳大街与东风路城市中轴交汇处,为保定市政治、经济、文化、商业、金融中心的核心位置,是河北省和保定市的重点工程。占地面积 12.5 万平方米,总建筑面积约 57 万平方米,以建筑体量最大、品牌组合最强等诸多第一,成为保定市首个地标性超大规模城市综合体建筑集群。

宝冶 2010 年 11 月 26 日进场施工,仅用九个月的时间就完成结构建筑面积 196 730 平方米,达总工程量的 52.94%,其他主要工程量均完成总量的 60%—70%。

2011 年 10 月 31 日,万博广场中区商业裙楼主体结构顺利封顶。

图 5-3-22 保定万博广场

## 四、南京金鹰天地广场

南京金鹰天地广场位于河西新商业中心南端。由裙房及三栋超高层塔楼(塔楼 A、B、C)组成,地下 4 层,是集高端百货、五星级酒店、智能化办公、国际影院、文化教育、大中型餐饮、特色休闲区、娱乐、健身及高尚公寓为一体的城市高端大型综合体。项目占地面积约 5.6 万平方米,总建筑面积约 92 万平方米,其中:地上建筑面积约 68 万平方米。塔楼 A 共 76 层,高约 368 米;塔楼 B 共 67 层,高约 328 米;塔楼 C 共 60 层,高约 300 米;三栋塔楼在约 192 米高空通过 6 层高的空中平台连为整体。裙房商业地上 11 层,总高约 59 米;裙房车库地上 14 层,总高约 55 米。

宝冶承担该项目钢结构制作,总量 8.8 万吨。

## 五、龙翔国际商务中心

龙翔国际商务中心项目位于长春新区龙翔广场西南侧,总占地面积 19.2 万平方米,总建筑面积为 106 万平方米。为实现地块辐射周边,工程绿化采用“对外沿用街墙、对内景观”的理念,并在建筑设计上加入中国图腾元素,抽象象形建筑群落——龙,规划设计为一心、两轴、三带、五片区的设计理念,将该项目打造成为城市地标性建筑。该项目于 2016 年 6 月 29 日开工。

**图 5-3-23　龙翔国际商务中心**

龙翔总部大厦建筑面积16.3万平方米,地下3层,地上结构为53层,总高度达238.15米。用钢量达1.5万吨,构件总数约1.5万件,钢筋混凝土6.1万立方米,玻璃幕墙约6.1万平方米;2018年9月26日,外框钢结构高度突破100米。

长春国际金融中心位于长春市人民大街与解放大路交汇处,总规划用地面积3.6万平方米,总建筑面积29.3万平方米,地上建筑面积20.5万平方米,地下建筑面积8.8万平方米,主楼高213.4米。纯钢结构A、B塔楼分别高213.4米和105米,包含5A级写字楼、高档公寓、五星级酒店及商业广场等。项目运用地源热泵、污水源热泵、太阳能、雨水收集、呼吸式幕墙等节能减排技术,着力打造国内首座集5A级写字楼、五星级酒店、品牌专卖店、高档公寓为一体的节能环保城市综合体。本工程将中国书法与现代建筑完美结合,被称为建筑史上首个“艺术建筑”。2015年8月15日,长春国际金融中心A座第一根钢柱开始吊装。2016年10月20日,A座钢结构顺利封顶。

2017年,长春国际金融中心钢结构工程获第十二届第二批中国钢结构金奖。

**图 5-3-24　武汉市轨道交通7号线三阳路风塔配套综合开发项目**

## 六、武汉市轨道交通7号线三阳路风塔配套综合开发项目一期(办公楼)施工总承包

武汉市轨道交通7号线三阳路风塔配套综合开发项目位于武汉市江岸区三阳路,紧邻长江,为两座超高层双子塔,总建筑面积约25万平方米。

项目分两期建设,一期用于商业、办公,二期用于商业、酒店。宝冶施工的一期总建筑面积为118 461平方米,其中地上总建筑面积95 093.2平方米,地下总建筑面积24 150.3平方米。地上46层,地下3层,建筑外立面幕墙高度229.1米,公路隧道

风井出塔楼屋面距离室外地坪高度为 216 米

工程于 2016 年 4 月 28 日开工，2018 年 1 月 31 日主体结构封顶。该工程是宝冶所施工项目中离地铁站最近、基坑最深的超高层项目，使宝冶同时拥有超高层＋紧邻地铁＋深基坑三方面的综合类业绩。

### 七、易方达金融大厦

图 5－3－25　易方达金融大厦

易方达金融大厦项目是珠海市横琴新区重点推进项目之一，位于珠海市横琴新区金融岛，总建筑面积约 164 572 平方米。地下部分为四层全埋式地下停车库，地上部分含两层裙房（局部三层），1 栋 56 层超高层塔楼，建筑物高度达 264.16 米。

超高层塔楼整体呈十字交叉筒体结构，屋面为皇冠状装饰线条，屋顶为直升机停机坪。建筑造型新颖，设计理念先进、技术含量高、施工难度大，建成后将成为集商住、高端写字楼于一体的超一流金融中心大楼，将引入全球范围内的众多金融公司科技公司入驻，成为构建横琴金融生态圈的重要一环。

2017 年 4 月 1 日开工，12 月 7 日地下室结构封顶；2018 年 6 月 1 日附属裙楼结构封顶，12 月 28 日主体结构 31 层施工完成。

## 第五节　特色主题公园（文化娱乐）

### 一、哈尔滨大剧院

哈尔滨大剧院位于哈尔滨市松北区文化中心岛内，东侧是东北虎林园，南侧比邻国家 5A 级旅游区太阳岛湿地公园，由哈尔滨大剧院、职工文化艺术宫及原生态湿地景观公园组成，总占地面积约 1.86 平方千米。中心着力打造以音乐为主题，集高雅音乐、鱼文化餐饮、文艺演出、音乐培训、艺术体验、观光休闲于一体的文化高地，建成后将成为哈尔滨的标志性建筑。

图 5－3－26　哈尔滨大剧院

哈尔滨大剧院是宝冶在东北地区承接的首个地方标志性建筑，工程总建筑面积 7.9 万平方米，由 1 527 座大剧场、385 座小剧场及售票厅组成；大剧院地上 8 层、地下 1 层，主舞台台仓及乐池部分为地下 2 层；小剧场地上 3 层，地下 1 层，舞台台仓地下 2 层。整体设计新颖独特，犹如柔美的雪堆丘包。哈尔滨大剧院钢结构工程首次集箱型截面折弯梁、桁架系网架和单层斜交网格、双(多)层焊接球异型网架和玻璃顶单层箱型异型弯扭网壳等多种复杂空间结构形式为一体,层次多,界面多,空间转折复杂,是多种类复杂异型扭曲钢结构建筑的典型代表。

哈尔滨大剧院钢结构涉及类型繁多,其复杂程度国内罕见,被 ArchDaily 评选为“2015 年世界最佳建筑”之“最佳文化类建筑”。

项目于 2012 年 5 月 10 日开工,10 月 20 日,钢结构工程封顶。

哈尔滨大剧院钢结构工程(制作、安装)获 2014 年中国钢结构金奖(国家优质工程);哈尔滨大剧院获 2016—2017 年度中国建设工程鲁班奖、2017 年第十四届中国土木工程詹天佑奖。

## 二、上海迪士尼主题乐园“明日世界”主题园区

上海迪士尼乐园是中国第 2 个、亚洲第 3 个、世界第 6 个迪士尼主题公园,位于上海市浦东新区川沙镇,占地 390 万平方米,有“米奇大街、奇想花园、梦幻世界、探险岛、宝藏湾和明日世界”六大主题园区。

宝冶总承包建设上海迪士尼“明日世界”核心景区,包括全球首发的“创极速光轮”、全新的星际探险射击式项目“巴斯光年星际营救”以及喷气背包飞行器等,是迪士尼乐园中乘坐型游乐项目最集中的区域。“明日世界”位于整个园区西侧,设计独特,选用富有想象力的设计、尖端的材料和系统化的空间利用,体现了人类、自然与科技的最佳结合,展现了希望、乐观和未来的无穷潜力,带给游客精彩绝伦的娱乐体验。

“明日世界”总建筑面积 23 900 平方米,其中地上面积 23 646.26 平方米,地下面积 254 平方米;建筑高度 29.1 米,局部地下一层,地上二层;构筑物面积 8 144 平方米,构筑物高度 31.9 米。造型酷炫独特、建筑单体多为空间异形曲面结构。主要结构形式为钢筋混凝土、钢结构以及膜结构。

该项目于 2013 年 3 月 20 日开工;2016 年 4 月 22 日通过竣工验收;2016 年 6 月 16 日盛大开幕。

图 5-3-27 上海迪士尼主题乐园——明日世界

上海迪士尼乐园及配套设施(一期)项目获 2016—2017 年度中国建筑工程鲁班奖、上海迪士尼乐园项目明日世界工程获 2016 年度上海市建设工程“白玉兰”奖、2017 年上海市建设工程“白玉兰”奖。上海迪士尼乐园项目——园区二一期(探险岛项目)获 2016 年度上海市建设工程“白玉兰”奖、2017 年上海市建设工程“白玉兰”奖。上海迪士尼乐园项目一园区二一期安装工程获 2017—2018 年中国安装工程优质奖(安装之星)。2018 年,上海迪士尼度假区获第十五届中国土木工程詹天佑奖。

## 三、四川国际旅游交易博览会

四川国际旅游交易博览会场馆项目位于四川省乐山市,为四川省 2015 年重点工程项目。该项

图 5-3-28　四川国际旅游交易博览会场馆

目是为四川国际旅游交易博览会打造的专业性永久会展中心，将作为主会场承办国际一流的旅游会展、商务会展、文艺会展等各类会展，会展中心主要展馆为 2 层，建筑高度 24 米，总建筑面积约 4.5 万平方米，包括标准展示厅、多功能展厅、会议洽谈厅及相关旅游配套服务设施。

宝冶承担该项目的钢结构及屋面工程施工任务。钢结构总量约 5 000 吨，金属屋面 2.3 万平方米。钢结构包含五个焊接球网架屋盖、一个框架门楼以及三层型钢连廊平台。

2015 年 4 月 20 日钢结构完成首吊，7 月 15 日全面完成 2.3 万平方米复合金属屋面的安装。

四川国际旅游交易博览会场馆钢结构工程（总包、制作、安装）获“2016 年中国钢结构金奖（国家优质工程）”。

## 四、银基乐海水世界

宝冶承建的银基乐海水世界为“轩辕圣境”文化旅游产业园区首个大型水上游乐设施项目。该项目总占地 17.5 万平方米，是涵盖主题游乐、旅游休闲、特色商业等多种功能园区，形成沙滩、水上、岛湾等多元化空间形态为一体的环球海洋探险主题水公园。水世界严格按 5A 级景区标准打造，拥有水上娱乐设备百余项，是中原地区占地面积最大、水上项目最丰富，设备最先进、最国际化的高端水上乐园。

2015 年 9 月 16 日，银基水上世界 CM 组设备吊装；2016 年 6 月 17 日开园。

## 五、绍兴东方山水乐园

绍兴东方山水乐园是浙江省重点投资旅游项目，整个乐园建筑面积 54 万平方米，由 6 个大型钢结构建筑的室内游乐场、1 家超五星级东方山水 · 金沙酒店、2 座 SOHO 办公楼组成，配有会议中心、各国美食、主题购物、运动休闲等设施。

2016 年 6 月 1 日，宝冶参与建设的浙江绍兴新地标——东方山水乐园开幕。

图 5-3-29　绍兴东方山水乐园

绍兴金沙东方山水国际商务休闲中心钢结构工程（制作、安装）获 2015 年中国钢结构金奖(国家优质工程)。

## 六、东方龙之谷室内乐园

东方龙之谷室内乐园位于南京老山生态旅游体验园,首期占地500亩,总建筑面积约70万平方米。以热带雨林、沙滩、溶洞、温泉为特色,以主题乐园为核心,将构建奇幻未来、冰火水世界、童话王国、雨林秘境、珍宝嘉年华几大核心板块,是国内最大的室内主题乐园。项目涵盖五大功能区,建成后成为一个集观光、休闲、娱乐等于一体的旅游综合体。建筑造型宛如巨龙蜿蜒,拥有室内沙滩综合体、水上灯光秀、儿童体验中心、数字化乐园等娱乐体验项目。

该项目由连廊连接A(龙谷小镇,7 433平方米)、B(奇幻未来,28 119平方米)、C(雨林秘境,32 642平方米)、D(风暴海滩,56 967平方米)、E(儿童馆,11 589平方米)五个场馆组成。屋盖采用钢桁架大跨度结构体系,钢结构总量约2.5万吨,幕墙及金属屋面面积约23万平方米。

2016年12月30日,A馆"第一柱"成功起吊。2017年5月16日,D馆钢结构工程进入全面施工阶段。2018年7月8日,C馆钢结构工程开始安装。

## 七、开封恒大童世界主题乐园

开封恒大童世界文化旅游项目主题乐园位于开封郑开大道运粮河畔,由34个游乐设备单体及配套建筑组成。总用地面积71.3万平方米,总建筑面积34.5万平方米。恒大童世界搭配商业、饮食、文化旅游、主题秀场、民俗风情表演等丰富业态,是专为少年儿童打造的全室内、全天候、全季节的世界顶级童话主题公园,项目建成后对于开封的经济发展、郑汴一体化发展具有很大促进作用。

该工程于2018年8月29日开工。

## 八、北京环球影城主题乐园

以电影主题乐园闻名的好莱坞环球影城,是所有电影爱好者向往的朝圣地,也是美国环球电影公司旗下大型主题公园。好莱坞环球影城与环球嘉年华和迪士尼主题乐园并称为世界三大娱乐品牌。耗时近10年之久的北京环球影城(Universal Studio Beijing)项目在纽约的环影总部正式签订《合资协议》,北京环球影城主题乐园位于北京市区东部偏南。建成后将是环球影城在全球的第6个、亚洲第3个、中国首个主题公园,也是北京建设的首家国际一流特大型现代主题公园。

作为极具代表性的文化旅游项目,北京环球影城主题公园将国际先进的文化创意、旅游休闲、科技创新、生态环保等技术和产业以及本土文化元素进行完美融合,为游客创设无尽欢乐的空间,同时带动文化创意、精品演艺、动漫制作、休闲度假、购物餐饮等一批上下游产业加速发展,能够有效提升高端文化旅游要素在北京市旅游产业构成中的比重,带动产业升级。

宝冶承担环球影城标段五(716)6-1(601)游乐设施等11项建设任务。

# 第六节　交 通 枢 纽

## 一、沪嘉高速公路

沪嘉高速公路是上海第一条高速公路，也是中国大陆上第一条按高速公路标准施工、沿线设施、设备齐全，带有试验性的高速公路。全长 20.5 千米，其中主线长 15.9 千米，入城段 4.6 千米，道路辟筑宽度 45 米，路基上口宽度 26.5 米，双向 6 车道设计，其中 2 条为紧急停车带，沪嘉高速公路采用全封闭、全立交的高速公路标准，设计车速 120 千米/小时，互通立交 4 座。宝冶承担沪嘉高速公路全线路基工程施工。

图 5－3－30　沪嘉高速公路

该工程于 1984 年 12 月 21 日动工，1988 年 10 月 31 日竣工。

## 二、上海浦东机场

宝冶参与机场建设的历史可追溯至 1988 年施工宁波栎社机场场道工程及 1996 年开始的持续 20 多年参与浦东机场建设。

1996 年，宝冶中标浦东国际机场项目，此为宝冶第一次承接国内超大型民用机场工程。2004 年 1 月，中标浦东国际机场二期，即第二条跑道——也是我国境内首条 4F 级跑道的施工任务。此后，宝冶先后承担上海浦东国际机场第五跑道——我国首条大飞机试飞跑道的地基处理工程水域区和围堰区插板工程项目、上海浦东国际机场三期扩建工程港湾机坪场道及附属设施工程一标段、上海浦东国际机场西货运区 3 号货运站等项目的施工任务。

图 5－3－31　上海浦东机场

宝冶仅在浦东机场就累计中标和续标 30 余个项目，并在施工中总结和制订出先进的 4F 级机场场道施工工法，开发了在我国境内首次开发、拥有 7 项专利技术的机场跑道扩缝倒角技术，并在浦东机场和虹桥机场成功应用，从“没有机场施工资格”的“门外汉”质变为“民用机场施工专业承包一级资质”的“专业队”。

2000 年，浦东国际机场一期场道工程获中国市政工程金杯奖；同年，浦东国际机场飞行区跑道、滑行道、停机坪工程(1、4、5标段)工程获上海市市政工程金奖;2005年,浦东国际机场二期飞行区第二跑道地基处理及道面工程获上海市市政工程金奖;2009年,上海浦东国际机场二期飞行区(第二跑道)获国家优质工程银质奖;上海浦东国际机场扩建工程第三跑道系统工程获评2009年市政金杯示范工程,获2012—2013年国家优质工程银质奖。

## 三、上海洋山深水港

洋山深水港区位于杭州湾口外的浙江省嵊泗崎岖列岛,由大洋山、小洋山等数十个岛屿组成,是中国首个在微小岛上建设的港口,也是中国发展上海自贸区,建设海洋强国的依仗。2005年12月10日洋山深水港区(一期工程)顺利开港,为中国最大的集装箱深水港。

洋山深水港工程浩大,主要包括洋山深水区、东海大桥和位于芦潮港的临港新城三大板块。临港新城主要建在围海造地形成的33平方千米的人工半岛上。宝冶先后承建了2条分别是1 000米和1 730米的围海大堤,三条分别是3 000米、3 944米和2 500米的促淤大坝。自2000年初承建第一条大坝起,至2003年1月13日完成最后一条围海大坝的合龙。此外宝冶吊装租赁中心1 200吨和50吨坦克吊参与了东海大桥四标K6、K12、K24三个标段工作平台和桥墩以及七标斜拉桥的吊装作业。

## 四、京沪高速铁路上海虹桥站、济南西站

上海虹桥站位于上海虹桥机场西侧,处于京沪、沪昆两大铁路干线交汇处,是华东地区的重要铁路枢纽之一,也是上海虹桥综合交通枢纽工程的重要组成部分。

上海虹桥站工程由新建站房主体、无站台柱雨棚、南北辅助办公楼、场区站场设备等工程组成,设高速和城际普速两个车场,总规模为16个站台、30条铁轨。虹桥站东西长412米,南北宽162米,建筑高度42米,地下建筑深度30米,车站总用钢量近8万吨,约为北京奥运会主场馆“鸟巢”外部用钢量的2倍,站房总建筑面积约24万平方米。

宝冶承担该工程4万吨钢结构制作、现场拼装及4万平方米屋面钢结构安装任务,在参建单位中承担工程量最大。上海虹桥站工程下部钢结构总量1.4万吨,7万米全熔透焊缝,170万颗栓钉,45万个钻孔。2008年12月13日开工,2009年3月8日完工,比合同工期提前29天;上部钢结构总量2.6万吨,2009年4月30日开工,2009年8月30日完工,比合同工期提前2个月。在现场拼装中,宝冶第一个完成大型目字形桁架的拼装提升及大型空间结构桁架的拼装。2009年11月6日,虹桥站钢结构封顶,比计划节点提前12天。11月21日,虹桥站最后一榀屋面桁架吊装,站房主体钢结构工程胜利完工。

图5-3-32　京沪高速铁路上海虹桥站

京沪高速铁路济南西站位于济南市

总体规划中主城区的西部腊山新区的西客站片区，总建筑面积 217 502 平方米。2009 年 8 月，宝冶中标京沪高速铁路济南西站钢结构工程。主要包括地下通廊结构约 1 万吨，高架候车厅结构约 1 万吨，地铁一号线约 2 000 吨，共计约 2.2 万余吨。其中，地下通廊为钢管混凝土柱框架，轨道层采用型钢混凝土。高架候车厅屋面采用屋盖钢桁架为纵横向相交的空间倒三角形管桁架，桁架间设置弧形梁。

图 5－3－33　京沪高速铁路济南西站

## 五、广州白云机场 T2 航站楼

广州白云国际机场是广州市的一座大型民用机场，距广州市中心海珠广场的直线距离约 28 千米。二号航站楼总建筑面积 62.3 万平方米，建设地点紧靠一号航站楼的北侧，建成后将满足年旅客吞吐量 8 000 万人次、货邮吞吐量 250 万吨、飞机起降量 62 万架次的使用需求，仅次于北京首都国际机场，成为全国第二大国际机场。

图 5－3－34　广州白云机场 T2 航站楼

宝冶承担了该项目 T2 航站楼主航站楼及北指廊钢结构、二号航站楼东五东六指廊（含登机桥固定端）相关连接楼屋面深化设计、加工、现场安装任务。二号航站楼钢结构工程（1 标段）包括了主楼区、安检区、北指廊区的钢网架屋盖以及小钢屋、人行桥等钢结构项目，属于整个扩建工程的核心区域项目，总用钢量达到 1.2 万吨。建筑总面积约 36 万平方米，平面外轮廓尺寸为 643 米 × 295 米，建筑最高处约 43.50 米。主楼屋盖最大跨度为 54 米，柱距为 36 米，采用加强层（双层）钢网架结构和焊接空心球节点，钢屋盖采用万向球铰支座与柱顶连接。北指廊屋盖跨度 26 米，柱距为 18 米，采用焊接球网架结构，采用钢球铰支座与柱顶连接；其登机桥固定端和北指廊吊桥采用钢桁架结构，杆件采用方矩形钢管和 H 型钢。

项目于 2015 年 10 月 28 日开工，2018 年 4 月正式投入使用。

广州白云国际机场扩建工程二号航站楼钢结构工程获 2018 年第十三届第一批中国钢结构金奖。

## 六、郑州新郑国际机场二期扩建工程（T2 航站楼、综合交通换乘中心及塔台小区）

郑州新郑国际机场二期扩建工程（T2 航站楼、综合交通换乘中心及塔台小区）位于站前广场中心位置，是集地铁、城际铁路、公交巴士、出租车、私家车等换乘为一体的综合交通枢纽，也是河南省着力打造的现代综合交通枢纽和国际物流中心，在中原地区发展“空中丝路”战略中具有重要的地位。造型美观，寓意深刻，既像航天飞机，寓示着中原的腾飞；又像一把钥匙，象征着中原地区敞开大门，欢迎四海宾朋。项目总建筑面积为27.4万平方米，宝冶承担钢结构及金属屋面工程的施工。

2014年1月，二期改扩建工程开工建设。2015年12月22日，郑州新郑国际机场二期扩建工程正式投运。

郑州新郑国际机场二期扩建工程(T2航站楼、综合交通换乘中心及塔台小区)获2016—2017年度中国建设工程鲁班奖；郑州新郑国际机场二期建设项目综合交通换乘中心(GTC)钢结构及金属屋面钢结构工程(GTCSG-03标段)钢结构工程(制作、安装)获2016年中国钢结构金奖(国家优质工程)。

宝冶在2005年，承建了郑州新郑国际机场航站楼改扩建钢结构及金属屋面工程。郑州新郑国际机场航站楼改扩建工程(扩建)获2007年中国建筑工程鲁班奖；郑州新郑国际机场航站楼改扩建钢结构工程获2007年中国建筑钢结构金奖(国家优质工程)。

## 七、上海吴淞国际邮轮码头

上海宝山吴淞口国际邮轮港作为亚洲第一、全球第四的邮轮母港，因其独特的造型被冠以“东方之睛”的美称。

图5-3-35　上海吴淞国际邮轮码头

宝冶承建的吴淞口国际邮轮码头后续工程下游客运大楼项目处于北部长江及黄浦江入海口，东临东海，北望崇明，背靠上海城区。该工程包括新建下游客运大楼及扩建延长原登船廊道，建成后邮轮码头平台北侧设可同时靠泊2艘16万GT和2艘22万GT邮轮的总体泊位。总建筑面积2.7万平方米，采用框架结构、局部钢结构，外装饰为玻璃幕墙+铝板幕墙。

该工程于2016年11月开工，2017年3月完成结构封顶，2018年3月24日客运楼试运营，首次实现三船同靠的重要工程节点，5月完成交工验收，7月13日客运大楼举行启用仪式，同时迎来盛世公主号、诺唯真喜悦号、地中海辉煌号3艘大型邮轮靠泊。新客运大楼启用标志着吴淞口国际邮轮码头迈入四船同靠的时代。

2018年，上海吴淞口国际邮轮码头后续工程生产与辅助建筑物下游客运大楼获评2014—2017年度上海市水运优质工程。

# 第七节　民 生 工 程

## 一、上海地铁1号线

上海地铁1号线是上海第一条地铁，亦为上海轨道交通最为繁忙、最重要的大动脉。

1989年11月7日，上海地铁1号线徐家汇车站地下连续墙工程由宝冶率先开钻，从而拉开上海第一条地下铁道最大车站大规模施工建设的帷幕，这是宝冶首次承担地铁车站工程。

宝冶承建的上海地铁1号线徐家汇车站、新闸路车站、上海站折返段工程于1989年11月至1992年12月陆续开工，1991年9月至1994年9月陆续竣工。

1996年，上海地铁1号线工程获中国市政工程金杯奖。

图5-3-36　上海地铁1号线新闸路车站

## 二、上海磁悬浮列车龙阳路车站

上海磁浮列车是中国首条磁浮线路，也是世界上第一条投入商业化运营的列车线。该工程于2001年3月1日举行开工仪式，2002年12月31日举行通车典礼。

宝冶承担了磁悬浮龙阳路车站、辅道及桥梁项目四标段等项目。其中龙阳路车站建筑设计别具风格，整个屋面南北方向为椭圆形，东西两端部酷似悉尼歌剧院的造型，十分新颖；当时国内是首次采用这种车站造型。车站全长243米，由27片屋架梁、500多根方形管状檩条及其他附件组成。屋架梁的截面从顶部的850毫米变到柱脚处的430毫米，跨距为36米，制作中容易变形。安装时几乎没有螺栓连接，全部靠焊接将檩条与屋架梁连起来，宝冶员工在一年多的时间里圆满完成建设任务。

2002年，磁悬浮快速列车运营示范线龙阳路车站获上海市“白玉兰”奖(市优质工程)。

图5-3-37　中环线A2.6标共和新路立交桥

## 三、中环线A2.6标共和新路立交

中环线工程是上海“搭建”中心城区道路交通骨架路网的重要组成部分，具有分担内、外环线交通流量的重要功能，全长70千米，全线设6座互通式立交。

宝冶承建的中环线A2.6标共和新

路立交工程位于共和新路高架与汶水路相交点处，东西方向汶水路主线长 1.5 千米，南北方向共和新路长 1.2 千米，主体工程为一座最高点达 35.9 米高的三层半互通式枢细型立交，东西南北 8 条匝道和一条下行匝道所构成，是当时上海已建高架道路中最高的立交桥，也是当时中国最大的曲线钢箱梁大桥。该桥为 4 孔连续全焊钢箱梁，桥面宽 44 米，全长 204 米，主线钢结构重 4 500 吨，钢梁采用三维空间曲线结构，为国内首创。

2004 年 10 月 1 日开始吊装第一片钢梁，12 月 7 日凌晨完成主线全部 54 片钢梁的吊装任务。

## 四、上海罗店大型居住社区

上海宝山罗店大型居住社区是上海市四大保障房基地之一，总建筑量上占了全市保障房建设四分之一，对上海市保障房建设总目标完成起着举足轻重的作用。

图 5－3－38　上海罗店大型居住社区

罗店大型居住社区工程一期项目总占地面积约 26.6 万平方米、总建筑面积 71.5 万平方米，其中住宅建筑面积约 60 万平方米。总户数 8 765 户，共 8 个地块的住宅开发建设，其中 B3、B4 地块为共有产权保障房，均于 2012、2013 年加入上海市第三批次、第四批次共有产权保障房房源供应。B1、B2、B5－B8 六个地块为市属动迁安置房，主要供应给杨浦区、原闸北区、虹口区和普陀区旧改项目。

一期项目于 2010 年 12 月 28 日开工建设。罗店大型居住社区经济适用房一期工程 B3 地块 8＃楼获 2014 年上海市建设工程“白玉兰”奖(市优质工程)；B6 地块 2＃楼、B5 地块 6＃楼获 2015 年上海市建设工程“白玉兰”奖；B2 地块 4＃、B2 地块 10＃获 2016 年上海市建设工程“白玉兰”奖。

二期 C10 项目用地面积 41 623 平方米，设置 7 栋 18 层(其中 3＃楼、6＃楼为装配式住宅)、2 栋 11 层高层住宅建筑、一个独立的人防地下车库、一幢 2 层配套公建和三座配电站，地下车库人防总建筑面积 17 030 平方米，地上总建筑面积 87 582 平方米，规划入住 1 292 户。二期项目于 2015 年 3 月 7 日正式动土开工，2015 年 10 月 31 日实现主体结构封顶，2015 年 12 月 2 日实现主体结构验收，2016 年 10 月完成人防工程竣工验收，2016 年 11 月达到竣工验收条件。

罗店大型社区二期工程 C10 地块(1＃2＃4＃5＃楼)(群体)获 2017 年上海市建设工程“白玉兰”奖。

## 五、南京河西地区综合性医院(河西儿童医院)

河西地区综合性医院(河西儿童医院)位于南京河西新城南部，是一所集医疗、科研、教学、康复、保健为一体、以儿童诊疗为特色的现代化医院三级甲等医院；同时也是南京青年奥林匹克运动会的配套工程。服务范围以河西南部地区为中心，并辐射南京市所有城区，及相邻省市。工程以“三星绿色医院建筑”为建设目标，最大限度地节约资源，最大限度地保护环境和减少污染，提供安全高效地使用空间。

图 5-3-39　南京河西儿童医院

该项目总规划用地面积 82 463 平方米，总建筑面积 167 615.3 平方米，共分为连体地下室、门诊楼、医技病房楼、综合楼、感染楼 5 个单位工程。本次报奖工程为门诊医技病房楼，为两个单位工程，总建筑面积 125 530.4 平方米，地下 1 层，地上裙楼 4 层，主楼 12 层。门诊楼与医技楼地下通过连体地下室连通，地上二、三、四层通过钢结构连廊连通。

宝冶承建的河西地区综合性医院(河西儿童医院)项目于 2012 年 4 月 14 日开工，2016 年 5 月 4 日竣工验收，2016 年 5 月 23 日完成竣工验收备案，2016 年 6 月 1 日投入使用。

河西地区综合性医院(河西儿童医院)—门诊医技病房楼获 2016—2017 年度中国建设工程鲁班奖，获评 2017 年冶金行业优质工程，获 2018 年江苏省优质工程奖“扬子杯”。

## 六、深圳市莲塘口岸

深圳市莲塘口岸建筑施工总承包工程位于深圳市罗湖区莲塘街道西南角北临罗沙路，南至深圳河。为承担中国香港与深圳东部、惠州以及粤东、赣南、闽南之间的过境货运交通兼客运的综合性客货口岸。项目建设内容包括旅检区、货检区、市政配套工程及跨境桥工程四部分，总建筑面积 130 563.24 平方米，占地面积 17.4 公顷。莲塘口岸列入《国家“十二五”发展规划》《珠三角地区改革发展规划纲要(2008—2020)》《粤港合作框架协议》等重要计划，是粤港澳强化跨境交通联系的三大重磅基建设施之一，作为粤港澳大湾区重要的交通枢纽工程，将使中国香港与广东省东部地区以至福建及江西的跨境交通连接更方便快捷，更好地实现粤港澳大湾区人流、物流、资金流和信息流的便捷流通。

图 5-3-40　深圳市莲塘口岸

该项目于 2015 年 10 月开工。

2016 年，获评广东省安全生产文明施工优良样板工地；2017 年，获广东省建设工程优质结构奖、全国工程建设质量管理小组优秀成果奖；2018 年，获广东省第二届 BIM 大赛一等奖。

## 七、郑州市农业路快速通道

郑州市农业路快速通道(雄鹰东路—金源东街)是郑州市东西向快速通道“井”字交通建设中最重要的一横。西起西三环以西雄鹰东路，东至地德路，全长 13.581 千米，属于河南省 2015 年 A 类重点项目。项目全线为单幅高架桥，与西三环、京广快速路、中州大道交叉处设三座互通式立交，全

图5-3-41 郑州市农业路快速通道

线设置匝道共计31处。该项目标准段高架主线为双向六车道，设计时速60千米，地面双向八车道（含两条BRT车道），设计时速40千米，嵩山路至南阳路穿铁路及编组站段及京广铁路段高架桥衔接段为双向八至十车道。

宝冶承建的第九标段地处郑州市繁华地段，总长1.2千米，是郑州市东西向的交通大动脉，高架桥主线双向六车道，地面双向八车道。该标段有全线车流量最大的两处繁忙路口、全线最长的保通便道、全线最复杂的地下管网，包括跨花园路170米大跨度钢箱梁和两处闸道，是全线施工条件最为艰苦、施工难度最大的标段。

2015年3月25日，项目开工；11月14日，郑州市农业路快速通道第九标段顺利实现全线贯通。2016年1月26日，郑州市农业路高架桥正式通车。

## 八、上海浦东国际机场三期扩建工程综合管廊土建及部分管线

宝冶承揽的“综合管廊及部分管线等工程”是浦东机场三期扩建改造工程中的重要项目。该项目埋地段结构总长约875米，从卫星厅接出至飞速路抬升架空段与南进场路西线（地道）平行设置，穿过飞机滑行道区域和非滑行道区域。共有两舱室，左舱室断面净尺9.1米×2.9米，纳入其中的管线主要为热力暖管和冷却水管，右舱室断面净尺寸2.7米×2.9米，左侧由上至下分别为电信线缆和给水管线，右侧为电力线缆；滑行道区域外围断面尺寸14.4米×4.9米，对应基坑深度6.3米，非滑行道区域外围断面尺寸13.8米×4.3米，对应基坑深度6米。综合管廊紧邻浦东机场南进场路地道：综合管廊开挖深度6.3—6.6米，基坑外侧宽度15.4—16.6米，地道宽约17米，深约5米，地道侧壁距拟建管廊基坑水平净距7—13米。

图5-3-42 上海浦东国际机场三期扩建工程

该项目于2016年11月10日开工，2018年6月15日竣工。

## 九、贵阳市轨道交通2号线

贵阳市轨道交通2号线二期工程是贵阳市轨道交通2号线一期工程的南延长线，由油榨街站

图 5-3-43　贵阳市轨道交通 2 号线

到水淹坝站，主要途经贵钢厂片区、富源北路、森林公园、龙洞堡老街、龙洞堡机场、客运东站，线路全长 13 千米，其中地下线长 9.83 千米，高架及过渡段长 3.17 千米，共设置 8 座车站（6 座地下车站，2 座高架车站）。其中富源北路站与规划 4 号线换乘，机场站与规划 S4 号线换乘，水淹坝站与规划 S3、S4 号线换乘。在终点站水淹坝站附近设小碧停车场。该项目采用 PPP 模式建设，由宝冶承担主要建设任务。建设工期 4 年，计划 2020 年 12 月底建成，2021 年 1 月试运行。

2017 年 2 月 28 日，贵阳市轨道交通 2 号线二期工程开工仪式在贵钢站施工工地举行。

2018 年 7 月 30 日，贵钢站主体结构封顶，8 月 15 号龙洞堡站主体结构封顶，12 月 20 号水淹坝站主体结构封顶，同日小碧停车场综合楼及食堂公寓封顶。

### 十、郑州市民活动中心

郑州市民活动中心项目是郑州市奥体中心、文博艺术中心、市民活动中心、现代传媒中心“四个中心”之一，整个建筑外形好似一条腾飞的舞动的巨龙。建成后将满足城市发展中市民对文化场所和精神文化的需求，成为广大市民开展健身休闲、享受文化生活的温馨家园。

图 5-3-44　郑州市民活动中心

宝冶承建的郑州市民活动中心位于郑州中央文化区（CCD）东部，单体建筑则是流畅动感的曲线形设计，曲线高低起伏，设计感清晰简洁。内部形态则意构了黄河之水冲刷过后的层叠岸滩，峡谷般的院落空间如行云流水般铺陈开来，隐喻基地与水的内在渊源，与南水北调工程的环境特质取得呼应。总建筑面积 134 983 平方米，地上建筑面积 65 295 平方米，地下 2 层，建筑面积 69 688 平方米。它是一个集科技馆、杂技馆、群艺馆、青少年发展中心、妇女儿童中心、健康中心等功能于一体的综合性文体中心。

项目于 2017 年 3 月 12 日开工，2018 年 5 月 23 日主体结构分部通过验收。

## 第八节　教 育 科 研

### 一、广州大学城美术学院/广州美术学院大学城校区

广州地区高校新校区“广州大学城”，位于珠江江中的小谷围岛及其南岸地区，规划用地 45 平

图5-3-45 广州大学城美术学院

方千米,总建筑面积700万平方米,人口规模达50万人,相当于一个中等城市的人口规模。大学城包括中山大学、广东外语外贸大学、华南理工大学等10所高等院校。

宝冶承建的广州美术学院,由美术馆、艺术楼、图书馆、造型楼、实验楼、阶梯教室、多功能体育馆等25个单体工程组成,由走廊将各单体建筑连成一体,总建筑面积25万平方米。教学区所有建筑呈绛红色,古朴、庄重、典雅,与呈银白色清丽的生活区建筑交相辉映。这是宝冶承建的第一个大规模公用民用建筑群体工程。

项目于2004年6月底基本建成,9月1日投入使用。

## 二、防城港职教中心项目、青少年活动中心

防城港职教中心项目位于防城港市江山半岛区域,共分两期建设,一期为3.5亿元,总建筑面积为14万平方米,其中期约8万平方米,含教学楼2栋,行政楼、体育馆、图书馆、食堂各1栋,学生宿舍6栋及田径运动场等其他辅助建筑,工程量:钢筋4 363吨、模板19.5万平方米、砼3.8万立方米、土石方9.8万立方米。

广西防城港职业教育中心工程教学楼A栋于2011年6月5日封顶。

防城港市青少年活动中心工程是防城港市重大工程,也是宝冶第一个BT+EPC项目。该项目建筑面积18 929平方米,地下1层,地上4层,建筑高度23.9米,地下混凝土框架、地上钢框架、屋面网架结构,外墙采用玻璃铝板组合幕墙。

防城港市青少年活动中心项目于2011年6月20日竣工。

## 三、深圳大学西丽校区

深圳大学西丽校区项目选址位于南山区西丽大学城片区,项目用地面积约138万平方米,其中建设用地面积约45万平方米,总建筑面积约56.3万平方米。项目一期分为二个标段。

图5-3-46 深圳大学西丽校区

宝冶承建的深圳大学西丽校区建设工程(一期)Ⅱ标段,建筑面积约16万平方米,占地面积21.16万平方米。建设内容包括B1化学与化工学院、B2材料学院、B3学术交流中心和会议中心、

B4B5 风雨操场教工食堂、C3 体育馆、C4 体育场和 C2 南区学生宿舍与食堂等及室外景观。项目装修工程Ⅰ标段建筑面积 27.5 万平方米。装饰装修内容包括生化及临床医学和药学大楼(幕墙工程)、生物医学大楼(幕墙工程)、基础医学大楼及动物实验中心、医学院图书馆综合大楼和生命科学学院。

Ⅱ标段于 2014 年 11 月 4 日开工,2015 年 12 月 28 日结构封顶;2017 年 2 月 27 日 3 000 多名本科生入驻,正式投入使用。

深圳大学西丽校区建设工程(一期)项目施工总承包Ⅱ标段获评 2018 年冶金行业优质工程。

## 四、香港中文大学深圳校区

香港中文大学(深圳)是由香港中文大学发起,通过与深圳市人民政府和深圳大学合作共同建立的一所一流研究型大学,是粤港澳大湾区建设、深港紧密合作的重点民生工程。

图 5-3-47　香港中文大学深圳校区

宝冶承建的香港中文大学(深圳)一期项目(下园)施工总承包Ⅱ标段工程位于风景秀丽的深圳市龙岗区大运山公园内。建设内容包括 A 教学楼、B 教学楼和 C 实验楼等,总建筑面积:324 110 平方米,占地总面积:501 432.96 平方米。教学楼工程建筑面积 79 400 平方米,室外铺装面积 35 000 平方米,建筑总高度 31.9 米。教学楼局部地下 1 层,主要为人防、车库及设备用房。教学楼地上 7 层,主要包括 190 间标准教室,8 间多功能教室,120 间行政办公室,以及办公室、宿舍、各种功能实验室、设备用房、餐厅、咖啡厅、配套商店、大堂、礼堂等。建筑专业包括土建工程;建筑装饰工程的地面、墙面、天花吊顶等;机电工程的给水排水工程、通风与空调工程、建筑电气工程、消防工程及智能化工程等。

该工程于 2015 年 6 月 18 日开工,2017 年 6 月 23 日竣工。

香港中文大学(深圳)一期项目(下园)施工总承包Ⅱ标段教学楼获 2018 年度中国建设工程鲁班奖;一期项目(下园)施工总承包Ⅱ标段(安装工程)获 2017—2018 年度中国安装工程优质奖(安装之星)。香港中文大学(深圳)一期项目(下园)施工总承包Ⅱ标段获 2018 年广东省建设工程优质奖,获评冶金行业优质工程、深圳市安全施工文明工地、全国建筑业绿色施工示范工程、广东省建筑新技术应用示范工程,获深圳市装饰工程金鹏奖、广东省建设工程优质结构奖、广东省优秀设计奖、广东省幕墙优质工程奖、上海市“申新杯”BIM 创新大赛应用奖、上海市优质安装工程奖“申安杯”。

## 五、哈尔滨工业大学深圳校区

哈尔滨工业大学深圳校区扩建工程施工总承包Ⅰ标段项目位于南山区大学城规划区域,2014 年经教育部批准,建立以哈尔滨工业大学研究生院(深圳)为基础拓展本科生教育的校区,将与研究

图 5-3-48　哈尔滨工业大学深圳校区

生院形成完整的本硕博人才培养体系，对深圳未来发展具有重要战略意义。项目整体主要分为教学办公区、实验实训区、综合研发区、学生生活区共四个区域。建设理念秉承哈工大“规格严格，功夫到家”传统，发扬“开拓创新、团结奉献”的新深圳精神，将校区整体规划与自然环境有机结合，整体立面简约大气，建造可持续、开放式、环境优美的国际化一流大学校园。

宝冶承建包括教学办公区、实验实训区、科研创新区、师生活动区等 5 个单体，总建筑面积 143 443.12 平方米，建筑高度 23.7—66.9 米。

项目于 2016 年 6 月 1 日开工，2018 年 6 月 25 日竣工。

## 六、清华大学深圳研究生院创新基地

清华大学深圳研究生院创新基地建设工程(二期)施工总承包项目位于深圳市南山区大学城内，占地面积约 3 551.5 平方米，总建筑面积约 51 485.43 平方米。建筑规模为 1 栋办公实验综合楼，其中 2 层至 22 层外墙、楼梯为 PC 预制构件，预制构件总量 1 846 块，预制构件最重的为 9.74 吨，预制率为 20.04%，装配率为 26%，为深圳市第一个公共建筑产业化 PC 项目。

该项目 2016 年 11 月 16 日开工，2017 年 12 月主体结构封顶。

图 5-3-49　清华大学深圳研究生院创新基地

图 5-3-50　顾村世界外国语学校

## 七、顾村世界外国语学校

顾村世界外国语学校项目位于上海市宝山区宝安公路东侧和北侧、规划路西侧，是宝山区委、区政府保障和改善民生的重点工作。

建设用地面积为 54 470 平方米，总建筑面积约 56 000 平方米，地上建筑面积约 50 580 平方米，地下建筑面积约 5 420 平方米。建筑物包括 1 栋 4 层小学部教学楼及实验楼，1 栋 5 层初中、高中部教学楼及实验楼，1 栋 5 层艺术楼，1 栋 5 层行政楼，1 栋 4 层体育综合楼，1 栋 6 层宿舍楼，1 栋地上 5 层地下 1 层（局部地下 2 层）游泳馆，1 栋 10 层塔楼，若干风雨廊以及 1 个地下 1 层车库。此外，还包括其他 1 层建筑等附属建筑（配电房、围墙、运动场等）。

该项目基础结构采用桩承台基础，主体结构采用框架结构，游泳馆基坑、地下车库基坑基础均采用桩承台—筏板基础，地下结构采用框架剪力墙结构。

该项目于 2018 年 5 月 13 日开工建设。

## 八、中山大学深圳校区

中山大学深圳校区是中山大学的第五个校区，是深圳引进高等学府落户的重要建设项目之一，是深圳高等教育发展全面上水平的里程碑事件。

宝冶承建的中山大学项目位于深圳市光明新区公常路以北，康弘路以东，羌下二路以西。总建筑面积约 36 万平方米，包括东生活区、西生活区两大片区，共 16 栋单体建筑，分别为 15＃西区食堂、16＃东区食堂、17＃西区宿舍（A\B\C\D\E\F\G）、18＃东区宿舍（A\B\C\D\E\F\G）。其中宿舍楼均为装配式建筑，包括预制外墙板、预制阳台栏板、预制分户墙、预制空调板、预制楼梯等。本科生宿舍预制率 17.78%，标准层装配率 57.64%，研究生宿舍预制率 17.38%，标准层装配率 58.17%。

图 5－3－51　中山大学深圳校区

该项目于 2018 年 6 月 12 日开工建设。

# 第九节　新能源工程

2012 年，在中冶集团“冶金建设国家队、基本建设主力军、新兴产业领跑者”战略定位下，宝冶涉足新能源领域，结合各大钢厂全力推进绿色生态文明建设、转变经济发展方向、调整优化产业结构的实际需求，积极跟进屋顶分布式光伏项目，先后实施了宝钢股份金太阳（一期、二期）40 MWp、宁波钢厂 20 MWp 等 10 余个屋顶分布式并网集中连片光伏发电工程。结合国家政策导向及配额分布情况，先后承接了云南省昆明市石林石漠化区域农光互补光伏示范项目、浙江合大大悟四姑 20 MWp 农光互补光伏电站 EPC 项目等 10 余个集中式地面光伏发电项目。在风电领域，相继承接了梅家山风电场、华电七台河七里嘎山风电场、贵州省纳雍县骔岭北风电场设计采购施工 EPC 总承包等项目。

## 一、宝钢股份金太阳示范项目

宝钢股份金太阳示范项目一期、二期项目建设类型为屋顶分布式光伏发电项目，是国内首个大

图 5-3-52　宝钢股份金太阳示范项目

型钢铁企业屋顶光伏发电项目。该项目利用宝钢闲置的建筑物屋顶，将晶硅光伏板建在宝钢股份冷轧、热轧、厚板等区域的屋顶上，所发电力经逆变、升压后并入10 kV电力系统，供区域内生产用电设备使用。每年回收的太阳能可发电约7 022.4万千瓦时，折合标准煤3.28万吨，减排二氧化碳11.42万吨，减排二氧化硫1 716吨，年减排二氧化碳量相当于4.4万棵树一年吸收的二氧化碳量。同时，太阳能电池板阵列安装在屋顶上直接吸收太阳能，降低了屋顶的温升，降低了企业能耗及生产运营成本。

该项目从2012年5月正式启动，10月31日顺利并网运行。

## 二、云南石林北大村60兆瓦光伏电站

云南石林北大村60兆瓦光伏电站是云南省第一个农光互补光伏示范电站项目，位于海拔2 185米高原山地，占地面积2 800余亩。工程装机容量为60兆瓦，建设56个太阳能电池方阵，方阵支架为固定支架。并网投产发电后可实现单日最大发电量达38万千瓦时。每年可节约煤约4.9万吨、减少炭粉尘排放约3.7万吨、二氧化碳排放约13.5万吨、二氧化硫排放约4 058.4吨，对加强环境保护、服务清洁能源、建设绿色电网具有重要意义。该工程在最后的并网发电关键期遇到石林北大村电站并网线路不匹配问题，涉及光纤的"丌"接、导线的"T"接、三端光差联调的三个重要环节。宝冶积极应对，最终升压站所有设备、方阵内箱变、高压电缆耐压冲击试验完成后，仅用4个小时完成首投11个方阵的并网发电。

图 5-3-53　云南石林北大村60兆瓦光伏电站

该工程于2015年7月5日开工建设；2016年1月28日正式并网发电。

## 三、浙江合大大悟四姑20兆瓦农光互补光伏电站

浙江合大大悟四姑20兆瓦农光互补光伏电站项目是湖北省大悟县首个35 kV电压等级集中并网的光伏发电项目，将太阳能发电与生态环境修复相结合，既不破坏土地耕种层，又能形成规模化的农业种植。并网发电后，该光伏项目将每年平均增绿色电能1 964.28万千瓦时。与相同发电

量的火电相比，该光伏发电项目相当于每年可节约标煤 7 862.18 吨，节约净水 78 621.8 吨；同时，减排 5 346.2 吨粉尘、19 596.4 吨二氧化碳、589.6 吨二氧化硫以及 294.8 吨氮氧化合物。

该项目共由 18 个方阵组成，总计安装容量为 20 MWp。采用 35 kV 电压等级并网，每个发电单元配备 1 台集中式逆变器和 1 台 1 000 kVA 的升压变压器；发电单元内每 22 块光伏组件串联为一个支路，16 个支路接入 1 台直流汇流箱，12 个汇流箱接入集中式逆变器，逆变成交流电后出线连接 1 台 1 000 kVA 升压变压器升至 35 kV。每 6 个发电单元为一路进线，35 kV 配电室共 3 回 35 kV 进线，1 回出线接入四姑镇变电站 35 kV 母线。

2016 年 3 月 29 日开工建设，4 月 19 日 8＃方阵支架基础工程正式动工，整个电站项目进入全面建设阶段，6 月 30 日实现并网发电。

## 四、长兴帷博新能源科技有限公司分布式光伏

长兴帷博新能源科技有限公司分布式光伏发电项目为屋顶分布式光伏项目，利用仓库、货场等屋顶总面积达 12 万平方米的闲置空间进行光伏铺设。该项目装机容量 10.79 兆瓦，全部接入公网，年发电量 1 100 万度，每年可节约标准煤 4 200 吨，减排二氧化碳 1.1 万吨，对缓解电网压力，响应国家发展清洁新能源、节能减排的号召具有重要示范意义。

本工程由两个屋顶分布式项目组成，总装机容量共 10.796 2 兆瓦，采用分块发电、集中并网方案。每个组串由 22 块或 18 块光伏组件串联组成。各光伏组件组串划分的汇流区并联接线，输入组串式逆变器直流侧，逆变器逆变后的三相交流电经交流汇流箱汇流后引至 10 kV 升压变压器配电装置升压，升压后送至站内 10 kV 开关柜。该项目两个区域分别采用 10 kV 出线 T 接至约 0.5 千米外的 10 kV 长兴 258 线和 10 kV 永畅 883 线。每个发电单元就地设置一个箱式升压站。全站设有 10 kV 并网柜二套、二次系统柜二套、10 kV 箱式升压变 10 套。

该项目于 2017 年 3 月 6 日正式开工，5 月 30 日完成整个光伏电站的设备安装调试，6 月 14 日电站全容并网发电运行。

## 五、贵州省安顺市关岭县新铺 50 兆瓦光伏电站项目

关岭新铺 50 兆瓦光伏电站位于贵州省安顺市关岭自治县新铺镇江西坪村，项目总占地面积 82.21 万平方米，建设投运每年可节约标煤 1.67 万吨，每年可减少多种大气污染物的排放，其中减少二氧化硫排放量约 322.1 吨，一氧化碳约 4.46 吨，碳氢化合物 1.82 吨，氮氧化物 182.97 吨，二氧化碳 3.99 万吨，还可减少灰渣排放量约 0.51 万吨。可减少化石资源的消耗，减少因燃煤等排放有害气体对环境的污染，有利于缓解环境保护压力，实现经济与环境的协调发展，对于促进关岭自治县的旅

**图 5－3－54　贵州省安顺市关岭县新铺 50 兆瓦光伏电站**

游业,带动地方经济快速发展将起到积极作用。

该项目总装机容量为 54.771 8 兆瓦,光伏组件采用固定倾角式的安装方式,倾角为 22 度。工程设计采用分块发电、集中并网方案,建设 50 个光伏并网发电单元,每个光伏并网发电单元的电池组件采用串并联的方式组成多个太阳能电池阵列,共安装 171 162 块 320W 多晶硅组件。太阳能电池阵列输入光伏方阵防雷汇流箱后,经光伏并网逆变器和交流低压配电柜接入 35 kV 升压箱式变压器。通过 3 回 35 kV 集电线路电缆汇集送至新建的 110 kV 升压站。然后以 1 回 110 kV 架空线路接至附近的 220 顶云变电站,送出线路含有塔基 71 基,路径总长度 25 千米。

该项目于 2017 年 4 月 1 日开工建设,2018 年 6 月 29 日并网发电。

## 六、云南省芝麻村 50 兆瓦农牧综合利用光伏电站项目

云南省芝麻村 50 兆瓦农牧综合利用光伏电站位于元谋县物茂乡芝麻村一带的南向山坡上,项目总占地面积 1 489.9 亩,运行期年发电量为 7 115 万度,若按照火电煤耗(标准煤)323 g/kW·h,建设投运每年可节约标煤 2.32 万吨,相应每年可减少多种大气污染物的排放,其中减少二氧化碳约 5.63 万吨,二氧化硫约 24.03 吨,烟尘 7.21 吨。可减轻环境污染,对当地的环境保护具有积极的作用,并有明显的节能、环境和社会效益。

该项目总装机容量 55.119 兆瓦,光伏组件采用固定倾角式的安装方式,倾角为 26 度。本工程光伏子方阵按两套容量进行设计,分别为 1.25 兆瓦及 1.6 兆瓦,分别采用 18 台及 22 台 75 kW 组串式逆变器,光伏方阵经逆变升压后输出电压为 35 kV,箱变附近根据工程需要合理设置一个 35 kV 电缆分接箱,经 35 kV 集电线路汇集电力后送至新建的 110 kV 升压站,然后经 110 kV 送出线路输送至 220 kV 方山变电站,送出线路含有塔基 19 基,路径总长度 7 千米。

该项目于 2018 年 4 月 13 日开工建设,2018 年 6 月 29 日完成并网发电。

## 七、贵州省纳雍县骔岭北风电场

贵州纳雍县骔岭北风电场位于贵州省毕节市纳雍县境内,是宝冶首个风电 EPC 总承包工程。

该工程安装 6 台单机容量为 2 000 kW 的风力发电机组和 30 台单机容量为 2 300 kW 的风力发电机组,总装机规模为 81 MW。新建 1 座 220 kV 升站,升压站规模为 1×100 MVA+1×50 MVA,本期安装 1 台 100 MVA 主变,预留 1 台 50 MVA 主变位置。风电场每台风电机组附近均设置 1 台箱式升压站作为机组变压器,将发电机电压由 0.69 kV 升高至 35 kV 后以 4 回集电线路接入风电场内 220 kV 变电站 35 kV 母线。风电机组和箱式变电站之间采用一机一变单元接线方式。年上网电量为 162 698 兆瓦时,相应年等效满负荷利用小时为 2 009 h。与同等规模的

图 5-3-55 贵州省纳雍县骔岭北风电场

燃煤电厂相比，按火力发电标煤消耗量 314 g/(kW·h)计，每年可节约标煤 5.11 万吨。相应每年可减少多种大气污染物的排放，其中减少二氧化硫排放量约 2 288 吨，一氧化碳约 16.45 吨，碳氢化合物 6.51 吨，氮氧化物 649 吨，二氧化碳 12.11 万吨，还可减少灰渣排放量约 1.28 万吨。

该工程 2018 年 9 月开工建设。

## 第十节　其 他 工 程

### 一、上海耀华皮尔金顿

上海耀华皮尔金顿二期工程是宝冶入沪后至 1995 年承接的最大的一项外包工程，也是宝冶参与浦东开发，具有开创性、代表性的大型工程项目，建安工作量达 2 亿元。耀华皮尔金顿二期主要生产国内市场紧缺的过去完全依赖进口的 1.5—1.2 毫米绿、蓝、灰、茶等 4 种颜色的本色着色玻璃和透明浮法玻璃，年产量 9 万吨。

1993 年 8 月 28 日，宝冶承建的上海耀华皮尔金顿二期工程开工。在地下连续墙施工中创造了一天完成 4 个槽段的上海市最高纪录，用 60 天完成了 3.5 万伏高压受电变电站的施工、安装和调试。1995 年 10 月 23 日，宝冶用 25 个月建成上海耀华皮尔金顿二期工程，比一期工程缩短 15 个月，比合同工期提前 5 个月，为世界软土地基同类工程最快建设速度。皮尔金顿集团在世界各地的 97 条生产线熔窑砌筑，平均工期为 11 个月，最快的 10 个月，而宝冶只用了 6 个半月。

图 5-3-56　上海耀华皮尔金顿

### 二、福建漳州后石电厂

福建漳州后石电厂是著名台商王永庆在大陆投资最大的一项工程，曾一度是中国最大的发电企业，其设施先进、自动化程度高、环保措施等均位居中国各电厂的前列。总建筑面积为 170 公顷，建成后生产的电力为 360 万千瓦，该工程的建设对于促进两岸经济交流及发展，缓解福建地区的电力不足起到了较大的作用。

图 5-3-57　福建漳州后石电厂

漳州电厂一期工程共分为 6 个机组，分别由日本三菱和美国 ABB 公司设计。宝冶承担 6 座机组 3.6 万吨锅炉钢结构和煤仓钢结构制作及安装任务，锅炉钢结构层次多，型式非常复杂，又是承重结构，使用的厚板多，高强螺栓连接受力要求高,是整个电厂加工制作难度最大的工艺钢结构。该项目开创了宝冶发电厂钢结构制作先河。

福建漳州后石电厂项目自 1997 年 8 月 1 日钢结构安装后,经过 6 年多时间的建设,每年投产一台机组。

## 三、镇江金东纸业

镇江金东纸业一号、二号纸机系从德国引进,为当时世界最大最先进的纸机,金东纸业也是镇江引进外资建设的最大工业项目。

宝冶参与建设的镇江金东纸业一期工程一号纸机,于 1999 年 3 月 28 日投入试生产。

**图 5-3-58　镇江金东纸业**

## 四、上海通用汽车城

上海通用汽车金桥基地位于上海浦东金桥开发区,是上海通用汽车的第一个制造基地。

1998 年 12 月 17 日,由中美合资、宝冶参建的上海通用汽车制造基地第一辆美观豪华型别克轿车下线,从而结束了我国不能生产国际一类名车的历史。

**图 5-3-59　上海通用汽车城**

宝冶在上海通用汽车城建设中不仅速度快、工程质量好,而且还实现了安全事故为“零”的目标,被评为上海市文明工地。从一开始承建总装和总成两个车间,发展到车体分配中心、冷冻站、热交换站、煤气表房、总成和总装生活楼、汽车试验站等九个项目,工程量占整个通用汽车城工程量“半壁江山”。工程建成后,一直参与汽车生产、设计的运营维保。

2000 年,上海通用汽车有限公司总装车间工程获评冶金工业优质工程。

## 五、上海海烟物流中心

上海海烟物流中心占地面积 100 亩，建成后每天可配送卷烟 54 万条，糖、酒等食品百货 10 万箱，配送的客户每天可达 6 600 户，配送的范围包括上海市和江、浙两地省各大超市和专卖店，沪、宁、杭地区 24 小时送达，准确率接近 100%。

宝冶总承包施工的上海海烟物流中心于 2004 年 4 月 1 日建成交付使用。这是当时国内商业规模最大、技术最新、智能化管理程度最高的物流中心，也是上海市建设的第一个大规模现代化物流中心。

2004 年，上海海烟物流配送中心工程获评冶金工业优质工程。

## 六、天钢联合钢铁有限公司 3×600TPD 石灰窑

天津天钢联合钢铁有限公司 3×600TPD 石灰窑 EPC 总承包工程是宝冶第一次承揽 600 吨以上的石灰窑 EPC+生产维保总承包项目，开辟了 EPC+生产维保的新模式。

天津套筒窑竖窑主要由窑本体、上料系统、出料装置、液压系统、燃烧室、换热器、喷射器以及风机系统等构成。该工程从设计、采购和施工均由宝冶组织完成；在设计中 BIM 技术应用于石灰窑 EPC 工程和生产运营服务；利用三维模型对施工每道程序，施工过程，灰浆饱满等严格控制，确保过桥耐材砌筑满足质量要求。

该项目于 2010 年 3 月开工，2011 年 8 月点火投产。

图 5-3-60　天钢联合钢铁有限公司 3×600TPD 石灰窑

## 七、房地产开发（中冶尚城、中冶尚园、中冶锦园）

“中冶尚城”是由宝冶独家投资的首个房地产开发企业——上海中冶新域置业有限公司负责开发的商品房项目，位于浦东新区高行镇，项目占地面积 83 296.5 平方米，总建筑面积 157 133.49 平方米，小高层住宅 16 幢，多层 2 幢，可售住房共计 1 204 套，另有商铺近万平方米。该项目从 2007 年 6 月正式启动，2009 年 3 月取得预售许可证开始对外销售，2010 年 9 月 29 日取得上海市新建住宅交付使用许可证，2010 年 10 月 1 日交房。2009 年获上海市楼盘销售 TOP20 第 15 名。

图 5-3-61　中冶尚城

“中冶尚园”和“中冶锦园”是由宝冶和上海新月浦房地产（集团）有限公司共同投

资成立的上海中冶新月浦置业有限公司负责开发的商品房项目。“中冶尚园”项目占地面积 76 884 平方米,总建筑面积 100 603.27 平方米,小高层住宅 16 幢,可售住宅共计 970 套,另有商铺 1 665.28 平方米。2011 年 7 月 16 日开盘销售,2012 年 11 月 23 日交付。“中冶锦园”占地面积 48 817 平方米,总建筑面积 77 984.67 平方米,小高层住宅 18 幢,可售住宅共计 775 套,多层 96 套,另有商铺 1 715.78 平方米。2013 年 12 月 3 日开盘销售,2015 年 6 月 23 日交付。

## 八、京东物流仓储

宝冶三次牵手京东集团,为京东集团打造了沈阳京东商城亚洲一号仓储一期项目、沈阳京东商城亚洲一号仓储二期综合楼项目、京东亚洲一号哈尔滨物流园项目 3 项精品工程。

沈阳京东商城亚洲一号仓储一期项目位于辽宁省沈阳市浑南区,总建筑面积 116 672.14 平方米,包含 4 栋厂房、2 个设备用房和 3 个门卫房。施工范围包括:建筑、结构、室内给排水及采暖、电气、通风、电梯、室外工程等。项目于 2013 年 5 月开工,2015 年 11 月投入使用。

图 5-3-62　京东物流仓储

沈阳京东商城亚洲一号仓储二期综合楼工程位于辽宁省沈阳市浑南区,总建筑面积 42 732.06 平方米,包含一栋办公楼(8F)和一栋宿舍楼(10F)。项目于 2015 年 7 月开工,2017 年 10 月竣工。

京东亚洲一号哈尔滨物流园项目位于哈尔滨平房区哈南十二大道与哈南三路东南侧,规划总建筑面积 193 160.66 平方米,工期 548 日历天。施工内容包括仓库、宿舍楼、综合楼、设备用房等。

该项目于 2018 年 5 月 30 日开工。

## 九、国际乒乓球联合会博物馆和中国乒乓球博物馆

图 5-3-63　中国乒乓球博物馆

该项目位于上海市黄浦区世博园地块,分地上 3 层、地下 1 层,占地面积 5 000 平方米,总建筑面积 10 389 平方米。馆内设置陈列展览区、公众服务区、体验互动区、藏品技术区、教育研究区等区域。宝冶承担了基坑工程、基础工程、结构工程、幕墙工程、消防工程、强电工

程、弱电工程、电梯工程、给排水工程、装饰装修工程、室外总体和绿化工程等。

该项目于 2017 年 1 月 23 日开工；2018 年 2 月 5 日竣工；2018 年 3 月 31 日开馆。该项目先后获评 2017 年度上海市文明工地、2017 年度上海市建设工程绿色施工达标工程，获 2017—2018 年度上海市建设工程金属结构金钢奖（市优质工程）等。

## 十、林州凤宝管业直径 89 毫米连轧管机组项目

由宝冶集团中冶东方工程技术有限公司设计和工艺总负责的林州凤宝管业直径 89 毫米连轧管机组项目主轧线是世界首套六机直径 89 毫米三辊连轧机组。

该项目主轧线采用当时世界上最小口径的直径 89 毫米常规六机架三辊连轧管机组，也是国内首套全国产化的侧向换辊式常规三辊连轧管机组。项目采用世界先进的限动芯棒三辊连轧钢管技术，整条生产线采用全程自动化控制智能制造，实现柔性小批量定制，成品钢管具有尺寸精度高、壁厚公差小等优点，以生产规格直径 25—89 毫米的车桥、转向轴、轴承管等高品质轻量化材料为主，为核电、石油工业配套生产高端无缝钢管，填补了国内高档小口径无缝钢管行业空白。

该项目于 2016 年 10 月启动，经过一年多时间的设计、施工、安装、调试等工作，于 2017 年 10 月 1 日主轧线一次热试成功。经过一个多月的消缺、整改工作，设备运行良好，进入全面生产阶段。2017 年 11 月 6 日，全线顺利投产。

## 附：非冶炼工程主要项目列表

**表 5-3-1　文化体育场馆主要项目列表**

| 项　目　名　称 | 开 工 时 间 |
|---|---|
| 厦门国际会展中心 | 1998 年 |
| 上海淞沪抗战纪念馆 | 1999 年 |
| 湖南国际会展中心 | 2001 年 |
| 芜湖奥林匹克体育场 | 2001 年 |
| 哈尔滨会展体育中心 | 2002 年 |
| 南宁国际会议展厅中心 | 2003 年 |
| 郑州国际会展会议中心屋盖钢结构 | 2003 年 |
| 南京奥林匹克体育场 | 2003 年 |
| 苏州国际博览中心 | 2003 年 |
| 南京青少年活动中心 | 2004 年 |
| 苏州绿宝广场 | 2004 年 |
| 南通体育场 | 2004 年 |
| 广东佛山世纪莲体育场 | 2004 年 |
| 国家体育场（鸟巢） | 2005 年 |

(续表)

| 项 目 名 称 | 开 工 时 间 |
| --- | --- |
| 常州市体育馆会展中心 | 2006 年 |
| 河南电视台 8 号演播厅 | 2006 年 |
| 南京会议展览中心 | 2007 年 |
| 广东中山博览中心 | 2007 年 |
| 淮安国际会展中心 | 2007 年 |
| 厦门会展中心二期 | 2008 年 |
| 深圳大运中心主体育馆 | 2008 年 |
| 上海世博会主题馆、美国馆、荷兰馆等 | 2009 年 |
| 中国(太原)煤炭交易中心展览中心 | 2009 年 |
| 青岛温泉国际博览中心 | 2010 年 |
| 三门峡市文化体育中心会展 | 2010 年 |
| 镇江市体育会展中心 | 2010 年 |
| 马鞍山市体育中心—会展中心工程 | 2011 年 |
| 厦门国际会展中心三期主楼 | 2011 年 |
| 珠海十字门国际展览中心 | 2012 年 |
| 鄂尔多斯市体育中心 | 2012 年 |
| 辽中县全民健身中心及体育场 | 2012 年 |
| 扬州体育公园体育场 | 2012 年 |
| 北京雁栖湖国际会展中心 | 2013 年 |
| 中国博览会会展综合体 | 2013 年 |
| 武汉光谷国际网球中心 | 2013 年 |
| 四川国际旅游交易博览会场馆 | 2015 年 |
| 厦门国际会展中心四期 | 2015 年 |
| 郑州市民活动中心 | 2017 年 |
| 开封恒大童世界国际会议中心、国际会展中心 | 2018 年 |
| 国家雪车雪橇中心 | 2018 年 |

**表 5-3-2　电子厂房主要项目列表**

| 项 目 名 称 | 开 工 时 间 |
| --- | --- |
| 上海中芯国际集成电路 | 2000 年 |
| 上广电 NEC 第五代薄膜晶体管液晶显示器 | 2003 年 |
| 昆山龙腾光电 | 2005 年 |
| 成都京东方光电科技有限公司第 4.5 代薄膜晶体管液晶显示器件 | 2008 年 |
| 友达光电(厦门)有限公司厂房三期新建工程 | 2008 年 |

（续表）

| 项目名称 | 开工时间 |
| --- | --- |
| 成都天马微电子有限公司第4.5代TFT－LCD生产线 | 2009年 |
| 武汉天马微电子有限公司第4.5代TFT－LCD生产线项目 | 2009年 |
| 上海美维科技有限公司厂房扩建 | 2010年 |
| 景智电子(合肥)一期程 | 2010年 |
| 沪士电子青淞厂区厂房新建 | 2010年 |
| 上海三一重机有限公司联合厂房 | 2010年 |
| 上海金山和辉光电项目 | 2013年 |
| 上海天马微电子有限公司通用厂房建设项目 | 2014年 |
| 上海新昇集成电路制造用300毫米硅片技术研发与产业化 | 2015年 |
| 厦门天马第6代低温多晶硅(LTPS)TFT－LCD及彩色滤光片(CF)生产线项目 | 2015年 |
| 上海中芯国际集成电路制造(上海)有限公司12吋SN1和SN2厂房建设项目 | 2016年 |
| 武汉天马第6代低温多晶硅(LTPS)TFT－LCD及彩色滤光片(CF)生产线项目 | 2016年 |
| 深圳柔宇类6代柔性显示屏生产线 | 2016年 |
| 太仓同维电子有限公司301#干部宿舍楼 | 2017年 |
| 江苏省苏州市康得新年产1亿片裸眼3D模组产品项目K6厂房总包工程 | 2017年 |
| 中芯国际集成电路制造(天津)T2/T3集成电路生产线 | 2017年 |
| 康得新年产1亿片裸眼3D模组产品项目K6厂房 | 2017年 |
| 合肥长鑫12吋存储器晶圆制造基地项目一期工程 | 2017年 |
| 富士康第10.5代TFT－LCD显示器生产线 | 2017年 |
| 国家存储器基地 | 2017年 |
| 宁波中芯N1 | 2018年 |
| 江苏省江阴市12吋中段硅片制造和3D芯片集成加工项目FAB1生产厂房、CUB1中央动力厂房等工程 | 2018年 |
| 国家存储器基地项目(一期)D标段 | 2018年 |
| 惠科第8.6代薄膜晶体管液晶显示器项目 | 2018年 |
| 徐州鑫晶半导体大硅片项目 | 2018年 |
| 武汉新芯12吋集成电路生产线 | 2018年 |
| 浙江省绍兴市中芯绍兴MEMS和功率器件芯片制造及封装测试生产基地工程 | 2018年 |

**表5－3－3　城市综合体(超高层)主要项目列表**

| 项目名称 | 开工时间 |
| --- | --- |
| 宝冶浦东国贸大厦 | 1996年 |
| 上海夏园 | 1997年 |
| 上海嘉麒大厦 | 2003年 |

(续表)

| 项 目 名 称 | 开 工 时 间 |
| --- | --- |
| 中融·碧玉蓝天大厦 | 2005年 |
| 上海金昌摩尔大厦 | 2006年 |
| 广东佛山海景蓝湾 | 2006年 |
| 帝元维多利亚大酒店 | 2007年 |
| 珠海十字门中央商务区会展商务组团一期标志性塔楼 | 2010年 |
| 沈阳财富中心A座大厦 | 2010年 |
| 德基广场二期主楼 | 2010年 |
| 保定万博广场 | 2010年 |
| 沈阳华府新天地AB组团 | 2012年 |
| 恒力集团大连总部项目(D10地块)维多利亚广场 | 2012年 |
| 维多利亚广场(大连东港区D10地块) | 2012年 |
| 江苏新长江(雅阁)国际酒店 | 2012年 |
| 深业物流中心宝能中心 | 2014年 |
| 苏州高新金鹰商业广场 | 2014年 |
| 云南盘兴博大广场 | 2015年 |
| 南京金鹰天地广场 | 2015年 |
| 仙林金鹰购物中心NO.201 4G29地块项目建筑施工总承包(A地块) | 2015年 |
| 仙林金鹰购物中心NO.201 4G29地块项目建筑施工总承包(B地块) | 2016年 |
| 苏州恒力中心项目主体总承包工程 | 2016年 |
| 长春龙翔国际商务中心 | 2016年 |
| 武汉市轨道交通7号线一期三阳路风塔配套综合开发项目 | 2016年 |
| 华策国际大厦钢结构 | 2016年 |
| 德基世贸中心A楼钢结构 | 2016年 |
| 徐州金鹰二期扩建工程 | 2016年 |
| 铁建大厦项目 | 2017年 |
| 湛江市保利原瑞花园、原悦花园8—9栋、原景幼儿园以及原点广场滨海售楼部项目 | 2017年 |
| 浙江省宁波市江北区谢家滨江(JB13-02-12)地块项目自持商业总承包工程 | 2017年 |
| 易方达金融大厦 | 2017年 |
| 珠海铁建大厦钢结构工程 | 2017年 |
| 肇庆市保利心悦花园项目一期一标 | 2017年 |
| 厦门西海湾邮轮城1#、2#、3#、4#地块 | 2017年 |
| 南京鼓楼滨江商务区05-05、05-06地块 | 2017年 |
| 昆明永和广场项目超高层6、8座主楼、裙房及D栋地下室裙楼 | 2017年 |

（续表）

| 项目名称 | 开工时间 |
|---|---|
| 天河商旅 12－1、5 项目 | 2018 年 |
| 中交汇通横琴广场 | 2018 年 |
| 福州高新区海西高新技术产业园创新园三期 D、E 楼 | 2018 年 |
| 珠海国际金融中心 | 2018 年 |
| 山西汾酒文化商务中心 | 2018 年 |

表 5－3－4　特色主题公园（文化娱乐）主要项目列表

| 项目名称 | 开工时间 |
|---|---|
| 哈尔滨大剧院 | 2012 年 |
| 上海迪士尼主题乐园——明日世界 | 2013 年 |
| 绍兴金沙东方山水国际商务休闲中心 | 2013 年 |
| 四川国际旅游交易博览会 | 2015 年 |
| 银基乐海水世界 | 2015 年 |
| 德州太阳能小镇 | 2016 年 |
| 青岛东方影都——影视产业园制作区工程－A1 区（除 A1－1 外）摄影棚、置景车间图纸范围内的钢结构工程 | 2016 年 |
| 东方龙之谷室内乐园 | 2016 年 |
| 青岛万达东方影都秀场 | 2017 年 |
| 梦幻嘉善一期（含体验中心） | 2017 年 |
| 广州万达文化旅游城多维影院、小蜜蜂、商业楼 | 2017 年 |
| 贵阳恒大童世界会展中心 | 2018 年 |
| 九龙洞风景名胜区洞口升级改造工程项目 | 2018 年 |
| 启东恒大水上乐园会展中心 | 2018 年 |
| 滑雪乐园低区及水乐园（成都万达） | 2018 年 |
| 重庆万达城万达茂水乐园海洋乐园娱雪乐园 | 2018 年 |
| 开封恒大童世界主题乐园 | 2018 年 |
| 标段五（716）6－1（601）游乐设施等 11 项（北京环球影城主题公园） | 2018 年 |
| 烟台恒大童世界会展中心 | 2018 年 |
| 北京环球影城主题公园标段（716） | 2018 年 |
| 重庆万达文化旅游城万达茂（L68/05）地块项目钢结构工程 | 2018 年 |

表 5－3－5　交通枢纽主要项目列表

| 项目名称 | 开工时间 |
|---|---|
| 上海沪嘉高速公路 | 1984 年 |
| 宁波栎社机场 | 1987 年 |

(续表)

| 项目名称 | 开工时间 |
| --- | --- |
| 上海地铁1号线 | 1989年 |
| 杭州萧山机场 | 1998年 |
| 上海洋山深水港 | 2000年 |
| 上海磁悬浮列车龙阳路车站 | 2000年 |
| 上海北环高速公路 | 2002年 |
| 上海中环线共和新路立交 | 2004年 |
| 上海浦东国际机场二期飞行区跑道、滑行道场道 | 2004年 |
| 南昌昌南客运站 | 2004年 |
| 上海中环线A2.6标共和新路立交 | 2005年 |
| 嘉兴三环公路 | 2006年 |
| 上海浦东国际机场扩建工程西货机坪场道及西货机坪、三跑道附属设施 | 2007年 |
| 京沪高速铁路上海虹桥站 | 2008年 |
| 京沪高速铁路济南西路站 | 2009年 |
| 上海浦东国际机场商飞配套五跑道项目场内道路及室外管线工程 | 2010年 |
| 上海罗店大型居住社区一期 | 2010年 |
| 成都双流国际机场航站楼10万平方米屋面系统工程 | 2010年 |
| 上海浦东国际机场商飞配套五跑道一阶段地基处理工程—水域区和围堰区插板工程(二标段) | 2011年 |
| 河西地区综合性医院(河西儿童医院) | 2012年 |
| 广州白云机场T2航站楼 | 2013年 |
| 深圳市前海市政工程Ⅰ标段工程 | 2014年 |
| 郑州新郑国际机场二期扩建工程(T2航站楼、综合交通换乘中心及塔台小区) | 2014年 |
| 上海浦东国际机场东机坪工程场道及附属设施工程(二标段) | 2015年 |
| 郑州市农业路快速通道 | 2015年 |
| 上海罗店大型居住社区二期 | 2015年 |
| 深圳市莲塘口岸 | 2015年 |
| 青岛新机场飞行区巡场路、围界及通道口工程 | 2016年 |
| 乌鲁木齐地窝堡国际机场北区改扩建工程采砂坑处理和土方回填试验段工程 | 2016年 |
| 浙江宁海县直升机起降点建设工程 | 2016年 |
| 淮安机场二期扩建工程核心建设项目——飞行区场道及附属工程 | 2016年 |
| 上海浦东国际机场三期扩建工程港湾机坪场道及附属设施工程(一标段) | 2016年 |
| 上海浦东国际机场三期扩建工程综合管廊土建及部分管线 | 2016年 |
| 上海吴淞国际游轮码头 | 2016年 |
| 贵阳市轨道交通二号线二期工程建设工程 | 2017年 |

（续表）

| 项　目　名　称 | 开 工 时 间 |
| --- | --- |
| 贵阳龙洞堡国际机场三期扩建工程飞行区场道工程 | 2017 年 |
| 东营胜利机场跑道延长工程飞行区消防工程 | 2017 年 |
| 上海浦东国际机场西货运区 3 号货运站项目一期二标段 | 2017 年 |
| 青岛新机场飞行区外排渠等工程（二标段） | 2018 年 |
| 昆明长水国际机场航站区改扩建飞行区场道三标段工程 | 2018 年 |

**表 5－3－6　新能源主要项目列表**

| 项　目　名　称 | 装机容量（MWp） | 开工时间 |
| --- | --- | --- |
| 宝钢股份金太阳（二期）工程 | 20 | 2012 年 |
| 海宁尖山新区 15 兆瓦金太阳示范工程项目 | 15 | 2013 年 |
| 太钢工业园 10 兆瓦屋顶光伏发电 EPC 总承包 | 10 | 2013 年 |
| 潍坊综合保税区光伏发电示范项目 | 15.1 | 2014 年 |
| 云南省楚雄州元谋县小西村并网光伏发电工程 | 20 | 2014 年 |
| 云南石林石漠化农光互补示范光伏电站 | 60 | 2015 年 |
| 中船重工 704 所 4.3 兆瓦光伏发电项目 | 4.3 | 2015 年 |
| 云南省昆明市石林县北大村 60 兆瓦并网光伏电站 EPC 总承包工程 | 60 | 2015 年 |
| 浙江合大大悟四姑 20 兆瓦光伏发电项目 | 20 | 2016 年 |
| 山东潍坊安丘、临朐、金山，60 兆瓦光伏发电项目 | 60 | 2016 年 |
| 山东德州禹城瑞亿高铁 3 兆瓦光伏发电项目 | 3 | 2016 年 |
| 常州太科复睿电力科技有限公司 2.7 兆瓦光伏项目 | 2.7 | 2017 年 |
| 浙江合大汉川 50 兆瓦农光互补光伏电站 | 50 | 2017 年 |
| 追日光伏老河口仙人渡 40 兆瓦（一期 20 兆瓦）农光互补光伏电站 | 20 | 2017 年 |
| 浙江长兴帷博 10 兆瓦分布式项目 | 10 | 2017 年 |
| 鑫古河 1 355 千瓦屋顶分布式光伏发电项目 | 1.355 | 2017 年 |
| 贵州省安顺市关岭县新铺 50 兆瓦光伏电站 EPC 总承包工程 | 50 | 2017 年 |
| 河南固始县济民 5 兆瓦光伏电站 | 5 | 2017 年 |
| 固始济民 5 兆瓦光伏发电项目 | 5 | 2017 年 |
| 复睿电力屋顶分布式项目 | 8 | 2017 年 |
| 科尔沁左翼后旗太科光伏电力有限公司新艾里 39.3 兆瓦光伏扶贫项目 | 39.3 | 2018 年 |
| 元谋班果山 50 兆瓦光伏发电工程 | 50 | 2018 年 |
| 楚雄州芝麻村 50 兆瓦农牧综合利用光伏电站项目 | 50 | 2018 年 |
| 贵州省纳雍县箐岭北风电场 | 81 | 2018 年 |

# 第四章　海 外 工 程

## 一、阿联酋迪拜跑马场新月形钢结构屋面

宝冶承建由阿联酋 Meydan 公司投资建设的迪拜跑马场开发建设项目 ID600－6888 号工程包（新月形屋顶框架钢结构工程）。工程范围包含 8 000 余吨钢结构以及铸钢件的制作、拼装、运输、安装等。

图 5－4－1　阿联酋迪拜跑马场

该工程是迪拜 Nad Al Sheba 跑马场开发建设项目的核心工程，赛马场项目对阿联酋的地产业具有里程碑式的发展意义。项目总占地 760 万平方英尺，并且拥有一个艺术气息浓厚的特色泥地和草地马场，看台总跨越长度接近一千米，能够容纳 55 000—60 000 人同时观看比赛。此项目还包括一个五星级酒店和世界级的高尔夫球场、10 家不同风格的餐馆、博物馆、画廊以及一个能容纳 1 万个车位的屋顶停车场。该项目的新月形钢结构屋顶造型独特气势恢宏。该项目是宝冶成立海外部以来，独自承揽的第一个海外项目，为宝冶后续海外市场的开拓积累了宝贵的财富。

该项目于 2008 年 9 月 1 日开工，2009 年 3 月 26 日竣工。

## 二、科威特中央银行大厦(CBK)

科威特中央银行（简称 CBK）大厦位于科威特王宫附近，是科威特首都地区重要的地标建筑，被印在了该国纸币上。

图 5－4－2　科威特中央银行大厦

2009 年 7 月—2012 年 2 月，宝冶负责科威特中央银行钢结构工程的施工图设计、钢结构深化设计、钢结构加工制作和安装。科威特中央银行新总部大楼由主体部分的塔楼和附属裙房组成，总建筑面积 16 万平方米，其中塔楼 46 层（包含 6 个夹层）并附带一个大跨悬挑的报告厅，总高度 240 米。钢结构总量为 1.1 万吨，是宝冶第一个集设计、制作、安装为一体的海外项目。

2009 年 11 月，钢结构制作全面开工。

## 三、菲律宾 Gateway Tower 大楼

图 5－4－3　菲律宾 Gateway Tower 大楼

菲律宾 Gateway Tower 大楼项目位于菲律宾奎松城的 Araneta 中心，业主为 Araneta Center 集团公司，其经济、政治实力雄厚，拥有超过 70 年的多样化经营经验，是一个以娱乐、食品、休闲和房产开发多样性公司为一体的家族型集团。

该工程共 32 层，为钢框架体系，包括 3 层地下停车场、5 层商业中心、22 层办公楼、2 层阁楼和屋顶直升机停机坪，总建筑面积为 75 056 平方米。

菲律宾 Gateway Tower 大楼项目是宝冶首个施工管理总承包海外项目，项目于 2010 年 12 月 6 日正式开工，2013 年 10 月 23 日完工。

## 四、台塑越南河静钢铁大东钢厂

台塑河静钢铁项目是越南最大的外资钢铁项目。宝冶承担的炼钢厂包括转炉与连铸两个工厂及其配套设施，合同工期 24 个月，主要包括 300 吨脱磷转炉 1 套、300 吨脱碳转炉 2 套、3 套在线脱硫、RH 炉 2 套、LF 炉 1 套、吹氩站 1 套；连铸工程包括 8 流小方坯连铸机 1 套、6 流大方坯连铸机 1 套、2 流板坯连铸机 2 套。石灰厂包括两座石灰窑及其配套设施，合同工期 19 个月。此外，宝冶还承建了河静钢铁厂全部铁道运输系统施工总承包工程，合同工期 39 个月，主要包括各厂房内外的所有铁路线路，以及鱼雷车追踪系统、铁路信号设施及信号楼、通信设施、铁路运输用房、机车库、通风空调设施、铁路线路维护设备设计及鱼雷罐紧急救援系统等施工内容。此铁路线全部采用中国标准制造的 60 千克/米钢轨。

图 5－4－4　台塑河静钢铁基地

炼钢工程是台塑河静钢铁基地最大的施工总承包工程之一，也是宝冶有史以来所承建的最大海外冶金工程。主厂房建筑面积达 21 万平方米，公辅设施建筑面积达 46.5 万平方米，主厂房整体为双高跨全钢结构多层框架，最高达 9 层 70 米，建成后转炉年产钢水达 773.2 万吨，连铸年产铸坯达到 750 万吨。

炼钢项目 2013 年 7 月 4 日开工，其间历经各种艰难曲折，特别是 2014 年受“5·14”越南反华暴力事件影响，工程暂停施工 4 个月，直到 2014 年 9 月才恢复施工。宝冶员工按业主要求努力拼抢，2015 年 12 月开始设备试车。炼钢项目 2016 年 6 月建成，具备热负荷试车条件，但因越南政府提出新的环保要求，经台塑业主一年的整改，

2017 年 6 月 1 日炼钢厂四号转炉成功接收铁水，进入冶炼程序，连铸厂 1# 板坯连铸机出坯，炼钢厂热负荷试车成功，炼钢生产线完全建成。

## 五、柬埔寨金边 Sky Villa 豪华公寓楼

柬埔寨金边 Sky Villa 项目是金边地标性高层建筑，包括 2 栋 35 层和 1 栋 15 层的豪华住宅公寓楼，建筑面积 14.7 万平方米，地上 35 层，建筑高度 140 米；地下 4 层停车场，采用箱型基础，其基坑平均深度达到 −18 米，最深处 −21 米，有“柬埔寨第一坑”的称号。

图 5-4-5　柬埔寨金边 Sky Villa 豪华公寓楼

Sky Villa 结构体工程 A 栋和 B 栋两栋楼在 126.9 米高时需要通过钢筋混凝土结构再次合体，连廊宽 24 米，长 41 米，宝冶经过多种方案比选以及宝冶专家的论证，最后选定贝雷架作为支撑平台。贝雷架多用于桥梁工程，应用于房建工程无疑是一项技术创新，对项目的施工工艺、工序安排及过程监控、安全管理提出了很大的挑战。项目部历时 18 个小时，分三个阶段累计浇筑 496 立方米混凝土，安全顺利地完成了这一大跨度高空连廊浇筑的重要节点。

该项目是宝冶在柬埔寨承建的第一个项目，于 2014 年 12 月 20 日开工，2018 年 3 月 31 日完工。此后，宝冶又先后中标该项目机电工程和砌筑工程。

## 六、马来西亚联合钢铁

马中关丹产业园是中马两国元首亲自推动、两国政府积极合作的重点项目，作为首个入园项目，联合钢铁项目是中马两国在“一带一路”开展产能合作的创新探索，对于推动中马双边经济贸易、落实“一带一路”建设具有显著的示范效应。

马来西亚联合钢铁项目是马来西亚首个海外钢铁行业全流程项目，项目设计年产 350 万吨高端棒线材和 H 型钢，是中国大陆在海外投资建设的第一个现代化全流程综合性钢铁厂、马来西亚最大的钢铁厂。

宝冶承担 350 万吨钢铁项目 2×1 080 立方米高炉标段、2×100 吨转炉及连铸标段、4×600 吨石灰窑等标段施工。

马来西亚联合钢铁项目于 2016 年 11 月 21 日正式开工；2018 年 3 月 26 日

图 5-4-6　马来西亚联合钢铁厂

一号高炉点火烘炉，5月17日一号高炉出铁，6月12日一号转炉试生产。

## 七、乌兹别克斯坦利泰12万锭纺纱厂

乌兹别克斯坦利泰12万锭纺纱厂项目位于乌兹别克斯坦共和国卡什卡达里亚州卡尔希市。项目由江苏金昇实业股份有限公司投资，为乌兹别克斯坦卡尔希地区最大的外资工业项目，受到乌兹别克斯坦总统的特别关注，并特批总统令给予优惠政策支持。

该项目采用全球最先进自动化纺纱机械，投产后计划年产2.3万吨高档精梳纱线。总占地面积约30万平方米，项目规划建筑面积13.85万平方米。宝冶承建一期工程总建筑面积73 356平方米，包括一车间、招待所、职工倒班楼、消防给水站、锅炉房、门卫、原棉仓库、厂区道路等。

2015年7月28日，举行一期工程开工奠基仪式；2016年2月13日，开始钢结构吊装；2017年6月30日，试生产。

## 八、马来西亚拉庆苏丹伊布拉欣体育场

马来西亚拉庆苏丹伊布拉欣体育场项目工程位于马来西亚新山市浦来区，占地面积14.15万平方米，包括主体育场、停车场、附属办公楼及室外公共区域，设计规模35 000个座位，总建筑面积约7.1万平方米（含管理办公楼2 200平方米），地下1层，地上4层。室外停车场车位约4 334个，建成后将作为苏丹王储旗下Johor Darul Ta'zim（新山南虎足球队）新主场，承办国内联赛及国际足球赛事。

场馆主结构为钢筋混凝土结构，屋盖为钢结构和铝板、膜结构，钢结构罩棚采用的空间曲面钢结构体系，平面投影呈圆形，直径约225米，罩棚最大高度48.5米。钢罩棚采用倒三角管桁架+伞状支撑结构体系，桁架内侧悬挑，最大悬挑长度约30米，最小悬挑约19米。

该项目于2017年9月21日正式开工，项目团队用时7个月完成体育场一次结构的全面封顶。这是宝冶在海外的第一个公共建筑总承包项目。

图5-4-7　马来西亚拉庆苏丹伊布拉欣体育场

## 九、科威特医保医院工程

科威特医保医院工程项目包括两所分别位于科威特Ahmadi省和Jahra省的医院。每个医院拥有一栋300张住院病床的主楼、门诊部（OPD）、急诊病房、327个停车位的停车场设施、员工宿舍楼及外部工程，包括2个地点医院的所有公共事业设备在内。总建筑面积约228 594平方米，两所医院主楼为地上5层，地下1层；停车楼地上5层，职工宿舍地上5层。

该项目集设计、施工、设备采购和运营维护于一体，且合同要求苛刻，项目标准要求高，作为宝冶首个海外EPC项目，且按照国际标准在海外实施，由中冶集团下属宝冶、中冶国际及中冶华天三个单位组成联营体执行。采用扁平式组织结构，设计、商务、采购等由指挥部集中管控，两个现场项目部负责现场施工管理。项目管理团队大量聘用属地化员工，管理员工属地化比例超过50%，其中包括大量聘用外籍设计师及专家等弥补设计方能力和投入不足的短板。

该项目于2017年2月18日开工建设。

图5-4-8 科威特医保医院

## 十、柬埔寨西港D' Seaview公寓一期总包工程

承建柬埔寨西港D' Seaview公寓一期总包工程位于西港市Mitapheap分区，项目业主是逢来发柬埔寨开发有限公司，新加坡YSCA Consultant控股，施工采用新加坡标准，是柬埔寨首个采用装配式轻质隔墙板的项目。

施工内容包括结构工程、二次结构工程、MEP工程、装修工程（简装）及外网工程等。占地面积9 818平方米，总建筑面积93 168平方米，项目主体由两栋塔楼和四栋辅楼组成，主楼总高度为99.4米，共计28层，四栋副楼高度由32.4—46.65米不等。

该项目于2016年11月4日开工建设。

## 附：海外工程主要项目列表

表5-4-1 海外工程主要项目列表

| 项目名称 | 开工时间 |
|---|---|
| 泰国NTS钢铁集团有限公司NTS 500 000 t/a铁系统工程 | 2008年 |
| 阿联酋迪拜跑马场屋面钢结构 | 2008年 |
| 科威特中央银行大厦 | 2009年 |

（续表）

| 项　目　名　称 | 开 工 时 间 |
|---|---|
| 菲律宾 Gateway Tower | 2010 年 |
| 菲律宾 Araneta Center Parking Building | 2011 年 |
| 台塑越南河静炼钢 300 吨转炉工程(3 座) | 2013 年 |
| 柬埔寨金边 Sky Villa 结构体工程 | 2014 年 |
| 柬埔寨金边 PPCC 项目万谷湖售楼处工程 | 2015 年 |
| 乌兹别克斯坦利泰 12 万锭纺纱厂项目 | 2015 年 |
| 越南正阳纸厂责任有限公司年产 44.28 万吨高档包装纸项目纸厂土建工程 | 2015 年 |
| 柬埔寨 Gateway 商住楼总承包工程 | 2016 年 |
| 柬埔寨巴里水岸三期 C 栋工程 | 2016 年 |
| 柬埔寨西港 D' Seaview 公寓桩基工程 | 2017 年 |
| 科威特医保医院工程 | 2017 年 |
| 柬埔寨金边 Sky Villa 机电工程 | 2017 年 |
| 马来西亚拉庆苏丹伊布拉欣体育场项目总包工程 | 2017 年 |
| 西港海景苑公寓一期总包工程 | 2017 年 |
| 越南和发榕橘钢铁股份公司 4×1 080 立方米高炉工程项目部 | 2017 年 |
| 印尼 PT. MEK 半焦工程项目项目部 | 2018 年 |
| 马来西亚东钢六流方坯连铸建安工程 | 2018 年 |
| 马来西亚联合钢铁 350 万吨钢铁项目新增 2#高线、3#棒材工程 | 2018 年 |
| 马来西亚东钢钢渣处理建安工程 | 2018 年 |
| 柬埔寨昊利酒店 10#、11#商住楼建设工程 | 2018 年 |
| 南方水泥(柬埔寨)有限公司 2 500 d/t 熟料生产线及 2×12 MW 燃煤发电厂土建、钢结构及附属工程 | 2018 年 |
| 马来西亚东钢块矿、焦炭储料棚工程 | 2018 年 |
| 柬埔寨金边富力华庭二期总承包工程 | 2018 年 |
| 柬埔寨金边富力城销售中心及体育会所幕墙、装饰、园林工程 | 2018 年 |
| 柬埔寨昊利酒店沙滩会所建设工程 | 2018 年 |
| 柬埔寨金边 urban-village 商住楼一期电气工程项目分包合同 | 2018 年 |
| 柬埔寨 Sky Villa 豪华公寓楼砌筑工程 | 2018 年 |

# 第五章　工 程 获 奖

1978—2018 年期间，获 39 项中国建设工程鲁班奖、7 项国家优质工程金质奖、24 项国家优质工程奖、6 项中国土木工程詹天佑奖、3 项中国市政工程金杯奖、61 项钢结构金奖、11 项中国安装工程优质奖(安装之星)、135 项省(部)级优质工程、3 项冶金部优质产品。公司获 2007 年创鲁班奖工程特殊荣誉企业称号、创鲁班奖工程突出贡献单位称号；获 2012 年创建鲁班奖工程突出贡献奖(银奖)。

**表 5－5－1　1978—2018 年宝冶承建工程获奖情况(鲁班奖)**

| 项　目　名　称 | 获奖名称 | 获奖时间 |
|---|---|---|
| 宝钢 2 050 毫米热轧厂轧制车间工程 | 中国建筑工程鲁班奖 | 1990 年 |
| 宝钢三号高炉系统工程 | 中国建筑工程鲁班奖 | 1997 年 |
| 宝钢 1580 热轧工程 | 中国建筑工程鲁班奖 | 1998 年 |
| 宝钢 1550 冷轧带钢工程 | 中国建筑工程鲁班奖 | 2001 年 |
| 四川启明星铝业有限公司 125 kt/a 电解铝工程 | 中国建筑工程鲁班奖 | 2005 年 |
| 宝钢宽厚板轧机工程 | 中国建筑工程鲁班奖 | 2006 年 |
| 南京奥林匹克体育中心体育场 | 中国建筑工程鲁班奖 | 2006 年 |
| 南通体育会展中心体育场 | 中国建筑工程鲁班奖 | 2007 年 |
| 郑州新郑国际机场航站楼改扩建工程(扩建) | 中国建筑工程鲁班奖 | 2007 年 |
| 宝钢 1 880 毫米热轧带钢工程 | 中国建设工程鲁班奖 | 2008 年 |
| 国家体育场工程 | 中国建设工程鲁班奖 | 2008 年 |
| 北京奥林匹克篮球馆 | 中国建设工程鲁班奖 | 2008 年 |
| 武汉新芯集成电路制造有限公司 12 吋集成电路生产线项目 FAB12a 生产厂房 | 中国建设工程鲁班奖 | 2008 年 |
| 浦钢搬迁项目 COREX 炼铁工程主体单元 | 中国建设工程鲁班奖 | 2009 年 |
| 南京会议展览中心会议中心工程 | 中国建设工程鲁班奖 | 2009 年 |
| 太原机场改扩建工程航站楼工程 | 中国建设工程鲁班奖 | 2009 年 |
| 宝钢五冷轧带钢工程(一期) | 中国建设工程鲁班奖 | 2010—2011 年 |
| 首钢冷轧薄板生产线工程 | 中国建设工程鲁班奖 | 2010—2011 年 |
| 中国 2010 年上海世博会主题馆 | 中国建设工程鲁班奖 | 2010—2011 年 |
| 中山博览中心 | 中国建设工程鲁班奖 | 2010—2011 年 |
| 中国(太原)煤炭交易中心 | 中国建设工程鲁班奖 | 2012—2013 年 |
| 南阳体育场 | 中国建设工程鲁班奖 | 2012—2013 年 |

（续表）

| 项　目　名　称 | 获奖名称 | 获奖时间 |
|---|---|---|
| 深圳市大运中心项目 | 中国建设工程鲁班奖 | 2012—2013 年 |
| 首钢京唐钢铁联合有限责任公司钢铁厂一期轧钢(2 250 毫米热轧、2 230 毫米冷轧)工程 | 中国建设工程鲁班奖 | 2012—2013 年 |
| 天津海河教育园区(北洋园)一期综合配套工程(体育场、游泳馆、体育馆及公共实训中心) | 中国建设工程鲁班奖 | 2012—2013 年 |
| 山西体育中心主体育场 | 中国建设工程鲁班奖 | 2012—2013 年 |
| 珠海十字门会展商务组团一期国际展览中心工程 | 中国建设工程鲁班奖 | 2014—2015 年 |
| 鄂尔多斯市体育中心工程 | 中国建设工程鲁班奖 | 2014—2015 年 |
| 北京日出东方酒店 | 中国建设工程鲁班奖 | 2014—2015 年 |
| 郴州市国际会展中心 | 中国建设工程鲁班奖 | 2014—2015 年 |
| 上海迪士尼乐园及配套设施(一期)项目 | 中国建设工程鲁班奖 | 2016—2017 年 |
| 河西地区综合性医院(河西儿童医院)门诊医技病房楼 | 中国建设工程鲁班奖 | 2016—2017 年 |
| 上海迪士尼乐园及配套设施(一期)项目(参建) | 中国建设工程鲁班奖 | 2016—2017 年 |
| 苏州国际博览中心三期、花桥国际商务城博览中心新展馆工程 | 中国建设工程鲁班奖 | 2016—2017 年 |
| 北京雁栖湖国际会展中心 | 中国建设工程鲁班奖 | 2016—2017 年 |
| 哈尔滨大剧院 | 中国建设工程鲁班奖 | 2016—2017 年 |
| 郑州新郑国际机场二期扩建工程(T2 航站楼、综合交通换乘中心及塔台小区) | 中国建设工程鲁班奖 | 2016—2017 年 |
| 香港中文大学(深圳)一期项目(下园)施工总承包Ⅱ标段教学楼 | 中国建设工程鲁班奖 | 2018—2019 年 |
| 香港中文大学(深圳)一期项目(下园)施工总承包Ⅱ标段教学楼(参建) | 中国建设工程鲁班奖 | 2018—2019 年 |

**表 5-5-2　1978—2018 年宝冶承建工程获奖情况(国家优质工程金质奖)**

| 项　目　名　称 | 获奖名称 | 获奖时间 |
|---|---|---|
| 上海宝山钢铁总厂(一期)工程 | 国家优质工程金质奖 | 1986 年 |
| 上海宝山钢铁总厂二期(冷轧、热轧、连铸)工程 | 国家优质工程金质奖 | 1991 年 |
| 宝钢二号高炉易地大修工程 | 国家优质工程金质奖 | 2007 年 |
| 首钢顺义冷轧薄板工程项目 | 国家优质工程金质奖 | 2010—2011 年 |
| 首钢京唐钢铁厂项目一期轧钢(2 250 毫米热轧、2 230 毫米冷轧) | 国家优质工程金质奖 | 2012—2013 年 |
| 上海临港燃气电厂一期工程 | 国家优质工程金质奖 | 2012—2013 年 |
| 无锡市轨道交通 1 号线工程 | 国家优质工程金质奖 | 2016—2017 年 |

表 5-5-3　1978—2018 年宝冶承建工程获奖情况(国家优质工程银质奖)

| 项　目　名　称 | 获奖名称 | 获奖时间 |
| --- | --- | --- |
| 上海宝山钢铁总厂自备电厂工程 | 国家优质工程银质奖 | 1984 年 |
| 上海宝山钢铁总厂原料码头工程 | 国家优质工程银质奖 | 1985 年 |
| 梅山三号高炉主体工程 | 国家优质工程银质奖 | 1999 年 |
| 武钢二热轧工程 | 国家优质工程银质奖 | 2005 年 |
| 宝钢厚板坯连铸工程 | 国家优质工程银质奖 | 2006 年 |
| 无锡体育中心二期工程 | 国家优质工程银质奖 | 2006 年 |
| 湖南华菱涟钢冷轧薄板工程 | 国家优质工程银质奖 | 2007 年 |
| 上海浦东国际机场二期飞行区(第二跑道) | 国家优质工程银质奖 | 2009 年 |
| 邯钢新区 2250 热轧工程 | 国家优质工程银质奖 | 2010—2011 年 |
| 中融・碧玉蓝天大厦工程 | 国家优质工程银质奖 | 2010—2011 年 |
| 广州市政务服务中心(广州市财政局业务用房) | 国家优质工程银质奖 | 2010—2011 年 |
| 三门峡市文化体育中心会展部分(I 区)工程 | 国家优质工程奖 | 2012—2013 年 |
| 武钢三冷轧工程 | 国家优质工程银质奖 | 2012—2013 年 |
| 邯钢结构优化产业升级总体规划邯钢新区二冷轧工程 | 国家优质工程银质奖 | 2012—2013 年 |
| 上海浦东国际机场扩建工程第三跑道系统工程 | 国家优质工程银质奖 | 2012—2013 年 |
| 深圳市宝安体育场工程 | 国家优质工程银质奖 | 2012—2013 年 |
| 宝钢广东湛江钢铁基地项目炼铁工程(一号高炉工程) | 国家优质工程奖 | 2016—2017 年 |
| 珠海十字门会展商务组团一期公寓式酒店工程 | 国家优质工程奖 | 2016—2017 年 |
| 上海华电奉贤南桥新城能源中心项目 | 国家优质工程奖 | 2016—2017 年 |
| 江苏华电戚墅堰发电有限公司 F 级 2×475 MW 燃机二期扩建工程 | 国家优质工程奖 | 2016—2017 年 |
| 马鞍山市体育中心—会展中心工程 | 国家优质工程奖 | 2016—2017 年 |
| 南京国际博览中心二期工程 | 国家优质工程奖 | 2016—2017 年 |
| 宝钢广东湛江钢铁基地项目轧钢工程(2 250 毫米热轧主体、2 030 毫米冷轧) | 国家优质工程奖 | 2018—2019 年 |
| 惠山区全民健身中心工程 | 国家优质工程奖 | 2018—2019 年 |

表 5-5-4　1978—2018 年宝冶承建工程获奖情况(中国土木工程詹天佑奖)

| 项 目 名 称 | 获 奖 名 称 | 获奖时间 |
| --- | --- | --- |
| 深圳市大运中心项目 | 第十一届中国土木工程詹天佑奖 | 2013 年 |
| 广州国际体育演艺中心(NBA 多功能篮球馆) | 第十二届中国土木工程詹天佑奖 | 2014 年 |
| 北京金雁饭店重建工程 | 第十三届中国土木工程詹天佑奖 | 2016 年 |
| 鄂尔多斯市体育中心工程 | 第十四届中国土木工程詹天佑奖 | 2017 年 |

(续表)

| 项目名称 | 获奖名称 | 获奖时间 |
| --- | --- | --- |
| 哈尔滨大剧院 | 第十四届中国土木工程詹天佑奖 | 2017年 |
| 上海迪士尼度假区 | 第十五届中国土木工程詹天佑奖 | 2018年 |

表5-5-5 1978—2018年宝冶承建工程获奖情况(钢结构金奖)

| 项目名称 | 获奖名称 | 获奖时间 |
| --- | --- | --- |
| 中芯国际FAB1、FAB2厂房 | 中国建筑钢结构金奖 | 2003年 |
| 郑州国际会展中心(会议中心)钢结构工程 | 中国建筑钢结构金奖 | 2005年 |
| 南京奥体中心体育场钢屋盖工程 | 中国建筑钢结构金奖 | 2005年 |
| 郑州新郑国际机场航站楼改扩建钢结构工程 | 中国建筑钢结构金奖(国家优质工程) | 2007年 |
| 国家体育场钢结构(安装) | 中国建筑钢结构金奖(国家优质工程) | 2007年 |
| 北京五棵松文化体育馆 | 中国建筑钢结构金奖(国家优质工程) | 2008年 |
| 中山博览中心工程(制作、安装) | 中国建筑钢结构金奖(国家优质工程) | 2008年 |
| 佛山世纪莲体育中心体育场工程 | 中国建筑钢结构金奖(国家优质工程) | 2008年 |
| 上海浦钢公司搬迁罗泾工程COREX炼铁工程主体单元钢结构工程 | 中国建筑钢结构金奖(国家优质工程) | 2008年 |
| 中融碧玉蓝天商务综合楼钢结构工程(制作、安装) | 中国建筑钢结构金奖(国家优质工程) | 2008年 |
| 淮安市国际会展中心钢结构工程 | 中国建筑钢结构金奖(国家优质工程) | 2009年 |
| 曲阜孔子文化会展中心一期钢结构工程 | 中国建筑钢结构金奖(国家优质工程) | 2009年 |
| 厦门会展二期钢结构工程 | 中国建筑钢结构金奖(国家优质工程) | 2009年 |
| 赛迪大厦钢结构工程(制作、安装) | 中国建筑钢结构金奖(国家优质工程) | 2010年 |
| 沈阳展览中心钢结构工程(制作、安装) | 中国建筑钢结构金奖(国家优质工程) | 2010年 |
| 湛江龙腾物流球团原料库网壳钢结构工程(总包、制作、安装) | 中国建筑钢结构金奖(国家优质工程) | 2010年 |
| 广州国际体育演艺中心钢结构工程(制作、安装) | 中国建筑钢结构金奖(国家优质工程) | 2010年 |
| 深圳大运中心Ⅱ标段(主体育馆)钢结构工程(总包、制作、安装) | 中国建筑钢结构金奖(国家优质工程) | 2010年 |
| 中国(太原)煤炭交易中心展览中心钢结构工程 | 中国钢结构金奖(国家优质工程) | 2011年 |
| 首钢京唐钢铁联合有限公司一期二步2 230毫米第二冷轧厂主厂房钢结构工程 | 中国钢结构金奖(国家优质工程) | 2012年 |
| 三门峡体育中心会展钢结构工程 | 中国钢结构金奖(国家优质工程) | 2012年 |
| 福建三明体育中心钢结构及金属屋面钢结构工程 | 中国钢结构金奖(国家优质工程) | 2012年 |
| 中国东盟(柳州)工业品展示交易中心钢结构工程 | 中国钢结构金奖(国家优质工程) | 2013年 |

(续表)

| 项目名称 | 获奖名称 | 获奖时间 |
| --- | --- | --- |
| 镇江市体育会展中心钢结构工程 | 中国钢结构金奖(国家优质工程) | 2013年 |
| 南京德基广场二期主楼钢结构工程 | 中国钢结构金奖(国家优质工程) | 2013年 |
| 北京金雁饭店重建钢结构工程 | 中国钢结构金奖(国家优质工程) | 2014年 |
| 济宁市奥体中心场馆建设工程射击射箭馆及游泳跳水馆钢结构工程 | 中国钢结构金奖(国家优质工程) | 2014年 |
| 海南昌江核电钢结构工程 | 中国钢结构金奖(国家优质工程) | 2014年 |
| 上海金山和辉光电钢结构工程 | 中国钢结构金奖(国家优质工程) | 2014年 |
| 哈尔滨大剧院钢结构工程(制作、安装) | 中国钢结构金奖(国家优质工程) | 2014年 |
| 厦门会展三期钢结构工程 | 中国钢结构金奖(国家优质工程) | 2014年 |
| 郴州市国际会展中心 | 中国钢结构金奖(国家优质工程) | 2014年 |
| 北京雁栖湖国际会展中心钢结构工程(制作、安装) | 中国钢结构金奖(国家优质工程) | 2015年 |
| 甘肃科技馆建设项目钢结构工程(制作、安装) | 中国钢结构金奖(国家优质工程) | 2015年 |
| 珠海十字门国际展览中心钢结构工程(总包、制作、安装) | 中国钢结构金奖(国家优质工程) | 2015年 |
| 南京国际博览中心二期北侧钢结构及金属屋面工程(制作、安装) | 中国钢结构金奖(国家优质工程) | 2015年 |
| 江苏新长江(雅阁)国际酒店钢结构工程(总包、制作、安装) | 中国钢结构金奖(国家优质工程) | 2015年 |
| 鄂尔多斯市体育中心建设项目体育馆钢结构工程(总包、制件、安装) | 中国钢结构金奖(国家优质工程) | 2015年 |
| 绍兴金沙东方山水国际商务休闲中心钢结构工程(制作、安装) | 中国钢结构金奖(国家优质工程) | 2015年 |
| 四川国际旅游交易博览会场馆钢结构工程(总包、制作、安装) | 中国钢结构金奖(国家优质工程) | 2016年 |
| 东港D10地块项目(维多利亚广场)二标段钢结构工程(制作、安装) | 中国钢结构金奖(国家优质工程) | 2016年 |
| 武汉光谷国际网球中心主场馆钢结构工程(制作、安装) | 中国钢结构金奖(国家优质工程) | 2016年 |
| 新疆库尔勒纺纱项目钢结构工程(总包、制作、安装) | 中国钢结构金奖(国家优质工程) | 2016年 |
| 扬州体育公园体育场钢结构工程(总包、制作、安装) | 中国钢结构金奖(国家优质工程) | 2016年 |
| 郑州新郑国际机场二期建设项目综合交通换乘中心(GTC)钢结构及金属屋面钢结构工程(GTCSG-03标段)钢结构工程(制作、安装) | 中国钢结构金奖(国家优质工程) | 2016年 |
| 邯郸客运中心主站钢结构工程(制作、安装) | 中国钢结构金奖(国家优质工程) | 2016年 |
| 珠海十字门会展商务组团一期标志性塔楼钢结构工程 | 第十二届第二批中国钢结构金奖 | 2017年 |
| 长春国际金融中心钢结构工程 | 第十二届第二批中国钢结构金奖 | 2017年 |

（续表）

| 项 目 名 称 | 获 奖 名 称 | 获奖时间 |
|---|---|---|
| 天津市滨海新区文化中心（一期）项目文化场馆部分钢结构工程 | 第十二届第二批中国钢结构金奖 | 2017 年 |
| 临夏民族大剧院建设项目钢结构工程 | 第十二届第二批中国钢结构金奖 | 2017 年 |
| 临夏体育场、馆建设项目钢结构工程 | 第十二届第二批中国钢结构金奖 | 2017 年 |
| 海峡青年交流营地第 1 标段项目钢结构工程 | 第十二届第二批中国钢结构金奖 | 2017 年 |
| 宝能中心（12－04）施工总承包工程钢结构工程 | 第十二届第二批中国钢结构金奖 | 2017 年 |
| 南京德基世贸中心 A 楼（地上部分）钢结构工程 | 第十三届第一批中国钢结构金奖 | 2018 年 |
| 郴州市文化艺术中心钢结构工程 | 第十三届第一批中国钢结构金奖 | 2018 年 |
| 中国海南海花岛 1 号岛 A 区文化娱乐城钢结构工程 | 第十三届第一批中国钢结构金奖 | 2018 年 |
| 华策国际大厦钢结构工程 | 第十三届第一批中国钢结构金奖 | 2018 年 |
| 黄石市奥林匹克体育中心项目体育场钢结构工程 | 第十三届第一批中国钢结构金奖 | 2018 年 |
| 江门市滨江体育中心钢结构工程 | 第十三届第一批中国钢结构金奖 | 2018 年 |
| 广州白云国际机场扩建工程二号航站楼钢结构工程 | 第十三届第一批中国钢结构金奖 | 2018 年 |
| 天津周大福金融中心项目 | 中国钢结构金奖（杰出工程大奖） | 2018 年 |

表 5－5－6　1978—2018 年宝冶承建工程获奖情况（中国安装工程优质奖）

| 项 目 名 称 | 获 奖 名 称 | 获奖时间 |
|---|---|---|
| 宝钢五冷轧带钢工程（一期）冷 2 标 | 中国安装工程优质奖（安装之星） | 2010 年 |
| 搬迁罗泾工程 COREX 炼铁工程主体单元 | 中国安装工程优质奖（安装之星） | 2010 年 |
| 特钢炉卷热轧工程 | 中国安装工程优质奖（安装之星） | 2011—2012 年 |
| 爱励铝业（镇江）一期厂房工程厂房结构工程 | 中国安装工程优质奖（安装之星） | 2013—2014 年 |
| 天津忠旺铝业有限公司特大高精铝及铝合金加工材项目 1 号线热轧车间生产线建筑安装工程 | 中国安装工程优质奖（安装之星） | 2015—2016 年 |
| 上海迪士尼乐园项目一园区二一期安装工程 | 中国安装工程优质奖（安装之星） | 2017—2018 年 |
| 宝钢广东湛江钢铁基地项目炼铁工程一号高炉安装工程 | 中国安装工程优质奖（安装之星） | 2017—2018 年 |
| 扬州京华城中城 A6－1－2－3－4 项目总包工程（安装工程） | 中国安装工程优质奖（安装之星） | 2017—2018 年 |
| 香港中文大学（深圳）一期项目（下园）施工总承包 II 标段（安装工程） | 中国安装工程优质奖（安装之星） | 2017—2018 年 |
| 宝钢广东湛江钢铁基地项目 1 550 毫米冷轧工程二标段机电安装工程 | 中国安装工程优质奖（安装之星） | 2017—2018 年 |
| 宝钢广东湛江钢铁基地项目 1 550 毫米冷轧工程二标段机电安装工程（参建） | 中国安装工程优质奖（安装之星） | 2017—2018 年 |

表 5-5-7　1978—2018 年宝冶承建工程获奖情况(中国市政工程金杯奖)

| 项　目　名　称 | 获奖名称 | 获奖时间 |
|---|---|---|
| 上海地铁 1 号线工程 | 中国市政工程金杯奖 | 1996 年 |
| 合流污水治理一期工程彭越浦泵站主体工程 | 中国市政工程金杯奖 | 1997 年 |
| 浦东国际机场一期场道工程 | 中国市政工程金杯奖 | 2000 年 |

表 5-5-8　1978—2018 年宝冶承建工程获奖情况(省、部级优质工程)

| 项 目 名 称 | 获 奖 名 称 | 获奖时间 |
|---|---|---|
| 宝钢一号高炉系统工程 | 冶金部优质工程 | 1986 年 |
| 宝钢长江引水工程 | 冶金部优质工程 | 1986 年 |
| 宝钢炼钢工程 | 冶金部优质工程 | 1986 年 |
| 上海梅山冶金公司二号高炉系统大修改造工程 | 冶金部优质工程 | 1987 年 |
| 上海内江路停车场双层停车库工程 | 上海市优质工程 | 1988 年 |
| 宝钢冷轧工程 | 冶金部优质工程 | 1989 年 |
| 宝钢热轧工程 | 冶金部优质工程 | 1990 年 |
| 宝钢三号高炉系统工程 | 冶金部质量样板工程奖 | 1996 年 |
| 合流污水治理一期工程彭越浦泵站主体工程 | 上海市优质工程奖 | 1996 年 |
| 梅山三号高炉主体工程 | 冶金部质量样板工程奖 | 1997 年 |
| 宝钢 1580 热轧工程 | 冶金部质量样板工程奖 | 1998 年 |
| 上海通用汽车有限公司总装车间工程 | 冶金工业优质工程 | 2000 年 |
| 浦东国际机场飞行区跑道、滑行道、停机坪工程(1、4、5 标段)工程 | 获上海市“市政工程金奖” | 2000 年 |
| 上海梅山炼钢石灰车间工程 | 江苏省“扬子杯”优质工程奖 | 2001 年 |
| 华东泰克西汽车铸造车间钢结构工程 | 江苏省“扬子杯”优质工程奖 | 2001 年 |
| 厦门国际会展中心主楼工程 | 福建省《建设杯》优质工程 | 2001 年 |
| 磁悬浮快速列车运营示范线龙阳路车站 | 上海市“白玉兰”奖(市优质工程) | 2002 年 |
| 厦门国际会展中心工程 | 冶金工业优质工程 | 2002 年 |
| 厦门国际会展中心工程 | 全国用户满意建筑工程 | 2003 年 |
| 芜湖奥林匹公园一期工程 | 安徽省“黄山杯”(省优质工程) | 2003 年 |
| 武钢二热轧工程 | 冶金工业优质工程 | 2004 年 |
| 上海海烟物流配送中心工程 | 冶金工业优质工程 | 2004 年 |
| 武钢二热轧工程 | 湖北省“楚天杯”奖 | 2004 年 |
| 湖南华菱涟钢集团超薄板带钢轧机工程 | 冶金工业优质工程 | 2005 年 |
| 四川启明星铝业有限公司 125 kt/a 电解铝工程 | 四川省建设工程天府杯金奖 | 2005 年 |

（续表）

| 项 目 名 称 | 获 奖 名 称 | 获奖时间 |
|---|---|---|
| 浦东国际机场二期飞行区第二跑道地基处理及道面工程 | 上海市市政工程金奖 | 2005年 |
| 宝钢宽厚板轧机工程 | 冶金行业优质工程 | 2006年 |
| 宝钢厚板坯连铸工程 | 冶金行业优质工程 | 2006年 |
| 宝钢二号高炉易地大修工程 | 冶金行业优质工程 | 2006年 |
| 湖南华菱涟钢冷轧薄板工程 | 冶金行业优质工程 | 2007年 |
| 河南安钢120吨转炉—炉卷轧机工程 | 冶金行业优质工程 | 2007年 |
| 南通体育会展中心体育场 | 江苏省“扬子杯”优质工程奖 | 2007年 |
| 佛山世纪莲体育中心体育场工程 | 广东省优良样板工程 | 2007年 |
| 厦门海峡交流中心国际会议中心地下室工程 | 福建省《建设杯》奖（省优质工程） | 2007年 |
| 宝钢1 880毫米热轧工程 | 冶金行业优质工程 | 2008年 |
| 舞钢新建100万吨宽厚板工程 | 冶金行业优质工程 | 2008年 |
| 太钢重点项目高炉工程 | 冶金行业优质工程 | 2008年 |
| 中山博览中心工程 | 广东省优良样板工程 | 2009年 |
| 浦东国际机场扩建工程第三跑道系统工程 | 市政金杯示范工程 | 2009年 |
| 广州市财政局业务用房工程 | 广东省优良样板工程 | 2009年 |
| 中融碧玉蓝天 | 上海市“白玉兰”奖（市优质工程） | 2009年 |
| 常州市体育馆会展中心 | 江苏省“扬子杯”优质工程奖 | 2009年 |
| 南京会议展览中心会议中心 | 江苏省“扬子杯”优质工程奖 | 2009年 |
| 浦钢搬迁项目COREX炼铁工程主体单元 | 冶金行业优质工程 | 2009年 |
| 首钢冷轧薄板生产线工程 | 冶金行业优质工程 | 2009年 |
| 武钢1580热轧工程 | 冶金行业优质工程 | 2009年 |
| 郑州新郑国际机场货运站改扩建工程 | 河南省建设工程“中州杯”奖（省优质工程） | 2010年 |
| 赛迪大厦 | 重庆市巴渝杯优质工程奖 | 2010年 |
| 武钢三冷轧重卷包装线机组 | 湖北省“楚天杯”奖 | 2010年 |
| 上海世博会主题馆工程 | 上海市建设工程“白玉兰”奖（市优质工程） | 2010年 |
| 江阴市东横污水截流系统工程 | 江苏省市政示范工程 | 2010年 |
| 浦东高行镇16街坊商品住宅16＃楼 | 上海市建设工程“白玉兰”奖（市优质工程） | 2010年 |
| 邯钢新区2250热轧工程 | 冶金行业优质工程 | 2010年 |
| 梅钢一号和三号高炉易地大修技术改造工程 | 冶金行业优质工程 | 2010年 |
| 宝钢五冷轧带钢工程（一期） | 冶金行业优质工程 | 2010年 |
| 首钢京唐一期项目第一冷轧厂工程 | 冶金行业优质工程 | 2010年 |

(续表)

| 项 目 名 称 | 获 奖 名 称 | 获奖时间 |
|---|---|---|
| 厦门国际物流中心工程 | 福建省《闽江杯》优质工程 | 2011 年 |
| 武钢 CSP 连铸连轧主轧线工程 | 冶金行业优质工程 | 2011 年 |
| 广州国际体育演艺中心 | 广东省建设工程金匠奖 | 2011 年 |
| 广州国际体育演艺中心 | 广东省优良样板工程 | 2011 年 |
| 上海市青草沙水源地原水工程(金海支线 C4 标) | 上海市市政工程金奖 | 2012 年 |
| 申江路(沪南公路—原浦东区界)新改建工程 | 上海市市政工程金奖 | 2012 年 |
| 邯钢新区二冷轧工程 | 冶金行业优质工程 | 2012 年 |
| 首钢京唐钢铁联合有限责任公司一期二步项目第二冷轧厂工程 | 冶金行业优质工程 | 2012 年 |
| 深圳大运中心Ⅱ标段(主体育馆)工程 | 冶金行业优质工程 | 2012 年 |
| 广州亚运城技术官员村工程 | 冶金行业优质工程 | 2012 年 |
| 深圳大运中心Ⅱ标段(主体育馆)工程 | 广东省建设工程金匠奖 | 2012 年 |
| 深圳大运中心Ⅱ标段(主体育馆)工程 | 广东省建设工程优质奖 | 2012 年 |
| 深圳大运中心Ⅱ标段(主体育馆)工程 | 广东省詹天佑故乡杯奖 | 2012 年 |
| 宝山体育中心及图书馆改造工程——综合篮球馆 | 上海市建设工程“白玉兰”奖(市优质工程) | 2012 年 |
| 深圳宝安体育场屋盖系统钢结构工程 | 广东省建设工程优质奖 | 2012 年 |
| 深圳宝安体育场屋盖系统钢结构工程 | 广东省建设工程金匠奖 | 2012 年 |
| 淮安市国际会展中心工程 | 江苏省“扬子杯”优质工程奖 | 2012 年 |
| 葫芦岛龙湾中央商务区文化中心 | 辽宁省建设工程世纪杯(省优质工程) | 2013 年 |
| 梅钢炼铁项目五号高炉工程 | 冶金行业优质工程 | 2013 年 |
| 三门峡市文化体育中心会展部分 1 区工程 | 冶金行业优质工程 | 2013 年 |
| 三门峡市文化体育中心会展部分 2 区工程 | 河南省建设工程“中州杯”奖(省优质工程) | 2013 年 |
| 邯钢老区钢轧改造棒材工程 | 冶金行业优质工程 | 2013 年 |
| 中国(太原)煤炭交易中心展览中心 | 山西省建设工程“汾水杯” | 2013 年 |
| 京唐第三冷轧厂连退—电镀锡工程 | 冶金行业优质工程 | 2014 年 |
| 安钢三号高炉工程 | 冶金行业优质工程 | 2014 年 |
| 罗店大型居住社区经济适用房一期工程 B3 地块 8#楼 | 上海市“白玉兰”奖(市优质工程) | 2014 年 |
| 鄂尔多斯体育中心 | 内蒙古自治区“草原杯”(省优质工程奖) | 2015 年 |
| 安钢 1550 冷轧—酸轧机组建安工程 | 冶金行业优质工程 | 2015 年 |
| 珠海十字门中央商务区会展商务组团一期国际展览中心项目 | 冶金行业优质工程 | 2015 年 |

（续表）

| 项 目 名 称 | 获 奖 名 称 | 获奖时间 |
|---|---|---|
| 珠海十字门中央商务区会展商务组团一期国际展览中心 | 广东省建设工程优质奖 | 2015 年 |
| 罗店大型居住社区经济适用房一期 B6 地块 2#楼 | 上海市建设工程“白玉兰”奖(市优质工程) | 2015 年 |
| 罗店大型居住社区经济适用房一期 B5 地块 6#楼 | 上海市建设工程“白玉兰”奖(市优质工程) | 2015 年 |
| 祁连基地 A2、A3 地块经济选用房工程 A2 - 14#楼 | 上海市建设工程“白玉兰”奖(市优质工程) | 2015 年 |
| 祁连基地 A2、A3 地块经济选用房工程 A3 - 2#楼 | 上海市建设工程“白玉兰”奖(市优质工程) | 2015 年 |
| 厦门国际会展中心三期主楼工程 | 福建省“闽江杯”优质工程奖 | 2015 年 |
| 中国博览会会展综合体项目(北块)总承包工程 F1 | 上海市建设工程“白玉兰”奖(市优质工程) | 2015 年 |
| 中国博览会会展综合体项目(北块)总承包工程 B1 | 上海市建设工程“白玉兰”奖(市优质工程) | 2015 年 |
| 罗店大型居住社区一期工程 B2 地块 4# | 上海市建设工程“白玉兰”奖(市优质工程) | 2016 年 |
| 罗店大型居住社区一期工程 B2 地块 10# | 上海市建设工程“白玉兰”奖(市优质工程) | 2016 年 |
| 上海迪士尼乐园项目明日世界工程 | 上海市建设工程“白玉兰”奖(市优质工程) | 2016 年 |
| 上海迪士尼乐园项目——园区二一期(探险岛项目) | 上海市建设工程“白玉兰”奖(市优质工程) | 2016 年 |
| 伊犁学校双语老师教育项目体育馆工程 | 江苏省“扬子杯”优质工程奖 | 2016 年 |
| 无锡市惠山区 XDG - 2012 - 39 号地块新经济创业中心一期 A 地块(裙房) | 江苏省优质工程奖“扬子杯” | 2016 年 |
| 镇江市体育会展中心项目 | 江苏省优质工程奖“扬子杯” | 2016 年 |
| 南京市纪委、监察局新建配套附属用房工程 | 江苏省优质工程奖“扬子杯” | 2016 年 |
| 珠海十字门会展商务组团一期国际会议中心工程 | 广东省建设工程优质奖 | 2016 年 |
| 珠海十字门会展商务组团一期喜来登酒店工程 | 广东省建设工程优质奖 | 2016 年 |
| 珠海十字门会展商务组团一期公寓式酒店工程 | 广东省建设工程优质奖 | 2016 年 |
| 珠海十字门会展商务组团一期公寓式酒店工程 | 广东省建设工程优质金匠奖 | 2016 年 |
| 投行大厦(第一创业大厦) | 广东省建设工程优质奖 | 2016 年 |
| 宝钢广东湛江钢铁基地项目炼铁工程(一号高炉) | 冶金行业优质工程 | 2016 年 |
| 马鞍山市体育中心——会展中心工程 | 冶金行业优质工程 | 2016 年 |
| 宝钢广东湛江钢铁基地原料工程一标段 | 冶金行业优质工程 | 2016 年 |
| 华菱安赛乐米塔尔汽车板工程 | 冶金行业优质工程 | 2016 年 |
| 郑州新郑卷烟厂联合易地技术改造项目联合工房 Ⅰ - Ⅳ工程 | 河南省建设工程“中州杯”奖 | 2016 年 |
| 珠海十字门会展商务组团一期公寓式酒店工程 | 冶金行业优质工程 | 2017 年 |
| 河西地区综合性医院(河西儿童医院)(门诊医技病房楼) | 冶金行业优质工程 | 2017 年 |
| 宝钢广东湛江钢铁基地项目 2 030 冷轧工程一、二标段 | 冶金行业优质工程 | 2017 年 |

(续表)

| 项目名称 | 获奖名称 | 获奖时间 |
|---|---|---|
| 深业世纪工业中心项目总承包 | 广东省建设工程优质奖 | 2017年 |
| 罗店大型社区二期工程C10地块(1#2#4#5#楼)(群体) | 上海市建设工程“白玉兰”奖 | 2017年 |
| 上海迪士尼乐园项目明日世界工程 | 上海市建设工程“白玉兰”奖 | 2017年 |
| 上海迪士尼乐园项目——园区二一期(探险岛项目) | 上海市建设工程“白玉兰”奖 | 2017年 |
| 上海华电奉贤南桥新城能源中心项目 | 中国电力优质工程 | 2017年 |
| 青海省环境监测及科研综合业务用房项目 | 青海省建设工程“江河源杯”奖 | 2018年 |
| 香港中文大学(深圳)一期项目(下园)施工总承包Ⅱ标段 | 广东省建设工程优质奖 | 2018年 |
| 珠海十字门会展商务组团一期标志性塔楼(办公酒店)工程 | 广东省建设工程优质奖 | 2018年 |
| 珠海十字门会展商务组团一期标志性塔楼(办公酒店)工程 | 广东省建设工程金匠奖 | 2018年 |
| 南京外国语学校河西分校项目(3#楼) | 江苏省优质工程奖“扬子杯” | 2018年 |
| 河西地区综合性医院(河西儿童医院)(门诊医技病房楼) | 江苏省优质工程奖“扬子杯” | 2018年 |
| 苏州国际博览中心三期 | 江苏省优质工程奖“扬子杯” | 2018年 |
| 宝钢广东湛江钢铁基地项目1 550毫米冷轧工程二标段 | 冶金行业优质工程 | 2018年 |
| 深圳大学西丽校区建设工程(一期)项目施工总承包Ⅱ标段 | 冶金行业优质工程 | 2018年 |
| 香港中文大学(深圳)一期项目(下园)施工总承包Ⅱ标段 | 冶金行业优质工程 | 2018年 |
| 京华城中城A6地块商业综合体 | 冶金行业优质工程 | 2018年 |
| 厦门天马微电子有限公司第6代低温多晶硅(LTPS)TFT-LCD及彩色过滤片CF生产线项目施工总包一标段(M3主厂房) | 冶金行业优质工程 | 2018年 |
| 安钢1550冷轧工程连退镀锌项目建安施工 | 冶金行业优质工程 | 2018年 |
| 惠山区全民健身中心(综合体育馆—体育场看台) | 冶金行业优质工程 | 2018年 |
| 青岛钢铁有限公司环保搬迁综合原料场 | 冶金行业优质工程 | 2018年 |
| 上海吴淞口国际邮轮码头后续工程生产与辅助建筑物下游客运大楼 | 2014—2017年上海市水运优质工程 | 2018年 |

**表5-5-9　1978—2018年宝冶承建工程获奖情况(冶金部优质产品)**

| 产品名称 | 获奖名称 | 获奖时间 |
|---|---|---|
| 桩用螺旋焊缝钢管Φ916 | 冶金部级优质产品 | 1991年 |
| 金属压型板系列 | 冶金部级优质产品 | 1991年 |
| 钢筋砼预制方桩400×400×1 500 | 冶金部级优质产品 | 1991年 |

# 第六篇

# 产业发展

1978年公司进沪后，主要任务是承担宝钢一期工程建设，以基建施工为主，产业结构相对比较单一。1988年，公司形成基建施工、设备检修、加工生产、多种经营的“四元”产业经营格局。分立改制后，公司以宝钢发展为依托，致力于做强做大工程设计施工总承包和专业承包两大核心主业，做大做优钢结构产业，做精做专检修协力产业，加快发展房地产产业。至2010年，逐步由原来单一的冶金建筑总承包企业拓展为以EPC工程总承包、钢结构及装备制造、检修协力和房地产开发四大产业板块为主的集团型企业。2016年后，公司先后与中冶东方工程技术有限公司、中冶华天包头设计研究总院有限公司战略重组，使传统的总包管理向前端设计管理延伸。

在公司产业发展上，钢结构产业始终是其中的重要支柱。1995年，公司加工生产摆脱辅助产业地位，首次独立完成大型冶金厂房钢结构的制作任务。2001年，公司钢结构制作突破10万吨，跻身国内为数不多的大型钢结构制作厂家之列。通过不断整合、创新，钢结构产业形成完整的产业链，“宝冶钢构”成为公司重要品牌。

在检修协力技改上，宝钢一期工程投产前夕，公司成立维护检修公司为宝钢生产服务。1998年，开始进入各大钢铁企业检修技改领域，为用户提供设备点检、在线检修、离线修复、故障诊断等系列服务，不断拓宽检修领域，扩展生产协力，承担大型重要技改项目。分立改制后，常规检修、生产协力等业务保留在存续的上海宝钢冶金建设公司，从事工程施工总承包和以工程施工承包资源为依托的检修经营业务进入改制后的上海宝冶建设有限公司。根据公司结构调整、产业转型需要，2015年，公司对检修、技改业务进行了整合。

在装备制造上，公司从1995年开始涉足装备制造，逐步形成品牌特色和产品，如钢渣与废钢运输车辆、压力容器与余热锅炉，大型高炉炉壳设备、节能环保设备等。2015年，加快高端装备制造产业发展，形成桁架式双翼跨海架桥机、全模块化转化炉等新的特色产品。

在房地产上，公司在四元产业发展阶段曾涉及房地产开发业务，后因国家宏观政策调整和企业进行三资三产企业整顿清理，未再继续开展房地产开发。直到2006年底，公司再次正式进入房地产领域，房地产板块与公司建筑主业形成产业互补。

在投融资上，2010年，公司开始融资项目建设的探索之路。2016年，建立并完善公司投融资职能，设立投融资开发部参与PPP项目建设。2017年，公司进一步明晰投融资业务的主体责任，将投融资类业务前端的市场开发、中端的项目实施、后端的项目运营融为一体，形成投、建、管、运四位一体的管控体系。

在公司产业发展进程中，无论是钢结构及装备制造、检修协力技改等支柱产业，还是投融资、建筑设计等新兴产业，都在不同时期为公司发展作出了重要贡献。

# 第一章 钢结构产业

宝冶钢结构产业业务范围涉及钢结构工程制作与安装，金属结构加工安装，玻璃幕墙制造、加工及安装，桥梁结构制造、加工及安装等，历年来共有180多个项目获中国建筑工程钢结构金奖、上海市建设工程金属结构“金钢奖”、安徽省建设工程“黄山杯”等奖项，130多个项目获上海市优秀发明选拔赛、中国安装协会科技成果、中冶集团科学技术奖等奖项，形成专利200多项，工法30多项，是长期从事“高、难、特、大、精”的钢结构品牌企业。

## 第一节 钢结构产业发展的三个阶段

钢结构是宝冶重要的产业，宝冶入沪40年来钢结构产业从无到有，从小到大、从弱到强，主要可分为三个阶段。

### 一、从少到多，分头立户阶段（1978—2000年）

早在1979年，公司就在结构制作上打了个志气仗。宝钢电厂H型钢结构原计划由日本“东电”负责设计和“三菱”加工。为了节约外汇和建设投资，改为日本“东电”技术设计，国内负责施工详图设计及加工制造。1979年6月，宝钢工程指挥部将电厂主厂房H型钢结构5 500吨制作任务委托给公司，要求在三个月内完成施工详图的设计，要使我国H型钢结构设计、制作的质量达到20世纪70年代的国际水平。公司立足于20世纪50年代的机具，使用国内钢材，从气割、焊接、钻孔到校平、切正，整套生产技术手段进行一系列的改造，形成了一条焊接生产的流水线，使加工后的产品质量达到了设计标准，为建立我国自己的钢模板生产系列和H型钢生产流水线作出了贡献。

1982年，公司承担了上海市延安东路外滩人行天桥主体工程安装任务。延安东路人行天桥表面呈“U”字形，由三片长约36米、宽4.2米、高1.5米、重达100余吨的钢梁组成，是上海市人民政府为提高外滩车辆通行能力，保证交通安全而批准兴建的全市第一座钢结构立体人行桥。公司挖掘内部潜力，终于在市政府要求的时间内安全、优质地完成安装任务。

宝冶抓住为宝钢工程制作钢结构的机遇，不断提高二级单位结构厂生产能力。1994年10—12月，工安结构厂连续三个月产量超千吨，创下历史最好水平；机装结构厂基本实现投产当年达标的目标，月产量达600吨；三公司加工厂和结构厂第一次担负大型冶金厂房钢结构的加工任务，经宝钢工程指挥部检查质量优良，加工能力上了一个新台阶。1995年宝冶独立完成1 580毫米热轧厂房钢结构制作任务，1996年独立完成二炼钢厂房结构的制作任务，总量3万多吨。月产连续突破3 000吨，构件单重达80多吨，加工能力登上新台阶。各结构厂加强工艺流程中的质量检验，钢结构制作质量进一步提高。二炼钢厂房钢结构制作质量获得冶金部质量检查团的好评，产品合格率100%。

宝冶的加工制造产业一步步走向社会并进入国际市场，与美国巴特勒签署轻钢合作协议，建立了稳定的合作关系。在生产管理上向国内外先进水平靠拢，向独立支柱产业和现代化产品生产制造发展,形成了以工安、机装两个万吨级结构厂和企业公司螺旋焊管厂为龙头,包括几个结构厂、加工厂,初步完善的生产制造及经营管理体系,生产制造产值从1986年的0.494亿元上升到1995年的3.28亿元。

1997年后,加工生产继续扩大传统冶金建筑市场的同时,还成功地进入了电力、造纸、交通、市政等行业,承担了漳州电厂、三河电厂、南通船厂、韩松纸厂、镇江纸厂等项目钢结构制作任务,产品质量和数量稳步攀升。

## 二、集中资源,统一管控阶段(2001—2015年)

2001年,为做大做强钢结构产业,发挥钢构厂整体优势,打造"宝冶钢构"品牌,宝冶将原来分散在各二级公司的钢构加工厂实行战略性整合:一是在原工安结构厂基础上组建成立钢构一厂,取消工安结构厂建制;二是在原机装公司罗店金属结构厂基础上组建成立钢构二厂,保留机装公司罗店金属结构厂的名称;三是在原建筑分公司结构厂基础上组建成立钢构三厂,取消建筑分公司结构厂建制;四是在原工安压型板厂基础上组建成立钢构压型板厂,取消工安压型板厂建制;五是在原上海宝冶轻钢有限公司基础上组建成立钢构轻钢厂,保留上海宝冶轻钢有限公司的名称。这次整合是宝冶钢结构产业发展史上的重要里程碑,通过整合既避免了公司在装备上的重复性投资及内部竞争,又增强了宝冶钢构的整体竞争能力。2001年,宝冶完成钢结构制造6.5万吨、压型板45万平方米,创造了历年来钢构产量的新纪录。同时,宝冶钢构还参加成都、北京国际钢结构展览会,获得美国ICBO证书并承担了美国加州电厂有关项目钢结构制造任务,打响了"宝冶钢构"品牌,为"宝冶钢构"走向世界创造了有利条件。

2004年,宝冶承接上海陆家嘴42层黄金置地工程,实现超高层钢结构零的突破后,又于2005年承建广州市20层财政局工程、上海43层碧玉蓝天工程和大连78层世贸大厦工程。与此同时,不断扩大以钢结构为主要特点的体育场馆的优势地位,先后承接佛山世纪莲体育中心、国家体育场、五棵松体育馆、郑州机场等大型钢结构项目,钢构品牌知名度大幅度提高。2006年,公司在钢结构加工出口领域实现重大突破,先后承接美国TXU电厂、美国CLECO电厂、印度煤斗电厂等钢结构加工出口任务,其中美国TXU电厂钢结构采购合同金额高达8亿元,成为公司历史上钢结构加工订单之最。2007年,继续保持钢结构快速发展势头,购置了EZW11S-100×4 500大型卷板机和一些通用、制造设备,成功开展了宝钢一号高炉炉壳制作,成为国内为数不多具备特大型高炉炉壳制造能力的生产商,全年钢结构和非标设备制造首次超越年产30万吨,达到30.8万吨。通过美国AISC质量体系认证、德国LGA(巴伐利亚州商业总会)颁发DIN18800-7和ISO3834资格证书,标志着宝冶钢构的技术水平已与国际接轨。随后,签订美国伊利诺伊州电厂35 000吨钢结构的订单,中标巴西保沃斯钢厂、德国威斯特法伦蒸汽锅炉、福斯特惠勒CLECO电厂等项目的钢结构制作工程。全球三大锅炉制造商(ALSTOM、FW、B&W)齐聚宝冶采购钢结构产品;全球最大的电力企业之一ALSTOM,美国最大的EPC企业BECHTEL、美国核电工程建设商SHAW(与东芝共同控股西屋公司)均有项目订单,宝冶成为中国钢结构企业中电力钢结构出口领先的制造商。

2009年,罗店三期基地建设顺利完成,全年累计完成钢结构制作及安装38万吨。在京沪高铁上海虹桥站国家重点项目建设上,宝冶承担了地下、地上钢结构近4万吨以及屋面压型板3万平方米施工任务,宝冶在虹桥高铁钢结构工程上以50%的份额成为承接任务最大的一家,后又签订京沪高铁济南站2.5万吨钢结构加工和安装任务等。在海外市场,形成了以欧标、美标等不同标准的加工体系，并相应取得了认证资质，实现从最初的国内码头交付产品迈向国外的施工现场服务。

2010 年，宝冶继续在“高、难、特、大、精”系列产品市场扩大市场份额，连续中标成都双流国际机场以及高度达 301 米的苏州东方之门项目和高度达 338 米的南京德基广场主楼钢结构项目，钢结构年生产能力达 35 万吨，成为华东地区先进的现代化钢结构生产基地。但 2010 年 12 月 15 日，鄂尔多斯那达慕运动场发生坍塌事故，给宝冶造成了严重的社会影响和声誉损失，投标时屡屡被国内、海外市场同行打压，陷入低谷。

2013 年，宝冶对钢构公司加大改革力度，推进小机关、大事业部的组织架构，压缩冗员，提高效率，在建项目和工厂全力推进单项成本核算，钢构公司逐步走出低谷，先后承接广州白云国际机场二号航站楼改扩建、上海迪士尼乐园、北京雁栖湖日出东方酒店、国际会展中心等工程。广州白云国际机场二号航站楼改扩建工程在国内空间网架结构同类项目中极具代表性，其建筑总面积达 36 万平方米，招标过程云集国内众多一流钢构企业，宝冶一举中标，丰富了宝冶在机场建设领域的工程业绩，有力提升了“宝冶钢构”品牌影响。北京雁栖湖日出东方酒店、国际会展中心是 2014 年北京 APEC 会议主建筑，宝冶运用精湛的施工工艺、模块化钢结构安装技术，成功实现 5 000 多平方米的混凝土曲面弧型屋盖和大型钢桁架的整体提升，两项工程分获全国优秀焊接工程奖和钢结构工程金奖，为北京 APEC 会议的顺利举行作出了贡献。

### 三、转型改革，提升品牌阶段（2016—2018 年）

根据企业发展转型的需要，为进一步适应市场，2016 年 10 月，宝冶将从事钢构产业相关的钢构分公司、工业安装工程公司整合为钢结构工程公司，目的是充分发挥原来两家公司的制作优势和安装优势，通过改革激发活力，整合提升取得“1＋1＞2”的效果。整合后的钢结构工程公司定位是以钢结构制作与安装、金属屋面墙面系统工程设计与施工、特种设备制造（锅炉、压力容器）为专业，以工程总承包业务带动专业业务的发展，致力于“宝冶钢构”品牌维护及提升，是宝冶钢结构核心技术的载体，专业技术人才培养的基地。

## 第二节　钢结构产业的整体实力

在发展的过程中，经过市场风雨的洗礼，宝冶钢结构形成了自身特色，形成了强有力的市场竞争力。

### 一、钢结构基地建设情况

2006 年 4 月，宝冶南京分公司实体结构厂落户于南京滨江开发区。结构厂市场定位：承揽南京分公司精品钢结构工程；南京分公司总包项目钢结构分部工程提供包括详图深化、加工、吊装方案指导、钢结构质量控制等技术支持及管理工作；调研、开发多功能组合成品支架、装配式连接件等总包项目配套产品。其生产能力规模：钢结构厂房面积 9 600 平方米，年钢结构工程产值在 2 亿元以上，自有实体年加工能力在 12 000 吨以上。钢结构主打产品：H 型钢结构、劲形梁柱、圆管柱、BOX、型钢桁架等。南京分公司设立钢结构实体，主要在江苏、安徽、浙江及山东开拓市场，为公司打造大型公建、电子厂房、超高层 3 个品牌，发挥了重要作用。

2015年5月,根据宝冶"四五"规划对宝冶钢构建设目标定位及发展策略要求,宝冶钢构布局中原,在郑州经济开发区注册成立郑州宝冶钢结构有限公司,注册资金2亿元,总投资5.6亿元。钢结构基地占地面积11万平方米,工厂建筑面积6.3万平方米,建设5条钢结构生产线。该项目于2017年12月7日开工建设,2018年底投产运营。这是宝冶钢结构产业发展又一大手笔,是宝冶强力提升"宝冶钢构"的市场品牌地位,力争发展"宝冶钢构"成为中国钢结构行业领跑者又一重要举措。作为宝冶一个重要的区域加工基地,郑州钢构以郑州为中心,加工能力辐射太原、石家庄、济南,西安,武汉,北京、雄安等。

郑州宝冶钢结构有限公司战略定位是奋力打造一流的绿色钢结构系统集成服务商。产品定位是以中高端钢结构为主,以金属屋面系统为支撑的建筑钢结构系统集成。系统集成服务商区域定位是立足中原、面向全国、涉足海外。同时参与以钢结构为主的工程总承包及装配式建筑钢结构的集成发展,开拓研发钢结构设备配套和定型产品或服务。坚持瞄准中高端市场,聚焦市场影响力大、技术含量高、投资规模大的项目,不断提升工程水平,持续扩大中高端市场份额。

围绕营销区域布局,宝冶着手打造钢结构四大管理中心,即钢结构营销中心,涵盖本部(中西部)、雄安(京津冀)、深圳(华南)、成都(西南)、上海(华北);钢结构技术研发中心,包括上海设立宝冶钢构技术研发中心、郑州设立技术研发中心;钢结构设计中心,在郑州设立宝冶钢结构设计中心;智能化生产运营管控中心,包括基地智能化运营管理平台、智能化分供方运营管理平台、项目管理运营管理平台。宝冶钢结构产业发展进入新时期。

## 二、科研设施建设情况

宝冶根据在钢结构设计与施工技术深入研究方面的需求,与同济大学联合建设试验室,是国家钢结构工程技术研究中心、中冶钢结构制造与安装工程中心和博士后工作站的重要试验基地。

试验室长期与多所国内知名高校进行科研交流和合作,致力于大型复杂钢结构节点试验的研究。试验室装备有3 000吨全方位加载开合式球形反力架:外径8米,内径6米,可满足360度空间任一方向试验加载的要求,是国内尺寸及加载吨位最大的球形反力装置。主要加载设备有:4个1 200吨推拉式千斤顶;5—630吨配置齐全的分离式千斤顶。采集设备有:高精度IMP分散式数据采集系统,先进的结构健康监测系统和高清网络球机。而试验能力依托于专业的设计研发团队长期积累的节点设计和复杂节点有限元分析的能力,试验室具有方向设计、过程加载与测试、数据分析、研究报告等试验全过程的技术服务能力。试验室从2012年1月14日开始运行,至2018年已完成郑州车站、天津117大厦、上海金沙江真北路人行天桥、扬州体育场、苏州工业园区体育场和体育馆、广州白云国际新机场、海口塔、南航北京1号机库等16个项目的近百个大型复杂节点试验。

## 三、设计研发情况

2006年,宝冶成立设计研究院,从当初单一的深化设计发展成为涵盖深化设计、结构设计、科技研发的钢结构专业设计院,已拥有博士5名,国家一级注册结构师5名。

2013年,宝冶设计研究院形成了三大中心:深化设计中心、结构设计中心、技术研发中心;包含三大主研方向:钢结构数字化及软件开发、钢结构信息化技术研发、装配式钢结构建筑研发;从事六大主营业务：钢结构深化设计、钢结构专业化 BIM 服务、施工仿真分析及措施设计、主体结构及二次结构设计、常规节点及复杂节点设计、复杂节点分析及试验研究。

宝冶设计研究院先后完成了一大批标志性建筑的结构设计及深化设计工作，如国家体育场（鸟巢）、科威特中央银行大厦、上海迪士尼乐园等项目，涵盖了大跨度、超高层及工业建筑。设计研究院还响应国家“互联网＋”“两化”战略号召，结合设计研究院实际开展了装配式钢结构建筑、数字钢构等技术研发。基于三维扫描检测和逆向建模技术的“数字化预拼装技术”和“项目信息管理云平台”是“数字钢构”最重要的两大成果。

### 四、专业能力

2013 年，宝冶设立 BIM 中心，宝冶设计研究院钢结构专业化 BIM 团队具有丰富的三维建模经验和结构设计及软件开发能力，熟练掌握 BIM 相关软件，依据国家最新 BIM 标准，设计编制了 BIM 实施规范；为在设计、制作、施工过程中应用 BIM，保证设计施工的协调一致，2016 年又将建筑设计研究院与 BIM 中心合并。

技术能力主要有：BIM 建模出图、碰撞检查/动态碰撞检查、数字化制造、BIM 共享平台、4D 施工过程模拟。

### 五、在信息化建设上，具有钢结构项目全过程控制力

宝冶项目信息管理云平台是以企业云为数据载体，以项目一体化信息管理为目标，通过二维码扫描等各类实时数据采集反馈手段，综合计划、物资、质量等横向管理，实现了从设计、采购、制造、安装等项目全过程的信息管理；并通过数据统计分析和可视化呈现，为生产、追溯和管理决策提供支撑的信息系统。

管理云平台主功能模块有：工期计划、统计报表、数据分析、3D 可视化、资料管理、角色权限等。项目信息一体化管理有策划、设计、物资、制造、运输、安装等；浏览器（表现层）有项目信息、资源分类、区块划分、权限分配。有图纸清单、零件清单、构件清单、变更管理；有采购清单、出入库管理、库位管理。有班组分工、排版下料、工序汇报、成品管理。有包装管理、车船管理。有班组分工、扫描接收、堆场管理、安装汇报。后台数据库有系统数据库、项目信息数据库、用户信息数据库、模型数据库、文件数据库。信息平台融合了 ERP，体现了 BIM 技术的互联网应用，通过线上线下虚实结合，促进管理、流程、生产及标准化，实现数据互联互通，保证生产数据的实时性、一致性和可追溯性，促进各部门的工作协同。该平台自 2018 年初试运行以来，有 40 余个项目涵盖 25 万件共计 30 万吨的构件上线。

信息平台具有六大优势：数据的实时性、一致性，促进工作协同，提高了管理效率；紧密结合项目管理体系，制造安装过程全构件可追溯；用数字落实项目策划，让大数据为项目管理提供支撑；建立项目数据库，定制报表相邻资源合理配置；建立工程实施全过程的可视化；建立物资一体化，辅助项目成本管控。

## 第三节 钢结构转型发展的产业化提升

宝冶钢结构在历史发展过程中，产业前期生产规模、设备能力、固定资产等具有自然形成的特

点,但与钢构市场的飞速发展态势相比还有许多不足。如原来有多个二级单位从事钢结构制作安装,钢结构厂占地面积虽有15万多平方米,具有大的生产规模,但将其作为分隔的单元,则削弱了其整体形象和整体实力。在固定资产上,各厂总体的固定资产虽然不少,实力雄厚,但设备、工艺、产品雷同,没有生产顺应市场发展需求产品的特殊设备和自己的"拳头"产品,在现行市场竞争中无法突出自己的实力。在生产布局上,存在布置不当,物流不畅,堆场使用率不高,厂内工序不清、条块混杂等问题,不能适应市场发展对企业管理科学规范的要求。在生产流程上,未实现大流水作业,虽然有些局部实现流水作业,但仍存在各自为战的现象。即使同一厂同一工序所用的生产方法也不尽相同,没有形成统一标准的工艺流程,不能实现最大可能性的机械化、自动化,从而导致生产效率低于拥有设备的额定效率。

为实现钢构产业体系化、品牌化、国际化发展大目标,2001年,宝冶对钢结构产业进行战略整合。集中技术力量,增强创新能力;综合各单位分散实力,集中做大规模;统一钢构品牌,让客户充分识别;集中人才使用,形成合力;统一对外营销,避免内部竞争;保证资金流转,实施集中采购;改变小而全格局,降低整体成本;避免重复投资,提升整体装备档次;集中管理,推行精细化。根据工艺流程对所有生产厂房和堆场进行重新规划,调整生产布局,使物流畅通,作业条理化。制定最优化的生产工艺,使操作程序化、机械化、自动化。通过对设备的调整、配置和局域网等智能手段的应用,使生产形成大流水作业,标准化作业。按照先进厂、标牌厂、品牌厂的目标,重新打造宝冶罗店钢结构新厂、南京钢厂、郑州钢厂等。

2014年,宝冶确定了"以设计为龙头、以制造为基础、以安装为关键、以检修为延伸、以产品为依托"的钢结构产业发展战略。此后宝冶钢构产业进行一系列调整、改革、创新,实现了产业的提升。

由辅助产业向主业提升。21世纪初,宝冶钢结构产量只有几万吨,通过整合出现可持续性不断增长,产量由几万吨达到几十万吨,总产值达到数十亿元,成为宝冶又一重要产业。

由工程依附向提供独立的产品提升。从以往承揽建筑工程项目而制作有关的钢结构构件,转变为成配套,独立系列地提供钢结构产品。

由内销向外销升级。宝冶钢构产品快速开拓国际市场,海外订单越来越多。2007年,仅美国、德国、印度的锅炉框架钢结构就达10余万吨,其中美国PSGC草原电厂钢结构单项总量就达3万余吨。还出现了15个国家、38个海外公司考察宝冶,全球三大锅炉制造商齐聚宝冶采购钢构产品的热闹景象。

由作坊式生产向管理集中化、布局规范化、工艺最优化、生产标准化发展,并已形成现代化生产流水线。

由零星产品向产品系列化提升,如重钢、轻钢、压型板等系列,形成规模和品牌效应。

由分离零散向一体化提升。宝冶钢结构产业建成完整的体系,成为国家钢结构研发中心、设计、制造、安装、检修、检测成系统一条龙。

由低端向高端提升,企业发展在国内走总承包发展之路,在海外深入掌握国外钢结构标准与规范,走国际化发展之路,迅速打开海外市场,与国际市场接轨。通过多年持续整合,宝冶钢结构产业形成了一个完整的产业链,钢结构制造安装成为宝冶重要产业支柱。

通过产业化提升,宝冶建筑施工和钢结构产业出现"比翼双飞"的局面,带来了市场开拓的良好变局与突破。随着企业多元产业发展,综合实力加强,宝冶向非冶金建筑,国内、外市场转型和突破,进入21世纪以来,宝冶非钢营业收入比例不断增长,非冶金市场开拓出现了战略性突破,而其中大型公共建筑工程的会展中心和体育场馆更是全面突破。特别是高端市场,在战略上,宝冶已将体育场馆和会展中心建设作为企业转型和发展突破的重要内容，在施工国家体育场（鸟巢）工程时，就盯住了奥运后项目，如世博、世界大学生运动会、亚运会等高端市场项目，进行了超前的谋划和认真准备。在自身优势发挥上，宝冶依托会展中心和体育场馆大型钢结构施工技术，依托在大网络空间建筑设计、制造、安装一条龙实力，依托多年来建设的会展中心、体育场馆一系列良好业绩，全面有效进入这块市场，成了这一市场的专业大户。在工程承包提升上。宝冶由原来主要承担会展中心和体育场馆钢结构专业承包，提升到工程总承包，再由总承包带来各专业承包，如水、电、风等，完成了以大型会展中心与体育场馆总承包为标志的一系列专业承包的有机深入、融合。尤其是大型公共建筑，如会展中心和体育场馆，宝冶已由一般的工业厂房建设能力，提升到大跨度的能代表建筑市场顶级发展水平的大型公共建筑施工能力。在地域上，已从区域型地方体育馆和会展中心向一线城市如北京、上海、深圳的国家级、世界级体育场馆和会展中心高水平突破。在技术上，已从传统工业钢结构安装向世界先进水平的大型机器人大面积电脑操纵、液压顶升、即时同步过程监控的突破，并形成了与之相关的系列技术集群，具有了知识产权的核心技术。在市场运营上，宝冶成为独一无二的同时承建奥运、世博、世大、全运、亚运、冬奥会等世人瞩目重大公共建筑工程项目建设类的建筑施工企业。

## 第四节　钢结构产业科技发展与成果

宝冶钢结构产业发展始终立足于高端，在企业内部各类资源整合中，十分注重科技的创新与进步，注重大力推行知识产权战略，从而提高科技含金量。

在科技进步推行知识产权战略手段上，宝冶经过多年努力，已有了一个国家级的综合检测中心和认可的试验室。形成了钢结构检测核心技术，包括钢结构原材料、紧固件力学性能检测、金相分析、分学分析、无损检测、焊接工艺评定，油漆、涂料检测，应力测试和监控以及钢结构厂房检测与评估等成套检测技术。拥有锅炉压力容器、压力管道、特种设备无损检测等多项钢结构检测资质，在上海市乃至全行业内居于领先地位。还拥有200吨万能材料试验机、30吨伺服式万能材料试验机、低温冲击试验机（$-180$℃）、数控式坚固件测试设备、美国产AA800原子吸收分析仪、俄罗斯产Se75γ同位素源等设备，达到了国内领先水平。其“相贯焊缝节点超声波探伤技术”“同位素Se75γ射线探伤在特种设备中的应用”特殊钢构无损检测技术等获多项国家荣誉。

在科技创新与推行知识产业战略的公司经营实体上，作为宝冶推行知识产权战略重要组成部分。2002年2月，宝冶与同济大学共同组建了上海同济宝冶建设机器人有限公司。这是科技经营企业，是国内最高研发并从事超大型构件液压同步提升、滑移等施工技术的专业公司，其拥有的相关专业技术和专有设备为国内一流。其垂直提升、顶升、爬升以及翻转提升、水平滑移与曲面滑移于一体的液压同步提升、滑移等专业技术先后获得科技部、教育部、上海市政府等多项奖励，并被列为《国家科技成果重点推广计划》项目依托单位。宝冶的“重型液压提升机器人”及“自锁型液压爬行器”均获国家实用新型专利。宝冶自行研制开发的、具有自主知识产权的液压爬行机器人成套技术及装备是国家科技部立项支持的科技创新项目，获得上海市和国家科技部“科技创新基金”，并获上海市科技进步二等奖，其首创性、国际先进性为业界所注目。其代表工程有：南京奥体中心体育馆、郑州国际会展中心、北京中国证券大厦、苏州国际博览中心、烟台世贸中心等百余项。

在科技研发上，在企业钢结构产量产值不断攀升的同时，宝冶不断地进行科技开发投入和课题研究，为钢构产业的发展和壮大奠定良好的基础。特别是从2003年立项开发大跨度空间网格钢结构设计制作安装新技术，并获得财政部资金资助。该技术的研发与应用为宝冶成功完成一系列国内大型体育场馆、会展中心建设奠定了坚实的技术基础，同时通过研究、开发、应用，形成了大跨度空间网格钢结构设计、制作及安装系列关键技术，这些技术的开发填补了国内空白，达到了国际先进水平。《360米跨双斜拱空间结构钢屋盖施工技术》通过上海市科技成果鉴定，由该技术施工的南京奥林匹克体育中心获得十大建设科技成就荣誉。大跨度空间网格钢结构设计制作安装新技术的应用首先是2003年起承建的南京奥林匹克体育中心，该工程主体育场屋盖结构体系由与水平面成45度，跨度为372.4米的三角形变断面钢桁架拱和由104条钢箱型梁形成的中空马鞍形空间罩棚结构屋面系统组成。当时被称为“世界第一拱”。钢构产业科技实力也不断增强，科技生产力形成了公司钢构发展的强大支持。2004年，宝冶组建成立钢结构设计院，开始加强钢结构技术研究。特别是在进入21世纪以后，科技获奖越来越多，科技发展进入快车道。国家级奖项成果就有37项，并形成了《无檩条结构组合压型钢板制作》《特大型高炉冷却壁在线快速更换》《箱型结构柱制作》《炼钢厂转炉汽化烟道（余热锅炉）制作》《大型高炉炉壳制作》《高铁大型交通枢纽动荷载框架结构制作》《大跨度多轨道不等高逐步累积旋转滑移》等国家级工法。

在工程项目品牌上，以品牌拓展市场，形成六大品牌系列。

**【大型体育场馆项目】**

主要有：宝冶承担国家体育场东区钢结构工程的安装任务，该工程获鲁班奖、中国建筑钢结构金奖；南京奥林匹克体育场主桁架为空间结构管桁架，屋盖主拱跨度372.4米，弧线长度约415米，单榀主拱重约1 586吨，钢结构承包总量约12 000吨，该工程获鲁班奖、中国建筑钢结构金奖、金钢奖特等奖；深圳大运中心主体育馆的屋盖为折面型空间网格钢结构，由16个形状相近的结构单元构成，其中中心圆顶最高点标高为36.140米，工程用钢量约5 800吨，该工程获詹天佑奖、鲁班奖、中国建筑钢结构金奖、广东省钢结构金奖。

**【大型会展中心项目】**

主要有：国家会展中心（上海）项目，总用钢量约为12万吨。宝冶承揽其中约3.5万吨的钢结构施工任务，主要为D区、F2区结构，同时承建1、2号馆及NH馆金属屋面工程。该工程获金禹奖、白玉兰奖、金钢奖特等奖。世博主题馆钢结构工程，其屋盖钢结构分为东区和西区，东区采用管桁架结构，长（A－W轴）180米，宽（9－26线）144米，主桁架跨度最大54米；西区采用张弦管桁架结构，长（A－W轴）180米，宽（1－9线）135米，张弦桁架主跨126米，矩形无柱空间双向大跨度亚洲最大、大跨度双弦张拉桁架国内最大，最大板厚80毫米，最高材质为Q390GJC，钢结构总量约15 000吨。该工程获鲁班奖、白玉兰奖、金钢奖特等奖。北京雁栖湖国际会展中心，建筑高度为33米，钢结构总用钢量约12 000吨，钢梁最大跨度45米。该工程获鲁班奖、中国建筑钢结构金奖。珠海十字门中央商务区会展商务组团一期钢结构工程，包括国际展览中心、国际会议中心、喜来登酒店、公寓式酒店、标志性塔楼（超五星级办公酒店）、商业配套（城市绸带）6个单体钢结构工程，钢结构工程总量约5万吨。该项目获鲁班奖、中国建筑钢结构金奖、金禹奖。

**【超高层项目】**

主要有：珠海十字门塔楼高330米，钢结构总量约18 000吨，用带伸臂桁架及腰桁架的框架—核心筒结构体系，建筑外形轮廓随高度变化，平面形状沿竖向，从带切角的三角形渐变为接近圆形，再由圆形渐变至与底部方向相反的带切角的倒三角形。该工程获中国建筑钢结构金奖。南京金鹰天地广场由三栋超高层塔楼(塔楼 A、B、C)、4 层地下室、地上 11 层商业裙房和一个连接三栋塔楼的大型空中平台组成。塔楼 A 共 80 层,高约 368 米,塔楼 B 共 70 层,高约 328 米,塔楼 C 共 63 层,高约 300 米。三栋塔楼在约 192 米高空通过 6 层高的空中平台连为整体,项目钢结构总体量 8.8 万吨,为亚洲最大的单体商业综合体。南京德基世茂中心 A 楼地上钢结构工程,塔楼地上 68 层,总高度为 343.1 米,钢结构总量约为 1.65 万吨。该工程获中国建筑钢结构金奖。天津周大福金融中心项目,涵盖甲级办公、豪华公寓、超五星级酒店等众多业态,由 4 层地下室、5 层裙楼和 100 层塔楼组成,建筑高度 530 米,为天津滨海第一高度。该工程获中国建筑工程钢结构金奖杰出工程大奖。科威特中央银行大厦钢结构工程,是主体塔楼达到 46 层 240 米的超高层建筑,钢结构工程量 10 000 吨,是公司第一个集设计、制作、安装为一体的海外项目。

**【交通枢纽项目】**

主要有:广州白云国际机场二号航站楼,主楼Ⅰ标段钢结构量为 1.2 万吨,建筑最高处约 43.50 米,航站楼主楼屋盖跨度为 54 米,柱距为 36 米,该工程获中国建筑钢结构金奖、金禹奖;郑州新郑国际机场二期综合交通换乘中心,屋盖采用钢网架与金属屋面相结合的复合屋面围护系统,网架结构长 613.2 米,最大宽度 189.6 米,最大跨度 60 米,最大悬挑长度 27.3 米,该工程获鲁班奖、中国建筑钢结构金奖;成都双流国际机场 T2 航站楼由一个主楼中央处理大厅通过连廊统领四个指廊,主拱最大跨度 56 米,最大拱高 18 米,单榀主拱的最大重量 19 吨,宝冶承担 T2 候机大厅、连廊和指廊的金属屋面系统工程施工,该工程获金禹奖。

**【电子厂房及工业厂房项目】**

主要有:广州富士康第 10.5 代 TFT－LCD 显示器生产线项目钢结构工程,包括 1＃阵列厂房、6＃综合动力站以及周边连廊管架等,用钢量达 10.5 万吨;台积电 12 吋晶圆厂与设计服务中心一期项目,钢结构工程总量约 22 000 吨;国家存储器基地项目(一期)A 标段(主厂房)工程屋盖结构采用钢桁架结构体系,结构柱采用箱型钢骨,屋面铺设 DECK 板,钢结构总量约 4 万吨。

**【文旅娱乐项目】**

主要有:上海迪士尼乐园明日世界项目共有 10 个单体,其中 301 喷气背包飞行器钢结构、302 排队区钢结构、303 室外餐厅钢结构、308 创极光轮天幕钢结构,均为建筑外露钢结构,且结构形式以空间异型钢结构为主,外露钢结构总面积约 7 600 平方米。该工程获上海市优质工程白玉兰奖、钢结构金钢奖。中国海南海花岛 1 号岛 A 区文化娱乐城钢结构工程项目均采用单层网壳结构,屋面为大跨度钢结构体系,钢屋盖最大跨度 141 米,钢结构总实物量约为 13 000 吨。

## 第五节　钢结构产业智能化发展

2018 年,为进一步扩大钢构品牌的影响力,宝冶紧跟国家战略,积极布局中原大地,通过对标国内先进,调研全球行业发展水平,学习优秀企业智能化应用实践确定宝冶钢构智能化建设方向,按照“高起点、高标准、高定位”的要求,将智能制造、数字建造融入宝冶钢构郑州基地的建设中,努力将基地打造成宝冶钢构品牌旗舰店,实现钢构品牌再拔高、再提升,成为国内一流的钢结构智能化生产示范基地和一流的绿色钢结构系统集成服务商。

在钢结构智能化发展上,宝冶引进国际一流的智能化生产设备,打造钢结构智能化制造六个中心,即智能下料中心(钢板加工中心,全自动型钢切割机)、部件加工中心(坡口机器人、条板坡口成型机、数控平面钻)、智能配送中心(零件分拣机器人、搬运机器人)、智能 H 成型中心(全自动 H 型钢组焊矫)、智能型钢加工中心(智能三维钻及划线中心、数控锯床、锁口机器人、机械锁口机),智能装焊中心(智能装焊机器人),引进设备均为全球顶尖的制造商供应,尤其智能装焊机器人生产线更是全国第一条也是唯一一条钢结构装配生产线,可以极大提高钢结构智能化生产水平。同时,凭借宝冶钢构优秀的制作技术,整合宝冶装备制造及研发资源,与中冶东方共同设计研发智能焊接 H 型钢成型生产线和零件分拣与检查系统,把 H 型钢生产线智能化水平提升到新的高度,再次为国内外钢结构产业发展作出贡献。

宝冶钢构的智能化建设,不但引进一流的智能化设备,做到硬件"硬",更开发引进一站式智能化信息管理系统,做到软件"强",达到软硬深度融合目的,实现设计—制造—安装全过程数据链贯通。打造钢结构基地智能化管理平台,联营厂管理平台和项目管理平台,形成智能化管理核心竞争力。

**充分利用 BIM 数据指导生产:** 从 BIM(TEKLA、BOCAD、AutoCAD)中提取生产施工数据进行加工分析,自动进行材料套料生成材料需求、自动对生产的工作量进行分析、自动分析构件在生产过程中工序流程、自动形成推荐班组和设备任务计划,形成轻量化模型。

**实现构件生产施工全过程跟踪:** 充分利用现代跟踪技术(影像识别、RFID、二维码、条形)对材料和构件进行跟踪定位,确保材料和构件可追溯。充分分析构件在生产过程中流转速度,找出生产过程中瓶颈,及时进行调整保证生产通畅。充分结合质量检查,确保构件关键工序质检 100%执行,杜绝不合格品流到下道工序。攻克构件变更难关,定位构件状态、分析变更性质、人机交互确定变更方案,确保每根变更的构件得到合理的处理。

**以物联网为手段,实现生产设备的互联互通:** 收集设备运转参数,分析设备运转效率。实现设备与 BIM 直连,实时管理指令传输、加工进度收集。远程控制设备运转参数,确保设备运转过程中工艺参数满足标准要求。实时分析设备状态,确保设备安全运转。

**充分利用大数据技术工具:** 分析生产过程中设备运转参数、能源消耗、人工配比,与构件或工序形成匹配关系,为智能制造提供资源配置依据,并经过不断的优化使资源配置最优。结合 BIM,将施工过程中的各类数据包括材料、工艺参数、设备、人员、进度、质量等信息反馈至系统的轻量化模型形成每一个构件的身份证。充分分析生产过程中的成本要素,进行优化,可大幅降低成本。配置生产节拍、工艺参数、资源配置、制造能力形成生产仿真,实现自动排产。

宝冶积极开展智能制造新技术研究,凭借宝冶钢构优秀的制作技术,整合装备制造及研发资源,与中冶东方共同设计研发智能焊接 H 型钢成型生产线和零件分拣与检查系统,把 H 型钢生产线智能化水平提升到新的高度,此外还开展了高效焊接技术、钻锯锁联合生产技术、机器人装焊技术、离线变成及视觉识别技术、自动化物流等技术研究。

# 第二章　检修技改协力

## 第一节　检　　修

1985 年 8 月，宝钢一期工程投产前夕，公司决定成立维护检修公司，承担宝钢原料、烧结、炼铁、炼钢、初轧、钢管、能源等设备常规检修任务，为宝钢生产保驾护航。随着宝钢设备检修任务的扩大，宝冶下属二级单位机装、电装、工安、机动等公司相继加入宝钢设备检修行列，主要承担宝钢各厂专项设备检修任务。宝钢三期工程结束后，宝冶开始挺进各大钢铁企业检修领域，相继承揽了梅钢、韶钢、邯钢、湘钢、沙钢、武钢、首钢等钢铁企业的常规检修任务。

宝冶检修产业伴随着宝钢一期工程投产而诞生，此后不断完善各项管理制度，定期组织检查，大力推进品牌形象建设，实行统一着装，统一标识，挂牌上岗，规范行为，使得现场管理和检修作业有条不紊，井然有序，充分展现了宝冶的管理水平和队伍素质，“宝冶检修”品牌得到市场的充分检验与认可。借助品牌优势和核心竞争力，公司积极开拓“大宝钢”和周边乃至全国市场，检修产业发展空间不断延展，在巩固原有宝钢传统承担项目的基础上不断承接新的检修项目。30 多年来，经过各类检修工程的锤炼，为用户提供设备点检、在线检修、离线修复、故障诊断等系列服务，积累了丰富的设备检修施工技术经验，培养了一大批冶金设备检修工程的技术人才和能工巧匠。

### 一、全力开拓检修市场

#### 【中国宝武集团区域】

1. 宝钢股份宝山基地

常规检修方面：宝冶从宝钢 1985 年 9 月一期工程投产至 2003 年，陆续承担了原料、烧结、炼铁、炼钢、初轧、热轧、钢管厂、全厂除尘系统及能源部、运输部的设备等常规检修任务。由于宝冶检修大队及各单位的检修队伍建立检修值班等制度，做到组织落实、机具设施落实、措施落实、责任人落实，反应迅速，能攻善战，受到宝钢充分信任，为此，宝冶的检修陆续扩大到宝钢电厂、原料码头、精轧（热轧、冷轧等）及辅助配套设备日修、定修、抢修等各类检修项目。

1988 年，仅两个检修队完成检修项目就由原来的月平均 380 项增加到月平均 990 项，最高月达到 1 126 项。一年共完成了 9 815 项检修项目，比 1987 年增加两倍。完成检修工日 139 284 个，比 1987 年增加一倍。至 1995 年，在宝钢的检修产值上升到 1 亿元。

1996 年，通过对宝钢高炉检修的总结，宝冶建立了一整套检修标准化管理制度和作业指导书，使检修作业和管理工作上了一个新台阶。在检修过程中，宝冶贯彻“全面服务宝钢”的宗旨和“检修无小事”的观点，检修施工严格按照标准化程序作业，各项日修、定修、抢修、年修等检修施工均优质完成。较为突出的有：1997 年，首次承担宝钢 1580 热轧年修，仅用 5 天时间优质完成任务。是年，在宝钢三号高炉热风炉电缆抢修中，参战职工克服电缆烧坏后型号难以辨认和高空作业等困难，经过五天五夜的连续抢修，迅速恢复生产，为此，宝钢设备部专门送来感谢信。

2001 年,宝冶凭借自身的检修品牌优势,不仅巩固和发展了原有的宝钢检修市场,而且拓展新的检修市场。机动公司成功开拓宝钢地下管网整治专项检修业务;检修公司通过努力,积极抢占浦钢及宝钢马迹山码头的检修市场。正是凭借“宝冶检修”品牌的支撑和百折不挠的开拓精神,宝冶才在强手如云的检修市场竞争中立于不败之地。

2002 年,宝冶检修实施标准化管理,统一着装,统一标识,挂牌上岗,规范行为,使得现场管理和检修作业井然有序,充分展示了宝冶检修管理水平和队伍素质,检修产值再创新高。

专项检修方面:从宝钢一期工程投产(1985 年 9 月)到 2003 年,宝冶主要承担宝钢原料码头卸船机抓斗大修、水渣堆取料机大修、电厂锅炉和磨煤机大修、一炼钢和二炼钢炉修、440 吨行车大修、RH 装置大修、运输部保温罩大修等。高炉干渣工程机械、炼焦工程机械、高炉大沟解体机、碾泥房工程机械、一炼钢、二炼钢工程机械、宽厚板叉车、宝钢大院内洗车台管用养修,宝钢化工的检修协力承包,冷轧区域工程机械、原料码头工程机械、成品码头工程机械维修;在备件修复方面,主要承担炼钢“三罩”、行车车轮、钢包台车、钢包、氧枪、副枪、热轧辊道等修复任务。“三罩”(上烟罩、下烟罩和裙罩)是炼钢生产煤气回收处理关键设备,工作条件极为恶劣,质量要求非常高,修复主要内容包括对宝钢一炼钢正常损坏的上烟罩、下烟罩和裙罩部分锅炉管进行更换、对变形部分进行校正,并进行探伤和水压检查。

2. 武钢股份

2007 年,宝冶主要领导通过多次对武钢走访、沟通,大力宣传公司管理理念和专业检修能力,终于叩开武钢检修市场的大门,与武钢签订了 1 580 毫米主轧线保产合同,这是武钢首次引入外部检修力量参与武钢常规检修。2007 年 10 月宝冶检修公司武钢检修项目部成立并进驻后,秉承“快速响应、严谨务实、科学管理、追求卓越”的精神,所检修的项目赢得业主的一致褒奖。2007 年至 2018 年,从承担武钢 1 580 毫米热轧检修逐步扩大到 2 250 毫米热轧、CSP 生产线、硅钢常规检修、1 580 毫米热轧 R2 主电机检修直至年修。

3. 宝钢集团上海五钢

宝冶主要承担上海五钢 1 300 吨锻压机、6 000 吨锻压机、车底炉等设备常规检修任务。特钢 1 300 吨锻压机是世界上仅有的三台设备之一,全国仅此一台,在没有可借鉴的设备维护经验和系统技术资料,没有权威技术指导人员的情况下,宝冶员工“摸着石头过河”,完全掌握了 1 300 吨锻压机系统维护检修的技术和施工。

4. 宝武集团鄂钢

2009 年 9 月,宝冶检修进驻鄂钢,承揽 4.3 米宽厚板设备常规检修任务。2011 年 3 月,又承揽了 2×260 平方米烧结设备常规检修任务。

5. 宝钢集团梅钢

1998 年 4 月,宝冶进入梅钢,承揽了其 2×150 吨转炉炼钢常规检修任务,之后,陆续承揽了 15 万立方煤气柜大修、球磨机大修、烧结余热锅炉大修等专项检修任务。

## 【邯钢集团区域】

2006 年 6 月,宝冶中标河北省邯钢冷轧厂维保项目,打开北方第一个检修市场。从 2006 年 6 月至 2016 年的十年间,宝冶抓住机遇、扩大规模,陆续承接了邯钢 415 平方米烧结、焦化、5 号高炉、一炼钢、三炼钢、四炼钢、2 250 毫米热轧、高线、一冷轧、二冷轧等设备常规检修任务。同时承担了 2 250 毫米热轧年修、冷轧年修、CSP 年修、备件修复等项目。

2015—2018年，宝冶在稳定维保区域同时，努力发展技改检修项目及操检合一项目，不断扩大技改检修项目产值，连续四年承接邯钢中板厂、连铸连轧厂年修项目以及三炼钢四座转炉炉役检修项目。2018年2月，邯钢中板厂向宝冶赠送题为“服务上乘，铁军风范”的锦旗，对宝冶支撑邯钢顺产稳产给予高度赞誉。

**【沙钢集团区域】**

自2003年6月，宝冶陆续承担一至九号380立方米高炉、2×1 080立方米高炉、3×2 500立方米高炉、5 860立方米高炉、3＊180吨转炉炼钢、450平方米烧结、一至八号石灰窑等设备常规检修任务。承担1至9号380立方米高炉大中修任务。其中，5 860立方米高炉是中国第一、世界第二大高炉。2003年，宝冶先后建成沙钢3号高炉、4号高炉、5号高炉，同时承接了沙钢炼铁厂、烧结厂、原料车间、炼钢车间、石灰车间、宽厚板车间、煤气防护站等车间的设备维护保产工作，投入的作业人员达1 300多人。针对沙钢厂情况，宝冶引进宝钢先进设备管理模式，牵头编制设备四大标准、点检定修制及检修定额等，全力以赴为沙钢正常生产保驾护航。

2010年初，沙钢5 860立方米高炉由于操作、工艺、施工等各种原因，热风总管发生断裂爆炸，沙钢集团启动紧急预案，全厂施工人员全力以赴突击抢修，当时热风总管主项由原施工单位负责施工，宝冶负责粗煤气系统的检查恢复和外围项目的施工，抢修期间所有单位全力以赴、不分昼夜，直至工艺性设备功能全部恢复，为沙钢恢复生产抢回了时间。

2013年5月，宝冶进入沙钢集团安阳永兴钢铁，承担1机5流小方坯连铸日修、定修、抢修、备件离线修复等检修任务。

**【安钢集团区域】**

安阳钢铁：2013年6月，宝冶承担安钢4 747立方米高炉和冷轧常规检修，2 200立方米和2 800立方米高炉大修任务。2014年1月，承接安钢1 550毫米酸轧机组及公辅设施设备维护检修。

信阳钢铁：2016年11月，宝冶承担信阳钢铁炼铁厂3号高炉大修工程。翌年10月，承接信钢带钢改造工程；11月，承接信钢炼铁厂2号高炉节能技改安装工程。

**【湘钢集团区域】**

湘钢：2005年1月，宝冶进驻湘钢，主要承揽焦化、石灰窑、2500高炉、2×120吨转炉、精炼、连铸、3800厚板轧钢、精整共计5个区域及宽厚板厂全厂天车检修等项目。

2014年12月，湘钢宽厚板厂2号120吨转炉炉底烧穿，湘钢设备部和宽厚板厂一致决定把这个急、难、险的设备抢修和检修任务交给技术精湛、敢打硬仗的宝冶，项目部安排焊接技师指导作业人员对炉底烧穿部分进行保护性气割，把烧损的部分报废炉壳割除，然后再用相同材质的钢板经冲压成型后将直径1 200毫米、厚度80毫米的巨洞焊补上去，快速恢复了转炉的炼钢功能。

阳春钢铁：2009年5月，宝冶开始承接阳钢3×120吨转炉、连铸、棒材、高线常规检修、炉修和年修任务。2016年11月，阳钢6台200吨铁水和钢水行车大梁翼板与腹板部分出现裂纹而危及行车安全，承担阳钢常规检修任务的宝冶员工迅速赶赴现场，及时组织抢修，测量现场尺寸，加工人孔加强板，制订焊接工艺，确定焊接质量保证措施并对裂纹进行焊接修复，确保了6台行车试吊200吨一次成功。

【宁波钢铁区域】

2007年1月,宝冶凭借管理和专业优势,在宁波钢厂发标的11个标段中一举拿下2 500立方米高炉系统、180吨转炉、3个高炉煤气柜、3.5万kW变电站、150吨锅炉鼓风机设备维护5个合同。

【日钢区域】

2007年6月,宝冶检修进驻山东日照钢铁有限公司。刚开始时仅承接二炼钢3号板坯连铸机的常规检修及备件修复等项目。5个月后宝冶以精细管理、标准化作业保证了板坯连铸机生产线高效稳定运转,完全满足业主的生产需要,业主先后将8、9号大型板坯连铸生产线检修、2×360平方米烧结、2 150毫米热轧常规检修年修,五、六号高炉大修等任务交给宝冶。

表6-2-1 宝冶在其他企业承揽的主要检修项目

| 企业名称 | 承揽项目 | 备注 |
|---|---|---|
| 太钢 | 2×4 350立方米高炉、3 200立方米高炉常规检修、2 250毫米热轧年修 | |
| 天钢 | 360平方米烧结常规检修 | |
| 柳钢 | 2 500立方米高炉常规检修 | |
| 新钢 | 1 580毫米热轧、1 550毫米冷轧常规检修 | |
| 涟钢 | 210吨转炉炼钢连铸和行车、CSP生产线常规检修、高炉中修、大修 | |
| 韶钢 | 一号、四号高炉大修 | 专项检修 |
| 宣钢 | 转炉炼钢支撑装置更换、烟罩更换 | 专项检修 |
| 八一钢铁 | 4.2米宽厚板、热轧设备常规检修 | |
| 青岛钢铁 | 棒材和行车常规检修 | |
| 德龙钢铁 | 高炉大修、转炉炉修 | 专项检修 |
| 宝通钢铁 | 原料、烧结、高炉、电炉炼钢、棒材等设备常规检修 | |
| 普阳钢铁 | 热轧年修 | 专项检修 |
| 金鼎重工 | 板坯连铸设备常规检修 | |
| 上海一钢 | 760立方米高炉大修 | 专项检修 |
| 上海三钢 | 3.3米中板和4.2米宽厚板常规检修 | |
| 益昌薄板 | 酸轧线和20吨锅炉年修 | 专项检修 |
| 淮钢股份 | 高炉、转炉和连铸大修 | 专项检修 |
| 敬业钢铁 | 高炉大修 | 专项检修 |
| 滨鑫特钢 | 炼钢烟罩更换 | 专项检修 |
| 兴鑫特钢 | 炼钢烟罩更换 | 专项检修 |
| 五矿营钢 | 烧结、高炉、转炉和连铸大修 | 专项检修 |
| 福欣钢铁 | 行车设备管理和常规检修 | |
| 长治钢铁 | 高炉大修 | 专项检修 |

（续表）

| 企业名称 | 承揽项目 | 备注 |
| --- | --- | --- |
| 首秦厚板 | 4.3米宽厚板常规检修 | |
| 申特钢铁 | 高炉大修、烧结大修 | 专项检修 |
| 南京钢铁 | 3×2 500立方米高炉、2×1 800立方米高炉常规检修 | |
| 首钢京唐 | 一冷轧、二冷轧、卸船机、原料场常规检修 | |
| 中天钢铁 | 3×120吨转炉、连铸常规检修 | |
| 粤丰钢铁 | 高炉大修 | 专项检修 |
| 四方铝业 | 热轧、冷轧、热处理设备常规检修 | |

## 二、科技在检修产业发展中的作用

长期以来，宝冶十分重视科技在设备维修工程中所起的巨大作用，尤其是2013—2018年间，设备维修技术更是随着宝冶跨越式发展取得了长足进步，形成了系列大型卸船机检修技术、大型堆取料机检修技术、大型焦化检修技术、大型烧结机检修技术、大型回转窑检修技术、大型高炉检修技术、大型转炉检修技术、大型板坯和方坯连铸检修技术、大型轧机检修技术、大型冷轧检修技术、大型硅钢检修技术、大型锅炉检修技术、大型煤气柜检修技术、大型行车检修技术、大型液压系统检修技术、大型加热炉检修技术、转炉“三罩”修复技术、氧枪修复技术、连铸结晶器和扇形段离线修复技术等优势技术。

1985—2018年，宝冶《大型转炉三点球面支承装置在线快速更换技术》《现代冷轧关键设备系列在线检修技术》《大型环保立式矿渣磨机关键设备安装及检修成套技术研究》等10项科技成果获得省部级科技奖。检修公司组织编写了《冶金设备检修作业标准》《设备检修作业安全手册》；编制“板坯连铸系统点检作业标准”“滚切式双边剪检修作业标准”等14项企业级检修技术标准；其中，“板坯连铸系统点检作业标准”从2007年7月开始广泛应用于宝冶承揽的山东日照钢铁七、八、九号板坯连铸、邯钢炼钢板坯连铸、金鼎重工板坯连铸、涟钢210吨转炉炼钢板坯连铸等设备日常点检，获得良好效果；编制的“JN60-6特大型焦化核心设备检修工法”“大型Loesche矿渣立磨安装工法”“全自动节能环保激光焊机检修维护工法”等15项企业级检修工法，在邯钢焦化、湘钢焦化、邯钢1 550毫米冷轧、安钢1 550毫米冷轧、首钢京唐1 770毫米连退2 030毫米酸轧、沙钢高炉、沙钢新材料等大量常规检修和专项检修工程中获得广泛应用，取得良好经济效益，确保了检修施工的质量和安全。组织申报并授权“便携式风口快速拆卸装置”“高炉风口大套内孔在线修复装置”“高炉本体冷却装置”“锅炉管试胀试压装置”等197项技术专利，这些专利在公司承揽的宝钢益昌薄板20吨锅炉大修、安钢2 800立方米高炉大修、信阳钢铁四号高炉大修、涟钢四号高炉大修、日照钢铁五号、六号高炉大修中获得广泛应用，确保了大修施工的质量、进度和安全。

由于宝冶设备检修技术开发成效显著，在2016年8月中国施工企业管理协会组织的全国工程建设新技术、新工艺发布交流会上，宝冶的《现代冷轧关键设备系列在线检修技术》科技成果在冶金工程小组中交流发布。中冶集团旗下42家分（子）公司科技成果只有11个项目发布，检修类仅宝冶这1项参加发布。

# 第二节 技 改

从1985年到2018年,宝冶承接了大量宝钢和其他钢铁企业的技改项目。这些项目中具有代表性的技改工程如下:

## 一、中国宝武集团

1. 梅山一号高炉大修技改工程

1985年,容积为1 060米的南京梅山一号高炉,经过15年的生产运行,设备老化,结构锈蚀严重,必须停产进行大修。9月3日,正式拆除构件和设备,大修技改工程全面展开。宝冶作为主攻单位,承担高炉本体、热风炉本体、集尘装置、装料装置、炉顶设备、出铁场设备共6大系统,117项大修改造任务。主要实物量包括拆除量:钢结构1 340吨,设备1 351吨,管道24 000米,电气盘板61面,电缆25 000米,耐火材料9 000多吨。安装量:钢结构1 400吨,设备1 710吨,管道35 500米,电气盘板171面,电缆65 000米,耐火材料9 400百吨。

整个大修技改工期按合同规定,在高炉休风后3个月内完成。大修毗邻二号高炉旁,工期紧、任务重、施工场地狭小、粉尘多、环境差、各种管线及建筑物纵横交叉、配合关系复杂,既要保证二号高炉正常生产,又要满足大修的需要。宝冶动员全体参战职工以"安全第一,协作争效益;质量全优,过硬创信誉;文明施工,精神面貌新"的指导思想奋战3个月,干净利索拿下大修技改工程,实现了"9月炉子拆完,10月安装上马,11月单体试车完,12月点火投产"的目标。

2. 宝钢钢管年修技改工程

1985年9月投产的宝钢钢管厂是当时中国规模最大、装备最先进、自动化水平最高、产品规格最多的钢管制造厂,设计年产量50万吨,成套设备从联邦德国进口。由于设备过于先进,留下了一些设计隐患,钢管厂核心关键设备穿孔机的液压系统管线布置设计不合理,管道振动和泄露时有发生,维护和检修较困难而影响正常生产,宝冶承接了该项目并进行系统的优化和改造,及时恢复该设备的正常使用功能,最大程度减少了停产损失。

1989年10月9日,钢管厂停机年修。穿孔机液压系统管道改造需要拆除旧管道1 562米,按照新的走向和布置安装新管道1 685米,工期120小时,要求一次试车成功。穿孔机液压系统管道与其他管道有很大区别,它紧密围绕穿孔机设备来布局,清洁度要求高、焊接等级高,作业空间狭小、遍地油污。在年修停产前,宝冶施工人员先后5次到现场进行相关数据测量,根据调研情况和钢管厂设备管理点检沟通交流,就主要施工工序和时间节点以及需要的备品备件进行讨论。在此基础上,宝冶严格按照施工方案和质量技术保证措施,仅用115个小时完成任务,一次开机试车成功,完全达到设计要求,比计划工期提前5个小时。

3. 梅山1422热轧技改工程

2005年11月23日,梅山1 422毫米热轧开始第二次技术改造。项目包括拆除旧F0轧机、旧飞剪、旧除鳞箱等设备及设备基础,完成新热卷箱、新飞剪设备基础施工和设备安装及调试;新粗轧机设备安装以及精轧、卷取区域供配电改造;新F1轧机和F2轧机主传动更新改造等。宝冶两级项目部先后制订出老基础破除、新基础施工、老设备拆除、新设备施工等4个主体方案,并围绕主体方案制订出89个派生方案,一个优化方案最多时讨论修改达18次。经宝冶员工昼夜拼抢,比合同工期 30 天提前 5 天完成所有改造项目，进入热负荷试车。

4. 宝钢高炉大修技改工程

2006 年，宝钢二号高炉大修技改，工期 98 天，高炉本体扩容改造至 4 706 立方米。宝钢二号高炉大修首次采用宝冶自主研发的高炉基础钻孔切割充填技术、气垫滑移就位技术、模块化拆装等多项技术，开创了全国大型高炉模块化快速大修的先河，具有划时代的意义，打破了国外对该项技术的垄断。

2008 年，宝钢一号高炉大修技改，工期 78 天。炉容从 4 063 立方米扩容至 4 966 立方米，炉顶设备在技改前是双钟四阀布料，技改后变成了具有国际先进水平的无料钟旋转溜槽布料。宝钢一号高炉大修在宝钢二号高炉大修模块化技术的基础上，又进行了多项技术创新，其中最大的技术亮点是实现了整个炉顶系统整体拆除与安装，其中旧炉顶约 2 670 吨、SPMT 运输＋高空滑移，新炉顶约 2 200 吨、SPMT 运输＋高空滑移，在 44.6 米高空上部进行整体滑移，创造了国内乃至国际上的先例。

2013 年，宝钢三号高炉大修技改，工期 76 天。炉容从 4 350 立方米扩容为 4 850 立方米。炉体高度增加导致炉顶法兰标高由 48.609 米提高到 49.535 米，改造后炉顶设备采用旋转受料罐的方案。此次高炉大修首次未放残铁。旧炉体下段拆除过程中，旧炉体下段运输重量约 6 480 吨，拆除采用了 12 台 600 吨滑靴滑移，二次转运 12 台 600 吨滑靴，全滑移 6 480 吨的运输重量也创造了国内大型高炉大修单件运输重量之最。

2014 年，宝钢四号高炉大修技改，工期 72 天。宝冶在大修过程中借鉴了一、二、三号高炉成功的管理经验与成熟的施工技术，秉承三号高炉不放残铁的工艺，完成了重达 6 140 吨的旧炉缸顶升、滑移技术。同时又根据自身特点进行技术工艺的突破与创新，实施了高炉本体基础在线精准开设隧道技术、炉壳在线精细化加工技术、自主研发 1 300℃耐热混凝土的新工艺、新突破、新技术。同以往高炉快速大修相比，四高炉大修再次刷新了国内特大型高炉大修新纪录，跻身于世界高炉大修施工之前列。

## 二、邯钢高炉大修技改工程

2010 年 10 月，宝冶承接邯钢五号高炉炉顶系统扩容改造主体施工和热风炉施工两项大型技改检修项目。同年 11 月，宝冶又承接了邯钢五号高炉炉顶系统扩容改造高压供电、配电系统改造项目。

## 三、日钢高炉大修技改工程

2012 年，宝冶承接了日钢五号、六号高炉由原 550 立方米扩容到 816 立方米的技改扩容项目。主要内容包括：炉壳更换、炉基扩大、框架改造、鼓风机升级、布袋箱体新增、螺旋输灰改为气体输灰、水泵房升级、上料系统改造、炉顶设备更换等项目，工期 75 天，计划开工时间为 2012 年 10 月 20 日。由于业主生产平衡原因，大修延至 2013 年 1 月开工，当时日照市气温达零下 18 度，又正值春节。宝冶合理编排施工顺序，两座高炉组织交叉施工作业，一座高炉安装冷却壁，另一座高炉安装炉顶设备。通过 75 天日夜奋战，大修按期完成，被业主评为优质工程。

## 四、湘钢高炉大修技改工程

湘钢一号 2 500 立方米高炉由于冷却壁大面积损坏，炉身靠所安装 1 000 余个微型冷却装置来维持生产，从风口以上到炉身中上部，炉内没有冷却壁支撑，且打满了 120 毫米的孔洞，严重影响炉身强度，给安全生产带来极大影响。宝冶承担本次高炉大修，主要对高炉炉内冷却壁进行更换；炉身炉壳更换；炉内耐材砌筑、热风总管耐材更换；热风炉出风口部分炉壳更换、热风炉能源介质管更换、混风室耐材更换、空气煤气换热器更换等项目。大修于 2015 年 3 月正式开始，工期 95 天，停炉后由于残铁口开的较低，导致炉内近 1 000 吨残铁没有放出，严重影响工期。为此，施工人员及时调整工序进度计划，细化节点，炉内清理、管件预制、更换炉壳等施工穿插进行，10 天后炉内清理完成，为主线耐材砌筑创造了条件。高炉冷却壁体积大，最重的超过 5 吨，更换过程中，技术员和安全员旁站监控，发现隐患及时整改。经相关方配合与项目部的共同努力，该技改工程如期完成。

## 五、五矿营口高炉大修技改工程

宝冶承接的五矿营口三号、四号高炉大修技改工程于 2015 年 12 月份开始施工，此次大修为两座高炉同步进行。主要施工内容包括高炉炉壳局部更换、炉内冷却壁更换、冷却板更换、炉内耐材砌筑喷涂、热风短管耐材修补、热风总管围管耐材砌筑、液压管道全部更换、主厂房防腐、冲渣沟更换、底滤池水管更换、热风管道波纹管更换、热风炉球炉改格子砖等多个项目。大修前项目部提前协调施工人员，克服冬季施工及物流困难，安排专人关注物流，与甲方核对物资到场情况，确保了施工资源的供给。大修按期开始就遇到零下 15 度的低温，对冷却壁打压通球、防腐、耐材作业影响很大，冷却壁注水就冻住，打压工作无法开展，项目部组织人员从蒸汽管上接支管到现场，并用彩条布围挡成 200 余平的简易篷，瞬间室内温度升高到 3—6 度，冷却壁打压、通球工作正常开始。耐材作业前，项目部设置螺旋暖风机，确保耐材砌筑温度在 2 度以上。通过项目部及相关方的共同努力，两座高炉施工均按期完成并受到业主好评。

## 六、安钢高炉大修技改工程

2016 年 9 月，宝冶承接安阳钢铁炼铁厂二号高炉改造完善工程，项目部克服工期紧、施工强度高、立体交叉作业等诸多困难，抓工期，保质量，促服务，将二号高炉改造工程打造成大型高炉快速大修示范工程，按期交付后，安钢炼铁厂向宝冶赠送了题为“科学组织 精细管理 技术精湛 服务一流”的锦旗。

## 七、涟钢高炉大修技改工程

涟钢六号高炉自 2003 年投产后连续生产了 15 年，炉内冷却壁锈结严重，拆除冷却壁难度非常大。大修前，宝冶从人员配置、进场时间、工器具进场时间、备件进场顺序、预制件场所、各类分项方案均一一落实。2018 年 2 月 1 日凌晨高炉准时停炉，3 月 6 日开始高炉炉内砌筑，最终按期完成技改大修，确保了高炉按节点烘炉。

# 第三节　生 产 协 力

宝钢一期工程由日本新日铁承担总体设计和设备供货，生产和设备管理全套从新日铁引进。新日铁是日本规模最大、综合实力最强的钢铁企业，广泛采用社会化生产协力，有效降低了生产成本。宝钢一期工程投产后，宝钢强化主体和主作业生产线，决定在辅助生产线上采用社会化生产协力，而宝冶作为钢铁基本建设的国家队、宝钢建设的主力军，对宝钢的设备和生产工艺比较熟悉。经过宝钢一期工程洗礼，宝冶的施工装备先进，职工素质和技能水平高，管理规范。在此情况下，宝冶凭着综合实力优势，通过竞标，先后承担了宝钢炼钢渣处理、废钢运输、高炉渣处理、原料破碎、全厂除尘操作、转炉耐火砖砌筑、行车操作等大批协力生产项目。参加宝钢生产协力的单位有宝冶特种公司、三公司、五公司、筑炉公司、机装公司、工安公司、机动公司和检修公司。开创了国内冶建公司从事钢铁生产协力的先河，并以此为契机，在其他钢铁企业承揽了多项生产协力项目。

## 一、宝钢生产协力总体情况

从 1985 年 9 月 15 日一号高炉投产开始，宝钢就以先进的生产设备、先进的工艺流程、先进的厂容绿化，生产出高质量的产品而登上世界先进钢厂的宝座。宝钢炼钢厂的渣处理系统，这种将钢渣就地冷却、就地分选、就地消化的技术，在当时的中国是独一无二的。1986 年至 1988 年上半年，宝钢炼钢厂虽然有一大批职工全力以赴扑在这一工艺流程线上，但仍免不了经常出现“渣满为患”的困难。为此，宝钢决定将转炉钢渣处理系统以公开招标的形式包给非生产单位生产，并将这个项目作为国内冶金生产的一个试验。

1988 年 5 月，宝冶特种公司与宝钢六家实力雄厚的单位竞争而中标，承包期为三年。是年 7 月 1 日，宝冶职工正式从宝钢总厂职工的手中接管宝钢转炉渣处理系统，开始投入协力生产行列。在针对协力生产制定管理制度的同时，宝冶还摸索建立了有利于渣处理生产发展的管理体制，并积极开展攻关活动。承包渣处理的第二个月，就促成宝钢转炉日产钢逾万吨，第三个月，金属回收量和其他指标就达标了。

宝钢一期工程投产以后，宝钢为了强化主体和主作业生产线，提高劳动生产率，逐步将辅助生产系统分流剥离给外协单位承担。宝冶各级领导考虑到宝钢工程建设基本完成以后，冶金施工建设任务越来越少，为了企业的生存发展，千方百计承揽宝钢的协力生产任务。经过几年努力，宝冶特种、筑炉、三公司、工安、机装、电装等 6 家先后进入宝钢的渣处理、废钢运输、转炉砌筑、铁水预处理、前扒渣后扒渣、整脱模、钢包中间包 RH 炉砌筑维护检修、高炉水渣、喷煤、原料破碎系统等辅助生产系统，与宝冶的设备检修一起，成为宝冶四元产业中的重要一元——检修协力，对提升宝冶的整体经济实力发挥了积极作用。然而随着时间的推移，各单位分散经营、“诸侯割据”，带来许多弊端：各单位装备和专业优势不能平衡，不能形成优势互补，协力生产能力受到制约。此外，宝钢也要求宝冶加强对口管理。基于种种原因，宝冶在进行充分调查研究的基础上，果断作出组建宝冶协力分公司的决策，将各单位所有协力生产收归协力分公司统一领导管理，组织生产，对人财物资源进行优化配置，使各专业协力生产优势互补，装备统一调度。1999 年 10 月 18 日，协力分公司正式成立。本着精干高效的原则，协力分公司机关设 9 部 1 室 2 站 1 所，共 51 人。员工由整合前的 3 010 人减少到 2 712 人，管理人员由整合前的 300 多人压缩到 160 多人。

协力分公司重组后,对宝钢用户服务上了新台阶,实现四个100%,即对用户合同履约率100%,生产服务质量用户满意率100%,定期回访业主制度执行率100%,用户意见整改落实率100%。炼铁车间三期原料破碎作业区和铸钢车间的整脱模作业区三次被评为宝钢标化作业季度先进作业区。2000年下半年协力分公司作为唯一一家外协单位参加宝钢股份公司标化作业成果发布会。2001年,协力分公司以其管理、装备、形象、素质和服务优势,成功承接了上钢五厂和宝钢实业公司的废钢运输任务,并获得由业主赠送的锦旗。

在宝钢生产协力上,宝冶有两个区域和四个单位被宝钢评为优胜单位,有六个项目被评为优胜项目,受到宝钢集团嘉奖。借助在宝钢协力生产中形成的技术管理优势,宝冶挺进其他钢铁企业承担了一批生产协力任务。

## 二、宝钢炼钢渣处理生产协力

宝钢炼钢厂的渣处理是将钢渣就地冷却、就地分选、就地消化的技术。钢渣处理车间及堆场高温潮湿,环境艰苦,处理要求高。宝冶积极对接宝钢,促成宝钢将转炉钢渣处理生产协力以公开招标形式包给非生产单位承包。1988年5月,宝冶中标宝钢渣处理生产协力,承包期为三年。1988年7月1日,宝冶正式从宝钢总厂接管宝钢转炉渣处理系统,拉开了宝冶承揽大型钢铁企业协力生产的序幕。

宝钢炼钢渣处理系统由炉渣处理间、落锤处理间和粒铁回收间三部分组成。为夯实生产协力的基础工作,宝冶组建渣处理队,并赋予渣处理队拥有人事安排、生产组织、经营开发和奖金分配四个方面的自主权力。渣处理队建立管理体系,制定管理制度,先后制订了14项管理制度,并纳入考核与奖罚兑现,促进了生产协力的标准化、规范化管理。如1988年10月8日夜晚,宝钢炼钢厂的三台受渣台车,一台在大修,另外两台突发机械、电器故障,日产一万余吨的炼钢厂将被迫停产。渣处理队连夜组织抢修受渣台车,同时用运载能力为35吨汽车运抢运钢渣,经15个小时紧急抢修,为宝钢炼钢的顺产稳产提供了有力支撑。

## 三、宝钢炼钢废钢区域生产协力

1989年10月,宝冶开始承包宝钢炼钢废钢铁堆区域生产协力,包括废钢铁分选、切割、破碎、供料及消耗资材加工、供应等全部生产、劳动、安全、环保、清洁卫生乃至整个区域内的设备维护、管理等项目。经过三年多运行,宝冶特种公司以服从服务炼钢生产为宗旨,购置了近百台汽车和工程机械运输设备;建立与实施一系列规章制度;以年度炼钢所需废钢铁需求计划为目标,突破以车间为单元多头管理的模式,形成以生产系统为主线的集中管理的体系;改变进出废钢铁不均衡的状况,围绕确保废钢铁供给质量和消除废钢中危险物为主题,全面开展QC攻关活动,重奖从废钢铁中发现和分拣出炮弹等爆炸物的职工;首创了一推开、二分选、三归堆、四监装、五确认的废钢铁分选法,确保转炉在大量熔进废钢铁状态下投产3年多来首次实现连续2万炉无响爆;1994年10月至1999年1月,创造了10万炉无响爆国内新纪录。1989年10月至1993年6月,共供给转炉合格废钢铁达319万余吨,从数百万吨废钢铁中挑出密封闭容器19万余个,炸弹(包括手雷、水雷、地雷、手榴弹等)476枚,多次受到宝钢总厂的嘉奖。

## 四、宝钢炼钢厂连铸中间包系统生产协力

宝冶筑炉公司于 1993 年 5 月 1 日与宝钢总厂正式签订了承包期为 3 年的连铸中间包系统生产协力合同，内容包括中间包的砌筑、装包、拆包，中间包 SN 机构维修、涂层，大冷钢异常处理等所有生产作业任务，以及劳动、安全、环保、4S 管理，还包括中间包系统全部机、电、仪器设备的管理、使用、保养和维修。中间包系统是炼钢厂连铸系统工艺中钢水注入连铸机前最后经过的热工设备，具有稳定转炉钢水和炉外精炼后的钢水成分和温度，控制浇铸速度等多项功能。中间包的砌筑和装包作业是炼钢连铸分厂一条重要的生产作业线。

承包该项目的筑炉公司为确保连铸中间包系统的生产稳定，满足连铸生产的需要，成立了由 100 余名职工组成的中间包工段，合理设置管理机构，加强设备管理，严格坚持持证上岗的原则，进一步树立生产协力的服务意识，强化管理，精心操作，确保质量，确保了宝钢连铸钢坯产量目标的实现。

## 五、宝钢炼钢厂炉下渣处理生产协力

1991 年 6 月 8 日，宝冶特种公司承担了宝钢炼钢厂炉下渣处理生产协力。清除炉口喷渣作业困难重重：环境差，一年四季处于高温作业，周围空气不流通，粉尘密度高；任务重，炼钢厂每天排出的钢渣需及时处理，如果炉下清渣不彻底，将直接影响受渣台车和钢渣台车正常工作；时间紧，清渣时间一天 24 小时受转炉出钢时间控制，每延误 1 分钟，转炉少产 8 吨钢。为此，宝冶特种公司准备充分、防护到位、改善环境、精心排班、随出随清，确保了转炉产能。

## 六、宝钢高炉渣处理生产协力

1993 年 12 月 27 日，宝冶工安公司与宝钢炼铁厂签订二号高炉渣处理生产协力承包合同，承包期限自 1993 年 12 月到二号高炉大修停炉止。工安公司负责二号高炉渣处理生产作业、生产组织和安全管理，实施四班三运转、确保水渣冲制率≥80%，并承包生产设备区域中沉淀池、冷却塔等的日常和维修中的清渣、处理等业务，为二号高炉顺产稳产做了有力支撑。

## 七、宝钢炼钢整脱模车间生产协力

1996 年，宝冶检修公司承接了宝钢一炼钢厂整脱模车间机械、电气、液压设备的点检及维护项目，整脱模车间配备 2 台 30 吨脱锭吊，2 台 50 吨脱锭吊，1 台 40 吨脱锭吊、1 台 80 吨脱锭吊，4 台钢锭模清扫器和配套的空压机站，电动葫芦等设备。检修公司从各车间挑选工作经验丰富、技术全面的员工担任机、电、液专职点检员，不断总结完善点检业务，确保整脱模车间的设备完好率、利用率，圆满完成了整脱模车间协力生产任务。

# 第三章　装备制造

1995 年，宝冶特种公司机械修造厂开始从事装备制造，此后宝冶下属的机动公司、工安公司、筑炉公司、机装公司、工程技术公司等先后涉足装备制造产业，并分别形成自己的品牌特色和产品，如钢渣与废钢运输车辆、压力容器与余热锅炉，大型高炉炉壳设备、节能环保设备、桁架式双翼跨海架桥机、全模块化转化炉等。

2015 年，宝冶紧跟中冶集团打造"四梁八柱"升级版发展战略，大力培育和发展高新技术产业，下属各二级公司加快高端装备制造产业发展，培养新的市场增长点，推动企业发展量的提升和质的飞跃。

## 第一节　发展历程

### 一、装备制造产业初始阶段(1990—2000 年)

这一时期宝冶的装备制造主要是围绕宝钢工程建设和生产协力展开，产品有高炉炉壳、废钢特种运输车辆、液压油缸等。

1986 年，宝冶压力容器厂开始涉足非标设备制造，专业生产压力容器及余热锅炉、大型高炉炉壳设备节能环保设备、高端钢结构、钢管制品等，该厂占地面积 3 800 平方米，厂房面积 15 000 平方米，技术人员 50 多人，拥有各种专业生产设备 160 多台(套)。经过多年发展，逐步拥有中国钢结构制造企业资质(特级)证书、中国特种设备制造许可证书(压力容器、锅炉)、ASME 锅炉及压力容器制造许可证书、AISC 证书、EN 1 090 证书、新加坡钢结构协会 S1 级证书等。先后形成压力容器系列、余热锅炉系列、煤气柜系列、水冷件系列、非标设备系列以及高炉炉壳系列产品，先后为宝钢、马钢、华能电厂、新兴铸管等 17 个单位制造设备千余台/套。

宝钢一期工程投产以后，宝冶承包了宝钢炼钢厂渣处理车间钢渣及废钢运输等任务。一炼钢的三座 300 吨转炉和二炼钢的两座 250 吨转炉排出大量炉渣，需年运输和处理钢渣达 140 万吨。宝钢从日本、德国和美国引进价格昂贵的渣罐车经 10 多年运行，车辆综合状况严重劣化。为解决钢渣及废钢运输问题，特种公司通过与院校建立技术合作，研发适用于废钢及渣处理运输的特种车辆，改制成功了 35 吨轻量级废钢铁运输车，制造成功了 40 吨重量级废钢铁运输车、炉下钢渣遥控"机器人"铲掘机。1996 年，这些特种车辆实现了批量生产，并为武钢生产 1 台载重为 40 吨的渣罐车，为韶关钢厂生产 2 台渣罐车，还修复改造了 5 台进口渣罐车。1996 年 12 月和 1997 年 1 月，冶金部组织专家对这两种车作科技成果鉴定。在废钢运输车鉴定意见上写道：该车设计合理，结构新颖，具有运输多种原料和成品等性能，操作使用方便，安全可靠，投资少，填补了国内特种运输车辆的空白，综合技术接近国际先进水平，有较大的推广应用价值。特种公司在中国重型汽车集团公司的帮助下，于 1999 年 10 月通过了国家机械工业局汽车工业司的鉴定，年底正式列入了国家产品目录。

1992 年初，宝冶机装公司成立液压设备修理厂，开展了液压油缸的制作生产。1995 年，液修厂自行制作“重型油缸测试台”和两台15平方米的大型抓斗。同年与有一百多年油缸生产历史的意大利福萨油缸制造公司建立合作关系，由意大利福萨油缸制造公司提供具有世界先进水平的液压油缸加工生产技术，合作发展液压油缸生产，并由机装公司作为意大利福萨公司在中国大陆的产品销售总代理。此后液修厂在油缸修造技术上不断突破，由油缸修复扩展到油缸制造，成功地为宝冶特种公司制作12只油缸，为上海玛琅公司制作了长达15米的柱塞油缸，承接了上钢五厂AGC大型油缸制造以及梅山钢厂液压泵站总成。1996年，机装公司与设计院联合，在成功研制立式抛丸除锈机的基础上，研制了1 000吨油压机、七辊校正机等工艺设备，为一冶和宝冶三公司等制造了抛丸机。5年中，从简单液压缸修理到复杂液压缸修复制造；从单个液压元件的修复制造到液压泵站、阀架总成的制造、检验和安装；从液压缸设计制造到形成液压系统总成设计制造安装及贸易一条龙，市场占有率不断提高。

## 二、装备制造产业发展阶段（2001—2014年）

这一时期宝冶的装备制造主要由相关下属单位根据自身定位和实际情况打造各自的特色产品。

2001年，宝冶根据市场需求设计、改装和制造了系列铁水车、废钢料槽运输车、多功能吊斗运输车、重型渣罐运输车、轻型废钢自卸车、钢锭保温运输车、自抱罐运输车、遥控工程机械（炉前机器人）、框架升降式运输车、混铁车接地装置、框架雨棚道路运输框架车配套框架的雨棚、铁水车加盖系统改造、380吨铁水包制作等。宝冶装备制造以废钢料槽运输车、大吨位抱罐车、框架车、专用无线遥控工程机械、模块化运输车、系列吊斗车等产品为核心，推进产品的升级跨越，打造有特色有技术含量的拳头产品。大力拓展冶金、有色、物流配送、造纸、加工等行业生产用非标成套设备制作领域，推进集非标成套设备设计、制作、安装、调试为一体的非标成套设备总包模式。开拓工程机械及其总成件的再制造业务，如废旧工程机械的翻新与再制造。以通过“场内机动车制造资质”产品认证为契机，通过精细化自主管理，深耕细作，促进装备制造产业规模化和标准化，开拓了改装及非标制作市场，研发制作的废钢料槽运输车、自抱罐运输车、密闭式冶金废渣自卸车等机械设备在宝钢、沙钢、上钢五厂等钢厂安全运行。其中，废钢料槽运输车具有装载质量高、重心高度低、行驶安全性高、油耗低、使用成本低、使用寿命长、且更适合长距离运输等优点，市场推广空间大，填补了国内空白，共获得6项国家专利。

2005年，宝冶完成国产第一台电厂脱硝设备厦门嵩屿电厂二期机组SCR烟气脱硝反应器制作。同年，开始制作生产多个项目浮法玻璃生产线关键设备——锡槽，并研发锡槽的制造与安装成套施工技术，极大地提高了锡槽底壳结构制造和安装质量，在延长锡槽的生产使用寿命、保证玻璃窑炉热工设备运行和成品质量的同时，还弥补了原工艺的各项不足，使宝冶在锡槽底壳结构制造与安装工艺方面达到国际先进水平，推动了锡槽制造与安装行业的技术进步。2005年始，该技术先后在印度600TPD浮法线锡槽制作项目、成都南玻1 000T/D浮法线熔窑、锡槽制作项目，印尼600TPD浮法线锡槽制作项目，深圳南玻600T/D浮法二线技术改造项目，天津耀皮600T/D浮法线熔窑、锡槽钢结构制作安装和耐材砌筑工程中应用。2010—2014年先后参与天津天钢、内蒙古君正、新疆新冶、内蒙古多蒙德、青海盐湖、内蒙古蒙维、鄂尔多斯君正、河北盛华、内蒙古中谷、内蒙古白雁湖、河北东华、武钢、山东日照、衢州元立及台塑越南等石灰窑内套筒、换热器、燃烧室、旋转布料器、上料导轨及小车、出灰装置非标设备加工制作项目，以及深圳南玻、常熟耀皮、天津耀皮、吉驰印尼、青海光科光伏、漳州旗滨等玻璃窑熔窑和锡槽非标设备加工制作项目。

2007年,宝冶承接芬兰科尼起重机制造端梁配套设备项目,开始涉足精密装备制造。2010年,与法国液化空气公司建立国际合作,承接漕泾工业区氢化转化炉项目,向海外装备制造转型。2011年,承接当时全球产能最大的转化炉系统——沙特阿拉伯YER转化炉项目,市场拓展到海外,由冶金行业拓展到石油、化工、电力等工业设备,先后为中国海洋石油公司(CNOOC)、中电投上海外高桥电厂、法国液空公司(Air Liquide)、意大利国际热能技术公司(ITT)、日本三菱公司(MHI&MGC)、科威特天然气石油公司(KNPC)、三星公司(SECL)等提供服务,产品出口科威特、伊朗、土耳其、加拿大、乌拉圭与多巴哥、沙特阿拉伯、阿联酋、印度尼西亚等国家。2012年,与中科院上海应用物理研究所建立战略合作关系,先后承接制造TMSR熔盐制备及纯化样机、基盐制备高温反应器及关键设备、质子主环、中子源靶体维护拖车系统、四代核能熔盐反应器等核能设备;与上海航天智造、南京航天晨光等研究制造自动转运平台车架、桁架机器人等自动化设备;与日本松下、日本三菱、英国多门朗、芬兰科尼等公司开展合作,先后制造松下机器人、三菱出渣机、MPW起重机端梁等设备,向世界展示了"中国制造"的雄厚实力。

## 三、装备制造产业高端发展阶段(2005—2018年)

这一时期宝冶的装备制造产业在国家"一带一路"倡议及中冶集团打造"四梁八柱"业务体系战略引领下,致力于开拓和发展高端装备制造产业,培养新的市场增长点。

2016年5月,宝冶成功完成超大桁架式双翼架桥机——大型桥梁铺设关键设备的制造,在上海港分批装船出口,助力文莱跨海大桥建设。该架桥机长130米、高30米、跨距56米,自重约1 200吨,设计载重1 600吨,最大载重负荷2 000吨,全部采用国际一流的机械电子技术控制系统以及液压提升系统,运用国际领先的双桥面提升技术。该机是当时世界同类起重机械中载重量最大、跨度最大、提升效率最高的架桥机。与传统的箱梁式架桥机相比,桁架式双翼架桥机自重轻,抗风力强,非常适合台风较多的东南亚沿海地区桥梁建设;作业效率高,可以张开两个"翅膀",同时在桥梁左右两侧开展铺装作业。

2016年11月,宝冶承接制作的国内首例天然气制甲醇转化炉整体模块,成功发运美洲特尼立达多巴哥美洲加勒比天然气化工有限公司年产100万吨甲醇,包括辐射段、对流段、屋顶结构等34个模块,开创了转化炉制造业向大型模块化工厂制造的先例,引领了装备制造业技术发展的方向和潮流。通过该项目制作,宝冶开发了《大型甲醇转化炉模块化制造关键技术研究及应用》,从模块三维建模设计、模块的整体装配、模块内部压力管道、模块内的耐火材料浇筑、仪器仪表安装、大型模块整体运输等工艺入手进行研发,实现了工厂模块化制造,现场"搭积木"式的安装模式。申请发明专利2项,实用新型专利多项,形成企业标准2部。此后,宝冶与ITT(意大利国际热能技术公司)及科威特国家石油公司密切合作,先后承接科威特MAA GT－5加热炉模块化制作与压力管道制作供应,伊朗SIRAF转化炉模块化制作与压力管道制作供应,伊朗TCC转化炉模块化制作与压力管道制作供应,科威特KNPC ZOR转化炉模块化制作与压力管道制作供应,伊朗波斯湾BID BOLAND转化炉模块化制作与压力管道制作供应,阿塞拜疆SOCAR－HAOR转化炉模块化制作与压力管道制作供应;与法液空公司(Air Liquide)深化合作,先后承接YCI玉皇美国路易斯安那州甲醇厂项目的转化炉炉体与烟气管道制作,尼日利亚DANGOTE转化炉炉体与烟气管道制作,韩国Y4转化炉模块化制作与压力管道制作供应。

# 第二节 主 要 业 绩

表 6-3-1 宝冶工程技术公司装备制造业绩一览表

| 项目名称 | 项 目 特 点 | 合同开工时间 |
| --- | --- | --- |
| 科尼起重机小车端梁 | 科尼起重机有近90年的历史，是公司首个海外精密装备制造项目。 | 2007年 |
| DTL腔体制造 | DTL腔体用于散裂中子源CSNS漂移管直线加速器项目，建造漂移管直线加速器。漂移管直线加速器紧接在射频四极(RFQ)加速器之后，把从RFQ加速器输出的3MeV质子束进一步加速到13MeV，达到微型脉冲强子源设计指标。DTL腔体制造精度、难度高，技术指标达到国外先进水平。 | 2013年 |
| TMSR熔盐制备及纯化样机项目 | "未来先进核裂变能——钍基熔盐核能系统(TMSR)"是中国科学院首批启动实施的战略先导科技专项，是中科院在中国至2050年科技发展路线图战略研究的事关我国全局和长远发展的重大科技问题。TMSR熔盐制备纯化设备样机是将熔盐的制备、纯化处理和物理过滤集成起来的一套熔盐获取工艺验证与参数研究的设备集群。本项目申请了3项发明专利。 | 2013年 |
| 靶体维护拖车制造 | 靶体维护拖车隶属于中国散裂中子源工程"CSNS"，用于承载靶体插件，实现靶体插件在靶站中心的工作位置的准确定位，以及将其移动至热室进行遥控更换，是确保CSNS装置正常运行的重要部件。该项目由宝冶与中科院共同设计完成，并获得两项发明专利，同时获得了中国科学院高能物理研究所颁发的《重大贡献参建单位》。 | 2014年 |
| FLiBe熔盐生产反应器项目 | FLiBe共晶熔盐是TMSR回路不可替代的溶剂与冷却剂。宝冶生产制造的FLiBe熔盐生产反应器堆用合金材料腐蚀试验结果在2 μm/y以内，一举解决了氟盐冷却剂的腐蚀性控制难题。为钍基熔盐堆核能系统研究做出了重要贡献。本项目申请4项发明专利。 | 2014年 |
| 文莱跨海大桥桁架式双翼架桥机项目 | 桁架式双翼架桥机用于架设文莱湾大桥，桁架式双翼架桥机，长130米、高30米、跨距56米，自重约1 200吨，设计载重1 600吨，最大载重负荷2 000吨. | 2015年 |
| 桁架机器人 | 由上冶与南京航天晨光联合开发的桁架机器人在甘肃完成整机的调试、系统的联调。桁架机器人的运行环境在强辐照状态，属于机械手中比较高端的产品。本项目申请了一项发明专利。 | 2017年 |

表 6-3-2 宝冶工业工程公司装备制造业绩一览表

| 项 目 名 称 | 项 目 特 点 | 合同开工时间 |
| --- | --- | --- |
| 漕泾工业区氢化转化炉项目 | 开启与法国液化空气公司国际化合作序幕，是公司转型海外装备制造的开端。 | 2010年 |
| 沙特阿拉伯YER转化炉项目 | 项目为2011年全球产能最大的转化炉系统，为后续与世界其他知名企业合作打下良好基础。 | 2011年 |
| 法国液化空气的Huafon转化炉项目 | 继漕泾项目后再次中标国内制造项目，为转化炉国内外供货打下基础。 | 2013年 |
| 加拿大鲁奇Horizon 2加热炉项目 | 开启美国及加拿大转化炉市场。 | 2013年 |

(续表)

| 项 目 名 称 | 项 目 特 点 | 合同开工时间 |
|---|---|---|
| 阿联酋 CBDC 加热炉项目 | 开启与 ITT(意大利国际热能技术公司),SECL(韩国三星工程公司)的国际化合作序幕。 | 2013 年 |
| 伊拉克 Zubair 加热炉模块化制作与压力管道制作供应项目 | 深化与 ITT(意大利国际热能技术公司),SECL(韩国三星工程公司)的项目合作范围。 | 2014 年 |
| 土耳其 ARP STAR 加热炉模块化制作与压力管道制作供应 | 与 ITT(意大利国际热能技术公司)持续项目合作。 | 2014 年 |
| 科威特 KNPC CFP 转化炉模块化制作与压力管道制作供应项目 | 与 ITT(意大利国际热能技术公司)及科威特国家石油公司密切项目合作。 | 2015 年 |
| 印尼 GRESIK 加热炉钢结构制作项目 | 开拓东南亚装备市场。 | 2015 年 |
| 美洲加勒比天然气化工有限公司年产100万吨甲醇转化炉整体模块化及滚装项目(TMD 项目) | 宝冶承接的首个转化炉全模块化项目,由装备制造商宝冶、设备技术供应商意大利 ITT 公司、总承包商日本三菱重工(MHI)、业主方三菱化学(MGC)及加勒比天然气化工有限公司(CGCL)深度国际化合作完成。 | 2016 年 |
| 科威特 MAA GT-5 加热炉模块化制作与压力管道制作供应项目 | 与 ITT(意大利国际热能技术公司)及科威特国家石油公司继续密切项目合作。 | 2016 年 |
| 伊朗 SIRAF 转化炉/TCC 转化炉模块化制作与压力管道制作供应项目 | 与 ITT(意大利国际热能技术公司)继续深度项目合作。 | 2016 年 |
| 科威特 KNPC ZOR 转化炉模块化制作与压力管道制作供应项目 | 与 ITT(意大利国际热能技术公司)及科威特国家石油公司持续密切项目合作。 | 2016 年 |
| 伊朗波斯湾 BID BOLAND 转化炉模块化制作与压力管道制作供应项目 | 与 ITT(意大利国际热能技术公司)再度深化项目合作。 | 2017 年 |
| YCI 玉皇美国路易斯安那州甲醇厂项目的转化炉炉体与烟气管道制作项目 | 与法液空公司(Air Liquide)继续深化合作。 | 2017 年 |
| 尼日利亚 DANGOTE 转化炉炉体与烟气管道制作项目 | 与法液空公司(Air Liquide)继续深度合作。 | 2017 年 |
| 阿塞拜疆 SOCAR-HAOR 转化炉模块化制作与压力管道制作供应项目 | 与 ITT(意大利国际热能技术公司)深化全面合作。 | 2018 年 |
| 韩国 Y4 转化炉模块化制作与压力管道制作供应项目 | 与法液空公司(Air Liquide)全面深化合作。 | 2018 年 |
| 北京冬奥会国家雪车雪橇中心赛道中制冷管道制作项目 | 为北京冬奥会竞赛场馆建设提供技术设备支持。 | 2018 年 |

# 第四章　房地产开发管理

## 第一节　发　展　历　程

自1992年宝冶进入房地产领域以来，陆续成立了包括沪港合资的上海锦海房地产在内的多家房地产开发公司和项目公司，涉足上海等地商品房开发项目。

2003年上海锦海房地产由于宝冶分立改制、资产划转等因素，经股权转让退出合资。

2007年3月3日，宝冶成立房地产置业部，再次进入房地产领域，全面推动房地产业务的发展。

2009年3月9日，宝冶撤销房地产置业部。同年8月24日，为不断拓展保障性住房开发建设市场，设立宝冶保障性住房开发（城市综合改造）办公室。

2009年12月25日，宝冶成立房地产分公司，负责宝冶商品房、保障性住房、城市综合改造等全过程管理（包括协助房地产开发项目营销，项目策划、实施及全过程控制管理），负责组建项目公司及管理。

2010年5月5日，宝冶保障性住房开发（城市综合改造）办公室更名为房地产开发部。

2011年4月7日，公司撤销房地产开发部，其全部职能调整到企业发展管理部。

2014年3月25日，为加速培育、建设房地产开发专业团队，打造住宅产业化、保障性住房与商品房一体化经营模式，实现经济效益最大化，将房地产分公司更名为房地产事业部。

2016年10月28日，根据“四五”规划，宝冶集中优势资源，聚焦总承包业务、专业业务、投融资职能三大核心，为进一步优化资源配置，加强投融资集中管控，宝冶决定将投融资开发部与房地产事业部进行整合，设立投融资开发部/房地产事业部。

2017年5月20日，为落实公司“四五”规划，不断完善公司投融资职能，进一步理顺投融资业务各环节的管理关系，将投融资开发部/房地产事业部更名为投融资事业部，进一步明晰其作为宝冶投融资业务的主体责任，并对相应的项目公司运营实施全过程管理。

## 第二节　项　目　开　发

2007年6月26日，宝冶所属上海中冶新域置业有限公司经上海市浦东新区市场监督管理局批准设立。具体承担“中冶尚城”商品房项目的开发任务。“中冶尚城”位于浦东新区外交桥新市镇核心区，属正在崛起的森兰绿地板块。项目占地面积83 296.5平方米，总建筑面积157 133.49平方米，小高层住宅16幢，多层2幢，可售住房共计1 204套，另有商铺近万平方米。该项目2007年6月正式启动，2010年10月1日交房。本着精心打造高品质社区，创立宝冶房地产品牌的理念，从项目定位、规划设计、建设施工到销售策划，项目开发团队精益求精，锐意进取，成功探索出一条开发之路。该楼盘获2009年度上海市楼盘销售第15名。

2008年1月15日，宝冶所属常熟中冶宝润置业有限公司经常熟市工商行政管理局批准设立，具体承担“中冶虞山尚园”商品房项目的开发任务。2007年9月24日，宝冶通过招拍挂，取得江苏省常熟市2007A－G036地块，该地块位于长江路68号；2008年5月19日经常熟市地名办公室核准，该项目命名为“中冶虞山尚园”；2010年3月24日取得销售许可证进行销售；2011年9月29日商品房首次交付。常熟市政府表彰2010年度先进企业,常熟中冶宝润置业有限公司荣登光荣榜。

2009年8月17日,宝冶所属慈溪中冶置业有限公司经慈溪市工商行政管理局批准设立,具体承担梅林保障性住房工程的开发任务。该地块位于白沙街道三北大街与梅林路交叉口。2013年2月27日,取得《土地证》。

2010年1月14日,宝冶所属上海中冶凯程置业有限公司经上海市宝山区市场监督管理局批准设立,具体承担祁连基地A2、A3地块(保障性住房)和祁连基地内配套市政道路项目开发任务。2013年12月18日取得A3地块房地产权证,2015年1月13日取得A2地块房地产权证,2015年9月28日取得A3地块一期交付许可证,2016年9月8日取得A2地块一期交付许可证。

2010年1月20日,上海中冶新月浦置业有限公司经上海市工商行政管理局宝山分局批准设立,是宝冶和上海新月浦房地产(集团)有限公司共同投资成立的房地产开发企业;具体承担中冶尚园(即宝山区月浦镇月富路地块)和中冶锦园(即宝山区沈巷社区C-1地块)商品房项目的开发任务。2009年9月17日,宝冶和上海新月浦房地产(集团)有限公司通过招拍挂,取得宝山区月浦镇月富路地块,该地块位于申浦路288号。2011年7月16日开盘销售,2012年11月23日交付。

2010年6月21日,绍兴中冶新域置业有限公司经绍兴市工商行政管理局批准设立;是宝冶及汇投控股集团有限公司共同投资(其中宝冶持股95%,汇投控股集团有限公司持股5%)成立的房地产开发企业。具体承担中冶梧桐园(即绍兴市袍江新区G56-1地块)商品房项目的开发任务。2012年9月13日取得销售许可证进行销售,2013年11月21日房屋首次交付。

2010年9月28日,宝冶所属上海中冶联杨置业有限公司经上海市工商行政管理局宝山分局批准设立,具体承担罗店保障房项目的开发任务。宝冶通过国有土地划拨方式,取得宝山区罗店镇0209村(街坊)P4、P3、P2、P1四块宗地。B1地块2015年8月10日开始交房,B2地块2016年6月29日开始交房,B3地块2014年7月20日开始交房,B4地块2014年9月10日开始交房。

2012年11月28日,宝冶所属上海中冶新月浦置业有限公司通过招拍挂,取得宝山区沈巷社区C-1地块,负责该地块的开发任务,该地块位于月富路88号。2013年6月8日经上海市宝山区地名管理办公室核准,该项目命名为中冶锦园。2013年12月3日开盘销售,2015年6月23日交付。

2013年1月14日,宝冶所属镇江中冶宝润置业有限公司经镇江市工商行政管理局批准设立,具体承担中冶玉翠园(即镇江体育会展中心南4-2地块)商品房项目的开发任务。项目一期2014年11月13日首次取得销售许可证进行销售,2016年1月27日首批房屋实现交付。

## 第三节　管理特色

进入21世纪,在国内房地产行业市场波动较大的情况下,中冶集团充分利用政策引导和政企银合作等有利条件,制定灵活的产品战略,强化管理机制,进入北京、上海、天津、南京等60多个城市,取得了较大的突破,所打造的“中冶置业”成为享有良好声誉与较高知名度的房地产开发品牌。宝冶紧跟中冶房地产发展战略步伐成立房地产分公司。2010年10月18日上海浦东中冶·尚城开始交房,此次共完成千余套房屋的交付,顺利交房标志着中冶·尚城作为宝冶首个房地产项目的成功开发。

### 一、建立开发管理体系

宝冶房地产分公司主要管辖上海中冶新域置业有限公司、常熟中冶宝润置业有限公司、慈溪中冶置业有限公司、上海中冶新月浦置业有限公司、信阳中冶宝润置业有限公司、绍兴中冶新域置业有限公司等项目公司。房地产分公司成立后，设立了综合部/办公室、品质管理部、销售部、投资控制部、财务部5个职能部室，明确部门人员定编。为加强分公司对项目开发的服务支撑和监管力度，对项目财务、投资控制、销售业务实行职能部门集中管理。2014年为完善销售业务管理，调动项目公司的销售积极性，实行项目公司与管理部门互补的销售管理模式。

根据宝冶对房地产分公司提出的"资源整合、集约经营、创新管理模式"的要求，房地产分公司按照资源利用方式的转变、管控模式的转变、经营管理体系的转变、单个项目盈利模式向多项目集约化盈利模式的转变，全面梳理系统管理，制定了一整套管理文件，以行政管理、机构设置、人员定编、管理职责、制度建设及运营机制等方面为抓手，进行了一系列的管理改进工作。

## 二、整合销售资源，深化营销管理

房地产分公司结合销售工作的特点和各项目销售的实际情况，2010年，按业务集中原则设立销售部，对项目销售人员进行资源整合，建立和完善营销体系，打造了一支专业的销售管理团队。公司紧贴国家出台的房地产新政，以灵活的销售策略、丰富的促销活动、准确的宣传定位等，赢得了较好的销售业绩和良好的市场声誉。

在营销规范管理上，首先开展系统业务培训，结合销售工作特点和各项目销售的实际情况，建立项目销售系统工作构架，形成以营销为核心的职能管理提升体系。2012年，为提高各项目工作效率，销售部制定业务流程，编制并出台销售管理制度手册。在销售资源管理上，全面整合各项目的销售企划资源，实施各项目企划工作统一管理，充分发挥企划资源库优势，将优秀的创意方案和营销策略运用于各个项目，做到资源共享最大化。

为提升销售业绩，优化项目销售人员的岗位职责和权责分配，完善销售工作考核制度，多措并举加强销售管理工作。2014年，公司深化销售绩效考核管理，提出了对销售员工绩效考核标准。加强现场管理和销售管理，细化对客户资料整理、分析、回访等基础工作。发挥体验区销售道具的重要作用，明确从选址、设计施工直至验收使用等各环节中各单位的责任，为打造形象完美的销售展示与互动空间奠定了基础。2015年，公司推进促销活动的"命题式"设计，采用模块化管理思路，实行销售方案模块化、活动方案模块化、媒体预算模块化等管理方式。弥补销售工作思路模糊，计划性不强，控制程度不够的短板，做到销售工作有计划可依，有证据可查，提高了销售执行的效率，取得较好的效果。

## 三、立足项目管理，提升项目品质

公司立足于项目管理，加强项目管控，实施启动、计划、实施、控制、收尾五大项目管理过程模式，完成项目的总体计划管理、销售管理、时间管理、成本管理、质量管理、人力资源管理、沟通管理、风险管理、采购管理、责任管理十大管理领域。

为提升项目品质，2013年，公司实施设计标准化，并编制资料库，完成了总平面规划设计、单体建筑设计、结构设计、电气设计、给排水设计、暖通设计、精装修设计七个方面的设计标准化的文件编制。通过对社会优秀楼盘的学习借鉴，建立了建筑立面、规划布局、景观绿化等方面影像资料库，为后续项目开发提供了多种参考依据。

履行合同的按时交房是开发商对社会和业主的承诺，也是房地产开发过程中的最后一个关键环节。2010年起，各项目开发团队采取了提前策划、提前准备、提前预验收、主动跟踪验收过程等措施，所售房均提前取得了交房的入户许可证、完成了交房所需的法规手续。项目开发团队还制定了周详的交房工作方案，明确交房数量、交房流程、场所布置、保安保洁、突发事件处理预案、高峰期处理措施等，定职定责定人，加大协同，使正式交房井然有序，平稳完成了各项目的交房工作。

公司十分重视售后维保工作，制定《项目维保流程》，有效地跟踪、监督维保工作实施状态，确保问题处理的及时性和有效性。全面协调物业、销售、基建和维保应急相关单位，通过及时妥善的维修，做到风险可防可控。

### 四、开发新型技术，创新绿色科技

公司大力推进材料技术参数标准化和合格供应商资料库的建立，加强对绿色住宅和新技术的研发应用，在保证项目工程质量的同时，提升了楼盘品质。为顺应住宅产业低碳节能和绿色科技运用的发展趋势，通过市场调研，在上海中冶尚园项目成功应用太阳能一体化系统和新风系统，在常熟中冶虞山尚园项目应用新型STP超薄保温系统，这些新技术的应用提高了楼盘品质，增加了品牌亮点。

公司大力推进PC技术，顺应装配式住宅未来发展趋势。2014年通过对装配式建筑结构体系研究，完成PC套筒产品调研、节点实验、结构防水等基础实验工作，并对PC全产业链完成调研，做好资源积累，完成PC构件加工以及施工吊装控制要点文件汇编，形成宝冶企业工法。通过罗店C10地块的装配式住宅项目实践，以“装配式混凝土住宅关键技术研究与应用”为课题的技术开发在宝冶完成立项，通过了上海市高层建筑超限抗震设防专项审查及装配整体式住宅项目评审，标志着宝冶在装配式建筑发展道路上迈出了坚实的第一步。随后完成的“上海宝冶装配式建筑展示厅”及“现场PC展示区”打造了宝冶新名片。所承建的罗店大居装配式示范工程的两栋装配式住宅楼，是宝山区首个装配式建筑项目，被列为2015年上海市装配式住宅示范项目，建设过程广受关注和赞许。

公司的装配式住宅技术研发通过专家评审，完成10项专利成果的申报，汇编完成《罗店C10地块装配式住宅PC深化设计阶段总结》《装配式整体式剪力墙钢筋套筒灌浆技术》以及PC施工、构件加工、运输、吊装控制方法等技术要点的归纳总结，并完成了宝冶PC技术工法的编制工作。

## 第四节　营 销 业 绩

自2008年以来，宝冶通过加强销售政策法规、销售准入标准、销售程序和销售策略的培训；加强房地产市场分析，及时掌握市场动态，结合实际制定营销策略；按项目、分阶段确定楼盘市场定位、组织营销策划，做实开盘前的筹措包装、推盘中的广告宣传；按照国家房地产政策法规与当地房地产调控措施，依法依规、诚信经营的组织楼盘销售等举措，在开发的商品房销售上佳绩连连，体现了宝冶的社会责任，赢得了良好的市场口碑。2009年的上海浦东中冶尚城、2011年后的上海宝山月浦中冶尚园、浙江绍兴中冶梧桐园、江苏常熟中冶虞山尚园、河南信阳中冶尚园等项目，均居于当地房产销售前列。

上海中冶尚园、锦园项目按照“高起点规划、高水平设计、高质量建设、高标准管理”的要求实施建设，在实施过程中落实“规划科学、配套健全、环境良好、工程优质”的要求，被评为2011年度第一批创建上海市节能省地型“四高”优秀小区的项目。为适应上海市房地产调控举措，加快销售去存量，与搜房网进行电商模式合作，并参展上海“五一房展会”“十一房展会”，以及阶段性的短信投放，定点派单等媒体动作配合项目销售。通过搭建体验区，现场开展丰富多彩的节目表演和新媒体造势，营造销售氛围，实时配合推出限时特价房源等，吸引了大批量客户，收到良好的市场反应。

江苏常熟中冶虞山尚园在开发之初，受政府宏观调控的影响，当地房地产市场处于低迷状态，周边楼盘降价影响明显。经过多方努力和精准有效的楼盘宣传，首批高层开盘即成为当地区域销冠。项目第七代花园洋房一、二批，一经推出即告售罄，并带动了高层住宅的销售。

信阳中冶尚园项目自 2011 年 6 月 12 日举办盛大开放活动，实施“迎七夕”“迎国庆”观影活动、“亲情 1+1”绿色夏令营活动及“中秋有礼”等营销策略，提升了市场关注度，扩大了中冶集团在信阳市房地产市场的影响力。

绍兴中冶梧桐园项目以市场为导向，创建自身品牌形象的品质楼盘。以独家冠名由绍兴市文明办主办、绍兴商务电视台协办的大型红歌比赛活动，整个活动延续近 3 个月的时间，受到绍兴人民的关注，品牌形象得到有力宣传。

## 第五节　荣　　誉

2006 年以来，宝冶先后在上海、江苏、浙江、河南等地开发 7 个商品房项目，总建筑面积约 108 余万平方米。先后开发 5 个保障房项目，总建筑面积约 170 余万平方米，2019 年新增上海 3 个保障房总建筑面积约 35 余万平方米，累计开发规模达 320 余万建筑平方。

2010 年 2 月，中冶尚城项目获评上海市住宅建设实事立功竞赛先进集体。

2009 年 10 月，中冶虞山尚园项目获评 2009 年深受市民喜爱的楼盘、市民心目中最旺人气楼盘。

2011 年 3 月，中冶虞山尚园项目获评 2011 年常熟房地产博览会最受消费者欢迎楼盘。

2011 年，获评搜房网上海市年度最具人气楼盘。

2011 年，获得建设部颁发的“A 级住宅预审证书”。

2011 年，获评新浪乐居颁发的上海最值得期待楼盘。

2011 年，获时代报颁发的轨道地产人居大奖。

2011 年，获评租售情报颁发的读者眼中 2012 年最值得期待楼盘。

2012 年，获上海市房地产行业协会颁发的第七届上海市优秀住宅评选(房型设计奖)。

2012 年，获上海市房地产行业协会颁发的第七届上海市优秀住宅评选(规划建筑奖)。

2011 年，获评中国房地产网络人气榜组委会全球华人房地产搜房网颁发的第八届中国房地产网络人气榜绍兴十大值得期待楼盘。

2011 年，获评搜房焦点网(绍兴)颁发的 2011 年度中国·绍兴房地产网络排行榜最值得期待楼盘。

2012 年，获评绍兴楼市网颁发的绍兴楼市最期待楼盘。

2012 年，登上焦点网(绍兴)颁发的绍兴品牌开发商榜中国·绍兴房地产网络排行榜。

2012 年，登上焦点网(绍兴)颁发的最给力开发商活动 水上芭蕾魅倾全城——中冶梧桐园排屋推介会中国绍兴房地产网络排行榜。

2012 年，获评搜房网颁发的第九届中国房地产网络人气榜 2012 年度绍兴楼市品牌人气楼盘。

2012 年,获评绍兴市房地产信息网颁发的年度十大最具人气楼盘。

2014 年,获镇江市最值得期待的标杆楼盘称号。

2014 年,获镇江市年度生态宜居楼盘称号。

2015 年,获第五届镇江年度地产风云榜中年度城市宜居楼盘称号。

2015 年,获 2014 年度镇江市十佳楼盘称号。

2015 年,获白龙湖生态人居广厦奖。

# 第五章　投融资业务

## 第一节　发展历程

### 一、国家背景

2014年以来，随着国家对PPP模式的大力推广，从中央到地方推出大量PPP项目，PPP迎来发展的新阶段。国务院2014年43号文件对地方政府融资进行了法律规定，债券发行和认购难以满足地方政府的融资需求，PPP模式成为投融资的举措之一。国有企业以其资金、技术、规模、信用等方面的优势参与PPP项目的重要原因是实现业务收益增长、增加国有企业参与公共投资项目的市场份额、帮助当地政府实现政策目标、履行其国有企业社会责任。

### 二、企业背景

2016年，宝冶以“四五”发展战略为指引，完善投融资职能，通过对接市场、聚集资金、资本组合的市政一体化、PPP一体化的投融资体系建立和完善，增强市场竞争优势。

宝冶在投融资体系建设及作用发挥具备明显的优势：自身资金充足，现金流稳定；在中冶集团组织内，可以合理申用集团基金及资本；央企背景，融资信誉度高；地处上海，金融机构集中，融资渠道畅通；诚信务实、技术过硬、质量稳定、口碑良好，具备资本市场融资实力基础和优越条件。

通过投融资发挥了资金对业务的引导作用，提高资金的使用效率。以带资的PPP项目模式等业务研究，拓展新的投融资渠道，提高投资业务的多元化水平，降低投资风险，结合总体发展战略，寻找有价值的投资机会，以资金撬动其他业务板块，促进各业务板块的综合发展，提升盈利空间。

### 三、板块发展

为建立健全以资金撬动市场的投融资业务运营管控体系，宝冶设立投融资开发部。部门职能定位为：深入探索、研究以资金撬动市场的PPP为核心经营性投资运作模式，建立健全以资金撬动市场的投融资业务运营管控体系；加强与基金公司、投资公司、保险公司、银行等金融机构合作，建立信息沟通机制，探索获取外部资源的模式，拓展投融资渠道；全面加强与建筑产业链条上游、中游、下游的外部相关方的合作，拓展市场信息渠道，包括政府、土地开发商、规划研究机构、施工合作方及运营管理方等；负责以资金撬动市场项目信息的收集整理；负责此类项目的跟踪及市场开发；负责组织项目可研报告的编制工作，办理中冶集团的报批审核工作；负责组织完成项目相关协议及合同签订工作。

根据公司“四五”规划，宝冶集中优势资源，聚焦总承包业务、专业业务、投融资职能三大核心，为进一步优化资源配置，加强投融资集中管控，2016年10月将投融资开发部与房地产事业部进行整合，设立投融资开发部/房地产事业部。职能定位为：深入探索、研究以资金撬动市场、以投融资为核心的经营性投资运作模式，建立健全投融资业务运营管控体系；负责投融资类项目信息收集整理、跟踪及市场开发，组织项目可研报告的编制，对口中国中冶办理项目报批审核、备案；组织完成项目相关协议及合同签订工作；加强与基金公司、投资公司、保险公司、银行等金融机构合作，建立信息沟通机制，探索获取外部资源的模式，拓展投融资渠道；全面加强与建筑产业链条上游、中游、下游的外部相关方的合作，拓展市场信息渠道，包括政府、土地开发商、规划研究机构、施工合作方及运营管理方等；投融资类项目公司管理：房地产开发类项目公司沿用原管理模式，投融资开发部/房地产事业部负责项目公司的全周期管理，包括投资回收等。集中管理的业务包括融资、销售、财务资金、招采、规划、成本合约等；项目公司负责现场安全、质量、进度、交房及手续办理等业务。其他投融资类项目公司的归口管理。紧抓国家“房地产去库存”相关政策，顺应市场规律，及时调整营销策略，重点做好在手项目的开发与销售，做好品牌宣传、营销策划，把控项目营销节点，合理安排销售计划，并监控项目营销费用、售价、开盘、签约、退换房、尾盘销售、回款等；保障性住房项目开发、结算与资金回收等工作。

为落实公司“四五”规划，不断完善公司投融资职能，进一步理顺投融资业务各环节的管理关系，宝冶将投融资开发部/房地产事业部更名为投融资事业部，进一步明晰其作为公司投融资业务的主体责任，并对相应的项目公司运营实施全过程管理。按事业部建制实施管理后，投融资事业部以投融资项目开发为核心，以项目公司管理为主线，全面负责投融资业务管控体系的建设，投融资项目可行性评估，可行性研究报告编制、报批及流程跟踪，项目投标财务方案、融资方案的编制，项目公司发起设立与组建，项目资金筹集及项目建设、销售、招商及运营管理，将投融资类业务前端的市场开发、中端的项目实施、后端的项目运营融为一体，形成投、建、管、运四位一体的管控体系。

## 第二节　主 要 业 绩

宝冶加快投资业务战略部署，积极开拓 PPP 市场，通过 PPP 的业务模式实现以股权带动施工、以资金撬动市场，有利于获取“高、大、深、重、特”的项目，巩固提升市场竞争力和占有率；有利于带动公司转型升级进入新市场、突破新领域；有利于增加资质、业绩，促进企业可持续发展。

自 2016 年以来，投融资事业部先后中标 PPP 项目 15 个，撬动施工合同额 266 亿元，为宝冶在地铁轨道交通方面的业绩实现零突破，巩固了宝冶在大型场馆建设方面的业绩，成功开拓了市政公用工程市场，进入了文化教育、医疗卫生等业务新领域，主要业绩如下：

2016 年 5 月，南京浦口新市镇项目；

2016 年 9 月，珠海高栏港经济区平沙医院项目；

2016 年 10 月，郑州市中心城区地下综合管廊工程二七商业区 PPP 项目；

2016 年 11 月，贵州新蒲经开区标准厂房及附属工程建设项目；

2016 年 12 月，宁国市城北新城综合开发项目；

2017 年 2 月，南京长桥路东延秋荫路道路工程项目；

2017 年 2 月，贵阳市轨道交通 2 号线二期工程 PPP 项目；

2017 年 6 月，溧水区洪蓝新市镇综合建设 PPP 项目；

2017 年 7 月，台州路桥城区道路建设改造提升项目；

2017 年 11 月，十堰市武当路复线与三峡路工程项目；

2018 年 3 月，巩义市城区基础设施完善提升 PPP 项目；

2018 年 4 月，珠海市香洲区人民医院改扩建 PPP 项目；

2018 年 6 月，安阳市文体中心建设工程项目；

2018 年 9 月，衢州市体育中心 PPP 项目；

2018 年 10 月，富阳区亚运射击射箭现代五项馆及安置房建设工程 PPP 项目。

保障房项目也是投融资类经营项目的重要板块，因宝冶地处上海市宝山区，为履行央企社会责任，助力宝山区城市发展，先后承接了罗店大居、祁连基地、杨行、顾村 4 个保障房项目。

# 第六章　建筑设计产业发展

宝冶建筑设计产业最早起源于1957年成立的包头钢铁设计研究总院(简称包头院)和1966年成立的十九冶技术处设计科(后发展为上海宝冶建筑设计研究院)。包头院则于2004年通过分立式改制成两家设计院,即中冶东方工程技术有限公司和中冶华天包头设计研究总院有限公司,并分别于2016年、2018年整体并入宝冶。这三家建筑设计院分别拥有国家授予的冶金、建筑、市政工程、化工、轻工、环境工程与评价、智能化系统集成等十多项行业最高设计、咨询、评估等资质。建立了技术开发与研究、技术咨询、经济和环境评价、项目规划、工程设计、设备供货及工程监理、项目管理服务、工程总承包等工程建设全过程的技术服务支撑体系,形成了三足鼎立、优势互补、地域辐射大的产业协同发展格局。

## 第一节　核心技术及装备

### 一、中冶东方工程技术有限公司

中冶东方植根并脱胎于包头钢铁设计研究总院。50年来,包院人亲历了我国钢铁工业发展艰苦卓绝而又灿烂辉煌的全过程,业绩遍布全国28个省、自治区、直辖市,累计完成工程项目数千项,形成技术开发与研究—技术咨询—经济和环境评价—项目规划—工程设计—设备供货及成套—工程监理—项目管理服务—工程总承包等系列配套的、建设全过程的技术服务支撑体系,主营业务基本实现了由工程设计向工程总承包的转型;参加和完成了国家多项重点课题和试验研究;获国家、部、省级优秀工程设计奖、发明奖、科技进步奖等250余项;拥有专有技术和国家专利百余项;主编或参编了国家和行业标准、规范、规程近30项。

中冶东方较早开始跻身国际市场,拥有进出口企业资格和对外经营资格,与40多个国家和地区的100多家厂商建立了业务关系,承担国外咨询、设计、设备供货及成套以及工程项目总承包。在2001年中国勘察设计单位综合实力百强评比中,国际业务列百强院第七名、冶金行业第一名。在为中国钢铁工业发展作出贡献的同时,充分发挥国家大型综合设计研究院专业配套齐全的特点,广泛进入其他行业建设市场,并多有建树,获国家授予的冶金、建筑、市政工程、轻工、环境工程与评价、智能化系统集成等十多项行业最高设计、咨询、评估资质。

### 二、中冶西北工程技术有限公司

中冶西北坚持以技术改革引领企业变革,以科技创新促进企业发展,深入开展技术攻关和科技创新实践,不断提升企业的科技含量和资质品质。1997年8月11日通过北京中设质量体系认证中心ISO9001质量管理体系认证,并于2005年5月通过换证复审审核。2001年5月通过换证后一监审核。2002年5月通过二监审核。2003年完成了ISO-9000体系覆盖工程总承包业务的2000版认证。2004年8月份通过第一次外部监督审核。2006年建立了质量管理体系(GB/T19001、

2000－ISO9001：2000)、环境管理体系(GB/T24001、2004－ISO14001、2004)及职业健康安全管理体系(GB/T28 001、2001)，并通过认证。2014年被批准成为内蒙古自治区绿色城市集中供热企业研发中心；2014年荣获内蒙古自治区质量奖；2018年12月，经国家评审认定为国家高新技术企业。

作为行业技术领先的科研设计类企业，中冶西北承担了大量国家、部(省)级科研项目和相关行业及国家标准规范编制任务。拥有专有技术和国家专利百余项，主编或参编了国家行业标准、规范、规程30余项。2016年7月到2018年底，累计申报知识产权103项，其中发明专利33项、软件著作权2项；拥有知识产权71项，其中发明专利6项、软件著作权2项；编制《城市地下综合管廊断面节点构造图集》《城市地下综合管廊工程技术导则》等地方标准4项。

2016—2018年，公司贯彻国家"创新、协调、绿色、开放、共享"的发展理念，在能源环境、市政污水、工业水处理与资源化利用、高浓度高色度有机工业废水处理、河道湖泊治理与生态修复、城市综合管廊、建筑智能化、绿色建筑与建筑产业化设计技术等领域再造竞争新优势。完成了多项业内极具影响力的工程，在提升企业知名度的同时造福当地百姓，为"青山绿水"贡献力量。

### 三、上海宝冶建筑设计研究院

建筑设计研究院自成立以来，一直致力于技术进步和科技创新，推动企业资质不断升级。拥有建筑行业(建筑工程)甲级设计资质(1998年取得)，压力管道设计许可证(2002年12月取得)，工程咨询乙级资质(2006年8月取得丙级，2013年8月升为乙级)，冶金行业甲级设计资质(2012年3月取得)，同时可从事建筑信息模型技术领域内的技术开发、技术咨询、技术转让、技术服务，已逐步形成建筑设计、BIM全过程咨询、装配式建筑设计的技术优势。

结过多年的发展，建筑设计研究院不断掌握建筑设计新技术，在公共建筑方面，掌握了办公、城市综合体、旅游酒店、科教文卫、交通航站、室内装饰、框架混凝土装配结构、城市景观环境及亮化美化等设计技术；在居住建筑方面，掌握了住宅户型研究、住宅造型研究、混凝土装配结构、钢结构住宅、住宅外墙外保温、住宅与太阳能一体化设计、住宅小区整体规划设计、景观规划与设计技术；在工业建筑方面，掌握了钢结构厂房、多层标准厂房、洁净厂房、电子厂房、智慧厂房、冶金工厂等设计技术。

建筑设计研究院BIM团队2011年开始组建，通过项目实践进行了大量的BIM技术研发与应用，在成熟应用碰撞检查、三维管线综合的基础上，致力于包括可视化功能规划、可持续绿色能耗性能分析、空间结构分析设计、方案比选评估、管线综合分析设计、节点详图深化设计等全专业参数化的设计指导与优化，帮助客户构建高品质建筑。

宝冶是住建部首批认定的国家装配式示范建筑产业基地，于2017年9月成立装配式建筑技术研究院，建筑设计研究院负责日常管理和维护，依托博士后科研工作站、国家认可试验室、国家钢结构工程技术研究中心中试基地等平台，在BIM技术、PC结构、钢结构、机电模块、建筑装饰和新型建材等方面开展深入研究，现已形成装配式混凝土结构、装配式钢结构及工程模块三大产品体系，形成了具有自主知识产权的核心技术和产品。

## 第二节　资源整合　打造EPC全产业链

进入2010年，产业竞争能力已不仅是核心技术的竞争和资本多少的竞争，更聚焦于产业链的控制能力。新的建筑业格局又形成了新的总承包企业控制产业的特征，这个特征就是产业链、价值链和供应链。宝冶在打造EPC全产业链过程中，充分利用中冶东方和中冶西北整体并入宝冶契机，合理培育EPC全产业链竞争能力。

2017年9月3日，正值中冶东方成立60周年，白小虎在青岛主持召开宝冶干部扩大会议，会上确定了进一步发挥设计院优势，助力宝冶打造“最具产业链竞争优势的全生命周期工程服务商”的宏伟目标，为集团形成“228711”组织架构，确立了中冶东方为宝冶打造EPC全产业链竞争新优势提供专业技术支持的发展方向。

2018年，中冶东方与宝冶进一步“整合、融合”全面发力。通过文化强企、依规治企，企业管理水平稳步提高；首次以平衡计分卡作为核心工具，持续推行全面预算管理，成果显著；通过开展“五个一”工程，企业服务意识及能力进一步增强；通过开展“四型机关”创建活动，企业内部运行效率明显改善；市场开拓成绩显著，经营生产运行高效，重点工程有序推进，全面完成各项预算指标并持续向好。

总承包管理方面，建筑设计研究院紧跟宝冶跨越式发展步伐，通过专业的项目设计管理和造价咨询服务，在项目前期、设计、施工阶段进行设计协调与管理，促进设计与施工的有机联动，发挥集团内部施工、设计的资源协同优势，打造设计管理团队，助力集团公司EPC、PPP项目顺利推进，标准化管理水平持续提升。2016年5月，建筑设计研究院第一次派设计管理人员驻场南京浦口新市镇PPP项目，2018年3月，宝冶成立郑州钢结构基地项目部，第一次任命设计经理。同年，在国家雪车雪橇中心、北京环球影城、郑州中原新区、宝冶郑州钢构、上饶桐子坞项目、郑州中央文化区(CCD)、富阳安置房、重庆永川体育馆等工程总承包项目中提供设计管理和造价咨询服务。

2018年，建筑设计研究院以市场为导向，持续优化资源配置，加快业务模块的转型升级，以装配式建筑为契机，结合绿色建筑、海绵城市、信息技术、互联网技术和智能技术的逐步推广落地，推动设计理念和技术手段的创新变革，设计院确立“DMCS”(Design、Management、Consultation、Service)业务架构目标。继续坚持“建筑设计”的主要发展地位，巩固支柱业务基础；持续擦亮“宝冶BIM”品牌，以信息化技术高端增值服务为市场切入点，充分发挥资源整合融合优势，进一步抢占新兴市场，加快发展“高端咨询”新兴业务板块；加大民用建筑工程总承包市场开拓力度，以设计管理、造价咨询为抓手，积极探索和形成成熟的工程项目管理模式，着力构建“EPC项目管理”核心业务板块，形成“建筑设计”“高端咨询”“EPC项目管理”的协同发展新格局，打造具有国内知名、行业领先优势的技术服务产品，以“DMCS”主营业务架构有效助力设计院向国内知名的建筑工程领域全产业链的工程服务公司目标迈进，支持和引领公司在建筑工程领域的全产业链全生命周期核心竞争优势。

## 第三节 建筑设计系列品牌

### 一、冶金及工业厂房

中冶东方及中冶西北经60多年积累与沉淀，在冶金及工业厂房方面逐步形成了独有的设计模式。

**【炼铁系统业绩特色】**

中冶东方炼铁系统经历60多年的沉淀，逐步形成了带有东方特色的设计模式，从20世纪60、70年代的小型高炉，到80年代的中型高炉，再到90年代以后的中型高炉，在设计上，形成了以下特色：

第一是智能化。紧凑式机械和雷达探尺，炉喉激光料面监控技术；铁水在线温度检测，炉前铁水自动取样及风动送样装备；BT型无料钟系统＋无料钟布料数学模型系统，料罐料流检测系统；自动检测铁口深度，高炉风口成像系统及风口损坏预判系统；铁水罐轨道衡自动计量，摆动溜槽加平坦化出铁场所；喷煤防堵料监控系统。

第二是绿色、节能、环保。高炉采用焦炭烘干、烧结矿分级入炉技术和小块焦回收利用技术；均压放散煤气回收系统；软水密闭循环冷却系统；富氧大喷煤技术，精确控制煤粉量技术，氮气回收技术；顶燃式热风炉技术，分离式或整体式热管换热。除尘采用旋风除尘器＋干法布袋除尘工艺。

第三是新技术、高效、长寿。高炉采用适当矮胖强化炉型；铜冷却壁及砖壁合一薄内衬全冷却壁结构；采用软水密闭循环冷却系统；富氧大喷煤技术。炉体热流强度计算及侵蚀数学模型。水冷碳砖炉底，长寿炉底炉缸内衬结构，使得中冶东方设计的高炉一代炉役大于 15 年。

**【炼钢系统业绩特色】**

中冶东方冶炼事业部业务范围涵盖铁水预处理、转炉、电炉、炉外精炼（LF、VD、VOD、RH 等）、连铸、不锈钢冶炼及有色和特种冶金等。公司成立 60 多年来共完成了 150 多项大中型炼钢工程设计及建设，50 多项荣获国家、部、省级发明、优秀设计和科技进步奖，其中，西宁特钢迁建新建工程荣获国家优秀工程设计金奖、包钢炼钢连铸工程荣获国家优秀工程设计银奖、包钢薄板坯连铸连轧、唐山国丰连铸连轧和酒钢不锈钢等工程荣获国家优秀工程设计铜奖。

**【有色冶金业绩特色】**

经过几十年的技术沉淀和储备，中冶东方有色加工专业具备了丰富的铝加工、镍基合金加工、钛合金加工等领域工程设计经验、自主集成和 EPC 总包能力，有较强的综合竞争优势，在国内同行业拥有重要地位和知名度，综合实力在有色加工设计领域中位居第二位。在铝加工领域拥有现代铝板带核心工艺技术，拥有多种材料变形抗力模型、轧制力能计算模型、板型平直度模型等。在难变形金属轧制方面有着深厚的技术积累，在行业处于领先地位。拥有多种合金的变形抗力模型、轧制工艺及力能计算模型、高精度轧制模型、温度模型及保温补温模型等核心技术。自主集成了多个项目的热轧、冷轧 处理机组机电液及自动化系统总集成，如金川 5 000 吨镍板带的热轧生产线及冷轧车间全套工艺设备，西部材料 2 800 毫米钛合金板带热轧及冷轧车间全套工艺装备等。

**【铁合金系统业绩特色】**

中冶东方在铁合金领域着力打造较具特色的铁合金国家队，在铬系合金、电石、硅系合金、锰系合金、镍系合金等冶炼领域的设计具有较高的市场占有率和较强的行业影响力。

1. 铬系合金

75 MVA 预热式高碳铬铁电炉为国内高碳铬铁冶炼领域单体最大电炉。电炉配备带式铬矿球团焙烧机（年产 70 万吨铬矿球团），生产工艺中采用粉矿湿法磨矿技术、陶瓷过滤技术、滚筒造球技术、炉料预热技术、大型全封闭电炉回收煤气技术、煤气内燃机发电技术等。项目经过多年运行实践，实现了工艺现代化、设备大型化、生产连续化和控制自动化的设计目标，生产能耗降低约 20%，排放比半封闭电炉减少 50%以上，使得生产实现了高产、高效和低污、低耗。

2. 电石

中冶东方设计的目前国内最大的密闭电石炉工程为 6×81 MVA 矿热炉，主要设施包括原料储备及供配料系统、电炉车间、通风除尘、供电设施、给排水设施、机修、检化验、总图运输、成品库、材料库等。项目采用了先进可靠的环形套筒窑煅烧石灰，并引进了国外先进的空心电极技术、波纹管压力环把持技术、半自动出炉技术和冷却破碎工艺等技术，顺应了电石炉大型化、操作自动化、副产品综合利用、更加环保、节能的发展趋势。

3. 硅系合金

硅系合金主要包括硅铁和工业硅。中冶东方设计的81 000 kVA硅铁矿热炉、33 000 kVA工业硅矿热炉均为国内最大。其主要技术特点：矿热炉采用半封闭固定/旋转矿热炉；硅铁电炉电极系统和工业硅电炉电极系统采用国内成熟可靠的压力环式电极把持器。

4. 锰系合金

锰系合金涵盖锰系合金全系列、全炉型设计、全流程冶炼。产品品种包含高碳锰铁、锰硅合金、中低碳锰铁。炉型涉及全封闭型矿热炉、半封闭型矿热炉、固定式精炼电炉及倾动式精炼电炉。生产工艺涵盖电炉少熔剂法生产高碳锰铁、电炉法生产锰硅合金、电硅热法和摇包法结合生产中、低碳锰铁全流程冶炼工艺。锰系合金生产能源消耗与综合利用指标达到国内清洁生产先进水平。

5. 镍系合金

33 MVA镍铁冶炼电炉采用热装工艺冶炼镍铁为热兑生产不锈钢提供原料。通过RKEF方式处理红土镍矿冶炼镍含量为10%左右的镍铁，能够降低不锈钢生产对NiS矿的依赖，同时能够大大降低不锈钢的生产成本。采用矿热炉煤气和回转窑尾气作为烘干热源，有效降低了烘干所需煤粉量。煤气经过处理后直接用于物料烘干，不需经过煤气柜，大大节省了项目投资。

### 【轧钢系统业绩特色】

中冶东方轧钢专业成立于1957年，砥砺前行60余载，业绩遍布全国30余个省。主要业绩包括棒、线材轧机、大、中型钢及重轨等轧机；热、冷轧宽带钢及中窄带钢轧机以及热镀锌、彩涂等表面处理机组；无缝管轧机及管加工、焊管等。设计建成了榆钢、西宁特钢等棒线材轧机22套、包钢轨梁等大中型材及轨梁轧机20套；设计建成了包钢CSP、酒钢CSP、国丰等短流程热轧板带生产线4套，福建鼎信、河北敬业、广西盛隆等1 780毫米、1 450毫米常规热连轧机以及酒钢、泰山1 750毫米炉卷轧机约15套，安丰850毫米等中窄带轧机6套。设计建设了具有世界先进水平的包钢1 700毫米冷轧、酒钢1 700毫米冷轧及其他众多冷轧及深加工项目逾50套，涵盖碳钢和不锈钢。设计建成了包钢无缝、鞍钢无缝等无缝管轧机和热处理机组约44套。有色领域业绩涵盖热、冷轧铝板带加工和挤压铝型材加工，以及镍合金、钛合金、镁合金等难变形金属加工。设计建成了柳州银海2 800毫米/3 300毫米热连轧及冷轧、锦宁巨科1 700毫米热连轧及冷轧、河南伊川哈兹莱特连铸连轧、力同铸轧及冷轧，以及渤海铝业铝箔等大型铝板带材生产线约28套；设计建成了世界规模最大、品种最全的金川镍合金精密带工程，以及西部材料钛合金板生产线。

## 二、市政环保

### 【城市集中供热】

中冶东方完成的蒙古国乌兰巴托市集中供热工程项目是国内较早的城市集中供热涉外项目，中冶东方集中供热技术在行业内有较大的影响力，荣获省部级设计奖项十余项。

在城市集中供热领域具有以下技术优势：

大直径架空敷设供热管道(Φ1 220毫米)固定支架推力处理：大直径架空敷设供热管道由于荷载大，管道固定支架承受的推力与弯矩也相应很大，中冶东方在大直径供热架空管道设计中采用较接与办铰接支架，致使供热管道对固定支架的推力大大降低，从而使固定支架及其他支架结构在保证安全的前提下可大大简化及瘦身，降低工程造价。

大直径供热管道（Φ1 420 毫米）直埋敷设技术：由于实验数据欠缺，国内直埋敷设供热管道规范一直局限在 Φ500 毫米以下，中冶东方结合冶金工厂动力管道的设计经验，在国内对大直径供热管道（Φ920 毫米）率先采用直埋敷设方式。

大直径供热管道（Φ1 120 毫米）无补偿冷安装直埋敷设技术：供热管道由于温度的变化必然引起热胀冷缩，过去解决热胀冷缩的主要办法是设置补偿器进行吸收。但补偿器的设置不仅增加工程造价，同时由于补偿器结构的原因又使其成为潜在的安全隐患，国内外供热管道由于补偿器引起的事故已不在少数。为了提高供热管道系统的安全性，中冶东方应用独有的设计理念及方法，在国内率先对大直径供热管道（Φ1 120 毫米）成功的采用了无补偿冷安装直埋敷设技术，其实际最高供水温度已达到 110 度。

**【空压站】**

中冶东方完成青钢全厂空压站、永洋钢厂全厂空压站、广西盛隆全厂空压站等多项总包工程，完成了包钢、西钢、酒钢等大钢的多项空压站设计项目，拥有多项专有技术。

**【气体净化及分离（脱硫脱硝、除尘、气体分离）】**

中冶东方气体净化技术包括高炉煤气净化、脱酸、转炉一次烟气干法、半干法、湿法除尘净化，电炉烟气喷雾冷却及净化、密闭矿热炉煤气净化、半密闭矿热炉烟气净化及微硅粉加密，烧结、球团、焦炉烟气脱硫脱硝、焦炉煤气精制净化、变压吸附气体分离技术制氢、制氧、制氮，深冷空分装置等。代表性工程有山钢焦炉煤气精制项目、包钢焦炉煤气精制及制氢项目、安钢焦炉煤气脱硫脱硝、安钢信阳烧结、球团烟气脱硫脱硝、包钢高炉煤气干法除尘、神华宁煤制氧等。

**【煤气柜】**

设计、总包建设完成了首钢、酒钢、包钢、天钢、宣钢、永洋特钢、西宁特钢、青钢等近百项煤气柜项目，柜形包括曼型（多边形）柜、新型（圆形）柜、橡胶膜密封型单段式煤气柜、橡胶膜密封型两段式煤气柜等所有型式，拥有国内最大的稀油柜 30 万立方米、橡胶膜柜 15 万立方米及以下所有柜容设计能力，具有丰富的设计、总包、建设经验，申请专利多项，多个项目获得多项国家、省部级奖励。

**【城市管道直饮水】**

中冶东方城市管道直饮水技术，采用了微滤、纳滤、反渗透处理技术、浓水回用技术、同程式供回水技术、变频节能技术、物联网＋技术和云平台控制管理系统，实现分质供水，远程监控和操作，完成的包头市管道直饮水项目是国内唯一一个百万级人口以上的城市分质供水工程。中冶东方管道直饮水技术先后通过成果鉴定 2 项、拥有专利 7 项，取得省部级优秀设计 2 项，行业科技创新二等奖 1 项。

**【污水处理】**

中冶东方在污水处理处理技术方面完成多项市政污水处理和工业污水处理。完成的包头北郊水质净化厂中水回用项目，是国内最早的城市中水回用项目之一；完成的酒钢污水处理厂污水处理规模为 16×104 $m^3/d$，是钢铁行业设计规模最大的污水处理项目之一；完成的包钢新体系总排污水处理及回用处理规模 $10\times104\ m^3/d$,建设污水深度处理和污水零排放设施,助力包钢达到污水零排放,是目前国内最大的中水深度处理项目。

**【给水处理(净水、软化水、除盐水)】**

中冶东方给水处理技术涵盖城市自来水处理技术、工业生产水处理技术、软化水处理技术、除盐水处理技术、锅炉超纯水处理技术。完成的包头至固阳输供水工程,采用一站式供水技术,输水管线长 45 千米,输水管道压力 6.5 MPa,是国内最早的一站是输水工程之一,国内领先。

**【工业循环水处理】**

设计、总包完成了数百项工业循环冷水项目,完成的单项最大循环水处理量 $4.5\times104\ m^3/h$,拥有永磁絮凝器、粗颗粒分离、高效斜板沉淀器、磁化除油器、上向流过滤器、虹吸集水箱、闭路系统自动补水装置等数十项节水节能专利技术和专利设备,参编《工业循环冷却水处理设计规范》《钢铁行业给排水设计规范》《钢铁企业给水排水设计手册》等数十项标准、规范,荣获数十项冶金行业优秀设计奖项。

**【城市综合管廊】**

在城市综合管廊设计中应用有限元分析模拟、BIM 三维设计等技术,运用动态综合管线信息管理平台,实现统一管理,完成的西藏那曲综合管廊是西藏自治区第一个管廊项目,也国内海拔最高的综合管廊项目,在高海拔、永冻土地区综合管廊技术方面国内领先,获得了发明专利 6 项。

**【余热余能利用】**

掌握冶金行业的各类余热利用技术,如烧结余热发电、电炉余热发电、饱和蒸汽发电、富余煤气发电、气煤混烧发电、高炉冲渣水余热利用等。

## 三、社区民建

建筑设计研究院依托宝冶全产业链优势,充分发挥技术和人才优势,围绕“建筑设计、全过程咨询、总承包管理”主业板块,为顾客提供从可行性研究、项目咨询策划、规划建筑方案、施工图设计、二次深化设计、工程咨询到项目现场设计服务、总承包项目设计管理的全生命周期服务。

建筑设计方面,建筑设计研究院自成立以来,先后承接了文化教育、商业综合、工业厂房、精品住宅等多领域的工程设计业务,屡获省部级优秀设计奖。

## 四、智慧城市

**【业务简介】**

截至 2018 年底,中冶西北智慧城市事业部(自动化设计研究所)拥有“五电”齐全的专业配置,即供配电、传动、自动化仪表、信息及计算机专业。智慧城市业务是以新兴信息技术应用为基础,提供智慧城市建设及相关应用领域的整体解决方案,在市政管理、资源环境、产业经济、社会民生、建筑装饰等智慧城市应用领域的项目建设过程中,提供投(融)资、咨询、规划、设计、系统集成、软件编程、调试、运营维护等全生命周期服务。

**【发展现状】**

智慧城市是充分利用物联网、互联网、云计算、大数据、智能科学等新兴信息技术手段，对城市居民生活工作、企业经营发展和政府行使职能过程中的相关活动与需求，进行智慧地感知、互联、处理和协调，把城市构建成为一个由新技术支持的涵盖市民、企业和政府的新城市生态系统，为市民提供一个美好的生活和工作环境，为企业创造一个可持续发展的商业环境，为政府构建一个高效的城市运营管理环境。

事业部在智慧领域结合公司主营业务和技术优势，重点研究智慧城市（城区）整体解决方案，如智慧管网（管廊），智慧建造（工地），智慧建筑（场馆），智慧园区、社区、小区，智慧供热（热网），智慧环保（污水处理、水环境治理）等内容。

**【主要业绩】**

事业部长期从事“五电”设备集成供货、应用软件编程调试、自动化系统开发及维护、电气工程总承包以及有自主知识产权的机电一体化集成供货，可为用户提供全线自动化系统整体解决方案及信息化系统建设。

2016 年，承接内蒙古包头市白云矿区道路改造及智慧管网建设 EPC 总承包项目；包头金山工业园区智慧园区方案设计。

2017 年，承接包头市“新三馆”智慧化建设方案。

2018 年，承接华电灵武电厂向银川供热智能热网项目可行性研究、初步设计、实施深化设计、智能热网专题报告、技术规格书等全过程设计和咨询服务；包头市智诚生活平台可行性研究。

## 五、工程咨询及 BIM 应用

建筑设计研究院积极开展工程咨询服务，着力发展全过程咨询能力，重点打造成本、造价咨询和 BIM 咨询服务能力，为宝冶 PPP、EPC 项目营销和实施运营提供专业支撑。

2010—2012 年，安徽宝钢钢材配送有限公司钢材深加工二期扩建项目、罗店大型居住社区经济适用房一期项目、普洱蓝眉山运动养生旅游度假村二期项目获上海市工程咨询行业协会工程咨询成果三等奖。

建筑设计研究院重视以 BIM 为代表的信息技术的应用和推广，不断提升建筑一体化设计能力。2013—2018 年，设计院持续完善企业 BIM 体系，辅助和培育各二级公司具备施工阶段 BIM 应用能力，结合国家标准不断出台，形成完善的企业标准体系；充分运用“宝冶云”，iTWO 5D，BIM 应用、大数据、物联网等信息化手段，有效支撑企业项目管理平台和标准化建设；依托宝冶在建重大工程，深度推进 BIM 技术的全过程应用，提高项目综合效益，持续扩大品牌效应，形成全生命周期解决方案，继续领跑行业。不断加强先进数字化设计与生产手段，加大可视化、参数化三维模型设计手段应用的普及力度，实现精细化设计目标的同时，结合时间、成本等多维度，降低工程投资、缩短建设周期，提高工程建设效益。从而实现从建筑设计、开发建设、生产、施工安装、运营管理全过程的资源共享及集成应用，充分体现建筑设计行业在信息化应用全过程中的引领和先导作用。

进入 2013 年，建筑设计研究院突出 BIM 全过程咨询服务，与深圳市工务署等多家客户深度合作，为 200 多个项目提供了优质的 BIM 服务，主编深圳市建筑工务署 BIM 标准，参编上海市信息化模块标准、安徽省建筑信息模型（BIM）技术应用指南等行业标准，不断培育覆盖前期、设计、施工、运营阶段的全生命周期项目，培养面向设计、监理、施工、供应商的全方位咨询服务人员，探索针对项目质量、安全、进度、成本的全要素增值服务，持续打造具有行业标杆水平的高端项目BIM咨询服务综合能力，其中上海迪士尼、珠海十字门、南京蜂巢酒店、龙之谷主体乐园等BIM服务成果显著。自行和组织二级单位积极创奖，获得省部级及以上奖项110项。

## 六、装配式建筑

建筑设计研究院紧跟国家产业发展，较早介入装配式建筑设计研发。20世纪70年代末，在宝钢建设初期即将模块化装配技术应用于冶金工程。2009年开始涉足装配式钢结构体系，2012年将装配式混凝土结构体系应用于工程实践，已形成具有独特核心技术优势的装配式混凝土和装配式钢结构设计技术体系及相关产品。宝冶已形成装配式建筑技术相关的科技成果73项，主编或参编国家标准16项，拥有国家级工法6项，获得专利314项，获得软件著作权61项。截至2018年底，装配式建筑项目总数达到23个，总建筑面积约284.27万平方米，单体预制率最高达43%，单体装配率最高达90%。预制构件范围包括预制剪力墙、预制夹心剪力墙、预制框架柱、预制叠合梁、预制凸窗、预制叠合楼板、预制楼梯、预制阳台、预制空调板、钢柱、钢梁、钢筋桁架楼承板等。

宝冶承建的上饶桐子坞棚户区改造项目是江西省第一个装配整体式混凝土结构高层住宅项目。

## 七、环境保护

环境保护咨询服务行业作为环境保护制度和环保产业中的重要环节，覆盖领域广阔，前端杠杆效应明显。服务包括环评、环境监理、环境设计、环境规划、环境培训、环境治理等所有环境相关领域，可为客户提供环境综合解决方案。

中冶西北环境工程设计研究院为环境技术服务一体化和解决方案专业单位，是内蒙古自治区最早开展环境影响评价工作的单位之一，早在1987年就取得了原国家环境保护总局颁发的甲级“建设项目环境影响评价证书”，为冶金机电、建材火电、采掘、社会区域等领域最具实力的环评机构之一。经过30多年的发展，将环评业务做大做强，业务遍及全区12个盟市、山东、广西、西藏、安徽等地，得到国家生态环境部及地方环保部门的认可。

2016年，《“十三五”环境影响评价改革实施方案》《关于以改善环境质量为核心加强环境影响评价管理的通知》的出台相应调整了环评的方向，在很大程度上简化了环评手续。中冶西北发挥专业优势，打造精英环评，提高技术人员整体专业水平，同时推进环评向环境保护咨询服务转型。

## 八、国际工程

党的十一届三中全会以来，中冶西北为适应国内外工程建设市场需要，较早跻身国际市场，拥有进出口企业资格和对外经营资格，与40多个国家、地区100多家厂商建立了业务关系，先后承担了印度、巴基斯坦、沙特、约旦、菲律宾、印尼、蒙古国、越南、加拿大等国家一大批咨询、设计、设备供货以及工程项目总承包，完成的海外总承包项目有：蒙古国乌兰巴托热效能工程、沙特阿拉伯两所50(床位)医院、印度ESSAR钢铁公司2 200立方米高炉工程、越南太原钢铁公司(TISCO)冶金生产线工程二期扩建工程、印度Uttam450立方米总承包工程、加拿大阿尔果玛钢铁公司六号高炉热风炉改造总承包项目。

# 第七篇

## 企业管理

公司管理模式经过多年的不断调整，建成了符合市场要求、体系完整、运行顺畅的管理构架，形成了一套适合集团化发展特点的管理方法，为公司的持续发展提供基本保证。

公司进沪后主要任务是承担宝钢一期工程建设。管理模式是宝钢工程指挥部下的分指挥部管理模式，设立材料处、设备处、机械处、计划处、施工处、科学技术处、办公室等职能部门，初步形成了比较健全的管理体制和规章制度。

公司落户上海后，为适应宝钢二、三期工程建设和市场经济的发展变革，多次对职能部门机构及职能进行调整。按照将“企业办社会”功能逐步回归社会的原则进行机构体制改革，对两级机关改革，剥离分流、逐步精简机构和人员，推行管理层和作业层有效分离；推进事业部体制、开展矩阵管理；启动质量管理体系认证。进入21世纪后，建立适应市场的现代企业制度，强化科学管理和项目管理体制，完善总部机构设置和功能定位，建立公司总部是决策中心的组织体系。

公司分立改制后，拥有从事施工总承包的人财物等核心资产，建立起主业突出、效益至上的市场运作机制、法人治理结构和新型契约劳动关系，成为具有核心竞争能力的管理技术密集型工程总承包企业，进入跨越提升发展的“快车道”。公司总部定位为公司经营管理的执行者。

公司经过多年的市场经营和发展，由原来单一的冶金建筑总承包企业，逐步拓展为具有四大产业板块为主业的集团型企业。公司建立起规范有效的全面风险管理体系；开展管理提升活动；改进薪酬分配体系，提高经营管理绩效水平；率先上线采购电子商务平台，实现采购管理制度、采购操作流程和采购管理信息的“三统一”；建立统一的数据库和信息中心，实现企业核心业务系统模块一体化；资质能力不断提升，资质种类更加齐全。

2018年，按照“集团管总、系统主建、实体主战”的主线，公司总部定位为“战略投资中心、财务管理中心、项目管理中心、资源配置中心和企业文化中心”。公司强化总部服务、支撑、监管职能，建立起职能清晰、责任明确、功能完善、流程简洁高效的总部机关，确保公司总部管理职能在建筑业全产业链的设计、产品制造、建设以及运营等各个环节和全过程实现全覆盖。

# 第一章　企管投资

战略管理、产权管理、全面风险管理、企业内部控制、管理体系建设、“三合一”管理体系推进、投资管理和信息化管理等管理职能由企业发展和信息化部承担，伴随着企业的发展，企管投资的内容也发生了诸多的变化。

## 第一节　机构沿革

1986年12月15日，加强企业管理需要，成立企业管理办公室（简称企管办）。次年3月15日，为加强企业管理、加速实现公司转轨变形，确保冶金部提出的“超一期，创一流”和宝冶提出的“跨二上一攀特级”的方针目标，企业管理办公室具有调研、综合、协调、参谋、咨询、规划等职能。主要任务是对公司经营管理方面的重大问题进行调查研究；负责质量管理奖和企业上等级工作；组织推行公司全面质量管理和现代化管理工作；组织公司总体改革规划和企业中、长期发展规划的制定；经济责任制考核工作；专业学会、协会的归口管理；负责电子计算机中心的管理。

1989年2月28日，将全优工程、优质工程（优质产品）的管理工作从企管办划出，归口检查处管理，全面质量管理工作的管理仍由企管办负责。

1992年9月18日，企管办的合同、法律管理职能划归综合计划部，经营承包划归劳资处，全质科业务划归质量处，企管办其他职能、职责划归经办。综合计划部为企业资质综合管理部门。三资企业立项与合同谈判由外经部负责，三资企业归口管理部门为外经部。10月4日，企业管理办公室与经理办公室合署办公。

1994年1月31日，适应宝钢三期工程建设和宝冶四元产业结构发展的需要，成立企业文化部，企业文化部与经理办公室、档案处、企业管理办公室合署办公。

1996年8月16日，企业管理办公室更名为企业管理处（简称企管处），下设综合管理科和全面质量管理科。

1998年5月，设立三资三产企业管理处，作为企业管理职能部门。负责对三资三产企业的立项、申办、变更、停业、清理和年审等进行管理，并负责汇总编制三资三产企业的投资回报计划，负责日常的考核检查监督和统计报表等。同时，法律事务划入企管处。企管处并设贯标办公室，负责企业改革改制、发展规划（含产业发展规划），以及“贯标”、机构设置、职能划分与内部考核、评奖、推进现代化管理及协会管理等。

2000年10月27日，将原国资处、科技处论证办、机械材料处、基建工程处、基建房产处职能合并成立资产管理处，主要承担资产的价值形态与实物形态统一管理；将计划处、经营管理处、法律事务室职能合并成立经营计划处；三资三产企业管理处从宝冶总部机关划出，其对独立法人企业管理职能并入新筹建的产业发展分公司，对外投资及其权益管理职能划归资产管理处；强化管理推进和资源共享，将计算机网络建设、科技开发等职能归并到企业管理处，拟加强企业战略规划、科技发展规划、管理规范和创新工作，企管处下设企划室、管理推进科（贯标办）、计算机中心、科技开发推进科四个科室。

2003 年 2 月 27 日,企业管理、资产的价值、实物形态的一致管理、资质管理、综合考评、计算机网络管理等职能合并,设立企业管理部,突出以企业机构为架构,以资产管理为载体,实现资产保值增值。技术中心负责 ISO9000、ISO14000、OHSAS18000 体系有效运行的维护与推进。企业管理部职责是机构设置;定员定编;计算机网络管理;企业规章制度的管理;协会、学会管理;各类综合考评、评奖的组织与实施;企业资质、工商营业执照申办和管理;企业标识、商标管理;对外投资管理;机械管理;基建房地产管理;房地产权证管理;存量资产盘活管理。6 月 24 日,企业管理部增加企业管理体系的策划职责。

2004 年 5 月 9 日,董事会下设董事会办公室,行使企业战略规划、改制、股权期权策划、机构调整、法定代表人与总经理授权管理以及企业发展重大问题参谋、咨询、融智等职能。企业管理部的资质管理、综合考评与奖项申报、总部办公区域内公用设施(含泵房、变电所、水塔)、道路、绿化管理以及消防管理中总部办公区域消防管理职能调整至行政事务部。强化企业资产运营能力,设立资产运营部,资产管理职能调整划入,增加工程物资集中采购管理、企业产业重组、新产业开发、房地产开发前期管理、物业管理以及办公用品与员工劳防用品的集中采购与发放管理职能。

2005 年 2 月 23 日,企业管理部的企业授权体系建立、完善与规范管理职能划至董事会办公室,增加绩效考核效果评估与改进职能。次年 7 月,资产运营部的全资、控股、参股子公司权益管理职能调整至董事会办公室。

2007 年 3 月,合同法务部、资产运营部与企业管理部合并为企业发展管理部。董事会办公室的子公司管理职能及原行政事务部综合奖项申报与评比职能并入企业发展管理部;合同法务部并入企业发展管理部,并增加企业风险管理,合同风险防范、规避;重大经营活动法律建议等职能;工程管理部工程管理处项目管理责任书签订职能并入企业发展管理部,并增加新设立公司前期管理职能。钢构管理处职能并入产业发展管理部,罗店基建办职能并入企业发展管理部。

2008 年 2 月,产业发展管理部的企业外部并购、重组项目调研职责、董事会秘书室的企业改制职责、办公室的工商营业执照申办、年检的组织工作及日常使用管理;分(子)公司(含区域性公司)设立、变更、注销等工商注册登记手续办理等职责调整至企业发展管理部;办公室的企业资质、许可证等申办、年检的组织工作职责调整至产业发展管理部,企业资质、许可证等的日常使用管理职责仍保留在办公室。同年 9 月,企业发展管理部的法律事务管理职责调整至董事会秘书室。次年 3 月,房地产置业部全部职能调整至企业发展管理部,广东湛江及广西防城港基地建设等职能调整至企业发展管理部,企业发展管理部增加产业发展管理;风险管理;房地产开发管理;资质证照管理等职能。

2010 年 5 月,企业发展管理部的房地产开发管理职能调整至房地产开发部;合同管理职能调整至合同预算部。次年 4 月,撤销房地产开发部,其全部职能调整至企业发展管理部,企业发展管理部增加房地产归口管理;相关政策收集;房地产开发用地储备;签订协议等职责。

2013 年 4 月,企业发展管理部增加战略管理职能。次年 3 月,宝冶增设房地产事业部。原企业发展管理部的房地产开发管理职能调整至房地产事业部;原房地产分公司全部管理职能及业务调整至房地产事业部。

2015 年 3 月,增设信息化管理部,企业发展管理部的信息化建设管理职能调整至信息化管理部,由其全面负责公司信息化建设的组织、实施、协调、管理工作,并管理 BIM 中心业务。企业发展管理部增加产权管理、企业内部控制、综合业绩考核指标监控等职责。次年 3 月,信息化管理部职责调整为:信息化管理、网络管理、总部计算机软、硬件管理。

2018年3月，企业发展管理部与信息化管理部合并，更名为企业发展和信息化部。企业发展和信息化部职责：战略管理；产权管理；全面风险管理；企业内部控制；管理体系建设；"三合一"管理体系推进；投资管理；信息化管理；网络管理；总部计算机软、硬件管理。

# 第二节　产 权 管 理

## 一、开展清理整顿工作

1988—1989年，中共中央、国务院先后发布《关于清理整顿公司的决定》《关于进一步清理整顿公司的决定》。宝冶按照冶金工业部清理整顿公司领导小组有关指导和决定，全面开展清理整顿公司的工作，于1989年12月15日呈报了《上海宝钢冶金建设公司关于清理整顿公司及撤并留情况报告》，冶金工业部清理整顿公司领导小组分别以〔90〕冶清整领发字第027号文和〔90〕冶清整领发字第065号文批复同意保留宝冶及下属的十个二级公司以及奥达电脑技术公司。

表7-1-1　宝冶下属二级公司列表

| 单位名称 | 下属单位 |
|---|---|
| 上海宝钢冶金建设公司 | 上海宝钢冶金建设公司第三工程公司(分公司、全民所有制) |
| | 上海宝钢冶金建设公司第五工程公司(分公司、全民所有制) |
| | 上海宝钢冶金建设公司工业安装工程公司(分公司、全民所有制) |
| | 上海宝钢冶金建设公司机械设备安装工程公司(分公司、全民所有制) |
| | 上海宝钢冶金建设公司电气设备安装工程公司(分公司、全民所有制) |
| | 上海宝钢冶金建设公司筑炉工程公司(分公司、全民所有制) |
| | 上海宝钢冶金建设公司特种工程公司(分公司、全民所有制) |
| | 上海宝钢冶金建设公司机械动力公司(分公司、全民所有制) |
| | 上海宝钢冶金建设公司设备检修工程公司(分公司、全民所有制) |
| | 上海宝钢冶金建设公司企业公司(分公司、全民所有制) |
| 上海宝山钢铁总厂 | 上海奥达电脑技术公司(集体所有制) |

## 二、试行产权登记管理

1990年7月，国务院发布《关于加强国有资产管理工作的通知》，在全国范围内有计划地开展清查资产、核实国家资金、摸清国有资产"家底"(简称清产核资)的工作。该份通知相关要求即为产权管理工作内容的雏形。12月，国家国有资产管理局、财政部、国家工商总局发布《国有资产产权登记管理办法(试行)》(国资综字〔1990〕第66号文)，对清产核资的工作成果试行国有产权登记。

1990—1991年，冶金工业部先后发布《关于整顿后保留公司抓紧办理国有资产登记的通知》《关于清理整顿后保留公司抓紧办理国有资产产权登记的通知》，要求开展产权登记工作。宝冶按照要求于1990年开始产权登记管理工作，首批纳入产权登记范围的即为前述清理整顿后保留的11家单位。

## 三、产权管理工作步入正轨

1992年5月，国家国有资产管理局、财政部、国家工商行政管理局共同颁布《国有资产产权登记管理试行办法》，从当年开始实行国有资产产权登记年度检查制度。宝冶产权管理工作也随之纳入正轨，以根据上级部门通知接受年度产权检查、填报纸质材料为主。

1996年，国务院发布《国有资产产权登记管理办法（试行）》，明确登记范围为法人实体，包括国有企业及国有企业投资设立的企业，宝冶按文件及主管部门要求开展产权管理。

1998年，宝冶划拨进入中国冶金建设集团公司，年度产权检查工作由中冶集团组织开展。

2003年，宝冶制度体系开始建立完善，发布《企业国有资产产权登记管理规定》。

## 四、产权管理政策调整

2005年，中冶集团发布《关于换发新的产权登记证的通知》，明确含非国有成分的有限责任公司所投资设立的企业不再办理产权登记，已办理过产权登记的，此次换证不再换领新证，原证缴回中冶集团。宝冶作为改制后企业，已实现股权多元化且含非国有成分，由此，宝冶产权登记证收归中冶集团统一管理，宝冶所属子企业不再开展办理产权登记工作。此后，仅当宝冶自身产权发生变动时向中冶集团提交变更材料，申请办理产权变更，业务量较少，公司管理规定于2007年废止。

## 五、产权管理工作重新启动

2012年根据中冶集团发布《关于办理产权登记补录历史数据有关事项的通知》，将宝冶及其全级次子企业纳入产权管理范围，公司产权管理工作重新启动，相关工作职责由企业管理部承担。公司2012年补录历史数据25家，包括宝冶及15家全资子公司、6家控股子公司及3家参股公司。截至2018年底，公司产权树下共有子公司38家，包括11家全资、11家控股、16家参股，未包括中冶东方、中冶西北（原东方控股）及其下属子企业12家，以及尚未完成占有登记流程的9家单位。

# 第三节　全面风险管理

## 一、初步建立风险管理体系

2006年5月，加强和完善公司的项目风险管理工作，控制项目风险，降低项目运营成本，提高项目效益，公司发布《项目风险管理规定》，规定了工程造价影响、工程进度影响、工程质量影响、安全环保影响、公司信誉影响五个方面项目风险的识别、预控、处置、检查、评估、分析和改进等要求。

为进一步增强风险管理意识，2009年，明确企业发展管理部增加产业发展管理；风险管理；房地产开发管理；资质证照管理等职责。

2011 年 6 月，为增强公司的抗风险能力，实现企业持续、稳定、健康发展，根据《关于在中国中冶全面推广风险管理体系建设工作的通知》的具体要求，公司成立全面风险管理领导小组，重点负责公司生产经营的全面风险管理工作。全面风险管理领导小组下设办公室，主要负责组织公司全面风险管理的各项具体工作，并协助、监督、检查各部门、单位相关工作落实情况。明确全面风险管理工作办公室设在企业发展管理部，审计部负责开展风险管理、内部控制工作及其工作效果的监督评价。7 月，为了指导全面风险管理工作的开展，公司发布《全面风险管理规定》，确定战略风险、财务风险、市场风险、运营风险、法律风险五个方面作为全面风险管理的控制核心。7 月底，企业发展管理部组织职能部门对企业管理活动的各个环节进行了风险辨识、分析、评价，整理形成 21 个风险事件库。同时，针对亏损项目、潜亏项目和潜在风险，整理形成 12 个风险案例。

## 二、逐步完善全面风险管理工作

2012 年 4 月，在企业年度管理评审会议上，公司领导再次强调各层级务必结合自身实际，引入全面风险管理，建立健全内控制度，提高内部管控的有效性。为确保经营目标的实现，使企业健康、稳定、持续发展，2012 年宝冶围绕企业重点工作和管理流程开展企业内部控制工作、全面风险管理工作，广泛发动各管理系统的骨干力量，进行统筹规划，不断创新，围绕强基固本、控制风险，转型升级、保值增值，做强做优、科学发展的主题，狠抓开源节流、降本增效，切实加强企业的基础管理工作，重点是全面预算管理、全面风险管理、人力资源管理、采购管理、质量管理、安全管理、合同管理等方面。进一步明确企业发展管理部是全面风险管理工作的组织部门，审计部对开展风险管理工作及其工作效果进行监督评价，并对内控制度执行情况进行评价，提出监督评价报告和风险管理改进建议。

为有效防范风险，增强风险管理的针对性，按照工程总承包板块的业务链搭建风险框架、梳理风险事件，继续推广和完善符合公司发展需要的全面风险管理体系。企业发展管理部每年组织开展风险辨识、分析和评价，收集风险案例，整理风险事件库，确定年度重大风险。并针对重大风险组织制定措施、落实资源，每月对重大工程实施风险监控，重大工程和重大风险得到有效控制。企业发展管理部每年组织编制《全面风险管理报告》。2012 年起，审计部根据公司组织落实企业全面风险管理工作的要求，加大以提示风险为主的项目管理审计工作的开展力度和广度，对所有审计项目均增加以提示风险为主的审计内容。2013 年，根据《中国冶金科工集团有限公司风险管理评价工作制度》的要求，审计部撰写完成《风险管理评价管理规定》，并于 2014 年下半年发布，逐步开展风险评价工作。明确了风险管理评价的工作原则、工作机构与职责、工作内容、工作程序和方法，以风险为导向开展内部审计工作，强化审计工作中风险事项的审计力度。对分（子）公司及项目部的风险管理工作、各种量化管理模型的有效性和业务流程是否满足风险防范的需要进行全面评价。

## 三、全面推广全面风险管理

围绕企业年度工作目标，落实全面风险管理各项工作，增强全员风险管理意识，重大风险得到有效控制。2015 年，全面风险管理工作在二级单位全面推广，1 月、4 月分别组织对职能部门、二级单位进行全面风险管理知识的培训。同年，计财部、合同预算部、工程管理部分别针对债务风险（应收款项风险）、项目工期、已竣工项目的结算和资料归档风险预警指标，相继发布《关于加强应收款项目常监控工作的通知》《关于开展项目工期、结算、资料归档日常风险监控工作的通知》《关于加强法律纠纷案件风险管理的通知》,按月度从二级单位、直管项目和二级单位项目三个层级实施监控,对达到约定风险等级的项目实时预警并提出相应预案,由职能部门、分管领导、办公会、董事会按其授权权限分级处理。对合同签约额、营业收入、利润总额、经营活动现金净流量和应收账款及存货等五个重要经济指标实施月度监控,对各二级单位经济指标完成进度进行分级,按月度在公司领导层面进行通报、按季度在OA平台进行公示,对经营状况欠佳的单位由公司领导对其党政一把手进行约谈,督促整改。

2016年1月,为进一步提升宝冶的风险防范能力,提高公司运行效率,公司组织编制《上海宝冶全面风险与企业内部控制操作手册》,手册对完善公司内部控制制度,进一步规范公司内部各个管理层次相关业务流程,分解和落实责任,控制风险,保证财务报告真实性,确保公司资产安全高效运行具有较强的现实意义。

公司所实施的全面风险管理和企业内部控制均需要董事会、监事会、管理层和全体员工共同参与,并为公司战略目标的实现提供合理保证。同时,企业内部控制是全面风险管理不可分割的组成部分,是落实风险应对措施的手段之一。从全面风险管理角度出发评估企业内部控制的重要性,有利于管理层进行企业内部控制流程和要求的优化工作,以便恰当调集资源应对风险,提升企业价值。

随着公司"四五"发展战略各项举措的逐步推行,企业转型升级工作也已取得一定成效,宝冶逐步由施工总承包商向工程总承包商转型、由国内工程承包商向国际工程承包商转型、由施工总承包商向投融资运营商转型。面对新的挑战和风险,企业发展管理部绘制"全面风险管理图(2017年第一版)",涵盖投融资、设计、施工和海外业务四大板块,确保各业务系统按照新的转型升级要求制定相应管理规则,在公司的各个板块落实系统管理要求,确保全面风险管理"无死角"。

## 四、全面风险管理工作取得的成果

自2011年6月推广全面风险管理工作以来,公司的全面风险管理体系日益完善,建立起了由董事会、总经理和各职能部门、二级单位、项目部组成的全面风险组织体系。企业发展和信息化部是全面风险管理工作的归口管理部门,审计部是全面风险管理的监督评价部门。2015年起在二级单位内部推广全面风险管理工作,随着公司转型升级,全面风险管理工作已涵盖设计、投融资、施工、生产、检测、检修等多个板块和海外业务。多年来,公司注重建立具有风险意识的企业文化,大力培育和塑造良好的风险管理文化,树立正确的风险管理理念,在内部各个层面营造风险管理文化氛围。同时,大力加强员工法律素质教育,制定员工道德诚信准则,形成人人讲道德诚信、合法合规经营的风险管理文化。采取多种途径和形式,加强对风险管理理念、知识、流程、管控核心内容的培训,培养风险管理人才,培育风险管理文化。公司在建立业务财务一体化等企业管理信息系统时,将风险管理与企业各项管理业务流程、管理软件统一规划、统一设计、统一实施、同步运行,逐步建立涵盖风险管理基本流程和内部控制系统各环节的风险管理信息系统,包括信息的采集、存储、加工、分析、测试、传递、报告、披露等。企业信息管理系统实时反映重大风险和重要业务流程的监控状态,能够对超过风险预警上限的重大风险实施信息报警,能够满足风险管理内部信息报告制度和企业对外信息披露管理制度的要求。为了有效防范风险,公司持续从战略风险、市场风险、财务风险、运营风险、法律风险五个方面,围绕企业各项业务及其重要业务流程开展风险识别、分析和评价工作,并确定相应的风险管理策略,对工期、结算、归档、应收款项和法律诉讼等风险加强过程年控,针对重大风险制定风险管理解决方案，形成公司年度《全面风险管理工作报告》。

# 第四节　企业内部控制

## 一、初建内部控制体系

2011 年 7 月，为加强和规范企业内部控制，提高企业经营管理水平和风险防范能力，根据《企业内部控制基本规范》和《关于全面执行内控规范开展内控检查工作的通知》的要求，宝冶成立内部控制领导小组。内部控制领导小组下设内部控制管理办公室，设在企业发展管理部。依照不相容职责分离原则，内部控制工作的组织工作和评价工作分离，分别由企业发展管理部、审计部承担。根据公司对内控评价的要求，审计部编制《内部控制评价管理规定》。2012 年，尝试对个别项目或公司开展内部控制审计，采取常规的内部审计工作和内部控制评价工作并轨进行的方式，确认和评价管理控制设计与运行缺陷，分析原因，提出改进内部控制的建议。

## 二、内部控制与日常工作融合

自 2012 年起至 2014 年期间，每年编制《年度企业内部控制工作计划》或《年度内部控制工作报告》，从年度目标完成情况、组织体系建设情况、制度完善情况等方面总结一年来的工作成果。2013 年 6 月，为加强企业内部控制工作，保障公司内控工作的有序开展，根据中冶集团内部控制规范实施工作安排，编制并发布《上海宝冶集团有限公司内部控制建设发展规划（2013—2015 年）》，明确了企业内部控制工作的指导思想——围绕企业发展战略，开展各项经营管理活动，加强全员风险意识，关注重要业务事项和高风险领域，落实各级管理职责，以制度规范各层级的管理行为，并进一步加强监督和约束机制，提高企业经营效率和管理水平。内部控制体系运行的日常监督由企业内部控制组织部门采取与“三合一”管理体系审核相结合的方式，重点对分（子）公司进行企业内部控制工作的监督检查。审计部开展独立的内部评价工作，独立出具报告，充分反映分（子）公司的管控情况，并分阶段开展控制点梳理工作，形成《上海宝冶内控点汇编（第一版）》。

2014 年，为促进公司可持续发展，企业发展管理部制定《内部控制管理规定》，确定内部控制的目标——保证公司经营管理合法合规；保障公司的资产安全；保证公司财务报告及相关信息真实完整；提高经营效率和效果；促进公司实现发展战略。明确建立与实施内部控制应遵循“全面性、重要性、制衡性、适应性和成本效益原则”，建立与实施有效的内部控制应围绕“五要素”（内部环境、风险评估、控制活动、信息与沟通和内部监督）开展具体活动。

2015 年起，公司的企业内部控制工作与全面风险管理工作融合开展。2 月，根据中冶集团“优化内部控制体系建设”工作部署，按照《企业内部控制基本规范》及其配套指引及中冶集团管理制度框架的要求，公司的制度体系由“管理手册、程序文件、管理规定和实施细则”四个层级调整为“基本管理制度（包括管理手册、管理程序/制度）、管理规定/办法和实施细则”三个层级。

# 第五节　综合绩效管理

1987 年 3 月 15 日，为加强公司管理、加速实现转轨变形，公司明确由企业管理办公室组织经济责任制考核工作,先后推行领导抵押承包、全员统一风险抵押。1992 年 9 月,经营承包职责划归劳资处,又陆续推行全额利润工资试点、产值、利润"双系数挂钩"分配机制、"模拟法人"方式。1998 年,企业管理处负责内部考核职责,此后的 2000 年开始实施直管项目管理目标责任制,2004 年对二级单位推行经营管理目标考核,并不断完善直管项目和二级单位的绩效考核方式和指标,2018 年引进平衡计分卡,对二级单位经营绩效考核更加合理、全面。

## 一、推行内部经营承包方式

1988 年 4 月 7 日,8 个工程公司签订 1988 年承包经营责任合同,推行领导集团抵押承包。两年后,为缩小干群差距,形成风险共担格局,宝冶首次实行全员统一风险抵押。内部经营承包,基本形式是全员抵押、分档承包、双向考核、全方位挂钩为主要内容的全员风险抵押承包,对各承包经营体的二次分配以双系数、连续七年滚动的数学模型进行。实施承包的主体有工程公司、独立处室、机关处室、宝冶领导成员等。体现风险与奖罚对等的原则,工程公司分别以三个不同档次进行风险抵押承包,由各承包经营单位自选风险档次。采用处室对基层、基层对处室的双向考核方式,每年实施两次考核,标的完成情况由有关处室考核。其间,设立工程质量、劳动精神、材料节约、技术进步和红旗设备单项奖。

## 二、试点全额利润工资

1995 年,为促进四元产业进一步全面发展,确保宝钢三期工程建设和上海市重点工程施工全面顺利展开,加大向经济效益倾斜的力度,对二级单位进一步扩大全额利润工资试点,提高利润工资含量的分配比例;对部分二级单位、独立处室实行百元利润工资含量包干;对部分单位继续实行产值、利润"双系数"与工资总额挂钩;对医院等继续推行行政费包干节支提奖的办法;对二级单位由各主管部门按照质量、安全、进度、精神文明等指标进行考核。1997 年,在总结几年来部分二级单位实行全额利润工资试点的基础上,对 10 个工程公司以全面完成产值计划为前提,全部实行工资总额与全额利润挂钩。

1998 年,宝冶承包经营开始调整完善,改变只与利润指标挂钩的"单系数"承包分配办法,对 9 个工程公司(不含企业公司)采用产值、利润"双系数挂钩"的分配机制,促进企业在保证盈利的前提下,扩大企业规模。

## 三、推行"模拟法人"方式

1999 年起,宝冶全面走向市场,适应内部单位"模拟法人"的需要,经营承包方式进行调整,对部分二级单位除计核保障工资外,绩效工资实行百元产值工资含量和百元利润工资含量双挂钩,并按规定征收工资调节基金;对医院等单位参照 1998 年收入核定全年工资基数。对部分已有项目部和新设项目部实行工资总额与项目结算工作量挂钩,并对工期、质量、安全、文明施工、工程款回收等指标进行考核,并下达承包责任书。机关员工工资收入水平与宝冶的整体经济效益挂钩,机关员工试行保障工资、岗位工资、效益奖。同时设立经营、质量、科技、安全、劳动竞赛、双文明、红旗设备和材料节约单项奖。

## 四、推行经营管理目标考核方式

自2004年1月1日起，为促进各二级单位经营管理目标的实现，消除管理缺陷，落实责任考核，公司制定《二级单位经营管理目标考核办法》，对各二级单位的考核包括：责任书指标考核、职能部门系统业务基础管理考核、宝冶领导考核等三部分。考核采取打分制，满分1 000分，责任书指标考核占700分，职能部门系统业务基础管理考核占150分，领导考核占150分，各项考核要素得分累加。责任书指标考核每年度进行一次，职能部门系统业务基础管理考核与宝冶领导考核半年度进行一次。2006年4月24日，为加强指标考核与奖罚，公司发布《四项指标与分(子)公司领导班子兑现挂钩管理办法》，突出合同签约额(含海外指标)、年末拖欠款余额及质量事故、安全事故等四项指标的重要性，以确保公司总体目标的实现。2005年，优化经营管理绩效考核实施办法，修订公司领导对分(子)公司、职能部门的考核要素，增加总包项目部对分(子)公司的考核，取消“相关部门对职能部门考核”的内容。

## 五、建立综合绩效考核体系

2007年，为客观公正地评价和考核各单位的经营绩效，促进各单位规范管理、理顺业务流程，提高公司整体运营效率，圆满完成年度经营目标及实现自身的可持续发展，公司组织开展综合绩效评价工作。12月14日，发布《综合绩效评价管理考核暂行办法》，明确分(子)公司、职能部门考核为年度责任书指标考核；直管项目部考核包括项目管理目标责任书考核及过程管理考核两个方面。分(子)公司、直管项目部由各职能部门根据主管业务对口考核；职能部门考核由自评和分管领导考核相结合的办法进行考核。

2011年，根据中冶集团对所属子企业负责人经营业绩考核的相关要求，修订《综合绩效考核管理规定》，各分(子)公司及直管项目部对职能部门从“业务服务情况、业务管理情况、业务支撑情况、业务监控情况” 四个方面实施考核；分公司、专业子公司由下达年度责任书指标的职能部门对应考核，经济指标、管理指标分别占70%、30%；BT项目公司及保障性住房(含动迁安置房)项目公司由下达责任书指标的相关部门考核；商品房项目由房地产分公司负责对其实施考核，其各项指标完成情况纳入每年度对房地产分公司的绩效考核范围；直管项目部由下达责任书指标的相关部门，按照《项目部绩效考核管理规定》考核项目责任书中各项指标完成情况。

## 六、建立直管项目部考核机制

为建立有效的约束和激励机制，促进工程项目管理目标的实现，2004年11月1日起实施《项目部绩效考核办法》，对直管项目部财务指标、进度控制、文明施工、材料管理与耗用情况、软件资料、工程实体交付、固定资产购置、质量目标、安全指标、工程档案、工资总额及刑事治安案件等进行考核。2005年起，为加强项目过程管理，项目部绩效考核增加了过程考核方式。

2006年5月1日起，完善公司项目责任书有关上交利费奖励办法，实现公开、透明、公平、合理的奖励机制，按照项目规模所创造效益与项目奖励兑现相挂钩的激励原则，对一级管理的项目经理部执行《直管项目绩效考核管理规定(试行)》，根据项目竣工结算价与合同原价的差额多少，确定奖励系数，并综合质量、安全、文明施工、应收账款等指标进行考核。2007年，明确了项目领导班子风险抵押金。2008年，进一步明确了项目管理目标责任书指标内容。

### 七、不断完善综合绩效考核机制

2013年，为完善绩效考核制度，修订《综合绩效考核管理规定》，明确以下要求：一是组织签订年度分(子)公司经营管理目标责任书、工程项目管理目标责任书；二是以行政文件形式将中冶下达指标和企业预算指标分解到各职能部门，视同部门年度目标责任书；三是项目管理目标责任书的签订按照《项目部绩效考核管理规定》执行。对职能部门的考核中指标考核及分(子)公司、直管项目部对职能部门的考核权重各占50%。对分(子)公司的综合绩效考核按照经济指标、管理指标进行考核，考核权重分别为70%、30%，设置加分、扣分项，加分及扣分项均不设上下限。对持续经营现金净流量>0且满足一定条件的分(子)公司给予绩效超额奖励，根据分(子)公司综合绩效考核得分的最终排名确定发放的比例，实际奖励额的50%奖励分(子)公司领导班子成员。对项目部的绩效考核按照《项目部绩效考核管理规定》执行。

2014年10月，增加单位负责人基薪考核的具体要求，单位负责人基薪根据合同签约额、营业收入和利润总额等指标确定，占比分别为30%、40%和30%；增加质量、安全、施工指标未完成考核处罚内容。

2015年6月，调整分(子)公司指标考核权重，经济指标、管理指标权重分别为30%、70%；对当年度未亏损的二级单位，增加考核调节收入；取消绩效超额奖励，对持续经营现金净流量≥0，且同时完成营业收入和利润年度预算指标的二级单位另发放年度绩效风险收入；增加质量创奖、安全事故、火灾事故等特别事项的奖罚要求。

2017年12月，增加对新设立的二级单位，根据公司领导办公会确定的方案，由企业发展管理部组织签订管理目标责任书。取消职能部门的指标考核；项目管理公司责任书由投融资事业部组织签订并对其进行考核；取消年度绩效风险收入，增设二级单位年度业绩专项特别奖，可以设置突出贡献奖、全面完成预算主要经济指标奖、跨越进步奖、市场开拓奖和科技创新先进单位奖等奖项，设置项目、评奖条件由公司董事会确定。

为更加全面、合理地评价二级单位经营绩效，2018年度二级单位经营管理目标责任书中增加了平衡计分卡指标，责任书中既包含量化的财务指标和平衡计分卡应用的管理指标，也包含了定性与定量相结合的管理指标，财务指标、平衡计分卡和管理指标的考核权重调整为20%、40%和40%，并增设关键绩效考核指标。2018年，采用平衡计分卡中10个关键指标。

## 第六节　规章制度建设

1988年11月30日，规范规章制度的管理，发布《上海宝钢冶金建设公司企业规章制度管理办法》。1995年引入GB/T19002-1994后，贯标办公室负责策划质量管理体系文件。1999年10月19日，宝冶明确内部文件按管理文件和行政文件分类，管理文件由企管处归口管理，行政文件由办公室归口管理。2000年2月25日，宝冶对各类业务管理规章制度进行清查并颁发《各类业务管理规章制度目录》。自2000年1月1日起，在用的规章制度分经营、企划、科技、计划、财务、人事、生产、质量、安保、物资、投资、行政、信息十三大类，共计180个管理文件，宝冶制度体系基本形成。

2003年1月，实施分立改制后成立企业管理部，负责企业规章制度管理。2003年2月至2018年12月期间，企业管理部虽然先后更名为企业发展管理部、企业发展和信息化部，但“管理制度的建设与管理”职责一直由该部门承担。

## 一、制度体系的形成过程

1988年11月30日，规范规章制度的管理，下发《关于执行〈上海宝钢冶金建设公司企业规章制度管理办法〉的通知》，自1988年1月1日起实施。规章制度分为“一般规定”“管理制度”和“工作考核制度”三类，规章制度发布前由企管办统一编号，规章制度的内容分“概述部分”“正文部分”和“补充部分”，编写格式参照国标的标准要求，规章制度编号规则按“规章制度代号（两位）/发布的级别（三位）—基础标准类（三位）—流水序号（三位）—颁发年份（两位）”。

1995年10月，公司以GB/T19002－1994为标准，开展建立质量保证体系工作，成立由总经理牵头的贯标领导小组和贯标办公室，负责对贯标认证的领导和贯标认证工作的实施，包含策划质量管理体系文件等职责。

1997年12月3日，下发《关于印发“宝冶公司行文、办文及办事程序的若干规定”的通知》，明确“公司党、政全局性的规章制度、管理办法、工作标准等”以公司党、政名义行文。12月26日，发布第一版质量体系文件，1998年1月1日实施，《质量体系文件管理规定》中确定，企业管理处负责质量体系文件（包含质量手册、程序文件、作业文件和质量记录）的全面管理，负责质量手册和程序文件的全过程管理，组织各主责部门进行作业文件和质量记录的控制，质量体系文件格式采用工程技术标准格式。《质量体系文件编号管理规定》明确编号结构为“宝冶代号＋（体系代号）－层次号＋版号－要素号＋文件序号－年号”，质量手册1个，程序文件25个，管理规定51个。

1998年，公司强调要结合1997年第四季度机关处室职能调整，从三个方面（从自身职责出发，理顺业务工作流程；施工过程管理以项目管理为基点，重点放在规范项目部业务管理行为上；企业生产要素管理要围绕企业全面预算的计划管理机制）完善企业管理制度，真正使企业有章可循、有法可依。6月1日，发布第二版质量体系文件，包括1个建筑安装工程质量手册，25个程序文件，17个管理规定。

1999年10月19日，下发《关于加强宝冶公司文件管理的通知》《管理文件控制程序》《管理文件编写规定》，对公司内部文件按管理文件和行政文件分类，管理文件由企业管理处归口管理，行政文件由办公室归口管理。管理文件包括管理制度、控制程序、管理规定和实施细则。

2000年，公司强调要建章建制，完善企业各项管理制度，以制度来规范和约束企业各项经营管理行为。一方面要建立和完善企业各项管理制度，理顺业务工作流程，建立起企业管理运行制度体系，重点是要加强在经济管理领域和企业经营领域的制度建设，建立起相互制约、相互控制的办事程序。另一方面要严格执行规章制度，提高每一位管理者执行规章制度的自觉性，真正形成人人按制度办事、事事按规章执行，自觉地接受企业各项管理制度的约束。2月25日，下发《关于颁发〈各类业务管理规章制度目录〉的通知》，此外的规章制度全部废止。自2000年1月1日起，凡需新增各类业务管理规章制度的，均按照宝冶发〔1999〕第154号文规定以管理文件格式颁布。现行在用的规章制度分经营、企划、科技、计划、财务、人事、生产、质量、安保、物资、投资、行政、信息十三大类，计180个管理文件。自此，宝冶制度体系基本形成。

## 二、制度体系日益完善

2001 年 1 月 5 日,发布第三版质量体系文件,包括 1 个质量手册、28 个程序文件和 8 个管理规定。

2003 年,随着公司分立改制的实施,为进一步加强管理文件的系统性、可操作性和编写的规范性,保证管理文件的充分性和适宜性,组织开展管理文件编制工作,共编制管理文件 123 个,其中与质量体系有关文件 55 个。3 月 24 日,发布《管理文件管理规定》,明确文件的内容构成,正文主要包括范围、定义(可选项)、管理职责、工作流程(对于程序)/管理内容(对于管理规定)以及记录等;确定公司管理文件主要分管理规定和管理细则,共分为经营、企划、科技、计划、财务、人事、施工、质量、安保、物资、资产、后勤、行政、信息、体系和其他十六大类,同时,在提请管理文件审核时,需标注是否"与质量管理体系有关",管理文件批准后由企业管理部在信息平台上发布电子文本。

2004 年,为满足建立质量、职业健康和环境管理体系的需要,组织开展质量、职业健康安全、环境管理体系文件编制工作。9 月 28 日,发布 A 版质量、职业健康安全、环境管理体系文件,包括 1 本管理手册、29 个程序文件、30 个管理规定。9 月,修订发布《管理文件管理规定》,调整管理文件的层级为"管理程序、管理规定和管理细则"三个层级,增加"识别管理文件与质量管理体系(QMS)、环境管理体系(EMS)、职业健康安全管理体系(OHSMS)的关系""管理程序、管理规定及实施细则的修订原则上采取换版的方式""每年组织一次对管理文件适宜性的评审""分(子)公司、宝冶项目部管理文件编号"等要求,管理文件编号调整为"QG/BYJ 业务类代码 流水号—年份/版本号及修订次数(A 起的大写英语字母加数字)"。2004 年,在用管理文件 157 个。

根据公司管理工作需要,2005 年管理类别增加特种设备——锅炉、压力容器、起重机械管理,2007 年管理类别取消计划,2009 年管理类别"施工"更改为"工程"、取消"后勤"、增加"房地产—房地产开发"。2013 年 3 月,增强风险防范,管理文件审核增加"法律审核"的要求。2015 年 4 月,根据中冶集团优化内部控制体系建设工作部署,落实"构建基本管理制度、完善具体规章/管理办法、理顺实施细则"的工作要求,结合《企业内部控制基本规范》及其配套指引、中冶集团管理制度框架,对现行制度的有效性、科学性、适用性和系统性进行充分评估,就系统制度建设、部门职责衔接、管理流程需要调整完善之处进行全面梳理并逐一落实,管理文件调整为"基本管理制度、具体管理规定/办法和实施细则"三个层级的文件体系,并增加"应对的风险"的要求,增加"职能部门、二级单位四字符代码",取消"资产——对外投资管理、固定资产及无形资产管理",并入"财务管理"类别,将管理文件类别调整为 15 个类别。

2018 年,为适应集团化管控要求和全产业链管理需要,组织开展管理文件大规模修订,主要变化有:增加封面、目录以及修订说明,方便使用者了解修订原因、背景和修订版次;增加知识产权相关内容及涉密管理文件的管控要求;对于经评审后确定需废止的管理文件,可以行政文件予以废止;取消管理文件需标注"与质量管理体系、环境管理体系、职业健康安全管理体系的关系"的要求;所有管理文件版本号重新规定,全部统一"F 版";每五年进行一次换版;管理文件类别增加设计类别、删除"体系"类和"房地产—房地产开发"类,共 14 个类别。截至 2018 年 12 月 31 日,宝冶在用管理文件 183 个。

# 第七节 "三合一"管理体系推进

1995 年 10 月,公司以 GB/T19002-1994 为标准开展质量保证体系建立工作,成立由总经理牵头的贯标领导小组和贯标办公室，负责对贯标认证的领导和贯标认证工作的实施。1998 年 8 月 24 日，通过北京中建协质量体系认证中心的认证审核，取得 GB/T19002：1994 年质量体系认证证书。2004 年 5 月，启动环境管理体系、职业健康安全管理体系认证工作，2005 年 6 月，通过北京中建协质量体系认证中心的“三合一”体系认证。2010 年，引入《工程建设施工企业质量管理规范》(GB/T50430)标准，建立起“四标三体”的管理体系。2011 年 5 月，通过《工程建设施工企业质量管理规范》(GB/T50430)标准和《质量管理体系要求》(GB/T19001－2008)认证。2018 年 12 月，通过上海品牌国际认证联盟认证，成为首批 59 家通过“上海品牌”认证的企业之一。

## 一、标准化管理的产生

1993 年，党的十四届三中全会通过《中共中央关于建立社会主义市场经济体制的若干决定》，进一步明确了国有企业建立现代企业制度的目标与步骤；1994 年，国务院出台《关于选择一批国有大中型企业进行企业制度试点指导意见》，国有企业建立公司制度的试点在全国正式推开；同年，经冶金部推荐，建设部审定宝冶列为首批建筑行业建立现代企业制度的试点企业。公司抓住此次改革契机，在建立现代企业制度的同时，全面启动 ISO9000 质量管理体系认证工作，努力探索市场经济中企业管理工作的新路子，全面提升公司整体素质和市场竞争能力。

20 世纪 90 年代中期，国家建筑市场越来越重视企业质量体系认证，虽然企业质量体系认证采取企业自愿的原则，但国家及上海市等地方政府已计划采取行政措施，限制未取得认证证书的企业参加大中型工程项目的投标，规定投标的建筑施工企业必须具有“两证”，即资质证书和质量体系认证评语，否则不能参与投标。国外的建设项目或外方投资的建设项目，也要求投标的施工企业应具有“两证”。同时，开展质量体系认证，也是公司提高管理水平、增强自身生存发展能力的需要。

## 二、质量管理体系认证过程

公司根据产业结构性质确定的贯标认证标准是 GB/T 19002－1994 idtISO9002：1994 质量体系生产、安装和服务的质量保证模式，可覆盖四元产业中的建筑施工、生产制造两元产业。1995 年起，公司以 GB/T19002－1994 为标准，开展质量保证体系建立工作，成立由总经理牵头的贯标领导小组和贯标办公室，具体负责对贯标认证的领导和贯标认证工作的实施，并在全公司范围开展贯标培训工作，组织编制质量手册、程序文件和管理规定，各二级单位也都成立相应机构确保贯标及认证工作顺利实施。

1997 年 12 月 26 日，公司颁布总经理发布令，发布第一版建筑安装工程质量体管理系文件，包括 1 本质量手册、25 个程序文件、51 个管理规定。体系文件适用于公司承揽的施工总承包资质范围内的新建、改建扩建、维护检修及技改技措等工业与民用建筑安装工程，确定了公司质量方针和质量目标。质量方针为科技领先，保证质量，信守合同，竭诚服务。质量目标为竣工交付使用的工程质量达到国家及行业标准或业主提出的技术要求，大中型工程建设项目综合试车和验收一次合格，其他工程一次验收合格率达到 90%，优良率达到 35%；合同履约率 100%；业主投诉处理满意程度 100%。

1998 年 6 月 1 日，由总经理批准发布第二版质量管理体系文件，同时对质量目标也进行了局部调整，调整后的质量目标为：大力推进新技术应用和科学管理，优化资源配置；工程质量合格率

100%,大型工业建设安装单位工程质量优良率达到80%以上,建筑单位工程质量优良率达到40%以上;合同履约率100%;百分之百执行回访计划,确保业主满意。

1998年8月24日,宝冶通过北京中建协质量体系认证中心的认证审核,取得GB/T19002:1994质量体系认证证书。

2000年,为了加强企业管理,满足业主对工程质量的需要,按照《GB/T 19002-1994 质量体系 生产、安装和服务的质量保证模式》标准要求,结合市场环境变化情况、企业改革进展和内部组织结构变化,对质量体系文件再次进行修订,由总经理批准于2001年1月5日正式发布第三版质量管理体系文件。

2003年,按照《GB/T 19001-2000 质量管理体系要求》,结合建筑市场特点及组织结构变化,对原第三版质量体系文件和公司质量方针进行修订。由总经理批准于2月10日发布第四版质量管理体系文件并实施。

## 三、"三合一"管理体系的建立与运行

2003年,随着公司由全民所有制企业改制为公司制企业,为提高企业形象和竞争能力,体现以人为本,促进企业管理现代化,宝冶贯彻实施ISO9001质量管理体系标准、ISO14001环境管理体系标准、OHSAS18001职业健康安全管理体系标准,建立融合的"三合一"管理体系,覆盖公司承建的国内外民用、工业、能源、市政、交通等工程的新建、改建、扩建、维护检修及技改技措等业务范围。

2004年9月28日,发布A版质量、职业健康安全、环境管理体系文件,包括1本《管理手册》、29个《程序文件》、30个《管理规定》,同时发布了"三合一"管理方针,并根据公司发展,结合管理方针,每年以行政文件的方式发布质量、职业健康安全、环境管理目标、指标。公司质量、职业健康安全、环境管理方针为:节约资源,保护环境,珍视员工安康;诚信守法,超越自我,铸造时代精品。2005年6月,通过北京中建协质量体系认证中心的"三合一"体系认证。

结合公司管理工作的需要,陆续对管理体系文件进行改版、修订。2010年,修订公司质量、职业健康安全、环境管理方针为"节约资源,保护环境,关爱员工安康;诚信守法,超越自我,铸造时代精品"。

**表7-1-2　管理体系文件改版、修订情况**

| 时　间 | 版本号 | 管理手册 | 程序文件 | 管理规定 |
|---|---|---|---|---|
| 2005年9月28日 | B版 | 1 | 30 | 34 |
| 2007年11月28日 | C版 | 1 | 11 | 37 |
| 2010年6月10日 | D版 | 1 | 11 | 43 |
| 2013年3月29日 | E版 | 1 | 12 | 49 |

2010年,国家认证认可监督管理委员会与住房和城乡建设部联合发布第21号公告《关于在建设施工领域质量管理体系认证中应用〈工程建设施工企业质量管理规范〉的公告》,要求自2010年8月1日起,在建筑施工领域质量管理体系认证中,强制依照《质量管理体系要求》和《工程建设施工企业质量管理规范》(以下简称《规范》)两项标准执行,要求从事建筑工程活动的施工企业贯彻《规范》的所有要求。自2010年11月1日起,所有建筑施工企业实施质量管理体系认证到期时,应当

依照《质量管理体系要求》和《规范》同时开展认证审核工作，复评及初审不再单独颁发 ISO9001：2008 标准证书。为进一步提高企业质量管理水平，公司引入《工程建设施工企业质量管理规范》(GB/吨 50430)标准，建立起“四标三体”的管理体系，并于 2011 年 5 月通过认证。

2015 年 9 月，国际标准化组织(ISO)发布了《质量管理体系要求》(ISO9001：2015)及《环境管理体系要求及使用指南》(ISO14001：2016)，对应的国家标准于 2016 年发布，并于 2017 年起实施。新版质量、环境管理体系标准明确了为了实现组织的战略目标，采用管理体系是一项战略性决策，公司结合新版标准要求，不再单独强调编制三合一管理体系文件，而是将新版标准的要求在公司的治理制度和管理制度中体现，从而从体系建立和策划上消除“两层皮”现象，充分发挥“三合一”管理体系作用，使其能促进公司整体绩效提高，更能服务于公司经营目标的实现并创造价值。2017 年 5 月，公司顺利通过新版标准的换版复评审核，并取得质量、职业健康安全、环境管理体系认证证书。

## 四、管理体系持续运行与改进

公司自 1995 年启动质量管理体系认证，通过 20 多年的实施、保持，不断完善、提升管理体系适应性、充分性，并不断持续改进体系运行的有效性，以提高管理绩效。

围绕公司“打造一流的最具产业链竞争优势的全生命周期工程服务商”的奋斗目标，实现全生命周期价值最大化的可持续发展新模式，2018 年，公司外审采取了宝冶与中冶东方联合审核分别取证的创新认证模式，即采用同一家认证机构，由同一个审核组对公司全产业链实施审核，并做出全面系统的评价，向公司最高领导者报告，并提出更加切实有利于公司全产业链发展的改进方向，促进公司设计、生产、施工各产业链环节快速融合协同，提升公司在设计、融资、建造一体化的运营运作能力，实现战略协同效应。

公司树立一切管理活动都是为公司经营服务的理念。2018 年，为提高内审和内控检查的有效性，服务公司战略及各项目标指标实现，内审和内控检查更加注重前期的策划和准备工作，包括围绕公司经营管理确定审核范围，配备审核资源，制定周密的审核计划，进行审核前的专业引导，组织审核组成员认真编制内审及内控检查表。同时，事先让受审核单位围绕战略子规划、年度经营管理目标制定及完成情况、组织架构及变化情况、人力资源状况、经营管理活动中存在风险及控制情况、在建项目情况等，充分准备公司一年来体系的运行情况汇报材料，在首次会上进行系统全面的汇报，让审核组对受审核单位有全面系统的了解，确保审核组在整个审核中保持全局意识地收集证据(而非只孤立地站在系统管理角度进行评价)。审核内容涉及分公司战略管理、风险管理、管理体系的建立、目标管理、人力资源管理、市场营销管理、科技管理、产品实现、管理过程测量分析和改进、财务管理、合同及预结算管理等过程。在审核过程中，更加关注重大风险、关注重要业务环节、关注过程接口、关注价值创造，在评价管理过程合规性基础上更加关注管理绩效。重视审核组成员内部及时沟通，确保系统全面地发现管理体系运行中存在的问题，为提升公司总体管理绩效提供有效的改进方向，充分发挥内审和内控检查的服务作用，确保最终实现公司战略目标。

## 五、文件修订情况

1997 年 12 月 26 日，发布质量体系文件(第一版)；

1998 年 6 月 1 日，发布质量体系文件(第二版)；

2001年1月5日,发布质量体系文件(第三版);

2003年2月10日,发布质量管理体系文件(第四版);

2004年9月28日,发布质量、职业健康安全、环境管理体系文件(A版);

2005年9月28日,发布质量、职业健康安全、环境管理体系文件(B版);

2007年11月28日,发布质量、职业健康安全、环境管理体系文件(C版);

2010年6月10日,发布质量、职业健康安全、环境管理体系文件(D版);

2013年3月29日,发布质量、职业健康安全、环境管理体系文件(E版);

2017年5月17日,融入质量、职业健康安全、环境管理体系相关要求,发布《内部控制管理手册》,自此质量、职业健康安全、环境管理体系与日常管理工作完全融合。

## 六、积极打造“上海服务”品牌

### 【上海品牌认证的背景】

深入贯彻落实《中共中央国务院关于开展质量提升行动的指导意见》《国务院关于加强质量认证体系建设促进全面质量管理的意见》,上海市委、市政府出台《开展质量提升行动的实施方案》,全面推动上海高质量发展。2018年,经原国家质检总局批准,上海正式试点开展高端品牌认证,上海市委、市政府发布《关于全力打响上海“四大品牌”率先推动高质量发展的若干意见》,按照“政府推动、市场主导、企业主体、最高标准、国际认可”的创新运行机制,引入国际通行的质量认证手段,通过“上海品牌”认证“拉高线”,认证一批符合“自主创新、品质卓越、管理精细、品牌引领、社会责任”要求的高端品牌标杆,致力于为全力打响“上海服务、上海制造、上海购物、上海文化”四大品牌,达到“国内领先、国际一流”水准,构筑代表中国参与国际竞争的高端品牌集群,稳步推进上海“五个中心”建设,全面推动上海高质量发展。

### 【公司具备的能力】

公司始终坚持在质量、品牌、技术、管理等方面追求卓越,主要体现在如下方面:

**品牌引领方面**,公司具备强烈的品牌意识,专门编制品牌发展战略,在品牌战略实施过程中,将资质申报、质量奖项创建、市场占有率、信用分考核排名、客户满意度、专利申报等品牌塑造关键指标纳入考核范畴并落实具体措施,涵盖质量、服务、营销等相关领域。通过不断打造优质工程和标志性工程,为顾客提供满意的产品和服务。在坚持走高技术高质量发展之路的征程中,坚持推行“精品工程”战略,走品牌发展之路,用行动践行“建精品工程,铸长青基业”的企业使命,并努力朝着“打造一流的最具产业链竞争优势的全生命周期工程服务商”的目标迈进,在中冶集团争做“冶金建设国家队、基本建设主力军、新兴产业领跑者”,在以特大型高炉建设为主的冶金领域保持特有的品牌影响力。同时,在大型公建、超高层建筑、市政基础设施、主题公园建设、工业厂房等领域打造知名的宝冶品牌,宝冶品牌价值不断提升。

**品质卓越方面**,公司“四五”规划中明确提出,“四五”期间全面推进四个平台建设,即集团管控平台、区域经营平台、两化运营平台、人力资源平台。两化运营平台中标准化运营平台的主要功能是:构建标准化管理运营体系,建立以管理标准为核心,以技术标准为支持,以工作标准为保障的相互协调配套的完整的企业标准体系。建立并持续完善项目管理标准化体系,深入推进建设项目等标准化管理工作,提升业务管理水平。公司综合绩效稳步增长,资本结构趋于合理,企业形象不断提升。

**管理精细方面**，公司导入卓越绩效管理，加强领导力建设、着重战略导向，规范领导决策事项，充分发挥党委的领导核心和政治核心作用、董事会的决策作用和经理层的经营管理作用，明确公司党委会、董事会和领导办公会之间的权责边界和权限划分，进一步规范决策行为，防范决策风险，形成各司其职、各负其责、协调运转、有效制衡的公司治理机制，并进一步完善了“三重一大”决策制度实施办法。引入平衡计分卡管理工具，确保企业战略实施落地，引入集团化管控模式，促进资源优化配置、发挥母合效应。从领导、战略、资源保障、过程管理等方面对质量目标及其实现进行全面策划和执行，质量持续提升能力不断增强。

**自主创新方面**，公司发布科技创新职能战略，以科技创新引领公司规模发展，以技术升级带动公司经营方式转变，建立了专业基础牢固、集成能力突出、创新创业活跃的技术创新体系。围绕公司总体战略，结合经营发展方向，充分发挥科技研发投入机制的导向作用，支撑主业做大做强、支持专业做深做精，以核心技术占领市场高地，以科技创新促进效益增长。通过不断创新、完善和提升，在岩土工程、土木建筑、市政工程、钢结构工程、冶金工程、安装工程、工程设计、工程测量与检测、信息技术与信息化、能源和环境工程等技术领域，形成十大专业技术系列。同时，积极落实人才强企战略，建立多层次双通道的职业发展体系，打出一系列组合拳，全面推进人力资源供给侧改革，夯实公司跨越式发展根基。用5—10年时间，把公司建设成为知识密集、技术密集、智力密集的科技型工程建设企业集团。

**社会责任方面**，公司始终贯彻“可持续发展、节能减排、环境保护”的理念，致力于推进生态文明建设，研发和推广绿色建造技术，通过科学管理和技术进步，最大限度地节约资源、保护环境、降低建筑能耗。将企业的核心价值观“诚信、笃行、创新、共赢”贯穿到与客户合作的全过程中，为客户提供全方位、全过程的服务，坚定履行对客户的每一份承诺，尽最大可能实现共赢。在追求成为最具产业链竞争优势的全生命周期工程服务商的同时，始终践行社会主义核心价值观，履行央企社会责任，与社会各相关方和谐共处与发展。

**【“上海品牌”认证工作的开展】**

2017年，公司调整“四五”规划，提出“打造一流的最具产业链竞争优势的全生命周期工程服务商”的奋斗目标，2018年，抓住上海市政府全力打响“四大品牌”契机，积极投入“上海品牌”认证，不断提升公司核心竞争力，彰显公司行业领先的品牌效应、重视知识产权的持续创新能力、提供持续稳定产品和服务质量的保障能力、持续满足顾客需求的能力以及诚信经营、绿色发展理念，并积极履行社会责任，以新作为打造公司“上海服务”金字招牌，通过“上海品牌”认证跻身“国内领先、国际一流”服务企业。2018年12月，公司顺利通过上海品牌国际认证联盟认证，成为首批59家通过“上海品牌”认证的企业之一，是中冶集团旗下第一家通过“上海品牌”认证的子公司。

## 第八节　信息化管理

### 一、探索尝试的初创期

宝冶自20世纪80年代始，探索如何将电子信息及计算机技术应用于企业管理。1984年，公司引进第一台美国产IB米超级小型机，并用于宝钢一号高炉基础砼施工的网络计划控制，获得成功的应用效果。4年后,公司微机总数达到55台,主要用于档案、财务、质量技术、人力资源方面的管理。

1987年6月1日,公司成立上海奥达电脑技术公司,主营业务范围为电脑技术开发、培训、电脑排版、软硬件销售,以此培养计算机技术专业人才,拓展新型业务。随着计算机技术应用普及、推广,1992年经批准增加批发电脑及机房配套用品业务。1993年7月9日,成立上海宝泉信息公司,主营业务范围为电子信息及计算机应用、推广,计算机维修,软件开发,信息咨询服务,信息公关,打字、复印、复印机、打字机维修,计算机维修,摄像、录像摄影服务等。

这个时期仍然是以电子信息、计算机应用为主,服务于公司各类单业态管理,在普及应用的同时,公司尝试在总部职能部门和基层单位开发考勤、劳资、预算、计划、安全等小型应用软件,自行编制和推广成熟的管理软件,财务管理软件和施工企业计量管理系统分别荣获全国建设系统优秀软件二等奖和三等奖。

## 二、企业级内部互联的管理信息系统诞生

随着信息化技术的进一步发展,中国加入世贸组织的需要,企业加快国际互联。同时,为加强企业内部管理、提升企业核心竞争力,企业内部互联及网络化建设变得非常迫切。1997年,公司率先成立计算机领导小组,调研和推进企业互联工作。1999年,领导小组进行调整,并改名为宝冶信息管理领导小组,由总工程师任组长,办公室、党委办公室、企管处、劳人处、计财部、经营部、质量处、安全处、科技处、工管总部、检修总部等几个信息重要、量大的部门领导参加,对系统建设实施直接领导,办事机构设在企管处,进一步明确了企业互联网建设的责任机构。2000年10月27日,公司下发《关于印发"宝冶公司总部机构改革实施方案"的通知》,明确总部企业管理处下设计算机中心,负责企业内部网络建设与管理,网站的筹建与维护,信息资源管理。2002年,第一个信息化管理制度——《网上信息维护管理规定》发布,对网上发布信息的收集整理、加工制作、上传、审视和维护以及接收外部信息的整理、传递和回应工作进行规范。

针对当时土建专业公司搭建局域网、实现网上办公获得成功后,其他各分(子)公司、项目部也陆续建立了各自的小型局域网,初步实现了网上信息传递、通知、公告、文件等网上发布,一定程度上实现了网络办公和企业资源共享。项目管理上也采用了局域网信息管理,功能包括质量管理、安全管理、资金管理、综合管理、质量体系文件和资料管理等方面,通过局域网迅速掌握项目施工动态、图纸资料、材料到达情况,实现各单位施工方案、图片等资料网上共享。通过局域网进行工程技术难题讨论、竣工方案研讨,加强了工程施工的组织协调,提高了工作质量和工作效率。在这一系列的尝试后,公司决定组建企业级局域网并实现对外互联。

2001年3月23日,公司信息化发展历史上第一个重大投资项目——宝冶建设企业管理信息系统项目正式启动,主要包含物理网络、信息平台、应用MIS业务系统、外部网站四个部分。物理网络设计采用主干网络和二级网络两层结构,主干网络考虑到实际情况和扩展需要,分别在月浦、发展地、果园三地设立分中心,总部作为整个企业网的中心。遵循实用、先进、经济、可扩展、安全、可靠的原则,坚持创新与务实相结合,历时一年半的时间,2001年12月28日,建立了企业门户互联网网站(www.sbmcc.com.cn),正式对外开通上线;随后,在互联网上开通以企业自身域名命名的企业邮局,建立了公司办公区域间千兆光纤信息交流通道(敷设光纤近30千米);建立企业内部信息化管理平台;开通企业内部信息平台办公邮局;开发企业预算、人力资源、市场营销、项目管理、科技

管理、质量管理、安全管理、材料管理、资产管理、合同管理等十大业务管理系统；搭建企业公文流转平台(Lo 吨 us No 吨 es 架构)。2002 年 12 月 25 日，这一重大投资建设项目正式竣工验收。在当时，信息化建设取得非常好的成效，得到社会各方的充分肯定，《建筑施工企业管理信息系统》荣获 2003 年“第七届全国工程建设行业企业管理现代化创新成果一等奖”。

2002 年 4 月，《上海建筑业信息》评价此次项目取得的重大意义：一是通过信息系统的建立加强企业营销工作，通过互联网获取建筑市场最新信息，快速掌握内外部营销情况，准确地进行分析研究，真正形成营销工作快速反应系统。二是通过网络信息系统的建立加强项目管理，建立外地项目部与宝冶进行信息网络交流快速通道(VPN)。三是通过网络信息系统的建立改变原有办公模式，实现办公信息自动化。四是通过网络信息系统的建立挖掘企业管理潜力，发挥信息系统在企业降低成本过程中的作用。

## 三、企业信息化系统进入飞速发展期

随着企业管理水平的不断提高和业务需求的不断深化，公司信息化建设不断完善并且进行技术升级，陆续开通视频会议系统，引进并成功应用 NC 财务管理、供应链、固定资产管理、项目管理系统，协同办公(OA)平台等更为成熟的管理软件，同时也对公司其他业务系统软件、企业网的硬件办公环境等进行了升级与完善。

1998 年 12 月 26 日，上海宝泉信息公司并入上海奥达电脑技术公司，2002 年 10 月 28 日更名为上海宝冶奥达建筑自动化工程公司，主营范围增加建筑智能化、消防设施工程，开始从事公司内部分公司网络建设、网站建设、建筑智能化应用等。2006 年 5 月，承揽宝钢二号高炉大修工程 IT 应用项目，负责宝钢二号高炉项目部现场局域网建设、项目部与科技大楼网络无线桥接、二号高炉现场电子考勤系统、工程现场视频监控系统，成功实施并为后续项目的 IT 应用提供宝贵经验。随后在远程项目动态视频管理方面进行尝试，在苏州国际博览中心项目上利用互联网通道进行试点、在宝钢二号高炉大修项目上利用微波技术进行试点，实现了公司在后方办公室内实时观察前方项目的实际施工状况。

基于单业务管理的网络化系统软件频频上线运行，并深度广泛的在全公司得到应用。2006 年，基于 NC5.5 的财务系统上线，实现财务总账管理，在全公司范围内应用；人力资源管理系统上线，实现员工管理、薪酬社保管理，在全集团范围应用；奥达信息公司自主开发“合同管理、材料管理、计量管理”等系统并成功上线运行；公司外部网站改版升级，可以在公司网站链接所有分(子)公司外部网站，实现全公司外部网站的全面改版升级。2009 年 5 月，基于 NC5.5 的供应链上线应用，主要实现工程项目材料从需求计划、合同、采购、到货、库存、结算等全流程管理，在全公司范围应用。为对纷繁复杂的各系统及网络应用进行规范，2009 年 12 月 21 日，公司发布《企业计算机网络应用管理规定》。

2010 年，为应对企业内外部互联的需要，业务系统网络化部署的需要，数据安全、保密及应急管理的需要，公司再次对信息化系统进行大规模升级改造。更新和升级网络路由设备、服务器、交换机等，并对网络拓扑结构进行规划调整，确保公司局域网速度快速、稳定，并从数据链路层确保网络安全，杜绝断网、网络病毒引起的区域性网络瘫痪情况发生。引入高端 VPN 路由设备，确保远程用户访问系统，1 500 人同时在线办公需要；2010 年，引进“协同办公(OA)平台”，实现公司知识文档、业务流程、内部协作等的功能，优化了内部办公流程，提升了业务处理效率。2011 年，引进“PKPM 综合项目管理系统”，实现项目实施过程中合同、质量、安全、进度、文明施工等综合项目信息管理,并不断完善以综合项目管理系统为核心的七大信息管理系统的功能,编制《综合项目管理信息系统》等4个指导手册,全面推进综合项目管理系统应用工作,组织培训500多人次,指导66个在建项目进行软件应用。增添F5链路负载均衡设备、服务器、网络机柜等硬件设备,升级异地、远程办公SSL—VPN访问系统,改善网络环境和信息中心的工作环境,为项目信息化管理水平提升创造优良的环境。同时,档案管理软件升级,实现档案管理软件网络化部署,可满足各分(子)公司档案管理人员进行档案管理,支持不限数量网络的查询,并实现协同办公(OA)平台各类文件自动归档。2012年11月,《建筑施工企业项目管理之路——"综合项目管理系统"的开发与应用》荣获第二届全国建筑业企业管理现代化创新成果一等奖。

2012年9月,打造高清多媒体视频会议,实现宝冶与中冶集团召开视频会议的目标。同年11月,企业邮箱升级改造,形成公司企业邮局,可按照组织机构进行人员查询,较之前的企业邮局系统更加安全和稳定。

## 四、互联网+,打造高度集成的一体化信息系统

围绕企业信息化发展战略定位,以持续打造"数字宝冶"支撑企业愿景为目标,着力规划打造以"业务财务一体化"为主的企业管理信息化平台、以"宝冶云"为主的项目管理信息化平台和以BIM为核心的技术支撑信息化平台这"三大平台"建设,充分运用云计算、大数据、移动互联网等先进技术,积极开展"互联网+"行动,稳步推行信息化对生产运营、核心业务、管理流程的全面覆盖。

截至2014年,宝冶在用各类业务系统共计20个,为解决各系统独立运行所带来的信息孤岛,经过一年多的考察和调研,分析公司内外部环境及信息技术状况,遵循"统一规划、分步实施"的原则,公司从2014年6月开始着手打造一体化集成应用平台。2014年9月,《推行整合资源的全面计划模式——实现工程项目的精益管理》荣获第四届全国建筑业企业管理现代化创新成果一等奖。

对公司信息化工作全面规范,陆续制定并发布《企业软件信息系统引进(开发)管理规定》《企业信息系统应急管理实施细则》《企业信息系统安全防护管理规定》《业务财务一体化系统管理规定》《协同办公平台管理规定》《企业信息系统账号管理实施细则》6个文件。公司主要业务系统包括"业财一体化系统(BFI)、协同办公(OA)系统、视频会议系统、档案管理系统、工程业绩管理系统、无纸化会议系统、财务共享中心、公司外部网站、企业邮箱系统",均采用集中部署,数据集中存储,软硬件的运维、数据及系统安全均统一管理。

### 【"业务财务一体化"系统】

"业务财务一体化"包含财务资金管理、人力资源管理、资产管理、合同预算成本管理、供应链管理五大业务系统,办公门户(Portal)和商务智能(BIM)两大集成系统。实现了公司多系统集成和融合应用,统一公司业务单元、部门、岗位体系、供应商、客商等基础信息,打通各系统与财务的协同,打通供应链和中冶电商,人力资源系统和协同办公(OA)平台,人力资源系统和教培培训系统,实现业务系统互联互通。业务财务一体化不仅实现人、财、物数据信息流的集中管理,而且实现了"跨组织、跨部门、跨流程"无纸化电子办公的协同应用。

### 【协同办公(OA)平台】

2015年1月,"协同办公OA平台"完成第一次升级改造,版本从5.0升级到7.0,增加系统用

户数至 5 000 人，新增功能点包括：主次账号、流程暂停、流程明细导入、流程导入导出等，重新规划公司门户界面，全面提升系统友好度、易用性。主次账号的功能，有效解决公司一人多岗情况下，流程审批的问题。

2018 年 6 月，协同办公(OA)平台第二次升级，系统版本从 7.0 升级至 8.0，新版 E8 平台在流程引擎的易操作性、流程表单模板的美观度、日程管理、会议管理等方面均有较大提升，新增 E-Message 内部沟通工具，形成企业内部通讯录；升级后，形成宝冶多维度门户，开放二级单位门户，增加市场营销管理模块、安全员管理模块、安全月报收集、党员组织管理等；打造公司移动办公门户，可实现分(子)公司移动门户搭建，满足宝冶主管以上人员使用手机端查看公司共享信息、审批流程的需要。

**【档案管理系统】**

2015 年 7 月，档案管理系统增加工程业绩模块，实现全公司工程业绩录入与查询；2016 年 9 月，档案系统升级，进一步完善和优化管理和查询功能；2018 年 11 月，档案管理系统再次升级，完善工程业绩管理模块。

**【无纸化会议系统和视频会议系统】**

2016 年 6 月，无纸化会议系统上线，主要应用于领导办公会，可实现会议全流程的无纸化管理，包括会议的预定，会前资料上传，会中签到、同屏、笔记、投票等，会后决议上传。

2017 年 8 月，在原有中冶集团视频会议系统的基础上，结合公司集团化管控的需要，宝冶开始着手打造集团视频会议系统，对宝冶总部 3 个大型视频会议室进行改造，并整体规划所有视频会议室设备设施，实现公司总部、分(子)公司、直管项目共 25 个单位同时召开视频会议。2018 年，共计召开视频会议 120 余场次，有效增强宝冶总部和二级单位、直管项目的沟通交流。

**【财务共享中心】**

2018 年 9 月，财务共享全面上线，全面建成报账平台、资金认领平台、影像系统、任务池、核算系统、绩效评价等功能模块，集成了建造合同报表、供应链系统、人力资源系统、资产管理系统、OA 系统、资金管理系统和增值税管理系统等业务平台，支持移动审批，有效实现了“业、财、资、税”的高度融合。

**【其他信息系统的应用】**

2016 年 12 月，E-learning 上线，实现线上培训管理，可满足全员线上培训需要。

2017 年 1 月，“数字钢构”系统上线运行，实现了钢结构智能制造和项目信息一体化建设。5 月，率先实现宝冶总部大楼无线网络覆盖，至 2018 年末覆盖区域扩大到员工食堂、教培中心、上海地区分(子)公司办公楼。

## 五、网络系统架构再次升级改造，信息数据安全再上台阶

2018 年 8 月 15 日，公司成立公司网络安全和信息化领导小组，对网络和信息安全工作统一谋划、统一部署、统一推进、统一实施，全面提升公司网络安全和信息化工作保障、防护能力。

为确保公司信息系统和数据安全,2018年对公司网络系统全面改造升级。核心网络交换设备均采用双机热备,接入方式采用以公司中心机房为核心,果园地区机房、教培机房、罗店钢构机房千兆光纤接入,上海地区各专业公司千兆光纤接入,中冶东方、包头院、江苏分公司专线接入,其他分公司、项目部采用"宽带+VPN"接入。

网络按照功能分为宝冶专线区、互联网区、无线专线区、核心区、内部服务器区、月浦办公区和果园办公区。通过对整个网络的划分,并且在各个区域边界部署防火墙,有效减小网络故障影响的范围,有利于路由聚合,易于管理,提高安全性,有效提高病毒防控能力,提升网络安全性。

宝冶总部大楼连接互联网线路采用冗余备份,实现自动切换;楼层交换机通过双上联实现灾备线路自动切换;中心机房的两根电信线路和联通线路进行聚合,方便管理,单条线路异常时,自动切换其他线路保障网络的正常使用。通过链路均衡、负载均衡等技术手段,提升用户访问系统服务的效率。增加堡垒机、数据库审计、综合日志审计、漏洞扫描等安全管理设备,对用户行为监管,进一步提升信息系统安全防护能力,确保数据准确安全,有效提升了网络系统的性能、可靠性和稳定性。机房环境支撑系统、网络运行设备、服务器设备、防火墙设备、存储设备等共计50多台专业设备,通过定期巡检、专项检查和日常保养延长设备生命周期,降低故障。同时,指定专人负责网络系统及信息安全,定期对网络服务器进行漏洞扫描,服务器的访问操作全部经过堡垒机,定期进行数据库审计,从信息安全技术、信息安全管理两方面增加对数据安全的保障,改造后的网络系统达到国家信息系统安全防护等级二级的要求。

## 第九节　固定资产管理

### 一、固定资产管理职能沿革

1986年6月4日,随着公司在上海落户、更名,机械处更名为宝冶机械处。

20世纪90年代初,公司基本建成泗塘生产办公基地、月浦宝泉路办公生活基地、宝钢发展区生产基地。

1994年8月10日,为适应市场经济和宝冶四元产业结构发展,将材料处与设备处合并成立物资公司,物资公司还行使设备、材料、机械的管理职能。

按照国家房改有关售房政策,公司从1994年开始售后公房工作,到1998年最后一批售后公房结束,公司共分房6 000多套。售后公房业务在2003年改制时,整体划转至上海宝钢冶金建设公司(现为中冶宝钢技术有限公司)。

1996年起,公司筹建月浦办公生活新基地,占地约90亩,总投资近亿元。基地于1998年开始陆续投入使用,科技大楼于1998年投入使用。

1998年,原物资公司机械、材料管理职能划归宝冶机关,成立机械材料处。

2000年,原国资处、科技处论证办、机械材料处、基建工程处、基建房产处职能合并成立资产管理处,主要承担资产的价值形态与实物形态统一管理,强化对外投资的归口管理。

2003年,撤销资产管理处,将企业管理、资产管理、资质管理、综合考评、计算机网略管理合并设立企业管理部。根据公司分立改制的原则,月浦办公生活新基地划归宝冶建设,泗塘生产办公基地、宝钢发展区生产基地则根据生产施工业务分别划分。12月,实施公务用车改革。

2004年,强化企业资产运营能力,设立资产运营部,资产管理职能调整划入,增加工程物资集中采购管理、企业产业重组、新产业开发、房地产开发前期管理、物业管理以及办公用品与员工劳防用品的集中采购与发放管理职能。至 2004 年末，公司固定资产净资产 3.04 亿元。由于宝钢发展建设的需要，宝钢发展区生产基地拆迁。

2005 年，公司筹建罗店钢结构加工基地。项目分为三期建设，总占地面积约 380 亩，项目总投资 5 亿多元。项目从 2006 年开工建设，2006 年投入试运营，三期项目于 2009 年交付使用。罗店钢结构加工基地最终形成年产量 10 万吨的钢结构加工基地项目。

2006 年，依托南京分公司的建设发展，公司筹建南京钢结构加工基地。总占地面积约 36 余亩，项目总投资近 2 亿元。基地于 2007 年投入生产运营，并逐步形成年产 5 000 吨的轻型钢结构加工基地。

2007 年，撤销资产运营部，固定资产管理职能调整划入企业发展管理部；设立采购中心，固定资产实行统购，固定资产实施采、管分离。

2015 年，投资建设郑州钢结构基地。

## 二、固定资产变化情况

1987 年，宝冶拥有施工设备 4 233 台、固定资产总原值 11 498 万元、固定资产总净值 7 264 万元、固定资产总功率 100 393 千瓦、全员技术装备率 6 428 元/人、全员动力装备率 6.4 千瓦/人，机械系统职工 3 057 人。

2001 年 12 月底，宝冶拥有施工生产设备 6 200 余台，全员技术装备率 24.9 万元/人，工人技术装备率 40.7 万元/人，全员动力装备率 21.9 千瓦/人，工人技术装备率 35.7 千瓦/人。

2007 年，公司新增设备资产 4 069.89 万元。投资的大型设备主要有：三辊卷板机、抛丸机、25 吨汽车吊、平地机、压路机等。

2008 年，公司新增设备资产 8 711. 万元。投资的大型设备主要有：打桩机、旋挖钻、履带吊、龙门吊、抛丸机、数控三位钻、推土机等。

2009 年，公司新增设备资产 2 900 万元。投资的大型设备主要有：旋挖钻、钢构的龙门吊、抛丸机、工安的切管机等。

2010 年，公司新增设备资产 6 990.34 万元。投资的大型设备主要有 650 吨履带吊、切管机等。

2011 年，公司新增设备资产 9 133.83 万元。投资的大型设备主要有盾构机、塔机及升降机等。

2012 年开始，公司执行谨慎的投资管理模式，投资要突出主业，要适应企业的发展规模，要符合企业的资产结构，关注提高企业的资产运营和获利能力。2012 年至 2017 年期间，每年新增设备资产均未超过 2 000 万元，主要立足项目开办类资产。

2018 年，公司新增设备资产 4 197.63 万元。至 2018 年底，公司固定资产共计 21 142 台套，原值 14.62 亿元。

## 三、固定资产管理模式的演变

**【三级管理模式阶段】**

机械处代表宝冶对所有价格超过 2 000 元的施工设备和非施工设备的固定资产实行全面管理，主要职责是进行资产计划、购置、运行、维护、保养、修理、统计台账、报废等全过程管理。

机械处下设三个科室：

设备科主要负责资产管理，编制施工机械设备购置计划、购置施工机械设备、统计和建立设备资产台账、规定设备折旧年限、办理设备内部调拨以及报废业务。

技术科主要负责运行管理，编制施工设备操作规程和保养修理制度、编制施工机械设备大修项修计划、提取和管理大(项)修基金、组织机械设备检查评比和节油奖励、制定设备操作证和用油管理制度、建立并管理设备运行维护档案、处理和统计机械事故。

备件科主要负责，重要设备备件的采购供应以及库存管理、编制进口备件计划，并设立备件中心仓库。

宝冶实行三级设备管理，宝冶设机械处，各工程公司及施工设备较多的处室设机械科，专业施工队(厂)、修理厂设机械组或配机械员，机械处代表宝冶对施工设备实行全面管理，从上而下形成了设备管理网。

## 【二级管理模式阶段】

1. 组织管理体系

1994 年，成立物资公司，代宝冶行使物资设备管理职能。

1998 年，考虑平行管理的效率问题，将原物资公司机械、材料管理职能划归宝冶机关，成立机械材料处。此时各二级单位基本形成本单位的机械设备管理体系。2000 年，公司成立资产管理处，将固定资产业务进一步整合，加强资产的价值形态与实物形态统一管理，设备运行管理有意识授权二级单位管控。

2. 主要管控方式

主体固定资产核算模式为总部核算方式：固定资产投资核算在总部，折旧核算在二级单位；子公司固定资产核算模式为分部核算方式：投资、折旧均在子公司。

管理活动中注重过程管理，根据管理活动的性质和过程先后出台：《机械设备资产管理规定》《机械设备运行管理规定》《固定资产处置管理规定》《机械设备采购管理规定》《机械设备大(项)修结算管理规定》《总部机关办公设备固定资产管理规定》《公司内部房产管理规定》《机械设备管理实务》等文件。

设备采购由部门组织设备招标比价采购，二级单位配合。设备运行管理由部门主导，二级单位实施。大项修由二级单位上报计划，部门审批、监督实施，审核结算。资产设备处置由部门审核，公司领导审批。

设备检修实行集中管理，主要设备大项修进行专项管理，实行专款专用。在机动、特种两个二级公司设置以承担宝冶指令性修理计划为主的专业修理厂。其余各二级公司和主要处室都设有设备保养基地。

## 【探索快速响应项目需求的管理阶段】

2007 年，为适应直管项目部的管控模式，在管控活动中突出“资产管理”“投资管理”的概念，重价值管理，运行管理则逐步放权二级单位。主要特点：管理活动立足服务项目，实行采、管分离，固定资产采购由采购中心负责实施。对于项目开办资产实行统购统配，实现项目需求在两周内配送到位，区域覆盖到地级市。为便于操作，将《机械设备资产管理规定》《机械设备运行管理规定》《固定资产处置管理规定》等文件整合修订为《固定资产管理规定》，文件突出对固定资产的全生命周期进行管控。

2011年以后，进一步加强资产的价值管理，简化流程。2012年，大型设备的大(项)修授权二级单位管控。2015年，强调运输设备的管理、租赁管理、资产评估管理等内容。

**【实施集团化管控下的授权管理阶段】**

2018年，推进集团化管控工作，固定资产系统进一步加大授权管理，将资产运行管理授权各二级单位策划、组织、实施，同时下放子公司新增NC资产卡片的权限，将投资管理、处置管理和中冶要求并轨。

### 四、资产管理信息系统的应用

1994年起，依靠BASIC、FOX语言编制的软件自主开发资产管理信息系统，用于资产台账数据存储、统计管理。无法实现数据交换，与财务接口通过导出Excel表格进行每月的净值替换。

2001年，编制可以用网络传输的程序，每次一家一家传输，盘点报表以"软盘+书面台账"形式上报，设备的当月价值情况能及时反应，提高管理工作效率。

2004年，引入上海市联合电子信息应用公司开发制作的《设备资产管理系统3.0》，机械设备管理基本实现无纸化办公；提供了可视化的所见即所得的即时浏览方式；实现网络数据传递，取代传统的人工传递报表，提高了工作效率，并可远程登录服务器查询相关资料，但该系统未实现与财务系统的业务对接。

2009年，跟随财务NC系统上线，固定资产管理纳入NC5.5系统，基本实现资产设备的价值管理、台账管理、运行管理的权限上运行；基本实现资产管理系统和财务系统线上业务对接。2016年，根据业财一体化的需要，NC5.5系统全线升级为NC6.3系统。

## 第十节　资质与商标管理

宝冶目前拥有设计、施工、电力设施施工许可证、特种设备安装改造维修制作等许可证、房地产开发资质、钢结构制造资质、建筑金属屋面钢结构设计施工一体化资质、军工涉密等资质。

### 一、资质与商标管理主要发展变化情况

**【资质与商标管理职责变化】**

1987年3月15日，企业管理办公室负责企业上等级工作。

1992年9月，综合计划部负责企业资质综合管理。

1998年5月，设立经营部负责企业资质证照管理。

2000年11月，经营计划部负责企业资质、证照申办及管理。

2003年2月，改制后公司企业管理部负责企业资质、工商营业执照申办及管理，企业标识、商标的归口管理。

2004年5月，企业管理部资质管理、商标管理职责调整至行政事务部。

2008年2月，办公室资质管理职责一分为三：办公室负责企业资质、工商营业执照日常使用管

理;企业发展管理部负责工商营业执照申办、年检的组织工作,分(子)公司(含区域性公司)设立、变更、注销等工商注册登记手续办理;产业发展管理部的产业开发管理处负责企业资质、许可证等申办、年检的组织工作。

2009年3月,撤销产业发展管理部,将原产业发展管理部的职责划入企业发展管理部。

2010年5月,办公室资质证照使用管理和商标管理职责调整至企业发展管理部。

**【资质与商标发展情况】**

1988年,经建设部批准,宝冶成为国家二级施工企业。

1992年6月,宝冶申请“ ”商标用于钢管。

1993年,经建设部批准,宝冶成为工程总承包一级企业。

1996年,经建设部批准,宝冶成为工程施工总承包一级企业。

2002年6月28日,在建设部开展的建筑业企业资质重新就位工作中,公司获得施工总承包特级(冶炼工程)资质,同时还获得市政公用工程、机电安装、房屋建筑工程共3个施工总承包一级,以及钢结构工程、机场场道工程、地基与基础工程、炉窑工程、防腐保温工程、无损检测工程6个专业承包一级资质。

2003年,申请以“宝冶”及“宝冶建设”为logo的商标,共计14大类。

2003年11月,获得对外承包工程资格证书,因资质管理要求变化,于2017年3月取消。

2006年8月,获得房屋建筑工程施工总承包特级资质,同年12月,取得中国钢结构制造企业资质证书(特级)。

2006年10月,取得爆破与拆除工程专业承包三级资质。2015年1月,住建部发布新版资质标准,取消爆破与拆除工程资质类别。

2010年3月,获得房地产开发企业资质。

2012年3月,获得住建部颁发的“房屋建筑工程”和“冶炼工程”施工总承包双特(一)级资质,成为国内为数不多的拥有两项住建部最新核定的建筑施工企业最高资质——特级资质的施工企业。

2012年4月,获得建筑智能化工程设计与施工资质;因资质管理要求发生变化,2016年4月取消。

2018年2月,获得“军工涉密业务咨询服务安全保密条件备案”证书。

## 二、开展企业上等级工作

1986年,国务院颁发《关于加强企业管理若干问题的决定》,同时,冶金部提出抓管理、上等级,全面提高企业素质的要求。公司在全体职工中进行宣传发动,使职工明确企业升级首先思想要升级,要以改革总揽全局的思想,引进竞争机制和改善经营机制的思想搞升级,正确处理升级与改革、升级与生产、升级与管理的关系,千方百计激发职工自我要求升级的意识,使职工在企业升级工作上树立起高度的紧迫感、责任感。

根据国务院和冶金部文件精神,公司制定出1987—1992年五年企业升级规划,提出“跨二上一攀特级”五年登三个台阶的总目标。各工程公司和处室系统、工程队和科室相应制定了升级规划,形成“三级”规划网。同时将升级的软、硬指标分解细化,纵向到底,横向到边,并建立一级保一级、层层保升级的组织保证体系,使升级工作有领导、有计划、有步骤地全面开展。公司和工程公司分别成立升级 TQC 领导委员会和评优委员会，工程队（厂）、车间成立升级 TQC 领导小组，两级公司企管办具体负责升级的日常工作。1988 年，经冶金工业部批准，宝冶成为国家二级施工企业。1993 年，经建设部批准，宝冶成为工程总承包一级企业。1996 年，宝冶成为工程施工总承包一级企业。

### 三、开展资质重新就位工作

在 1984 年资质管理的基础上，建设部分别于 1989 年、1995 年和 2001 年对建筑业企业资质等级和管理规定进行了三次调整，资质管理的深度逐步提高。2001 年修订的《建筑业企业资质等级标准》和《建筑业企业资质管理规定》，将建筑业企业资质划分为施工总承包、专业承包和劳务分包三大序列，施工总承包企业划分了 12 个专业类别，专业承包企业划分为 60 个资质类别，并且一个法人不允许申请超过 5 个专业承包资质。对建筑业企业的建设业绩、人员素质、管理水平、资产和承保能力等要求与以前相比有了很大提高，增加了对专业技术人员执业资格的考核，提高了个人执业资格管理的地位，并实行资质年检制度。2002 年 6 月 28 日，宝冶获得冶炼工程施工总承包特级资质、房屋建筑工程等四项施工总承包一级资质以及地基与基础等四项专业承包资质。

### 四、实施新一轮资质提升

我国加入世贸组织以后，2007 年建设部出台新的《建筑业企业资质管理规定》，减少审批环节、取消对企业资质的年检。2007 年 3 月，发布《施工总承包企业特级资质标准》，改变原来单一的财务指标，增加银行授信额度和营业税指标，完善对资信能力的考核，提高了对专业技术人员的执业资格和对设计能力的要求，提出了对科技进步和自主创新能力的要求，调整了企业承包范围，在一定程度上打破行业壁垒，同时设定了单项合同额下限。2012 年 3 月，公司获得住建部颁发的“房屋建筑工程”和“冶炼工程”施工总承包双特（一）级资质，成为国内为数不多的拥有两项住建部最新核定的建筑施工企业最高资质——特级资质的施工企业。

## 第十一节　协 会 管 理

协会管理作为企业对外宣传的另一个窗口，一方面可以在行业内宣传企业，另一方面可以了解前端技术及管理理念，拓展思路，提高自身的专业水平及管理能力，充分发挥协会的桥梁、纽带作用。协会主要工作内容：颁发资质证书并组织年检；组织评选企业奖项或者个人奖项；组织从业人员进行培训取证；组织行业内学术交流及观摩同时赠送资料或杂志。许多重大奖项均由协会评选，如鲁班奖、国家优质工程奖、钢结构金奖、上海市白玉兰奖、上海市安装工程申安杯、上海市市政工程金奖、詹天佑奖、创新成果奖、百强企业等。

公司总计参加 141 家协会，其中 8 个职能部门参加 34 个协会，2 个设计院参加 26 个协会，2 个工业总承包公司参加 9 个协会，7 个建筑总承包公司参加 35 个协会，8 个专业公司参加 37 个协会。

协会一共有四个类别，分别为一般会员单位、理事单位、副会长单位和会长单位。协会副会长单位 10 个，其中公司领导任职 7 个；协会的理事单位 42 个，其中公司领导任职 6 家；其余均为一般会员单位。公司领导任职的协会主要由工程管理部、企业发展和信息化部和安全生产监督管理部主管。

# 第二章　市场营销

宝冶的市场营销大致经历三个阶段。在宝钢建设时期（1978—1997 年），核心任务是建设宝钢、服务宝钢，市场营销以宝钢工程为主。在转型发展时期（1998—2014 年），发挥冶金行业的品牌优势，抢占全国大型冶金项目市场，同时以厦门会展中心一期工程为标志，在现代大型公用建筑领域取得重大突破，形成冶建领域、民建领域、海外区域齐头并进的营销格局。在集团发展时期（2015—2018 年），通过成熟的区域化布局、营销大平台搭建、投融建运维造项目等手段，打通 EPC 全产业链工程承包全流程服务，市场营销取得战略性突破。

## 第一节　机构沿革

1978 年下半年，计划处随十九冶分指挥部从武钢“一米七”热轧工程转战上海宝钢，次年 1 月，更名为上海宝钢工程指挥部十九冶分指挥部计划处。主要负责指挥部相关施工任务分工、测算等事务。

1985 年 12 月 24 日，分公司成立综合经营办公室。负责归口分公司在对外经营、技术服务、生活服务、第三产业等方面的综合管理业务。

1989 年 12 月 23 日，计划处更名为经营计划部，经营办公室归并经营计划部。

1992 年 4 月 10 日，成立综合计划部，撤销经营计划部，其业务和人员划归综合计划部。部门主要负责工程施工任务专业分工、宝冶的能力测算和施工生产中长期经营计划的编制、统一管理内外部价格、经济活动分析和企业资质综合管理。

1998 年 5 月 25 日，新设立经营部，归口负责施工（包括加工生产）对外经营业务的管理，主要职责是：组织投标承揽任务，对中标项目进行合同价格管理，对内搞切块包干，并按内部合同进行管理，负责各项目部预付款到位和工程款结算。下设三个经营处：经营一处负责宝钢基建和技改技措项目；经营二处负责宝钢（含海外国际工程承包）以外项目；经营三处负责加工生产项目；另设综合管理处管理预算定额、内部价格和年度结算汇总，管理企业资质证照、建网布点、收集汇总市场信息和工程承包合同综合管理等。

2000 年 4 月 26 日，根据宝冶市场开发的需要，为加强经营队伍建设，在经营部内部设立经营一部、经营二部、经营三部、经营四部、经营五部、经营六部（国外工程部）、商务部、技术部等机构。原经营部下设机构撤销。同时，为理顺对外市场开拓与经营管理工作关系，将经营部综合处更名为经营管理处，并作为公司职能管理处室。同年 10 月 27 日，为突出市场营销的中心地位，成立市场营销部。通过人力的优化配置，物的集中使用，激励机制的健全，强化营销力度，激发营销人员积极性，使之成为企业经济效益的策源地。主要职责是国内外综合性工程项目的信息收集、跟踪，组织投标、标书、合同评审，中标项目合同谈判、签订，中标项目经济评价书的提供，对工程公司的营销业务指导、管理。

2003 年 2 月 27 日，设立工程总承包部，加强市场营销职能，鼓励产销一体化，沿革营销责任制。此时，主要职责为工程项目信息收集、跟踪，组织国内外综合性工程项目的投标、标书、合同评审，中标项目合同谈判、签订，境外中标工程项目的综合管理，投标项目的总结及分析，经营系统管理（含分公司、项目部），组织宝冶项目经理进行项目投标、承接。下设市场处、技术处、商务处、海外部。次年5月9日，工程总承包部加强市场营销及外资项目的管理职能，加强对专业分公司、区域分公司、项目部市场开拓及日常营销的协调管理，增加直管项目管理模式初拟和直管项目盈利预提职能；将海外部更名为外资处，强化外资项目尤其是境外市场的开拓；技术处更名为设计处，增加工程项目设计、方案策划职能。此时，部门职责为工程项目信息收集、跟踪，组织国内外综合性工程项目的投标、标书、合同评审，中标项目合同谈判、签订，投标项目的总结及分析，直管项目管理模式初拟，直管项目盈利初提，专业分公司、区域分公司、项目部营销业务管理。下设市场处、商务处、设计处、外资处。

2007年3月3日，工程总承包部外资处与宝钢外事办合并为海外部。工程总承包部下设技术处、商务处，市场一处、市场二处、市场三处，部门职责包括：商务标、技术标支持与服务，市场营销，项目投标与合同签订，营销业务管理，营销体系建设。

2009年3月9日，工程总承包部增设市区经营中心，负责上海市场开拓，协助海外部开拓海外市场，配合做好保障性住房、城际轨道交通市场开拓，并协助做好公司市区重大接待工作。次年5月5日，工程总承包部下增设海外部，海外市场开发、企业进出口代理管理职能调整到工程总承包部海外部。

2014年3月25日，工程总承包部的职责主要有商务标、技术标支持与服务；市场营销；项目投标与合同签订；营销业务管理；营销体系建设；海外事务管理。次年3月27日，根据市场经营拓展需要，工程总承包部更名为市场营销部。主要职责为营销管理体系建设和市场营销。

2016年3月24日，市场营销部调整为下设市场处、商务处、技术处。同时，商务处设立计量小组，主要职责为营销体系管理和市场营销管理。

2018年，市场营销部主要职能由营销向总体协调、服务、支撑、监督转变，总部区域营销人员充实到区域公司，形成区域总承包公司全面负责区域内市场营销的新格局。市场营销部下设市场处、管理处、商务处、技术处。市场处负责区域市场研究和挖掘、区域市场协调管理、组织投标、合同谈判签订等；管理处负责营销体系制度建设、市场体系监督管理、战略客户维护、信用分与不良记录管理等；商务处负责商务报价的编制、价格信息库建设、二级单位商务体系管理等；技术处负责技术标的编制、技术信息库建设、二级单位技术体系管理等。

## 第二节　市场营销变革与发展

宝冶的市场营销大致经历宝钢建设时期、转型发展时期和集团发展时期三个阶段，不同阶段有着不同的营销战略和理念，合同签约额自2007年突破百亿元后稳步增长，2010年突破200亿元，2016年突破500亿元，2017年突破600亿元，2018年突破750亿元，市场营销成果和品牌影响力大幅提升。

### 一、宝钢建设时期（1979—1997年）

1979年，分指挥部主要施工队伍从武汉动迁转移至上海参加宝钢会战。当时国民经济贯彻“八字”方针，整个冶金工业战线处于调整中，宝钢工程合同生效比原定时间推迟，分指挥部的施工任务很不饱满,特别是专业力量处于窝工状态。在这种情况下,分指挥部没有躺在国家下达的计划上过日子,而是积极适应调整,打破行业界限,找米下锅,寻接外包工程。1979年,整个分指挥部在上海地区主动找外包工程增加收入220万元,例如,特种工程处主动承接了16个单位的42个项目,增加收入133万元;机装、电装派出240人到上钢五厂和江苏南通等地承担检修与施工任务,增加收入40多万元;工安100余人承担杨树浦电厂维修任务,增加收入14万元;机动工程处改变只运不装卸的习惯,抽调70余人成立装卸队,增加货运量5.5万元;三公司木材加工厂承担了6个外单位的加工任务,加工圆木和制作门窗也增加了收入。

1981年,分指挥部在完成宝钢施工任务的同时,还承担了上海船厂集装箱分厂、上钢五厂、上钢一厂、自行车三厂、缝纫机二厂、上海第九印染厂等单位的施工任务,全年完成分包和外包任务1 091万元。1982年承包了35项853万元外包工程,1987年承担了石洞口电厂、北仑港等外包工程,外包产值7 324.9万元。至1990年,承接的外包任务中较大的有:上海地铁1号线徐家汇车站、宁波机场、杭州笕桥机场、杨树浦油库、绍兴钢厂、东莞宝成轧钢厂、上海合流污水治理彭越浦泵站、月浦水厂陈行水库等工程。

1997年,宝钢工程任务由计划分配走向投标竞争。宝冶结合宝钢市场实际及时调整经营策略,努力争夺宝钢市场份额,组织了宝钢1 550毫米冷轧、三号加热炉工程、宝钢马迹山中转码头等工程的投标议标工作,合计中标工作量达7亿多元。随着宝钢工程生产任务的逐渐减少,公司及时转变经营观念,调整经营战略,把加强经营、开拓市场,努力承揽外包生产任务作为工作重点之一。加大外包经营工作力度,加强对二级单位经营工作的综合协调管理,工程公司开拓外部市场的经营工作力度明显高于宝冶。1997年两级公司共参与外包工程投标163项,中标84项,中标率达52%,中标合同金额为10.52亿元,中标项目涉及冶金、市政、轻工、建材、能源、交通等各行业。

## 二、转型发展时期(1998—2014年)

### 【第一阶段】

1998年,宝冶签约厦门国际会展中心,拉开了宝冶率先实现从冶金领域到民建领域的转型。1999年是宝冶全面进入市场的一年,宝钢基建市场萎缩,外部建筑市场竞争激烈,面对严峻的经营形势,宝冶按照“自己日子自己过”“当年日子当年过”的经营思路,对经营目标实行分解,两级公司、经营部门各找一半,责任共担,同时对经营部门和经营人员实行各种形式的承包责任制,全年跟踪各类工程建设项目信息488项,与1998年相比项目信息跟踪量提高209%,合同签约额12.86亿元,比1998年增加71.5%。开拓了以高速公路、不锈钢工程为代表的施工新领域,进入以南京会展中心、海南千年塔为典型的具有较高技术含量的承包项目,在经营领域上走出上海,走出华东,开始进入中西部和北方、南方建筑市场,同时开拓海外市场迈出第一步,20世纪90年代末承建了马来西亚顺宝钢结构厂,泰国的公路项目和缅甸大巴纸浆厂项目。

2000年是宝冶从计划经济环境向市场经济环境进行全面转折的关键性一年。由于多种因素影响,经营形势曾一度出现困难,上半年签约额仅占全年指标的27%。为尽快摆脱困境,公司改变过去四面开花、八方出击,收效甚微的经营作法,确立了以大宝钢集团、上海市、苏浙为重点目标市场的经营发展战略。将经营工作主战场定位在上海,同时向江苏,浙江两翼辐射发展,先后中标浦东中芯工程、浦东国际机场、克虏伯不锈钢工程以及嘉兴污水处理厂、苏州体育馆、镇江金东纸业等一大批工程项目。

2001—2006年，宝冶大力实施“建立营销根据地”发展战略，在已有市场基础的地区设立北京、山西、南京、武汉、厦门等9个区域分公司，进一步巩固拓展区域市场。对区域分公司和一级项目部实行年度营销指标考核，推行客户经理（代表）制度，形成以项目带项目、基建带检修的扩展机制，逐步拓展了以鞍山本溪为基础的东北市场，以北京为基础的京津唐市场，以广州为基础的华南市场。

在营销项目上，一方面以宝钢“十五”规划项目为重点，发挥在冶金行业良好的品牌优势，抓住新一轮以提升产业集中度和调整产品结构为特点的大型冶金项目，在宝钢、武钢、太钢、安钢、湘钢、邯钢等传统重点钢厂工程建设中抢得订单，先后中标宝钢2号彩涂板、宽厚板热轧、连铸、二号高炉易地大修、1 880毫米热轧、浦钢搬迁，武钢二冷轧，太钢高炉，湘钢宽厚板等项目，以及涟钢热轧、高炉，南钢高炉，杭钢转炉，沙钢高炉，浦项张家港钢厂，首钢秦皇岛宽厚板，首钢顺义冷轧、舞阳宽厚板厂等大型冶金工业项目。另一方面积极拓展市政公用建筑等非冶金工业、民用项目，取得重大突破。首次进入石油化工领域，中标上海焦化有限公司工程和海南中石油、南京扬子石化等工程；进一步打入仓储物流领域，中标北翟物流配送中心、中海环球物流仓库工程、中外运国际机场仓库工程；凭借厦门、长沙国际会展中心、苏州体育场等良好的业绩及综合实力，中标南宁国际会展中心、宁波大剧院、台州体育中心、广州白云机场、哈尔滨国际会议体育中心等一大批市政标志性项目；实现超高层钢结构零的突破，并不断扩大以钢结构为主要特点的超高层和体育场馆的优势地位，承接上海陆家嘴42层黄金置地工程、上海金昌摩尔大厦钢结构工程、大连国贸钢结构安装工程、佛山世纪莲体育中心、国家体育场、五棵松体育馆、郑州机场等大型项目；实现钢结构加工出口领域重大突破，先后承接美国TXU电厂、美国CLEC0电厂、印度煤斗电厂等钢结构加工出口任务。

宝冶还积极进行经营提升，向价值链上游前行，在欧倍德项目上首次实践设计带动施工，施工依托设计的设计施工总承包方式，提高赢利能力。

2007—2009年，宝冶加快区域经营的步伐，稳步推进产销一体化的区域管理体制，对公司经营管理层实行“产销一体化，区域化”分工，强化工程建设的全过程履约和有效衔接，提高服务水平。充分借助于区域市场内强有力的合作伙伴，以公司化组织结构支持区域项目营销，实施区域内公司总部、区域公司有各自资源优势、专业技术优势的项目管理支持体系。以广州、厦门、南京、京津唐等为重点区域进行市场开发，经营布局进一步优化，在巩固上海、深圳、广州等一线城市市场份额的基础上将市场布局拓展到长沙、慈溪、扬州等国内二、三线城市。根据热点地区的市场开发、项目管理需要，相继注册成立华南分公司、青岛分公司和天津分公司等，并在市场营销中发挥积极作用。2007年南京分公司合同签约额达3.59亿元，华南分公司合同签约额为3.58亿元。原有的南京分公司、广州分公司经营实力进一步增强，为区域分公司发展起到了良好的示范和带动作用。2007年宝冶合同签约额突破百亿大关，达到112.36亿元，完成公司年度预算指标100亿元的112.36%。

继续保持在冶建行业中地位和技术领先优势，巩固冶建市场份额。先后中标梅钢1422冷轧、特殊钢分公司厚板、沧州1250热轧、武钢转炉薄板坯连铸炼轧、京唐1700冷轧、梅钢高炉易地大修、宝钢一号高炉大修、浦钢COREX炉二期等工程项目。同时把冶金技术服务作为渗透、服务各大钢厂，联系业主、获取项目信息的桥梁，打造宝冶检修协力品牌。建设了华东（上海）、华中（湘钢）、华北（太钢）3个产值规模超亿元的检修区域中心，宝钢、湘钢、宁钢、沙钢、太钢5个产值规模5 000万元以上的检修协力基地，涟钢、邯钢、首钢、日钢、武钢、八钢、上海焦化、川威、上海通用、新余钢厂、安钢11个产值规模上千万元的检修协力单元。充分发挥公司双特级资质的优势，以精、特、优，专业化赢得高端客户群体，承接国内外有影响力的大项目。中标了佛山海景蓝湾工程、杭州世茂工程、中冶赛迪大厦、北京澳特莱工程、厦门海峡交流中心·国际会议中心工程、南京国际会议中心、中山博览中心、淮安会展、德芯电子项目厂区等工程项目，中标五星级酒店总承包项目，全面进入民用高层和超高层领域。

成立海外部，逐步实现公司“走出去”战略。一方面依托中冶海外和中冶国际在海外开发上的经验及资源优势，积极配合集团组织的海外投标项目；另一方面，立足自身主动出击，先后中标美国伊利诺伊州电厂 35 000 吨钢结构、巴西保沃斯钢厂、德国威斯特法伦蒸汽锅炉、福斯特惠勒CLECO电厂等项目钢结构制作工程。2007 年，海外项目中标 26 项，签约近 10 亿元。全球三大锅炉制造商(ALSTOM、FW、B&W)齐聚宝冶钢构采购钢结构产品，全球最大的电力企业之一ALSTOM，美国最大的EPC企业BECHTEL、美国核电工程建设商SHAW(与东芝共同控股西屋公司)均有项目订单，宝冶钢构成为中国钢结构企业中电力钢结构出口领先的制造商。2008 年，海外项目签约额达到 15.67 亿元，签约迪拜跑马场屋顶钢结构制作安装工程，取得中东市场海外工程项目突破。

## 【第二阶段】

2010—2014 年，宝冶积极应对经济形势下行和宏观调控政策变化带来的影响，市场营销战略更加成熟有效，营销成果再次跃上新台阶，2010 年新签合同额突破 200 亿元大关。

1. 区域营销战略

2010 年，宝冶继续在全国优化经营布局，形成长三角、珠三角、海西经济区、环渤海、东北等施工版块，尤其是 2010 年 8 月组建沈阳分公司后，3 个月内连续中标辽宁苏泊尔卫浴产业园一期的施工总承包合同和山东泰安盐海神汤国际会议中心工程钢结构及屋面工程合同，累计中标额达 2.5 亿元，成功在东北市场占有一席之地。此后依托广州、沈阳、南京 3 个区域分公司前期形成的市场基础，紧盯江苏、东北、广东市场深度挖掘。2012 年，宝冶在江苏中标以南京纪委大楼、南京市河西儿童医院、昆山金融街为代表的民用工程；在辽宁中标以沈阳华府新天地、抚顺大酒店为代表的民用工程；在广东中标深圳中外运平湖物流中心、珠海市拱北观澳平台等项目。2014 年，贯彻《中冶关于核心目标市场区域划分的指导意见》进行区域发展战略布局，即：发展“上海—苏州—南京”为中心的长三角区域市场，夯实“广州—深圳—珠海”为中心的珠三角区域市场，拓展“沈阳—大连”为中心的东北区域市场，开发“郑州—西安—兰州”为轴线的中西部市场。在长三角区域累计中标达 50 亿元，在珠三角区域累计中标达 44 亿元，在东北区域累计中标达 15 亿元，在中西部区域累计中标逾 20 亿元，四大区域市场的中标额占宝冶年度总中标额的 52%，区域营销成果显著。

2. “大区域、大客户、大订单”战略

2010 年，宝冶与珠海华发公司签约总投资达 40 亿元的珠海十字门中央商务区项目，此后先后与厦门建发集团、珠海华发集团、保利地产等一批有实力的大型开发商建立上下游战略合作关系，并在厦门建发悦城中心、珠海横琴国际金融中心、保利江门市滨江体育中心等多个项目上展开合作，形成了较为稳定的订单来源。宝冶始终瞄准重点大项目、战略客户，紧盯“超高层、深基础、大跨度”为代表的高端项目，2013 年中标额超过 15 亿元的项目共有 3 个，占全年累计中标额的 36.4%，其中合同额 29.1 亿元的越南河静钢铁工程是东南亚地区最大的钢厂项目；累计合同额 29.2 亿元的宝钢广东湛江钢铁基地是宝钢“两角一边”战略的重大项目；合同额 16.92 亿元的深圳湾科技生态园是深圳市“十二五”期间重点项目。在成功承建世博项目之后，又中标上海迪士尼明日世界施工总承包工程。这些标志性重大项目的承揽，充分体现了公司营销战略的发展延伸和持续优化。2014 年宝冶入围华润置地、万科、深圳茂业、深圳宝能等国内一流开发商的合格供应商名录，并积极与世茂地产、金鹰集团、香港新长江等开发商进行接洽，为后续进一步合作打下了良好基础。

3. 立体营销战略

宝冶的营销工作坚持一盘棋的指导思想，发挥总部营销工作主力核心作用，加强总部营销的主动协调，分(子)公司营销积极配合，资源信息共享，上下沟通及时，对外形成统一合力，形成上下联动、内外联动的立体营销大格局，提高了市场营销工作的效率和效果，实现总部营销和分(子)公司营销双赢。如上海迪士尼、合景广场、普陀区真如地块等重大项目营销实现了总承包部与各二级单位资源共享与信息互通，效果显著。2013 年，二级单位合同签约额占宝冶年度总签约额 58%，发挥了重要作用，其中，工安分公司全年签约额 10.65 亿元，机装分公司全年签约额 10.2 亿元，立体营销战略优势逐渐显现出来。

4. "走出去""融进去"战略

2011 年，凭借 MCC 品牌在中东市场强大的号召力，宝冶海外经营团队经过不懈努力，中标工程总造价约 43 亿元的科威特大学城科学学院施工总承包项目，在海外工程领域取得历史性突破，开创了公司承建海外超大型公建项目的新篇章。与此同时，宝冶海外区域属地化营销也取得新进展，将海外营销从"走出去"升级为"融进去"，继首个菲律宾施工总承包项目——Gateway Tower 大厦之后顺利承接停车场项目，稳步开拓菲律宾项目规模和项目领域。2013 年，宝冶中标越南河静钢铁工程，这是与台塑集团继福欣项目之后合作的又一大型钢厂项目。

通过各项营销战略的落地实施，宝冶 2010—2014 年市场营销成果喜人。在冶建市场逆势前行，继续领跑冶金工程施工总承包高端市场。连续中标梅钢炼铁 5 号高炉、湖南湘钢 5 米宽厚板连铸二期工程、邯钢老区钢轧改造炼钢工程、安钢 3 号高炉、中天钢铁集团南区 120 吨转炉、安钢 1 550 毫米冷轧、鄂钢新 2 号和 3 号转炉、宝钢取向硅钢、山西中阳钢铁体系升级改造工程、宝钢湛江钢铁基地等大型冶金项目，在全国钢铁市场形成宝钢、首钢、鞍钢、湘钢等大钢经营版块。在公共和民建市场，承接了镇江体育会展中心、青岛温泉国际博览中心、三门峡市文化体育中心、葫芦岛市龙湾中央商务区文化中心、马鞍山体育中心体育馆、福建三明市体育中心钢结构及金属屋面工程、厦门国际会展三期主楼工程、马鞍山市会展中心工程、深圳第一创业大厦、中国医科大学沈北新校园主体工程、防城港市职业教育中心项目一期工程、成都双流国际机场航站楼 10 万平方米屋面系统工程、深圳前海梦工场、上海真如地块、深圳前海市政、郑州航空港市政道路、郑州大学第一附属医院、保利江门体育中心、深圳大学西丽校区等，以及广州白云国际机场二号航站楼、武汉光谷国际网球中心、郑州新郑国际机场二期扩建等为代表的一批社会影响力大、含金量高的高端钢结构项目，并首次承接了 20 多万平方米的宝鸡世纪荟萃广场综合体设计任务，形成了宝冶在公共和民用建筑领域丰富的产品序列。在高层建筑市场，连续承接珠海十字门商务区高达 300 米的标志塔楼、保定万博广场高达 250 米的主楼、高达 188 米的沈阳财富中心大厦、高达 150 米的柬埔寨 Gateway 商住楼总承包项目等超高层建筑。

## 三、集团发展时期(2015—2018 年)

进入 2015 年，宝冶深入践行中冶集团"主要领导带头抓市场、精兵强将奋力闯市场"的工作要求，在"大区域、大客户、大订单"营销理念的指引下，发挥集团总部、总承包公司、区域公司、专业公司在市场开拓上"形成合力"的突出优势，紧盯高端市场和热点区域，探索新型营销模式。一是强化战略客户合作，互利双赢共同发展。重点梳理并确定了战略客户名录，明确战略客户管理和维护机制,通过不断深化与战略客户的沟通与合作,建设精品工程,提供优质服务,用现场的表现与实绩,赢得了业主的信任与订单。2015年,来自重点战略客户的合同订单突破125亿元,占比达35%,同比提高9个百分点。尤其是实现了以深圳市工务署和金鹰集团为突出代表的战略客户项目落地,与深圳市工务署先后签约深圳市人民医院、香港中文大学、深圳莲塘口岸三个项目;还与金鹰集团正式签署了战略合作协议,项目遍布南京、连云港、宿迁等城市。公司还收获了招商地产、天马微电子、厦门国际会展、宝钢集团、天津忠旺等战略客户的一大批项目订单,拓展恒大集团、中兴通讯、银基集团、上实集团、肇庆市政府、濮阳市政府、珠江实业、荣丰地产、淮安市高新区等战略伙伴朋友圈,通过持续强化战略合作,促进双方互利双赢共同发展。二是重点拓展高端民建市场,"高大上"特征愈发明显。高端民建市场是宝冶市场营销的中流砥柱,有着举足轻重的地位。公司持续强化大型公建、城市综合体、超高层、大型市政、电子工业厂房、医院及文化旅游等领域的开发力度,全年民建订单同比2014年增长96%。其中10亿元以上项目3个,合同金额73.8亿元,占比20.5%;规模5亿元以上项目13个,合同金额136.82亿元,占比38%。所承接项目"高大上"特征愈发显著,其中有高度368米的亚洲最大在建单体建筑——南京金鹰广场、213米的长春国际金融中心等一批超高层、超大型、地标性、有影响力的项目。三是强化区域营销布局,形成多点布局新态势,跟紧"一带一路"建设、京津冀协同发展、长江经济带发展,依托业已形成的区域营销基础,将合肥、成都、厦门3个分公司提升为实体型区域公司,扩容区域公司网络,加快推动市场布局,覆盖东北、华东、华中、华南、西北、西南六大区域。区域公司总体合同订单涨势强劲,同比2014年增长154%,其中郑州分公司、南京分公司呈现翻倍增长的良好态势。从地域方面看,建立了覆盖东北、华东、华中、华南、西北、西南六大区域的营销网络,华东、华南、华中三大区域订单继续保持稳步增长,贡献额占公司新签合同总额的63%。

2016年,宝冶重点聚焦"五大城市群"等目标市场,持续围绕经济发展热点大区域,搭建政企战略合作大平台,深耕细作赢得市场大订单,向城市轨道交通、机场等市场前景更加广阔的市政基础设施领域转型发展。一是围绕"大区域、大客户、大订单"理念,从经营项目向经营大区域、经营城市转变,围绕城市基建和开发做文章,中标贵州新蒲综合管廊及标准厂房项目、黔东南州"十三五"农村公路项目。从经营小项目向经营5亿元以上的大项目转变,全年中标项目中规模50亿元以上项目2项,10亿—50亿元项目6项,5亿—10亿元项目9项。二是坚持走中高端路线,凸显规模效益。长春龙翔国际、扬州京华城、南京蜂巢酒店、南京龙之谷等项目建成后都将成为当地的新地标和城市新名片,为宝冶领跑高端民建领域增添光彩,扩大宝冶品牌影响力。三是坚持开发、维护优质战略客户,全年先后与徐州金鹰、大马钢铁、保定万博、武汉天马等13家战略客户开展合作,形成稳定客户群体。同时还精准目标、主动出击,寻找新的合作伙伴,成功开发了华昌集团、恒大集团、大生农业集团等优质战略客户,为进一步深化合作奠定了良好基础。四是积极探索新型业务模式,充分整合国内各大银行、基金、设计、运营等资源,相继中标南京浦口新市镇、宁国城北新区综合开发等PPP项目,促进了产融结合,开拓PPP市场新局面。五是依托于中冶集团与各地政府搭建的框架协议平台,引入社会资源和社会资本,做好政府项目的前期营销策划,先后与遵义市、贵阳市、铜仁市、许昌市、濮阳市、禹州市人民政府签订了战略框架协议,并促成了贵州新蒲综合管廊、标准厂房项目、贵阳龙洞堡机场等项目落地。六是立足中国五矿、中冶集团大平台,紧贴市场,深研国家产业政策,创新经营模式,中标浦东国际机场三期等3个机场场道项目和贵阳地铁项目,实现"上天入地"市场战略新布局。全年合同签约额跨越式增长到509亿元,增幅再次突破40%,提前四年完成公司"四五"规划单项指标,首次踏上500亿元台阶。

2017年，面对新常态、新形势，宝冶上下联动发力，盯高端、抓热点、搭平台、促合力，营销布局趋于完整，市场开拓再创佳绩，项目储备创造历史。一是形成“集团高层—职能部门—区域单位”的“三统一”营销布局，提升两级营销系统的强大合力。区域公司合同订单涨势强劲，同比增长72%，其中广州分公司、成都分公司呈现翻倍增长的良好态势，全年区域公司新签合同额占合同总额的36%。二是搭建多层次、跨领域的市场营销平台，全年共签订战略合作协议28份，其中政府平台签署了11份，郑州分公司通过积极搭建政府平台，从高端切入市场；上海地区通过政府平台的搭建解决了“灯下黑”的问题，先后中标宝山区公安交通管理服务中心、吴淞国际邮轮码头海上交通指挥中心等项目，并以宝冶建筑工程有限公司的独立资质中标顾村世界外国语学校项目，取得历史性突破。同时，公司还与扬州京华城、保集集团等17家大型知名企业成为战略合作伙伴建立长期稳定的合作关系。三是重点开拓全产业链项目，推动企业转型升级。随着宝冶与中冶东方的深度融合，宝冶实现了包括市场、产业、创新等在内的全产业链贯通的良好局面，抵御风险能力更强，市场平台更大，忠实客户更多。全年共中标EPC总承包项目144.6亿元，包括唐山体育中心、科威特医保医院、上饶桐子坞等一批有地方影响力的项目，实现宝冶EPC总承包项目历史性突破。各二级单位与中冶东方、建筑设计院合作承接EPC总承包合同额突破40亿元，整合当年就实现了协同营销的效果，公司全产业链营销格局初显。四是业务板块聚力突破，强化高端领跑优势。公司依靠“多专业、多学科”的综合能力和产业链竞争优势，中标2022年北京冬奥会核心场馆——国家雪车雪橇中心，赢得国内国际顶级盛会“大满贯”。电子厂房领域突飞猛进，全年合同额超过120亿元，份额位居全国第二。海外市场精准发力，新山体育场、马德望海螺水泥项目进一步巩固东南亚市场份额，科威特医保医院和机场项目取得中东区域新突破。全年累计中标额攀升到800亿元，新签合同额突破600亿元，每一个大项目都极具代表性和影响力。

2018年，在中冶集团战略新定位引领下，宝冶结合国家经济形势和投资发展导向，精准布局，定向施策，强力整合各类营销资源，围绕高端市场和热点区域，深耕细作持续搭建营销平台，积极探索创新业务模式，市场竞争能力持续增强。全年合同签约额751亿元，房建类项目561亿元(非钢品牌174亿元)，冶金工程110亿元，基础设施77亿元。

市场营销工作实现“三个转变”“三个提升”和“三个突破”。

1. 三个转变

一是实现总部营销职能的转变。由营销职能转变为协调、支撑、服务等集团化管控职能；二是实现区域公司职能的转变。区域公司担负起全面负责区域内市场营销的新使命；三是实现营销模式跨越式的转变。由传统营销模式向EPC、PPP等全产业链模式的转变。

2. 三个提升

一是大项目运作能力明显提升，全年10亿元以上大项目中标15个，中标额283亿元，同比增长7%；二是设计院带动EPC总承包项目能力显著提升，全年，由设计院带动的EPC项目达到总中标EPC项目的56%，同比增长28.4%；三是平台搭建能力、战略客户开拓维护能力、工作协同能力大幅提升。全年，大客户、战略客户共计贡献377亿元的营销额，同比增长30.7%；协同中标金额为126亿元，同比增长10%。

3. 三个突破

一是通过区域布局的优化完善，区域公司品牌影响力逐步建立，所在地市场份额不断增加。2018年广州分公司合同签约额一举突破100亿元，率先成为过百亿的区域公司；郑州分公司扎实搭建政府平台，成功进入城市基础设施升级、安置性保障住房等领域，签约合同额超过50亿元；北京分公司依托雪车雪橇等项目，树立企业品牌，深耕细作、苦练内功，全面提升大项目的运作能力，全年合同签约额达40.5亿元，同比增长60%，项目数量、品质双提升。二是通过EPC全产业链竞争优势打造高端精品工程，全年EPC项目签约额达174.6亿元，再创历史新高。公司相继中标了郑州中原新区改造工程EPC项目、中山大学—深圳建设工程EPC项目，签约额共计51.8亿元；同时，公司紧盯行业发展，充分发挥产业链设计优势、培育国际技术规则话语权、擦亮“国家队”品牌，冶金EPC市场份额有大幅突破，斩获了山东铁雄新沙、广西盛隆热轧、安阳钢铁等多个EPC项目。EPC项目的突破为公司奋力打造“一流的最具产业链竞争优势的全生命周期工程服务商”奠定了坚实的基础。三是通过聚焦三大非钢优势品牌，集中优势资源，非钢业务再发力、再突破。先后中标安阳市文体中心PPP项目、衢州市体育中心PPP项目、富阳区亚运射击射箭现代五项馆及银湖安置房PPP工程等多个大型场馆项目；越秀广州天河商旅、厦门英蓝等多项超高层项目；秉承“干好项目，带动市场”的理念，持续中标中芯宁波等电子厂房EPC项目。全年，公司大型场馆共签约23项，签约额83.4亿元；超高层共签约9项，签约金额48.9亿元；电子厂房共签约24项，签约金额41.7亿元；市场品牌影响力大幅提升。公司还全力打造主题公园品牌，继圆满完成上海迪士尼主题乐园后，公司再承揽世界级“明星”工程——北京环球影城主题公园项目，标志着公司已经成为高端主题公园建设的领跑者。

## 第三节　市场营销管理

### 一、体系管理

20世纪80年代，宝冶以对内市场为主，营销管理主要是针对施工任务专业分工、测算的管理，管理内容和模式较为简单。

1998年，随着营销向外拓展，宝冶的营销管理内容逐渐丰富和完善。对外承担起组织投标承揽任务和中标项目合同价格管理职责；对内搞切块包干，按内部合同进行管理。同时对营销建网布点、收集汇总市场信息进行综合管理。首次成立以工程项目营销为主要职能的办事处，首批成立6个办事处：厦门办事处、宁波办事处、杭州办事处、南京办事处、镇江办事处和南通办事处，为营销搭建公司内部体系平台和外部区域平台，深入挖掘市场。

2003年，宝冶组建了以工程总承包部为核心的营销架构。此后数年，逐步形成了集团总部、各区域公司、专业公司的三级营销管理体系。

2004年后，为使营销工作更市场化，管理措施频出。宝冶对区域分公司和一级项目部实行年度营销指标考核；推行客户经理(代表)制度，并在河南分公司试点，以实现项目良性滚动，以项目带动项目、检修的市场扩展。

2010年，随着公司信息化办公系统的搭建，营销管理审批流程也同步实现迁移，从线下的纸质流转方式向线上实时审批转变，极大地提高了营销管理效率和水平。

2013年，宝冶重点加强营销协调管理，提高了市场营销工作的效率和效果。尤其在上海迪士尼主题乐园项目和上海合景广场两个项目的营销运作中，通过改进集团和二级单位营销的信息沟通渠道管理，上下两级密切配合，优势互补，形成良好的联动局面，扩大了营销效果，提升了宝冶营销的整体水平。

2014年，市场方面加强了营销人员的激励管理，两级公司都出台了营销激励政策管理规定，加大对营销工作进行考核奖惩的力度，进一步深化市场营销激励机制，从而调动广大市场营销人员的积极性，鼓励全体营销人员以更高的工作热情投入到营销工作上来。公司先后建立和完善了《客户信用管理规定》《与顾客有关的过程管理程序》《投标报价决策管理规定》《营销激励管理规定》等，对中标、合同履约等规范管理。

2017 年，随着公司进入高速发展阶段，以及行业出现的投融资等新业态，为加强全面风险管理，公司对相关文件《市场营销部机构设置及职责分工细则》《工程承包项目投标评审管理规定》《投标协同管理原则》《承包合同评审管理规定》《PPP 项目营销管理规定》等先后进行修订。要求按照业务分工，结合行业与区域分片集约管理的原则，市场营销部内部既分工明确，又互通有无、资源共享，人力资源相互配合。同时进一步细化两级合同评审，市场营销部、各二级单位分别独立对其合同签约评审权限内的合同文件进行评审并对评审结果负责。特别是规范引导公司 PPP 模式下营销业务的健康发展，防范项目风险，促进管理提升，防止有关人员只管合同签订，不管合同履约风险。另外，修订《市场营销部营销费用管理实施细则》，遵循“市场压力传递”和“兼顾公平与效率”原则，提升经营管理水平，充分调动营销人员工作积极性。

2018 年，公司市场营销部逐渐退出区域市场，将其交由区域二级单位深耕开拓。适应集团化管控的需要，市场营销部职能更强调对业务和体系的管理，职能转变为协调、支撑、服务；从找活转向对市场环境、政策的研判分析，重大投标项目的组织策划和内部资源的调配整合上，区域公司担负起全面负责区域内市场营销的职责，二级单位担负市场跟踪、投标等职责。同时，由于五矿集团内部开展业务协同工作的需要，市场营销部增加“业务协同”管理职责；为加强企业信用管理的需要，市场营销部增加“信用分与不良记录”管理职责。同年，宝冶首次发布《区域市场备案与信用分维护管理规定》《投标报价决策管理规定》，旨在加强市场开拓管理，提升企业品牌影响力，规范公司在全国各省市自治区建筑业区域市场准入备案报备管理，控制市场投标风险，维护公司的合法权益，促进市场占有份额不断扩展。

## 二、技术管理

宝冶从 1998 年设立经营部，融入市场竞争，逐渐凸显技术进步在市场竞争中的重要性，营销工作的不断发展迫切需要技术的辅助，到 2003 年 2 月 27 日，经营计划处更名为工程总承包部，专门设立技术处，对技术投标文件进行严格把控。

冶金工程技术标一般由技术处牵头，按照专业划分交给各个分公司完成相应部分内容的编制，然后再由技术处进行汇总排版，交给专家组进行审核，提出修改意见，最后集中各专业分公司相关人员进行修改成稿。技术标通过层层把关，专家把控，编标水平不断提高，取得一项又一项标志性工程的中标。

大型工业项目和房建项目也以技术处牵头，按照招标文件的要求列出相应的技术标大纲，从直管项目部抽调部分技术人员参与技术标各模块的编制，然后汇总排版交给技术处专家组进行审核，最后再集中修改成稿，大大提升了公投项目的市场竞争力，中标了一批有影响力的工业项目和大型场馆项目。

市场的开拓离不开技术支撑，新技术的应用不断提高公司市场竞争力，专家组的严格把控不断提升技术标质量、技术管理水平。2010 年开始，公司加大技术含量高、社会影响力大的项目开拓，将技术管理工作向纵深和精细方向发展。技术处内部开展现场施工总平面布置大赛、危大专项方案编制竞赛、CAD 绘图及 BIM 建模竞赛等，全方面提高技术标编制水平。2016 年 12 月，举行公司首届“合创杯”技术标简报大赛，武汉恒隆广场超高层项目一举夺得桂冠；第二届和第三届的“合创杯”技术标简报大赛分别由厦门英蓝国际金融中心项目和北京环球影城主题公园项目获得冠军。通过各种竞赛，提高技术标编制专业水平，同时也提高给业主推介的能力。项目投标后，对竞争对手的优秀标书进行研究解读，对标找出差距，针对标书各组成部分成立分块攻关小组，提炼先进技术和管理方法，将公司近年的科技成果、发明及专利及时补充到标书中去。互帮互学编标软件，提高编标效率及质量。通过熟练应用 PKPM，3DMAX 等一系列软件，增强技术标编制的针对性和表现力，确保在同行业中的领先水平。为体现宝冶的整体水平，在 2017 年的第二届技术标简报大赛上发布了技术标编制标准化格式，目前在各分公司技术标编制过程中一直沿用。

在新的市场营销创新模式下，技术处按照“高、大、深、重、特”的领域划分，分工搜集相关类型的项目资料，建设技术信息库，为二级单位提供强大的服务与支撑，确保二级单位的技术标水平更上一个台阶，在行业领域中一直处于领先的位置。

## 三、商务管理

伴随着建筑行业市场化进程的不断深入，宝冶的项目获取从最初的计划分配逐渐转变为完全化的市场竞标。纵观宝冶发展历程，商务处作为宝冶市场营销的重要组成部分，商务管理工作大致经历了成长积累、发展创新、变革提升三个阶段，从侧重重大项目的商务报价不断转变为以系统建设和集团化管控为主。

2003 年之前，宝冶以服务宝钢工程建设为中心，项目构成以冶金为主，此阶段商务报价工作由总部经营计划处牵头，负责根据项目招标内容及要求组织和协调各二级单位及专业公司针对各自负责的专业内容进行报价及成本测算，报价形式主要以定额计价为主，计划处进行汇总并最终定价，过程中参与商务谈判。

2003—2015 年，工程总承包部下设商务处，负责公司投标商务报价及管理工作，同时协助海外市场开拓，负责海外项目报价及配合工作。随着市场竞争的日益激烈，公开招标及竞争性项目日渐增多，为保证整个公司报价一盘棋，此阶段重点项目投标基本由部门人员自行完成商务报价工作，仅安装及钢构专业由专业公司负责配合。报价形式包括定额计价及工程量清单综合单价包干。

2011 年，随着宝冶区域公司布点基本完成，市场营销体系建设进入新阶段，重点布局区域营销，为支持“专业公司做强、区域公司做大”，商务工作也发生了变化，除负责组织公司综合大型项目投标，更注重加强区域联动及支撑区域公司自身商务报价队伍和能力建设。同时为加强集团风险管控，于 2014 年 4 月出台《投标报价决策管理规定》，加强了投标报价决策管理。

2016 年以来，随着公司专业板块及区域布局不断调整完善，注重支撑服务区域公司及专业公司快速完善体系、做强做大；同时集团化管控要求实现管理业务下沉、管控职能上移的转变，商务处工作重心逐步过渡到牵头负责集团大型、标志性、高端项目、全部投融建项目的商务报价，同时重点加强作为系统管理的服务及业务支撑职能，强化投标风险管控职能。为管控投标风险，修订《投标报价决策管理规定》，在投标决策程序强化集体审价、集体决策，分级授权，分级决策。

## 四、资信管理

在初期很长一段时间，市场并没有明确的资信管理概念。在与业主交流过程中或是投标过程中需要相关资料时，从相关人员手中搜寻所需要的文件提交。在投标量不大的阶段，初步满足当时投标需要。

1998 年，经营部设立综合管理处，管理企业资质、证照和工程承包合同综合管理等。

2003 年后，随着公司投标量和实施项目数量的增长，之前的资信管理模式难以适应工作需要。市场设置专职人员对由工程总承包部签订的项目的中标通知书、合同等资料进行整理、归档，并对借用人员情况进行登记，实时跟踪文件的使用和归还状况。

2014 年，资信工作迈入新台阶，由营销牵头，联合工程管理部、质量技术部、安全生产监督管理部、企业文化部和技术中心，开发了宝冶档案管理系统业绩平台，将项目从中标至竣工结束的所有重大节点的过程扫描件整合到平台上，极大地提升了营销资信管理水平，同时也方便了其他业务系统对项目文件的查阅。

## 第四节　战略协议签订

战略客户是稳定订单的来源，是优质项目的源头。多年来，公司营销根据多层次、多因素综合分析考量，将客户进行分级管理，建立起优质战略客户的培养和战略项目的监管机制，在战略客户的培养上形成上下合力、多部门联动制度，并定期发布战略客户名单，对战略项目的实施纳入集团公司统一监管，集中优势资源经营有一定规模的项目，筛选紧盯有市场影响力的地标性项目或行业内有地位的项目。历年来，宝冶与政府平台及企业大客户签署战略协议 40 多份，战略客户提供的订单约占公司总订单的 50%，如珠海十字门项目、扬州京华城中城项目、贵阳市轨道交通 2 号线二期工程、贵阳龙洞堡国际机场三期扩建工程飞行区场道工程等一大批公司重点项目，均是战略客户订单。

**表 7-2-1　政府类战略协议表**

| 时　间 | 战 略 合 作 | 级　别 |
| --- | --- | --- |
| 2015 年 11 月 24 日 | 江苏省淮安高新技术产业开发区 | 地市级 |
| 2015 年 11 月 | 河南省濮阳市人民政府 | 地市级 |
| 2016 年 4 月 16 日 | 河北省黄骅市人民政府 | 地市级 |
| 2016 年 6 月 12 日 | 贵州省贵阳市人民政府 | 地市级 |
| 2016 年 9 月 29 日 | 河南省禹州市人民政府 | 地市级 |
| 2016 年 10 月 25 日 | 河南省许昌市人民政府 | 地市级 |
| 2017 年 1 月 13 日 | 河南省三门峡市人民政府 | 地市级 |
| 2017 年 6 月 5 日 | 湖北省黄冈市人民政府 | 地市级 |
| 2017 年 12 月 8 日 | 湖北省十堰市人民政府 | 地市级 |
| 2018 年 1 月 13 日 | 江西省九江市柴桑区人民政府 | 地市级 |
| 2018 年 2 月 8 日 | 河南省安阳市人民政府 | 地市级 |
| 2018 年 4 月 20 日 | 江苏省南京市玄武区人民政府 | 地市级 |
| 2018 年 5 月 11 日 | 上海市宝山区人民政府 | 地市级 |

（续表）

| 时　间 | 战 略 合 作 | 级 别 |
| --- | --- | --- |
| 2018年5月29日 | 湖北省黄冈高新技术产业开发区 | 地市级 |
| 2018年11月17日 | 山东省青岛轨道交通产业示范区 | 地市级 |

表7-2-2　企事业单位类战略协议表

| 时　间 | 战 略 合 作 | 签订对象 |
| --- | --- | --- |
| 2006年3月14日 | 中冶赛迪工程技术股份有限公司 | 企业 |
| 2012年12月17日 | 珠海华发集团有限公司 | 企业 |
| 2014年5月7日 | 西安建筑科技大学 | 事业单位 |
| 2015年1月6日 | 中兴通讯股份有限公司 | 企业 |
| 2015年5月 | 台湾中钢(集团)公司 | 企业 |
| 2015年10月12日 | 广州市番禺珠江实业集团有限公司 | 企业 |
| 2015年11月24日 | 金鹰国际集团 | 企业 |
| 2016年2月29日 | 湖南德成建设集团有限公司 | 企业 |
| 2016年3月18日 | 招商新能源集团有限公司 | 企业 |
| 2016年6月20日 | 深圳市大生农业集团有限公司 | 企业 |
| 2016年6月21日 | 中财城市管廊先导基金管理(深圳)有限公司 | 企业 |
| 2016年6月27日 | 上海华昌企业(集团)有限公司 | 企业 |
| 2016年8月11日 | ABB(中国)有限公司 | 企业 |
| 2016年8月16日 | 中国农业发展银行上海分行 | 企业 |
| 2016年8月16日 | 上海先达房地产发展有限公司 | 企业 |
| 2016年12月20日 | 梦东方文化娱乐集团有限公司 | 企业 |
| 2017年3月23日 | 信息产业电子第十一研究院科技工程股份有限公司 | 企业 |
| 2017年5月10日 | 广州市城发投资基金管理有限公司 | 企业 |
| 2017年7月7日 | 大连华锐重工集团股份有限公司 | 企业 |
| 2017年11月8日 | 扬州京华城中城生活置业有限公司 | 企业 |
| 2017年11月29日 | 保集控股集团有限公司 | 企业 |
| 2018年1月3日 | 上海交通大学建工项目中心 | 事业单位 |
| 2018年3月17日 | 珠海华发集团有限公司 | 企业 |
| 2018年4月26日 | 中国工商银行贵阳分行 | 企业 |
| 2018年5月30日 | 江苏永钢集团有限公司 | 企业 |
| 2018年7月9日 | 北京北控置业有限责任公司 | 企业 |
| 2018年10月15日 | 上海航天工业(集团)有限公司 | 企业 |

# 第三章　财 务 管 理

1978年始，计划管理体系实行“统一计划，分级管理”制度，财务实行财务处、工程公司（含二级独立核算单位）财务科、工程队（厂、车间）财务组三级管理体系。随着国家计划体制的改变，1988年，按照企业升级达标要求，实行目标责任制，强化了财务专业职能业务化。2001年，颁布《企业会计制度》，确定了基本建设单位会计核算办法（在建工程的处理），2006年出台新会计准则，公司财务系统进一步完善。2003年，开始推行二级公司、分公司、直管项目部的会计人员委派制，实行“统一核算、集中管理”的模式，对控股子公司采用“分级核算、相对集中管理”的财务管理模式。2018年，宝冶以财务共享中心建设为契机，围绕提升财务价值创造、强化集团化管控的目标，推动财务向战略支撑、管控分析、监督制衡、经营预测四大职能改变，打破原先管理模式和财务认知，构建“三横六纵”的财务管控体系，财务人员分为业务财务、共享财务、战略财务三个层级，推动财务核算与报告、成本管理、资金管理、税务管理、预算与绩效管理、经济运营管理的六大转型升级。

## 第一节　机 构 沿 革

1978年下半年，财务处随十九冶分指挥部从武钢“一米七”热轧工程转战上海宝钢，次年1月，更名为上海宝钢工程指挥部十九冶分指挥部财务处，下设会计科、资金科、成本科。

1981年6月，更名为第十九冶金建设公司上海分公司财务处，下设会计科、资金科、成本科。

1986年6月，公司落户上海，第十九冶金建设公司上海分公司更名为上海宝钢冶金建设公司，财务处相应更名为上海宝钢冶金建设公司财务处，下设资金科、成本科、会计科、综合科。

1994年1月30日，财务处与审计处合并，成立财务审计部，原财务处的机关财务管理职能划归机关工作部，其他职能不变。下设资金科、成本科、会计科、综合科、审计科。

1998年5月25日，原综合计划部改为计划处、财审部改为财务处，共同组成计财部，其主要职责是企业内部计划与财务资金管理。机关财务科收归财务处，财务处负责各项目部工程项目结算后工程款的到位，对公司投资计划进行资金能力审查和综合平衡，并编制资金平衡计划，筹集资金，设立资产管理科对全公司资产以货币形式进行管理，其他职能不变。财务处下设会计科、资金科、成本费用科、资产管理科、机关/项目财务科。

2000年10月27日，将原财务处、审计处合并成立财务审计处。除承担原财务处、审计处职能外。对直管项目部的财务人员实行委派制，其人员管理关系隶属财务审计处。下设财会科、资金科（清欠办）、成本管理科、经费科、审计室。此时，财务审计处的主要职责为会计业务、资金营运管理、权益管理、成本控制、期间费用、固定资产调拨账务处理、营业收入的确认、会计人员从业管理、总部财务工作、企业内部审计工作。

2003年2月27日，宝冶建立以工程造价为中心的二级财务管理体系，将预结算、成本管理、资金管理、清欠工作、法律诉讼职能合并，设立计财部，严格财务收支两条线。项目部预结算人员统筹委派、动态调整。同时，为突出会计集中核算，将机关及下属分公司、项目部的会计核算职能集中，单独设立会计核算中心；对分公司、子公司、项目部实行报表会计人员委派制。部门主要职责：会计业务,会计委派人员管理。企业统计,市场、项目经营状况分析,基础材料财务部分填报。

2006年7月,会计核算中心更名为财会中心。原预算部企业预算、资金管理等职能划至财会中心。此时,财会中心有会计系统建设、财务信息管理、资金管理、企业成本监控、总部会计核算五大职责。下设资金管理科、综合管理科、预算信息科、宝钢项目核算组。次年3月,将预结算中心"清欠"职能划至财会中心,增加为六大职责。同年10月,由于直管项目部的日益增多,财会中心内部机构进行调整。以宝钢项目核算组为基础,将所有直管项目的账套归并合一成立直管项目组,和新设的采购中心交由综合管理科统一管理。

2010年4月,由于直管项目营业额占比日趋扩大,财会中心内部机构进行再次调整。综合管理科拆分出项目管理科,主责担负直管项目部的日常财务管理和会计核算。同时,增加统计管理的职责,负责统计信息编制与分析。

2014年3月,财会中心更名为计财部,相关职责不变。下设资金管理科、税务管理科、预算信息科、项目管理科。次年3月,计财部部门职责规范为:财务体系建设、财务信息管理、财务资本运营、公司成本管理、全面预算管理、公司税务管理、公司清欠管理、公司统计管理。

2018年7月,计财部下设财务共享服务中心(FSSC),将大量重复的财务流程从企业个体中抽出,集中进行统一、标准、快速的处理服务。同年年底,计财部结合宝冶"集团管总、系统主建、二级单位主战"的集团化管控路径,以提升财务管控和促进财务转型作为战略目标,在组织职能架构上自我革新。改组后的计财部下设4个科室,分别为经济运行科、资产运营科、资金管理科、综合事务科。财务共享中心作为其副处级附属机构(费用单位);财务共享中心下设总账报表科、收入成本科、费用付款科、资金结算科、运营维护科5个科。全公司财务人员214人,研究生学历14人,高级会计师资格26人,中级会计师42人,人才结构进一步优化,形成了严密完整高素质的财务核算管理体系。

财务职能主要是:战略财务、业务财务、共享财务。

战略财务定位为决策和配置,强调前瞻性,采用统一、集约的模式,进行财务资源配置和绩效考核评价,发挥决策支撑的作用,实现战略管控增强,确保企业整体价值的最大化。

业务财务定位为协同和推动,强调管控性,采用嵌入、互动的模式,参与企业日常经营活动全过程,发挥业务伙伴的作用,实现增值业务下沉,寻求和提升业务活动创造的空间和效率。

共享财务定位为记录和控制,强调执行性,采用集中共享的模式,批量化处理同质化程度高、大量重复发生的工作,实现基础业务上收,并通过规模效应节约管理成本,防控经营风险,直接创造价值。

## 第二节　财务信息管理

财务信息化建设是集团财务系统重要的改革途径之一。加强财务信息化建设和应用,使用先进的网络和信息技术,整合资源,构建先进、高效、实用的信息基础是财务信息化发展的目标。宝冶由最初的单纯的会计电算化升级到数字信息技术平台,实现网络化的财务管理信息化,最初低水平的会计财务管理的功能,金融工具等内涵产生巨大的扩展。

1990年,根据(90)冶建字第298号文《关于印发〈冶金建设系统会计电算化工作的试行规定〉的通知》要求,宝冶内部推广会计电算化,逐渐完成一级核算部门采用计算机记账,总账、明细账取消手工记账;按照计算机处理要求填制记账凭证,填写科目名称及其代码;将正式启用的软件文本作为会计档案保存，维护计算机软件及硬件等工作。

1992—1999 年期间，财务系统主要以内部人员自行开发为主，逐步替换升级以 for 吨 une、dbase、foxbase 数据库为基础的会计核算软件，将单证数据逐一录入核算软件中，达到由计算机自动登记日记账、明细账、总账的功能，并可以初步完成一定数量的报表自动生成。

2000 年 3 月，宝冶选定用友 U8.0 财务软件为核算软件，在所有二级公司和项目部全面铺开。初期上线的模块包括总账、固定资产和财务报表。基于该软件，内部人员定向开发了报表自动取数和汇总报表功能，并于同年 12 月一次性通过由上海市财政局组织的会计电算化应用合格企业认定工作。2004 年，软件基于功能推广升级为 U8.21，部分单位开始接入应收和应付系统模块、合同管理模块。

2007 年，中冶集团要求组织实施使用用友 NC 财务软件。宝冶于 7 月完成 NC 系统设置与调试，8 月选派相关财务信息化操作人员集中培训，完成 NC 系统初始化数据录入以及一个月财务数据的追录工作，10 月接受 Nc 用友的巡检服务和运行支持，11 月完成可独立运行拥有 NC 财务软件的各项准备工作。同年发布《财务管理信息系统运行管理规定》。次年，由财会中心主导，采购中心配合，历时 6 个月在全公司范畴内普及应用了采购供应链系统，进一步有效推进集团信息化工作。

2017 年 6 月，宝冶正式启动财务共享中心建设项目。8 月，中兴云服务进行组织架构设计，同宝冶财务人员一道开启各个业务板块流程梳理。全面分析和整理现在业务状况情况，了解财务流程现存问题、原因，基于现状分析和需求分析。9 月，开始设计共享服务中心业务流程，组织职能、组织架构、职责范围设计，运营管理设计信息系统业务需求规划以及中长期财务发展规划。11 月，博信诚进场方案实施和系统开发测试，进一步梳理问题，完成流程再造、业务重组、表单设计，开始为期三个月的试点上线。

2018 年 1 月，新中大影像系统实施进场，将影像和进项税的管理相结合，实现税务风险自动预警。4 月，试点单位先行，创新推动发展，财务共享中心建设初见成效。9 月，宝冶内 20 多家单位实现正式上线，共享数字经济新机遇，助推财务管控新飞跃。11 月，宝冶财务共享中心获评“CGMA 全球管理会计 2018 年度中国大奖——最佳共享服务中心”。12 月，宝冶财务共享中心正式挂牌成立。

## 第三节 财务资金管理

资金管理工作由“统一计划，分级管理”的模式向资金使用的预算管理制度，内部两级资金使用审批制度，发挥内部银行作用的模式演变。到 2003 年公司改制，逐步梳理和建立资金管理的流程和制度，不断发现资金管理环节中的痛点，不断总结经验，目前已形成账户集中管理、集中审核资金业务、收支业务集中办理、实行银行授信融资总量控制、融资、担保业务集中办理等高度集中的资金管理。

### 一、资金预算管理方面

1978 年始，计划管理体系实行“统一计划，分级管理”制度，资金预算管理上是各二级单位进行各自的资金预算和资金统筹工作。

1998 年 3 月，宝冶提出强化资金的宏观调控力度，确保资金周转，提高使用效率并建立资金使用的预算管理制度,之后到2008年,其间一直在摸索和建立资金预算管理体系。

2008年,中冶授权中冶财务公司管理和运作资金,并运用信息化系统上报资金预算,中冶陆续使用拜特系统、久其报表,到2018年上线的智慧金服系统,不断完善改造。宝冶内部也不断完善资金预算管理的方式和内容,计划在2019年完成用友资金系统的全面上线,达到系统控制与刚性管理的作用。

## 二、资金集中管理方面

1978年12月,分指挥部下发关于试行《加强经济核算的规定》。内部各单位之间的经济往来由原来的挂账办法改为"内部支票"结算法,形成了最早的内部银行核算,资金周转率得到大幅提升。

2000年,宝冶在资金管理方面提出进一步规范和健全财务核算制度,紧扣现金流量的财务管理主线,集中运筹资金,把住资金流为主要内容的各个管理环节,控制现金流出量。并提出各单位在外地开设银行账户,必须经过财务处统一审核、批准后方可开立,充分发挥内部银行作为公司资金运作中心的职能。

2004年6月8日,成立资金结算中心,将其设置在会计中心,将内部银行有关业务归关到资金结算中心,主要职能为管理各单位资金、办理各单位之间的外来结算及统一办理对外筹资等。取消内部银行,资金结算中心的主要职能为核定各二级公司日常经营外的闲置资金;加强对各单位资金的监管,资金流监控:办理各单位之间的往来结算;调剂各单位的资金余缺,统一对外筹资等工作。

2005年,中冶建立资金中心结算系统,通过集团与银行搭建网银系统,集中结算,发挥集团资金规模优势。集团要求清理银行账户,做好银行账户的管理授权工作。中冶资金运用网络系统经过一年的运行调整,2006年7月1日起在全集团开始利用结算网络进行资金归集。宝冶二级单位向宝冶计财部资金结算中心归集资金,宝冶资金结算中心向中冶资金中心归集资金,到2008年中冶集团授权中冶集团财务公司管理和运作资金。

2008年以后,宝冶不断加强账户管理和资金集中管理,项目部不再开立账户,总部统一支付项目资金,财会中心为各分公司统一在总部设立收款专户,该账户为总部所有,并进行统一管理,仅供分公司使用;到2015年宝冶法人层面的全部付款都集中到宝冶总部资金结算中心集中支付,商业票据集中管理;再到2018年主要业务系统的上线,集中支付全面运用银企直连方式解决。

## 三、银行授信与金融产品方面

自1978年以来,宝冶陆续与中国建设银行、中国银行、中国工商银行、中国农业银行等十多家银行开展业务。截至2018年底,授信额度超过240亿元,合作银行16家银行。最早与宝冶建立授信关系的银行是中国建设银行,最早的业务为银行贷款业务。

随着外部市场的接轨,1999年在中国银行开具第一份履约保函和预付款保函,这也标志着宝冶走向市场化。1999年10月,宝冶出台《办理银行信用文件、工程保证金业务的管理规定》。

2014年11月,为贯彻清理"两金"占用,降低带息负债规模,控制债务风险,宝冶完成珠海十字门中央商务区会展商务组团一期BT项目应收账款资产收益权转让,转让于中国建设银行股份有限公司,总额40亿元,期限3年。该资产收益权是公司融资方式积极创新的重要里程碑,也让宝冶在集团的金融工具使用上走在前列。

2017年末，由宝冶作为原始权益人的宝冶集团应收账款资产支持专项计划正式发行成立，发行规模14.69亿元，发行期限3年。该计划是于上海证券交易所挂牌的公募资产证券化产品，同时也是中冶集团体系内首单资产证券化产品。它的发行利率为同期中央企业发行资产证券化项目中最优，在集团内部乃至国内同类企业中树立了标杆，在资本市场打响了宝冶的品牌。

### 四、内部资金风险管控

1998年3月，宝冶的《宝冶公司98年财务工作规划》在资金管理方面提出强化资金的宏观调控力度，建立宝冶内部两级资金使用审批制度；确定比较规范的流动资金核拨的办法；对流动资金实行三项管理制度；这标志着宝冶内部资金风险管理的架构已基本形成。

2000年，宝冶财务工作安排明确了宝冶作为投资中心、决策中心，将对外投资、设备采购，小型基建等资金使用审批权集中，防止资金支配权力分散，进行风险管控。

2003年，宝冶改制成立上海宝冶建设有限公司，建立起现代企业管理机制，重塑内部管控相关制度，在当年相继出台《资金管理制度》《银行账户管理规定》《内部银行管理规定》《商业承兑汇票结算使用管理规定》《内部临时借款管理规定》《银行信用文件和工程保证金管理规定》《宝钢十五规划项目资金管理补充规定》等资金方面的文件制度。

自2010年后，宝冶在调整主业结构过程中采取垫资的经验模式参与BT、保障性住房项目以及商品房开发。宝冶意识到带息负债快速攀升，为防范债务风险，相继出台资金管控文件和通知，加强资金支出管理流程、大额资金决策程序、保证金支付程序、担保事项的审批程序等，防范各类资金业务的合规风险、运营风险和操作风险。

2015年，按照集团分级授权的指导原则，按照资金业务金额和重要程度分为“一般情形、特别情形、重要情形、重大情形、特殊情形”五类情形进行业务梳理，强化内部控制。

2018年，宝冶计财部编撰资金管理手册，厘清内在管理程序的缺失，完善系统内在管理活动的清晰化、规范化、标准化。

## 第四节　成 本 管 理

### 一、费用管理

1984年以前按照《上海市国家机关、企业、事业单位工作人员差旅费开支的补充规定》和《上海市市内差旅费开支规定》以及《关于修改差旅费、会议费开支规定的通知》中规定控制费用支出。

1997年8月，宝冶下发《调整差旅费、调迁费、探亲费等几项费用补贴标准及报销规定》，同时下达1997年度压缩费用、降低成本指标的要求。2001年，实行以项目部为成本中心的项目管理模式，通过费用预算有效控制公司的统管经费和总部机关管理费的支出。

2002—2013年期间，每年根据国家财经纪律、财税管理要求、企业经营范围扩展，及时新增或调整费用项目内容和相应管理要求。

2014年12月，发布《员工办公和通勤交通费管理规定》，规范公司员工上下班通勤补贴及公共交通费的管理。

2018 年 3 月,为加强宝冶费用管理,明确费用的列支范围和开支标准,规范费用报销行为,合理控制费用支出,修订《费用报销管理规定》。11 月,为贯彻落实党的十八届三中全会以来的精神,合理确定并严格规范企业负责人及其他员工履职待遇、业务支出,修订《企业负责人履职待遇、业务支出管理规定》。

2018 年 7 月,财务共享中心费用付款科统一费用核算口径、业务规则及业务流程,实现线上审批,将费用预算项目、控制额度和审批权限植入系统,以人力系统职级等控制报销标准,以年度预算控制费用总额,逐步达到费用审核要求统一性、费用列支范围和标准合规性、费用附件要求的一致性,提升费用核算的规范化,优化企业内部控制。

## 二、成本管理

自 2004 年,根据财政部要求,在建筑施工企业全面推建造合同准则,一举改变了施工企业的成本管理和核算模式,同时也对项目成本管理提出更高要求。宝冶分两阶段进行落实,第一阶段为 2004 年至 2009 年,由财务部门牵头,旨在贯彻落实建造成本管理理念;第二阶段为 2009 年以来,由预结算部门牵头,旨在贯彻落实建造成本过程控制。经过十余年的努力,建立建造成本管理制度,形成建造成本报表体系,成本管理意识有所提高,成本管控能力有所增强。宝冶按照建造成本管理要求把成本预算、计划、核算、分析、考核全过程落实到位,把编报建造成本报表作为资金支付的需要。建造成本报表作为项目成本核算信息报告,承载了项目经营活动的数据信息,是展开项目成本分析之根本,是做好成本控制之手段,也是严格成本考核之基础。

1984 年 3 月,国务院发布关于《国营企业成本管理条例》,规定了企业成本开支范围、成本核算及成本管理责任制。同年 3 月,分公司制订《成本管理责任制(试行)》要求计划处于年前三个月提出全年施工(生产)计划资料;技术处于年前三个月提供全年技措节约计划资料;财务处根据施工计划和技措节约计划并结合管理费开支计划于年前一个月确定各单位成本降低指标。

2000 年,出台《直管项目部财务管理规定》进一步明确直管项目部回收资金一律划拨财务处,由财务处按项目部提出的付款计划拨付相关单位,确保资金流程合理有效运行,企业资金运营成本得到有效降低,大大减少成本费用的发生额度。

2002 年,在去年基础上进一步推行一级项目管理,加强对工程项目成本费用过程监督控制,严格控制预算指标,企业总承包部费用与 2001 年同比降低率达 9.5%。

2003 年,发布《成本管理制度》,对成本管理的原则、责任、目标成本、预算成本管理、工程成本的过程控制、结算、成本分析及考核进行约定,建立成本管控体系。同年还出台《一级项目财务管理规定》,更为明细地对项目成本管控进行约定。

2004 年,财政部颁布施工企业执行新会计准则《建造合同》,计财部组织二级单位财务人员按照新会计制度做好《建造合同》会计准则执行工作,收入、成本利润确定的方式发生重大变化,对项目预计收入、预计成本的估计提升到新的高度。

2005 年,发布《项目成本策划管理规定》,旨在提升项目部全面策划水平,争取项目效益最大化。使项目成本筹划工程贯穿项目执行全过程,使成本管理工作逐步实现制度化,统一化、系统化、标准化。

2008 年,为更好地规范和统一项目实施过程中财务管理和成本核算工作,建立标准的项目会计操作流程,加强项目实施过程中的内部控制,使项目部会计岗位能够更加贴近、服务于各项目部,发布了《项目管理手册》，用于财务人员按标准流程管控项目行为。

2009年，预结算中心为扭转项目经济运行管理粗放的状态，进一步强化降本增效的管理机制，明确项目成本管理的各岗位职责，如实及时反映工程项目的成本，规范、完善项目成本确认相关的各项原始记录，建立、健全各项成本列支的填报及审批制度，发布了《关于执行工程项目建造合同成本管理的通知》，提升了项目精细化管理的能力。

2015年6月，为规范成本管理工作，促进成本管理的科学化、规范化、制度化，明确各级职责，实现公司生产经营目标，修订《成本管理规定》。2016年7月，发布《工程项目成本管理规定》。2016年8月，发布《装备制造成本管理规定》。2018年12月，修订《工程项目周转材料管理规定》。

2018年7月，财务共享中心上线成立收入成本科，项目成本数据信息的采集点向预算前端延伸，实现从建造合同自动取数，进一步加强了成本的全流程管控，有效控制项目成本，提升管控力。

## 第五节　全面预算管理

宝冶在快速发展过程中，预算管理经历了一个由小到大，由分散到有序，由粗放到精细化管理的不断深入的过程。从最初的计划、协调生产，发展成为兼具控制、激励、评价等功能的一种综合贯彻企业战略方针的管理机制，从而处于企业内部控制的核心位置。宝冶的预算管理结合内部人力、物力、财力，依据当年企业战略目标，合理制定适应内外部市场的预算指标，提高企业管理效率，以实现企业价值的最大化。

1984—1997年，计划处于1985年建立起全面计划管理体制，综合考核公司各指标完成情况。1988年计划处设立专管职能部门，分工归口，平衡管理。以经营计划部作为经营管理中心，对四元产业进行汇总，实行统一协调平衡和综合统计考核。在全面计划管理基础上进一步推行方针目标管理，把公司全部生产经营活动纳入计划轨道，形成具有宝冶特色的计划管理体系。1992年，采用两年滚动计划形式，将计划管理与目标管理相结合，在计划管理中推行目标管理。同时要求各处室对各项目标进行分解落实，落实主责单位与相关单位。在确保年度计划目标全面实现的同时，总结推行滚动计划和目标管理的经验，不断完善和改进计划管理工作。

1998—2002年，预算工作从计划处交给计财部规划发展处进行综合编制，由计财部稳步推进各项工作，进行汇总、审查及编报，合理统筹安排支出，确保经费收支平衡。2001年进一步调整内部经济关系，执行“分灶吃饭，切块核算，费用包干，闭口管理”的原则，将二级单位应上缴的利润、费用合并为一体，实行按工资总额、资产占用、企业营业收入4∶3∶3的比例收取利费，分步实施，逐步到位。

2003—2014年，宝冶将子公司纳入预算体系，重点推行建立子公司效绩评价考核体系，自此形成系统的预算管理体制框架。2005年发布《企业发展预算管理规定》，为实施预算管理提供制度依据。2007年，首次制定并稳步推行企业全面预算，标志着预算管理逐步从粗放向精细化管理迈进。依据中冶主要经营计划指标，结合公司“二五”规划，制定企业全面预算。宝冶采用“自上而下，自下而上，上下结合，分级编制，统一汇总”的编制方式。由计财部制定并发布预算编制方针，由企业发展管理部门为预算考核部门，负责评定综合业绩，由股东大会、公司董事会负责批准公司预算方案。企业全面预算编制工作提升了精细化管理，促进降本增效，提高资金使用效率。2009年，以“三五”

发展战略规划目标为基础,全面预算重点突出公司的稳健经营和资金从紧政策、建造合同的有效推进和成本费用的管控。基于“费用流向透明化、费用分析精细化、费用下降全面化、费用控制责任化”的原则,系统评估各项费用的管理现状,分析费用上升的深层次原因,挖掘降低费用的潜力,将费用管理形成一项长效机制。2010年,发布《企业预算管理规定》,加强预算管理工作,建立健全内部约束机制,提高风险管理水平。

2015—2018年,发布《企业全面预算管理制度》,对原有制度进行修改,对制度应对的风险点,预算目标不合理的地方提出办法和措施。建立更健全的内部约束机制,并全面落实公司战略发展规划和年度经营目标。2017年,进一步落实预算指标的执行落地,与宝冶管理层深化预算的管理与控制措施,从财务条线角度强化预算的过程管理,通过全方位的预算管理提升宝冶系统和条线的管理能级。通过预算管理的改进,推动工程款回收。同时利用财务共享中心的建设推进业财一体化建设,加强并改进预算执行情况分析和经济运行质量分析。2018年,宝冶首次运用以平衡记分卡为预算管理的战略执行工具,编制年度预算指标。全年主要经营指标完成情况与集团下达的考核任务进度一致,同比实现了较高的增长,营业收入预期年度首次突破300亿元。年度两金指标保持受控状态,全年度经营活动现金流为正流入超出预算指标。

## 第六节　税 务 管 理

税收是国家进行宏观调控的重要工具,税收政策的变动影响着各类经济主体的行为。宝冶积极应对税改挑战,加强组织领导,持续推进税务统筹,取得了良好成效。税务管理工作归纳为六点:统筹与理念并驾,税改与宣贯齐驱,制度与税控同力,科技与标准协契,税企沟通、携手并进。

1983年6月,宝冶实行利改税,采取环比办法计算增长利润本年应纳税所得额比上年应纳税所得额的增加额,减征60%的调节税。

1984年1月,宝冶用自筹资金进行基本建设,按规定交纳建筑税。

1992年8月,宝冶试行“税利分流”,税后上缴利润的缴纳与企业所得税同步进行。

1995年4月,个人所得税由企业代扣代缴。

2006年11月,宝冶对分支机构的票、税、两卡进行清理。原先单独申报纳税的分支机构归并到总部,由总部机构统一进行纳税申报。

2008年12月,按照重组改制上市企业的有关税收优惠政策,宝冶在整体改制上市中发生的资产评估增值,不征收企业所得税。

2009年11月,发布并实施《税务管理规定》,明确税务管理岗位职责,规范各税种的申报缴纳以及发票管理、税收分析的流程,加强税务管理工作,强调诚信纳税。

2010年1月,对国家支持发展的重大技术装备和产品而进口的原材料,免征进口关税和进口环节增值税,取消相应整机和成套设备的进口免税政策。

2015年,合理应用税收优惠及减免政策。通过向税务局申请、备案等方式享受各类税收优惠政策,全年节税约872.13万元,免税约7 248.46万元,出口退税约3 419.82万元。加强并做好“营改增”前的清理准备工作,根据“营改增”要求,结合企业生产经营特点,以项目全流程为基础,配合中冶集团编制“营改增”实务操作手册。

2016年4月,宝冶成立以总经理挂帅任组长,总会计师为副组长的“营改增”工作小组。制定项目营业税清理表,梳理项目存量营业税的组成原因,清理存量税金。宝冶按时完成项目计税方式的备案工作，调整了计价规则，制定了营改增后新的核算要求，对 6 357 家供应商进行梳理，编制营改增应对手册。2016 年久其软件公司进行增值税管理系统的开发并已上线运行。上线分两批进行，第一批次应于 10 月 31 日前完成试点运行，第二批次其他各单位于 11 月 30 日前完成系统正式上线运行。全年宝冶通过申请、备案等享受税收优惠政策预计减免税金 10 646.34 万元，收到财政返还 3 400 万元。

2016 年 10 月，宝冶发布《增值税专用发票管理规定》，规范公司增值税专用发票使用等管理，避免因发票管理不当引发的税务风险。不断健全管理制度，严格防控涉税风险。

2017 年，获得高新技术企业资格，享受高企税率优惠，扩大税务统筹成果。2017 年，根据国家税务总局编写的《"走出去"税收指引》，合理规避境外项目税收风险，提高公司参与国际竞争的能力。全年重点项目实际节税金额约 290 万元，通过申请、备案等享受税收优惠政策预计减免税金约 5 807 万元，收到财政返还 4 200 万元。

2018 年，通过共享中心的建立，涉税处理标准化、统一化、规范化。例如值税发票链条式管理，影像系统扫除假票盲区，与久其增值税系统、报表系统相互协作，促进税务日常业务处理的标准化和规范化。2018 全年通过申请、备案等享受税收优惠政策预计减免税金约 19 983.87 万元，其中享受高企税收优惠减税 11 136.62 万元，收到财政返还 4 500 万元。

## 第七节　清 欠 管 理

清欠工作是一项长期的、涉及面广、事关经济全局的重要工作，只有做好清欠工作，减少资金沉淀，缓解资金压力，提高资金使用效率，才能更好地确保公司正常生产经营需要等方面发挥重要作用。

1998 年，针对公司货币资金下降加快的势头，两级公司成立应收账款清欠回收小组，明确了工程结算前催收款是经营部负责，工程结算后，清欠计财部负责。全年回收各类拖欠款资金 9 000 万元，实现占用资金减少，经营规模扩大，为生产经营提供可靠的资金保证。

2000 年，发布《应收工程款管理规定》财务管理制度，每个部门把责任落实到项目并进行统一协调，对清欠资金采取封闭支付，定人、定项、定时、定制，共通过清欠回收资金 5 288.28 万元，缓解宝冶的资金压力。同时，针对部分二级单位存在的资金紧张状况，通过组织清理核对项目部的往来账项、按需要增拨流动资金等办法，确保施工生产经营活动的正常进行。

2001 年，建立清欠工作月度例会制度，将清欠业绩作为清欠办公室的重要考核指标，将应收、应付账款的增减情况作为二级单位和项目部重要的经济责任考核指标，建立债权债务控制目标管理及考核制度，完善工程预结算、报量、资金回笼的管理办法。

2005 年，发布《应收账款及清欠管理规定》，清欠工作开始逐步系统化和理论化，初步构建了清欠有机管理的构想。各单位纷纷拟定发布详细定义了各类性质款项以及确认清收流程，还整理汇总了从投标阶段到竣工清欠中的风险点。

2012 年 9 月，发布《关于进一步加强已完已结项目工程款回收的通知》，明确拖欠款回收的管理责任与考核办法。清欠管理思路打破了传统财务管理的思维模式，着眼更宏观的风险控制层面，把风险管理任务从财务部门扩展出去，分散落实到其他主要部门，大大加强了风险的前端控制。

2014 年 3 月 13 日，成立清欠领导小组。制定了《清欠管理规定》《应收账款清欠回收和损失问责管理细则》《应收款项管理规定》，发布《关于直管已完已结项目落实回收责任的通知》，印发《清欠工作管理方案》。通过上下联动方式，2014 年共回收资金 214.05 亿元，超过营业收入总额，回收历史拖欠款 11.30 亿元。全年通过法律诉讼或和解协议回收欠款 7 687.41 万元；上下游联动清收欠款 3 881.54 万元；通过抵出商品房降低存货 2 528 万元，抵出闲置机械车辆 8 台，溢价 75 万元。

2015 年，面对宏观经济形势下行，政府融资平台偿债压力加大，业主资金链紧张成为影响“两金”清欠的强阻力外因。在对应收账款风险管理过程中，对项目应收款项进行风险识别，按项目应收款项的金额、形式拖欠时间将应收款项分为 A、B、C、D、E 五类，编制《应收款项监控情况表》，通过对项目应收款项风险进行及时识别和过程监控。

2016 年，为进一步加大对“两金”回收的力度，公司清欠办采取多项措施确保目标实现，首先确保重大项目的回款，如珠海十字门、慈溪北二环、扬州京华城等项目，与华宝信托等金融机构开展应收账款保理业务压降“两金”约 4 亿元；发挥法务铁腕清欠的手段，对于久拖未决的欠款或结算项目，果断采取诉讼、仲裁手段维护权益，积极回收欠款本金 27 551.03 万元，利息 280.40 万元；全年共抵出车辆 35 台，合计金额 9 259 037 元，其中溢价 7 935 766.5 元；房屋 9 套，合计金额 6 755 983.14 元。

2017 年，宝冶将“两金”指标纳入二级单位月度预算执行考核中，对经营情况不好、“两金”压力较大的二级单位实行特别监管，通过投标评审—过程监控—结算督促—尾款催收—法律诉讼的清欠网络管控方式，建立宝冶立体的“两金”压降体系网。2017 年共回收资金 258.01 亿元，超过营业收入总额，回收历史拖欠款 16.48 亿元。全年通过法律诉讼或和解协议回收欠款 5.04 万元；上下游联动清收欠款 11 148.85 万元。同时在传统压降“两金”措施的基础上，引入资产证券化这一创新融资模式，将表内 15.5 亿元应收账款通过转让予资产支持专项计划等特殊目的载体，并向合格投资者发行资产支持证券，为宝冶的存量应收账款建立稳定有效的转让渠道。经过中诚信评级机构评估，宝冶本次发行的 ABS 产品为 3A 级产品，有利于公司在资本市场树立良好形象。

2018 年，合并中冶包头院、整合钢构后，“两金”控制在 179.17 亿元左右，完成中冶集团下达“两金”指标。其中通过 ABS 及应收保理的方式压降两金超过 13 亿元。1—11 月二级公司、直管项目共回收存量拖欠款超过 9.9 亿元，提前回收应收款 12.51 亿元(包括长春龙翔、京华城 A6、越南合景、上海迪士尼乐园等项目)。计财部与法务密切配合通过诉讼回款 3.27 亿元。各直管项目、二级单位积极开展以物抵债工作，2018 年抵出车辆 3 台和房产 2 套，中冶东方根据项目情况通过三方抵债 4 278 万元，与中冶建研院、中冶置业、沈勘院协商债权债务互抵方式，并成功与中冶建研院、中冶沈勘抵消债权债务 1 954 万元。

## 第八节　统 计 管 理

宝冶的统计管理采用台账系统，将内部报表集中在中冶合同台账系统中。合同台账系统体现“一套表”原则，公司市场部、预算部、计财部、工管部通力合作，各司其职，与电商平台系统配合使用，共同完成填报。统计工作形成由分(子)公司基础信息卡片推送、相关职能部门专业审核、公司综合统计汇总的统计管理体系。依托共享平台，实现信息共享，以项目管理为基础，市场部将新签项目通过建立卡片在系统中立项，项目信息、执行情况源于合同预算部，项目核算收入、成本取自财务 NC 系统，项目的行业种类、板块划分、承揽方式从立项开始定位，其他管理单位统一使用，将相关信息呈现在一个平台，满足各方面的需求。

1978 年起，统计工作由各指挥部办公室负责。报送统计定报及年报工作，报表内容包括基本建设统计年报、自筹资金年报、冶金工业基本建设统计报表基层表、上海市建筑业统计年报，报送方式为纸质报表。

1981 年，根据国务院〔1979〕248 号文件《关于加强统计工作、充实统计机构的决定》，明确指挥部统计负责人为计划处处长、分指机关其他处的统计负责人为统计工作所在科的科长、工程公司及机动工程处的统计负责人为计划科科长。同时确定由各部门分工负责，综合统计部门统一报出的报送原则。

1986 年 5 月，统计工作推广运用计算机管理，实现了运用微机汇编五日报，用软盘和文字报表同时报送宝钢投资月报和实物量月报。

1986 年 10 月，宝冶出版《基本建设统计资料汇编（1978—1985 年）》。

1986 年 12 月，实现微机报送冶金部统计年报。

1988 年 7 月，出台《宝冶公司统计工作管理办法实施细则》。

1988 年 10 月，下发《关于定期报送多种经营情况统计报表的通知》，明确统计工作归口计划统计部门。统计工作管理层级设置：宝冶设置计划处统计科，各处室负责其相关业务统计工作、工程公司计划科配置专职统计员、工程队配置专职统计员，统计归口业务统计工作。

2003 年，统计业务调整到财会中心，下发《企业统计工作管理规定》，并于 2009 年进行修订。

2013 年，中冶集团启用统计报表久其系统，实现统计报表线上报送，统计工作由计财部负责。报送的报表分中冶统计报表、宝山区统计类报表、上海市统计类报表。

2015 年，修订《统计工作管理规定》。

2017 年 10 月，中冶合同台账系统正式上线，统计报表全线上报送，并实现统计报表通过录入的卡片自动取数功能，大大提升报表质量和工作效率。

2018 年，修订《统计工作管理规定》，明确台账系统的责任部门为预算部门。

## 第九节　管理会计工具应用

计财部坚决贯彻落实中冶集团财务管理工作中夯实财务基础，严控财务风险，深化服务经营，提升财务绩效，建设一流的财务管理体系的总体工作思路。以管理会计应用指引为导向，逐步在宝冶的财务管理工作中进行推广和改善。

### 一、战略管理

宝冶在制定“四五”规划中，运用了态势分析法，又名为 SWOT 分析，对公司内外部竞争环境和竞争条件进行了综合分析。根据分析结果，2018 年度公司制定出三年战略目标并绘制出战略地图：到 2020 年宝冶要力争实现“15121”奋斗目标，即 1 000 亿元新签合同额、500 亿元营业收入、10 亿元利润、人均收入 20 万元，奋力打造一流的最具产业链竞争优势的全生命周期工程服务商。

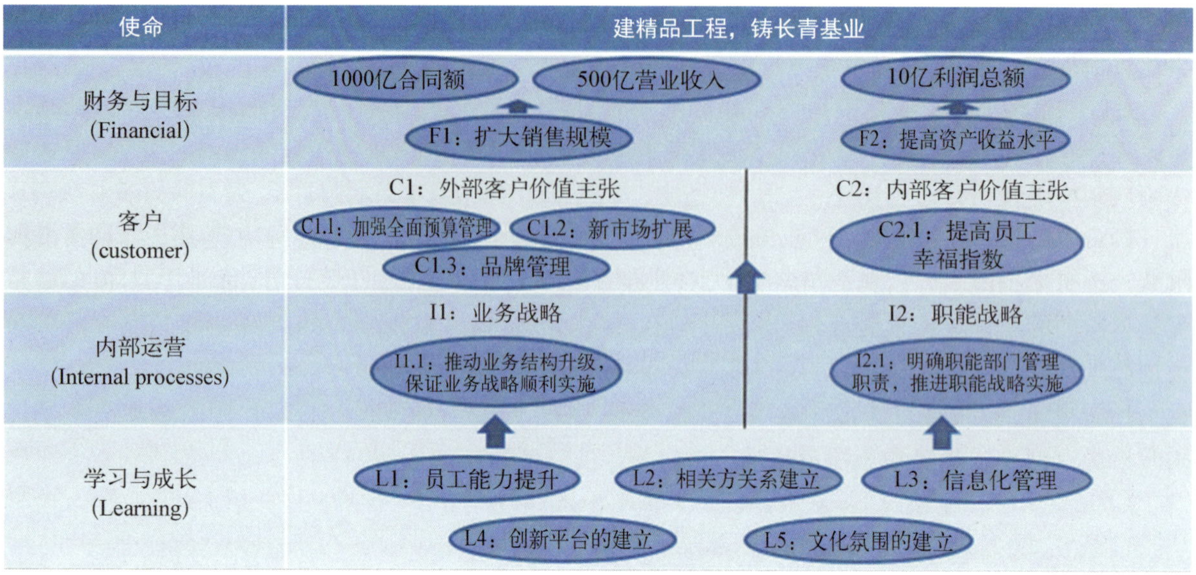


图 7－3－1　战略管理图

## 二、预算管理

2018 年，宝冶采用平衡计分卡思路编制企业年度预算，从财务、客户管理、内部运营、学习与成长四个维度选取了 40 项关键指标，兼顾财务指标与非财务指标的平衡、结果指标与动因指标的平衡、短期与长期指标的平衡、内部与外部指标的平衡，领先指标和之后指标之间的平衡，促进企业全面均衡健康发展。

## 三、成本管理

### 【目标成本法】

宝冶的目标成本控制体系基本完善，其管控机制及运行情况为：

项目前期，强调成本策划工作，测算责任成本，签订目标责任书；制定项目增收节支有利的措施和办法，确定目标成本。

项目过程中，通过建造合同报表对项目的收入成本进行记录，及时掌握项目的成本利润动态情况。公司职能部门对项目部建造报表实行分级管理，即对直管项目部直接跟踪管理，对分公司项目部实行授权管理。组织重点项目巡检，检查重点以项目过程管理规范性和项目效益情况为主。对处于不同状态的项目(在建项目、已完未结项目和已完已结项目)分别制定风险等级指标，实行分级管理。

项目后期，分包竣工结算执行复审工作，即公司责任部门对直管项目部所有分包进行复审，二级公司责任部门对其项目的所有分包竣工结算进行一级复审，公司责任部门对二级公司项目中(劳务分包结算大于 2 000 万元，专业分包结算大于 3 000 万元)分包竣工结算进行二级复审。

项目内外竣工结算后，由公司审计部门对项目进行效益审计，对照目标责任书对项目的管理成果和效益情况进行评价。

公司根据冶金项目施工技术特点和项目所在区域的市场资源情况，建立内部施工指导价格体系，制订《工程项目成本管理手册》。

## 四、营运管理

**【量本利分析法】**

结合宝冶实际情况，将经营目标量化。将管理要求植入计算过程，将企业资源进行效率最大化配置。围绕保本点进行分析，继而确定企业的成本上限。通过精确的成本分析和毛利分析，找出各个二级公司降本增效的关键点，加大对二级公司的财务监管力度，确保完成年度预算任务。将预算指标从整体到局部层层落实，在控制成本的同时，实现企业整体的利润目标。

运用量本利分析法进行自我定位，了解企业当前的盈亏情况和生产经营情况，为企业的预算决策和运营管理提供相应的信息。2018 年在推进量本利分析法的过程中，宝冶及时发现预算中存在的不足，采取更有效的针对性措施来调节预算松弛部分，统筹配置企业各项资源。践行“省一分钱比赚一分钱容易”的管理思路，促进各项目标值顺利达成，使企业的经营效益能够持续稳定的增长。

## 五、投融资管理

为加强内部控制，规避风险，提高经济效益，促进投融资业务规范运作，宝冶的投融资管理一般遵循以下原则：规模适度、量力而行；效益优先，注重风险；民主评议、集中决策；科学管理、规范运作。

## 六、绩效管理

宝冶依托平衡计分卡建立起来的预算管理体系不但在预算编制的制定执行上做到了全面兼顾与过程控制，同时还以预算完成情况作为各责任中心绩效评定依据，结合关键绩效指标法和经济增加值法，自上而下逐级考核，通过与相应的机理制度挂钩，促使其高效地完成企业预算目标。

## 七、信息化管理

宝冶财务共享平台通过云计算分解计算步骤，多个计算核心同时运行计算内容，提高了计算的精准度和速度，同时采用大数据技术扩展数据流量，通过业务单据化、规则内嵌化、审批责任化、业务关联化、效能数据化、监管智能化促进数据分析量的升级，增加了数据计算的全面性。财务信息通过提炼、整合集成到企业管理信息系统，实现财务和业务信息到管理会计信息的自动生成，在最大程度上提升了数据分析的准确性和时效性。

## 八、管理会计报告

计财部每月形成计财部简报，作为管理会计报告按月上报给公司管理层。运用杜邦分析法和波士顿矩阵对企业经营的营运绩效、获利能力和行业布局等情况做出分析总结，通过和对标企业对标寻找差距，改进工作。在季度召开的经济活动分析会上，通过完整的管理会计报告，可以让宝冶管理层及时掌握企业动态，做出有效决策和合理调整，使企业战略目标的实现得到平稳有序地推进。

# 第四章　审 计 管 理

自1986年宝冶设立审计部以来，内部审计规范体系逐步建立和完善，内部审计作用和成果日益彰显，内部审计影响力不断增强，认可度不断提升，内部审计在促进企业内部控制、强化风险管理、提高经济效益和改善公司治理方面发挥着重要作用，取得了显著的成绩。

## 第一节　机 构 沿 革

1986年4月12日，成立上海宝钢工程指挥部十九冶分指挥部审计室，为指挥部内部审计机构，行政上隶属经理办公室。分指挥部要求各工程公司、教培、医院、设备处、材料处、机械处等单位设审计员1人。在各总经理(处长)领导下，独立进行内部审计工作，审计员的隶属关系由各单位自定，但不得设在财务部门，分指挥部审计室对各单位审计员进行业务指导。

1987年12月29日，为适应政治体制改革的要求和工作需要，监察室、审计室、经打办三室合署办公。次年11月4日，审计室更名为审计处。

1992年9月8日，宝冶纪律检查委员会的办事机构与监察处、审计处合署办公。

1994年1月30日，财务处与审计处合并，成立财务审计部，原财务处的机关财务管理职能划归机关工作部，其他职能不变。下设资金科、成本科、会计科、综合科、审计科。

1998年5月25日，财务审计部改为财务处，设立审计处，独立行使审计职能。

2000年10月27日，将原财务处、审计处合并成立财务审计处，除承担原财务处、审计处的职能外，对直管项目部的财务人员实行委派制，其人员管理关系隶属财务审计处。下设财会科、资金科(清欠办)、成本管理科、经费科、审计室。此时，审计的主要职责是内部规章制度的制定与实施审计，审计工作计划、总结，外委审计业务的管理，公司及所属各二级公司财务收支及其经济效益的定期审计，配合纪监部门对有关经济案件的调查和经济事项的查证，投资(基建项目)审计，对独资、合资、合作项目投入资金、资产经济效益审计及宝冶方经理离任审计，公司内部管理和经济活动中重要问题或普遍倾向性问题的专项审计调查。

2003年2月27日，进一步完善审计管理体系，设立审计部，是专门的内部审计机构，独立于其他部门，全面负责公司的“效益、管理、审计”，并延伸至分(子)公司的项目管理和效益审计，分(子)公司可以委托公司审计部对某一方面(项)进行管理或效益审计。部门主要职责：内部审计规章制度的制定与审计工作的实施；内部考核；外委审计业务管理；子公司权益管理。同时，在董事会下设审计委员会，向董事会提交经营业绩报告，以确定公司总经理和其他经理层人员、财务负责人的薪酬支付。次年5月9日，审计部增加“管理审计”职能。此时，部门主要职责是项目部及二级单位定期审计；经营管理者离任审计；对外投资公司经营状况审计；外委审计业务管理；管理审计五大职能。

2007年3月3日，审计部增加“两级审计体系建设”职能，部门增加至六大职能。次年2月29日，为进一步加强公司内部审计的监督、评价作用，确保内部审计的独立、客观、公正性，根据《中冶集团内部审计工作规定》和《中冶集团审计员管理办法》以及中冶集团审计工作会议精神，对审计部职责进行调整，原“两级审计体系建设”职责调整为“一级审计体系建设”，分（子）公司不再单设审计机构，所有内部审计业务均由审计部组织管理并实施。同时在原部门职责的基础上增加以下职责：对分（子）公司年度经营绩效进行审计；对公司年度工资总额来源、使用和结算情况进行专项检查；对公司的基建工程和重大技术改造、大修等的立项、概（预）算、决算和竣工交付使用进行审计；对公司重大的物资（劳务）采购、设备采购等经济活动进行审计；定期对分（子）公司项目部进行过程抽查管理审计；上一年度投资论证项目可行性研究报告及实施后效果审计。2008 年，根据宝冶的年度主营业务收入以及公司所属的独立核算单位数量来确定审计人员的数量，在总部人员定编进一步缩减的情况下将审计部人员定编为 10 人，实际审计人员 6 人，专业配备上主要以经济线为主（财务、材料、预算），其他专业采取临时从其他部门借用的方式。

2009—2011 年，宝冶年产值上百亿元，审计人员数量及素质相对薄弱，面对此种状况，为进一步提高审计效率，审计人员增至 7 人，其中财务专业人员 3 人、造价管理专业人员 4 人，并将审计人员分为三组，同时开展审计工作。2012 年，审计部增设总会计师 1 名，审计人员共计 8 人。在此期间，审计部的职能未变。

2013 年 4 月 15 日，审计部主要职责规范为任期经济责任审计；年度财务决算审计；工程项目管理审计；境外项目审计；效益兑现审计；投资项目审计；内部控制审计；后续审计；季报审计；专项审计；外委审计业务管理；内部审计体系建设及信息管理；内部控制评价工作十三类。次年 3 月 25 日，审计部在原有职能的基础上，增加“亏损项目审计”“风险管理评价工作”职能。

2015 年 3 月 27 日，审计部增加“项目分包结算抽查审计”职能。部门主要职责调整为经济责任审计；工程项目审计；专项审计；内部审计体系建设及信息管理；内部控制评价和风险管理评价工作五大类。

2015—2018 年间，审计部职责未变。2018 年，专职审计人员 9 人，其中从事专业方面：财务专业人员 5 人、造价管理专业人员 4 人；学位方面：硕士 2 人，本科 7 人；执业资格：国际注册内审师 2 人；职称方面：高级职称 5 人、中级职称 2 人；审计工作年限：1 年至 10 年不等。

## 第二节 组 织 体 系

### 一、组织架构

2016 年，根据公司要求，与中冶集团管理部门对口，将原 4 个审计组改为经济责任审计室、内控及风险管理审计室，审计信息管理室。

### 二、体系建设

2007 年，审计部增加“两级审计体系建设”职能，2008 年，“两级审计体系建设”职责调整为“一级审计体系建设”。

1986—2011 年，个别分（子）公司相继自发设立审计部，配备专（兼）职审计人员开展内部审计工作。2014 年始，取消个别分（子）公司设立的审计部，进一步提高内部审计集中度。至 2018 年底，宝冶下属分（子）公司未单独设置独立的审计部门，审计职责由相关的财务、预算、法务等部门承担或兼任。

### 三、工作流程

1986 年，为保证审计机构的独立性、客观性和公正性，独立设置内部审计机构，在指挥部直接领导下进行工作，业务上受冶金部审计室、审计署驻上海特派员办事处和上海市审计局指导和监管，不受其他任何部门和个人的干扰，充分发挥审计的监督作用。

1987 年，明确审计室的隶属关系，审计室系宝冶直属独立行政职能处室，在宝冶行政主要负责人直接领导下独立进行内部审计工作。

2003 年 2 月至 2015 年 7 月，审计部在公司董事长直属领导下开展具体业务。2015 年 8 月起，审计部在公司总经理直属领导下开展具体业务，就业务成果向公司董事长、高级管理层汇报，公司相关领导审阅审计报告后签发批示并督促管理整改。

## 第三节　制 度 建 设

1986 年，制定《十九冶内部审计工作试行办法》及《宝钢工程指挥部内部审计工作暂行规定》。

1987 年，制定《宝冶所属单位经理（处长）离任经济责任审计暂行办法》。

1988 年，制定《宝冶公司决算审计暂行办法》及《特邀审计员暂行办法》。

1995 年，为客观公正地核实和评价公司内部各承包单位 1994 度的经营效益，为承包兑现提供依据，制定《宝冶公司一九九四年度承包经营效益审计暂行办法》。

1997 年，制定《上海宝钢冶金建设公司内部审计工作的规定》，《宝钢工程指挥部内部审计工作暂行规定》同时废止。

1998 年，制定《宝冶所属单位经理任期经济责任审计规定》，《宝冶所属单位经理（处长）离任经济责任审计暂行办法》同时废止。

1999 年，制定《宝冶公司内部审计工作的若干规定》及《宝冶公司内部审计基本规则》。

2001 年，为规范对直管项目部的审计监督，保证审计工作质量，制定《宝冶直管项目部审计管理规定》。为规范内部审计工作程序，加大跟踪审计力度，保证领导批示的落实和查出问题的整改，制定《宝冶公司后续审计管理规定》。

2003 年，为加强和规范内部审计监督，发挥审计在改善经营管理，促进廉政建设，提高经济效益中的作用，制定《内部审计工作管理规定》。为加强工程项目审计监督，不断完善工程项目各项管理工作，降低工程项目成本，提高项目盈利能力，根据建设部《建设工程项目管理规范》《中冶集团工程项目审计暂行规定》、宝冶《内部审计工作管理规定》，制定《工程项目审计管理规定》。为加强对宝冶所属单位行政主要负责人员的管理与监督，正确评价各单位行政负责人员任期的经济责任，促进企业加强和完善经营管理，提高经济效益，保障企业财产安全、完整，制定《任期经济责任审计管理规定》。

2004 年，进一步提高内部审计监督质量，强化内部监控程序，根据国务院国有资产监督管理委员会《中央企业内部审计管理暂行办法》、中冶集团及公司《内部审计工作管理规定》要求，制定《内部审计体系管理规定》。为规范内部审计档案管理工作，保证审计档案的安全完整，充分发挥审计档案作用，制定《内部审计档案管理规定》。

2009 年，修订《内部审计管理制度》《工程项目审计管理规定》《任期经济审计责任审计管理规定》《内部审计档案管理规定》，废止《内部审计体系管理规定》，在公司内网及时更新审计适用的法律法规，采用先进合理的管理制度有效指导内部审计工作开展。

2010 年，根据中冶集团《关于加强集团内部审计工作的意见》要求，审计部致力于内部审计体系的完善，审计管理力度进一步提高，重要性在公司管理中得到更大体现。面对审计人员流动性增大的现状，为促进内部审计工作系统化、规范化、高效化，审计部结合历年审计内容编制并实施《工程项目过程审计实施细则》，将内部审计的要求、方式、方法等形成程序化、规范化。

2012 年，编制《内部控制评价管理规定》，修订《内部审计管理制度》《工程项目审计管理规定》《经济责任审计管理规定》《内部审计档案管理规定》4 个审计管理制度和《工程项目过程审计实施细则》。在对《工程项目过程审计实施细则》使用情况专项归纳总结的基础上，针对公司经济责任的特点和程序，初步形成《经济责任审计实施细则》，对实施经济责任审计的要求、方式、程序等进行细化和明确，对该类型审计进行指导。

2013 年，制定《房地产开发项目审计实施细则》，对房地产投资审计的审计内容、审计流程、审计方法以及审计报告格式等进行明确，规范房地产投资审计工作程序，使得房地产投资审计工作有据可依。修订《工程项目过程审计实施细则》，针对工程项目实施过程中重点、难点及存在的风险，对《细则》中的一些审计方法、审计要求进行完善，对审计表格中的相应表格进行修改。

2014 年，对所有在用管理规定进行梳理，根据实际情况和需要，对《内部审计管理规定》《内部审计档案管理规定》《工程项目审计管理规定》《经济责任审计管理规定》4 项管理规定进行修订，出台《风险管理评价工作管理规定》，推进风险管理评价工作的规范运行。

2015—2017 年，根据中冶集团优化内部控制体系建设和完善制度体系工作部署的要求对部门管理文件进行梳理，根据实际情况进行补充或者修订，相继对《内部审计管理制度》《工程项目审计管理规定》《经济责任审计管理规定》《内部审计档案管理规定》《内部控制评价管理规定》《风险管理评价管理规定》6 个管理文件进行修订。

2018 年，针对审计工作“创新”和“增加组织价值”的要求，新编《应收账款审计管理规定》，修订《工程项目审计管理规定》《经济责任审计管理规定》。根据集团化管控要求，编制完成《审计与监督管理手册》中审计篇，对审计计划、审计实施、档案管理三方面管理流程、管理要求、审批权限予以明确，对人际关系、审计质量控制、审计工作保证提出要求，规范并统一审计行为，高效地开展审计业务，提高审计工作的系统性、效率和效果。

通过不断修订及完善管理制度，进一步促进内部审计工作制度化、系统化、规范化、高效化，以先进合理的管理制度有效指导内部审计工作的开展，加强风险管控，提高工作效率。

## 第四节　审 计 管 控

审计部按照《审计法》《公司法》规定和强化企业自我监督机制的要求，实行“全面审计”“突出重点”的指导方针，从基础的财务收支审计，逐步推行工程项目审计、经济责任审计、内部控制审计、效益兑现审计、投资项目审计、后续审计。宝冶内部审计伴随着企业外部环境的变化和自身目标的演进而不断发展变化，宝冶内部审计 32 年的发展可划分为三个阶段：

### 一、建立起步阶段（1985—1993 年）

这一阶段审计管控的重点主要体现在：加快内部审计机构的组建；不断完善内部审计规范，指导内部审计开展工作;围绕内部审计任务,积极发挥内部审计在维护财经纪律和提高经济效益方面的作用。

1985年,审计工作主要是财务审计,即财经纪律、账务处理等。

1986—1988年,从实际出发积极安排审计项目,对二级单位的货币资金进行审计,对二级单位开展成本费用审计;配合其他部门开展税收、财务大检查等。

1989—1993年,主要开展年度税收、财务、物价大检查自查工作;对材料处进行财税大检查复查;开展应收、应付款项及预提费用的审计调查并出具审计报告;进行宝冶内部财经纪律检查等一系列审计工作。

## 二、巩固提高阶段(1994—2002年)

这一阶段审计管控的重点主要体现在:内部审计管理发生重大转变;内部审计规定进一步修订,内部审计的主要任务是围绕企业转换经营机制、建立现代企业制度展开。

1994—1996年,是宝冶加快发展四元产业的重要时期,也是内部审计工作稳步发展的时期。1994年,宝冶内部"剥离分流,转机建制",审计机构进行相应的调整,使审计工作更好地渗透到企业经济管理工作之中。内部审计在坚持进行经常性财务收支审计的基础上,相继开展内部承包经营效益审计、经理(厂长)离任经济责任审计、清产核资工作检查、清理检查"小金库"、财税大检查、整顿企业会计工作秩序检查、停业企业清算情况审查等。在审计范围上,从公司及其所属各单位扩大到宝冶投资的独资企业和控股联营企业;从审计内容上,已从财务收支审计延伸到经济责任审计、管理审计、效益审计、管理制度评审等。

1997年,对公司兴办的19个独资企业的经营状况及成果、财务收支、利润及利润分配情况、资产保值增值情况进行审计调查,发现核算和经营中存在的问题,并就充实会计人员、加强会计队伍建设、加强资金管理、催收拖欠款等方面提出审计建议。

在该年度的经济责任审计中,把核实资产、负债、损益的真实性、评价净资产的保值增值、查清是否存在潜亏因素等列为重点,初步建立审计责任制。

1998—2001年,内部审计紧紧围绕公司经济效益中心,服务公司施工生产经营大局,贯彻全国审计工作会议精神,以资产、负债、损益的真实性审计为基础,以检查资产质量和会计信息质量为重点,突出项目资金管理、项目成本管理的重点,开展财务收支审计,对二级单位的财务收支审计实行定期轮回制度,审计覆盖面达60%以上;推行承包指标审计,对签订承包责任书的二级单位、直管项目部、费用单位等承包单位进行审计,审计的重点是各承包单位承包指标的实际完成情况,财务收支的真实性、合法性,资产质量等。规范经营者任期经济责任审计。

## 三、转型发展阶段(2003—2018年)

这一阶段审计管控的重点主要体现在:内部审计部门在企业管理中发挥着日益重要的作用;发布一系列规范,强化内部审计监督;内部审计的重心逐步由财务合规性审计为主向以内部控制、风险管理为导向的管理审计为主转变,内部审计功能从审查评价财务、业务活动的合规性逐步转向评价和改善组织治理、加强风险管理和内部控制过程的效果转变;内部审计在完善组织治理、加强风险管理、支持转变发展方式发挥着越来越重要的作用。

2003年，公司改制，审计范围扩大，主要包括所属单位负责人经济责任审计（含离任审计和任期审计）、工程项目审计（含过程审计和绩效审计）、投资审计、后续审计以及其他各类专项审计。7月，宝冶下发《关于对宝冶建设控股子公司进行常规审计的通知》，由审计部牵头组织，企管部、人力资源部、计财部、会计核算中心及纪委监察室等有关部门配合，重点加强和规范公司对外投资管理，促进各子公司加强和改善经营管理，保障宝冶建设对外投资的保值增值。8月，宝冶下发《关于对宝冶建设直管项目部进行联合审计的通知》，由审计部牵头，企管部、人力资源部、计财部、会计核算中心、纪委监察室等有关部门派人参加组成联合审计小组，对各直管工程项目开工至2003年7月31日期间的项目管理情况进行联合审计。并根据该《通知》下发《工程项目联合经济审计纲要内容》，要求各直管项目部参照该内容进行自查、整改，新成立的直管项目部按照该内容建立相关制度，各二级公司参照执行。此次联合审计加强对宝冶直管工程项目的经济管理，促进公司工程项目管理的科学化、规范化、和标准化。

2004年，在2003年项目联合经济审计的基础上，审计部继续组织公司相关部（处）室先后对宝冶直管的安阳100吨转炉项目、广州大学城项目等项目部进行联合经济审计。除对前次审计事项整改情况进行检查外，还针对项目管理中出现的问题提出管理建议，协助相关部（处）室对项目部进行督改。开展扭亏、人力资源、货币资金等专项审计，全面了解经营管理情况，防范各种风险。

2007年，宝冶营销额突破100亿元，审计工作坚持以“内向服务”为宗旨，扩大审计覆盖面，将重点转向管理审计、投资审计，全面兼顾其他项目审计。加强项目管理服务，对在建项目进行过程管理审计。持续开展单位负责人经济责任审计，离任审计覆盖面达100%，实现所有项目“不审不兑”“审后据实考核”。继续开展完工项目的绩效考核审计。对基建投资支出进行专项审计。对部分项目分包结算进行最终结算审计。加强审计报告的整改落实，形成被审单位整改、部门督改，相互沟通；对领导批示意见有整改有回复，做到审计一项，整改一项，规范一项。对审计查出的问题联合有关系统部门进行后续检查，提高系统监管力度。

2008年，宝冶各项经济指标再创历史新高。审计职能真正实现内部控制和风险管理为导向的管理审计的全面转型，审计在价值增值过程中不断寻找自身的价值，通过自身价值的提升来增加企业价值。该年，对2008年9月份之前开工的在建5 000万元以上项目期中过程审计覆盖面90%以上，5 000万元以下的部分项目进行抽查审计；分（子）公司、项目部行政负责人离任审计覆盖率100%；已完工已结算直管项目审计覆盖面100%；年终绩效考核审计参与面100%。接受公司监事会的委托及公司领导指示完成专项审计3项；被审计单位对审计整改落实率达到100%。

2009年，做精做细任期经济责任审计，进一步扩大内部审计覆盖面。有侧重选择部分长达3年以上未审计且年完成产值大的分（子）公司，进行任中经济责任审计。对两家分公司进行的财务年终决算审计延伸至企业经营管理方面。继续开展项目后续审计，加大服务力度和深度、确保监督延续性，进而营造出良好的审计工作环境。尝试推行工程项目事前审计，拓展工程项目事中审计，从横向及纵向加大工程项目审计力度。对亏损项目开展项目经营管理后评价。公司成立联合调查审计组，进行为期2个月的对典型亏损项目的成本清理、原因分析，形成书面报告并通过会议形式予以通报，以此给项目经理及分公司负责人敲响“控制成本责任重大、控制成本人人有责”的警钟。

2010年，提高对审计亏损或位于盈亏边缘项目的关注度和后续审计力度。对联合审计确定的亏损项目采取多项措施，包括在全公司范围内工程例会通报审计结果、职能部门直接介入管理、成立专项管理小组、结算及付款会签制度以及撤换项目负责人等，并最终形成会议纪要及公司文件的形式，在全公司范围内以示警诫。为在公司范围内开展风险管理工作，审计部从内部审计的角度加大以提示风险为主的项目管理审计。

2011年，是宝冶“三五”规划开年之际。审计部坚持“以审计促进公司治理”的理念，拓展工作内容、提高审计质量、改善审计环境，充分发挥审计对企业经济安全、健康运行的“免疫”功能。按照中冶集团要求，每季度根据财会中心提供的财务报表进行数据分析，尤其针对发生大幅变动的财务指标，追溯到源头数据了解原因，及时披露重大事项进展情况以及预算完成情况等，为管理层了解企业财务状况及内部管理提供参考信息，发挥内部审计在企业管理中的重要职能，实现内部审计增值。

同年6月，宝冶成立全面风险管理小组重点负责公司生产经营的全面风险管理工作，审计部负责开展风险管理、内部控制工作及其工作效果的监督评价。内审职能实现内部控制和风险管理为导向的管理审计的全面转型。

公司在该年集中调整分(子)公司的负责人，考虑多家分(子)公司任期时间跨度长、涉及项目多、有效审计时间短的现状，将审计重点调整为“主导”覆盖，抽查项目的营业收入、利润覆盖在建及已完未结项目营业收入、利润的85%以上、覆盖毛利率异常的所有项目。此次离任审计共涉及9家分(子)公司，涉及营业收入241.41亿元，抽查工程项目639个。在权重方面——占常设且存续时间较长的14家分(子)公司的64%；在产值及效益方面——属于是公司名列前茅的“龙头”公司；在专业方面——涉及有土建、制造、电气、机械设备安装、工程检测、检修等多个专业；在管理方面——管理模式及机制上各不相同。出具的审计报告得到离任和继任者的认同，离任者“走得清楚”、继任者“接得明白”。

以集中离任经济责任审计为契机，全方位、多渠道提高审计结果关注及利用度。对共性问题、风险以及影响严重的个案问题进行细化，采用纵横双向、双管齐下方式发出简报。纵向：分(子)公司——将问题及风险分为重点强调及详细阐述的总、分两个层次构成简报主体，将出现概率超过50%的问题及风险重点强调、将明细形成《主要管理问题及风险对比表》后，通过公司OA平台发至各二级公司负责人，以供参考；横向：职能部门——按照公司机构设置及其职责分工，将存在的问题及风险进行梳理、分类形成一对一简报形式，覆盖合同预算、财务、企管等七个部门，资源共享。以审计部发现问题为起点，各职能部室有的放矢地进行检查、监督及服务二级分(子)公司，有序开展系统工作。

2012年，是公司杜绝工程项目亏损的专题年，为使已亏损项目做到减亏止负甚至是扭亏为盈，一季度陆续将亏损的建筑分公司中的未完项目划转至集团公司和其他分(子)公司进行管理，审计部利用三个月时间完成11个项目的经济效益专项审计工作，提出47条建议。尤其针对出现亏损金额大、影响严重的项目，内审人员结合项目工程量清单，按照分部分项逐项将收入与成本(包括分包、材料、机械、人工、其他直接费、间接费等)明细进行横向分析，明确亏损点及金额，找出项目亏损的根本原因(投标、管理、过程决策等)。为项目在划转时点的盈亏情况给出客观真实的判断，明确项目前后期的债权债务，为项目后期工作开展提供有效的建议。审计部根据开展的专项审计的情况，为规避分(子)公司再出现新亏损项目，对于前期开展的专项审计中的项目亏损原因，从项目本身各方面进行剖析，延伸至公司的内控管理(体制、制度及人员执行力)等层面进行分析，形成《注重监督、强化检查、持续改进，防亏损于细微》论文，汇编至《上海宝冶2012年项目管理缺陷原因分析材料》，发至直管项目部及各分(子)公司，起到警示作用，达到提升公司整体项目管理水平的目标。

继2011年大规模的分(子)公司离任经济责任审计之后，审计部针对存在风险较大的两家分公司(钢构分公司、南京分公司)采取多种形式的后续跟踪，以有效的数据为支撑、以不断提及的建议为辅佐，协同分公司规避或降低风险。

随着公司房产项目销售收入占公司营业收入的比重扩大，公司对房产（投资类）项目关注度持续攀高，审计部总结以往年度对房产（投资类）项目采取调研审计的经验，针对全公司的房产及保障性住房的项目公司及项目部开展大范围审计工作，分别对 3 个项目公司及 6 个工程项目部开展审计。通过审计确保国有资产保值增值：在经济效益方面注重从风险角度予以评价，强调外部风险对项目的影响，提高并加深项目经理对其认知度；在内控管理方面注重分析各项目管理上的优缺点，突显内部风险亦不可小觑。

根据公司组织落实企业全面风险管理工作的要求，审计部对开展风险管理工作及其工作效果进行监督评价，并对内控制度执行情况进行评价，提出监督评价报告和风险管理改进建议，加大以提示风险为主的项目管理审计工作的开展力度和广度，对所有审计项目均增加以提示风险为主的审计内容。尝试对个别项目或公司开展内部控制审计，采取常规的内部审计工作和内部控制评价工作并轨进行的方式，确认和评价管理控制设计与运行缺陷，分析原因，提出改进内部控制的建议。按季度汇总内控评价结果，提炼共性问题和风险，确定缺陷，以内控工作评价小结和自查报告的形式形成阶段性评价结果。

根据中冶集团全面推进审计信息化建设的要求，完善审计信息系统，实现数据采集分析、调阅凭证资料、汇总分析问题、编制工作底稿、形成报告初稿等信息化处理，创新审计管理方式。

2013 年，致力于深化制度建设，实现“四必须”目标——对于新任直管项目经理的项目必须进行前期管理审计、任期三年必须进行经济责任审计、亏损和处于盈亏临界点项目必须进行后续审计、投资项目必须进行项目后评价审计。结合中冶集团审计信息化管理需求，审计部根据宝冶自身体制、管理架构、内控及风险的建设情况形成 5 份审计方案模板，分别为经济责任审计方案模板、工程项目过程审计方案模板和绩效审计方案模板、房地产项目公司商品房开发项目投资审计方案模板和保障性住房开发项目投资审计方案模板。房地产开发项目纳入正式审计报告范畴，对于房地产开发项目公司更关注投资收益的产生，对于房地产开发项目更偏重开发项目的过程管理。

开展独立的内部控制审计和评价工作，审计报告独立出具，充分反映分（子）公司的管控情况。在集团总部层面开展合同专项管理内控评价工作。分阶段开展控制点梳理工作，完善内部审计和评价工具，形成本公司的内控评价工作底稿，形成《上海宝冶内控内控点汇编（第一版）》。

这一年的审计报告中提出的管理问题尤其关注管理风险的识别和影响效益的风险因素，重点反映在工程项目审计和经济责任审计中。

2014 年，对 10 家分（子）公司进行经济责任离任审计，统筹安排开展工程项目审计和效益兑现审计。根据公司在经营管理中的需要和要求，年中进行公司保证金专项审计、炉窑公司中谷项目调研、工程签证联合检查等专项工作。根据公司工会的委托，对 10 家基层工会经费进行资金专项审计，规范工会经费的核算和管理工作。

加大日常审计中结合内部控制审计评价的探索，将内部控制与风险管理防范作为重要关注内容，按季度开展内控评价小结和年度自查报告工作。以风险为导向，对分（子）公司及项目部的风险管理工作、各种量化管理模型的有效性和业务流程是否满足风险防范的需要进行全面评价。

2015 年，将经济责任审计的模式调整为经济效益审计和内控风险管理双重责任同时进行的方式，即在工作过程中对被审计单位负责人任期内实际实现的业绩成果与其任期内内控制度建立与执行情况相结合审计，形成两者相互支撑、互通的模式。在夯实被审计单位负责人任期内经营情况的同时，对内控和风险管理情况也更加深入地进行调研与分析，切合实际地帮助被审计单位查找问题的原因和提出解决问题的方案，有效推进被审计单位的内控水平和风控能力。

2016年，宝冶为构建"总承包公司—专业化品牌公司—资源配套公司"三类公司协同发展的集团化管控模式，进一步整合公司专业资源，对个别二级单位内部施工项目进行了划转，审计部采取项目离任的审计模式与经济效益的审计模式相结合的方式，将划转项目的债权、债务等情况加以明确，按照分部分项逐项将收入与成本（包括分包、材料、机械、人工、其他直接费、间接费等）明细进行横向分析，为项目在划转时点的盈亏情况给出客观真实的判断，让划转项目"转得清楚，接得明白"。

2017年，将提升管理、创新管理作为审计工作重心，结合二级单位离任审计工作，将工程项目审计延伸至二级单位，把内控评价和风险评价工作融入离任审计及工程项目审计工作中，在加强集团化管控方面迈上新台阶。

按照中冶集团的要求，针对公司分包管理和内部信息系统管理安排专项内控与风险管理评价审计工作。围绕公司领导提出的"严控各类业务风险"和"提高安全风险管控能力"要求，对分包商管理及分包招投标管理的流程的设计及运行两方面进行评价，提出风险警示，加强分包管理风险识别和管控；通过对公司信息化系统的开发、建立、运行及维护等方面内控管理评价，提出风险事项，推进公司安全信息化建设与发展。

2018年，为加强审计成果的利用率，提高审计成果转化率，审计部改进整改监督机制，增加审计整改启动会及持续开展后续审计。在出具审计报告后，针对审计过程中发现的管理问题，在下发审计整改通知的同时，到被审计单位现场召开审计整改启动会，将审计成果与被审计单位进行交流，促使其在审计整改过程中有的放矢；同时将审计过程中发现的问题进行归纳和汇总，以业务联系单的方式向相关职能部门通报，借助系统管理的力量，督促被审计单位的整改。针对报告中存在的管理问题和风险的整改情况，开展后续审计，现场进行逐项落实。对于整改不到位的管理问题，现场给予指导，后期继续监督整改落实，以达到服务于被审计单位管理人员的业务改进，服务于公司业务的管理提升，服务于企业效益增加，实现审计的价值增值，真正将审计整改落到实处，提升被审计单位的管理水平及加强各系统的业务管理。

在工程项目审计过程中，将审计重点从项目效益盘点和工程实施，向投标决策阶段延伸，通过穿行测试等审计方法，分析和揭示工程项目标前管理、工程实施管理等情况，夯实项目经营情况，分析内控及潜在风险，加强对重大项目的过程管控。

按照五矿及中冶集团的安排，统一开展内控及风险管理评价工作。为掌握公司账龄在三年以上和风险巨大的往来欠款的整体情况及分布结构，进行重点往来欠款的专项审计，对往来欠款形成原因进行分析，揭示存在的管理缺陷，提出后续改进措施。开展工会经费管理情况的专项审计，对工会的组织设置、制度建设、财务与资金管理、对各项巡视、检查中涉及工会的相关问题整改情况进行专项审计。

## 第五节　工作效果和成果运用

### 一、工作效果

1986—2018年，审计部共完成审计项目816项，其中，财务收支审计73项，经济责任审计101项，工程项目审计140项，内部控制审计26项，境外项目审计3项，亏损项目审计3项，效益兑现审计156项，投资项目审计17项，经济效益审计122项，后续审计13项，专项审计71项，财务报表审计 14 项，调研审计 2 项，其他审计 75 项，发现问题 1 719 个，提出审计意见及建议 2 439 条。

## 二、成果运用

审计成果运用是发挥审计功能、体现审计价值的重要工作，运用的深度和效果将直接对监管体系、管理提升产生重要影响。审计结论一方面是对经济责任的界定，另一方面则是对企业内控及风险管理提出问题和改进建议。审计部通过对审计成果的跟踪服务，提升内部审计的工作质量，形成“有为，有位、有威”的局面，加大审计结果的利用度。

**【项目绩效考核兑现审计的成果利用】**

审计报告转发给考核主责部门企业发展管理部，审计结论（包括所有的经济指标）作为项目考核兑现的依据，没有经过审计的直管项目不得进行兑现考核。

**【离任经济责任审计的成果利用】**

审计报告转发给管理人员考核的主责部门人力资源部，审计报告结论（包括所有的经济指标和管理效果）不仅作为人力资源部对责任人进行考察考核、综合评价、任用和奖惩的重要依据，而且作为与新任责任人划分责任的依据。

**【项目过程审计和任期经济责任审计等成果利用】**

1. 促进新兴产业的管理提升

面对不断产生的新兴经营业务，根据项目的不同阶段关注不同的侧重点。针对审计过程中出现的管理问题和风险，审计人员提出审计整改建议和管理措施，促进新兴项目完善管理模式和管理方法。

2. 整合并提炼审计报告中披露的管理问题并进行公布，服务于管理提升

2013 年，审计部正式形成内部报表制度《审计项目管理问题汇总表》，每个审计组按照《汇总表》的要求将本组审计过的项目中存在的管理问题和提出的审计建议进行编制，上报给专人进行汇总整合，提炼出管理上的共性问题，形成简报公布在 OA 平台，加强相关管理系统的关注，并在系统管理上进行分析，根据审计建议找出合适的解决措施，全面提升管理效益。

3. 建立经济指标对比的工作常态

在审计工作过程中，通过对专一类型的审计工作，核查、分析及收集各类型审计项目所具备的特点、风险易发生点等，不断总结实践经验，定期进行归纳和总结，提炼同类或类似项目相关经济指标类型并进行范围界定，以横向比较后形成较为完整的此类项目指标数据库，为今后审计工作提供参考。

# 第五章　经营管理

## 第一节　机构沿革

1978年下半年，计划处随十九冶分指挥部从武钢"一米七"热轧工程转战上海宝钢；次年1月，更名为上海宝钢工程指挥部十九冶分指挥部计划处，负责指挥部相关施工任务分工、测算等事务。

1989年12月20日，计划处更名为经营计划部，经营办公室归并经营计划部。

1992年4月10日，成立综合计划部，撤销经营计划部，其业务和人员划归综合计划部。部门主要负责工程施工任务专业分工、宝冶的能力测算和施工生产中长期经营计划的编制、统一管理内外部价格、综合费用管理、经济活动分析和企业资质综合管理。

1998年5月25日，综合计划部改为计划处、财审部改为财务处，共同组成计财部，其主要职责是企业内部计划与财务资金管理。计划处管四元产业计划综合平衡，编制下达年、季度综合计划(含投资与费用计划的汇总、平衡、报批、下达和监督实施)负责企业综合统计。

2000年10月27日，将计划处、经营管理处、法律事务室职能合并成立经营计划处，下设计划统计科、综合管理科、预结算科、法律事务室，除强化预算管理、计划统计职能外，重点集合了以市场经营开发为中心的法律服务、合同服务和提升竞争优势的服务(如资质、奖项、社会公共关系等)。部门职责：企业综合预算组织编制和实施的动态管理，企业统计、预结算管理，未完施工盘点与管理，企业内部市场价格的管理，各类资源市场价格的汇集与管理，工程项目费用的核定，企业资质、证照、收集汇总市场信息和工程承包合同综合管理，内部合同管理和企业法人代表授权委托权限管理，企业广告的总体策划及统一管理，各类经营活动法律见证，法律诉讼，各类综合考评、评奖的组织与实施。

2003年2月27日，宝冶建立以工程造价为中心的二级财务管理体系，将预结算、成本管理、资金管理、清欠工作、法律诉讼职能合并，设立计财部，严格财务收支两条线。项目部预结算人员统筹委派、动态调整。部门主要职责包括企业预结算管理，企业内部市场价格管理，工程造价，工程项目费用的核定，项目成本测定及内部分解。工程承包合同管理：企业债权、债务管理，法律诉讼事务归口管理。财务预算编制，资金营运管理，权益管理，成本控制，期间费用、固定资产调拨，营业收入确认，工程项目效益测算与过程管理。工程项目结算管理。

2004年5月9日，计财部增加法律业务咨询及事务管理职能，同工程承包合同、分包合同管理职能合并，强化合同履约的合规合法行为指导与监管，强化企业清欠工作的法务支持，其余职能不变。

2005年3月10日，计财部更名为合同预算部，职责不变。要求加强各类重大经营合同的合规、合法性预审，健全合同管理机制，严格各类经营管理人员分包业务资格审核。同年5月27日，合同预算部更名为预算部，原合同预算部合同、法务职能剥离，另成立合同法务部；预算部增加"按建造合同要求进行工程项目成本策划"职能，以及"证券(股票、债券等)投资管理；筹资管理"职能。部门主要职责包括企业预算、资金营运管理、工程预结算管理、项目成本策划、企业清欠。

2006 年 7 月 25 日，预算部更名为预结算中心，增加“项目上交利费的测算、控制与绩效核定”职能。原预算部“子公司日常经营状况监控”职能划至董事会办公室，“企业预算、资金管理”等职能划至财会中心。部门主要职责：工程预结算、项目成本策划与控制、清欠。次年 3 月 3 日，预结算中心“清欠”职能划至财会中心，预结算中心增加“项目经济预评价，项目管理模式策划、实施、任务分解”“工程‘三同步’结算；价值确认管理；项目现金流预算”。部门主要职责包括工程预算、工程“三同步”结算、项目成本策划与控制、价值确认管理。

2010 年 5 月 5 日，预结算中心更名为合同预算部，“合同管理”职能调整到合同预算部。此时部门职责包括工程预算、工程结算、项目成本策划及控制、工程造价确认管理、合同管理、法律事项管理、重大事项法律建议七大职能。

2013 年 4 月 15 日，合同预算部的法律事项管理职责移至法律事务部。截至 2018 年年底，部门职责未变。

## 第二节　体 系 建 设

宝冶预算管理一直实行二级管理体制，上下均设预算管理机构，1990 年以后对预算管理有明确的机构和职责要求。

至 2018 年底，合同预算部设有合约办公室、预算及成本管理办公室、结算办公室、招标办公室、综合办公室。合同预算系统主体在岗造价人员共计 362 人，大专及以上文化程度 361 人，中级及以上职称 134 人，持有注册造价工程师证书 79 人。

2006 年开始，合同预算部针对不同的业务层次、不同的专业特点，采取不同的培训方式与培训内容，如对新上岗人员从基本业务、技能、管理流程入手，通过理论专题培训讲座、工程项目实训、师傅传帮带教、项目轮流等形式进行锻炼和培养。对在岗预算系统人员通过执业资格考试培训、总经后备干部培训、管理能力提升培训等形式全面提高业务水平，改善系统的人才结构。

## 第三节　合 同 管 理

### 一、历年合同签约额

1985—1996 年，处于计划经济与市场经济并存时期，外包工程合同签约额除个别年份因宝钢工程建设任务繁重有所减少外，总体呈稳中有升态势。

**表 7－5－1　外包工程合同签约额完成情况一览表**　　单位：亿元

| 时　间 | 合同签约额 | 增长幅度 |
|---|---|---|
| 1985 年 | 0.392 5 | — |
| 1986 年 | 0.207 1 | －47.24% |
| 1987 年 | 0.027 2 | －86.87% |
| 1988 年 | 0.280 0 | 929.92% |
| 1989 年 | 0.389 2 | 38.98% |

(续表)

| 时　间 | 合同签约额 | 增长幅度 |
|---|---|---|
| 1990 年 | 1.247 0 | 220.41% |
| 1991 年 | 0.414 0 | −66.80% |
| 1992 年 | 1.021 8 | 146.80% |
| 1993 年 | 2.804 0 | 174.41% |
| 1994 年 | 4.186 4 | 49.30% |
| 1995 年 | 1.259 7 | −69.91% |
| 1996 年 | 3.681 4 | 192.24% |

注：本次统计外包工程不含 40 万元以下的项目。

1997—2018 年，宝冶开始走向转型发展之路，合同签约额大幅上涨，平均发展速度为 121.09%，平均增长速度为 21.09%。

**表 7-5-2　合同签约额完成情况一览表**　　单位：亿元

| 时　间 | 合同签约额 | 增长幅度 |
|---|---|---|
| 1997 年 | 9.23 | — |
| 1998 年 | 7.67 | −16.90% |
| 1999 年 | 12.86 | 67.67% |
| 2000 年 | 12.89 | 0.23% |
| 2001 年 | 16.57 | 28.55% |
| 2002 年 | 40.35 | 143.51% |
| 2003 年 | 42.6 | 5.58% |
| 2004 年 | 67.57 | 58.62% |
| 2005 年 | 70.9 | 4.93% |
| 2006 年 | 93.41 | 31.75% |
| 2007 年 | 112.36 | 20.29% |
| 2008 年 | 154.66 | 37.65% |
| 2009 年 | 146.05 | −5.57% |
| 2010 年 | 264.48 | 81.09% |
| 2011 年 | 176.23 | −33.37% |
| 2012 年 | 203.3 | 15.36% |
| 2013 年 | 209.47 | 3.03% |
| 2014 年 | 251.57 | 20.10% |
| 2015 年 | 360 | 43.10% |

（续表）

| 时　间 | 合同签约额 | 增长幅度 |
|---|---|---|
| 2016 年 | 509 | 41.39% |
| 2017 年 | 598.198 3 | 17.52% |
| 2018 年 | 751.8 | 25.68% |

## 二、合同管理模式变迁历程

**【计划经济时期（1978—1982 年）】**

在上海宝钢工程指挥部的领导下，实行统一计划，统一指挥，按照国家下达的建设内容和进度，由上海宝钢工程指挥部直接给各施工单位下达"宝钢工程施工任务分工单"。

1978 年 12 月 28 日，分指挥部下发《关于试行经济合同制规定的通知》，规定宝钢建设的一切经济活动凡是与计划有关、能签订合同的都要签订经济合同。1979 年，为了更好地推行合同制，用经济手段改善合同管理，分指挥部又下发了《关于推行合同制管理补充办法》，明确合同范围是宝钢建设的一切经济活动的前提，必须先有计划后签订合同。从而出现了四种合同类型：

（1）总分包合同：是总指挥部与分指挥部的合同，由计划处按年或季计划要求，统一与总指挥部签订经济合同。

（2）大二包合同：指大包分指挥部与二包分指挥部，或大包工程公司与二包工程公司的合同，按季计划要求，由计划处组织有关部门与二包单位签订经济合同。

（3）分包合同：指工程公司与分指挥部各处室或工程公司与工程施工队以及有关的处（科）签的合同，由工程公司计划科，按季或月要求组织签订经济合同。

（4）外包合同：指工程公司与外包单位和涉及有关部门的合同，由工程公司计划科，按外委任务组织有关部门签订合同。

注：此处总指挥部指宝钢工程指挥部，分指挥部指十九冶宝钢工程分指挥部，计划处指十九冶宝钢工程分指挥部计划处。

**【计划经济与市场经济并存时期（1983—1996 年）】**

1983 年 2 月 25 日，冶金部下发《关于加强施工承包合同管理的通知》，要求冶建公司所承担的施工任务，一律要在开工前与建设单位签订施工承包合同，以明确相互的经济关系和责、权、利条款。在此期间，宝冶承建的项目中外包工程已开始签订施工合同，但宝钢项目仍延续"宝钢工程施工任务分工单"形式。宝冶承建外包工程项目签订的第一份施工合同是 1985 年 1 月 25 日上海川沙水泥厂扩建工程。

1986 年 5 月 3 日，为加强外包工程合同管理，提高企业竞争能力和经济效益，下发《关于颁发外包工程合同管理办法的通知》，对外包工程的合同分工原则、合同签订、合同履行、合同管理等进行具体规定。

1993 年 3 月 20 日，下发《关于颁发〈宝冶公司经济合同管理办法〉的通知》，适用于各二级公司、处室等单位对外签订的各类经济合同。明确经济合同管理的部门和职责，规定了经济合同签约与审批,变更与解除,以及合同纠纷处理的基本程序和要求,要求本公司所属各单位之间的经营业务关系,一律采用内部委托书的形式并明确双方权利义务,经济合同按照“统一归口,部门负责、分级管理”的原则,实行宝冶、专业处室、工程公司三级综合管理。即:宝冶经济合同管理由宝冶经理全面负责,副经理(总经济师)具体负责,管理部门为综合计划部,负责全公司经济合同的综合管理。

**【市场经济时期(1997年以来)】**

从1997年开始,外包工程及宝钢工程均签订施工合同。宝冶承建宝钢工程签订的第一份施工合同为1997年9月宝钢三期1 550毫米冷轧工程。

2003年6月20日,宝冶发布《合同管理规定》,对各类合同实行统一归口管理与分类专项管理相结合的管理形式,做到业务部门分口管,基层单位有人管。制订标准合同文本及参考合同文本。

2004年9月对《合同管理规定》进行修订,提出了签订合同人员分级授权的概念,经公司授权的有关人员可以作为公司的委托代理人,接受法人及其法定代表人的委托,在分级授权的范围内对外签订、履行、变更、解除合同。该份文件同时开始对分包合同管理作出要求。

2009年8月26日,为加强分包合同管理,加强内部核算,降低成本,发布《分包合同管理规定》,规定分包合同签订的主体只限于以公司的名义(独立法人子公司除外)统一对外签订合同,统一加盖公司合同专用章。严禁以职能部门、专业分公司、区域分公司、直管项目部及下属的厂、队、项目部、职能科室的名义对外签订合同。

2013年5月,修订《合同管理规定》,明确提出严禁各单位以任何形式订立或变相订立出卖宝冶资质的特许经营类承揽合同,严禁订立以包代管的包工包料、非法转包、层层转包类的工程分包合同。

2014年4月,修订《分包合同管理规定》,规定分包合同的评审采取两级评审模式,一级评审是指由分(子)公司、直管项目部的管理部门和领导自行进行的分包合同评审;两级评审指分(子)公司、直管项目部一级评审通过后再由宝冶合同预算部、工程管理部、财会中心、法律事务部以及需要参与合同评审的管理部门进行的二级联合评审。其中直管项目部分包合同全部采用两级评审;分(子)公司分包合同根据类别和合同额采取分级评审的制度,第一,单项合同额500万元(含500万元)以上的分包合同采取两级评审模式。第二,所有钢结构制作安装、纯钢结构制作(不含自有厂内分包)以及防水类的分包合同均采用两级评审模式。第三,除上述以外的分(子)公司分包合同采用一级评审模式。

2015年7月14日,修订《合同管理制度》,将承揽合同及分包合同评审分级进一步细化,国内承揽合同分级为一般情形、特别情形、重要情形、重大情形、特殊情形;直管项目及分(子)公司国内工程分包合同分级为一般情形、特别情形、重要情形、重大情形,加强了管理提升,进一步把控合同风险,维护公司的合法权益。

2016年10月,由于海外市场不断开拓,为了加强境外分包合同管理,规避市场风险,修订《工程分包合同管理规定》,将国外分包合同评审纳入两级评审范围。

2018年2月,修订《合同管理制度》《工程分包合同管理制度》,分别对分级标准进行调整。两份文件作为公司工程合同管理的业务指导、工作监管、责任评价以及各单位分包合同管理实施细则(办法)编制、修订的依据。

## 三、合同章管理

1993年3月20日,下发《关于颁发〈宝冶公司经济合同管理办法〉的通知》和《宝冶公司经济合同专用章使用管理办法》，规定宝冶及其所属各单位、处室，在对外签订经济合同时必须使用宝冶统一合同专用章，集团统一刻制、编号、下发，其他行政公章、业务章、自行刻制的合同专用章均不得使用，各分（子）公司合同专用章沿用至今，新成立分（子）公司按顺序编号、刻制、下发。未经核盖统一合同专用章的经济合同视为无效合同。

2003 年 6 月 20 日，宝冶《合同管理规定》中明确合同专用章由宝冶建设计财部编号、备案，经董事长、总经理授权二级分公司、区域公司（项目部）使用，签订合同必须使用合同专用章。

2013 年 11 月 8 日，修订《合同专用章管理规定》；2015 年 10 月 27 日，下发《合同专用章管理实施细则》，明确各类合同使用对应编号的合同章，不断规范合同专用章的管理。

### 四、合同台账管理

2015 年，公司开始对合同台账管理进行规范，同年 12 月 24 日，制订《合同台账管理规定》，要求按照分层建账原则，从二级单位及直管项目部、合同业务主管部门、合同预算部逐级上报，形成总部合同台账。

2018 年 12 月 26 日，修订《合同台账管理规定》，完善部分合同管理台账表样，并根据集团公司机构设置调整对应职责。

### 五、项目编码管理

为了项目管理业务需要，规范项目编码记录方式，本着项目编码“统一性、唯一性”原则，公司制定了项目编码的规则。实行 6 级编码：1 级为项目分类，最初分为建筑安装、产品销售、检修协力、其他项目四类，随着公司承接项目方式的转变，业务板块的丰富，后增加了房地产开发、设计/管理/设计管理、监理和咨询四类，共计八大类；2 级主要根据 1 级类别分为管理性质、成品分类等；3 级分类根据 2 级的工程性质、销售渠道、投资方向等进一步细化；4 级对应年份；5 级对应流水号；6 级对应资金来源。自此根据项目编码可清晰快速了解项目类型，提高劳动效率。

## 第四节　预结算管理

### 一、企业历年总产值

关于企业总产值不同时期有不同表述，大致为三个阶段。1978—1985 年期间名为“建安工作量”，1986—2002 年期间名为“企业四元产值”（四元指建筑施工、检修协力、加工制造、三资三产），2003 年后名为“营业收入”。

**表 7－5－3　建安工作量完成情况一览表**　　单位：亿元

| 时　间 | 建安工作量 | 增长幅度 |
|---|---|---|
| 1982 年 | 1.13 | — |
| 1983 年 | 1.37 | 20.79% |

(续表)

| 时　间 | 建安工作量 | 增长幅度 |
| --- | --- | --- |
| 1984 年 | 1.61 | 18.09% |
| 1985 年 | 0.73 | −55.00% |

表 7-5-4　四元产值完成情况一览表

单位：亿元

| 时　间 | 四元产值 | 增长幅度 |
| --- | --- | --- |
| 1986 年 | 1.976 5 | 0.00% |
| 1987 年 | 2.679 8 | 35.58% |
| 1988 年 | 4.315 2 | 61.03% |
| 1989 年 | 4.572 5 | 5.96% |
| 1990 年 | 4.972 3 | 8.74% |
| 1991 年 | 5.728 6 | 15.21% |
| 1992 年 | 5.772 6 | 0.77% |
| 1993 年 | 7.612 2 | 31.87% |
| 1994 年 | 11.831 1 | 55.42% |
| 1995 年 | 22.61 | 91.11% |
| 1996 年 | 27.05 | 19.64% |
| 1997 年 | 29.56 | 9.28% |
| 1998 年 | 24.558 | −16.92% |
| 1999 年 | 22.64 | −7.81% |
| 2000 年 | 25.5 | 12.63% |
| 2001 年 | 27.79 | 8.98% |
| 2002 年 | 31.47 | 13.24% |

表 7-5-5　营业收入完成情况一览表

单位：亿元

| 时　间 | 营业收入 | 增长幅度 |
| --- | --- | --- |
| 2003 年 | 33.90 | — |
| 2004 年 | 57.00 | 68.14% |
| 2005 年 | 67.00 | 17.54% |
| 2006 年 | 71.89 | 7.30% |
| 2007 年 | 90.20 | 25.47% |
| 2008 年 | 120.64 | 33.75% |
| 2009 年 | 121.80 | 0.96% |

（续表）

| 时　间 | 营业收入 | 增长幅度 |
|---|---|---|
| 2010 年 | 148.29 | 21.75% |
| 2011 年 | 161.05 | 8.60% |
| 2012 年 | 150.63 | −6.47% |
| 2013 年 | 161.37 | 7.13% |
| 2014 年 | 202.26 | 25.34% |
| 2015 年 | 260.48 | 28.79% |
| 2016 年 | 240.00 | −7.86% |
| 2017 年 | 260.48 | 8.53% |
| 2018 年 | 331.00 | 27.07% |

## 二、计价模式变化历程

**改革开放之后，根据建筑市场的发展变化，宝冶的预结算管理大致分为三个阶段：**

### 【预算包干模式（1978—1984 年）】

1978 年，宝钢基建工程由宝钢总厂工程指挥部向国家按概算包干，各分指挥部按单位工程定额预算加系数向宝钢总厂工程指挥部实行预算包干，单位工程预算的包干系数，按建安工作量包干系数分别为：工业建筑 5%，民用建筑 3%。

1979 年 10 月 20 日，上海宝钢十九冶分指挥部制订《关于一九七九年工程结算几项规定》，明确预算定额单价及有关费用的计算原则。

宝钢正式工程原采用上海市定额编制的预算，根据总指挥部的指示按 1979 年新编单价调整预算，间接费按冶金部 1966 年定额现行标准计算，不再计算 2.5%材料调价系数。现场材料采购保管费根据沪宝钢指基(78)第 525 号文及总指挥部会议讨论的精神规定为材料费的 1%，计入预算按直接费 0.8%增加。冬雨季施工费根据沪宝钢指基(78)第 525 号文规定暂按直接费 0.3%计算。

该时期承建的工程有：宝钢一期炼钢、宝钢一号高炉、宝钢一期动力设备（四座煤气柜）、能源项目给排水系统等。

### 【单一计价模式向多种计价模式转变（1985—1996 年）】

随着国家经济管理体制的转变，工程预结算管理方面出现一些新的变化，宝钢工程继续采用预算包干模式，外包工程存在总价包干、单项预算包干、单价包干、预算结算等多种计价模式。

该时期承建的主要工程有宝钢 2 050 毫米热轧、宝钢二号高炉、宝钢三号高炉、宝钢 1 580 毫米热轧等采用预算包干；上海川沙水泥厂扩建、上海地铁一号线徐家汇车站、上海河流污水 4.1 标彭越浦泵站、月浦水厂陈行水库、上海浦东耀华皮尔金顿二期浮法玻璃生产线、新沪钢铁厂二、四分厂“三废”迁建、上海香港广场基础工程、宝钢浦东国贸大厦、梅山一号高炉原地改造扩容大修、宝钢浦东国贸大厦工程等采用总价包干、单项预算包干、单价包干、预算结算等多种计价方式。

**【市场经济下灵活多样计价模式（1997 年以来）】**

随着市场经济加速转轨，计价模式呈现更加灵活多样的方式，主要有：总价包干计价模式、工程量清单计价模式、定额计价模式、概算包干等计价模式。

1. 施工总承包项目

大多以工程量清单单价计价模式为主。该时期承建的施工总承包工程主要有宝钢三期 1 550 毫米冷轧、宝钢宽厚板轧 1 标、二号高炉易地大修铁 2 标、宝钢宽厚板轧机连铸、宝钢浦钢搬迁罗泾工程（一步工程）、宝钢浦钢搬迁罗泾工程（二步工程）、中国（太原）煤炭交易中心展览工程、鄂尔多斯体育中心体育馆、万博广场总承包、珠海十字门中央商务区会展商务组团一期项目 BT 建设工程、台塑河静钢铁连铸工厂一期新建工程、标段五（716）6－1（601）游乐设施等 11 项（北京环球影城主题公园）、国家雪车雪橇中心、昆山金融街一期 A＃、B＃、C＃、D＃、E＃、F＃、G＃及地库工程、长春龙翔国际商务中心等。

2. EPC 项目

从 2016 年起，随着 EPC 模式在国内的推广，宝冶逐步从施工总承包向 EPC 工程总承包模式转变，该类项目是设计、采购、施工一体化，计价方式主要采用 EPC 总价包干，部分采用总投控制，定额计价下浮结算模式，费用控制前移到前期的初步设计阶段，衍生出费用控制上限即设计概算。该时期承揽的 EPC 项目主要有上饶筒子坞棚户区改造、唐山体育中心总承包、涿州市职教园一期设计施工总承包、中原新区北部片区改造项目安置区建设项目 EPC 总承包（第一标段）、中芯宁波特种工艺集成电路芯片制造 N2 项目 EPC 总承包、中山大学·深圳建设工程项目设计施工总承包（I 标）等。

3. PPP 项目

随着 PPP 项目的兴起，宝冶紧随时代改革大潮积极开拓 PPP 市场，逐渐向全产业链全生命周期工程服务商转变。PPP 项目的费用模式为投资总控加建安工程下浮，对项目前期可研阶段的投资估算有更高的要求，项目中标后，费用管控重心转向初步设计阶段的投资概算。承揽的 PPP 项目主要有南京浦口新市政项目、贵阳市轨道交通 2 号线二期、十堰市武当路复线与三峡工程、安阳市文体中心建设工程、衢州市体育中心、富阳区亚运射击射箭现代五项馆及银湖安置房建设 PPP 项目等工程。

## 三、二三次经营管理

2016 年，为加强工程的精细化管理，充分挖掘项目降本增效的潜力，提高项目二、三次经营的效益，同年 5 月合同预算部正式成立“二、三次经营”工作小组，并在 6 月组建《二、三次经营管理手册——造价分部》的编写组。同年 12 月，发布《工程项目二次经营管理手册——造价分部》。

2018 年，为进一步推动项目二、三次经营工作的进展，拟定以案例的形式，将以往项目上操作成功的经营点、开拓创新的经营方式等进行推广，将理论知识与项目实际紧密联系起来，以直观浅显的方式展示经营点在项目上的实际运用，结合完成结算的项目情况，筛选典型案例，案例覆盖全部工程类分（子）公司，类别包括民用建筑、工业厂房、总承包项目、专业工程项目（市政、钢构、机电、装饰装修）。截至 2018 年底，编写完成 16 个项目，并在 OA 平台共享。

## 四、项目结算推进管理

2012年，为有效降低应收账款规模，充分调动项目结算相关责任人工作积极性，合同预算部于9月制订《关于推进已完未结工程结算考核的通知》，明确结算要求，考核内容，奖惩办法。

2013年6月，合同预算部推行《已完未结重点关注项目结算推进表》，并增加《项目结算表附表》，针对直管项目预计结算值大于3亿元的项目采取进一步的严抓细管措施，每周跟踪了解项目的结算动态，推进已完未结项目的结算进度。自此合同预算部开始对项目结算推进进行规范化管理。

2016年，为有效应对项目工期风险、工程造价风险及竣工风险，下发《关于开展项目工期、结算、资料归档日常风险监控工作的通知》，对在建项目工期、竣工项目资料归档及结算推进实行月度监控制度，该制度执行以来，对已竣工项目的结算工作推进起到良好的作用。合同预算部为进一步提高工作效率，简政放权加速推进已竣工项目结算工作，于5月制订《关于调整已竣工项目结算推进监控预警指标的通知》，将各风险事件层级的指标进行调整，从风险的高低分为了A、B、C、D四类，分别采取不同监控方式。

2017年，为加强已完未结工程结算的推进、降低未结项目结算规模，并进一步提高风险管控意识和管理效率，充分利用分级管理模式加强对项目风险的预警和监控工作，加快资金回笼，促进“两金”压降。于10月制订《关于建立在建项目已完未核工作量预警指标和调整已竣工项目结算推进预警指标的通知》，明确在建项目已完未核工作量预警指标分级标准并调整已竣工项目结算推进预警指标的分级标准。通过对已完未结及已完未核的分级管控体系，形成项目责任人、分（子）公司领导、宝冶部门、宝冶领导等分级关注并联动推进机制。

同年10月，为加强各二级单位结算工作的监督与考核，保障公司各项指标的顺利完成，合同预算部制订《关于加强各二级单位结算工作考核的通知》，根据该文件的要求，对各二级单位的“已完未结项目指标”“预计应收款指标”“去年存量消减指标”“今年新增竣工超半年项目指标”“完工超一年项目指标”和“已完未核工作量指标”进行考核，并对这6项指标的数值分级评价。每月综合评分将作为年度二级公司系统工作的评价依据，并于2018年作为平衡积分卡考核指标之一。

# 第五节　项目成本管理

## 一、工程项目成本管理历程

1991年4月，宝冶实行质量成本核算管理，统计核算与会计核算相结合，以统计核算为主，逐步向会计核算过渡。质量成本核算采取三级核算的形式，宝冶、工程公司、工程队（厂）均为质量成本核算的责任中心。

2004年，财政部要求，在建筑施工企业全面推行建造合同准则，一举改变施工企业的成本管理和核算模式，同时也对项目成本管理提出更高要求。同年5月19日，宝冶制订《建造合同工程预结算报表管理规定》，规范建造合同会计准则中“工程结算”科目的核算，贯彻落实建造成本管理理念。

2005年，为在项目过程管控中对成本及预期利润进行动态控制并适时纠偏，同年10月26日下发《项目成本策划管理规定》,要求项目成本策划应涵盖初始成本策划、项目部成本策划及项目过程成本策划,促使项目成本管理工作逐步实现制度化、统一化、系统化和标准化。随着计价模式的改变,为规范和加强工程预结算系统管理工作,健全公司预结算管理体系,实现工程预结算人员资源优势、信息互通,同年制订《工程预结算管理规定》。明确各级工程管理部门及人员的预结算职责,为了彻底扭转因预算人员分散而造成预算编制滞后而影响工程竣工结算不能按时完成的被动局面,公司将工程预结算人员按施工区域相对集中进行管理,形成预结算人员专业配套、力量集中,快速编制施工图、设计变更、现场签证等收入与支出预算,最终实现项目效益最大化。

2009 年,为扭转项目经济运行管理粗放的状态,进一步强化降本增效的管理机制,明确项目成本管理的各岗位职责,如实及时反映工程项目的成本,规范、完善项目成本确认相关的各项原始记录,建立、健全各项成本列支的填报及审批制度,同年 1 月 3 日,下发《关于执行工程项目建造合同成本管理的通知》,对宝冶直管项目部的建造合同成本管理做了统一规定。同年 8 月,为加强分包合同管理,制订《分包合同管理规定》,全面推行工序劳务分包,要求民用建筑领域严格实行工序劳务分包,工业建筑领域倡导实行工序劳务分包。同年 12 月,修订《项目成本策划管理规定》,明确对项目成本采取事先预测、期间控制、定期核算与分析,进行全过程全方位的管理。

2014 年 10 月 7 日,修订《项目成本策划管理规定》,从项目管理阶段和成本要素两个维度详细描述了责任成本、目标成本以及实际成本的编制依据、原则和流程,对于影响责任成本控制的调整因素进行分析,为工程建造合同报表提供指导性的依据。同年 12 月,制订《分包工程结算管理实施细则》,开创分包结算二级复审先河,实施细则明确一级审核和二级复审的分包结算模式,规范结算会签和记录的方式方法。通过对实体工程、大临工程及机械租赁增设二级专业复审程序,严格设置专业复审人员准入门槛,对二级审核质量提出较高的要求,同时对复审过程中出现的问题制定严格的罚则,借此提高风险管控能力。该细则的实施改变以往"预算人员和项目经理"签字就可结算的管理模式,加强公司分包工程的结算工作,规范分包结算行为,使分包结算工作规范化、程序化,尽可能减少支出漏洞,以实现最大限度降低工程成本的目的。

2016 年 7 月 24 日,制订《工程项目成本管理规定》,推行建立"目标明确、责任清晰、过程规范、奖惩落实"的责任成本管理模式,强化全员、全要素、全过程的成本管控,提高精细化管理水平,实现企业的"降本增效,提质升级",使成本管理规范化、制度化又前进了一步。同年 7 月 15 日,为规避项目缺少预算控制的风险,提高施工图预算编制的准确性和时效性,修订《工程项目预结算管理规定》,明确要求按照合同金额的不同,在规定时间内编制完成施工图预算。

## 二、企业预结算价格体系建设

2015 年下半年,为完善企业价格体系,形成企业中标价格水平与成本管控的标尺,为投标与成本策划奠定基础,更好地指导分(子)公司深入开展工程项目施工成本管理,不断提高成本管控水平,合同预算部着手创建本企业预结算价格体系,合同预算部成立编写小组,归纳总结系统业务知识,收集分析项目分包合同经济数据,于 2016 年 5 月,依据同类工程已签订的分包合同平均价格水平并结合当前的市场行情综合考虑,发布了华东地区的《工程项目施工费用指导价》。

2018 年 9 月,更新华东地区的指导价,新增了华南、华中、华北、西南等区域的指导价,并对原土建、钢构、机电专业工程价格进行调整和更新,新增了土建(海外)、装饰装修专业工程价格,从而使企业内部价格体系更加完善。该版指导价已在 OA 系统上发布执行。

## 三、标准化管理

围绕工程项目成本管控的手段和措施，在过程操作、系统考核、监督与服务、沟通与协同以及信息化管理方面积极开展标准化工作，大力缓解分(子)公司及直管项目部预算人员能力不均，管理记录不规范、标准化程度不高引起的结算障碍、管理不顺的矛盾。

**【预结算手册标准化管理】**

2014年上半年，合同预算部根据集团公司相关管理文件，结合预结算系统的管理流程和管理要求，首次把预算系统内部积累的管理经验，通过格式化文本的方式加以归纳，7月正式推出《工程预结算规范管理实施手册》。包含项目信息简况、台账规范管理、预算规范管理、建造合同成本规范管理、结算规范管理以及资料归档规范管理六大板块的规范管理内容，涉及44张管理记录，并且通过关联表将管理记录从时间维度、业务维度两个方面进行关联，使不同管理能力的人员通过实施手册能达到大致相同的管理效果。

2018年，公司对管理文件体系和授权体系进行梳理，并全面启动标准化管理工作手册编制工作，按照业务职能划分，撰写《合约法务管理手册》(合同管理篇)、《采购管理手册》(分包采购招标篇)、《成本管理手册》(项目成本管理篇)三本管理手册，为实现公司"规范统一、简捷高效、易执行、易考核"奠定基础。

**【系统考评标准化管理】**

2018年，根据集团公司精细化管理的进一步深入，部门的系统管理采用平衡计分卡进行，合同预算部从财务、客户、内部运营和学习成长等四个维度，通过24个细分指标对系统的职能战略目标进行分解细化，制定本系统的战略地图、平衡计分卡和行动计划表，明确系统业务管理的终极目标为：一是项目收入成本受控，提高盈利能力；二是加快确权，加速存货转现速度。并通过各种量化指标对分(子)公司系统管理进行全面绩效评价，确保系统为公司平稳快速发展保驾护航。

**【系统业务巡检机制】**

随着宝冶的转型，直管项目逐步减少，分(子)公司规模不断壮大，合同预算部针对管理模式做出改变和创新，为促进分(子)公司的规范化管理，求同存异，寻找规范化管理的着陆点，加强对分(子)公司的业务监督、管理、指导和服务。

2014年，合同预算部在全公司范围内启动了巡检机制。巡检机制包括分(子)公司的巡检计划，详细的巡检方案，设计不同的检查记录模板和分析指标，从合同管理和预结算管理两大部分进行检查，同时对重点项目或效益不理想的项目进行收入和成本盘点以及盈亏分析。

2015—2016年，从巡检制度建设到深入检查实施转变，为工程项目"管住成本、管出效益"，为公司上台阶做好服务工作。部门管理人员不定期的深入各分(子)公司和直管项目部围绕"预算编制、合同管理、制度建设"开展业务工作的检查和监督，采取专项检查和常规检查相结合的方式，深入做到直管项目部和分(子)公司检查工作的全覆盖。并对暴露的问题及薄弱环节采取专题讲座宣贯和专项整改的方式进行纠偏。

2017年，随着集团化管控的提出，巡检工作进行调整，加强分(子)公司预算系统人员的参与性，对分（子）公司承揽的项目要求进行前期策划、过程自行检查和后期盘点，以此灌输项目全过程管控的理念，培养和提高分（子）公司预算人员的业务能力。

2018 年，巡检工作重点是检查预算系统建设、制度建立、业务管理流程的完善性、规范性。并对系统建设较弱的分（子）公司加大项目检查数量，以此反映系统管理短板，针对性帮扶、指导、服务，促进系统改进，体现“集团管总、系统主建、实体主战”的管理理念。

**【预算指标管理及内部协同】**

2000 年，为建立有效的激励和约束机制，加强项目过程控制管理，促进工程项目管理目标的实现，追求工程项目效益最大化，经营计划处开始对项目预算责任指标进行测定。预算指标以“项目利润指标及统计成本管理”体现，以各专业预扣利润，兼顾过程管理为侧重点，主要表现为项目部为指挥部，行使管理职能，对管理费用进行控制，各专业由二级单位具体实施，由公司对分（子）公司下达项目上缴利润率，通过项目部收取。同年 11 月 3 日，宝冶与项目经理签订了第一份“二级管理责任书”——《项目管理责任书》武钢二热轧主轧线工程，开启预算管理新模式，后陆续签订马迹山工程、宝钢 2 号彩涂机组工程、浦东工程、克虏伯不锈钢工程等。

2001 年，随着项目管理模式的逐步演化，项目部除行使总包管理职能外，部分施工内容由项目部自行发包进行管理，于是出现项目部自行施工与二级单位参建并行的“一拖二”管理模式。预算指标以“责任成本”体现，以降本增效为侧重点，项目部可以将部分工程自行分包并控制成本，对于内部专业公司参与的部分工程，成本管控以各专业公司为主。同年 11 月 18 日，宝冶与项目经理签订了第一份“一级管理责任书”——《项目风险抵押经营承包责任书》新余钢厂工程，向项目要效益，拉开增效创收的新帷幕，后陆续签订了山西海鑫工程项目、芜湖奥林匹克体育场工程、涟钢炼铁工程、涟钢热轧工程等。

2003 年，宝冶在项目上大力推行《项目管理目标责任书》，大量的直管项目管理模式形成。主要由部门进行测算后将项目责任指标纳入项目经理责任书，项目实际利润情况与项目部员工的绩效进行挂钩，超交利润部分项目部进行分成。预算指标以“上缴利润指标和预结算控制指标”体现，不仅侧重开源节流，还加强了对项目过程管理的考核，考核内容更丰满更富有风险管理的意识。项目部可以将全部工程自行分包并控制成本，也可以寻求内部专业公司合作，更趋向于市场化运作。同年 1 月 22 日，第一份项目管理目标责任书——缅甸纸浆厂设备安装工程签订，自此直管项目创收增效，开启项目管理经济新模式，后陆续签订了江阴长发耐指纹钢板主厂房及电镀锌机组土建安装、宝钢集团一钢公司不锈钢、杭钢转炉改造、威宇科技一期、宝钢二高炉易地大修、宝钢宽厚板、宝钢能源工程、宝钢连铸工程、广州大学城、南钢宽中厚板卷工程轧钢项目之主轧区标段、山西太钢 4350 高炉Ⅰ、Ⅲ标段、河南安钢 120 吨转炉炉卷轧机、昆山龙腾光电工程等。

2016 年，宝冶“四五”规划落地，明确以区域公司为纽带，进一步抢占细分市场，发挥专业优势，强力提升“宝冶钢构”“宝冶安装”“宝冶装饰”的市场品牌地位，力争发展“宝冶钢构”成为中国钢结构行业的领跑者，发展“宝冶安装”成为高端民建专业公司，发展“宝冶装饰”至国内知名品牌，实现专业公司做强做专的目标。为规范分（子）公司在本单位主业定位范围内开展工作，以主业定位和核心技术为中心，以宝冶利益的最大化为原则，充分调动各单位积极性的同时兼顾各单位自身利益，发布《关于工程总承包项目专业业务内部分工的通知》，明确了专业业务分工原则及费用划分原则，除投融资和 PPP 项目采取一事一议方式外，其他项目预算指标以“总包管理利费”体现，以专业工程自行完成收入（不含转账的业主甲供设备及材料产值）为计费基数，计费标准固定为钢结构

2%、机电 4%、装饰 5%，总承包项目部除上述专业工程外自行分包并控制成本，对上述专业工程以协调施工为主。

2017 年，为进一步规范专业单位在总承包项目正常开展工作，发布《关于执行总承包项目专业业务内部工作量确认及工程款支付的实施细则》，对专业分工原则进行了细化，明确内部工作量确认原则、内部单位分摊费用原则和工程款支付原则。这一举措目的在于降低总承包公司与各专业公司内耗成本。为加强内部协同，理顺总承包与专业公司的责权利，提升项目总体竞争能力，合同预算部开始内部分工和协同的管理工作。同年出台第一份区域公司总包专业公司参与的内部任务分工单为“合肥长鑫电子 12 吋存储器晶圆制造基地项目钢结构任务分工及费用划分原则”，自此开启内部计划分工与内部市场并行的项目管理模式。

2018 年，针对承揽的 PPP、BT 等融资项目，合同预算部发布《关于投融资项目各参建单位上交综合指标的核定原则》，确定参建的各分(子)公司预算指标统一上缴的计算原则。预算指标以“上交集团综合指标”体现，根据已批复的可行性研究报告中明确的施工预计毛利率通过既定比例进行差额累加确定参加的各分(子)公司上交集团综合指标。主要工程有南京市浦口区新市政项目、宁国市城北新城综合开发 PPP 项目、溧水区洪蓝新市政综合建设 PPP 项目、贵阳市轨道交通 2 号线二期工程 PPP 项目、巩义市城区基础设施完善提升 PPP 项目等均下达内部分工及费用核定单。

**【信息化工作管理】**

1. NC 系统

随着宝冶经营规模的不断壮大，项目数量增多，靠手工进行数据的归集和传递已经无法满足快速发展的要求。宝冶拟定通过信息化实现数据的自动抓取，报表自动生成、管理上下贯通，信息集成应用。2014 年，宝冶将 NC 系统作为集团公司的项目综合管理平台。同年 12 月，合同预算部积极响应集团公司以预算为基础管理项目的思路，完成预算系统的《需求分析报告》，目的使预算人员回归到项目预算编制、管理和项目二三次经营的工作重心上来，提高项目效益。

2015 年 11 月 16 日，支出类合同正式上线；2016 年 3 月 1 日，分包付款正式上线，自此结束线下付款流程；2019 年 4 月 1 日，预算管理模块在建项目正式上线，实现该功能后可自动生成在线报表。

2. 五矿电商平台

2016 年，为响应五矿集团及中冶集团对全面推行上网采购的要求，合同预算部编制《五矿集团电商平台工程与服务采购招标操作手册》，设定上网率目标，对各二级单位进行精准指导和检查。

2016 年 4 月 21 日，合同预算部发布“一般情形”以上的招标项目必须进行电商采购的通知。2017 年 1 月 9 日，直管项目部的招标项目不分情形全面进行电商采购。2017 年 11 月 21 日，分(子)公司的招标项目不分情形全面进行电商采购。

3. 中冶合同管理系统

2018 年，中冶合同管理台账系统是中冶集团主导开发的系统，旨在全面掌握各子企业的经营管理情况，合同预算部对项目的签约、履约、预结算等情况填报并形成报表。

## 第六节　项目分包招标管理

2004 年，计财部制定的《合同管理规定》(QG/SBC JY 79－2004/A)中，提出分包合同的管理应包括对分包项目的招标、评标、谈判和分包合同的订立。

2009年,预结算中心制订了《分包合同管理规定》(QG/SBC JY 254-2009/A),规定在合同预算部审核同意的分包最高限价范围内,直管项目部应向资质等级高、信誉良好、业绩优良的分包单位发放招标文件,可以通过比价、议标等评标办法,确定分包单位。

2010年,为加强和规范宝冶内部分包、采购行为,增强项目分包、采购工作透明度,有效规避“低入高出”的情况发生,维护公司的合法权益,同年10月15日,制订《工程项目分包(采购)招标实施细则》(QG/SBC SG 276-2010/A),该实施细则明确了分包招标工作从招标计划、招标文件及分包单位资质审核、开标、评标、议标、定标等每一阶段的管理职责、管理内容和管理记录,并明确了评标定价方式,尤其是对联合招标和委托招标进行了明确的定义,规范招标文件的编制格式,制定“合理低价”的分包中标原则。

2016年,为规范宝冶工程和服务采购行为,防范采购风险,保证采购质量,控制采购成本,提高经济效益,约束直管项目部及分(子)公司开展工程和服务的采购活动,并配合五矿集团及中冶集团对全面推行上网采购的要求,同年2月24日制订了《工程和服务采购招标管理规定》,该文件明确公司工程采购、服务采购、公开招标及邀请招标的定义,要求合同预算部及分(子)公司的合同预算部成立招标管理办公室,并根据招标金额对直管项目部和分(子)公司按一般、特别、重要、重大四种情形进行分级管理,分级标准详见附表《工程和服务采购招标文件评审分级标准—直管项目》《工程和服务采购招标文件评审分级标准—二级单位》。

2018年1月10日,合同预算部根据公司对集团化管控的思路——集团管总、系统主建,实体主战,合同预算部召开了分级授权专题会,为提升管理效率,全面授权分(子)公司自行招标。同年5月,合同预算部修订《工程和服务采购招标管理规定》,本次修订明确了招标管理原则模式:公开招标是原则,邀请招标是例外。并明确分级管理原则:公司和二级单位按照层级及授权管理关系,分别管理各自的工程及服务采购招标活动,二级单位内部不设置分级标准。同年12月,为适应公司精细化管理要求,再次修订《工程和服务采购招标管理规定》,扩大服务采购范围,加入设备维修维护服务、评估服务、法律服务、培训服务、物流服务、信息系统的建设及运营、技术开发、审计服务和物业服务。明确公开招标文件必须设定缴纳保证金条款。自此,分包工程和服务采购涵盖范围更广,各项经济活动均纳入招标范围,使投标单位竞争更加充分有效、公平公正,管理更加透明规范。

# 第六章 人力资源

## 第一节 机构沿革

1978年下半年,劳动工资处、组织处、干部处随十九冶分指挥部从武钢"一米七"热轧工程转战上海。次年1月,更名为上海宝钢工程指挥部十九冶分指挥部劳动工资处、组织处、干部处,组织处负责干部管理,劳动工资处设调配科和工资科,后增设劳动定额科。

1983年9月19日,为精简机构,将干部处合并到组织处,集体企业管理处合并到劳动工资处。次年12月12日,劳动工资处更名为劳动人事处。

1987年4月7日,为改进和加强干部管理工作,公司成立党委组织部,党委组织部是负责宝冶党的组织工作部门,也是宝冶管理干部的机构,统一管理全公司的各类干部。撤销劳动人事处,恢复原劳动工资处,其干部管理业务划归组织部。同年12月,党委撤销组织部,行政成立干部处;干部处负责干部的管理工作,老干部工作,知识分子、侨务、民族事务工作等。次年7月28日,为保证公司领导体制改制后干部工作的正常运行,理顺公司干部处和党委办公室的职责,行政干部的考核、任免、奖惩,由干部处办理具体事宜;党群干部的考核、任免、奖惩,由党委办公室办理具体事宜。干部的吸收录用工作(包括自然减员补充,招聘、从工人中聘用等)行政系统的由干部处办理手续,党群系统的由党委办公室办理手续,对外业务联系工作统一由干部处归口办理。

1991年11月12日,成立人才开发中心,由劳动工资处负责管理。

1994年2月26日,将原干部处的干部管理职能与原劳动工资处职能合并成立劳动人事部,原干部处的组织、统战、老干部管理职能划归新成立的党委组织部,部内不设科。同年6月2日,为搞活用工制度,合理调整劳动组织,加强对农合工的管理工作,调动农合工的工作积极性,真正形成外部劳务市场,成立宝冶外省市劳动力管理办公室(简称劳务办公室),劳务办公室是宝冶对外地劳动力管理的职能机构,由劳动人事部管理,人员不属机关部(室)编制。

1997年2月14日,为加强劳动人事管理工作,劳动人事部下设干部管理科、工人管理科、工资计划科、综合管理科。次年5月25日,劳动人事部分为干部处和劳动人事处,干部处和党委组织部职能合并,实行一个机构、两个牌子,受党委及行政双重领导,干部处主要负责助理以上干部和领导班子建设,兼管机关人事和企业外事出国审批综合归口,设立老干部管理办公室,负责离、退休干部管理。劳动人事处负责人力资源和劳动合同、技术干部综合管理和员工调配、劳动力计划与劳动定额、工资、社保统筹和再就业管理等,兼管机关劳资和企业培训工作综合归口,汇总培训需求,提出员工培训计划,由教培中心实施。

2000年12月27日,劳动人事处主要负责人力资源管理、工资管理、人工费用控制管理,工资总额及相关费用管理,个人所得税管理,员工人事管理,再就业工资,社会保险统筹综合管理。下设人力资源科、工资科、员工管理科(再就业中心)、社保科。

2003年2月27日,设立人力资源部,负责员工管理、工资管理、人力资源管理、社会保险统筹管理、人事管理委员会办公室及项目结束后的项目一般管理人员集中管理,组织培训等职能。

为解决好公司改制分立后离、退休、内部退养人员管理,2003年6月,宝冶养老保障中心正式揭牌,共集中管理离、退休、内部退养人员 8 800 余人。

2004 年 5 月 9 日,人力资源部增加员工福利管理职能,此时部门职责有人力资源管理、员工管理、专家、技师系列评聘管理、职称评定管理、员工劳动合同、岗位聘用合同管理、薪酬社保管理、外劳力用工管理、员工福利管理及机关总部员工福利。次年 5 月 27 日,人力资源部增加"完善人力资源管理体系"、"项目人员管理"、"监测和识别职业病危害岗位,识别、评价、更新可能造成员工职业病的环境因素和危险源,职业病的日常监控和事故调查"和"特种作业人员证书管理"职能。

2006 年 7 月 25 日,人力资源部在原职能基础上增加宝冶派出董事、监事管理;职工董事资格、职工监事资格管理;企业内退人员及职工遗属事务管理职能。次年 3 月 3 日,人力资源部增加培训效果评估;人才培养、建设与培训;公司职位体系设计;项目管理班子配置,项目部待聘人员管理;中层以上干部交流管理;养老保障管理;员工持股策划与实施;员工退养等职能。此时人力资源部主要职能有组织人事管理、员工管理、人才培养建设与培训、薪酬社保管理、员工福利管理、养老保障管理、培训效果评估、员工持股策划与实施八大职能。

2008 年 2 月 29 日,将专家管理中专业技术、经营管理人才队伍建设与培养职责调整至人力资源部。次年 3 月 9 日,人力资源部的职能为组织人事管理、员工管理、人才培养建设与培训、薪酬社保管理、员工福利管理、养老保障管理、培训效果评估七大职能。

2013 年 4 月 15 日,人力资源主要职责为组织人事管理、人力资源规划管理、员工管理员工培训与人才队伍建设管理、薪酬与社保管理、员工福利及职业健康管理职能。

2015 年 3 月 27 日,宝冶增设党委组织部,与人力资源部合署办公,明确党委组织部负责干部队伍建设;人才队伍建设;干部教育培训;干部监督管理。同时将员工职业危害岗位识别职能划出。此时,人力资源部职责规范为组织部工作、人事管理、人力资源规划管理、员工管理、员工培训与人才队伍建设管理、薪酬与社保管理、员工福利及职业健康检查职能。

截至 2018 年底,人力资源部职能未发生调整。

## 第二节　人员情况

### 一、职工队伍

1978 年,分指挥部参加宝钢工程建设,职工主要从武钢"一米七"热轧工程分指挥部和渡口十九冶陆续调来,到 1981 年共有职工 1.34 万人。1986 年初从上海市崇明县录用 700 人农村户籍合同制职工,1986 年 7 月,公司共有正式职工 14 363 人,人员构成以工人为主共 12 043 人,干部人数 2 320 人。

1986 年,劳动用工制度中新增工人岗位开始从固定工向劳动合同制逐步转变,由上海市劳动局批准新增劳动力计划指标,新招工人实行劳动合同制,新增干部仍以大中专毕业为主,主要来源为冶金工业部所属各高校。

1994 年,随着宝钢工程陆续结束,宝冶为优化职工队伍结构,照顾单身老职工家庭困难,开展职工提前退休工作,当年办理退休、提前退休手续职工共 2 761 人。

80 年代、90 年代,宝冶为改善人力资源结构,优化职工队伍文化程度、专业配置,陆续从全国大中专院校吸纳优秀毕业生,1987 年至 1999 年共引进 1 710 人,有力支持宝钢一、二期工程建设和公司产业转型升级。

2003 年，宝冶进行分立改制，成立上海宝冶建设有限公司，改制完成后宝冶共有员工 5 177 人，其中作业、服务岗位人数 2 487 人，管理专业技术人员 2 690 人。

2006 年，宝冶实施主辅分离改制工作，当年共减少合同制员工 404 人，员工中作业、服务岗位人员进一步减少，作业、服务岗位人员采取工程分包和劳务分包方式。在部分一线基层管理技术岗位采用劳务用工方式。

2005—2014 年，宝冶新增员工基本为应届高校毕业生，在这期间共录用 2 015 人，到 2015 年 8 月公司共有员工 5 011 人，其中作业、服务岗位 715 人，管理专业技术岗位 4 296 人。

2016 年 11 月，中冶东方工程技术有限公司整体并入公司，共划转员工 483 人，人员构成主要为冶金工程设计人员，宝冶建立起冶金工程全产业链人力资源结构，到 2017 年 12 月，共有员工 5 236 人，作业、服务岗位人员 556 人，管理专业技术岗位 4 680 人。

2018 年 4 月，按照中冶集团要求，公司钢结构工程公司人员和上海宝冶钢结构有限公司整合至中冶（上海）钢结构有限公司，当年末共划转 503 人。

2018 年 11 月，中冶华天包头设计研究总院有限公司整体并入宝冶，共划转员工 409 人，人员构成涵盖建筑设计、市政设计、环境评价、工程咨询监理等多专业，到 2018 年 12 月，共有员工 5 726 人，作业、服务岗位人员 462 人，管理专业技术岗位 5 264 人。

经过 40 年的发展，宝冶人力资源结构已从传统建筑业劳动密集型结构，转变为知识型、专业型、产业型结构，为宝冶实现全产业链、全生命周期工程服务商战略目标奠定坚实的人力资源基础。

## 二、管理方式

20 世纪 80 年代初，宝冶人员管理按照干部、工人身份进行管理，干部管理按照职务行政级别，工人按照工种技能等级，按照管理权限，公司领导由冶金工业部考察、考核任免；公司处级干部的任用，由公司内部进行考核后，上报冶金工业部人事司批准；公司科级干部的任用，由所在二级单位考核后公司审核批准。

1983 年，制定公司《职工奖惩条例实施细则》，开始从制度上实施对企业职工管理。

1984 年，根据国家干部管理权限下放的精神，公司党委把科级以下干部管理权限下放到二级公司，实行老人老办法，新人新办法，从当年 7 月起，对新任用科级干部和一般干部采用聘用制，当年新聘用科级干部 33 人，聘用期二年，同时免去 23 名科干，改做一般工作。

1991 年，劳动人事分配制度改革全面展开，宝冶人才开发中心宣告成立。次年，首批落聘和未被组合上岗的职工到宝冶人才开发中心报到，标志着宝冶的人事制度改革迈出实质步伐。

1993 年，宝冶劳动工资由宝钢集团管理，公司劳动工资主要数据向宝钢集团报送，在内部按照宝钢集团要求进行管理。

1994 年，《中华人民共和国劳动法》颁布，公司结合上海市地方法规要求，制定全员劳动合同制实施方案，在 1996 年底，公司全员签订劳动合同，标志公司在劳动用工方式的重大调整。同时，制定颁布《岗位聘用管理办法》，对员工岗位采取聘用制，设定岗位聘用期限，打破岗位聘用终身制。

1996 年，上海市对部分困难国有企业职工开展再就业工程，公司在 1998 年相应成立再就业中心，对分流、下岗职工采取多种渠道进行安置，这些措施确保职工队伍稳定。

进入 21 世纪，宝冶在人力资源管理向先进企业看齐。2003 年，上海宝钢冶金建设公司分离改制为上海宝冶建设有限公司和上海宝钢冶金建设公司。2003 年后，公司制定、完善了人才招聘、劳动合同管理、薪酬分配、绩效考核、人才培养开发等多项人力资源管理制度，公司人力资源管理全面步入制度化、规范化。

2016年，宝冶制定、颁布“四五”战略规划，人力资源同时制定相应规划。2018年，公司提出“75521”人力资源战略目标，在人力资源配置上向全产业链、全生命周期工程服务商方向推进，开展人力资源制度建设标准化，人力资源配置属地化，管理控制平台化，基础管理信息化，人力资源建设适应企业发展的需要，通过与先进企业对标学习，推动企业的发展。

## 第三节 体系建设

### 一、制度建设

分指挥部入沪建设宝钢工程初期，管理制度执行国家政策及宝钢工程指挥部相关政策和文件，随着宝钢工程建设推进，分公司在1984年对分配制度、劳动人事和劳动组织进行初步改革。一是在分配制度上采取层层承包办法，公司对二级单位采取百元产值含量包干和工资总额包干两种形式，对职工分配上一线工人采取计件工资制，对二、三线和管理干部把部分基本工资、施工津贴与奖金一起浮动。二是劳动人事改革则结合国家在企业实行经理负责制，分公司在部分二级单位调整中推行副经理由经理提名制度。三是劳动组织改革要求基层单位有领导、有组织推行自由组阁，通过从上至下组阁、从下至上民主选举、毛遂自荐三种方式，使“组阁”人和被“组阁”人双方满意。对二、三线组阁下来人员，原则上安排到一线工作，给予物质奖励和政治荣誉。二、三线人员所占比例从29.3%下降至8月份23.8%。通过改革有效提高劳动生产率，确保宝钢工程一期顺利投产。

1985年后，公司在劳动用工、工资进一步加大改革力度，逐步打破计划经济体制下僵化的劳动用工和工资分配体制，一是按照国务院颁布四项《暂行规定》和上海市劳动用工制度改革要求，对新招用工人实行劳动合同制，并在1986年、1987年分别制定《关于实行合同制工人管理办法的通知》和《宝钢冶金建设公司关于贯彻执行〈上海市国营企业劳动合同制实施办法〉的实施细则的通知》。二是针对宝钢工程建设对劳动力需求，在贫困地区招用计划外短期劳务工和季节工，充实一线劳动力。三是按照国家劳动人事部《关于印发〈国营企业工资改革试行办法〉的通知》和《关于印发国营大中型企业职工工资标准的通知》文件精神，改革工资制度，实行干部29级制和工人8级正副级工资制度。1988年，公司首次进行工资结构改革，在工资结构中增加岗位工资，在岗位工资管理上要求薪随岗变，对打破计划经济下“铁工资”具有重大意义。1989年，公司再次进行工资结构性改革，增加年功工资和效益工资单元，形成具有宝冶特色工资分配形式。1990年至1996年，宝冶通过每年工资调整，逐年提高岗位工资在工资分配中的比重，引导广大职工以岗位和工作绩效作为薪酬分配依据的正确导向。经过十余年劳动人事改革，公司建立较为完善劳动用工、工资分配制度。

2000年，宝冶在人力资源工作上进一步深化改革，一是在部分二级单位试行以岗位工资和绩效奖金为结构的工资分配形式，进一步提高工资分配激励作用，二是在人力资源配置上推行以直管项目部组织形式的集中配置模式，三是建立工程项目关键管理岗位人员取证、业务提升培训体系。2003年，公司改制分立后，制定颁布了《人力资源管理程序》《岗位绩效工资实施方案》《岗位聘用管理规定》《员工培训管理规定》等文件，规范薪酬分配、岗位聘用、人才培养工作。

2006年，宝冶在江苏南京成立第一个区域公司，公司人力资源配置实行属地配置，改变公司人力配置单一渠道，后续在广东广州、辽宁沈阳陆续成立区域公司。2014年，公司加快产业的地域布局，步入快速发展通道，2016 年，经过调研颁布《关于发布“各区域分公司所在城市社会保险、住房公积金及落户条件”的通知》，决定将以区域分公司名义独立开展劳动用工工作，人力资源配置渠道进一步扩展，区域公司人员配置逐渐成为公司人力资源供给主渠道。

2017—2018 年，公司提出“集团化管控年”和“标准化管理年”，人力资源将人才引进、人才培养作为工作主线，加强与全国各高校联系，通过招聘宣传，提升公司品牌知名度，2017 年招聘 466 人，2018 年招聘 670 人，为公司历史最高，高等院校质量、学历层次不断提升，为后续持续扩大招聘规模奠定基础。2018 年，全面修订各项人力资源制度，在业务不减少前提下，压减管理文件数量，按照人力资源业务管理要求制定《人力资源管理手册》，将人力资源各项工作规范化，明确各项工作业务流程。

## 二、系统人才建设

宝冶入沪后，人员按照干部和工人进行管理，业务工作虽覆盖到基层部门，干部管理、劳动工资系统人员大多来自基层管理人员，人员学历层次、专业知识普遍不高。20 世纪 90 年代初期，公司陆续从大中专院校引进劳动人事、劳动保险专业毕业生，有效改善系统人员文化、知识结构。随着国家在社会保险、全员劳动合同制、从业人员资格等业务管理全面实施，管理手段全面计算机化，对人力资源从业人员要求日益提高。公司在 20 世纪 90 年代后期对系统人员进行全面培训，培训包括社会保险业务、人力资源上岗证、计算机技能、劳动工资统计等业务。

2000 年后，宝冶人力资源管理专业毕业生招聘一度停顿，2006 年至 2012 年录用 9 人，2014 年至 2018 年录用 18 人，人力资源从业人员文化程度、专业知识得到进一步提高。

宝冶“四五”规划制定后，发展进入快车道，要求人力资源从业人员在数量、素质不断提升，公司系统组织人力资源从业人员在人员招聘、用工管理、人员测评、绩效考核、信息化运用等方面进行全面培训，高校毕业生通过在公司人力资源部工作和培养，陆续到各基层单位工作，提升基层人力资源管理水平，全面提高基层人力资源从业人员综合素质，为公司人力资源发展奠定良好基础。

## 三、人力资源信息化建设

宝冶早期在干部、劳动工资管理基础工作，主要以纸质报表、台账、卡片、人事档案、文件汇编形式管理，各项基础信息记载难以保质、保量，重复工作较多。从 80 年代中期开始，公司在工资业务使用电子计算机进行核算，减少工资人工核算中工作量和失误，1988 年冶金工业部在干部年报工作中，推出年报单机版管理系统，公司干部管理工作信息化初步形成。

20 世纪 90 年代，随着计算机在公司管理工作逐步普及，公司人力资源部组织第三工程公司、筑炉工程公司相关人员进行设计、编程，1992 年，在全公司建立人员数据库和计算机人员管理系统，后陆续设计出社会保险管理系统、岗位证书管理系统，提升公司人力资源管理信息手段。

2005 年，随着计算机网络技术发展，公司原有单用户人力资源信息系统难以满足公司管理需要，人力资源信息管理手段急需提升，经过反复论证，开始使用基于计算机网络技术人力资源系统，初步实现组织机构、人员信息、工资核算、社保公积金管理、岗位证件管理一体化管理，人力资源基础数据管理的及时性、准确性得到明显改善。经过近十年运行，该系统已不能满足公司管理一体化要求。

2014 年,按照“集团信息化”建设规划,实施用友网络科技股份有限公司开发的业务财务一体化系统,围绕“业务流程化—流程单据化—单据信息化”的思路,将人力资源各个模块统一在同一平台管理。建立统一规范人员信息,实现对跨单位调动流程的集中管控,实现对劳动合同台账的全过程记录,实现按国内不同地区不同的社会保险规则进行统一核算,社会保险对外缴交和内部划拨分类统计,员工考勤的录入和各类假期的计算,对内部托管单位和二级单位薪酬的计算,对不同单位发放的奖金在系统上进行分配和人工成本归并,对岗位证件管理在系统上进行流程管理,确保各类证书借用归还准确。通过此次人力资源信息化建设,大大提高了业务的标准化和工作效率。

## 第四节　人 事 管 理

### 一、干部管理

宝冶作为国有企业,担任管理、专业技术岗位人员一般具备干部身份,80 年代,公司干部主要来自第十九冶金建设公司,每年分配的应届大中专毕业生,在工人岗位表现优秀的人员,正式干部人数在 2 500 人左右,工人聘用干部 600—700 人,进入 90 年代初,正式干部及工人聘用干部人数 4 000 人左右。1996 年,公司实施全员劳动合同制,打破干部与工人身份界限,公司职工按岗位划分为管理人员、专业技术人员、作业服务人员。

宝冶高度重视干部选拔任用,参加宝钢工程建设后,针对干部年龄偏大、文化程度偏低状况,推出干部退居二线政策,部分年龄偏大领导干部退出一线岗位,1982 年至 1984 年,分公司按照干部任用“四化”标准,一批德才兼备的年轻干部被提拔重用,较好完成了新老干部的交替与融合,干部年轻化程度得到有力提升。

进入 21 世纪,特别是党的十八大后,严格按照《党政领导干部选拔任用工作条例》文件精神,修订公司《中层领导人员管理规定》等文件,通过严格考核、单位推荐、组织考察、任前公示等程序,将业绩突出、考评优异、群众满意、勤勉正气、具有高度责任心、富有工作激情的中、青年员工提拔到领导岗位。有序开展干部任免管理工作,推动干部轮岗及交流任职,提高干部综合履职能力。

### 二、考核工作

宝冶职工考核工作开始于 20 世纪 80 年代,按照干部、工人分类进行,干部处负责领导干部和一般干部考核,劳动工资处负责工人考核。干部考核注重工作能力、工作态度、岗位职责、群众评价等指标,工人考核注重技能水平、工作任务量、工作态度等指标,按照领导考核、民主评议等程序,将考核结果运用在工资调级、奖金分配和干部职务调整。1987 年,国家出台专业技术职务改革措施,公司完善对专业技术干部考核体系,将专业技术业绩纳入职称评定考核内容,有效调动专业技术人员钻研技术热情。1995 年,公司颁发《处级干部日常考核实施细则》,将领导干部日常工作情况纳入考核体系,加强对领导干部考核力度。

2000 年后,宝冶进一步完善员工考核体系,制定《员工岗位考核管理规定》,按照不同职位实施考核工作,2009 年,国有资产监督管理委员会发布《关于进一步加强中央企业全员业绩考核工作的指导意见》,公司按照文件精神,修订考核文件,将 360 度、KPI 关键业绩指标纳入考核体系,全面落实考核工作。

2018年，宝冶再次修订考核文件，完善考核体系。一是将360度考评人员范围扩大至职能部门基础层及二级单位骨干层，完善绩效反馈及申诉机制，搭建员工绩效管理体系。二是运用平衡计分卡，以企业目标为基础逐级分解，自上而下全面细化各部门、各岗位的绩效目标，考核指标设定符合"SMART"原则。三是甄选线上考评系统供应商，为二级单位及职能部门自行开展线上考评提供平台支持，线上形式的业绩考评基本实现全覆盖，提高了考评工作的效率，线上考评系统直接导出考评结果，确保考评工作公平、公正。四是细化考核结果应用方案，将结果应用于职业发展、培训开发、薪酬分配等人力资源管理的各项工作运用中，充分发挥激励约束作用，进一步推进公司全员岗位绩效考评工作的开展。

## 第五节　人力资源规划管理

20世纪80年代，宝冶为全民所有制企业，职工分为干部和工人身份，职工管理按照计划管理，四川省渡口市劳动局和上海市劳动局下达工人招工指标，冶金工业部按计划分配大中专毕业生指标。

80年代中期以后，尤其是六届全国人大二次会议以后，公司对分配、人事、领导体制进行改革。二级单位实行自由"组阁"，经理负责制，职工按照一线、二线、三线进行奖金分配，领导成员进行抵押承包，分配差距不断拉开，员工劳动纪律明显加强，工效明显提高，职工学习和提升的自觉性也有了提高。

20世纪90年代，宝冶实行一线生产任务按劳动定额确定，员工劳动关系实行劳动合同制。按照国家及上海市有关规定，开始执行养老保险制度，公司对内部人力资源结构进行调整，执行职工内部退养和外来从业人员就业政策。

2000年后，根据公司战略目标，人力资源配套制定战略目标，从人才引进，员工培养，薪酬制度，绩效考核等方面进行规范管理。一是相继出台《专业技术专家管理规定》《技师管理规定》《项目经理任职资格管理规定》《注册职业资格管理规定》《项目经理职位序列》《营销经理职位序列》等一系列文件，为人才发展提供了制度上的保障。二是以工作业绩为导向，通过岗位绩效考核工作，增强薪酬与绩效的关联，引导各类人才的能力提升和价值提升。三是员工培训成为员工职业发展的助推器。公司培训费按照国家政策允许的最高比例计提，从经费上给予保证。根据企业的实际情况，公司建立了决策—管理—实施的培训组织体系，采取"请进来，送出去"的办法，一方面选派素质高、潜力大员工到高校继续学习，另一方面与高校合作，在公司开办高级专业技术人员的工程硕士培训班。四是人才职业发展通道逐步明晰。公司明确了项目管理人才等人才序列的职业发展方向。在修订专业技术人才、高级技能人才、项目管理人才等相关管理制度的基础上，评审并聘任了技术专家、技能人才、项目经理三个序列的人才。

2016年后，按照宝冶"四五"规划，人力资源配套形成人力资源规划，以人才成就未来，努力将公司发展成为拥有知识型员工、职业化团队的学习型企业。按照公司"75521"的人才结构目标，在2020年达到拥有7 000名员工，50名博士，500名硕士，200名注册造价师，1 000名注册建造师人力资源结构。丰富渠道，大力引进优秀人才，推进属地化用工政策，建立后备人才管理制，改善员工职业资格持证情况，拓展员工职业生涯发展多通道，以业绩和能力为导向，优化绩效考评体系，完善薪酬激励机制，优化薪酬分配结构，大力推进EHR信息化建设，全面提高人力资源管理水平。

## 第六节　员 工 管 理

宝冶与第十九冶金建设公司分立前，职工队伍以固定工为主，受 20 世纪 80 年代计划用工影响，公司计划内用工需经冶金工业部及上海市劳动部门批准，为保证宝钢工程建设期间劳动力供给，公司采用季节工、轮换工、劳务工等计划外用工补充现场劳动力。

1985 年，宝冶向上海市劳动局申请 1 200 名用工指标，经上海市劳动局批复，同意公司在上海市招录 700 人城镇、农村户籍待业青年，部分补充公司劳动力。

1986 年，国务院颁布《国营企业实行劳动合同制暂行规定》《招用工人暂行规定》《辞退违纪职工暂行规定》和《国营企业职工待业保险暂行规定》四项暂行规定，对全民所有制企业劳动用工进行改革，规定新招工人实行劳动合同制。同年，公司出台《关于实行合同制工人管理办法的通知》，公司新招工人实行劳动合同制。

1989 年，宝冶为照顾家在农村老职工子女就业，与上海市劳动局多次沟通，上海市劳动局在 1990 年 7 月、1993 年 11 月分二次批复，同意招用 685 名符合顶职条件老职工子女。

20 世纪 90 年代初期，随着上海市经济快速发展，就业形势良好，公司已难以在上海市招用到人员，为解决公司劳动力紧缺状况，经上海市劳动局批准，公司先后在河南固始、四川南部、四川遂宁、江苏淮安、山东苍山等贫困地区建立劳动力基地，提供一线作业工人。

随着宝钢二期工程陆续完工，生产任务出现不饱满状况，宝冶于 1998 年出台《上海宝钢冶金建设公司减员分流实施方案》，通过“合理减员、下岗分流、内部退养、严控录用”等措施，到 2000 年将职工人数从 13 744 人减少到 10 000 人以内。

2003 年，宝冶分立改制后，员工人数大幅减少，员工结构从作业人员为主，转变为以管理、专业技术人员为主。员工管理从劳动力配置为主，转变为以各类人员岗位管理为主。2007 年 7 月，公司发布《职位体系设计实施方案》，明确公司各类岗位划分体系，岗位划分为经营管理类、专业技术类、作业服务类。同时，将公司岗位管理与员工职业发展通道相结合。

2006 年，随着公司发展，宝冶成立第一家区域化分公司—南京分公司，并成立相应子公司—南京中冶钢结构有限公司，从当年开始进行人员招聘，公司人力资源开始属地化配置，后续又成立广州分公司和沈阳分公司和相应子公司。2016 年，公司授权所有区域分公司独立开展属地化劳动用工业务，经向区域分公司所在地劳动管理部门备案，各区域分公司均实施属地化劳动用工，区域化人力资源配置覆盖江苏南京市、北京市、河南郑州市、四川成都市、福建厦门市、广东广州市、山东青岛市、内蒙古包头市。

岗位聘用作为人力资源管理重要管理工作，宝冶各级领导高度重视，每年实施员工岗位聘用工作，对不适应岗位人员及时进行调整。2017 年 10 月，宝冶总部机关党委召开第二次党代会，提出建设“学习型、创新型、效能型、服务型”四型机关，对总部机关人员提出更高要求，2018 年，公司修订《岗位聘用管理规定》，按照文件精神，总部机关各部门重新修订岗位职责和任职条件，对新进总部机关人员必须具备全日制大学以上学历和基层岗位经历，对达不到任职条件人员岗位聘用到期后不再续聘，经过本次岗位聘用，总部机关人员素质明显提高。

引进各类优秀人才，是保证公司快速发展资源基础，宝冶实施集团化管控招聘模式，建立统一平台、统一标准、统一制式的标准模式，规范招聘工作流程和岗位标准。搭建以智联招聘为主的统一社招平台，规范社招工作流程和岗位发布标准，开设 21 家二级单位子账号，由各单位独立运营账号；开通猎聘网、钢构英才网招聘通道，寻访专业人才和高端人才。开通校园招聘网站账号、统一宣传、宣讲培训、制作招聘宣传片、招聘海报、易拉宝、宣传页、录用函、高校联系人名录、校友名录、协调校友资源、开展校园地面推广等，助力二级单位深度开展校企合作。

2018 年，在组织实施新员工报到与培训工作中，组织统一接站，新员工体检、拍摄证件照、签订劳动合同等服务。开展新员工军训、入司教育、岗位取证、技能培训、新员工见面会、新员工岗位分配、车费报销等工作，让新员工感受“宝冶·家”文化。

## 第七节　员工培训与人才队伍建设

### 一、员工培训

1979 年，分指挥部教育处成立，当时主要任务是协调解决公司进沪职工的子女入学问题。同年分指挥部电大辅导站成立，通过文化考试招录在职青年职工，在校学员规模 200 人左右。

1980—1982 年，公司采取两级单位文化补习和专业技术培训等多种方式提高职工文化程度和技能水平，当年，参加培训 100 学时以上的员工近 5 000 人次。

1983 年，分公司转发劳动人事部《关于颁发工人技术考核暂行条例（试行）》的通知，强调公司的技术工人，都要有计划有步骤地进行培训，实行技术考核制度。考核内容以国务院各主管部门颁发的《工人技术等级标准》为依据，包括技术理论的考试和实际操作的考核。将工人技术考核的种类根据不同对象和情况分为转正考核、定级考核、调级考核、本等级考核、改变工种或调换工作岗位考核。考核工作由各级劳动人事部门会同有关部门组成工人技术考核委员会或领导小组，下设办事机构，统一组织领导本地区、本部门的工人技术考核工作。

1988—1990 年期间，宝冶贯彻中央、上海市成人教育工作会议精神，深入开展职工教育培训，初步形成并逐步完善“四元产业”结构。1988—1990 年，分别培训 5 371、7 841、5 973 人次，共计 19 185 人次。

1991—1995 年期间，认真贯彻落实国家和冶金部的“八五”教育规划，始终坚持职工教育为发展宝冶四元产业，加快四个转变，为宝钢二期、三期工程建设服务，开展大规模的岗位培训工人技能培训及继续教育，大力培养企业紧缺人才和跨世纪复合型人才。“八五”期间累计培训职工约 4 万人次，培训覆盖面达 98%以上，在这期间职工人均受培训 2.4 人次。

1996—1999 年期间，是宝冶全面开展现代企业制度推广和实施宝冶转型发展的阶段，培训重点是抓好对复合型人才的培养，干部培训重点抓好工段长培训、岗位资质的培训，工人培训同上海市职业技能考核鉴定管理接轨，做好初级工升中级工、中级工升高级工、高级工升技师的培训，深化大工种培训。

2000—2009 年期间，职工培训工作以中高层领导管理能力和员工整体素质提升为重点，通过工商管理能力、项目经理取复证培训提升在职中高层领导的管理能力；通过办公自动化、计算机网络技术、英语等通用知识培训提升全体员工的综合素质；通过 CAD、采购师、报关员、通讯员、配筋员、工序分包、会计电算化等培训提升专业技术人员综合实力；通过关键岗位和各工种取复证培训满足企业员工持证上岗的要求，在这期间，共培训约 13 万人次。

2001 年 10 月，经上海市宝山区教育局和民政局批复成立宝冶教育培训中心，是上海市建委建筑施工岗位培训实施单位，主要培训项目有施工员、安全员、材料员、资料员、质量员等与建筑施工行业相关的岗位取证和继续教育。

为了提升公司职工的学历层次，为职工继续教育提供平台，2004年经向哈尔滨工业大学申请，上海市教育委员会批复同意，宝冶成立哈尔滨工业大学上海宝冶现代远程教育学习中心，由教培中心负责其相关业务，为企业员工的在职学历教育提供良好服务和学习途径。

2010—2018年，职工培训工作已逐步完善两级培训体系的构建，集团层面着重关注中、高层理念性、提升性及系统性培训，二级单位重点围绕自身产业重点开展各类培训，打造“5+2+1”八位一体立体人才培训体系。每年各职能系统及分(子)公司各类专题讲座约5 000人次，中高层管理人员和项目管理专项培训约500人次，新员工培训、注册类职业资格取证等培训常态化。

2016年，为有效落实人才强企战略，营造全员学习的氛围，同时也为创新培训模式，有效缓解工学矛盾，公司构建了E-learning线上学习及测评平台。通过不断实践与积累，2019年学习平台再度升级，从部门级、企业级应用层面向集团级应用层面进行变革与发展，系统进行相应的功能升级，包括：企业级SAAS(私有云)架构升级、直播功能对接及功能优化、培训功能(线下签到、学分功能、必修课与选修课体系功能和证书功能等增加)、界面优化升级(管理员端、学员端、讲师端)。

2016年11月，中冶东方工程技术有限公司整体并入公司，公司对工程设计人员培训工作进行了调查研究，针对不同岗位、不同年龄、不同专业的员工，针对性地制定了培训计划，形成了公司级和部门级两级培训体系，陆续组织相关人员参加了集团的平衡记分卡与战略管理、装配式建筑、转化炉模块化设计知识、质量管理QC小组、职称论文撰写、注册造价师及BIM考前培训等。

坚持战略主线，着重培养开发高级技能、专业技术、综合管理三大人才品牌。按照集团化管控“集团管总、系统主建、实体主战”理念要求，逐步完善两级培训体系的构建，集团层面着重关注中、高层理念性、提升性及系统性培训；二级单位重点围绕自身产业重点开展各类培训。两级培训体系互相补充，有机结合。鼓励职能系统自主培训，全面推进学习型组织建设。

同时根据战略目标要求，针对经营管理、职能支持、专业技术、项目管理、技能作业五大岗位类别及青年骨干、新员工两大群体，按照岗位层级构建培训模型体系。

## 二、人才培养

分指挥部参加宝钢工程建设初期，工程技术人员少，部分一线工程技术人员由具有一定文化程度工人师傅转岗后担任，一定程度制约公司发展，“文革”期间，各类工程、专业技术职务评定中断，工程、专业技术人员中无职称现象普遍。

1987年，为增强企业活力，充分调动广大专业技术人员积极性，宝冶发布关于改革职称评定实行专业技术职务聘任制的工作安排。建立工程技术职务聘任制度，根据实际需要设置工程技术工作岗位，规定明确的职责和任职条件；确定高、中、初级工程技术职务的合理结构比例，更好地调动工程技术人员的创造性和积极性。

为夯实各类人才的成长基础，落实人才强企战略，制定《专业技术职务任职资格评审及技师、高级技师考评管理规定》《工程技术专家管理规定》，每年制定员工培训工作规划，落实培训经费，建立人才培训长效机制，分期分批组织实施培训，同时建立了以职业能力为导向，以工作业绩为重点，以人才评选为方式的人才评价体系，促进宝冶员工整体素质提高。

**【经营管理人才】**

宝冶基于转型期企业中高层管理者关键要素，围绕新时代政治形势、宏观视野、企业战略、集团管控、能力修炼、卓越团队及党风廉政建设等内容，构建能力提升课程框架，助力企业快速发展。针对新提拔的干部，设定专项提升课程，为履职做好必要准备。

**【职能支持人才】**

为适应集团化管控模式要求，职能部门更好的发挥顶层设计的设计师作用，优化管理流程，创新管理模式，做强集团化管控，为宝冶发展提供强有力支撑。培训工作以各职能系统的培训需求为抓手，积极推进两级职能系统人员技能提升培训，修炼内功，提升核心竞争力，培养一支高素质、高效率的员工队伍。不断加大培训提升力度，如法务、财务、预算、材料等职能系统，积极践行“学习型”机关建设，有效提升职能支撑服务力度。

**【专业技术人才】**

2002 年，宝冶在工程技术人员中开展 CAD 取证培训班。2011 年 12 月，在业内企业中首先开展 BIM 企业内训，2011—2013 年间，共培训 268 人。2014 年 5 月，中冶集团为增强集团核心竞争力，全面提高 BIM 技术应用水平，要求中冶集团科技部牵头，委托宝冶组织开展“中冶集团 BIM 技术应用系列培训”，历时两个月，参加培训人数共计 260 人次。宝冶于 2014 年 9 月顺利获得中国图学学会在上海地区的全国 BIM 技能等级考试培训点及考点授权，每年陆续为员工的 BIM 资质鉴定提供服务，截至 2018 年底，已经完成 1 499 人次的取证考试，并取得 BIM 一、二级证书 796 人次。

**【项目管理人才】**

项目管理培训可追溯至 1993 年 1 月。1993 年至 2003 年，共办班 28 期，共计培训 2 350 人。2000 年至 2006 期间通过继续教育，共培训约 1 250 人。该项培训人员层次较高，输出大量优秀人才，很多学员仍在全国各地担任重要岗位。

为进一步落实人才兴企战略，打造一支结构合理、素质优良的项目管理后备干部队伍，优化人员结构，宝冶开展项目核心管理人才培养工程。一方面实施项目核心管理后备人才的选拔和培训工作；另一方面是针对在岗项目班子成员，开展技能再提升的培训。2010 年公司首次举办项目后备干部培训，通过几年实践，2016 年升级演变为“3 个 100”（即 100 个项目经理、100 个项目总工、100 个项目总经）项目后备干部专项培训，并首次引入全面潜质测评。到 2018 年共举办四期项目核心管理后备人才培训，共计 376 人。2010 年以来组织项目核心管理人才培训 4 期共计 382 人。

2000 年至 2018 年，宝冶对项目关键岗位人员进行取、复证共计 20 229 人次。

2018 年，住房和城乡建设部推出“全国建设市场公共服务平台”，加大对建筑业市场监管，为保证公司的发展需要，宝冶对一级建造师和造价工程师培训模式不断创新，特别在 2018 年，分阶段、逐步推进，培训形成多样化，培训管理更严格、完善，培训效果显著，参加培训人数和学员合格率成倍增长。一级、二级建造师取证及继续教育（2004 年至 2018 年）共培训约 2 542 人；造价工程师取证及继续教育（2004 年至 2018 年）共培训约 593 人。

**【技能作业人才】**

大力弘扬工匠精神，营造技能学习的浓厚氛围，推动高技能人才职业技能鉴定工作。首先，大力鼓励作业人员主动学习新工艺、新技术,不断提高自身技能水平,积极参加协会、上海市的相关技能比赛,开阔眼界、锻炼能力、提高水平。其次,冶金国家队所需技能人才的梯队建设,依托"上海工匠"、"创新工作室"等,使人才、技术得以传承。第三,利用现有条件,积极组织符合条件的人员开展技能鉴定工作,满足企业资质换证的要求。采取"培养、鉴定竞赛、激励、使用"相结合的高技能人才培养途径,建立以职业能力为导向,以工作业绩为重点,以"能力+业绩"方式的人才评价体系,打造一支高素质的高级技能人才队伍。

宝冶积极组织各类技能人才参加技能竞赛,通过比赛提高人员技能水平。

2005 年 11 月,公司承办国家二类比赛项目——中冶集团首届砌筑工技术比赛,大赛由中国冶金建设公司主办,宝冶承办,公司参赛选手囊获前三名,并获得团体总分第一名。

2012 年 9 月,参加中冶集团第四届职业技能竞赛,获得中冶集团"中国二十二冶杯"工程测量决赛团体第四名。

2017 年 11 月,参加中国技能大赛—全国冶金行业职业技能竞赛暨中冶集团第六届职业技能竞赛测量工团体总分第三名。

宝冶严格执行持证上岗准入制度,加大对技能作业人员的培训取证力度,对国家有规定要求必须持安全操作证、特殊作业证等上岗的工种强化培训,确保持证上岗。

宝冶持续推进作业人员继续教育。每年根据工种分类,依托各专业公司,并充分结合生产实际,制定适宜、可行的培训方案开展继续教育。

**【青年骨干人才】**

宝冶对入司 3—8 年的青年员工启动"星青年"人才培养计划。通过科学的方法选出有潜力、有能力的青年人才,进入后备人才池,对于入池的青年人才,从业务导向,聚焦所欠缺的岗位能力进行培养,同时驱动后备人才正确认识差距,根据个人特点,制定个人发展计划;对于未入池的优秀人才,根据其特质,给出多轨道发展的建议,完善青年骨干人才的职业生涯规划。

**【新员工】**

宝冶历来重视新员工的培养,新员工培养设立半年保护期,培养过程遵循"532"法则,即 50%时间用于在岗锻炼实践,30%的时间用于培训学习,20%时间向他人学习(导师辅导)。2007—2018 年,人力资源部和教培中心承担历年新大学生培训策划并全程参与实施,共培训 2 868 名新员工,顺利帮助他们适应角色转换,掌握上岗前的必备知识,并且引导其规划自身的职业生涯发展。有计划地选拔和培养新员工到生产第一线锻炼,采用师带徒、结对子、压担子等形式,培养他们实践能力和业务技能,有针对性地打造基层工作经验丰富,解决实际问题能力突出的高素质的人才队伍。

## 第八节　薪酬与社保管理

### 一、薪酬管理

**【工资制度】**

分指挥部与第十九冶金建设公司分立前,职工实行职务技术等级工资制。工资标准由国家统一规定,统一安排职工工资调整。

参加宝钢工程建设后，分指挥部按照宝钢工程指挥部要求，在1979年恢复“文革”期间中断的奖金制度。

1983年，按照宝钢工程指挥部确保宝钢工程进度要求，分公司将职工岗位按照一线现场岗位、二线辅助岗位、三线后方岗位确定，并将部分标准工资与奖金一起浮动，明确一线岗位收入水平高于二、三线岗位收入水平，通过工资、奖金分配调整，鼓励职工到一线岗位工作，确保宝钢工程进度。

1985年后，分公司依照劳动人事部等五个部门《关于印发〈国营企业工资改革试行办法〉的通知》文件精神，在二级单位经营层推行“经济责任制”“风险抵押承包制”，形成以责、权、利结合为主奖金分配制度，后推出“全员风险抵押承包制”奖金分配制度，针对宝钢工程特点在奖金分配中设立“节点奖”“安全奖”“质量奖”“红旗设备”等单项奖。

进入20世纪90年代，随着公司发展，薪酬分配面临新课题，宝冶工资结构虽未调整，分配方式已向先进企业学习，一是突破固定工资加奖金分配模式。二是尝试“年薪制”“全额计件制”“定额工资制”等新型分配形式。三是突破“百元产值含量包干”工资总额核定方式，将企业利润作为重要考核指标。

2003年，宝冶改制分立后，公司颁布实施《上海宝冶建设有限公司岗位效益工资制度实施方案》，确立以岗位为基础，以市场为导向，以效益为支柱，以贡献为核心的工资分配制度，明确岗位绩效工资制为公司基本工资制度。

2016年11月，中冶东方工程技术有限公司整体并入公司，其原有工资制度已不适应企业发展，难以调动员工工作积极性，经过调研，次年3月，中冶东方工程技术有限公司参照公司岗位绩效工资制度，制定本单位《岗位绩效工资实施方案》，该方案除保留工龄工资外，全面纳入公司分配体系，同时，制定内部经营考核办法，对基层部门下达年度经营指标，按月考核，在基层内部下放绩效工资分配权，由基层部门领导班子、职工代表共同制定分配细则，根据每个员工工作量，确定分配水平，这些分配措施的实施，充分调动员工工作热情，通过2017年、2018年两年分配改革实践，有力地推动了中冶东方工程技术有限公司脱困、转型和发展。

**【工资结构演变】**

1983年前，由于职工来自全国不同行业，国家对不同行业制定不同工资标准和工资类区，工资标准十分复杂。1983年10月，国家劳动人事部和冶金工业部批准公司工资改革试点，将不同行业和工资类区标准，归并为干部、工人二种新工资标准。

1988—1989年，宝冶在工资结构中增加岗位工资、工龄工资和效益工资，形成具有宝冶特色工资体系。

20世纪90年代，宝冶对工资结构未做调整。1989—1996年，宝冶每年对岗位工资基数和岗位工资系数系列进行调整，岗位工资基数从1988年的17.5元调整至1996年的260元。在这期间国家针对物价增长情况，陆续执行各类价格补贴，这部分补贴，公司按工资发放。在这期间公司工资结构中保留书报费、洗理费、房租补贴、煤气补贴等福利津贴。对技师、班组长及中夜班作业等岗位执行技师津贴、班组长津贴、中夜班津贴等岗位津贴。对回族等少数民族发放伙食补贴。

2004年后，工资结构以岗位工资、绩效工资为主要构成，形成岗位工资、职业津贴、计件工资、各类假期工资和专项奖励的工资结构形式。

**【工资总额管理】**

工资总额作为国有企业人工成本重要组成部分，是保证国家对工资进行统一的统计核算和会计核算,有利于编制、检查计划和进行工资管理以及正确地反映职工的工资收入。

20世纪80年代,宝冶按照冶金工业部工资管理办法,执行"百元产值含量包干"办法,工资总额与企业经济效益不直接挂钩。1988年,宝冶对9个二级工程公司试行"百元产值,百元利润工资含量双系数包干办法",对后方单位及三大处(材料处、设备处、机械处)实行联利、联量和费用包干、节约提奖等不同形式的工资总额计提办法,通过工资分配调整,有效改变二级单位过去重产值,轻效益状况。

20世纪90年代,冶金工业部总结宝冶工资总额"双系数"办法,对部属企业全面推行以产值、利润双系数核定工资总额办法。引导企业重视经济效益。这期间公司不断提高利润在工资核算所占比例,从一开始的"二八"开,即利润系数占20%,产值系数占80%,逐步发展到"三七"开、"四六开"、倒"四六"、倒"三七"开。1994年公司进一步将工资含量分配向利润倾斜,推行倒"二八"开,即利润系数占80%,产值系数占20%,宝冶通过这些分配改革措施,极大调动职工积极性,全员劳动生产率从1986年的1.12万元/人·年,上升到1995的8.3万元/人·年,职工年平均收入从1986年1 953元/人·年上升到1995年的1.34万元/人·年。

2000年后,宝冶对二级单位工资总额的核算按照《年度经营承包及工资总额分配方案》(后改为企业经营预算)和与各二级单位签订的《年度经营管理目标责任书》,与营业收入、经营利润挂钩,重点考核经营利润。工资总额按照基本工资总额、绩效工资总额双核定,按月预支,滚动计算,按季调整,年终结算。

## 二、社会保险管理

分指挥部在与第十九冶金建设公司分立前,职工办理退休退职,执行国务院《关于职工退休退职的暂行办法》规定的待遇标准。1984年,分公司按照四川省劳人险[1984]86号文规定,对新中国成立后不同年限参加工作时间和工作年限,退休后待遇分别给予在职月标准工资20%、10%、5%的补贴。

分公司职工落户上海后,退休职工退休金由公司自付,工伤、病假医疗、生育等待遇按照国家相关规定执行。

宝冶从1996年起,陆续参加养老保险、失业保险、医疗保险、工伤保险、生育保险等社会统筹,各二级单位设有退休职工养老金发放、医疗费报销岗位。

### 【养老保险】

1993年1月,上海市进行养老保险制度改革,实行养老保险统筹,宝冶在职职工按规定缴费,养老保险统筹基金承担退休人员养老金费用。1996年纳入上海市养老保险统筹,并按规定补缴1993年至1995年期间养老保险费用。在1996—1999年期间,办理退休人员,养老金核算采用过渡期政策。1998年,按照国家、上海市统一部署,宝冶退休人员养老金发放由地方社会保险管理机构统一发放。2000年后,宝冶退休人员养老金计发办法,全面执行上海市政策。

### 【医疗保险】

1988年9月前,职工病假、死亡待遇统一按国务院1953年颁布的《中华人民共和国劳动保险条例》执行。

医疗保险实施前，职工享受公费医疗制度，宝冶拥有自有医院，在职职工和退休职工凭单位医保卡在职工医院就医，存在企业办社会状况，不利于企业长期发展和职工医疗权选择。1996 年 7 月，公司制定《实行门诊医疗备用金制度的试行办法》，进行医疗制度改革，对职工门诊医疗按医疗费用采用分段共负制，虽取得一定成效，但未得到根本改变。

2000 年 11 月，上海市进行医疗保险制度改革，实行上海市医疗保险统筹，单位和在职职工按规定缴费，医疗待遇分为门诊医疗、住院医疗和大病医疗三种待遇，在职职工和退休职工可凭上海市医保卡或社保卡在全市医院就医，上海市医疗保险统筹基金支付在职职工和退休职工医疗保险待遇。

**【工伤保险】**

2004 年 6 月，上海市实施工伤保险办法，单位按规定缴纳工伤保险费，个人不缴纳费用。工伤医疗费、住院伙食费、一次性伤残补助金、一次性工伤医疗补助金、辅助器具、1—4 级伤残津贴、外省市就医交通、食宿费等纳入工伤基金支付。工伤保险制度改革前，工伤保险待遇由单位支付。

**【失业保险】**

1999 年 4 月，上海实施修改后的失业保险办法，单位和在职职工按规定缴费。失业保险基金支付失业人员失业保险金，并明确失业人员失业期间生育、医疗等待遇。1999 年 4 月前单位和个人不缴纳失业保险费。

**【生育保险】**

在生育保险实施前，宝冶女职工生育待遇基本按《劳动保护条例》执行，宝冶职工落户上海后，女职工生育各项待遇执行上海市相关政策，女职工生育期间待遇由公司承担。

2001 年 11 月，上海市实施生育保险办法，公司按规定缴纳生育保险费，个人不缴费。生育保险统筹基金支付生育女职工生育医疗补贴和产假期间生育生活津贴。

## 第九节 员工福利及职业健康

### 一、住房公积金

1978 年，分指挥部参加宝钢工程建设，职工陆续从湖北武汉和四川攀枝花进入上海，部分双职工在宝山宝钢三村、宝钢八村、月浦三村等地租住公房和农村私房，单职工居住公司提供单身宿舍。1990 年初，国家开展住房制度改革，上海等地区陆续出台住房公积金政策。

1991 年 5 月上海市开始实施住房公积金制度，公司和职工按照职工月工资各 5%比例，后调整至各 7%，缴费基数调整为职工上年月平均工资，共同缴费全额计入个人公积金账户，职工住房公积金可用于购房、偿还购房贷款、租赁房屋租金、退休等情况可提取使用个人公积金账户储存额。

### 二、补充住房公积金

补充住房公积金是企业的福利政策。2018 年 4 月，经宝冶职代会审核批准，公司开始实施补充住房公积金，在缴纳基本住房公积金的基础上，公司和员工按照职工月工资各5%比例，单位和个人共同缴费全额计入个人补充公积金账户，补充住房公积金可用于购房、偿还购房贷款、租赁房屋租金、退休等情况可提取使用。

## 三、企业年金

企业年金是企业的福利政策。2004年1月，公司开始实施补充养老保险，单位缴费，个人不缴费，由社保经办机构管理运营。2008年1月，社保经办机构管理的补充养老保险统一移交年金公司管理运营，合同制员工自愿申请参加企业年金，单位和个人共同缴费，员工退休后可提取使用。离职人员根据相关规定对单位缴费部分进行归属确认。

## 四、职业健康

20世纪八九十年代，宝冶从事建筑安装一线工人多，部分岗位接触高温、粉尘、噪声等职业病危害要素，为保护职工身体健康，公司针对职业病危害要素，每年公布存在职业病危害要素岗位目录，每年安排接触职业病危害要素岗位人员进行职业健康体检，多年未发生职业病。

2001年10月，国家颁布、实施《中华人民共和国职业病防治法》。公司按照国家法律和地方法规要求，制定内部管理制度，并在公司《集体合同》中明确，对从事接触职业病危害要素岗位从业人员录用前，进行入职前职业健康体检，将工作过程中可能产生的职业病危害及其后果、职业病防护措施和待遇等如实告知劳动者，工作期间按规定提供合格防护用品，监测工作场所职业病危害因素，每年进行职业健康体检，对离开岗位人员进行职业病离岗前健康体检，通过这些措施，有效维护从业人员身体健康。

# 第七章　采 购 管 理

## 第一节　机 构 沿 革

1978 年下半年，材料处随十九冶分指挥部从武钢“一米七”热轧工程转战上海宝钢，次年 1 月，更名为上海宝钢工程指挥部十九冶分指挥部材料处，主要负责宝钢一期、二期、三期工程以及宝冶承揽的其他工程项目用的所有材料的计划、采购、储存、运输、管理等业务，以及甲供材料的管理工作。

1994 年 8 月 10 日，为适应市场经济和宝冶四元产业结构发展，将材料处与设备处合并成立物资公司，物资公司还行使设备、材料、机械的管理职能。

1998 年 5 月 25 日，设立机械材料管理处，专司管理职能，制定制度办法，检查监督考核，不兼采购。材料管理主要负责审定合格分供方，提出指导性材料价格，制定和推行材料管理和材料质量控制的制度方法，并负责检查考核。

2000 年 10 月 27 日，原国资处、科技处论证办、机械材料处、基建工程处、基建房产处职能合并成立资产管理处，主要承担资产的价值形态与实物形态统一管理。此时，主要职能有资产价值和实物形态管理，对外投资权益管理，投资论证，房地产权证管理，机械设备管理，材料管理，基建房地产管理，存量资产盘活管理，职工住宅房产管理的指导与组织。下设资产管理科、机械设备管理科、材料管理科、基建房产办。材料管理科的主要职能是材料供应管理，材料成本监督控制，库存管理，材料采购招标、合同签订、进场验收的管理、材料价格信息管理。

2004 年 5 月 9 日，为强化企业资产运营能力，设立资产运营部，调整划入资产管理职能，增加工程物资集中采购管理、企业产业重组、新产业开发、房地产开发前期管理、物业管理以及办公用品与员工劳防用品的集中采购与发放管理职能。此时资产运营部的主要职能有资产管理、工程物资集中采购管理、产业重组与发展管理、房地产开发前期管理四大职能。

2005 年 5 月 27 日，资产运营部取消物业管理和产业策划职能，调整后的职能为产业重组工作推进，新产业开发，新产业市场调研、分析，实施方案撰写、论证及实施职能，增加基建投资管理、固定资产投资管理，投资效果评估；资产盘活和资产处置管理(含材料、大临设施等流动性资产)职能。

2006 年 7 月 25 日，资产运营部全资、控股、参股子公司权益管理职能划至董事会办公室，其余职能不变。

2007 年 3 月 3 日，资产运营部并入为企业发展管理部。实行资产管理，资本性支出管理；车改管理及公务用车运营管理；原罗店基建办工程造价、投资审核、基建资料及产证办理职能并入企业发展管理部。同时新增采购中心。采购中心职责包括：集中采购物资的采、供；总包项目机械设备租赁策划及供给；办公资产及二类机电材料集中采购管理；项目现场材料库存、消耗控制。次年，增加采购合同管理职责。

2014 年 3 月 25 日，采购中心办公耗材集中采购职能调整到办公室；采购中心职能调整为工程物资集中采购、二类机电材料集中采购管理、现场材料管理。次年 3 月，将周转材料管理职能调整至采购中心。此时，职能规范为物资采购管理、物资供应管理、周转材料管理、机关劳动防护用品管理。

2016 年 3 月,将办公室办公耗材集中采购管理职能又重新调整到采购中心。

截至 2018 年,其他职能未变。

## 第二节 体系建设

### 一、制度建设

采购中心是宝冶物资采购、物资供应的归口管理部门。自 2007 年 3 月份成立后,采购中心制定了《物资采购供应管理规定》《现场物资管理规定》《直管项目采购系统业务管理与人员委派管理规定》。2013 年 11 月,宝冶成为中冶集团上线采购电子商务平台采购的试点单位,为推动采购电子商务平台建设,规范采购电子商务平台的上线运行,实现采购过程“公开公正,阳光透明,全程在案,永久追索”,采购中心制定了《采购电子商务平台运行管理规定》《采购电子商务平台运行管理实施细则》。2015 年 3 月,周转材料管理职能由工程管理部调整至采购中心。2016 年 3 月,办公耗材集中采购管理职能由办公室调整至采购中心,采购中心制定《办公耗材集中采购管理实施细则》。2018 年,根据公司集团化管控的需要,结合文件换版要求,采购中心组织对物资系统文件梳理、合并、修订,修订后的最新文件为 6 个,《物资采购管理规定》《物资采购招标管理规定》《供应商管理规定》《采购电子商务平台运行管理规定》《物资供应管理规定》《工程项目周转材料管理规定》。

### 二、内审内控检查

采购中心组织二级单位采用联合、交叉检查的方式对二级单位和宝冶历年的十大项目以及直管项目部进行全覆盖的业务检查,检查采用统一的被检大纲,统一的评判标准。对于检查中发现的问题,从深刻认识问题性质的角度进行全方位反思,要求被检单位以书面形式反馈问题产生原因并提出整改措施。为便于相互学习取长补短共同提高,采购中心将所有检查报告汇编成册作为本系统内部资料供系统人员相互学习,以达到举一反三的效果。

### 三、平衡计分卡考核

为对物资系统骨干人员岗位履职公正地做出评价,为宝冶选人用人打好基础,2018 年公司引入了平衡计分卡,采购中心从平衡计分卡四个维度设置了 11 个量化考核指标,要求二级单位针对指标,认真部署,将指标化解为行动,高水平采购、精细化管理,为公司“一流的最具产业链竞争优势的全生命周期工程服务商”的奋斗目标贡献应有的力量。

## 第三节 物资采购管理

### 一、集中采购管理模式

自 1978 年宝钢工程建设开始到 1994 年被合并,材料处完成了宝钢 1、2、3 号高炉、2050 及 1580 热轧、1550 冷轧、二炼钢的材料供应。

从1998年机械材料管理处开始，材料管理部门的主要职能都是建立制度和监督考核，材料采购都没有具体实施，采购权下放到各二级单位和项目部，采用的是分散采购模式。

宝冶自2003年分立改制成立以来，宝冶建筑施工产业尤其是钢结构制造产业规模迅速增长，特别是2006年初公司钢结构产业整合以后，以前的分散采购模式，越来越不适应公司规模化经营和产业发展战略的需要，主要表现为：主要工程材料采购未形成规模优势、项目材料供应和成本管理比较被动、材料采购质量控制难度较大、采购效率较低。

自2004年6月份起启动的材料集中采购工作，根据材料采购效益分配的模式及持续改进的需要，先后分为“委托采购”“代理采购”“职能采购”“职能＋区域＋授权”四个阶段有序有效地推进。

**【集中采购体系再造第一阶段：委托采购模式】**

2004年6月份起公司开始启动材料集中采购工作时，选择了物资分公司作为宝冶实施集中采购的平台。根据宝冶两级经营和管理的实际情况，集中采购试运行方案中明确公司实施集中采购的材料范围是H型钢、钢板、涂料、焊材和高强螺栓等五类材料；纳入集中采购供应的项目范围是由公司成立的苏浙沪地区直管项目部，由公司成立的苏浙沪地区以外的直管项目部和分(子)公司成立的自管项目部，物资分公司作为供方参与项目部的材料采购竞价，在同等条件下物资分公司具有优先供应权。“委托采购”的模式既可以进一步提升物资分公司对钢材等主要工程材料的采购能力，加速其构建宝冶集中采购平台的进程，又为其市场贸易工作提供了强力的支撑；同时还满足了使用单位作为项目成本运营主体的采购参与和价格确认的要求。

**【集中采购体系再造第二阶段：代理采购模式】**

2005年底，资产运营部及时走访国内有关大型建筑企业的物资管理部门，了解他们实施材料集中采购工作的机制和模式，提出“代理采购”模式。这种“代理采购”的模式进一步明确了项目部是材料成本的责任主体，大大地减少了以前供应过程中产生的矛盾，作为公司执行采购监管职责的资产运营部，又可以集中主要精力进行采购合规性监管和集中采购体系策划等重要工作。

**【集中采购体系再造第三阶段：职能采购模式】**

2006年底，宝冶通过有关职能部门调研和召开专题研讨会议等方式，对推行两年半以来的材料集中采购工作，进行全面而深刻的总结和评价，决定于2007年3月公司整合主要分(子)公司和项目部的采购资源成立采购中心，负责对直管项目部和分(子)公司需用的钢材、涂料、焊材、高强螺栓、钢制管件、形成固定资产的各类设备等六类材料实施集中采购和供应。

宝冶将采购中心定位为公司的总部机关职能部门，发布了《采购中心工作手册》，2008年5月上线了供应链管理信息系统，明显地提升了公司材料系统绩效管理和信息化管理的水平。2013年11月，公司开始试运行中冶采购电子商务平台，并于2014年1月1日正式运行。

宝冶自2004年6月开始推行大宗工程材料集中采购工作后，采购集中度从2004年的5%提升至2008年的65%，采购成本持续下降，取得了显著的经济效益和社会效益。不仅显著地提高了公司采购供应链的竞争力和工程材料成本的管控能力，而且还持续地提升了公司的竞争实力。

**【集中采购体系再造第四阶段：职能＋区域＋授权的混合集采模式】**

为了进一步提升采购集中度，调整集中采购目录，对于电缆、桥架等采购金额较大的通用物资纳入职能集采目录，对于采购金额小的钢制管件从目录中剔除，集采模式在原有职能采购模式的基础上扩展了区域和授权两种模式作为补充，于2018年4月1号开始实行。

集采模式调整成职能+区域+授权的混合模式，制定了《区域协同采购实施细则》，于2018年8月实施。

2007—2018年，采购中心共采购各类钢材6 752 802.37吨，采购金额2 810 494.6万元。

## 二、采购管理机制

采购流程由线下采购转为线上采购。2013年11月以前，采购业务流程采用书面询价或招标，为了保证招标过程的公开透明，采购中心邀请监察、审计等部门参与开标，采购效率受到一定的影响。2013年11月以后，采购业务流程通过采购电子商务平台实施并固化，全程受控。不相容岗位分离和专业化分工。将计划与采购，采购与执行分开，将供应商选择权、价格确定权与货款支付权分开设置。建立风险管控体系。按年度评估风险，根据风险发生可能性与风险综合影响程度两个维度评估采购风险，并制定相应的风险应对措施。

## 三、供应商管理

宝冶通过采购电子商务平台对供应商进行统一管理，建立合格供应商准入目录和供应商电子信息档案，实现供应商寻源、准入、考评、退出等全生命周期的信息化管理。

宝冶对供应商实行“动态考核、扶优汰劣”的考评管理，并采取日常管理与定期考评相结合的方式进行考评，根据考评结果将供应商分为“A”“B”“C”“D”四个由高到低的资信等级，其中A级、B级、C级供应商为合格供应商，D级供应商为不合格供应商。对A级、B级供应商实行总量控制，其中A级供应商不超过合格供应商总量的15%，B级供应商不超过合格供应商总量的35%。

采购中心始终把供应商管理作为采购管理的一项重点工作来做，建立合格供应商准入目录和供应商电子信息档案，实现供应商寻源、准入、考评、退出等全生命周期的信息化管理。实行供应商资格预审制；实行供应商许可供应产品目录制；实行供应商年度评审制，全面实施供应商动态量化考核业绩引导订货机制，有力保障了工程建设物资的安全、及时和经济供应。

## 四、信息化建设

以“采购电子化、管理信息化、信息集成化”为原则，将采购业务流程通过采购电子商务平台固化，全程受控，永久追溯。并将供应商管理、采购数据统计分析、组织架构、审批权限等关键点也嵌入采购电子商务平台，实现了流程的强制性。采购电子商务平台还与NC供应链、财务共享中心实现了互联互通，公司信息高度集成和全面共享，实现了采购从计划合同、到货、出入库、发票、付款全流程的信息化管理。

物资集中采购经过四个阶段十五年的运行，积攒了行之有效的实践，集中采购的效果逐渐显现，采购管理机制高效顺畅，采购电子商务平台在降低采购价格、规范标化采购流程、拓宽供应商等方面发挥了积极有效的作用，集中采购率不断上升，采购成本稳步下降，采购效率有效提升，供应链采购品牌吸引力明显增强。

## 第四节　物资供应管理

采购中心自成立以来，一直将物资集中采购与物资供应管理并重，每年安排项目部的专项检查。通过检查项目部现场材料管理，发现主要存在项目预算编制不规范、预算申报不及时、审核流程不规范、材料消耗管理存在漏洞等问题。

采购中心针对检查中发现的问题主要从以下几个方面改进提升。

### 一、计划管理

会同公司合同预算部制订了直管项目部的预算审核管理办法：项目部的预算在正式实施采购前，采购中心先由合同预算部对项目部编制预算的规范性、准确性进行审核，符合要求后再由采购中心实施采购。采购中心严格按项目部的预算量控制材料的采购，杜绝无预算和超预算采购现象的发生。

### 二、入库管理

2014 年，采购中心组织物资系统管理人员编制《建筑工程材料验收作业指导手册》，并聘请高校专业人士审查定稿。手册主要收集钢材、高强螺栓、焊接材料、涂料、管件、阀门、商品砼、桩材、电缆、建材、耐材、钢制品、化工材料、防水材料、装饰材料等 77 项材料的验收方法，内容主要参照 2014 年度最新的国家标准、行业标准或其他在用标准，分上、中、下三册，后续验收工作须参照最新的标准执行。

### 三、消耗管理

2009 年 8 月，宝冶供应链管理信息系统(NC)正式运行。NC 为公司预算、材料和财务三个业务系统提供了协同工作平台，并实现了单据流和结算流的在线管理，为限额发料和库存管理等监管工作提供有效的管理工具。宝冶 2010 年推行建造成本管理，采购中心以此为契机，联合合同预算部于 2010 年 7 月推行“工程材料消耗供应月报表”，要求二级单位、直管项目部按月对主要材料消耗进行分析，并上报工程材料消耗月报表。在此基础上，为增强材料消耗月报中各项数据的真实性、及时性和一致性，采购中心会同合同预算部将工程材料消耗月报与公司建造合同成本报表中有关的材料报表进行整合，并在 2012 年正式推行。

### 四、库存管理

规定二级单位和直管项目部落实工程材料、周转材料和辅助材料等定期盘点制度。同时，准确掌握每个项目的适时库存情况，在整个公司范围内合理调配资源，避免重复购置，节约采购成本。从 2017 年 1 月 1 日开始废旧物资处置在电商平台上运行，实现处置的信息化，并增加了采购中心审批流，将审核关口前置。针对每一笔废旧物资处置，采购中心从是否属于废旧物资、报价供应商数量、报价是否合理等方面严格审核,实现了过程审核与事后检查相结合。

### 五、已完工程材料闭合分析

2013 年,采购中心制定了《已完工程项目主要材料领用管理闭合分析表》,设置施工预算量、采购量、出入库量、对内对外结算量、库存量和损耗率等 10 个指标,通过定量分析相关指标之间的逻辑关系和主要材料领用的闭合分析来总结项目现场材料管理中存在的不足,从而在今后的项目材料管理中得以避免、改进和提升。2013 年下半年,闭合分析先从直管项目部开展,2014 年 4 月份全面推广到所有二级单位承揽的项目,并与各单位的综合绩效考核直接挂钩。

### 六、组织采购月报的编写

为了及时反映采购与供应数据,掌握系统动态,了解实体主战的成果,采购中心坚持组织采购月报的编写,内容涵盖物资采购管理、供应管理、钢材趋势分析、采购降本案例、闭合分析、重点工程动态等。采购月报是集体智慧的结晶,起到联通上下的作用,既反映物资系统动态,为领导决策提供依据,又能让采购中心、分(子)公司在总结中不断进步。

### 七、强化采购中心服务和监管职能

加强对二级单位和直管项目在物资采购和现场物资管理等方面的服务、支撑与监督检查,尤其是管理力量相对薄弱的区域公司和直管项目部。采购中心通过有针对性的培训、专项检查、个别指导等方式,做好管理和服务支持的双重角色,促使二级单位物资部门管控能力快速提升。

根据公司"平台建设年—集团化管控年—标准化管理年—跨越式发展年"发展主线,采购中心在物资管理工作方面继续深化管控方式的简化和高效探索,努力做到在管理上既提"质"又增"效",推进物资管理的标准化。强化制度执行力和系统管控力;加大对材料的验收和复检工作的检查力度,严把材料质量关;继续加强对材料"收、发、存"的动态管理,严格控制材料消耗水平;推进已完项目闭合分析工作。

## 第五节　周转材料管理

采购中心成立时,负责直管项目部周转材料的采购管理,使用管理职能设在供应管理下,没有单列。主要工作是联合预结算中心和财会中心组成"年度物资盘点领导小组",组织所有的分(子)公司和直管项目部进行年度材料(含周转材料)实物盘点。

随着公司承揽的项目数量增多,周转材料的资源组织和使用管理的问题日益突出。2008 年,采购中心对两级项目周转材料的使用管理现状进行充分地调研,探索以公司耗用总成本最小化为原则,建立"方案优化、预算控制;归口管理、管供结合;抓大放小、供租结合"的周转材料管理模式。重点是土建工程用钢模板、钢管和钢结构工程用胎架等大宗周转材料的资源配置和周转使用管理。

2009 年,工程管理部拟定了《工程项目周转材料管理规定》,规定了各职能部门的管理职责,杜绝了管理交叉或缺失。2013 年，又修订了《工程项目周转材料管理规定》。2015 年 3 月，宝冶将“周转材料管理”职能调整至采购中心。2016 年 1 月，宝冶发布《关于周转材料集中供应及管理的通知》。

为确保盘活现有自有资源，提高自有周转材料的利用率，同时确保满足各项目对周转材料的使用需求，本着“外部依靠市场、内部计划调配”的原则，宝冶决定由物资分公司实行集中配供，集中配供区域为华东、华南区域内以宝冶名义承揽的所有项目，包括且不仅限于宝冶直管项目及各分(子)公司承揽的项目；华东、华南以外其他区域以宝冶名义承揽的所有项目建议使用。集中配供品种包括钢管、扣件、U 托及其他钢管支撑等。并发布《周转材料内部指导价》供租赁双方签订合同时参考。

2018 年，采购中心再次修订了《工程项目周转材料管理规定》，进一步明确了各职能部门的管理职责，各使用单位、工程物资设备公司的权利和义务，形成了采购租赁皆有主责部门、内外两种资源并用的全方位管理；规定周转材料须通过采购电子商务平台对外处置，将线下报批处置方式改为在采购电子商务平台竞价线上销售，此举不但解决了处置竞价不充分，人为因素多的弊端，更重要的是电子化销售解决了以往公开，透明度不够的问题。

# 第八章　工程管理

## 第一节　机构沿革

1978 年下半年，施工处随十九冶分指挥部从武钢“一米七”热轧工程转战上海宝钢。次年 1 月，更名为上海宝钢工程指挥部十九冶分指挥部施工处，下设施工科、规划科、办公室、总调度室和测量队。

1983 年 9 月 13 日，为加强对分部职工生活住宅民建施工的领导，成立宝钢十九冶分指挥部基建办公室（对外称上海宝钢工程指挥部冶建生活区筹建办公室负责组织宝钢冶金队伍月浦生活区的施工）。

1984 年 12 月 12 日，为适应“四化”建设的需要和经济体制改革的要求，将原施工处、安全处调整为工程管理处。

1987 年 4 月 28 日，为确保完成宝钢工程指挥部下达的民用建筑工程任务，成立基建工程处，原基建办公室业务和人员归属宝冶基建工程处，同时撤销宝冶基建办公室。基建工程处是宝冶归口管理、承包、经营民用建筑等工程的单位，经济上独立核算；同时，承担上海宝钢工程指挥部批准组建的上海宝钢工程指挥部冶建生活区筹建办公室的职能和职务。

1992 年 4 月 10 日，成立工程管理部，撤销工程管理处，其业务和人员划归工程管理部。

1995 年 6 月 10 日，为适应市场经济发展，加快宝冶建立现代企业制度和推行机关向事业部制发展的步伐；优化宝冶主导产业，加强建筑施工的协调管理，成立工程管理总部，原工程管理部同时撤销。工程管理总部是宝冶建筑施工产业综合归口管理部门，负责宝冶承担的宝钢建设、技改技措工程（不含检修协力）和外包工程的统一指挥、协调、管理，下设三处两室，即工程管理处（工程管理职能）、经营处（计划管理、财审管理职能）、质量安全处（现场质量管理、现场安全管理职能）、办公室（综合管理、现场保卫职能）、总工程师室（技术管理职能）。

1998 年 5 月 25 日，为转换经营机制，理顺管理关系，强化内部管理，适应市场经济，对机关机构设置和职能做出调整，工程管理总部的主要职责是施工（含加工生产）过程管理与编制技术标书。下设三个处：工程技术处，在投标办公室的统一安排下，负责组织编制投标技术方案，同时负责工程项目技术管理，兼管图纸资料及施工技术标准等；项目管理处，负责对宝冶签约承揽的项目派遣项目经理，组建项目部，对所有项目部进行归口管理，原外经部的工程外事管理职能划入该处设工程外事办公室（对宝钢保留“外事处”名称）；工程管理处，负责施工计划、总调、测量、交工和外协队伍管理等，是甲供设备管理、产品防护、回访等要素的主控部门。

2000 年 10 月 27 日，围绕项目管理的进度控制、工程技术、外协管理等职能归并设立工程管理处，便于深化项目系统管理。此时，工程管理处的职能主要是对工程项目的进度、技术等进行监督管理与过程控制，工程资源的调配及综合管理，用户回访及服务，外协管理，项目待聘人员的培训、管理，掌握直管项目部的施工生产情况。下设项目管理科、工程技术科、外协管理科、综合管理科。

2003 年 2 月 27 日，为强化以工程项目管理为中心，推行项目保证管理体制，将材料管理、工程管理、钢构管理、工程技术管理职能归并，设立项目管理部。项目管理部下设项目保障处、工程技术处、钢构管理处(钢构分公司)、宝钢现场办。为进一步做好宝钢十五规划项目与宝钢的通讯联络工作,在项目管理部下特设宝钢现场办公。此时项目管理部的职能有工程项目过程支持及资源保障服务,钢结构加工管理,设备运行状态及调配管理,重大设备协调平衡,材料管理,工程资源调配,用户回访及服务,外协管理,工程项目技术支持及服务。下设项目保障处、工程技术处、钢构管理处(钢构分公司)、宝钢现场办(宝钢十五规划项目指挥部)。

2004 年 5 月 9 日,项目管理部更名为工程管理部,为强化项目资源调配组织能力,增加直管项目机械设备调配、使用与运行管理、特种设备安装、修理开工报告的办理、工程业绩资料的收集归档、建构筑物拆除中心日常运行管理、周转材料管理、施工现场工程物资出、入库与耗用管理、直管项目总图管理、项目管理责任书签订、项目管理人员调配以及质量管理体系维护与实施等职能;保留费用单位外事办公室,对外仍以外事处名义行使职能;钢构管理职能调整至技术中心。

2005 年 2 月 23 日,撤销工程管理部的工程技术处,在工程管理部设立钢结构管理处,钢结构管理职能由技术中心整体调整至钢构管理处。同年 5 月,工程管理部工程管理处取消标化工地管理、工程业绩资料收集归档职能,增加文明施工、工期管理和影响工期因素监控,以及材料管理(非集中采购材料价格监管、计量、验收、出入库、耗用等)、机械设备事故管理;协作队伍评定、选用、组织考核、年审调整为作业协作资源保障与管理,合格分包方评定、选用、考核及年审;项目管理人员调配调整为项目人员岗位管理;宝钢现场办增加宝钢工程标化工地管理职能;钢构管理处增加钢构外委生产管理职能。主要有工程管理、钢构管理、宝钢项目管理、外事管理四大职能。

2007 年 3 月 3 日,工程管理部工程管理处、宝钢办与安全环保部合并为安全工程部/安全生产办公室;工程总承包部外资处与宝钢外事办合并为海外部。工程管理部钢构管理处与罗店基建办撤销。原工程管理部工程管理处“工程管理,项目部设立、撤销”等职能并入安全工程部/安全生产办公室,原宝钢办职能并入安全工程部/安全生产办公室。安全工程部/安全生产办公室另增加“节约型施工企业创建,节约型工地建设、节能降耗”及“项目进展阶段及期限管理”等职能。同时,为强化职业健康安全与环境管理体系管理职责,将“体系维护与实施”调整为“体系的运行管理,过程监控,体系改进”。

2008 年 2 月 29 日,将党群工作部“项目党工委工作”职责调整至安全工程部,项目部党工委办公室设在安全工程部。撤销总工程师室,将总工程师室“专家管理”中“专业技术、经营管理人才队伍建设与培养”职责调整至人力资源部,原总工程师室其余职责保留在技术中心。

2009 年 3 月 9 日,撤销安全工程部/安全生产办公室,成立项目推进与作业资源管理部。工程管理、环境综合管理、环境管理体系运行与改进、项目人力作业资源策划及供给、宝钢工程综合管理、项目党工委工作职能调整到项目推进与作业资源管理部;项目推进与作业资源管理部另增加项目机械设备租赁管理;大临设施、周转材料管理;钢结构加工、安装进度协调管理等职能。

2010 年 5 月,项目推进与作业资源管理部更名为工程管理部。

2012 年 5 月 23 日,工程管理部原环境综合管理、环境管理体系运行与改进及节约型施工企业创建,节约型工地建设,节能降耗,节约能源和资源管理等职能调整至安全生产监督管理部;原宝钢工程人员、车辆进厂证和物资出厂证管理;宝钢工程现场治安、保卫、消防、标化工地管理;宝钢工程调度值班管理,项目信息通报;宝钢工程防洪抗台的组织协调等职能调整至技改管理部。增加工程项目交工、竣工软件资料的收集、审核、归档职能。

2013 年 4 月 5 日,工程管理部增加“环境综合管理、环境管理体系运行与改进”职能,负责公司环境管理体系运行管理,过程监控,体系改进;环境管理目标、指标的策划与实施;环境因素的确定、更新管理;污水、噪声、粉尘、有毒有害废弃物排放管理;应急准备事项管理;相关方投诉管理;环保绩效监视和测量管理;纠正和预防措施管理等。增加“节约型施工企业创建、节约型工地建设,绿色施工示范工程创建,能源和资源管理”等职能,以及“工程项目合同履约管理”职能;增加“钢结构信息收集与统计,对口中冶集团钢结构相关报表上报,钢结构行业相关调查、统计情况上报”等管理职责。

2015 年 3 月 27 日,工程管理部增加项目施工机具使用监管、外租施工机具供应方评价与选择、房屋拆除业务管理等职能;将项目信息化管理职能调整到信息化管理部,将周转材料管理职能调整至采购中心;不再负责项目党工委工作。

2018 年,工程管理部职能规范为工程管理、环境管理体系运行与改进、项目资源管理、钢结构管理四大职能。

## 第二节 体系建设

### 一、指挥部模式下的管理体系建设

1978—1980 年,主要任务是按照施工程序组织编制施工规划、做好施工准备;组织施工协调,搞好工程调度;组织试运转、搞好交工验收以及负责施工测量、搞好测量管理工作。

1980—1988 年,施工处主要编写的管理办法有《水电设施暂行管理办法》《加强测量管理工作办法》《施工总评暂行管理办法》《工地文明施工守则》《施工处职责范围和机构定员》《临时设施暂行管理办法》《施工现场道路维护管理办法》《测量管理制度的几项说明和补充规定》《测量中间交接的若干规定》和《关于施工组织设计审批办法》。

1988 年,学习鲁布革,试行“两权分离”。鲁布革工程是基本建设中的典范。为了在宝冶学习推广鲁布革经验,在“两权分离”原则指导下,宝冶在宁波地区的在工程建设中适度进行分权,试行“三全”承包、精干管理层和作业层,工人一专多能,干部一岗多职。

1991 年,制订《施工测量管理规定》。次年,宝冶精简管理层次,改过去的工程队、工程公司、宝冶三级管理为宝冶、工程公司两级管理,逐步使工程公司向管理层、工程队向作业层转变,把决策层、管理层、作业层分开。同年制订《工程信息管理办法》《施工现场机械巡回检查管理办法》,翌年制订《施工机械设备检修管理办法》《施工现场测量标志保护管理办法》《环境保护管理办法》。1994 年,宝冶开始积极摸索与实践“总包型”经营战略,并充分利用一级建设工程总承包企业的资质条件,向集团化、规范化、规模化发展。1994 年,制订《外包建筑队治安管理办法》《宝冶公司工程总承包及分包管理规定》。

1995—1998 年,宝冶施工管理体系主要是指挥部加项目部管理。在宝钢冶金项目上主要还是采用指挥部模式,但在宝钢以外的工程上不断探索新的管理模式,基于《项目法》的项目管理模式,在施工管理实践中,取得非常大的进步。

1996 年,制订《关于加强施工生产任务总承包与分包管理的若干规定》。1997 年,制订《宝冶公司工程项目部管理通则》《宝冶公司工程项目部管理实施细则》《宝冶施工现场标准化工地保卫、消防管理规定》。

1998 年,对工程管理总部的职责明确为施工(含加工生产)过程管理与编制技术标书。项目管理处负责对宝冶签约承揽的项目派遣项目经理,组建项目部,对所有项目部进行归口管理,原外经部的工程外事管理职能划入该处设工程外事办公室(对宝钢保留“外事处”名称);工程管理处负责施工计划、总调、测量、交工、和外协队伍管理等,是加工设备管理、产品防护、回访等要素的主控部门。

同年制订《关于宝钢工程商品混凝土供应、平衡的规定》,次年制订《关于实施协作队伍主要管理及作业人员持证上岗的通知》《宝冶公司协作队伍安全管理规定(实行)》。

工程处、指挥部管理模式,在2000年前是工程管理的主要形式,大多数工程处、指挥部在工程完工后即撤销。

各种形式的指挥部工程管理模式,适用于一定规模的工程项目,对完成工程项目具有一定优势和作用。

## 二、项目管理模式下的体系建设

2000—2018年,宝冶施工管理体系主要是直管项目加二级单位。随着二级单位项目的不断增多,现有指挥部模式已远远无法满足现场项目施工和管理。宝冶大多采用直管项目+专业公司的形态。

随着宝冶项目管理不断规范,管理体系逐步完善,相关管理制度更加成熟。其主要管理规定有:《项目实施过程管理规定》《项目成立与撤销管理规定》《顾客满意度测量、回访和保修管理规定》《文明施工管理规定》《绿色施工管理规定》《环境保护管理规定》《环境因素管理规定》《环境管理方案管理规定》《合规性评价管理规定》《分包商管理规定》《农民工权益保障管理规定》《施工现场机具管理规定》《周转材料管理规定》《施工现场临时设施管理规定》等。

2001年,宝冶开始推行一级项目管理。为探索宝冶一级项目管理模式,改变原有的两级管理模式所带来的责权利不明确,管理层次多、效益低等弊端,真正建立起适应市场竞争、精干高效的项目管理体系。公司先后在新余钢厂、山西海鑫、芜湖体育中心三个项目部进行试点,并与项目经理签订经营承包责任书。2003年,在大多数项目上,为降低成本、加强控制、争创效益,全面推行一级项目管理。本着“一级管理,两层分离”的原则,使项目管理组织扁平化,避免各自为政,不顾大局的行为,有效优化了总分包管理特点突出的项目管理模式。同年2月,为强化以工程项目管理为中心,推行项目保证管理体制,工程管理部新增并调整的管理内容主要有:工程项目过程支持及资源保障服务、钢结构加工管理、设备运行状态及调配管理、重大设备协调平衡、材料管理、工程资源调配、用户回访及服务、外协管理、工程技术支持及服务,宝钢工程项目的协调、联络、管理与服务,总值班工作。同年6月,增加项目结束后组织工程档案(含工程图片)的收集归档。

2005年,工程管理部工程管理处取消标化工地管理、工程业绩资料收集归档职能,增加文明施工、工期管理和影响工期因素监控,以及材料管理(非集中采购材料价格监管、计量、验收、出入库、耗用等)、机械设备事故管理;协作队伍评定、选用、组织考核、年审调整为作业协作资源保障与管理,合格分包方评定、选用、考核及年审;项目管理人员调配调整为项目人员岗位管理;宝钢现场办增加宝钢工程标化工地管理职能;钢构管理处增加钢构外委生产管理职能。2007年3月,另增加节约型施工企业创建,节约型工地建设、节能降耗及项目进展阶段及期限管理职能。2009年2月,工程管理部职能调整为:工程管理、环境综合管理、环境管理体系运行与改进、项目人力作业资源策划及供给、宝钢工程综合管理、项目党工委工作调整至项目推进与作业资源管理部。另增加“项目机械设备租赁管理、大临设施管理、周转材料管理”职能。

2011 年,推进项目施工组织模式转变,严格推行劳务分包、工序管理,坚决禁止大清包、双包,项目精细化管理水平得到进一步提升。

2012 年 5 月,原环境综合管理、环境管理体系运行与改进及节约型施工企业创建,节约型工地建设,节能降耗,节约能源和资源管理等职能调整至安全生产监督管理部。原宝钢工程人员、车辆进厂证和物资出厂证管理;宝钢工程现场治安、保卫、消防、标化工地管理;宝钢工程调度值班管理,项目信息通报;宝钢工程防洪抗台的组织协调等职能调整至技改管理部。增加工程项目交工、竣工软件资料的收集、审核、归档职能。

2013 年 4 月,增加环境综合管理、环境管理体系运行与改进职能,负责公司环境管理体系运行管理,过程监控,体系改进;环境管理目标、指标的策划与实施;环境因素的确定、更新管理;污水、噪声、粉尘、有毒有害废弃物排放管理;应急准备事项管理;相关方投诉管理;环保绩效监视和测量管理;纠正和预防措施管理等。

增加节约型施工企业创建、节约型工地建设、绿色施工示范工程创建、能源和资源管理、工程项目合同履约管理、钢结构信息收集与统计、对口中冶集团钢结构相关报表上报、钢结构行业相关调查、统计情况上报等管理职责。

2014 年 3 月至 2018 年,主要管理职责:工程管理、环境综合管理、环境管理体系运行与改进、工程类会议组织管理、项目人力作业资源管理、项目机械设备租赁管理、大临设施周转材料管理、钢结构管理、项目信息化管理、项目党工委工作。

2018 年,根据公司管理要求,对现有管理规定进行了重新梳理修编,形成管理制度和规定:《项目实施过程管理制度》《项目策划管理规定》《项目收尾管理规定》《分包商管理规定》《现场临电和机具管理规定》《环境管理规定》和《绿色文明施工管理规定》。

## 第三节 施 工 管 理

### 一、专注冶金阶段

施工管理重点关注宝钢项目。施工管理模式主要是工程队、工程处、指挥部/宝冶的三级管理模式大多数工程处、指挥部在工程完工后即撤销。

各种形式的指挥部工程管理模式,适用于一定规模的工程项目,对完成工程项目具有一定优势和作用。权力较大、权威性较强的工程指挥部,如宝钢工程指挥部,只用于大型综合性工程项目。

1979 年,分指挥部初步运用网络法,在一号高炉基础浇灌中,运用网络法编制施工综合进度图,并在同济大学的协助下,用电子计算机对安装井点、机械挖土、模具制作、钢筋配料、泵车浇筑等各道工序进行了运算,对现代化的管理方法做了有益的尝试。

1982 年,分指挥部的施工特点是主辅同步,内外交叉,高峰集中,全面展开。工作量不断增加,并签订了一批外包合同,任务十分繁重,年初分指挥部制订总体规划,提出了“超亿保八”和实现四大形象进度的奋斗目标,广泛发动群众,层层动员,层层规划。分指挥部为了贯彻国家关于宝钢一号高炉“85・9”(1985 年 9 月宝钢一号高炉投产)建成点火的重大决策,进一步分析形势,统一认识明确目标,振奋精神,集中力量,组织了炼钢系统、炼铁系统、能源中心、动力设备、动力管网、总图运输等施工歼灭战,各级领导坚持深入第一线,强化生产指挥,各单位一条心、一股劲,紧密配合,通力协作,使歼灭战越打越好,打出了士气,打开了局面,打出了效益,搞活了全盘施工。

1983年，分指挥部抓住长江引水工程、中央水处理、炼钢工程、煤气柜等重点工程和薄弱环节组织各施工单位，展开施工战役。并坚持抓作风、抓效率，组织机关各处室开展“优质服务”竞赛，确保了各项重点工程的施工进度。为“85·9”投产目标的实现，打下了坚实基础。

## 二、冶金+外包阶段

1986年，宝冶成立并落户上海。此时，在宝钢冶金项目上主要采用指挥部模式，但在外包工程上，开始使用《项目法》的管理模式，取得了较大的进步。

1990年，宝冶推进标准化和企业管理现代化工作，新编材料定额开始贯彻执行，劳动定额已趋完善。现代化管理18法深入推广。QC管理、计算机和网络技术在实际应用中取得显著成效。这一年，宝冶获上海市现代化管理应用成果二等奖、冶金部优秀QC成果一等奖。

同年，三号高炉建设处于边设计、边制造、边准备、边施工的状况。在设计变更频繁、设备交货拖期、质量问题较多的困难条件下，宝冶三高炉建设按总体规划组织实施、按施工程序进行，抓住关键线路实行动态管理，本体施工充分做好前期准备，在外部条件的严重困扰下，见缝插针，主动创造条件上。

工程管理以文明施工为突破口，推进标准化管理，从大临平面规划到水、电、路、小临设施的设置都实现定置管理，联合检查考核，使现场文明施工有很大提高。

1993年初，三号高炉累计综合拖期5—6个月，施工形势十分严峻。为了扭转高炉施工的被动局面，确保后墙不倒，宝冶提出“各项工作要围绕重点，突出重点，服务重点，确保重点”的要求，采取倒排工期，严格控制关键节点，筑小墙保大墙，前工序保后工序早上场的切实措施。强化现场指挥，坚持每季度召开一次动员会，不失时机地掀起大干高潮，并从组织领导、施工管理、材料设备供应、劳动力调配等方面强化对三高炉施工的管理。坚持每周一次的例会制度，严格对施工节点的考核，重点走访关键单位环节，合理使用工期奖，极大地调动了职工积极性。

为进一步提高项目管理水平，加快两层分离，逐步实现工程项目部管理的规范化、制度化、科学化，1994年9月9日，制订《宝冶工程项目经理部管理通则》(试行)。实行项目经理部管理体制，这是宝冶深化改革、转换机制的重要举措。

1994年，宝冶在上海耀华皮尔金顿、上海新沪钢厂建设中，发挥宝冶多元经营的优势履行代甲方的总承包管理模式，取得较好的效果和效益，另外，在工程项目的管理上，突破过去的直线式管理模式、推行矩阵管理。成立项目部，对整个工程的进度、质量、安全及资金进行统一管理，责、权、利三者关系更加明确，充分调动了参战人员的积极性。

1995年，宝冶围绕企业机构体制改革的主线向纵深发展，优化主业，推行事业部制成立工程管理总部，强化了建筑施工主导产业的协调指挥权。牢固树立“立足宝钢、优化主业”的指导思想，在发展四元产业结构加快四个转变的同时，突出加快优化建筑施工主导产业，以加快适应宝钢三期建设的需要，将建筑施工主导产业归口工程管理总部，对各工程项目行使管理、指挥、协调职权。

1996年，宝冶承建的宝钢三期1580热轧工程于1996年12月12日一次热负荷试车成功，创造了用28个月建成特大型现代化热轧厂的世界纪录。

同年，公司加快两层分离建设，主要表现在两个方面：一方面为满足宝钢工程施工需要，广泛吸纳社会力量，调整企业施工队伍结构，加快培育、发展企业的建筑施工优势。通过调查考核，择优选择了110多家成建制的外协施工队伍；另一方面为带好管好外协队伍群体，配备足够的管理力量，把好外协队伍的工程质量、进度、供应的协调和调度关，促使外协队伍的工程进度、质量与往年相比上升到一个新的高度。

## 三、对外发展阶段

1998 年,继续坚持立足宝钢、建设宝钢、服务宝钢的指导思想,加强工程项目管理,强调过程控制。这一年,宝冶在面临巨大任务缺口的情况下,集中兵力,坚持以确保二炼钢“98·3”投产为重中之重,两级公司党政工团齐抓共管,组织“天天读”,开展一系列的劳动竞赛,采取一系列得力措施,最终以高质量、高水平夺取了二炼钢“98·3”建成投产的最后胜利,实现了宝冶对宝钢的承诺。宝钢领导对宝冶仅用 30 个月工期将二炼钢建成投产、一次试车成功给予了高度的评价。

同年,宝冶开始建立并推行项目管理体系,以厦门国际会展中心为代表的总包工程建设,体现了宝冶的实力,树立了宝冶信誉,赢得了业主信任,而且不断扩大市场份额。

厦门国际会展中心是宝冶总承包承建的第一个大型标志性的公共建筑,也是显示宝冶总包管理能力、创立宝冶信誉的一项工程。宝冶以抓总包管理体系的建立,定制度,定目标为基础,以强化过程控制为手段,对整个工程经营合同、项目质量进行了有效管理和控制,不断探索和实践总包管理经验,不断加强专业项目管理,提高项目科学管理水平,创造了良好的施工业绩。

此外,在工程项目管理和外协队伍管理上宝冶逐步形成了一套行之有效的管理模式,并在市场和实践中取得了一定的经验,为公司下一步推进真正的项目管理、实施两层分离提供了一定的借鉴作用。

2000 年,由工程管理处牵头,总部机关各部门根据新的职责划分研究如何加强对直管项目部的业务建设与服务监督工作,建立起以项目管理为基点的企业施工生产运作机制。2001 年,宝冶推行项目管理,强化项目管理职能。以抓总包管理体系的建立,定制度,定目标为基础,以强化过程控制为手段,对整个工程经营合同、项目质量进行了有效管理和控制,不断探索和实践总包管理经验,不断加强专业项目管理,提高项目科学管理水平,创造了良好的施工业绩。

同年,宝冶对管理层、劳务层实行两层分离,设立宝冶建筑劳务公司和宝冶安装作业公司两个劳务公司。

宝冶所用协作队伍首先从资质管理入手,对在用协作队伍进行审核筛选,将合格的协作队伍纳入《合格协作队伍名录》供各单位录用,对不合格的协作队伍坚决予以清退。坚持将其纳入公司建筑安装质保体系的管理范畴,尽量减少由于外协队伍发生的质量、安全问题而对宝冶声誉和形象产生的不利影响,加强对《合格协作队伍名录》的动态管理。

2002 年,宝冶紧紧围绕“造精品项目,创效益工程”这一指导思想,企业核心竞争力得到有力提升。继续深化项目管理工作,加强项目管理的事中事前控制,不断总结试点项目经验,及时发现问题,解决问题。次年,随着市场营销工作的大力开展,宝冶施工项目数量逐渐增多,规模也在变大。宝冶打破传统指挥部式的两级管理模式,优化项目资源配置,规范项目管理行为,加速项目部人、财、物等生产要素的流转。宝冶和各二级公司大力推行一级项目管理,有效减少项目管理层次,提高单位时间、单位人员管理项目的规模。同时,加速资源市场化配置,在降低成本,提升项目管理能力,争创经济效益方面均比原来两级项目管理上了一个台阶。

## 四、占领高端

2004 年,宝冶积极探索适宜的项目管理模式,细化区域分公司的管理模式。在苏州博览中心、上广电等项目中,试行授权专业公司为总承包管理模式。为更加有效地推广项目管理中 EPC 方式,宝冶多次召开现场会,深入交流,使利用当地资源、材料管理、标化管理、以项目带市场等好的做法和经验在更大范围内得到推广。

同时,在项目实施中,实行效益优先,尽可能使收益最大、成本最小,坚持不懈地强化项目经理创效意识,项目部在保证质量、进度、安全、文明施工的同时,在施工过程中积极研究合同、吃透条款、及时签证、严格管理,力争收益最大化。次年,宝冶规范项目管理,强化项目的过程控制,健全项目的增效体系,全方位提高项目管理能力。

坚持以《建设工程项目管理规范》推进规范管理,围绕"保障效益、实体精品、过程文明、业主满意"的项目管理目标,精细施工,严格项目经理责任制度,强调项目目标成本策划。在施工过程中,开展施工方案优化改进,强调现场沟通、签证。不断完善项目管理目标责任书,项目经理合同意识、风险意识、效益意识逐步得到提高。同时从施工方案、项目管理人员动态流转,提高项目的创效能力。探索推行"一级决策,一级核算,两级资源组织供给"的管理模式,强化服务业主,适应市场的理念,诚信履约,强化项目的周密筹划,过程控制,诚信履约,追求卓越,建设业主满意精品工程。追求增加值,注重成本改进管理,大力提高项目管理能力。

2007 年,宝冶不断改进工程项目策划与准备工作,项目部经理及其主要管理人员从项目跟踪、投标阶段开始介入,全过程参与项目实施。同时加强重点工程管理,注重工程进度控制和管理,强化关键过程以及重大工程节点的跟踪控制。对工程项目的主材、大型机具设备、分包方、协作队伍等主要资源实行公司集中统筹管理。次年,宝冶注重改进项目的策划和准备工作,调整并完善管理体系:尝试改变传统的作业资源管理方式,大力推行工序分包,以加强对协作队伍管理和掌控;注重培养巩固一批有实力、能与公司共同进退的作业队伍,以满足宝冶专业施工的要求。此外,在项目管理过程中,进一步强调精细管理意识,突出项目成本管理和业主满意原则,采取切实措施,围绕企业节能、节地、节水、节材和发展循环经济的中心,开展节约型企业的创建活动。

## 五、高速发展

2010 年,宝冶把创优质工程作为开拓企业经营管理的重要措施来抓,把提高工程质量、向客户兑现质量承诺作为企业经营管理工作的出发点和终极目标,将创优活动做到经常化、制度化,使工程质量水平不断提高,一大批优质工程摘得国家级质量奖和各省市、各行业的优秀奖项。其中,首钢冷轧薄板生产线工程、中国 2010 年上海世博会主题馆、中山博览中心 3 个项目荣获中国建设工程鲁班奖。

该年度,宝冶高度重视农民工工资发放工作,加强监管力度,下发了《关于加强农民工工资发放监督检查的通知》。对具备统一发放条件的项目部,均实行农民工工资发放的精细化管理,确保工资按时、按量到达广大农民工手上。

2011 年,宝冶切实提高项目管理水平和项目运营能力,重点加强了以下四方面的工作。一是注重项目的前期策划,围绕"进度、质量、安全、成本"平衡关系,进行设计优化、工序优化以及施工组织的优化,做到项目管理心中有数。二是加大项目的过程监控,严格按照策划的目标、节点推进,实时对标、实时管控、及时纠偏,保证项目的进度、质量、安全、成本等方面受控。三是推进项目施工组织模式转变,严格推行"劳务分包、工序管理",坚决禁止大清包、双包,项目精细化管理水平得到进一步提升。次年,在工程实体建设稳步推进的同时,宝冶项目管理软实力也得到同步提升。"建筑施工企业项目管理之路——综合项目管理系统的开发与应用"成果获得了"第二届(2012)全国建筑业企业管理现代化创新成果"一等奖。工程管理部收集、整理、出版《2012年度项目管理缺陷原因分析材料》和《2012年度项目管理研讨会交流材料》两本刊物,总结归纳了"2012年项目管理研讨会"的理论和案例成果。

2014年,宝冶各项工程建设的工期进度达标、工程质量过硬、安全文明受控,树立了良好的市场形象。

珠海十字门项目,是宝冶承揽的最大BT项目,也是承建的最大商业组团项目。经过四年多的精心组织和周密施工,珠海国际会展中心、会议中心在2014年第十届珠海航展开展前圆满交付并投入使用,珠海地标建筑——珠海中心标志性塔楼施建突破200米,是公司华南区域地标性工程的典范。

上海迪士尼项目,是宝冶进一步与国际接轨的典范之作。面对细致、严苛的设计标准和建筑规范,宝冶将BIM、P6等先进技术,全面应用到了从方案到设计,再到施工的全过程,宝冶项目管理团队凭借在此工程项目建设中的优异表现,获得业主大力举荐,成为项目核心区唯一一家获得上海市五一劳动奖状的参建单位。

北京雁栖湖日出东方酒店、国际会展中心,是2014年北京APEC会议主建筑。在施工过程中,宝冶运用先进精湛的施工工艺、模块化钢结构安装技术,成功实现5 000多平方米的混凝土曲面弧型屋盖和大型钢桁架的整体提升并以精心策划的施工组织、过硬可靠的钢结构制造安装技术实现了项目钢结构施工的安全、优质、高效。两项工程分别荣获了全国优秀焊接工程奖和钢结构工程金奖,为北京APEC会议的顺利举行作出贡献。

2017年,宝冶进一步聚焦施工主业,持之以恒抓项目管理。坚持精细化、绿色化、标准化施工,工程管理体系建设不断加强。

2018年,宝冶坚定不移地打造项目集中管控平台,推进标准化项目管理体系。

**【打造项目"主平台"助力项目标准化实施】**

公司根据中冶集团"要把子企业总部打造成项目管理主平台"的要求,全力打造更加精细高效的项目管控主平台。5月9日,宝冶印发《工程项目管控平台建设实施方案》,提出了"223311"的项目管控平台体系架构;同时,还编写了《项目管理手册》《施工管理手册》《作业资源管理手册》,梳理两级项目授权,推行项目"四化"、创优全覆盖,完善项目风控考核体系,为集团化管控迈向标准化管理提供了强有力的后台支撑。

**【打造"标杆项目"厚植标准化管理基础】**

宝冶全力打造观摩工地、标杆项目,大力实施"精品战略",从精品项目中吸取成功的经验和做法,归纳提炼统一标准,为全面推行标准化管理厚植基础;同时通过精品项目的现场观摩,为各二级单位进一步提升项目管理水平提供了优秀示范"模板",促进项目管理的标准化、规范化和精细化水平。

**【推进"大区域、属地化"管控模式、提升项目水平升级】**

按照"总部服务控制—区域属地管理—专业公司运作—项目授权管理"的集团化管控要求,宝冶对华南区域、华东区域、西南区域、北方区域等地的在建项目进行调研,形成会议制度,由各片区分管领导定期召开区域项目管理专题会,将区域内总承包公司、专业公司在建项目的安全、质量、文明、绿色施工等纳入区域管理考核体系，统一标准、统一考核、统一评比，使得在各区域内的项目相互学习、相互促进，共同进步、共同提高，区域内的项目管控能力逐步形成、持续提升。

## 第四节 环境管理体系

2007 年，将工程管理部与安全环保部进行合并形成了安全工程部，环境管理体系的相关职能首次出现在工管体系。

2010 年，根据宝冶管理要求，安全工程部进行了拆分，环境管理体系的相关职能保留在了工程管理部。

2012 年，宝冶将环境管理体系内容调整至安全生产监督管理部。

2013 年，将环境管理体系内容重新调整至工程管理部。

2013—2018 年，环境管理体系的相关内容一直由工程管理部进行管理。

环境管理体系主要管理内容：体系运行管理、过程监控、体系改进；环境管理目标、指标的策划与实施；环境因素的确定、更新管理；污水、噪声、粉尘、有毒有害废弃物排放管理；应急准备事项管理；相关方投诉管理；节能减排、能耗管理、环保绩效监视和测量管理；纠正和预防措施管理；等等。

随着管理要求的不断提高，宝冶相关管理制度也不断地完善和提高，具体管理文件也有繁复向着简洁高效转变，1993 年至 2018 年，宝冶先后出台的管理规定有：《环境保护管理规定》《环境因素管理规定》《环境管理方案管理规定》《合规性评价管理规定》等。2018 年，宝冶对环境体系文件进行了全面梳理和修编，下发《环境管理规定》和《绿色文明施工管理规定》。

## 第五节 绿色施工

宝冶非常重视绿色施工的工作，从 2011 年的第二批全国绿色施工示范工程评选开始，每年的绿色施工示范工程均有参加，截至 2018 年共参加了 6 届全国绿色工地的评选工作，共有 18 个项目参与了评选，其中第四批共有 7 个项目参与了评选。到 2016 年，有 8 个项目获得了全国绿色施工示范工程的证书。

**表 7-8-1 全国绿色施工示范工程项目清单**

| 项目名称 | 批次 | 颁发部门 | 时间 | 备注 |
|---|---|---|---|---|
| 罗店大型居住社区经济适用房一期项目 | 第二批 | 中建协 | 2011 年 | 已验收发证 |
| 南京河西综合性医院项目 | 第三批 | 中建协 | 2014 年 | 已验收发证 |
| 扬州体育公园体育场项目 | 第四批 | 中建协 | 2015 年 | 已验收发证 |
| 南京外国语学校河西分校校园建设工程 | 第四批 | 中建协 | 2015 年 | 已验收发证 |
| 珠海十字门标志性塔楼工程 | 第四批 | 中建协 | 2015 年 | 已验收发证 |
| 邯郸市连城别苑预留地 1#—7# 楼及北区地下车库工程 | 第四批 | 中建协 | 2015 年 | 已验收发证 |
| 香港中文大学(深圳)一期项目(下园)Ⅱ标段 | 第五批 | 中建协 | 2016 年 | 已验收发证 |
| 深圳大学西丽校区建设工程(一期)项目Ⅱ标段 | 第五批 | 中建协 | 2016 年 | 已验收发证 |

## 第六节　协作队伍管理

20世纪90年代以前，现场的施工队伍基本是本企业职工。宝钢三期工程后期，有的施工现场，因作业人员不足开始使用一些社会劳务，从事临时性工作。1994年之后，为适应施工管理体制改革的需要，有的项目部选择一些资信较好，有一定实力的建筑队伍合作，进行劳务分包，此时由职工和外协劳务人员同时进行使用，俗称"双轨并行"。

1994年，公司开始进行机构改革，实行企业管理层和作业层分离，经济合同管理模式，全面推行项目法管理。各单位、项目部开始使用分包或作业队伍。《外包建筑队治安管理办法》（1994年）《宝冶公司工程总承包及分包管理规定》（1994年）《关于加强施工生产任务总承包与分包管理的若干规定》（1996年）等相关管理办法也陆续制定出来并颁布实施。1998年建立外协单位资源库，发布《协作队伍录用名册》，与100余家分包队伍建立了合作共赢的伙伴关系。2000年以后，为加强分包、外协作业队伍管理，公司制定了《分包商管理规定》《农民工权益保障管理规定》等制度，用制度和合同形式规范双方的行为和关系，明确双方的权利和义务。对一些不诚信、无资质的分包队伍、作业队建立"黑名单"，实行"禁人"制度。

1997年以后，公司承揽的工程项目，在组织施工时，已广泛使用工程分包或劳务分包，特别是在1998年的厦门国际会议展览中心项目，由工程公司或项目部按照公平、公正、公开、诚信的原则和市场机制，通过市场竞争选择施工队伍。同等条件下，实行内部优先原则选择施工队伍。之后，随着市场机制的健全，项目法管理的加强，宝冶与信誉好、实力强的分包队伍、劳务队伍建立了长期、稳定、共同发展的合作伙伴关系。

2010年后，由于经营规模不断扩大，建立合作关系外协队伍越来越多并带来一些问题，宝冶更加注重外协队伍的管理，制定了《分包队伍管理规定》《分包商招投标管理规定》等制度，对工程分承包商的准入、选用、合同管理、现场管理、计量、支付及结算管理、工程分承包商的评价等方面做了明确的规定，使协作队伍管理制度化、法制化、合同化。

2018年，针对工程项目现场管理中突出的问题，经过调研，征求多方意见，公司出台了《分包商管理规定》《分包商招投标管理规定》。到2018年底，与宝冶建立长期稳定协作关系的外协队伍546家。

# 第九章　质量技术

## 第一节　质量管理

### 一、机构沿革

1978年下半年，质量检查处随十九冶分指挥部从武钢“一米七”热轧工程转战上海宝钢。次年1月，更名为上海宝钢工程指挥部十九冶分指挥部质量检查处，负责工程质量管理工作。

1984年5月2日，质量检查处增设全面质量管理和全优工程管理科(简称双全管理科)。

1989年2月28日，将全优工程、优质工程(优质产品)的管理工作从企管办划出，归口质量检查处管理，全面质量管理的工作仍由企管办负责。

1992年9月18日，质量检查处更名为质量处，直接负责工程质量检验核定和质量把关，质量处设管理科、土建科、专业科、产品科。

1994年2月26日，将质量处与安全处合并，成立质量安全部，将产品检验由质量处划归生产经营部。质量安全部设综合管理科、质量一科、质量二科、安全一科、安全二科。

1997年11月25日，为提高宝冶质量管理整体水平，加强全公司的质量管理和质量监督检查的统一协调工作，撤销质量安全部及工程管理总部质量安全处，成立质量处，质量处对内统一行使质量管理职能，对工程质量进行监督检查，并向项目经理部派驻质量管理人员，对生产制造的产品质量实行监督管理，对外实行质量业务的归口综合管理。主要职能包括公司质量规划，质量统计分析，质量评优、评奖组织申报，QC小组活动管理；建筑安装工程的单位工程质量评定，分部分项工程质量核定及核定监督；参加组织质量事故分析处理，执行质量奖罚；参加工程项目设计会审及施工方案审定。

1998年5月25日，将产品检验业务划归质量处，明确质量处职责为：工程项目质量划分；质量复核；制品项目质量划分；质量核定和复核；质量管理规章制度的制定与实施考核；全面质量管理工作等。下设管理科、质量监督科、产品科三个科室，精简后的质量处对二级单位和一级项目部进行监督、协调和控制，实行宏观管理。

2000年10月27日，调整质量处的职责为质量工作综合管理，全面质量管理工作。下设质量管理科、质量监督科。

2003年2月27日，将质量、安全职能合署办公，成立质量安全部，对外仍以质量处、安全处的名义行使管理职能，同时成立宝钢“十五”规划项目质量安全监督站。质量安全部职责：对所有工程项目质量、安全监督管理；机动车辆交通安全综合管理。次年5月9日，质量安全部增加消防管理；环境与职业健康安全管理体系维护与实施等职能，将宝钢十五规划项目质量安全监督站更名为宝钢项目质量安全监督站，作为质量安全部派出机构。质量安全部的职责：质量管理；施工生产安全管理；消防管理；机动车辆交通安全管理；质量安全的监督检查。

2005年2月23日，撤销质量安全部、工程管理部的工程技术处；设立质量技术部，行使原质量安全部质量管理职能和原工程管理部工程技术处管理职能。同时，原质量安全部派出机构宝钢项目质量安全监督站撤销。质量技术部增加“工程业绩资料收集归档”职能以及“工程项目实施文件策划的优化”职能。

2007年3月3日，为强化质量管理体系管理职责，质量技术部将体系维护与实施调整为体系的运行管理，过程监控，体系改进。质量技术部的职责调整为：质量管理；质量管理体系运行与改进；工程技术管理；特种设备管理；工程业绩资料收集管理；质量奖项申报与推进六大类。

2009年3月9日，质量技术部增加工程技术资料（含交工、竣工软件资料）的收集，归档管理职能，特种设备制造管理职能调整到质量技术部。

2012年5月23日，质量技术部原“交工、竣工软件资料的收集、归档”职能调整至工程管理部，同时增加“施工、生产现场分包及租赁的监视和测量设备的控制管理”职能。

2013年4月15日，质量技术部的职责调整为：质量管理；质量管理体系运行与改进；工程技术管理；特种设备管理；质量奖项申报与推进；焊接工艺评定管理。次年3月25日，增加施工、生产现场的监视和测量设备管理职能。

至2018年3月27日，部门职责规范为质量管理（含质量奖项申报与推进）；质量管理体系运行与改进（含施工、生产现场的监视和测量设备管理）；工程技术管理；特种设备管理；焊接工艺评定管理。

## 二、体系建设

1991年以前，公司对施工实行二级质量检查管理模式，即质量检查处、各工程公司质检科。

1992年，公司对施工实行一级质量检查管理模式，撤销工程公司质检科，质量处直接负责质量检查核定和质量把关。

1994年，公司恢复1992年之前对施工实行两级质量检查管理模式。

1997年，公司实行三级质量管理，两级质量监督检查核定体系。三级质量管理即：宝冶一级、工程公司（项目部）一级、厂（队）车间一级。两级质量监督检查核定即：质量处、工程公司质检科（项目部监督站）；公司对建筑安装工程质量进行监督检查，并向公司组建项目经理部派驻质量管理人员，对生产制造的产品质量实行监督管理；对外实行质量业务的归口综合管理，

2001年，公司实行直管项目部和二级公司质检科两级质量评定、核定制度。

2002年以来，随着国家对施工质量验收体制进行重大改革，实行验评分离、强化验收，公司采取三级管理、一级专检的管理模式。

## 三、制度建设

1979年，冶金部下发《关于进行全面质量管理试点工作的通知》，编印《建筑安装企业全面质量管理》的教材，在宝钢工程进行试点。宝钢工程1980年试行全面质量管理后，宝钢指挥部提出进一步推行全面质量管理工作的意见，分指挥部转发并贯彻实施相关文件；宝钢二期工程开工后，全面质量管理由普及进入深化发展阶段。

1989年，国家颁发GB/T 10300《质量管理和质量保证》系列，宝冶贯彻标准，编写《质量手册》，制订《全面质量管理办法》。1991年，公司为进一步深化全面质量管理，修订下发《宝冶公司全面质量管理办法》。1992年，公司对施工实行一级质量检查管理，发布《关于实施和加强一级质量管理

的规定》。

1994年，ISO9000质量管理体系和质量保证方面的系列标准出台，宝冶为适应两级质量管理，制定《宝钢冶金建设公司质量管理办法》和《宝钢冶金建设公司各级领导及各部门质量责任制》。1997年，发布第一版质量体系文件（包括质量管理手册、程序文件、见证性文件）。1998年，发布第二版质量体系文件。1999年，为提高公司质量专职质量部门和专职质量检查人员在工程（产品）质量评定和核定工作中执行施工验收规范和质量检验评定标准的能力，建立《宝冶公司工程质量等级相符率管理规定》，随着ISO9001：2000标准的出台，又于2001年发布第三版质量体系文件。2002年，根据国家对施工验收体系的重大改革，宝冶围绕项目管理中心，制定《宝冶工程项目质量管理规定》和《宝冶质量专检员管理规定》。2003年，公司改制完成后，发布第四版质量体系文件。

2003年，为充分调动两级机关、项目管理人员和施工作业人员的积极性，全面实现宝钢股份"十五"规划项目建成"用户满意的精品工程"合同目标，制定《宝冶建设公司宝钢"十五"规划项目质量奖考核分配方案》，同时为提高企业形象和竞争能力，体现以人为本，促进企业管理现代化，公司贯彻实施ISO9001、ISO14001、GB/T28001标准，建立"三合一"管理体系。2004年，发布质量、职业健康安全、环境管理体系A版体系文件，2005年、2007年、2010年分别对体系文件进行完善和修订，发布B版、C版、D版体系文件。

2012年，公司推行创优全覆盖，2013年发布《工程创优报奖管理规定》，公司"三合一"管理体系，贯彻《工程建设施工企业质量管理规范》（GB/T50430－2007），修编完善体系文件，发布E版文件。

2014—2017年期间，宝冶管理制度也在不断梳理、补充完善，先后发布《工程细部做法工艺标准》；2018年，应公司集团化管控要求，制定《项目设计管理手册》和《质量技术管理手册》。

## 四、质量过程管控

**【质量宣传教育】**

自1978年开始，在国家质量工作行政主管部门和相关部门的倡导和部署下，每年9月在全国范围内组织开展为期一个月的质量专题活动。公司响应落实国家、上级质量主管部门关于开展质量月活动的要求，持续开展一年一度的质量月活动。1978—2018年期间，每年明确活动指导思想、活动主题，成立领导小组，针对不同时期的施工生产特点，布置活动要求和安排。20世纪，主要通过黑板报、宣传标语、横幅、质量答题等形式开展质量月活动宣传。21世纪，创新宣传方式和手段，充分利用网络信息平台、开辟报纸专栏、黑板报、宣传标语、横幅等开展质量月活动宣传。开展质量检查、主题演讲、征文投稿、培训讲座，让公司员工积极参与到质量月活动中来，树立"质量兴企、质量强企；今天的质量明天的市场"的强烈质量意识，不断增强员工的质量责任感。

自1980年开展全面质量管理以来，公司持续开展围绕企业的经营战略、方针目标和现场存在的问题，以改进质量、降低消耗、提高人的素质和经济效益为目的的QC小组活动，激发全员参与质量管理的自觉性和自发性。据不完全统计，"七五"期间，通过QC活动，共实现合理化建议330项，共创经济效益1 900万元。公司认真组织QC成果推荐和发布工作，其中1986年工业安装工程公司2项QC成果分别在全国施工和冶金部举办的优秀QC小组发布会上发布；五公司二队王德厚QC小组被评为1988年全国工程建设先进QC小组；三公司加工厂《4.1标彭越浦泵圆井内衬到底》QC小组获1991年全国优秀QC小组称号；筑炉公司钢包攻关QC小组获评1993年全国优秀质量管理小组,筑炉公司《宝钢三号高炉炉底大碳砖砌筑》攻关小组1995年获评全国工程建设优秀质量管理小组;筑炉公司《运用QC方法,确保宝钢一高炉解体质量达标》QC成果被评为1997年国家级成果。1998年,公司有2项成果获全国工程建设优秀QC成果奖。超高清水砼施工QC小组获评2009年全国工程建设优秀质量管理小组;工业安装分公司"电除尘器整体更换施工方法的创新"QC成果获2011年国家级QC成果发布二等奖。2014年,公司有2项成果获全国工程建设优秀QC成果奖。2015年,公司有1项成果获全国工程建设优秀QC成果奖。能源环境工程公司QC成果"提高山地光伏板安装合格率"获2016年国家级QC成果发布一等奖。浦东机场西货运区3号地块QC小组、向日葵QC小组分获2017年度工程建设优秀质量管理小组奖;先后获2012年度、2015年度全国工程建设质量管理优秀企业称号,获评2017年度、2018年度工程建设质量管理小组活动优秀企业。

**【质量信息收集反馈】**

1978—1995年期间,质量信息采集,整理与反馈,主要是采用手写书面形式,建立必要的质量管理台账,对工程(产品)分项、分部、单位工程优良率、单位工程全优率、质量事故返工率指标统计。1996年开始,推广质量管理电算化,统计工程产品设备检修合格率、宝钢工程、创优工程优良率、一般工业及民用工程优良率、加工制造产品优良率、设备检修返修率及质量事故返工率指标,打印质量管理台账。2002年开始,随着国家对施工质量验收体制进行重大改革,实行验评分离、强化验收,统计检验批、分项、分部(子分部)、单位(子单位)工程验收情况、检修工程返修率及质量事故指标。2010—2018年,随着互联网科技日新月异的发展,公司在OA办公系统信息化建设的基础上,推行PKPM综合项目信息管理系统的运用,更加快捷地搭建起部门与项目部、分(子)公司间质量、技术信息交流的渠道,及时了解工程项目备案、工程项目策划、过程控制以及质量验评情况,掌握项目质量技术动态,为项目部提供业务支持和服务,提高管理效率,提升管理水平。

**【质量大检查】**

从实践经验来看,质量大检查对促进工程质量的提高,起到了很好作用,宝冶坚持这一行之有效的方法。在宝钢一期、二期、三期工程建设中,冶金部坚持每年两次检查,宝钢工程指挥部、宝钢质监站每季度一次组织开展质量大检查。随着建筑业管理体制的改革发展,公司承接的项目由冶金工程拓展到非冶金领域,地方质量监督站、项目监理公司也都采用质量大检查的方法,管控施工质量。宝冶顺应建筑市场形势,由以往的配合质量大检查,不定期开展质量大检查,到2010年明确规定每半年组织开展一次大检查,推动质量管理水平提升,工程质量提高。

检查的内容由最初的针对直管项目上工程实体实测实量、质量保证资料检查到针对直管项目工程实体、质量保证资料、质量体系要素运行、质量责任制落实情况的检查,拓展到对两个层面的检查,即对二级单位质量技术业务系统管理的检查、重点工程抽查和对直管项目质量行为、质量管理、工程实体及质量保证资料的检查。

检查的形式由以往提前安排通知,到不提前通知,邀请第三方参加;凡涉及结构安全的钢筋间距、钢筋保护层厚度、混凝土强度以及钢结构焊缝质量的检查,由检查随同的检测人员当场抽查。

**【质量奖惩】**

宝冶历年来都有奖优罚劣的制度,但由于以往力度不大,执行不严、有时碍于情面,往往效果不理想。宝钢三期工程建设中，制定了一套力度较大、分量较重的奖优罚劣的措施和方法，坚持实行质量否决权。凡是质量不好，问题不断，且不认真整改的单位或个人在经济上对产值、工资总额和个人奖金实行否决。在政治上对评优选模入党提干进行考核。坚持奖优罚劣，对质量贡献大的单位或个人，从政治上和经济上给予鼓励和奖励。对劣质工程和质量事故和严重质量问题的直接责任者和直接领导，进行严格的经济制裁。

宝钢三期工程之后，公司根据管理工作的需要，不断地修订完善质量奖惩制度，鼓励工程创优报奖，对民建工程创国家级质量奖，加大奖励力度，对未完成责任书约定的质量创奖目标、给企业信誉造成不良影响的事件、行为的责任单位、责任人给予相应严厉的处罚，乃至行政处分。2011 年，对承建获民建鲁班奖的工程给予 100 万重奖。2012—2018 年期间，有 7 项工程获得 100 万的奖励。与此同时，公司先后对鄂尔多斯那达慕运动场罩棚钢结构坍塌、河南民权四季新城项目基础及剪力墙混凝土强度严重不合格等质量事故的有关责任人员给予减发工资、行政记过等处分，对公司质量管理水平提升起到推动作用。

### 五、创优报奖

质量是企业的生命，创优报奖是企业品牌建设的重要体现。宝冶在 20 世纪八九十年代中期，主要承建宝钢一期、二期、三期建设和零星的宝钢外工程。宝钢一期工程动工之初，就组织创样板工程、全优工程活动（从工程质量、施工工期、劳动工效、降低成本、安全生产和文明施工六条标准评定），二期工程以“超一期、创一流”、三期工程质量以“超二期，工程产品创一流水平，争当同行排头”为目标，公司的创优报奖主要侧重冶金工程。

20 世纪 90 年代后期开始，创优报奖活动由冶金项目进一步扩展到非冶金项目。

2013 年开始，宝冶紧密围绕生产经营，全面推行创优全覆盖。

1978—2018 年期间，宝冶获 39 项中国建设工程鲁班奖、7 项国家优质工程金质奖、24 项国家优质工程奖、6 项中国土木工程詹天佑奖、3 项中国市政工程金杯奖、61 项钢结构金奖、11 项中国安装工程优质奖（中国安装之星），获评 135 项省（部）级优质工程、3 项冶金部优质产品。宝冶获 2007 年创鲁班奖工程特殊荣誉企业称号、创鲁班奖工程突出贡献单位称号，获 2012 年创建鲁班奖工程突出贡献奖（银奖）。

## 第二节 技 术 管 理

### 一、机构沿革

1978 年下半年，技术处随十九冶分指挥部从武钢“一米七”热轧工程转战上海宝钢，次年 1 月，更名为上海宝钢工程指挥部十九冶分指挥部科学技术处，全面负责管理承建宝钢建设工程施工技术管理工作。

1981 年 6 月 4 日，第十九冶金建设公司上海分公司成立，分公司正式设置了科学技术处；全面负责分公司承担的宝钢工程建设的科学技术管理工作，施工技术管理是其工作业务范围的重要组成部分。其管理及运行模式是分公司技术系统对工程建设项目的施工技术管理实施直线式（垂直领导系统）管理——总工程师领导下的三级技术责任制管理体系：分公司科学技术处，二级公司技术科、工程队（厂）技术组。

宝钢一期工程结束后，在总结一期工程建设经验的基础上，为适应宝钢二期工程建设的需要，对机构设置进行了调整。1989 年 12 月 20 日，成立技术处，技术处除负责在建工程施工技术管理、工程检测及试验、技术研发、设计及施工文件资料管理等业务外，还负责分公司技术系统建设的日常工作。其管理运行模式仍为直线式。

宝钢三期工程结束后，承揽建设项目的环境发生了重大变化。为了企业的生存与发展，便于外部市场的拓展和适应市场竞争需要，并为加强建设项目的投标和技术管理工作、规避市场风险，1997 年 11 月 25 日，成立工程技术处，对工程项目行使投标和实施过程技术管理职能，并向宝冶组建的项目经理部派驻技术管理人员，对工程项目直接进行技术管理，对各级项目经理部进行技术指导、技术监督。主要职能是参与工程项目投标前期准备工作，组织投标技术文件编制；参与合同工程项目施工准备；施工过程的技术管理；合同工程项目设计文件资料管理。其管理运行模式由原单一的直线式转变为直线式与弱矩阵式并举。

1998 年 11 月 23 日，为提高宝冶整体运行效率，建立适应市场的经营机制，加快机关职能的转变，完善机构职能设置，进行机构设置改革，工程技术处隶属于工程管理总部。工程技术处的职责：负责组织编制投标技术方案，同时负责工程项目技术管理，兼管图纸资料及施工技术标准等。

2000 年 10 月 27 日，撤销工程技术处，成立工程技术科，隶属于工程管理处。其职责为工程技术监督管理，组织编制重大技术方案，组织编制重大质量事故处理方案，技术方案的监督实施（含大临方案、施工技术方案，施工现场不可预见事项处理方案的审定），项目新技术应用及推广的指导服务，参与质量计划和施工组织设计的会审，试验检测的管理，计量管理，科技标准推广及管理，在建宝钢工程技术资料管理，技术委员会的日常管理。

2003 年 2 月 27 日，仍保留工程技术处，隶属于项目管理部，其职责为：工程项目技术监督管理，技术标准的推行，组织编制重大技术方案，重大质量事故处理方案，技术方案的实施监督、项目新技术应用及推广的指导服务，组织质量计划和施工组织设计的会审，在建宝钢工程技术资料管理，图纸资料晒印。

2004 年 5 月 9 日，为进一步完善法人治理结构，满足企业自身发展的要求，本着明确管理权责，完善管理职能，以达到各项管理职能落实到位，职责明确，管理流程清晰、流畅，管理结构合理，业务执行能力有效提升，将项目管理部更名为工程管理部，下设工程技术处，主要职责是组织编制重大技术方案，重大质量事故处理方案；技术方案的实施监督；项目管理计划和施工组织设计的会审；收集整理电子版本施工方案并加强与工程总承包的传递与交流。

2005 年 2 月 23 日，为进一步完善质量、职业健康安全、环境管理体系，优化业务关系，理顺管理流程，撤销质量安全部、工程管理部的工程技术处；设立质量技术部，行使原质量安全部质量管理职能和原工程管理部工程技术处管理职能。质量技术部职责（技术）：组织编制重大技术方案，重大质量事故处理方案；技术方案的实施监督；项目管理计划和施工组织设计的会审，组织超一定规模的危大安全专项方案的评审；收集整理电子版本施工方案并加强与工程总承包的传递与交流。

2007 年 3 月 3 日，为强化质量管理体系管理职责，质量技术部将体系维护与实施调整为体系的运行管理，过程监控，体系改进。质量技术部的职责调整为：质量管理；质量管理体系运行与改进；工程技术管理；特种设备管理；工程业绩资料收集管理；质量奖项申报与推进六大类。

2009 年 3 月 9 日，质量技术部增加工程技术资料（含交工、竣工软件资料）的收集，归档管理职能，特种设备制造管理职能调整到质量技术部。

2012 年 5 月 23 日，质量技术部原交工、竣工软件资料的收集、归档职能调整至工程管理部，同时增加施工、生产现场分包及租赁的监视和测量设备的控制管理职能。

2013 年 4 月 15 日，质量技术部的职责调整为：质量管理；质量管理体系运行与改进；工程技术管理；特种设备管理；质量奖项申报与推进；焊接工艺评定管理。次年 3 月 25 日，增加施工、生产现场的监视和测量设备管理职能。

至 2018 年 3 月 27 日，部门职责规范为质量管理（含质量奖项申报与推进）；质量管理体系运行与改进（含施工、生产现场的监视和测量设备管理）；工程技术管理；特种设备管理；焊接工艺评定管理。

## 二、施工技术管理

### 【施工技术管理体系】

1979 年 1 月，分指挥部建立三级技术责任制，即分指挥部设总工程师、工程公司（厂）设主任工程师，施工队（车间）设主管工程师（主管技术员），实行技术业务的统一领导和分级管理。总工程师、主任工程师、主管工程师为技术行政职务，系同级行政领导人员，在同级党委（支部）的统一领导下，分工全面负责技术工作，做到有职、有权、有责，明确生产与技术必须是密切结合的整体，既坚持技术为施工生产服务，又坚持严格的科学态度。

20 世纪 90 年代后期，随着宝钢三期后工程结束、外部建筑市场拓展力度加大，宝冶开始全面推行项目管理，施工技术管理实行总工程师负责制的三级管理：即由集团公司、分（子）公司、项目部设置技术负责人、组成施工技术管理体系，其主要职责为：负责现场施工技术管理，主要包括图纸会审、施工方案编制、设计变更、技术核定单、质量技术问题处理、新技术的推广与应用以及设计文件资料管理等。

由此逐步形成并不断完善宝冶三级为主、多分支的“直线式＋矩阵式”施工技术管理体系并存的局面：宝冶、分公司、厂队三级直线式施工技术管理体系；宝冶、直管项目部、分公司专业项目部“直线＋矩阵”三级技术管理体系；分公司直管项目“直线＋矩阵”技术管理体系；宝冶所辖项目“强直线＋矩阵”施工技术管理体系。

### 【施工技术管理制度】

入沪参加宝钢工程建设期间，在充分总结工程建设经验、借鉴和汲取国外先进管理理念的同时，形成了施工技术管理一整套行之有效的管理文件——《施工技术管理制度汇编》《施工技术管理培训教材》丛书等。截至 2018 年底，形成并实施的技术管理制度有《工程技术管理规定》和《工程项目策划文件管理规定》。

### 【施工技术创新】

公司自进沪参加宝钢建设以来，创新、积累并形成了许多关键、重要的施工技术，开创了多个第一。

1. 钢结构施工技术

钢结构施工技术一直是公司优势专业技术，也是公司取得“上海品牌”的主打产品之一。从传统的冶金建设为主，逐步向大型公共建筑、民用建筑以及市政、工业建筑等领域跨越。公司钢结构施工技术有巨型复杂空间钢结构施工技术、特种施工技术(直线滑移、曲线旋转滑移、提升)、超高层建筑钢结构施工技术以及飘柔艺术钢结构施工技术等。

(1) 巨型复杂空间钢结构施工技术典型案例。

北京国家体育场(鸟巢)钢结构工程：国家体育场位于奥林匹克公园中心区南部，体育场钢屋盖主要由48榀主桁架围绕屋盖中间的开口呈放射型布置而成，主桁架与顶面及立面次结构一起形成“鸟巢”的特殊建筑造型，大跨度空间钢屋盖支撑在周边的24根桁架柱之上，并将荷载传至基础。根据结构形式特点，整个屋盖钢结构安装选用散装方案，即所有构件分成吊装单元分段进行安装，下设支撑塔架，高空对接，结构形成后进行卸载。主结构、次结构均根据吊装单元的重量和作业半径采用不同吨位的履带吊进行吊装。

2009年施工的中国(太原)煤炭交易中心展览中心屋盖钢结构工程和2018年施工的超视堺国际科技(广州)第10.5代吨F吨-LCD显示器生产线项目建设工程钢结构工程也都属于巨型复杂空间钢结构。

(2) 特种施工技术(直线滑移、曲线旋转滑移、提升)典型案例。

直线滑移：五棵松体育馆主体结构为多层混凝土框架，屋架结构为双向正交鱼腹式空间钢桁架体系。屋面桁架采用三滑道逐条高空累积滑移的施工方法，总滑移量为3 800吨。现场施工时，将形成的第一个滑移刚度单元由北向南滑移，组装完成一品桁架并将其与前面单元连成整体后，采用三滑道6条滑轨同步液压推进滑移法向前滑移，依次将剩余9榀桁架分别高空组装完成并累积滑移到位。

曲线旋转滑移：深圳大运中心主体育馆整个钢屋盖为折面型空间网格钢屋盖结构。根据现场施工条件和钢结构屋架的外形特点，工程中采用钢屋架低空组拼、高空对接、累积、整体液压滑移安装的施工工艺。累计滑移采用4条滑移轨道，主体育馆屋盖16片结构形成八个中心对称的滑移单元，将第一个中心对称的滑移单元拼装完成后，利用液压同步推进系统将其整体沿逆时针方向旋转滑移一个结构单元的弧线长度，然后进行下一单元的高空定点拼装，再逆时针方向旋转滑移一个结构单元的弧线长度，依此类推，拼装完的屋盖结构累计旋转滑移七次，而后将第八个屋盖结构单元定点高空组拼，即整个屋盖结构完成合拢。

提升：烟台来福士龙门吊安装工程，烟台来福士海洋工程有限公司20 000吨×125米多吊点桥式起重机横跨于120米×400米的大型船坞之上，为双梁形式。两根钢结构主梁架设于四根砼立柱顶部，平行布置，钢结构主梁为变截面实腹箱形截面。根据实际情况，钢结构主梁采取在地面组装成型后利用“超大型构件/设备液压同步提升技术”，将其一次提升到设计标高，大大降低安装施工难度，对质量、安全和工期等均有利。北京雁栖湖国际会展中心结构体系为钢骨混凝土框架—剪力墙体系，地上会堂层主要采用钢结构，其屋面钢梁为H型钢梁，与钢桁架对接径向钢梁及悬挑径向钢梁为变截面钢梁。中央桁架场外分段小拼，穹顶场内整体总拼，采用“液压同步提升技术”，整体提升施工工艺。

(3) 超高层钢结构施工技术典型案例。

上海浦东碧玉蓝天大厦钢结构工程：中融·碧玉蓝天是超高层建筑，主体形态采用椭圆形，地上主体部分为钢结构，外围柱为18根钢管混凝土柱，核心筒内共有12根劲性柱，跨度最大约13米，单件最大重量约4.3吨，钢结构总量约6 500吨。钢结构吊装根据土建核心筒的施工进度，在每节钢柱及钢梁吊装、校正、高强螺栓安装、焊接后，再进行下一节柱、梁安装，同时在已完成的楼层开始楼层板、油漆、防火涂料等施工。下层钢柱(—8.550米—+96.350米)按照两层一节分段，单件最重约 8.5 吨，其余部分按照三层一节分段，单件最重约 6.95 吨。核心筒劲性柱分段与钢管柱相同。钢梁安装紧随钢柱进行，使钢柱与核心筒、钢柱与钢柱之间连成整体，在钢柱构成一个单元后，将该单元的钢梁由下而上与柱连接成空间刚度单元，经校正紧固后依次向四周扩展。

科威特中央银行新总部大楼钢结构工程：科威特中央银行新总部大楼及其附属裙楼建筑形似一艘面朝大海扬帆起航的帆船，塔楼整体为核心筒—斜肋钢管柱组合结构。钢结构总量 11 000 吨，是公司第一个集设计、制作、安装为一体的海外项目。

（4）飘柔艺术钢结构施工技术典型案例。

哈尔滨大剧院钢结构工程：哈尔滨大剧院位于哈尔滨市松北区，大剧场屋顶钢结构分为后区、35 米平台区、前区钢结构三个独立部分，后区钢结构为弯折的连续钢梁，35 米平台区由网架和单层斜交钢梁组成，前区钢结构包括侧面的双(多)层网壳和玻璃顶单层网壳，大剧场旋转楼梯为支撑于混凝土结构和侧面钢结构上的折梁和曲梁。工程的网壳主、次杆件及铸钢件节点等其他类似加工件(运输条件允许范围)以“工厂散件制作、构件散件运输、现场拼装、高空安装”为原则进行施工。安装时按照先柱后梁的顺序进行。

上海迪斯尼乐园项目钢结构工程：该工程位于上海市浦东新区川沙新镇，宝冶承建的 TL308 - 创极光轮摩托天幕建筑造型新颖独特，结构形式为空间异型曲面钢网壳上附设 E 吨 FE 膜结构，建筑面积 4 003 平方米，高度 31.9 米，是明日世界片区乃至整个迪士尼乐园的地标性建筑。创极光轮天幕采用空间双层钢网壳膜结构体系，主要结构由圆管支撑斜柱、双层网壳屋面、网壳边缘构件以及端部圆钢管桁架组成。施工总体技术路线为地面散件拼装、高空分块吊装、分批卸载落位；先安装网壳边缘构件以及端部圆钢管桁架，再安装上部屋面及下部支撑斜柱。总体分为 4 个施工区，共划分成吊装单元 46 个吊装单元，安装时按照从低区向高区的施工顺序进行。

海南恒大海花岛国际会议中心 C - h1、C - h8 花瓣钢结构工程：该工程属于海花岛 1 号岛国际会议中心群，总建筑面积 26 295 平方米。各建筑主体均为球形，顶部包多采用大跨度钢结构屋盖，外围都有装饰性钢结构花瓣包围。所有花瓣均为异形钢框架结构体系，花瓣钢结构由内瓣、中瓣、外瓣、悬挑复瓣、入口门拱等结构组成，其建筑外形如绽放的牡丹花。本工程花瓣样式多，截面形式复杂，且花瓣分部呈空间曲线形式全部采用弯曲钢管杆件。花瓣从里到外分为内瓣、外瓣和复瓣，均由竖肋和外框组成，外框下端与预埋钢柱固接，竖肋下端预埋件连接，外框相互搭接(复瓣除外)，钢构件主要为钢管结构。结合 C - H1、C - H8 结构特点，钢结构采用分段吊装＋胎架辅助支撑的方式安装。

2. 高炉快速大修施工技术

冶金建设中，高炉安装施工一直是公司的拳头产品，高炉快速大修工期一再刷新历史纪录。

2006 年 9 月 1 日，宝钢二号高炉停炉大修，高炉本体扩容至 4 706 立方米，12 月 7 日点火投产，工期 98 天。公司首次采用自主研发的大型高炉模块化快速拆装技术、高炉基础钻孔切割充填技术、气垫滑移就位技术、模块化拆装等多项技术，创造了当时全国大型高炉大修施工纪录。宝钢二号高炉开创了全国大型高炉模块化快速大修的先河，具有划时代的意义，打破了国外对该项技术的垄断，形成多项科技成果，获国家级工法 2 个。

2008 年 9 月 1 日，宝钢一号高炉大修，扩容至 4 966 立方米，11 月 18 日点火投产，工期 78 天。宝钢一号高炉大修在宝钢二号高炉大修模块化技术的基础上，又进行了多项技术创新，最大的技术亮点是实现整个炉顶系统整体拆除与安装，其中旧炉顶约 2 670 吨、SP 米吨运输＋高空滑移，新炉顶约 2 200 吨、SP 米吨运输＋高空滑移，在 44.6 米高空上部进行整体滑移，创造国内乃至国际上的先例。

2013 年,宝钢三号高炉大修,9 月 1 日停炉,扩容至 4 850 立方米,11 月 16 日点火投产,工期 76 天。此次高炉大修首次未放残铁。旧炉体下段拆除过程中,旧炉体下段运输重量约 6 480 吨,拆除采用 12 台 600 吨滑靴滑移,二次转运 12 台 600 吨滑靴全滑移,6 480 吨的运输重量创造了国内大型高炉大修单件运输重量之最。

2014 年 9 月 1 日,宝钢四号高炉大修,11 月 12 日点火投产,工期 72 天,再次刷新国内特大型高炉大修纪录。此次高炉大修最大技术特色是高炉基础上开设四个滑槽孔,孔深约 1 850 毫米,孔宽约 1 500 毫米,取消高炉基础顶升孔及加固孔开设。

在高炉施工方面,形成《特大型高炉冷却壁在线快速更换工法》《高炉快速安装工艺》获上海市科学技术成果奖,《特大型高炉冷却壁在线快速更换施工技术》获中冶集团科学技术奖三等奖;研发成功金刚绳锯切割残铁技术,有效解决高炉残铁处理难题,该项技术获国家发明专利 1 项《大型高炉残铁解体方法》;研发的高炉模块化施工技术获国家级工法 1 个《大型高炉大修模块化结构离线组装工法》。

3. 土建施工技术

(1) 亚洲第一坑——宝钢 1 580 毫米热轧漩流沉淀池。

宝钢 1 580 毫米热轧工程是宝钢三期第一个主体项目。漩流池为双层钢筋砼圆筒体结构,其外圆筒体外径 30.656 米,内圆筒体外径为 7.5 米。圆筒体分上下三层,平台板上层面标高为－1.3 米,中层为－13.000 米,下层为－20.780 米,圆筒底部为锅底形圆锥台结构,底板厚度为 2.5 米,底板主筋采用与地下墙预埋接驳器连接,以防止底板的隆起。外圆筒结构内衬墙厚度为 0.8 米,内圆筒结构内衬厚度为 0.5 米,工程基坑土方开挖深度为 34.90 米,为国内工程深度至最,堪称亚洲第一大坑。该工程施工分四个阶段:地下墙、降水、土方、内衬墙板结构。漩流池地下连续墙为多边形圆筒体结构工程,其平面布置呈正三十三边形,地下连续墙的厚度为 1.2 米,深度为 53 米,地下连续墙划分为 12 个槽段,标准单元槽段为三幅组成的折线型,地下连续墙各槽之间的接头采用"V"形钢隔板接头。在施工中第一槽段(S11)出现从未遇到过的异常情况,宝冶组织相关工程技术人员和专家进行研讨,最终圆满完成"亚洲第一坑"施工任务。

(2) 珠海十字门中央商务区会展商务组团一期工程。

珠海十字门中央商务区会展商务组团一期工程包括国际展览中心、国际会议中心、公寓式酒店、喜来登酒店、标志性塔楼、商业配套(城市绸带)。该工程地下 2 层,地下室外放 2 米为基坑边线,基坑开挖边线周长为约 1 743 米,基坑开挖面积约 165 690 平方米;±0.000 相对于绝对高程 5 米,现地面相对标高约－1.0—1.5 米,大基坑开挖底标高为－13.30 米,基坑开挖深度约为 12 米,塔楼区域坑中坑在大基坑开挖后继续向下开挖 12 米左右。宝冶在施工中进行了复杂地质条件下超大深基坑施工综合技术研究,总结和创新使用了单轴水泥搅拌桩、三轴止水桩、长距离顶管施工等多项先进技术。

4. 电子厂房施工技术

20 世纪 60 年代,洁净室在美国大量应用于军事工业、电子、半导体、光学、微型轴承、微型电机、感光胶片、超纯化学试剂等工业部门,对当时科学技术进步和工业发展起到很大的促进作用。20 世纪 70 年代初期,洁净室建设重点开始转向医疗、制药、食品及生化等行业,并在美国以外的其他工业化国家得到大规模运用。20 世纪 70—80 年代大规模 IC 半导体工业的发展、20 世纪 90 年代光电行业和生物制药行业的兴起,使得洁净室技术水平迅速提高,洁净室工程行业市场空间不断扩大。现代工业对产品生产环境的洁净度提出了愈来愈高的要求。进入21世纪,国内电子产业在家电、PC和移动终端领域引领全球新浪潮,国内厂商如长江存储、中芯国际、中电熊猫、天马微电子、惠科电子、京东方、清华紫光等一大批企业在上海、南京、合肥、武汉、成都、深圳、广州、西安等地对芯片及面板厂进行布局和建设。随着电子产业的不断发展,面板线代数已发展到11代,芯片制程已到10纳米以下,同时电子厂房的单体量也达到60万平方米,洁净度要求在1—3级。由于电子产业的特殊性,电子厂房对建厂的质量、工期要求非常苛刻。宝冶从上广电、中芯国际等工程开始,对洁净厂房建设技术进行持续不断的研发和创新,总结出大量有针对性的成熟电子厂房施工技术,有多项属首次应用,如大型电子厂房快速施工技术;电子厂房超长、超宽华夫板跳仓施工技术;多型洁净楼板施工技术;超高异型华夫筒分体加工及安装技术等。在企业技术发展和行业技术发展领域属于领先,形成大量工法,专利更是填补相应技术空白。

5. 地下连续墙施工技术

宝钢2 050毫米热轧厂铁皮坑:铁皮坑为内径27.534米的圆,基坑开挖深度为32.18米。经多方论证,基坑支护采用地下连续墙,地下连续墙设计平面为正32边形,地下连续墙的壁厚1.2米,地下连续墙深50.7米,槽段长度9.72米,钢筋笼重85吨。这项地下连续墙工程在墙体厚度、深度、槽段长度和钢筋量等方面均居全国之首,即使在地下连续墙技术发源地的欧洲也属罕见。该工程地下连续墙施工用时138天,于1987年4月20日完工。

1987年,宝冶在宝钢一期热轧工程中首次运用铁皮坑地下连续墙技术,该技术具有地下连续墙表面平整、墙体垂直度好、控制深度准确、混凝土浇筑充盈系数小、对周边地基无扰动等优点。宝钢热轧厂铁皮坑地下连续墙施工技术获1988年冶金工业部科学技术进步一等奖,获国家级工法。

该技术先后应用于多项大型工程,如上海合流污水治理工程4.1标彭越浦泵站,上海浦东耀华皮尔金顿熔窑,上海新客站折返段,上海徐家汇地铁站,宝钢三期1 580毫米热轧漩流池,宝钢宽厚板漩流池,特钢炉卷轧机漩流池,二炼钢倒灌站、上海轨道交通6号、8号、9号、11号等、杭州轨道交通、深圳轨道交通等地多个地铁站的基坑,取得较好的经济和社会效益。

1988年5月25日,来自全国各有关单位的专家教授、高级工程师等几十名评委对宝冶申报冶金部的热轧铁皮坑地下连续墙施工新技术、炼钢厂计算机炉次跟踪试验及彩色绘图仪汉字系统开发三项科技和施工技术成果进行鉴定,认为炉次跟踪试验、彩色绘图仪汉字系统开发均属国内首创,热轧铁皮坑地下连续墙施工新技术达到同类施工国际先进水平,具有广泛推广应用价值。同年10月,宝冶《宝钢热轧工程地下连续墙施工技术》和《现代化管理技术在宝钢二号高炉基础施工中的应用》分别获冶金部科技进步一等奖和四等奖。1991年6月,宝冶地下连续墙施工新技术评定为国家科技成果。1994年10月14日,宝冶编制的地下连续墙防水接头工法被国家专利局授予专利权。

## 第三节 特种设备管理

### 一、管理模式

特种设备管理模式主要是根据国家相应法律法规的要求,宝冶进行调整,2005年之前特种设备管理相关的工作和许可证维护由各分(子)公司负责;2005年公司质量技术部成立后,该业务由质量技术部负责;2007年,随着国家质量技术监督总局《特种设备制造、安装、改造、维修质量保证体系基本要求》的发布,公司持有的各类特种设备许可证开始单独建立质量保证体系,由公司法定代表人(或其授权代理人)批准、颁布,并发布各类别特种设备质保体系人员任命文件。

## 二、取证历程

### 【锅炉安装改造维修许可】

1988 年 6 月工业安装工程公司取得上海市劳动局颁发的二级《锅炉安装许可证》(沪劳锅安字第 051 号),并于 1991 年 2 月首次通过上海市劳动局锅炉压力容器安全监察处的换证审查,取得二级《锅炉安装许可证》(沪劳锅安字地 9107 号);1995 年 5 月第二次通过《锅炉安装许可证》换证复审,取得二级《锅炉安装许可证》(沪劳锅安字地 9507 号);2000 年 3 月第三次通过《锅炉安装许可证》换证复审,取得二级《锅炉安装许可证》(沪劳锅安字地 200007 号)(工作压力 3.82 米 Pa、蒸发量及蒸汽温度不限);2003 年 1 月份改制后,公司办理了《锅炉安装许可证》更名手续。2006 年 1 月经过换证复审和增项评审,取得《锅炉安装改造许可证》和《锅炉维修许可证》。接下来的每四年进行一次复证评审,2014 年《锅炉安装改造许可证》和《锅炉维修许可证》经过评审合并,取得了《锅炉安装改造维修许可证》。

### 【起重机械安装改造维修许可】

1992 年 4 月 18 日,宝冶取得上海市起重机械一级安装许可证,获准安装所有类型级别的起重设备。2004 年 6 月,经过换证申请和评审,取得上海市质量技术监督局颁发的《起重机械安装、改造、维修所有类型级别的起重设备》许可证;2008 年 9 月,经过换证申请和评审,取得上海市质量技术监督局颁发的《起重机械安装、改造、维修所有类型级别的起重设备》许可证;2012 年 7 月,取得上海市质量技术监督局颁发的《起重机械安装、维修(桥式、门式、塔式、升降机和轻小型起重设备)》许可证;2016 年 7 月,取得上海市质量技术监督局颁发的《起重机械安装、修理(桥式、门式、塔式和升降机)》许可证;2018 年 6 月,经过增项申请和变更,取得上海市质量技术监督局颁发的《起重机械安装、修理(桥式、门式、塔式和升降机)和机械式停车设备安装、修理、改造》许可证。

### 【压力管道安装许可】

2000 年 2 月 26 日至 28 日,经国家质量技术监督局锅炉局、上海市劳动和社会保障局锅炉处联审,公司取得 GA 类+GB 类+GC 类压力管道安装资质,这是国家最高级别也是最全面的压力管道安装资质,成为上海市第一家压力管道安装取证单位。2005 年 12 月,首次通过国家质量技术监督局换证审查,取得 GB 类+GC 类压力管道安装资质;2010 年 12 月,第二次通过国家质量技术监督局换证审查,取得 GB 类+GC 类压力管道安装资质;2014 年 12 月,第三次通过国家质量技术监督局换证审查,取得 GB 类+GC 类压力管道安装资质;2018 年 12 月,第四次通过国家质量技术监督局换证审查,取得 GB2 类+GC 类压力管道安装资质。

### 【压力管道设计许可】

2001 年 4 月,公司设计研究院获得压力管道设计资质。2007 年 11 月,经过复审取得上海市质量技术监督局颁发的《压力管道设计》许可证,接下来每四年复证评审一次,2015 年 11 月通过第三次复证评审,取得上海市质量技术监督局颁发的《压力管道设计》(GB2 级 GC2 - 1、4 级)资质许可。

**【锅炉制造许可】**

2003 年 1 月，经国家质量监督检验检疫总局、锅炉压力容器安全局批准，工业安装公司获得 A 级烟罩余热锅炉设备制造许可证。2007 年 8 月，经国家质量监督检验检疫总局批准，工业安装公司通过复证获得 A 级烟罩余热锅炉设备（不含锅筒）制造许可证。2011 年 8 月，经国家质量监督检验检疫总局批准，公司通过复证取得 A 级烟罩余热锅炉设备（不含锅筒）制造许可证。2012 年 4 月，锅炉增项为 A 级烟罩余热锅炉设备（含锅筒），宝冶取得《A 级烟罩式余热锅炉制造许可证》。2015 年 7 月，经国家质量监督检验检疫总局批准，公司通过复证取得 A 级烟罩余热锅炉设备制造许可证。

**【场（厂）内专用机动车辆特种设备制造许可】**

2009 年 12 月 22 日，获得国家工程机械质量监督检验中心颁发的 ZGC60 内燃固定平台搬运车型式试验合格证；2010 年 6 月 8 日，获得中华人民共和国国家质量监督检验检疫总局颁发的《场（厂）内专用机动车辆特种设备制造许可证（内燃固定平台搬运车，ZGC60 型 60.0 吨及以下）》；2011 年 3 月 15 日，通过增项后，获得中华人民共和国国家质量监督检验检疫总局颁发的《场（厂）内专用机动车辆特种设备制造许可证（内燃固定平台搬运车 ZGC60 型 60.0 吨及以下＋GBC100 型 100 吨及以下）》；2014 年 6 月 11 日，换证后获得中华人民共和国国家质量监督检验检疫总局颁发的《场（厂）内专用机动车辆特种设备制造许可证（内燃固定平台搬运车，ZGC60 型 60.0 吨及以下＋GBC100 型 100 吨及以下）》；2017 年，国家市场监督管理总局发布了《质检办特函〔2017〕523 号》文，场（厂）内专用机动车辆——内燃固定平台搬运车不再需要制造许可，然后就未再进行复证工作。

**【压力容器安装改造维修许可】**

2015 年 7 月，公司经过新的取证申请和评审，取得《压力容器安装改造维修许可证》。

**【机械式停车设备制造许可】**

2018 年 3 月，公司经过新的取证申请和评审，取得中华人民共和国国家质量监督检验检疫总局颁发的《机械式停车设备许可证（限 PSHS 型七层以下升降横移类机械式停车设备）》。

## 第四节　焊接工艺评定管理

### 一、国家标准规范对焊接工艺评定的要求

1982 年 8 月 1 日，所实行的 GBJ 236－82《现场设备工业管道焊接工程施工及验收规范》第 1.2.5 条规定：“施工单位对首次使用的钢种，以及改变焊接材料类型、焊接方法和焊接工艺，必须在施焊前进行焊接工艺试验。”

1984 年 3 月 1 日，所实行的 GBJ 205－83《钢结构工程施工及验收规范》第 3.4.3 条规定：“首次采用的钢种和焊接材料，必须进行焊接工艺性能和力学性能试验，符合要求后，方可采用。”

以后发布的各类涉及焊接的标准、规范中均有施工单位对首次使用的钢材、焊材、焊接方法、热处理工艺等进行评定的要求，并有专门的章节或附录明确焊接工艺评定的具体要求，有的行业还发布专门的评定标准。

## 二、管理模式

焊接工艺评定的管理模式主要是根据宝冶业务分布情况进行调整。2010 年以前,焊接工艺评定由相关二级单位根据工程需要自行评定和管理。2010 年开始,首次对焊接工艺评定实施公司集中统一管理,规范焊接工艺评定工作,合理、充分利用焊接工艺评定资源。发布《焊接工艺评定管理规定》,规定质量技术部为焊接工艺评定的管理部门,明确了焊接工艺评定的申请、评定、审批和使用管理流程。焊接工艺评定实施单位主要有:工业安装分公司、钢结构分公司和机械设备安装分公司。焊接工艺评定报告清单及时在 OA 上公布。

2016 年 6 月,对《焊接工艺评定管理规定》进行了修订,按新版标准对申请表进行了完善。

2018 年 10 月,根据集团化管控要求,将原《工程技术管理规定》《焊接工艺评定管理规定》合并修订,形成新的《工程技术管理规定》。

## 三、焊接工艺评定实施情况

1987—1990 年,参与国家重点科技攻关项目——宝钢二号高炉新钢种(BB502)研制与开发,参与 BB502 材料的可焊性研究,负责焊接工艺试验,确定了焊接方法、焊接材料和焊接工艺。1990 年 6 月,宝钢二号高炉炉壳焊接成功,一次合格率全面超过宝钢一号高炉。

1987—1988 年,为宝钢 2 050 毫米热轧工程进行焊接工艺试验,针对西德不锈钢液压管道完成了手工钨极氩弧焊和手工电弧焊评定。

1991—1992 年,参与国家重点科技攻关项目——宝钢三号高炉新钢种(BB503)研制与开发,参与 BB503 材料的可焊性研究,负责焊接工艺试验。并引进美国林肯公司的半自动自保护横焊技术,确定了高炉的焊接方法、焊接材料和焊接工艺。宝钢三号高炉于 1994 年 9 月竣工。

1993—1994 年,对 16MnR、Q235B、20g 等材料进行埋弧焊、手工电弧焊、手工钨极氩弧焊评定,为 1994 年取得压力容器制造许可证创造了条件。

1995 年,为宝钢 OG 烟罩制造进行焊接工艺评定。

1997 年,为宝钢二炼钢压力管道、LT 余热锅炉系统安装工程进行焊接工艺评定,确定了 1Cr18Ni9Ti、16Mn、20 钢管道手工电弧焊、手工钨极氩弧焊两种焊接方法的焊接工艺,满足了工程需要。

1998—1999 年,为宝钢化工公司压力容器修理进行焊接工艺评定,涉及 1Cr5Mo、16MnDR、0Cr23Ni13、TA1、镍基合金 Ni200 和 Inconel600 等多种材质,焊接方法主要为手工钨极氩弧焊和手工电弧焊。

1999 年,为公司首个管桁架钢结构工程——南京国际会展中心进行焊接工艺评定,确定了 Q345、Q345C 钢管手工电弧焊、氩弧焊、熔化极气保焊三种焊接方法的焊接工艺,满足了工程需要。针对紫铜(T2)、黄铜(H62)、铝及其合金(L1、LF2、LF4)等有色金属进行焊接工艺评定,确定了紫铜和黄铜手工电弧焊工艺与技术措施、铝及其合金手工钨极氩弧焊工艺与技术措施。

2000 年,参与宝钢转炉炉壳国产化专用钢 SM400ZL 焊接工艺研究,负责安装焊接工艺试验,确定了该钢种手工电弧焊现场焊接工艺及消应力措施;为上海新国际博览中心钢结构工程进行焊接工艺评定,该工程为国内首个使用铸钢节点大跨度管桁架结构。针对铸钢节点焊接进行焊接工艺试验，确定了焊接工艺和技术措施。2001 年，“大型国产化转炉炉壳厚板现场焊接技术”获上海市优秀发明选拔赛一等奖。

2001 年，为广州新白云机场航站楼屋面无檩条组合压型板进行焊接工艺试验，采用电阻点焊解决了镀锌钢板焊接难题，实现了自动焊。2002 年，“无檩条结构组合屋面压型钢板”获上海市优秀发明选拔赛一等奖和冶金科技奖二等奖。

2002 年，为上海焦化有限公司甲醇及一氧化碳扩建工程压力管道进行焊接工艺评定（宝冶承建的首个化工项目），其中 A333/Gr6 要求－45 度低温韧性，通过焊接试验确定了焊接材料和焊接工艺，满足了项目需要。

2003 年，针对宝钢四号高炉工程进行 BB503 焊接工艺研究，通过焊接试验，确定了手工电弧焊、埋弧焊、实芯焊丝气保焊和丝极电渣焊焊接材料和焊接工艺，通过优化坡口形式，选用含细化晶粒元素的焊丝，使 70 毫米厚板丝极电渣焊的接头性能满足新版标准 0 度低温冲击性能要求，全面实现焊材国产化。针对缅甸纸浆厂项目中的 TA2 钛管道进行焊接工艺试验，确定了钛管道手工钨极氩弧焊的焊接工艺和技术措施。2004 年，“宝钢 2BF 易地大修工程 BB503 焊接工艺研究”与“钛管道焊接工艺开发”获上海市优秀发明选拔赛三等奖。

2003—2005 年，为《大型空间网格钢结构设计制作安装新技术研究项目》（财政部资助项目）完成管结构焊接技术、铸钢节点焊接技术的研究，形成系列管结构、铸钢节点焊接工艺评定报告，应用于南京奥林匹克体育中心主体育场、苏州国际博览中心等大型公共民用建筑工程。

2004 年，对自保护自动立焊技术进行开发。通过设计滑块、坡口形式及焊接工艺参数的选择，进行焊接试验，攻克了厚板自保护自动立焊技术，可焊接 36—120 毫米的厚板。该技术焊接效率高、焊接接头性能优良，可满足 0℃低温冲击性能要求，成功应用于太钢 4 350 立方米高炉。2005 年，“自保护自动立焊技术”获上海市优秀发明选拔赛二等奖。2007 年，该技术获中冶科学技术三等奖。

2004—2005 年，针对宝钢二炼钢挖潜改造工程进行钢结构加固焊接工艺研究，通过焊接工艺试验，采用立角焊缝自动焊接方法解决了钢柱加固焊接的难题。2006 年 9 月，钢板立角焊缝自动焊接装置获实用新型专利授权。2006 年，“钢板立角焊缝自动焊接方法”获上海市优秀发明选拔赛三等奖。

2005 年，为宝钢化工公司苯加氢 316L 高温管道进行焊接工艺试验。为国家体育场钢结构工程进行焊接工艺评定，完成了 Q345D（9—50 毫米）手工电弧焊、实芯焊丝气保焊和药芯焊丝气保焊的评定，Q460E（110 毫米）与铸钢 GS－20Mn5V（110 毫米）、Q460E（110 毫米）与 Q345D（50 毫米）、铸钢 GS－20Mn5V（110 毫米）与 Q345D（100 毫米）等异种钢手工电弧焊、实芯焊丝气保焊焊接工艺评定，满足了工程需要。

2006 年，为浦钢 COREX 炉炉壳进行焊接工艺评定，确定了炉壳厚板 BB503 实芯焊丝气保焊和药芯焊丝气保焊焊接工艺和热处理工艺，为宝钢 UOE 工程基础桩接头石油套管用钢 J55 进行药芯焊丝气保焊焊接工艺评定，确定了焊接工艺，满足了工程需要。

2007 年，为技术开发项目《特大型高炉炉壳制造工艺研究》进行炉壳制作造焊接工艺研究，通过焊接试验解决了风口大套焊接、厚板焊接变形控制等技术难题，完成了 BB503 厚板埋弧焊、电渣焊，以及 BB503 厚板与 ZG20Mn 的焊接工艺评定。通过优化坡口、采用丝极摆动电渣焊焊接技术，实现 100 毫米厚板的焊接接头满足 0 度低温冲击性能要求。2013 年 3 月，“风口大套和高炉炉壳间的焊接方法”获发明专利授权。

2008—2009年,为深圳大运会体育馆工程铸钢节点进行焊接工艺评定,确定了铸钢厚板GS-20Mn5N与Q390B、Q345B手工电弧焊、实芯焊丝气保焊的焊接工艺和技术措施。

2010年,确定了低温高建钢Q345GJD中板、厚板(最厚达100毫米)的埋弧焊、实芯焊丝二氧化碳气保焊、药芯焊丝二氧化碳气保焊及手工电弧焊等四种焊接方法的焊接工艺,满足了焊接接头-20℃低温冲击韧性的要求。为鄂尔多斯青少年中心、成都双流国际机场T2航站楼、郑州东站等重大工程提供焊接工艺评定报告。

2011年,针对北方寒冷天气(-13度)进行Q345C钢的焊接工艺试验,确定了极端气候条件下的焊接工艺与措施;针对管桁架、焊接球网架结构进行气体保护焊焊接工艺评定;针对活性石灰窑设备用耐热钢15CrMo厚板进行焊接工艺评定,确定了焊接和热处理工艺,满足了工程需要。为光源工程DEPU机械系统制造项目Q460C进行实芯焊丝气保焊与埋弧焊焊接工艺评定,确定了焊接工艺和热处理工艺。为葫芦岛体育场、天津体育场、沈阳财富中心、邯钢热电厂、安钢三号高炉、安钢1 550毫米冷轧、菲律宾Gateway Tower大楼、印度电厂、鲁奇沙特、南非雄狮项目等国内外重大工程提供焊接工艺评定报告。

2012年,确定了首次使用的低温高强度钢Q390GJD、Q390GJC(TMCP)中板、厚板(最厚达80毫米)的埋弧焊、实芯焊丝二氧化碳气保焊、药芯焊丝二氧化碳气保焊及手工电弧焊四种焊接方法的焊接工艺;确定了首次使用的屈服强度大于等于700 MPa的高强度钢BS700MC实芯焊丝二氧化碳气保焊焊接工艺;首次对桥梁专用钢Q345qC按公路桥梁标准完成评定,确定埋弧焊、实芯焊丝二氧化碳气保焊及手工电弧焊等三种焊接方法的焊接工艺;对美标钢A572 Gr50按美标钢结构标准完成评定,确定了药芯焊丝二氧化碳气保焊焊接工艺。为珠海十字门、哈尔滨文化中心、哈尔滨大剧院、鄂尔多斯体育馆、北京金雁饭店重建项目、宁涌上环城南路快速路工程、宝钢取向硅钢后续工程、太钢四号高炉大修工程、福建福欣特殊钢工程、广西盛隆高炉热风炉工程、伯曼秘鲁卡亚俄项目、美国达拉斯机场雨棚项目、法国AMD项目等国内外重大工程提供焊接工艺评定报告。

2013年,首次系统地对各种供货状态的高强钢Q460E中板、厚板(最厚达70毫米)及管子进行药芯焊丝二氧化碳气保焊和手工电弧焊等两种焊接方法的焊接工艺,满足了焊接接头-40度低温冲击韧性的要求。对022Cr17Ni12Mo2不锈钢、UNS S31254-Q345R复合钢等多种首次使用的材料进行评定,确定其焊接工艺。为国家博览会展中心、珠海十字门国际展览中心、扬州体育场、南京会展二期、南京儿童医院、大连维多利亚广场、济宁文体中心、绍兴金沙东方山水国际商务休闲中心、昆山金融街、宝钢三号高炉大修工程、越南河静钢厂、越南太平电厂、ITT阿联酋加热炉等国内外重大工程提供焊接工艺评定报告。

2014年,确定了首次使用的低温高强度钢Q420GJC中板、厚板(最厚50毫米)的埋弧焊、实芯焊丝二氧化碳气保焊、药芯焊丝二氧化碳气保焊及手工电弧焊等四种焊接方法的焊接工艺;确定了首次使用的铸钢ZG420-530与Q420GJC、Q345C异种钢焊接的工艺;首次采用全自动焊接方法焊接大管径的不锈钢管道和碳钢管道;确定了电站锅炉用高合金管T91、T22的焊接和热处理工艺。对不锈钢316L、镍Ni201按欧标进行焊接工艺评定,确定了手工钨极氩弧焊焊接工艺。对高性能钢Q690C、WQ960E进行焊接工艺评定,确定了12毫米厚板手工电弧焊和实芯焊丝气体保护焊焊接工艺。为上海迪士尼、武汉光谷国际网球中心、苏州博览中心三期、天津周大福金融中心、湛江钢铁、天津忠旺、湖北金盛兰炼钢工程、山东日照600吨石灰窑工程、越南河静钢厂、越南太平电厂、巴基斯坦法蒂玛电厂、ITT伊拉克加热炉等国内外重大工程提供焊接工艺评定报告。

2015年,针对首次使用的Q390E钢进行焊接工艺试验,确定了埋弧焊、实芯焊丝二氧化碳气保焊焊接材料和焊接的工艺，满足了焊接接头－40度低温冲击韧性的要求；首次对桥梁专用钢Q345qD按铁路桥梁标准完成评定，确定埋弧焊、药芯焊丝二氧化碳气保焊、实芯焊丝二氧化碳气保焊及手工电弧焊等四种焊接方法的焊接工艺；对首次使用的镍合金管UNS N06625、复合板254SMo－Q345R等焊接难度大的材料进行评定，确定的合适的材料和工艺。为厦门国际会展中心四期、广州白云机场扩建工程二号航站楼、无锡惠山全民健身中心、浦东机场西货运区项目、湘钢一号高炉、三号高炉大修、湛江2 030毫米冷轧工程、越南太平电厂脱硫工程、委内瑞拉车站、ITT土耳其加热炉、ITT科威特转化炉、巴西PAMPAI＊345 MW燃煤电站项目等国内外重大工程提供焊接工艺评定报告。

2015—2016年，为多门朗D3279项目按欧标进行焊接工艺评定，确定了Q460D、Q460E、Q345C药芯焊丝气体保护焊、埋弧焊的焊接工艺，以及其与SUS316钢药芯焊丝气体保护焊的焊接工艺。

2016年，首次对桥梁专用钢Q420qD按铁路桥梁标准完成评定，确定实芯焊丝二氧化碳气保焊和手工电弧焊两种焊接方法的焊接工艺；针对钢筋直螺纹连接用45号钢接驳器进行焊接工艺试验，确定了合适的焊接工艺；对首次采用的新高炉炉壳专用钢BB503D进行焊接工艺试验，确定了焊接工艺。对哈氏合金GH3535、C276、镍Ni201、不锈钢0Cr25Ni20等进行焊接工艺评定，确定了手工钨极氩弧焊焊接工艺。为上海国际金融中心、上海合景广场、上海北虹路立交工程、安徽科技馆、深圳人民医院内科住院大楼、长春国际金融中心、哈工大深圳校区、深圳莲塘口岸、武汉天马、日照钢铁2030冷轧、日照钢铁原料工程、日照钢铁1号高炉、南翔智地智能立体停车库、越南DH3锅炉框架项目、美国巴威电厂项目、科威特石油管廊等国内外重大工程提供焊接工艺评定报告。

2017年，首次对桥梁专用钢Q420qD按铁路桥梁标准进行药芯焊丝二氧化碳气保焊评定，确定了焊接工艺；确定了首次使用的镍板UNS N02201与不锈钢UNS S31600异种金属焊接工艺；确定了首次使用的高耐蚀性的因科镍基合金NO8811、耐火耐高温合金钢P22的焊接工艺，解决了易出现裂纹的难题。为南京台积电、珠海长隆海洋馆、港中大(深圳)一期项目、国际乒乓球联合会和中国乒乓球博物馆、郑州报业大厦、上海S7公路项目、宝钢煤场全门架封闭改造项目、河南洛阳万基项目、马来西亚关丹项目、科威特机场T2航站楼等国内外重大工程提供焊接工艺评定报告。

2018年，确定了供货状态为TMCP的桥梁专用钢Q420qD、Q345qD的焊接工艺；解决了北京冬奥会雪车雪橇项目赛道－45度低温管道焊接技术难题。为北京冬奥会雪车雪橇项目、北京环球影城主题公园、上海吴淞国际邮轮码头瞭望塔、上海图书馆东馆、中国商飞民机示范产业园项目、浦东机场西货运区3号货运站一期项目、安阳高陵本体保护与展示工程、金汇港大桥项目、梅钢外购焦及煤筒仓改造主体工程、山钢日照4 300毫米宽厚板工程、宁钢一号高炉易地大修工程、河北纵横丰南钢铁项目、乐亭高炉工程、乐亭炼钢工程、马来西亚新山体育场、SOCAR项目、哈萨克斯坦IPCI项目、俄罗斯晓基诺项目等国内外重大工程提供焊接工艺评定报告。

# 第十章　安 全 管 理

## 第一节　机 构 沿 革

1978 年下半年，安全处随十九冶分指挥部从武钢“一米七”热轧工程转战上海宝钢，次年 1 月，更名为上海宝钢工程指挥部十九冶分指挥部安全处，管理各项安全事务，各工程公司（工程处）设置安全科，配备专业安全技术干部；队、厂和生产工人多的处室设专职安全干部；工段（车间）、班组，设不脱产安全员。

1988 年，根据宝冶发展需求，下设管理科、检查科、车管科，分管安全管理、安全检查和交通安全。

1992 年，为实现公司“八五”规划及“转换机制、深化改革”的战略部署，宝冶机关处室职能职责分配内容调整，将自基建项目的“三同时”审查及竣工验收工作纳入安全处管理。安全处更名为安全环保处，工业卫生与环保由卫生处划归安环处。

1994 年，为适应宝钢三期工程建设和宝冶四元产业结构发展的需要，安环处与质量检查处合并，成立质量安全部。

1997 年 11 月，为进一步提高企业整体管理水平，加强全公司安全检查管理和安全监督检查的统一协调工作，撤销质量安全部及工程管理总部质量安全处编制，成立安全处。安全处对内统一行使安全管理和安全监督检查职能，范围覆盖建筑施工、检修协力、生产制造和行政后勤系统，并向宝冶组建项目经理部派驻安全管理人员；对外实行安全业务的归口综合管理。

2003 年 2 月，实施机关改革，将质量、安全职能合并，设立质量安全部，对外仍以质量处、安全处名义行使管理职能。

2004 年 5 月，为减少管理环节，质量安全部增加消防管理、环境与职业健康安全管理体系维护与实施等职能；将宝钢“十五”规划项目质量安全监督站更名为宝钢项目质量安全监督站，作为质量安全部派出机构。

2005 年 2 月，撤销质量安全部，设立安全环保部，行使原质量安全部的安全管理职能、环境综合管理职能以及职业健康安全、环境管理体系管理职能。原质量安全部派出机构“宝钢项目质量安全监督站”撤销。同年 5 月，安全环保部标化工地管理调整为宝钢以外项目标化工地管理；特种作业人员安全操作证管理调整为特种作业人员上岗持证监督检查。

2007 年 3 月，调整总部机关机构、职责及定编，工程管理部工程管理处与安全环保部合并为安全工程部/安全生产办公室，原工程管理部工程管理处“工程管理，项目部设立、撤销”等职能并入安全工程部/安全生产办公室，原宝钢办职能并入安全工程部/安全生产办公室。安全工程部/安全生产办公室另增加“节约型施工企业创建，节约型工地建设、节能降耗”及“项目进展阶段及期限管理”等职能。同时，为加强职业健康安全与环境管理体系管理职责，将“体系维护与实施”调整为“体系的运行管理，过程监控，体系改进”。同年 8 月，将安全工程部“工程管理”职责中“项目部设立、撤销”调整到人力资源部。次年 2 月，将党群工作部项目党工委工作职责调整至安全工程部，项目部党工委办公室设在安全工程部。

2009 年 3 月，根据公司“二五”发展战略，为进一步适应公司结构调整、产业转型的需要，特对总部机关机构、职责及定编予以调整。撤销安全工程部/安全生产办公室，成立安全生产监督管理部。安全管理职业健康安全管理体系运行与改进职能调整到安全生产监督管理部，消防工作由安全生产监督管理部归口管理，具体负责工程、生产消防管理；党群工作部负责经营办公、生活区域消防工作。次年 5 月，经营办公、生活区域消防职能调整到安全生产监督管理部。

2012 年 5 月，为进一步理顺职能部门业务流程及职责，提高职能部门的工作效能，安全生产监督管理部增加环境综合管理、环境管理体系运行与改进职能，负责环境管理体系运行管理，过程监控，体系改进；环境管理目标、指标的策划与实施；环境因素的确定、更新管理；污水、噪声、粉尘、有毒有害废弃物排放管理；应急准备事项管理；相关方投诉管理；环保绩效监视和测量管理；纠正和预防措施管理等。增加节约型施工企业创建，节约型工地建设，节能降耗，节约能源和资源管理职能。

2013 年 4 月，为满足快速响应市场的需求，安全生产监督管理部原“环境综合管理、环境管理体系运行与改进”职能，调整至工程管理部。原“节约型施工企业创建，节约型工地建设，节能降耗，节约能源和资源管理”职能，调整至工程管理部。增加“劳动防护、员工职业病防治监控”职能。

截至 2018 年，安全生产监督管理部门职责基本满足市场发展需求，具体负责安全管理、事故管理、交通安全管理、消防管理、职业健康安全管理运行与改进。

## 第二节　安 全 生 产

宝冶在安全管理上以层层落实安全生产责任制为抓手，积极开展各类安全文化活动，注重加强制度建设、安全检查、劳动保护、标准化工地等工作，有效保证了职工的安全与健康，促进了施工生产的发展。2003 年，宝冶获全国建筑安全生产先进集体称号；2011—2018 年，连续获得上海市安全生产工作优胜单位称号；多人先后被评为上海市、五矿、中冶安全生产先进个人。

### 一、安全措施专用资金

1989 年 5 月，根据冶金工业部要求，安全处组织学习唐山钢铁公司《安全措施专用资金管理办法》，规范安措资金的提取、申报，强调计划的下达、审查以及使用过程中的采购与检查等，确保按规定提取安全措施专用资金，保护职工在生产中的安全和健康。

2008 年，为建立安全生产投入长效机制，加强安全生产费用财务管理，维护企业、职工以及社会公共利益，发布《安全生产费管理规定》。

2012 年，严格安全生产“三个禁止”，保障施工及从业人员的作业条件和工作环境，发布《安全生产费使用管理规定》。

### 二、危险源分级控制和管理

1989 年 6 月，应冶金工业部要求，结合安全检查表，制定了适合宝冶的危险源（点）分级控制标准。

1993 年 5 月，冶金工业部印发《冶金企业危险源（点）分级控制和管理暂行办法》，安全环保处组织并深入学习危险源（点）的辨识、等级划分与确认、编号和标准、控制和管理等，更好的落实“安全第一,预防为主”的安全生产方针,消除不安全因素,确保职工的安全和生产建设顺利进行。

2004年,发布宝冶危险源台账、宝冶重大危险源清单,各二级单位、各部门建立起本单位、本部门的台账,做好相关控制措施。次年,发布《危险源辨识与风险评价管理程序》,通过建立和保持本程序,最大限度地辨识出公司在活动、过程和产品服务中可控制的危险源,评价出重大危险源,并根据国家和地方有关法律、法规及公司相关情况的变化,及时更新危险源,有效保障职工职业安全卫生健康。

2009年,发布《危险源管理规定》,进一步加强危险源的管理,确保体系有效运行。并于2013年,修订《危险源管理规定》,评价出重大风险,策划相应控制措施。

2017年,发布《安全风险清单》,强化了对危险性较大分部分项工程(重大安全风险)辨识、安全专项方案策划、审核备案和应急处置等过程管控。

## 三、安全生产责任制

安全生产责任制首次提出是在1979年8月,在分指挥部的安全生产大会上,提出安全生产责任制主体是作业工人,“不违章作业,制止他人违章作业”是安全生产责任制的主旨。

为进一步搞好安全生产,在1981年5月,宝钢工程指挥部颁发“领导干部安全生产责任制(讨论稿)”,此次安全生产责任制的主体是安全部门,制定安全领导干部对安全计划的制定、安全措施的落实、安全规程的规范、安全机构的健全、安全事故的处理等十条责任制度。此次安全生产责任制,在宝冶得到全面执行。

1989年12月,宝冶在冶金工业部的领导下,实行安全管理第一领导责任制(即第一把手抓安全),明确各级领导和各职能部门的责任,保障职工在生产建设中的安全和健康。到1990年4月,为进一步明确各级领导和各职能部门的安全生产责任制,适应公司“四元产业”结构的发展,宝冶修订《上海宝钢冶金建设公司安全生产责任制》,把安全生产工作摆在第一位,实行安全管理第一领导责任制。

2001年8月,为适应宝冶总部机关、各二级公司和直管项目部安全管理,明确公司各级领导、职能部门、有关技术人员、管理人员和岗位操作人员工作中的安全职责,特制定《宝冶公司安全生产责任制管理规定》,实行安全管理第一领导责任制和各职能部门专业责任制。

2003年,印发《安全生产责任制管理规定》,进一步明确“安全生产,人人有责”和“各负其责”,实行全员安全生产责任制。到2005年,宝冶开始修订《安全责任制管理规定》。

2010—2015年,又先后制订《项目部安全生产岗位责任制》《进一步加强安全生产责任制》《安全生产责任制管理规定》。

2013年,公司安全生产责任制建立“三级管理、层级负责”的管理体系。

2017年初,开始严格执行安全生产“党政同责、一岗双责、齐抓共管、失职追责”制度,确立了以二级单位和项目部为安全生产责任主体,项目部是安全管理的落脚点和关键点的责任体系。健全安全生产责任制考核指标,落实“一岗双责”制度,加大有责安全事故考核问责力度和考核权重。

2018年,印发《上海宝冶集团安全生产责任清单》。公司继续与上海市安委办签订《上海市安全生产责任书》和《上海市安全生产承诺书》。集团内部在安委会上与二级单位和职能部门签订《安全责任书》,安全责任体系做到全覆盖。公司发布《上海宝冶安全生产责任清单》,落实全员安全责任,形成集团公司、二级单位、项目部3级《安全生产责任清单》,实现“一岗位一清单”责任目标。根据公司“大区域”战略部署，落实区域管理负责制，通过成立以 6+1 模式检查小组；建立“片区安全管理员”机制；建立集团公司主导、区域分公司负责、区域内所有二级单位项目安全管理人员参加的联检机制，促进片区管控措施落地生根。

## 四、劳动保护

1979 年，鉴于施工队伍长期在野外流动施工，劳动条件和生活条件都较艰苦，根据国家监工总局的调研报告，开始着手调整流动施工津贴标准和实施范围，修订劳动保护用品发放标准，发放工作服。

1981 年 7 月，分公司首次整顿劳动防护用品发放管理，规范劳动防护用品的发放、采购、管理。同年 8 月，根据上海市人民政府要求，做好劳动保护工作保证安全生产。配备专职人员分管劳动保护，落实劳动保护措施。

1984 年，根据劳动人事部劳动保护局要求，使用国家标准的皮安全鞋、防静电胶底鞋。同年 7 月，响应上海市劳动局劳动防护用品改革，根据作业类型规范了六种作业环境下劳保用品的发放范围，根据劳防用品的品种划分 12 种防护用品，规定劳防用品发放明细和总额控制，加强劳动防护用品的管理。次年 9 月，分指挥部印发《职工个人防护用品和保健食品发放使用管理办法》，劳动保护用品由安全处主管，材料处辅助，劳防用品管理进入全新阶段。

1987 年 2 月，宝冶《劳动保护记录卡制度》，记录卡包括职工基本情况、调动工种情况、健康情况、入厂三级安全教育、特种作业培训和复训考试、安全教育、安全奖励、违章处罚、工伤事故情况、保健食品、劳动保护用品十一个栏目，加强劳动保护管理。

1990 年，印发《上海宝钢冶金建设公司职工个人劳动防护用品发放标准》；1993 年 8 月，为进一步保障宝冶所属各单位、各集体企业、合营、合资企业宝冶方职工的安全和健康，修订劳动防护用品发放标准，并增加教育系统和从事大工种两个系统的发放标准。

2003 年，宝冶视觉识别系统已正式开始使用，为规范公司职工劳动防护用品的使用，保证防护用品的质量，确保劳防用品与宝冶建设标识的使用规范统一，宝冶员工统一启用新工作服及安全帽。

2005 年，发布《劳动保护管理规定》。次年，为消除和预防施工生产过程中可能发生的伤亡、职业病和急性职业中毒，创造安全、卫生、舒适的劳动工作条件，保证员工正确使用安全防护用品，确保人身安全，依据公司《安全生产管理程序》，修订《劳动保护管理规定》。

## 五、安全奖罚

安全生产表彰是从 1981 年开始的。该年 10 月，分指挥部开展了安全生产表彰奖励活动，无论生产工人、管理人员，遵循安全规章、创新安全管理，均可获得荣誉及现金奖励。

1990 年，安全生产经济奖罚步入正轨，印发《上海宝钢冶金建设公司安全生产经济奖罚规定》，提高广大职工执行安全规章制度的自觉性。到 1996 年，为适应宝冶四元产业的发展，落实经济承包中的安全考核，以经济奖罚为手段，修订了《宝冶安全生产经济奖罚规定》。两年后，发布《宝冶安全生产经济奖罚规定修订改版》，从奖励、处罚以及安全资金来源及奖罚程序三方面做出规定，加强宝冶各级单位的安全管理。

2003 年,为加强在施工生产中违章必究,严管重罚,以经济处罚为手段,促使职工做到遵守规章制度及安全操作规程,发布《施工生产现场安全管理经济处罚规定》。2016 年,针对安全管理人员,发布《安全生产奖罚管理规定》,加强安全管理工作。

## 六、安全生产动态分析

安全生产动态分析从 1983 年开始到 1999 年结束,在这个特殊的历史阶段,安全管理从事故上入手,发现问题、解决问题,安全管理水平发生了质的改变。

随着工业生产的发展,1983 年分指挥部发生了 99 起工伤事故,为加强安全管理工作,安全处第一次做了"1983 年伤亡事故分析"。

1984 年,安全处为扭转安全生产的被动局面,做了一次全面的安全生产动态分析。首先,根据事故性质分析、事故种类分析、事故原因分析、发生事故的季节分析、事故伤害部位分析、事故发生区域分析、受教育程度,拟定 1985 年安全工作奋斗的目标(消除死亡事故,降低重伤事故)及对策表(消除人为原因、消除管理上的缺陷、清除物质上的原因)。其次,运用事故类别柱形分析图、各单位伤亡事故主次条形折线复合图、伤亡事故分布示意图、死亡事故 FT 分析图、事故原因分析条形图、伤亡事故因果分析图、伤亡事故年龄分组饼状图、伤害部位分析饼状图、事故按季分组饼状图等图表,形象具体地分析伤亡事故的侧重点及严峻的形势。

根据历年的安全生产动态分析,安全处在问题中解决问题。

1985 年,由传统的看管式管理转向目标管理;改变了"重主体,轻辅助"的重前轻后的思想;分析发现机具伤害在事故类别中所占比重最大,着手抓好安全防护装置的配置;完善规章制度,加强监督管理,"工人违章,领导有责"。第二年,开展专职安全干部培训;分析工程特点,预防事故重点,改变过去缺乏科学系统管理的被动局面,开展危险源摸底调查;从组织上保证安全技术措施方案的编制与落实;调整业内管理,建立安全台账;开展群众性 QC 活动,吸纳安全科学管理方式。

进入 20 世纪 90 年代,安全管理继续从事故中吸取经验教训,通过安全生产动态分析,逐渐走向责任化、规范化、制度化,安全教育培训多样化,安全检查系统化,安全管理科学化的新局面。

## 七、安全教育

1979 年 3 月,根据上海市劳动局要求,建立"三级教育卡",做好新工人的入场安全教育。1981 年 2 月,开始组织焊工培训,经理论与实际两种考试合格后取得《安全操作证》持证上岗。同年,组织干部、工长、工人学习"三大规程"、"五项规定"、各级安全生产责任制和岗位责任制,并组织考试发榜。1983 年,根据冶金工业部要求,组织学习安全教材《冶金企业伤亡事故分析》一书。1985 年,为实现 85 年安全生产奋斗目标,安全处承办主管生产领导干部安全知识轮训班,提高各级领导的安全技术素质。

1986 年,在冶金工业部带领下,改变安全教育一般化、形式化的现状,面向实际,为安全生产服务,加强计划性,逐步做到制度化、标准化。同年 11 月,组织安全工程专业教学计划座谈会,开展安全工程专业教学计划。1987 年,安全教育方式发生改革,由冶金工业部组织,宝冶参与,运用安全录像手段,声像教育的推广普及,为安全教育工作做出新的贡献。同年 4 月,根据上海市劳动局要求,执行《上海市特种作业人员安全技术培训考核管理规定》,加强特种作业人员安全技术考核的管理，实行“学习证、安全操作证、劳动保护卡”管理模式。

1989 年，安全处组织开展“职工安全教育月”，多种形式开展安全宣传教育，提高职工的安全意识和遵章守纪的自觉性。并将安全专业技术职称正式列入“工程专业系列”，调动广大安全干部的积极性。次年 4 月，颁发《上海宝钢冶金建设公司特种作业人员安全技术考核管理规定》，加强特种作业人员管理。1996 年，质量安全部发布宝冶自己的安全教育资料《事故案例》，做好职工的安全宣传教育工作，提高职工安全防护意识。

2003 年，根据上海市建委要求，质量安全部开展了公司所有在沪建筑施工一线操作人员安全生产知识培训。2008 年，学习中冶《员工职业安全健康及环境保护教育管理规定》，贯彻执行宝冶“安全第一、预防为主、消除隐患、关爱健康”的安全方针，普及安环、消防知识，提高员工安环素质。

2016 年，安监部编辑制作《安全生产事故动漫案例集》，从事故类别和施工阶段两个不同角度为现场作业人员进行安全警示教育。除此之外，公司购置了行业领先的《建设工程从业人员多媒体安全培训教育工具箱》，通过试点在建重点工程，来搭建“专业移动的安全培训电教室”，来逐步推进现场一线作业人员安全教育规范化、安全培训档案化。在安全生产月期间，安监部通过《痛思——典型事故案例解析》《伤逝》《隐患直击》等安全生产警示片，有针对性地开展了各级管理者宣传教育活动，通过广泛学习、深刻吸取事故教训，增强安全责任意识。

2018 年，加强系统队伍建设，为提升安全队伍素质，提高注册安全工程师取证激励机制，以此促进和保证安全从业人员稳定、健康发展，为体系运行提供根本保障。

## 八、安全文化活动

“安全生产活动月”和“百日安全无事故活动”是宝冶传统安全生产活动，在 1980 年就利用板报、广播、标语、漫画等多种形式大力宣传安全文化，贯彻安全生产方针，树立安全第一的思想，提高职工对安全生产、文明施工的认识。

随着时代发展，安全文化不断深入，安全活动形式多样化，通过上安全课、召开安全生产座谈会、安全案例讲解、安全文章征集、宣传安全先进事迹等活动。

2012 年，宝冶大力推进实施安全发展战略，加强对建筑施工企业安全生产知识的普及和宣传，并从 2014 年开始以学习贯彻安全生产法律法规、标准规范和公司安全管理制度为主线，每年与公司团委联合举办安全知识竞赛。

2016 年，工会发动全员开展宝冶员工安全生产“隐患大家找，现场随手拍”作品征集活动。团委系统坚持创建“青安岗”达标活动；利用团青资讯，组织一线青年参与“宝冶消防大作战，一线青年来畅谈”活动。

2018 年，公司党政工团齐抓共管，积极营造安全生产氛围，员工的安全意识、安全素养、应急防范能力得到进一步提升和强化。

## 九、标准化工地管理

1979 年，十九冶指挥部拟定《施工总平面暂行管理办法》，加强施工管理，确保文明施工。次年，颁布《文明施工守则十条》，从进行文明现场、文明仓库、文明车场、加工厂、文明交通安全、文明生活区等方面进行规范，现代化施工进入新的水平。同年 7 月，学习宝钢总指挥部《文明现场检查评比标准》,按此组织检查评比,把现场文明施工进一步提高。

1988 年,开展创建“合格工棚”,加强工棚安全和消防管理,执行“谁使用、谁负责”的原则,落实责任人。1993 年,根据上海市建设委员会要求,将文明施工环境卫生设施纳入施工组织设计,实行挂牌施工。第二年,调整成立标准化工地检查评比委员会,对宝冶标准化工地九个系统检查评比。

1996—2003 年,陆续出台《标准化工地管理实施要点》《宝冶文明施工管理规定》《宝冶公司安全生产挂牌考核办法》《工程项目文明施工管理规定》,以此加强现场文明施工管理,保障工程施工顺利进行。

2010 年,安全生产委员会首次以图集的形式发布《上海宝冶集团施工生产现场安全规范》。次年,宝冶结合公司管理文件及贯彻 OHS 管理体系要求,组织编写了《项目安全管理手册》。

2012—2015 年,发布、执行《创建绿色施工(节约型工地)指导手册》《文明施工管理规定》《工程项目文明施工安全标准化手册》《中国中冶施工现场安全文明标准化手册》《中国中冶绿色施工示范图集》。

2016 年,编制并发布《上海宝冶施工用电组织设计示范文本》,规范现场施工用电管理。二级单位采用远程视频监控系统和宝冶云平台,从施工现场源头抓起,依托宝冶云平台,通过大数据处理中心,形成“端+云+大数据”的业务体系和新的管理模式,逐步打造宝冶智慧型平安工地。

2018 年,公司为加强安全标准化建设,推进现场安全生产规范化。先后推行“四化五果”:推行台账管理标准化,推行防护设施和临电设计标准化,推行现场安全文明施工标准化,推行安全管理流程标准化,先后发布“电子厂房领域施工安全管理要点、装配式建筑安全管理要点、脚手架搭设与使用安全管理要点、塔吊安全风险控制要点、临时用电施工组织设计示范文本”5 项安全成果。

2018 年,安监部为贯彻集团化管控年,组织制定并发布了《安全管理手册》。

## 十、安全制度建设

1979 年,根据国务院颁发的《工厂安全卫生规程》《建筑安装安全技术规程》《工人职员伤亡事故报告规程》《关于加强企业生产中安全作业的几项规定》以及十九冶《各级安全生产责任制》,编写了适合公司实际的《安全生产的几项具体措施》。

1984 年,根据宝钢要求,健全安全管理工作,形成了《安全生产岗位责任制》《安全教育、安全活动制度》《安全技术措施计划管理制》《伤亡事故统计、报告、调查、处理、审批制》《安全检查制》《特殊工种安全技术培训制》《交通安全管理制》《安全生产奖惩制》《锅炉、受压容器安全管理制》《施工现场安全用电制》《劳防用品、保健食品管理制》11 项规章制度。建立安全工作台账,初步形成了 14 本台账。

1990 年 3 月,在上海市总工会引导下,班组安全建设步入正轨,班组实行目标管理,必须具备《安全生产责任制》《安全检查制》《安全学习教育制》《事故登记制》《交接班制》《安全操作规程》六项制度,建立基本安全台账等等。制定创建《安全合格班组规划》,班组安全生产实现标准化、规范化、制度化;采取班组自报+企业考核的办法,加强考评,进一步加强安全合格班组建设。

1991 年 2 月,为推动安全基础管理工作向着规范化、标准化的方向发展,根据冶金工业部要求,推行《冶金施工企业安全管理台账》,台账分 18 本台账。1992 年,为适应宝冶四元产业发展,成立宝冶《安全技术操作规程》编写委员会,统一编写《安全技术操作规程》。

1993—1995 年,相继颁发《上海宝钢冶金建设公司项目工程部安全管理办法》《持证上岗管理工作的具体规定》《施工、生产安全技术操作规程》《班组长管理办法》，以此落实“安全第一，预防为主”的方针和“管生产必须管安全”的原则，加强施工现场的安全管理。

1996 年，响应上海市劳动局管理规定，执行《上海市起重机械“安全使用证”管理办法》。同年 3 月，为了进一步加强宝冶建筑施工的安全管理，下发《上海宝钢冶金建设公司工程管理总部现场施工安全奖惩办法》。1999 年，宝冶公司进行制度建设，对安全工作 24 条管理规章制度做了汇总与修订。2001 年，根据上海市经济委员会要求，实施《安全生产警示语黄牌警告制度》。

2001—2003 年，颁发了《宝冶公司安全员管理规定》《职工伤亡事故管理规定》《作业现场安全员管理规定》《施工安全控制程序》。

2004 年，认真学习《建筑施工企业安全生产许可证管理规定实施意见》，申办企业《安全生产许可证》。次年，深入贯彻《上海市安全生产条例》，实行安全生产“三色”亮牌考核，提高各分（子）公司级项目部对安全生产工作的重视。第二年，学习宝钢安全管理经验，制定标化工地安全管理模块，项目部配备专职安全员，必要时设置专职安全副经理；实施项目安全合署办公，由建设方、施工方、监理方的专职安全管理人员联合的方式办公。

2005 年，发布《施工生产现场安全、环境及消防违章查处管理规定》，为安全检查提供制度依据。发布《事故、事件调查处理管理规定》，规范事故上报和调查，严格事故处理。发布《施工现场安全防护设施管理规定》，保证施工现场安全防护设施的方案编制、审核、审批以及现场实施、验收、维护、检查。发布《安全、文明和环境管理程序》，确保施工生产安全、环保、文明施工管理处于受控状态。发布《应急准备和响应管理程序》，预防和减少潜在施工安全和环境事故或紧急情况造成的影响。发布《工作日志制度》，进一步提高工作效率，加强对管理工作有效性的监控。

2007—2015 年，先后颁发修订《宝冶建设施工、生产安全技术操作规程》《境外工程安全管理规定》《安全生产管理规定》《职业病防治管理规定》《安全生产管理程序》。

2017 年，发布宝冶工程质量安全提升行动方案，切实履行“建精品工程、铸长青基业”的使命。逐步建立健全公司安全管理制度和安全工作台账，编制并发布《二级单位安全管理体系规范指导意见》和《项目安全管理台账示范文本》。同时为健全安全保证体系，从安全管理九大体系提出了具体的目标和要求，制定了推进二级单位责任落实的《安全管理体系运行检查评分表》，作为检查二级单位安全体系运行的抓手。

2018 年，修订完善安全生产管理制度，将在用的 13 个安全管理文件优化成 7 个管理规定，形成与集团发展相匹配的安全管理程序、指导性安全管理规定和二级单位可操作性《16 项安全管理实施细则》三级制度体系，夯实安全体系制度基础。运用先进方式保证集团化安全管控，借助“平衡记分卡”先进管理工具，积极探索安全管理新方法和新模式，从绘制集团安全战略地图到“财务指标、客户管理、内部运营、学习与成长”四个维度，分解制定安全生产关键绩效指标和协调战略行动方案，指导年度安全生产工作。

## 第三节 安 全 体 系

2003 年，成立宝冶环境管理体系和职业健康安全管理体系推进工作领导小组，确定公司环境、职业健康安全方针和目标、体系组织结构，推进体系建设。2004 年，在原有质量管理体系的基础上，建立质量、环境、职业健康安全整合管理体系，发布“上海宝冶建设有限公司质量、职业健康安全、环境管理程序、管理手册、管理规定”，并通过考核，取得管理体系认证证书。

从2004年到2010年,质量、职业健康安全、环境管理程序、管理手册、管理规定先后经历了四次改版和完善,到2017年,安全管理体系基本形成九大安全管理体系。

## 一、安全组织体系

安全生产管理体系由安委会、安全生产监督管理部和各级安全部门构成。各级组织的最高管理者是安全生产工作的第一责任人。各级安全部门是安全生产的综合管理部门,对其他部门的安全生产工作进行综合协调和监督。

## 二、安全制度体系

宝冶已经形成三级安全管理制度体系,形成1个管理制度、6个管理规定,即《安全生产管理制度》《消防安全管理规定》《职业健康安全管理规定》《应急准备和响应管理规定》《安全事故报告、调查与处理管理规定》《安全生产费使用管理规定》《交通安全管理规定》。二级单位必须编制包括安全责任落实、安全费用保障、安全教育培训等十五个实施细则,项目部必须具备《安全会议管理制度》《安全技术交底制度》《安全生产检查制度》等安全管理制度。抓好基层企业的各种制度建设,真正做到有章可循、执行有规,同时着力抓好制度落实,使安全生产管理工作走上制度化、程序化管理的轨道。

## 三、目标责任体系

宝冶各级组织把安全生产的目标和主要任务与各级部门及各类的人对应地联系起来,明确其安全生产责任,形成纵向到底、横向到边、人人有责的责任体系。采用"责任清单"的形式、"责任矩阵"方法明确安全生产目标、责任、工作任务和工作要求的第一责任人、主要责任人和相关责任人。各单位通过逐级签订安全生产责任书,建立起自下而上、分级控制、一级对一级负责的责任体系。通过经济责任书、业绩合同、年度工作计划、会议纪要、工作任务单等方式落实安全生产目标及责任。部门、岗位和员工的安全生产责任分别在部门职责、岗位职责、员工聘用合同中予以明确。相关方的安全生产责任要通过合约、协议等形式予以明确。

## 四、教育培训体系

在宝冶每年明确安全生产专项培训教育的重点,整体策划安全培训教育工作;二级单位根据宝冶的安全生产培训教育要求,对相关安全生产管理人员,编制年度安全培训教育计划,系统地开展内部培训。作业人员采用VR安全体验馆、安全体验区、视频教育等多种现代化形式强化"三级安全"教育,并将特种作业人员的教育、培训、考核、领证工作作为工作重点,确保所有特种作业人员全部持证上岗。

## 五、监督保障体系

从2011年开展安全生产区域大检查起,宝冶每年制定并发布安全大检查工作方案,以安监部为主导，区域公司为辅助，点面结合、区域和属地结合，开展二级单位体系检查和项目检查，二级单位通过联合检查、定期检查、专项检查，来推进项目部体系建设和标准化建设，项目部是事故隐患排查、治理和防控的责任主体，建立事故隐患排查治理和建档机制，以日检、周检、月检的形式，逐级建立并落实从主要责任人到每个从业人员的隐患排查治理的监控责任。

### 六、风险控制体系

宝冶各单位建立危险源管理制度，采取多种措施，使各种危险源始终处于受控状态。按规范科学地对危险源进行综合评估，对重大安全风险及时登记建档、备案，建立应急预案，制定重大危险源安全管理措施和技术措施。

### 七、应急管理体系

宝冶建立突发事件总体应急预案、专项应急预案、应急预案体系框架图。各二级单位按照宝冶的要求制定综合预案，针对可能发生的事故和有关危险源制订专项应急预案和现场处置方案，明确事前、事发、事中、事后的各个过程中相关部门和有关人员的职责和应急资源储备，注重与所在地区应急救援组织建立联动机制。通过演练检验预案、完善准备、锻炼队伍、磨合机制和科普宣教。

### 八、安全文化体系

宝冶党政工团齐抓共管，深入推进安全文化建设，积极营造安全生产氛围。安监部与团委每年开展“安全知识竞赛”主题活动。通过各级积极组织开展知识竞赛、安全征文、微视频评比、应急演练、“119 消防日”等多项主题活动，进一步提升和强化员工的安全意识、安全素养、应急防范能力。

### 九、安全评价体系

宝冶形成二级单位安全管理九大体系检查评分制度，通过评分的形式，对各二级单位安全管理九大体系各级要素及构成内容检查评比，制定评价制度，明确评价指标、评价方法和评价标准。

2018 年，宝冶建立完善“横向到边、纵向到底”全方位安全管理网络。积极构建宝冶三级安全管理体系，突出以宝冶安全生产监督主体、二级单位安全生产责任主体、项目部安全生产实施主体的三级安全管理体系建设。

## 第四节　消 防 管 理

1979 年，分指挥部成立第一届防火委员会。各工程公司、厂、院级党委机关相应成立防火委员会，队、车间成立防火安全领导小组，初步形成了三级防火组织体系。为规范现场防火管理，于 12 月颁布《防火规定》，为消防安全管理工作奠定了基础。

1981—1984 年，分指挥部下发《关于加强消防管理的通知》，试行《治安保卫责任制》，执行《施工现场防火规定》。1983 年后，为强化防火组织体系网络建设，分指挥部根据机构和人员变化及时调整防火委员会,同时要求基层单位对本单位的防火委员会进行调整组建,并配备一名专职防火员,厂、队一级和有关科室建立防火安全领导小组,明确一名行政领导作为防火责任人,对本单位和部门的防火负责,实行有领导的逐级防火责任制和纵向横向相联系的全民防火网。

1987年,宝冶确立防火工作以"预防为主、防消结合"的工作方针,健全各级防火组织,开展经常性防火宣传教育,坚持防火安全检查制度。依据《治安防火奖惩办法》的通知要求,对《电装公司"4·13"火灾事故调查处理报告》进行了批复,并对事故相关责任人进行了处理。颁布了《现场和集体宿舍防火规定及违章处理办法》和落实宝钢分局《施工现场防火规定(试行)》的通知要求,有效促进了消防安全管控。同年6月,宝冶设备处第一次收到上海市公安局消防处〔(88)沪公消建字第152号〕"关于同意建造吴淞区盘古路新建综合办公楼工程的《建筑设计防火审核通知书》"。

1990年,宝冶建立《消防考核细则》,依据"谁主管谁负责"的原则,从防火管理、燃爆管理、灭火器材管理、火灾事故四个方面进行了规定,特别是火灾事故分按经济损失(含间接损失)六档比例扣分。对火灾事故隐瞒不报或弄虚作假的,查实后加倍考核。凡发生重大火灾事故,将依法追究有关人员的责任,并取消单位当年评比金牌资格。

1994年12月,为切实做好宝钢三期工程施工现场的消防安全,进一步推动消防工作顺利进行,建立宝钢工程指挥部消防安全活动基金。

2001年,根据《中华人民共和国消防法》《上海市消防条例》规定,印发《宝冶科技大楼火灾事故处置预案》。2003年,"习惯性违章"行为造成的火灾频发,为进一步提高广大员工消防安全意识,在易燃易爆危险物品单位中开展反"习惯性违章"消防安全专项整治活动。同年,为加强公司的消防安全工作,首次制定《消防安全管理规定》,并在2005年修订。

2005年,制定《消防管理经济处罚规定》《消防违章查处管理规定》,为消防检查提供管理依据,以经济手段加强消防安全管理,发布《易燃易爆、油品及危险化学品管理程序》,规定易燃易爆、油品及化学品采购、运输、储存、发放、使用等管理要求。

2018年来,为适应跨越式发展管理要求和职能定位,宝冶进一步加强消防安全工作,健全完善消防档案管理,预防火灾事故的发生,保障企业和员工的生命财产安全,修订《消防安全管理制度》,内容涵盖办公、生活区域消防管理、施工现场防火管理、项目施工动火管理、消防器材配备、灭火器设置要求、消防档案管理、奖惩等十四个方面,从制度上规范和引导各单位消防安全工作,同时通过不定期地组织培训、专项检查和隐患整改、消防设施配备,以及在公司每年度安全生产目标责任书上明确消防安全考核指标,以此不断强化各级消防责任意识和履职能力等措施,有效强化消防安全风险管控,宝冶消防安全保持持续稳定发展。

## 第五节　交 通 管 理

公司成立初期,交通管理主要就是车辆检审工作。从1979年开始,根据上海市公安局要求,成立机动车、驾驶员年检审小组,抓狠、抓细、抓好检审工作,提高驾驶员的操作技术和安全思想。

1982年,为强化交通安全管理,分指挥部发布《一九八二年交通安全工作的安排》,强调交通安全工作的基本任务是加强教育,提高驾驶人员的法制观念,安全技术操作水平和为人民安全负责的革命责任心。同年7月,参加"深入贯彻市交通处夏季安全行车精神开展安全行车活动"。1987年,公司成立宝冶驾驶员培训队,贯彻上海市公安局车辆管理所关于对驾驶员集中培训的精神,发挥宝冶内部的物资技术优势,承担宝冶内部各单位驾驶员培训以及宝钢地区驾驶员培训工作。

1988年，成立宝冶交通安全领导小组，根据上海市人民政府要求学习并执行《上海市道路交通安全处罚和奖励暂行办法》，最大限度减少交通事故，切实保障本市道路交通通畅和人民生命财产安全，实行交通安全目标管理奖惩制度。同年8月，开展创“文明驾驶新风车”竞赛活动，参加上海市第六次机动车驾驶员安全行车百日赛活动，三公司车队获先进集体，王瑞同获先进干部，古再安等获六人先进驾驶员的荣誉。

1989年，宝冶根据上海市公安局要求开展“道路交通秩序专项整顿月活动”，落实各级领导责任，加强道路交通管理。1992年，从国外引进一套汽车检测线装置，申请成为机动车辆自检单位。同年9月，下发加强机动车管理的通知，整顿内部交通秩序，保证生产、工作正常进行，从根本上改变机动车辆管理松懈的乱象。

1994年，为进一步落实交通安全目标管理办法，贯彻严管重罚精神，公司印发《宝冶公司交通安全处罚和奖励暂行办法》。1995年，印发《宝冶交通安全管理（暂行）办法》，加强交通安全管理，增强驾驶员安全意识，遵章守纪，确保交通安全。1997年，印发《宝冶公司贯彻宝钢交通安全责任制考核办法实施细则》，加强宝冶交通责任制安全管理。2000年，修订《宝冶交通安全管理规定》，规范宝冶各级单位交通安全管理。2001年，印发《宝冶交通安全责任制考核管理规定》，考核各单位全体职工以及单位机动车辆在厂内发生的交通违章、事故和各单位交通安全管理制度的落实情况。2001年5月，车辆保险工作会议在宝冶科技大楼召开，会议详细讨论了车辆保险问题，并对保险工作做了具体要求，切实搞好车辆保险工作，在2002年进一步提出了“加强宝冶机动车驾驶员的管理及机动车保险理赔管理”的通知，

2010年，宝冶印发《交通安全管理规定》，规范各级公司、直管项目部及职能部门交通安全管理，提出“谁主管、谁负责”的原则，落实交通安全责任制，车辆单位的法人代表或主要负责人为交通安全责任制的第一责任人。同年，宝冶印发《机动车保险管理规定》，规范公司机动车辆保险工作，按照公开公正的原则，确保被保险车辆得到合理优质理赔服务的前提下，使投保车辆得到最优惠的保险费率。

## 第六节　环保管理

1983年8月，宝冶执行上海市环保局发布《关于上海市防止环境新污染暂行办法》的文件，强调一定要认真贯彻三同时的原则，避免造成环保设施不能和主体设备同时设计、同时施工和同时投产而污染环境的被动局面。

1986年6月，根据冶金部要求，宝冶深入学习国家环境保护委员会等部门《关于颁发〈建设项目环境保护管理办法〉的通知》，加强对大中型建设项目的环境影响报告书执行率和环保三同时执行率达到百分之百的目标。要做到建设项目建议书有环境保护内容，编制可行性研究报告的同时要编写环境影响报告书，初步设计要有环境保护篇章。

1988年3月，根据国家环境保护局印发《关于建设项目环境管理问题的若干意见》，宝冶进一步加强大中型以上建设项目环境管理。同年，执行上海市人民政府发布的关于上海市《建设项目环境保护管理办法》的通知，加强建设项目的环境保护管理，防止新的环境污染，对公司一切基建项目和技术改造项目，以及可能受到环境影响的住宅建设项目，对环保工作做出了进一步的管理规定。

1993年8月，宝冶发布关于印发《上海宝钢冶金建设公司环境保护管理办法》的通知，规定宝冶环境保护的管理职责、环保设备管理、环境污染防治管理及其奖惩办法等内容，加强宝冶各单位的

环境保护管理。保护和改善宝冶的生产作业环境和生态环境质量,防治污染和其他公害,保障全体职工的身心健康,促进宝冶四元产业的发展。

1995年,安环处和设备部对公司20个环保项目,进行改造,按项目进行小结和评估,并于1996年1月底出台环保改造项目管理办法。

1996年8月,宝冶学习宝钢《宝山钢铁(集团)公司废弃物管理办法》,将废弃物排放审批权由安环处负责,废弃物管理由开发总公司负责,对公司生产上所发生的固体及有毒有害废弃物的管理进行了重新整理。

1996年8月20日,宝冶质量安全部发布《关于开展排放污染物申报登记工作的通知》,宝冶各单位将各自的排放污染物情况向宝山区环境局进行统计和申报。

1997年1月,公司执行冶金部关于印发《冶金企业发展规划和建设项目环境保护管理规定》的通知,推进可持续发展战略的实施,规范冶金企业发展规划和建设项目的环境管理。建设项目环境管理包括由项目建议书(含立项)开始,直至项目正式投产和使用,对企业发展规划的环境管理、项目建议书阶段的环境管理、可行性研究阶段的环境管理、设计阶段的环境管理、施工阶段的环境管理、竣工验收阶段的环境管理,进行明确的规定。

随着管理要求的不断提高,宝冶相关管理制度也不断地完善和提高,具体管理文件也有繁复向着简洁高效转变,宝冶先后出台的管理规定有:《环境保护管理规定》《环境因素管理规定》《环境管理方案管理规定》《合规性评价管理规定》等,2018年,宝冶对环境体系文件进行了全面梳理和修编,行文下发《环境管理规定》和《绿色文明施工管理规定》。

环境管理体系也不断完善,主要管理内容:体系运行管理、过程监控、体系改进;环境管理目标、指标的策划与实施;环境因素的确定、更新管理;污水、噪声、粉尘、有毒有害废弃物排放管理;应急准备事项管理;相关方投诉管理;节能减排、能耗管理、环保绩效监视和测量管理;纠正和预防措施管理;等等。

# 第十一章　法律事务

## 第一节　机构沿革

1988 年 3 月，宝冶首次聘请吴淞区律师事务所 6 位律师为常年法律顾问。

1998 年 11 月 12 日，为适应社会主义市场经济和建立现代企业制度的需要，进一步加强企业法规建设，促进企业依法经营管理，运用法律武器维护企业自身合法权益，宝冶开始实行法律事务管理，成立法律事务室，与企管处并设。成立之初，法律事务室的职能主要有：协助宝冶正确执行国家法律、法规，对企业重大经营决策提出法律意见；参与起草、审核宝冶重要规章制度；参加重大合同的谈判和起草工作；参与宝冶所属企业的合并、分立、破产、投资、租赁、资本转让、招投标、商业秘密保护及进行公司改制等涉及宝冶权益的重要经济活动，处理有关法律事务；参与宝冶控股的联营企业的合并、分立、破产、投资、租赁、资产转让、招投标、商业秘密保护及进行公司改制等涉及宝冶方股权权益的重要经济活动，处理有关法律事务。配合有关部门对职工进行法制宣传教育；开展与企业生产经营有关的法律咨询；代理宝冶及所属企业的诉讼活动和非诉讼活动；负责宝冶及所属企业和联营企业外聘律师的选聘、联络及相关工作；代理宝冶联营企业的诉讼活动和非诉讼活动；负责宝冶联营企业外聘律师的选聘、联络及相关工作（联营企业董事会有规定的除外）。

2000 年 10 月 27 日，将法律事务室划入经营计划处。此时，主要职能有：法律咨询和指导、各类经营活动法律见证、法律诉讼、合同管理、参与合同评审、法人代表授权委托管理、重大合同谈判、指导性法律文本建设（分包合同、融资合同）。

2003 年 2 月，法律事务室划入行政管理部/董事会办公室。法务管理职能包括：各类经营活动法律见证、处理企业经济纠纷、合同条款的审签。

2004 年 5 月 9 日，法律事务室划入计财部。法律事务职能包括：工程承包合同以及合同履行情况、分包合同的管理；合同章管理；各类经营活动法律见证；法律业务咨询；处理企业经济纠纷；合同条款的审签；外委法务事项的审批；超过 1 年应收账款的催收及法务事项处理；公司用法律法规文件的管理。

2005 年 5 月 27 日，法律事务室从计财部分立，成立合同法务部。合同法务部的管理职能包括：参与合同谈判、起草；合同履约能力、条款评价；合同要求分解、传递，工程承包合同、分包合同执行管理；履约信息收集及传递；合同文本及补充协议、业主往来函件管理；合同有关记录、资料归档；合同纠纷、诉讼处理；公司法律事务归口管理、法律事务处理；企业法律风险防范监督管理；企业经济纠纷处理；外委法务事项管理；公司法制教育；法律法规文件管理；公司遵循法律法规效果评价；法律咨询；工商事务、外聘律师管理；合同章管理。

2007 年 3 月 3 日，合同法务部并入企业发展管理部。法律事务管理职责包括：公司法律事务归口管理、法律事务处理；企业风险管理；企业法律风险防范监督管理；企业经济纠纷处理；外委法务事项管理；公司法制教育；法律法规文件管理；公司遵循法律法规效果评价；法律咨询；工商事务、外聘律师的管理；重大经营活动法律建议。

2008 年 9 月 5 日，为进一步理顺各部门业务流程，企业发展管理部法律事务管理职责调整至董事会秘书室。法律事务管理职责包括:公司法律事务归口管理、法律事务处理;企业风险管理;企业法律风险防范监督管理;企业经济纠纷处理;外委法务事项管理;公司法制教育;法律法规文件管理;公司遵循法律法规效果评价;法律咨询;工商事务、外聘律师的管理。

2010年5月5日,法律事务管理、重大事项法律建议职能调整到合同预算部,法律事务管理职责包括:公司法律事务归口管理:法律事务处理;企业经济(合同)纠纷,法律诉讼处理;外委法务事项(含外聘律师)管理;公司法制宣传教育;法律咨询;法律法规文件管理;公司遵循法律法规效果评价;重大事项法律建议:企业改制、并购、重组,出售等重大事项法律建议;企业重大投资、融资、BT、BOT等经营管理活动法律建议。

2013年4月15日,法律事务室从合同预算部分立,成立法律事务部。此时,法律事务部主要职责为法律事务管理、重大事项法律建议、合规性法律审核三大职能。

截至2018年,法律事务部职责包括:法务系统建设、法律事务管理、重大事项法律建议、合法合规性审核、法律风险管理、企业法治文化建设六大职能。

## 第二节 体系建设

2013年4月,宝冶为进一步理顺职能部门业务流程及职责,提高职能部门的工作效率,满足快速响应市场的需求,公司将法律事务管理职能从合同预算部分立,单独成立法律事务部。法律事务部成立后,着力建立健全两级法律管理机构,要求各二级单位都配备法务主管领导和法务专员,接受公司法律事务部的指导,并以宝冶法律事务部的名义对外开展法律事务,逐步完善内部的法律管理体制。

2014年,按照《中冶集团法律管理工作规划》以及《中冶集团法律管理工作考核评价标准》的要求,对标找差,逐项健全与落实,推进总法律顾问制度建设,充实法律事务机构及法律管理岗位设置,配备专兼职法律顾问,建立健全法律管理制度。

2015年,法律事务部致力于建立规范有序的系统例会制度,建立上下两级法务管理沟通交流平台,及时传达建设领域发布新的法律法规,在系统内部开展转包、挂靠、违法分包导致合同无效应承担法律后果的警示教育,根据全国法院系统、建设行政管理系统建立统一违法违约联网查询机制,重点要求从业人员学法守法,重申违反诚信原则应负的法律后果,并及时处理联网平台的不良记录。

2016年,通过全体法务人员的共同努力,两级法务体系已经基本建立,各单位已明确法律事务工作分管领导和专(兼)职法务专员。为更好地发挥体系力量,法律事务部建立了从业人员工作QQ群和微信群,通过网络信息平台加强业务交流和进行信息传达。同时,为明确系统定位,提升工作效率,制定二级单位专职或兼职人员岗位职责,上下一体,为公司依法强企目标奠定了组织基础。

2017年5月,法律事务部以提升两级法务系统合力为重点,打造学习型、支撑型和服务型团队。按照管理导向进行分工,按照法律事务管理、合法合规审核管理和法律纠纷案管理对部门进行业务分工,进一步明晰部门员工的职责。

2018年,为进一步落实宝冶"四五"发展战略与规划,提升总部管理效率和创新能力,对职能部门职责及定编进行调整,法律事务部增加1名人员,定编5人。按照宝冶管控的要求,着力加强两级法务体系建设。

# 第三节 法律事务管理

## 一、法律诉讼纠纷处理

2013年，为规避盲目提起诉讼或仲裁的风险，公司建立系列诉前评估制度，设置《提起诉讼或仲裁申请流程》加强法律纠纷案件管理，依靠强有力的法律手段维护公司合法权益。2016年，为进一步加强诉前案件评估工作，根据宝冶全面风险管理的要求，推出案件风险分级管理，实施案件风险分级和授权分级制度，针对案件的标的额大小，将案件分为ABCD四个等级，针对不同等级采取分级授权和风险应对措施，并根据不同级别报送不同层级领导，对风险较大的案件给予足够重视，特别是500万元以上的重大法律纠纷案件，加大集中统一管控，一案一策。2017年以来，法律事务部集中精力做好重大案件处理工作，在处理重大案件过程中，不打无准备之仗，扎实做好诉前评估工作，对项目实施过程中是否存在工期延误、质量瑕疵进行重点核查，并对自身违约情形进行认真分析，防止对方反诉使公司遭受更多损失。法律事务部结合《提起诉讼或仲裁申请流程》《律师聘用合同评审流程》《诉讼文件审批流程》和《外来法务函件备案流程》，对各单位提起的诉讼或仲裁案件的合同文本、结算资料、诉讼结果、执行到位、诉讼或仲裁费用等进行评估，通过对起诉和应诉案件进行评估，法律事务部对不同情况作出不同处理建议，主要措施有：领导重视，明确责任、奖惩考核；提高自身管理水平，全面履行合同约定各项义务，防止自身违约；积极组织项目部与业主开展有效沟通，协商解决项目“两金”问题；在有序合法可控的前提下，适当采取上访、讨薪、媒体采访等各种维权形式；通过仲裁、诉讼的途径解决项目“两金”问题，通过以上降低“两金”的有效措施，收到了良好的管理效果和经济效益。

## 二、外委法务事项(含外聘律师)管理

2017年，为开展集团化管控工作的需要，不断提升依法治企的能力和水平，充分发挥外部法律顾问的作用，更好地维护公司合法权益，经过基层推荐、法律事务部审核，组建了宝冶合格外聘律师库，第一批共有30家律师事务所入库，入库律师事务所质量较高，其中有4家被《建筑时报》评为“中国工程法律10强专业律师事务所”。此外，为规范外聘律师选聘工作，出台外聘律师选聘询价规则，改变了以往外聘律师聘用无序和部分二级单位完全依赖外聘律师的现状。公司聘任了10强律师事务所之一的上海建领诚达律师事务所作为PPP项目和EPC总承包项目的常年法律顾问，向公司提供专业法律意见书，为PPP合同防范风险作出了贡献。

## 三、法律管理制度建设

2013年，法律事务部修订了《法律事务管理规定》，对法律管理工作进行综合性规定，并制定《法律审核管理规定》《外聘法律顾问管理规定》《法律纠纷案件管理规定》等具体法律规定，全面夯实公司法律管理工作。2016年，公司制定了《上海宝冶法治工作规划(2016—2020)》，并转发了《中央企业主要负责人履行推进法治建设第一责任人职责规定》，成立了落实法治工作规划领导小组，把原《法律事务管理规定》升级为《法律事务管理制度》，对《法律纠纷案件管理规定》《法律审核管理

规定》《外聘法律顾问管理规定》《法律法规与其他要求管理程序》等四项规定重新进行修订,编制了《法律事务管理手册》和《工程全生命周期法律风险防控手册》。至此,初步构建了"一个规划、一项制度、四项规定、两个手册"的法律管理制度体系。2018 年,公司建立了总法律顾问制度,聘任了总法律顾问,进一步落实总法律顾问制度,将总法律顾问制度纳入公司章程,并按中冶集团法律管理考核 44 项指标的要求,对法律管理顶层架构进行了完善,为今后工作开展奠定了坚实基础。

## 四、法律咨询

2017 年,法律事务部制定项目全生命周期法律风险防范手册,实现项目法律风险过程管理常态化,并适时出具法律建议书和法律评估报告。加强与职能部门和二级单位的沟通,与合同预算部一起,介入重大疑难项目的确权和结算谈判工作,能诉则诉;先后深入各分(子)公司,参与项目谈判,做好风险项目的法律评估;与人力资源部一起,妥善处理好疑难的劳动争议案件。

## 五、定期披露公司法务信息

2017 年,法律事务部建立周例会、法务周报和法务月报制度,规范、有序、高效推进法务管理工作。通过周例会制度,建立问题导向和结果导向,找差距提不足,总结策划工作,持续推进;建立法务周报和月报制度,便于公司领导及时准确掌握法务工作动态。法律事务部把重点案件推进情况形成周报,每周报送公司主管领导。把主要指标情况、重点案件推进情况、主要工作推进情况编纂成月报,每月上报公司主要领导。法务周报和法务月报的推出,更加便于公司及时掌握和了解法务工作动态,也不断激励和倒逼法务战线高效推进工作。

## 六、法律法规文件管理

2013 年,为配合公司贯标体系建设,法律事务部定期更新法律法规清单。依法合规是公司稳健发展的需要,因此不论是公司内部规章制度,还是外部要求遵循的法规、管理和标准,法律事务各项工作全面落实中冶集团下发的法律管理工作规划评价标准,在内控缺陷检查中无整改事项。

## 七、公司遵循法律法规效果评价

通过调查分析,全面总结宝冶在项目管理中历次发生的重大法律纠纷案例,将项目法律服务划分为项目投标阶段、合同签订阶段、经营管理结算、施工管理阶段、工程结算阶段 5 个环节,及时归纳、发布通用性的法律风险源,以此指导公司各岗位从业人员规范化履职,在合同谈判、项目策划、合同履约过程中采取针对性措施,规避、降低各种法律风险的产生,取得了较好的实际效果。2017 年,因个别二级单位延迟履行生效法律文书,导致公司被列入最高人民法院失信被执行人名单和被执行人名单,对公司市场营销、投融资和企业商誉造成负面影响,法律事务部安排专人对接各地法院,通过不懈努力,成功消除被执行人名单近 50 起,消除失信被执行人名单 6 起,实现被执行人名单和失信被执行人名单均为零,维护公司良好商誉。为防止黑名单事件再次发生,专门制定管理规定和下发通知,要求各二级单位慎重处理司法机关的生效法律文书。

## 第四节　重大事项法律建议

2006 年，合同法务部成立后，全年共办结诉讼案件 76 件，尚在办理中的案件 40 件。

2013 年，法律事务部成立后，重大事项法律建议职责主要有：企业改制、并购、重组，出售、资产抵押、质押及担保等重大事项法律建议；企业重大投资、融资、BT、BOT 等经营管理活动法律建议。全年共审核各类合同 2 725 份，管理制度 23 个。并对南京分公司大辛庄工程、广州分公司京东商城工程、沈阳分公司苏泊尔以及锦州化纤工程、工安分公司甘肃科技馆项目作出法律意见书。此外，积极参与前海合作项目、温州合作项目、昆明合作项目的前期合作协议风险审查。

2014 年，法律事务部坚持法律风险防控关口前移，为职能部门、分(子)公司和直管项目部做好服务。紧紧围绕市场营销打造“大平台、大项目、大市场、大环境、大客户”格局的要求，为市场营销提供法律服务和支撑。紧密配合工程总承包部市场处、海外处，在项目合作模式探讨(如 PPP)、招投标文件审核、项目合法合规性、客户资信和履约能力调研、合同文本谈判等方面不遗余力，为其提供法律支撑和服务。其次，积极配合计财部、分(子)公司做好“两金”问题的处理，解决一些重大法律纠纷案件，为降低“两金”出份力。此外，积极为其他职能部门提供相关法律服务。

2015 年，法律事务部积极指导直管项目部加强项目过程运行风险管理，特别是在分包管理、签证、索赔、书面文件来往、会议纪要以及补充协议方面，确保过程管理有效可控，做到文件往来具有法律效力，为今后可能进入诉讼做好充分准备。

2016 年，全方位配合业务部门做好“PPP 项目”“营改增”的法律风险防范。为公司的市场营销提供法律支撑，特别是在 PPP 项目、海外项目上，法律事务部根据项目的不同情况作出法律意见书，并就 PPP 项目编制优质法律方案，并对项目的合法合规以及风险作出分析，为公司领导提供决策依据。围绕公司做强做大，为公司兼并重组、关闭僵尸企业提供法律咨询服务。根据公司收购目标公司和关闭僵尸企业的需要，配合企管部等相关业务部门，对目标公司开展尽职调查，修改合作框架协议，提供关闭不再经营子公司的法律咨询服务等。

2017 年，法律事务部不断加强事前预防力度，深化法律建议服务意识，实现重大项目法律建议常态化。积极配合市场营销、投融资、合同预算等部门做好重大项目前期谈判和合同谈判工作，并为重大项目提供法律建议书或法律意见书，夯实法律支撑服务平台的作用。

2018 年，将法律审核嵌入到各大业务流程，实现重要决策、规章制度、经济合同、法定代表人授权委托审核率 100%。与市场营销部一起，提前介入合同谈判签约；与投融资事业部一起，招投标阶段即介入，出具法律方案，每个项目都提供法律意见书；与企业管理与发展管理部一起，积极介入兼并重组，并出具尽职调查报告。

## 第五节　合法合规性审核

法律事务部成立后，通过合同评审流程对合同内容的合法性、条款的完备性、责任与义务的公平性、表述的准确性、违约责任及争议解决有利性等内容进行评审。

2006 年，合同法务部加强合同审核，起草并修订公司标准合同范本。

2013 年，法律事务部审核承揽合同 799 份，提出具体审核意见 89 条，审核分包合同 1 010 份，提出具体审核意见 63 条；审核采购合同 916 份，提出具体审核意见 92 条；审核诉讼文件 94 份，提出具体审核意见 22 条；审核外来法务函件 117 份，提出具体处理意见 117 条；审核律师聘用合同 17 份，提出具体审核意见 5 条；审核提起诉讼或仲裁申请 17 份，提出具体审核意见 10 条。

2014 年，法律事务部审核承揽合同 976 份，提出具体审核意见 104 条；审核分包合同 834 份，提出具体审核意见 76 条；审核采购合同 619 份；提出具体审核意见 74 条；审核诉讼文件 120 份，提出具体审核意见 25 条；审核外来法务函件 208 份，提出具体处理意见 208 条；审核律师聘用合同 36 份，提出具体审核意见 12 条；审核提起诉讼或仲裁申请 14 份，提出具体审核意见 3 条。

2015 年，审核承揽合同 145 份，提出具体审核意见 89 条；审核分包合同 907 份，提出具体审核意见 83 条；审核采购合同 460 份，提出具体审核意见 72 条；审核诉讼文件 130 份，提出具体审核意见 35 条；审核外来法务函件 231 份，提出具体处理意见 231 条；审核律师聘用合同 37 份，提出具体审核意见 14 条；审核提起诉讼或仲裁申请 10 份，提出具体审核意见 4 条。

2016 年，审核承揽合同 123 份，提出具体审核意见 62 条；审核分包合同 734 份，提出具体审核意见 81 条；审核招标文件 97 份，提出具体审核意见 23 条；审核采购合同 283 份；提出具体审核意见 43 条；审核诉讼文件 83 份，提出具体审核意见 24 条；审核律师聘用合同 20 份，提出具体审核意见 7 条。

2017 年，编写 PPP 项目方案 12 个，提出 PPP 项目法律意见书 10 份。审核招标文件 416 份，审核承揽合同 283 份，审核分包合同 164 份，审核采购合同 182 份。

2018 年，编写 PPP 项目方案 10 个，提出 PPP 项目法律意见书 10 份。审核招标文件 183 份，审核承揽合同 201 份，审核分包合同 239 份，审核采购合同 164 份。

## 第六节　法律风险管理

自成立法律事务部后，加强法律风险管理，初步形成以事前防范和事中控制为主、事后补救为辅的基本风险管理原则，实现“法律风险防线前移”，从源头上控制法律风险，减低风险发生率，为公司的生产经营活动保驾护航。（1）合同管理风险方面，通过合同评审流程对合同内容的合法性、条款的完备性、责任与义务的公平性、表述的准确性、违约责任及争议解决有利性等内容进行评审。（2）法律纠纷风险方面，作为施工企业，项目是基本组织，也是法律纠纷风险的主要汇集地，公司法律纠纷风险管理工作始终遵循以事前防范和事中控制为主、事后补救为辅的基本原则，实现“法律风险防线前移”，不断延伸法律管理的深度，为项目提供法律服务，从源头上控制法律风险，真正达到减少法律纠纷、降低案件规模的目的。（3）合规风险分析方面，依法合规是公司稳健发展的需要，因此不论是公司内部规章制度，还是外部要求遵循的法规、管理和标准，法律事务各项工作全面落实中冶集团下发的法律管理工作规划评价标准，在内控缺陷检查中无整改事项。（4）知识产权风险方面，公司以往在知识产权管理及保护方面存在较大不足，在《企业知识产权管理规范》公布后，法律事务部认真组织学习规范内容，梳理公司知识产权工作现状，部署进一步加强知识产权的管理工作，加大对商标及其他知识产权的保护力度，为公司持续发展提供知识产权法律保障。（5）重大决策法律风险方面，通过制定《上海宝冶法律管理工作规划（2013—2015）》、修订《法律事务管理规定》等工作，将法律事务管理工作与公司的生产经营、业务活动紧密结合。

2014 年，法律事务部加强项目合同风险识别与管理，提高项目运行质量，通过投标阶段的法律风险识别与防范，从源头上保证招投标的行为合法、合规，杜绝恶性竞争造成项目亏损情况发生，切实保证公司利益不受损害。（1）通过合同签订阶段的法律风险识别及防范，避免了业主在合同条款中将所有风险全部转移至宝冶，防止各种无效合同的产生。对于不可避免的合理风险，制定具体应对策略，争取有利条款的约定，为后续项目履约提供了法律依据。（2）通过项目经营管理阶段的法律风险识别与防范，提高了项目责任人的法律法规意识，杜绝了因自身违法违约而引起的法律纠纷事件，同时通过精细化的法律管理，大大提高了项目成本管控能力与水平。（3）通过施工管理阶段的法律风险识别与防范，提高了项目施工管理水平、项目运作质量、合同履约能力，基本规避了因自身违约造成工程质量、工期、安全等责任风险。（4）通过工程结算阶段的法律风险识别与防范，解决了工程建设“三同步”，即工程实体、工程竣工资料、工程结算资料应同步完成，提高工程竣工结算的及时性、有效性，为降低“两金”起到了积极作用。

2015 年，法律事务部加强案件风险管理，从案件概况、案件特点、案件原因、案件启示等四个方面，对公司近三年来发生的案件进行了分析。通过分析案件，对案件的数量、区域分布、标的大小、案件发生的趋势有了初步掌握，寻找到了大部分案件发生的主要原因，主要涉及管理、执行、市场环境等各个方面，并提出了相应的警示和启示，为管理者提供了重要参考，根据公司全面风险管理的要求，推出了案件风险分类管理，划分 ABCD 四级，并根据不同级别报送不同层级领导，对风险较大的案件给予足够重视，集公司之力解决。同时，积极指导直管项目部加强项目过程运行风险管理，特别是在分包管理、签证、索赔、书面文件来往、会议纪要以及补充协议方面，确保过程管理有效可控，做到文件往来具有法律效力，为今后可能进入诉讼做好充分准备。

2016 年，法律事务部重点加强项目法律审核，规避法律风险。（1）根据公司合同评审流程及管理规定，及时完成招投标文件、承揽合同、分包合同、采购合同的法律风险审查，重点把控承揽合同中业主主体资格合法性、履约能力，项目立项审批是否合法、合规等。（2）全方位配合业务部门做好“PPP 项目”“营改增”的法律风险防范。为公司的市场营销提供法律支撑，特别是在 PPP 项目、海外项目上，法律事务部根据项目的不同情况作出法律意见书，并就 PPP 项目编制优质法律方案，并对项目的合法合规以及风险作出分析，为公司领导提供决策依据。（3）围绕公司做强做大，为公司兼并重组、关闭僵尸企业提供法律咨询服务。根据公司收购目标公司和关闭僵尸企业的需要，配合企管部等相关业务部门，对目标公司开展尽职调查，修改合作框架协议，提供关闭不再经营子公司的法律咨询服务等。

2017 年，法律事务部不断加强事前预防和事中控制力度，以做好法律风险管控为契机，形成“四个标准、一个课题”的法律风险管控体系。事前预防方面，出台了 PPP 合同、建设工程施工合同、采购合同和分包合同法律审核标准，一把尺子，一个标准，对公司主要经济合同进行审核，为各二级单位如何做好合同的法律审核起到了指导作用。在事中控制方面，完成了中冶集团法律风险防控施工类企业的主课题，编写了《工程项目全生命周期法律风险识别与防控》论文，该课题对招投标、合同签订、经营管理、施工管理、竣工结算管理以及工程回收阶段等工程项目全流程的法律风险进行了识别，并提出了相应防控措施，具有很强的实操性。此外，该课题也纳入到了公司“三个 100”培训教材，对项目骨干人员进行宣贯和培训，不断增强公司项目的“软件”管理。

2018 年，以项目管控为出发点，建立了全生命周期法律风险防范为核心的法律风险防范机制。事前，将法律审核嵌入到各大业务流程，实现重要决策、规章制度、经济合同、法定代表人授权委托审核率 100%；事中，制定项目全生命周期法律风险防范手册，实现项目法律风险过程管理常态化，并适时出具法律建议书和法律评估报告；事后，实施案件风险分级和授权分级制度，针对案件的标的额大小，将案件分为 ABCD 四个等级，针对不同等级采取分级授权和风险应对措施。

## 第七节 企业法治文化建设

2013年,法律事务部成立后,为增强企业法治文化建设,全面提高法律工作者队伍的专业技能、管理经验和综合能力,满足企业转型发展过程中的法律管理要求,法律事务部开展具有针对性的企业法律顾问考试培训及法律顾问持证人员继续教育培训。同时,为提升项目管理人员的法律意识,法律事务部先后对总经济师后备干部培训班、项目经理后备干部培训班开展了法律培训教育,让法律上讲台、进项目。

2014年,党的十八届四中全会提出全面推进依法治国,为开展企业法律管理工作指明方向。法律事务部深刻学习领会宝冶党委、机关党委组织的学习党的十八届四中全会的会议精神,并把会议精神与实际工作结合起来,更好地做好法律管理工作,狠抓落实,争做依法治企的践行者。切实把法律管理工作和工程建设的实际结合起来,扎实做好法律风险防控,为企业生产经营作贡献。做好项目管理法律风险防控培训工作,增加骨干管理人员法律意识,增进法律风险防控合力。根据公司要求,2014年先后对项目经理、总经济师、总工程师及关键岗位进行了建设工程法律风险防控知识的培训,全年共培训8期,参加人数达320人以上。此外,积极深入沈阳分公司、南京分公司、机动分公司、检修分公司、福欣钢铁项目部、闽南古镇项目部等开展法律风险防控培训。通过培训,增强了骨干管理人员和基层管理人员的法律意识,增强公司法律风险防范整体能力。

2015年,两级法律管理系统认真推进依法治企工作,开展具有针对性的专业知识培训以及"法律顾问进项目""法律顾问上讲台"等实践活动,全面提高法律工作者队伍的专业技能、管理经验和综合能力。与此同时,强化依法治企的理念,通过开展"法制宣传日"系列法律主题实践活动,在全公司范围张贴宣传海报120张,覆盖全体员工,受众人群到2万余人。弘扬宪法精神,营造良好的法治文化氛围,打造"法治宝冶"的企业形象。近年来,先后对法律顾问、项目经理、总经济师、总工程师及关键岗位进行了建设工程法律风险防控知识的培训,培训从招投标、合同签订、经营管理、施工管理、竣工结算、工程款回收等几个阶段进行宣贯,培训近20期,培训达1 020人次。同时,积极深入各外地区域公司、一线项目部等开展法律风险防控培训。此外,定期制作法务简报,法务简报通过案例分析形式,总结案件经验教训,引起广大管理者的共鸣。

2016年,法律事务部组织策划法律风险培训班,培训人员包括各级管理人员,专门邀请国内法务管理专家、业内知名律师进行培训,培训课程主要包括合同法务管理、项目风险防控、建设工程全过程法律风险防控、EPC合同风险防控、承包人如何获得工程价款最大化等方面,管理人员的法制意识得到进一步提升。

2017年,积极推进两级法务人员增强履职能力水平,先后组织两级法务系统5次法治讲堂培训,培训内容涵盖公司法人治理结构、合同法律风险防范及争议解决、《民法通则》与依法治企、合规管理体系及文化、企业诉讼法律实务等,参加培训达250人次,提升管理人员法制意识和解决问题能力。

2018年,法律事务部践行依法治企,致力于以增强各级管理者法治意识为核心的法治文化建设。在教培中心以及人力资源部、办公室等部门的大力支持下,首次承办中冶集团上海地区法律培训班,共设1个主会场、21个视频分会场,共430人次参加培训。此外,举办三次法治讲堂培训会,分别从建设工程法律风险防范、PPP法律风险防范等对两级法务体系人员进行培训。与此同时,将工程全生命周期法律风险防范纳入"三个100"培训课程和新员工入职培训,增加骨干管理者和新员工的法律意识。在各二级单位和各职能部门的大力支持下,首次举办"12·4"普法知识竞赛活动,共有214名管理者参与,其中中层以上领导干部79名。

# 第十二章　行政事务

## 第一节　机构沿革

为顺利完成宝钢工程建设任务，1978年9月29日上海宝钢工程指挥部十九冶分指挥部(简称分指挥部)成立，至1978年底，在8个工程公司集结到位的同时，分指挥部成立了包括经理办公室在内的16个机关处室。其中行政处，负责食堂及后勤服务、员工福利等。1981年6月4日，根据宝钢建设的需要，当时的冶金部决定，成立地区级的第十九冶金建设公司上海分公司(简称分公司)。分指挥部经理办公室及分公司经理办公室主要承担文秘、综合调研、保密、印章、接待等职能。

1986年6月，冶金部决定将第十九冶金建设公司上海分公司成建制改组成宝钢冶金建设公司(最终工商核准名称为上海宝钢冶金建设公司，简称宝冶)，宝冶党政关系隶属宝钢总厂。同年10月31日，宝冶正式落户上海，同月，启用了包括宝冶办公室在内的33枚公章，原分指挥部办公室等31枚公章同时作废。

1987年，综合开发公司成立后，将原由行政处负责管理的公司机关行政事务业务划归机关党委，设立机关事务管理科。业务范围为：负责机关办公用品、办公家具、文具用品、卫生用品、劳保用品、低值易耗品的计划、登记、发放等管理工作；负责防暑降温、防寒取暖工作计划，组织发放等；负责机关职工福利、票证发放等工作；负责机关职工教育、计划生育、卫生等管理工作。同年，档案管理工作统一归口到经理办公室，档案管理科于7月设立；年底，成立机关汽车队，隶属经理办公室。

1988年8月，宝冶经理办公室共设置8科1室，分别为秘书科、调研科、政教科、文书科、档案管理科、新闻科、接待科(含机关车队、招待所)、总务科及信访室。同年，机关党委所属机关事务管理科撤销，其综合管理业务、原划归至综合开发公司的机关行政福利、招待所(含小餐厅)和财务归口到经理办公室。

1989年3月，宝冶成立宣传处。1992年9月，新闻、录像工作又由宣传部划归经理办公室。同年7月，根据宝冶档案管理升级需要，成立档案处。10月12日，宝冶经国家档案局批准为国家一级档案管理企业。

1990年，综合开发公司改名为企业公司，后勤物业继续由企业公司管理。

1992年9月，经理办公室信访工作划归纪监审室。同年10月，企业管理办公室与经理办公室合署办公。

1994年2月，宝冶成立企业文化部，企业文化部与经理办公室(企业管理办公室、档案处)合署办公。经理办公室总务科划归机关工作部。科室包括企管科、秘书科、公关科、档案科、文化科、音像科、宝冶报编辑部、宝冶报新闻部8个科室。机关车辆集中到经理办公室小车队统一管理，机关打字复印集中到经理办公室统一管理。同月，将宝泉宾馆、宝泉贸易公司、经理办公室招待所及小餐厅组建为宝泉公司，挂靠经理办公室，剥离出来的经济实体由机关工作部归口管理，在业务上接受挂靠部室的指导和扶持，在经济上与宝冶有关主管部门签订经营承包合同，实行独立核算、自主经营、自负盈亏。

1996年,企业管理办公室更名为企业管理处,与经理办公室分开,单独设置。

1998年,冶金部委托中冶集团统一管理经营包括宝冶在内的23家企业国有资产,从1998年1月1日起,国有资产整体划转到中冶集团,中冶集团再以实际划入的国有资产作为投资,投入到所划企业。同年5月,宝冶机关机构调整,经理办公室主管文秘、档案、接待、调研。音像、新闻、报社划归宣传部,群众文化划归工会,广告划归经营部。同年11月,宝冶机关实施改革,本着精简、效能统一的原则,档案处撤处为科,办公室共设置秘书科、文书科、接待科与档案科4个科室。

1999年6月,小车队实施改革,在原经理办公室小车队的基础上,成立汽车服务公司。汽车服务公司系宝冶内部自主管理、内部独立核算的单位,采取有偿用车服务。宝冶办公室为汽车服务公司协调管理部门,负责汽车服务公司经理聘任,对其内部分配和对外经营工作进行指导、监督考核。次年10月,本着精兵简政的原则,宝冶总部机构再次改革。为有利于党政领导协同管理,党政办公室合署设置。同时,原科技处资料室、情报室等合并整合到档案科,划归办公室统一管理,档案科职责包括文书、财会、工程技术资料、工程交竣工资料、自筹基建项目竣工验收资料、经济合同、图书情报、标准档案管理。办公室设置秘书科、文书科、公关科及档案科4个科室。

2003年1月,在董事会下设董事会办公室,协助董事会下各委员会对公司重大事项、重要决策事项以及经理层经营绩效的审计、经理层年薪支付、配股、企业重大发展战略调整等。总部机关下设行政事务部/董事会办公室和工会办/监事办在内的13个部门,其中将办公室工作、企业广告、法务工作、总务后勤、会务、接待等职能归并,设立行政事务部,同董事会办公室合署办公,实行一个机构、两块牌子,分别行使其职能,主要包括党政文秘、公关接待、会务管理、档案管理、广告事务、行政信访、法务工作以及董事会日常工作。汽车服务公司作为宝冶费用单位,行政事务部为其协调管理部门。

2004年5月,董事会下设董事会办公室,行使企业战略规划、改制、股权期权策划、机构调整、法定代表人与总经理授权管理以及企业发展重大问题参谋、咨询、融智等职能,为董事会提供服务,协助战略委员会、薪酬委员会、审计委员会开展工作。归并行政事务,将企业管理部的资质管理、综合考评与奖项申报、总部办公区域内公用设施(含泵房、变电所、水塔)、道路、绿化管理以及党务部消防管理中总部办公区域消防管理职能调整至行政事务部;同时行政事务部法务职能调整至计财部。行政事务部职责包括文秘、总务、档案、资质管理及综合考评业务。监事会下设监事会办公室,与工会办合署办公。

2005年5月,行政事务部"总部办公区域物业管理"职能调整为"总部办公区物业管理(水、电供应,科技大楼环境管理、道路、绿化、停车等),组织、协调、检查分(子)公司物业管理"职能。

2007年3月,董事会办公室与行政事务部合并,更名为办公室/董事会秘书处。将原董事会办公室"战略管理、企业改制,企业股权管理,授权管理,股东会、董事会秘书工作筹划"等职能并入办公室/董事会秘书处;将原工会办监事会工作筹划、安排职能并入办公室/董事会秘书处。另外,增加政策研究、董事会文件、机要等文档管理、总部办公区域内公用设施(含泵房、变电所、水塔)管理、公共关系策划与实施、总部办公区域及分(子)公司物业统一委托、协调管理等职能。将原董事会办公室子公司管理职能及原行政事务部综合奖项申报与评比职能并入企业发展管理部。机关车队作为费用单位由办公室代管。办公室/董事会秘书处职责包括：战略管理;企业改制;企业股权管理;授权管理;股东会、董事会秘书工作筹划;党政文秘;资质管理;总务后勤;档案管理;广告事务;机关车队管理;监事会工作安排与筹划。

2008年2月,董事会秘书处更名为董事会秘书室,与办公室合署办公。将董事会秘书室企业改制职责调整至企业发展管理部;将办公室资质管理职责中"工商营业执照申办、年检的组织工作及日常使用管理；分（子）公司（含区域性公司）设立、变更、注销等工商注册登记手续办理”职责调整至企业发展管理部。同年9月，将企业发展管理部法律事务管理职责调整至董事会秘书室。

2009年3月，办公室/董事会秘书室增加法律事务管理，重大事项法律建议，各类合同监督管理等职能。部门职责包括战略管理；企业股权管理；授权管理；股东会、董事会、监事会工作筹划；党政文秘；资质证照使用管理；总务后勤；档案管理；广告事务；机关车队管理；法务事项管理；重大事项法律建议。

2010年5月，办公室/董事会秘书室资质证照使用管理职能调整到企业发展管理部，广告事务职能调整到企业文化部，法律事务管理、重大事项法律建议职能调整到合同预算部。

2011年3月，为规范公司票务管理工作，节约差旅费开支，提升办公效率，宝冶成立票务中心，票务中心业务归口管理部门为办公室/董事会秘书室。票务中心具体负责为因公出差乘坐飞机的员工统一订票、出票和改退签机票，负责整理汇总飞机票务信息报表以及核对确认月度费用明细。

2013年4月，宝冶增设政研室，负责对国家方针政策、宏观经济、行业动态的信息收集和研究，对企业改革、发展、管理领域焦点问题的分析和研究，对公司业务有重大影响事项开展专题调研等工作，政研室与办公室合署办公。办公室/董事会秘书室原“战略管理”职能调整至企业发展管理部。部门名称为：办公室/董事会秘书室/政研室。

2014年3月，原办公室总部后勤中的信访职能调整到党群工作部；原采购中心办公耗材集中采购职能调整到办公室；原办公室总务后勤职能中增加机关食堂管理职能；原董事会秘书室监事会工作筹划职能调整至监察部。办公室/董事会秘书室/政研室部门职责包括：企业股权管理；授权管理；股东会、董事会工作筹划；党政文秘；总务后勤；档案管理；政策研究；机关车队管理；票务管理。

2015年3月，部门增加内幕信息管理、信息披露管理、保密委员会工作、办公固定场所食堂统一监管、单身宿舍（招待所）统一监管等职能。

2016年3月，将办公室办公耗材集中采购管理职能调整到采购中心；将监察部监事会工作职能调整到董事会秘书室/监事会办公室。部门名称为：办公室/董事会秘书室/监事会办公室/政研室。部门职责包括：股东会、董事会、监事会工作；文秘工作；政策研究；档案管理；总务后勤管理。其中总务后勤管理具体包括：公司会务安排；接待工作；飞机票务管理；总部车队管理：公司公务车调配、使用、日常维护、保养。总部办公区域环境管理、物业管理［保洁、保安管理；水、电供应及消耗管理；道路、绿化、停车场管理；办公垃圾（废弃物）分类处置管理、消防管理等］、公用设施（含电梯、泵房、变电所等）统一协调管理；总部大楼办公用房统一协调管理；总部食堂管理；机关员工工作餐管理；办公固定场所食堂统一监控管理；单身宿舍（招待所）统一监管；组织、协调、检查二级单位物业管理。

2018年3月，增设党委办公室，与经理办公室合署办公。主要职责包括：党委文书、秘书工作；党委印章管理等。部门名称为：办公室/党委办公室/董事会秘书室/监事会办公室/政研室。

公司章程与规章制度：现有经历次换版与修订的公司章程、股东会议事规则、董事会议事规则、监事会议事规则。

截至2018年底，在用规章制度包括《董事会议事管理制度》《监事会议事管理制度》《领导办公会议事管理规定》《信息披露管理规定》《内幕信息管理规定》《法定代表人授权管理规定》。

## 第二节　文 秘 工 作

公司成立之初，经理办公室职责包含文秘、印章管理等职能。1988年5月，在经理办公室下独立设置秘书科、文书科。1998年11月,部门名称由经理办公室变为办公室,下设4个科室,包括秘书科、文书科,直至2000年10月党政办公室合署办公。2003年1月,办公室更名为行政事务部/董事会办公室,行政事务部和董事会办公室合署办公,部门职能包含党政文秘。2004年,行政事务部职能包含文秘职责。2007年3月,董事会办公室与行政事务部合并,部门名称更名为办公室/董事会秘书处,部门职责包括党政文秘。2008年2月,董事会秘书处更名为董事会秘书室,与办公室合署办公。2009年3月,办公室/董事会秘书室部门职责包括党政文秘。2014年3月,部门职责调整之后,部门名称变更为办公室/董事会秘书室/政研室,部门职责包括党政文秘。2015年3月,部门增加保密委员会工作职责。2016年3月,部门职责调整之后,部门名称变更为办公室/董事会秘书室/监事会办公室/政研室,部门分设6个科室,其中包括文印中心,职责文秘工作。2018年3月,增设党委办公室,与经理办公室合署办公。主要职责包括:党委文书、秘书工作;党委印章管理;等等。

## 一、保密工作

公司保密委员会最早成立于1980年,并发文要求切实做好保密工作。1983年,调整充实保密委员会批转发文加强保密工作的意见。1988年,再次调整保密委员会,并下发《宝冶文件资料划分密级的规定(试行)》和《上海宝钢冶金建设公司关于加强秘密文件管理工作的通知》。之后分别于2010年、2014年、2016年、2017年、2018年,根据人员变更情况对保密委员会进行了调整。保密委员会主任由公司董事长、党委书记担任,副主任由公司分管保密工作的副总经理担任,组员由各部门负责人组成,保密委员会办公室设在办公室,主任由办公室负责人兼任;公司各单位、部门的负责人对本单位、部室保密工作负主要责任。遵循保密工作"谁主管,谁负责"的原则,形成一级抓一级、层层抓落实的保密工作领导责任体系,人员配置兼职干部,中共党员。

为贯彻落实《中华人民共和国保守国家秘密法》《中华人民共和国保守国家秘密法实施办法》,为进一步做好公司保密工作,防止发生失密、泄密事件,切实维护国家安全及公司利益,加强对保密工作的领导,公司先后印发《上海宝冶集团有限公司保密工作管理办法》,制定了《保密工作管理规定》《保密工作管理制度》《商业秘密管理规定》等制度。公司保密委员会主任与各单位负责人签订保密工作责任书。保密委员会办公室组织各单位以自查的方式对保密工作进行检查。

2016年,公司开始筹备军工涉密业务咨询服务安全保密条件备案证书申请,为此公司加大了对保密人员的培训,有35人取得了保密培训证书;加大落实人防、物防和技防措施,加大保密经费投入,建立涉密场所,配备更新保密设备,新增保密文件柜、文件粉碎机、保险箱,要害部位安装监控系统,增加摄像头、门禁识别系统、入侵报警联动,监控室进行布控操作;加大对涉密计算机、涉密文件、涉密U盘等载体的保密管理,建立涉密载体台账。2018年1月,通过了国家国防科技工业局的现场审核;2018年2月,取得《军工涉密业务咨询服务安全保密条件备案证书》,为参与军工项目的投标奠定了良好的基础。

## 二、公文管理

1987年,公司下发《关于改进公文处理工作提高办事效率的通知》,要求进一步精简公文数量,讲求实效;加强公文的统一把关,提高公文质量;加速公文流转,防止拖延积压。1997年下发《关于印发“宝冶公司行文、办文及办事程序”的规定》，1998 年下发《关于建设公司部（处）室文件管理规定的通知》《关于修改补充建设公司行政部（处）室文件编号规定的通知》《关于修订下发建设公司行政公文主题词表的通知》。2000 年开始执行 1999 年版《国家行政机关公文格式》（GB/T 9704－1999），2003 年下发《公文处理管理规定》，2005 年下发《关于规范和加强公文行文格式及信息化管理的通知》，2013 年根据新颁布的 2012 版国家标准《党政机关公文格式》（GB/T 9704－2012），修订《公文处理管理规定》，使公文处理进一步规范化、标准化。

2010 年 OA 协同办公系统上线，非涉密公文全部通过 OA 系统进行收发文办理，在线登记、发文拟稿、文稿审批、拟办、传阅、编文号、正文套红、校对、发布等办理流程，提高了公文的处理效率。流程归档后电子文档、审批流直接接入档案系统归档。

### 三、印章管理

印章管理是办公室的一项重要工作，日常工作归口文书科（文印中心），负责印章的刻制、启用、废止、备案和销毁工作。为规范印章管理，2007 年 7 月，办公室下发《行政印章管理规定》。2007 年 9 月，对封存冠名“上海宝钢冶金建设公司”269 枚印章作销毁处理。2010 年 7 月，修订《行政印章管理规定》。2015 年 11 月，组织各职能部门召开“印章管理及应急响应专题会”，规范和加强宝冶印章管理，在有效管理的前提下，简化审批流程，既达到简政放权，又确保规避印章使用过程中给公司带来的潜在法律风险。根据会议精神，2015 年 12 月，办公室下发《印章管理规定》，明确管理职责和各类印章的用途；2016 年 1 月，下发《行政印章管理实施细则》，所有印章使用流程必须经相关业务部门审批，“本着有效管理，简政放权”原则，明确了用印内容授权部门负责人审批清单。

2010 年 OA 协同办公系统上线，用印申请线上申请和纸质申请并存，2014 年以后用印申请全部走 OA 流程审批，2017 年开始印章刻制流程全部走 OA 流程审批。

## 第三节　政 策 研 究

宝冶行政政研工作经历了较多的变动。1981 年 6 月 4 日，根据宝钢建设的需要，冶金部决定成立地区级的第十九冶金建设公司上海分公司（简称分公司）。综合调研的工作设置在分公司经理办公室。1988 年 8 月，宝冶经理办公室共设置 8 科 1 室，其中包含调研科。1998 年，冶金部委托中冶集团统一管理经营包括宝冶在内的 23 家企业国有资产。从 1998 年 1 月 1 日起，国有资产整体划转到中冶集团，中冶集团再以实际划入的国有资产作为投资，投入到所划企业。同年 5 月，宝冶机关机构调整，经理调研工作职能依然设置在办公室中。2007 年 3 月，宝冶董事会办公室与行政事务部合并，更名为办公室/董事会秘书处，增加政策研究的职责。2013 年 4 月，宝冶增设政研室，至今保持政研室与办公室合署办公的模式。政研室的主要职责是负责对国家方针政策、宏观经济、行业动态的信息收集和研究；对企业改革、发展、管理领域焦点问题的分析和研究；对公司业务有重大影响事项开展专题调研；对公司领导重大事项决策提供相关工作支持。

## 第四节　档 案 管 理

自 1983 年在当时的十九冶分指挥部科技处成立科技档案室、1987 年在宝冶经理办公室成立档案管理科归口档案管理、1989 年宝冶升级为国家一级档案管理企业至今,35 年间公司档案基础设施几经翻修扩容,装具装备数度更新,文书立卷经历了技术性变革,档案资源收藏数十万计,档案利用水平也随着信息化的引入逐年上升,为企业发展、文化传承提供了有力支撑。

## 一、档案管理概况

1983 年 12 月,根据国务院、冶金部、宝钢工程建设指挥部关于在企业全面整顿中进一步整顿和加强科技档案工作的指示精神,结合当时分指挥部的实际情况及承担宝钢建设的具体任务,分指挥部成立科技档案室,暂设在科技处,负责管理分指挥部科技档案工作,并对分指挥部各单位的科技档案工作进行业务指导。1987 年 7 月,根据国务院、国家档案局、冶金部关于加强企业管理、改善档案工作和企业档案管理升级的要求,宝冶开始对档案工作实行"统一领导、归口管理"的分级管理模式,即公司层面档案工作由公司分管领导负责,经理办公室归口管理,在经理办公室设立档案管理科,负责组织、管理档案工作;二级单位层面,各二级单位按要求确定一名行政领导分工负责,并将档案管理工作统一归口到各单位办公室,确定人员具体负责档案工作。同年 11 月,宝冶以公司总部及各二级单位为管理单位,对文书、科技、会计等各类档案实行集中统一管理。此后,档案机构虽随公司机构改革而数度调整,但档案管理模式和管理职能均未有变化,沿用至今。其中,1989 年 7 月,根据当时宝冶档案管理升级需要,成立档案处。1994 年 2 月,档案处与经理办公室合署办公。1998 年 11 月,宝冶精简机构,撤处为科,在办公室下设档案科。2018 年,宝冶办公室档案科负责公司层面的档案的收集、整理、鉴定、保管、统计、检索、利用与编研工作,管理的档案种类包括文书档案、工程档案、基建档案、会计档案、实物档案、声像档案等;各二级单位负责将本单位所获省部级(含)以上实物奖项及获奖文件、本单位参与建设的鲁班奖及詹天佑奖获奖工程文件移交至宝冶办公室集中保管,同时负责集中管理除移交办公室以外的本单位各类档案;各职能部门、直管项目部负责收集、整理、立卷、归档本单位应归档文件及实物奖项至办公室集中保管。人事档案由人力资源部负责集中统一管理。

截至 2018 年底,宝冶两级专兼职档案管理人员 28 人,其中本科及以上学历 17 人、大专 11 人,具有初、中级专业技术职称 5 人,高级专业技术职称 5 人。宝冶总部拥有 18 间专用档案库房,各二级单位分别设置专用档案库房,档案库房总使用面积 3 208 平方米,室存档案 213 801 卷、84 084 件,图纸 236 408 套,照片 36 754 张,声像档案 1 192 盘,实物档案 5 600 件。自 2001 年起,随着总部展示厅的落成,公司重要的获奖类实物档案的存放方式由封闭收藏型变为开放展示型,陈列在展示厅展示,活用实物档案,使其在公司生产经营和管理活动中发挥应有的作用。

## 二、档案升级

1988 年 11 月,宝冶经冶金部批准为国家二级档案管理企业。1989 年 10 月,宝冶经国家档案局批准为国家一级档案管理企业。

## 三、档案制度建设

1983 年,十九冶分指挥部成立科技档案室后,制定了《上海宝钢十九冶分指挥部科技档案管理制度(讨论稿)》。1985 年,在讨论稿的基础上制定《施工机械技术档案管理试行办法》《施工基地(生产、生活)档案管理办法》及《企业管理档案管理办法(试行)》。落户上海后,1988 年编撰完成《档案工作管理制度汇编》,其中主要的规章制度包括《宝冶公司文书档案管理制度》《宝冶公司科技档案管理制度》《宝冶公司会计档案管理制度》等。从 2003 年经分立改制设立上海宝冶建设有限公司、2010 年公司名称由上海宝冶建设有限公司变更为上海宝冶集团有限公司至今 10 余年间,先后制定及修订、换版了包括文书档案、工程档案、基建档案、会计档案、内部审计档案、人事档案在内的各类档案管理规定以及档案借阅管理实施细则。2018 年,秉承精简高效的原则,对公司现行档案管理规章制度进行了全面梳理与优化,通过修订、废止、合并等方式合理压缩规章制度数量,截止到 2018 年底,宝冶在用档案管理规章制度为《档案管理规定》《文件、实物归档与整理实施细则》《档案借阅管理实施细则》以及用于管理专门档案的《会计档案管理规定》《内部审计档案管理规定》《员工人事档案管理实施细则》。

## 四、档案信息化建设

公司历来重视档案信息化建设。早在 20 世纪 90 年代,档案部门就与公司计算中心联合研发计算机档案管理软件,尝试计算机辅助管理档案。2001 年,根据国家档案局颁布的国家行业标准《归档文件整理规则》(DA/T 22－2000)对文书立卷进行改革,取消文书档案案卷级管理,采用津科档案管理软件,引入文件级管理模式。近 20 年间,根据公司档案整编与利用的实际需要,宝冶数度对在用档案管理软件进行升级与再开发。宝冶使用“档案管理系统”和“档案查询系统”两套管理软件,其中“档案管理系统”用于档案数据的存储以及数据信息的处理,与公司 OA 协同办公系统联动,OA 上电子文件每日定时归档,实现了文档一体化管理。“档案查询系统”通过 OA 协同办公系统主页面接口登录进入,面向公司全体员工开放,数据在“档案管理系统”中同步读取,员工登录后可自助查询非涉密室藏档案信息,实现非涉密室藏档案的信息公开与资源共享。此外,“档案查询系统”除提供常规的各类档案案卷级及文件级档案信息查询外,还结合企业自身特点,设置“高频利用档案”模块,员工在该模块下可快速、精准检索到所有体现企业实力与业绩的室藏档案信息,同时实现跨档案类别一体化查询,方便员工日常的档案查询与利用。

## 五、档案利用及成果

公司档案信息开发利用水平随着信息化的引入不断发展、逐年提高。35 年间,紧密结合企业各项生产经营和管理活动,不断提高档案信息开发水平,为落实党和国家各项政策、企业改制、工程投标、降低项目成本、内外审计、法务诉讼、史志编写、对外宣传等各项工作提供档案利用服务,为企业发展、文化传承提供了有力支撑。

20 世纪 80 年代后期,宝冶利用宝钢引水工程档案,在宁波北仑港灰坝施工中采用缩小断面、降低标高、减少库内淤泥、增加库容的措施,为国家节省投资,增加社会效益 600 万元;宝冶所属工安公司通过查阅原 W－550 成型机档案,自行设计试制了新板型 V25－200 成型机,年产压型板 2 000 吨,节约外汇近 100 万美元;宝冶所属筑炉公司在宝钢二号高炉准备工作中利用一号高炉的档案,制定使用国家耐材喷涂二号高炉的方案,节约外汇 14 万美元。

1988 年 5 月 18 日,宝钢炼铁厂原料堆场 5RC 堆取料机支撑柱被撞坏,宝冶所属检修公司接到抢修任务后,通过查阅该机档案制定抢修方案,提前17个小时完成抢修任务,受到生产厂的高度赞誉。

2018年,宝冶拍摄的纪念改革开放40周年建设项目档案工作专题片《承载历史,熔铸未来——上海宝冶建设项目档案工作纪实》在国家档案局网站展映。同年,宝冶“打造基于用户需求的建筑企业档案利用平台”案例在国家档案局举办的全国企业档案工作管理创新优秀案例评选中获优秀奖。

## 第五节　总务后勤服务

### 一、饮食服务

1979年,行政处在劳资处的协作下,制定炊事人员的奖励办法,充分调动了炊事人员的积极性。炊事员与就餐人员比例由1∶20达到1∶35,伙食质量明显提高。同时,行政处还根据职工家属居住情况采取集中和分散相结合的原则,开办了13个食堂,并不断加强管理,落实经济政策,调动炊事人员积极性,伙食质量有很大改善,饭菜花色品种多,清洁卫生,确保职工吃饱、吃好。

1982年,为办好职工食堂,保证职工吃好吃省,分指挥部多数食堂不断加强管理,提高服务质量,扩大服务项目,食堂越办越好,在原来的基础上增加了送早点、小炒和夜宵,受到职工欢迎。三公司食堂发挥基础好的优势,不断研究职工需求动向,尽量满足群众要求,使食堂成了“职工之家”,被评为上海市先进单位。

1987—1990年,公司大院职工第一餐厅开业,为适合前方施工需要,食堂增设夜班窗口。

1992年,食堂按照早餐大众化、中餐快速化、晚餐多样化的总体要求,推出了午间快餐、晚间小炒等特色服务。次年,公司狠抓职工生活,对各个食堂进行经济承包,变暗补为明补,为每名职工每月增加伙食补贴26元。

2015年,办公固定场所食堂统一监控管理。2017年,食堂进行全面改造;12月25日正式营业,一楼为套餐,二楼为特色面点,可以同时容纳440人用餐。

### 二、通勤管理

1979年,为解决职工通勤困难,一是设业余通勤车,动员司机业余出车(给司机以适当的报酬),早上6时15分接职工上班,下午5时送职工回家;二是为单身职工代购车、船票。

1983年,在厂区将职工分散通勤改为统一管理,集中通勤,节油省车,有利施工,职工通勤由分散变为集中,受到职工的好评。

2007年,为加强员工上下班通勤补贴政策有效落实,规范公务用车使用管理,企业发展管理部负责公司公务用车归口管理工作,以及员工的公务用车费用额度审核,各单位财务部门负责本单位员工上下班的通勤补贴和公务用车的费用审核与报销,同时建立详细的公务用车明细台账,各单位人力资源部门负责核定各单位员工上下班通勤补贴费用额度,以及享受公务用车补贴人员范围的认定。标准:无论住地与上班地点远近,均按出勤天数核定,每出勤一天核定8元。范围:除下列以外的所有在册且在岗的合同制员工:(1)享受公务用车配给制的公司领导;(2)享受公务用车补贴的员工;(3) 乘坐本单位提供的通勤车的员工;(4) 享有住勤补贴的项目部员工;(5) 居住公司提供的集体宿舍与办公区域不超过 1 千米的员工。报销方式：一律不发放现金,按季度交通发票报销。每季度各单位人力资源部门按照各员工的出勤情况,核定季度标准,并在各单位内网上公示,作为各单位财务部门限额报销依据。

## 三、职工住房

1979 年,建设大临设施 94 880 平方米,其中生产设施 64 258 平方米,另外还建成楼房 2 万平方米(不包括宝山友谊路分得的 23 693 平方米),因此,已进沪的单职工大部分住进新砖房。同时,1958 年以前入厂的双职工也住进公房,使整个分指挥部入沪建宝钢的职工都有了一个较好的生活条件。是年,还认真解决十九冶内部渡口与上海两地双职工分居问题。

1981 年,为解决职工住房困难,在宝钢工程处于缓建、资金和原料都非常困难的情况下,仍然抓了职工住房建设和调整、分配,全年共建设 5 万平方米住房,1 114 户职工入住,累计解决 1 817 户住房。1983 年,经过多方努力,又有 206 户在沪双职工和家属住房得到初步解决;同时,家在武汉后方的居住条件也有所改善。

为改善宝山果园生产生活基地和月浦生活区的职工居住条件,1988 年,落实了 5 200 万元建设资金,为两个基地的全面施工,加快进度创造了条件。一号高层有 151 户双职工搬进新居。经过两级单位的努力,为双职工盖了一批过渡房,有 700 余户年轻双职工搬进了过渡房。

1990 年,5 万平方米职工住宅竣工,分房方案经职代会讨论通过,有 930 户双职工搬进新居。果园基地建成,10 个单位 3 900 名职工住进果园单宿新宿舍。次年,3 000 平方米住宅新分配住房 968 户,调整住房 1 592 户,3 768 户住宅安装了防盗门,新分配户安装煤气 936 套。

1993 年,月浦三村三幢高层交付使用,新分住房 368 套,流动调整双职工住房 1 156 户。1995 年,3 万平方米职工住宅已经圆满分配完毕,新住宅楼及新的办工区域已开工建设,职工医院门诊大楼建成投入使用,医院服务质量明显提高。

1996—1997 年,完善公司住房制度、医疗保险制度和社会养老保险制度,实现与上海市接轨运作。是年,《宝冶公司一九九七年分调房方案》中可供分配的住宅公房有 625 套。其中,三室一厅房型有 198 套(包括粮食局承建的二室一厅),二室一厅房型有 408 套,二室房型有 12 套(即粮食局一室一厅),一室一厅房型 7 套。自 1997 年最后一次实施住宅分配政策后,根据国家住房新政规定,宝冶停止实施福利分房政策。

## 四、职工、妇幼保健

1979 年,为方便职工看病、治病,分指挥部改建了职工医院,设立住院部,并为全体职工进行一次体检。

1981 年,分指挥部还组织 900 多名女职工、600 名入托幼儿、400 名炊事员健康检查和 120 名粉尘作业人员从业前体检,开展了 16 次卫生大检查。

1983 年,着手对职工进行体检普查,进行各种体检 4 300 人次。其中职业病普查 1 000 余次,受检率达 95%;从事重体力操作的工人 170 人受检。对少数尘毒危害较严重的作业区进行卫生监测,全年组织近千名职工休养、疗养。

1987年，对职工普遍进行肺部疾病的透视拍片检查，对职工职业病防治进行了登记建档。1991年，建筑面积为9 650平方米的新职工医院落成，拥有181张床位，改善了职工就医和住院条件。是年12月起，工会对住院职工、家属每人每天免费供应一瓶鲜牛奶。对高温、高空作业的职工1 436人进行体检，对已婚女职工2 580人进行妇科检查。

1993年，医疗卫生系统进一步端正医德医风，改进服务态度，医疗质量和服务质量进一步提高。接待门诊病人达25万余人次。次年，共接待门急诊病人26万余次，出院总人数1 700余人次，治疗有效率达96.84%，医疗事故为零。

## 五、职工子女教育

1979年，为解决来沪职工子女上学问题，经多方联系，有1 120名学生在宝山地区的学校上学。同期，分指挥部还克服困难，抽调人力、物力办了几个小学班，解决80名学生入学问题。

1981年，解决职工子女入托、上学和就业问题，增盖幼儿园楼房960平方米，解决了一部分幼儿的午餐问题。为方便子女上学，还建设了月浦分校865平方米校舍，小孩上学问题基本解决。次年，安排1 000多名中小学生就读，帮助解决月浦地区30多名小学生吃午饭难的问题。

1987年，宝冶关心职工后代成长，翻修了中心托儿所房屋，为中心幼儿园修建儿童游泳池；幼儿园、托儿所增设早晚值班。

1992年，建筑面积达1 200平方米的月浦十村新幼儿园建成开放。

## 六、其他

1979年，行政处组织专门人员为双职工买煤送煤、设煤球供销点，有效减轻了职工负担。1981年，采取各种便民措施，减轻职工生活负担，行政处送煤小组全年为18个供应点2 400多户职工送煤360万斤。

1982年，分指挥部对职工的衣食住行、文化学习、医疗卫生、退休疗养、文娱体育等作了统筹考虑和安排，并下发了食堂、幼办、浴室、理发、锅炉、招待所、总机室7项管理办法。

1986年，为落实邮电部和市电话局关于所有企事业单位不得在厂外、机关大院外布设通信线路的要求，进一步加强通信电话管理，公司本着既节约开支，又方便工作的精神，将原800门总机一分为二，在机关大院和总厂五号门现场办公楼各设400门，大院和现场总机之间，租用电话局的联络线连通；现场总机与宝钢总厂4 500门自动电话总机连通，使之形成通信电话网络。

1987年，对公司大院澡堂再次改造，理发延长服务时间。

1992年，为适应施工生产需要，试行了食堂、锅炉房、澡堂倒班。新建开放了月浦游泳池和果园单职工的活动中心，为职工提供了良好的文化和娱乐场所。次年，公司为职工增加了生活补贴，提高了职工施工津贴。

2017年，关心关注广大职工切身利益，从职工身边点点滴滴的小事入手，开展篮球场改造、职工之家建设、放心食堂检查推进、夏季高温慰问、营造暖心氛围。全面推进标准化“职工之家”与“职工小家”建设，特别是驻外甚至海外项目的“职工小家”建设，从活动室、阅览室、宿舍、食堂等各方面统一标准，规范管理，传承宝冶文化，打造宝冶特色，让驻外员工真真切切地体会到“宝冶·家”的温暖，增强企业归属感。

# 第八篇

## 科技创新

20世纪50年代，公司在没有外部技术的支持下，建设完成攀钢工程。基于攀钢建设所积累的经验，完成国家第一套冶金进口工程——武钢“一米七”热轧工程的建设，形成独有的施工技术。1978年后，公司参加宝钢系列工程建设，科技发展整体迈上新的台阶。1998年，以承建厦门国际会展中心项目为标志，公司进入大型公共建筑领域，开启转型发展的里程碑。凭借强大的技术储备、持续的创新能力和明显的竞争优势，先后建设了南京奥体中心、国家体育场(鸟巢)钢结构、珠海十字门中央商务区等、APEC北京峰会雁栖湖主会场等令人瞩目的地标性工程。

在技术创新上，公司始终坚持以科技创新为先导，以技术进步推动企业发展，于20世纪90年代逐步建立形成建筑施工与软土地基处理、钢结构制作安装及焊接等企业八大技术系列。经过不断创新发展，至2018年，公司形成土木建筑、岩土工程、市政工程、钢结构工程、冶金工程、安装工程、工程设计、工程测量与检测、信息技术与信息化、能源和环境工程新的十大技术系列。

公司先后建立了国家认可试验室、国家钢结构工程技术研究中心中试基地，经国家人力资源与社会保障局批准设立博士后科研工作站。公司先后获批成为上海市企业技术中心、国家企业技术中心、国家高新技术企业、国家住建部首批装配式建筑产业基地。公司先后获评国家知识产权优势企业、上海市专利工作示范企业、国家知识产权示范企业等称号，多次获全国建筑业科技进步与技术创新先进企业称号。截至2018年底，宝冶获国家科技进步特等奖1项，二等奖5项，承担并完成国家级资助科研项目12项，获省部级及行业协会科学技术奖241项。主编、参编包括《钢结构设计规范》《块体基础大体积混凝土施工规范》在内的国家、行业标准82项，拥有部级工法203项，国家工法28项，企业工法442项，发布企业规程126部。累计有效专利1 655项，其中发明专利227项，PCT专利1项，登记软件著作权96项。

# 第一章　系统建设

## 第一节　机构沿革

1978年下半年，技术处随十九冶分指挥部从武钢“一米七”热轧工程转战上海宝钢，次年1月，更名为上海宝钢工程指挥部十九冶分指挥部科学技术处，全面负责管理承建宝钢建设工程施工技术管理工作。

1989年12月20日，撤销科学技术处，成立技术处。技术处除负责在建工程施工技术管理、工程检测及试验、技术研发、设计及施工文件资料管理等业务外，还负责技术系统建设的日常工作。

1992年4月6日，为加快向技术管理装备密集、科技先导型企业发展，加强对科技发展工作的领导，成立科技发展领导小组，具体办事机构设在技术处。

1994年1月31日，技术处更名为科学技术发展部。科技发展部、计量处、科学技术协会（简称科协）和科学技术设计研究所（简称科研所）合署办公。

1998年5月25日，恢复科技处，并设投资项目论证办公室，负责技术标准、科研、情报、推广先进技术、汇总编制技术开发计划，计量和检化验管理等。

2000年10月27日，为强化管理推进和资源共享，加强企业战略规划、科技发展规划、管理规范和创新工作，取消科技处，将科技开发等职能归并到企业管理处，成立科技开发推进科。科室职能为中长期科技规划的编制与管理，科技规划的制定与实施，企业内部知识产权申报，科技开发的组织与管理，科技成果的验收、鉴定管理，科技情报管理，参与产业结构调整及发展规划的编制，新技术推广及管理。科协职能划至群众工作部。

2002年5月18日，成立技术中心，由公司总工程师直接领导，作为企业技术委员会的组织办事机构，承担企业技术创新、技术基础管理两大主要职能，科协职能从群众工作部划回。

2003年2月27日，技术中心的职能进一步调整，将科技管理、标准化工作、科协工作及技术委员会办公室职能合并，突出以技术进步为抓手，做好ISO9000族标准、ISO14000标准、职业安全健康管理体系标准的推标工作。技术中心主要职能为：中长期科技规划的编制与管理，知识产权申报，科技开发，科技成果验收、鉴定管理，科技情报管理，新技术推广，科协工作，标准化管理及推标工作，专家室日常管理工作。

2004年5月9日，技术中心增加钢结构产业管理职能，其贯标职能划至企业管理部。主要职责为：科技开发与推进，标准体系管理，专家管理，科协管理，试验检测中心管理，钢构管理。

2005年2月23日，技术中心钢构管理职能划至工程管理部，其他职能不变。

2007年3月3日，技术中心增加企业技术中心建设、专家管理（总工程师室），专家队伍建设，组织安排公司专家对重要项目、紧急项目、拖期项目、异常项目指导与巡视工作、项目问题分析与对策等职能。

2012年5月23日，技术中心增加公司自有监视和测量设备的控制管理职能。

2014年3月25日，技术中心将企业技术中心建设职能调整为科技创新平台建设与维护，科技统计报表的归口管理；将四新技术推广应用职能调整为建筑新技术应用示范工程管理。

2015年3月27日，技术中心部门职能进一步调整为：科技创新平台管理，技术开发管理，科技成果管理，技术标准管理，技术专家管理。

2018年3月27日，为提升公司科技创新能力，新增设工程技术研究院，主要承担公司前沿技术、重大技术的研发，技术应用转化，EPC技术推广、商业模式以及相关政策的研究。

## 第二节　体系建设

公司在发展过程中高度重视科技的引领作用，始终把科技工作放在独立的部门管理。自1979年起，建立起指挥部、工程公司(厂)、施工队(车间)三级科技管理体系，实行科技业务的统一领导和分级管理，并一直延续三级科技管理体系。至2018年，科技三级管理体系由集团公司、分(子)公司、项目部组成，形成了技术委员会为支撑、技术专家为后盾、工程技术研究院(技术中心)牵头，两级单位全面参与具体实施的创新模式。

1979年初，科技处成立中心试验室，为工程原材料、半成品提供检化验服务。1993年，成立试验检测中心，下设中心试验室、机械液压试验室、电气及自动化仪表实验室三个实验室。是年，试验检测中心通过国家认证认可监督管理委员会资质认定。1994年，成立计量中心，负责量值传递、计量检测技术管理；恢复原已建立的衡器、长度(测量)等量传系统。2008年11月，校准实验室获中国合格评定国家认可委员会实验室认可，截至2018年底，校准试验室完成公司内部和外部仪器校准工作量约10万台件。

为加强科技干部队伍建设，发挥专业科技人员的作用，1980年4月，成立技术委员会，并以此为起点不断完善专业技术体系、充实各专业机构人员，为公司重大技术决策提供强有力支撑。1989年3月，成立科协，为广大科技人员提供了技术交流的平台。

为加强企业科技管理，提升技术研发能力、技术应用能力以及科技人员队伍建设，公司适时调整和完善科技支持体系，试验检测机构、技术委员会、科协的成立，最大限度地发挥了科技在推动企业技术进步过程中的作用。

## 第三节　制度建设

1979年1月，分指挥部制定“三级技术责任制”，实行技术业务的统一领导和分级管理，制定《施工(生产)技术发明、技术改进及合理化建议处理实施细则》。同时，为进一步加强测量管理工作，促进宝钢建设顺利进行，颁发《关于加强测量管理工作办法》。

1980年7月至1992年7月，先后制定《引进专利资料暂行管理条例》《十九冶分指挥部科学技术保密暂行实施细则》《上海宝钢冶金建设公司能源计量管理制度》《技术标准管理办法(试行)》《宝冶技术工作考核评审暂行办法》《科研工作管理办法》《试验管理办法》《施工技术管理期刊出版工作管理办法》《标准化工作导则企业标准的编写规定》《标准化导则企业标准计划编制与制订程序》《标准化工作导则企业标准的印刷规定》《企业标准总体系表》《宝冶技术进步奖励基金管理办法》《宝冶工法制度管理办法》等管理制度。

1994年10月，为进一步加强企业技术工作和系统管理工作，科技发展部将技术工作管理制度(文件)汇编成册，共包含《科技工作体系简图和科技管理工作分工及流程简图》《宝冶技术开发工作管理办法》《技术标准编写、发布和实施的规定》《宝冶科技成果管理办法》《宝冶技术进步奖励实施细则》《宝冶青年科技人员成才奖管理办法》等18项制度文件。

1997年11月，分别制定《宝冶施工新技术应用示范工程管理办法》《宝冶公司技术秘密管理规定》《技术标准管理规定》等文件。

2000年1—4月，为加速企业科学技术的发展，对技术开发工作以及技术开发项目所需发生的各种费用进行控制和管理，制定《宝冶技术开发工作及其费用管理规定》。

2009—2012年，根据管理体系文件改版要求，对技术管理文件重新梳理，制定《知识产权管理规定》《技术开发管理规定》《技术标准、工法管理规定》《技术总结论文管理规定》《博士后工作站管理规定》《建筑新技术应用示范工程管理规定》等文件。

2018年，为落实集团化管控思想，推进公司管理标准化，规范企业技术研发活动、科技成果管理、新技术推广应用管理，在对原有技术管理文件修编完成的基础上，形成《科技创新管理手册》。

## 第四节　科 技 规 划

科技规划是宝冶开展科技工作的纲领性文件，是描绘科技发展的蓝图。宝冶历来重视科技规划的编制和实施，根据专业技术发展形势，结合自身专业技术的实际情况进行策划，按年度或3—5年的时间段建立发展目标，推动专业技术发展。

1978年以来，在科研工作上，分指挥部主要根据冶金部和宝钢工程指挥部下达的技术研发项目计划，并结合工程实际制定年度技术研发计划，明确专业单位、项目负责人、经费、完成时间等。随着国家中长期发展要求，在冶金部和宝钢工程指挥部的领导下，宝冶在国家“七五”期间开始编制3—5年的科技规划，先后编制宝冶“七五”（1986—1990年）科技规划、“八五”（1991—1995年）科技规划、“九五”（1996—2000年）科技规划，宝冶分立改制后，先后编制宝冶“三五”（2010—2015年）科技规划、宝冶“四五”（2016—2020年）科技规划，这些规划在宝冶技术发展的每一个时期均起到引领指导作用。

宝冶进沪后，通过宝钢一期工程的建设和企业整顿，建立了比较完整的技术管理、施工管理和经济管理的体系与制度。为赶上国内外先进建筑安装综合技术，适应冶金工程建设需要，公司在“七五”科技规划中提出进行科研和技术开发，解决宝钢一期工程实践中技术和装备方面的局限性。适应宝钢二期工程热轧厂的建设需要，使冶金建筑安装施工技术达到全面配套的水平。

经过“七五”科技规划的实施，公司的技术管理、科研管理制度建设趋于完善、规范，在专业技术上基本形成多专业配套发展的理念。1986—1990年，公司完成科技进步项目1 700项，获冶金部科技进步奖14项，技术进步率达到3.5%，获全国技术进步先进单位。在“八五”科技规划中，公司提出坚持把企业发展转到主要依靠科技进步和提高劳动者素质上来，加快实现企业由劳动密集型向技术管理装备密集型、科技先导型企业转变。坚持“人无我有、人有我精，人精我专”的思想，形成具有宝冶特色的八大技术系列：电子及自动控制应用技术；机械、设备检测、安装、维修技术；冶金炉窑耐材加工砌筑技术；建筑施工与软土地基处理技术；钢结构制作安装及焊接技术；新型建筑材料生产及应用；专用工器具及备品备件设计、制造技术；三废综合利用技术。科技兴企思想得到进一步提升，总体技术水平接近或达到世界发达国家20世纪80年代末技术水平。

1996年，公司编制“九五”科技规划，在这次规划中不仅提出新时期技术系列发展要求，同时为全面提升企业创新能力，提出培育十大技术序列核心技术，建设十大技术研发研究室，搭建完善的专业研发平台。十大技术序列为地基基础工程技术系列；建材、建筑装潢、装饰工程技术系列；高层钢结构、轻钢结构技术系列;液压、气动技术系列;电气自动控制技术系列;炉窑技术系列;压力容器制作、安装技术系列;焊接技术系列;施工生产机械设备、工机具修造技术系列;江海围堤筑坝施工技术系列。

宝冶分立改制后,从2003—2015年期间经历了宝冶“二五”和“三五”发展时期。随着公司在冶金和大型民用领域的市场突破,产业格局随市场的导向不断进行调整,专业技术和专业产品板块有了一定的结合,增加了监测与检测专业技术,在十大技术系列的基础上形成符合当时技术发展的十一大技术系列。2010年,随着产业设计能力的增强,在原有技术系列的基础上增加设计咨询专业。在2010—2015年期间,形成了十二大专业技术系列的发展格局,专业技术发展之路走得十分坚实。

宝冶“四五”规划期间,随着集团化经营思想的深入,产业板块和专业产品的思想更加明晰,对科技创新的要求更高。规划对创新体系提出“专业基础牢固,集成能力突出,创新创业活跃”的建设思想。“四五”规划期间为更好地应对市场变化,体现宝冶的产业与专业优势,对原有的专业系列进行调整,使产业和专业结合更加紧密,形成新的十大技术系列:土木建筑、岩土工程、市政工程、钢结构工程、冶金工程、安装工程、工程设计、工程测量与检测、信息技术与信息化、能源和环境工程。

# 第二章　科技创新平台管理

科技创新平台是企业开展科技创新活动的基础条件，是体现企业创新能力高低重要标志。宝冶十分重视科技创新平台的建设，在国家、行业、地方的大力支持下，以专业技术为核心的各类研究平台不断形成，大大规范了宝冶研发工作的开展，研发效果也得到较大提升。

## 第一节　创新平台的建设维护

1989 年，宝冶建立建筑科学技术研究所，主要开展以土建技术为主的包括原材料、半成品，施工工艺检测等试验研究；同时也完成冶金部下达的各项实验研究工作，为工程建设施工技术的实施起到重要作用。1993 年，在建筑科学技术研究所中心试验室的基础上增加机械液压、电气自动化仪表检测，成立试验检测中心，并在同年通过实验室计量认证工作。该中心为宝钢工程在土建结构、机械电气设备安装做了大量的试验检测工作，为确保工程质量奠定了坚实基础。因此，在宝冶"九五"科技规划中，根据专业的需求，明确以试验检测技术平台为基础，建立完整的实验研究室，以整体推动各专业的研发工作。

规划在研发平台建设上提出：建设一个检测试验中心（包括土木建筑、液压元件、电气调整三大部分），十个专业试验研究室。

液压研究室以液压传动与控制系统的设计、安装、调试为目的，开发各类液压工机具产品，形成液压系统设计、安装、调试和油缸制作、维修产业。

气动元件研究室建立门类齐全、测试精度高的气动元件试验室，形成气动元件检测、维修与气动系统设计、安装调试一条龙的产业。

自动控制试验室应用高新技术、高起点建成具有一定规模、集测试、培训、调试为一体的处于同行业先进水平的试验室。

压力容器研究室配备先进的装备，完善测试项目，应用国内外先进技术，实现同行业较高水平。

地基基础工程试验、研究室完善各类地基处理、桩基的检测技术及综合全面的地下工程监测技术，形成地下构筑物施工的技术中心。

耐材试验室善耐材试验室技术装备、测试技术，研究适应市场的新技术、新产品。

焊接研究室研究焊接性试验，工艺评定特殊工程的焊接施工方案，以及包括有色金属在内的特种焊接技术。

工业阀门试验室建立具备先进的软硬件，技术上处于同行业先进水平的工业阀门测试试验室，同时把检测和修复相结合，不断开发和应用新的测试和修复技术。

施工生产机具研究室走引进消化吸收和创新的发展道路，加大开发力度，优化开发项目，形成适销对路的专利产品，满足企业和市场需要。

施工生产机械设备故障诊断试验室开展以不解体故障诊断为中心的机械设备故障诊断技术的开发和运用。

研发平台的建设，为宝冶各专业产业的快速发展创造了条件。

## 第二节　创新平台的提升发展

2000年以来,国家对企业创新平台建设提出更高的要求,倡导企业是创新的主体。2007年,宝冶申报上海市企业技术中心获得成功,成为省部级技术创新平台。同时,中冶为提升创新能力,成立中冶工程技术中心;宝冶作为中冶骨干子企业,成为中冶结构及设备安装工程检测与监测工程技术中心、中冶液压系统集成工程技术中心、中冶钢结构制造与安装工程技术中心三个中心,承担着中冶集团相应专业重点研发项目工作。

2017年,是宝冶科技创新平台建设的高峰年,国家装配式建筑产业基地、国家高新技术企业、国家企业技术中心三个国家级技术创新平台申报成功(被称为"三箭齐发"),大大提升宝冶技术创新能力。同年,中冶集团成立建设装配式建筑技术研究院,并依托宝冶成立中冶装配式建筑(上海)技术研究院。

2018年,中冶集团为响应国家提出的"一带一路"倡议,走出国门,进入国际冶金技术市场,加强冶金国家队建设的号召,中冶集团在国家标准委员会的指导下,组建国家技术标准创新基地(冶金工程国际标准化)标准研究院。宝冶凭借高炉建造优势,建立中冶集团标准研究院第一批国家技术标准创新基地(冶金工程国际标准化)高炉工程建造标准研究院。

## 第三节　宝冶博士后科研工作站

2010年8月30日,为培养和应用高技术人才,打造人才高地,宝冶与同济、上海交大等高校合作。经人力资源和社会保障部、全国博士后管理委员会批准设立博士后科研工作站。为规范办好工作站,宝冶制定《博士后工作站管理规定》,对进入本工作站的博士后均与宝冶签订博士后工作站研究人员工作协议以及博士后工作站科研项目任务计划书,确保博士后在站研究工作有序开展。截至2018年底,公司共招收4名博士后人员进站工作,其中3名博士后完成在站研究课题,均以考评优秀的成绩顺利出站;1名博士在站开展研究工作。

**表8-2-1　博士后培养进出站培养情况**

| 姓　名 | 进站时间 | 出站时间 | 在站课题 | 出站考评结果 |
|---|---|---|---|---|
| 王仁华 | 2011年12月 | 2014年8月 | 《空间弯扭构件的几何成型与力学分析》 | 优秀 |
| 郭小康 | 2012年4月 | 2014年7月 | 《屈曲约束支撑在芯筒—刚臂结构中的应用技术》 | 优秀 |
| 刘　阳 | 2014年12月 | 2017年6月 | 《新型准零刚度竖向隔震系统模型及组合隔震支座性能研究》 | 优秀 |
| 袁智杰 | 2018年1月 | 预计出站时间<br>2019年12月 | 《基于BIM-5D的工程项目成本预测系统》 | 在站 |

# 第三章　技术研发管理

在科技创新进程中，宝冶在技术上始终坚持开展"推先""双革""技术攻关""科技创新"等活动，持续推动技术进步。各个时期技术的研发工作始终以技术系列的核心技术培育而展开，以重大工程为载体，依托宝冶建立的各类创新平台开展研发工作。

## 第一节　研发管理模式

经过多年的探索，宝冶逐步规范技术研发工作，形成"集中立项、分层实施、统一评估"独特的研发模式。所谓集中立项是由宝冶技术委员会进行审核，根据项目技术内涵的先进性、实用性和经济性确定立项与否，通过审核的研发项目由各二级单位专业研发团队分别组织实施，项目完成后，由技术委员会统一进行验收评价。

在研发投入的管理上，从1995年开始，国家税务总局联合科技部等部委出台了企业科技创新投入激励政策，加计扣除政策，激活了企业创新投入热情。宝冶根据国家政策和企业实际，制定了二级单位参与的计提政策，从根本上解决了靠冶金部、宝钢工程指挥部等上级部门科研补贴的局面，公司科技创新工作从此进入良性循环。公司每年根据收入情况，获得适当的科技经费，按设定的目标和投入水平落实到重点科研项目，使得各专业核心技术持续发展。

在研发管理上，公司建立了规范研发过程的管理制度。从研发项目的调研立项、过程实施、验收等环节均作了完整规定，并要求形成统一格式的文件资料。规定研发过程管理为科技成果的形成创造了条件，也为公司研发享受国家加计扣除优惠科技政策打下基础。

## 第二节　研发管理成效

1978—2018年，公司完成技术研发项目约2 000余项，使宝冶领先于行业的技术水平，形成一系列成套的工艺技术服务于公司产业。主要体现在：

### 一、模块化施工

**【高炉施工技术】**

大型高炉施工技术是宝冶特有的强项和杰出的品牌。近20年内，宝冶施工高炉43座，其中14座是4 000立方米以上的特大型高炉。公司主编了国家标准《炼铁机械设备安装规范》和《炼铁机械设备工程施工验收规范》等；拥有100余项专利工法；形成以高炉基础施工技术、高炉炉壳制造与安装技术、厚板焊接技术、高炉冷却设备安装技术、高炉耐火材料安装砌筑技术等为代表的专业技术；多次获国家科技进步特等奖、冶金科学技术奖和上海市科技进步奖等。公司研发的高炉模块化施工技术打破了国外的技术壁垒和垄断，首次解决了大型高炉炉顶系统整体模块施工的技术难题。公司拥有包括大块体混凝土基础切割置换移位、炉体模块化拆装工艺和重型模块组合气垫运输等在内的 22 项专利，总体技术水平达到国际领先。用于大吨位部件组装和运输装置等 5 项专利获上海市发明创造专利奖；基于模块化的特大型高炉炉体建造与修复新技术获 2013 年上海市发明奖。

在高炉施工中，公司仅用 10 天时间完成 2 500 吨炉顶系统整体拆装，属于全球首创；仅用 4 天将重达 6 480 吨的巨型模块从复杂的炉底环境中成功拆除，安全运抵指定区域；并凭借完美的工程组织能力，辅以施工全过程监测控制等手段，确保大修过程安全、环保，屡屡刷新工期纪录。

**【炼钢施工技术】**

20 世纪 80 年代初，宝冶在日本专家标准指导下建设了国内第一个 300 吨转炉炼钢厂——宝钢一炼钢工程。此后，公司陆续承建了宝钢二炼钢、三连铸、联众不锈钢、安阳炼钢、台塑福欣钢厂连铸炼钢等 14 个大型炼钢工程项目。2011 年，宝冶承建台塑福欣炼钢项目，实现了超短工期，赢得台塑集团的信任和赞许。2013 年，继续承接台塑在越南投资的河静炼钢工程，公司在施工过程中应用 BIM 技术，通过专业综合协调及时发现图纸问题 310 余处，管道碰撞 780 余处，避免钢结构损失 510 吨；自行研发了移动式管道预制工作站，并依托管道数字化预制工厂，大幅度减少现场工作量，提高焊缝质量，全场 2 吋以上工艺管道预制率 96%，现场焊接减少 55%，现场涂装减少 80%；公司还开发了钢结构构件跟踪系统，解决钢结构“海量”成品的物流管理问题，创新应用新技术取得良好成效。

**【轧钢施工技术】**

大型轧钢施工是见证宝冶创新发展历史的重要轨迹。从中国第一个引进国外技术的大型现代化轧钢生产线武钢“一米七”热轧工程开始，公司陆续承建了宝钢 2 050 毫米热轧、5 米宽厚板、1 550 毫米冷轧和硅钢工程、武钢 2 250 毫米热轧、首秦 4 300 毫米宽厚板等重大项目，以及首钢、湘钢、邯钢等 26 个大型轧钢工程项目。

图 8-3-1　宝钢 5 米宽厚板轧机

在施工过程中，公司形成了以大体积混凝土设备基础、软土地基深基坑施工、大型轧钢设备安装调试等为代表的专业技术。发明专利“一种采用旋转平衡法吊装特大型设备的工艺方法”获 2016 年中国专利奖。随着各大钢厂技改升级的需求增多，公司承担了宝钢、湘钢、太钢等多个轧线快速改造项目，公司自主创新了轧钢生产线的在役快速改造技术，运用轧机设备及配管模块化拆除、离线组装、整体安装技术，大幅度缩短停产改造时间。其中，太原钢厂 1 549 毫米热轧技改工程，公司仅用 23 天就圆满完成板坯、粗轧、精轧、层冷、卷曲、运输链及外围相应配套系统的全线改造，成为轧钢生产线快速在线升级改造的经典成功案例。

## 二、钢结构制造安装技术

钢结构制造安装技术是宝冶的“拳头产品”。公司拥有一支高水平的钢结构设计、制造、安装技术队伍，20 万平方米、年产 40 万吨钢结构的制造基地，在国内率先采用液压同步工艺、模块化组拼装、整体卸载、全工况应力监测等技术，解决大型空间钢结构施工中体系稳定性的难题。国家钢结构工程技术研究中心的中试基地设在宝冶，组织了以国家体育场（鸟巢）钢结构工程、南京奥林匹克体育中心工程为代表的大跨度空间结构施工技术研究；以北京五棵松体育馆、郑州会展中心钢结构工程为代表的空间结构滑移技术研究。宝冶与同济大学合作建立了国内最大的钢结构节点试验室，可适用于任意空间相关节点或球形节点的多向加载，试验载荷可达 3 000 多吨，解决钢结构复杂节点的设计、制造难题，提升钢结构工程技术的研究能力。

公司完成多项国家资助的科研项目，参编国家标准《钢结构焊接规范》《钢结构工程施工质量验收规范》《钢结构设计规范》等，形成以钢结构复杂节点设计、大型复杂弯扭构件冷成型技术、大跨度空间钢结构施工技术、铸钢节点设计施工技术等为代表的专业优势技术。宝冶与清华大学、东南大学等单位合作的《现代钢结构稳定性关键技术研究及应用》《大跨度预应力钢结构施工技术研究与应用》于 2009、2010 年度连续两次获国家科技进步奖。这些成果不仅为中国钢结构工程技术的进步做出了贡献，而且体现了宝冶在行业技术发展中的引领示范作用。

## 三、大型公建施工

随着国家经济实力不断增强，各类国内外商贸、技术交流展示活动日趋频繁，各地建设的大型会展中心成了促进当地经济发展的重要平台。宝冶 1998 年承建的厦门国际会展中心工程是中国第一个现代化的国际会议展览中心。随后的 20 年里，公司先后承建了苏州博览中心、长沙会展中心、上海新国际博览中心、南京国际会议中心、镇江体育会展中心、北京雁栖湖国际会展中心、珠海十字门国际展览中心等大型会展中心，这些会展中心的建设为促进国家经济的发展创造了有利的基础条件。相继建设了 2005 年第十届全运会、2008 年北京奥运会、2010 年上海世博会、2010 年广州亚运会、2011 年深圳大运会、2022 年北京冬奥会等场馆工程后，宝冶已成为国内屈指可数的场馆建设最具影响力、技术实力的建筑总承包企业。在树立公共建筑品牌技术的积累上，坚持走开放的合作创新之路，结合工程实践，与各高校紧密合作，不断提升在这一领域新技术的应用水平，所形成的核心技术中包含多项国家和省部级科技进步奖，国家专利也多达百项。宝冶依托场馆建设的核心品牌技术，向超高层建筑、大型城市综合体建筑领域不断拓展，打造具有国际竞争力的专业团队，为现代化的创新之城建造了更多的新地标。

**【国家体育场（鸟巢）】**

2006—2008 年间，宝冶参建的国家体育场（鸟巢），被称为世界顶级的建筑产品，采用自主创新的环保、节能和新能源施工措施，集成了国内外最先进的建筑技术和工艺成果，特别是在钢结构施工中采用了最新技术、最新材料、最新工艺。公司在施工中成功应用巨型钢桁架吊装技术、高强度低合金建筑用钢焊接技术、分区分级等比例液压同步卸载技术等一系列先进的钢结构施工技术。如对卸载的难题，公司采用机器人液压同步控制系统来进行；针对“鸟巢”施工的支撑塔架设置和拆除量大、难度大的课题，自行研发了“新型多功能可拆卸钢结构施工胎架”并获得国家专利。“‘鸟巢’工程建设技术创新与应用”获 2012 年国家科技进步二等奖；国家体育场钢结构（安装）获 2007 年中国建筑钢结构金奖（国家优质工程）；国家体育场工程获 2008 年中国建筑工程鲁班奖。美国《商业周刊》称“鸟巢”为现代十大建筑奇迹之首。

**【上海世博会主题馆】**

2008—2010年间，宝冶施工的上海世博主题馆是世博会有史以来室内展览面积最大、展示内容最丰富的场馆，在建设中针对特殊条件下多跨度、连续大跨度管桁架施工钢结构安装难度大，达100多米大跨度张弦桁架张拉复杂工艺等难题，宝冶采用了先进的大跨度管桁架同步滑移技术、大跨度折线滑动双索张弦桁架施工与检测技术等新技术。创造了世博主题馆施工单月安装钢结构8 050吨的最高纪录，世博主题馆东区大面积屋面钢结构整体高空滑移创国内首屈一指的180米新纪录，创造了比计划工期提前整整20天的施工纪录。公司研发的世博主题馆空间结构安装新技术在第二十三届上海市优秀发明选拔赛中获金奖，并取得国家专利。

**【深圳大运中心主体育馆】**

现代建筑对施工低碳、环保要求越来越高。继奥运、世博、亚运会后，宝冶总承包的深圳大运中心主体育馆工程低碳环保内容多、要求高。对此，公司根据项目建设难点和重点，大力推广绿色施工技术，设立6大项重点技术攻关和创新项目，采用建筑节能和环保应用新技术30多项。

公司在深圳大运主体育馆施工中绿色环保施工形成规模化、系列化。采用绿色环保清水混凝土施工技术，首次将数万平方米现浇清水混凝土大规模、大面积在体育馆场内和场外使用；主体育馆数千吨、大批量清水预制看台以倒“L”法安装，这在国内属首次。采用国内首创的空间多轨道对称累计滑移施工工艺，不仅低碳环保还实现同类工程中少见的超高精度和优质质量。公司在施工中还采用大跨度多轨道不等高逐步旋转滑移钢结构施工技术、透水混凝土路面、木塑复合再生材料等绿色节能技术，使深圳大运中心主体育馆充分体现生态环保理念。深圳大运中心项目获2012—2013年中国建设工程鲁班奖、2013年第十一届中国土木工程詹天佑奖。Ⅱ标段(主体育馆)钢结构工程获2010年中国建筑钢结构金奖，2012年广东省建设工程金匠奖、广东省建设工程优质奖、广东省詹天佑故乡杯奖，获评冶金行业优质工程。

**【珠海十字门国际会展中心工程】**

随着建筑功能的拓展和建筑技术的提高，建筑体量和高度跨上新的阶段。2013年，宝冶在港珠澳地区承接了珠海十字门国际展览中心工程。工程包括高达328.8米的国际标准甲级写字楼、白金五星酒店等组团式公共建筑群；体量大，总建筑面积达到66.1万平方米。整体建筑设计新颖，外立面曲面多，建筑新材料大量应用，施工技术难度达到新高度。公司组成多专业多项技术研发团队，在临海超大超深地下工程施工、超长超宽混凝土结构裂缝控制、大跨度双曲面钢结构屋盖制作与安装、超大面积金属屋面施工、幕墙工程、多专业层叠机电管道的布置与安装等关键技术研发与实施应用。在技术成果方面，形成20项国家专利，其中发明专利3项；形成部级“复杂地质条件下特大超深基坑施工工法”，成为省部级新技术应用示范工程。在工程质量上，获建设部2014年二星级绿色建筑设计标识证书、2013年度全国优秀焊接工程一等奖、中国建设工程鲁班奖、国家优质工程奖、广东省建设工程优质奖、东省建设工程优质金匠奖、中国钢结构金奖，获评冶金行业优质工程。

**【上海迪士尼主题乐园—明日世界】**

宝冶在上海迪士尼主题乐园明日世界施工中开发应用ETFE膜结构、AESS结构、游艺设备安装等多项国际先进施工技术，应用信息化、智能化技术手段，将 BIM 与施工技术充分融合，运用 P6 软件及 VDC 虚拟设计施工实现数字化施工。

## 四、BIM 技术

在传承工业建设“高、大、深、重”技术优势的同时，宝冶应用“互联网＋”的现代信息技术，着力研究 BIM 技术与施工技术的深度融合，开发工程项目协同管理平台——“宝冶云”。2012 年，公司引进 BIM 技术，组建 BIM 工作室，立项研发《基于三维设计的 BIM 技术研究与应用》。四年时间，BIM 技术在公司承建的珠海十字门中央商务区、前海市政工程、深圳莲塘口岸、深圳大学西丽校区、南京蜂巢酒店、越南河静钢厂等重点工程项目推广应用，覆盖工业建筑、民用建筑、基础设施、市政工程、工程设计等多个业务板块，以其可视化、协调性、模拟性、优化性、可出图性等优势，应用于策划、设计、施工、运维、拆除等各阶段，辅助成本、进度、质量、安全管理，效果显著。BIM 技术的运用，使一些机械繁杂的技术工作通过计算机来完成，项目管理人员的工作重心更偏向管理。

### 【应用于项目投标阶段】

运用 BIM 技术实现项目的数字化虚拟建造，以直观的表现、准确的数据、精细的方案设计提升技术方案质量，避免工程量计算偏差，使项目中标率提升多达 30%。

### 【应用于项目准备阶段】

BIM 模型附加时间参数的 4D 模拟可以方便快捷的制定进度计划，并且精准地给出各阶段的人、机、料信息，据此可提前进行资源调配，保证施工过程中的资源供应，进而合理调配。基于 BIM 技术的施工模拟，便于不同参与方交流和理解工序，提前发现工序的不合理和施工场地的空间冲突等问题，从而优化施工方案。如越南河静钢厂施工工序极其复杂，通过 BIM 技术模拟优化施工方案 30 余项。

### 【应用于项目施工过程】

利用 BIM 的三维可视化技术进行碰撞检查，可在施工前解决大部分图纸问题，避免返工造成的浪费，提高项目造价管理水平和成本控制能力。以珠海十字门中央商务区为例，项目预留预埋多达 3 万余处，节约了大量后期开洞的成本，基于 BIM 模型提供的精确数据，工程结算快速准确，决算进度大大加快。在迪士尼明日世界项目中，由于工期及其紧张，进度管控发挥了巨大的作用，共节约工期 60 余天；同时，利用 BIM 模型进行可视化交底，帮助施工人员明确工作范围、理解施工方案、熟悉工艺流程，有效加快施工进度、提高项目建造质量。

### 【应用于施工安全管控】

利用 BIM 技术进行施工安全管控，使项目参与者更直观地识别和评估风险，从而采取周全的安全防护措施、制定科学应急预案。通过可视化手段对施工安全专项方案进行可视化交底，帮助施工人员明确危险源、充分理解施工安全专项方案、从而有效降低安全风险。

## 【应用于操作流程管控】

BIM 技术使标准操作流程“可视化”。BIM 模型储存了完整的构件、设备信息，对工艺流程可以严格把控；同时可对建筑材料及构配件的信息追踪查询，用于检查现场使用产品是否符合设计要求；对重难点施工方案，利用 BIM 技术可对其进行预建造，提前验证其可行性并提出修正方案。例如莲塘口岸 60 度斜柱施工方案，将满堂脚手架支撑改为脚手架加贝雷架支撑，提高了施工安全性，节约了大量施工措施用量及施工时间；珠海十字门基于 BIM 技术实现的建筑构件工厂化预制，大大提高了建筑产品的精度和质量。

## 【研发“宝冶云”平台】

建筑行业大数据应用基于企业核心数据的积累、存储和管理，而建筑企业核心数据，是项目管理过程中产生的海量工程数据，契合这一理念，宝冶自主研发的“宝冶云”平台工程管理软件应运而生。这一平台融入宝冶多年的项目管理经验，为项目全生命周期管理提供了一个完整的信息协同管理平台。其采用“互联网＋”的方式实现数据云存储，实现项目管理平台化，进一步提高项目标化管理水平。平台可通过网络随时访问，文件往来以及工作指令均可通过平台实现，减少文件流转时间，达到标准化、无纸化、信息化的项目管理要求。

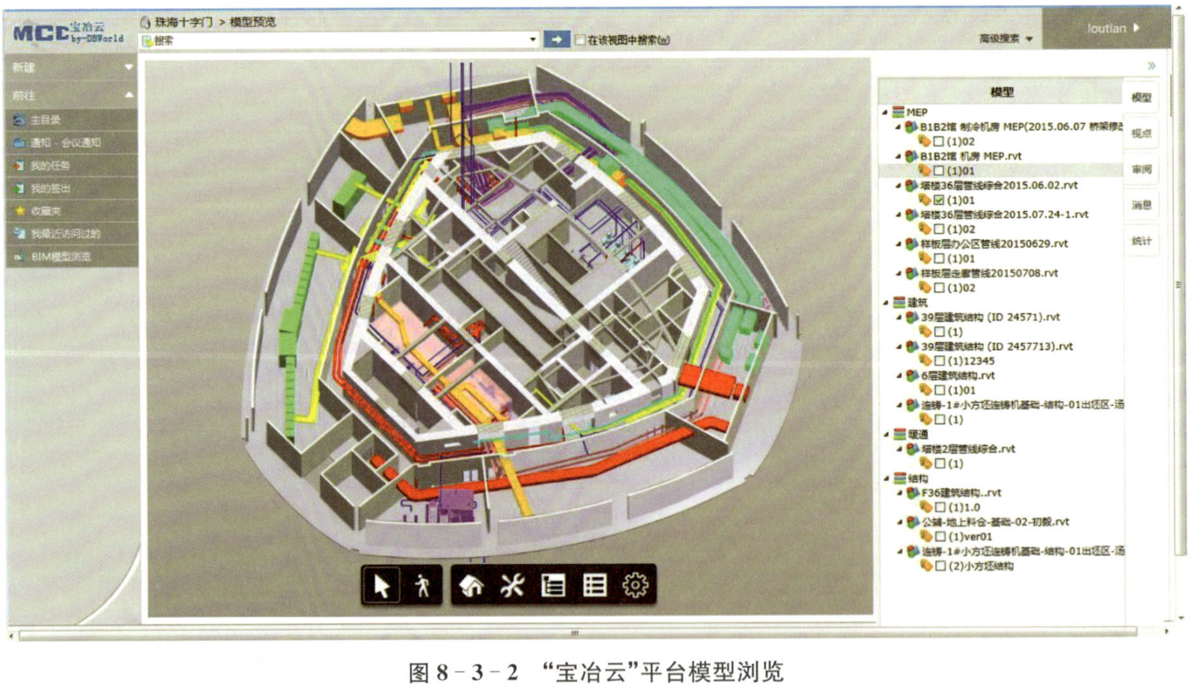


图 8-3-2 “宝冶云”平台模型浏览

“宝冶云”以共享项目信息资源为基础，支持参与各方协同工作，让项目管理变得更加简单高效。项目参与方通过平台各取所需：业主可以及时了解施工进度、施工质量、当前所需要的资金消耗和下期的资金需求等信息；建设方则可以从投标开始，对项目实施过程进行全方位监控，涉及项目的合同、成本、质量、进度、物流、资金、工程资料、工程洽商、预算决算、环境职业健康安全等数据信息，保证项目成本、进度及质量可控。

“宝冶云”平台集成图纸管理、文件管理、协同管理、BIM 应用、移动应用等应用模块；尤其是在 BIM 模型网页运用方面取得技术突破，参与方可以直接在平台对复杂的多维模型进行查看、审核、共享等操作，降低现场 BIM 技术应用门槛，有效提升沟通与协同效率。在施工进度控制方面，根据进度计划及现场实际进度进行 4D 工序模拟，不同颜色的标注使工程进度状况一目了然，方便管理人员及时调整工序安排。另外，根据 BIM 模型中的构件种类、尺寸、类型等信息进行工程量统计，自动生成明细表，并结合预算定额，生成 5D 成本曲线，辅助工程概算、预算及竣工结算工作，达到控制经济成本的目的。

"宝冶云"作为公司工程项目信息化管理平台，以现行项目管理标准体系为平台架构依据，将业主、设计等项目参与方协同工作流程及标准化文档模板集成其中，为项目管理人员提供标准化工作环境。对于项目实施过程中需要改善的工作流程等标准化内容，通过平台即时更新，协助工程项目管理过程规范化、标准化且可持续改进。例如在深圳大学西丽校区项目建设中，通过平台储存各类文档 3 324 份、分配任务 247 次、创建项目管理流程 17 项、发布通知 300 余条。

通过在众多项目的应用，积累了大量的项目管理数据，提取分析相关数据、深挖大数据背后潜藏的价值。一方面为项目管理标准化提供有效的数据支持，使项目管理更快地响应快速的市场变化；另一方面协助公司管理人员敏锐地把握管理方向，迅速做出反应，以夯实企业基础管理，及时制定科学的管理政策并付诸实施。

## 【BIM 技术应用成果】

宝冶紧紧抓住互联网经济发展与变革的机遇，强化互联网思维，推进以 BIM 为核心的技术支撑信息化平台以及"宝冶云"为主的项目管理信息化平台；以信息化建设为抓手，着力打造基于 BIM 的建造模式，不断拓展企业发展空间。截至 2016 年度，公投类大型项目 BIM 技术应用率达 91.3%，施工阶段 BIM 技术应用率 58%。2012—2018 年间，宝冶凭借在业内的 BIM 优势，参编上海市、安徽省、深圳工务署等地方 BIM 标准。先后承担财政部"基于三维设计 BIM 技术的研究及在建筑工程中的推广应用"等重点科技开发项目，并通过行业论坛及 BIM 大赛等多种形式，不断扩大业内交流，先后获得中国勘察设计协会"创新杯"BIM 应用特等奖、中国建筑业协会中国工程建设 BIM 应用大赛卓越工程项目奖一等奖、中国安装协会"安装之星"全国 BIM 应用大赛一等奖、上海市"申新杯"BIM 机电安装应用创新大赛一等奖、中冶集团 BIM 大赛一等奖等 BIM 类奖项 40 余项。

图 8-3-3　BIM 设计方案

## 五、装配式建筑

宝冶紧跟建筑工业化和现代化主流，大力推广建筑业十项新技术，创新实践装配式建筑技术。在上海市保障房建设中，宝冶引入 BIM、MR 技术，开发装配式建筑协同设计平台；利用钢筋数字加工先进设备，研发成品钢筋模块技术；通过大量深入细致的试验和研究，开发新型 PC(precast concrete 混凝土预制件)结构连接方式和新型建材，还研制了一系列 PC 构件安装专用工装机具。实现绿色建造、智慧建造。此外，深圳工务署委托宝冶编制的《深圳市工程建设项目绿色施工技术指引》，在全市得到推广应用。

图 8-3-4 宝冶承建的项目获全国建筑业绿色施工示范工程

图 8-3-5 装配式项目施工

# 第四章　科技成果管理

宝冶在施工生产中通过技术研发、总结提升，形成了大量具有技术先进性和应用价值的科技成果，推动了公司技术进步和产业发展。

## 第一节　科 技 成 果

1978 年，公司完成国家第一套冶金进口工程——武钢“一米七”热轧工程建设后，按专业把在施工过程中学到和创新的施工新技术进行系统总结，形成多项专业成果汇编，这是公司积累的技术财富，极大地指导了宝钢工程的建设。1986—1987 年间，公司全面总结、推广宝钢一期工程施工中的新技术，推动全国工程建设施工技术进步。1987 年 10 月，由国家计委对宝钢一期工程施工新技术进行国家级技术鉴定，并认为：“宝钢一期工程的建设主要依靠我国的技术力量，坚持技术进步，通过消化移植，改革创新，系统研究开发和推广应用施工新技术，加强科学管理，使整个工程的施工技术综合水平达到了国际同类工程八十年代初的施工技术水平。”宝钢一期工程施工新技术是一项系统的、完整的、具有显著经济效益和社会效益的重大科技成果，该科技成果报国家科学技术委员会，被评为科技进步特等奖。

从 1978—2018 年的 40 年间，宝冶坚持加大科技投入，形成科技成果达 250 余项，同时积极申报各类科技进步奖项，获得国家、行业、地方、协会、企业层级的奖项合计 241 项。

**表 8－4－1　1987—2018 年科技成果一览表**

| 时　间 | 成　果　名　称 | 鉴 定 机 构 |
|---|---|---|
| 1987 年 | 宝钢一期工程施工新技术 | 冶金工业部 |
| 1987 年 | AMSP 财务管理系统 | 冶金工业部 |
| 1988 年 | 宝钢热轧厂铁皮坑地下连续墙施工新技术 | 冶金工业部 |
| 1988 年 | 微型计算机电缆敷设跟踪管理在宝钢热轧厂应用 | 冶金工业部 |
| 1988 年 | 宝钢炼钢厂计算机炉次跟踪试验 | 冶金工业部 |
| 1988 年 | 超级小型机向量汉字库的建立及彩色绘图仪汉字系统的开发 | 冶金工业部 |
| 1988 年 | ZGC35C 渣罐运输车 | 冶金工业部 |
| 1989 年 | BY－40 灌浆料及设备无垫板流动灌浆工艺的研制与应用 | 冶金工业部 |
| 1989 年 | 泵送混凝土双掺技术的研究 | 冶金工业部 |
| 1989 年 | 计算机计算和绘制组合砖单位图 | 冶金工业部 |
| 1989 年 | 新型酸洗液及酸洗新工艺的研制与应用 | 冶金工业部 |
| 1990 年 | 钢模板修复线 | 冶金工业部 |
| 1990 年 | 宝钢 2 050 毫米热轧厂水处理系统土建工程计算机仿真非肯定型网络计划 | 冶金工业部 |

(续表)

| 时　间 | 成　果　名　称 | 鉴　定　机　构 |
|---|---|---|
| 1990 年 | 搅拌站配料计算机控制系统 | 冶金工业部 |
| 1991 年 | YJ-3 缓凝高效减水剂 | 冶金工业部 |
| 1992 年 | BH-503 气体保护焊丝的研制与应用 | 冶金工业部 |
| 1992 年 | 大型冶金炉窑国产组合砖技术的开发与应用 | 冶金工业部 |
| 1992 年 | 高炉建设施工工期定额编研 | 冶金工业部 |
| 1992 年 | 施工项目管理专家系统在宝钢三号高炉基础施工中应用研究 | 冶金工业部 |
| 1992 年 | 冶金液压元件检测技术开发与应用 | 冶金工业部 |
| 1993 年 | BJH 高光内墙涂料 | 冶金工业部 |
| 1993 年 | 宝钢特大型钢包贯穿性裂纹检测修复新技术开发 | 冶金工业部 |
| 1994 年 | 多层卷板衬钛反应塔检测修复新技术的开发和应用 | 冶金工业部 |
| 1994 年 | 上海市合流污水治理彭越浦泵站建筑工程施工 | 冶金工业部 |
| 1996 年 | U-450 型金属压型板 | 冶金工业部 |
| 1996 年 | 江海筑坝施工技术开发与应用 | 冶金工业部 |
| 1996 年 | 钢结构立式抛丸机 | 冶金工业部 |
| 1997 年 | 4 000 立方米级特大型高炉本体残铁及其耐材保护性解体技术(闷炉法) | 冶金工业部 |
| 1997 年 | 300 吨级转炉原地大修更新改造技术 | 冶金工业部 |
| 1997 年 | LCT-40 重型废钢运输车 | 冶金工业部 |
| 1997 年 | ZGC35C 渣罐运输车 | 冶金工业部 |
| 1998 年 | 国产特大型高炉热风炉烘炉装置开发与应用 | 冶金工业部 |
| 1998 年 | 国产特大型高炉热风炉烘炉装置的开发与应用 | 上海市科学技术委员会 |
| 1998 年 | 工资总额与产值利润双挂钩分配模式 | 冶金工业部 |
| 1998 年 | 气动元件自动测试及气缸故障诊断技术 | 冶金工业部 |
| 1998 年 | 井点降水新技术研究 | 上海市科学技术委员会 |
| 1998 年 | 软土地基建筑物整体移位施工技术 | 上海市科学技术委员会 |
| 1998 年 | 机器人化炉渣铲掘机 | 冶金工业部 |
| 2003 年 | BOX 柱生产线相关技术 | 中冶集团 |
| 2003 年 | 宝钢电厂锅炉过热器再热器专用钢管 T91 合金管焊接技术 | 中冶集团 |
| 2003 年 | 煤气管带压钻孔技术 | 中冶集团 |
| 2003 年 | 液压系统施工新技术系列开发与应用 | 中冶集团 |
| 2004 年 | 大型高炉框架制作技术 | 中冶集团 |
| 2004 年 | 宝钢二号高炉 BB503 焊接技术研究 | 中冶集团 |
| 2004 年 | TIG 重熔技术对吊车梁焊接接头影响 | 中冶集团 |
| 2004 年 | 吊车梁压轨器技术研究 | 中冶集团 |

（续表）

| 时 间 | 成 果 名 称 | 鉴 定 机 构 |
|---|---|---|
| 2004年 | 高炉快速安装工艺研究 | 中冶集团 |
| 2004年 | 特大型高炉冷却壁在线快速更换施工技术 | 中冶集团 |
| 2004年 | 同位素Y射线Se75探伤在特种设备中的应用 | 中冶集团 |
| 2004年 | 洁净室超长超宽清水井字梁施工工艺 | 上海市建设和交通委员会 |
| 2004年 | 宝钢宽厚板轧机工程旋流池深基坑施工技术 | 中冶集团 |
| 2004年 | 特大型5 000毫米级轧机机架(牌坊)侧立就位技术和工艺研究 | 中冶集团 |
| 2005年 | 360米跨双斜拱空间钢结构屋盖施工技术 | 中冶集团 |
| 2005年 | 城市立交钢桥梁交通在线立体安装及制作技术 | 中冶集团 |
| 2005年 | 厚板自动自保护焊接技术 | 中冶集团 |
| 2005年 | 大跨度大截面超重型空间管桁架安装技术 | 中冶集团 |
| 2005年 | 陶瓷焊补技术 | 中冶集团 |
| 2005年 | 可塑料喷涂技术 | 中冶集团 |
| 2005年 | 大型转炉离线组装及在线安装技术 | 中冶集团 |
| 2005年 | 大型连铸机安装技术 | 中冶集团 |
| 2006年 | 电力工频谐振耐压试验技术研究 | 中冶集团 |
| 2006年 | 电子厂房建筑工程成套施工技术研究 | 中冶集团 |
| 2006年 | 新型多功能可拆卸钢结构施工胎架研制 | 中冶集团 |
| 2006年 | 大型钢(铁水包)管理、检修、修复一体化技术 | 中冶集团 |
| 2006年 | 化工厂硫胺生产区域地基腐蚀综合治理技术 | 中冶集团 |
| 2006年 | 激光整平大面积超平地坪施工工艺研究 | 中冶集团 |
| 2006年 | 大型带钢轧机牌坊(机架)安装成套技术 | 中冶集团 |
| 2006年 | 大型环保节能设施洗涤塔制作安装技术研究 | 中冶集团 |
| 2006年 | 宽厚铝板液压剪切机研制 | 中冶集团 |
| 2007年 | 重型电缆自动化敷设工艺技术研究 | 中冶集团 |
| 2007年 | 双向正交钢桁架高空累计滑移施工技术 | 中冶集团 |
| 2007年 | 大跨度异型新材料金属屋面施工技术 | 中冶集团 |
| 2007年 | 国家体育场钢结构工程施工技术 | 中冶集团 |
| 2007年 | 大型炼钢厂厂房钢结构加固焊接技术 | 中冶集团 |
| 2007年 | 全钢管法兰连接塔桅钢结构制作技术 | 中冶集团 |
| 2007年 | 五棵松体育馆大跨度双向鱼式钢桁架结构施工技术研究 | 中冶集团 |
| 2007年 | 弗卡斯套筒石灰竖窑耐材结构施工工艺研究 | 中冶集团 |
| 2007年 | Corex3000熔融还原炼铁炉耐材施工工艺研究 | 中冶集团 |
| 2007年 | 上海光源工程高阻尼减振混凝土研制及应用 | 中冶集团 |
| 2007年 | 高炉煤气余压透平发电设备(TRT)检修工艺研究 | 中冶集团 |

(续表)

| 时　间 | 成　果　名　称 | 鉴 定 机 构 |
| --- | --- | --- |
| 2007年 | 淤泥质地基吹填围海大堤地基处理与分级加载技术 | 中冶集团 |
| 2007年 | 现代大型机场场道施工新技术研究与应用 | 中冶集团 |
| 2007年 | 工业设备基础在线切割、移位、置换技术研究 | 中冶集团 |
| 2007年 | 液压系统一步法安装工艺技术研究 | 中冶集团 |
| 2007年 | FGLC 75 废钢料槽运输车研制 | 中冶集团 |
| 2007年 | 自爬式液压顶升装置研制 | 中冶集团 |
| 2007年 | 宝钢电炉大方坯热装热送铁路运输高效节能保温装置研制 | 中冶集团 |
| 2008年 | 电气传动自动控制系统晶闸管变流组件预防性试验检测技术 | 中冶集团 |
| 2008年 | 超深陡坡隧道电缆敷设电力线组网视频安全监控技术 | 中冶集团 |
| 2008年 | 高性能环保滤板密封料研制及应用 | 中冶集团 |
| 2008年 | POC 新型煤气柜施工技术开发 | 中冶集团 |
| 2008年 | 特大型桥式起重机设备高空整体安装技术 | 中冶集团 |
| 2008年 | 超高层钢结构施工技术 | 中冶集团 |
| 2008年 | 薄板焊接变形控制技术 | 中冶集团 |
| 2008年 | 格构型幕墙钢结构加工制作技术 | 中冶集团 |
| 2008年 | 大型高炉快速大修耐材施工技术研究 | 中冶集团 |
| 2008年 | 灾后建筑结构损伤检测与承载能力评估 | 中冶集团 |
| 2008年 | 高大模板支撑体系施工技术研究 | 中冶集团 |
| 2008年 | 复杂砂质粉土地层地下连续墙施工技术 | 中冶集团 |
| 2008年 | 中板生产线设备设备快速保护性拆迁技术工艺研究 | 中冶集团 |
| 2008年 | 工程机械加装无线遥控技术 | 中冶集团 |
| 2008年 | 集成移动式液压油缸试验台研究 | 中冶集团 |
| 2009年 | Corex3000 熔融直接还原炼铁炉电气安装与调试技术 | 中冶集团 |
| 2009年 | 大型高炉三电系统离线组装模拟调试技术 | 中冶集团 |
| 2009年 | 高低压盘柜安全移位技术与配套装置研制 | 中冶集团 |
| 2009年 | 现役钢筋混凝土烟囱在线外包钢套筒加固技术 | 中冶集团 |
| 2009年 | 高铁大型交通枢纽动荷载框架结构制作技术 | 中冶集团 |
| 2009年 | 世博主题馆空间结构安装新技术 | 中冶集团 |
| 2009年 | Corex3000 熔融直接还原炼铁炉炉体安装技术 | 中冶集团 |
| 2009年 | 大型高炉大段炉体气垫移位技术 | 中冶集团 |
| 2009年 | 大型高炉模块结构离线组装与整体拆装技术 | 中冶集团 |
| 2009年 | 大型高炉短期化大修炉内快速清渣技术 | 中冶集团 |
| 2009年 | 工业炉衬湿法喷涂技术 | 中冶集团 |
| 2009年 | 高炉冷却壁更换及炉衬耐材修复技术 | 中冶集团 |

（续表）

| 时　间 | 成　果　名　称 | 鉴定机构 |
|---|---|---|
| 2009 年 | 特大型高炉大修施工过程安全监测与控制成套技术 | 中冶集团 |
| 2009 年 | 大型及复杂结构施工过程安全检测与控制成套技术 | 中冶集团 |
| 2009 年 | 宽厚板轧机设备在线快速改造技术 | 中冶集团 |
| 2009 年 | 全套管拔除地下桩障碍物技术 | 中冶集团 |
| 2009 年 | 工业介质管道不停输送带压接口施工技术 | 中冶集团 |
| 2009 年 | 冶金工厂大型电除尘器设备精确安装技术 | 中冶集团 |
| 2009 年 | 大型制氧机组核心设备安装工艺 | 中冶集团 |
| 2009 年 | Corex3000 熔融直接还原炼铁炉核心设备安装技术 | 中冶集团 |
| 2009 年 | 大型交流电炉设备安装工艺技术 | 中冶集团 |
| 2009 年 | 特大型高炉炉壳制造技术 | 中冶集团 |
| 2010 年 | 供配电系统感应耐压技术 | 中冶集团 |
| 2010 年 | 大型变电所保护系统更新升级技术 | 中冶集团 |
| 2010 年 | 单双层混合型网壳结构安装技术研究 | 中冶集团 |
| 2010 年 | ASTMA913 自回火超厚热轧 H 型钢的焊接技术 | 中冶集团 |
| 2010 年 | 大跨度多轨道不等高逐步累积旋转滑移技术 | 中冶集团 |
| 2010 年 | 大型玻璃熔窑耐火材料砌筑施工技术 | 中冶集团 |
| 2010 年 | 大规格高强螺栓检测装置及检测技术 | 中冶集团 |
| 2010 年 | 冶金工厂板坯连铸设备成套检修技术 | 中冶集团 |
| 2010 年 | JN60－6 特大型焦化核心设备检修技术 | 中冶集团 |
| 2010 年 | 世博工程建筑装饰系列新技术研究与应用 | 中冶集团 |
| 2010 年 | 长距离大口径顶管施工技术研究与应用 | 中冶集团 |
| 2010 年 | 特殊钢炉卷轧机关键设备安装工艺技术 | 中冶集团 |
| 2010 年 | 现代大型无缝钢管生产线关键设备安装工艺 | 中冶集团 |
| 2011 年 | 汽车生产线供油系统自控改造技术研究与应用 | 中冶集团 |
| 2011 年 | 超纯净 BA 管道安装关键技术研究与应用 | 中冶集团 |
| 2011 年 | 美标超高层建筑结构分析及节点设计方法研究 | 中冶集团 |
| 2011 年 | 钢管及型钢自动化冷弯新工艺及设备研制 | 中冶集团 |
| 2011 年 | COREX 炉 AGD 管拆装专用装置开发与应用 | 中冶集团 |
| 2011 年 | 环状空间索桁结构关键技术研究与工程应用 | 中冶集团 |
| 2011 年 | 浮法玻璃生产线关键设备—锡槽制造与安装成套技术 | 中冶集团 |
| 2011 年 | 宽厚板生产线核心设备 AGC 油缸快速更换关键技术 | 中冶集团 |
| 2011 年 | 高速双卷筒旋转式卷取设备维护关键技术 | 中冶集团 |
| 2011 年 | 机场场道面板保护拆除技术 | 中冶集团 |
| 2011 年 | 特大型分片式轧机机架立体装配调整技术 | 中冶集团 |

(续表)

| 时　间 | 成　果　名　称 | 鉴 定 机 构 |
|---|---|---|
| 2011 年 | 重型焊接结构渣罐研制及在冶金工厂中的应用 | 中冶集团 |
| 2011 年 | 90 吨重型渣罐运输车研制 | 中冶集团 |
| 2012 年 | 大规模 LED 照明系统设计与施工技术研究与应用 | 中冶集团 |
| 2012 年 | 单层网壳弦支穹顶结构安装技术及研究应用 | 中冶集团 |
| 2012 年 | 钢结构特大板梁(叠梁)制作技术 | 中冶集团 |
| 2012 年 | 自动控温焊接同步火焰预热技术 | 中冶集团 |
| 2012 年 | 炼钢高层框架通廊生产状态下改造技术研究与应用 | 中冶集团 |
| 2012 年 | 节能环保型套筒石灰窑生产新工艺研究与应用 | 中冶集团 |
| 2012 年 | 工业高温管道在线射线检测技术开发与应用 | 中冶集团 |
| 2012 年 | 高线精轧机核心设备精密检修技术 | 中冶集团 |
| 2012 年 | 后张法预应力混凝土梁管道压浆剂 | 中冶集团 |
| 2012 年 | 大型煤气蒸汽循环节能发电机组快速安装技术 | 中冶集团 |
| 2012 年 | 节能高低压组合一体化液压系统在线循环冲洗、试压工艺及装置研发 | 中冶集团 |
| 2012 年 | 250 吨重型组合式液压悬挂车研制 | 中冶集团 |
| 2013 年 | 大型建筑屋顶光伏发电系统设计与施工技术 | 中冶集团 |
| 2013 年 | 基于三维设计 BIM 技术的研究及在工程中的应用 | 中冶集团 |
| 2013 年 | 多种类异型扭曲钢结构施工技术研究及应用 | 中冶集团 |
| 2013 年 | 在役复杂环境下高炉炉体柔性支撑工艺及更换技术 | 中冶集团 |
| 2013 年 | 点支式全玻璃球冠形索穹顶结构安装技术 | 中冶集团 |
| 2013 年 | 环保型石灰竖窑液压系统集成技术与应用 | 中冶集团 |
| 2013 年 | 结构与设备综合失效分析新技术 | 中冶集团 |
| 2013 年 | 低窄空间下压桩装置及施工关键技术 | 中冶集团 |
| 2013 年 | 冶金热轧生产线改造快速施工关键技术 | 中冶集团 |
| 2013 年 | 现代宽厚板生产线关键设备在线检修维护成套技术 | 中冶集团 |
| 2014 年 | 冶金工程快速改造与大修电气设计优化、安装调试新技术 | 中冶集团 |
| 2014 年 | 小夹角斜交裸露钢管混凝土柱超高层结构设计、施工关键技术研究与应用 | 中冶集团 |
| 2014 年 | 大跨度桁架式结构组装与提升关键技术研究与应用 | 中冶集团 |
| 2014 年 | 高速铁路大型客站密排菱形钢管桁架空中累积滑移多次合拢成套技术研究 | 山西省科委 |
| 2014 年 | 多种类钢构件自动模拟配箱及高效装箱技术 | 中冶集团 |
| 2014 年 | 节能环保型套筒石灰窑余热回收利用新工艺研究与应用 | 中冶集团 |
| 2014 年 | 在建地下结构周边建筑动态监测与安全风险评估技术 | 中冶集团 |
| 2014 年 | 大型转炉三点球面支承装置在线快速更换技术 | 中冶集团 |

（续表）

| 时间 | 成果名称 | 鉴定机构 |
|---|---|---|
| 2014年 | 特殊环境下大型高炉串罐式无料钟炉顶设备模块化安装新工艺 | 中冶集团 |
| 2014年 | 厚薄剪生产线液压系统集成成套技术 | 中冶集团 |
| 2015年 | 钢桁架—混凝土组合屋面系统模块化施工关键技术 | 上海土木工程学会 |
| 2015年 | 医药行业生物型洁净室设计优化及施工技术研究 | 中冶集团 |
| 2015年 | 现代冷轧关键设备系列在线检修技术 | 中冶集团 |
| 2015年 | 大型热态智能湿法喷涂装置及工艺研究与应用 | 中冶集团 |
| 2015年 | 大型板带轧机在线整体校正技术研究与应用 | 中冶集团 |
| 2015年 | 建筑隔震技术研究及复合材质组合式隔震支座开发应用 | 中冶集团 |
| 2015年 | 圆管杆件与复杂节点承载力及弯管成型技术研究 | 中冶集团 |
| 2015年 | 超大跨度椭球形钢桁架弦支穹顶组合网壳结构施工技术 | 中冶集团 |
| 2016年 | 大型主题公园水暖风系统施工技术研究与应用 | 上海土木工程学会 |
| 2016年 | 基于工程项目信息化管理云平台的超大型工程项目标化管理研究与应用 | 上海土木工程学会 |
| 2016年 | 建筑节能系统智能控制平台研究开发与应用 | 上海土木工程学会 |
| 2016年 | 超高层建筑主体结构关键技术研究与应用 | 中冶集团 |
| 2016年 | 大型环保立式矿渣磨机关键设备安装及检修成套技术研究 | 中冶集团 |
| 2016年 | 大型山地光伏发电系统设计与施工集成技术 | 中冶集团 |
| 2016年 | 基于三维扫描及识别和逆向建模的数字化预拼装技术研究 | 中国钢结构协会 |
| 2016年 | 流体输送工业设备高效节能改造技术开发与应用 | 中冶集团 |
| 2016年 | 上海迪士尼乐园明日世界项目综合技术研究与应用 | 中冶集团 |
| 2016年 | 武汉光谷国际网球中心主场馆工程大跨度开合屋盖施工及空间扭曲 箱型构件加工技术 | 中国钢结构协会 |
| 2016年 | 现代工业管道数字化预制技术研究与应用 | 中冶集团 |
| 2016年 | 装配式混凝土住宅关键技术研究与应用 | 上海土木工程学会 |
| 2017年 | 薄钢板夹芯混凝土剪力墙核心筒超高层钢结构施工工艺研究与应用 | 中国钢结构协会 |
| 2017年 | 广州白云机场超大面积航站楼网架综合施工技术 | 中国钢结构协会 |
| 2017年 | 装配式建筑构件套筒灌浆连接技术与应用 | 上海土木工程学会 |
| 2017年 | 建筑工程模板及脚手架体系三维数字化设计技术研究与应用 | 上海土木工程学会 |
| 2017年 | 临海大型深基坑综合施工技术应用研究 | 中冶集团 |
| 2017年 | 双膛石灰窑出灰系统关键非标设备制作技术 | 中冶集团 |
| 2017年 | 智能环保封闭料场工艺及技术集成研发与应用 | 中冶集团 |
| 2017年 | 百米高速钢轨在线余热淬火热处理工艺及设备技术的研发与应用 | 中冶集团 |
| 2017年 | 临海复杂地质条件下特大超深基坑施工技术 | 广东省建筑业协会 |
| 2017年 | 机电工程设备材料远程全流程信息管理平台的研发与应用 | 中国安装协会 |
| 2017年 | 大型转化炉模块化制造技术研究及应用 | 中国安装协会 |

（续表）

| 时 间 | 成 果 名 称 | 鉴 定 机 构 |
| --- | --- | --- |
| 2017 年 | 大型建筑空调风管系统数字化工厂预制技术研究与应用 | 上海安装协会 |
| 2017 年 | 一种液压组合式提吊旋转安装技术深化研究与应用 | 上海安装协会 |
| 2017 年 | 双膛石灰窑系统关键非标设备制作技术 | 上海安装协会 |
| 2017 年 | 高大非正交大倾角异型混凝土斜柱施工技术 | 广东省建筑业协会 |
| 2017 年 | 遇水膨胀止水胶施工技术 | 广东省建筑业协会 |
| 2018 年 | 大跨度高中柱双拱形网架同步滑移安装技术开发与应用 | 江苏省土木建筑学会 |
| 2018 年 | 焦炉烟囱废气脱硫脱硝用活性炭—烟气逆流集成净化（CCMB）技术 | 中国金属学会 |
| 2018 年 | 珠海十字门会展商务组团一期工程复杂异型钢—混凝土组合结构施工关键技术研究与应用 | 中科合创（北京）科技成果评价中心 |
| 2018 年 | 空间非数学曲面体型建筑金属幕墙设计和安装技术 | 中科合创（北京）科技成果评价中心 |
| 2018 年 | 特殊造型曲面钢结构及其外部幕墙施工技术研究与应用 | 上海市住建委科技委 |
| 2018 年 | 大型高炉残铁解体技术 | 上海市安装行业协会 |
| 2018 年 | 填海区超长线型深基坑施工关键技术 | 广东省建筑业协会 |
| 2018 年 | 超大截面钢管砼柱＋钢支撑结构超高层建筑施工关键技术研究与应用 | 中科合创（北京）科技成果评价中心 |
| 2018 年 | 基于建筑工程施工档案归档系统的研发及应用 | 中科合创（北京）科技成果评价中心 |
| 2018 年 | 加筋土边坡挡墙工程施工工艺应用与研究 | 中科合创（北京）科技成果评价中心 |
| 2018 年 | 大型预应力反力墙施工技术 | 广东省建筑业协会 |
| 2018 年 | 特殊条件下超长钢桅杆施工技术 | 广东省建筑业协会 |
| 2018 年 | 铝框- PPR 模板及专用支撑系统施工技术 | 广东省建筑业协会 |
| 2018 年 | 超高超厚大体积混凝土剪力墙施工技术 | 广东省建筑业协会 |
| 2018 年 | 大型装配式构件预制及运输施工技术 | 广东省建筑业协会 |
| 2018 年 | 核医学直线加速器机房大体积混凝土施工技术研究 | 广东省建筑业协会 |
| 2018 年 | 大型电子厂房综合施工技术应用研究 | 中冶集团 |
| 2018 年 | 装配式剪力墙结构住宅综合协同建造技术与应用 | 中冶集团 |
| 2018 年 | 光伏发电系统设计与施工综合技术 | 中冶集团 |
| 2018 年 | 室内模块化装饰技术研究与应用 | 中冶集团 |
| 2018 年 | 新型特殊钢棒材冷床设备的研发与应用 | 中冶集团 |
| 2018 年 | 智能化、信息化集中监控系统在供热工程中的应用 | 中冶集团 |
| 2018 年 | 大型钢铁基地原料散装泊船余料回收系统研制 | 中冶集团 |
| 2018 年 | 装配式立交桥关键施工技术研究与应用 | 上海市土木工程学会 |
| 2018 年 | 道路路基工程智能化施工成套关键技术 | 上海市土木工程学会 |

（续表）

| 时　间 | 成　果　名　称 | 鉴　定　机　构 |
|---|---|---|
| 2018 年 | 基于信息技术的工程总承包项目精益管理系研究 | 上海市土木工程学会 |
| 2018 年 | REVIT 环境下全现浇及装配式混凝土结构的铝模板三维配模技术 | 上海市土木工程学会 |
| 2018 年 | 地下隧道结构安全监测云系统技术研究 | 上海市土木工程学会 |
| 2018 年 | 基于 BIM 模块化钢结构建造施工关键技术 | 上海市安装行业协会 |
| 2018 年 | 特大高精铝生产线成套施工技术 | 上海市安装行业协会 |
| 2018 年 | 高层公建直饮水供水技术研究与应用 | 上海市安装行业协会 |
| 2018 年 | 空间双曲多变大直径厚壁钢管结构成套施工技术研究及应用 | 中国钢结构协会 |
| 2018 年 | 超大跨度空间大悬挑拱形桁架体外预应力滑移施工技术 | 中国钢结构协会 |

**表 8－4－2　1987—2018 年获得科技奖一览表**

| 时间 | 成　果　名　称 | 获奖等级 | 奖　项　名　称 | 授奖机构 |
|---|---|---|---|---|
| 1987 年 | 宝钢一期工程施工技术 | 特等 | 国家科技进步奖 | 国务院 |
| 1996 年 | 大中型高炉炉体结构应力测定与分析 | 三等 | 国家科技进步奖 | 国务院 |
| 2005 年 | 宝钢 2 号 RH(多功能钢水真空处理装置)的工艺与装备技术开发和应用 | 二等 | 国家科技进步奖 | 国务院 |
| 2006 年 | 现代化体育场施工技术研究 | 二等 | 国家科技进步奖 | 国务院 |
| 2009 年 | 现代钢结构稳定性关键技术研究与应用 | 二等 | 国家科技进步奖 | 国务院 |
| 2010 年 | 大跨空间钢结构预应力施工技术研究与应用 | 二等 | 国家科技进步奖 | 国务院 |
| 2012 年 | 国家体育场(鸟巢)工程建造技术创新与应用 | 二等 | 国家科技进步奖 | 国务院 |
| 2014 年 | 大跨度钢结构防火防腐关键技术与工程应用 | 二等 | 国家科技进步奖 | 国务院 |
| 2016 年 | 一种采用旋转平衡法吊装特大型设备的工艺方法 | 优秀 | 中国专利奖 | 国家知识产权局 |
| 1986 年 | 高炉碳砖真空吸盘 | 三等 | 冶金科学技术奖 | 省部级 |
| 1986 年 | 大量全面利用钢渣作填筑材料 | 三等 | 冶金科学技术奖 | 省部级 |
| 1986 年 | 钢模板支模新工艺及新型支模器具 | 三等 | 冶金科学技术奖 | 省部级 |
| 1986 年 | 液压润滑配管化学清洗剂及清洗新工艺 | 三等 | 冶金科学技术奖 | 省部级 |
| 1987 年 | 宝钢一期工程施工技术 | 一等 | 冶金科学技术奖 | 省部级 |
| 1988 年 | 宝钢热轧厂铁皮坑地下连续墙施工新技术 | 一等 | 冶金科学技术奖 | 省部级 |
| 1989 年 | BY－40 灌浆料及设备无垫板流动灌浆安装工艺 | 三等 | 冶金科学技术奖 | 省部级 |
| 1990 年 | 宝钢冷轧、热轧工程施工新技术 | 一等 | 冶金科学技术奖 | 省部级 |
| 1991 年 | BB502 钢焊接性能研究及其在大型高炉上的应用 | 三等 | 冶金科学技术奖 | 省部级 |
| 1992 年 | 冶金液压元件检测技术的开发与应用 | 三等 | 冶金科学技术奖 | 省部级 |
| 1992 年 | 大型冶金炉窑国产组合砖技术开发和应用 | 三等 | 冶金科学技术奖 | 省部级 |
| 1993 年 | 宝钢二号高炉工程 | 一等 | 冶金科学技术奖 | 省部级 |
| 1993 年 | 宝钢二号高炉系统工程 | 特等 | 冶金科学技术奖 | 省部级 |

(续表)

| 时间 | 成 果 名 称 | 获奖等级 | 奖 项 名 称 | 授奖机构 |
|---|---|---|---|---|
| 1993年 | 宝钢4 063立方米高炉炉体炉壳结构应力测定与测试技术 | 三等 | 冶金科学技术奖 | 省部级 |
| 1993年 | 宝钢原料码头引桥工程修复工程科技成果 | 一等 | 冶金科学技术奖 | 省部级 |
| 1993年 | BH-503气体保护焊丝的研制与应用 | 三等 | 冶金科学技术奖 | 省部级 |
| 1994年 | 高炉热风炉用YJ-250耐热耐酸涂料的研究 | 三等 | 冶金科学技术奖 | 省部级 |
| 1995年 | 宝钢二号高炉炉体结构应力测定与分析 | 二等 | 冶金科学技术奖 | 省部级 |
| 1996年 | 江海筑坝施工技术开发与应用 | 三等 | 冶金科学技术奖 | 省部级 |
| 1996年 | 宝钢300吨钢包贯穿性裂纹检测修复技术 | 二等 | 冶金科学技术奖 | 省部级 |
| 1997年 | 钢结构立式抛丸机 | 三等 | 冶金科学技术奖 | 省部级 |
| 1998年 | 4 000立方米级特大型高炉本体残铁及其耐材保护性解体技术(闷炉法) | 三等 | 冶金科学技术奖 | 省部级 |
| 1998年 | 300吨级转炉原地大修更新改造技术 | 三等 | 冶金科学技术奖 | 省部级 |
| 1999年 | 国产特大型高炉热风炉烘炉装置开发和应用 | 二等 | 上海市科技进步奖 | 省部级 |
| 1999年 | 宝钢能源实时监控及信息管理系统研制 | 二等 | 冶金科学技术奖 | 省部级 |
| 1999年 | 气动元件自动测试及气缸故障诊断技术 | 三等 | 冶金科学技术奖 | 省部级 |
| 1999年 | 井点降水新技术研究 | 二等 | 冶金科学技术奖 | 省部级 |
| 1999年 | 冶金企业特种运输车研制 | 二等 | 冶金科学技术奖 | 省部级 |
| 2002年 | 宝钢300吨转炉炉体国产化研制 | 三等 | 冶金科学技术奖 | 省部级 |
| 2002年 | 宝钢一炼钢控制系统改造 | 三等 | 冶金科学技术奖 | 省部级 |
| 2002年 | 无檩条结构组合屋面压型钢板 | 二等 | 冶金科学技术奖 | 省部级 |
| 2002年 | 特大型国产化转炉更换技术 | 二等 | 冶金科学技术奖 | 省部级 |
| 2002年 | 大型吊车梁快速更换技术 | 二等 | 冶金科学技术奖 | 省部级 |
| 2003年 | SV伺服阀及AGC伺服阀油缸测试系统研制技术 | 三等 | 上海市科技进步奖 | 省部级 |
| 2003年 | 宝钢2号RH(多功能钢水真空处理装置)的工艺与设备技术的开发和应用 | 一等 | 上海市科技进步奖 | 省部级 |
| 2003年 | SV及AGC伺服油缸测试系统研制与改造技术攻关 | 二等 | 冶金科学技术奖 | 省部级 |
| 2006年 | 特大型连铸机系统安装技术 | 三等 | 冶金科学技术奖 | 省部级 |
| 2008年 | 国家体育场钢结构工程Q460E-Z35厚板焊接技术及应用研究 | 二等 | 北京科学技术奖 | 省部级 |
| 2008年 | 北京奥林匹克篮球馆大跨度双向鱼腹式钢桁架结构施工技术研究 | 三等 | 华夏建设科学技术奖 | 省部级 |
| 2009年 | 工业设备基础在线切割、移位、置换技术研究 | 三等 | 冶金科学技术奖 | 省部级 |
| 2009年 | 大型带钢轧机牌坊(机架)安装成套技术 | 三等 | 上海市科技进步奖 | 省部级 |
| 2010年 | 高炉快速安装工艺研究 | 三等 | 上海市科技进步奖 | 省部级 |

（续表）

| 时间 | 成 果 名 称 | 获奖等级 | 奖 项 名 称 | 授奖机构 |
|---|---|---|---|---|
| 2010年 | 大型高炉大修模块化离线组装、整体拆装及安全检测成套技术 | 二等 | 冶金科学技术奖 | 省部级 |
| 2010年 | 液压系统一步法安装工艺技术研究 | 三等 | 上海市科技进步奖 | 省部级 |
| 2012年 | 特殊钢炉卷轧机关键设备安装工艺技术 | 三等 | 冶金科学技术奖 | 省部级 |
| 2012年 | 《炼铁工艺炉壳体结构技术规范》 |  | 重庆市科技进步奖 | 省部级 |
| 2013年 | 基于模块化的特大型高炉炉体建造与修复新技术 | 三等 | 上海市技术发明奖 | 省部级 |
| 2013年 | 节能套筒石灰竖窑生产新工艺研究与应用 | 三等 | 上海市科技进步奖 | 省部级 |
| 2014年 | 冶金热轧生产线改造快速施工关键技术 | 三等 | 冶金科学技术奖 | 省部级 |
| 2015年 | 大型高炉技改建造综合技术的研究和应用 | 一等 | 冶金科学技术奖 | 省部级 |
| 2016年 | 大型热态智能湿法喷涂装置及工艺研究与应用 | 三等 | 冶金科学技术奖 | 省部级 |
| 2016年 | 巨型网格—弦支索系组合钢结构绿色信息化建造关键技术研发与应用 | 二等 | 河南省科学技术进步奖 | 省部级 |
| 2017年 | 现代工业管道数字化预制技术研究与应用 | 三等 | 冶金科学技术奖 | 省部级 |
| 2018年 | 一种液压组合式提吊旋转安装技术深化研究与应用 | 二等 | 冶金科学技术奖 | 省部级 |
| 2018年 | 焦炉烟囱废气脱硫脱硝用活性炭—烟气逆流集成净化(CCMB)技术 | 三等 | 冶金科学技术奖 | 省部级 |
| 2018年 | 大型工业炉全模块化智能建造成套技术 | 三等 | 冶金科学技术奖 | 省部级 |
| 2018年 | 新型大空间组合钢结构体系绿色建造关键技术及应用 | 三等 | 华夏建设科学技术奖 | 省部级 |
| 2002年 | 上海一厂15万立方米曼式煤气柜制作技术 | 二等 | 中国安装协会科学技术奖 | 行业协会 |
| 2002年 | 特大型静电卧式圆筒除尘器检修技术开发 | 二等 | 中国安装协会科学技术奖 | 行业协会 |
| 2002年 | 宝钢吊车梁快速更换技术 | 三等 | 中国安装协会科学技术奖 | 行业协会 |
| 2002年 | 超长辊道修复技术开发与应用 | 三等 | 中国安装协会科学技术奖 | 行业协会 |
| 2002年 | 国产化大型转化炉更换技术 | 二等 | 中国安装协会科学技术奖 | 行业协会 |
| 2002年 | 可移动龙门桅杆(海南钢结构千年塔)施工技术 | 一等 | 中国安装协会科学技术奖 | 行业协会 |
| 2005年 | 空间曲线箱型梁安装技术 | 三等 | 上海市安装行业协会科技创新奖 | 行业协会 |
| 2005年 | 电子厂房快速安装法 | 三等 | 上海市安装行业协会科技创新奖 | 行业协会 |
| 2006年 | 特大型连铸机系统安装技术 | 一等 | 中国安装协会科学技术奖 | 行业协会 |

(续表)

| 时间 | 成果名称 | 获奖等级 | 奖项名称 | 授奖机构 |
|---|---|---|---|---|
| 2006 年 | 特大型 5 000 毫米级轧机机架(牌坊)吊装工艺研究 | 二等 | 上海市安装行业协会科技创新奖 | 行业协会 |
| 2006 年 | 大型转炉炉体线外组装整体安装工艺技术 | 二等 | 中国安装协会科学技术奖 | 行业协会 |
| 2007 年 | 大型带钢轧机牌坊(机架)安装成套技术 | 一等 | 上海市安装行业协会科技创新奖 | 行业协会 |
| 2007 年 | 360 米双斜拱空间钢结构屋盖施工技术 | 一等 | 中国施工企业管理协会科技创新成果奖 | 行业协会 |
| 2008 年 | 双向正交钢桁架高空累计滑移施工技术 | 二等 | 中国钢结构协会科学技术奖 | 行业协会 |
| 2008 年 | 液压系统一步法安装工艺技术研究 | 二等 | 中国施工企业管理协会科技创新成果奖 | 行业协会 |
| 2009 年 | 国家体育场膜结构、钢结构安装、火炬塔等关键施工技术研究 | 特等 | 中国施工企业管理协会科技创新成果奖 | 行业协会 |
| 2009 年 | 现代机场场道施工技术研究 | 二等 | 中国施工企业管理协会科技创新成果奖 | 行业协会 |
| 2009 年 | 北京奥林匹克篮球馆工程关键技术研究 | 特等 | 中国施工企业管理协会科技创新成果奖 | 行业协会 |
| 2010 年 | 大型交流电炉设备安装工艺技术 | 一等 | 中国施工企业管理协会科技创新成果奖 | 行业协会 |
| 2010 年 | 大型制氧机组核心设备安装工艺 | 二等 | 中国施工企业管理协会科技创新成果奖 | 行业协会 |
| 2011 年 | 单双层混合型网壳结构安装技术研究 | 一等 | 上海市安装行业协会科技创新奖 | 行业协会 |
| 2011 年 | 大跨度多轨道不等高逐步累积旋转滑移技术 | 一等 | 中国安装协会科学技术奖 | 行业协会 |
| 2011 年 | 供配电系统感应耐压技术 | 二等 | 中国安装协会科学技术奖 | 行业协会 |
| 2011 年 | 大跨度多轨道不等高逐步累积旋转滑移技术 | 三等 | 中国钢结构协会科学技术奖 | 行业协会 |
| 2011 年 | 特殊钢炉卷轧机关键设备安装工艺技术 | 一等 | 中国施工企业管理协会科技创新成果奖 | 行业协会 |
| 2012 年 | 大型玻璃窑耐材施工技术 | 一等 | 中国施工企业管理协会科技创新成果奖 | 行业协会 |
| 2012 年 | 供配电系统在线升级技术 | 二等 | 中国施工企业管理协会科技创新成果奖 | 行业协会 |
| 2013 年 | 超高压供配电在线升级新技术 | 三等 | 中国安装协会科学技术奖 | 行业协会 |
| 2013 年 | 大规模 LED 照明系统设计与施工技术研究与应用 | 三等 | 中国安装协会科学技术奖 | 行业协会 |

（续表）

| 时间 | 成 果 名 称 | 获奖等级 | 奖 项 名 称 | 授奖机构 |
|---|---|---|---|---|
| 2013 年 | 超纯净 BA 管道安装关键技术研究与应用 | 三等 | 中国安装协会科学技术奖 | 行业协会 |
| 2013 年 | 单层网壳弦支穹顶结构安装技术研究及应用 | 二等 | 中国安装协会科学技术奖 | 行业协会 |
| 2013 年 | 钢结构特大板梁(叠梁)制作技术 | 三等 | 中国安装协会科学技术奖 | 行业协会 |
| 2013 年 | 特大型分片式轧机机架立体装配调整技术 | 二等 | 中国安装协会科学技术奖 | 行业协会 |
| 2013 年 | 现代大型无缝钢管生产线关键设备安装工艺研究 | 三等 | 中国安装协会科学技术奖 | 行业协会 |
| 2013 年 | 单层网壳弦支穹顶结构安装技术研究及应用 | 三等 | 中国钢结构协会科学技术奖 | 行业协会 |
| 2013 年 | 节能环保型套筒石灰窑生产新工艺研究与应用 | 一等 | 中国施工企业管理协会科技创新成果奖 | 行业协会 |
| 2013 年 | 现代大型无缝钢管生产线关键设备安装工艺研究 | 三等 | 中国施工企业管理协会科技创新成果奖 | 行业协会 |
| 2013 年 | 长距离大口径顶管关键技术研究与应用 | 二等 | 中国施工企业管理协会科技创新成果奖 | 行业协会 |
| 2014 年 | 冶金热轧生产线改造快速施工关键技术 | 一等 | 中国施工企业管理协会科技创新成果奖 | 行业协会 |
| 2014 年 | 现代宽厚板生产线关键设备在线检修维护成套技术 | 二等 | 中国施工企业管理协会科技创新成果奖 | 行业协会 |
| 2014 年 | 点支式全玻璃球冠形穹顶结构安装技术 | 二等 | 中国施工企业管理协会科技创新成果奖 | 行业协会 |
| 2014 年 | 大型建筑屋面光伏发电系统设计与施工技术 | 二等 | 中国施工企业管理协会科技创新成果奖 | 行业协会 |
| 2014 年 | 基于三维设计 BIM 技术的研究及在工程中的应用 | 二等 | 中国施工企业管理协会科技创新成果奖 | 行业协会 |
| 2014 年 | 超纯净 BA 管道安装关键技术研究与应用 | 一等 | 上海市安装行业协会科技创新奖 | 行业协会 |
| 2014 年 | 大规模 LED 照明系统设计与施工技术研究与应用 | 二等 | 上海市安装行业协会科技创新奖 | 行业协会 |
| 2015 年 | 多种类异形扭曲钢结构施工技术研究与应用 | 二等 | 中国建设工程施工技术创新成果奖 | 行业协会 |
| 2015 年 | 小夹角斜交裸露钢管混凝土柱超高层结构设计、施工关键技术研究与应用 | 一等 | 中国施工企业管理协会科技创新成果奖 | 行业协会 |
| 2015 年 | 在建地下结构周边建筑动态监测与安全风险评估技术 | 二等奖 | 中国施工企业管理协会科技创新成果奖 | 行业协会 |
| 2015 年 | 大型转炉三点球面支承装置在线快速更换技术 | 优秀成果奖 | 中国安装协会科学技术奖 | 行业协会 |

（续表）

| 时间 | 成 果 名 称 | 获奖等级 | 奖 项 名 称 | 授奖机构 |
|---|---|---|---|---|
| 2015 年 | 大跨度桁架式结构组装与提升关键技术 | 二等 | 中国安装协会科学技术奖 | 行业协会 |
| 2015 年 | 冶金工程快速改造与大修电气设计优化、安装调试成套技术 | 二等 | 中国安装协会科学技术奖 | 行业协会 |
| 2015 年 | 特殊环境下大型高炉串罐式无料钟炉设备模块化安装新工艺 | 三等 | 中国安装协会科学技术奖 | 行业协会 |
| 2015 年 | 小夹角斜交裸露钢管混凝土柱超高层结构设计、施工关键技术研究与应用 | 二等 | 中国钢结构协会科学技术奖 | 行业协会 |
| 2016 年 | 大型板带轧机在线整体校正技术研究与应用 | 一等 | 上海市安装行业协会科技创新奖 | 行业协会 |
| 2016 年 | 大型转炉三点球面支承装置在线快速更换技术 | 二等 | 上海市安装行业协会科技创新奖 | 行业协会 |
| 2016 年 | 医药行业生物型洁净室优化设计及施工技术研究 | 二等 | 上海市安装行业协会科技创新奖 | 行业协会 |
| 2016 年 | 小夹角斜交裸露钢管混凝土柱超高层结构设计、施工关键技术研究与应用 | 二等 | 上海土木工程科学技术奖 | 行业协会 |
| 2016 年 | 在建地下结构周边建筑动态监测与安全风险评估技术 | 三等 | 上海土木工程科学技术奖 | 行业协会 |
| 2016 年 | 特大型高炉炉顶串罐无料钟设备模块化安装新技术 | 一等 | 中国施工企业管理协会科技创新成果奖 | 行业协会 |
| 2016 年 | 现代冷轧关键设备系列在线检修技术 | 二等 | 中国施工企业管理协会科技创新成果奖 | 行业协会 |
| 2016 年 | 建筑隔震技术研究及复合材质组合式隔震支座开发应用 | 二等 | 中国施工企业管理协会科技创新成果奖 | 行业协会 |
| 2016 年 | 大型高炉技改建造综合技术的研究和应用 | 三等 | 中国建设工程施工技术创新成果奖 | 行业协会 |
| 2016 年 | 圆管杆件与复杂节点承载力及弯管成型技术研究 | 二等 | 中国钢结构协会科学技术奖 | 行业协会 |
| 2016 年 | 超大跨度椭球形钢桁架弦支穹顶组合网壳结构施工关键技术 | 二等 | 中国钢结构协会科学技术奖 | 行业协会 |
| 2016 年 | 大跨度桁架式结构组装与提升关键技术 | 二等 | 中国钢结构协会科学技术奖 | 行业协会 |
| 2017 年 | 建筑隔震技术研究及复合材质组合式隔震支座开发应用 | 二等 | 上海土木工程科学技术奖 | 行业协会 |
| 2017 年 | 大型主题公园水暖风施工新技术研究与应用 | 二等 | 上海土木工程科学技术奖 | 行业协会 |
| 2017 年 | 钢桁架—混凝土组合屋面系统模块化施工关键技术 | 二等 | 上海土木工程科学技术奖 | 行业协会 |
| 2017 年 | 基于工程项目信息化管理云平台的超大型工程项目标化管理研究与应用 | 三等 | 上海土木工程科学技术奖 | 行业协会 |

（续表）

| 时间 | 成 果 名 称 | 获奖等级 | 奖 项 名 称 | 授奖机构 |
|---|---|---|---|---|
| 2017 年 | 大型热态智能湿法喷涂装置及工艺研究与应用 | 二等 | 中国安装协会科学技术奖 | 行业协会 |
| 2017 年 | 现代冷轧关键设备系列在线检修技术 | 二等 | 中国安装协会科学技术奖 | 行业协会 |
| 2017 年 | 超大跨度椭球形钢桁架弦支穹顶组合网壳结构施工关键技术 | 二等 | 中国安装协会科学技术奖 | 行业协会 |
| 2017 年 | 医药行业生物型洁净室设计优化及施工技术 | 三等 | 中国安装协会科学技术奖 | 行业协会 |
| 2017 年 | 现代工业管道数字化预制技术研究与应用 | 一等 | 中国施工企业管理协会科技创新成果奖 | 行业协会 |
| 2017 年 | 超高层建筑主体结构施工关键技术研究与应用 | 二等 | 中国施工企业管理协会科技创新成果奖 | 行业协会 |
| 2017 年 | 大型主题公园水暖风系统施工技术研究与应用 | 二等 | 中国施工企业管理协会科技创新成果奖 | 行业协会 |
| 2017 年 | 上海迪士尼明日世界项目综合施工技术研究与应用 | 二等 | 中国施工企业管理协会科技创新成果奖 | 行业协会 |
| 2017 年 | 装配式混凝土住宅关键技术研究与应用 | 二等 | 中国施工企业管理协会科技创新成果奖 | 行业协会 |
| 2017 年 | 现代工业管道数字化预制技术研究与应用 | 一等 | 上海市安装行业协会科技创新奖 | 行业协会 |
| 2017 年 | 大型环保立式矿渣磨机关键设备安装及检修成套技术研究 | 二等 | 上海市安装行业协会科技创新奖 | 行业协会 |
| 2017 年 | 大型山地光伏发电系统设计与施工集成技术 | 二等 | 上海市安装行业协会科技创新奖 | 行业协会 |
| 2017 年 | 建筑节能系统智能控制平台的开发与应用项目研究 | 三等 | 上海市安装行业协会科技创新奖 | 行业协会 |
| 2017 年 | 基于三维扫描识别及逆向建模的钢结构数字化预拼装技术 | 二等 | 中国钢结构协会科学技术奖 | 行业协会 |
| 2017 年 | 武汉光谷国际网球中心主场馆工程大跨度开合屋盖施工及空间扭曲箱型构件加工技术 | 三等 | 中国钢结构协会科学技术奖 | 行业协会 |
| 2017 年 | 装配式高层钢结构建筑弧形薄钢板墙核心筒施工关键技术 | 二等 | 广东省工程勘察设计行业协会 | 行业协会 |
| 2017 年 | 大型主题乐园项目综合施工技术研究与应用 | 二等 | 中国建设工程施工技术创新成果奖 | 行业协会 |
| 2018 年 | 特殊环境下大型高炉串罐式无料钟炉顶设备模块化安装新工艺 | 一等 | 上海市安装行业协会科技创新奖 | 行业协会 |
| 2018 年 | 环保型石灰竖窑液压系统集成技术与应用 | 一等 | 上海市安装行业协会科技创新奖 | 行业协会 |
| 2018 年 | 双膛石灰窑出灰系统关键非标设备制作技术 | 二等 | 上海市安装行业协会科技创新奖 | 行业协会 |

(续表)

| 时间 | 成果名称 | 获奖等级 | 奖项名称 | 授奖机构 |
|---|---|---|---|---|
| 2018年 | 机电工程材料设备全流程信息化管理平台技术的研发与应用 | 二等 | 上海市安装行业协会科技创新奖 | 行业协会 |
| 2018年 | 特大型转化炉全模块化智慧建造成套技术 | 二等 | 中国施工企业管理协会科技创新成果奖 | 行业协会 |
| 2018年 | 广州白云机场超大面积航站楼网架综合施工技术 | 二等 | 中国钢结构协会科学技术奖 | 行业协会 |
| 2018年 | 薄钢板夹芯混凝土剪力墙核心筒超高层钢结构施工工艺研究与应用 | 三等 | 中国钢结构协会科学技术奖 | 行业协会 |
| 2018年 | 大型整体倾斜地下车库综合施工技术研究与应用 | 一等 | 河南省施工技术创新成果奖 | 行业协会 |
| 2018年 | 填海区超长线型深基坑施工关键技术 | 三等 | 中国交通运输协会科学技术奖 | 行业协会 |
| 2018年 | 道路路基工程智能化施工成套关键技术 | 三等 | 中国交通运输协会科学技术奖 | 行业协会 |
| 2018年 | 装配式立交桥关键施工技术研究与应用 | 三等 | 中国交通运输协会科学技术奖 | 行业协会 |
| 2018年 | 大跨双拱高中柱网壳多轨道同步滑移技术研究与应用 | 三等 | 江苏省土木建筑学会 | 行业协会 |
| 2003年 | 无檩条结构组合屋面压型钢板 | 一等 | 中冶科学技术奖 | 中冶集团 |
| 2003年 | 移动式龙门桅杆的研制及在海南千年塔工程中的应用 | 三等 | 中冶科学技术奖 | 中冶集团 |
| 2003年 | 特大型国产化转炉更换技术 | 三等 | 中冶科学技术奖 | 中冶集团 |
| 2003年 | 钢铁企业辊道系列修复再生技术 | 三等 | 中冶科学技术奖 | 中冶集团 |
| 2004年 | BOX柱生产线技术开发 | 三等 | 中冶科学技术奖 | 中冶集团 |
| 2004年 | 新型板梁式模板体系的研制与应用 | 三等 | 中冶科学技术奖 | 中冶集团 |
| 2004年 | 液压系统施工新技术系列开发与应用 | 二等 | 中冶科学技术奖 | 中冶集团 |
| 2005年 | 高炉快速安装工艺研究 | 一等 | 中冶科学技术奖 | 中冶集团 |
| 2005年 | 特大型高炉冷却壁在线快速更换施工技术 | 三等 | 中冶科学技术奖 | 中冶集团 |
| 2005年 | 特大型高炉冷却壁在线快速更换技术 | 三等 | 中冶科学技术奖 | 中冶集团 |
| 2005年 | 特大型5 000毫米级轧机机架(牌坊)侧立就位技术和工艺研究 | 三等 | 中冶科学技术奖 | 中冶集团 |
| 2005年 | 洁净室超长超宽清水井字梁施工工艺 | 三等 | 中冶科学技术奖 | 中冶集团 |
| 2005年 | 厚板自动自保护焊接技术 | 三等 | 中冶科学技术奖 | 中冶集团 |
| 2005年 | 高温陶质焊补技术及焊补材料的开发 | 三等 | 中冶科学技术奖 | 中冶集团 |
| 2005年 | TIG重熔技术对吊车梁焊接接头影响 | 三等 | 中冶科学技术奖 | 中冶集团 |
| 2005年 | 大型高炉框架制作与炉壳焊接技术研究 | 二等 | 中冶科学技术奖 | 中冶集团 |
| 2006年 | 可塑料喷涂施工工艺技术 | 三等 | 中冶科学技术奖 | 中冶集团 |

（续表）

| 时间 | 成　果　名　称 | 获奖等级 | 奖　项　名　称 | 授奖机构 |
|---|---|---|---|---|
| 2006 年 | 城市立交钢桥梁交通在线立体安装及制作技术 | 三等 | 中冶科学技术奖 | 中冶集团 |
| 2006 年 | 360 米双斜拱空间钢结构屋盖施工技术 | 一等 | 中冶科学技术奖 | 中冶集团 |
| 2008 年 | 宽厚铝板液压剪切机研制 | 三等 | 中冶科学技术奖 | 中冶集团 |
| 2008 年 | 弗卡斯环形套筒石灰竖窑耐材结构施工工艺研究 | 三等 | 中冶科学技术奖 | 中冶集团 |
| 2008 年 | 液压系统一步法安装工艺技术研究 | 二等 | 中冶科学技术奖 | 中冶集团 |
| 2008 年 | 上海光源工程高阻尼减振混凝土研制及应用 | 二等 | 中冶科学技术奖 | 中冶集团 |
| 2008 年 | 电力工频谐振耐压试验技术研究 | 二等 | 中冶科学技术奖 | 中冶集团 |
| 2008 年 | 电子厂房建筑工程成套施工技术研究 | 三等 | 中冶科学技术奖 | 中冶集团 |
| 2008 年 | 大型带钢轧机牌坊(机架)安装成套技术 | 三等 | 中冶科学技术奖 | 中冶集团 |
| 2008 年 | Corex3000 熔融还原炼铁炉耐材施工工艺研究 | 三等 | 中冶科学技术奖 | 中冶集团 |
| 2008 年 | 双向正交钢桁架高空累计滑移施工技术 | 二等 | 中冶科学技术奖 | 中冶集团 |
| 2009 年 | FGL C75 废钢料槽车研制 | 三等 | 中冶科学技术奖 | 中冶集团 |
| 2009 年 | 特大型桥式起重机设备高空整体安装技术 | 一等 | 中冶科学技术奖 | 中冶集团 |
| 2009 年 | 国家体育场钢结构工程施工技术 | 一等 | 中冶科学技术奖 | 中冶集团 |
| 2009 年 | 中板生产线设备快速保护性拆迁技术工艺研究 | 三等 | 中冶科学技术奖 | 中冶集团 |
| 2009 年 | 现代大型机场场道施工新技术研究与应用 | 三等 | 中冶科学技术奖 | 中冶集团 |
| 2009 年 | 高大模板支撑体系施工技术研究 | 三等 | 中冶科学技术奖 | 中冶集团 |
| 2009 年 | 超深陡坡隧道电缆敷设电力线组网视频安全监控技术 | 三等 | 中冶科学技术奖 | 中冶集团 |
| 2009 年 | 超高层钢结构施工技术 | 三等 | 中冶科学技术奖 | 中冶集团 |
| 2009 年 | 高性能环保滤板密封料研制及应用 | 二等 | 中冶科学技术奖 | 中冶集团 |
| 2010 年 | 世博主题馆空间结构安装新技术 | 二等 | 中冶科学技术奖 | 中冶集团 |
| 2010 年 | 工程结构(设备)模块化集成技术 | 一等 | 中冶科学技术奖 | 中冶集团 |
| 2010 年 | 大型复杂结构施工过程安全监测与控制成套技术 | 一等 | 中冶科学技术奖 | 中冶集团 |
| 2010 年 | 现役钢筋混凝土烟囱在线外包混凝土加固技术 | 三等 | 中冶科学技术奖 | 中冶集团 |
| 2010 年 | 全套管拔除地下桩障碍物施工技术 | 三等 | 中冶科学技术奖 | 中冶集团 |
| 2010 年 | 宽厚板轧线粗轧设备在线快速安装技术 | 三等 | 中冶科学技术奖 | 中冶集团 |
| 2010 年 | 工业炉衬湿法喷涂及造衬技术 | 三等 | 中冶科学技术奖 | 中冶集团 |
| 2010 年 | 高速铁路大型交通枢纽动荷载框架结构制作技术 | 三等 | 中冶科学技术奖 | 中冶集团 |
| 2010 年 | 大型制氧机组核心设备安装工艺 | 三等 | 中冶科学技术奖 | 中冶集团 |
| 2010 年 | 大型交流电炉设备安装工艺技术 | 三等 | 中冶科学技术奖 | 中冶集团 |
| 2010 年 | 大型高炉三电系统离线组装模拟预调试技术 | 三等 | 中冶科学技术奖 | 中冶集团 |
| 2010 年 | 特大型高炉炉壳制造技术 | 二等 | 中冶科学技术奖 | 中冶集团 |

(续表)

| 时间 | 成 果 名 称 | 获奖等级 | 奖 项 名 称 | 授奖机构 |
|---|---|---|---|---|
| 2010年 | 世博主题馆空间结构安装新技术 | 二等 | 中冶科学技术奖 | 中冶集团 |
| 2010年 | COREX3000熔融直接还原炼铁炉施工技术 | 二等 | 中冶科学技术奖 | 中冶集团 |
| 2011年 | 大跨度多轨道不等高逐步累积旋转滑移技术 | 一等 | 中冶科学技术奖 | 中冶集团 |
| 2011年 | 特殊钢炉卷轧机关键设备安装工艺技术 | 三等 | 中冶科学技术奖 | 中冶集团 |
| 2011年 | 长距离大口径顶管施工技术研究与应用 | 三等 | 中冶科学技术奖 | 中冶集团 |
| 2011年 | 世博工程建筑装饰系列新技术研究与应用 | 二等 | 中冶科学技术奖 | 中冶集团 |
| 2012年 | 特大型分片式轧机机架立体装配调整技术 | 一等 | 中冶科学技术奖 | 中冶集团 |
| 2012年 | 重型焊接结构渣罐研制及在冶金工厂中的应用 | 三等 | 中冶科学技术奖 | 中冶集团 |
| 2012年 | 大型变电所保护系统更新升级技术 | 三等 | 中冶科学技术奖 | 中冶集团 |
| 2012年 | 现代大型无缝钢管生产线关键设备安装工艺研究 | 二等 | 中冶科学技术奖 | 中冶集团 |
| 2012年 | 浮法玻璃生产线关键设备—锡槽制造与安装成套技术 | 三等 | 中冶科学技术奖 | 中冶集团 |
| 2013年 | 基于模块化的特大型高炉炉体建造与修复新技术 | 二等 | 中冶技术发明奖 | 中冶集团 |
| 2013年 | 节能环保型套筒石灰窑生产新工艺研究与应用 | 二等 | 中冶科学技术奖 | 中冶集团 |
| 2013年 | 现代体育馆施工关键技术研究与应用 | 二等 | 中冶科学技术奖 | 中冶集团 |
| 2014年 | 基于三维设计BIM技术的研究及在工程中的应用 | 二等 | 中冶科学技术奖 | 中冶集团 |
| 2015年 | 高速铁路大型客站密排菱形钢管桁架空中累积滑移多次合拢成套技术研究 | 一等 | 中国铁道建筑总公司科学技术奖 | 中国铁道建筑总公司 |
| 2015年 | 小夹角斜交裸露钢管混凝土柱超高层结构设计、施工关键技术研究与应用 | 二等 | 中冶科学技术奖 | 中冶集团 |
| 2016年 | 建筑隔震技术研究及复合材质组合式隔震支座开发应用 | 二等 | 中冶科学技术奖 | 中冶集团 |
| 2017年 | 基于三维扫描及识别和逆向建模的数字化预拼装技术研究 | 二等 | 中冶科学技术奖 | 中冶集团 |
| 2017年 | 大型主题乐园项目综合施工技术研究与应用 | 二等 | 中冶科学技术奖 | 中冶集团 |
| 2017年 | 现代工业管道数字化预制技术研究与应用 | 二等 | 中冶科学技术奖 | 中冶集团 |
| 2017年 | 建筑隔震技术研究及复合材质组合式隔震支座开发应用 | 二等 | 五矿科技奖 | 五矿集团 |
| 2017年 | 尾气洗涤装置及其使用方法(发明) | 二等 | 五矿专利奖 | 五矿集团 |
| 2018年 | 大型城市会展商务综合体结构设计—施工关键技术研究与应用 | 一等 | 中冶科学技术奖 | 中冶集团 |
| 2018年 | 广州白云机场超大面积航站楼网架综合施工技术 | 二等 | 中冶科学技术奖 | 中冶集团 |
| 2018年 | 大型热态智能湿法喷涂装置及工艺研究与应用 | 二等 | 中冶科学技术奖 | 中冶集团 |
| 2018年 | 装配式建筑构件套筒灌浆连接关键技术与应用 | 二等 | 中冶科学技术奖 | 中冶集团 |
| 2018年 | 基于三维扫描识别及逆向建模的钢结构数字化预拼装技术 | 二等 | 五矿科技奖 | 五矿集团 |

表 8-4-3 参加历届上海市优秀发明选拔赛获奖项目清单

| 项 目 名 称 | 获奖时间 | 获奖等级 | 备 注 |
|---|---|---|---|
| 设备无垫板安装的流动灌浆材料——BY40 灌浆料 | 1999 年 | 产品奖 | 13 届 |
| 一种金属压型板 | 1999 年 | 二等奖 | 13 届 |
| 一种模块组合式静力压桩机 | 1999 年 | 二等奖 | 13 届 |
| 锥管模压成型装置 | 1999 年 | 三等奖 | 13 届 |
| 一种用于更换热风炉伸缩管的定位器 | 1999 年 | 三等奖 | 13 届 |
| 一种检验校对三相电动率仪表的方法 | 1999 年 | 三等奖 | 13 届 |
| 模拟串模干扰共模干扰信号仪 | 1999 年 | 三等奖 | 13 届 |
| 多功能游标卡尺 | 1999 年 | 三等奖 | 13 届 |
| 一种轻质耐火材料及其生产方法 | 2001 年 | 产品奖 | 14 届 |
| 浦东机场软土地基强夯处理综合施工技术 | 2001 年 | 一等奖 | 14 届 |
| 气动元件自动测试及气缸故障诊断技术 | 2001 年 | 一等奖 | 14 届 |
| 多维程控汽车洗车台研制 | 2001 年 | 二等奖 | 14 届 |
| 链板输送机研制 | 2001 年 | 二等奖 | 14 届 |
| 地下工程低公害稳定液的研制 | 2001 年 | 二等奖 | 14 届 |
| 自沉式轻型井点装置 | 2001 年 | 二等奖 | 14 届 |
| 地下连续墙防水、刚性接头装置 | 2001 年 | 二等奖 | 14 届 |
| 钢结构立式抛丸机 | 2001 年 | 二等奖 | 14 届 |
| 一种不定型耐火材料喷涂装置 | 2001 年 | 二等奖 | 14 届 |
| 渣罐喷涂装置研制 | 2001 年 | 三等奖 | 14 届 |
| 矿粉成型装置 | 2001 年 | 三等奖 | 14 届 |
| 一种卧式型钢弯曲机 | 2001 年 | 三等奖 | 14 届 |
| 地下连续墙用气举反循环机具设计及工艺 | 2001 年 | 三等奖 | 14 届 |
| 一种新型支模拉杆卡具 | 2001 年 | 三等奖 | 14 届 |
| 一种多功能模板定位器 | 2001 年 | 三等奖 | 14 届 |
| 喷射井点管喷射器真空度检测装置 | 2001 年 | 三等奖 | 14 届 |
| 微型井点降水装置 | 2001 年 | 三等奖 | 14 届 |
| 耐火材料浇注用异型钢模板 | 2001 年 | 三等奖 | 14 届 |
| 耐火材料研磨机 | 2001 年 | 三等奖 | 14 届 |
| 四环牌二氧化碳气体保护焊丝 | 2002 年 | 产品金奖 | 15 届 |
| 钢渣砌块彩色路面砖 | 2002 年 | 产品金奖 | 15 届 |
| 吸附式振动器 | 2002 年 | 产品金奖 | 15 届 |
| 伺服阀及 AGC 伺服油缸测试系统研制 | 2002 年 | 一等奖 | 15 届 |
| LYX-600 步履式全液压静力压桩机 | 2002 年 | 一等奖 | 15 届 |
| 转炉下热态清渣遥控装载机的研制与应用 | 2002 年 | 一等奖 | 15 届 |

(续表)

| 项目名称 | 获奖时间 | 获奖等级 | 备注 |
|---|---|---|---|
| 可拔型劲性水泥土搅拌桩技术开发 | 2002年 | 二等奖 | 15届 |
| 年产万吨焊丝的工艺与技术改造 | 2002年 | 二等奖 | 15届 |
| 外海筑坝"钩连块体"施工技术 | 2002年 | 二等奖 | 15届 |
| 宝钢高炉下降管热态内衬修复 | 2002年 | 二等奖 | 15届 |
| 炼钢厂钢耐材整体浇筑芯模 | 2002年 | 二等奖 | 15届 |
| 钢管桩地下切割装置 | 2002年 | 二等奖 | 15届 |
| 焊接工程数据库及专家系统 | 2002年 | 二等奖 | 15届 |
| 压力管道检验专家智能管理系统开发应用 | 2002年 | 二等奖 | 15届 |
| 滚动式振动碾压机 | 2002年 | 三等奖 | 15届 |
| 井点降水成活率测试技术及测试仪的研制 | 2002年 | 三等奖 | 15届 |
| U51-250-750型金属压型钢板及成型机的应用开发 | 2002年 | 三等奖 | 15届 |
| 宝钢——炼钢三电改造2号RH工程网络调试技术开发 | 2002年 | 三等奖 | 15届 |
| 宝钢1550冷轧基础自动化三电设计调试 | 2002年 | 三等奖 | 15届 |
| 多功能埋弧堆焊机自动化研制 | 2002年 | 三等奖 | 15届 |
| CNC-4000数控切割机改造 | 2002年 | 三等奖 | 15届 |
| U-820型金属压型板成型机研制与应用 | 2003年 | 产品金奖 | 16届 |
| 宝钢2050热轧机F2轧机机架强度测试及修复技术的开发与应用 | 2003年 | 一等奖 | 16届 |
| 移动式龙门桅杆的研制及在海南千年塔工程中的应用 | 2003年 | 一等奖 | 16届 |
| 大型国产化转 炉炉壳厚板现场焊接技术 | 2003年 | 一等奖 | 16届 |
| ZGC-45B型渣罐运输车的研制 | 2003年 | 一等奖 | 16届 |
| 厦门会展中心智能照明控制和管理系统工程 | 2003年 | 二等奖 | 16届 |
| 沉井无水压封底装置 | 2003年 | 二等奖 | 16届 |
| 煤气管道波纹管补偿器非金属包覆技术 | 2003年 | 二等奖 | 16届 |
| 上钢一厂15万立方米曼式煤气柜制作技术 | 2003年 | 二等奖 | 16届 |
| 高压耐热合金钢焊接技术 | 2003年 | 二等奖 | 16届 |
| 高精度高硬度辊道修复技术开发与应用 | 2003年 | 二等奖 | 16届 |
| 新型焊材R317L的应用与研究 | 2003年 | 二等奖 | 16届 |
| 克虏伯不锈钢围护工程施工技术的开发与应用 | 2003年 | 二等奖 | 16届 |
| 软体三维植被网垫护坡工程施工技术 | 2003年 | 三等奖 | 16届 |
| 镇大公路加筋挡墙工程施工技术 | 2003年 | 三等奖 | 16届 |
| 转炉出钢口挖修工艺改进 | 2003年 | 三等奖 | 16届 |
| 风管无法兰联接新工艺开发 | 2003年 | 三等奖 | 16届 |
| 冶金用渣罐 | 2003年 | 三等奖 | 16届 |
| 铁水渣浸泡生产工艺 | 2003年 | 三等奖 | 16届 |

（续表）

| 项 目 名 称 | 获奖时间 | 获奖等级 | 备 注 |
|---|---|---|---|
| 转炉钢渣的除锈磨料生产工艺 | 2003 年 | 三等奖 | 16 届 |
| 国产大型浮法锡槽耐材施工技术 | 2003 年 | 三等奖 | 16 届 |
| 铜与不锈钢的不预热焊接新工艺开发与应用 | 2003 年 | 三等奖 | 16 届 |
| 宝冶计量、标准管理系统软件开发 | 2003 年 | 三等奖 | 16 届 |
| 煤气管带压钻孔技术的开发 | 2004 年 | 二等奖 | 17 届 |
| BOX 柱生产线及其加工制作技术 | 2004 年 | 三等奖 | 17 届 |
| 宝钢自备电厂锅炉过热器合金管焊接技术 | 2004 年 | 三等奖 | 17 届 |
| 洁净室超长超宽清水砼井字梁施工工艺 | 2005 年 | 一等奖 | 18 届 |
| 大型高炉框架制作技术 | 2005 年 | 二等奖 | 18 届 |
| 新型板梁式模板体系的研制与应用 | 2005 年 | 二等奖 | 18 届 |
| PBC65 平板运输车研制 | 2005 年 | 三等奖 | 18 届 |
| 钛管道焊接工艺开发 | 2005 年 | 三等奖 | 18 届 |
| 真空——堆载联合预压与粉煤灰路堤在上海北环高速公路工程中共同应用的研究 | 2005 年 | 三等奖 | 18 届 |
| 宝钢 2BF 易地大修 BB503 焊接工艺研究 | 2005 年 | 三等奖 | 18 届 |
| 组合式重型钢卷吊具研制 | 2005 年 | 三等奖 | 18 届 |
| 液压油净化处理技术开发 | 2005 年 | 三等奖 | 18 届 |
| TKY 相贯焊缝节点超声波探伤的研究 | 2006 年 | 一等奖 | 19 届 |
| 南京奥林匹克体育中心主体育场施工工艺 | 2006 年 | 一等奖 | 19 届 |
| 陶瓷焊补技术及焊补材料的开发 | 2006 年 | 一等奖 | 19 届 |
| 特大型高炉冷却壁在线快速更换施工技术 | 2006 年 | 一等奖 | 19 届 |
| 宝钢化工煤精自动控制系统生产运行状态下改扩建及加固补强新技术的综合应用 | 2006 年 | 二等奖 | 19 届 |
| 特大型 5 000 毫米级轧机机架(牌坊)侧立就位技术和工艺研究 | 2006 年 | 二等奖 | 19 届 |
| 自保护自动立焊技术 | 2006 年 | 二等奖 | 19 届 |
| LMGQ - A800 型网络数控相贯线切割机技术改造 | 2006 年 | 三等奖 | 19 届 |
| 可塑料喷涂施工技术 | 2006 年 | 三等奖 | 19 届 |
| 苏州国际博览中心钢结构施工工艺研究 | 2006 年 | 三等奖 | 19 届 |
| 转炉炉体及倾动设备线外组装整体安装工艺 | 2006 年 | 三等奖 | 19 届 |
| 自行式高频排式振捣器 | 2006 年 | 三等奖 | 19 届 |
| 钢板立角焊缝自动焊接方法 | 2007 年 | 三等奖 | 20 届 |
| 电力电缆工频串联谐振耐压应用技术 | 2007 年 | 三等奖 | 20 届 |
| 变电所变压器差动保护装置的系统试验 | 2007 年 | 三等奖 | 20 届 |
| 高等级精密高程控制测量自动化技术 | 2007 年 | 三等奖 | 20 届 |

(续表)

| 项 目 名 称 | 获奖时间 | 获奖等级 | 备 注 |
|---|---|---|---|
| DS-WS15钻石链锯切割钢筋混凝土结构施工工艺 | 2007年 | 三等奖 | 20届 |
| 生态石笼在浦钢护厂河护岸中的应用研究 | 2007年 | 三等奖 | 20届 |
| 炼钢汽化冷却装置在线更换技术 | 2007年 | 三等奖 | 20届 |
| 组合平面钢模板修复技术 | 2007年 | 三等奖 | 20届 |
| 新型多功能可拆卸钢结构施工胎架 | 2007年 | 三等奖 | 20届 |
| 宽厚铝板液压剪切机研制 | 2007年 | 二等奖 | 20届 |
| FGLC75型废钢料槽运输车研制 | 2007年 | 二等奖 | 20届 |
| 城市立交钢桥梁交通在线立体安装及制作技术 | 2007年 | 二等奖 | 20届 |
| 大型转炉炉体线外组装整体安装工艺技术 | 2007年 | 二等奖 | 20届 |
| 特大型厚板坯连铸机安装技术 | 2007年 | 一等奖 | 20届 |
| 大型钢(铁)水包点检、检验、修复一体化技术 | 2007年 | 三等奖 | 20届 |
| 化工硫铵区域设备运行状态下地质改善加固 | 2007年 | 二等奖 | 20届 |
| 激光整平大面积超平地坪施工工艺研究 | 2008年 | 一等奖 | 21届 |
| 国家体育场钢结构工程施工技术 | 2008年 | 二等奖 | 21届 |
| 大型环保节能设施环缝洗涤塔制作安装技术研究 | 2008年 | 二等奖 | 21届 |
| 大型带钢轧机牌坊(机架)安装成套技术研究 | 2008年 | 二等奖 | 21届 |
| 水泥基改性高阻尼混凝土的研制与上海光源工程中的应用 | 2008年 | 二等奖 | 21届 |
| 自爬式液压顶升系统装置 | 2008年 | 三等奖 | 21届 |
| 多用螺丝刀 | 2008年 | 三等奖 | 21届 |
| 重型电缆自动化敷设装置 | 2008年 | 三等奖 | 21届 |
| 电子厂房建筑工程成套施工技术研究 | 2008年 | 三等奖 | 21届 |
| 山河智能SWL2810滑移式装载机加装无线遥控操作系统 | 2008年 | 三等奖 | 21届 |
| 柳工CLG856轮式装载机加装无线遥控操作系统 | 2008年 | 三等奖 | 21届 |
| 冲孔灌注桩在抛石体地基处理工程中的应用 | 2008年 | 三等奖 | 21届 |
| 双向正交钢桁架高空累计滑移施工技术 | 2008年 | 三等奖 | 21届 |
| 大型炼钢厂厂房钢结构加固焊接技术 | 2008年 | 三等奖 | 21届 |
| 大跨度、异型、新材料金属屋面施工技术 | 2008年 | 三等奖 | 21届 |
| 电气传动自动控制系统晶闸管变流组件预防性试验检测技术 | 2009年 | 金奖 | 22届 |
| 特大型桥式起重机设备高空整体安装技术 | 2009年 | 金奖 | 22届 |
| 灾后建筑结构损伤检测与承载能力评定方法研究 | 2009年 | 金奖 | 22届 |
| 液压系统"一步法"安装工艺技术研究 | 2009年 | 银奖 | 22届 |
| 高炉煤气余压透平发电设备(TRT)检修工艺研究 | 2009年 | 银奖 | 22届 |
| POC新型煤气柜施工技术 | 2009年 | 银奖 | 22届 |
| 工业设备基础在线切割、移位、置换技术研究 | 2009年 | 铜奖 | 22届 |

（续表）

| 项　目　名　称 | 获奖时间 | 获奖等级 | 备　注 |
|---|---|---|---|
| 高性能环保滤板密封料研制与应用 | 2009 年 | 铜奖 | 22 届 |
| 世博主题馆空间结构安装新技术 | 2010 年 | 金奖 | 23 届 |
| 大型高炉大修模块化结构离线组装与整体拆装技术 | 2010 年 | 金奖 | 23 届 |
| 特大型高炉炉壳制造技术 | 2010 年 | 金奖 | 23 届 |
| COREX 3000 熔融还原炼铁炉核心设备安装技术 | 2010 年 | 金奖 | 23 届 |
| 大型及复杂结构施工过程安全监测与控制成套技术开发应用 | 2010 年 | 金奖 | 23 届 |
| 大型高炉快速大修三电系统离线组装模拟预调试技术 | 2010 年 | 铜奖 | 23 届 |
| 现役钢筋混凝土烟囱在线外包钢套筒加固技术 | 2010 年 | 铜奖 | 23 届 |
| 特殊钢炉卷轧机关键设备安装工艺技术 | 2011 年 | 金奖 | 24 届 |
| 大跨度多轨道不等高逐步累积旋转滑移技术 | 2011 年 | 铜奖 | 24 届 |
| 变电所设备继电保护系统模拟测试系统 | 2011 年 | 铜奖 | 24 届 |
| 现代大型无缝钢管生产线关键设备安装工艺研究 | 2011 年 | 银奖 | 24 届 |
| 风电大直径高强螺栓微机控制力学检测系统 | 2011 年 | 银奖 | 24 届 |
| 特殊钢炉卷轧机关键设备安装工艺技术 | 2011 年 | 金奖 | 24 届 |
| 大跨度多轨道不等高逐步累积旋转滑移技术 | 2011 年 | 铜奖 | 24 届 |
| 变电所设备继电保护系统模拟测试系统 | 2011 年 | 铜奖 | 24 届 |
| 现代大型无缝钢管生产线关键设备安装工艺研究 | 2011 年 | 银奖 | 24 届 |
| 风电大直径高强螺栓微机控制力学检测系统 | 2011 年 | 银奖 | 24 届 |
| 超纯净 BA 管道安装关键技术研究与应用 | 2012 年 | 金奖 | 25 届 |
| 特大型分片式轧机机架立体装配调整技术 | 2012 年 | 金奖 | 25 届 |
| COREX 炉 AGD 管专用拆装装置研发与应用技术 | 2012 年 | 铜奖 | 25 届 |
| 宽厚板生产线核心设备 AGC 油缸快速更换关键技术 | 2012 年 | 铜奖 | 25 届 |
| GBC100 型重型冶金罐包类运输车 | 2012 年 | 银奖 | 25 届 |
| 汽车生产线供油系统自控改造技术 | 2012 年 | 银奖 | 25 届 |
| 重型焊接结构渣罐研制及在冶金工厂中应用 | 2012 年 | 银奖 | 25 届 |
| 大型煤气/蒸汽循环节能发电机组快速安装技术 | 2013 年 | 铜奖 | 26 届 |
| 节能高低压组合一体化液压系统在线循环冲洗、试压工艺及装置研发 | 2013 年 | 银奖 | 26 届 |
| 节能环保型套筒石灰窑生产新工艺研究与应用 | 2013 年 | 金奖 | 26 届 |
| 工业高温管道在线射线检测技术开发与应用 | 2013 年 | 铜奖 | 26 届 |
| 后张法预应力混凝土梁管道压浆剂研制 | 2013 年 | 银奖 | 26 届 |
| 大规模 LED 照明系统设计与施工技术研究与应用 | 2013 年 | 铜奖 | 26 届 |
| 大型建筑屋面光伏发电系统设计与施工技术 | 2014 年 | 银奖 | 27 届 |
| 环保型石灰竖窑液压系统集成技术与应用 | 2014 年 | 银奖 | 27 届 |

(续表)

| 项 目 名 称 | 获奖时间 | 获奖等级 | 备 注 |
| --- | --- | --- | --- |
| 结构与设备综合失效分析新技术开发与应用 | 2014 年 | 银奖 | 27 届 |
| 现代宽厚板生产线关键设备在线检修维护成套技术 | 2014 年 | 金奖 | 27 届 |
| 冶金热轧生产线改造快速施工关键技术 | 2014 年 | 金奖 | 27 届 |
| 在役复杂环境下高炉炉体柔性支撑工艺及更换技术 | 2014 年 | 铜奖 | 27 届 |
| 特殊环境下大型高炉串罐式无料钟炉顶设备模块化安装新工艺 | 2015 年 | 金奖 | 28 届 |
| 医药行业生物型洁净室设计优化及施工技术研究 | 2015 年 | 铜奖 | 28 届 |
| 现代冷轧关键设备系列在线检修技术 | 2015 年 | 铜奖 | 28 届 |
| 超大跨度椭球形钢桁架弦支穹顶组合网壳结构施工关键技术 | 2015 年 | 铜奖 | 28 届 |
| 上海迪士尼乐园明日世界项目综合技术研究与应用 | 2016 年 | 金奖 | 29 届 |
| 大型高炉大块残铁快速解体技术 | 2016 年 | 金奖 | 29 届 |
| 装配式混凝土住宅关键技术研究与应用 | 2016 年 | 银奖 | 29 届 |
| 建筑隔震技术研究及复合材料组合式隔震支座开发应用 | 2016 年 | 银奖 | 29 届 |
| 大型环保立式矿渣磨机关键设备安装机检修成套技术研究 | 2016 年 | 银奖 | 29 届 |
| 建筑节能系统智能控制平台 | 2016 年 | 铜奖 | 29 届 |
| 武汉光谷国际网球中心主场馆工程大跨度开合屋盖施工及空间扭曲箱型构建加工技术 | 2016 年 | 铜奖 | 29 届 |
| 大型主题公园水暖风系统施工技术研究与应用 | 2016 年 | 铜奖 | 29 届 |
| 大型板带轧机在线整体校正技术研究及应用 | 2016 年 | 铜奖 | 29 届 |
| 现代工业管道数字化预制技术研究与应用 | 2017 年 | 银奖 | 30 届 |
| 广州白云机场超大面积航站楼网架综合施工技术 | 2017 年 | 银奖 | 30 届 |
| 流体输送工业设备高效节能改造技术开发与应用 | 2017 年 | 银奖 | 30 届 |
| 大型山地光伏发电系统设计与施工集成技术 | 2017 年 | 银奖 | 30 届 |
| 建筑工程模板及脚手架体系三维数字化设计技术研究与应用 | 2017 年 | 铜奖 | 30 届 |
| 一种转炉汽化固定烟罩在线快速修复方法 | 2017 年 | 铜奖 | 30 届 |
| 组合式连墙件组件 | 2017 年 | 铜奖 | 30 届 |
| 上海迪士尼乐园明日世界项目综合技术研究与应用 | 2018 年 | 金奖 | 第 22 届全国发明展 |

## 第二节　知 识 产 权

1984 年，第六届全国人民代表大会常务委员会第四次会议通过《中华人民共和国专利法》，为专利制度在国内的实施奠定了法律依据；1990 年国家专利局、国家计委、国家体改委、国务院生产委员会共同签发《企业专利工作办法(试行)》。随之，冶金部转发并制订了相关管理政策，指导对各单位专利工作的开展。由于宝冶承建的重点工程均代表当时的国际先进水平，较早与外方技术壁垒进行较量，对知识产权范围的专利、产品商标、计算机软件版权等有认识。1992 年，宝冶根据国家对专利的管理要求，形成宝冶的管理制度，对专利形成过程、使用维护以及对权利人的激励进行规定，同时还培养专利工作者和专利代理人，为专利工作的开展打下基础。2005 年，宝冶被上海市宝山区评为专利工作优秀企业，一批表现突出的专利工作者评为区优秀专利工作者称号。2015 年，宝冶的知识产权管理水平迈上新的台阶，专利、软件著作权登记的申请量及授权量均显著提高，特别是发明专利的授权量创历史新高，新申请的发明专利数量占总量的 29.7%。宝冶首项海外 PCT 专利“还原炉 AGD 管道拆装装置及拆装方法”获得授权，经上海市知识产权局择优推荐、国家知识产权局评审，宝冶通过 2015 年度国家知识产权优势企业评审。

2018 年，宝冶知识产权管理工作有了长足的进步。专利数量比往年大幅提升，共申请专利 698 件，在中冶集团施工企业排名第一，其中发明专利 225 件，申请登记软件著作权 12 件；共有 340 件专利获得授权，其中发明专利 28 件。累计有效专利数 1 655 件，在中冶集团施工单位排名第七。软件著作权数量在中冶集团排名第四，施工单位排名第一。2018 年，宝冶获得国家知识产权示范企业品牌荣誉。

**表 8-4-4　发明专利一览表**

| 专利名称 | 申请号 | 专利权人 |
|---|---|---|
| 一种新斜轧管材延伸机 | 200410082318.5 | 中冶东方工程技术有限公司 |
| 在混凝土切割单元内充填注浆材料的方法 | 200510029202.X | 上海宝冶建设有限公司 |
| 紧凑型中宽带钢生产工艺 | 200510072821.7 | 中冶东方工程技术有限公司 |
| 薄带钢铸轧生产工艺 | 200510098811.0 | 中冶东方工程技术有限公司 |
| 组合胶合板模板的工艺方法 | 200510112387.0 | 上海宝冶建设有限公司 |
| 4 小时超早强混凝土材料 | 200610024911.3 | 上海宝冶工程技术有限公司 |
| 用于油介质混凝土修补的树脂胶粘剂 | 200610024912.8 | 上海宝冶工程技术有限公司 |
| 一种采用旋转平衡法吊装特大型设备的工艺方法 | 200610026511.6 | 上海宝冶建设有限公司 |
| 一次配管、在线用原液压泵冲洗及安装方法 | 200610027794.6 | 上海宝冶建设有限公司 |
| 对化工生产硫胺结晶槽区域局部地质基础污染的治理方法 | 200610029989.4 | 上海宝冶工程技术公司 |
| 钢包修复方法 | 200610116644.2 | 上海宝冶工程技术公司 |
| 标高可调式超平地坪模板及其制作方法 | 200610148191.1 | 上海宝冶建设有限公司 |
| 高炉十字测温装置更换方法 | 200710044678.X | 上海宝冶建设有限公司 |
| 浮法玻璃生产线锡槽底壳的制作方法 | 200710045591.4 | 宝冶建设工业炉公司 |
| 高层柱子分段对接作业方法 | 200710048172.6 | 上海宝冶建设有限公司 |
| 钢屋架多点顶推累积滑移施工方法 | 200710202788.4 | 北京城建集团有限责任公司<br>上海宝冶建设有限公司 |
| 钢柱纠偏方法 | 200810032898.5 | 上海宝冶建设有限公司 |
| 安全型护笼直爬梯 | 200810035672.0 | 上海宝冶建设有限公司 |
| 一种防水密封粘结材料及其应用 | 200810041001.5 | 上海宝冶工程技术有限公司 |
| 高炉热电偶在线快速修复法 | 200810041608.3 | 上海宝冶建设有限公司 |

（续表）

| 专利名称 | 申请号 | 专利权人 |
|---|---|---|
| 一种冶金渣罐及其制造方法 | 200810042472.8 | 宝山钢铁股份有限公司<br>上海宝冶工程技术有限公司 |
| 火灾后钢结构建筑的评定方法 | 200810042891.1 | 上海宝冶工程技术有限公司 |
| 深基坑设计施工方法 | 200810132860.5 | 中冶东方工程技术有限公司 |
| 一种大口径斜轧均整无缝钢管的精轧工艺 | 200810132947.2 | 中冶东方工程技术有限公司 |
| 一种钢铁厂烧结冷却机低温烟气余热利用系统 | 200810147096.9 | 中冶东方工程技术有限公司 |
| 埋弧电炉电极电流的测量方法 | 200810183102.6 | 中冶东方工程技术有限公司 |
| 高大模板构造方法 | 200810201908.3 | 上海宝冶建设有限公司/西安建筑科技大学 |
| 一种垂直提升皮带吊装方法 | 200810204883.2 | 上海宝冶建设有限公司 |
| 风口大套和高炉炉壳间的焊接方法 | 200810204885.1 | 上海宝冶建设有限公司 |
| 矿热炉冶炼电气制度的自动控制方法 | 200910000375.7 | 中冶东方工程技术有限公司 |
| 大口径供热管道无补偿冷安装方法 | 200910006971.6 | 中冶东方工程技术有限公司 |
| 大型转炉三点球面支承在线快速更换方法 | 200910046009.5 | 上海宝冶建设有限公司 |
| 高炉炉顶系统整体拆卸和安装方法 | 200910054202.3 | 上海宝冶建设有限公司 |
| 一种大型应变测试系统的性能调试方法 | 200910055143.1 | 上海宝冶工程技术有限公司 |
| 一种高炉干法布袋除尘反吹及清灰的工艺 | 200910160615.X | 中冶东方工程技术有限公司 |
| 铁水粒化装置 | 200910167258.X | 中冶东方工程技术有限公司 |
| 钢套筒高空焊接方法 | 200910196397.5 | 上海宝钢工业检测公司<br>上海宝冶建设有限公司 |
| 精密测量预埋套筒中心位置的方法 | 200910199306.3 | 上海宝冶建设有限公司 |
| 矿热电炉电极埋入深度控制方法 | 200910259267.1 | 中冶东方工程技术有限公司 |
| 脉冲燃烧控制方法 | 201010000572.1 | 中冶东方工程技术有限公司 |
| 一种周期轧管机带保温罩的无缝钢管生产方法 | 201010003409.0 | 中冶东方工程技术有限公司 |
| 钢套筒形变的测量方法 | 201010102244.2 | 上海宝钢工业检测公司<br>上海宝冶集团有限公司 |
| 用于高炉的模块化且一体化的拆卸和安装方法 | 201010107712.5 | 上海宝冶集团有限公司 |
| 一种大规格螺栓拉伸测试设备的夹具结构 | 201010130596.9 | 上海宝冶工程技术有限公司 |
| 一种超大面积贴膜彩钢瓦外墙的制作方法 | 201010137294.4 | 上海宝冶集团有限公司 |
| 一种带有镂空字的耐候钢板建筑物外墙 | 201010137301.0 | 上海宝冶集团有限公司 |
| 大直径螺栓拉力试验机 | 201010154672.X | 上海宝冶工程技术有限公司<br>上海宝冶集团有限公司 |
| 一种工业废酸处理方法 | 201010175689.3 | 中冶东方工程技术有限公司 |
| 一种大规格螺栓扭力测试设备 | 201010186845.6 | 上海宝冶工程技术有限公司<br>上海宝冶集团有限公司 |
| 板坯连铸机结晶器的铜板装配方法 | 201010192433.3 | 上海宝冶集团有限公司 |

（续表）

| 专利名称 | 申请号 | 专利权人 |
|---|---|---|
| 一种连续可逆精密锯床 | 201010204865.1 | 中冶东方工程技术有限公司 |
| 大型焦炉拦焦车导焦栅的快速更换方法 | 201010205716.7 | 上海宝冶集团有限公司 |
| 基于欧洲安装总线的住宅智能控制装置 | 201010296605.1 | 上海宝冶集团有限公司 |
| 一种热连轧无缝钢管生产方法 | 201010515120.7 | 中冶东方工程技术有限公司 |
| 复合生产线系统 | 201110006632.5 | 中冶东方工程技术有限公司 |
| 大板梁叠合面穿孔方法 | 201110080150.4 | 上海宝冶集团有限公司 |
| 紧凑型料流调节阀 | 201110101564.0 | 中冶东方工程技术有限公司 |
| 超重大板梁翻身装置及翻身方法 | 201110185800.1 | 上海宝冶集团有限公司 |
| 三辊全浮芯棒连轧管机及其轧制工艺 | 201110202862.9 | 中冶东方工程技术有限公司 |
| 一种用于热连轧板带的中间附加冷却设备及方法 | 201110209528.6 | 中冶东方工程技术有限公司 |
| 高空大管径管道垂直段管道安装方法 | 201110211488.9 | 上海宝冶集团有限公司 |
| 用于高炉炉顶吊车梁系统整体吊装的连接件及其使用方法 | 201110235603.6 | 上海宝冶集团有限公司 |
| 液压系统高低压复合在线循环冲洗和试压装置 | 201110257555.0 | 上海宝冶集团有限公司 |
| 旋转式电炉出铁口烟气捕集设备 | 201110270349.3 | 中冶东方工程技术有限公司 |
| 用于吊斗车的电液控制系统 | 201110282891.0 | 上海宝冶集团有限公司 |
| 一种型钢码垛装置 | 201110305320.4 | 中冶东方工程技术有限公司 |
| 用于高温残铁切割的冷却装置 | 201110335826.X | 上海宝冶集团有限公司 |
| 镍基软磁合金板坯自由锻造方法 | 201110342093.2 | 中冶东方工程技术有限公司 |
| 大型高炉残铁解体方法 | 201110361069.3 | 上海宝冶集团有限公司 |
| 还原炉 AGD 管道拆装装置及拆装方法 | PCT/CN2012/074880 | 上海宝冶集团有限公司 |
| 气基熔融还原炼铁方法和装置 | 201210002372.9 | 中冶东方工程技术有限公司 |
| 一种铝合金中厚板在线淬火方法及实施该方法的设备 | 201210009081.2 | 中冶东方工程技术有限公司 |
| 一种电炉电流测量系统及方法 | 201210031675.3 | 中冶东方工程技术有限公司 |
| 高炉无料钟炉顶装料装置 | 201210117267.X | 中冶东方工程技术有限公司 |
| 一种高温管道射线检测方法所用的隔热层 | 201210172179.X | 上海宝冶工程技术有限公司 |
| 高线精轧机辊箱轴承的更换方法 | 201210181474.1 | 上海宝冶集团有限公司 |
| 套筒石灰窑空窑烘窑方法 | 201210210070.0 | 上海宝冶建设工业炉工程技术有限公司 |
| 纯钢 H 型钢耗能核心受拉补偿屈曲约束支撑 | 201210268013.8 | 上海宝冶集团有限公司 |
| 稀土浓硫酸焙烧矿转型方法 | 201210273267.9 | 中冶东方工程技术有限公司 |
| 一种耐高压型竖炉料流控制阀 | 201210318475.6 | 中冶东方工程技术有限公司 |
| 用于钢坯运输车的保温箱焊接方法 | 201210335479.5 | 上海宝冶集团有限公司 |
| 用于遥控装载机的转向电液控制系统 | 201210335480.8 | 上海宝冶集团有限公司 |

（续表）

| 专 利 名 称 | 申 请 号 | 专 利 权 人 |
| --- | --- | --- |
| 输送皮带的快速更换方法 | 201210345719.X | 上海宝冶集团有限公司 |
| 大型电机在线抽转子的快速顶升方法 | 201210345720.2 | 上海宝冶集团有限公司 |
| 双腹板H型钢屈曲约束支撑 | 201210347880.0 | 上海宝冶集团有限公司 |
| 纯钢箱形型钢屈曲约束支撑 | 201210347889.1 | 上海宝冶集团有限公司 |
| 四段分段跳焊法 | 201210363104.X | 上海宝冶集团有限公司、工业炉公司 |
| RH精炼炉液压顶升设备的安装方法 | 201210371018.3 | 上海宝冶集团有限公司 |
| 一种既有建筑物掏土纠偏施工监控方法 | 201210376889.4 | 上海宝冶工程技术有限公司 |
| 一种圆盘脱水装置 | 201210394861.3 | 中冶东方工程技术有限公司 |
| 石灰窑拱桥结构 | 201210398461.X | 上海宝冶集团有限公司、工业炉公司 |
| 一种多管口连接的导向装置及其使用方法 | 201210398462.4 | 上海宝冶集团有限公司 |
| 一种用于直接还原铁竖炉的热风炉系统中的热风阀 | 201210423224.4 | 中冶东方工程技术有限公司 |
| 一种多棱角凸多边形结构冶金渣罐及其制造方法 | 201210425979.8 | 宝山钢铁股份有限公司<br>上海宝冶工程技术有限公司 |
| 用于稀土精矿焙烧的物料混合和给料装置 | 201310005858.2 | 中冶东方工程技术有限公司 |
| 一种启停式曲柄冷飞剪机 | 201310006061.4 | 中冶东方工程技术有限公司 |
| 一种黄铜抗脱锌试样制备方法 | 201310006361.2 | 上海宝冶工程技术有限公司 |
| 弧形圆管构件压弯成形过程中精度控制方法 | 201310053884.2 | 上海宝冶集团有限公司 |
| 夹含多层漂移类岩石的软弱土层成孔装置及成孔方法 | 201310059837.9 | 上海宝冶集团有限公司 |
| 一种环形炉管道预制安装方法 | 201310072806.7 | 上海宝冶集团有限公司 |
| 一种横矮型放料阀 | 201310107910.5 | 中冶东方工程技术有限公司 |
| 一种轧辊冷却系统及其冷却控制方法 | 201310115219.1 | 中冶东方工程技术有限公司 |
| 双边剪上刀架快速装配方法 | 201310153228.X | 上海宝冶集团有限公司 |
| 狭小空间内的下压桩施工方法 | 201310153412.4 | 上海宝冶集团有限公司 |
| 大型机械的履带板修复方法 | 201310153414.3 | 上海宝冶集团有限公司 |
| 鳍片坡口加工装置 | 201310156539.1 | 上海宝冶集团有限公司 |
| 异形山墙的防水结构 | 201310170790.3 | 上海宝冶集团有限公司 |
| 立式磨机磨辊辊套的更换方法 | 201310210600.6 | 上海宝冶集团有限公司 |
| 耐磨陶瓷内衬弯头的修补包及其修补方法 | 201310210708.5 | 上海宝冶工业炉工程技术有限公司 |
| 立式磨机选粉机下轴承的更换方法 | 201310210978.6 | 上海宝冶集团有限公司 |
| 用于制作高架仓库钢柱的胎架 | 201310237970.9 | 上海宝冶集团有限公司 |
| 用于制作高架仓库鞍座的胎架的使用方法 | 201310238382.7 | 上海宝冶集团有限公司 |
| 一种外墙保温板粘结砂浆及其制备方法 | 201310242008.4 | 上海宝冶工程技术有限公司 |

（续表）

| 专利名称 | 申请号 | 专利权人 |
|---|---|---|
| 一种建筑外墙抹面抗裂砂浆及其制备方法 | 201310242016.9 | 上海宝冶工程技术有限公司 |
| 一种发泡混凝土保温板及其制备方法 | 201310242432.9 | 上海宝冶工程技术有限公司 |
| 一种无机防火建筑保温系统的施工方法 | 201310242441.8 | 上海宝冶工程技术有限公司 |
| 套筒石灰窑内套筒的制作方法 | 201310264859.9 | 上海宝冶建设工业炉工程技术有限公司 |
| 紧凑式铁水运输系统 | 201310300624.0 | 中冶东方工程技术有限公司 |
| 一种旋转分料装置 | 201310311334.6 | 中冶东方工程技术有限公司 |
| 一种高温电解铝液熔铸前的预净化方法及产品 | 201310369477.2 | 中冶东方工程技术有限公司 |
| 全氧玻璃熔窑的电熔 AZS 或电熔刚玉砖大碹施工方法 | 201310383927.3 | 上海宝冶建设工业炉工程技术有限公司 |
| 大型冶炼高炉炉壳维护方法 | 201310386840.1 | 上海宝冶集团有限公司 |
| 滚切式双边剪的快速安装调试方法 | 201310419766.9 | 上海宝冶集团有限公司 |
| 分层模块化拼装工艺的复杂异形多层网架施工方法 | 201310436434.1 | 上海宝冶集团有限公司 |
| 粉煤灰游离氧化钙的消解方法及其应用 | 201310490520.0 | 中冶东方工程技术有限公司 |
| 一种有氧冶炼矿热炉及其有氧冶炼方法 | 201310511306.9 | 中冶东方工程技术有限公司 |
| 一种微张力控制系统和方法 | 201310561596.8 | 中冶东方工程技术有限公司 |
| 煤化工竖窑系统中的装料设备及装料方法 | 201310566020.0 | 中冶东方工程技术有限公司 |
| 一种横向移钢出坯装置 | 201310606543.3 | 中冶东方工程技术有限公司 |
| 全液压湿法喷涂机 | 201310609196.X | 上海宝冶集团有限公司 |
| 一种用于矿热炉的水冷保护屏的制造方法 | 201310636496.7 | 中冶东方工程技术有限公司 |
| 一种不锈钢冶炼用铁水脱硅方法 | 201310643694.6 | 中冶东方工程技术有限公司 |
| 一种圆盘锯片减震装置 | 201310652174.1 | 中冶东方工程技术有限公司 |
| 一种平动放料阀 | 201310722161.7 | 中冶东方工程技术有限公司 |
| 一种电炉除尘过程中的烟气冷却控制方法和系统 | 201310731570.3 | 中冶东方工程技术有限公司 |
| 一种钢渣处理方法及其装置 | 201410002946.1 | 中冶东方工程技术有限公司 |
| 一种均热炉的供热系统和供热方法 | 201410002949.5 | 中冶东方工程技术有限公司 |
| 一种高炉炼铁系统 | 201410040360.4 | 中冶东方工程技术有限公司 |
| 一种大型钢包修复方法 | 201410084431.0 | 宝山钢铁股份有限公司<br>上海宝冶工程技术有限公司 |
| 一种用于液压提升设备更换的荷载转换方法 | 201410120942.3 | 上海宝冶集团有限公司 |
| 热风炉模拟热负荷联动试车方法 | 201410122406.7 | 上海宝冶集团有限公司 |
| 椭球形组合网壳非对称施工方法 | 201410250477.5 | 上海宝冶集团有限公司 |
| 一种液芯大压下轧制温度控制方法 | 201410330316.7 | 中冶东方工程技术有限公司 |
| 一种液芯大压下轧制压下量控制方法 | 201410330317.1 | 中冶东方工程技术有限公司 |
| 一种连铸热芯轧制方法 | 201410330441.8 | 中冶东方工程技术有限公司 |

(续表)

| 专利名称 | 申请号 | 专利权人 |
|---|---|---|
| 用于框架车运输的全天候雨棚 | 201410429956.3 | 上海宝冶集团有限公司 |
| 用于大型高耸钢结构的保护性拆除和安装方法 | 201410430397.8 | 上海宝冶集团有限公司 |
| 吸附式自动跟踪大圆切割机 | 201410444672.1 | 上海宝冶集团有限公司 |
| 小角度交叉钢管混凝土柱内加劲相贯节点及制作方法 | 201410467542.X | 上海宝冶集团有限公司 |
| 高炉大修三电快速安装施工方法 | 201410530854.0 | 上海宝冶集团有限公司 |
| 大型复杂钢结构槽体保护性拆除及安装方法 | 201410548248.1 | 上海宝冶集团有限公司 |
| 高温腐蚀介质反应罐的弹性支撑底脚 | 201410572483.2 | 上海宝冶工程技术有限公司 |
| 铁水罐底部拉臂的安装方法 | 201410578761.5 | 上海宝冶集团有限公司 |
| 威金斯煤气柜密封段整体更换方法 | 201410618039.X | 上海宝冶集团有限公司 |
| 一种磁旋流过滤装置 | 201410707672.6 | 中冶东方工程技术有限公司 |
| 一种用于码放钢轨的码垛设备以及一种钢轨码垛方法 | 201410826150.8 | 中冶东方工程技术有限公司 |
| 一种卸料布料装置 | 201410848970.7 | 中冶东方工程技术有限公司 |
| 一种铸钢强冷喷淋系统及强冷工艺方法 | 201410849050.7 | 中冶东方工程技术有限公司 |
| 一种淬火钢轨轧制微张力控制系统和方法 | 201510022991.8 | 中冶东方工程技术有限公司 |
| 液化天然气残液回收系统和方法 | 201510029796.8 | 中冶东方工程技术有限公司 |
| 一种余热回收型除尘器 | 201510039861.5 | 中冶东方工程技术有限公司 |
| 一种三维隔震装置 | 201510111924.3 | 上海宝冶集团有限公司<br>上海宝冶工程技术有限公司 |
| 一种全装配式自复位防屈曲耗能支撑 | 201510111943.6 | 上海宝冶集团有限公司<br>上海宝冶工程技术有限公司 |
| 一种环形摩擦转动隔震支座 | 201510111945.5 | 上海宝冶集团有限公司<br>上海宝冶工程技术有限公司 |
| 一种高温腐蚀介质的取样器抓取装置 | 201510112012.8 | 上海宝冶工程技术有限公司 |
| 一种高温腐蚀性介质的取样器 | 201510112036.3 | 上海宝冶工程技术有限公司 |
| 用PLC数字输出模块驱动多变量仪表的系统 | 201510116119.X | 中冶东方工程技术有限公司 |
| 轧机倾斜和扭斜的校正方法 | 201510149134.4 | 上海宝冶集团有限公司 |
| 轧机倾斜和扭斜的校正定位测量方法 | 201510149135.9 | 上海宝冶集团有限公司 |
| 一种高炉铁口除尘罩 | 201510198656.3 | 中冶东方工程技术有限公司 |
| 一种含铁废盐酸的处理方法 | 201510260004.8 | 中冶东方工程技术有限公司 |
| 轻钢龙骨水泥板外墙施工方法 | 201510279411.3 | 上海宝冶建筑装饰有限公司 |
| 高层建筑施工塔吊的组合式支撑平台 | 201510283940.0 | 上海宝冶集团有限公司 |
| 冷轧连续退火炉炉辊的更换方法 | 201510285858.1 | 上海宝冶集团有限公司 |
| 高层建筑施工用可调式分区卸料平台 | 201510375907.0 | 上海宝冶集团有限公司 |
| 油页岩干馏炉的装料设备 | 201510388640.9 | 中冶东方工程技术有限公司 |

（续表）

| 专利名称 | 申请号 | 专利权人 |
|---|---|---|
| 高层建筑液压爬模施工的可旋转附墙装置 | 201510402568.0 | 上海宝冶集团有限公司 |
| 用于码头原料装卸的落料挡板 | 201510461867.1 | 上海宝冶集团有限公司 |
| 一种高碳铬铁与兰炭的联合生产工艺 | 201510524459.6 | 中冶东方工程技术有限公司 |
| 煅烧炉紧急排放系统 | 201510545912.1 | 上海宝冶集团有限公司 |
| 装配式建筑构件与构件间连接缝的施工方法 | 201510563573.X | 上海宝冶集团有限公司 |
| 一种装料设备中的溜管式分料装置 | 201510574425.8 | 中冶东方工程技术有限公司 |
| 大型牌坊的吊装用具及其施工方法 | 201510582842.7 | 上海宝冶集团有限公司 |
| 酸轧活套钢丝绳更换方法 | 201510587992.7 | 上海宝冶集团有限公司 |
| 一种铬铁粉矿烧结工艺 | 201510624427.3 | 中冶东方工程技术有限公司 |
| 一种高炉上部阀 | 201510634170.X | 中冶东方工程技术有限公司 |
| 钢水运输系统 | 201510669147.4 | 中冶东方工程技术有限公司 |
| 钢水在线精炼工艺 | 201510669900.X | 中冶东方工程技术有限公司 |
| 一种高炉铁水取样装置 | 201510730708.7 | 中冶东方工程技术有限公司 |
| 一种铁水运输系统 | 201510730709.1 | 中冶东方工程技术有限公司 |
| 一种加热炉纯氧燃烧和二氧化碳捕获系统及工艺 | 201510734589.2 | 中冶东方工程技术有限公司 |
| 一种铁皮脱水池 | 201510753947.4 | 中冶东方工程技术有限公司 |
| 一种硼硅铁合金及其生产方法 | 201510781570.3 | 中冶东方工程技术有限公司 |
| 酸轧开卷机芯轴解体检修方法 | 201510793229.X | 上海宝冶集团有限公司 |
| 一种桥梁钢箱梁节段间平对接插接吊装施工方法 | 201510793267.5 | 上海宝冶集团有限公司 |
| 钢桥梁安装时板件对接方法 | 201510793304.2 | 上海宝冶集团有限公司 |
| 一种步进梁轨道整修方法 | 201510793326.9 | 上海宝冶集团有限公司 |
| 一种兰炭与直接还原铁的联合生产方法 | 201510807054.3 | 中冶东方工程技术有限公司 |
| 线材折弯装置 | 201510935122.4 | 中冶东方工程技术有限公司 |
| 一种高温熔渣处理回收系统 | 201511000900.7 | 中冶东方工程技术有限公司 |
| 一种冶金熔渣粒化处理系统及方法 | 201511020575.0 | 中冶东方工程技术有限公司 |
| 一种高层建筑施工监测系统及监测方法 | 201510631021.8 | 上海宝冶集团有限公司 |
| 一种在线淬火系统及工艺 | 201610005859.0 | 中冶东方工程技术有限公司 |
| 一种板坯托盘运输系统及工艺 | 201610006145.1 | 中冶东方工程技术有限公司 |
| 一种建筑用安全防护棚盖 | 201610006795.6 | 上海宝冶集团有限公司 |
| 一种高温耐腐蚀介质制备纯化设备的冷冻阀门 | 201610008742.8 | 上海宝冶工程技术有限公司 |
| 铸轧机与连铸机的联接摆动位置控制设备及其控制方法 | 201610026792.9 | 中冶东方工程技术有限公司 |
| 铸轧机与连铸机的联接摆动压力控制设备及其控制方法 | 201610026793.3 | 中冶东方工程技术有限公司 |

(续表)

| 专利名称 | 申请号 | 专利权人 |
|---|---|---|
| 基于BIM的机电系统管线装配方法 | 201610122611.2 | 上海宝冶集团有限公司 |
| 一种利用转炉煤气气化生活垃圾焚烧发电的系统及工艺 | 201610123328.1 | 中冶东方工程技术有限公司 |
| 一种剪力墙腰梁砼浇筑模板堵头工具及其封堵方法 | 201610168029.X | 上海宝冶集团有限公司 |
| 一种长管可自进的套丝机 | 201610180637.2 | 上海宝冶集团南京建筑有限公司 |
| 组合把持式电极壳自动焊接装置及方法 | 201610250995.6 | 中冶东方工程技术有限公司 |
| 一种转炉煤气回收利用系统及工艺 | 201610251320.3 | 中冶东方工程技术有限公司 |
| 一种管廊式脱水器 | 201610301061.0 | 中冶东方工程技术有限公司 |
| 一种摇摆式布料器 | 201610331248.5 | 中冶东方工程技术有限公司 |
| 基于BIM的双曲面玻璃幕墙预拼装方法 | 201610371960.8 | 上海宝冶集团有限公司 |
| 一种双跨网架带中柱同步滑移施工工艺 | 201610374814.0 | 上海宝冶集团有限公司 |
| 一种移动装置的定位结构 | 201610414790.7 | 东莞中子科学中心、上海宝冶工程技术有限公司 |
| 一种精密夹盘 | 201610423465.7 | 东莞中子科学中心、中烜材料科技(上海)有限公司、上海宝冶工程技术有限公司 |
| 一种熔融炉渣余热回收装置 | 201610460305.X | 中冶东方工程技术有限公司 |
| 高炉煤气管道喷碱脱酸装置及工艺 | 201610498300.6 | 中冶东方工程技术有限公司 |
| 一种地下综合管廊 | 201610519888.9 | 中冶东方工程技术有限公司 |
| 一种转炉汽化固定烟罩在线快速修复方法 | 201610552162.5 | 上海宝冶集团南京建筑有限公司 |
| 一种矿棉板吊顶形式下消防喷淋下挂安装方法 | 201610552180.3 | 上海宝冶集团有限公司 |
| 一种建筑管件运输用并行无人机 | 201610575231.4 | 上海宝冶集团有限公司 |
| 一种带卷托盘运输系统及工艺 | 201610590626.1 | 中冶东方工程技术有限公司 |
| 介孔纳米碳化钨的制备方法及产品 | 201610830947.4 | 中冶东方工程技术有限公司 |
| 华夫板施工缝防漏浆施工方法 | 201610988363.X | 上海宝冶集团有限公司 |
| 一种移动胶带输送机及除尘方法 | 201611046042.4 | 中冶东方工程技术有限公司 |
| 一种传动轴的机械式离合装置 | 201611109126.8 | 中冶西北工程技术有限公司 |
| 一种用于高炉炉顶的补偿式插板阀 | 201611122534.7 | 中冶东方工程技术有限公司 |
| 一种用于转炉汽化冷却烟罩的活动车及使用方法 | 201611228786.8 | 中冶东方工程技术有限公司 |
| 保证金属板檐口自由变形的伸缩结构 | 201610189973.3 | 上海宝冶集团有限公司 |
| 曲面主结构与次结构连接施工方法 | 201610273033.2 | 上海宝冶建筑装饰有限公司 |
| 异形曲面膜结构安装方法 | 201610273415.5 | 上海宝冶建筑装饰有限公司 |
| 近海软弱土质深基坑减压井处理方法 | 201610419661 7 | 上海宝冶集团有限公司 |
| 一种硼泥的利用方法 | 201710020858.8 | 中冶东方工程技术有限公司 |
| 控制矿热炉内电气参数平衡的方法及装置 | 201710076182.4 | 中冶东方工程技术有限公司 |

（续表）

| 专利名称 | 申请号 | 专利权人 |
|---|---|---|
| 管廊沉降检测系统及检测方法 | 201710170709.X | 中冶西北工程技术有限公司 |
| 一种双向带式输送机 | 201710182909.7 | 中冶西北工程技术有限公司 |
| 高炉风口大套内孔在线修复装置 | 201710236296.0 | 上海宝冶集团有限公司 |
| 不锈钢的冶炼设备和应用其不锈钢的冶炼方法 | 201710398147.4 | 中冶东方工程技术有限公司 |
| 物料备料方法 | 201710448028.5 | 中冶西北工程技术有限公司 |
| 转炉煤气冷却系统及其冷却方法 | 201710545869.8 | 中冶西北工程技术有限公司 |
| 地下燃气管道检漏系统及地下燃气管道检漏方法 | 201710560878.4 | 中冶西北工程技术有限公司 |
| 稀土强化长输管线钢及其制备方法与应用 | 201710739535.4 | 中冶西北工程技术有限公司 |

## 第三节　新技术应用示范工程

宝冶在新技术推广应用上，全面推进住建部组织的建筑业新技术应用示范工程管理工作。1996年，国家建设部为整体提升建筑行业施工技术水平，提出大力推广应用十项新技术应用活动，把积极应用十项新技术的工程作为新技术应用示范工程进行申报评审。对推广应用效果突出的项目，审核评定为新技术应用示范工程金奖项目，予以表彰鼓励；同时作为工程参评质量鲁班奖的前置奖项。1998—2000年期间，宝冶在承建厦门国际会展中心一期工程时，工程质量目标争创国家优质工程鲁班奖，首次参与建设部组织的国家新技术应用示范工程工作，由于采用十项新技术应用效果显著，同时技术创新成果突出，项目被评为全国新技术应用示范工程金奖。宝冶多年来积极参与建筑业十项新技术应用示范工程申报工作，截至2018年底，共获33项包括国家、省部级在内的示范工程。

**表8-4-5　新技术应用示范工程清单**

| 项目名称 | 获奖种类 | 验收时间 | 组织验收单位 |
|---|---|---|---|
| 厦门国际会展中心一期工程 | 中国建筑业新技术应用示范工程 | 2000年 | 中国建筑业协会 |
| 深圳大运中心（Ⅱ）标段主体育馆工程 | 中冶建筑业新技术应用示范工程 | 2011年 | 中冶集团 |
| 宝钢股份特钢炉卷热轧工程 | 中冶建筑业新技术应用示范工程 | 2011年 | 中冶集团 |
| 首钢京唐钢铁联合有限责任公司第二冷轧工程 | 河北省建筑业新技术应用示范工程 | 2011年 | 中冶集团 |
| 中国（太原）煤炭交易中心展览中心工程 | 中冶建筑业新技术应用示范工程 | 2012年 | 中冶集团 |
| 镇江市体育会展中心建设项目施工总承包工程 | 中冶建筑业新技术应用示范工程 | 2013年 | 中冶集团 |
| 三门峡市文化体育中心会展部分（I区）工程 | 河南省建筑业新技术应用示范工程金奖 | 2013年 | 河南省住房和城乡建设厅 |
| 厦门国际会展中心三期主楼工程 | 中冶建筑业新技术应用示范工程 | 2013年 | 中冶集团 |
| 鄂尔多斯市体育中心建设项目体育馆工程 | 中冶建筑业新技术应用示范工程 | 2014年 | 中冶集团 |
| 珠海十字门中央商务区会展商务组团一期工程 | 中冶建筑业新技术应用示范工程 | 2014年 | 中冶集团 |

(续表)

| 项目名称 | 获奖种类 | 验收时间 | 组织验收单位 |
|---|---|---|---|
| 河西地区综合性医院(儿童医院)工程 | 中冶建筑业新技术应用示范工程 | 2015年 | 中冶集团 |
| 郑州和新郑卷烟厂联合易地技术改造项目联合工房Ⅰ-Ⅳ区工程施工总承包 | 河北省建筑业新技术应用示范工程 | 2015年 | 河北省住房和城乡建设厅 |
| 马鞍山市体育中心—会展中心 | 安徽省建筑业新技术应用示范工程 | 2015年 | 安徽省建设厅 |
| 扬州体育公园体育场工程 | 上海市建筑业新技术应用示范工程 | 2015年 | 上海市建筑施工行业协会 |
| 新华金融中心(二期)C座 | 辽宁省建筑新技术应用示范工程 | 2015年 | 辽宁省住房和城乡建设厅 |
| 天津忠旺铝业有限公司特大高精铝及铝合金材加工项目 | 中冶建筑业新技术应用示范工程 | 2016年 | 中冶集团 |
| 上海迪士尼项目GC-5明日世界施工总承包工程 | 上海市建筑业新技术应用示范工程 | 2016年 | 上海市建筑施工行业协会 |
| 辽宁省京东商城亚洲1号仓储(二期) | 辽宁省建筑新技术应用示范工程 | 2016年 | 辽宁省住房和城乡建设厅 |
| 南京外国语学校河西分校校园建设工程 | 江苏省建筑业新技术应用示范工程 | 2016年 | 江苏省住房和城乡建设厅 |
| 南京蜂巢酒店工程 | 全国建筑业创新技术应用示范工程 | 2016年 | 中国建筑业协会 |
| 上海迪士尼项目GC-5明日世界施工总承包工程 | 上海市建筑业新技术应用示范工程 | 2017年 | 上海市建筑施工行业协会 |
| 深圳湾科技生态园项目二区工程 | 中冶建筑业新技术应用示范工程 | 2017年 | 中冶集团 |
| 深圳大学西丽校区建设工程(一期)Ⅱ标段工程 | 中冶建筑业新技术应用示范工程 | 2017年 | 中冶集团 |
| 京华城中城A6地块商业综合体 | 中冶建筑业新技术应用示范工程 | 2017年 | 中冶集团 |
| 香港中文大学(深圳)一期项目(下园)施工总承包Ⅱ标段 | 广东省建筑业新技术应用示范工程 | 2017年 | 广东省建筑业协会 |
| 阜新宝地太阳广场 | 辽宁省建筑业新技术应用示范工程 | 2017年 | 辽宁省住房和城乡建设厅 |
| 中冶沈勘科技研发中心工程 | 辽宁省建筑业新技术应用示范工程 | 2017年 | 辽宁省住房和城乡建设厅 |
| 莲塘口岸—旅检区建筑施工总承包工程 | 中冶建筑业新技术应用示范工程 | 2018年 | 中冶集团 |
| 哈尔滨工业大学深圳校区扩建工程项目施工总承包Ⅰ标段新技术应用示范工程 | 广东省建筑业新技术应用示范工程 | 2018年 | 广东省建筑业协会 |
| 长春国际金融中心 | 中冶建筑业新技术应用示范工程 | 2018年 | 中冶集团 |
| 山钢集团日照钢铁精品基地项目2 030毫米冷轧工程建安施工(二标段) | 中冶建筑业新技术应用示范工程 | 2018年 | 中冶集团 |
| 上海浦东国际机场三期扩建工程综合管廊土建及部分管线等工程 | 上海市建筑业新技术应用示范工程 | 2018年 | 上海市建筑施工行业协会 |
| 江门市滨江体育中心 | 广东省建筑业新技术应用示范工程 | 2018年 | 广东省建筑业协会 |

# 第五章　技术标准管理

在科技管理的基础工作中，技术标准是标准化管理核心工作之一，是指导企业开展各类技术活动的依据。为抓好标准管理工作，国家在1988年立法；宝冶早在1986年在科技处成立了标准计量科，主管技术标准和计量工作。

## 第一节　技术标准体系

根据国家标准化导则的要求，建立企业技术标准管理体系，形成符合企业专业特性的技术标准体系表和目录。宝冶作为建筑业有着技术实力的企业，每年都参与国际、国家、行业、地方以及企标的编制工作，把通过技术研发掌握的先进工艺技术固化下来，编成标准推广应用，提升工艺水平和经济效益。

## 第二节　标　准　编　制

宝冶每年参加国际、国家、行业标准等主编、参编情况进行跟踪管理，对编制发布的各项标准给予奖励激励。

**表8-5-1　(2003—2018年)主编、参编国家、行业或地方标准(已发布)情况**

| 标准名称 | 标准代号 | 标准级别 | 发布 |
|---|---|---|---|
| 建筑压型钢板规范 | GB/T12755-2008 | 国家标准 | 2003年 |
| 既有建筑物结构检测与评定标准 | J10616 | 上海市标准 | 2005年 |
| 炼铁机械设备工程施工质量验收规范 | GB50372-2006 | 国家标准 | 2006年 |
| 冶金建筑工程施工质量验收规范 | YB4147-2006 | 行业标准 | 2006年 |
| 钢结构制作与安装规程 | DG/TJ08-216-2007 | 上海市标准 | 2007年 |
| 钢结构鉴定与检测技术规程 | J10973-2007 | 上海市标准 | 2007年 |
| 数字多用表校准规范 | JJF(沪)1-2003 | 上海市标准 | 2008年 |
| 重型结构(设备)整体提升技术规程 | DG/TJ 08-2056-2009(2014) | 地方标准 | 2009年 |
| 大体积混凝土施工规范 | GB50496-2009 | 国家标准 | 2009年 |
| 橡胶膜密封储气柜工程制作安装验收规程 | CECS267-2009 | 行业标准 | 2009年 |
| 钢铁企业冶炼工艺炉技术规范 | GB50567-2010 | 国家标准 | 2010年 |
| 钢铁企业管道支架设计规范 | GB50709-2011 | 国家标准 | 2011年 |
| 现场设备、工业管道焊接工程施工规范 | GB50236-2011 | 国家标准 | 2011年 |
| 耐热混凝土应用技术规程 | YB/T4252-2011 | 行业标准 | 2011年 |
| 炼铁机械设备安装规范 | GB50679-2011 | 国家标准 | 2011年 |

(续表)

| 标准名称 | 标准代号 | 标准级别 | 发布 |
|---|---|---|---|
| 钢铁企业冶金设备基础设计规范 | GB50696-2011 | 国家标准 | 2011年 |
| 钢结构焊接规范 | GB50661-2011 | 国家标准 | 2011年 |
| 振动焊接工艺参数选择及技术要求 | JBT11058-2011 | 行业标准 | 2011年 |
| 钢结构高强度螺栓连接技术规程 | JGJ82-2011 | 行业标准 | 2011年 |
| 现场设备、工业管道焊接工程施工质量验收规范 | GB50683-2011 | 国家标准 | 2011年 |
| 交错桁架体系钢结构技术规程 | CECS323-2012 | 行业标准 | 2012年 |
| 钢结构制造技术规程 | 无 | 行业标准 | 2012年 |
| 建筑施工临时支撑结构技术规范 | JGJ300-2013 | 行业标准 | 2013年 |
| 冶金工业自动化仪表施工验收规范 | YB4354-2013 | 行业标准 | 2013年 |
| 冶金工程基坑降水技术规程 | YBT4387-2013 | 行业标准 | 2013年 |
| 钢结构防腐蚀涂装技术规程 | CECS343-2013 | 行业标准 | 2013年 |
| 冶金电气工程通讯、网络施工及验收规范 | YBT4386-2013 | 行业标准 | 2013年 |
| 工业炉砌筑工程施工及验收规范 | GB50211-2014 | 国家标准 | 2014年 |
| 环形加热炉砌筑工程质量验收规范 | YB4409-2014 | 行业标准 | 2014年 |
| 高炉炼铁工程设计规范 | GB50427-2015 | 国家标准 | 2015年 |
| 转炉煤气净化及回收工程技术规范 | GB51135-2015 | 国家标准 | 2015年 |
| 工程网络技术规程 | JGJ-T121-2015 | 行业标准 | 2015年 |
| 烟囱可靠性鉴定标准 | GB51056-2014 | 国家标准 | 2015年 |
| 水泥基灌浆材料应用技术规范 | GB/T50448-2015 | 国家标准 | 2015年 |
| 重型结构和设备整体提升技术规范 | GB51162-2016 | 国家标准 | 2016年 |
| 废混凝土再生技术规范 | SB/T11177-2016 | 行业标准 | 2016年 |
| 高耸与复杂钢结构检测与鉴定技术标准 | GB51008-2016 | 国家标准 | 2016年 |
| 建筑信息模型应用标准 | DG/TJ08-2201-2016 | 上海市标准 | 2016年 |
| 空间格构结构工程质量检验及评定标准 | DG/TJ08-89-2016 | 行业标准 | 2016年 |
| 建筑钢结构防火技术规范 | GB51249-2017 | 国家标准 | 2017年 |
| 工业炉砌筑工程质量验收规范 | GB50309-2017 | 国家标准 | 2017年 |
| 海绵城市建设施工与质量验收标准 | Q/MCC-JS-30003-2017 | 中冶标准 | 2017年 |
| 线材轧钢工程设计规范 | GB/T50436-2017 | 国家标准 | 2017年 |
| 液压及润滑、气动工程安装验收规范 | GB/T50387-2017 | 国家标准 | 2017年 |
| 钢结构设计规范 | GB50017-2017 | 国家标准 | 2017年 |
| 既有混凝土结构钻切技术规程 | T/CECS472-2017 | 行业标准 | 2017年 |
| 无缝钢管工程设计标准 | GB/T50398-2018 | 国家标准 | 2018年 |
| 装配混凝土检测技术标准 | DG/TJ08-2242-2018/<br>J14159-2018 | 行业标准 | 2018年 |
| 民用建筑节约材料评价标准 | GB/T34909-2018 | 国家标准 | 2018年 |

## 第三节　工 法 管 理

宝冶每年研发工作形成企业级工法，同时参加建设部国家级工法、各省部级工法组织的评审工作。2010 年以后，随着区域公司的发展，在公司所在地积极申报地方省级工法，取得了长足进步，扩大区域公司在所在地的技术影响力，以下是宝冶获得国家工法一览表。

**表 8-5-2　获得国家级工法一览表**

| 时　间 | 工 法 名 称 | 工法编号 |
|---|---|---|
| 1992 年 | 大型高炉中心串罐式无料钟炉顶装料设备安装工法 | YJGF-27-91 |
| 1992 年 | 地下连续墙施工多头钻机工法 | YJGF-01-91 |
| 1995 年 | 大型转炉本体安装工法 | YJGF33-94 |
| 1997 年 | 特大型高炉炉底碳砖施工工法 | YJGF42-96 |
| 1997 年 | 高炉钟阀式炉顶设备安装工法 | YJGF43-96 |
| 1997 年 | 炼钢 RH 真空脱气炉窑砌筑及维修工法 | YJGF44-96 |
| 2000 年 | 300 吨转炉氧枪—铜—钢焊接及修复工法 | YJGF54-98 |
| 2000 年 | 衬钛压力容器检验与修复工法 | YJGF54-98 |
| 2000 年 | 袋装填充土筑坝工法 | YJGF14-98 |
| 2000 年 | 现代大型斜轨型步进式钢板坯加热炉安装工法 | YJGF53-98 |
| 2000 年 | 大型高炉热风炉(硅砖)烘炉及保压检漏检验工法 | YJGF55-98 |
| 2001 年 | 大型顶底复吹转炉内衬耐材砌筑工法 | YJGF56-2000 |
| 2003 年 | M900 自升塔式起重机安装工法 | YJGF57-2002 |
| 2006 年 | 3 000 立方米以上特大型高炉炉体砌筑工法 | YJGF95-2004 |
| 2006 年 | 特大型高炉冷却壁在线快速更换工法 | YJGF103-2004 |
| 2006 年 | 特大型轧机机架吊装工法 | YJGF93-2004 |
| 2006 年 | 无檩条结构组合压型钢板制作工法 | YJGF100-2004 |
| 2008 年 | 箱型结构柱加工制作工法 | YJGF311-2006 |
| 2008 年 | 大型液压系统“一步法”安装工法 | YJGF129-2006 |
| 2008 年 | 大型转炉线外组装、整体安装工法 | YJGF342-2006 |
| 2008 年 | 炼钢厂转炉汽化烟道(余热锅炉)制作工法 | YJGF108-2006 |
| 2011 年 | 大型高炉炉壳制作工法 | GJEJTGF346-2010 |
| 2011 年 | 高铁大型交通枢纽动荷载框架结构制作工法 | GJEJTGF100-2010 |
| 2014 年 | 特大型分片式轧机机架吊装工法 | GJYJGF112-2012 |
| 2014 年 | 大跨度多轨道不等高累积旋转滑移工法 | GJEJGF153-2012 |
| 2014 年 | 大型复杂结构电测法应力监测工法 | GJEJGF456-2012 |
| 2015 年 | 基于高低压组合冲洗装置的在线管道循环冲洗施工工法 | GJJGF401-2014 |
| 2015 年 | 大型高炉大修模块化结构离线组装工法 | GJJGF363-2014 |

# 第六章　技术总结论文

在技术总结论文管理上，宝冶从1983年开始，围绕公司的专业技术和管理，每季度编制出版《施工技术与管理》技术期刊，此项工作一直延续；截至2018年底，出版约140期。针对宝冶承建的重大工程，科技系统组织技术骨干力量对技术的应用及时进行总结，形成总结论文专集；出版包括《技术论文总结汇编 土建篇》《深圳大运中心Ⅱ标段(主体育馆)工程专集》《钢结构工程技术总结汇编》在内40余部论文汇编。

表8-6-1　论文总结汇编总目表

| 名　　称 | 编 辑 单 位 | 收录篇数(篇) |
|---|---|---|
| 宝钢2 050毫米热轧工程施工新技术选编 | 上海宝冶冶金建设公司 | 54 |
| 技术总结论文汇编(2010年上海世博工程专集) | 上海宝冶集团有限公司 | 36 |
| 宝冶物资分公司设备论文汇编 | 上海宝冶建设有限公司物资分公司 | 24 |
| 宝钢1 580毫米热轧工程技术汇编 | 上海宝钢冶金建设公司 | 58 |
| 技术论文总结汇编上海迪士尼明日世界项目技术总结、论文汇编(上册) | 上海宝冶集团有限公司 | 40 |
| 技术论文总结汇编上海迪士尼明日世界项目技术总结、论文汇编(下册) | 上海宝冶集团有限公司 | 44 |
| 技术论文总结汇编宝钢“十五”规划工程专集2002—2005年 | 上海宝冶建设有限公司 | 84 |
| 技术论文总结汇编1982—2002年 | 上海宝冶工程技术公司<br>上海宝冶设计研究院 | 115 |
| 技术论文总结汇编2005年 | 上海宝冶工程技术公司<br>上海宝冶海顿工程有限公司 | 50 |
| 技术论文总结汇编(2009年) | 上海宝冶建设有限公司工程设计中心科学技术协会 | 23 |
| 2011年优秀技术总结、论文汇编 | 上海宝冶建设工业炉工程技术有限公司 | 20 |
| 钢结构(2008年奥运)工程专集 | 上海宝冶建设有限公司 | 34 |
| 宝冶RH精炼工程施工技术总结与论文汇编 | 上海宝冶集团有限公司 | 38 |
| 钢结构工程技术论文总结汇编1998—2003年 | 上海宝冶建设有限公司 | 22 |
| 技术论文总结汇编宝钢一号高炉快速大修工程专集 | 上海宝冶建设有限公司 | 46 |
| 技术论文总结汇编宝钢“十一五”规划工程专集 | 上海宝冶建设有限公司 | 57 |
| 技术论文总结汇编检修工程专集 | 上海宝钢建设有限公司 | 61 |
| 技术论文总结汇编土建篇1982—2003年 | 上海宝冶建设有限公司 | 116 |

（续表）

| 名　　称 | 编辑单位 | 收录篇数(篇) |
| --- | --- | --- |
| 技术论文总结汇编电气篇 1982—2003 年 | 上海宝冶建设有限公司 | 103 |
| 技术论文总结汇编机械篇 1982—2003 年 | 上海宝冶建设有限公司 | 99 |
| 技术论文总结汇编炉窑篇 1982—2003 年 | 上海宝冶建设有限公司 | 44 |
| 技术论文总结汇编特种工程分公司(2007—2012 年) | 上海宝冶集团有限公司 | 37 |
| 技术论文总结汇编宝钢 3BF 大修工程技术论文汇编 | 上海宝冶集团有限公司 | 39 |
| 宝冶铝行业施工技术总结与论文汇编 | 上海宝冶集团有限公司 | 39 |
| 技术总结论文、工法汇编深圳大运中心 II 标段(主体育馆)工程专集 | 上海宝冶集团有限公司 | 27 |
| 技术论文总结汇编宝钢集团浦钢搬迁罗泾工程专集 | 上海宝冶建设有限公司 | 48 |
| 技术论文总结汇编珠海十字门会展商务组团一期工程技术总结、论文汇编 | 上海宝冶集团有限公司 | 49 |
| 钢结构工程技术论文总结汇编 2004—2009 年 | 上海宝冶建设有限公司 | 65 |
| 珠海中心大厦施工成套技术总结汇编(上篇) | 上海宝冶集团有限公司 | 16 |
| 技术论文总结汇编宝钢二号高炉快速大修工程专集 | 上海宝冶建设有限公司 | 65 |
| 宝钢一号高炉大修工程快速大修工艺研究综合技术报告 | 上海宝冶建设有限公司宝钢高炉项目部 | 7 |
| 技术总结论文、工法汇编上海宝冶 BIM 论文集 | 上海宝冶集团有限公司 | 41 |
| 宝钢二炼钢挖潜改造工程技术总结、论文汇编 | 上海宝冶集团有限公司 | 31 |
| 宝钢三号高炉快速大修工程技术总结、论文汇编 | 上海宝冶集团有限公司 | 39 |

# 第七章　技术专家和科协管理

## 第一节　技术专家管理

2000 年以后，宝冶开始建立技术专家管理制度，形成多通道人才战略，科学合理应用、培养人才的重要举措，符合公司“尊重知识、尊重人才”的用人理念。公司从专业人才中评出一批首席和高级专家等，与行政管理岗位分离，从事各专业技术业务的实施把关和指导工作，在重大科研项目研发、技术方案专业把关、企业标准、工法编制上成绩卓著，为公司技术发展作出了贡献。2015—2016 年期间，修订技术专家管理制度，使专家评选过程更加规范，调整专家管理和待遇，强调专家工作与行政岗位分离的原则。2016 年，共评出首席专家 2 名，高级专家 4 名，专家 7 名。

公司对专业技术发展与应用的决策通过技术委员会来实现，技术委员会由各专业委员会专家委员组成。各委员以专业专家的身份参与技术活动，技术委员会根据专业特性下设各专业委员会专家组。按专业组分别开展技术活动，遇重大综合技术事项决策时，技术委员会召开综合会议。截至 2018 年，公司技术委员会下设土建、钢结构、机电、焊接、信息化 5 个专业专家组。

宝冶“四五”科技规划中，在科技人才队伍建设上明确企业实施创新驱动战略的关键是人才驱动；科学地用好科技人才，是企业技术进步的关键；由人才建立起来的专业技术团队，是支撑企业产业发展的核心力量。“四五”科技规划期间，为实施宝冶多通道、多层次人才发展战略，通过各类技术创新活动，大力培育创新型人才，制定和落实鼓励公司创新创造的激励政策，以创新带动创业的产业动力源。设立完善的科技人才岗位技术系列，树立以专业技术为核心的专家体系，建立老、中、青相匹配的梯队专家格局。充分发挥老专家的指导把关作用，发挥中年专家的骨干作用，为青年专家明确方向，营造人才快速成长的良好氛围。持续引进各专业高端人才，引领各专业技术快速发展，确保各专业创新活动高效开展。

## 第二节　科 协 管 理

科协是宝冶党委领导下的广大科技人员的群众组织，开展的各项科学技术活动涵盖了科普宣传、技术交流、技术咨询、学术讲座、技术论文评比及“讲比”活动等，这些活动的开展活跃了崇尚科学的氛围，凝聚广大科技人员的思想。

### 一、科协组织

宝冶在 1989 年成立科协组织，并于 1992 年与上海市科协建立了业务联系，在上海市科协的业务指导下，每年年初制定科协规划，有组织、有计划地开展各项科协活动，搭建起传播科技知识、专业技术及学术交流、科学讲比等活动的平台，有力促进技术人才的培育和技术进步的作用。

在“四五”科技规划中，宝冶对科协工作提出要充分发挥平台作用，在创新意识上，全面贯彻国家“十三五”规划提出的创新型国家战略，牢固树立全员、全企业的创新观念，充分激发科技第一生产力、创新第一动力的巨大潜能。充分发挥宝冶党委领导下科学技术协会的凝聚作用，广泛开展多形式、多内容、多层次的科技宣传教育活动，科普知识宣传活动，科技成果展示交流活动等，大力宣讲公司发展科技的作用、地位和发展前景，不断提升员工主动创新意识，形成各组织、各单位、各部门认识创新、重视创新、宣传创新，人人想创新的良好氛围。推动创新靠的是人才，宝冶坚持建立“尊重知识、尊重人才”的良好环境，树立专业带头人的专业权威，确保专业技术的持续发展。着力培育公司自主创新的思想，通过各种方式激发员工创新的原动力和原创能力。

图 8-7-1　公司科协开展“讲理想　比贡献”活动

## 二、科协活动

宝冶科协每年举办学术交流、参观学习、座谈会等各类科技活动。在众多活动中，宝冶和二级单位不定期联合举办的以弘扬“爱科学、用科学”思想为核心的多主题“讲比”活动，活跃了宝冶创新的氛围，极大地发挥科技人员的能动性和主人翁精神。

宝冶科协与工会等联合申报推动上海市企业科技创新设立的各类工作室，是宝冶技术研发平台建设的补充和完善，为打造宝冶工匠精神创造条件。宝冶冶金公司的“上海市湿法喷涂创新工作室”“李鹏劳模创新工作室”，宝冶建筑分公司的“董清建筑工业化创新工作室”，宝冶工程技术公司的“张凯精密制造创新团队—上海市职工（技师）创新工作室”，宝冶建筑装饰公司的“模块化技术创新工作室—上海市职工（巾帼）创新工作室”等榜上有名。

# 第九篇

## 党群工作

宝冶是一个有着红色基因和革命传统的企业，公司始终把坚持党的领导，加强党的建设作为改革发展的基本前提。自1978年十九冶上海分党委成立后，随着企业发展多次更名，隶属关系也从1978年接受十九冶和宝钢总厂工程指挥部党委领导，到2001年隶属中冶集团党委和上海市建交委双重领导。2016年全国国有企业党建工作会议召开以来，公司党委深入贯彻落实会议精神，坚持两个“一以贯之”，坚持把加强党的政治建设作为引领公司改革发展的重要基础和前提，把提高企业效益、增强企业竞争力、实现国有资产保值增值作为党委工作的出发点和落脚点，把党的领导融入公司治理各个环节，把党组织内嵌到公司治理结构中，明确党组织在公司法人治理中的法定地位，把方向、管大局、保落实，为公司快速稳健发展提供了坚强保证。2016年至2018年，公司党委先后被国资委党委授予中央企业先进基层党组织称号，获评中国五矿集团有限公司先进基层党组织、中冶集团先进基层党组织等称号。

公司纪委积极探索新形势下企业加强党风廉政建设的思路和方法，认真开展各项主题活动，完善制度建设，强化监督执纪问责，不断推进全面从严治党向纵深发展。2018年1月，公司纪委获评中国五矿集团有限公司2016—2017年度党风廉政建设和反腐败工作优秀单位。

公司工会在企业发展不同阶段，始终结合企业实际和面临的形势，大力开展劳动竞赛、职工创新、劳动保护和职工文化艺术繁荣等工作，积极维护职工权益、大力开展扶贫帮困、组织健康有益的群众活动，充分调动职工参与企业改革企业发展的积极性，发挥了桥梁和纽带作用。

公司团委围绕企业生产经营中心，积极联系青年、服务青年、凝聚青年、引领青年，开展了一系列“党有号召、团有行动、青年受益、卓有成效”的团建工作，形成了14项特色青年工作品牌。

# 第一章　党委工作

宝冶是一个有着红色基因和革命传统的企业，公司始终把坚持党的领导，加强党的建设作为改革发展的基本前提。公司党委自1978年十九冶上海分党委成立后，随着企业发展多次更名，隶属关系也从1978年接受十九冶和宝钢总厂工程指挥部党委领导，到2001年隶属中冶集团党委和上海市建交委双重领导。2016年全国国有企业党建工作会议召开以来，公司党委深入贯彻落实会议精神，坚持两个“一以贯之”，坚持把加强党的政治建设作为引领公司改革发展的重要基础和前提，把提高企业效益、增强企业竞争力、实现国有资产保值增值作为党委工作的出发点和落脚点，把党的领导融入公司治理各个环节，把党组织内嵌到公司治理结构中，明确党组织在公司法人治理中的法定地位，把方向、管大局、保落实，为公司快速稳健发展提供了坚强保证。2016年至2018年，公司党委先后被国资委党委授予中央企业先进基层党组织称号，获评中国五矿集团有限公司先进基层党组织、中冶集团先进基层党组织等称号。

中国共产党上海宝冶集团有限公司委员会，2018年底下属党委14个，党总支8个，党支部189个，党员2 282名。宝冶党委下设党群工作部、党委组织部、党委办公室、党委宣传部。党群工作部为公司党委的日常办事机构，与党委宣传部/企业文化部合署办公。

## 第一节　机构沿革

### 一、党委会

1978年5月25日，冶金部下发《关于组成参加上海宝山工程会战的各基建单位领导班子的通知》，刘锡成任第十九冶金建设公司分指挥部党委书记，李伟任党委副书记，张铨任党委副书记兼政治部主任。

1978年9月29日，上海宝钢工程指挥部十九冶分指挥部成立。10月，十九冶上海分党委成立，代行十九冶党委职权，并接受宝钢总厂工程指挥部党委的领导。10月12日，冶金部决定马华兼任十九冶分指挥部党委副书记、代理党委书记。11月8日，冶金部对分指挥部领导班子再次调整，马华兼党委副书记、代理党委书记，朱宗明任党委副书记（指挥长），韩喜任党委副书记（副指挥长）。

1981年6月4日，冶金部和上海市委决定成立第十九冶金建设公司上海分公司。冶金部决定朱宗明任分公司党委书记，韩喜任党委副书记、经理，张维信任党委副书记。6月13日，冶金部研究决定张维信兼任纪委书记。

1983年1月26日，经冶金部决定，杨长恒任分公司党委副书记。8月20日，冶金部党组任命裴东旭为分公司党委书记，杨长恒任党委副书记，张维信任纪委书记，免去其党委副书记职务。

1986年7月28日，冶金部党组任命杨长恒为宝冶临时党委副书记（主持工作），高岐峰任临时党委副书记兼纪委书记；裴东旭不再担任党委书记职务，张维信不再担任纪委书记职务。10月，公司1 992名正式党员和136名预备党员组织关系从渡口正式转入上海，隶属宝钢总厂党委管理。

1987年9月5日，冶金部党组任命杨长恒为宝冶党委书记。

1988 年 3 月 7 日,冶金部党组任命程志广为宝冶党委副书记兼纪委书记,高岐峰不再担任党委副书记和纪委书记职务。9 月 26—27 日,宝冶召开首次党代会,选举产生中国共产党上海宝钢冶金建设公司首届委员会。杨长恒任党委书记,程志广任党委副书记、纪委书记。

1989 年 2 月 14 日,杨长恒不再担任宝冶党委书记职务,调离宝冶。9 月 5 日,冶金部党组任命高岐峰为宝冶党委书记。

1991 年 10 月 25 日,宝冶召开第二次党代会,选举产生中共上海宝钢冶金建设公司第二届委员会。高岐峰任党委书记,程志广任党委副书记兼纪委书记。

1997 年 5 月 22 日,冶金部党组任命程志广为宝冶党委书记;高岐峰不再担任党委书记职务。6 月 9 日,经冶金部党组同意,中共宝山宝钢(集团)公司委员会任命高玉良为宝冶党委副书记兼纪委书记,免去程志广纪委书记职务。

1997 年 10 月 30—31 日,宝冶召开第三次党代会,选举产生中共上海宝钢冶金建设公司第三届委员会。程志广任党委书记,高玉良任党委副书记、纪委书记。

2000 年 5 月 12 日,中冶党委任命傅国安为宝冶党委书记;程志广不再担任宝冶党委书记职务。

2001 年 6 月 6 日,中共中国冶金建设集团上海企业工作委员会成立。11 月 5 日,根据沪委组〔2001〕354 号文精神,宝冶党委组织隶属关系划归上海市建设党委。

2002 年 12 月,傅国安不再担任宝冶党委书记职务。

2003 年 1 月 12 日,中冶党委批准成立上海宝冶建设有限公司党委,任命程志广为党委书记,刘安义为党委副书记兼纪委书记,高玉良不再担任党委副书记兼纪委书记。

2006 年 7 月 26 日,中冶党委任命张创一为宝冶党委书记,程志广不再担任党委书记职务。

2007 年 3 月 7 日,经中冶党委研究决定,徐立群任宝冶党委副书记、纪委书记,刘安义不再担任宝冶党委副书记、纪委书记职务。

2008 年 2 月 15—16 日,宝冶召开上海宝冶建设有限公司第一次党代会,选举产生中共上海宝冶建设有限公司第一届委员会。张创一任党委书记,徐立群任党委副书记、纪委书记。

2009 年 5 月 31 日,中冶党委任命陈明为宝冶党委书记;张创一不再担任宝冶党委书记职务;徐立群不再担任宝冶党委副书记、纪委书记。12 月 17 日,中冶党委任命陈刚为宝冶党委副书记、纪委书记。

2014 年 7 月 16 日,经中冶党委研究决定,费利东任党委委员、纪委书记;陈刚不再兼任纪委书记。11 月 26 日,中冶党委任命王石磊为宝冶党委副书记。

2015 年 6 月 11 日,中冶党委任命王石磊为宝冶党委书记;陈明不再担任党委书记、党委委员职务。

2016 年 5 月 16 日,经中冶党委研究决定,费利东不再担任宝冶党委委员、纪委书记职务。6 月 16 日,刘亚莉任宝冶党委委员、纪委书记。10 月 31 日,中冶党委任命白小虎为宝冶党委副书记。

2017 年 3 月 1 日,中冶党委任命白小虎为宝冶党委书记;刘剑平为党委副书记;王石磊不再担任党委书记职务。10 月 9 日,宝冶召开上海宝冶集团有限公司第二次党代会,选举产生中共上海宝冶集团有限公司第二届委员会。白小虎任党委书记,陈刚、刘剑平任党委副书记,刘亚莉任纪委书记。

## 二、主管部门

1978 年 10 月,设立政治部作为党委办事机构,党委副书记张铨兼政治部主任,陆羽任副主任。

1979 年 1 月 6 日，设组织处、宣传处、保卫处、武装部。

1983 年 9 月 19 日，干部处合并到组织部。

1987 年 4 月 7 日，党委组织部既是宝冶党委负责党的组织工作和管理干部的部门，也是宝冶管理干部的机构，统一管理公司的各类干部。撤销劳动人事处，恢复原劳动工资处，其干部管理业务划归组织部。4 月 14 日，党委领导的打击严重经济犯罪斗争的办事机构，连同纪委代管的打击严重经济犯罪活动办公室(经打办)与保卫处合并办公，一个机构两块牌子。12 月 16 日，党委组织部、宣传部和办公室合并为党委办公室，主要负责处理日常的党务工作。

1988 年 1 月 4 日，党委撤销组织部，行政成立干部处。干部处负责干部管理、老干部工作、知识分子、侨务、民族事务工作等。党委撤销宣传部，主要业务划归经理办公室；党委办公室的信访、文书档案管理划归经理办公室。

1994 年 1 月 31 日，劳资处与干部处合并。2 月 26 日，机构有党委办公室、党委组织部、党委宣传部。

1995 年 5 月 25 日，机关党委归入党群部门，兼管机关总务科。原武装保卫部改为武装保卫处，职能不变。

1995 年 11 月 28 日，成立统战部，与党委组织部合署办公。

1998 年 11 月 23 日，党委办事机构设党委办公室(不设科室)、干部处、组织部(老干部处、统战部)、党委宣传部、保卫处(武装部)；干部处下设干管科；组织部下设组织科(统战科)，老干部科；党委宣传部下设理论宣传科，报社，保卫处(武装部)下设治安科、防范科、综合科。

2000 年 10 月 27 日，党政办公室合署设置。设置党务工作部，下设组织部(干部处)、宣传部(报社)、纪监室。

2001 年 1 月 11 日，宝冶团委作为青年的群众组织单独设立(撤销群众工作部)，划归党务工作部。

2003 年 2 月 27 日，宝冶将组织、统战、纪委、监察、宣传(报社)、武装保卫、团委工作及双文明建设委员会办公室职能归并设立党务部/团委。下设组织(武装保卫)部、宣传部(报社)、纪监室。

2004 年 5 月 9 日，党务部增加企业内部效能监察、企业文化建设职能。主要职能有组织建设与发展；统战管理、武装工作；团委工作；纪委系统管理；企业内部效能监察；形势宣传、报社；机关党务工作；企业文化建设。

2007 年 3 月 3 日，企业文化部从党务部分离独立设置，工会办与党务部合并为党群工作部/信托受益人管委会办公室；团委同党群工作部合署办公，原工程管理部项目党工委工作划至党群工作部/信托受益人管委会办公室。

2008 年 2 月 29 日，将党群工作部中项目党工委工作职能调整至安全工程部，撤销信托受益人管委会办公室。

2009 年 3 月 9 日，党群工作部增加经营办公、生活区域消防工作职能。党群工作部的主要职能是党组织建设与发展；纪检监察；工会事务；团委工作；经营办公、生活区域消防、治安保卫、维稳及武装保卫工作。

2013 年 4 月 15 日，增设督查室、监察部、保卫处，与党群工作部合署办公。

2014 年 3 月 25 日，原办公室总务后勤中的信访职能调整到党群工作部；监察部单独设立，不再与党群工作部合署办公。党群工作部/督查室/保卫处的主要职能是党组织建设与发展；纪检工作；工会工作；团委工作；治安保卫、维稳及武装保卫工作；督查工作；信访工作。

2015 年 3 月 27 日，增设组织部(与人力资源部合署办公)、宣传部(与企业文化部合署办公)，党群工作部原纪委工作、机关党委工作划出。

2017 年 7 月 13 日，机关党委与党群工作部合署办公，部门名称为党群工作部/督查室/保卫处/团委/武装部/信访办/维稳办/机关党委。

2018 年 3 月 27 日，企业文化部/宣传部不再单独设置，与党群工作部合署办公；增设党委办公室，与经理办公室合署办公。部门名称为党群工作部/督查室/保卫处/团委/武装部/信访办/维稳办/企业文化部/宣传部/机关党委。

## 第二节　组 织 建 设

### 一、班子建设

20 世纪 80 年代、90 年代，宝冶按照“革命化、年轻化、知识化、专业化”的要求，结合实际加强两级领导班子建设和干部队伍建设。1983 年，两级党委在对干部进行考核的基础上，选拔一批优秀中青年干部充实到各级领导岗位。其中，提拔充实到科、队一级的 46 人，副处级 14 人，宝冶一级 2 人。通过充实调整，8 个工程公司领导班子平均年龄由 55.5 岁下降到 47.9 岁，高中以上文化程度由 43.9%上升到 52.5%。1994 年，根据宝钢三期工程建设需要和公司改革机构设置的变化，在全面考核基础上，调整部分二级单位和部室的领导班子，调整交流处干 109 人，占处干总数的 65%。

2000—2016 年，宝冶以领导班子建设为重点，持续开展“四好”班子创建，采取中心组(扩大)学习研讨，举办专题辅导报告会和讲座，开展读书竞赛，观看党员教育影片，“请进来、走出去”组织领导干部、基层党支部书记学习培训等方式持续加强学习型领导团队建设。2006 年，宝冶被中冶集团党委评为“四好”班子。下属的机动分公司、工程技术公司、电装分公司 3 家领导班子被宝冶命名为第一批“四好”班子。

2017 年，宝冶党委书记、董事长白小虎提出加强学习型组织、学习型班子建设，建设“学习型、服务型、创新型、效能型”四型机关的工作目标。公司党委制定完善中心组学习制度，制定学习计划，规范开展中心组学习活动。全年以集中学习、专题辅导等形式组织了 8 次党委中心组学习，切实增强班子成员的政治理论水平。2018 年，白小虎进一步对公司广大党员干部提出了“讲政治、讲学习、有格局、有定力、有激情”的总要求，要求各级领导干部务必要牢固树立“四个意识”(时不我待的发展意识、如履薄冰的危机意识、继往开来的创新意识、慎思笃行的自省意识)，形成了宝冶党员干部的思想准则。公司党委贯彻落实国有企业领导干部“对党忠诚、勇于创新、治企有方、兴企有为、清正廉洁”的二十字标准，鲜明树立重实干重实绩的用人导向，加强党员领导干部考核力度，形成优者上、庸者下、劣者汰的干部管理机制，一大批 80 后、85 后优秀年轻干部走上关键领导岗位，激发了广大员工干事创业的热情。

2017 年 9 月至 10 月，宝冶党委统一思想，集中精力，周密部署，严格按照《中国共产党章程》和《中国共产党基层组织选举工作暂行条例》等文件要求，全面召开两级党员大会(代表大会)，完成两级党组织换届选举工作，解决了两级党委长期不换届的问题。期间，公司两级党组织队形整齐，步调一致，当选委员得票率全部在 90%以上，既发扬了民主，又体现了公司党委意志，充分展现了宝冶风清气正的良好政治氛围。宝冶第二次党代会对过去工作进行了认真总结，提出了“平台建设年—集团化管控年—标准化管理年—跨越式发展年”发展主线和打造全产业链竞争优势的建筑企业集团的奋斗目标，强调了公司党委在企业改革发展中的政治核心和领导核心地位，指明了全面落实从严治党，提升党组织的凝聚力、战斗力和号召力的具体措施，对于进一步鼓舞公司全体党员和全体员工，同心同德，开拓进取，加快实现集团化发展战略目标，具有十分重要意义。

2018年，宝冶党委中心组对习近平总书记在学习贯彻党的十九大精神研讨班开班式上的重要讲话精神进行学习研讨，举办2018年全国"两会"精神学习辅导报告，集中学习中央经济工作会议精神等，切实增强了班子成员的政治理论水平和领导力水平，进一步将学习型班子创建活动引向深入。公司党委还开展了近年来规模最大、规格最高、时间最长的全体中层干部学习党的十九大精神和习近平新时代中国特色社会主义思想集中培训，把政治理论学习与广大干部领导力的提升和专业管理能力的提升结合起来，进一步增强全体党员干部党性意识，提高了广大党员干部的政治站位，增强了维护党中央权威和集中统一领导的政治自觉和行动自觉，不断提高运用理论指导实践的能力，切实将学习成果内化于心，外化于行，汇聚出干事创业的磅礴力量，把学习型组织建设落到实处。

## 二、支部建设

1989—2002年，宝冶紧抓支部班子建设。按照党章规定，对支部领导班子及时进行改选，补增、调整工作，健全组织机构。把党支部建设作为重点，坚持"三会一课"制度，开展创"双优"和"为党旗增光辉、为宝冶多贡献"，服务中心主题竞赛、新时期党员标准讨论和推荐评选"我最佩服的共产党员""我最感动的一件事"等活动。

2003年，公司改制后及时加强基层党组织的建设，健全领导班子，建立工作制度，明确工作职能，理顺工作关系。

2009年，公司党委进一步加强基层党组织建设和党员队伍发展。坚持在成立新的经济组织的同时成立党组织、调整经营管理组织的同时调整党组织设置、配备经营管理人员的同时配备党务工作人员的"三同时"原则，确保基层组织和党的工作覆盖面。

2012年，公司党委以党支部建设为抓手，以一线项目部为重点，创新工作机制，对标定位，开展党组织分类定级。年中对152个党支部分类定级，做到了党支部全覆盖。结合上海市国有企业党组织分类定级参考标准，对党支部建设加强抽查。

2013年，公司党委坚持党支部"建在连上"，按照"典型带动、规范带动，分类指导、整体推进"的思路，确保两级项目部党支部全覆盖。要求所有基层党委对基层组织建设严格把关，形成《党支部基础信息表》定期上报制度，做到不遗漏、不虚报。以实用性为考量，结合基层实际工作情况，两次组织研讨《上海宝冶党支部工作实务（草稿）》，并于2014年正式下发《上海宝冶党支部工作实务》，确保党支部工作有指导、有跟踪、有方法、有考核。

2017年，按照中国五矿、中冶集团基层党组织相关工作要求，公司党委牢固树立党的一切活动都要落实到支部的鲜明导向，高度重视基层党支部建设，积极探索新时期基层组织建设和党员管理的新机制、新方法。公司党委制定了基层党支部工作规则，从理论上、制度上、形式上规范党支部活动，严格党员发展程序、规范"三会一课"工作制度、强化组织生活会等各个方面，指导基层党组织规范化、制度化开展活动，打造宝冶标准化党支部。坚持选优配强党支部书记，强化业务培训，发挥基层党支部战斗堡垒作用。

2018年是中央企业党建工作质量提升年，也是宝冶党建工作标准化建设年。公司党委全面推进党建工作标准化建设,加强"三基建设",建立健全了党支部书记轮训工作机制,开展了3期党务干部集中轮训班,对党委书记、纪委书记、党支部书记、党群干部(共230余人)进行了针对性工作实务集中轮训,提升理论水平和业务能力。同时,根据党组织"四个同步"原则,公司党委严格按照党章和基层组织工作条例,动态调整基层组织机构,开展了189个基层党支部全覆盖检查指导,强基固本、上下联动,全面加强基层党组织规范化建设。公司党委提出以"六个统一"(统一的场所、统一的设施、统一的标识、统一的学习资料、统一的工作制度、统一的活动安排)为抓手,全面推进"党员之家"建设,提升基层党支部工作水平,打造标准化示范党支部的工作目标,为一线党员群众搭建一个理论学习、思想交流、党内生活的重要平台,推动党建工作与项目生产工作有机统筹、深度融合、相互促进,进一步增强党与群众的血肉联系,提升广大党员职工的归属感、责任感和使命感,不断增强党的凝聚力、战斗力、影响力。

## 三、党员发展

按照《中国共产党章程》规定,公司党委高度重视党员发展工作,广泛吸收优秀人才加入党组织,把骨干培养成党员。

1989年3月,宝冶业余党校成立,公司党委按照"坚持标准、保证质量、改善结构、慎重发展"的方针,当年选送了13名入党积极分子参加宝冶业余党校学习,吸收6名符合条件的入党积极分子为中共预备党员,办理12名预备党员的转正工作。

1993年至1998年,业余党校平均每年举办三期入党积极分子培训班,对入党积极分子进行党的基本知识培训教育。共发展党员793人,发展党员中以一线工人、优秀团员青年为主。

1999年,公司党委制定《上海宝钢冶金建设公司入党积极分子管理办法》,建立健全了入党积极分子的培养考察制度。

2003年,公司党委举办企业分立改制后第一期入党积极分子培训班,对96名入党积极分子进行培训,当年发展新党员45名。至2003年12月底,公司共有党员1 707名,其中正式党员1 641名。

2004年,公司党委下发《关于进一步做好新形势下发展党员工作的意见》,加强党员信息库管理,保证了党员基本数据的完整和准确。

2010年,公司党委以上海市党员党组织信息管理系统为平台,做好党员和党组织信息的管理工作,实现了党组织建设的信息化和党员管理的网络化。2010—2012年,先后举办三期入党积极分子培训班,发展党员210余人,多以一线专业技术人员为主。

2013年至2016年,公司党委对党员发展工作从严从紧管理。按照"控制总量、优化结构、提高质量、发挥作用"的要求,一方面严控入党名额,加强审查,确保队伍政治过硬、素质合格;另一方面着手清理不在岗党员,并对组织关系接转及时性做出要求,形成定期上报制度。2013年共发展党员31名,与上年相比下降55%。

2017年,为进一步规范党员发展工作,公司党委印发《上海宝冶集团有限公司发展党员工作实施细则》,对党员发展对象、发展程序、积极分子培养等进行明确规定,确保党员发展工作制度化、科学化、标准化。2017—2018年,先后举办第十五、第十六期入党积极分子培训班,培训人数145人,发展党员140人,其中绝大多数是80、90后,是公司先进青年代表和骨干力量,为公司持续健康发展提供了后备力量。

## 第三节 制度建设

1992—1999年，宝冶党委先后制定下发《上海宝钢冶金建设公司党风责任制条例(试行)》《上海宝钢冶金建设公司党支部工作条例》《上海宝钢冶金建设公司党支部“三会一课”制度》《上海宝钢冶金建设公司中外合资企业党支部和党员管理办法》《上海宝钢冶金建设公司党员责任区工作条例》《关于贯彻落实中央“三重一大”原则的试行意见》《上海宝钢冶金建设公司领导干部谈话制度》《上海宝钢冶金建设公司党的民主生活会制度》《上海宝钢冶金建设公司入党积极分子管理办法》《上海宝钢冶金建设公司统一战线工作条例》《关于贯彻中央“厉行节约、制止奢侈浪费规定”的实施意见》《关于实行党风廉政建设责任制的实施细则》《宝冶公司项目部党组织工作条例(试行)》《上海宝钢冶金建设公司党委书记工作例会制度》《上海宝钢冶金建设公司党群办公会制度》等文件。

2000—2016年，公司党委修订完善了《关于进一步贯彻党风廉政建设责任制的若干意见》《关于加强领导干部廉洁自律工作的若干规定》《建立健全谈话制度的实施办法》《上海宝冶建设有限公司保持共产党员先进性的具体要求》《党委工作条例》《党委(总支)、党支部定期向党员代表大会或党员大会报告制度》《上海宝冶建设有限公司关于执行“三重一大”决策制度的若干规定(试行)》《上海宝冶党员领导人员报告个人有关事项的规定》《上海宝冶党支部工作实务》等文件。

2017年以来，公司党委借鉴《中国五矿集团公司党的基层组织工作规则》等党建工作制度，结合企业实际，制定完善了《上海宝冶党委理论学习中心组学习制度》《上海宝冶集团有限公司发展党员工作实施细则的通知》《上海宝冶集团有限公司贯彻落实“三重一大”决策制度实施办法》《上海宝冶集团有限公司党委会议事规则》《上海宝冶集团有限公司党委工作规则》《上海宝冶集团有限公司党支部工作规则》《上海宝冶集团有限公司党费收缴、使用和管理办法》《上海宝冶集团有限公司党员领导干部党建工作联系点管理办法》《上海宝冶集团有限公司党建工作考评实施细则》《上海宝冶集团有限公司党务公开工作考评实施细则》等10余项工作制度，建立健全了党建工作考评机制和党组织书记抓党建述职评议工作机制等，着力形成靠制度解决问题和推动工作的长效机制。

2018年是宝冶集团化管控年，按照“集团管总、系统主建、实体主战”的集团化管控理念，公司党委抽调党务系统精干力量组建宝冶党建工作标准化编委会，历时5个月形成具有鲜明宝冶特色的《党建工作标准化手册》(一册三本)，构建了带有全局性、稳定性，管根本、管长远的党建工作标准化体系，为全面提升党建工作科学化规范化标准化水平提供了强有力的体系支撑，开创了宝冶党建工作新局面。2018年4月16日，公司举行党建工作标准化一册三本发布仪式。

## 第四节 主题教育活动

**【整党】**

1986年3月，遵照党的十二届二中全会关于整党的决定和上级党委的部署，经十九冶分指挥部党委研究并征得宝钢指挥部党委同意，十九冶分指挥部开始整党，共分两批进行。分部党委、分部机关、材料处、设备处、教培中心为第一批，从3月初至6月底；各工程公司及职工医院为第二批，从4月初至7月底。

按照中央要求，这次整党主要任务是统一思想、整顿作风、加强纪律、纯洁组织。整党前分指挥部做了大量准备工作，成立整党领导小组和整党办公室、进行党员状况摸底、召开一系列党内外人士座谈会征求意见。这次整党分为学习、对照检查和整改、组织处理和党员登记三个阶段。在参加整党的2 128名党员中,通过回顾总结、对照检查,给予登记2 090人,缓登23人,不予登记7人,劝退1人,因种种原因暂挂党员4名,因人不在未予讨论3名。

通过整党,两级领导班子增强了团结,进一步发挥了集体的领导作用;进一步端正了业务指导思想,促进了经济工作的发展;党的批评和自我批评的优良传统得到了恢复和发扬;党风有了进一步的变化,新的不正之风基本刹住;广大党员的思想觉悟、政治素质有了提高,党性有了增强,先锋模范作用越来越突出地发挥出来;纯洁了党的组织;党组织在群众中的威信进一步提高。

1986年10月21日,经中共上海宝山钢铁总厂工程指挥部委员会检查验收合格,整党工作基本结束。

**【"三讲"教育】**

1996年,党的十四届六中全会作出决定,对县处级以上领导干部进行一次以讲学习、讲政治、讲正气为主要内容的党性党风教育。这次为期3年的教育活动自上而下,分期分批进行。

从1999年3月29日至11月12日,宝冶组织96名处干,分6批参加了宝钢三期工程指挥部委托上海市委党校举办的处干"三讲"教育轮训班。参加的处级干部中正处级34人(党委书记15人,经理6人),副处级62人。

宝冶在开展"三讲"教育过程中把学习理论、武装头脑同整顿思想、改进工作作风结合起来;把开展"三讲"教育同推动实际工作结合起来;把自查自纠同民主评议结合起来;把批评与自我批评同对干部的深入考察考核结合起来,通过"三讲"教育活动,切实解决领导班子和领导干部中存在的突出问题,激励了领导干部创造新的业绩,树立良好的政风。

**【保持共产党员先进性教育活动】**

2005年7月,宝冶党委作为中冶上海企业第二批开展党员先进性教育活动单位之一,认真开展了保持共产党员先进性教育活动。

7月8日,宝冶召开党员先进性教育活动学习动员大会。至7月19日,12家基层党委、144个党支部分别召开动员大会,将先进性教育活动要求传达到1 531名党员。在学习动员阶段,宝冶提炼制定了党员先进性具体要求12条;7位领导建立联系点12个。二级单位53名党员领导干部建立联系点144个。

8月18日,宝冶党员先进性教育活动进入分析评议阶段。两级党委共发放3 200多份《征求意见表》,召开党员、群众、入党积极分子座谈会123次,参加人数1 200余人,设立意见箱15个、电子信箱15个、热线电话18部,共收集到各种意见1 274条,其中对党组织的意见235条,对领导班子个人的意见255条。

9月16日,宝冶党员先进性教育活动进入整改提高阶段。围绕宝冶"保持先进性、增强竞争力"的先进性教育活动实践主题,在基层广泛开展了"我为企业献一计"、技术创新、五小活动、创"双优"、立功竞赛、帮困送温暖、"结对子"等实践活动。共收到"我为企业献一计"117条;合理化建议962条;创"双优"签廉洁责任书162份;组织开展立功竞赛33次,记大功26人,记功89人;开展帮困送温暖活动,慰问困难群众218人次,慰问金额10万余元。

10月10日,宝冶开展先进性教育活动群众满意度测评工作,总体评价为满意92%,基本满意8%。

通过先进性教育活动的开展，公司广大党员思想政治素质有了新的提高，普遍接受了一次深刻的理想信念教育和党性锻炼，先锋模范作用进一步发挥。基层党的组织建设得到了新的加强，解决自身问题的能力进一步提高，创造力、凝聚力和战斗力进一步增强。两级领导班子思想作风建设的力度明显加大，批评与自我批评的优良作风得到进一步发扬，民主集中制得到较好贯彻，班子团结普遍加强。党员干部全心全意为人民服务的宗旨观念进一步增强，群众满意度进一步提升。企业各项工作得到有力促进，“三个代表”重要思想和科学发展观的发展思路更加明确，发展措施更加切实可行。

**【学习实践科学发展观活动】**

2009年3月初至8月底，宝冶党委紧扣“‘三五’规划发展上水平，确保实现两步跨越”主题，用半年时间分3个阶段6个环节，细化12大工作内容、61项具体举措，认真组织开展了学习实践科学发展观活动。

各基层单位结合市场定位和自身实际，拟定主题，分别开展了“爱岗敬业、管理提升、提高干部素质和执行力”活动、“降本增效、开源节流”活动、“为宝冶科学发展献一计”等活动。同时还把科学发展观活动和创建企业品牌紧密结合，围绕重点工程积极探索品牌特色活动。例如，以世博项目创精品工程为品牌的“世博特色”；以宝冶钢构突出产业优势为品牌的“钢构特色”等。

宝冶14个党委，4个党总支、160个党支部、1 953名党员，187名中高层以上党员领导干部全程参加了学习实践活动。公司围绕“科学发展上水平”这一核心目标，把应对金融危机和促进企业发展作为最紧迫和最现实的实践，精心部署、周密安排，顺利完成各项任务，达到预期目标。

**【创先争优活动】**

2010年6月，为认真贯彻党的十七届四中全会精神和《关于印发〈中央企业深入开展创先争优活动实施意见〉的通知》《关于印发〈中国冶金科工集团有限公司深入开展创先争优活动实施方案〉的通知》等文件要求，宝冶党委成立创先争优活动领导小组及办公室，制定了《上海宝冶集团有限公司深入开展创先争优活动实施方案》。以“立足岗位做贡献，科学发展创佳绩”为主题，以创建先进基层党组织，争当优秀共产党员为主要内容，以领导班子创“四好”标杆、党组织创“四强”、共产党员创“四优”、职工队伍创“四个”一流的“四创”活动为主要载体。

宝冶把“创先争优”活动作为解决实际问题的重要契机，着眼企业长远发展，解决事关企业全局、长期困扰企业改革发展和生产经营的难题，开展员工最关心的热点问题调研，开展党员先锋岗、党员示范区等主题实践活动，在项目生产经营中发挥党支部的战斗堡垒作用和党员先锋模范作用。公司党委于每年6月底至7月初召开“创先争优”表彰大会，庆祝党的生日，表彰过去一年的先进党组织、优秀共产党员和优秀党务工作者，引导广大党员学习先进，形成“比学赶超”的良好氛围。2018年，公司党委制定《上海宝冶集团有限公司“创先争优”评选表彰管理实施办法》，构建“创先争优”活动长效机制，确保了“创先争优”活动扎实有效开展。

**【党的群众路线教育活动】**

2013年7月，根据《中共中央关于在全党深入开展党的群众路线教育实践活动的意见》、中央党的群众路线教育实践活动工作会议精神、中冶集团党委关于深入开展党的群众路线教育实践活动的部署,宝冶党委深入开展党的群众路线教育实践活动,从 2013 年 7 月正式启动,2014 年 2 月底基本结束。教育实践活动开展以来,公司党委坚持以饱满的政治热情和强烈的使命担当,把教育实践活动作为首要政治任务,统筹协调,精心组织,贯彻“照镜子、正衣冠、洗洗澡、治治病”的总要求,历时半年时间,抓好三个环节,切实做到了在聚焦解决“四风”问题上见成效、在树立为民务实清廉形象上见成效、在提升联系服务广大员工能力上见成效。期间,中冶集团第七督导组坚持标准、严格把关,提出了许多宝贵意见和建议,推动了宝冶教育实践活动的有效开展。公司全体党员领导干部从群众最关心、最迫切的问题入手,用务实、踏实、扎实的态度,认识“四风”的危害,积极“除垢”、主动“纠风”,达到了群众满意的效果。

**【“三严三实”专题教育活动】**

2015 年,宝冶党委积极组织,扎实开展“三严三实”专题教育活动。根据公司实际印发了《上海宝冶集团有限公司党委关于开展“三严三实”专题教育的实施方案》,对照“严以修身、严以用权、严以律己,谋事要实、创业要实、做人要实”的要求,加强学习教育、突出问题导向、贯彻从严标准、坚持以上率下,着力抓好集中学习、党课报告、专题研讨、监督整改等关键环节的工作,把专题教育与推进宝冶改革发展稳定结合起来,提高了广大党员践行“三严三实”的思想自觉和行动自觉,推动了不严不实问题的解决,公司领导干部和员工的思想觉悟和综合能力得到有效提升。

**【“两学一做”专题教育】**

2016 年,按照中央部署,借鉴运用“三严三实”专题教育经验,宝冶在全体党员中开展“学党章党规、学系列讲话,做合格党员”学习教育。坚持正面教育,把学习贯彻习近平总书记系列重要讲话精神进一步引向深入,组织党员认真学习党章,学习党内政治生活准则、廉洁自律准则、纪律处分条例等党内法规,尊崇党章,敬畏党章,夯实做合格共产党员的思想基础,不断提高党员干部的党性修养,自觉维护党章和党内法规制度的权威性、严肃性。坚持从严从实,着力解决党员意识弱化、宗旨意识淡薄、规矩意识不强、先锋意识淡化等突出问题,引导广大党员用党员标准严格要求自己,做到对党忠诚、遵规守纪、清正廉洁、敢于担当,成为合格的共产党员,在生产、工作和社会生活等方面充分发挥先锋模范作用。

2017 年,为贯彻习近平总书记关于“两学一做”学习教育常态化制度化重要指示精神,按照中冶集团党委工作要求,公司党委结合工作实际,制定了《上海宝冶推进“两学一做”学习教育常态化制度化方案》,明确学习要求,量化学习指标,层层推进,步步落实,把“两学一做”学习教育与“三会一课”制度相结合,融入日常、抓在经常。通过两级党委领导班子带头讲党课,以上率下,引导广大党员真学实做,以学促做、真抓实干,提高广大党员战斗力和凝聚力,做到在企业经营发展的大是大非问题面前敢于亮剑、矛盾问题面前敢于迎难而上、危机面前敢于挺身而出,真正把“两学一做”学习教育成果转化到推动企业发展的实际行动工作中,取得了良好效果。

2018 年,深化主题教育,持续推进“两学一做”学习教育常态化 制度化。公司党委结合工作实际,围绕“不忘初心,牢记使命” 主题教育,深入推进“两学一做”学习教育常态化制度化。公司领导班子成员切实发挥“关键少数”的带头作用,设立党建工作联系点,以上率下,以身作则,认真执行“三会一课”制度,深入基层讲党课,以“一马当先”带动“万马奔腾”,形成头雁效应,引导广大党员真学实做,以学促做、真抓实干,提高广大党员战斗力和凝聚力。

# 第五节　历届党代会

## 一、上海宝钢冶金建设公司首次党代会

1988 年 9 月 26—27 日，宝冶召开上海宝钢冶金建设公司首次党代会。出席大会的正式代表 245 名，列席代表 26 名。大会讨论通过了杨长恒所作的《努力提高党员素质和党组织的战斗力，切实保证党的基本路线在宝冶公司全面贯彻》党委工作报告和程志广所作的纪检工作报告。大会选举产生了中国共产党上海宝钢冶金建设公司首届委员会，由 9 名委员组成，杨长恒任党委书记，程志广任党委副书记。选举产生了中国共产党上海宝钢冶金建设公司首届纪律检查委员会，由 7 名委员组成，程志广任纪委书记，张德良任纪委副书记。

## 二、上海宝钢冶金建设公司第二次党代会

1991 年 10 月 25 日，宝冶召开上海宝钢冶金建设公司第二次党代会。出席大会的正式代表 248 人。大会讨论通过了高岐峰所作的《坚持党的基本路线，发挥政治核心作用，为把公司建设成为一流企业而奋斗》党委工作报告和程志广所作的纪检工作报告。大会选举产生了中国共产党上海宝钢冶金建设公司第二届委员会，由 9 名委员组成，高岐峰任党委书记，程志广任党委副书记。选举产生了中国共产党上海宝钢冶金建设公司第一届纪律检查委员会，由 7 名委员组成，程志广任纪委书记(兼)，洪海清任纪委副书记。

## 三、上海宝钢冶金建设公司第三次党代会

1997 年 10 月 30—31 日，宝冶召开上海宝钢冶金建设公司第三次党代会。出席大会的正式代表 270 人。大会讨论通过了程志广所作的《高举旗帜、继往开来、深化改革、加快发展，为实现公司跨世纪发展目标而努力奋斗》党委工作报告和高玉良所作的纪委工作报告。大会选举产生了中国共产党上海宝钢冶金建设公司第三届委员会，由 7 名委员组成，程志广任党委书记，高玉良任党委副书记。选举产生了中国共产党上海宝钢冶金建设公司第三届纪律检查委员会，由 7 名委员组成，高玉良任纪委书记，曾凡彬任纪委副书记。

## 四、上海宝冶建设有限公司第一次党代会

2008 年 2 月 15—16 日，宝冶召开上海宝冶建设有限公司第一次党代会。出席大会的正式代表 152 人。大会讨论通过了张创一所作的《创新提升党建工作，大力弘扬政治优势，为实现宝冶建设“二五”发展目标而努力奋斗》党委工作报告和徐立群所作的纪委工作报告。大会选举产生了中国共产党上海宝冶建设有限公司第一届委员会，由 9 名委员组成，张创一任党委书记，徐立群任党委副书记。选举产生了中国共产党上海宝冶建设有限公司第一届纪律检查委员会，由 5 名委员组成，徐立群任纪委书记。

### 五、上海宝冶集团有限公司第二次党代会

2017年10月9日，宝冶召开上海宝冶集团有限公司第二次党代会。出席大会的正式代表190人。大会讨论通过了白小虎所作的《突出政治引领，聚焦中心发力，坚定不移地为实现集团化发展战略目标而努力奋斗》党委工作报告。大会选举产生了中国共产党上海宝冶集团有限公司第二届委员会，由11名委员组成，白小虎任党委书记，陈刚、刘剑平任党委副书记。选举产生了中国共产党上海宝冶集团有限公司第二届纪律检查委员会，由5名委员组成，刘亚莉任纪委书记，施剑栋任纪委副书记。

## 第六节　精神文明建设

1987年，宝冶党委制定实施精神文明建设五年规划，成立了双文明建设检查评比委员会，开展宝冶精神和厂风教育。

1995年6月，宝冶党委下发《宝钢冶金建设公司1995—1996年精神文明建设规划》，提出要围绕企业生产经营提高职工文明程度和文明素质，树立职工队伍整体文明形象、企业生产和生活环境整体文明形象、企业工程施工整体文明形象，把宝冶的精神文明建设提高到一个新的水平。

1995年，根据上海市精神文明建设三年规划和宝冶精神文明建设两年规划的要求，宝冶各单位开展了文明职工、文明工厂、文明办公楼、文明宿舍楼等多项创建活动。宝冶党政工开展了精神文明建设成果评选活动，机装公司、检修公司获得一等奖；电装、工安、特种、机装液压厂获得二等奖；筑炉、五公司、物资公司、机动公司、三公司、职工医院获得三等奖。这些成果来自实践，来自基层，各有侧重，具有推广价值，在一定程度上体现了宝冶精神文明建设水平。

1997年，宝冶党委制定《上海宝钢冶金建设公司精神文明建设(1996—2000年)五年规划》，总体目标是：努力争取在施工、生产、卫生、绿化等方面获得市级荣誉，努力争取在文明创建活动中获得市级荣誉；努力实现两个提高，即提高职工的文明素质和提高企业的文明程度；树立三个形象，即树立职工队伍的整体文明形象、企业生产和生活环境的整体文明形象、企业工程施工的整体文明形象。

1998年3月6日，宝冶召开文明创建活动命名表彰大会，表彰了19个文明创建先进单位。文明创建活动作为宝冶精神文明建设的重要组成部分，自1993年成立后不断发展完善，形成四大系统、九大类、几百个文明项目的创建网络，涌现出一大批文明工厂、文明工地、文明小区、文明窗口、文明仓库、文明车场。

此后宝冶和各二级单位精神文明创建活动持续开展，公司党委、行政、工会每年联合开展双文明建设先进评比活动，取得了丰硕成果。特种公司获评上海市1986年度文明单位、1987—1988年度文明单位；筑炉公司、电装公司获评上海市1993—1994年度文明单位；工程技术公司获评上海市2007—2008年度文明单位、2009—2010年度文明单位、2011—2012年度文明单位、2013—2014年度文明单位、2015—2016年度文明单位、2017—2018年度文明单位；检修工程分公司(后更名为能源环境工程公司)获评上海市2013—2014年度文明单位、2015—2016年度文明单位、2017—2018年度文明单位。宝冶获评2017—2018年度宝山区文明单位；建筑工程公司、市政工程公司、安装工程公司、工程物资设备公司、广州分公司获评2017—2018年度上海市建设交通系统文明单位。

2012 年 4 月，工程技术公司被选为上海市文明单位报告社会责任示范单位。此外，宝冶还有多个班组获评上海市文明班组、上海市红旗文明岗；多个项目先后获上海市文明工地、江苏省建筑施工文明工地、重庆市文明工地、广东省建设工程安全生产文明施工优良样板工地、江苏省建筑施工标准化文明示范工地和福建省省级文明工地等称号。

## 第七节　政 研 会

宝冶职工思想政治工作研究会（简称政研会）成立于 1988 年，是宝冶党委领导下的群众性学术团体。政研会成立以来，以马克思列宁主义、毛泽东思想、邓小平理论和“三个代表”重要思想为指导，认真贯彻党中央关于加强和改进企业思想政治工作的精神，紧紧围绕党的中心工作和企业施工生产经营，开展思想政治工作调查研究和理论探讨活动，努力探索企业思想政治工作的新特点、新规律。党的十八大以来，政研会深入贯彻落实习近平总书记重要讲话精神，不断引导广大党员干部职工增强“四个意识”，坚定“四个自信”，做到“两个维护”，深入开展职工思想政治工作。党的十九大以来，政研会以习近平新时代中国特色社会主义思想为指导，深入贯彻党的十九大精神，聚焦企业全面深化改革面临的突出问题，聚焦新时代职工群众对美好生活的向往，引导广大职工不忘初心，牢记使命，奋力朝着打造“一流的最具产业链竞争优势的全生命周期工程服务商”的奋斗目标不断迈进。

1990 年 3 月，宝冶召开第三届思想政治工作研究会成立大会，会上通过了新的思想政治工作研究会章程。政研会下设党务工作、行政工作、群众工作三个研究学组。11 月 17 日，由宝冶和宝指筹办的中国冶金职工思想政治工作研究会冶建学组第五届年会在宝山宾馆召开。参加这次年会的有冶建系统各单位的党委书记、政研会会长、宣传部长等 50 多人。

1993 年 12 月，宝冶召开在市场经济条件下和面临宝钢三期繁重任务面前如何加强和改进政治工作研讨会。与会人员经过研讨形成共识：宝冶在深化改革、转机建制和建设宝钢三期工程中将遇到错综复杂的企业内部和外部矛盾，思想政治工作有一个改进和适应的新课题。即一是要走大政工之路，要站得高、看得远、内涵大；二是搞大宣传，要包括政治、经济、文化各个方面；三是要抓大教育，社会、企业、家庭齐动手，灌输、疏导、感化全方位；四要靠大队伍，各级领导两手抓，一般干部一岗双责，党员两个作用和职工自我教育。

宝冶政研会于 1989 年至 1997 年，连续召开九届年会，总结交流开展思想政治工作的经验，表彰和奖励开展研究活动成绩突出的团体会员和优秀研究成果。期间，公司两级政研会累计开展研究活动 100 余次，撰写论文 800 余篇。机动、三公司、机装、特种、设备处、工安公司等政研分会和 86 篇优秀论文受到表彰和奖励。宝冶政研会注意结合企业的施工生产，结合企业的精神文明建设，抓热点、抓难点，通过专项研讨会、论文发布会等形式进行深入研讨，具有较强的针对性，对解决企业思想政治工作许多新课题起到了积极作用。在冶金部、上海市建委历年的政研论文发布会上，宝冶均有论文获奖，显示了宝冶政研工作实力。

2003 年以来，宝冶政研会积极参加上级政研会组织开展的调研活动和政研课题研究活动，先后有多篇文章获优秀成果奖。2018 年 5 月，宝冶政研课题《坚持党的领导，深入推进国有企业党建工作标准化建设不断取得新成效》获评“2018 年度全国建筑业企业管理现代化二等创新成果”。

# 第八节　人大、政协工作

## 一、人大代表

1984年至2017年之间,公司共推荐当选吴淞区、宝山区、上海市人大代表37人次。

1984年1月10日,韩喜、盛勤芳、曹祥麟当选为吴淞区第四届人大代表;1987年3月10日,宋祖德、李洪琛、陈义春、高天赐、王茂松、曹祥麟当选为吴淞区第五届人大代表;1990年3月10日,王茂松、高天赐、陈义春、宋祖德当选为宝山区第二届人大代表;1993年3月15日,高天赐、李洪琛、王文斌、龚一平当选为宝山区第三届人大代表;1998年3月4日,程志广、白小庆、华敏玉、龚一平当选为宝山区第四届人大代表;2003年3月6日,张创一、华敏玉、何凤霞当选为宝山区第五届人大代表;2006年12月12日,张创一、华敏玉当选为宝山区第六届人大代表;2008年6月25日,徐立群补选为宝山区第六届人大代表;2011年11月16日,陈明、李玲当选为宝山区第七届人大代表;2016年11月16日,王石磊当选为宝山区第八届人大代表。

1993年2月,王茂松当选为上海市第十届人民代表大会代表,这是宝冶职工在汉、沪两地工作以来第一位当选为省市级的人民代表。2007年12月27日,华敏玉当选为上海市第十三届人大代表。2012年12月26日,华敏玉当选为上海市第十四届人大代表。2017年12月27日,潘惠芳当选为上海市第十五届人大代表。

## 二、政协委员

1990年4月,电装公司程培兴推选为政协上海市宝山区第二届委员会委员,1993年4月,程培兴当选为政协上海市宝山区第三届委员会常委,科技委副主任;1998年2月26日,程培兴再次推选为政协上海市宝山区第四届委员会委员。

# 第九节　统 战 工 作

宝冶统战工作原由党委组织部兼管。1987年12月16日,根据公司《关于党委,纪委办事部门职能转变和机构变动的通知》文件精神,原党委组织部门管理的统战工作中的知识分子工作,侨务工作,民族事务工作,台胞台属工作等工作划归行政管理。组织部门只负责部分统战工作。

1995年11月28日,宝冶成立党委统战部,与党委组织部合署办公。各二级单位先后成立统战科,与组织部(或党委办公室)合署办公,至1996年有13家工程公司成立统战科。

1998年11月23日,宝冶对机关机构进行改革,组织部(统战部)下设组织科(统战科)负责组织、统战管理。

2018年12月20日,宝冶调整统战工作领导小组,统战工作日常办事机构设在党群工作部。

## 一、少数民族工作

至1990年1月,宝冶职工中有回族、满族、蒙古族、锡伯族、壮族、土家族、侗族等11个少数民族。1990 年 1 月 20 日,宝冶少数民族联络组成立,30 多名少数民族职工参加了会议,推选 5 名联络组委员。

1995 年 9 月 22 日,宝冶召开少数民族职工大会,产生第二届少数民族联合分会,由 5 人组成,推选完利俊为主任,夏玲玲为副主任。

1999 年 10 月 15 日,协商产生宝冶第四届少数民族联合会委员、主任、副主任。

宝冶认真落实少数民族政策,保障少数民族的平等权利,尊重少数民族习惯。至 2018 年 4 月,公司有少数民族职工 98 人(含中冶东方)。

## 二、侨务工作及对台工作

为适应新时期统战工作需要,宝冶党委积极贯彻侨务政策,1987 年 1 月 1 日,宝冶成立侨联小组,选举产生了宝冶侨联小组领导成员。1987 年宝冶共有归侨 9 人,侨眷 25 人。

1989 年 3 月 18 日,宝冶成立台胞台属联谊分会,选举产生分会理事 3 人。1994 年 7 月 28 日,宝冶台胞台属联谊分会召开第二次会员大会,选出 5 名理事,赵黎明当选为第二届理事会理事长。1999 年 11 月 10 日,宝冶台胞台属联谊分会第三次大会协商产生了第三届理事会理事 4 人,贾贤鹤当选为理事长。

1993 年至 1999 年期间,公司先后组织华侨、侨眷,台胞台属参观宝冶的合资企业;参观上海、江南古镇,开展智力竞赛,联谊活动;组织台联会,侨联会主要负责人脱产学习《邓小平三卷》,给台胞、台属发放《台湾问题与中国的统一》等书籍;在台属中开展献爱心捐款活动;为侨眷出具子女上学证明;为印尼归侨周元创调换住房(从一楼调至二楼);为 1994 年提前退休台属爱人解决工作问题,为台胞易用璋的爷爷(原是国民党的国大代表)在上海购房寻找房源。

至 2003 年 9 月,宝冶有台胞台属 18 人,侨眷 19 人,港澳同胞眷属 1 人。

## 三、团结非党人士共事

从 20 世纪 80 年代开始,宝冶先后有农工民主党和九三学社两个民主党派,农工民主党为支部、九三学社为小组。农工民主党支部隶属宝钢总厂农工民主党总支部,九三学社小组在宝钢总厂(指挥部)支社的领导下。1989 年 4 月 15 日,农工民主党宝冶支委会成立,有党员 8 名。1993 年 10 月进行改选,宝冶医院副院长李洪琛当选为第二届主任,委员 2 名。1996 年,宝冶发展农工民主党党员 2 名。农工民主党支部、九三学社小组成立以来,积极参加经济建设和企业科技、医疗、教育活动,为企业的发展和地方建设献计献策。至 2018 年 10 月,宝冶有九三学社成员 15 人,其中上海地区 6 人,青岛地区(中冶东方)9 人。

宝冶在政治上充分信任非共产党员知识分子,在工作上予以大胆使用。1979 年至 1986 年,宝冶共发展知识分子党员 415 人,占知识分子总数的 35.6%,从知识分子中提拔各级领导干部 236 人,在非党知识分子使用安排上有 6 人担任处级干部职务,34 人担任科级干部职务。如 1984 年,电装公司摒弃旧的观念,大胆启用知识分子,积极培养他们加入中国共产党,“破例”发展以往被认为社会关系复杂,贴上“长期考验”封签的几位有影响的工程师入党,吸收多次放弃赴海外过优裕生活的印尼归侨周元创、侨眷王人向等知识分子加入中国共产党,入党后他们在工作中处处起先锋模范作用。

宝冶在办公用具、技术资料等方面优先满足知识分子的需要,适当提高有技术职称的知识分子的奖金系数,在晋升、疗养和困难补助上适当扩大知识分子的比例。

1984—2017年间,宝冶共推选区、市的人大、政协非中共党员代表10人。

1987年3月10日,农工民主党知识分子李洪琛当选为吴淞区第五届人大代表,1993年3月15日,当选为宝山区第三届人大代表;1998年3月4日,农工民主党知识分子白小庆当选为宝山区第四届人大代表;2003年3月6日,农工民主党知识分子何凤霞当选为宝山区第五届人大代表。

1984年1月—1987年3月,无党派知识分子曹祥麟连续当选为吴淞区第四届、第五届人大代表;1984年1月10日,无党派知识分子盛勤芳当选为吴淞区第四届人大代表;1987年3月至1990年3月无党派知识分子陈义春当选为吴淞区第五届人大代表、宝山区第二届人大代表;1990年4月开始,无党派知识分子程培兴连续推选为政协上海市宝山区第二届、第四届政协委员,第三届委员会常委,科技委副主任;1998年3月至2006年12月,无党派知识分子华敏玉连续当选为宝山区第四届、第五届、第六届人大代表;2011年11月16日,无党派知识分子李玲当选为宝山区第七届人大代表;2007年12月至2012年12月,华敏玉连续当选为上海市第十三届、第十四届人大代表;2017年12月,无党派知识分子潘惠芳当选为上海市第十五届人大代表。

至2018年4月,宝冶有党外知识分子1 650人(含中冶东方),其中民主党派14人,无党派1 636人,2018年11月公司无党派高级职称副处以上领导9人。

## 四、落实政策

公司党委在党的十一届三中全会方针、路线以及中央有关政策精神的指导下和上级党委的领导下,系统清理重大历史是非的拨乱反正,政治上积极为知识分子平反冤假错案、公司两级党委(总支)妥善处理了大量历史遗留问题,从1978年8月到1986年11月共复查各类案件169件,清理干部档案1 851个。

对1957年"反右派斗争"中处理的49人(知识分子36人),改正了错划为右派的39名干部,改正了因右派言论受处分的9名干部,改正了因言论问题戴坏分子帽子的1名干部,对这些被改正的人,撤销了原处分,有的恢复了原职务、工资,有的恢复了党籍、团籍,清理"反右倾"中形成的材料。

对"四清"运动中错案进行复查,有4名干部在"四清"中受到各种处理,经过复查,均属错案,进行了纠正,恢复了他们的党籍,职务,重新安排了适当工作。

对"文化大革命"中的审干问题进行了复查,先后对64名干部审查结论进行重新审查,重新作了结论或写了调查报告,对受迫害致死的3名干部,复查后定位因工死亡,按照规定对其家属都作了善后处理,给予了适当的困难补贴;对在"文化大革命"中政治上遭诬陷、身体受摧残的104人进行体检,定为工伤的56人(其中处级干部16人,科级干部24人,一般干部16人)。"文化大革命"中受到党纪、政纪的80人(其中干部6人,工人74人)在查证落实的基础上,对这些人员实事求是的做出了纠正。补偿"文化大革命"中被查抄的12人物资折价款2 239.26元,补发"文化大革命"中错停、减发的工资,补发7人,计15 436.10元。

对"一打三反"中的错案进行复查,共复查案件68件(其中干部5人、工人63人);5名干部中,撤销原判、宣告无罪的2人,撤销原判、予以释放1人,撤销划而不戴的2人。对释放人员,有的重新安置了工作,有的给予了困难补贴,均作了善后处理。

# 第十节　民兵武装工作

## 一、预备役

2002 年，根据上海陆军预备役高炮师一团、宝钢武装部关于加强国防后备力量建设的精神，宝冶组建预备役一团一营指挥排，编制 28 人。

预备役指挥排组建后，根据上级民兵预备役整组工作安排，每年及时调整进出队人员，集结预备役人员参加上海市警备区、预备役部队组织的集结点验，参点率达到上级要求。2016 年，根据预备役部队编组和宝钢武装部整组需要，组建的营指挥排缩编为预备役驾驶班，编制 5 人。

2003—2009 年期间，先后 6 次组织预备役人员 27 人次参加集训，4 次赴外省参加实兵实弹战术演练，9 名参训人员受到上级表彰。2003 年 9 月、2004 年 7 月宝冶在预备役部队实兵实弹演练中被授予“预备役部队演练先进单位”。

## 二、民兵整组和军事训练

**【民兵整组】**

1987 年，根据宝钢总厂人武部民兵整组任务，宝冶组建工程抢险基干民兵营 400 人（女民兵 40 人）。

1991 年，根据上海市警备区，宝钢总厂人武部的整组安排，组建普通民兵团，下设 10 个民兵营，6 个直属连，组建基干民兵营 750 人（其中男 664 人，女 86 人），应急机动分队 250 人。国庆节前，召开宝冶民兵成立大会。

1992 年以后，根据上海市警备区和宝钢武装部下达的民兵整组任务，公司每年上半年开展民兵整组。普通民兵从 1992 年的普通民兵团，调整到 2015 年普通民兵营 370 人，后缩编到 2018 年普通民兵分队 50 人。基干民兵先后按上级整组任务安排，组建了“5・7”高炮连、应急分队、医疗救护分队、特种车辆驾驶维修专业分队、工程抢险专业分队、设施抢险分队、工程装备维修分队、道桥抢修分队、后勤保障储备分队、信息员分队。基干民兵从最初 317 人缩编到 2018 年 73 人。

**【军事训练】**

公司根据上级安排和下达的军训任务，做好落实。

1988 年，组织民兵参加宝钢举行的民兵射击比赛，在 19 个代表队中获团体总分第一，夺得冠军。

1994—1995 年，先后组织 72 名基干民兵军训和参加宝钢武装部组织的 57 高炮集训。2001 年、2012 年组织应急分队、道桥抢修分队民兵参加上级军事部门的集结点检，到点率达标。2001 年以后，先后 6 次组织基干民兵 31 人参加上海市警备区、宝钢武装部开展的“5・7”高炮训练。2005 年，组织工安分公司，电装分公司民兵应急分队 31 名民兵开展应对突发事件处置能力的军事训练。2006—2012 年期间，组织设施抢险分队、工程设备维修分队、道桥抢修分队 230 余名民兵结合生产岗位开展军事训练。

## 三、兵役和征兵工作

1979年,企业恢复征兵后,征兵工作在十九冶武装部的领导下开展,按照国家征集条件,1979—1983年共征33名青年入伍。

1986年10月,宝冶落户上海后,征兵工作在地方兵役机关和宝钢人武部兵役机关的领导下进行。从1989年开始,公司每年均成立征兵领导小组,下设征兵办公室,负责具体征兵工作。二级单位也相应成立征兵领导小组和征兵办公室。1993—2001年,18—22周岁适龄青年依法履行兵役登记手续,登记率达100%,共输送兵员82人,分别在陆军、海军、空军和武警部队服现役。2002年以后,征兵由企业行为变成地方区县预征。企业兵役登记变成督促单位的适龄公民到户籍所在地的兵役站登记、审核。

1997年3月18日,公司徐立祥、王九林、陈铁、张明惠、曹志强、卢孝顺等6位陆、空、武警军转干部预备役军官被中国人民解放军南京军区授予校、尉级军衔。

1999年11月,宝冶武装部被评为上海市1998年度征兵工作先进单位。

## 四、拥军优属

20世纪80年代初期以来,拥军优属的主要对象是在役青年、革命残废军人、烈属家属、复员转业退伍军人。

1991年11月,宝冶成立"双拥"工作领导小组,人武部一直坚持利用"八一"、元旦、春节等重大节日开展拥军优属活动,走访慰问老红军、转业老干部、烈军属、伤残军人。二级单位采取召开座谈会,走访慰问等形式,听取复转退伍军人对拥军优属和企业工作的意见;慰问共建部队;为现役军人计发优待金;宣传复转军人中的先进典型。

1995年,在建军68周年之际,武装部组织公司军烈属观看国防知识教育片、召开座谈会、参观海军基地,同时组织老干部、军烈属、退伍军人140余人在海军靶场实弹射击。

2003年,公司改制后调整了"双拥"工作领导小组,制定《拥军优属工作实施细则》。此后每年"八一"、春节以文件或通知形式要求做好拥军优属工作,收集整理基层单位优秀复转退伍军人的先进事迹,通过《宝钢日报》《上海宝冶报》,公司内网,微信公众号等载体做好宣传报道,同时上下结合,做好复转退伍军人节日慰问和共建部队慰问等工作。

## 五、军民共建

宝冶军民共建活动始于20世纪90年代初,主要围绕两个文明建设开展国防教育、形势教育,培养军地两用人才,组织开展民兵训练、技校学生军训等。

1993年前,有8家单位与驻军建立军(警)民共建联系。1994年电装公司被宝山区评为军民共建"先进集体",2009年、2013年机装分公司两次被宝山区评为军民共建"先进集体"。截至2018年底,宝冶有3家二级单位与部队开展军民共建。

## 六、国防教育

1991—2018 年，宝冶国防教育坚持党委领导下的齐抓共管，落实到基层，使之经常化、制度化。

1997 年，组织职工参加“强我国防，兴我中华”国防知识竞赛，宝冶获上海市优秀组织奖；2001 年，组织 6 000 名员工参加宣传贯彻《国防教育法》国防知识答题活动；2004 年，组织 270 名员工参加“爱中华、奔小康、强国防” 国防知识竞赛答题活动；2012 年，组织基层单位征集国防教育宣传用语 57 条，上报上级国防教育办。

从 2001 年《中华人民共和国国防教育法》颁布后，公司坚持利用建军节，国防教育日，民兵预备役整组，征兵这 4 个环节，通过各种载体开展对员工的国防教育，内容主要有形势战备教育、方针路线教育、爱国主义教育、国防知识教育、军事知识教育等。

# 第十一节　治安保卫维稳信访工作

## 一、治安综合治理

1989 年 4 月，宝冶成立综合治理领导小组。

1991 年，公司贯彻《中共中央、国务院关于加强社会治安综合治理的决定》，在企业开展社会治安综合治理工作，制定了《关于加强企业治安综合治理试行条例》，二级单位相应成立治安综合治理领导班子，形成宝冶与二级单位之间、二级单位与队(厂)之间、队(厂)与班组之间的综治网络体系，明确治安负责人，签订责任书。开展了文明职工、文明班组、文明厂队，文明单位，文明办公室，文明宿舍等创建活动。

从 1997 年开始，公司全面开展“治安安全合格单位”创建活动，成立创建“治安安全合格单位”推进领导小组，下设办公室在保卫武装部。积极推进“合格财务室”和“合格办公(室)楼”“合格浴室”“合格商店”“合格宿舍”等 8 个部位的创建活动。按照创建标准每年由公司验收领导小组验收、公安机关复验，命名确定“治安安全合格单位”。1997 年以来，公司各类刑事案件、治安案件和职工违法犯罪率按照确定的目标逐年下降，帮教转化率逐年上升，重新犯罪率逐年下降。1999 年 9 月，电装公司获评 1997—1998 年度上海市工业社会治安综合治理先进单位。

2005 年开始，公司扎实推进上海市、上海市建交委“平安单位”“平安示范单位”的创建工作。截至 2018 年 12 月，宝冶有 8 家在沪二级单位获上海市平安单位称号。

## 二、治安管理和安全防范

公司的治安管理工作始终贯彻“党委领导、依靠群众、预防为主、管理从严、及时打击、保障安全”的治安管理方针。1980 年以来，保卫处(科)除受公司党委、行政的领导外，业务上受公安机关的指导和领导。1990 年以来，公司认真贯彻公安机关部署，在企业内部开展“扫黄禁赌”工作，严肃查处赌博，传播、贩卖淫秽物品，卖淫嫖娼等违法犯罪活动，开展“反盗窃、打现行、破积案、严管理、抓防范”等专项斗争。成功破获了发生在内部盗窃、抢劫、诈骗等一大批刑事案件、查处一批治安案件。1995 年 1 月，成功破获一起冒充宝冶浦东分公司名义、以发包任务为名的诈骗案，挽回 100 多万元的经济损失。同年5月和9月破获组合砖厂被盗窃耐火砖八吨价值9万元的大案和办公室系列盗窃案件,追回损失。对宝冶机关大院全面整顿治理,实行封闭管理,加强集体宿舍、企业内部公共场所治安管理,制定了《宝冶集体宿舍治安管理规定》《办公室(楼)安全保卫管理制度及考核办法》《财务室安全保卫管理制度及考核办法》《商店安全保卫管理制度及考核办法》《浴室安全保卫管理制度及考核办法》《剧毒物品安全保卫管理制度及考核办法》《门卫管理规定》等一系列治安保卫管理制度和规定,通过"打、防、管、建、教"多管齐下,企业内部治安环境明显好转。20世纪90年代后期以后,公司内部治安、刑事案件和员工违法犯罪率逐年下降。

## 三、重点部位及施工现场保卫

20世纪80年代以后,根据公安部门对要害部门的规定,保卫处(科)按照地位重要、机密性强、危险性大三个特点,做好公司范围内重点要害部位的确定。针对每个要害部位在生产、业务上的不同特点,提出安全保卫要求,制订保卫方案。坚持定期和不定期检查,及时发现和督促整改隐患。公司先后制订《施工要害部位保卫制度》《重点部位安全保卫管理制度及考核办法》《项目部保卫工作管理规定》等一系列加强施工现场管理的规章制度。

在施工现场保卫方面,主要以大型施工现场为重点,工作中贯彻执行"预防为主,确保重点、消除隐患,保障安全"的方针,建立保卫处、工程公司、工程队三级巡逻守护体系,组织区域联防,定期召开施工保卫工作会议,定期和不定期组织"四防"大检查。

1990—2000年期间,凡公司施工的重大工程项目,保卫部门均派保卫干部介入,加强与当地公安部门的沟通联系,制定施工现场保卫方案,组织值班巡逻护厂人员,落实各项安全防范措施,维护施工现场治安秩序。

2004年,因公司职能调整,部门不再负责施工项目保卫工作。

## 四、消防工作

1979年9月,分指挥部成立防火安全委员会,下属各二级单位相应成立防火委员会,队、车间成立安全防火领导小组,形成一个较为完整的防火安全领导体系。制定了《防火管理规定》《现场和集体宿舍防火规定及违章处理办法》,坚持定期三级检查制度,对发现的隐患定措施、定时间、定人负责整改。

公司消防工作始终贯彻"预防为主、防消结合"的方针,把关系到职工群众和生产以及易燃易爆、剧毒物品、放射源、重要设备、物资仓库等部位作为重点,实行重点管理。针对施工现场火灾隐患、要害部位,重点防火部位落实日常消防管理措施。做好宣传教育培训工作,确保火灾、爆炸事故为零。1990—2018年,先后制定了《宝冶施工现场标准化工地保卫、消防管理规定》《施工现场仓库保卫、防火制度》《施工现场木工房防火制度》《物资仓库防火安全管理制度及考核办法》《电缆防火涂料施工防火安全规定》《仪表室、计算机室、档案室、资料室防火安全制度及考核办法》《化工库防火安全制度及考核办法》《宝冶项目施工动火管理规定》制度。同时坚持日常检查、专项检查和联合大检查相结合的方式,开展消防安全管理专项整治和隐患排查,确保隐患整改到位。坚持开展"119"消防日系列活动,提高全体职工消防意识。1995—2001年期间,449名与消防密切相关的人员分期分批参加培训,通过考试取得证书,满足了消防安全工作需要。1998年12月,电装公司和检修公司被上海市消防局评为上海市10年无火灾先进单位。

2004—2009年期间，按照职责划分，部门主要负责“经营办公、生活区域”消防管理。2010年5月后，部门职责调整，不再负责企业内部消防管理工作。

## 五、维稳和信访工作

1990年至2003年初，企业维护稳定工作在公司党委的领导下，保卫武装部(处)具体负责公司稳定工作的指导、协调以及处置工作。

2004年10月11日起，原上海宝钢冶金建设公司退休(内退)部分单职工及家属开始集体上访，集访人员的诉求是要求房改(享受福利分房或给予一次性住房补贴)。公司领导高度重视，在上海市工作组和中冶集团的指导下，按照“政策不突破、矛盾不激化”的原则，做了大量深入细致的思想教育、政策解释和法制宣传等工作。2008年10月，经企业职代会讨论通过，中冶集团批准，并报上海市政府和国资委备案，出台了《宝冶退休(内退)部分单职工及家属居住补贴实施方案》，得到绝大多数相关退休(内退)单职工及家属的同意。到2018年12月，化解人数超过99.9%。

2005年，公司成立维稳工作领导小组，下设维稳办公室。从2005年起，坚持在元旦、春节、国庆等国家法定长假，以及国家重大会议、重大活动和政治敏感时期全面开展不稳定因素排查，对排查出的问题落实化解措施，特别是在党的十七大、十八大、十九大，全国“两会”、北京奥运会、残奥会、世博会、亚信峰会、进博会等敏感时期，制定具体稳控措施和应急处置预案，明确责任人。在处置群访事件过程中，维稳办公室始终按照法律法规和公司相关政策做好劝解和说服工作，控制事态发展，避免矛盾激化升级，维护企业声誉和形象。

2014年，信访职能调整至党群工作部。2015年6月，公司调整信访工作领导小组，修订《信访管理规定》。按照国家《信访条例》和公司《信访管理规定》，部门做好走访人员接待和答复，办理上级转办、交办信访件并答复信访人等工作，不断提高初信初访办结率和群众满意率。

## 六、集体户口管理

户口管理主要是对公司职工在上海及以外的城镇集体户口的管理。

1986年，配合上海市公安局和渡口市公安局、武汉市公安局，将18 000余名职工、职工家属及未成年子女户口迁入上海市，单身职工户口落入宝泉路一号集体户。

2003年改制前，公司所属二级单位共有集体户口簿17本，至2012年宝冶所属二级单位集体户口簿上集体户口总人数为1 147人，2018年12月宝冶管理的集体户口簿为14本，集体户口人数为729人。

2006年6月，宝冶南京建筑工程有限公司在南京市滨江开发区派出所开户申请集体户口簿，集体户口人数18人。

# 第二章　纪检监察工作

2018 年底，宝冶纪委下设 14 家纪委，8 家党总支各设一名纪检委员。公司基层纪检监察干部共有 54 人。

公司纪委、监察部积极探索新形势下企业加强党风廉政建设的思路和方法，认真开展各项主题活动，完善制度建设，强化监督执纪问责，不断推进全面从严治党向纵深发展。2018 年 1 月，公司纪委获评中国五矿集团有限公司 2016—2017 年度党风廉政建设和反腐败工作优秀单位。

## 第一节　机 构 沿 革

### 一、纪律检查委员会

1980 年 6 月 14 日，中共宝钢工程十九冶分指挥部委员会呈报冶金工业部政治部“关于张维信同志任中共宝钢工程十九冶分指挥部委员会书记的请示报告”，经研究，张维信任纪委书记。

1981 年 5 月 12 日，中共宝钢工程十九冶分指挥部委员会呈报冶金工业部政治部“关于成立十九冶分指挥部纪律检查委员会的请示报告”，成立中共宝钢工程十九冶分指挥部委员会纪律检查委员会。6 月 4 日，冶金部决定成立第十九冶金建设公司上海分公司。6 月 13 日，冶金部任命张维信兼任纪委书记；刘恩祚任纪委副书记。

1983 年 3 月 22 日，冶金部党组决定初玉勤、陈文旺任十九冶上海分公司纪委副书记。8 月 20 日，经冶金部批准，张维信任分公司纪委书记，免去其党委副书记职务。

1985 年 1 月 19 日，经十九冶上海分公司党委常委研究决定，初玉勤任纪委副书记（正处级）；郭强任纪委副书记（副处级）。

1986 年 7 月 28 日，经冶金部党组研究决定，高岐峰任临时党委书记、兼纪委书记；张维信不再担任纪委书记。

1987 年 4 月 15 日，经宝冶党委研究决定，程志广任纪委常务副书记，免去初玉勤纪委副书记。

1988 年 3 月 7 日，经冶金部批准，高岐峰不再担任宝冶党委副书记和纪委书记，程志广任宝冶党委副书记兼纪委书记。9 月 26—27 日，宝冶召开首次党代会，选举产生首届党委和纪委，程志广任宝冶党委副书记、纪委书记；张德良任纪委副书记。

1989 年 12 月 2 日，经宝冶党委研究决定，郭强、曾凡彬同志任纪委副书记。

1991 年 10 月 25 日，宝冶召开第二次党代会，选举产生第二届党委和纪委。程志广任党委副书记兼纪委书记；洪海清任纪委副书记。

1997 年 10 月 30—31 日，宝冶召开第三次党代会，选举产生第三届党委和纪委。高玉良任党委副书记、纪委书记；曾凡彬任纪委副书记。

2000 年 12 月 29 日，经宝冶党委研究决定，刘安义任纪委副书记。

2003 年 1 月 12 日，中冶党委批准成立上海宝冶建设有限公司党委。任命刘安义为党委副书记兼纪委书记，高玉良不再担任党委副书记兼纪委书记。

2007 年 3 月 7 日，经中冶党委研究决定，徐立群任宝冶党委副书记、纪委书记，刘安义不再担任宝冶党委副书记、纪委书记职务。

2008 年 2 月 15—16 日，宝冶召开上海宝冶建设有限公司第一次党代会，选举产生中共上海宝冶建设有限公司第一届党委和纪委。徐立群任党委副书记、纪委书记。

2009 年 5 月 31 日，经中冶党委研究决定，徐立群不再担任宝冶党委副书记、纪委书记，调离宝冶。12 月 17 日，经中冶党委研究决定，陈刚担任宝冶党委副书记、纪委书记。

2010 年 3 月，中共上海宝冶建设有限公司纪律检查委员会更名为中共上海宝冶集团有限公司纪律检查委员会委员。

2014 年 7 月 16 日，经中冶党委研究决定，费利东担任宝冶党委委员、纪委书记，陈刚不再兼任纪委书记。7 月 17 日，经宝冶党委研究决定，施剑栋任纪委副书记，杨柳不再担任纪委副书记。

2016 年 5 月 16 日，经中冶党委研究决定，费利东不再担任宝冶党委委员、纪委书记（另有任用）。6 月 16 日，刘亚莉担任宝冶党委委员、纪委书记。

2017 年 10 月 9 日，宝冶召开上海宝冶集团有限公司第二次党代会，选举产生中共上海宝冶集团有限公司第二届党委和纪委。刘亚莉任党委委员、纪委书记，施剑栋任纪委副书记。

## 二、主管部门

1987 年 12 月 21 日，宝冶将纪检室、调研室、案件审理室、信访室和办公室合并为纪委办公室，负责处理日常的纪律检查工作。12 月 29 日，成立监察室，监察室、审计室、经打办合署办公。主要职责是监督执行国家政策、法令，检查处理违反政纪、法纪行为，受理单位、个人不服纪律处理的申诉。

1988 年 11 月 4 日，监察室、审计室、经打办不再合署办公。

1989 年 9 月 6 日，监察室更名为监察处。

1992 年 9 月 8 日，纪律检查委员会的办事机构与监察处、审计处合署办公。

2000 年 4 月 26 日，宝冶实施总部机构改革，党务工作部下设纪监室，主要职责为负责纪监系统管理，案件受理、调查、处理、党风廉政建设。

2003 年 2 月 27 日，监察职能归并到党务部/团委，对外仍称监察处。

2004 年 5 月 9 日，纪委监察主要职能增加企业内部效能监察工作。

2005 年 5 月 27 日，纪委监察归并到党务部/企业文化部，职能增加干部监察及违纪处理。

2007 年 3 月 3 日，纪检监察归并到党群工作部/信托受益人管委会办公室。主要职能为纪律检查工作，案件受理、调查、处理、党风廉政建设；分（子）公司廉政建设责任书签订、考核；企业内部效能监察工作；干部监察及违纪处理。

2013 年 4 月 15 日，增设监察部，与党群工作部合署办公。

2014 年 3 月 25 日，监察部独立设立，不再与党群工作部合署办公。主要职责为企业内部效能监察工作；干部监察及违纪查处；监事会会议筹划、安排等。

2015 年 3 月 27 日，增设纪委办公室，与监察部合署办公。主要职责为纪律检查监督，纪检信访工作；案件查处工作；协助党委加强党风建设和组织落实反腐败工作；督促检查相关部门和各单位落实惩治和预防腐败工作任务。企业内部效能监察工作；干部监察及违纪查处；反舞弊工作。监事会工作筹划；监事会会议筹划、安排等。

2016 年 3 月 24 日，将监察部监事会工作职能调整到董事会秘书室/监事会办公室。

2018 年 3 月 27 日，监察部/纪委办公室主要职责为负责公司纪律检查工作；监督检查党的章程、党的纪律、党的决议、公司党委的部署要求以及纪律性规定的贯彻执行情况；相关信访举报和问题线索处置；案件查办和管理工作；干部作风监督检查工作；巡视工作；与上级纪委、地方公检法等相关部门的沟通协调工作。负责公司行政监察工作；监督检查公司各项规章制度和决议、决定的执行情况；针对重要领域、重点环节和重要岗位，组织开展专项监督和重点检查，强化干部权力运行的制约和监督；监督检查公司“三重一大”制度落实情况；干部监察及违纪查处工作；反舞弊工作。

## 第二节 制度建设

1978 年 10 月至 1985 年 10 月，公司纪委结合实际，在端正党风方面进行了“小立法”，制定有关制度和规定。1981 年针对宝钢建筑材料存在外流、他用的问题，下发《关于加强管理，严格控制，坚决杜绝建筑材料外流、他用的通知》。制定“十要十不要”，要求办私事用车主动按规定交费，下现场尽量不用小车，骑自行车等。

1988 年 9 月至 1991 年 10 月，加强纪检基础工作，两级纪委制定 20 多项工作制度，增强党风监督机制，规范党组织和党员行为。

1991 年 10 月至 1997 年 10 月，公司纪委针对新形势下党员干部中出现的新情况、新问题，制定《处以上领导干部廉洁自律的若干规定》，对小汽车、住房和用公款“吃喝玩乐”等问题进行专项清理；执行领导干部《礼品登记》《个人收入申报》和《招待费使用报告》制度；开展《领导干部个人重大事项报告》工作；制订业务招待费使用管理的 17 条规定和勤俭办企业的 10 条规定；制订严格差旅费报销和降低成本的规定；制定贯彻中央“纪律条例”“廉政准则”“三重一大”“个人重大事项报告”和“制止奢侈浪费”等规定的实施办法、谈话制度，领导干部子女婚事不准大操大办和不准为亲属经商提供便利条件等一系列廉洁规定、议事规则和办事守则。

1997 年 10 月至 2008 年 2 月，纪委依据规定抓落实，参与到物资采购、工程项目分包等招投标活动中，将企业领导人员廉洁自律作为工作重点，加强对中高层管理人员的教育、管理与监督，先后制定印发《企业效能监察管理规定》《上海宝冶建设有限公司效能监察办法》《领导干部个人重大事项报告制度》《领导干部收入申报制度》《礼品登记制度》《建立健全谈话制度的实施办法》《关于开展企业领导人员述职述廉工作的通知》《关于进一步加强作风建设的通知》《关于进一步规范企业领导人员从业行为的通知》等十余项管理制度。

2008 年 2 月至 2012 年 12 月，公司纪委贯彻落实《国有企业领导人员廉洁从业若干规定(试行)》，执行《关于中冶集团领导人员廉洁自律若干规定的实施办法(试行)》和公司《关于进一步规范企业领导人员从业行为的通知》的“十不准”规定，加强对企业中高层管理人员的管理与监督，用制度管人，用制度管事，用制度管权。

2013 年 1 月至 2018 年 12 月，公司纪委梳理、制定、完善纪检监察相关规章制度 74 个，制定《上海宝冶集团有限公司党委巡察工作规划(2018—2022 年)》《上海宝冶党委关于落实党风廉政建设主体责任的意见(试行)》《上海宝冶纪委关于落实党风廉政建设监督责任的意见(试行)》《中共上海宝冶集团有限公司纪律检查委员会会议议事规则(试行)》《纪检监察工作人员实行回避制度暂行办法》《关于建立廉洁风险监督联动机制的通知》《关于开展上海宝冶 2018 年廉洁风险防控工作的通知》《上海宝冶集团有限公司领导人员廉洁档案管理办法(试行)》等监督执纪相关制度，协助完善

《履职待遇、业务支出管理规定》等相关制度。2018年，根据中冶集团总部《权力运行廉洁风险防控任务分解表》，结合公司总部各职能部门开展廉洁风险识别、评估及防控工作实际，完成《上海宝冶廉洁风险防控手册》初稿编写工作，增强管理人员廉洁风险防控意识和能力；围绕纪检监察管理职能，编写了《审计监察管理手册》监察篇，以图表形式表述纪检监察系统管理职责、审批权限、系统战略、管理要求、检查评价与改进等内容，强化系统管理标准化建设。

## 第三节　廉 政 教 育

1978年10月至1985年10月，公司纪委先后开展党员纪律和作风教育，四项基本原则和党的路线、方针、政策教育，反腐蚀、防污染教育。按照中央关于加强党员教育的要求，配合组织、宣传等部门对党员进行分层次教育，83年分期分批对党员进行轮训，认真学习整党文件、党员必读和党的十一届三中全会以来的文件，共轮训1 664名党员，占当时党员数的96%。各分(子)公司454名科级干部(占总数98%)分八批进行脱产轮训学习，为公司全面开展整党作了思想准备。同时，采取各种形式，督查党的基层组织坚持“三会一课”制度。加强党员教育，从1981年开始创办《党风与党纪》小报，通过小报加强对党员的教育，到1984年为止共出30期。

1985年10月至1991年10月，公司纪委分层级组织处级干部学习、举办科级干部轮训班、组织党员进行短期脱产轮训学习，进一步增强党性，提高政治素质。

1991年10月至1997年10月，公司两级纪委以教育、预防为主，把加强党风廉政教育作为提高党员干部政治素质和增强拒腐防变能力的根本措施，坚持常抓不懈。纪委在1992年和1995年根据公司改革、工改和分房等群众关心的热点问题，分别提出加强纪律保证的规定；为配合分房工作，两次在《宝冶报》上刊登《致乔迁新住房党员和干部的一封公开信》。纪委在1995年和1996年连续两年的元旦、春节前作出严禁铺张浪费的规定，提前打招呼，提前教育。1995年以后重点突出对处级以上领导干部和人、财、物重点人员的教育。注意抓正反面典型的教育，并在《宝冶纪检》刊物上登载廉洁奉公正面典型40例，剖析反面典型5例。通过多种形式的教育，使广大党员干部进一步树立正确的世界观、人生观和价值观，提高思想政治素质，增强拒腐防变的能力。

1997年10月至2008年2月，公司纪委结合企业生产经营实际，将传统的教育方法与现代信息技术相结合，将正面典型人物宣传与警示教育相结合，通过企业内部网络“廉政建设”专题的开设，在网上对党员和各级管理人员开展党性党风教育。在抓好面上整体教育的同时，始终将管人、管钱、管物、外购、外销、外包、外委、外协、外联等“三管六外”人员作为重点，将集中教育与分散教育相结合，将党风廉政教育的VCD碟片、《廉政手册》等资料送到项目部，送到每一个党员手中。

2008年2月至2012年12月，公司纪委不断创新教育载体，构建教育平台，丰富教育内容，坚持正面教育与警示教育相结合，坚持典型教育与普遍教育相结合，坚持传统教育手段与创新教育手段相结合，增强教育的针对性和有效性。利用廉洁广告、橱窗、展板等形式，展示廉洁文化内容，宣传格言警句。按照“两个务必”要求，加强广大党员和各级管理人员优良传统和艰苦奋斗教育。突出对重点部位、关键岗位人员教育，结合实际加强对“三管六外”人员和中高层管理人员教育，着力培育和倡导爱岗敬业、诚实守信、心系员工、廉洁从业的好作风。大力倡导理论联系实际、密切联系群众的工作作风，多为基层办好事办实事，克服和纠正部分党员和管理人员中存在的“骄、娇、懒、软、散、疲”等不良风气，提高执行力。

2013年1月至2018年12月，公司纪委坚持严管厚爱，大力弘扬廉洁文化，不断引导全体党员干部及员工将廉洁从业意识由制度约束转化为自觉行动。围绕作风建设,结合上级和公司党委要求,对“三严三实”“两学一做”等主题学习教育开展情况进行督导。党的廉洁自律准则、纪律处分条例、问责条例、党内监督条例和关于新形势下党内政治生活的若干准则等新文件颁布之后,组织各种形式的学习、讲座和辅导,向纪检监察干部发放相关学习书籍和辅导材料。对党政主要领导开展权力观、地位观、利益观教育,督促落实“两个责任”“一岗双责”,正确行使权力。对中层干部加强警示教育和年度综合考评。对拟提拔中层干部进行廉洁审核并进行任前公示。对新提拔中层干部开展任前廉洁谈话。组织新提拔中层干部和关键岗位领导干部参观宝山区反腐倡廉教育基地。邀请上海市委党校老师专题授课、邀请宝山区检察院和宝山公安分局经侦支队等领导以案说法,开展预防职务犯罪教育。2015 年 1 月,公司纪委创办《上海宝冶纪检监察工作动态》,主要分为高层动态、公司动态、基层展台、学思践悟、警示教育、廉政漫画、警言警句 7 个板块内容,坚持每月在公司内网刊发一期,至 2018 年底共发 46 期。

## 第四节 主题活动

1978 年 10 月至 1985 年 10 月,面对十年内乱所造成的党的部分组织和党员思想混乱、党风不正、纪律废弛等情况,适应全党工作重点向社会主义现代化建设转移,加强党的战斗力,保证党的路线方针政策得到贯彻执行,使党成为领导人民群众前进的坚强核心,公司纪委紧紧围绕经济建设中心,把端正党风、严肃党纪作为头等大事,协助党委开展“核查”“经打”和清理“三种人”工作,一手抓改革开放、一手抓惩治腐败,两手都要抓、两手都要硬,把反腐败贯穿于改革开放全过程。

1985 年 10 月至 1988 年 9 月,公司纪委开展“一手抓改革开放,一手抓惩治腐败”打击经济犯罪主题活动和“六个坚持”专题活动,即坚持贯彻落实以“一个中心、两个基本点”为核心内容的党的基本路线;坚持深化改革,以改革总揽全局;坚持一切从实际出发,创造性地进行工作;坚持加强领导班子建设,提高队伍素质;坚持群众路线,加强民主政治;坚持不断提高经济效益和社会效益,激励企业奋发进取、自我发展。

1988 年 9 月至 1991 年 10 月,公司纪委开展“贯彻党的十三届三中全会精神,加强党的纪律建设”主题活动。

1991 年 10 月至 1997 年 10 月,公司纪委组织广大党员干部开展“廉洁勤政、艰苦创业、拒腐防变”主题教育活动,摸索在发展社会主义市场经济条件下,围绕经济建设中心,把反腐败和党风廉政建设同改革、发展、稳定有机结合起来,依靠党的自身力量和职工群众的参与,有效地开展反腐败和党风廉政建设,为公司的改革、发展和稳定发挥作用。

1997 年 10 月至 2008 年 2 月,公司纪委开展“六比”“双优”(优质工程、优秀干部)等主题活动,认真履行纪委“教育、监督、惩处、保护”四大职能,不断创新教育方式,完善监督制约机制,严肃查处各种违法违纪案件,确保政令畅通,在公司形成相互学习、相互交流、相互促进、共同提高的活动氛围。

2008 年 2 月至 2012 年 12 月,公司纪委开展“八个坚持、八个反对”“以廉为荣、以贪为耻”“学廉思廉倡廉”为主要内容的专题活动,加强对广大党员和各级管理人员的职业道德和廉洁从业教育,解决其在思想作风、学风、工作作风、领导作风、生活作风等方面存在的突出问题,树立八个方面的良好风气。

2013 年 1 月至 2018 年 12 月,公司纪委开展“廉洁文化进岗位”主题活动。通过组织党规党纪专题学习、举办预防职务犯罪专题讲座、开展警示教育和纪律作风谈话、组织参观反腐倡廉教育基地、开展预防职务犯罪教育、制作廉洁漫画宣传展板进行巡展、征集警言警句以及自查自纠廉洁风险，把廉洁文化融入管理最基层和项目最前沿，引导全体员工遵纪守法，廉洁自律，有效防控岗位廉洁风险。从 2016 年开始，按照中国五矿和中冶集团统一安排，每年开展一次反腐倡廉宣传教育月活动。一是融入环境，发挥主题活动导向作用。利用公司网站、纪检监察动态内刊、微信公众号、宣传栏、员工办公桌、食堂等渠道及场所，及时发布廉洁信息，深入灵活地进行宣传，充分搭建廉洁文化信息平台，将廉洁文化建设融入渗透到公司运营、管理和职工生活等各个角落，积极营造良好的廉洁文化人文环境。二是融入活动，丰富主题活动实际内涵。通过开展签订廉洁承诺书、廉洁展板轮回展出、向全体员工亲属递送廉洁家书、集体佩戴党徽、参观廉政教育基地等一系列喜闻乐见的廉洁文化活动，有效促进党员的身份认同和企业文化认同相结合，保证党员干部认知党风党纪的深度和实效，在企业文化生活中受到教育和感染。三是融入制度，保障主题活动刚性约束力。通过建立和完善廉洁文化机制建设，强化纪检监察制度建设和组织建设，健全完善重点领域和关键环节的风险防控机制。制定公司领导人员廉洁档案管理办法以及重大节日纠“四风”监督检查等文件，建立“监督哨”，保证廉洁文化建设健康、有序、深入推进。

## 第五节 监督检查

### 一、公司内部监督检查

1978 年 10 月至 1985 年 10 月，公司建立两级党委民主生活会制度。1981 年起，公司两级党委基本都建立了半年一次的党委生活会制度，纪委于 1981 年底检查了两级党委主要领导参加组织生活会情况，绝大多数领导干部能以普通党员身份，按时参加组织生活会，做到有事请假。

1985 年 10 月至 1988 年 9 月，公司纪委以党的十三大精神为指针，坚决贯彻党的基本路线，以企业经济工作为中心，充分发挥保证监督职能，严厉打击投机倒把、贪污受贿等严重经济犯罪活动，保证和促进社会主义经济体制改革，清理广大群众强烈不满的歪风邪气，倡导党的优良传统和作风，从拨乱反正、正本清源，到整顿党风、严肃党纪，再到惩治腐败，走出了一条不搞群众运动，靠正面教育，靠改革和制度建设，靠严格执行党的纪律来抵制腐蚀的新路子，支持经理全面负责，加强党的自身建设，提高党的战斗力，做好群众工作和思想工作，建设良好的企业环境，为实现经理的任期目标和宝冶振兴保驾护航。

1988 年 9 月至 1991 年 10 月，公司纪委坚持抓好党员领导干部的党风和廉政建设，认真落实党风责任制。围绕党员领导干部的党风和廉政建设，开展专项监督检查，始终把党员领导干部作为重点来抓，形成一级抓一级、一级管一级、一级带一级、全党抓党风的局面。

1991 年 10 月至 1997 年 10 月，公司纪委确立纪检监察工作为经济建设服务的指导思想，并以此作为纪检监察工作的出发点和落脚点。两级纪委和纪检监察干部深入现场和基层，围绕工程建设中出现的政令梗阻、工程拖期、质量、安全事故等问题参与调查处理；对公司党委形成的文件和决议加强监督检查；对在建项目、招投标、承发包等加强执法监察、效能监察，参与廉洁合同和协议的签订；进行反行贿反不正当竞争和对人、财、物、“六外”等经营管理重点部位人员的廉洁经营教育，规范经营人员的行为；提供法律、政策咨询服务和开展热点问题调查。

1997 年 10 月至 2008 年 2 月，公司按照党风廉政建设责任制实施细则要求，层层分解责任、层层落实责任、层层追究责任,建立健全公司党风廉政建设的责任体系和责任网络。2003 年至 2007 年,共签订《党风廉政建设责任书》2 544 份,同时将纪委组织协调与部门各负其责有机结合,推进党风廉政建设和反腐败工作。纪委紧密围绕企业中心工作,加强效能监察,参与物资采购、工程项目分包等招投标活动,严格招标程序,规范招标管理,避免暗箱操作。积极配合审计部门,对群众反映强烈、亏损严重的多个项目开展了专项监察活动;同时参与协作队伍的准入管理,对个别协作队伍、合格分供方为了牟取不法利益,使用非法手段造成企业管理人员违法犯罪的,一律给予除名处理。

2008 年 2 月至 2013 年 12 月,公司纪委将贯彻落实党风廉政责任制作为纪检监察工作重要任务,严格执行公司党委关于《党风廉政建设责任制实施细则》有关规定,将贯彻落实党风廉政建设责任制与企业的各项管理工作一同研究、一同部署、一同检查、一同考核,实现党风廉政建设与企业经营管理工作同步推进。公司纪委强化监督职能,加强对事前、事中、事后的监督,做到事前抓预防、事中抓监督、事后抓惩处。公司纪委加强企业对外投资、借款、融资、担保等行为的监督,防范和化解各种风险;严格财经纪律,强化财务和审计监督,排查私设"小金库"、账外账情况,取消"小金库"。公司纪委根据中冶集团纪委统一部署和公司党委具体工作安排,围绕企业的中心任务开展效能监察活动,维护企业的效率与效益,促进企业管理的加强与改进,实现企业资产保值与增值。2013 年,公司两级纪检监察组织按照公司党委统一部署,对近 200 个项目开展效能监察,提出监察建议 198 条、做出监察决定 35 个、避免损失 328.28 万元、挽回经济损失 2 011.4 万元,节约资金 4 049.3 万元。

2014 年 1 月至 2017 年 12 月,公司纪委加强对党风廉政建设和反腐败工作的整体策划和推进,与日常经营管理工作同部署、同落实、同考核,推进党风廉政建设责任制落实具体化、规范化、常态化。每年年初召开党风廉政建设和反腐败工作会议,及时学习传达上级最新精神和要求,全面总结和部署年度工作,认真制定工作要点和具体分解任务,提高针对性和可操作性。两级纪检监察组织加强过程检查与指导,将党风廉政建设责任制落实到位,将公司党委各项决策部署和纪律要求执行到位。公司纪委时常走访基层党组织,进行工作调研和监督检查,及时掌握基层工作动态,主动解决存在的问题。每年组织各单位、各部门和两级领导干部签订党风廉政建设责任书和个人廉洁承诺书,确保"两个责任"和"一岗双责"得到有效落实,通过层层签约、层层分解,将责任和压力真正传导下去,横向到边、纵向到底,不断推动党风廉政建设责任制落地生根。纪委整合监督资源,加强与财会、审计、企管、采购等部门的协调配合,形成监督合力。加强对权力运行的监督,健全完善权力运行的监督制约机制,把监督的再监督渗透到公司改革发展的各个阶段和经营管理的各个环节,着力加强对关键部位、重要岗位和薄弱环节的管理与监督,规范企业经营决策和执行环节的权力运作,形成按制度办事、靠制度管人的监督机制。公司纪委对一些重要管理事项适时开展专项督查和巡察督查。对"小金库"清理、工程分包、材料采购、邀请招标采购项目的合规性和网上审批流程等制度执行情况、钢结构工程无损检测和防水材料采购执行情况、内部食堂管理、固定资产和废旧物资处置、领导干部亲属在公司从事营利性活动等重要事项开展专项监督检查,把反腐倡廉的要求贯穿于公司经营管理和改革发展的各个方面。

2018 年,公司开展"一个对照、四个检查"自查自纠活动巡察督查。及时成立自查自纠活动领导小组,组建巡察督查组;制定活动方案,对"一个对照四个检查"五张表格涉及的具体内容逐条进行研究并明确责任分工,结合公司实际对上级巡视巡察的典型及共性问题清单进行扩充,增加典型及共性问题清单 66 项;召开"一个对照四个检查"自查自纠活动工作布置会和巡察督查工作组动员会;对已经接受过中冶集团党委巡察组巡察的 7 家单位进行"回头看",对未接受过中冶集团巡察的

13家基层单位和3家一级项目部自查自纠工作进行巡察督查全覆盖。巡察督查组通过召开动员会、问卷调查、听取专题汇报、个别谈话、资料查阅、下沉调研，对发现的问题即时反馈并督促立即整改到位，并向每一家基层单位党组织发放中国共产党纪律处分条例、问责条例、监督执纪工作规则等制度手册等方式，有效促进基层党风廉政建设和反腐败工作。

### 二、上级党组织巡察督查

2013年1月至2017年12月，公司四次接受上级党组织的巡察督查。

2014年10月22日至23日，中冶集团华东、华中片区监督检查小组对公司开展贯彻落实“八项规定”精神监督检查；2015年9月22日至25日，中冶集团第一检查组对照巡视工作有关要求对公司开展重点检查；2016年11月13日至16日，中冶集团第一检查组对照政治巡视工作要求对公司开展重点检查；2017年10月26日至2017年11月12日，中冶集团党委第二巡察组进驻公司，对总部机关和7家分(子)公司开展了为期18天的现场巡察，针对巡察督查反馈的问题清单和线索，公司党委、纪委高度重视，全力做好中冶集团党委巡察反馈问题整改工作。公司党委加强巡察整改组织与领导，制定巡察整改工作方案，注重巡察整改监督指导和跟踪检查。针对不同性质的巡察反馈问题，分类施策整改，简单问题立即改，复杂问题分步改，特殊问题限期改。公司党委和纪委书记通过个别和集中谈话方式，约谈相关单位党组织负责人，特别是存在涉嫌严重违规违纪问题线索的单位党政负责人，要求进一步牢固树立“四个意识”，充分认识巡察整改工作的严肃性、紧迫性和因整改不到位造成后果的严重性，以问题为导向，明确整改责任，落实具体措施，不留隐患。纪委对整改计划、进度、质量、效果进行全程监督，对各职能系统和被巡察单位提交的整改方案逐一进行监督指导。对于巡察发现的问题线索，严格按照工作程序进行调查核实，严格按照党纪政纪要求和程序进行问责处理。对于一些违规违纪的报销事项逐一退款，落实到人。

## 第六节 作 风 建 设

1978年10月至1985年10月，纪委狠抓以权谋私和官僚主义等不正之风，组成自查小组开展自查活动，列出新的不正之风五种表现，并相应制定十三项措施和规定。配合有关部门抓党费收缴和查禁黄色淫秽书刊物品等工作。1979年到1980年，参加公司有关落实政策的工作，遵照中央有关文件精神，对历史上“反右反坏”“反左倾”“四清”等运动中错案，文化大革命中的审干、非正常死亡和被迫害打伤致残，受党纪政纪处分中复查的案件进行了复查、纠正、重新处理和结论。1984年，公司党委根据保“八五·九”投产的实际，按照“四化”要求，调整充实了领导班子。下属8个工程公司和机关党委以及4个直属党总支共13个党委相继进行改选，产生了新的纪委会和纪检员。

1985年10月至1988年9月，纪委将维护党规党纪、切实搞好党风、保证党的路线的实现作为党的纪律检查工作的根本任务，把维护党纪同增强党性、端正党风结合起来。通过总结典型案件的经验教训，提高党员政治思想素质，有效纠正新的不正之风，保证经济体制改革顺利进行。

1988年9月至1991年10月，纪委坚持抓好党员领导干部党风廉政建设，认真落实党风责任制，形成一级抓一级、一级管一级、一级带一级、全党抓党风的局面。

1991年10月至1997年10月，纪委加强领导干部廉洁自律工作，遏制不正之风。对群众反映强烈的几个问题，如有的领导干部利用职权为亲属经商、承包工程提供便利条件，有的领导干部子女婚事大操大办等进行专项治理,对有问题的领导干部进行打招呼、谈话、批评和组织处理,遏制不正之风,解决群众反映强烈的问题,效果明显。

2008年2月至2012年12月,根据中纪委十七届二次全会针对国有企业领导人员廉洁自律提出的"八不准"规定,结合实际,纪委对公司中高层管理人员提出八项要求,一是不准利用职务上的便利通过同业经营或关联交易为本人或特定关系人谋取利益;二是不准相互为对方及其配偶、子女和其他特定关系人从事营利性经营活动提供便利条件;三是不准在企业资产整合、引入战略投资者等过程中利用职权谋取私利;四是不准擅自抵押、担保、委托理财;五是不准授意、指使、强令财会人员提供虚假财务报告;六是不准违规自定薪酬、兼职取酬、滥发补贴和奖金;七是不准接受工程分包单位、合格分供方安排的旅游、度假等活动;八是不准到下属单位或与公司有经济、业务交往的单位报销应由个人支付的各种费用。

2013年1月至2018年12月,按照上级统一部署,贯彻落实中央八项规定精神及公司党委《关于加强和改进工作作风密切联系群众的通知》具体要求,公司纪委将贯彻落实中央八项规定精神作为公司党风廉政建设和反腐败工作重点并开展监督检查。监督检查党的十八大以来两级公司的业务招待费、会议费、差旅费、办公费、国(境)外考察费、履职待遇等的支出情况。监督检查两级公司领导干部改进调研方式、精简会议文件、简化业务接待、杜绝公车私用等情况。每逢重要节假日,公司纪委及时印发关于在节前开展监督检查、坚决纠正"四风"问题的有关文件,开展警示提醒,利用公司自行研发的公车监督信息系统,对二级单位非生产性车辆定点入库和公车使用情况进行专项突击检查,严查公车私用。按照中冶集团《关于在重大节日前开展监督检查坚决纠正"四风"问题的通知》要求,逐一走访基层单位,对公车使用、内部食堂管理、干部亲属在公司从事工程分包或材料采购等盈利性活动情况开展监督检查。按照上级纪委要求,印发了严禁党员干部违规参与高尔夫球活动的文件。按照巡察工作要求开展自查自纠,对2017年公款购买消费高档白酒问题进行了一次全面集中排查整治。要求各级党员干部令行禁止,切实改进工作作风,驰而不息纠正"四风"。公司从规范制度入手,出台有关落实中央八项规定精神的实施细则、"三重一大"决策制度、领导干部履职待遇、业务支出管理规定等一系列配套管理制度,建立健全长效机制,把权力关进制度的"笼子"。

## 第七节　问题处置与执纪问责

1978年10月至1988年9月,纪委做到"三有",即来信有登记、来访有记录、转递有记载。处理方法是十二字,即认真调查,慎重分析,果断处理。对群众来信来访反映的问题进行认真调查分析和处理,及时将调查情况和处理意见书面向党委进行汇报。1978年10月至1985年10月期间,共收到来信302件,平均查处率为88%;接待来访409人次,平均查处率为94%。1978年10月至1985年10月期间,公司纪委调查处理违纪案件中,受党内处分的党员19人次,其中被开除党籍6人,留党察看4人,严重警告4人,警告5人。通过对党员违纪案件的查处,挽回了影响,教育广大党员和犯错误的本人,严肃党纪,增强党员遵守党纪国法的观念。

1988年9月至1991年10月,公司纪委坚持为党的中心工作服务,不断探索为经济建设服务的新路子。通过查处腐败和违纪案件,为企业创造良好的政治环境,以党纪促政纪,保证政令通畅。正确掌握政策界限,做到该支持的支持,该保护的保护,该查处的查处。建立监督系统联席会议制度,实行联合查处案件,充分利用司法部门办案的优势,实行组织监督同舆论监督结合,通过信访、举报电话、设立举报箱等方式，使党内外群众的监督落到实处。严肃查处党内违纪案件，处分党员31人。在执纪办案中，两级纪委坚持原则，敢于碰硬，严格办案程序，保证从严治党方针的贯彻落实。

1991年10月至1997年10月，公司纪委认真查处违纪违法案件，严肃党纪政纪，为经济建设保驾护航。两级纪委坚持把查处违纪违法案件作为从严治党的重要环节来抓。六年期间，共立案查处党员违纪违法案件55件，案件性质多达19种；其中经济案件46件，占整个案件的83%。共处分党员30人，其中开除党籍处分14人；留党察看处分2人；受党内严重警告处分的7人；受党内警告处分的7人；受司法处理21人；受行政处分40人。通过查处案件，为企业挽回经济损失约100万元。其间共受理信访举报606件，其中来信575件；来访举报31件，通过初查核实工作，基本上做到了事事有着落，件件有回音。两级纪委坚持实事求是的原则，通过调查核实，既查处了违纪违法者，又为49名受到失实举报的党员、干部澄清了是非。对有一般性问题的党员、干部及时批评帮助，促其主动改正。通过查处违纪违法案件，严肃了党纪政纪，增强了党员和干部遵纪守法的自觉性，保证了从严治党方针的更好贯彻落实，为经济建设保驾护航。

1997年10月至2008年2月，公司纪委重视群众举报、控告、申诉等信访工作。在信访举报办理过程中，严格信访程序、规范信访流程，对于群众的来信公司纪委都逐一登记，认真调查核实，对于群众举报、控告、申诉的来访，公司纪委都进行热情接待，认真做好记录。在信访举报的调查中，公司纪委始终坚持客观公正、实事求是的原则，做好调查处理工作，做到事事有着落、件件有回音。对于署名的举报信件，公司纪委都在认真调查的基础上，给予客观全面的书面回复，对于匿名的信件也都一一做出结论性意见存档备案。2003年2月至2008年2月期间，公司纪委共受理群众来信62件。在案件查处中，公司纪委始终坚持原则、严格标准、规范程序，认真查处各种违法违纪案件。共有7名党员因违法违纪受到党纪处分，其中党内警告处分1人，留党察看处分1人，开除党籍处分5人。通过案件的查处，进一步严肃党的纪律，纯洁党的队伍。

2008年2月至2012年12月，公司纪委整合信访资源，严格信访流程，落实信访责任，建立长效信访处理机制，提高信访工作质量。在案件查处时，严格执行《中国共产党纪律处分条例》，按照“事实清楚、证据确凿、定性准确、程序合法、处理恰当、手续完备”的办案原则，严肃党纪政纪，加大案件查处的力度，严格办案的程序，完备各种手续，注重收集证据，提高办案质量和办案水平。

2013年1月至2018年12月，公司纪委按照监督执纪有关规则对信访举报案件及时进行规范处置，秉持有案必查、违纪必究的原则，加强内外沟通与协调，提升查办效率与质量，做到件件有回音、事事有着落，办结率达100%。在查信办案过程中开展“一案三查”，加强对基层党政负责人和关键岗位人员的监督和提醒，查找管理漏洞和短板，规范业务流程，完善管理制度，防控廉洁风险。始终把纪律和规矩挺在前面，把握“树木”和“森林”的关系，督导两级纪检干部认真学习贯彻党内条例、准则和监督执纪工作规则，积极践行监督执纪“四种形态”，抓早抓小，动辄则咎，让“红红脸、出出汗”成为常态，不断提升执纪审查能力。在执纪审查过程中，积极贯彻落实习近平总书记“三个区分开来”重要思想，把干部在推进改革中因缺乏经验、先行先试出现的失误和错误，同明知故犯的违纪违法行为区分开来；把上级尚无明确限制的探索性试验中的失误和错误，同上级明令禁止后依然我行我素的违纪违法行为区分开来；把为推动发展的无意过失，同为谋取私利的违纪违法行为区分开来。其间，公司对36人进行了严肃问责，给予党政纪处分：10人给予行政警告处分；20人给予党内警告处分；1人给予降级处分并调离岗位；1人给予留党察看一年；4人给予开除党籍，其中1人移交检察院立案侦查。

# 第三章　工会工作

## 第一节　机构沿革

1982年4月17日，十九冶分指挥部党委发文任命郝新华为十九冶分指挥部工会主席，涂建国为工会副主席。

1984年9月7日，十九冶上海分公司工会成立第一届委员会，涂建国任工会主席，韩振江、蔚远年任工会副主席。委员29名，常务委员10名。工会下设6个科(室)，定员29人，管理人员21人(包括党群工作人员定员19人)，服务人员8人。

1987年2月，经宝冶党委研究并征得上级工会同意，李湘源任工会主席，李耀东、王文斌任工会副主席。宝冶逐步健全三级工会组织网络，各二级单位选举产生工会委员会，车间、厂队配备专职工会主席。

1990年1月，工会机构设置四部一室，即民管组织部、生产生活部、文化宣传部、女工部、办公室。

1991年10月11日，宝冶工会召开第二次工会会员代表大会，选举产生第二届工会委员会委员35名和工会经费审查委员会委员11名，选举李湘源为工会主席，李耀东、王文斌为工会副主席。

1998年3月26日，宝冶第二届工会委员会召开第十四次全体会议，补选刘安义为工会副主席(主持工作)。

1999年12月17日，宝冶工会召开第三次工会会员代表大会，选举产生工会委员会委员21名和工会经费审查委员会委员7名，选举袁斌臣为工会主席，刘安义、彭志利为工会副主席。

2000年4月3日，宝冶工会组织关系直接隶属上海市总工会。

2003年1—6月，刘安义主持上海宝冶建设有限公司工会工作，并任上海宝冶建设有限公司工会筹备组组长。

2003年6月18日，上海宝冶建设有限公司召开第一次工会会员代表大会，选举产生工会委员会委员21名和工会经费审查委员会委员7名，选举刘安义为工会主席，顾伟兴为工会副主席。工会下设单一机构工会办公室。

2007年3月，工会办公室与党务部合并为党群工作部。

2007年6月27日，宝冶工会召开一届十次全委会，选举徐立群为工会主席。

2010年6月1日，经上海市总工会批复同意，上海宝冶建设有限公司工会更名为上海宝冶集团有限公司工会。6月4日，宝冶工会召开一届十四次全委会，选举杨柳为工会副主席(主持工作)。

2015年5月19日，宝冶工会召开一届二十七次全委会，选举杨柳为工会主席。

2016年12月6日，宝冶工会召开一届三十一次全委会，选举裴志清为工会主席。

2018年6月26日，宝冶工会召开第二届第一次会员代表大会，选举产生工会委员会委员25名，工会经费审查委员会委员7名，选举裴志清为工会主席。

截至2018年12月31日，宝冶工会下设20家基层工会，会员4 693名。

## 第二节 民主管理

### 一、职工代表大会

1982年12月25日，十九冶上海分公司召开首届职工代表大会，正式代表658人。此次大会是贯彻中共中央和国务院转发的《国营工业企业职工代表大会暂行条例》，实行党委领导下的职工代表大会制的初步尝试。主席团会议选举产生了主席团主任委员及副主任委员；设立财务经济、施工技术、生活福利、提案审议等四个民主管理委员会。大会审议通过《关于颁发分公司职工代表大会暂行条例实施细节的决定》《关于颁发分公司职工奖惩条例实施细则的决定》和《关于颁发分公司计划生育若干规定的决定》。

1987年8月27日，上海宝钢冶金建设公司召开首届职代会，实行职代会和工会一体化，即采取"一套班子、两块牌子"的组织形式，通过会员代表与职工代表合一，工会会员代表大会与职工代表大会合一，工会委员会与职代会主席团合一，工会的各工作委员会与职代会的各民主管理委员会合一，实现工会与职代会组织上的"一体化"，有效地解决过去工会职代会机构重叠、人员重合、工作重复、责权分离的问题。建立适合经理负责制的民主管理新模式，工会进入独立自主开展工作的新阶段。职代会通过《关于民主评议干部的办法》，于9月发布实施。

1991年10月11日，上海宝钢冶金建设公司召开第二次职工暨工会会员代表大会，正式代表300人，大会通过参加公司企业管理委员会的职工代表名单，通过各专门委员会成员名单。

1999年12月17日，上海宝钢冶金建设公司召开第三次职工暨工会会员代表大会，大会正式代表197名，选举通过参加宝冶劳动争议调解委员会职工代表名单，通过职代会各专门管理委员会人员名单。

2003年6月18日，上海宝冶建设有限公司召开第一次职工暨工会会员代表大会，大会正式代表176名，通过了职代会四个专门管理委员会人员名单。

2018年6月26日，上海宝冶集团有限公司工会召开第二届第一次会员代表大会，大会正式代表190名。

### 二、民主评议

为更好地履行职代会监督职能，1986年，经公司党委批准，同意《关于民主评议干部暂行办法的报告》，对各级领导干部开展民主评议。

1991年，各级工会为增强职工代表参与企业管理决策的能力，利用多种形式开展了以《企业法》为主要内容的民主管理常识的普及培训工作。

1992年，在广泛征集两级工会主席、民管干部和职代会各管理委员会负责人意见的前提下，将民主管理工作重点放在基层，尤其是班组民主管理工作，使基层职工直接参与民主管理活动。

1993年起，宝冶两级工会作为职代会工作机构，在党委领导下加强民主评议干部的工作。

## 三、工资改革和福利分房

公司入沪40年间，多次修订并审议通过关系职工切身利益的工资改革和福利分房方案。

1988年，从上海宝钢冶金建设公司首届三次职代会会议通过《建设公司岗位工资实施方案》起至1997年，每年职代会均审议通过当年的工资分配、改革实施方案。2003年上海宝冶建设有限公司一届二次职代会会议审议通过《宝冶建设岗位绩效工资制度实施方案》，确立以岗位为基础，以市场为导向，以效益为支柱，以贡献为核心的工资分配制度，明确岗位绩效工资制为公司基本工资制度。

在福利分房制度方面，1986年十九冶二届二次职代会审议通过《分房方案》，1990年上海宝钢冶金建设公司首届八次职代会通过《宝冶公司月浦十村住宅分配方案》，1992年二届五次职代会通过《宝冶公司一九九二年度分房方案》，1995年二届十一次职代会通过《宝冶公司一九九五年分房方案》，1997年二届十七次职代会通过《宝冶公司一九九七年分调房方案》。

## 四、集体合同签订

2001年，上海宝钢冶金建设公司三届四次职代会通过《上海宝钢冶金建设公司首期集体合同》，对劳动用工、劳动报酬、工作时间及休息休假、劳动保险和福利等七项内容做出规定。

2002年上海宝钢冶金建设公司三届五次职代会通过《上海宝钢冶金建设公司第二期集体合同》。规定在员工自愿的前提下，公司组织员工参加上海市在职职工住院补充医疗互助保障计划。

2004年上海宝冶建设有限公司一届二次职代会通过《上海宝冶建设有限公司首期集体合同》，按照公司“三合一”贯标体系，实行职业健康安全员工代表制度。

2007年上海宝冶建设有限公司一届七次职代会通过《上海宝冶建设有限公司第二期集体合同》，加大员工帮困力度，每年由公司提供10万元帮困补助金。

2014年上海宝冶建设有限公司一届二十次职代会通过《上海宝冶建设有限公司第三期集体合同》，规定由公司工会牵头组织合同制员工参加上海市在职职工住院补充医疗互助保障计划，参保费用由所在单位支付；建立员工帮困机制，公司每年提供不少于10万元的帮困补助金，由工会负责具体实施；公司积极创造条件，不断改善员工集体福利，支持开展健康有益的员工文体活动；公司对非有毒有害、非高空作业岗位、非高温作业人员不少于两年一次健康体检。

## 五、其他重要决议

2008年，上海宝冶建设有限公司一届十一次职代会通过《上海宝冶建设有限公司企业年金方案》。

2014年，上海宝冶集团有限公司一届二十次职代会通过《上海宝冶集团有限公司工资集体协商协议》。

2017年，上海宝冶集团有限公司一届二十八次职代会通过《关于调整上海宝冶公务用车制度改革配套措施的议案》。

2018年，上海宝冶集团有限公司一届二十九次职代会通过《上海宝冶集团有限公司补充公积金实施方案》。

**表 9-3-1　历届职代会审议通过重要事项**

| 公司名称 | 届　次 | 时　间 | 审议重要事项 |
|---|---|---|---|
| 十九冶上海分公司 | 首届职代会 | 1982 年 12 月 25—26 日 | 《关于颁发分公司职工代表大会暂行条例实施细节的决定》<br>《关于颁发分公司职工奖惩条例实施细则的决定》<br>《关于颁发分公司计划生育若干规定的决定》 |
| | 首届二次会议 | 1984 年 4 月 12 日 | 《关于颁发分公司职代会民主评议干部暂行办法的决定》<br>《关于修改分公司首届职代会暂行条例实施细则的决定》<br>《关于修改分公司计划生育的若干规定的决定》 |
| | 二届二次会议 | 1986 年上半年 | 年度生产施工规划及分房方案等重大政策 |
| 上海宝钢冶金建设公司 | 首届职代会 | 1987 年 8 月 27 日 | 采取“一套班子、两块牌子”的组织形式，实现工会与职代会组织上的“一体化” |
| | 首届二次会议 | 1988 年 2 月 10 日 | 《关于上海宝钢冶金建设公司实行经理负责制的批复》<br>《经理任期目标》 |
| | 首届三次会议 | 1988 年 12 月 4 日 | 《建设公司岗位工资实施方案》《建设公司岗位划分的规定》<br>《干部岗位划分若干问题的规定》 |
| | 首届五次会议 | 1989 年 4 月 1—4 日 | 《一九八九年工资分配办法》《承包经营责任合同》的建议 |
| | 首届六次会议 | 1989 年 10 月 13 日 | 《一九八九年宝冶工资改革方案》 |
| | 首届八次会议 | 1990 年 12 月 13 日 | 《一九九〇年工资改革方案》《技能工资改革方案》<br>《宝冶公司月浦十村住宅分配方案》 |
| | 二届二次会议 | 1991 年 12 月 6 日 | 《一九九一年工资改革方案》 |
| | 二届三次会议 | 1992 年 1 月 15 日 | 《宝冶公司五年规划(1991—1995)》 |
| | 二届四次会议 | 1992 年 4 月 11 日 | 《宝冶一九九二年工资分配方案》《宝冶公司改革总体方案》<br>《宝冶公司机关改革实施方案》《宝冶工人班组优化劳动组合<br>实施办法》《宝冶公司劳动争议调解委员会试行规则》<br>《宝冶公司一九九二年经营承包方案》 |
| | 二届五次会议 | 1992 年 10 月 27—28 日 | 《宝冶公司一九九二年工资改革实施方案》<br>《宝冶公司一九九二年度分房方案》 |
| | 二届七次会议 | 1993 年 3 月 13 日 | 《宝冶一九九三年承包及工资分配方案》 |
| | 二届八次会议 | 1994 年 2 月 3 日 | 《宝冶公司改革方案》<br>《宝冶公司改革中有关职工工资待遇的规定》 |
| | 二届九次会议 | 1994 年 6 月 30 日 | 《宝冶一九九四年工资改革实施方案》<br>《宝冶一九九四年度承包及工资总额分配方案》 |
| | 二届十一次会议 | 1995 年 4 月 20 日 | 《宝冶公司一九九五年分房方案》 |

（续表）

| 公司名称 | 届　次 | 时　间 | 审议重要事项 |
|---|---|---|---|
| 上海宝钢冶金建设公司 | 二届十二次会议 | 1995 年 6 月 9 日 | 《宝冶公司一九九五年经营承包及工资总额分配方案》 |
| | 二届十三次会议 | 1996 年 1 月 31 日 | 《宝冶一九九五年工资调整实施方案》 |
| | 二届十四次会议 | 1996 年 7 月 25 日 | 《一九九六年经营承包及工资总额分配方案的》<br>《上海宝钢冶金建设公司劳动合同制实施办法》<br>《实行门诊医疗备用金制度的试行办法》 |
| | 二届十五次会议 | 1997 年 1 月 27 日 | 《宝冶一九九六年工资调整方案》 |
| | 二届十六次会议 | 1997 年 5 月 27 日 | 《宝冶一九九七年经营承包及工资总额分配方案》 |
| | 二届十七次会议 | 1997 年 12 月 19 日 | 《宝冶公司一九九七年分调房方案》 |
| | 二届十八次会议 | 1998 年 4 月 16 日 | 《宝冶公司一九九八年经营承包及工资总额分配方案》 |
| | 三届三次会议 | 2000 年 12 月 21 日 | 《宝冶职工暨工会会员代表和宝冶工会“两委会”委员替补、增补的规定》 |
| | 三届四次会议 | 2001 年 | 《上海宝钢冶金建设公司首期集体合同》 |
| | 三届五次会议 | 2002 年 2 月 8 日 | 《上海宝钢冶金建设公司第二期集体合同》 |
| | 三届六次会议 | 2002 年 12 月 26 日 | 《上海宝钢冶金建设公司改制实施方案》 |
| 上海宝冶建设有限公司 | 一届一次会议 | 2003 年 6 月 18 日 | 《关于员工集体股权的说明》《劳动合同制管理规定》<br>《劳动纪律管理规定》 |
| | 一届二次会议 | 2004 年 1 月 18 日 | 《宝冶建设岗位绩效工资制度实施方案》<br>《宝冶建设首期集体合同》 |
| | 一届三次会议 | 2004 年 9 月 14—20 日 | 《上海宝冶建设有限公司 2004 年度补充养老保险实施方案》<br>《上海宝冶建设有限公司带薪年休假管理规定》<br>《宝冶建设劳动争议调解委员会职工代表名单》<br>《关于公司职业健康安全员工代表名单》 |
| | 一届五次会议 | 2005 年 1 月 11—16 日 | 《上海宝冶建设有限公司主辅分离改制分流总体实施方案》 |
| | 一届六次会议 | 2006 年 8 月 10—14 日 | 《关于员工持股返还工资含量节余实施方案的说明》<br>《上海宝冶建设有限公司员工持股方案》 |
| | 一届七次会议 | 2007 年 1 月 26 日 | 《上海宝冶建设有限公司第二期集体合同》 |
| | 一届八次会议 | 2007 年 3 月 20—22 日 | 《宝冶建设职工董事职工监事管理办法》 |
| | 一届九次会议 | 2007 年 6 月 20—27 日 | 《上海宝冶建设有限公司职位体系设计实施方案》<br>《上海宝冶建设有限公司岗位绩效工资制度实施方案》 |
| | 一届十次会议 | 2008 年 1 月 25—29 日 | 《带薪年休假管理规定》<br>《关于执行〈上海市城镇居民基本医疗保险试行办法〉的意见》 |

（续表）

| 公司名称 | 届　次 | 时　间 | 审议重要事项 |
|---|---|---|---|
| 上海宝冶建设有限公司 | 一届十一次会议 | 2008 年 6 月 10—15 日 | 《上海宝冶建设有限公司企业年金方案》 |
| | 一届十二次会议 | 2008 年 11 月 6—7 日 | 《宝冶退休(内退)单职工及家属居住补贴实施方案》 |
| | 一届十三次会议 | 2009 年 3 月 10—12 日 | 《宝冶建设内部员工认购中冶·尚城优惠方案》 |
| 上海宝冶集团有限公司 | 一届十七次会议 | 2012 年 12 月 19 日 | 《关于上海宝冶集团有限公司部分工作岗位实行不定时工作制和综合计算工时工作制的请示》 |
| | 一届十八次会议 | 2013 年 1 月 23 日—30 日 | 《劳动纪律管理规定》《岗位绩效工资制度实施方案》 |
| | 一届十九次会议 | 2013 年 6 月 20—26 日 | 《企业年金方案实施细则》《带薪年休假管理规定》 |
| | 一届二十次会议 | 2014 年 1 月 17—22 日 | 《上海宝冶集团有限公司第三期集体合同》<br>《上海宝冶集团有限公司工资集体协商协议》 |
| | 一届二十三次会议 | 2015 年 12 月 7 日 | 《关于上海宝冶集团有限公司部分工作岗位实行不定时工作制和综合计算工时工作制的请示》 |
| | 一届二十四次会议 | 2016 年 1 月 15—21 日 | 《2016 年度工资集体协商协议》 |
| | 一届二十五次会议 | 2016 年 6 月 17—23 日 | 《员工工时制、休假、考勤管理规定》<br>《劳动纪律管理规定》 |
| | 一届二十八次会议 | 2017 年 8 月 15—16 日 | 《关于调整上海宝冶公务用车制度改革配套措施的议案》 |
| | 一届二十九次会议 | 2018 年 3 月 13—16 日 | 《上海宝冶集团有限公司补充公积金实施方案》 |

## 第三节　工 会 改 革

1982 年工会将工作重点放在开展劳动竞赛，执行职代会工作机构的职责，参加企业整顿，进行工会宣传，发挥共产主义学校的作用加强对职工的思想教育，建立工会联系群众的必要制度，充实工会机构人员，筹备工会会员大会的召开。

1984 年，工会加强工会小组建设，提出选好工会小组长，开好小组生活会，丰富小组的群众活动，使工会工作具有坚实基础。3 月，十九冶党委批转《工会协助党委管理工会干部的办法》，要求在坚持党管干部的原则下，工会要协助党委和组织部门加强对工会干部的管理，做好工会组织和干部队伍的建设。

1986 年，随着国家用工制度改革，宝冶工会发文对合同工和临时工加入工会成为会员给出指导性意见。同年，随着宝钢二期工程全面展开，对信息传递的效率和质量要求急剧提升，为适应新形势，工会下发《关于加强工会系统信息工作的意见》，各级工会增设信息员，建立健全信息网络。

1988 年 2 月 6 日，成立宝冶工会实业部，下设小卖部、建筑安装工程队、劳务服务队、有偿技术服务等经营服务项目。3月,宝冶职工技术协作委员会成立,其基本任务是吸收和组织工人、工程技术人员中的技术协作积极分子,以及部分有技术专长和经验的退休工人、工程技术人员根据企业生产发展和技术改造的需要,开展技术攻关、技术革新活动,解决生产技术关键问题,广泛开展技术交流活动。3月5日,在处级以上和全体工会干部大会上,推出工会改革方案,把工作重点放在基层,维护群众的切身利益,积极参与企业的民主管理,加强劳动保护监督,形成了经理全面负责、党委保证监督、职工民主管理的新的领导体制。工会理顺职能,独立自主开展工作。4月,在征得宝冶工会经费审查委员会和公司财务处的同意下,经研究决定,由行政工资总额2%拨交的工会经费留给各级工会组织的比例调整为45%留各基层工会,55%上缴宝冶工会。

随着1991年工资改革方案的实施,根据全国总工会和上海市总工会的相关规定,将工会会员会费缴纳标准调整到工资收入的0.5%。

1993年至1994年期间,相继推出《上海宝钢冶金建设公司中外合资经营企业工会工作规则(试行)》和《宝冶独资、控股经营企业工会组织建设的试行办法》,为多样性工会组织建设管理给出指导性意见。

1994年,《劳动法》颁布,工会抓住时机组织7家由宝冶控股的中外合资企业组建工会,至年底全部组建完毕。各级工会组织员工学习《劳动法》文件精神,会同行政对企业原有的与《劳动法》条文有抵触的宝冶文件加以修改和完善。

2000年5月,印发《关于工会会费收缴的试行规定》,7月,印发《宝冶职代会各专门管理委员会职责范围和工作制度》。10月,设置群众工作部,工会办隶属群众工作部,原印章仍然保留。

2014年,为进一步推进工会财务规范化、精简化、高效化管理,对16家分(子)公司工会财务实施集中管理。

## 第四节 劳动竞赛

党的十一届三中全会以后,随着党和国家的工作重点转移到经济建设上来,在力争到20世纪末使国民生产总值翻两番、建设四个现代化的宏伟目标和总任务的鼓舞下,劳动竞赛呈现出蓬勃发展态势。时值国家重大工程项目——宝钢一期工程开工建设,劳动竞赛充分调动广大职工的劳动热情,为超额完成定额指标、确保工程工期节点提供了坚强保障。

1986年起,围绕宝钢二期工程建设,劳动竞赛的内容和形式有了新的特点,在竞赛内容上突出提高企业经济效益,增强企业活力,从单纯考核竞赛进度转向全面考核竞赛经营管理和经济效益,开展“双增双节”“挖潜增效”活动,注重向技术革新、合理化建议、科学管理要效益。

1987年,劳动竞赛的新特点出现三个转移:由单纯施工生产范围内竞赛向前后方全方位转移,由只注重工作量向注重形象进度和社会效益转移,由单纯竞赛向竞赛中搞承包和承包中搞竞赛方向转移。

1988年,在宝钢热轧决战的关键时刻,开展抢热轧、保后墙、争创“十面红旗、百名功臣”立功竞赛活动。

1990年起,宝冶承担了多项社会民用工程,履行大型国企责任,劳动竞赛从宝钢厂区向厂外延伸,在上海月浦水厂、陈行水库、合流污水工程、徐家汇地铁车站等项目组织开展劳动竞赛,确保施工节点顺利实现。

1994年,宝钢三期工程全面拉开序幕。自9月份起,工会在三期1580热轧工地,特别是热轧箱型基础项目上开展“五赛五比”治理管理竞赛活动,促进了工程质量,特别是土建质量的提高,为宝钢三期工程以后的质量管理提供了经验。同时，工会还在外包工程（如耀华皮尔金顿等）、检修协力系统、加工生产系统及后勤服务系统开展层次多、形式新、内容实的全方位劳动竞赛，通过点多面广的竞赛立功活动，充分调动前方后方职工的工作积极性，使工会系统的劳动竞赛真正体现出广泛性、灵活性、群众性、针对性和时效性等五大特性。

2000 年后，随着社会主义市场经济迅速发展，企业生产经营围绕市场转，劳动竞赛有了新的发展，由传统的速度型劳动竞赛转变为以质量、技能、安全、效益、管理、文明等综合目标的劳动竞赛。随着宝冶承建的厦门国际会展中心一期工程建设成功拉开进军大型会展中心和体育场馆建设的大幕，不断推动劳动竞赛向广度和深度发展，以技术创新、工程创优、管理创先、效益创佳为竞赛重点，先后在国家体育场、上海世博会场馆、珠海十字门中央商务区、罗店大型居住社区、上海迪士尼明日世界、贵阳轨交二号线延伸段、冬奥会国家雪车雪橇中心项目等一大批重点项目开展劳动竞赛。同时，巩固工业冶金领域劳动竞赛，在宝钢三期工程建设、宝钢高炉大修、宝钢湛江工程、马来西亚联合钢铁等项目开展劳动竞赛。

2003 年，宝冶分立改制，企业加快市场化进程，劳动竞赛的内涵、人员参与范围进一步拓展，工会把劳动竞赛更名为立功竞赛，成为全员参与、覆盖全业务的一项竞赛活动，制订立功竞赛管理办法，统一规范立功竞赛表彰名称。

2016 年起，公司连续每年开展市场营销系统“合创杯”技术标简报制作大赛，提升系统人员实战技能水平，创建知识型、创新型立功竞赛品牌。

2017 年，深入开展上海市专项立功竞赛项目，获得上海市五一劳动奖状 1 个、五一劳动奖章 2 人、工人先锋号集体 1 个。

2018 年，聚焦重点项目，在冬奥会雪车雪橇项目施行“1＋N”竞赛模式，取得良好效果，在业主考核中获第一。

劳动竞赛始终围绕党和国家中心工作，紧扣时代脉搏，领域不断拓宽，内涵不断丰富，方式不断创新。通过竞赛涌现出全国和省部级劳模、五一劳动奖状（奖章）、全国工人先锋号等一大批先进典型，从而推动竞赛活动不断向深度和广度发展。

## 第五节　职工创新工作

20 世纪 80 年代初，为提高职工队伍技术素质，适应现代化建设需要，工会开展双增双节活动，注重向技术革新、合理化建议、科学管理要效益，同时开展大规模技术操作比赛。1983 年，队伍建设基点放到班组，建立健全班组几大员，建立健全班组核心成为班组建设的重点。1984 年，随着《中国职工技术协作组织章程》颁布，全国各级职工技协组织踊跃成立。80 年代中期，通过班组成果发布会的形式，使各班组的好方法好经验得到及时推广。

1987 年，工会与党委、行政联合发布《关于加强班组建设、促进企业升级工作的意见》，对加强班组领导核心建设、组织保证体系、管理制度、竞赛活动和思想政治工作提出指导意见。创新班组政治学习形式，进行万人答题、千人竞赛、百人演讲和成果发布“四赛”。

1988 年，宝冶工会职工技术协作委员会筹备领导小组成立，为公司广大工程技术人员、高级技术工人、能工巧匠将专业知识转化为物质生产、社会效益提供了平台。

1990 年，根据中华全国总工会《关于动员全体职工广泛开展合理化建议和发明创造的决议》精神，工会下发《关于动员组织全体职工广泛深入开展“五小”活动的意见》，当年共有小建议 933 条、小节约 629 件、小革新 96 项、小改进 263 项、小发明 20 项,累计节约资金 1 320 万元。以小建议、小改革、小革新、小发明、小节约为内容的“五小”活动在群众中广泛开展。年初,宝冶党政工联合,开办职工政治学校,设立总校和 10 个分校,以业余和脱产相结合,分期进行轮训,采取面授、讨论、辅导、交流等方式,结合实际对工人进行政治教育,由工会负责教学组织实施工作,一年办班 52 期,培训班组长等骨干 3 000 余人。十大工程公司开展队厂班组学习对子赛活动,宝冶 1 000 多个班组政治学习步入正轨,收到了提高职工队伍素质的实效。三公司二队青年班在上海市 26 万个班组中,获评第一季度红旗班组。

1993 年,开办职工业余学校,对职工进行主要工种专业技术培训。组织开展了铆工、木工、瓦工、电焊工、电调工、重修工、汽修工、起重工、筑炉工、安装钳工等十大工种状元的评选活动。首批 10 人荣获工种状元称号,此项活动进一步激励了职工尤其是青年工人苦练基本功,掌握新技术的积极性。次年,两级公司共提合理化建议 226 条,采用 147 条,直接经济效益 218 万元,技术进步率达 3.44%。各级工会坚持岗位练兵,技术比武、树先进典型,向国强、张其昌被评为冶金系统劳动模范,五公司一队、三公司一队何守全架工班、机装公司铆工长王宗明分别被评为上海市劳模集体和劳模个人,通过对先进人物的宣传,使职工树立起“技术精湛的工人是企业重要人才”的观念。

1999 年,中华全国总工会提出《关于开展群众性经济技术创新工程的意见》,在职工中实施以推动技术进步为主、以技术创新为重点、以开展“创新能手”、“创新示范岗”活动为载体的职工技术创新工程,大力开展创建“学习型班组”活动,提高广大职工的学习动力和学习能力,不断掌握新知识、储备新技能,为实施群众性经济技术创新活动提供智力支撑和素质保证。通过举办拜师学艺、名师带高徒、现场传授技能、选题立项攻关等活动,为企业培养人才队伍。通过多种技能的综合性培训,使广大一线职工做到“精一门、会两门、学三门”,成为复合型、技能型人才。

2006 年 4 月 14 日,公司隆重举行职工技能登高暨第一届“十大工种”技术比武赛启动仪式,上海市总工会副主席杜仁伟出席会议。

2012 年,工会制定《上海宝冶“六型班组”创建评比办法》,指导开展新一轮班组建设工作,同年推荐 5 名班组长参加国资委和清华大学联合举办的班组长远程教育培训,选拔 41 名班组长参加上海市班组长岗位培训。2013 年,根据上海市总工会班组长“六个统一”培训要求,在教培中心对 200 名基层班组长开展岗位知识培训。

2014 年,工会制订《上海宝冶“职工创新工作室”管理办法》,命名首批 9 个职工创新工作室。2016 年命名第二批创新工作室 12 个,2018 年命名第三批职工创新工作室 10 个。通过职工创新工作室的选树培育,获上海市劳模创新工作室 2 个,巾帼创新工作室 2 个、技师创新工作室 4 个。创新工作室成为创新的智囊团、岗位的创新源、项目的攻关队、人才的孵化器和团队的方向标,带动群众性科技创新活动持续深化。

## 第六节　群众文化建设

20 世纪 80 年代初,为开展健康有益、广大职工喜闻乐见的文化活动,工会相继成立集邮、围棋、钓鱼、球类、文学、书画、摄影、篮球等社团和协会,丰富广大员工业余文化生活。

1985 年,为庆祝宝钢一号高炉点火投产,成立业余文艺演出队进入工地慰问演出,并举办大型美术、书法、摄影展。

1987 年,在宝泉路 1 号宝冶大院内建设了以电影院、联谊厅、录像室、图书室、电子游艺室、棋牌室等组成的职工俱乐部，各基层公司相继建设职工文化活动阵地。同年，成立宝冶职工业余艺术团，广泛进行交流访问演出，扩大宝冶文化活动的影响力和知名度。

1990年12月7日，上海市总工会在宝冶召开职工文化工作现场交流会，市总工会副主席杨森、宣教部长崔恒余及市区各大文化宫、俱乐部负责人60人出席，听取宝冶工会群众文化工作介绍，参观宝冶基层俱乐部，并推荐宝冶作为上海唯一的先进文化企业出席全国第五次职工文化工作会议。12月8日，李耀东代表宝冶出席在北京召开的全国第五次职工文化工作会议，在会上介绍宝冶群众文化工作经验，受到中央领导李瑞环、倪志福等亲切接见并合影留念。同年，宝冶工会承办首届全国冶建系统优秀歌手大赛，冶金部所属12家冶建公司38名歌手参赛。

1992年5月，原有的各类协会、社团统一归口上海宝冶职工业余文体协会总会，进一步规范职工社团机构，助力业余文体协会向专业化水平发展，宝冶合唱团、特种公司铜管乐队、三公司威风锣鼓队等一批优秀文艺团体在社会上产生积极影响。翌年5月9日，宝冶威风锣鼓队在东亚运动会开幕式亮相，印在鼓上的“宝钢冶金建设公司”特写镜头占据电视屏幕，东亚运动会组委会向宝冶颁发“发扬东亚运精神，再创更大的荣誉”纪念证书，在社会上进一步提升了知名度。

1994年，为庆祝建国45周年，宝冶举办第八届职工文艺汇演，12 000人参加此次活动，12支表演队参加月浦地区大型街头表演，取得良好的社会反响。同年，宝冶首次群众文化工作会议召开，对宝冶进沪15年的群众文化工作进行全面总结回顾，提出前景与设想。宝冶集邮协会、宝冶游泳池获上海市先进集体。

1995年6月，由张可平作词、易见白作曲的歌曲《我们是冶建雄兵》获《中国企业之歌》征集评比一等奖和《世纪之声全国歌曲大赛》银奖。

1996年6月5日，《宝冶文艺》厂庆十周年专刊举行发行座谈会，《宝冶文艺》共采用诗歌、散文、报告文学等作品100余篇，文字13万字。

1997年2月9日，全国“万宝路”锣鼓大赛在广州天河体育馆开赛，宝冶鼓乐团夺得大赛最高奖——最佳表演奖。10月5日，成立“夕阳红艺术团”，由具有文艺特长的退休员工组成，日常活动接受宝冶文艺协会指导。

1999年5月，上海宝冶职工业余文体协会总会更名为上海宝冶职工文体协会。5月30日，机装公司代表宝冶参加上海市第五届职工文化艺术节《走进五月阳光》广场演出，获集体舞金奖。同年9月10日，宝冶首届艺术节暨庆祝建国50周年文艺晚会在月浦影剧院隆重举行。艺术节期间先后举办了“挑战冠军”电视演歌会(在上海电视台演播厅)、插花表演及盆景展评、第四届宝冶书画摄影展、庆祝建国50周年赛诗会、喜迎国际老人节《夕阳红》艺术团专场演出、“祖国，我永远热爱您”青年演讲比赛、“美在生活中”女职工风采展示赛等活动。9月28日，举行宝冶首届职工艺术节闭幕式暨第十二届班组演唱会。

2000年以后，随着宝冶加快非冶金市场领域发展，根据工程项目点多面广、职工分散等特点，职工文化活动向大小结合、内外结合发展，既满足广大职工文化需求，又提升职工文化品牌影响力。

2003年5月31日，邀请上海市东方书画院来公司举办第一届“宝冶之春”书画交流笔会，上海市总工会副主席、东方书画院院长吴申耀出席活动。7月，李耀东创作庆祝新中国成立50周年的钢笔画长卷《中华神韵》获上海大世界基尼斯总部颁发的《大世界基尼斯之最》证书。

2004年，开展“宝冶文化名人”评选活动，授予沈有福、晁国荣、郑建果、李耀东、董贵昌、郭达、董如平、张成斌、张弟德、孙守田、王连宝等11名同志为宝冶企业文化名人称号。同年7月，上海市总工会“茉莉飘香、情系宝冶”夏季首场慰问演出在公司办公楼广场隆重举行，上海市总工会副主席汪兰洁出席并讲话,茉莉花艺术团为宝冶职工献上了精彩的节目。在此期间,宝冶与上海市总工会、上海市书法家协会共同举办"宝冶建设杯"上海市职工书法篆刻作品展。

2006—2007 年,连续两年承办宝山区"宝冶建设杯"职工羽毛球邀请赛,区各委办局、大型国企组队参赛。

2010 年上海世博会期间,向公司全体员工发放世博会门票,更好地参与世博会、感受世博会。

2012 年,参加上海市第一届市民运动会广播操、篮球、徒步等 14 个比赛项目,宝冶获"民生奖"银杯。

2014 年 1 月 7 日,上海东方书画院十多名画家在院长吴申耀的带领下来到宝冶,开展书画送基层活动。同年,参加宝山区第三届运动会获社会组团体总分第一名和优秀组织奖。

2015 年,宝冶与中国一冶举办"冶建情"第一届职工摄影联展,中冶上海企业党工委书记刘剑平,上海宝冶纪委书记费利东,上海宝冶工会主席杨柳,中国一冶党委副书记、纪委书记、工会主席汪诚等出席活动。

2016 年,工会领导下的群众组织宝冶职工摄影协会以"聚焦企业"为创作主要方向,用独特的视角记录企业改革发展中的精彩瞬间和取得的丰硕成果。有 31 人次在省市级比赛中获奖,6 人成为宝山摄影家协会会员。协会承办了宝冶落户上海三十周年职工摄影书画展,组织了"走进钢构""宝钢原料大修"现场拍摄采风活动。

2017 年 3 月,宝冶职工摄影协会被上海市宝山摄影家协会授予年度突出贡献奖,任尔强被授予年度优秀会员称号。9 月,在宝冶工会微信公众号推出"宝冶好声音"第一季,通过微信平台展示员工的文艺才华。

2018 年 11 月,开展"乐享阅读同进步,携手筑梦宝冶·家"捐书活动,共捐书籍 1 500 余本,发往 52 个项目的职工小家、党员之家,丰富职工小家阵地和员工业余文化活动。12 月,宝冶与中国一冶举办"冶建情"第二届职工摄影书画联展,宝冶党委书记、董事长白小虎,党委副书记刘剑平,工会主席裴志清,中国一冶党委书记、董事长宋占江,中国一冶副总经理、工会主席郭继舟等领导出席活动。同年,邀请上海市东方书画院来公司举办第三届"宝冶之春"书画交流笔会。推出"宝冶好声音"第二季,观众点击阅读量达 3 万多人次。

## 第七节　女 职 工 工 作

1985 年 3 月 7 日,十九冶上海分公司女工委员会成立,女职工人数 4 100 余人,占职工总数 22%。1987 年 12 月 17 日,上海宝钢冶金建设公司召开首届女工代表大会,选举产生由 19 人组成的首届女工委员会,王文斌当选女工委员会主任,上海市总工会副主席裔武娟到会祝贺。

20 世纪 80 年代,女工工作围绕宝钢一期工程建设,致力于维护女工权益,帮助女职工解决工作、生活中的困难,开展女工"四有"教育,加强女工"五期"保护工作,进行"五好家庭"评选等活动。

20 世纪 90 年代,女工工作围绕企业中心工作,组织广大女职工积极投身于宝钢二、三期工程建设,深入开展多层次、多形式、多内容的三八红旗系列竞赛活动,结合女职工行业特点,筹建女职工同工种"协作会",开展互比互学、技术交流、岗位技术竞赛,开展女工合理化建议和"十个一"节约竞赛活动,提高女职工技术业务素质,积极举办社会文化活动和家庭建设活动。期间涌现了一批先进集体和个人,王文斌获评全国先进女职工、余美珠获评全国先进女职工工作者、曾重美获评上海市三八红旗手、蒋苏娟获评上海市优秀运动员、周桂轩获评上海百名好妈妈、特种公司一队女子行车班获评上海市三八红旗集体，宝冶女职工委员会于1990年、1998年两次获上海市先进女职工委员会称号。

1991年6月18日，由宝冶倡导和承办的首届全国冶金施工企业女工工作研讨会召开，来自全国13家冶建施工企业的工会主席和女工部长等41名代表汇聚一堂，探索研讨新时期女工工作，中华全国总工会女的电视片《花儿为什么这样红》，该片获上海市女工专题片二等奖。宝冶女职工响应上海市总工会和市妇联的号召，为上海"庆龄女子学院"集资。

1992年3月21日，上海宝钢冶金建设公司召开第二届女工代表大会，172名女工代表参会，选举产生彭志利等23人组成的第二届女工委员会，上海市总工会副主席杜玉英到会致贺。女工委员会下设"四自"教育、竞赛、维权、文体宣传等四个小组，鼓励女职工更新观念，提高业务技能，展现新时代女职工的风采。

1994年3月15日，召开上海宝钢冶金建设公司工会女职工委员会二届二次全体会议，选举蔚远年为工会女职工委员会主任。1994年，宝冶女职工向上海市总工会为帮助本市下岗女工举办培训班开展的"上海姐妹帮姐妹献爱心"活动捐款1万元。同年，企业实施"减员增效"，为鼓励转岗、下岗、待岗女工重新投入工作，并创造重新就业机会，女职工委员会举办裁剪培训班、美容讲座等，女子周末学校开设电脑班、写作班。

2000年，是公司全面走向市场的转折年，女职工工作开创新局面，女工委在突出维护职能、鼓励女职工建功立业的同时，将女工的教育培训重点转向复合型女性人才需求。同年3月9日，上海宝钢冶金建设公司召开第三届女职工代表大会，选举产生彭志利等19人组成的第三届女工委员会。宝冶两级女职工委员继续开展"精一门、会两门、学三门"女职工技能提升活动，深入开展以创新为主题的"五赛五比"活动。同年，宝冶女职工委员会获上海市巾帼建功活动优秀组织奖。蒋苏娟在全国第五届残运会获坐式排球、女子田径100米和200米金牌，上海代表团特此发来感谢信。为响应中央西部大开发的号召和中国总工会女职工部在全国女职工中开展在革命圣地延安宝塔山营造"中国女职工林"活动，宝冶女职工委员会发起"我为西部绿化捐一元钱"的活动，共捐款6 950元，可植树434棵。

2003年1月，上海宝钢冶金建设公司分立改制，成立上海宝冶建设有限公司。6月18日，召开上海宝冶建设有限公司工会第一次代表大会，成立第一届女职工委员会，女职工人数1 300余人，占职工总数24%。2003年以来，女工委员会依据《工会法》《妇女权益保障法》《女职工劳动保护规定》等法律法规，以维护女职工合法权益为工作切入点，巾帼建功立业为主题，团结带领女职工积极投身企业的改革发展和施工生产、经营管理活动中。

2004年起，公司行政与工会签订的集体合同中设立女职工权益章节，将女职工每年进行一次妇科普查，购买上海市女职工团体特种保障计划等写入合同条款。

2008年，公司女职工开展"抗震救灾——爱心妈妈献爱行动"，向四川地震灾区孩子捐助价值10万元的学习用品。

2009—2011年，在上海市世博园区建设中，朱素君、叶爱芬2名女职工荣获上海市三八红旗手。

2012年以来，宝冶女职工和女工集体多次获评上海市五一巾帼奖(集体、个人)称号、上海市三八红旗集体、上海市三八红旗手，上海市巾帼文明岗。

2017年，以女职工董清为带头人的建筑工业化创新工作室获评上海劳模创新工作室，以女职工龚利文为带头人的BIM设计小组获评上海市巾帼创新工作室。

2018年，女职工王学珍获评上海工匠。

女职工委员会结合公司实际，积极开展丰富多彩的女职工文化活动，彰显时代女性特色。举办"爱家庭，爱生活"厨艺交流赛、"好市民、好职工、好家长"演讲比赛、迎世博英语100句竞赛、"幸福在编做边享”手工艺品展示、“幸福在悦读越美”征文、“女职工劳动保护特别规定”知识竞赛、“魅力女性、花样生活”插花花艺大赛、“多彩宝冶、掌上精彩”手机摄影知识讲座及比赛。

## 第八节　工会帮扶工作

长期以来,公司工会发扬扶贫帮困、互助互济的光荣传统,自觉围绕党政中心工作以及职工群众的需求,与时俱进,积极开展各种形式的帮扶工作,办好事、做实事、解难事,把组织的温暖送到困难职工心坎上,密切党组织与职工群众的联系,调动了职工群众的积极性,维护了改革、发展、稳定的大局。

1980 年初,为办好广大职工集体福利事业,将企业基金按既定原则分配给各单位使用;同时,注重对常见病、多发病和职业病的防治,开展女工健康普查,入托幼儿普查,探望离退休职工,补助困难职工。

1990 年,公司工会实业部向公司幼儿园赠送收录机 13 台,捐款 5 000 元救济受灾员工。

1991 年,公司为全体职工投保了家庭财产保险、自然灾害保险、自行车被盗保险。工会受行政委托承担了出险审查、申报、登记、代发保险赔款等业务。各级工会关注因工残疾丧失劳动能力的矽肺病患者,进行困难补助。切实维护女职工特殊利益,做好女职工“五期”保护,对已婚的 1 580 名女工进行体检。

1993 年,在广大员工中发扬互助互济精神,依靠广大职工的集体力量帮扶困难职工,基层工会组织会员设立互助金,增加了帮扶资金筹集渠道。

1995 年,宝冶工会帮困基金会成立,出台《上海宝冶帮困基金会章程》,基金会主要由宝冶工会系统经济实体集资单位组成,旨在帮助公司职工(含离退休职工)由于特殊情况和天灾人祸造成的特殊困难。同年 11 月,为鼓励下岗、待岗女职工学技术、学文化,推动再就业工程建设,宝冶工会女职工委员会将女职工捐款和行政拨款共计 15 000 元作为奖励基金,利用银行存款利息进行奖励。1996 年,宝冶工会副主席李耀东将其出版的钢笔风光画画册稿费 5 000 元捐献给宝冶帮困基金会。

2001 年 8 月,国家建立协调劳动关系三方会议制度,将集体合同制度作为三方协商的重要内容。10 月,修改后的《工会法》正式颁布,各地据此制定了集体合同地方性法规,将集体合同工作进一步纳入法制化轨道。上海宝钢冶金建设公司三届四次职代会上签订了《上海宝钢冶金建设公司首期集体合同》,提出在员工自愿的前提下,公司组织员工参加上海市在职职工住院补充医疗互助保障计划。严格执行《劳动法》和《妇女权益保障法》中关于女职工禁忌从事的劳动以及女职工“四期”特殊保护的规定,每两年一次对女职工进行妇科、乳腺病的普查。

2004 年,上海宝冶建设有限公司签订《首期集体合同》,规定了公司组织员工参加上海市在职职工住院补充医疗互助保障计划,费用由公司承担;对生大病重病和困难员工加大帮困力度,每年由公司提供帮困补助基金;对在岗女职工每两年进行一次妇科、乳腺病的普查,35 岁以上为每年一次。同年,工会出台《特殊困难员工帮困救济补助办法(试行)》,对低保收入家庭、员工或供养直系亲属患重大疾病、员工家庭遇到意外灾害、劳模先进患病住院等五类职工视情况给予 500—3 000 元的补助慰问金。随着企业快速发展,落实共建共享理念,职工帮扶力度不断加大,2015 年修订的《上海宝冶集团有限公司员工帮困实施办法(试行)》,增加了对患癌症重大疾病职工最高给予 10 000 元的补助,其他困难补助标准提高为 1 000—8 000 元。

2015 年,上海市总工会推出工会会员服务卡实事项目,公司工会为全体会员办理了上海市工会会员专享基本保障计划(A 类),享有四类重大疾病保障、意外伤害全残或意外身故保障,最高保障1万元。

2016年，公司工会为全体会员办理上海市工会会员专享基本保障计划(B类)，重大疾病保障增加至十二类，最高保障2万元，进一步为大病员工减轻经济负担。

在公司党委的重视下，行政的支持下，工会为全体职工会员构建了两级帮困补助、住院补充医疗互助保障、工会会员专享基本保障"三位一体"的职工帮扶体系。

## 第九节　劳 动 保 护

20世纪80年代初，为改善职工的作业条件，组织防暑降温、防寒防滑工作，采取多种防护措施和安全保护装置。根据上海宝钢十九冶分指挥部发布《关于一九八一年赴庐山休养的通知》的文件精神，组织职工尤其是在施工建设中作出贡献的劳动模范和先进生产工作者进行休疗养。

1983年，各级工会配合行政部门建立健全本单位的劳保机构，开展劳保干部和劳动保护骨干的业务培训，健全各项劳保事宜的制度，普遍健全劳保登记卡。

1986年，发布《十九冶分指挥部工会劳动保护监督检查委员会工作职权和制度》。同年，对针对职工休疗养发布了《加强职工休疗养管理工作的通知》。

1987年，通过建立三级劳保管理网络，成立各级劳动保护监督检查委员会，对劳动资料管理和劳保待遇享受进行监督，对现场进行劳动条件和安全检查，普遍对员工进行肺部疾病的透视拍片检查，并对职工职业病防治进行了登记建档工作，并对职工食堂卫生、职工宿舍防寒防暑开展检查。

20世纪90年代初期，各级工会均建立劳动保护监督检查委员会，广泛开展劳动保护监督检查活动，同时发动职工群众自我保护，自我监督，形成上下结合的群众监督检查体系和工作网络。更加注重劳动保护的宣传，各级工会结合施工生产形势，配合安全主管部门，开展劳动保护宣传教育活动，对职工进行安全知识培训，举办安全知识智力竞赛，劳动保护常识答题，在上海市职工劳动保护群防群治活动月中，各级工会通过广播、报纸、黑板报、文艺演出等形式，生动形象地宣传劳动保护知识。通过形式多样的活动，使职工在自我参与中提高了安全技术素质和劳动法律意识。

20世纪90年代中期开始，两级工会进一步健全劳动监督检查机构，开展安全事故隐患建档工作，对施工现场尤其是危险作业点进行监督联合检查。工会把文明班组创建活动与创建"标准化工地"结合起来，优化作业环境，改善劳动条件，落实劳动保障，以适应宝钢三期工程建设和市场经济竞赛的要求。

1998年，中华全国总工会和原国家经贸委在总结内蒙古自治区开展"安康杯"竞赛活动经验的基础上，提出在全国逐步开展"安康杯"竞赛的要求，把竞争机制、奖励机制、激励机制应用于安全生产活动中的群众性"安全"与"健康"竞赛。在上海市总工会的领导下，宝冶"安康杯"竞赛活动深入开展，形成了从总公司—分公司—厂队车间—班组的四级网络。

2000年，随着公司生产经营格局的重大变化和用工制度的重大变化，劳动保护工作难度增加，宝冶工会根据全总重新颁发的《工会劳动保护监督检查员工作条例》《基层工会劳动保护监督检查委员会工作条例》，颁发《关于加强工会劳动保护工作的意见》，指导各级工会劳动保护工作更好地适应新形势。

2003年，根据公司建立职业安全健康管理体系(OHSMS)的要求，两级工会成立了以工会主席为主的职业健康安全员工代表，代表员工参与公司职业健康安全方针的制定与评审，参与改善作业场所职业健康安全现状的讨论，了解危害源和控制措施，了解事故、事件的调查和处理情况，听取最高管理者关于职业健康安全状况的工作报告。

2004 年，公司工会与行政签订的《首期集体合同》中设置了“劳动安全和卫生”专门章节，在后期的集体合同制中设置“职业健康安全”专门章节，对职工的健康体检和女职工特殊保护等作出明确规定。

“安康杯”竞赛活动成为工会参与企业安全管理、维护职工健康的一项重要工作。开展年度“安康杯”竞赛先进评选、高温慰问送清凉、安全格言征集、安全随手拍隐患大家找、安全合理化建议征集、安全生产金点子征集等系列活动，不断打造“安康杯”竞赛品牌，扩大“安康杯”竞赛影响力，取得了积极成效。2000 年以来，共 7 次获评全国“安康杯”竞赛优胜单位，1 人获得全国“安康杯”竞赛优秀组织者；16 次获评上海“安康杯”竞赛优胜单位，2 家公司获“安康杯”竞赛优秀组织单位，8 个班组获“安康杯”竞赛优秀班组，3 名个人获“安康杯”竞赛先进个人。

# 第四章　共 青 团 工 作

宝冶团委是宝冶党委领导下的一级团组织。多年来，团委围绕企业生产经营中心，积极联系青年、服务青年、凝聚青年、引领青年，开展了一系列“党有号召、团有行动、青年受益、卓有成效”的团建工作，形成了 14 项特色青年工作品牌。

## 第一节　组 织 建 制

截至 2018 年底，宝冶团委有二级单位团组织 21 个、基层团支部 134 个、兼职团干部 192 名，团员 1 200 余人，35 周岁及以下青年 2 500 余人。

为加强基层团组织建设，提高团干部业务能力，宝冶团委编制了《共青团工作手册》《团委（总支）工作手册》《团支部工作手册》《青年突击队工作手册》《青年文明号工作手册》《青年优质工程工作手册》和《青年安全监督岗工作手册》等基础工作手册，总结提炼了“青年为本、以德为先、服务为重、发展为主”的工作理念，“强基础、促建设、塑品牌、谋发展”的工作标准和“科学定位、探索先行、丰富载体、夯实基础”的工作要求。

1978 年至 2001 年，公司团委组织关系先后由宝钢工程指挥部团委和宝钢集团团委直接领导。2001 年 3 月 29 日，共青团上海市委批复公司团委组织关系由共青团上海市委直接领导。2003 年，宝冶分立改制后，公司团委组织关系由中冶集团团委和中冶上海企业团工委领导。

自 1978 年入沪以来至 2018 年底，宝冶共青团组织、青年集体、个人先后荣获省部级以上荣誉 230 多项。其中国家级荣誉 2 项，分别为宝冶团委获评 2006—2007 年度全国五四红旗团委创建单位、工业安装工程公司压力容器厂获评 2015—2016 年度全国青年文明号称号。

## 第二节　团员代表大会

1982 年 8 月 18 日，经十九冶上海分公司党委常委会研究决定，同意成立共青团上海宝钢工程十九冶分指挥部委员会。彭志利任团委副书记。

1984 年 6 月，召开共青团十九冶上海分公司首次代表大会。大会选举产生 19 名团委委员，7 名团委常委，张万炎当选为团委副书记。

1989 年 5 月 4 日，召开共青团上海宝钢冶金建设公司首次代表大会。大会选举产生 8 名团委委员，于波当选为团委书记。

1992 年 5 月 15 日，召开共青团上海宝钢冶金建设公司第二次代表大会。大会选举产生 11 名团委委员，赵守杰当选为团委书记。

1996 年 10 月 15 日，召开共青团上海宝钢冶金建设公司第三次代表大会。大会选举产生 13 名团委委员，吴文忠当选为团委书记。

2001 年 4 月 28 日，召开共青团上海宝钢冶金建设公司第四次代表大会。大会选举产生 13 名团委委员，王靖涛当选为团委副书记（主持工作）。

2003 年 12 月 10 日，召开共青团上海宝冶建设有限公司第一次代表大会。大会选举产生 13 名团委委员，厉见会当选为团委书记。

2011 年 8 月 26 日，召开共青团上海宝冶集团有限公司第一次代表大会。大会选举产生 11 名团委委员，朱虹当选为团委书记。

2018 年 6 月 4 日，召开共青团上海宝冶集团有限公司第二次代表大会。大会选举产生 11 名团委委员，张典当选为团委书记。

## 第三节　下辖有关组织机构

### 一、共青团上海宝冶团校

1989 年 5 月，成立宝冶团校，依托于上海市委团校先后举办了团干部培训班、团支部书记培训班、青年干部理论研修班等各类型培训，并在此基础上开展专业技能知识提升、党建知识、历史人文等讲座，扩大团干部知识面。

截至 2018 年底，团校共组织培养优秀团干部近 1 000 名，优秀青年骨干 600 余名，优秀团员近 2 000 余名。

### 二、青年讲师团

为激发青年人才潜能，提升青年综合素质，积极建设一支“爱学习、勤钻研、业务精、能力强”的青年人才队伍，宝冶团委于 2006 年 8 月组建宝冶青年讲师团。青年讲师 20 余名，涵盖企业经营、管理、财务、法律、预算、安全、质量、技术、人文、礼仪、外语等专业。青年讲师团制定了《青年素质登高计划》，主要包括：政治思想登高、专业技能登高和人文素养登高三个方面。着力提升青年在“人文知识、人文品格、逻辑见解、言行情况、应用写作、人际交往、创新能力、外语能力”等各项知识水平。

截至 2018 年底，青年讲师团深入基层开展讲座 56 次，参与人次 2 286 人。

### 三、青年志愿者协会

青年志愿者协会是宝冶团委下属的社团组织，由网格化团建和青年礼仪队两支青年志愿者服务队合并于 2005 年 5 月组建成立，协会秉承“积极服务、快速进步”的理念，在服务企业发展、树立企业形象、培养青年员工等方面发挥了积极作用。结合市区两级区域化团建实际，主要组织开展了学雷锋社会公益服务、数字化共青团网站开发与维护、各类文化活动的组织策划、大型会务接待、对外工作交流、共青团工作宣传与青年文化阵地建设等志愿服务活动，创造了良好的社会和企业影响力。青年志愿者走进社区，尊老慰老、新生接待，为上海市、宝山区、中国五矿、中冶集团和宝冶的各类大型会议和活动提供志愿服务，截至 2018 年底，青年志愿者协会会员累计 500 余名，参与大小志愿活动近 200 场，先后获上海市十大杰出志愿服务集体和上海市新长征突击队称号。

### 四、青春宝冶微信团队

宝冶团委借助新媒体工具，充分扩大受众群体，提高团的工作吸引力，2015 年 5 月创建青年微信公众平台：mcc-shbyqn。主要包括：团青资讯、企业要闻、宝冶生活、精彩活动等宣传阵地。截至2018年底，青春宝冶平台累计发布信息近400余条，图片1 200余幅，广泛覆盖全体团员青年，以丰富的宣传攻势搭建了青年思想、资讯等方面的桥梁，有效传播宝冶青年之声。

### 五、青年摄影协会

2016年10月13日，依托宝冶摄影协会成立宝冶摄影协会青年分会，围绕“聚焦企业，热爱生活”的主题组织开展各类摄影活动，帮助青年员工提升摄影水平。

## 第四节　特色青年工作

自1978年入沪以来，宝冶共青团工作在不断发展完善中形成了14项特色青年工作品牌，主要包括：青年形势任务教育、青年职业生涯导航、青年素质拓展、一团一品品牌创建、工程项目团建、青年志愿者服务、青春宝冶新媒体平台、青年讲师团、团干部分级培训、青年立功竞赛、青年课题研究成果、青年创新创效、团组织青年共建、青年人文关怀。

### 一、青年形势任务教育

充分利用“三会一课”、政治学习日、座谈会、培训班、知识竞赛、知识答卷等形式开展形势任务教育，每年邀请公司领导、老同志、专家、教师等为青年员工讲授党史、宝冶发展史和当前形势，抓住“五四”“一二·九”等时机在团员青年中广泛开展重温入团誓词、学习团章知识等活动，将青年员工的成长成才与公司的发展融为一体。

截至2018年底，公司团委共组织各级团组织近千场次的主题交流活动，邀请数百名嘉宾、近万名团员青年参加形势任务教育活动。

### 二、青年职业生涯导航

公司团委通过“新员工见面会”“入职培训”“迎新晚会”“做新员工贴心人”等主题活动，帮助新入职员工快速适应新环境，了解企业基本概况、共青团职能及特色活动，融入企业文化。邀请领导干部、先进人物代表、团干部讲授自身发展心路历程，对新入职员工进行企业文化教育，帮助青年树立正确的世界观、人生观、价值观，树立与企业同发展的岗位成才观念，树立开始人生新征程的信心。

公司团委与人力资源部联合，安排新员工与优秀导师/优秀师傅结对，通过“导师带徒”机制促进师徒之间沟通交流，实现教学相长。

公司团委与人力资源部联合，每5年开展一次“十大杰出青年”评选，评选表彰在公司改革创新和现代化建设中涌现出的优秀青年杰出代表。所评选出的杰出青年均走上公司各级组织的科级以上领导干部，其中部分已走上二级公司决策者的位置。截至2018年底，已连续组织5届、评选出50名优秀青年。

公司团委与人力资源部每年联合开展“十佳新员工”评选，最终获评的新员工给予提高工资0.2系数的激励。截至2018年底，已组织14届，140名优秀新员工脱颖而出。

公司团委建立完善青年人才库,按照宝冶“感情留人、事业留人、待遇留人”的原则,实行“能者上、庸者下、平者让、劣者汰”的工作机制,充分发挥团组织的作用。一是各级团组织协助本级党组织做好推荐优秀团员入党工作,坚持28周岁以下青年入党必须经团组织推荐,严格推优程序,确保推优质量。二是积极推荐优秀青年作为后备干部队伍储备,为青年搭建锻炼和展示的平台。

## 三、青年素质拓展

公司团委发布《青年素质登高计划》,对参加工作3年以内的青年员工在“政治思想登高、专业技能登高和人文素养登高”三个方面进行素质登高。要求每位青年在活动中本着“求真务实、注重实效”的原则,脚踏实地分层次、分类别、多渠道、多形式、有计划、有步骤地细分每一步实施制定青年素质登高计划,注重可操作性,明确目标要求,进而实现青年在个人综合素质方面定位找差,通过个人规划和组织培养,在找差中实现个人综合素质的不断提升。

公司团委针对青年特点,每年联合上海市团校、杭州市团校,组织优秀团干部和优秀青年以通过“各个专题讲座、竞职演讲、即兴发言、情景模拟”等课程的培训进行理论拓展训练;每年组织优秀团干部和优秀青年采取“下基层、走出去、请进来”的培训方式,与基层企业、外部企业交流,全面提升优秀团干部和优秀青年的能力素质。

## 四、一团一品品牌创建

公司团委搭建基层团支部创新平台,注重“1个支部1个品牌”一团一品建设,做到“3个突出”,即:突出团支部自身建设、突出团支部工作特色、突出团支部服务功能。截至2018年底,共有225个基层团支部开展了“一团一品”创建活动,35个团总(支)部获评上海团市委、建交系统、宝山团区委、月浦镇团委及中国五矿、中冶集团等多个层面荣誉。

## 五、工程项目团建

公司团委把工程项目团建作为团建工作重点,坚持做到“一个覆盖”和“四有原则”,注重在“党建带团建”“创新型工程项目团建”“项目青年人文关怀”三个方面探索,以项目生产经营工作为中心,将项目团的建设纳入项目党的建设和项目工作目标责任制之中,以“青年素质工程”为总揽,针对不同工程、施工项目的特点,大力开展青年立功竞赛,把青年突击队、青年安全监督岗建在每一个工程项目上,积极促进工程项目青年安全工作。广泛深入开展青年创新创效活动,推进工程建设管理创新和技术创新。团组织协助项目部做好青年思想状况调研,及时向党政领导反映青年的情况和需要,围绕青年实际需求,帮助解决青年生产工作中的实际困难,关注他们在婚恋、住房、家庭、人际关系、心理疏导以及业余文化生活等方面的需求,开展形式多样、有益身心健康的文娱活动,给予项目青年员工更多的人文关怀。截至2018年底,先后有16个项目获评上海市优质青年工程。

## 六、青年志愿者服务

青年志愿者协会以“青春点亮上海宝冶文化,激情弘扬上海宝冶精神”为主题,承担公司各类文艺节目和大型会议、典礼等重大活动的礼仪服务。在服务企业的同时注重加大服务社会力度，开展了“关爱驻外员工子女”“关爱农民工子女”“3·5学雷锋社区便民活动”“为灾区捐款、捐物”等活动。截至2018年底，青年志愿者协会深入敬老院、孤儿院、一线项目现场30余次，关心关注关爱老人、孤儿及公司驻外员工子女、农民工子女近千人，发挥积极的作用。

## 七、青春宝冶新媒体平台

“青春宝冶”微信公众平台围绕公司改革发展大局、各级团组织的工作、青年工作设置“团青资讯”栏目，围绕青年讲师团活动、青年学习交流、青年实事工程设置“宝冶生活”栏目，围绕青年喜闻乐见的诗歌朗诵，开辟“朗读者”栏目，还有来自于媒体的聚焦、高层的声音、基层的呼唤，以及在节假日对青年的关心问候和祝福，充分体现了对青年的关心和关注。

## 八、青年讲师团

公司团委始终将“激发青年潜能、提升青年素质”作为学习型、创新型团组织工作目标，始终坚持“一人学习，多人受益”的方式，内部聘请40余名有专业特长的青年员工担任青年讲师。青年讲师团通过自身学习和外部拓展共完善了50多项工作课题，在公司内部各个层次公开授课，在广大团员青年中引起强烈反响。截至2018年底，青年讲师团共赴基层授课100余次，覆盖团员青年2 000余人。青年讲师团还与外部进行交流，参加了团中央宣传部、上海团市委宣传部、中国青年报、青年报等重要平台的学习交流活动。

## 九、团干部分级培训

公司团委以培养一支“政治立场坚定、时刻发挥表率，业务精、能力强”的团干部队伍为主要方向，持续开展团干部分级培训：一级培训面对公司团委委员、二级单位团组织书记层面；二级培训面对基层团干部层面；三级培训面对优秀团员青年代表层面。自2003年至2018年底，团委一级培训158人次、二级培训526人次、三级培训898人次。

## 十、青年立功竞赛

团委以推进公司改革发展为目标，以开展“号、手、岗、队”创评活动、开展青年评选评优活动、学习劳模精神及工匠精神为载体，广泛、深入开展青年建功行动，不断增强各级团组织的感召力、动员力、服务力和凝聚力。

从2003年至2018年底，公司团委共建立青年突击队228支，建立青年安全监督岗206个，查找安全隐患8 606个，表彰青年立功竞赛集体123个，先进个人128名。各级团组织共举办青年安全培训100余次，使广大团员青年受到专业系统的安全培训，开展了超过3 000次安全检查活动，有效预防了安全事故的发生。

## 十一、青年课题研究成果

为深入新形势下宝冶青年研究工作，提高各级团组织分析和解决现实问题的能力，公司团委开展《青年员工思想状况调研》《青年住房意愿调研》《青年婚恋情况调研》《单身青年状况调研》《青年兴趣爱好调研》《食堂用餐调研》等，摸清青年成长价值观念、职业诉求和生活状态等共性诉求，并作为本年度各基层团组织的重要考核内容。各级团组织结合工作实际，研究出了一系列卓有成效的青年工作成果，形成了《上海宝冶青年思想引导手册》等课题总数达 106 篇，《上海宝冶青年思想引导手册》并被列入上海团市委及中冶集团重点企业共青团课题。

## 十二、青年创新创效

公司团委聚焦青年创新创效，开展“五小”科技攻关、合理化建议、申请专利、QC 成果发布等活动。从 2003 年至 2018 年底，各级团组织通过各种形式进行管理提升、创新创效讨论 45 次，参加人员 600 余人，提出合理化建议 300 余条，各级团组织共设立了 30 余个青年创新工作室。

## 十三、团组织青年共建

公司团委为提升团建工作，创响团建品牌，组织动员各级团组织开展内外部团建工作交流，围绕青年工作、思想、学习、生活、兴趣爱好、亲子活动等方面开展各类交流。

公司团委及各级基层团组织与共建方签订共建协议，双方通过青年讲师团的沟通渠道，建立培训教育长效机制，互派优秀讲师进行培训教育交流，培训教育资源互通有无，优势互补，促进青年成长成才；加强志愿服务工作的交流与沟通，把服务社区和服务企业紧密联系起来，拓展志愿服务空间；建立联席会议制度，实现信息共享、项目联动，每年各种形式的互动交流不少于 2 次，以合作项目为载体，每年确定 1—2 项重点项目加以推进；通过联合举办羽毛球友谊赛、篮球友谊赛、乒乓球友谊赛、知识竞赛、征文比赛等文体活动，丰富青年业余文化生活。

## 十四、青年人文关怀

公司团委以营造“宝冶·家”暖心氛围为方向，不断创新工作方法，丰富青年活动载体，为青年搭建“四个平台”：婚恋交友平台、学习知识平台、成长成才平台、全面发展平台。

以“青年热线”为渠道，通过宝冶飞信群、微信群、青年微博、青年 QQ 群、青年邮箱、青年专线电话等为信息交流平台，了解青年的诉求和关注点，定期归纳、统计、总结，分析和公布青年诉求的解决情况。定期开展青年谈心活动、青年交流活动、青年座谈活动，及时了解青年的心声和意见。对困难青年的情况进行摸排，协调和整合资源，为困难青年送上组织温暖。建立和完善“青年书屋”“青年书架”，积极开展领导荐书、团组织送书、青年读书、集体评书活动，引导团员青年多读书、读好书。各级团组织要推荐和鼓励团员青年到基层去磨炼意志，丰富经历，增长才干。开展丰富多彩、健康有益的文体活动，满足青年兴趣爱好，经常性地举办喜闻乐见的文体活动，如英语角、演讲比赛、歌唱比赛、摄影比赛、舞蹈比赛，以及篮球、乒乓球、羽毛球活动等，陶冶青年情操，强健青年体魄，舒缓青年工作压力。

# 第十篇

## 企业文化

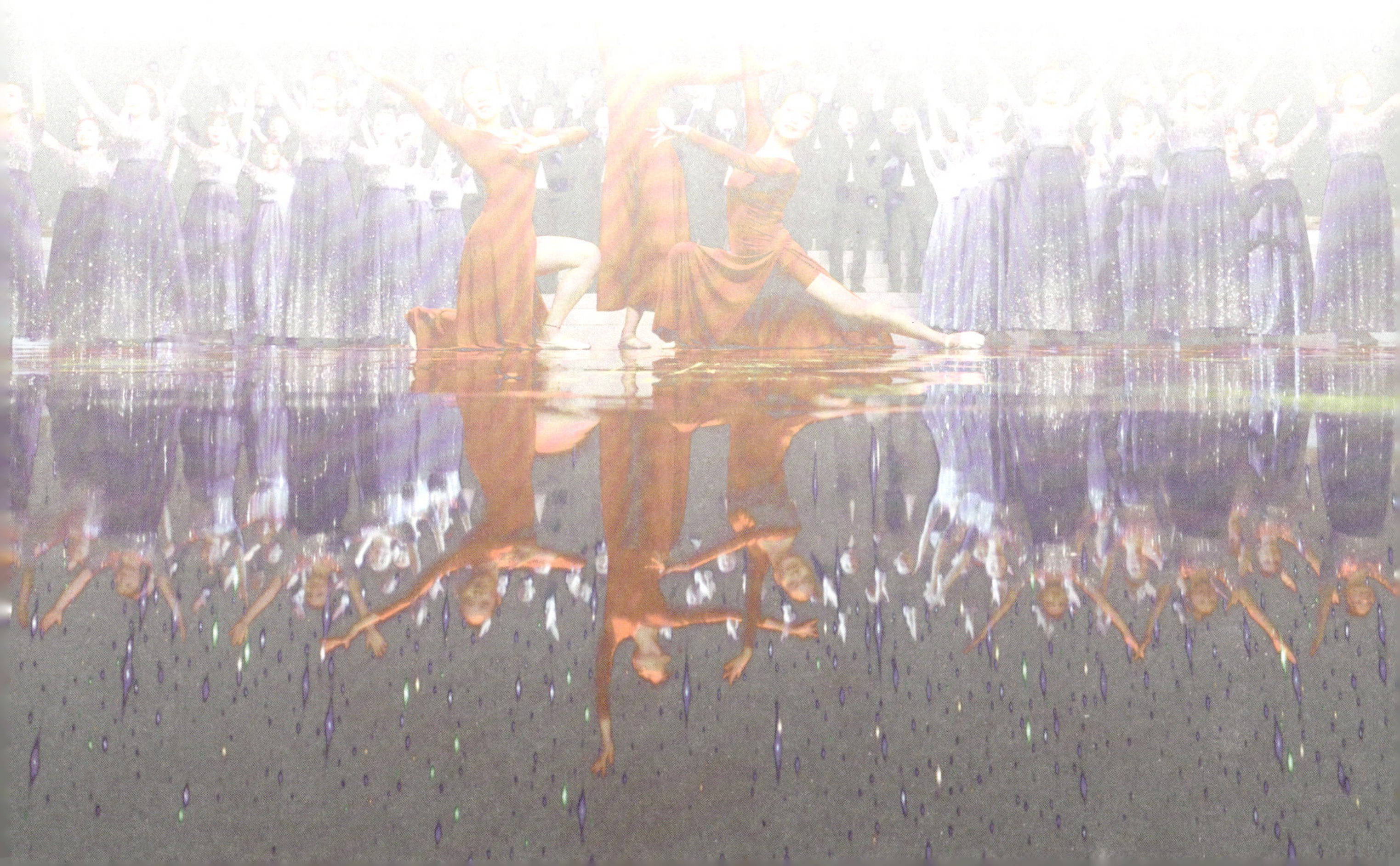

公司成立六十多年来，一代代宝冶人砥砺前行，从冶金到民建、从国内到国外，奉献了无数精品工程，谱写了中国建设者的最强音。公司企业文化培育、形成与成熟经历了漫长过程，主要的历史时期有四段，即形成于攀枝花钢铁基地建设阶段，发展于宝钢工程建设阶段，成熟于新世纪向广阔的建筑市场全面开拓阶段，完善于全面转型升级的跨越式高质量发展阶段。

形成于攀枝花钢铁基地建设阶段。艰苦创业是这个时期宝冶企业文化的重要特征。在大三线人烟稀少的荒蛮之地，在到处脱产搞运动的文化大革命背景下，1966 年公司职工进入攀枝花，专心致志在大山中建工程。尽管物质条件艰苦，“三块石头架口锅，帐篷搭在山窝窝”，但建设者精神在、斗志在。企业文化不仅表现在工作时争分夺秒、不计报酬、不讲条件、加班加点、出大力流大汗的无私奉献上，而且表现在业余时间陶冶情操，在露天球场、在露天舞台、在芦席棚搭的俱乐部开展了丰富多彩的群众文化活动。“露天文化”“工棚文化”成了公司这一时期以苦为乐、以奉献为荣的企业文化代名词，成了凝聚人心、激发斗志的重要活动方式。

发展于宝钢工程建设阶段。创新进取是这一时期公司企业文化的重要特征。来到上海后，宝钢工程建设规模大、新技术多、工期紧，不管是在工程技术上，还是人员的综合素质上，都对施工队伍提出了更高的要求。在宝钢工程建设中，宝冶承担的都是重要的主体工程项目，以高速、优质干工程载誉宝钢工地，形成了宝冶人特有的拼搏、进取、奉献、团结协作的主人翁精神，这些精神已经成为宝冶无法估价的无形资产。

成熟于新世纪向广阔的建筑市场全面开拓阶段。超越中创造卓越是这一时期公司企业文化的重要特征。进入新世纪后，宝冶从冶金建设市场向其他建筑市场进行大手笔的开拓，钢结构产业规模和影响力在全国位于前列，大型公共建筑市场的会展中心、体育场馆形成强势品牌。公司以创新为主线，突出价值理念形成，抓文化的落地生根，使文化全面融入企业经营管理。先后获全国企业文化十佳单位、全国企业文化建设优秀案例、全国企业文化理论贡献奖、全国企业文化特殊贡献奖、全国质量品牌文化奖等多项荣誉。

完善于全面转型升级的跨越式高质量发展阶段。合创之道是新时代公司企业文化的核心内涵。在历久弥新的文化传承下，宝冶人同心同德、砥砺奋进，构建了全产业链竞争优势，持续领跑中冶施工企业第一梯队，奏响高质量发展的新乐章。“建精品工程，铸长青基业”的光荣使命；“成为综合实力最强、品牌形象最佳、发展质量最优、幸福指数最高的建筑企业集团”的美好愿景；“诚信笃行 创新 共赢”的核心价值观和“超越自我，敢为人先”的企业精神，成为宝冶人共同拥有的内心态度、思想境界和理想追求。公司获评上海企业创新文化品牌榜“20 佳创新品牌”，文化软实力助推企业持续稳健高质量发展。

# 第一章　企业文化建设

## 第一节　机 构 沿 革

1994 年 1 月 31 日，宝冶成立企业文化部。企业文化部与经理办公室、档案处、企业管理办公室合署办公。3 月 18 日，宝冶成立企业文化建设委员会。

1998 年 5 月 25 日，宝冶将经理办公室主管的音像、新闻、报社划归宣传部。

2000 年 7 月 27 日，将宣传部（报社）划归党务工作部。

2004 年 5 月 9 日，党务部增加企业文化建设职能。

2007 年 3 月 3 日，企业文化部从党务部分离独立设置，负责公司企业文化和宣传工作。主要职责：企业文化梳理、提炼、定位、提升、传播和落实；企业文化建设规划；企业价值理念推行；企业形象建设、诚信建设；企业品牌综合策划、组织推进与实施；企业标识管理及 CI 建设推进；企业信用、信誉维护；企业对外新闻媒体的沟通联系，品牌、形象宣传；企业报纸编辑、发行；企业新闻网站信息发布及对中冶集团网上新闻上传等。

2016 年 3 月 24 日，企业文化部更名为企业文化部/宣传部。

2018 年 3 月 27 日，企业文化部/宣传部不再单独设置，与党群工作部合署办公。

## 第二节　视觉识别系统

宝冶自 2001 年导入企业视觉识别系统，先后于 2003 年、2007 年和 2010 年三次进行修订。

2001 年 4 月 23 日，公司下发《上海宝钢冶金建设公司标识规范》通知，启用第一版企业徽标(logo)。Logo 图案由三个汉字拼音字母组成，中间“s”系“上海”汉语拼音第一个字母，意为上海；左边“b”系“宝”字第一个字母；右边“y”系“冶”字第一个字母。“sby”三个字母组合起来即代表“上海宝冶”。三个字母巧妙构思出四个圆面，象征宝冶四元产业结构，“四圆”紧紧相扣，寓意产业结构中的“四元”相辅相成，构成一个完整的经济实体。中心部分由圆圆相扣构成围绕花蕊（即一个中心）的四个花瓣，象征着宝冶党、政、工、团在上级领导下，团结一致、同舟共济，围绕振兴宝冶这个中心，共建两个文明。图案将字母“b、y”构成一对顺时针箭头，使四个圆又构成一个涡轮，寓意宝冶顺着社会主义商品经济的历史潮流滚滚向前，不断发展壮大。

2003 年 8 月 23 日，公司下发《上海宝冶建设有限公司视觉识别系统规范手册》通知，对第一版企业徽标进行改版。徽标图案由“S、B、C”三个英文字母组成。标志整体造型是由字母“S”的变形，“S”代表上海；蓝色图形是字母“B”的变形，代表宝冶建设，象征宝冶建设是建筑业的一面旗帜，迎风招展，引导宝冶人勇往直前；红色图形是字母“C”的变形，代表建设，同时象征宝冶建设“诚信经营、铸造精品、业主满意、发展自我”的质量方针；标志整体造型犹如一面太阳下招展的旗帜，热情奔放、生机勃勃，又如长上翅膀的红日，气势磅礴，势不可挡。标志劲健的生机和强烈的视觉冲击力，体现敏锐和含蓄的时代气息，象征着企业成熟稳定，果敢审慎的风格和企业集高科技施工生产于一体，体现出完整圆满的形象。

2004年2月12日,中冶集团下发关于推进《中国冶金建设集团公司视觉识别系统》实施的指导意见,要求中冶子公司的视觉识别系统统一规范,以中冶集团徽标MCC作为基本标示。

2007年9月,公司发布新版《上海宝冶建设有限公司视觉识别系统》。

2010年发布修订版《上海宝冶集团有限公司视觉识别系统》。视觉识别手册分为基础部分、应用部分、再生部分三部分,以图解形式规定了宝冶企业标示元素、标准色及辅助色、标示组合规范、办公用品、标示、公关礼仪及施工工地视觉规范等各类标示应用规范,分门别类,内容丰富。

图10-1-1　上海宝钢冶金建设公司企业徽标

图10-1-2　上海宝冶建设有限公司企业徽标

图10-1-3　上海宝冶集团有限公司企业徽标

## 第三节　企业精神

企业精神是宝冶发展的灵魂。宝冶的企业精神是在长期施工经营实践中形成的,是员工群体认同追求的价值导向;是企业与员工积极进取、健康向上的强大动力;是全体员工对企业的信任感、责任感和荣誉感的集中表现。

20世纪50年代至70年代,职工们肩负振兴新中国钢铁事业的使命,先后完成马鞍山轮箍厂、攀钢、武钢"一米七"热轧等工程建设,被喻为"四海为家的野战军""不穿军装的解放军",在建设过程中形成"艰苦创业"的精神。

1978年进沪后,在宝钢工程建设时期形成宝冶人的五种精神,即"敢打硬仗,战则必胜的拼搏精神;藐视困难,勇克难关的进取精神;以业主利益为重,以尽社会责任为荣的奉献精神;牺牲小我,顾全大局的团结协作精神;尽职尽责,干好本职工作的主人翁精神"。

随着公司进一步走向市场,由主要承担宝钢建设任务辐射到公用、电力、水利、化工等更广阔的市场,由计划经济向市场经济转型,公司对企业精神作了进一步提炼,即"团结、奉献、求实、创新"的企业精神。团结:要求全体员工同心同德,发挥整体优势。奉献:要求全体员工尽心尽职为宝冶的生存发展作贡献。求实:要求全体员工从市场出发、从企业出发、从个人实际出发,脚踏实地工作,通过诚实劳动致富。创新:要求全体员工有创新向上的精神,勇于开拓进取,使创新成为宝冶永葆生机和活力的源泉。

2003年企业分立改制后,公司又赋予企业精神以时代的内涵,形成"超越自我,创造卓越,诚实守信,忠诚敬业"的企业精神。超越自我,创造卓越,其含义是:观念上不断超越,能力上不断进步,业绩上不断突破,在同行业始终保持领先,在新的领域不断拓展企业品牌,在新的市场面前勇立潮头,成为卓越的赢家。诚实守信,其含义是:以诚为本,以信为先,遵守商誉,严守合同,注重品牌。忠诚敬业,其含义是:企业员工要勤勤恳恳,兢兢业业,做好本职工作,为企业、为社会作贡献,尽责任。

2008年,为使宝冶悠久的、传统的企业文化与时代精神、与公司发展相匹配,宝冶发布《企业文化手册》。以"创新提升、做强做大、持续发展、长富久安"为发展总战略;以行业引领者的姿态继续保持冶建行业排头,积极开拓非冶金市场和海外市场,成为国内一流、国际知名、集团内部领先的国际公司为发展总目标;以实现"五个率先"为发展愿景,即:率先成为具备适应市场的先进的创新管理体系、持续创新能力、行业上具有技术领先优势的创新型施工企业;率先成为具有总承包能力、技术密集、管理先进的管理密集的先进企业;率先成为进入行业高端、延伸产业价值链、具有核心竞争力的企业;率先成为人才国际化、市场国际化、资本国际化,能够管理国际化项目的国际化企业;率先成为同心同德谋发展,昂扬奋进促提升,长富久安创和谐的企业;形成"敬业、忠诚、团结、进取"的企业精神。敬业:是为事业献身的精神,是企业长久以来艰苦创业、卓越追求精神的传承;追求更高的工作目标,勇于承担更重要的工作责任;掌握更优秀的工作技能、培养精益求精的工作作风。忠诚:企业对国家忠诚,员工对职业忠诚,对事业忠诚,对企业忠诚。坚贞、刚毅、尽职、尽责。团结:顾全大局,协调协作,营造企业和谐健康工作环境,为股东创造价值,为社会创造价值。进取:永不满足,与时俱进,永恒创新,一往无前,永不停步。

2016年,公司汲取60余年的发展智慧,汇聚几代宝冶人的精神财富,紧扣时代发展脉搏,积极转型发展,形成宝冶人自己的"合创之道":合——合心,合行;创——开创,创新;道——法则,路径。凝练出"建精品工程,铸长青基业"的企业使命;"成为综合实力最强、品牌形象最佳、发展质量最优、幸福指数最高的建筑企业集团"的企业愿景;"诚信、笃行、创新、共赢"的企业核心价值观;"超越自我,敢为人先"的企业精神。

## 第四节 宣传媒介

在宝冶发展历程中,宣传工作对企业内聚人心、外树形象、塑造企业品牌起到极其重要的作用。媒体是思想文化传播的主要渠道,企业精神、企业形象都需要向企业内、外部展示,让公众认可企业,以塑造具有知名度、美誉度于一体的企业形象,形成企业员工的向心力。同时,企业的品牌、标志、标识、社会贡献也要通过内外部媒体进行传播,使公众了解企业,产生亲切感、信任感,从而树立企业的市场品牌。

### 一、报纸

《上海宝冶》报作为企业报于1988年2月15日创刊。1989年2月24日,经上海市新闻出版署报刊管理处批准,获得上海市内部报纸准印证刊号。在宝冶健康、持续发展中,《上海宝冶》报作为企业的主要新闻媒体之一,真实记录和见证了宝冶的发展历程,对企业内聚人心、外树形象起到极其重要的作用。

《上海宝冶》报除了对公司重要活动和工程建设、先进典型进行报道外,还包括理论宣传、研讨文章和员工创作的文艺作品,企业的精神文化、制度文化、管理文化、行为文化都在报纸中得到体现。宣传的众多新闻人物和先进典型在宝冶、上海市乃至全国都产生积极影响。《上海宝冶》报成为员工人人感知、人人认同、社会知名的企业重要宣传阵地、文化阵地。《上海宝冶》报从诞生起,不仅是宝冶企业文化建设的有效载体,影响员工思想和行为的重要舆论阵地,而且成为企业凝聚人心、传播正能量、塑造企业品牌的重要载体。《上海宝冶》报在30余年的发展中,相继获得全国建筑企业报评比第一名、中国施工企业优秀报刊和上海市企业报优秀报刊等权威奖项,所刊文章近百篇在全国和上海市企业报年度好新闻评比及各类征文活动中获奖。

**【机构沿革】**

《上海宝冶》报的前身是《宝冶工人》报,由宝冶工会主办。创刊于1988年2月15日,4开2版,半月刊,试刊8期后,正式改为4开4版并定为周报。

1989年2月24日,第51期起,经上海市新闻出版署报刊管理处批准,取得上海市内部报纸准印证刊号,准印证(沪报)字第038号。

1989年12月1日,第89期起,报纸名称变更为《宝冶工人报》。

1992年2月20日,第201期起,报纸名称由《宝冶工人报》变更为《宝冶报》。

1994年3月17日,第316期起,《宝冶报》由公司工会主办改为行政主办。在原来4开4版的基础上,每半个月增加2个版(即周末版),发行量由原来的3 000份扩大到7 700份。

1998年1月1日,第530期起,根据中国新闻出版署和上海市新闻出版局报刊处关于对内部报纸的管理要求,报纸名称由《宝冶报》更名为《上海宝冶》报。

2006年11月24日,第897期起,报纸名称由《上海宝冶》更名为《宝冶建设》。

2010年3月12日,公司名称由上海宝冶建设有限公司更名为上海宝冶集团有限公司,第1048期起,报纸名称由《宝冶建设》更名为《宝冶集团》。

2010年4月9日,第1052期起,报纸名称由《宝冶集团》更名为《上海宝冶》。

2015年1月1日,第1245期起,《上海宝冶》报由周刊改为半月刊。

2015年6月5日,第1255期起,《上海宝冶》报印刷采用全彩色印刷。

截至2018年12月31日,《上海宝冶》报累计出刊1 311期。

**【历任总编、副总编、编辑人员(按时间先后排序)】**

主　　编:谢洪林　谢国林　刘安义　何玉标　郑建果　高　隽　陈　爽　张　典　裴志清

责任编辑:董如平　张可平　李敬东　黄　英　朱长根　王树纯　苗恩坛　李音和　李永莉

许　珂　于文博　潘柏佺　文　睿　李　丹　解江涛　程建强

## 二、网站

**【公司内部办公平台(OA信息平台 http://10.0.0.200)】**

2001年,公司建立企业信息系统,主要由内部信息平台、业务系统和外部网站三部分构成,并建立骨干千兆、光纤传输的企业局域网,实现宝冶各单位信息交流互联互通。

公司早在20世纪80年代就开始了信息化探索,并始终把信息化作为一项战略性、持续性的管理工程来考虑,自上而下推动。从最高管理层起制定总体规划,确定蓝图,从管理需求的角度,对管理体系、技术体系、人员素质、业务合作体系及未来发展目标进行总体分析和评估,并有针对性地初步确定"信息化"的目标,设计整体信息系统方案和拟定阶段实施计划,同时建立持续"信息化"的内部支持体系。公司按照总体规划、分步实施、突出实用、先易后难、逐步优化、狠抓效果的原则,全面推行企业的管理信息系统建设。随着宝冶发展规模日益扩大,面对瞬息万变的市场环境和项目分布点多面广的现状,为做到企业规模、效益最大化,决策层决定打破传统管理模式,向管理要效益,与泛微携手共建协同办公平台(OA)。

协同办公平台(OA)覆盖公司总部所有职能部门,33 家总部直管项目部,下属 16 家分(子)公司。协同办公平台(OA)主要功能包含三个方面:工作流程审批、文档管理和门户管理。正式上线时,OA 系统主目录 340 个,分目录 1 117 个,子目录 2 973 个,工作流程 400 个,运行状况良好。系统上线后解决了宝冶之前每家公司独立平台、各自维护,流程无法上报流转的问题。宝冶总部统一维护服务器,将所有分(子)公司集中在一个信息平台上。

*发展历程*

2001 年,搭建宝冶内部信息平台(Lotus Notes 架构),实现企业公文电子化发布、浏览。

2003 年,内部信息平台升级改造,实现公文、通知、新闻等内容电子化发布。

2010 年 5 月,全面对内部信息平台改版,引进、实施协同办公平台(OA),并于当年 9 月正式上线运行,实现工作流程审批电子化。

2015 年 1 月,协同办公平台(OA)进行升级,从 5.0 版升级到 7.0 版,对工作流程审批、文档管理和门户管理进行全面功能完善与升级,新增主从账号功能。

2018 年 6 月,协同办公平台(OA)再次进行升级,从 7.0 版升级到 8.0 版,对工作流程审批、文档管理和门户管理功能完善与升级的同时,新增多维度企业管理门户、系统报表、即时信息(E-message)沟通等功能。

**【公司门户网站中文版(宝冶官网 http://www.sbc-mcc.com)】**

2001 年 12 月,公司第一个官网(网址:http://www.sbmcc.com.cn)正式发布启用。主要目的是宣传公司企业文化、展现公司实力、加强与客户之间的沟通与交流。网站设置信息栏目主要有公司概况、企业新闻、业绩荣誉、业务能力、企业文化、人才招聘、客户服务等。

2001—2015 年,因公司更名、改制、领导变更以及管理需要,分别于 2003 年、2007 年、2009 年、2015 年进行改版升级。网站建设采用 HTML5 自适应方式,做到一次开发,多平台、跨平台使用。

## 三、印刷品、出版物

《信息总汇》由分指挥部经理办公室主办,1986 年 6 月 1 日正式创刊。主要任务:及时、迅速、准确、全面反映企业的新情况、新问题、新动态、新经验。宗旨:内容求实、事实求准、容量求博、文字求精、传递求速、反馈求快。1988 年 4 月 22 日改名为《宝冶信息》。

《调研与参考》由宝冶党委办公室主办,1986 年 10 月正式创刊。办刊宗旨:为贯彻党的路线方针政策服务,为企业中心工作服务。办刊方针:务实、民主、探索、超前、监督、服务。作为党委喉舌,《调研与参考》把政治思想作为征稿、选稿、编稿的首要标准,突出政治性和思想性,多角度多形式反映宝冶各项工作及物质文化生活的各个方面。

《宝冶工作》由宝冶经理办公室主办,1988 年 4 月 1 日正式创刊。主要任务:传达上级指示精神,发布宝冶政令,部署工作,跟踪反馈执行情况,反映宝冶的重大事件,展示双文明建设成果,交流典型,沟通信息,披露问题,鞭挞惰性,针砭时弊,上情下达,下情上达,强化调度指挥,促进政令畅通。根据实际情况每月出 1—2 期,每期 2 万字左右。栏目有:工作安排、文件摘登、典型经验交流、报刊文摘、来信建议、表扬与批评等。

1993 年 2 月，宝冶将原有的《调研与参考》和《宝冶工作》合刊，定名为《工作与研究》，由《工作与研究》编委会主办。在服务企业生产经营中心，加强企业党的建设，促进企业精神文明建设等方面发挥舆论导向作用。第 1 期于 1993 年 3 月 29 日由宝冶印刷厂出版。

1998 年以后，宝冶加大对外宣传力度，先后印制《上海宝钢冶金建设公司—资质文件》《上海宝冶建设有限公司广告册》《上海宝冶建设有限公司—宝冶钢构》《上海宝冶集团有限公司—公共及民用建筑》《上海宝冶专项技术系列》《上海宝冶建设企业文化手册》《上海宝冶集团有限公司—资质信誉》《合创之道—上海宝冶集团有限公司企业文化手册》，并多次进行改版更新。

2018 年 12 月，为致敬改革开放 40 周年，宝冶党委宣传部编著《激荡一甲子　奋进四十载》一书，由上海人民出版社出版。

## 四、微信公众号

公司微信公众号(宝冶官微 shanghaibaoye)

2015 年 9 月 16 日，宝冶官方微信账号——“上海宝冶(shanghaibaoye)”正式上线。这是宝冶重要的企业文化及新闻发布平台和传播企业品牌形象、扩大企业社会影响力的重要窗口。该公众号紧密结合企业发展特点，发挥新媒体的传播优势，综合运用新闻、图片、专题、视频、H5 等形式，及时发布企业相关重要资讯和专题，为员工和用户提供便捷的资讯和学习平台。开通的留言评论功能，更激发了用户的关注和参与热情，营造了健康、良好的传播氛围。

图 10－1－4　宝冶微信公众号

公众号设有“宝冶风采”“宝冶传媒”“宝冶网校”三个一级子菜单，下设“宝冶简介”“宝冶荣誉”“工程巡礼”“上海宝冶报”“宝冶官网”“微信矩阵”“E-leaning 平台”等二级子栏目。不仅可以让订阅者便捷地掌握企业重要资讯、进行网上学习，而且能更全面地了解企业的基本情况，从而多角度、全方位展示公司整体综合实力。

公众号在反映企业重要事件的同时，严格审核程序，注重制作品质，形成了自有特色和鲜明的风格，一大批有温度、有特色的专题受到广泛关注，在企业品牌推广中起到积极作用。

2018 年 5 月 28 日，公司党委下发《上海宝冶集团有限公司微信公众号管理办法》，进一步规范微信公众号信息编审发布和舆情处理、管理考核流程，确保微信公众平台健康、安全、高效、稳定运行，打造企业良好品牌文化形象。

截至 2018 年 12 月，公众号总用户数达 18 000 多人，最高点击量超过 2 万，社会关注度不断增强。

# 第五节　品牌文化建设

品牌文化是企业综合实力的重要标志，是企业管理的高层次追求，是企业发展的重要资源。宝冶的品牌含有企业的市场文化、竞争文化和管理文化的特征，凝结了企业的理念、情感，是企业精神文化、行为文化等多方面文化的体现，形成企业品牌是宝冶企业文化的根本追求和最终目标。

宝冶的历史就是不断打造企业品牌的历史，其品牌文化源于攀枝花钢铁基地建设，发展于武钢“一米七”热轧工程建设，成熟于宝钢工程建设，完善于 21 世纪以来向更广阔非冶金市场的开拓。

宝冶很早就有意识地开展了树企业品牌的工作，包括企业品牌标识工作、现场工程形象工作、产品标志工作。1998 年，宝冶拉开从冶金向民建转型的序幕，此后积极参与各类关系国计民生的基础设施和公共设施等重点工程建设，在大型公建、超高层建筑、市政基础设施、主题公园、工业厂房等领域不断超越自我，持续创造卓越，站在战略高度全力打造品牌文化。在品牌文化的战略实施过程中，宝冶企业品牌已成为一种与产品、技术、市场同样重要的战略资源和影响生产力的一个重要因素，成为企业财富，转化为企业宝贵的无形资产，并成为企业资本增值的重要基础之一。宝冶企业品牌实际上已涵盖企业经营管理的方方面面，它是企业专有技术、专用标识、市场业绩、管理模式、经营信誉等方面的集中体现。当宝冶的企业品牌被社会所承认后，成为企业生产力的重要组成部分，使宝冶在市场竞争中发挥积极作用。企业的强势“品牌”文化，有力地推动了宝冶的“品牌”化发展。

宝冶先后制作了企业品牌的专题片，编辑《企业品牌之最》《企业技术系列》《企业工程品牌》《大美宝冶》等专题资料，建造了企业品牌展示厅，对企业品牌进行归纳、整理和升华，对员工进行品牌知识、理念、行为方式的意识传播，并通过宣传、教育、管理，深化和强化员工品牌意识。通过多种方式对企业品牌进行内外部交流和展示，推进企业品牌工作的开展。

宝冶企业文化建设在公司领导高度重视、党政工团齐抓共管、广大员工积极参与下，取得了突出成绩。2004 年 12 月 9 日，在被全国各大媒体称为检阅中国企业文化事业十年成就和新中国成立以来规模最大的一次企业文化盛会——中国建筑行业和建筑企业报刊评比经验交流会上，宝冶作为 1994—2004 年“中国企业文化建设十佳单位”，应邀作《打造强势媒体，塑造企业品牌》的经验介绍。此外还先后获得改革开放三十年企业文化优秀单位、全国企业文化五十强单位等多项荣誉。

2018 年底，宝冶获首批“上海品牌”认证，达到“国内领先，国际一流”水准，彰显公司行业领先的品牌效应。宝冶已走过 60 多年的发展历程，特有的历史，特有的传统，特有的辉煌，已形成宝冶人的光荣感、使命感、归属感、凝聚力。从建设攀枝花钢厂“三个石头支口锅、帐篷搭在山窝窝”的艰苦创业文化，到建设宝钢学习新技术、建设世界一流钢厂不断创新文化，从 21 世纪转型发展全面进入更广阔市场，在公建市场“超越自我，创造卓越”的“超越、卓越”文化，到资源整合协同、企业取得跨越式发展的“合创之道”文化，这些经久不衰、弥足珍贵的精神财富，是宝冶长盛不衰的灵魂所在，是凝聚人心、激发斗志的精神力量，使宝冶能够持续不断保持良好稳健的发展势头。

# 第二章　企业文化成果

## 第一节　企业文化活动

### 一、组织建制

1985 年 2 月 25 日，上海十九冶业余文艺演出队成立。指导员：韩震江，队长：李耀东。8 月 16 日，十九冶（上海分公司）体育协会成立，这是宝钢工地第一家体育协会。

1987 年 8 月 10 日，宝冶艺术团成立，李耀东担任团长，艺术团拥有一批具有专业水准的器乐演奏、音乐歌舞演员。

1988 年 7 月 2 日，上海大众文学学会成立，茹志鹃当选会长，宝冶职工杨长恒、李耀东当选理事。9 月 17 日，宝冶集邮协会成立，苏莱任会长。上海市总工会宣传部部长严亭、市邮票公司总经理朱翔祥、《上海集邮》主编乐锦祥前来致贺。10 月 4 日，宝冶围棋协会成立，肖育湘任会长。

1992 年 4 月 2 日，《上海滩》杂志社通联站在宝冶电装公司成立。11 月 26 日，宝钢地区第一家基层企业文化组织——宝冶机动公司企业文化建设委员会成立。

1994 年 3 月 18 日，宝冶召开上海宝钢冶金建设公司企业文化建设委员会成立大会。中国企业管理协会会长袁宝华、宝钢工程国务院代表李东治、全国建筑业协会会长廉仲、宝钢集团董事长黎明，分别题词表示祝贺。

1995 年 1 月，宝冶干部（处局级）乐团成立。

1997 年 10 月 9 日，由工会资助的宝冶“夕阳红”艺术团正式成立并进行首场演出。

2005 年 10 月，宝冶青年志愿者协会成立。

### 二、主要活动

1983 年 7 月 6 日，分公司足球队在上海市“陈毅杯”足球比赛吴淞赛区乙组的比赛中获该赛区第三名，取得参加上海市复、决赛的资格。

1984 年 9 月 29 日晚，宝钢工程指挥部和分公司联合举办歌舞晚会，热烈庆祝新中国成立 35 周年。

1985 年 9 月 10 日，分公司举办“85 • 9”大型美展。

1986 年 6 月，为庆贺宝冶落户上海，在五公司大工棚举行首届宝冶职工班组演唱会。11 月，科技处拍摄的渡口夜景《山城月光曲》入选上海第一届国际摄影艺术展览。12 月 2 日，宝钢长江引水工程纪念碑正式落成。纪念碑正面刻有国家主席李先念“宝钢长江引水工程落成纪念”题字，背面的碑文由宝钢总厂指挥部引水工程办公室撰写，记载了所有参加此项工程建设者的功绩，书法家任政先生书写的《宝钢引水工程纪念碑》碑文墨迹由宝冶职工陈新民篆刻，一共 641 个字。

1987年7月，宝冶党委宣传部编辑摄制的第一部"宝冶新闻"电视系列片（1987年第一号）放映。12月2日，上海青年话剧团来宝冶演出。由著名剧作家耿可贵编剧、袁国英执导，陈少泽、徐幸、沈光炜等主演的话剧《相逢不是在梦中》连演11场。12月22日，宝冶工会为职工郭达（后为上海书法家协会会员）、张弟德（上海黄浦画院画师）举办个人书画展。12月30日，国务院代表李东冶（原冶金部部长）、冶金部部长戚元靖参观书画展，戚元靖欣然题词："长城内外筑高楼，大江南北度春秋"。后来，宝冶工会又为郭达在攀枝花和杭州举办个人书画展。12月下旬，宝冶与全国第一家经济台上海电视二台联合举办迎新年联谊会。

1988年4月15日，著名作家田永昌新作《名人进行曲》发行仪式在宝冶举行。著名电影表演艺术家程之、曹铎，著名作曲家吕其明、著名剧作家沙叶新、著名书画篆刻家韩天衡、著名戏剧家陈西汀莅临宝冶。韩天衡老师为宝冶题词："千里之行，始于足下"。5月4日，上海电影乐团来宝冶演出专场电影音乐会，著名音乐家徐景新、著名指挥家陈传熙、王永吉，著名电影表演艺术家向梅、歌唱家王虹、罗魏、苏冬兰纷纷登台献艺。6月，在宝冶职工文艺协会成立四周年年会上，著名女作家、上海作家协会副主席茹志鹃，著名儿童作家陈伯吹，著名作家、《解放日报》总编辑丁锡满，著名舞蹈家辛丽丽，著名京剧演员陈朝红，著名散文家田永昌、秦绿枝等22人前来致贺并应邀担任宝冶文协顾问。10月4日，宝冶党委召开"企业文化"研讨会，从企业文化的内涵和外延、宝冶文化的现状和特点、如何建设企业文化三个方面进行探讨。同日，举办"宝冶杯"围棋邀请赛，宝冶代表队获第一名，国家专业四段棋手马亚兰应邀进行指导和对弈表演。10月13日，由宝冶与上海企业家艺术家联谊会共同组织的"末代皇帝下江南"联谊活动在宝冶举行。陈道明、蔡远航、张萌、梁月军、郑天玮，编剧王树元、导演张建民，著名表演艺术家吴雪、杨华生等连同媒体记者几十人参观了宝冶施工的宝钢工程，并与宝冶职工开展联欢。10月26日，宝冶与上海京剧院、上海文化发展基金会在宝冶联合举办《觅知音京剧晚会》，著名花旦陈朝红领衔主演《拾玉镯》《柜中缘》《宇宙锋》《铁弓缘》《霸王别姬》等十二出折子戏，连演三天，天天满座。上海人民广播电台著名节目主持人魏星前来采访报道。11月1日，宝冶文协举办的《宝冶进沪十周年美术书法摄影展》开幕。11月16日，《宝冶杯》大众文学奖新闻发布会在上海作协礼堂举行，《解放日报》《文汇报》《新民晚报》、上海电视台等媒体进行采访报道。12月，《宝冶工人》报作为首批会员加入刚成立的全国企业报新闻工作者联谊会。

1989年4月25日，宝冶艺术团在上海人民公园为国际舞美艺术博览会演出两场。5月5日，参加上海"音舞之夏"音乐会演出。5月18日，为宝山月浦地区解放40周年纪念大会演出。5月20日，宝冶轻音乐队获得上海市第二届职工文艺会演器乐比赛第二名。7月5—6日，上海舞剧院一团在宝冶演出两场精彩的歌舞节目，慰问宝冶员工。8月2日，由著名作家吴强（《红日》作者）发起成立的上海小说家联谊会在宝冶举行成立大会。宝冶董贵昌、李耀东被吸纳为会员。8月15日，钱小勇获得上海露美杯声乐决赛第一名。8月16日，上海舞剧院一团为庆祝宝冶胜利建成宝钢2050热轧厂，在宝钢体育馆慰问演出。著名电影表演艺术家秦怡和著名节目主持人、相声演员叶惠贤担任晚会主持。8月18日，上海巨星影业公司《最后的贵族》在宝冶举行首映活动仪式。著名导演谢晋、著名电影表演艺术家陈述、曹铎、于飞、于振环、潘虹光临。陈述老师在联谊厅挥毫写下："南征北战建高楼，长江两岸度春秋"。8月23日，《劳动报》刊登宝冶专版，通栏标题《为上海振兴拼搏的宝冶人》。9月14日，在全国十大钢厂优秀歌手大赛美声组决赛中，钱小勇获二等奖、孙建华获三等奖。9月16日，由宝冶幼儿园教师组成的健美队获上海"达尔美"杯健美操比赛第三名。9月26日，宝冶200人合唱团获宝钢"我爱祖国"大型歌会优秀奖。9月28日，打击乐《搏》在上海文化艺术节音乐舞蹈组决赛中获最高奖——优秀成果大奖。10月,打击乐《搏》先后在上海建委国庆文艺晚会、上海音乐厅、大世界娱乐中心、云峰剧场、嘉定上海首届农民电影节开幕式等演出。11月,宝冶艺术团与宝山文化馆合演的打击乐《搏》,以其深刻的内涵和创新的演奏手法,获上海文化艺术节优秀成果大奖。这是宝冶群众文化工作迄今获得的最高奖赏和荣誉。11月10日,全国首届28城市群众文化工作会议的百余名代表到宝冶参观,艺术团表演了精彩节目。上海群众文化学会向宝冶赠送"寓教于乐"书法镜匾。12月28日,李耀东被中华全国总工会评为全国优秀职工文化工作者。

1990年1月1日,上海市茉莉花艺术团赴宝钢二号高炉工地,为节日加班的宝冶职工慰问演出。4月17日,国务院总理李鹏出席宝钢庆祝热轧、冷轧、连铸三大工程建成投产大会,宝冶艺术团参加庆典大会演出。6月15日,上海市职工首届安全生产文艺调演(决赛)在宝冶影剧院举行,宝冶电装公司大合唱获第一名。6月25日,李先念同志的夫人林佳楣光临宝冶,视察上海市先进集体宝冶中心幼儿园,观看了孩子们的天真、精彩的演出。9月4日,由宝冶发起并承办的首届全国冶金施工企业优秀歌手大赛在宝冶联谊厅隆重举行。同日,由宝冶、十七冶、一冶联合举办的《三山杯》美术书法摄影展及宝冶群众文化活动图片展开幕。10月16日,冶金建设者的壮丽画卷——大型话剧《本世纪最后的梦想》开始公演。该剧饱含激情,以宝冶人的光荣足迹为原型,讴歌和描写了建设者献身于祖国钢铁工业的奉献、创业精神,再现了武钢、攀钢和宝钢建设中的宏伟画面。次月5日,上海青年话剧团在宝冶连演7场《本世纪最后的梦想》。11月,宝冶党委宣传部编辑出版报告文学·通讯集《攀登颂》。

1991年2月6日,《宝冶工人报》成为建筑系统行业报联谊会会员。3月,由宝冶倡导和承办的首届全国冶金施工企业女工工作研讨会在宝冶召开。会议交流期间播放了展示宝冶女工风采的电视片《花儿为什么这样红》(获得上海市女工专题片二等奖),并进行文艺联欢。8月13至17日,宝冶工会与攀枝花文联、宝钢文联等单位联合主办《郭达书法展览》。10月30日,上海市第三届职工文艺博览会"快乐班组"娱乐大赛在宝冶举行。

1992年1月27日,由宝冶工人作家王树纯撰写剧本并编剧的反映冶金战线英雄群体形象的电视剧《马万水和他的战友们》在中央电视台播出。1月30日,宝冶机动公司合唱队参加上海市广播音乐会演出。2月18日,宝冶锣鼓队(三公司)参加江南老镇——罗店首届元宵民间艺术节街头表演。5月6日,宝钢电视台在宝钢招待所召开首次电视新闻研讨会,宝冶13条新闻片获奖。5月25日,宝山区组织纪念毛泽东《在延安文艺座谈会上的讲话》发表50周年《宝山之春》艺术周"群星闪烁文艺晚会",宝冶艺术团与宝山文化馆联合演出鼓乐合奏《出征》。9月13日,由上海音乐学院、上海文化发展基金会、上海音乐家协会、上海市民族事务委员会联合举办、宝冶承办的庆贺著名民族声乐教育家王品素教授教学45周年音乐会在宝冶影剧院隆重举行。王品素教授的学生才旦卓玛、冯健雪、金花、曹燕珍、葛军、宗庸卓玛、黄英、何纪光、牛宝林、傅祖光等著名艺术家纷纷上台一展歌喉。邓颖超为音乐会题词:"声乐民族化的好园丁。祝王品素同志学生音乐会演出成功!";著名音乐家贺绿汀题词:"为民族声乐事业辛勤耕耘,硕果累累。题王品素同志声乐教学四十五周年";著名音乐家李焕之题词:"奉献毕生心血,振兴民族声乐"。11月初,李耀东出席在湖南湘钢召开的全国冶金文协理事会。会议期间,国务院代表、冶金部老部长李东冶为宝冶题词:"善于创新,就要敢说敢干"。12月,董如平一幅行书作品入选上海市书法家协会举办的"1992上海书法新作展"。

1993年4月11日,宝冶威风锣鼓队应邀参加在奉贤体育馆举行的上海市首届乡镇企业文化节开幕式，市委副书记陈至立同志观看威风锣鼓表演后极为赞赏，点名要宝冶威风锣鼓队参加即将在上海举行的首届东亚运动会开幕式表演。9月至11月，宝冶开展历时三个月的“爱企业、颂宝冶”诗歌创作、朗诵比赛，汇集出版《我爱宝冶》诗歌选集。12月26日，宝冶隆重举办纪念毛泽东同志诞辰100周年文艺晚会暨班组演唱会。

1994年3月14日，中共中央总书记江泽民在中南海亲切接见了日本著名政治家、社会活动家二阶堂进先生及陪同前往的宝冶经理高天赐。10月8日，宝冶举办宝钢三号高炉建成投产庆功大会文艺晚会。三公司鼓乐《秦王点兵》、检修公司的歌舞《欢庆投产——逛钢城》、机动公司的大合唱《祖国颂》、电装公司的大合唱《黄水谣》、机装公司的舞蹈《金梭和银梭》等节目代表了宝冶群众文化的水平。

1995年6月，宝冶举办学习孔繁森诗歌朗诵会，编辑出版《歌颂孔繁森》诗歌集。6月14日，著名作家柯蓝来宝冶与文学爱好者座谈。10月28日，“95上海宝山国际民间艺术节”隆重开幕，宝冶是主办单位之一。12月底，《李耀东钢笔风光画》由百家出版社编辑出版。次年4月16日，宝钢文联召开《李耀东钢笔风光画》发行座谈会。4月18日，《劳动报》用醒目标题“宝钢职工文艺创作硕果累累——我国首部钢笔风光画出自宝钢业余作者之手”给予报道。

1996年2月15日，宝冶退休职工活动中心正式挂牌，设有图书室、乒乓球、台球、健身器、棋牌室等，面积达300多平方米。5月30日，《宝冶文艺》(宝冶厂庆十周年专刊)出版。原中纪委第二书记、原冶金部部长王鹤寿题词：“宝钢冶金建设公司久经考验的很优秀的队伍，十年如一日，含辛茹苦，艰苦奋斗，为宝钢建设的工程质量和工程管理创造了堪称模范的成绩。希望宝冶继续奋斗，为宝钢三期建设再创辉煌战绩。”原冶金部部长、国务院代表李东冶题词：“勤奋”。原冶金部副部长林华题词：“鹏程万里”。原冶金部副部长李超题词：“你们的四元产业开辟了建筑企业振兴发达的道路。”9月12日，宝钢文联召开第二届会员大会，宝冶一批文艺作者获奖。董贵昌、张成斌获评宝钢文化名人。

1997年1月30日，宝冶劳动人事部、组织部和工会联合举办“首届离退休职工迎新春演唱会”。2月14日，宝冶工会首次举办“节目主持人比赛”，王丽娜获得第一名(后成为上海有线电视台节目主持人)。4月29日，宝冶参与、策划、组织的宝山区第四届文化节开幕。4月，夏彧彰创作的小说《等待》在冶金文学创作协会举办的1995—1996年度“铁流文学奖”作品评选中获三等奖。6月，宝冶开展赛诗会、朗诵、演讲等迎香港回归系列活动。6月26日，宝冶赛诗队参加上海市职工迎香港回归赛诗比赛，获得集体优胜奖、创作一、二、三等奖。8月，宝冶摄制的《用言传身教塑造希望》和《来自大别山的希望颂歌》两部专题片分获中国冶金职工行为规范电视评审二、三等奖。10月4日，宝冶首届保龄球比赛在明天大厦举行。

1998年5月27日，由宝冶团委联合工会、党委组织部、党委宣传部、劳动人事部、科协、《上海宝冶》报社7家单位共同举办宝冶首届杰出青年评选活动。9月，由董贵昌、郑建果撰写的《占领市场制高点，不拘一格育人才》论文被中国经济出版社《当代管理艺术文集》采用。这是继他们所写的《以人为本，建设有特色的企业文化》被《中国跨世界改革发展文献》采用后，宝冶改革管理理论与实践成果再次编入全国出版的大型书籍。10月，董贵昌散文作品《美丽的鄂尔多斯》在1998年中国作家笔会上获三等奖；梁志中撰写的《职工代表帮助搬掉干部铁交椅》论文编入《中国世纪战略》大型文献一书。12月31日，宝钢文联在宝钢会议中心影视厅召开“纪念宝钢建设二十周年——宝钢第二届文化艺术名人命名暨文艺作品颁奖大会”，董贵昌、孙守田被授予第二届宝钢文化艺术名人，宝冶还有20篇文艺作品获奖。1998年，许珂创作的《青鸟》一诗在市总工会、市文化局等十余家单位共同举办的“98 上海当代诗会”比赛中获二等奖。

1999 年 1 月，晁国荣报告文学集《本世纪最后的梦想》由中国文联出版公司正式出版。

2000 年 2 月，董贵昌诗歌散文集《心中的彩虹》由远方出版社出版发行，著名作家、诗人柯蓝为其作序。5 月 16 日，著名越剧表演艺术家、“沙漠王子”赵志刚先生做客宝冶，同来的大世界基尼斯绝活绝技获得者硬功大师祁德华、特技书法金众、《绝代双骄》哈哈儿扮演者陆丁于、大世界第一擂台主持人郭九一等进行了即兴表演。6 月，许珂获全国“新世纪青年诗人命名杯”一等奖，是宝山区唯一的获奖者。

2001 年 3 月，宝冶《泥土》主编周捷出版个人诗集《人在旅途》(天津百花出版社)。著名诗人张雪衫在《序言》中写道：“冶金行业不仅冶炼和铸造了光灿灿的钢铁产品，同时也冶炼和铸造了一批又一批具有响当当金属品格的钢铁职工。”6 月，李耀东绘画、董贵昌配诗的《闪光的轨迹》诗画集由三联出版社出版发行。宝钢集团党委书记关壮民为诗画集题写书名，上海政协副主席刘恒椽题词，这本诗画集通过 80 幅钢笔画、80 首诗，讴歌了党的光辉历史和丰功伟绩。两位作者向宝山区教育局捐赠 1 200 册发给中、小学生，作为爱国主义教育的辅导教材。6 月，《邓小平之歌》的作者著名诗人桂兴华来宝冶做客，他带来了新作、长篇朗诵诗《永远的阳光——献给中国共产党建党八十周年》。

2002 年 2 月，宝冶党务部主办的“上海宝冶党务视界”网站(内部网址：http：//10.0.037)与宝冶内部网站链接成功。网站主要设置了宝冶新闻、工作动态、理论学习、宝冶论坛、企业文化、干部管理、纪检监察、组织建设板块。4 月 28 日，为纪念建团 80 周年，团市委和上海文广集团在宝冶协力公司举办了专场音乐会。魏松、王维倩等 10 位一流歌唱家为宝冶职工奉献了一台精彩纷呈的节目。6 月 27 日，首届上海市职工文艺创作奖励金颁奖典礼暨“劳动者之歌”大型综艺主题晚会在上海艺海剧院隆重举行。宝冶李耀东获个人原创作品奖。8 月 13 日，宝冶向安徽省金寨县天堂寨乡宝冶希望小学捐资 2 万元扩建学校运动场。11 月 22 日，又捐赠 36 台电脑，一台摄录机、一台电视机和 200 册新书，使该校成为金寨县第一个配备电脑班和第一个拥有摄像机教学的小学。

2003 年 1 月 17 日，宝冶自主设计、施工建造的展示厅举行开展剪彩仪式，展示厅建筑面积 770 平方米。10 月 16 日，由韩国铁钢新闻社组织的韩国企业代表团一行 30 余人到宝冶考察访问。11 月 17 日，上海市建委、检测协会举办的上海市首届“检测杯”足球比赛落下帷幕，工程技术公司组队代表宝冶参赛获亚军。

2004 年 3 月 9 日，宝冶网站“宝冶建设视窗”点击率跨入 10 万大关，这是宝冶网站成立两年来一个历史性的时点。4 月 9 日，宝冶召开《上海宝冶》报创刊 800 期座谈会。从 1988 年创办开始，宝冶报共出刊 800 期，刊登各类体裁文章 28 000 余篇，1 960 万余字，有 3 万人次投稿。12 月，宝冶企业文化经验入编《中国文化建设案例》，作为中国企业文化培训教材内容。刘安义、郑建果经考试和论文答辩成为中华人民共和国高级企业文化管理师，获得首席文化官 CCO 资格证书，全国获此资格的仅 103 人。

2005 年 1 月，《上海宝冶》报在全国建筑行业企业报评选中名列第一。6 月 12 日，沈有福版画作品“峥嵘岁月”收入《纪念陈云同志诞辰 100 周年书画集》。

2006 年 2 月 28 日至 3 月 1 日，中冶集团企业文化建设工作会议在宝冶召开。5 月 15 日至 16 日，中国企业文化促进会会长张光照、副会长郭丽伶、中冶集团新闻信息中心主任齐冬平一行 8 人到宝冶进行为期两天的企业文化建设工作调研。6 月，全国首届企业文化传媒论坛在北京人民大会堂隆重举行，宝冶荣登该传媒论坛，这是上海市唯一一家获此殊荣的企业。程志广，刘安义获“全国首届企业文化传媒优秀领导”称号，郑建果获“全国首届企业文化传媒优秀组织者”称号。7月，易元清《滴水河》格律诗词集由中国戏剧出版社出版发行。8月10日，由上海市建筑施工企业行业协会组织，上海市建筑行业企业文化会在宝冶建设隆重召开。

2007年1月11日，由上海市文联和上海市书法家协会共同主办的“海派书法晋京展”暨《海派代表书法家系列作品集》首发式在北京中国美术馆举办。徐立平的作品入展并收入《上海当代书法篆刻精品集》。2月，沈有福版画作品《工业映像》之二参加首届中国黑白木刻作品展，并在中国美术馆展出。4月22日，“宝冶建设杯”全国青少年武术锦标赛暨亚洲青少年武术锦标赛中国选拔赛在江苏常州开赛。比赛为期6天，在闭幕式上宝冶被授予武术散打锦标赛宝冶建设“冠名杯”。

2008年5月12日，四川省汶川县发生8级地震，造成重大人员和财产损失。为了能让受灾地区的孩子感受到“六一”的快乐，宝冶工会女职工委员会于5月21日发起“抗震救灾——爱心妈妈献爱行动”，通过“捐一份学习用品，写一张祝福卡片”的方式给灾区孩子们送上节日礼物。倡议发出后，得到各基层工会及女职工委员会的积极响应，在短短两天时间里共募集467只书包、5 257本书、10 677套文具及相关用品706件。11月，宝冶新版《企业文化手册》出台，手册突出企业特色和企业文化精髓，明确企业价值观、企业精神、发展愿景、行为理念等，对员工的素质、职业纪律、绩效评价、职业形象、行为规范都作了要求 。12月24日，在包括《工人日报》在内的全国数十家新闻媒体共同参与的“节约·环保·文明”科普征文评选中，庞义的作品在投稿数逾100万的征文中获全国（节能）科普征文二等奖。12月27日，企业文化部举办企业文化培训班。

2009年4月，美国Discovery传播公司的旗舰电视网Discovery探索频道《建筑奇观》摄制组导演、制片人来到宝冶，就宝冶承建的世博工程拍摄进行沟通交流和专项调研。4月30日20点，中央电视台四套中文国际频道“走遍中国”栏目向全球首播其海外中心制作的专题片《高炉传奇》，以宝冶建设特大型高炉为主线，反映宝钢一号高炉从1978年建设创纪录到2008年大修创纪录的历史。

2010年11月，党的建设与思想政治工作优秀成果汇编委员会、中国科学社会主义学会思想政治工作专业委员会给宝冶发来荣誉证书及奖牌，宝冶党委书记、董事长陈明撰写的《结合实际、针对特点、发挥作用》一文获2010年度优秀理论成果一等奖。该文纳入大型文献史册《党的建设与思想政治工作优秀成果汇编》，并由国家一级出版社出版发行。11月11日，宝冶广州分公司总经理白小虎作为第16届亚运会建设者代表成功当选亚运火炬手。

2011年6月24日下午，宝冶合唱团参加月浦镇党委、镇政府举办的“讴歌光辉历程，共筑和谐月浦”月浦地区红歌会合唱比赛，获三等奖。6月27日，由中国文联、中国美术家协会主办的“庆祝中国共产党成立90周年全国美术作品展览”在北京军事博物馆开幕。沈有福的美术作品《都市畅想》入选。《都市畅想》是沈有福继2009年“第十一届全国美术作品展览”、2010年“上海世博会中国美术作品展览”后连续第三年入选国家最高级别美术作品展览。自2001年以来，沈有福的作品先后10次入选国家级别美术展览。7月，宝冶6名员工在中冶集团纪念建党90周年书画摄影比赛中获奖。其中，董如平获书法组特别奖，胡国良、吴俊分获书法组三等奖、优秀奖，沈有福获绘画组特别奖，常双思获绘画组优秀奖，董如平、肖洁音获摄影组优秀奖。

2012年7月2—7日，沈有福版画作品《都市山水》参加“2012丽水世博会—韩、中、日世博会主办城市优秀美术作品邀请展”。10月，沈有福获得中国工业版画研究院研究员证书，郑建果获得上海市建筑施工行业专家委员会优秀专家证书,宝冶“文化人”受到社会认可。

2013年3月,在中冶集团首次开展的新闻信息工作积分及排名评比表彰中,宝冶以964分名列榜首。3月2日,宝冶工会、团委为罗店大型居住社区工程项目部的6对新人举办集体婚礼。6月24日,在上海中华艺术宫召开的上海画家五年一届“最高级别”盛会“上海市美术家协会第七次会员代表大会”上,沈有福当选为上海市美术家协会理事。10月24日,由机动分公司职工组建的宝冶代表队获2014年上海市民体育大联赛(宝山赛区)第三届运动会“大场杯”广播操比赛社会组第二名。

2014年5月9日,宝冶承办中冶上海企业[奋斗的青春最美丽]主题青年歌会。9月,为庆祝中华人民共和国成立65周年,宝冶工会举办“中国梦.宝冶情”——宝冶职工摄影比赛活动。

2015年1月,冶金文协美术专业委员会2014年年会暨“钢铁情.中国梦”全国冶金美术书法摄影作品展开幕式在北京举行。沈有福再次当选为副主席,董如平当选为理事,宝冶14幅作品入展获奖。9月13日,宝冶召开企业文化建设专题会,回顾公司企业文化建设发展历程,对下一阶段企业文化建设工作进行部署。11月,沈有福当选为全国冶金文学艺术协会副主席。

2016年2月2日,宝冶《合创之道——企业文化手册》与《“四五”战略发展规划》正式发布。6月,宝冶举办“同忆往昔峥嵘岁月,共展未来美好篇章——庆祝宝冶落户上海三十周年”职工书画摄影展。6月23日下午,由公司工会、企业文化部、团委联合举办的“弘扬企业文化,建功‘四五’规划”主题演讲比赛,来自各二级单位、总部机关共19个单位,29名选手参加了此次比赛。7月14日,宝冶举办公司企业文化内训师培训。9月,在中国建筑施工企业协会举办的以弘扬“工匠精神”为主题的摄影比赛中,宝冶职工摄影协会选送的作品7幅获二等奖、5幅获三等奖,占整个获奖总数的十分之一。9月21日,由共青团中央主办,共青团上海市委、宝冶、宝山区团委承办的“全国向上向善好青年”分享团走进宝冶,与广大中冶驻沪青年共同分享心路历程和青春奋斗故事。12月,中央人民广播电台《中国之声》栏目组赴马来西亚,对宝冶承担的关丹联合钢铁(大马)集团有限公司炼铁项目进行采风。

2017年10月16日,宝冶企业展示厅揭牌暨喜迎党的十九大“大美宝冶”企业文化系列活动启动仪式隆重举行。此后先后开展了“大美宝冶”之“宝冶故事”征集、“宝冶人的一天”微视频比赛、“人文宝冶”讲座、“多彩宝冶”职工摄影比赛、“奋进宝冶”迎新春书画展等活动。10月30日,宝冶工会和宝山摄影家协会主办,宝山摄影家协会宝冶分会等承办的“走进罗店古镇·走进宝冶钢构”联合摄影比赛优秀摄影作品展暨颁奖仪式在宝山区文化馆举行。上海市摄影家协会理事、上海艺术摄影协会副会长、宝山摄影家协会主席陈贤明,宝冶工会主席裴志清等为获奖选手颁发荣誉证书。

2018年3月25日,由上海书画院和上海龙现代艺术馆共同主办的“大道之行——上海书画院‘海上丝路’巨幅长卷美术作品展”在上海龙现代艺术馆举行。程建强作为主创人员之一,创作的篆刻作品在60米巨幅美术作品上亮相。4月,宝冶正式启动《宝冶志》编纂工作。11月20日,公司召开第三届职工摄影协会、书画协会换届会议。通过了《第三届职工摄影协会章程》《第三届职工书画协会章程》,并选举产生第三届摄影、书画协会理事。推选毛一新为摄影协会会长,程建强为书画协会会长。此后书画协会书法班、油画班、篆刻班相继开班,职工文化艺术氛围空前浓厚,多幅学员作品在宝山区、中冶集团组织的活动中参展。

## 【多彩宝冶】

图 10－2－1　上海青年话剧团到宝冶慰问演出

图 10－2－2　上海市总工会领导带领茉莉花工人艺术团慰问抢建宝钢二号高炉的宝冶职工

图 10－2－3　宝冶举行庆祝建党 70 周年文艺晚会

图 10－2－4　宝冶第五届班组演唱会

图 10－2－5　宝冶首届安全生产文艺小品比赛

图 10－2－6　首届全国冶金施工企业优秀歌手大赛在宝冶举行

图 10-2-7 第三届上海宝山国际民间艺术节赴宝冶工地专场演出

图 10-2-8 宝冶艺术团为“发挥国营大型建筑企业骨干作用理论研讨会”慰问演出

图 10-2-9 宝冶举行庆祝建党 85 周年文艺演出

图 10-2-10 宝冶承办第十届上海宝山国际民间艺术节暨第十四届月浦锣鼓年会

图 10-2-11 宝冶职工大合唱《我爱你中国》获五矿集团职工合唱比赛一等奖

图 10-2-12 电影《最后的贵族》在宝冶举行首映仪式。著名导演谢晋、著名电影表演艺术家陈述、潘虹等光临

图 10-2-13 著名电影表演艺术家陈述为宝冶题词“南征北战建高楼,长江两岸度春秋”

图 10-2-14 第二届“宝冶杯”围棋邀请赛

图 10-2-15 宝冶、十七冶、一冶联合举办“三山杯”美术书法摄影联展

图 10-2-16 《宝冶杯》通俗小说征文颁奖大会

图 10-2-17 上海小说家联谊会成立大会在宝冶举行

图 10－2－18　宝钢二期工程建设时期职工食堂烹调技术表演赛

图 10－2－19　宝冶首届“十佳新员工”评选擂台赛

图 10－2－20　上海市“宝冶建设杯”职工书法篆刻作品展

图 10－2－21　“宝冶建设之春”书画笔会

图 10－2－22　“宝冶建设”杯全国青少年武术散打锦标赛暨亚洲青少年武术散打锦标赛中国散打选拔赛

图 10－2－23　宝冶广州分公司总经理白小虎作为亚运会建设者代表成功当选亚运火炬手,在广州大学城传递圣火

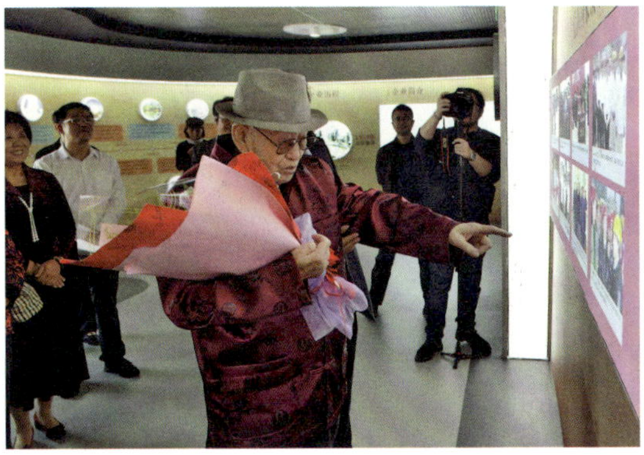

图 10－2－24　退休老员工王铭璋在重阳节、也是他 90 大寿这天，在一大群儿孙陪同下参观宝冶展示厅，喜看企业发展变化

图 10－2－25　整修一新的宝冶员工餐厅举行点火仪式

图 10－2－26　宝冶和中国一冶联合举办“冶建情”第二届职工摄影书画联展

图 10－2－27　丰富的文体活动

图 10－2－28　职工摄影协会、书画协会开展采风、创作活动

图 10－2－29　打造“宝冶·家”企业文化

# 第二节　企业文化荣誉

| 时　间 | 获奖名称 | 获奖对象 | 颁奖单位 |
| --- | --- | --- | --- |
| 1986年 | 冶金部首次书法美术摄影比赛版画金牌 | 于威版画《建设者之歌》 | 冶金部 |
| | 冶金部首次书法美术摄影比赛摄影金牌 | 张成斌摄影作品《拓》 | |
| | 冶金部首次书法美术摄影比赛油画铜牌 | 赫炎与黎明合作油画《龙腾虎跃》 | |
| | 优秀普法教育电视片 | 《发生在生活中》短剧 | 冶金部 |
| 1987年 | "法在我身边"演讲比赛二等奖 | 《买床风波》演讲作品 | 上海市普法办公室、市人民广播电视台 |
| 1991年 | 上海市女工专题片二等奖 | 电视片《花儿为什么这样红》 | 上海市总工会 |
| 1994年 | 东视好新闻三等奖 | 《我国高炉之王：宝钢三号高炉基本建成》 | 东方电视台 |
| 1995年 | 全国冶金第二届书法美术摄影比赛美术金奖 | 孙守田、夏素文 | 冶金部 |
| | 全国冶金第二届书法美术摄影比赛摄影铜奖 | 张成斌 | |
| 1996年 | 中国内部报纸第三届研讨会好新闻二等奖 | 晁国荣通讯《大别山不了情》 | 中国内部报纸协会 |
| | 中国内部报纸第三届研讨会好新闻二等奖 | 郑建果评论《切莫自贬形象》 | |
| 1997年 | "中华大地之光"征文比赛二等奖 | 晁国荣通讯《大别山不了情》 | 中华全国新闻工作者协会、中国广播电视学会 |
| 1998年 | "中华大地之光"征文比赛一等奖 | 晁国荣报告文学《太阳从铁沟升起》 | 中国记协 |
| 2000年 | "中华大地之光"征文一等奖 | 晁国荣纪实文学《鹭岛新鸟》 | 中国作家协会、中国报业协会、中国广播电视学会 |
| 2001年 | 优秀报刊 | 《上海宝冶》报 | 中国施工企业管理协会 |
| 2002年 | 好新闻评比三等奖 | 《山里娃记者团来上海采访》 | 全国冶金记协 |
| 2004年 | 优秀报刊 | 《上海宝冶》报 | 中国施工企业管理协会 |
| | 第四届世纪大采风征文活动金奖 | 晁国荣报告文学《世上只有妈妈好》 | 中华民族文化促进会、中国电视艺术家协会、中国广播电视协会、中国报告文学学会、中国散文学会、中国文艺家俱乐部 |
| | 第四届世纪大采风征文活动银奖 | 晁国荣报告文学《装点天下景观》 | |
| | 第四届"新世纪之声"征文一等奖 | 晁国荣报告文学《装点天下景观》 | |

(续表)

| 时间 | 获奖名称 | 获奖对象 | 颁奖单位 |
|---|---|---|---|
| 2004年 | 中国企业文化建设十佳单位,企业文化理论研究贡献奖 | 上海宝冶建设有限公司 | 中国企业文化促进会 |
| | 中国企业文化建设十佳个人 | 程志广 | |
| | 企业文化先进个人、中国企业文化建设优秀管理者 | 刘安义 | |
| 2005年 | 全国十大质量品牌文化奖 | 上海宝冶建设有限公司 | 中国企业文化促进会 |
| | 中国企业文化建设特殊贡献单位 | | |
| 2006年 | 金页奖 | 《上海宝冶》报 | 中国施工企业管理协会 |
| 2007年 | 金页奖 | 《宝冶建设》报 | 中国施工企业管理协会 |
| | 上海市优秀企业报 | 《宝冶建设》报 | 上海市建筑施工行业协会 |
| | 上海市"五一文化奖"银奖 | 沈有福美术作品《脊梁》 | 上海市总工会 |
| | 优秀理论成果一等奖 | 《诚信也是竞争力》 | 中国科学社会主义学会、思想政治工作科学专业委员会 |
| | 企业文化建设全国示范单位 | 上海宝冶建设有限公司 | 中国企业文化促进会 |
| 2008年 | 金页奖 | 《宝冶建设》报 | 中国施工企业管理协会 |
| | "中冶连铸杯"优秀报刊评比最佳选题策划奖 | 《宝冶建设》报 | 中冶集团 |
| | 企业文化建设贡献人物 | 张创一 | 中国企业文化促进会 |
| | 企业文化建设优秀单位 | 上海宝冶建设有限公司 | |
| | 企业文化创新建设先进单位 | 工业炉公司 | |
| 2009年 | 全国企业文化十大最具影响力企业 | 上海宝冶建设有限公司 | 中国文化管理协会 |
| | 全国企业文化建设百家贡献单位 | 上海宝冶建设有限公司 | 中国企业文化促进会 |
| | 企业文化建设贡献人物 | 陈明 | |
| | 全国企业文化建设优秀管理者 | 朱国坤 | |
| 2011年 | 中国企业文化建设五十强 | 上海宝冶集团有限公司 | 中国文化管理学会、中国社会经济文化交流协会、中国建筑文化研究会、世界经济和文化研究中心 |
| | 2010年度最具影响力人物 | 陈明 | |
| | 金报奖 | 《上海宝冶》报 | 上海市建筑施工行业协会 |
| 2013年 | 上海市摄影艺术展览铜奖 | 沈有福摄影作品《钢雕》 | 上海市摄影家协会 |
| 2014年 | 中国当代实力派诗词文学家 | 易元清 | 中国文化信息协会 |
| 2015年 | 2014—2015年度全国企业文化优秀成果 | 《在为客户实现价值中实现企业价值——中冶上海宝冶"三互"共赢文化的理论与实践》 | 中国企业联合会、中国企业家协会 |

（续表）

| 时间 | 获奖名称 | 获奖对象 | 颁奖单位 |
|---|---|---|---|
| 2015年 | 第二届“新国企·中国梦”影像大赛三等奖 | 沈有福摄影作品《建设者风采——宝钢高炉大修工程》（组照） | 国务院国资委新闻中心、中国经济网 |
| | 上海市优秀企业报 | 《上海宝冶》报 | 上海市新闻工作者协会企业报委员会 |
| 2016年 | “三十年发展辉煌、安装人谱写新章”全国安装行业摄影大赛最佳组织奖 | 上海宝冶集团有限公司 | 中国安装协会 |
| | “三十年发展辉煌、安装人谱写新章”全国安装行业摄影大赛特等奖、二等奖、三等奖、优秀奖 | 沈有福《吊装》《揽月》《舞蹈》《蜘蛛人》《织网》<br>夏彧彬《“冶”战军》 | |
| | 上海市建筑施工行业信息宣传工作优秀单位 | 上海宝冶集团有限公司 | 上海市建筑施工行业协会 |
| | 上海市建筑施工企业报刊“银报奖” | 《上海宝冶》报 | 上海市建筑施工行业协会 |
| 2017年 | 上海市建筑施工行业协会优秀企业文化成果三等奖 | 《打造宝冶鲁班文化品牌 助推企业提速发展》 | 上海市建筑施工行业协会 |
| | 上海市优秀企业报 | 《上海宝冶》报 | 上海市新闻工作者协会企业报委员会 |
| 2018年 | 第三届“五个一百”网络正能量精品评选活动“百名网络正能量榜样” | 毛琪钦 | 中国互联网发展基金会 |
| | 冶金记协好新闻微信作品二等奖 | 微信专题《震撼！“金砖”会客厅，中冶出品》 | 全国冶金新闻工作者协会 |

# 第十一篇

## 社会责任

公司自1978年进沪承担宝钢工程建设，1986年正式落户上海后，无论是在宝钢工程建设时期、由冶金向民建转型时期还是集团化高质量发展时期，始终积极践行中央企业社会责任，不断探索责任融入之道，积极将社会责任融入企业战略、日常运营、职能管理和工程建设，推动企业与社会、环境持续健康发展。

在社会公益方面，从最初以捐钱、捐衣、捐物为主的慈善扶贫，转换为以提升扶贫对象可持续发展能力为特征的扶贫，追求企业与运营所在地和谐共建。20世纪90年代，宝冶组织万余名职工先后多次为希望工程捐款、捐物，为安徽省金寨县天堂寨乡援建“上海宝冶希望小学”，设立“上海宝冶青年奖学基金”。1990年至2018年期间，多次在党员、团员、职工中组织开展募捐活动，先后为遭受地震、泥石流、特大洪涝、自然灾害的地区捐款捐物，此外还组织参与了各类爱心助学活动。宝冶下属各单位纷纷融入当地，积极参与当地救灾、扶危济困、助学等公益事业和慈善事业。党的十八大以来，按照全面建成小康社会的部署和要求，以习近平总书记提出精准扶贫、精准脱贫为标志，我国扶贫开发进入脱贫攻坚的新阶段。公司参与贵州省“十三五”黔东南州通村公路的建设，和深圳市建筑工务署共同结对帮扶援建汕尾市陆丰市东海镇龙光村—炎龙村道路，承建多个光伏扶贫项目，不断加大扶贫工作力度，取得了突出成绩。

在工程建设方面，公司勇于承担民生工程、重点工程的建设和运营保障，积极投身环境治理和环境保护，倡导绿色环保理念，为我国绿色、和谐、可持续发展贡献力量。早在1983年，公司成功完成宝钢长江引水工程，为上海市让出了淀山湖水资源，为沿海地区入海河流淡水资源的进一步开发利用提供了成功实例。1992年建成陈行水库，标志着上海引用长江水建设大型民用水厂的愿望变为现实，宣告上海以黄浦江为唯一饮用水源的历史结束，具有重大的现实意义和深远的历史意义。作为全球顶级盛会专业服务商，在厦门金砖会晤、中国国际进口博览会等重要会议期间，圆满完成相关会场改造、幕后维保和道路建设等任务，展现了央企的风貌与担当。随着经济社会发展水平的提高，中国经济从高速发展阶段转向高质量发展阶段，公司在工程建设中以“创新、协调、绿色、开放、共享”为发展理念，不断推进节能减排和绿色施工，倾力助推“新旧动能转换”，较好地履行了央企的社会责任。

# 第一章　公益慈善责任传承

## 第一节　扶 贫 攻 坚

### 一、希望工程

安徽省金寨县位于大别山革命老区，金寨人为中国革命和社会主义建设作出了牺牲和贡献，“十万儿女为国捐躯”“十万亩良田为建水库被淹”“十万人迁徙他乡”，为了向金寨县人民献爱心，1994—1996 年三年间，宝冶在党内、团内共开展 5 次捐款活动，累计捐款 29.2 万元，参加捐款的党团员和职工达 12 908 人。

1996 年 8 月 18 日，宝冶党委副书记程志广带队，代表宝冶党政工领导和一万多名职工驱车千里前往金寨参加“上海宝冶希望小学”落成揭牌仪式，同时举行首届上海宝冶青年奖学金发放仪式。

图 11－1－1　宝冶援建安徽金寨天堂寨乡希望小学

上海宝冶希望小学教学楼主体三层共 27 间，建筑面积 808.4 平方米，总造价 47.2 万元，其中宝冶捐资 22 万元。宝冶除援建希望小学外，还捐资 5 万元设立“上海宝冶青年奖学基金”，同时结对资助 95 名失学儿童重返校园。首届宝冶青年奖学金奖励 6 名教学成绩突出的教师和 30 名品学兼优的学生。

2002 年 8 月 13 日，党委书记傅国安带队，向安徽省金寨县天堂寨乡上海宝冶希望小学捐资 2 万元扩建学校运动场。11 月 22 日，党委副书记高玉良带队，捐赠 36 台电脑，一台摄录机、一台电视机和 200 册新书，使该校成为金寨县第一个配备电脑班和第一个拥有摄像机教学的小学。

### 二、黔东南州“十三五”农村公路“建养一体化”服务工程项目

2016 年 1 月，宝冶市政工程公司响应国家精准扶贫、精准脱贫的工作要求，参与贵州省“十三五”黔东南州通村公路的建设。农村公路是直接服务于黔东南州广大农民群众和农村经济的基础性设施，是农村地区居民出行的主要通道，也是物流、信息流的重要载体。宝冶承建的黔东南州“十三五”农村公路“建养一体化”服务工程项目分布在黔东南州 16 个县市，涉及面积约 3 万平方千米，共 250 多个道路项目，全长约 2 200 千米，按照公路建设类别和规模包括通村水泥路、撤并建制村通硬化路及县乡道改造工程。针对项目的特殊性，市政工程公司以县为区域划分，按照项目类别及建设规模成立了 1 个指挥部，8 个项目分部。各分部在各村落安营扎寨，协同当地政府及交通局组织对每一个项目现场实地查勘，因地制宜制定施工方案，合理配备人机物料，保证工程建设的高效推进。2017 年 11 月 22 日，黔东南州“十三五”农村公路“建养一体化”服务项目黎平县唐面至归养、下

图 11-1-2　央视直播宝冶黔东南州村村通项目竣工贯通暨首届苗家丰收节庆典

香洞至花腊、古邦至亚改等 17 条通村公路顺利通过验收,验收里程共计 68.77 千米,并正式投入运营。其中下香洞至花腊道路综合评分达到 91.6 分,被评为优质工程。

在修路的同时,宝冶黔东南榕江县项目部代表中冶集团为榕江县当鸠村跨村修建便民桥。便民桥修建前由水泥管支撑出行,因长期下雨导致水泥管道被冲毁,给村民农产品运输带来极大不便。没有了桥,近在咫尺的两村之间需要耗费 2 小时绕道而行。项目部与村干部商量后确定解决方案,并主动资助 20 万元作为修建便民桥的帮扶资金,便民桥建成后,不仅解决了当鸠村 382 户人家、1 600 多村民的出行问题,而且带动农业生产和农产品运输,解决山货"下山难"等问题,带动群众早日脱贫致富。此外,项目部还配合落实帮扶工作,为当地解决了 7 人的就业问题。

2017 年 6 月,市政工程公司贵州黔东南贵州村村通项目获贵州省"工人先锋号"荣誉称号,是参与贵州省"十三五"农村公路"建养一体化"服务项目七家央企中唯一获奖的施工单位。

2018 年 10 月 1 日上午,央视财经十一大直播栏目对上海宝冶黔东南州村村通项目竣工贯通暨首届苗家丰收节庆典进行了直播。

## 三、汕尾市陆丰市东海镇龙光村—炎龙村道路工程

2016 年 12 月 19 日,由深圳市建筑工务署和宝冶共同结对帮扶援建的汕尾市陆丰市东海镇龙光村—炎龙村道路工程举行开工仪式。依照党中央、广东省、深圳市精准扶贫精准脱贫工作要求,深圳市建筑工务署作为责任单位,定点帮扶汕尾市陆丰市东海镇唯一的贫困村——龙光村,助推农村贫困人口稳定脱贫,协助改善农村生产生活环境。根据工务署印发的"双精准"帮扶倡议书,宝冶主动承担社会责任,与深圳市建筑工务署共同结对援建龙光村—炎龙村道路工程,利用技术、资金优势,仅用一个月完成道路修建,为龙光村的发展插上腾飞的翅膀。

图 11-1-3　宝冶援建的汕尾市陆丰市东海镇龙光村—炎龙村道路工程开工

## 四、通辽新艾里 39.3 兆瓦光伏扶贫项目

2018 年 6 月 29 日,宝冶能源环境工程公司承担的通辽科左后旗太科光伏电力有限公司新艾里

39.3兆瓦光伏扶贫项目成功并网发电。该项目位于海鲁吐镇新艾里嘎查，是科左后旗重点扶贫惠民工程，占地面积约933 333平方米，电站运营期内预计平均年发电量为5 229.51万千瓦时。

科左后旗大力推进光伏扶贫模式，利用光伏扶贫项目受益周期长且收益稳定的特点，使没有劳动能力的贫困对象，通过光伏扶贫形式获得稳定产业收益。该项目成功并网后，电价0.75元/千瓦时，不仅保证了企业收益，也保证了全旗1 572户贫困户每年每户3 000元、持续20年的扶贫收益，为脱贫攻坚奠定了坚实基础。

## 第二节　抗震救灾爱心捐赠

1991年8—11月期间，在上海及华东地区大面积遭受洪涝灾害之际，宝冶先后三次分别向灾区人民捐助51 905元、1 958元、40 000元。

1992年，宝冶职工响应上海市总工会和市妇联的号召，为上海市庆龄女子学院集资。

1993年11月，宝冶向上海市宝山区教育发展基金会捐赠50 000元。

1994年8月，宝冶向上海市宝山区社会帮困基金管理委员会(筹)捐赠帮困基金20 000元。

1995年，上海市总工会女工部为帮助下岗女工举办培训班，创造再就业机会，开展了“上海姐妹帮姐妹献爱心”活动，宝冶女工积极响应，捐款10 000元。

图11-1-4　宝冶捐助的救灾物资准备运往上海火车站

1996年，云南、湖南两省分别遭受地震、泥石流和特大洪涝灾害，宝冶响应上海市开展的为灾民募集衣服的活动，于10月8—22日，在全体职工中开展“捐衣被、送温暖、表深情、献爱心”募捐活动，共为灾区募集衣被28 280件，现金11 195元，衣被总量达12.16吨。10月23日，救灾物资被送往灾区。

1997年10月，宝冶为中山舰专项基金捐款，支持社会公益事业，被湖北省人民政府办公厅授予三级荣誉证书。

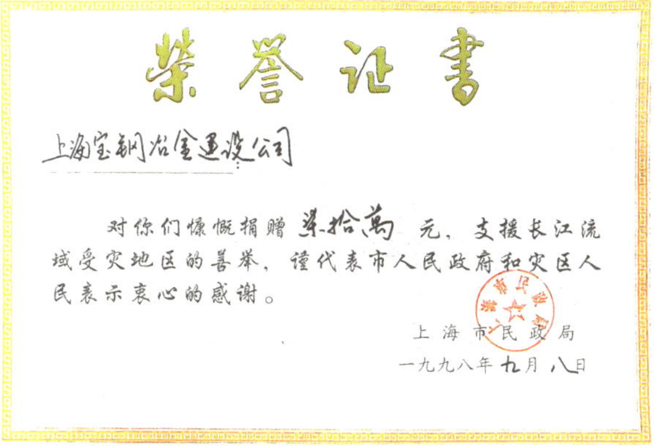
荣誉证书

上海宝钢冶金建设公司

对你们慷慨捐赠柒拾万元，支援长江流域受灾地区的善举，谨代表市人民政府和灾区人民表示衷心的感谢。

上海市民政局

一九九八年九月八日

图11-1-5　宝冶向长江流域受灾地区捐赠70万元

1997年，云南、重庆两省市自然灾害频繁，灾情严重，宝冶开展募捐活动，短短一周内9 000人捐衣被25 000件，计12吨；捐款近6 000元。衣被打包装载15辆车，于10月29日发往灾区。12月，因在抗灾救灾工作中成绩突出，被上海市宝山区抗灾救灾办公室评为先进单位。

1998年8月，长江、嫩江流域发生特大洪灾，宝冶广大职工纷纷解囊相助，截至8月25日共收到各方捐款988 199.5元。此外，宝冶还向上海市宝山区民政局捐赠30万元。同年9月，宝冶向长江流域受灾地区捐赠 70 万元。

2001 年 3 月,为响应中央西部大开发的号召,中国总工会号召全国女职工在革命圣地延安宝塔山开展“中国女职工林”活动,宝冶女职工委员会发起“我为西部绿化捐一元钱”的活动,共捐款 6 950 元,可植树 434 棵。

2001 年 6 月,向宝山区教育局捐赠 1 200 册由李耀东绘画、董贵昌配诗的《闪光的轨迹》诗画集,作为中、小学生爱国主义教育辅导教材。

2001 年 11 月,为贯彻国家在大中城市开展经常性捐助活动支援灾区和贫困地区的指示,宝冶在职工中开展捐衣、捐被活动。共有 7 345 名职工参加,募集衣被 22 213 件,捐款 10 662 元,救灾物资于 11 月 16 日运往火车站。

2003 年 5 月,宝冶向上海市民政局抗“非典”活动捐赠 10 万元。

2003 年 10 月 27 日,宝冶组织开展“冬衣暖人心”扶贫济困送温暖捐助活动,短短一个星期内员工捐款 59 206.30 元,衣被 9 126 件,主要对口支援云南、安徽、江西灾区和贫困地区。

2004 年 12 月 26 日,印度洋海域发生强烈地震和海啸,给东南亚和南亚一些国家造成重大人员伤亡和财产损失。2005 年 1 月 5 日,宝冶二级工会动员广大职工为受灾国家和人民捐款。短短半天时间就募集捐款 77 093 元。

图 11-1-6　宝冶员工书画作品参加赈灾义卖捐款活动

2008 年 5 月 12 日,四川汶川发生里氏 8.0 级地震,给当地人民造成了巨大的损失。宝冶积极组织开展向四川地震灾区捐款活动,8 608 名职工共捐款金额 922 171 元。公司女职工开展了“抗震救灾——爱心妈妈献爱行动”,向四川地震灾区孩子捐助价值 10 万元的学习用品。公司工会组织职工响应上海市总工会发出的“伸出援手、情系灾区,向都江堰市民捐书”号召,共捐赠书籍 1 288 册。在赈灾捐款、爱心妈妈捐赠学习用品等活动开展的同时,宝冶党员、团员争相交纳“特殊党费”“特殊团费”。宝冶企业文化名人董如平、郭达、张弟德捐出个人书画作品参加上海市宝山区书法、摄影作品赈灾义卖捐款活动。5 月 19 日 14 时 28 分,宝冶组织员工默哀 3 分钟表达对汶川大地震遇难同胞的深切悼念。宝冶还积极投入灾后重建工作,承建灾民安置房——都江堰幸福家园逸苑一期工程,该工程采用钢结构设计,属于国内第一个钢结构住宅,抗震节能。安置户数 1 324 户,安置人数 3 972 人。

2010 年 4 月 14 日,青海省玉树藏族自治州玉树市发生 6 次地震,最高震级 7.1 级。5 月,宝冶组织开展向青海玉树地震灾区捐款活动,公司 9 207 人(含外协队伍)共捐款 371 601.5 元。

在组织社会捐款的同时,宝冶还多次积极参与了中冶集团、五矿组织的各类捐款助学等活动。2010 年根据中冶要求开展“献爱心、送温暖”捐款活动,公司 4 499 名党员和职工共计捐款 159 059 元。2014 年 7 月,组织对越南受灾企业捐款,共计捐款 374 800 元。2018 年 8 月,组织员工参加五矿一对一爱心助学活动,共捐助云南、贵州贫困地区捐助高中生 218 人、大学生 18 人,捐款 254 000 元。

除了宝冶党政工团组织的各类捐助活动，各二级公司纷纷融入当地，积极参与当地救灾、扶危济困、助学等公益事业和慈善事业。

2008 年 2 月 29—3 月 2 日，工程技术公司组织 32 人的中石油湖南销售分公司加油站检测项目队伍，连续作战近 60 小时，对横跨湖南益阳、邵阳等地遭受暴雪侵害的 66 个加油站网架进行检测，确保雪灾后重建、加油站安全运行。

2015 年 12 月 20 日 11 时 40 分，广东省深圳市光明新区凤凰社区恒泰裕工业园发生山体滑坡，覆盖面积约 38 万平方米，造成 33 栋建筑物被掩埋或不同程度受损。宝冶第一时间组织人员和机械设备增援，共组织 30 台推土机参与到事故救灾现场的工作中，为提高工作效率，拼抢救援时间，为每台推土机配置 2 到 3 班工作人员进行轮流作业。此外，还筹集了 20 套 50 瓦的 LED 投光灯、3 套 100 瓦的 LED 投光灯以及 1 000 米电源线送至救援现场。

2016 年 7 月 6 日深夜，江苏省南京市遭遇入汛以来最大暴雨，加上之前连续的降雨天气，全市陷入内涝，交通状况堪忧。7 月 7 日清晨，宝冶江苏分公司紧急动员秣陵复建房项目部 10 名管理人员及 20 名工人参加当地政府的防汛救灾行动。项目部人员与秣陵街道当地的交警、城管、消防等职能部门联合组成专门救援队，将准备好的 500 多个麻袋、近 6 吨沙石、两台大功率污水泵用车等防汛救援物资运送到指定地点。在救援现场，项目部员工用沙石装满麻袋，筑起临时围堰，两台大功率污水泵及时抽排积水，同时用工程车摆渡过往行人。经过 4 个多小时的努力，基本抽排完路段积水，道路恢复畅通。

2016 年 9 月 15 日凌晨 3 时 5 分，台风“莫兰蒂”在厦门翔安沿海正面登陆。这是 1949 年以来登陆闽南最强台风，登陆时中心最大风力达 15 级(48 米/秒)，最大阵风达 17 级。宝冶厦门分公司在做好自身工作的同时，快速响应厦门市政府号召，第一时间组织抢险队伍赶赴受灾现场参与厦门市救灾工作。9 月 15 日至 19 日，厦门分公司共投入道路抢险救援人员 292 人次，投放 12 米板车 10 余台，累计抢险时间 50 多小时，分别参与了云顶北路、云顶中路、故宫路、厦禾路、后江埭路、豆仔尾路、美头山路、白鹭洲路等道路的疏通救灾工作，为厦门市迅速恢复主要干道交通，恢复正常生活秩序做出了突出贡献。9 月 27 日，宝冶收到厦门市委、市政府发来的感谢信，信中对宝冶在遭受超强台风“莫拉蒂”重创之后，用实际行动参与厦门市抗灾重建工作表示感谢。

**图 11－1－7　宝冶员工参与厦门市道路清理疏通等救灾工作**

2017 年 12 月，宝冶郑州分公司为在郑州大学第一附属院住院、身患再生障碍性贫血的 12 岁女孩张莎莎募集善款 102 666 元。

2018 年 1 月 25 日，宝冶宁国项目部组织近 30 名干部职工第一时间投入抗击冰雪灾害中，在金桥大桥、河沥溪永福桥、胡乐路中桥和嵩合路中桥四个区域开展义务扫雪活动，确保车辆和人员出行通畅安全。

2018 年 1 月下旬，宝冶投融资事业部联系新疆和田地区洛浦县农经局驻多鲁乡托格拉艾日克

图 11-1-8　宝冶员工发起新年献爱心衣物捐赠活动

村访惠聚工作队，发起了“央企员工新年献爱心衣物捐赠”活动。

2018 年 4 月 28 日，宝冶柬埔寨金边团支部及项目部青年志愿者一行 12 人来到当地一家孤儿院，看望孤儿，送去大米、面粉、食用油、洗衣粉、肥皂、矿泉水、方便面等食品和生活用品。通过向困难弱势群体献爱心，伸援手，传递友谊，增进两国感情，传达美好的中国文化、人文关怀。

2018 年 6 月 15 日，宝冶国家雪车雪橇中心项目团支部与延庆区团委联合举办“弘扬端午文化，传递粽香浓情”主题团日公益活动。员工带着自己亲手包的粽子以及项目部特意准备的米、面、油等慰问品，来到社区为孤寡老人、贫困家庭家中送上节日祝福，与老人聊天、教老人做手指操，让老人们充分感受到社会的关爱和帮助。

## 第三节　关爱农民工

2012 年 10 月，宝冶下发《关于进一步完善建筑工地农民工业余学校创建的通知》，要求各二级公司结合项目所在地实际情况，进一步完善农民工业余学校的创建，推进农民工业余学校工作制度化、规范化。农民工业余学校主要利用施工现场的食堂、会议室或活动室等现有场地，或选择在农民工集中居住的场所设立，配置黑板、桌椅、电视机、投影设备等基本教学设施。师资队伍主要由各单位项目负责人、安全管理人员、技术管理人员和高技能人员组成，或邀请当地建筑类或开设建筑类专业的职业院校等机构优秀教师担任农民工业余学校兼职教师。农民工业余学校的教育培训内容按照工程进度和农民工的实际需要确定，重点是安全知识、法律法规、社会公德、职业道德、操作技能等。

图 11-1-9　邀请医务人员为施工现场的农民工量血压

各二级公司在坚持创建农民工业余学校的同时还结合项目实际开展多样化的活动。郑州分公司组织在建项目围绕提高农民工岗位技能、维护农民工文化权益、保障农民工身心健康、提升农民工文明素质等四个方面广泛开展志愿服务活动。港区安置房项目部邀请医务人员为施工现场的农民工们进行测量血压、健康咨询等义诊服务；银川 iBi 项目志愿者“手把手”教农民工兄弟学习简单的电脑操作，提供免费无线网络教他们用电脑、手机等视频软件和家人视频聊天，缓解农民工思乡之情；武汉三阳路项目、报业大厦项目组织农民工利用业余时间观看具有教育意义的公益片、纪录片；濮阳项目开展安全宣传教育，向农民工宣传普及防火防盗、食品安全、防灾避险等安全知识，提高公共安全意识和自我保护能力；新密项目部建立爱心小驿站，提供常用药品、热水供应等便利服务。市政工程公司开展“从心出发，以人为本，关爱农民工”志愿服务活动，为农民工测量血压，健康义诊；利用农民工业余时间，组织观看具有教育意义的公益片、火灾警示片；为农民工宿舍安装空气能热水器、建设“职工书屋”等。

除了关心农民工，宝冶还开展了关爱农民工子女等活动。2011 年 3 月 5 日，宝冶团委、青年志愿者协会携手工程技术公司团委、青年志愿者协会在上海宝山区月浦公园共同举办“上海宝冶青年与农民工子女手拉手心连心”活动。以儿童拓展训练为主，在游戏之余培养孩子们的团体协作精神和沟通能力，达到寓教于乐的目的。

# 第二章　工程建设绿色发展

## 第一节　民生工程重点工程

### 一、宝钢长江引水工程

宝钢一期工程建设中原打算从长江取水，后发现由于冬季长江流量减少，咸潮入侵，使水中氯离子值严重超标，水质满足不了中日双方商定的标准，不得不作出从距宝钢72.5千米的淀山湖引水的方案。但取淀山湖水会影响上海市民用水，亦可能造成湖水污染。经过宝钢和市建委、市科协多次邀请全国专家论证，最后制定了避咸潮取水，蓄淡水保质的宝钢长江筑库引水方案，1982年9月国务院批准该方案。水库于1983年2月动工，1985年8月20日蓄水，1985年9月正式向宝钢厂区送水，确保了宝钢一期工程投产用水。

图11-2-1　宝钢长江引水工程施工

长江引水工程决策时离宝钢一期工程"85·9"点火投产仅有2年半时间，而这项通常需要3年半至4年时间、从未干过的大型水上工程，是在边设计、边试验、边准备、边上马的特定条件下揭开战幕的。宝冶调集精兵强将，不断优化施工方案，提前4个月实现3 703米棱体石坝合龙，使这项曾经是国务院挂号的、对"85·9"(1985年9月宝钢一号高炉投产)投产有威胁的"危险"工程变成"放心"工程。

宝钢长江引水工程的建成，为上海市让出了淀山湖水资源，同时开发利用了长江口的淡水资源，是一件十分有意义的事情。工程所采用的以"避咸潮取水，蓄淡水保质"的取水方式，对于沿海地区城市和工业的水源地建设具有一定参考价值，为沿海地区入海河流淡水资源的进一步开发利用提供了一个成功的实例。

### 二、开辟上海新水源的月浦水厂陈行水库工程

位于宝山区罗泾乡长江岸边的陈行水库，于1992年6月1日正式蓄水。它标志着上海引用长江水建设大型民用水厂的愿望变为现实，宣告上海以黄浦江为唯一饮用水源的历史结束，具有重大的现实意义和深远的历史意义。

陈行水库是月浦水厂的主体工程，连同月浦净水厂等工程总投资2亿元，是1989年4月冶金部和上海市府共同决定，1990年11月30日正式开工建造的。它的建造原理引用宝钢调蓄水库的成功经验——"避咸潮取水，蓄淡水保质"，西接宝钢调蓄水库，东连小川沙河口，占地2 100亩(主要

是江滩），现时库容量550万立方米，到二期工程结束时，库容量可增至870万立方米。库水堤周长4 785米，新筑坝由内、外充填编织袋棱体、吹填堤身土、外侧抛石护脚组成，大堤底宽76米，顶宽6米，堤顶标高9.4米（包括孔防浪墙）；它通过输水泵站，每天可向上海市提供140万立方米清澈的水源，不仅向月浦水厂供水，还为嘉定、闸北、大场、罗店、吴淞等净水厂提供量达到二级标准的长江水。承担陈行水库施工任务的宝冶特种公司，采用ABC分类控制、全面计划、全面质量等管理方法倒排工期，控制工程进度；实行“质量否决权”，控制工程质量，不仅保质保量完成施工节点计划，提前5个月合龙棱体大提，更提前80天成功地蓄水，其36个分项工程质量优良率100%。

**图11-2-2　月浦水厂一期工程开工**

## 三、上海合流污水治理一期4.1标彭越浦泵站工程

20世纪70年代末，随着工农业的发展，排入苏州河的污水日益增多，使其污染程度日益严重，常年黑臭，严重影响居民生活和上海发展。上海市政府与世界银行及澳大利亚政府发展援助局共同就上海市污水治理进行联合研究，提出战略研究报告，经市府批准后，组织实施一期工程。

一期工程沿苏州河北面建条截流总管，将流入苏州河的污水截住，经江湾、过浦江，在浦东经预处理后排入长江口，一期工程建成投产后可使苏州河的水质达到三级水标准。彭越浦泵站是截流总管中的主泵站，是一期工程的“心脏”，设计流量每秒40立方米；圆井泵房地下连续墙直径62米，深37.4米，基坑开挖26.4米，是当时国内直径最大的深基地下工程之一。主泵房于1990年4月15日动工，宝冶员工在施工中攻克了三面受河道包围而造成的地下水位不稳定，地下障碍物异常复杂等一系列施工难题，仅用半年多时间就完成圆井部分21个槽段的地下连续墙施工任务，并成功地攻克“Y”型槽段施工难关。

1993年12月29日下午3时30分，上海市委书记吴邦国启动彭越浦泵站房按钮发出通水令。经过近万名建设者历时5年施工、长33.39千米的上海合流污水治理一期主体工程正式通水。

## 四、厦门金砖会晤幕后维保

自1998年以来，宝冶承建了厦门国际会展中心一至四期项目及厦门国际会议中心项目建设。2016年12月，金砖五国厦门会晤工商峰会主会场定于厦门国际会展中心举行。宝冶承揽了厦门会晤工商峰会的主会场、新闻中心、餐厅等改造项目。项目管理团队坚持高标准、严要求，克服各种施工困难，25天内完成了从钢结构图纸深化至提升卸载完成，40天内完成钢结构验收的建设新速度，展现了央企的风貌与担当，为金砖五国峰会的顺利召开保驾护航。

工商论坛主会场及新闻中心均选址在宝冶总承包的厦门国际会展中心场馆内，属于旧馆改造

图 11-2-3　宝冶做好厦门金砖会晤幕后维保工作

项目，新建结构位于原场馆内，均属房中房结构，工商论坛主会场改建场馆占地面积为 10 616.39 平方米，总建筑面积 13 374.08 平方米，供金砖会议的工商论坛使用。新闻中心总占地面积约 19 598 平方米，建筑面积约 16 000 平方米，是金砖会议进行全球直播的场所。这是新中国成立以来，福建省厦门市承办的规格最高、规模最大的国际盛会。

自 2017 年 7 月进入保障期以来，主办方要求将一切可以完善的地方进行全方位调整，确保会议万无一失。要求整个场馆任何时候不得有漏水现象、空调等设备时刻保持正常运转、室内空气达到国标优良水平、场馆内每个地方的温差不得超过 0.3℃、保证无体感差异、出现问题必须立即解决、会议保障期间所有保障人员必须按时到岗直至会议结束等。

图 11-2-4　严格控制厦门金砖会晤会场温度

宝冶在建设时，选择环保型材料，所有可能产生污染的材料全部经国家建筑材料测试中心进行环保检测，检测合格后才允许进场。建成后，为进一步优化空气质量，选择遍布场地的大功率排风机进行抽排空气，加快有害物质的尽快释放，并且根据需要满铺茶叶梗、炭包及空气净化设备等。会前空气质量经国家建筑材料测试中心检测，苯、甲苯、二甲苯含量未检出，甲醛含量为 0.046 毫克/立方米，空气质量远远高于国家标准。在会议过程中，VIP 区域、主会场温度控制尤为重要。项目部通过多次实时演练，不断完善保障方案，将会议现场温度严格控制在 24.5℃—25℃，而在主席台和发言席位置温度更是控制在 24.8℃—25℃之间，创造了“有风但无风感”的会场环境。由于每个会议室、会场、茶歇区、卫生间等因人流量、空间大小、大门是否开启等原因很难达到温度一致，保障团队完全模拟会时状况，采取各点实时监测，通过实测数据调整组合式风柜加装的变频器调整风量、调节设备及比例积分阀的状态、设置场馆温度同步调整，经过多次调整与摸索，终于使得场馆内每个位置的温差为 ±0.3℃，达到体感一致。

2017 年 9 月，为表彰厦门分公司在金砖国家领导人第九次会晤筹备和服务保障工作中的突出表现，中共福建省委、福建省人民政府授予宝冶厦门分公司先进集体称号，授予孙守先、王桂森、杨永义、李晓亮、聂月强 5 人福建省先进个人称号；中共厦门市委、厦门市人民政府授予李彦斌、陈泽鑫、赵佳毅、陈宝新、杨柳 5 人厦门市先进个人称号。

## 五、护航中国国际进口博览会

图 11-2-5　宝冶承建进博会主场馆桩基工程

2018 年 11 月 5—10 日，首届中国国际进口博览会在上海召开。宝冶作为全球顶级盛会专业服务商，为进博会的召开全面保驾护航。

在 2012 年，宝冶就承建了进博会主场馆（国家会展中心）的桩基工程。该项目工程量大，工期紧，同时工程又毗邻地铁 2 号线和多条河道，最近处只有一百米不到。宝冶的建设者们根据现场实际情况制定施工方案、进度计划，采取加设备、加供桩厂家、加大资金投入、合理安排安全措施等手段来抓进度、促质量、保安全，最终高效、优质地完成了桩基工程。

闪耀世界的进博会主场馆（国家会展中心），是由中国商务部投资兴建的大型国际会展综合体项目，属国家及上海市重点工程，同时也是上海市围绕经济产业转型的一大力作。这座代表中国对外开放与包容精神的地标建筑，外形极具美感，形同一株“四叶草”，其中有一片“叶子”来自宝冶。2013 年，宝冶参建了中国博览会会展综合体（北块）项目 D1 展厅钢结构工程，该项目获得国家优质工程奖。

图 11-2-6　宝冶承建进博会周边区域形象提升工程

浦东国际机场是进博会重要的交通枢纽，上海市为此专门新建了浦东国际机场港湾机坪，它成为进博会专用机坪之一。2017 年，宝冶承揽此项工程，在施工中首次采用道面滑模施工工艺，圆满完成施工任务，保证进博会期间北港湾作为专用机坪投入使用。

2018 年 6 月，宝冶参与到博览会周边区域形象提升工程中来，先后承担了诸光路道路中修工程、谢卫路道路中修工程以及会展周边道路项目、徐泾镇市容市貌综合整治工程和徐泾镇镇区周边综合整治及远大健康城周边综合整治绿化改造工程。宝冶人克服重重困难，以“最快速度，最优品质”，提前 15 天完成 3 大项目 9 条道路的建设，为进博会全面护航。

# 第二节　节能减排绿色施工

随着中国经济社会发展水平的提高，人们对健康与环境更加关注，企业在工程建设中要最大限度减少施工对环境产生的负面影响,实现资源集约和环境友好。2010年,住房和城乡建设部发布国家标准《建筑工程绿色施工评价标准》,为绿色施工评价提供了依据。宝冶深刻认识到推广绿色施工是践行绿色发展理念,推进生态文明建设的必然要求;是促进建筑领域节能减排,积极应对气候变化的迫切要求,以"创新、协调、绿色、开放、共享"为发展理念,不断推进节能减排和绿色施工,提升企业竞争力。

宝冶从2011年开始参加全国绿色施工示范工程评选,截至2018年参加了6届全国绿色工地评选工作,共有8个项目获得全国绿色施工示范工程证书。

## 一、深圳大运中心主体育馆

深圳大运主体育馆是宝冶继奥运、世博、亚运等重要场馆建设后承担的又一项重大工程,在低碳环保的潮流引领下,大运会对发展绿色建筑、推行绿色施工要求更高。

图11-2-7 宝冶承建深圳大运中心主体育馆

大运主体育馆7万多平方米面积,1.8万观众容量,能满足多种国际比赛赛事,堪称国际一流的场馆。

宝冶在施工中大力推广绿色施工技术,提高绿色施工管理水平。推广运用"建筑业10项新技术"。有针对性地确立新技术的33个子分项,如地基基础和地下空间工程技术、高效钢筋与预应力技术、新型模板及脚手架应用技术、建筑节能和环保应用技术、建筑防水新技术、直饮水技术和太阳能光热等节能、环保技术等。并根据项目难点和重点情况,设立6大项重点技术攻关和创新项目。在机电安装施工中完成数十千米重型矿物绝缘电缆施工,施工周期短,施工用料少,避免了能源的二次浪费和二次污染。在土建施工中,清水混凝土是绿色环保混凝土,可消除混凝土诸多质量通病,全面提升混凝土结构施工质量管理工作。清水混凝土预制看台施工技术,看台板面不需剔凿修补、不抹灰,减少大量建筑垃圾,舍去涂料、饰面等化工产品,有利于环保。透水性混凝土地面施工可减轻降雨季节道路积水所造成排水系统的负担,吸收车辆行驶时产生的噪声,回收补充城市地下水资源,增加城市可透水、透气面积,调节城市气候,缓解城市"热岛现象"。

新技术的推广应用,保证和提升了工程质量,清水混凝土施工成品质量获深圳大运中心清水混凝土施工质量优胜奖,钢结构施工获深圳市优质结构奖、粤钢奖和钢结构国家金奖。同时,新技术的应用降低了建设投资工程造价和施工成本,节省了交付使用后的运营管理成本,延长了建筑物的使用期,降低今后维修费用,取得多赢效应。

## 二、安钢焦炉脱硫脱硝EPC总承包项目

2017年4月,宝冶承建安钢焦炉脱硫脱硝EPC总承包项目,在钢铁冶金环保项目建设上具有

标杆和示范性意义。安钢焦炉脱硫脱硝项目，是集设计、采购、施工于一体，主要采用国际先进、国内一流的活性炭——烟气逆流集成净化技术，在安钢6座焦炉附近建设5套烟气脱硫脱硝环保装置。2017年5月初开工后，项目建设者克服多种不利因素影响，严把项目建设质量、安全关，至当年10月12日，建设完成的5套烟气脱硫脱硝环保装置全部通过焦化烟道气排放达标测试，稳定实现焦炉烟气脱硫脱硝处理能力14万标方/小时至18万标方/小时目标，污染物排放含量达到国际标准，极大降低安钢焦化烟气污染物硫和硝的排放含量，有效满足国家对大气污染物特别排放限值标准要求。脱硫脱硝技术被《世界金属导报》评为2017年度世界金属工业工程十大技术，受到钢铁冶金行业高度关注。

## 三、首钢京唐钢铁公司烧结烟气脱硫脱硝深度改造工程

2018年9月10日，宝冶承担首钢京唐钢铁联合有限责任公司炼铁部烧结烟气脱硫脱硝深度改造工程脱硝部分EPC总承包工程(第二标段、第三标段)。该工程位于河北省唐山市首钢京唐钢铁联合有限责任公司炼铁部，采用国家工信部在“大国重器”网站栏目重点介绍的工艺技术。该工程按优于钢铁烧结烟气超低排放试行指标和全生环保的要求建设，对促进国家钢铁行业超低排放治理质量的提高起到积极的引领和示范作用。

图11-2-8 首钢京唐烧结烟气脱硫脱硝深度改造工程

项目采用“SSC烧结(球团)烟气干式超净+工艺”，除了可保证“$SO_2$、$NO_X$、烟尘”三个现行主要污染物指标实现超低排放外，还同时高效脱除包括$SO_2$、HF、HCl等酸性气体，汞、铅、砷等金属，以及二噁英等在内的多污染物，烟囱排气透明，无烟气“白龙拖尾”问题，同时无任何废水排放，脱硫脱硝副产物可实现资源化综合利用。这一改造工程有助于首钢京唐钢铁公司的大型烧结概率先在世界上实现最洁净排放和全生态链环保。

## 四、河钢产业升级及宣钢产能转移项目

河钢产业升级及宣钢产能转移项目是河钢集团落实京津冀协同发展战略，满足2022年冬奥会碧水蓝天的需要，实现产业升级及将宣钢产能转移至沿海，建设“绿色化、智能化、品牌化”精品钢铁基地的重大举措。该项目位于河北省唐山市乐亭经济开发区，“整体规划，分步实施”的原则分两期建设，第一期实施800万吨规模，第二期再实施800万吨规模。一期炼钢工程总工期14个月，厂房总长497米，总宽253米，厂房建筑面积约10.6万平方米，主要设施有2套机械搅拌式脱硫装置，2座200吨转炉，2套LF炉，2套RH真空处理装置等及其配套设施。该工程于2018年4月23日开工，同年11月23日实现主控楼封顶。

## 第三节　推进新旧动能转换

中国特色社会主义进入新时代,从传统的旧动能转向高效、绿色发展的新动能,对每个产业都带来了前所未有的机遇和挑战。山东新旧动能转换综合试验区是党的十九大后获批的首个区域性国家发展战略,也是中国第一个以新旧动能转换为主题的区域发展战略。

宝冶在山东"新旧动能转换"重大工程建设中,担当央企责任,倾力助推"新旧动能转换",在日照钢铁精品基地、绿色环保建筑、世界最美海湾等领域匠心打造一个又一个精品。

### 一、山钢日照钢铁精品基地

山钢日照钢铁精品基地项目是山东省省级示范性重点工程,是山东省钢铁产业结构调整重点项目,对于促进山东省钢铁产业转方式、调结构具有重要战略意义。精品基地计划年产铁 810 万吨、钢坯 850 万吨、钢材 790 万吨,主要生产热轧薄板、冷轧薄板、镀层钢板、宽厚板等高技术含量、高附加值产品,满足海洋工程、汽车、家电、轻工等行业的高中档次需求。

图 11-2-9　宝冶承建的山钢日照钢铁精品基地宽厚板工程

宝冶以日照精品钢铁基地建设为着力点,把推进新旧动能转换作为新时代央企的重大责任,充分展现新作为。自 2016 年以来,先后承担了原料场,一、二号连铸机,2 030 毫米冷轧Ⅱ标,4 300 毫米宽厚板,3 500 毫米炉卷二标段等工程。

宝冶在 2 030 毫米冷轧工程中推广应用《建筑业 10 项新技术(2017 版)》中的 8 个大项、22 子项,其中应用突出的有:高耐久性混凝土、自密实混凝土、深基坑施工监测、机电管线及设备工厂化预制、基于 BIM 的现场施工管理信息等技术;推广应用"现代工业管道数字化预制技术研究与应用"等 5 项已有技术成果;组织开展"模块化钢结构制作安装技术研究与应用"等 6 项自主技术创新;形成"一种液压组合式提吊旋转安装技术深化研究与应用"科技成果;申请 8 件专利,其中发明 1 件,获得工业管道数字化工厂预制施工工法(省部级)1 项;获得中国施工企业管理协会科技创新成果(一等奖)等 13 项奖项,有效地节约资源,保护环境,通过中冶建筑新技术应用示范工程验收。

至 2018 年底,宝冶在山钢日照钢铁精品基地建设中获得多项荣誉,为打造绿色、智能、高端、高效、国际化的山钢做出了贡献。2016 年,宝冶工业工程公司一、二号连铸机工程项目部、高炉工程事业部原料场工程项目部获山东省工人先锋号称号,中冶东方基地原料场工程项目部获山东省冶金行业工人先锋号称号,山钢 2 030 毫米冷轧项目部总工程师曲伟获工匠能手称号。2017 年,宽厚板项目部荣获山东省工人先锋号称号;2 030 毫米冷轧项目部陈春清荣获山东省冶金行业五一劳动奖章。

## 二、绿色环保建筑的示范基地——德州太阳能小镇

德州太阳能小镇是2018年第二届中国国际太阳能十项全能竞赛的主场地，是由宝冶承建的集场馆、会议办公、商业、市政道路等于一体的综合性建设项目。宝冶承建了太阳翼、光明阁、超级大棚、配套区广场、参赛区广场等内容。小镇依托竞赛展馆的科技气质，打造以科技博览为主题，融生态、科学、旅游为一体的绿色创新中心。

智汇光谷是为参赛代表、国内外专家及企业提供专业探讨和科技文化交流场所。由14个伞状结构组成，结构复杂。包括学生中心、企业中心、学术中心、宴会厅及张拉膜大棚五个单体，总重达7 200吨，总体跨度为280米，宽度144米，最大高度为31米。智汇光谷的张拉膜面积达56 080平方米，是仅次于上海世博轴张拉膜(68 000平方米)的亚洲第二大张拉膜结构，其中，最大单个张拉膜(企业中心)尺寸达到96米×96米。张拉膜结构建筑，又称为索膜结构，是由多种高强薄膜材料及加强构件(钢架、钢柱或钢索)，通过一定方式使其内部产生一定的预张应力。建筑采用国际先进的PDFE高分子材料，该膜具有自净功能，几乎不需日常保养，雨水即可清除主要污垢。

**图11-2-10 宝冶承建的德州太阳能小镇**

宝冶用一年时间完成13万平方米、9个建筑单体的施工，打造了一个新能源建设较高水准的德州太阳能小镇新城。

## 三、青岛西海岸“蓝湾路慢行系统暨视觉通廊”工程

青岛被“世界最美海湾”组织评为世界三十大最美海湾之一，青岛蓝湾路慢行系统及沿海视觉通廊把新区滨海岸线旅游资源及滨海文化项目串联一体，助力青岛西海岸打造成为世界级最美海湾。

该项目位于青岛市银沙滩西至珊瑚贝桥区间，起于银沙滩西，止于滨海大道的星光岛珊瑚贝桥，全长30.5千米，新建绿道长16千米。施工内容包括道路、桥梁、铺装、绿化景观、海堤、景观照明等。整个蓝湾项目亮化及智能化工程的方案设计、施工图设计及供货施工全部由宝冶独立完成，打造沿海生态特色的“网红地”以提供趣味游览、绿色生态、时尚运动、创意休闲等功能，串联多个现有景观旅游活动节点，着力塑造融于片区的景观风貌，受到社会各界的广泛赞许。

# 第十二篇

## 人物

在公司60多年的发展进程中，一代代宝冶人始终坚持艰苦奋斗、开拓创新、超越自我、敢为人先的企业精神，为国家建设和企业发展贡献出自己的智慧和力量，涌现出一大批杰出的领导干部、知名专家和先进模范人物，成就了宝冶在民建和冶金工程总承包两大领域协同发展的卓越境界。

人物传记中立传人物为具有鲜明时代特色，在公司发展历程中作出突出贡献的人员，分别是摧毁旧中国的战斗英雄、建设新中国的人民功臣韩喜；获首届全国劳模称号的马达专家童选卿；改革开放初期的时代先锋、摩托经理王茂松；在平凡岗位闪耀光芒，书写新时代工匠之歌的全国焊接技术能手毛琪钦。

人物简介中收录11名获全国劳模称号、全国五一劳动奖章的人物事迹，24名获省部级劳模称号的人物简介，以及不同时期历任公司领导班子成员的简介。

人物名录收录获国家级荣誉集体和个人、省部级荣誉集体和个人、历任公司领导班子名录、公司总经理助理及副三总师名录、公司中层管理人员名录、公司直管项目部领导名录，公司首席专家、高级专家、高级职称人员名录，省部级以上工匠、技术能手、优秀项目经理名录。

# 第一章 人物传记

## 韩喜传

——战斗英雄的钢铁人生

韩喜，黑龙江省勃利县人，1925 年 9 月生，1999 年 5 月 12 日逝世，享年 74 岁。1947 年 3 月加入东北民主联军第十纵队（后改称中国人民解放军第四十七军），1948 年 1 月在辽宁省铁岭市开源独立二十八师加入中国共产党。历任中国人民解放军四十七军战士、侦察员、侦察班长、排长、连长等职。1953 年 5 月后任重工业部有色局一公司一工地主任、武钢五公司三工地（高炉工地）主任、副经理、经理，一冶四川峨眉七三九厂工程指挥部指挥长、工委书记和四川江油六五四厂工程指挥部党委书记。1968 年 6 月后任攀枝花冶金指挥部革委会副主任、武装部长。1972 年 10 月任攀枝花第二指挥部（二号信箱）革委会副主任，1978 年后任十九冶副经理，1978 年 5 月任上海宝钢工程指挥部十九冶分指挥部副指挥长，1978 年 11 月任党委副书记、副指挥长，1981 年 6 月至 1986 年 7 月任十九冶上海分公司、上海宝钢冶金建设公司经理。

### 摧毁旧中国的战斗英雄

1947 年至 1949 年，韩喜先后参加解放战争辽沈战役忠固火车站战、新开原战、高家窝棚战、张家楼战、何家油坊战、白龙山战、黑山阻击战、大庸战、古庸战、四川白涛镇战、四川风罗场战、贵州白头镇战等；1949 年底至 1951 年，历经湘西剿匪、海南岛剿匪；1951 年赴朝鲜参加抗美援朝战争。

1947 年 8 月，韩喜在辽宁抚顺战斗中孤身一人炸毁国民党二〇七师指挥所，二次立大功，获军部颁发的“独胆英雄”奖章；同年冬，韩喜在法库（何家油坊）战役中，平端机枪冲在最前面向敌人扫射，立大功一次；白龙山战役中，在只剩下最后两名战士时，攻打并占领了敌人的中心地堡，韩喜升任副排长，获英雄奖章；1947 年底至 1948 年初，在新开原战役中立大功一次；1948 年 10 月，在辽沈战役辽西黑山狙击战中，他带领 9 名战士击退敌人两次强大的冲锋，把敌人抛来的手榴弹反掷回去，炸死 6 名敌兵，最后他只身固守阵地，英勇作战，打垮敌人十多次冲锋。高家窝棚战役中，敌人在一座房子里利用机关枪和冲锋枪扫射，韩喜从敌人房子后面的窗户跳进去，抓获 50 多名俘虏，缴获 4 挺机关枪、50 多支步枪、冲锋枪 5 支等；在开原单独与国民党蒙古骑兵作战，英勇顽强打退敌人，立大功二次，获战斗英雄奖章；1949 年，在挺进大西南的四川白涛镇战斗中，带领 8 名战士，运用机动灵活的战术，活捉国民党十四兵团中将副司令钟彬，截获蒋介石密信；1949 年在贵州白头镇战斗中，被评为模范党员、模范干部。1949 年底至 1951 年，参加湘西剿匪，获湖南省模范党员、湖南省模范干部称号和湖南省人民功臣奖章；参加海南岛剿匪，获特等功臣。由于他多次参加重大战役和战斗，屡立战功，被中国人民解放军四十七军授予模范干部、模范党员称号，并代表四十七军出席中南第二次军政委员会召开的战斗英雄大会。1951 年参加抗美援朝，在朝鲜战争中被称为“铁在燃烧”的铁原阻击战中身受重伤，把热血洒在了朝鲜战场，送回祖国后在牡丹江陆军医院治疗，被评定为二等一级残废军人。

## 建设新中国的人民功臣

1953 年 11 月至 1956 年 3 月，特等战斗英雄韩喜从部队转业到地方工作，在重工业部有色局一公司一工地任工地主任，参加哈尔滨一〇一厂工程建设。1956 年 4 月至 1958 年 9 月任武钢五公司三工地(高炉工地)主任，该工地连续四年被评为武汉市安全、生产双丰收先进单位，成为武汉市安全、生产的一面红旗。1958 年 9 月起，任武钢五公司副经理、经理等职，被湖北省委命名为“党的好干部”，并号召全省人民向韩喜学习。

1958 年 9 月，武钢一号高炉即将投产的前夕，高炉指挥部下达绑扎炉体钢筋网的紧急任务。时任武钢五公司主管安全的副经理韩喜采取了降温措施后，带领钢筋工钻入经过烘烤预热的炉子里，与工人们一起战斗一整天，完成了紧急任务。韩喜把关心群众和狠抓施工统一起来。韩喜领导制订安全生产计划和措施，经常布置、检查、总结安全工作。武汉市劳动局撰文“是好领导，又是好安全员”，赞誉韩喜大抓安全生产。

为了武钢一号高炉早日出铁，韩喜把行李卷搬进高炉工地前沿工棚，和职工同吃、同住、同劳动。有人骂知识分子是“臭老九”，韩喜却把工程技术人员当“宝贝”，他们挑灯画图夜战，韩喜就端茶递烟送饭。工程到了关键时刻，工人三班倒，韩喜也三班倒。

1958 年 9 月 13 日，武钢一号高炉建成投产，毛泽东主席亲临参加投产仪式。武钢党委总书记李一清向主席介绍说：“这位是解放战争的独胆英雄、湘西剿匪的特等功臣、抗美援朝的荣誉伤残军人、全省劳动模范韩喜，这座高炉就是他领导建设的。”毛泽东主席高兴地紧紧握住韩喜的手，并递给韩喜一支大中华牌香烟。韩喜把毛泽东主席送的香烟装在一个小铁盒里，外边再用红绸子紧紧裹好，时刻带在身边。

1959 年 8 月，武钢初轧厂已经打好了柱子基础，但不知水泥是否达到技术标号，技术员陶梳琨请示韩喜，韩喜说：“站在八米外，向基础打三枪，然后用黄泥填进弹痕，再测量它的体积，就可以知道水泥标号了。”技术员听他这一说，比他找了几天的资料还详细具体，从此，韩喜这个“土专家”的名声就传开了。

1960 年，《长江日报》刊载武钢高炉工地主任韩喜的事迹。时任市委第二书记的李尔重认为，文章没反映出人物的精神面貌，他亲自带着记者前往武钢调研采访，用一周时间从上而下广泛搜集材料，最终四易其稿成就佳篇。7 月 6 日，中共武汉钢铁公司委员会作出《关于学习韩喜同志的决定》、汇编了《向韩喜学习》的材料。8 月 12 日，中共武汉市委作出《关于推广韩喜领导经验的决定》，市委认为：韩喜在依靠党，维护党的领导，听党的话，执行党的决议上表现了高度的自觉。他坚持群众路线的工作作风，以高度的自觉关心群众，联系群众，依靠群众，创造性地运用马克思列宁主义的工作方法参加生产、领导生产，大种试验田。他的领导经验贯穿着鲜明的无产阶级立场、观点和方法，对于改进领导作风意义重大。面对赞誉，韩喜说“只要有群众，再大的困难也能战胜”；“我个人没有什么能耐，什么事都得依靠群众，离开了群众我寸步难行”。

武钢工地的工人们这样歌唱韩喜：韩喜同志不简单，早晚工地转几圈；哪里关键他知道，艰苦困难他先干；有事干活在一块，下班以后把心谈；这样工作起干劲，任务天天超额完。

武钢一号高炉建成后，韩喜坚持群众路线与科学技术相结合的原则，在新中国钢铁建设行业创建了工人与技术员相结合，将企业民主管理具体化，他首创了干部和群众、政治和经济相结合的好办法，在韩喜的指挥下，武钢二号高炉基础浇筑仅用 16 小时就完成，武钢二号高炉施工工期创造了国内新纪录。

1961—1964 年，韩喜参与指挥安徽马鞍山轮箍厂工程建设，结束了我国从 1876 年以来一直进口洋轮箍的历史。韩喜不顾抗美援朝战争中的伤残身体，拒绝组织上的任何特殊照顾，在国家三年经济困难时期和参战的职工一样，吃的是高粱面、红薯粉捏成的“小二黑”，喝的是能照见人影的稀米汤、玉米糊糊，住的是四壁透风的芦席棚。马鞍山轮箍厂的建成同大庆油田投产、万吨水压机制造成功和原子弹爆炸成功一起，成为我国工业和国防建设的四大成就，被载入共和国史册。

在“文革”期间，韩喜立场坚定，同错误路线进行坚决斗争，始终坚持在施工生产第一线，组织指挥施工生产，使攀枝花钢铁基地和武钢“一米七”工程按期建成，完成了党和人民交给的光荣而艰巨的任务。

1964 年 10 月，韩喜率先带领一冶一支精干的建设队伍首批进川，参加三线建设。先后任四川峨眉七三九厂工程指挥部指挥长、工委书记和四川江油六五四厂工程指挥部党委书记，指挥建设了七三九厂和六五四厂。1967 年 6 月，与建设公司大军会师金沙江畔，开始了攀枝花钢铁基地的建设，曾任第二指挥部副指挥长、冶金部第十九冶金建设公司革委会副主任等职。韩喜把妻子及孩子留在武汉，只身进川，10 年仅回武汉探亲二次。韩喜日夜滚在工地，和大家抱成一团，在攀西大裂谷的攀枝花，建起一个年产 150 万吨的钢铁联合企业。

1974 年 7 月，回师武汉，参加我国引进工程——武汉“一米七”热轧工程建设。韩喜时任十九冶武钢“一米七”热轧工程指挥部副指挥长，主管施工，经过干群协力四年奋战，建成了武钢“一米七”热轧厂。期间，韩喜由于劳累过度病倒在工地，经检查韩喜的肝脏肿大、肺部严重感染。医生要他安心住院治疗，但韩喜放心不下现场施工，病情稍微有些好转就偷偷跑回了工地。

1978 年 8 月，韩喜带队东进上海参加宝山钢铁总厂的建设，先后任上海宝钢工程指挥部十九冶分指挥部副指挥长、党委副书记、冶金部十九冶上海分公司经理、上海宝钢冶金建设公司经理等职。

党的十一届三中全会以后，韩喜带领广大干部职工解放思想，艰苦奋战，高速优质地完成宝钢一期工程建设任务，保证了宝钢一号高炉按期建成投产，整个工程质量优良，获国家优质工程金质奖，韩喜记宝钢建设一等功。1985 年 9 月 15 日，韩喜和国务委员宋平、冶金部老部长李东冶等一起，手举火把为宝钢一号高炉投产点火。

图 12-1-1　韩喜(中)陪同中共中央书记处候补书记郝建秀(左二)视察宝钢炼钢厂

韩喜亲自参与指挥、组织宝冶职工落户上海，通过各种渠道向中央、上海市和冶金部领导反映宝冶户口问题的实际情况，反映职工群众的愿望和要求，对宝冶落户上海起到了重要作用，为宝冶的生存、发展奠定了坚实的基础，为 18 000 余名职工办了一件大好事，深受广大职工的拥护和爱戴。

1987 年 3 月，韩喜离职休养。韩喜想起了 1958 年向毛泽东主席做出的承诺：一生要为共和国建设十座高炉。韩喜屈指一算，武钢的一、二、三高炉，攀钢的一、二号高炉，宝钢的一号高炉、抢修鞍钢九号高炉，重钢四号高炉，以及重兵大修的梅山一、二号高炉,正好十座高炉。

1999 年 5 月 12 日凌晨 1 时 20 分,韩喜因患癌症医治无效,在宝冶医院逝世,享年 74 岁。5 月 16 日上午 10 时,韩喜遗体告别仪式在上海市宝山区杨行殡仪馆举行,韩喜的骨灰安放在上海龙华烈士陵园。

韩喜的一生是革命的一生,战斗的一生,是献身冶金工业建设的一生,更是全心全意为人民服务的一生。

## 童选卿传

——首届全国劳模的"马达"传奇

童选卿,湖北武汉人,1930 年出生,1945 年在湖北机械厂参加工作。1952 年调入辽宁鞍山钢铁建设公司电装公司,并加入中国共产党。1955 年获青年社会主义建设积极分子称号,受到毛泽东、周恩来等党和国家领导人的接见。1956 年获全国先进生产者称号,成为首届全国劳动模范。1957 年调入一冶电装公司,历任黄石工程处副主任、加工厂副厂长、机械科副科长、电装一队党支部书记、科长,参与武钢建设。1965 年调入十九冶电装公司任党支部书记、计划科科长,参与攀钢建设。1978 年后参与宝钢建设,担任十九冶上海电装公司副经理,1984 年担任电装公司工会主席,并被聘为马达安装技术顾问。1990 年退休,返聘担任技术顾问。1995 年后正式退休。

### 赤子初心

1945 年,年仅 15 岁的童选卿进入湖北机械厂做钳工学徒,亲历了国民党政府的腐朽与压迫。1949 年 5 月,武汉三镇即将迎来解放。童选卿和几十名工友一起手持棍棒,与败退前来破坏工厂的国民党上尉连长僵持不下。很快,解放军接管了工厂,不仅给童选卿和工友们补发了之前被拖欠三个月的工资,还选派得力干部迅速组织恢复工厂的生产。这让童选卿对共产党有了全新认识,也在他心中埋下一颗社会主义的种子。

1950 年,工厂更名为汉口船舶机械厂(后为武昌造船厂),为了尽快恢复正常的社会经济秩序,武汉市政府要求工厂修复一艘从汉口到武昌的过江轮渡。在技术科的指导下,童选卿成功制作出一台蒸汽机,驱动船上的发电机为全船照明设备供电。此时的童选卿已经展露出一个技术人员的天赋和秉性。

随后,童选卿迎来第二个重要任务。新中国成立初期由于武汉粮食短缺,需从湖南省调粮。但洞庭湖水道堵塞,急需一艘挖泥船疏通航道。童选卿和工友们在工程师的指导下,夜以继日,成功设计制造了一艘挖泥船。但船上使用的无缝钢管新中国并没有能力制造,只能从日本进口,日本商人以次充好,导致挖泥船使用不到 3 个月,因无缝钢管质量问题直接爆裂开来。这件事对童选卿触动很大,当时就下定决心,有朝一日,一定要生产出我们自己的优质钢管。

### 初识电机

新中国成立后,钢铁工业的基础十分薄弱,全国几乎没有一家完整的钢铁联合企业,随着以重工业为重点的工业化战略的实施,1952 年,由大型轧钢厂、无缝钢管厂和七号高炉组成的鞍钢三大工程破土动工。经过组织考核和选拔，童选卿怀着报效祖国的热情从武汉来到千里之外的鞍山，从此，他的人生就和新中国的钢铁事业紧紧联系在一起。

来到鞍钢后，童选卿被编入马达工段，该工段专门负责电动机的安装。鞍钢当时由苏联援建，电气设备也全部来自苏联，童选卿对电动机的安装一无所知，所有的操作都只能在苏联专家的指导下完成。童选卿心里憋着一股劲，边做边学，在第一联发电机安装完成后，童选卿就已经将其安装工艺默记于心。由于鞍钢建设工期紧、任务重，童选卿就和工友们晚上加班加点，独立完成了第二联发电机的安装。第二天苏联专家来到现场后大声训斥童选卿，他不相信中国人可以独立完成大型发电机的安装。但质量检查完后的结果让他大吃一惊，发电机的安装丝毫不差！从那之后，童选卿开始独自承担越来越多的安装任务。

童选卿在鞍钢建设期间一共安装了 165 台大型电动机，他带领小组亲自安装了无缝钢管厂第一台大型无缝钢管穿孔机的大马达，这台“英雄设备”生产出了新中国第一根优质无缝钢管，童选卿把这根无缝钢管紧紧地握在手中，激动得热泪盈眶，他终于实现了自己当初的承诺，也开启了他的马达传奇。

## 荣誉之巅

1953 年 12 月，鞍钢三大工程提前建成投产。1954 年，童选卿被调往鞍钢本溪分公司，参与安装一台来自苏联的 3 000 kW 大型电机，但这台电机没有底座，无法正常使用。根据苏联专家的设计，需要大型刨床才能完成底座加工，但当时找遍本溪市乃至整个辽宁省都没有这样的大型刨床。童选卿根据在鞍钢三大工程建设时期跟苏联专家学习到的经验，结合问题实际，设计了一套底座加工流程，并全程亲自参与底座制作。底座生产出来后，由于和最初苏联专家的设计完全不同，受到质量检测部门的质疑。当马达安装完成后，工作人员使用震动检测表检测马达运转时的震动幅度，第一次检测时，检测表的指针完全静止不动。

“肯定是检测表坏了。”质量检测部门负责人嘟嘟囔囔说道。直到换上第二台检测表、第三台检测表后依然是零振幅时，他们终于相信，童选卿设计的底座达到了惊人的马达运转零震动，这不仅远远超出标准要求，甚至已经超越了苏联专家的设计水平。为此，本溪钢铁公司质量检测部门特意给童选卿颁发免检铭牌，他安装的马达成为免检产品，他的签字就是对质量最好的保证。

1953—1957 年，在参加鞍钢建设的五年里，童选卿没有迟到过一次，没请过一次假，也没回过一次家，所有的春节都是一个人守着马达度过的。童选卿从小就和爷爷亲，1956 年 7 月 22 日，思乡心切的他给家里寄回去了一张自己的照片，照片背后写道：送给亲爱的爷爷纪念，落款是离开您四年之久的孙儿。但当时的童选卿却不知道爷爷在两个月前就去世了，为了能让他安心工作，家里人没有告诉他这个消息，没能见上爷爷最后一面，成了他心里永远的遗憾。

1955 年，因为在工作中的突出贡献，24 岁的童选卿被共青团中央授予青年社会主义建设积极分子称号，并参加了第一届青年社会主义建设积极分子大会，在中南海怀仁堂受到毛泽东、周恩来等党和国家领导人的接见。1956 年，童选卿又获颁重工业部和全国先进生产者称号，成为首届全国劳动模范。

## 马达专家

1953 年 9 月 23 日，中央人民政府副主席朱德视察鞍钢，并为全体职工题词：“为建设中国第一个强大的钢铁基地，为准备帮助中国的第二个、第三个钢铁基地的建立而努力。”在冶金建设刚刚起步、人才奇缺的年代，童选卿这样参加过鞍钢三大工程建设的人才，犹如种子般珍贵。当时的鞍钢就像一束成熟的蒲公英，而童选卿和其他技术骨干们则像蒲公英的种子，撒向祖国需要之地，这是新中国钢铁事业腾飞的前夜。

1957 年，童选卿离开战斗了 5 年的鞍钢，被调往武建电装黄石工程处任副主任，参与武钢建设，直接与东德的马达专家对接。当时有一台来自东德的轧机大马达，马达的转子接手需要加热膨胀后套装在转子轴上，但由于缺乏专用的加热装置无法安装。东德专家建议就地建设一座加热炉，但这不仅提高了安装成本而且耽误工期。童选卿大胆借鉴在鞍钢工作的经验，以包装电机的木箱为燃料，特制一个燃烧空间，直接对转子接手进行加热，从而达到局部热胀冷缩的效果，同时采用自制的测量工具来监测接手热膨胀的尺寸。现场的东德专家连连摇头，对童选卿的安装方法十分不屑，但安装结果出乎意料的成功，东德专家高度赞誉，盛邀童选卿到东德的工厂观摩交流。

20 世纪 60 年代，党中央为改变国内钢铁工业布局、开发攀西资源、建设大三线做出重大战略决策——建设攀钢。1965 年，童选卿被组织调往十九冶电装公司，支援攀钢建设。在一次粗轧厂轧机大电机的安装（调试）过程中，由于设备陈旧，直流电机在运转过程中存在发热现象，童选卿在设备边守了一天一夜，反复观察、琢磨，终于发现是电机转子主轴受力不均所致，从而成功排除故障。

图 12－1－2　童选卿检查电机时的情景

1979 年，童选卿跟随十九冶电装公司来到上海，开始参与宝钢建设。在宝钢水库建设期间，水库主泵电机需要站立式安装在水中，这是一个全新挑战。由于受水流影响电机一直晃动无法定位，安装人员无计可施，只得向上级领导求助，希望请调葛洲坝水电站的马达专家支援。宝钢工程指挥部的领导指示不必舍近求远，并推荐了童选卿。童选卿来到现场后，观察了半天，然后下令停工 3 天。

面对已经被工期压力急得红了脖子的施工队长，“蛮干没有用”童选卿说道，“如果不停工 3 天找出问题所在，就是再耗上 3 个月马达也装不好”。童选卿给电机装上两个水平仪，观察电机的晃动情况，发现电机晃动与涨潮时间有密切关系。他随即展开更加细致的观测，通过连续 3 天的纪录之后发现每天 9 点是水流最平稳的时候，此时马达可以实现准确定位。这个发现最终实现主泵电机的成功安装，首次完成竖式电机的安装。

在整个职业生涯中，童选卿亲自安装和指导安装的马达数以千计。他不断培养起来的观察能力、学习能力和实践能力，加之特有的专注、执着和勤奋的性格特质，让他成长为一个非科班出身的工程师，最终成为宝冶首屈一指的“马达专家”。

## 红旗设备

20 世纪 80 年代初，宝钢建设进入高潮，确保一期工程“85 • 9”（1985 年 9 月宝钢一号高炉投产)投产成为全体宝冶人为之奋斗的目标,而宝钢一号高炉 48 000 kW 大型同步电机的安装是最为关键的一步。这个当时全中国最大、最先进的设备,定子重量就达 100 吨。如何将这么一个庞然大物安全、准确地安装就位?日本专家建议必须拆掉房子,用吊车从屋外吊装定子落位。拆房子肯定要耽误工期,时任现场指挥的童选卿坚决不同意。他和同事们日夜研究施工方案,反复计算试验论证,用一套独有的吊运方案,将定子准确、安全地落到指定位置。原本需要几天才能完成的工作,只花了半天时间就将电机顺利安装到位。在转子安装中,童选卿摒弃了日本专家提供的安装方式,按照他多年安装数千个马达的经验判定日本专家提供的安装方式有极大的质量风险。数个不眠之夜,数次反复的计算试验,最终采取了一个日本专家也没有使用过的方式进行安装,确保了质量万无一失。

人的头发丝直径大概是 0.06 毫米,电机与机械设备连接的同芯度、平行度以及轴瓦顶间隙侧间隙的精度要求 0.03 毫米。能不能把精度调整到 0.01 毫米?日本专家认为不必像在日本一样精度调整到 0.01 毫米,对于宝钢 0.03 毫米的精度已经足够。童选卿又不服气了:你能我也能,为什么日本能做的事情到我们做不到?从 1 道到 3 道,这种精细的调整在这个硕大的电机面前尤为困难。功夫不负有心人,一次次的调整,一次次的比对,经验、耐心、专注与执着发挥了决定性的作用。最终的精度定格在 0.01 毫米,日本专家从此侧目,再也不敢用双重标准、戴着有色眼镜评判中国人了。

一号高炉鼓风机安装以高品质、高效率、高标准的结果顺利完成,于 1984 年 4 月 6 日并网投入一次成功。由于在施工质量上的优异表现,宝钢特别命名这台电机为“红旗设备”。它运行至今,已经成为劳模精神、工匠精神的化身,激励着一代又一代的宝冶人。

## 老骥伏枥

1990 年,童选卿退休,但由于他在马达安装方面的高水平和丰富经验,被宝冶电装公司返聘 5 年,其间两赴攀钢,指导解决马达运转过程中出现的问题,至 1995 年才正式退休。

2019 年 10 月,中华人民共和国成立 70 周年之际,中共中央、国务院、中央军委决定为中华人民共和国成立和社会主义现代化建设作出重要贡献的同志颁发“庆祝中华人民共和国成立 70 周年”纪念章,90 岁高龄的童选卿获颁纪念章。在眼含热泪听完工作人员宣读贺信后,他不住地亲吻手中的纪念章,紧握右拳激动地高呼:“中国共产党万岁!祖国万岁!”这是一个历经沧桑卓绝,亲历祖国站起来、强起来、富起来的老人发自肺腑的感怀。

图 12-1-3　童选卿获颁“庆祝中华人民共和国成立 70 周年”纪念章

# 王茂松传

——改革开放初期的时代先锋

王茂松,男,1933 年 12 月出生于湖北黄陂县,1954 年 6 月参加工作,1956 年 9 月加入中国共产党。他 40 余年如一日,奋战在冶金建设施工第一线,从工人逐级晋升为经理。1978—1989 年,他带领特种公司共完成宝钢建设工作量 2.4 亿多元。在建筑行业处于低谷的 1988 年和 1989 年,全员劳动生产率也达到了 2.3 万元以上,大大高于建筑业国家一级企业的 2 万元的考核指标。宝冶特种公司从 1986 年开始,连续 2 次被上海市命名为文明单位。王茂松先后被鄂、皖、蜀、沪四省市命名为标兵、青年积极分子、铁人式干部,荣立建设宝钢一等功,被评为上海市建设系统标兵、冶金部双文明建设先进个人、上海市劳动模范,1989 年 9 月被党中央、国务院命名为全国劳动模范。他平时喜欢骑摩托车深入一线了解情况及开展工作,人们亲切地称他为"摩托经理"。

## 慧眼识宝,废弃的钢渣也能发挥大作用

1978 年初,王茂松随十九冶先头部队来到宝钢工地,他无意中发现长江边有一座占地 40 多万平方米的钢渣山。他主动找到钢渣单位上钢五厂,以"帮助清渣并把废钢铁拣出来给厂方"为条件,把这座"宝"山"攫为己有",大部分人以为这是一堆废料,甚至是个包袱,都没认识到它的价值。

在宝钢自备电厂灰坝施工中,王茂松和华东电力设计院的同志共同建议,用一部分钢渣代替毛片石。可是正在施工顺利进行的时候,遭到宝钢工程指挥部一位领导的坚决反对,并让王茂松写检查。王茂松顶着压力,组织起一个技术攻关小组,利用业余时间搞实验。他们筑起了 100 余米长的钢渣实验坝,这条实验坝经过特大潮汛和台风的袭击,岿然不动,稳如泰山。在筑实验坝的同时,王经理又派工程师到北京、天津向一些专家教授请教,经过专家们的研究实验,确认钢渣在建筑灰坝工程中替代毛片石是没有问题的。这就是从理论和实践两个方面证明了钢渣完全可以代替石料。在铁的事实面前,人们心悦诚服了,同时也把钢渣的销路打开了。

因为宝钢濒临长江,地势又低,铺路、筑坝需要大量石料。钢渣代替石料,在施工紧张的时候,不但能降低成本,而且能节省宝贵的时间,仅用钢渣代替石料这一项,几年下来,就为国家节约资金 1 200 多万元,而当时在深圳建设一座年产 5 万吨的水泥厂只要 300 万元。

## 战天斗地,长江引水工程甩掉"危险工程"的帽子

长江引水工程是宝钢重要的配套项目,投资 1.2 亿元,这是在特定的情况下,边设计、边测试、边施工的一项非常艰巨的任务。由于设计变更延误了时间,工期由原来 3 年半缩短到 2 年半。1983 年 3 月,长江引水工程正式开工,身为前线指挥者,王茂松深感责任重大,因为这是在国务院挂了名的"危险工程",如果不能按期完成,宝钢一期工程"85・9"投产就是一句空话。王茂松接受了任务,迅速调集精兵强将 200 人,配备 117 台车辆机械,组成阵容强大的机械化部队投入施工。

王茂松每天工作 10 余个小时,"危险工程"这顶帽子压得他喘不过气来。他琢磨出了学习农村的经验,搞联产承包的办法,首先和承担抛石任务的各汽车班签订联产计酬合同。这样极大调动了司机们的积极性,单机平均日抛石量由 101 吨一跃而为 240 吨,工程进度突飞猛进。

在工程施工顺利进行的时候,1984 年 3 月 16 日,调蓄水库发生灌涌,江水不断从缺口涌入,闭气土一下子塌方 20 多米长,若不设法堵住灌涌,整个调蓄水库就将毁于一旦,后果不堪设想。王茂松立即调来 8 台推土机、30 多辆汽车,对堤身进行填土压实。又骑摩托车来回 100 多里路,搬来救兵,发动和组织近百名职工,拆房架,扛石棉瓦,在冰冷没膝的水中奋战 4 小时,赶在大潮汛到来之前完成任务。朝来夕去的长江潮给水中作业带来极大的困难,在坝底铺设每块宽 30 米、长 40 米、重 100 多千克尼龙编织布又是一个挑战。王茂松带领职工抢赶潮位、半夜起床、挑灯夜战,但依然乐观开朗。

在整个引水工程的施工中,王茂松和职工一起战台风、抗潮水、排险情、抢工期,克服了一个又一个困难。这一仗打出了特种公司的威风,王茂松也以"能打硬仗的经理"而扬名。国务院代表韩光在视察引水工程时说:"引水工程曾是我们最担心的项目,现在看到工程进展这样快,我放心了。"

1984 年 6 月,堤身施工提前完成,抢回工期半年多。1985 年 9 月 5 日,引水工程正式为宝钢送水,这项国务院挂了名的"危险工程",不但彻底甩掉危险的帽子,还获国家优质工程金质奖。李先念为引水工程题字,陈云为水库题写了"宝山湖"三个大字。

## 重视人才,在宝钢铁路工程的关键时刻显身手

在特种公司乃至宝冶,"王茂松用机械换机械工程师"的故事广为流传。1974 年,特种公司从攀钢去武钢时,公司要分家,机械设备和人员要一分为二,其中工程师潘超,两头都抢着要。王茂松是有名的"爱才经理",他说,"机械设备可以多给你们一些,潘工得给我"。经过努力,王松茂硬是把潘超抢了过来。潘超是机械工程师,在宝钢铁路工程发挥了重大作用。

1984 年,宝钢厂区工艺铁路工程由于设计、材料等原因,33 千米铁路,8 个月仅铺轨 7.1 千米,照此速度,还需要 3 年才能完成。可是离"85·9"投产只有一年多了。当时影响工程进度的主要矛盾有两个,一个是钢轨钻孔问题,由于铁路弯道多、副轨多,需要钻的孔多达 4 万多个,按当时的速度要一年多才能钻完;另一个是道砟量大,靠人力铺设,进度缓慢。

"能不能两个钻头一起钻?"王松茂给潘超出题了。经过钻研,潘超设计加工了自动化的双向四眼钢轨钻孔机,比原来的速度一下提高 30 多倍,后来成为国家专利产品。

大方量的道砟,需要用人工挑到路基上,再铲进道床平整。王茂松要求改变这种原始的劳动方式。潘超责无旁贷,他不分昼夜着手进行道砟施工机械化研究,王茂松也常常给他当助手。终于一台以东方红推土机为牵引的溜砟机诞生了。用肩挑铺设宝钢铁路 27 万吨道砟,需要 8 万多个工日,而用溜砟机只需 600 多个工日,工效提高 100 多倍。人们都说:"爱才经理有慧眼,困难面前建奇功。"

## 敢为人先,开拓钢厂协力生产新领域

1988 年 5 月 2 日,《宝钢报》刊登了宝钢《炼钢厂转炉渣处理系统承包招标》的公告,据说这种生产外协招标属全国第一家。其实这事也是王茂松促成的。1988 年 4 月,由于落锤车间运输钢渣散落污染了厂区公路,王茂松受到冶金部副部长黎明的批评,在道歉的同时,他趁机建议承包炼钢渣处理系统,并保证"以后不会在公路散落一颗钢渣"。于是黎明决定让宝钢总厂公开招标,宝钢工地各单位共同参与竞标。

1988 年 5 月 23 日,王茂松力挫群雄,一举中标。1988 年 7 月 1 日午夜零点,特种公司 100 余

图 12-1-4　王茂松(中)在现场与职工交流工作

名员工进入炼钢厂,从此开始了宝钢渣处理系统的承包作业。1989 年 7 月 25 日,宝钢总厂专门召开“宝钢转炉渣处理承包一周年汇报大会”。黎明在王茂松汇报之后,肯定地说:“宝冶特种公司承包渣处理系统一年来的实践表明,承包是成功的。把这样一个系统包出去在我国还是第一次。基建单位参加生产协力大有可为。”

由于这次承包效果良好,黎明认为,宝钢总厂要以钢为主,不要让钢渣缠住了手脚,在条件成熟的时候,其他生产协力项目也可承包出去。1989 年 9 月初,宝钢总厂又出现了第二个对外招标承包的生产协力项目——宝钢总厂废钢铁堆场区域作业,每年工作量约 800 万元。1989 年 9 月 25 日,王茂松亲自挂帅答辩的招标项目确定中标。10 月 16 日,特种公司正式接管宝钢废钢铁堆场区域作业,上场的几个月来,在王茂松的指导、支持下,创造了“停电 9 小时,不影响一炉废钢供料”的奇迹。

王茂松带领公司职工在 20 世纪 80 年代末开始在苏浙沪一带承接机场场道、市政、水利工程,组建汽车、工程机械修理厂,兴办综合商店、饮食店及汽车配件销售经营部等第三产业,打开了多元产业之路。王茂松认为,干部只有深入群众,才能深知群众的甘苦,才能体贴群众。他时刻把职工的冷暖放在心上,主持增盖职工过渡房,解决双职工住房困难的问题。他为职工办实事 20 多件,赢得了公司职工的尊敬和爱戴。

## 毛琪钦传

——新时代的能工巧匠

毛琪钦,男,1976 年 4 月 30 日出生,中共党员,在职本科,1995 年到宝冶参加工作,一直从事焊接工作,现任上海宝冶工程技术有限公司焊培中心副主任。他凭着执着与热爱、追求与奋斗,让焊花点亮人生、焊花铸就工匠,在平凡岗位闪耀光芒,书写了新时代劳动美之歌和工匠之歌。

### 刻苦钻研　功夫不负有心人

1995 年 5 月,年仅 18 岁的毛琪钦怀揣梦想来到宝冶。从没有接触过电焊的他,被焊花熄灭后钢板上产生的神奇效果深深吸引,他从此痴迷上了对焊接技术的学习和钻研,比别人多花几倍的时间学习焊接理论和练习实际操作,时刻把追求焊接新技术作为自己的奋斗目标,只要跟焊接有关的事情,他都要去弄个明白,向身边的师傅同事请教,从书本里寻求答案。凭着坚持不懈的学习劲头和钻研攻关的能力,掌握了焊条电弧焊、钨极氩弧焊、二氧化碳气体保护焊、埋弧自动焊以及碳钢、不锈钢、耐热钢、复合钢板、铜与不锈钢等异种钢、铝合金管道、钛合金、哈氏合金等稀有金属焊接技术,为编制相关技术方案和研发起到了技能支持作用,取得了 20 多个项目的焊接合格证。他放眼世界最新焊接技术发展趋势，始终坚持对焊接理论和工艺的创新实践，在焊接科技研发、焊接工艺技术、残余应力检测等方面都有所建树，先后主持开展对残余应力检测新技术试验、第四代核能熔盐罐焊接技术、Q690及以上高强钢焊接等课题和项目的研究攻关，其中三点弯曲加载应变测试实验装置获得实用性新型技术专利。他独到的异种钢材焊接技术被收录编入《上海技师的高招绝活》一书。他还勇于向国际先进水平挑战，面对欧洲非标钢结构制造新任务，跨过“高门槛”，干出令外商叹服的产品，2007年获得国际焊工资质和国际焊接技师称号。

## 勇于创新　专业领域显身手

毛琪钦先后参加了宝钢多项大型工程的焊接修复工作。在多年的工作实践中，他解决了生产中许多技术难题，提出了多项技改、技术措施，多次在大型冶金设备的焊接施工中屡克难关，并凭借自己精湛的焊接技术和丰富的实践经验，改变了传统的焊接方法，提高了焊缝质量和工作效率，在宝钢大型钢包焊接修复一次成功，为公司创效益近百万元。在宝冶承接的各种化工压力容器修理项目中，制定完善的焊接工艺和严谨的施工焊接工艺方案，解决了工业纯钛在现场焊接的多个技术难点。在宝钢化工公司引进的日本新日铁公司特种材质制造的二台压力容器抢修中，针对焊接技术难点和特点，毛琪钦制定了特殊的焊接工艺，使焊接修复在较短时间内完成，使设备很快投入运行，为宝钢减少损失，为企业创造了品牌。在宝钢化工公司希罗哈克斯反应塔K-2201钛合金修理工作中，圆满完成了抢修任务，挽救了近千万元设备，获得业主宝钢方面的好评。在国家重点项目——上海光源工程建设中，制造出低应力高阻尼储存环钢构支架，技术性能优于日本、韩国等国家的同类产品。

作为电焊班班长，毛琪钦在实际工作中不断完善和创新管理，在宝钢化工公司酚精制原料槽T-3363槽的改造工程中，由于工期紧、任务重、要求高，毛琪钦打破常规，把人员分成5批，做到人机都不停，里口外口搭接进行，使每一道焊缝的焊接时间都被压缩到了最低。最后不但提前4天焊完原料槽，拼装的槽体的椭圆度和垂直度控制在允许的范围内，而且焊接合格率达到98.3%以上，槽体内部加热蛇型管焊接一次通过射线100%，探伤Ⅱ级合格，受到甲方的一致好评。

## 匠心筑梦　技能舞台展风采

坚持不懈的努力和辛勤的付出，换来了焊接技能的不断提升，毛琪钦开始在各种技能竞赛舞台上崭露头角，不断取得佳绩。2002年获得宝冶工程技术公司焊接技能比武大赛第一名，2003年获得宝冶焊工技能比武大赛第二名，2004年获得全国冶金建设行业第六届焊工技术比赛第一名，2005年毛琪钦代表冶金建设行业参加全国工程建设系统第七届焊工技术比赛，荣获第一名，冶金建设行业实现零的突破，打破了石油、石化、电建系统垄断比赛前三名的格局。他先后被授予中冶集团技术能手、中冶集团首席技师、全国冶金建设行业优秀技术能手、全国工程建设系统优秀焊工、全国技术能手等称号。2016年获评首批“上海工匠”，并获上海市五一劳动奖章。

汗水焊花映桂冠，毛琪钦在个人各项荣誉面前没有满足、没有止步，在团队中发挥“头雁”引领作用，打造团队共同提升技能的平台，获批宝冶首批职工创新工作室、宝冶首个上海市技能大师工作室、上海市首批技师创新工作室。

毛琪钦不断在工作中孜孜以求、不断进取，加强理论知识的学习，先后于2003年获得焊工职业培训师资质、2007年获得国际焊接技师称号，2014年获得上海交大材料科学与工程的本科学历。

2016 年,被上海市总工会聘为上海市职工技术协会焊接专业委员会副主任委员。

## 不忘初心　言传身教传帮带

毛琪钦认为,不断提高自身的操作技能水平固然重要,但如何将自己的技能运用到教学中去,为公司培养出更多更优秀的焊接技术工人才更为重要。

图 12-1-5　毛琪钦专注工作中

2003 年获得焊工职业培训师资质后,一次次地站到了讲台上,成为一批批新人的师傅和老师。多年来,他注重传授精湛技艺,以提高技能为目的,安排计划,对焊工有针对性地采取实用、灵活多样的方式进行培训,并在生产任务十分紧张的情况下,对焊工进行巡回指导,解决焊工们提出的各种技能操作问题,促进焊工掌握操作要领,改进操作手法,保证培训计划的落实,带出了一大批技术过硬的焊工。身为中冶焊接培训基地兼职教师的他,还编写制订培训大纲,为一批又一批中、高级工和技师们开班讲课。

毛琪钦担任各类焊接比赛选手的指导老师,取得了优异成绩。2011 年,他被中冶集团委派参与第十届全国工程建设系统职业技能竞赛,负责焊工竞赛队伍的选拔、日常集训计划、技术攻关以及赛前辅导等主要工作,在竞争激烈的比赛中,中冶集团首次获得团体第一,个人包揽前三名的好成绩。2011 年 3 月,毛琪钦被人力资源和社会保障部聘为第 41 届世界技能大赛焊接项目中国技术指导专家,参与培训和选拔选手参加世界技能大赛焊接项目的工作,他所带学员裴先锋获得中国代表队唯一一个银奖。在 2016 年上海市职工焊接技能大赛中,由毛琪钦担任总教练,带领教练团队制定训练方案,进行封闭式集训,在全市各行业顶尖焊工选手激烈角逐中,宝冶选手夺得个人金、银、铜奖,团体获铜奖,在 2017 年和 2018 年上海市焊工技能比赛均获团体银奖。

勤奋成就梦想,成功来自奋斗。20 年前,毛琪钦只是一名普通的电焊学徒工;20 年后,已成为中冶集团首席技师、上海工匠、全国优秀技术能手、国际焊接技师。从一名普通的农民工成长为优秀的焊工、焊接技能专家,最后成长为优秀的教练员、焊接技术带头人,毛琪钦成了公司年轻技工学习的榜样。

# 第二章　人物简介

## 第一节　全国劳模、五一劳动奖章获得者

**童选卿**

男，1930 年 1 月 12 日生，中共党员，1956 年获得全国先进生产（工作者）称号。

1949 年 5 月在湖北机械厂参加工作，1952 年 6 月调入鞍钢电装公司工作，1959 年调入武钢电装公司工作，1965 年调入十九冶电装公司工作，至 1990 年 1 月退休。

童选卿有丰富的基层工作经验，从事过钳工、工长、党支部书记、科长、教导员、副经理等多个岗位，被誉为“马达专家”，在多个大电机安装调试中作出过重大贡献。

**李淑琴**

女，1936 年 2 月 26 日生，中共党员，1956 年获得全国先进生产（工作者）称号。

1950—1958 年在辽宁省本溪市电瓷厂参加工作；1959—1969 年 1 月在武汉市第一冶金建设公司电装公司工作；1969 年进入十九冶电装公司，至 1991 年 3 月正式退休。

李淑琴多年从事公司办公室文书与档案管理工作，在文书档案管理工作上一直居同行业前列。

**王茂松**

男，1933 年 12 月生，中共党员，1988 年被评为上海市劳动模范，1989 年评为全国劳动模范，时任宝冶特种工程公司经理。王茂松 40 年如一日奋战在冶金建设施工第一线，从工人逐级成长为经理。先后被鄂、皖、川、沪四省市命名为标兵、青年积极分子、铁人式干部和劳动模范。他领导的公司也从 1986 年开始，连续两次被上海市委、市政府命名为“文明单位”。他以大局为重，率领职工顽强拼搏，抢回了国家两项重大建设项目——宝钢长江引水工程和国内第一条厂区 60 千克/米工艺铁路的拖期，为确保宝钢一号高炉“85 · 9”投产作出杰出贡献。1982 年开始，他所在的公司承担了宝钢一号高炉系统的基础土方、场坪、公路、铁路等数千万元建安工作量。在已有任务很重的情况下，又承担了宝钢引水工程建设，仅用 2 年半时间完成了本应 3 年半才能完成的工作，该工程获评冶金部优质工程。

**胡崇富**

男,1962 年 2 月生,中共党员,大专学历,工程师,1998 年评为上海市劳动模范,2005 年评为全国劳动模范,时任宝冶建筑分公司宝钢项目部经理。

胡崇富 1984 年从部队转业到宝冶五公司二队参加工作,是一位长期奋战在施工项目一线的优秀管理人员。他曾参与武钢 2 250 毫米热轧工程、宝钢"十五"规划项目宽厚板轧一标工程、泰国曼谷 37 号路桥项目、武汉天马微电子厂房、上海天马微电子厂房、厦门天马微电子等重点工程项目建设。在武钢 2250 热轧工程建设中,胡崇富与技术人员反复研究,优化施工方案,利用地下连续墙防水刚性接头装置,保证了宽厚板漩流池地下连续墙的施工质量;在宝钢宽厚板工程中,他和团队成员对降水井设计、布置及使用进行优化创新,确保了宽厚板漩流池顺利浇筑成功,全国裂缝专家王铁梦亲临漩流池考察,给予了高度评价。他参与负责建设的工程项目曾获得中国市政工程金杯奖一项、国家金奖一项、上海市优良工程一项以及鲁班奖两项。

**董　清**

女,1967 年 6 月生,中共党员,研究生学历,教授级工程师,宝冶热轧技术带头人,2013 年获得上海市五一劳动奖章,2014 年获得全国五一劳动奖章,2015 年评为全国劳动模范,时任宝冶罗店大型居住社区工程项目部经理。

董清 1989 年从武汉测绘科技大学毕业到宝冶参加工作。在施工一线任项目技术负责人期间,对上海地区软土地基深基坑技术潜心研究,撰写的《超大超深基坑大开挖与 PHC 群桩保护综合技术》等 7 篇论文在全国核心刊物上发表。"轧机机架侧立吊装用吊具""精密测量预埋套筒中心位置的方法"等获国家发明专利。由她担任技术负责人的宝钢宽厚板工程、宝钢三热轧工程获中国建设工程鲁班奖,厦门国际会议展览中心工程获中国建筑业新技术应用示范工程金奖,宝钢股份特钢炉卷热轧工程获中冶集团建筑新技术应用示范工程。由她担任项目经理的上海市保障性住房重点项目——罗店大型居住社区工程项目评为第二批全国建筑业绿色施工示范工程、上海市绿色节能工地样板工地、上海市"白玉兰"奖(优质工程)等。

**潘　超**

男,1936 年 5 月 4 日生,中共党员,1985 年被评为上海市劳动模范,1986 年 5 月被中华全国总工会授予全国优秀科技工作者称号和五一劳动奖章,时任特种公司副总工程师。

在宝钢厂区工艺铁路施工中,他先后攻关完成了卧式护轮轨多孔侧向钻眼机、机械牵引全液压溜渣车、水泥枕螺栓硫黄锚固抗拔力试验器等 12 项重大革新项目。1984 年,他设计制作的卧式多孔侧向钻眼机和全液压自动溜渣车两项革新,为特殊重轨工艺铁路施工节约 6 万余个劳动工日,节约人工 36 万元;而且为"85・9"投产前的工艺铁路项目抢回了 5 个月拖期时间。这两项革新项目的专利当时被冶金系统 8 个单位推广应用。该同志多次被评为特种公司技术革新标兵、十九冶先进标兵、荣立宝钢建设一等功,1986 年被评为 1985 年度上海市劳动模范。

## 任尔宁

男，1949年10月生，大专学历，高级工程师，2001年评为上海市劳动模范，2003年获得全国五一劳动奖章，时任宝冶浦东项目部经理、宝冶浦东分公司经理。曾获全国冶金建设行业优秀项目经理。

任尔宁1970年参加工作。曾参与建设了上海耀华玻璃二期工程、上海通用汽车工程，上海外高桥船厂工程，上海中芯国际电路制造工程等一系列重大工程。2000年，在担任号称“中国第一芯”的中芯国际电路制造工程项目经理时，他率领项目团队以13个月的施工工期创下了同类型、同规模芯片厂建设的世界纪录。为推进项目管理现代化水平，在宝冶率先建立项目部计算机局域网管理系统，使项目管理方式具有标志性的转变。

## 刘小滨

男，1956年2月生，中共党员，大专学历，高级工程师，2004年评为上海市劳动模范，2006年获得全国五一劳动奖章，时任宝冶机装分公司副总工程师、液压修造厂厂长。

刘小滨1975年参加工作，长期从事大型钢厂液压管道设备技术，在担任液修厂厂长后，使连续5年亏损的液修厂一举扭亏为盈。他曾参与了8项液压技术开发项目，其中3项获得第16届上海市优秀发明选拔赛一、三等奖。他带领团队先后圆满完成宝钢“十五”规划等多个国家重点工程的建设任务，并创造了“110天时间建成一座950热轧厂”的奇迹，使管道施工量和施工能力实现质和量的飞跃。

## 李晋鹏

男，1972年9月生，中共党员，本科学历，高级工程师，2007年评为上海市劳动模范，2009年获得全国五一劳动奖章，时任宝冶钢结构分公司副经理。

李晋鹏1994年天津大学焊接系毕业后到宝冶参加工作，一直从事钢结构制造领域生产技术管理、市场营销，他承担了海外钢结构工程项目的谈判工作，他利用自身丰富的钢结构制作经验和对国外标准的精通，顺利完成了多次海外项目的谈判工作，2006年海外订单达到了1亿美元。2008年承揽海外钢结构项目14项，合同签约额11.25亿元，实现产量10万吨。2008年，宝冶钢构年产量突破40万吨，居国内首位。

**杜志信**

男,1966年6月生,中共党员,研究生学历,高级工程师,时任宝冶董事会秘书,分管房地产及保障房的开发建设工作。2013年获得全国五一劳动奖章。曾获上海市重大工程建设立功竞赛"优秀建设者"、全国保障性安居工程建设劳动竞赛"优秀建设者"、上海市住宅建设实事立功竞赛"建设功臣"等称号。

杜志信坚持三个"确保",瞄准"四高",保证保障房品质,使得宝冶开发的保障性住房项目户型好、得房率高、实用性强、环境舒适、立面简洁大方明快。特别是罗店大型居住社区项目为保证工程质量,全面实施精细化管理,采用先进的BIM管理技术进行工程施工精确控制,推行建筑节能新材料,将有关交房的验收前移到施工过程的一房一验逐项把关,取得了令人瞩目的成绩,获评上海市"绿色工地"和"优质结构"等。

**黄伟强**

男,1961年1月生,中共党员,本科学历,国家一级注册建造师,高级工程师。2013年获得全国五一劳动奖章称号,时任宝冶深圳大运中心工程项目部经理。曾获全国冶金建设系统优秀项目经理、全国工程建设优秀项目经理、深圳世界大学生运动会先进个人、中国创鲁班奖先进个人。

黄伟强1979年参加工作,从事项目施工管理30多年,是宝冶资深的民用工程项目经理,先后主持完成芜湖体育场、南通体育场、常州体育会展馆、淮安会展中心、三门峡体育中心等8个国内知名大型场馆建设。由他担任项目经理的深圳大运中心主体育馆工程,获得中国钢结构金奖和鲁班奖。

## 第二节 省部级劳模获得者

**周永华**

男,1943年10月生,湖南长沙人,中共党员,高级工程师,1978年被授予冶金部劳动模范称号,时任武汉一米七轧机工程热轧厂卷取区电气调试班长。

**朱国坤**

男,1957年11月生,江苏常州人,中共党员,1982年被授予上海市劳动模范称号,时任十九冶上海分公司筑炉公司耐火材料喷涂作业组组长。

**顾奎林**

男,1923年11月生,上海市人,中共党员,1982年被授予上海市劳动模范称号,时任十九冶上海分公司检查处技师。

**姚廷杰**

男,1936年7月生,上海市人,中共党员,1984年被授予上海市劳动模范称号,时任三冶二公司总工程师。1988年11月调入宝冶任副总工程师。

**舒仕伦**

男，1943年8月生，四川遂宁人，中共党员，1984年被授予四川省劳动模范称号，时任十九冶上海分公司五公司一队砼工组组长。

**杨焕文**

男，1939年7月生，河南唐河人，中共党员，1984年被授予四川省劳动模范称号，时为机械设备安装工程公司工人。

**田春元**

男，1945年11月生，安徽怀远人，中共党员，1984年被授予上海市劳动模范称号，时为特种公司高级工。

**史金书**

女，1946年3月生，陕西陇县人，中共党员，1988年被授予上海市劳动模范称号，时任宝冶三公司一队副队长。

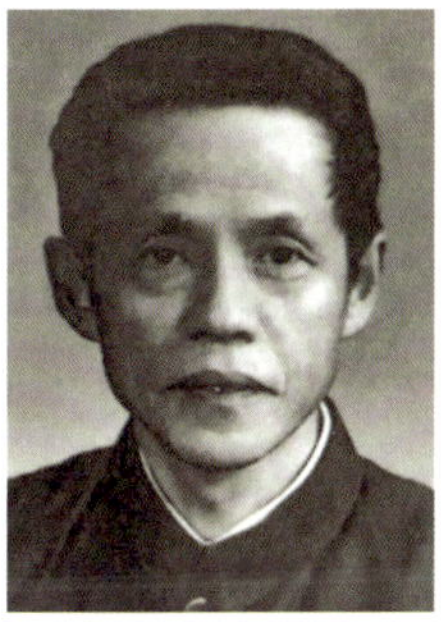

**蔡德慧**

男，1927年2月生，浙江镇海县人，中共党员，1990年被授予上海市劳动模范称号，时任宝冶副总经理。

**刘跃富**

男，1962年8月生，安徽滁州人，中共党员，1992年被授予上海市劳动模范称号，时任宝冶三公司二队青年突击队队长。

**张起昌**

男，1936年7月生，山东荣成人，1994年被授予冶金部劳动模范称号，时任宝冶电装公司副总工程师。

**王宗明**

男，1951年7月生，四川南充人，中共党员，1994年被授予上海市劳动模范称号，时任宝冶机装公司二队铆工班长。

**向国强**

男，1949年7月生，四川南部人，中共党员，1994年被授予冶金部劳动模范称号，时任宝冶工安分公司工长。

**高国荣**

男，1964年1月生，上海市人，中共党员，1996年被授予上海市劳动模范称号，时任宝冶电装公司二队施工队长。

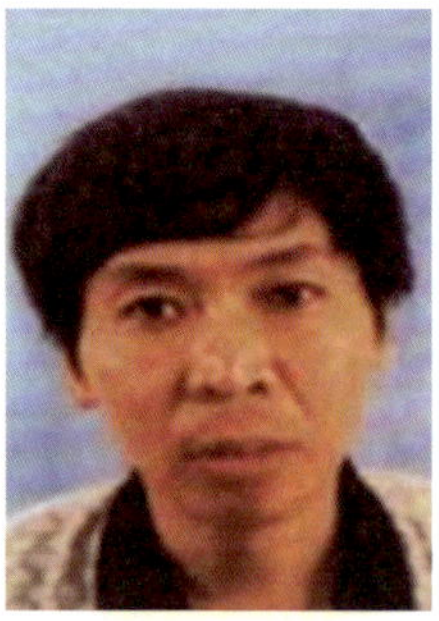

**王元喜**

男,1963 年 7 月生,江苏扬中人,中共党员,1996 年被授予上海市劳动模范称号,时任宝冶检修公司班长。

**沈怀东**

男,1964 年 4 月生,安徽来安人,中共党员,1998 年被授予上海市劳动模范称号,时任宝冶三公司宝钢工程处工长。

**蔡惠良**

男,1942 年 4 月生,上海市人,中共党员,2001 年被授予上海市劳动模范称号,时任宝冶副总工程师。

**姜允喜**

男,1948 年 10 月生,安徽凤台人,中共党员。2001 年被授予上海市劳动模范称号,时任宝冶电装公司厦门国际会展中心一期工程项目部经理。

**章荣辉**

男,1965 年 2 月生,江西丰城人,中共党员,2004 年被授予上海市劳动模范称号,时任宝冶工安分公司副经理。

**屈定培**

男,1964 年 5 月生,湖北秭归人,中共党员,2007 年被授予上海市劳动模范称号,时任宝冶建筑分公司测量队队长。

**李　鹏**

男,1972 年 11 月生,四川成都人,中共党员,2009 年被授予中央企业劳动模范称号,时任宝冶宝钢高炉大修工程项目部经理。

**高延峰**

男,1976 年 8 月生,吉林白城人,中共党员,2010 年被授予上海市劳动模范称号,时任建筑分公司副总经理兼上海世博会工程项目部经理。

**周杨春**

男,1961 年 12 月生,四川攀枝花人,中共党员,2013 年被授予中央企业劳动模范称号,时任宝冶福建福欣特殊钢项目部经理。

**裴志清**

男,1962 年 6 月生,辽宁康平人,中共党员,2015 年被授予上海市劳动模范称号,时任宝冶副总工程师兼钢结构工程公司总经理。

# 第三节　历任领导班子成员

## 一、分指挥部、分公司时期

**刘锡成　公司原党委书记**

江苏省涟水县人，出生于1916年3月，1940年参加革命，1941年7月加入中国共产党。历任区民运工作队秘书、乡长、区长、区委书记、县委秘书，新中国成立后历任苏北区总工会办公室主任、江苏省总工会副秘书长、重工业部有色局公司工会主席。1956年3月后，任武建、武钢工会副主席，一冶工会主席，马鞍山轮箍厂建设指挥部副指挥长。1964年2月后任一冶副经理、政治部主任、建设重钢中板厂指挥长。1966年3月任冶金指挥部党委常委、政治部主任。1970年4月后历任第二指挥部革委会副主任、党委副书记，十九冶武钢"一米七"热轧工程指挥部党委书记兼指挥长。1978年5月至1982年11月任公司党委书记(1978年5月至1978年8月任十九冶分指挥部党委书记)。

**李　伟　公司原党委原副书记、指挥长**

山东省蓬莱县人，出生于1928年1月，1946年2月参加革命，1946年8月加入中国共产党。曾任县公安局股长、副局长。历任武建保卫处副科长、武建机装公司保卫科科长、副经理，一冶鞍钢高炉会战指挥部副指挥长、工委副书记。1964年12月后任一冶、十九冶四公司党委书记、革委会主任，十九冶结构安装公司党委书记、革委会主任，十九冶政治部副主任、革委会副主任。1978年5月任十九冶分指挥部指挥长、副书记。

**朱宗明　公司原党委书记、指挥长**

浙江省海盐县人，出生于1927年8月，1949年4月参加革命，1952年1月加入中国共产党。历任中纺机械厂团委副书记、重工业部有色局一公司团委副书记，武钢三公司团委书记、党委宣传部部长、办公室主任、党委副书记、一冶团委副书记。1966年8月任特种公司经理、党委书记，1975年8月任十九冶副经理，1978年8月任十九冶经理，1978年11月任十九冶分指挥部指挥长、党委副书记，1981年6月至1983年8月任公司党委书记。

**裴东旭　公司原党委书记**

辽宁省康平县人，出生于1927年7月，1945年8月参加革命，1949年9月25日加入中国共产党。1946年5月至1947年5月先后在新四军三师七旅参谋处、东北民主联军总司令部测绘学校学习和做测绘员。1947年6月至1948年8月，先后担任六纵队十六师参谋处侦察科书记、作战科见习参谋。1950年7月至1956年3月任东北工业部建设公司工程队队长、党支部书记、工地主任、施工科科长。1956年4月至1967年5月，任武汉冶金建设公司砌筑分公司、武汉钢铁公司炼钢厂、一冶四公司主任、副厂长、经理。"文革"期间遭受迫害，1970年3月起重新恢复工作，先后任十九冶四公司、攀矿二公司经理，攀枝花冶金矿山公司副经理、经理、党委副书记。1983年8月至1986年7月任公司党委书记。

**韩　喜　公司原经理**

黑龙江省勃利县人，出生于1925年9月，1947年3月参加革命，1948年1月加入中国共产党。历任中国人民解放军四十七军战士、侦察员、侦察班长、排长、连长，其间参加解放战争辽沈战役忠固火车站战、新开原战、高家窝棚战、张家楼战、何家油坊战、白龙山战、黑山阻击战、大庸战、古庸战、四川白涛镇战、四川风罗场战、贵州白头镇战等，历经湘西剿匪、海南岛剿匪，赴朝鲜参加抗美援朝战争。1953年5月后任重工业部有色局一公司一工地主任，武钢五公司三工地主任、副经理、经理。一冶四川峨眉七三九厂工程指挥部指挥长、工委书记和四川江油六五四厂工程指挥部党委书记。1968年6月后任冶金指挥部革委会副主任，武装部长。1972年10月任第二指挥部革委会副主任，1978年后，任十九冶副经理，1978年5月任十九冶分指挥部副指挥长，1978年11月任党委副书记、副指挥长，1981年6月至1986年7月任公司经理。

**马　华　公司原党委副书记、代书记**

1978年10月2日至1979年3月任分指挥部党委副书记、代党委书记。

**张　铨　公司原党委副书记**

河北省乐亭县人，出生于1924年5月，1944年参加革命，同年12月加入中国共产党。曾任区委副书记、书记，县工商管理局局长，县委组织部长，南下中队组教股长，县委副书记。1954年7月任武钢、武建机关党总支书记，管道公司党委副书记，武钢监委副书记。1965年5月任四〇公司、冶金指挥部监委副书记，政工组副组长，政治部副主任。1978年5月任十九冶分指挥部副书记兼政治部主任。

**张维信　公司原党委副书记**

黑龙江省巴彦县人，出生于1926年1月，1950年5月加入中国共产党。1951年5月参加工作，历任东北工业部建设公司五处、重工业部有色局一公司、武建五公司工会副主席、主席。1959年10月后，历任武钢五公司，十九冶五公司副经理、党委副书记、书记、革委会主任。1978年5月任十九冶分指挥部副指挥长，1981年6月至1983年8月任公司党委副书记，1983年8月至1986年7月任公司纪委书记。

**孙金照　公司原副经理**

河北省武邑县人，出生于1929年6月，1945年2月参加革命，1945年10月加入中国共产党。历任八路军某部电话员、通讯员、排长，湖北独立四师、公路二师司令部电话参谋。1955年5月调往鞍钢，历任电装公司输电队副队长，党支部书记。1963年3月后，历任一冶、十九冶电装公司副经理、党委副书记、书记，设备处处长。1978年5月任十九冶分指挥部副指挥长，1981年6月至1986年7月任公司副经理。

**郑诗亮　公司原副经理**

四川省自贡市人，出生于1919年7月，1949年6月加入中国共产党。历任中学教员，县文教科长。1953年后，历任西南钢铁公司工程公司办公室主任、科长，武汉冶金建筑机械修造厂副厂长。1966年任十九冶金属结构厂厂长、党委书记，设备处处长，机械动力公司党委书记兼革委会主任。1978年11月任十九冶分指挥部副指挥长，1981年6月任公司副经理。

**于永浩　公司原副经理**

辽宁省本溪市人，出生于1930年1月24日，1948年11月参加革命，1949年10月加入中国共产党。历任鞍钢运输部、鞍建干校、武钢技校党支部书记、党总支书记、科长、副校长，武建动力站队长，一冶机械动力站、十九冶机动公司代经理。1972年10月后，历任机械处、设备处处长。1978年11月任十九冶分指挥部副指挥长，1981年6月至1986年7月任公司副经理。

**陆　羽　公司原副经理**

河北省吴桥县人，出生于1927年10月，1948年12月参加革命，1953年加入中国共产党。曾任唐山市合联社副科长，鞍钢筑炉公司工地副主任、队长、党支部书记。1964年后，历任一冶、十九冶筑炉公司政治处代理副主任，生产组组长，革委会主任。1978年5月任十九冶分指挥部政治部副主任，1981 年 6 月至 1983 年 8 月任公司副经理。

**于家忠　公司原副经理、总工程师**

辽宁省丹东市人，出生于 1926 年 10 月，1948 年 10 月参加革命，1956 年 3 月加入中国共产党。历任东北工业部建设公司工程师、工地主任，武钢五公司副主任工程师，越南太原钢厂专家组专家，渡口冶金指挥部设计组副组长。1974 年 8 月后，历任十九冶施工处处长、副总工程师，十九冶武钢“一米七”热轧工程指挥部副指挥长。1978 年 5 月任十九冶分指挥部副指挥长、总工程师，1981 年 6 月至 1983 年 8 月任公司副经理，1986 年 7 月至 1990 年 7 月任公司总工程师。

## 二、上海宝钢冶金建设公司时期

**高天赐　公司原经理**

辽宁省大连市人，出生于 1936 年 9 月，1954 年 8 月参加工作，1959 年 4 月加入中国共产党。历任十九冶设备处综合科科长，设备处副处长，十九冶武汉上海分部设备处副处长、设备处处长、办公室主任、公司经理助理。1983 年 8 月后任公司副经理，1986 年 7 月至 1987 年 9 月任副经理主持行政工作，1987 年 9 月至 1997 年 5 月任公司经理。

**杨长恒　公司原党委书记**

湖北省郧西县人，出生于 1944 年 7 月，1968 年 12 月参加工作，1978 年 12 月加入中国共产党。历任十九冶筑炉公司干部，武钢“一米七”热轧工程十九冶筑炉公司秘书，宝钢工程十九冶筑炉公司办公室副主任、党委副书记。1983 年 8 月任公司党委副书记，1986 年 7 月至 1987 年 9 月任党委副书记主持党委工作，1987 年 9 月至 1989 年 2 月任公司党委书记。（2017 年被开除党籍）

**高岐峰　公司原党委书记**

辽宁省和安县人，出生于 1936 年 2 月，1957 年 8 月参加工作，1956 年 6 月加入中国共产党。历任十九冶第二工业安装工程公司政治处副主任、党委副书记、革委会副主任、经理。1985 年 5 月任公司经理助理，1986 年 7 月至 1988 年 3 月任党委副书记，1988 年 3 月至 1989 年 9 月任副总经理，1989 年 9 月至 1997 年 5 月任公司党委书记。

**傅国安　公司原党委书记**

吉林省吉林市人，出生于 1943 年 2 月，1963 年 9 月参加工作，1976 年 4 月加入中国共产党。历任一冶电装队工会主席、副队长、副支书，公司电装公司党委副书记、书记。1999 年 2 月任公司副经理，2000 年 5 月至 2002 年 12 月任公司党委书记。

**董文军　公司原经理**

浙江省平阳县人，出生于 1951 年 11 月，1971 年 6 月参加工作，1976 年 10 月加入中国共产党。历任冶金部基建总局、建设司助理工程师、工程师、处长，公司第五工程公司副经理（挂职），宝钢工程指挥部指挥助理，冶金部建设司副司长、高级工程师。1997 年 5 月至 2000 年 2 月任公司经理。

**蔡德慧　公司原副经理**

浙江省镇海县人，出生于 1927 年 2 月，1954 年 4 月参加工作，1984 年 6 月加入中国共产党。历任武汉一冶五公司工程师、工地副主任、十九冶五公司副主任工程师。1978 年任宝钢工程十九冶分指挥部副总工程师，1983 年 1 月至 1990 年 7 月任公司副经理。

**李湘源　公司原工会主席**

湖北省大冶市人，出生于 1936 年 7 月，1952 年 7 月参加工作，1960 年 10 月加入中国共产党。历任一冶、十九冶特种公司党委办公室秘书，十九冶特种公司工程处党委办公室副主任、修理厂、三队党支部书记。1982 年 4 月任特种公司党委副书记,1984 年 4 月任特种公司党委书记,1987 年 2 月至 1997 年 6 月任公司工会主席。

**翟传恭　公司原副经理**

河南省濮阳市人,出生于 1944 年 8 月,1969 年 1 月参加工作,1976 年 8 月加入中国共产党。历任公司第三工程公司第三工程队副队长、副经理,公司计划处副处长。1984 年任公司总经理助理,1985 年 5 月至 1986 年 7 月任副总经济师,1986 年 7 月任公司副经理。

**高孝铉　公司原副经理**

湖北省洪湖市人,出生于 1938 年 11 月,1957 年 8 月参加工作,1981 年 8 月加入中国共产党。历任一冶机装公司工长,公司机装公司施工科副科长。1982 年 4 月后任机装公司副经理、党委书记、经理,1990 年 7 月至 2000 年 5 月任公司副经理。

**程培兴　公司原总工程师**

吉林省浑江县人,出生于 1942 年 10 月,1968 年 12 月参加工作,1985 年任电装公司施工科科长、总工程师,1992 年 11 月任公司自动化所所长,1994 年 1 月至 1997 年 6 月任公司副总工程师,1997 年 6 月至 2003 年 1 月任公司总工程师。

**方宗林　公司原副经理**

浙江省义乌市人,出生于 1946 年 3 月,1970 年 8 月参加工作,历任公司第三工程公司一队副队长、队长,第三工程公司副经理、党委副书记,1985 年 5 月至 1986 年 7 月任公司经理助理,1986 年 7 月至 1999 年 2 月任公司副经理。

**龚一平　公司原副经理**

四川省大邑县人,出生于 1947 年 9 月,1970 年 8 月参加工作,1983 年 12 月加入中国共产党。1980 年 6 月任公司第三工程公司一队队长、经理兼党委副书记。1999 年 2 月至 2000 年 6 月任公司副经理。

**姚廷杰　公司原总工程师**

上海市人,出生于 1936 年 5 月,1960 年 9 月参加工作,1980 年 5 月加入中国共产党。历任鞍山三冶二公司工程师、副总工程师、总工程师,鞍山三冶总工程师。1988 年 11 月至 1990 年 7 月任公司副总工程师,1990 年 7 月至 1997 年 6 月任公司总工程师。

**高玉良　公司原党委副书记**

河北省丰润县人,出生于 1944 年 3 月,1968 年 7 月参加工作,1980 年 6 月加入中国共产党。1978 年 8 月任公司工安公司助理工程师,1984 年 9 月任公司组织部副科长,1987 年 8 月后任公司干部处处长、组织部部长,1990 年 7 月至 1997 年 6 月任公司副经理,1997 年 6 月至 2003 年 1 月任公司党委副书记、纪委书记。

**严梅峻　公司原副经理**

江苏省泰兴市人,出生于 1946 年 1 月,1970 年 8 月参加工作,1980 年 12 月加入中国共产党。1983 年 5 月至 1984 年 3 月任公司施工处副科长,1984 年 3 月后任公司施工处副处长、工程管理处副处长,1990 年 7 月至 2000 年 5 月任公司副经理。

**袁斌臣　公司原工会主席**

湖北省新洲县人,出生于 1947 年 4 月,1968 年 9 月参加工作,1983 年 7 月加入中国共产党。历任公司第五工程公司供应科副科长、一队队长,第五工程公司工会主席、党委副书记、经理,公司筑炉分公司经理、党委副书记。2000 年 1 月至 2002 年 12 月任公司工会主席。

## 三、上海宝冶建设有限公司、上海宝冶集团有限公司时期

**程志广　公司原董事长、党委书记**

江苏省涟水县人，出生于 1946 年 1 月，1970 年 8 月参加工作，1973 年 12 月加入中国共产党。历任公司第五工程公司宣传科副科长、办公室副主任、宣传科科长、副经理、党委书记兼副经理，公司纪委副书记、纪委书记。1988 年 3 月至 1997 年 6 月任公司党委副书记、纪委书记，1997 年 5 月至 2000 年 5 月任公司党委书记，2000 年 5 月至 2004 年 1 月任公司总经理(2003 年 1 月至 2004 年 1 月兼上海宝钢冶金建设公司总经理)，2003 年 1 月至 2006 年 7 月任公司董事长、党委书记、法定代表人。

**张创一　公司原董事长、党委书记**

山西省运城市人，出生于 1964 年 3 月，1984 年 8 月参加工作，1988 年 1 月加入中国共产党。历任公司第三工程公司经营开发科副科长、公司对外经济部部长助理、宝冶深圳电工材料有限公司副总经理，公司第三工程公司经理助理、副经理、公司企业管理处处长，公司总经理助理兼财务处处长，2000 年 5 月任公司副总经理，2003 年 1 月至 2006 年 10 月任公司总经理，2006 年 7 月至 2009 年 5 月任公司董事长、党委书记、法定代表人。

**陈　明　公司原董事长、党委书记**

湖北省荆门市人，出生于 1954 年 12 月，1971 年 1 月参加工作，1974 年 10 月加入中国共产党。历任公司特种公司经办副主任、一队党支部书记、队长、经理助理、副经理。1998 年 5 月后任公司劳动人事处处长，1999 年 7 月任公司总经理助理兼人事处处长，1999 年 10 月至 2000 年 5 月兼任协力分公司经理，2000 年 5 月任公司副总经理。2003 年 1 月至 2009 年 5 月任中冶宝钢技术服务有限公司董事长、法定代表人、党委书记，2009 年 5 月至 2014 年 11 月任公司董事长、党委书记，2014 年 11 月至 2015 年 6 月任公司党委书记。

**王石磊　公司原董事长、党委书记**

河南省许昌市人，出生于 1967 年 3 月，1991 年 7 月参加工作，1989 年 5 月加入中国共产党。历任工安公司经理助理，公司经营部经营三处副处长、厦门会展中心项目部项目副经理、工安公司经理。2001 年 12 月至 2003 年 1 月任公司总经理助理，2003 年 1 月任公司副总经理，其间兼任上海同济宝冶建设机器人有限公司董事长。2006 年 10 月后任公司总经理，2014 年 11 月任公司董事长、法定代表人，2015 年 6 月至 2017 年 3 月任公司党委书记。

**白小虎　公司董事长、党委书记**

陕西省渭南市人，出生于 1968 年 1 月，1991 年 9 月参加工作，1999 年 6 月加入中国共产党。历任公司检修公司经营计划科副科长、经营科科长，公司经营部副总经济师、市场营销部副处长，公司广州大学城项目部项目副经理、经理，广州分公司经理，华南分公司总经理，广州分公司总经理、党总支书记。2011 年 4 月任公司总经理助理兼工程总承包部部长。2013 年 9 月至 2015 年 10 月任公司副总经理。2013 年 9 月至 2017 年 3 月任中冶河南分公司总经理。2015 年 10 月至 2017 年 3 月任中冶东方控股有限公司董事长、法定代表人、总经理、党委副书记、党委书记。2016 年 10 月任公司总经理、法定代表人、党委副书记。2015 年 11 月至 2019 年 1 月兼任中冶东方工程技术有限公司董事长。2017 年 3 月任公司董事长、党委书记、法定代表人。

**陈　刚　公司总经理、党委副书记**

湖北省宜昌市人，出生于 1964 年 2 月，1987 年 8 月参加工作，1987 年 10 月加入中国共产党。

历任公司电装公司办公室副主任、主任、经理助理、副经理、经理,2000 年 5 月后任公司副总经理。2003 年 1 月至 2015 年 7 月任公司董事、副总经理,2009 年 12 月至 2014 年 7 月任纪委书记,2009 年 12 月任公司党委副书记,2015 年 7 月至 2016 年 10 月任公司总经理、党委副书记,2016 年 10 月至 2017 年 3 月任公司副董事长、党委副书记,2017 年 3 月任公司总经理、党委副书记。

**刘安义　公司原党委副书记、副总经理**

江西省九江市人,出生于 1966 年 7 月,1987 年 7 月参加工作,1986 年 5 月加入中国共产党。历任特种分公司一项目部主任工程师、特种公司经理办公室主任,公司宣传部副部长、公司工会副主席、筑炉公司党委书记兼副经理。2000 年 11 月后任公司纪委副书记、党务工作部部长、党委书记助理、纪委副书记,2003 年 1 月任公司党委副书记、工会主席,2007 年 3 月至 2009 年 5 月任公司副总经理。

**徐立群　公司原党委副书记**

安徽省蚌埠市人,出生于 1965 年 12 月,1987 年 8 月参加工作,1997 年 5 月加入中国共产党。历任公司第五工程公司第二分公司、第三分公司经理助理,第五工程公司经理助理、副经理,公司企业管理部部长。2003 年 1 月任公司董事、董事会秘书,2007 年 3 月至 2009 年 5 月任公司党委副书记、纪委书记、工会主席。

**刘剑平　公司党委副书记**

北京市人,出生于 1965 年 10 月,1988 年 7 月参加工作,1998 年 6 月加入中国共产党。历任宝钢集团国际经济贸易有限公司宝冶分公司外经部经理,上海宝冶杰西实业有限公司外贸部部门经理,中冶国际经济贸易有限公司副总经理,中冶集团国际经济贸易有限公司董事、总经理,上海中冶职工医院党委书记、副院长,中冶集团国际经济贸易有限公司董事长、党委书记、法定代表人,中冶上海企业党工委书记,中国二十冶党委副书记。2017 年 3 月任公司党委副书记。

**刘洪亮　公司总工程师**

湖南省邵阳市人,出生于 1966 年 1 月,1988 年 7 月参加工作,2001 年 6 月加入中国共产党。历任公司生产经营部总工程师,工程项目部副科长,工程技术处处长助理,公司克虏伯不锈钢工程项目部副经理、总工程师。2001 年 12 月至 2003 年 1 月任公司副总工程师,2003 年 1 月任公司总工程师。

**徐启文　公司副总经理**

河南省新乡市人,出生于 1964 年 5 月,1988 年 7 月参加工作,1993 年 11 月加入中国共产党。历任公司第三工程公司二队副队长、经理助理、副经理,公司山西海鑫项目部项目副经理、项目经理。2003 年 2 月任公司总经理助理兼工程总承包部部长,2007 年 4 月任公司副总经理。2017 年 1 月至 2019 年 1 月兼任中冶东方工程技术有限公司总经理、党委书记。

**朱永贵　公司原副总经理**

安徽省枞阳县人,出生于 1964 年 9 月,1987 年 7 月参加工作,1986 年 5 月加入中国共产党。历任公司第五工程公司团委书记、基础分公司副经理兼项目副经理,第五工程公司工管科副科长、科长、经理助理、副经理,公司戴尔工程项目部项目经理。2001 年 1 月后任公司建筑分公司经理兼党委副书记、经理兼党委书记,2003 年 1 月任公司总经理助理兼项目管理部部长,2007 年 4 月至 2013 年 9 月任公司副总经理。

**李移峰　公司副总经理、总会计师**

湖南省岳阳市人,出生于 1970 年 6 月,1992 年 7 月参加工作,1997 年年 11 月加入中国共产党。历任公司机装公司财务科副科长,公司财务处科长、副处长,公司审计部副部长、部长、财会中心主任。2007 年 6 月至 2008 年 4 月任公司副总会计师，2008 年 4 月任公司总会计师，2018 年 1 月兼任公司总法律顾问，2019 年 9 月任公司副总经理、总会计师兼总法律顾问。

**岳文彦　公司原副总经理**

内蒙古呼和浩特市人，出生于 1970 年 4 月，1993 年 7 月参加工作，1992 年 5 月加入中国共产党。历任公司质量处、质量安全部副处长，宝钢宽厚板项目部副经理，工程总承包部副处长，首秦宽厚板项目部项目副经理兼总工，邯钢项目部、沧州项目部、邯钢二冷轧、老区钢轧改造炼钢工程项目部项目经理。2011 年 4 月任公司总经理助理，2013 年 11 月至 2018 年 12 月任公司副总经理。

**费利东　公司原纪委书记**

辽宁省沈阳市人，出生于 1969 年 11 月，1987 年 3 月参加工作，1997 年 3 月加入中国共产党。历任二十冶电装团支书、宣传部干事、团总支书记，二十冶团委宣传部负责人，二十冶办公室秘书科副科长、科长，中冶上海党工委宣传部副部长，中冶上海党工委宣传部部长，二十冶金结公司党委书记。2009 年 12 月后任中冶交通工程技术有限公司总经理助理、董事会秘书、党委副书记、纪委书记，2014 年 7 月至 2016 年 5 月任公司纪委书记。

**胡　鹰　公司副总经理**

湖北省武汉市人，出生于 1962 年 7 月，1982 年 9 月参加工作，1990 年 4 月加入中国共产党。历任公司电装公司副队长、副科长、经营部部长、经理助理、副总经理，公司工程总承包部副处长、部长，广州分公司总经理、党总支书记。2013 年 4 月任公司副总工程师，2014 年 10 月任公司副总经理，2015 年 7 月至 2016 年 6 月兼任中冶华南投资发展有限公司总经理、法定代表人。

**包朝亮　公司原副总经理**

浙江省金华市人，出生于 1970 年 2 月，1992 年 7 月参加工作，1993 年 3 月加入中国共产党。历任公司特种公司团委书记、干部科副科长，公司党委办公室秘书，宝冶设计研究院、工程技术公司党总支副书记、院长、总经理、党委书记、纪委书记。宝冶海顿工程公司经理，公司机装公司总经理、党委书记，2015 年 4 月至 2015 年 6 月任公司总经理助理兼市场营销部部长，2015 年 7 月至 2017 年 7 月任公司副总经理。

**刘亚莉　公司纪委书记**

浙江省宁波市人，出生于 1966 年 3 月，1988 年 8 月参加工作，1995 年 12 月加入中国共产党。历任公司物资分公司副主任、主任、党委书记助理、工会主席、副经理、党委副书记、纪委书记，公司外事处副处长，物资分公司总经理、党委书记，2014 年 3 月任中冶国际工程集团有限公司副总经理，2016 年 6 月任公司纪委书记。

**王　黔　公司副总经理**

浙江省绍兴市人，出生于 1970 年 6 月，1992 年 7 月参加工作，1996 年 10 月加入中国共产党。历任公司电装公司队长、科长、经理助理、副经理，公司工程总承包部副处长、海外部副部长、部长、外事办主任，检修工程分公司总经理兼党委书记、电装公司总经理、安装工程公司总经理、工业工程公司总经理，公司市场营销部部长，2017 年 3 月任公司副总经理。

**袁斯浪　公司原副总经理**

江西省丰城市人，出生于 1977 年 10 月，1997 年 9 月参加工作，2000 年 6 月加入中国共产党。历任宝冶工业炉公司项目经理、市场部部长、总经理助理、副总经理、总经理，公司工程总承包部副部长、南京分公司总经理、江苏分公司总经理、公司市场营销部部长。2017 年 3 月至 2018 年 6 月任公司副总经理。

**李乘建　公司原副总经理**

江苏省徐州市人，出生于1974年4月，1997年9月参加工作，2000年6月加入中国共产党。历任工安公司项目部副经理、经营部业务经理、南宁项目部、无锡体育中心工程项目、嘉兴项目部、郑州剧院项目部、深圳宜家项目部项目经理，深圳大运中心主体育馆总包工程项目副经理，广州分公司总经理助理、副总经理、常务副总经理、总经理。2018年1月至2019年1月任公司副总经理兼广州分公司总经理。

**宋　勇　公司副总经理**

四川省内江市人，出生于1972年8月，1995年8月参加工作，2006年1月加入中国共产党。历任公司财审部、计财部主管，机动公司财务科科长、副总会计师，公司审计部副部长，企业发展管理部副部长、部长，人力资源部、组织部部长，中冶东方常务副总经理。2017年6月任公司总经理助理兼中冶东方常务副总经理，2018年12月任公司副总经理。

**张　文　公司副总经理**

山东省即墨市人，出生于1969年9月，1991年7月参加工作，1991年7月加入中国共产党。历任公司建筑设计研究所设计管理，浦东分公司工程部副部长，第三工程公司项目部副经理、技术负责人、项目经理，公司克虏伯不锈钢项目部项目经理，建筑分公司市场部部长、副经理、总经理，建筑装潢公司、工程设计中心总经理，国际工程公司总经理，2017年6月任公司总经理助理兼国际工程公司总经理，2017年7月兼任公司市场营销部部长，2018年12月任公司副总经理。

**陈岩峰　公司副总经理**

内蒙古包头市人，出生于1967年9月，1990年7月参加工作，2012年2月加入中国共产党。历任包头钢铁设计院给排水设计副主任、主任，经营计划部主任。2005年2月任中冶东方工程技术有限公司总经理助理，2010年9月任中冶东方控股有限公司副总经理，2016年7月任中冶华天工程技术有限公司副总经理兼中冶华天包头设计院总经理、党委副书记，2019年1月任公司副总经理兼中冶西北工程技术有限公司总经理。

**李　力　公司副总经理**

辽宁省鞍山市人，出生于1967年1月，1989年7月参加工作，1998年11月加入中国共产党。历任公司机械动力公司工长、科长、经理助理、副经理、经理、经理兼党委书记，2003年2月任上海宝钢冶金建设公司总经理助理，副总经理兼总工程师，2007年9月至2009年7月期间挂职任青海省黄南藏族自治州同仁县委常委、人民政府副县长，2009年7月任中冶宝钢技术服务有限公司副总经理兼总工程师，2015年10月任中冶宝钢技术服务有限公司副总经理，2019年9月任公司副总经理。

# 第三章　人 物 名 录

## 第一节　国家级荣誉集体和个人

截至 2018 年，公司获得国家级个人、集体荣誉 35 项：全国劳动模范 3 人，全国五一劳动奖章 6 人，全国五一劳动奖状 2 个，全国先进集体 1 个，全国模范职工之(小)家 9 个，全国工人先锋号集体 5 个，全国“安康杯”竞赛优胜单位 6 个，全国三八红旗集体 3 个，全国先进女职工 2 人，全国优秀工会工作者 1 人，全国新经济组织工会工作先进工作者 1 人，全国“安康杯”竞赛优秀组织者 1 人。全国五四红旗团委创建单位 1 个，全国青年文明号 1 个。

**1989 年**

全国劳动模范：王茂松

**1990 年**

中华全国总工会授予宝冶全国先进集体称号

全国五一劳动奖状：上海宝钢冶金建设公司

**1993 年**

全国模范职工小家：三公司第四工程处工会

**1995 年**

全国先进女职工：蒋苏娟

**1996 年**

全国先进女职工：王文斌

**1997 年**

全国新经济组织工会工作先进工作者：黄德胜

**2003 年**

全国五一劳动奖章：任尔宁

全国模范职工之家：机动分公司工会

**2004 年**

全国五一劳动奖状：上海宝冶建设有限公司

全国三八红旗集体：机装分公司结构厂焊工二班

**2005 年**

全国劳动模范：胡崇富

全国模范职工之家：机动分公司工会

全国模范职工小家：建筑分公司测量队工会

**2006 年**

全国三八红旗集体：工安分公司综合计划部

全国五一劳动奖章：刘小滨

**2007 年**

全国五四红旗团委创建单位：上海宝钢冶金建设公司团委

**2008 年**

全国模范职工之家：工程技术公司工会

**2009 年**

全国五一劳动奖章：李晋鹏

全国工人先锋号集体：钢构分公司世博主题馆项目部

**2010 年**

全国模范职工小家：电装分公司浦东项目部工会

**2011 年**

全国工人先锋号：工程技术公司房屋质量检测站

**2012 年**

全国工人先锋号：工程技术公司钢结构检测研究部

**2013 年**

全国五一劳动奖章：杜志信　黄伟强

全国“安康杯”竞赛2012年度优胜单位：机动分公司

全国模范职工小家：工业炉公司筑炉分公司工会

**2014年**

全国五一劳动奖章：董清

全国“安康杯”竞赛2013年度优胜单位：机动分公司

**2015年**

全国劳动模范：董清

全国“安康杯”竞赛2014年度优胜单位：机动分公司

**2016年**

全国“工人先锋号”集体：市政工程公司水电工程部电维护班

全国模范职工之家：工业安装工程公司工会

全国青年文明号：工业安装工程公司压力容器厂

全国模范职工小家：安装工程公司调试中心工会

全国“安康杯”竞赛2015年度优胜单位：市政工程公司

全国优秀工会工作者：毛一新

**2017年**

全国“安康杯”竞赛2016年度优胜单位：市政工程公司

**2018年**

全国“安康杯”竞赛2017年度优胜单位：市政工程公司

全国工人先锋号：宝冶国家雪车雪橇中心项目部

## 第二节　省部级荣誉集体和个人

宝冶获省部级以上荣誉257项：省部级劳动模范30人，上海市劳动模范先进集体22个，上海市及其他省部级五一劳动奖章19人，上海市五一劳动奖状7个，上海工匠3人，上海市工人先锋号13个，上海市模范职工之(小)家14个，上海市三八红旗手9人，上海市三八红旗集体3个，五一巾帼奖3人及其他奖项等百余项省部级荣誉。

**1978年**

冶金部劳动模范：周永华

**1982年**

上海市劳动模范：朱国坤　顾奎林

上海市劳动模范先进集体：工安公司二队

**1984年**

上海市劳动模范：田春元　姚廷杰

四川省劳动模范：杨焕文　舒仕伦

上海市劳动模范先进集体：工安公司一队

**1985年**

上海市劳动模范：潘超

上海市三八红旗手：汪鸿霞　欧淑云

**1986年**

上海市劳动模范先进集体：电装公司300吨转炉跟踪组

**1987年**

上海市三八红旗手：刘新景

上海市三八红旗先进集体：五公司机械科翻斗班

**1988年**

上海市劳动模范：史金书　王茂松

上海市劳动模范先进集体：三公司加工厂“三八”电焊班　三公司潘桥食堂

**1989年**

上海市三八红旗手：史金书

上海市新长征突击手：王黔　张任涛　顾伟兴

**1990年**

上海市劳动模范：蔡德慧

上海市劳动模范先进集体：三公司杨绪典材料组　机装公司艾泽庆酸洗班

**1991 年**

上海市三八红旗手：王文斌

上海市新长征突击手：徐庆

**1992 年**

上海市劳动模范：刘跃富

上海市劳动模范先进集体：特种公司第三工程队　工安公司一队陈勋柏管工班　五公司地铁队钻机班

**1993 年**

上海市三八红旗手：曾重美

上海市三八红旗集体：特种公司一队“三八”女子行车班

**1994 年**

上海市劳动模范：王宗明

冶金部劳动模范：向国强　张起昌

上海市劳动模范先进集体：五公司一队　三公司一队何守全架工班

**1996 年**

上海市劳动模范：高国荣　王元喜

上海市劳动模范先进集体：机装公司加工厂王军电焊班　五公司潘顺发钢筋班

上海市青年岗位能手：刘云龙

**1997 年**

上海市新长征突击手：郑启辉　吴文忠

**1998 年**

上海市劳动模范：沈怀东　胡崇富

上海市劳动模范先进集体：机动公司检修协力分公司金工班

上海市新长征击手：陈刚　王伟　杨国雄

**2001 年**

上海市劳动模范：姜允喜　任尔宁　蔡惠良

1998—2000 年度上海市劳动模范先进集体：机动公司桩基工程队　协力分公司 RH 班组

**2003 年**

上海市新长征突击手：王昌礼

上海市青年岗位能手：申阳志

**2004 年**

上海市劳动模范先进集体：建筑分公司　电装分公司

上海市劳动模范：刘小滨　章荣辉

**2005 年**

上海市五一巾帼奖：余瑛

上海市模范职工之家：特种分公司工会　工程技术公司工会

上海市模范职工小家：工安分公司钢构一厂工会　电装分公司浦东项目部工会

上海市新长征突击手：厉见会　岳文彦　曹继泽

**2006 年**

上海市五一劳动奖章：周杨春

上海市新长征突击队：宝冶建设青年志愿者协会

上海市青年岗位能手：范华　周建刚

**2007 年**

上海市劳动模范先进集体：工安分公司

上海市劳动模范：李晋鹏　屈定培

上海市新长征突击队：建筑分公司浦钢搬迁青年突击队

上海市新长征突击手：于百军　朱卫华

上海市青年岗位能手：牛红霞　袁斯浪

**2008 年**

上海市五一劳动奖章：初文恩

上海市工人先锋号：电装分公司调试中心陈侃班　机动分公司设备修造厂一车间　检修分公司王龙弟班组

上海市模范职工之家：工安分公司工会

上海市模范职工小家：工业炉公司组合砖加工厂工会

**2009 年**

中央企业劳动模范：李鹏

上海市五一劳动奖状：机动分公司设备修造厂一车间

上海市五一劳动奖章：陈桥生　高延峰

上海市第七届十大工人发明家：阎增兴

2007—2008 年度上海市三八红旗手：时代

上海市工人先锋号：工程技术公司宝钢一号高炉大修监测评估小组

上海市新长征突击手：赫然　曹路桥

**2010 年**

上海市劳动模范先进集体：工程技术公司房屋质量检测站

上海市劳动模范：高延峰

上海市三八红旗手：朱素君　叶爱芬

上海市模范职工小家：物资设备分公司二分会　建筑分公司世博会 C1 标项目部　检修分公司湘钢检修大队

中冶集团暨中冶股份首届十大杰出青年：陈桥生

**2011 年**

上海市五一劳动奖章：包朝亮

上海市模范职工小家：钢构分公司一厂工会　工业炉公司筑炉分公司分会

上海市工人先锋号：机动分公司水电工程部检修工段　检修分公司邯钢项目 7＃高炉炉前班组

**2012 年**

上海市五一劳动奖章：范耀中

上海市工人先锋号：工业炉公司石灰工程事业部　李鹏高炉工程项目部　罗店大型居住社区工程项目部

上海市五一巾帼奖：林梅花

中央企业青年岗位能手：马广明

**2013 年**

中央企业劳动模范：周杨春

上海市五一劳动奖状：李鹏高炉项目部

上海市五一劳动奖章：董清

上海市工人先锋号：机装分公司王文达管工班组　机动分公司水电工程部运行电维护班

上海市模范职工小家：工程技术钢结构检测研究部分会　电装分公司调试中心工会　检修分公司工会

上海市青年岗位能手：闵廷超

**2014 年**

上海市五一劳动奖状：上海宝冶上海迪士尼乐园项目一园区四一期工程项目部

上海市五一劳动奖章：游志文

上海市工人先锋号：电装分公司深化设计室　工业炉公司设计部

**2015 年**

上海市劳动模范：裴志清

上海市劳动模范先进集体：工业工程公司装备制造事业部

上海市五一劳动奖状：中冶联杨置业有限公司

上海市五一劳动奖章：张文

上海市五一巾帼奖：卢立香

上海市青年岗位能手：邱顶宏

**2016 年**

上海市五一劳动奖状：上海宝冶建筑装潢有限公司

上海市五一劳动奖章：龚利文　孙辉明　毛琪钦

上海工匠：毛琪钦

中央企业先进基层党组织：上海宝冶集团有限公司党委

**2017 年**

上海市五一劳动奖状：建筑工程公司

上海五一劳动奖章：钱国　谢洪军　周仕仁　张映波　周太浜

上海工匠：钱国

上海市工人先锋号：郑州分公司

上海市模范职工之家：郑州分公司

2015—2016 年度上海市三八红旗集体：工程技术有限公司节能检测研究院

**2018 年**

上海市五一劳动奖状：广州分公司

上海五一劳动奖章：孙鹏

上海工匠：王学珍

上海市青年岗位能手：何兵

山东省工人先锋号：工业工程公司山钢日照精品基地宽厚板项目部

江苏省五一劳动奖章：于百军

# 第三节　历任领导班子名录

## 一、董事长

白小虎(2017.03—　　　)
王石磊(2014.11—2017.03)
陈　明(2009.05—2014.11)
张创一(2006.07—2009.05)
程志广(2003.01—2006.07)

## 二、副董事长

陈　刚(2016.10—2017.03)

## 三、党委书记

白小虎(2017.03—　　　)
王石磊(2015.06—2017.03)
陈　明(2009.05—2015.06)
张创一(2006.07—2009.05)
傅国安(2000.05—2002.12)
程志广(1997.05—2000.05;2003.01—2006.07)
高岐峰(989.09—1997.05)
杨长恒(1987.09—1989.02)
裴东旭(1983.08—1986.07)
朱宗明(1981.06—1983.08)
刘锡成(1978.05—无资料)

## 四、总经理(经理、指挥长)

陈　刚(2015.07—2016.10;2017.03—　　　)
白小虎(2016.10—2017.03)
王石磊(2006.10—2015.07)
张创一(2003.01—2006.10)
程志广(2000.05—2004.01)
董文军(1997.05—2000.02)
高天赐(1987.09—1997.05)
韩　喜(1981.06—1986.07)
朱宗明(1978.11—无资料,指挥长)
李　伟(1978.05—无资料,指挥长)

## 五、副总经理(副经理、副指挥长)

陈岩峰(2019.01—　　　)
宋　勇(2018.12—　　　)
张　文(2018.12—　　　)
李乘建(2018.01—　　　)
王　黔(2017.03—　　　)
袁斯浪(2017.03—2018.06)
包朝亮(2015.07—2017.07)
胡　鹰(2014.10—　　　)
白小虎(2013.09—2015.10)
岳文彦(2013.11—2018.12)
朱永贵(2007.04—2013.09)
徐启文(2007.04—　　　)
刘安义(2007.03—2009.05)
王石磊(2003.01—2006.10)
陈　明(2000.05—2003.01)
张创一(2000.05—2004.04)
陈　刚(2000.05—2017.03)
傅国安(1999.02—2000.05)
龚一平(1999.02—2000.06)
程培兴(1999.02—2003.01)
严梅峻(1990.07—2000.05)
高孝铉(1990.07—2000.05)
高玉良(1990.07—1997.06)
高岐峰(1988.03—1989.09)
高天赐(1983.08—1986.07;1986.07—1987.09,主持行政工作)

翟传恭(1986.07—无资料)
方宗林(1986.07—1999.02)
蔡德慧(1983.01—1990.07)
孙金照(1978.05—无资料,副指挥长;1981.06—1986.07)
于永浩(1978.11—无资料,副指挥长;1981.06—1986.07)
于家忠(1978.05—无资料,副指挥长;1981.06—1983.08)
郑诗亮(1978.11—无资料,副指挥长;1981.06—无资料)
陆　羽(1981.06—1983.08)
张维信(1978.05—无资料,副指挥长)
韩　喜(1978.05—无资料,副指挥长)

## 六、党委副书记

刘剑平(2017.03—　　)
白小虎(2016.10—2017.03)
王石磊(2014.11—2015.06)
陈　刚(2009.12—　　)
徐立群(2007.03—2009.05)
刘安义(2003.01—2007.03)
高玉良(1997.06—2003.01)
程志广(1988.03—1997.06)
高岐峰(1986.07—1988.03)
杨长恒(1983.08—1986.07;1986.07—1987.09,主持党委工作)
张维信(1981.06—1983.08)
韩　喜(1978.11—1986.07)
朱宗明(1978.11—无资料)
马　华(1978.10—1979.03,代书记)
李　伟(1978.05—无资料)
张　铨(1978.05—无资料)

## 七、总工程师

刘洪亮(2003.01—　　)
程培兴(1997.06—2003.01)
姚廷杰(1990.07—1997.06)
于家忠(1978.11—无资料;1986.07—1990.07)

## 八、总会计师

李移峰(2008.04—　　)

## 九、总法律顾问

李移峰(2018.01—　　,兼任)

## 十、纪委书记

刘亚莉(2016.06—　　)
费利东(2014.07—2016.05)
陈　刚(2009.12—2014.07)
徐立群(2007.03—2009.05)
刘安义(2003.01—2007.03)
高玉良(1997.06—2003.01)
程志广(1988.03—1997.06)
高岐峰(1986.07—1988.03)
张维信(1983.08—1986.07)

## 十一、工会主席

裴志清(2016.12—　　)
杨　柳(2015.05—2016.11)
杨　柳(2010.06—2015.05,工会副主席主持工作)
徐立群(2007.06—2009.05)
刘安义(2003.06—2007.03)
刘安义(2003.01—2003.06,主持工作并任工会筹备组组长)
袁斌臣(2000.01—2002.12)
刘安义(1998.03—2000.01,工会副主席主持工作)

李湘源(1987.02—1997.06)
涂建国(1984.09—1987.02)
郝新华(1982.04—1984.04)

## 十二、董事会秘书

岳文彦(2014.03—2018.12)
杜志信(2007.09—2014.03)
徐立群(2003.01—2007.09)

# 第四节　总经理助理及副三总师名录

## 一、总经理助理(经理助理)

张　文(2017.06—2018.12)
宋　勇(2017.06—2018.12)
包朝亮(2014.03—2015.07)
金凤美(2014.03—2017.08)
白小虎(2011.04—2013.09)
岳文彦(2011.04—2013.11)
徐启文(2003.02—2007.04)
朱永贵(2003.02—2007.04)
王石磊(2001.12—2003.01)
高岐峰(1985.05—1986.07)
方宗林(1985.05—1986.07)
程季康(1985.05—1987.06)
肖育湘(1985.05—1987.12)
翟传恭(1984.08—1986.07)
胡英明(2003.08—2015.02)
张友建(2003.08—2008.03)
李家宇(2003.02—2003.08)
肖育湘(2003.02—2009.03)
刘洪亮(2001.12—2003.01)
程培兴(1994.01—1997.06)
孙明贤(1990.08—1997.04)
姚廷杰(1988.11—1990.07)
蔡德慧(1978　—无资料)
朱见吾(1978　—无资料)
张任重(1978　—无资料)
吾乃度(1978　—无资料)

## 二、副总工程师

周杨春(2017.04—　　　)
方学军(2017.04—　　　)
游志文(2014.03—2018.04)
龚利文(2014.03—　　　)
胡　鹰(2013.04—2014.10)
范耀中(2013.04—2014.07)
华敏玉(2011.04—　　　)
李发良(2011.04—　　　)
裴志清(2011.04—　　　)
杨华兴(2005.03—2011.04)

## 三、副总经济师

华敏玉(2003.08—2008.04)
冯桂烜(2003.02—2003.08)
王茂松(1992.04—1994.07)
杨起君(1990.08—1996.01)
孙运长(1989.10—1997.10)
翟传恭(1985.05—1986.07)

## 四、副总会计师

李移峰(2007.06—2008.04)
王维华(1990.09—2002.12)

## 五、党委书记助理

杨　柳(2009.03—2017.01)

# 第五节　中层管理人员名录

## 一、二级单位

### (一) 中冶东方工程技术有限公司

总经理：
徐启文(2017.01—2019.01,兼任)
党委书记：
徐启文(2017.01—2019.01,兼任)
常务副总经理：
宋　勇(2017.01—2019.01,兼任)
副总经理：
于　港(2017.01—　　　)
关　绅(2017.01—　　　)
总工程师：
王艳彪(2017.01—　　　)
纪委书记：
于　港(2017.10—　　　)

### (二) 建筑设计研究院

1. 建筑设计研究院
院长：
龚利文(2016.04—　　　)
吴天河(2014.04—2016.03)
党总支书记：
孟松涛(2018.04—　　　)
吴天河(2016.04—2018.03)
常务副院长：
吴天河(2018.04—　　　)
总工程师：
张贵文(2014.04—　　　)
副院长：
沈　勤(2018.04—　　　)
吴天河(2016.04—2018.03)
罗兴隆(2016.04—　　　)
李　桦(2016.04—　　　)
张贵文(2014.04—　　　)
侯振峰(2014.04—2016.03)

2. 原工程设计中心
总经理：
张　文(2013.04—2014.03)
孙　铎(2007.03—2013.03)
总工程师：
张贵文(2007.03—2014.03)
副总经理：
廖前哨(2013.04—2014.03)
侯振峰(2012.04—2014.03)
孙　铎(2013.04—2014.03)
校迎春(2007.03—2009.03)
张贵文(2007.03—2014.03)
丁明富(2009.04—2010.04)
总经济师：
时　代(2013.04—2014.03)
党委书记：
孙　铎(2013.04—2014.03)
党总支书记
孙　铎(2007.03—2010.05)

3. 原宝冶海顿工程有限公司
经理：
包朝亮(2003.08—2007.02)
党委书记：
包朝亮(2003.07—2007.02)
副经理：
校迎春(2003.08—2007.02)
孙　铎(2003.07—2007.02)
总工程师：
孙　铎(2003.07—2007.02)

4. 原设计研究院
院长：
包朝亮(2001.12—2003.07)
陈克勉(2000.11—2001.11)
虞忠杰(1998.05—2000.10)
周晋三(1997.11—1998.05)
副院长：

孙　铎(2002.07—2003.07)
包朝亮(2000.11—2001.12)
陈克勉(2000.03—2000.10,主持工作)
陈克勉(2001.12—2002.08)
高叶泉(1998.10—2000.10)
郭　强(1997.11—1998.10)
高　鹤(2001.12—2002.08)
党委书记:
包朝亮(2002.08—2003.07)
陈克勉(2001.01—2001.11)
党委副书记:
包朝亮(2000.11—2001.12)
党总支书记:
高叶泉(1998.10—2000.10)
党总支副书记:
郭　强(1997.11—1998.10)
5. 原建筑设计研究所
所长:
周晋三(1996.05—1997.10)
陈绍志(1993.02—1996.05)
副所长:
郭　强(1993.12—1997.11)
戴为志(1993.02—1998.05)
总工程师:
陈　强(1993.02—1993.12)
聂建国(1994.01—1996.05)
任慕松(1996.05—1997.12)
党总支副书记:
郭　强(1994.01—1997.11)
6. 原科学技术设计研究所
所长:
陈绍志(1992.04—1993.02)
副所长:
郭　强(1992.09—1993.02)
戴为志(1992.04—1993.02)
总工程师:
陈　强(1992.04—1993.02)
7. 原建筑设计研究所
所长:
陈绍志(1991.06—1992.04)
虞忠杰(1989.12—1991.06)
总工程师:
陈　强(1990.01—1992.04)
专务副所长:
周世民(1989.12—1992.04)
党总支副书记(主持工作):
韩新成(1990.01—1992.04)

**(三)上海宝冶冶金工程有限公司(筑炉公司、工业炉公司、高炉事业部/宝钢分公司)**

1. 上海宝冶冶金工程有限公司
总经理:
李　鹏(2018.08—　　)
党委书记:
夏　涛(2018.08—　　)
副总经理:
孙怀平(2018.08—　　)
陈荣林(2018.08—　　)
朱中平(2018.08—　　)
陶海森(2018.08—　　)
吴传疆(2018.08—　　)
林　涛(2018.08—　　)
总工程师:
周　勤(2018.08—　　)
工会主席(工会负责人):
夏　涛(2018.08—　　)
纪委书记:
吴传疆(2018.08—　　)
2. 原上海宝冶建设工业炉工程技术有限公司
董事长:
李　鹏(2017.11—2018.03)
郑小宝(2015.01—2017.10)
初文恩(2006.06—2014.12)
总经理:
李　鹏(2018.04—2018.07)
郑小宝(2015.01—2018.03)
袁斯浪(2011.04—2012.03)

初文恩(2006.06—2011.03;2012.04—2014.12)

党委书记:

夏　涛(2017.04—2018.07)

校迎春(2013.04—2017.03)

刘广汉(2010.04—2013.03)

初文恩(2006.06—2010.03)

副总经理:

林　涛(2018.04—2018.07)

陈荣林(2017.11—2018.07)

朱中平(2017.11—2018.07)

陶海森(2017.11—2018.07)

吴传疆(2016.03—2018.07)

王少军(2014.04—2017.03)

董　标(2014.04—2017.03)

朱　东(2014.04—2016.02)

刘广汉(2010.04—2013.03)

袁斯浪(2010.04—2011.03)

校迎春(2009.04—2015.03)

孙怀平(2006.06—2018.07)

叶　俊(2006.06—2015.09)

厉见会(2006.06—2010.03)

党委副书记:

厉见会(2006.06—2007.03)

总工程师:

周　勤(2015.10—2018.07)

叶　俊(2007.04—2015.09)

工会主席(工会负责人):

校迎春(2013.04—2017.03)

刘广汉(2010.04—2013.03)

厉见会(2006.06—2010.03)

纪委书记:

夏　涛(2017.04—2018.07)

校迎春(2012.04—2017.03)

刘广汉(2010.04—2013.03)

初文恩(2007.04—2010.03)

厉见会(2006.06—2007.03)

3. 原高炉工程事业部/宝钢分公司

总经理:

李　鹏(2015.04—2017.10)

党总支书记:

孙建奖(2015.04—2017.03)

副总经理:

厉见会(2015.04—2016.04)

陶海森(2015.04—2017.10)

朱中平(2017.04—2017.10)

党委副书记:

孙建奖(2017.04—2017.10)

总工程师:

陈荣林(2015.04—2017.10)

纪委书记:

孙建奖(2017.04—2017.10)

4. 原上海宝冶工业炉窑公司

总经理:

初文恩(2003.08—2006.05)

郭宁中(2002.01—2003.07)

党委书记:

初文恩(2003.08—2006.05)

郭宁中(2002.01—2003.07)

副总经理:

叶　俊(2006.01—2006.05)

厉见会(2005.04—2006.05)

刘广汉(2003.08—2005.03)

孙怀平(2002.09—2006.05)

李玉涛(2002.03—2005.02)

蔡建国(2002.01—2003.07)

康荣林(2002.01—2005.04)

党委副书记:

厉见会(2005.04—2006.05)

刘广汉(2003.08—2005.03)

史秉刚(2002.01—2003.07)

总工程师:

孙怀平(2002.01—2006.05)

工会主席(工会负责人):

厉见会(2005.04—2006.05)

刘广汉(2003.08—2005.03)

徐志怀(2002.01—2003.07)

纪委书记:

厉见会(2005.04—2006.05)

刘广汉(2003.08—2005.03)

专务经理：

郭宁中(2003.08—2005.02)

专务副经理：

徐志怀(2003.03—2005.02)

5. 原筑炉工程公司/筑炉工程处

经理(主任)：

郭宁中(1997.03—2001.12)

袁斌臣、虞忠杰、陈绍志、杨启君、谢云俊、赵镇启

党委书记：

刘安义(2002.01—2002.08)

田先海(1998.05—2001.12)

吴江铃(1984.03—1994.09)

沈庆山(1978.06—1982.04)

于琢文

副经理(副主任)：

蔡建国(2001.03—2001.12)

康荣林(1998.07—2001.12)

朱国坤(1997.06—2000.02)

徐　卫(1997.06—2000.02)

雷锡文(1992.04—2000.03)

杨永学(1991.06—1993.03)

冯奇生(1990.10—1992.04)

盛华君(1990.10—1991.02)

李世耀(1987.05—1997.11)

郭宁中(1985.02—1997.02)

田先海(1983.11—1994.03；1998.05—2001.12)

张洪元(1981.05—1985.06)

王礼平(1978.01—1981.03)

李黑子、陈绍志、杨长恒、陈庆凯、王富荣、冯少卿

党委副书记：

史秉刚(2001.03—2001.12)

田先海(1994.04—1998.04)

李团木(1987.04—1994.03)

郭宁中(1984.05—1985.01)

骆锡柱、杨长恒、谢云俊

总工程师：

孙怀平(2000.04—2001.12)

吴德谦(1994.01—1998.06)

姚鹏飞(1985.02—1988.04)

工会主席(工会负责人)：

徐志怀(2001.03—2001.12)

郭宁中(1984.05—1985.01)

何首镇

纪委书记：

李团木(1987.04—1994.03)

**(四) 工业工程公司(机装公司)**

1. 工业工程公司

总经理：

刘冬青(2018.04—　　)

刘冬青(2017.02—2018.03,副总经理主持工作)

王　黔(2015.12—2017.02)

段美良(2015.03—2015.12)

党委书记：

李　飞(2016.04—　　)

高国荣(2015.04—2016.03)

纪委书记：

陈定洪(2018.07—　　)

李　飞(2016.04—2018.07)

高国荣(2015.04—2016.03)

副总经理：

夏友木(2018.04—　　)

吴华忠(2018.04—　　)

刘冬青(2015.12—2017.01)

陈定洪(2015.04—　　)

王连军(2015.04—2017.05)

李朋斌(2014.04—2016.03)

总工程师：

宋茂祥(2015.03—　　)

工会主席(工会负责人)：

李　飞(2016.04—　　)

高国荣(2015.05—2016.03)

2. 原机装公司

总经理：

段美良(2014.04—2015.03)

包朝亮(2011.04—2014.03)

周百勇(2005.03—2011.03)

杨华兴(2000.10—2005.03)

丘昌文、刁灿煊、王程远、王铭璋、高孝铉、李家宇、谌南安

党委书记：

黄晓红(2012.10—2015.03)

包朝亮(2011.11—2012.10)

吕玉平(2010.05—2011.06)

孟松涛(2005.03—2010.05)

杨华兴(2002.10—2005.03)

王程远、刘宏杰、蔚远年(副书记主持工作)、高孝铉、易晓明、易元清、韩新成

纪委书记：

黄晓红(2012.10—2015.03)

厉见会(2012.04—2012.10)

吕玉平(2010.05—2011.06)

孟松涛(2005.03—2010.05)

郑小宝(2003.08—2005.03)

夏　涛(2000.12—2003.08)

易元清、韩新成

副总经理：

黄晓红(2012.10—2015.03)

王连军(2014.04—2015.03)

高新东(2014.04—2014.05)

李朋斌(2013.04—2015.03)

厉见会(2012.04—2012.10)

吕玉平(2010.05—2011.06)

曹继泽(2010.05—2015.09)

郑小宝(2001.12—2014.03)

孟松涛(2005.03—2010.05)

丁明富(2001.12—2009.02)

鞠　文(2003.08—2005.12)

周百勇(1998.10—2005.03)

肖　瑾(2003.02—2003.08)

夏　涛(2002.08—2003.08)

施源康、田海生、何端森、方福初、肖哲、万宏(1978年被撤职)、龚福星(革委会副主任，1978年2月20日被撤职)、高孝铉、蒋忠庆、唐继尧、张家庆、饶记珠、张孝本、戴为志、张春廷(革委会副主任)、李家宇、谌南安、王崇甫、庞鸣梁、刘宗启、袁春芳、洪钢耀、杨华兴、韩新成

总工程师：

宋茂祥(2014.04—2015.03)

周　勤(2007.07—2014.03)

丁明富(2001.12—2007.06)

游道中、庞鸣梁、胡培谦、谌南安

党委副书记：

厉见会(2012.04—2012.10)

郑小宝(2003.08—2005.03)

夏　涛(2000.12—2003.08)

彭志利(党委委员、常委)、熊开金(党委委员、常委)、王铭璋、徐秉权、谌南安

工会主席(工会负责人)：

黄晓红(2012.10—2015.03)

厉见会(2012.04—2012.10)

吕玉平(2010.05—2011.06)

孟松涛(2005.03—2010.05)

郑小宝(2003.08—2005.03)

夏　涛(2000.12—2003.08)

程柏青、杨载明、刘宗启、夏涛

注：1978年，中国共产党渡口市委员会组织部(通知)，渡委组发(1978)400号，关于增设第十九冶金建设公司下属工程公司和改变体制的通知。将原机装公司在渡口的工程处改为十九冶第一机械设备安装工程公司(第一机装公司)；原机装公司在武汉“一米七”热轧工程建设的工程公司改为十九冶第二机械设备安装公司(简称第二机装公司)。十九冶第一机装公司领导任职未列入。

### (五) 北京建筑工程分公司(沈阳分公司)

总经理：

高岩军(2014.06—2016.02)

施剑栋(2012.12—2014.06)

唐兵传(2011.04—2012.12)

党总支书记：
朱　虹（2018.07—　　　）
于百军（2018.03—2018.07）
孟松涛（2017.04—2018.03）
夏　涛（2015.04—2017.03）
李　红（2013.04—2015.04）
副总经理：
鲁自力（2018.07—　　　）
张月奇（2017.04—　　　）
杨立龙（2017.04—　　　）
赫　然（2016.02—　　　，主持工作）
王　兵（2014.06—2018.07）
王群星（2014.04—2017.03）
朱卫华（2013.04—2015.03）
李　红（2013.04—2015.03）
孙　鹏（2011.04—2014.03）
王玉勇（2011.04—2013.03）
总工程师：
裴海清（2013.04—　　　）
方四宝（2012.04—2013.03）
宫雪松（2011.04—2012.03）
总经济师：
张文海（2012.04—2015.03）
工会主席：
朱　虹（2018.07—　　　）
于百军（2018.03—2018.07）
孟松涛（2017.04—2018.03）
夏　涛（2015.04—2017.03）
李　红（2013.04—2015.04）

**（六）郑州分公司**

总经理：
邹怡菲（2018.04—2018.11）
方学军（2014.04—2017.03）
党委书记（党总支书记）：
顾伟兴（2017.04—　　　，党委书记）
顾伟兴（2016.04—2017.03，党总支书记）
副总经理：
连厚舫（2018.11—　　　，主持工作）
滕善涛（2018.10—　　　）
连厚舫（2018.04—2018.11）
邹怡菲（2017.04—2018.03，主持工作）
王伟东（2016.10—　　　）
杨振清（2016.04—　　　）
孙剑民（2016.10—2017.03）
周义东（2016.10—2017.06）
施建荣（2015.10—　　　）
邹怡菲（2014.05—2017.03）
林　鸿（2014.05—2016.03）
总工程师：
顾卫东（2017.04—　　　）
杨松波（2014.05—2015.03）
工会主席（工会负责人）
顾伟兴（2016.05—　　　）
纪委书记：
王伟东（2018.07—　　　）
顾伟兴（2017.04—2018.07）

**（七）南京分公司（江苏分公司）**

总经理（经理）：
于百军（2018.07—　　　）
苏洪华（2017.04—2018.07）
袁斯浪（2016.11—2017.04）
袁斯浪（2012.08—2015.12）
徐　卫（2012.04—2012.08）
曹　宏（2011.04—2012.03）
阳　刚（2007.09—2011.03）
杜志信（2005.10—2007.09）
党委书记：
李　红（2018.03—　　　）
康　安（2013.04—2015.04）
薛　蕾（2012.04—2013.04）
杨华兴（2011.04—2012.04）
阳　刚（2007.09—2011.04）
杜志信（2006.07—2007.09）
副总经理：
孙辉明（2018.03—　　　）
张贵廷（2013.04—　　　）
周义东（2017.09—　　　）
苏洪华（2017.04—2017.04，常务副总经理）

杨国雄(2016.03—2018.03)
唐兵传(2015.12—2016.11,主持工作)
李　琳(2013.04—2015.03)
康　安(2013.04—2015.03)
薛　蕾(2012.04—2013.03)
杨华兴(2011.04—2012.08)
周军生(2006.01—2013.02)
骆向东(2006.07—2012.08)
蔡建国(2006.01—2012.08)
张　白(2006.01—2009.12)
党委副书记、党总支书记：
李　红(2015.04—2018.03)
工会主席、工会负责人：
康　安(2013.03—2015.04)
薛　蕾(2012.04—2013.04)
杨华兴(2011.04—2012.04)
周军生(2007.03—2011.04)
总工程师：
张贵廷(2012.04—　　　)
蔡建国(2010.05—2012.03)
张　白(2006.01—2010.05)
总经济师：
高　凯(2013.04—　　　)
纪委书记：
张贵廷(2018.07—　　　)
李　红(2017.04—2018.07)
康　安(2013.04—2015.04)
薛　蕾(2012.04—2013.04)
杨华兴(2011.04—2012.04)
阳　刚(2007.09—2011.04)
杜志信(2007.03—2007.09)
周军生(2006.07—2007.03)

### (八) 建筑工程公司(特种工程公司)

1. 建筑工程公司
总经理：
董　清(2015.01—　　　)
党委副书记：
赵　培(2017.04—　　　)
党总支书记：
赵　培(2015.04—2017.03)
副总经理：
姜丰刚(2018.12—　　　)
朱献文(2018.04—　　　)
薛　平(2016.08—　　　)
王学文(2015.11—2018.03)
工会主席、工会负责人：
赵　培(2015.03—　　　)
总工程师：
叶　华(2015.04—　　　)
纪委书记：
赵　培(2015.04—2018.06)
骆　强(2018.07—　　　)
2. 原特种工程公司
总经理：
董　清(2015.01—2015.03)
周寅如(2008.04—2014.12)
金江卫(2003.01—2008.04)
党委书记：
周寅如(2008.03—2015.03)
金江卫(2003.01—2008.03)
党委副书记：
赵　培(2014.03—2015.03)
骆　强(2005.03—2010.03；2013.04—2014.03)
杨争战(2003.01—2005.03)
副总经理：
杨国雄(2014.04—2015.03)
鱼　莉(2009.04—2010.04)
胡勤文(2007.10—2014.04)
骆　强(2005.03—2015.03)
潘　虎(2003.01—2005.04)
杨争战(2003.01—2005.03)
工会主席、工会负责人：
赵　培(2014.03—2015.03)
骆　强(2005.03—2014.03)
杨争战(2003.01—2005.03)
总工程师：
陈定洪(2011.04—2015.03)

唱　伟(2003.01—2008.04)

纪委书记:

骆　强(2005.03—2007.04;2008.03—2010.05;2010.08—2014.04)

赵　培(2014.04—2015.03)

周寅如(2010.05—2010.08)

金江卫(2007.04—2008.03)

杨争战(2003.01—2005.03)

3. 原特种工程公司(特种工程处)

经理:

王茂松、李家宇、金江卫

党委书记:

郑新城、于世镜、李湘源、王茂松、吴连城、马文举

党委副书记:

陈文旺、韩新成、吴连城、李家宇

副经理:

周毓民、都起文、王国庆、熊先清、陈明、金江卫、陈启南、方汉明、裴志清、杨建林、吴连城、马文举、杨争战、潘虎、唱伟、孙新林、黄国昌

专务副经理:

陈启南、都起文、潘超、周正仁、王绍康

总工程师:

周毓民、潘超、王国庆、唱伟

工会主席:

陈启南、韩新成、周正仁、王绍康

纪委书记:

陈文旺、李湘源、韩新成、吴连城、马文举、王绍康

**(九) 成都分公司**

总经理:

丁海涛(2018.04—　　　)

孟松涛(2015.01—2016.03)

党总支书记:

高国荣(2016.04—　　　)

工会主席:

高国荣(2016.04—　　　)

副总经理:

王　兵(2018.07—　　　)

董　亮(2017.03—　　　)

丁海涛(2016.04—2018.03,主持工作)

叶　俊(2015.10—　　　)

曹路桥(2015.01—2015.10)

总工程师:

姚　尧(2016.04—　　　)

**(十) 厦门分公司**

副总经理:

王云高(2018.04—　　　,主持工作)

吴圣杰(2015.04—2018.03,主持工作)

张　盖(2017.04—　　　)

高　隽(2017.02—　　　)

党总支书记:

胡崇富(2016.04—　　　)

总工程师:

方四宝(2016.04—　　　)

工会主席:

胡崇富(2016.05—　　　)

**(十一) 广州分公司(华南分公司)**

总经理:

李乘建(2015.08—　　　)

胡　鹰(2011.04—2015.08)

白小虎(2007.03—2011.03)

党总支书记:

郑小宝(2018.04—　　　)

黄晓红(2015.04—2018.04)

高国荣(2012.04—2015.03)

胡　鹰(2011.04—2012.04)

白小虎(2007.07—2011.03)

副总经理:

龙钦宇(2017.04—　　　)

魏海军(2016.04—　　　)

曹继泽(2015.10—　　　)

高国荣(2011.04—2015.03)

陈定洪(2007.03—2011.03)

李乘建(2009.05—2014.03;2014.04—2015.08,常务副总经理)

叶　鹏(2013.04—2015.03)

唐文革(2009.05—2012.03)
申相东(2007.12—2012.01)
施剑栋(2007.03—2008.03)
总工程师:
靳　峰(2016.09—　　　)
庞洪海(2014.04—2015.03)
王海东(2011.04—2014.04)
陈定洪(2007.03—2011.03)
总经济师:
刘建春(2013.04—2016.03)
工会主席(工会负责人):
郑小宝(2018.04—　　　)
黄晓红(2015.04—2018.04)
高国荣(2012.04—2015.03)
胡　鹰(2011.04—2012.04)
白小虎(2007.07—2011.03)

**(十二) 国际工程公司**

总经理:
遇　瑞(2017.07—　　　)
张　文(2016.04—2017.07)
党总支书记:
何靖昕(2016.04—　　　)
副总经理:
王奇亭(2016.04—　　　)
高岩军(2017.04—　　　)
总工程师:
陈　慧(2016.04—2018.03)
谢洪军(2018.03—　　　)
总经济师:
时　代(2016.04—　　　)
总会计师:
马心新(2016.08—2018.07)
工会主席(工会负责人):
何靖昕(2016.08—　　　)

**(十三) 钢结构工程公司(工安公司、钢结构公司)**

1. 钢结构工程公司
总经理:
游志文　(2016.11—2018.04)
裴志清(2011.04—2016.10)
章荣辉(2007.03—2011.04)
杨华兴(2005.10—2007.03)
党委书记:
周寅如(2015.04—2018.04)
裴志清(2011.04—2015.04)
肖　瑾(2007.03—2011.04)
杨华兴(2005.10—2007.03)
副总经理:
苏洪华(2016.10—2017.03,常务副总经理)
吴圣杰(2018.03—2018.04)
邱顶宏(2018.03—2018.04)
王　铁(2018.03—2018.04)
沈佳萍(2016.11—2018.04)
李　旻(2016.11—2018.04)
罗兴隆(2016.03—2018.04)
王　伟(2015.04—2018.04)
李晋鹏(2007.09—2018.08)
王云高(2009.03—2018.03)
曹路桥(2013.09—2015.04)
朱　虹(2012.04—2015.04)
许立新(2011.04—2014.03)
彭根东(2008.03—2012.04)
段美良(2007.09—2012.04)
柳　永(2010.05—2011.04)
肖　瑾(2007.03—2011.04)
沈　宾(2005.10—2011.08)
贺建明(2005.10—2008.08)
薛　蕾(2005.10—2007.03)
鞠　文(2005.10—2007.03)
杨争战(2005.10—2007.03)
党委副书记:
朱　虹(2012.04—2015.04)
段美良(2011.04—2012.04)
杨争战(2005.10—2007.03)
章荣辉(2005.03—2007.03)
总工程师:
朱宝良(2017.08—2018.04)

遇　瑞(2017.04—2017.08)
陈桥生(2012.04—2016.10)
许立新(2011.04—2012.04)
沈　宾(2007.03—2011.04)
总经济师：
沈佳萍(2018.03—2018.04)
潘惠芳(2012.04—2016.10)
总会计师：
唐春林(2018.03—2018.04)
田怡卿(2009.03—2012.04)
工会主席(工会负责人)：
周寅如(2015.04—2018.04)
朱　虹(2012.04—2015.04)
段美良(2008.03—2012.04)
沈　宾(2007.03—2008.03)
杨争战(2005.10—2007.03)
纪委书记：
周寅如(2015.04—2018.04)
朱　虹(2012.04—2015.04)
段美良(2011.04—2012.04)
肖　瑾(2007.03—2011.04)
杨争战(2005.10—2007.03)
2. 原工业安装公司
总经理：
游志文(2009.08—2016.10)
陈汉兵(2007.03—2009.08)
章荣辉(2005.03—2007.03)
阳　刚(2003.08—2005.03)
华敏玉(2003.01—2003.08)
党委书记：
苏洪华(2016.04—2016.10)
薛　蕾(2013.04—2015.04)
董如平(2005.03—2013.04)
阳　刚(2004.07—2005.03)
易元清(2003.01—2004.07)
副总经理：
许立新(2014.03—2016.10)
李晋鹏(2015.04—2016.10)
李　旻(2012.04—2016.10)
沈佳萍(2009.03—2016.10)
孙建奖(2008.03—2015.04)
苏洪华(2010.04—2015.03，2015.4—2016.3，常务副总经理)
樊少岩(2013.04—2015.04)
薛　蕾(2013.04—2015.04)
唐根福(2005.10—2007.03)
董如平(2005.03—2007.03；2010.05—2013.04)
彭根东(2004.07—2008.03)
何玉标(2003.02—2007.11)
沈　宾(2004.07—2005.10)
贺建明(2003.08—2005.10)
郑启辉(2003.01—2003.08)
党委副书记：
章荣辉(2002.03—2007.03)
何玉标(2003.02—2005.03)
总工程师：
遇　瑞(2014.03—2016.10)
李　旻(2012.04—2013.09)
许立新(2007.03—2011.04)
陈新华(2003.01—2007.03)
工会主席(工会负责人)：
苏洪华(2016.04—2016.10)
薛　蕾(2013.04—2016.04)
董如平(2007.03—2013.04)
何玉标(2003.02—2007.03)
纪委书记：
苏洪华(2016.04—2016.10)
薛　蕾(2013.04—2016.04)
董如平(2005.03—2013.04)
何玉标(2004.07—2005.03)
易元清(2003.01—2004.07)
3. 原工业安装分公司
经理：
傅兆麟、高岐峰、张荣祥、邵统军、唐继尧、王石磊、华敏玉
党委书记：
傅兆麟、高岐峰、李家丰、张荣祥、韩新成、

易元清

副经理：

初玉勤、赵权、叶永光、林焕然、孙景魁、王荣春、易传刚、邵统军、李献辉、金林福、汪鸿霞、付润庭、张长久、徐铁、王崇甫、雷军、韩震江、袁善良、王石磊、华敏玉、许立新、阳刚、章荣辉、陈汉兵、游志文、郑启辉

党委副书记：

傅兆麟、高岐峰、张荣祥、韩震江、唐继尧、王石磊

总工程师：

林光宗、陈新华、许立新

工会主席(工会负责人)：

金林福、韩新成、易元清、袁善良、阳刚

纪委书记：

李家丰、韩振江、韩新成、易元清

**(十四) 郑州宝冶钢结构有限公司**

董事长、法定代表人：

唐兵传(2018.07—　　)

总经理：

李晋鹏(2018.07—　　)

副总经理：

魏国春(2018.07—　　)

**(十五) 安装工程公司(电装公司)**

1. 安装工程公司(电装公司)

总经理：

王　靖(2015.12—　　)

王　黔(2013.04—2015.12)

金凤美(2011.04—2013.03)

李发良(2003.01—2011.03)

党委书记：

康　安(2015.04—　　)

夏　涛(2011.04—2015.03)

李发良(2007.04—2010.04)

杨　柳(2003.01—2007.03)

副总经理：

门熙晨(2010.05—2014.04；2016.04—　　)

李慰萱(2014.05—　　)

顾永昌(2014.05—2016.03)

夏　涛(2011.05—2014.05)

刘奉军(2012.05—2015.01)

高国荣(2007.07—2010.04)

王红明(2007.03—2011.05)

孙剑民(2003.08—2015.10)

杨　柳(2003.01—2007.03)

胡　鹰(2003.01—2005.02)

王　黔(2003.01—2006.12)

党委副书记：

王红明(2010.05—2011.03)

总工程师：

侯振峰(2016.04—　　)

门熙晨(2015.12—2016.04)

刘冬青(2014.04—2015.12)

龚利文(2007.07—2014.04)

高国荣(2003.01—2007.07)

总经济师：

刘冬梅(2015.04—　　)

工会主席(工会负责人)：

康　安(2015.05—　　)

夏　涛(2011.04—2015.05)

王红明(2007.03—2011.04)

杨　柳(2003.01—2007.03)

纪委书记：

康　安(2015.04—　　)

夏　涛(2011.04—2015.03)

王红明(2010.04—2011.04)

李发良(2007.04—2010.04)

杨　柳(2003.01—2007.03)

2. 原安装工程事业部(安装工程处)

总经理：

王　靖(2014.04—2015.12)

副总经理：

门熙晨(2014.04—2015.12)

总工程师：

门熙晨(2014.04—2015.12)

总经济师：

吴密华(2014.04—2015.12)

3. 原电气设备安装分公司

经理：

单永惠、傅国安、陈刚、李发良

党委书记(党总支书记)：

陈知平、谷永升、傅国安、纪大初、梁志中、蔡贵銮、杨柳

副经理：

王忠伟、徐兴权、童选卿、孙宽发、郭文玠、蔡贵銮、程季康、涂建国、常承志、陈国生、胡鹰、王黔、袁宏华、陈刚、朱遂南、李发良、杨柳、朱彤煦、初玉勤、梁志中

党委副书记：

徐兴权、单永惠、邓福才、傅国安

总工程师：

程培兴、朱彤煦、高国荣

工会主席(工会负责人)：

童选卿、邓福才、李永贵、杨柳

纪委书记：

傅国安、纪大初

**(十六) 上海宝冶建筑装饰有限公司**

总经理/法定代表人：

高延峰(2018.03— )

曹中平(2016.04—2017.02)

张文(2007.09—2016.03)

党委书记(党总支书记)：

孙铎(2013.04— )

副总经理：

陈 波(2018.03— )

王 丰(2018.03— )

高延峰(2017.02—2018.03，主持工作)

高延峰(2014.04—2017.02)

王奇亭(2014.04—2016.03)

孙 铎(2013.04—2015.03)

张贵文(2013.04—2014.03)

侯振峰(2013.04—2014.03)

廖前哨(2011.03—2014.02)

总工程师：

陈 慧(2018.03— )

沈 勤(2014.04—2018.03)

廖前哨(2011.03—2014.02)

总经济师：

时 代(2012.04—2016.03)

工会主席(工会负责人)：

孙 铎(2013.04— )

纪委书记：

陈 慧(2018.07— )

孙 铎(2013.04—2018.07)

**(十七) 市政工程公司(机动公司)**

1. 市政工程公司

总经理：

徐晨尧(2015.03—2016.04)

副总经理：

杨国雄(2018.03— )

李松柏(2018.03— )

魏广峰(2017.04—2018.03；2018.03— ，主持工作)

黄伟强(2016.04—2018.03，主持工作)

江园春(2016.04—2016.06)

吴忠瑜(2015.03—2016.04)

施建荣(2015.03—2015.09)

顾伟兴(2015.03—2015.04)

党委书记：

徐晨尧(2016.04— )

党委副书记：

顾伟兴(2015.03—2016.04，主持工作)

总工程师：

江园春(2015.03—2016.04)

朱长根(2016.04— )

总经济师：

林梅花(2017.10— )

工会主席(工会负责人)：

顾伟兴(2015.03—2016.04)

纪委书记：

朱长根(2018.07— )

徐晨尧(2016.04—2018.07)

顾伟兴(2015.03—2016.04)

2. 原机械动力分公司

经理：

徐晨尧(2014.03—2015.03)

朱国坤(2003.02—2014.03)

李　力(2000.10—2003.02)

周晋三(1998.05—2000.10)

纪大初(1993.05—1998.05)

骆锡柱(1989.12—1993.05)

程克雄(1986.12—1989.12)

洪海清(1983.03—1986.12)

石鸣选(1978.08—1983.03)

党委书记：

史秉刚(2005.03—2013.04)

朱国坤(2003.02—2005.03)

李　力(2002.08—2003.02)

陈斌武(2000.10—2002.08)

董贵昌(1992.04—1994.01)

洪海清(1986.12—1991.10)

李家丰(1983.03—1986.12)

唐荫泉(1979.06—无资料　)

高青山(1978.07—1979.06)

孟献身(1978.01—1978.07)

副经理：

吴忠瑜(2013.04—2015.03)

施建荣(2013.04—2015.03)

顾伟兴(2013.04—2015.03)

徐晨尧(2003.08—2014.03)

周寅如(2002.03—2008.03)

史秉刚(2005.03—2007.03)

林　凡(2005.01—2007.02)

刘　雄(2004.05—2005.08)

杜志信(2003.08—2005.10)

姚江波(2002.08—2003.08)

袁善良(1996.05—2002.08)

杨载明(2002.08—2003.08；2003.08—2006.02，专务副经理)

陈斌武(1994.02—2002.08)

王绍康(1993.05—1998.05)

孙景魁(1992.04—1996.05)

周晋三(1989.12—1996.05)

程天才(1989.12—1993.05)

张如季(1987.04—2001.01)

王育圣(1987.04—1989.12)

洪海清(1982.08—1986.12)

傅国平(1983.03—1989.12)

方福初(1983.03—无资料)

陈荣国(1978.08—1983.03)

孟献身(1978.08—1982.02)

孙学礼(1978.07—无资料)

刘凤池(1978.07—无资料)

王根籽(1979.06—无资料)

党委副书记：

顾伟兴(2013.04—2015.03，主持工作)

朱国坤(2005.03—2007.03)

徐晨尧(2003.08—2005.03)

杨载明(2002.08—2003.08)

李　力(2000.10—2003.02)

周晋三(1998.05—2000.10)

陈斌武(1994.02—2002.08)

郭　强(1987.04—1987.12)

吴永煜(1983.03—1987.04)

田彩章(1978.07—无资料)

袁新民(1978.06—无资料)

总工程师：

江园春(1994.06—2015.03)

孙景魁(1994.01—1994.06)

陶建国(1987.04—1994.01)

工会主席(工会负责人)：

顾伟兴(2013.04—2015.03)

史秉刚(2005.03—2013.04)

徐晨尧(2003.08—2005.03)

杨载明(2002.08—2003.08)

彭志利(1994.02—1999.02)

陈斌武(1993.05—1994.02)

王绍康(1987.04—1993.05)

纪委书记：

顾伟兴(2013.04—2015.03)

史秉刚(2005.03—2013.04)

徐晨尧(2003.08—2005.03)
杨载明(2002.08—2003.08)
陈斌武(1994.02—2002.08)
郭　强(1987.04—1987.12)
吴永煜(1983.03—1987.04)

**(十八) 能源环境工程公司**

1. 能源环境工程公司

总经理:
刘奉军(2016.03—　　　)
党委副书记:
薛　蕾(2016.04—　　　,主持工作)
副总经理:
芦　涛(2016.03—　　　)
高　利(2016.03—　　　)
刘传根(2016.03—　　　)
李　辉(2018.04—　　　)
总工程师:
芦　涛(2016.03—　　　)
工会主席:
薛　蕾(2016.04—　　　)
纪委书记:
刘传根(2018.07—　　　)
薛　蕾(2016.04—2018.06)

2. 原检修工程公司

总经理:
刘奉军(2015.04—2016.03)
党委书记:
董如平(2015.03—2016.02)
副总经理:
董如平(2015.03—2016.02)
芦　涛(2015.03—2016.03)
高　利(2015.03—2016.03)
刘传根(2015.03—2016.03)
总工程师:
芦　涛(2015.03—2016.03)
工会主席:
董如平(2015.03—2016.02)
纪委书记:
董如平(2015.03—2016.02)

3. 原检修工程分公司

总经理:
郑小宝(2014.04—2014.12)
王　黔(2011.04—2014.03)
裴志清(2004.07—2011.03)
马继业(2003.03—2004.07)
党委书记:
董如平(2013.03—2015.03)
施剑栋(2011.04—2012.11)
裴志清(2003.03—2011.03)
副总经理:
刘奉军(2015.01—2015.03,主持工作)
董如平(2013.03—2015.03)
高　利(2007.06—2015.03)
芦　涛(2010.04—2015.03)
刘传根(2014.04—2015.03)
董国新(2006.06—2009.02)
胡崇富(2005.03—2005.07)
沈佳萍(2004.10—2007.09)
柳　永(2003.08—2007.11)
顾文彪(2003.03—2004.07)
裴志清(2003.03—2004.07)
曾凡全(2003.03—2004.07)
吴世雄(2003.03—2006.12)
党委副书记:
胡崇富(2005.03—2005.07)
曾凡全(2004.07—2005.03)
总工程师:
芦　涛(2013.04—2015.03)
施剑栋(2008.03—2013.03)
柳　永(2003.08—2007.11)
总经济师:
沈佳萍(2004.10—2007.09)
工会主席:
董如平(2013.03—2015.03)
施剑栋(2011.04—2012.11)
高　利(2007.09—2011.03)
沈佳萍(2007.03—2007.09)
裴志清(2005.07—2007.03)

胡崇富(2005.03—2005.07)
曾凡全(2003.03—2005.03)
纪委书记:
董如平(2013.03—2015.03)
施剑栋(2011.04—2012.11)
胡崇富(2005.03—2005.07)
曾凡全(2004.07—2005.03)
裴志清(2003.03—2004.07;2005.07—2011.03)

4. 原检修协力公司(曾更名为检修协力部、维护检修公司、维护检修办公室)

经理(主任):
陈国生(1998.06—2003.03)
梁志中(1996.05—1998.06)
陆德铭(1994.03—1996.05)
唐继尧(1987.06—1994.03)
刘德发(1984.03—1985.08,主任)
党委书记:
李耀东(1998.01—2003.03)
张家庆(1992.06—1997.12)
林焕然(1991.06—1992.06)
程季康(1987.06—1991.06)
易晓明(1985.08—1987.06)
副经理(副主任):
曾凡全(1998.11—2004.07)
马继业(1996.05—2003.03)
吴世雄(1994.05—2006.12)
吕玉平(1994.05—2003.02)
于　波(1994.05—1996.05)
章绍奎(1987.06—1991.06)
刘振玉(1987.06—1991.06)
田海生(1985.08—1987.06)
蒋忠庆(1985.08—1987.06)
唐继尧(1985.08—1987.06,代经理)
张家庆(1984.03—1985.08,副主任)
党委副书记:
张家庆(1985.08—1992.06)
总工程师:
闵启献(1998.07—2003.03)
孙宝琪(1993.06—1998.06)
聂希圣(1987.06—1993.06)
工会主席:
何首镇(1996.07—2003.03)
徐长富(1987.07—1996.07)
曾凡彬(1985.08—1987.06)
纪委书记:
李耀东(1998.01—2003.03)
张家庆(1992.06—1997.12)
林焕然(1991.06—1992.06)
程季康(1987.06—1991.06)
易晓明(1985.08—1987.06)

**(十九)上海宝冶工程技术有限公司**

总经理:
阳　刚(2011.04—　　　)
包朝亮(2001.12—2011.03)
陈克勉(2000.03—2001.11)
党委书记(党总支书记):
于百军(2016.03—2017.03)
朱　虹(2015.04—2016.02)
刘广汉(2013.04—2015.03)
校迎春(2011.04—2013.03)
包朝亮(2001.12—2011.03)
副总经理:
郭建华(2018.04—　　　)
关振峰(2016.04—　　　)
周仕仁(2014.03—2016.03)
张立华(2002.08—2016.03)
校迎春(2009.03—2011.03)
金凤美(2002.08—2009.08)
廖建平(2000.03—2009.03)
党委副书记:
何玉标(2017.04—　　　)
金凤美(2002.08—2009.08)
总工程师:
刘　晓(2014.04—　　　)
张立华(2002.08—2016.03)
工会主席(工会负责人):
何玉标(2017.04—　　　)

于百军(2016.03—2017.03)
朱　虹(2015.04—2016.02)
刘广汉(2013.04—2015.03)
校迎春(2010.07—2013.03)
包朝亮(2009.09—2010.07)
金凤美(2002.08—2009.08)
纪委书记:
郭建华(2018.07—　　)
何玉标(2017.04—2018.06)

**(二十)工程物资设备公司**

1. 工程物资设备公司
总经理(经理):
孙建奖(2018.04—　　)
朱国坤(2014.04—2017.10)
刘亚莉(2005.11—2009.03;2011.04—2014.03)
吴文忠(2003.08—2005.11)
张廉正(2000.11—2003.08)
杨　光(1994.09—2000.11)
党委书记(党总支书记):
金江卫(2018.04—　　)
刘广汉(2017.07—2018.03)
王靖涛(2015.04—2017.03)
朱国坤(2014.04—2015.03;2017.04—2017.07)
刘亚莉(2005.11—2014.03)
吴文忠(2004.08—2005.11)
刘启顺(2001.08—2003.04)
张廉正(2000.11—2001.08;2003.04—2003.08)
专务经理:
刘广汉(2018.04—2018.07)
张廉正(2003.08—2005.04)
副经理:
孙建奖(2017.10—2018.03,主持工作)
孔　钧(2017.04—　　)
胡国谭(2015.04—　　)
胡思明(2013.04—2015.03)
钱洪涛(2012.04—2013.03)
厉见会(2010.05—2012.03)
程卫星(2003.08—2010.03)
林　凡(2003.08—2004.12)
薛　蕾(2003.08—2004.10)
沈　云(2002.08—2010.03)
刘亚莉(2002.08—2003.08;2009.03—2011.03,主持工作)
王文龙(2002.05—2003.12)
刘启顺(2001.08—2003.04)
江毅东(1994.09—1997)
张丕豪(1994.09—2001)
张廉正(1994.09—2000.11)
专务副经理:
邓祖国(1994.09—1995)
党委副书记(党总支副书记):
胡思明(2013.04—2014.03)
钱洪涛(2012.04—2013.03)
厉见会(2010.05—2012.03)
程卫星(2003.08—2010.03)
刘亚莉(2002.08—2003.08)
张朝泉(1994.09—2001.03)
总工程师:
兰慧频(2012.04—　　)
沈　云(2006.04—2010.03)
工会主席(工会负责人):
金江卫(2018.04—　　)
刘广汉(2017.07—2018.03)
王靖涛(2015.04—2017.03)
朱国坤(2014.04—2015.03;2017.04—2017.07)
胡思明(2013.04—2014.03)
钱洪涛(2012.04—2013.03)
厉见会(2010.05—2012.03)
程卫星(2003.08—2010.03)
刘亚莉(1999.02—2003.08;2010.03—2010.05)
张朝泉(1994.09—2001.03)
纪委书记:
朱国坤(2014.04—2015.03)

胡思明(2013.04—2014.03)
钱洪涛(2012.04—2013.03)
厉见会(2010.05—2012.03)
程卫星(2003.08—2010.03)
刘亚莉(2002.08—2003.08)
张朝泉(1994.09—2001)

2. 原材料处

处长：
陈汉山(1989.09—1994.09)
刘德发(1986.07—1989.08)
付广琪(1979—1984.10)
封泽友(1978—1979)

党总支书记：
陈汉山(1992.03—1994.09)
刘宏杰(1989.09—1992.02)
朱志忠(1985—1986.06)
谷永生(1984.11—1985)
李永恒(1978—1984.10)

副处长：
张廉正(1989.09—1992.02)
徐祥昌(1985—1989.08)
邱世庆(1985—1989.08)
李博文(1984.11—1986.06,主持工作)
张志超(1979—1986.06)
顾金福(1983.03—1986.06)

党总支副书记：
邓祖国(1986.7—1989.08,主持工作)
冯广芳(1978—1979)

工会主席(工会负责人)：
江毅东(1989.09—1992.02)

3. 原设备处

处长：
杨　光(1992.04—1994.09)
蒋金玲(1985.02—1992.03)
王程远(1985.01—无资料)
高天赐(1980.04—1985.01)
于永浩(1978—1980.04)

党总支书记：
于世镜(1985.02—1990)
王程远(1985.01—无资料)
高天赐(1980.04—1984.08)
于永浩(1978—1980.04)

专务书记：
于世镜(1990—1992.04)

副处长：
张丕豪(1992.04—1994.09)
邓祖国(1992.04—1994.09)
张朝泉(1990—1992.04)
杨　光(1986—1990)
陈汉山(1986—1989.08)
蒋金玲(1985.01)
王程远(1980.04—1984.12)
高天赐(1978—1980.04)

专务处长：
付国平(1992.04—1994.09)
王程远(1986—1990)

党总支副书记：
张朝泉(1992.04—1994.09)
曾凡全(1990—1992.04)

总工程师：
郭善明(1986—1994.09)
吴晋发(1978—1985.12)

工会主席(工会负责人)：
孙福顺(1986—1990)

4. 原机械处

处长：
罗曾勋(1981.01—1984.12)

副处长：
邓祖国(1990.09—1994.08)
方福初(1987.10—1992.04)
孟献身(1985.01—1987.09)
刘伯庆(1979.08—1992.04)

专务副处长：
付国平(1992.05—1994.08)

总工程师：
罗曾勋(1985.01—1992.04)

5. 原物资供应公司

经理：

付广琪(1983.03—1984.10)
党委书记：
李永恒(1983.03—1984.10)
副经理：
顾金福(1983.03—1986.06)
张志超(1983.03—1986.06)
邱世庆(1983.03—1986.06)
党委副书记：
刘恩祚(1983.03—1986.06)

**(二十一)投融资事业部(原房地产分公司、房地产事业部、投融资开发部/房地产事业部)**

总经理：
唐文革(2018.04—　　　)
金凤美(2014.04—2015.07)
姚江波(2010.04—2014.03)
党委书记(党总支书记)：
葛红明(2018.04—　　　,正职)
姚江波(2010.04—2014.03)
副总经理：
校迎春(2018.04—　　　,正职)
王文成(2018.04—　　　;2016.10—2018.03,主持工作)
王　伟(2017.04—　　　)
唐春林(2017.04—2018.03)
何玉标(2010.04—2010.10;2014.04—2015.07;2015.08—2016.10,主持工作;2016.10—2017.03)
辛增群(2010.04—2014.03)
储德恒(2014.07—2017.03)
党委副书记：
辛增群(2013.04—2014.03)
总工程师：
朱长根(2010.04—2016.03)
总经济师：
唐春林(2016.10—2017.03)
工会主席(工会负责人)：
葛红明(2018.08—　　　)
周　明(2016.04—2016.11)
何玉标(2015.05—2016.04)
辛增群(2010.12—2015.05)
纪委书记：
辛增群(2013.04—2014.03)

## 二、总部部门

**(一)办公室/党委办公室/董事会秘书室/监事会办公室/政研室**

1. 办公室/党委办公室/董事会秘书室/监事会办公室/政研室

副主任：
陈雪峰(2018.3—　　　,主持工作)

2. 原办公室/董事会秘书室/监事会办公室/政研室

主任：
杜志信(2008.03—2014.03)
副主任：
张　典(2017.04—2018.03)
高　隽(2014.04—2017.02,主持工作)
陈　爽(2014.04—2015.10)
殷　建(2008.03—2010.04)
鱼　莉(2007.03—2008.03)

3. 原行政事务部

部长：
董如平(2003.02—2005.08)
副部长：
陶海森(2005.03—2007.03)
孟松涛(2003.02—2005.03)

4. 原董事会办公室

副主任：
鱼　莉(2004.05—2007.03)

5. 原办公室

主任：
孙德志、董贵昌、韩震江、董如平
副主任：
纪大初、高叶泉、刘启顺、张镜、郑建果

6. 原经理办公室

主任：

高天赐、董贵昌
副主任：
高大德、梁志中、纪大初、顾礼祥

**(二) 企业发展和信息化部**

1. 企业发展和信息化部
部长：
方学军(2018.04—　　)
副部长：
高　珊(2018.12—　　)
总经济师：
鱼　莉(2018.04—　　)

2. 原企业发展管理部
部长：
葛红明(2016.04—2018.03)
宋　勇(2008.03—2016.03)
副部长：
罗　斌(2008.09—2010.04)
徐　君(2007.03—2008.08)
宋　勇(2007.03—2008.03，主持工作)
总经济师：
鱼　莉(2011.04—2018.04)

3. 原信息化管理部
部长：
方学军(2017.04—2018.03)
孟松涛(2016.04—2017.03)
龚利文(2015.04—2016.03)

4. 原资产运营部
副部长：
王　安(2004.05—2007.03，主持工作)
专务部长：
江毅东(2004.05—2006.02)

5. 原企业管理部
部长：
姚江波(2003.08—2007.03)
江毅东(2003.03—2003.08)
副部长：
鱼　莉(2003.02—2004.05)
专务部长：
江毅东(2003.08—2004.05)

6. 原企业管理办公室
主任：
杨起君、董贵昌
副主任：
梁志中、刘启顺、曹继植、邵统军、盛华君

7. 原企业经营管理研究室
主任：
高天赐
副主任：
穆克、何端森

8. 原企业整顿办公室
副主任：
董贵昌、虞忠杰

9. 原研究室
研究员：
胡承江、赵已镇

**(三) 计财部**

1. 计财部
部长：
马心新(2018.07—　　)
辛增群(2016.08—2018.07)
王秀珍(2014.04—2016.08)
副部长：
傅达红(2017.04—　　)
总会计师：
王文成(2014.04—2016.03)

2. 原财会中心
主任：
王秀珍(2009.03—2014.04)
李移峰(2007.03—2009.03)
副主任：
辛增群(2009.03—2010.03)
田怡卿(2007.06—2009.03)

3. 原会计中心
主任：
李移峰(2004.05—2007.03)
副主任：
王秀珍(2004.05—2007.03)

4. 原会计核算中心

副主任：

王秀珍(2003.02—2004.05,主持工作)

沈　明(2003.08—2004.05)

5. 原财务处

处长：

王维华、张创一

副处长：

刘福生、王维华、李移峰、李琪中、林涛

6. 原财务审计部

部长：

周庆廉

副部长：

洪天乞

**(四) 人力资源部/组织部**

1. 人力资源部/组织部

部长：

陈　爽(2017.04—　　　)

宋　勇(2016.04—2017.04)

李　飞(2012.04—2016.04;2015.04—2016.03,组织部长)

2. 人力资源部

部长：

杨　柳(2007.04—2010.04)

刘广汉(2005.04—2007.04)

董如平(2003.08—2005.04)

吴文忠(2003.02—2003.08)

副部长：

陈　爽(2017.02—2017.03)

李　飞(2003.02—2012.04)

葛红明(2003.02—2007.04;2008.03—2010.04)

3. 原劳动人事处(劳动工资处)

处长：

陈明、鲍五益、程克雄、杨起君

副处长：

刘振玉、鲍五益、杨青青、李飞、李彦博、陈绍志、骆锡柱、孟献身、赵已镇

4. 原干部处

处长：

高玉良、高叶泉、刘安义

副处长：

高叶泉、马文举

**(五) 技术中心**

1. 技术中心

主任：

华敏玉(2011.04—　　　)

董　清(2009.03—2011.03)

鱼　莉(2008.03—2009.03)

副主任：

鱼　莉(2007.09—2008.02)

董　清(2007.03—2008.08)

罗　斌(2003.03—2007.03,主持工作)

总工程师：

周曹国(2014.04—2017.03)

2. 原总工程师室

副主任：

鱼　莉(2007.09—2008.02)

董　清(2007.03—2008.08)

3. 原计量处

处长：

张荣祥、肖育湘、陈绍志

副处长：

戴为志、李献辉、常承志、聂建国

4. 原技术处

处长：

肖育湘、张荣祥、陈友健

副处长：

李献辉、常承志、戴为志

总工程师：

王锦成

专务处长：

徐秉权

5. 原科技处

处长：

徐秉权、虞忠杰、戴为志、徐立群

副处长：

骆锡柱、顾礼祥、吴乃度、洪海清、周世民

专务处长：

徐秉权

专务副处长：

周世民

6. 原科技发展部

部长：

陈绍志、周晋三

副部长：

戴为志、韩铭湘、聂建国

党总支副书记：

郭强

**(六) 审计部**

1. 审计部

部长：

顾智红(2015.12— )

王秀珍(2008.03—2009.03)

李移峰(2003.08—2004.05)

副部长：

辛增群(2014.04—2015.12)

林梅花(2009.04—2014.03,主持工作)

王秀珍(2007.04—2008.03)

宋 勇(2006.02—2007.03)

彭海清(2004.05—2006.01)

李移峰(2003.02—2003.08)

总会计师：

田怡卿(2012.04— )

2. 原审计处

处长：

洪海清、洪天乞、王维华

副处长：

洪天乞、刘福生

总经济师：

洪天乞

**(七) 法律事务部**

1. 法律事务部

部长：

陈国裕(2013.04—2018.03)

副部长：

方 强(2017.04—2018.04;2018.04— ,主持工作)

2. 原合同法务部

副部长：

徐 君(2005.07—2007.03)

**(八) 市场营销部**

1. 市场营销部

部长：

张 文(2017.07— )

王 黔(2017.02—2017.07)

袁斯浪(2015.12—2017.02)

包朝亮(2015.03—2015.12)

2. 市场营销部市场处

处长：

吴忠瑜(2016.02— )

李 琳(2015.04— )

滕善涛(2015.04—2018.11)

王连军(2017.03—2018.09)

鲁自力(2017.03—2018.03)

朱 虹(2016.02—2018.07)

朱 东(2016.02—2016.04)

曹路桥(2015.10—2017.03)

吴传疆(2015.08—2016.02)

于百军(2015.04—2016.02)

薛 平(2015.04—2016.08)

唐兵传(2015.04—2018.03)

高新东(2015.04—2016.03)

3. 市场营销部商务处

处长：

刘建春(2016.04— )

陈 俊(2015.03—2016.04)

4. 市场营销部技术处

处长：

牛红霞(2015.03— )

5. 海外事业部

总经理：

何靖昕(2015.04—2016.03)

6. 原工程总承包部

部长：

包朝亮(2014.04—2015.03)
白小虎(2011.04—2014.04)
胡　鹰(2008.03—2011.03)
徐启文(2003.02—2008.03)
副部长：
袁斯浪(2012.04—2012.08)
黄晓红(2011.04—2012.10)
7. 原工程总承包部市场处
处长：
高新东(2014.05—2015.03)
展凤芝(2014.04—2015.03)
薛　平(2014.04—2015.03)
何玉标(2013.09—2014.03)
于百军(2013.04—2015.03)
林　鸿(2013.04—2014.03)
唐兵传(2013.04—2015.03)
厉见会(2012.10—2014.03)
滕善涛(2012.03—2015.03)
周义东(2011.04—2014.03)
郑启辉(2003.08—2004.05)
副处长：
曹　宏(2006.07—2007.03)
王　黔(2006.12—2007.03)
万红兵(2005.03—2007.03)
高　鹤(2005.03—2006.03)
滕善涛(2005.03—2008.04)
胡　鹰(2005.01—2008.03)
岳文彦(2005.01—2006.03)
陆囡春(2005.01—2006.03)
施剑栋(2003.08—2006.12)
袁善良(2003.08—2004.03)
8. 原工程总承包部商务处
处长：
陈　俊(2003.02—2015.03)
9. 原工程总承包部技术(设计)处
处长：
牛红霞(2011.03—2015.03)
方学军(2003.02—2011.03)
10. 原工程总承包部海外处
处长：
何靖昕(2011.03—2015.03)
11. 原工程总承包部海外部
部长：
王　黔(2007.03—2011.03)
12. 原工程总承包部外资处
部长：
黄晓红(2004.05—2007.03)
13. 原工程总承包部海外部
部长：
黄晓红(2003.02—2004.05)
14. 原工程总承包部外事处
副处长：
刘亚莉(2003.08—2004.05)
15. 原工程总承包部市区经营中心
经理：
范宏超(2009.03—2011.03)
16. 原工程总承包部市场一处
处长：
黄晓红(2007.03—2011.03)
17. 原工程总承包部市场二处
处长：
滕善涛(2011.03—2012.03)
陈汉兵(2009.08—2010.04)
副处长：
滕善涛(2008.04—2011.03)
胡　鹰(2007.03—2008.03)
校迎春(2007.03—2008.03)
18. 原工程总承包部市场三处
处长：
陈汉兵(2010.04—2010.08)
唐根福(2009.03—2011.03)
副处长：
周义东(2010.04—2011.03)
唐根福(2007.03—2009.03)
19. 原经营部
部长：
李家宇
20. 原对外经济部

部长：

谷永升、易传刚

副部长：

郑国栋、王崇甫、赵元林、常承志

21. 原计划处

处长：

虞忠杰、孙运长、穆克、李琪中、陈才能

副处长：

虞忠杰、冯桂煊、翟传恭、张正

22. 原经营处

副处长：

陈才能

23. 原经营计划部

部长：

孙运长

副部长：

田鸿臣、邱世庆、赵元林、李博文、冯桂煊、任慕松

24. 原生产经营处

副处长：

易传刚

25. 原综合计划部

部长：

孙运长、冯桂煊

副部长：

冯桂煊、邱世庆、田鸿臣、王崇甫、陈狄青、黄晓红、陈才能

总工程师：

任慕松

总经济师：

陈才能

26. 原综合经营办公室

副主任：

曾凡彬

**(九) 合同预算部**

1. 合同预算部

部长：

林梅花(2013.04—2017.10)

陈国裕(2010.06—2013.03)

副部长：

潘惠芳(2017.04— ，主持工作)

王红明(2012.04—2014.03)

总经济师：

吴密华(2015.12— )

顾智红(2011.05—2015.12)

2. 原预结算中心

主任：

陈国裕(2006.08—2010.05)

副主任：

沈佳萍(2007.09—2009.03)

3. 原预算部

部长：

陈国裕(2005.04—2006.07)

4. 原计财部

部长：

陈国裕(2003.02—2005.03)

副部长：

沈　明(2004.05—2005.03)

彭海清(2003.02—2004.05)

杜志信(2003.02—2003.08)

专务部长：

陈才能(2004.05—2005.03)

**(十) 采购中心**

主任：

周百勇(2011.04— )

薛　蕾(2009.03—2011.03)

徐　卫(2007.03—2007.08)

副主任：

薛　蕾(2007.03—2007.07；2007.08—2009.02，主持工作)

**(十一) 工程管理部**

1. 工程管理部

部长：

黄伟强(2018.04— )

唐文革(2017.04—2018.03)

金江卫(2010.04—2016.03)

副部长：

唐文革(2015.10—2016.03；2016.04—

2017.03，主持工作）

总工程师：

肖　瑾（2013.09—　　　）

滕善涛（2012.04—2013.09）

2. 原项目推进与作业资源管理部

部长：

金江卫（2009.04—2010.03）

副部长：

林　鸿（2009.04—2010.03）

3. 原工程管理部

部长：

朱永贵（2003.03—2007.03）

工程管理处处长：

徐瑞国（2005.11—2007.03）

徐　卫（2004.05—2005.10）

工程管理处副处长：

靖中慧（2005.06—2007.03）

钢构处副处长：

肖　瑾（2005.03—2007.02；2003.08—2004.05）

钢构管理处处长：

朱乐宁（2003.03—2003.08）

宝钢项目质量安全监督站站长：

朱长根（2003.08—2005.02）

郭文玠（2003.03—2003.08）

项目保障处处长：

徐　卫（2003.03—2003.08）

项目保障处副处长

方汉民（2003.08—2004.05）

宝钢现场办副主任

方汉民（2003.02—2007.03）

工程技术处副处长

周曹国（2003.03—2005.02）

4. 原工程管理处（部）

处长（部长）：

林作森、程季康、徐卫、肖育湘、孙景魁、饶继珠

专务处长：

林作森

副处长：

唐业洲、陆德铭、肖育湘、赵权、严梅峻、王荣春、章绍奎、孙明贤、张俊全、方汉民、张孝本、付润庭、胡英明

办公室主任：

江志明

5. 原施工处

处长：

程克雄、程季康、林作森、刘德发、蔡德慧、郝新华

副处长：

赵权、王荣春、林作森、林瑞豪、陈德安、王宗甫

副主任：

范贤才

6. 原外事处

处长：

王永昶

专务处长：

王永昶

副处长：

刘亚莉、郑国栋、王永昶、肖育湘、常承志

**（十二）质量技术部**

1. 质量技术部

部长：

庞洪海（2015.04—　　　）

胡英明（2010.04—2015.03）

周曹国（2009.04—2010.03）

副部长：

周曹国（2005.03—2009.03，主持工作）

朱长根（2005.03—2007.03）

总工程师：

许立新（2016.12—　　　）

周　勤（2014.04—2015.10）

张友建（2011.11—2014.03）

2. 原质量安全部

副部长：

夏　涛（2003.08—2005.03，主持工作）

岳文彦（2003.03—2003.08，主持工作）

3. 原质量安全部

部长:

郭文玶

副部长:

陈良淦、章绍奎、江志明

专务部长:唐业洲

4. 原质量安全处

副处长:

陈良淦

5. 质量检查处

处长:

陈斌龙、沈庆山、刘德发

副处长:

张孝本、刘德发、陈斌龙、陶家宽

**(十三) 安全生产监督管理部**

1. 安全生产监督管理部

部长:

史秉刚(2016.10—　　)

李发良(2013.04—2016.10)

顾伟兴(2011.04—2012.03)

夏　涛(2009.03—2011.03)

副部长:

顾伟兴(2012.04—2013.03)

2. 原安全工程部

部长:

金江卫(2008.08—2009.03)

徐　卫(2007.09—2008.07)

徐瑞国(2007.03—2007.08)

副部长:

林　鸿(2008.09—2009.03)

夏　涛(2007.03—2009.03)

3. 原安全环保部

部长:

夏　涛(2005.03—2007.02)

副部长:

张超志(2006.02—2007.03)

4. 原安环处

副处长:

程天才

5. 原安全处

处长:

唐业洲、王铭璋、李世耀、朱国坤

副处长:

何端森、王康德、唐业洲、章绍奎、王铭璋、程天才

**(十四) 监察部/纪委办公室**

1. 监察部/纪委办公室

部长:

施剑栋(2015.04—　　)

2. 监察部

部长:

施剑栋(2014.07—2015.04)

副部长:

张　典(2018.04—　　)

黄少川(2014.09—　　)

辛增群(2014.04—2014.07)

3. 原监察室

主任:

杨　柳(2010.04—2014.03)

副主任:

康　安(2010.04—2011.03)

4. 原监察处

处长:

洪海清、曾凡彬、刘安义

副处长:

郭强、洪天乞、曾凡彬、张德良

5. 原监察室

主任:

林焕然

副主任:

郭强、刘福生

专务主任:

唐奕

6. 原经打办

主任:

唐奕

副主任:

邓祖国

**（十五）党群工作部/督查室/保卫处/团委/武装部/信访办/维稳办/企业文化部/宣传部/机关党委**

1. 党群工作部

部长：

裴志清（2017.04—　　）

杨　柳（2010.05—2017.01）

刘广汉（2007.03—2010.05）

副部长：

张　典（2018.04—　　）

黄少川（2014.03—2015.04）

康　安（2007.03—2014.03）

于百军（2008.04—2012.03）

徐立平（2007.03—2010.05）

2. 武装部

部长：

裴志清（2017.04—　　）

杨　柳（2010.05—2017.04）

副部长：

康　安（2003.02—2010.05）

3. 信访办、维稳办

主任：

裴志清（2017.4—　　）

杨　柳（2015.4—2017.04）

4. 保卫处

处长：

杨　柳（2010.04—2011.03）

副处长：

康　安（2010.04—2011.03）

5. 机关党委

书记：

裴志清（2017.07—　　）

刘广汉（2015.04—2017.07）

杨　柳（2007.06—2015.04）

郑建果（2003.02—2007.06）

6. 企业文化部

部长：

裴志清（2018.04—　　）

郑建果（2005.03—2014.03）

副部长：

张　典（2017.04—　　）

陈　爽（2014.04—2015.10；2015.10—2017.03，主持工作）

高　隽（2014.04—2015.10，主持工作）

7. 宣传部

部长：

裴志清（2018.04—　　）

郑建果（2004.05—无资料）

副部长：

张　典（2017.04—　　）

陈　爽（2014.04—2015.10；2015.10—2017.03，主持工作）

高　隽（2014.04—2015.10，主持工作）

8. 原工会办公室

主任：

顾伟兴（2003.02—2007.03）

9. 公司工会、团委

副主席：

顾伟兴（2003.2—2010.5）

刘安义、李耀东、王文斌、彭志利、徐立平、涂建国

团委书记：

张　典（2017.02—　　）

朱　虹（2010.10—2017.02）

于百军（2005.08—2010.10）

厉见会（2004.05—2005.08）

王靖涛、何玉标、吴文忠、赵守杰、于波、彭志利

10. 党委办公室

主任：

胥树智、谢洪林

副主任：

梁志中、黄德兴、肖育湘、李团木、易元清、张德良、韩震江、江毅东

11. 宣传部（上海宝钢冶金建设公司时期）

部长：

谷永升、胥树智、李耀东、谢洪林

副部长：

杨载明、易元清、陈斌武、胥树智、何玉标

12. 组织部

部长：

高叶泉、高玉良、刘安义、郑建果

副部长：

李振铎、高玉良、张德良、高叶泉、马文举

13. 思想政治工作研究会

秘书长：

黄德兴

副秘书长：

张德良

14. 宣传处

副处长：

朱志忠、易元清

15. 保卫处(上海宝钢冶金建设公司时期)

处长：

方福初、徐秉权、吴江铃、唐奕、孙正荣、吴文忠

专务处长：

唐奕

副处长：

何仕俊、孙正荣、于世镜、徐长富、史秉刚

16. 武装部(上海宝钢冶金建设公司时期)

部长：

方福初、何仕俊、刘清臣、吴文忠

副部长：

何仕俊、孙正荣、王襄明

17. 机关党委(上海宝钢冶金建设公司时期)

党委书记：

杨起君、林焕然、郝新华、谢洪林

党委副书记：

林焕然、李团木、韩新成、梁志中、黄德兴

专务副处长：

高大德

18. 企业文化部(上海宝钢冶金建设公司时期)

部长：

董贵昌

副部长：

刘启顺

**(十六) 教培中心**

主任：

黄晓红(2018.03— )

金江卫(2016.04—2018.03)

葛红明(2012.04—2016.03)

朱志忠(1998.10—2000.10)

张荣祥(1996.05—1998.10)

谷永生(1987.04—1991.06)

党总支书记：

朱志忠(1998.10—2000.10)

张荣祥(1994.01—1996.05)

蒋金玲(1991.06—1994.01)

谷永生(1987.04—1991.06)

王礼平(1983.05—1987.04)

副主任：

孙剑民(2017.03— )

金　龙(2014.03— )

葛红明(2000.10—2012.04)主持工作

韩震江(1991.06—1996.05)主持工作

王道正(1986.05—2000.12)

李保国(1984.06—1990.05)

顾礼祥(1983.05—1992.02)

朱志忠(1982.10—1990.01)

**(十七) 原技改管理部、检修产业部、检修工程部、检修协力总部、产业发展管理部**

1. 技改管理部

部长：

陈汉兵(2010.08—2011.08)

徐　卫(2010.05—2010.08)

副部长：

厉见会(2014.04—2015.03)

朱中平(2011.08—2014.03)

2. 检修产业部

部长：

陈汉兵(2011.04—2011.08)

阳　刚(2005.03—2007.09)

副部长：

厉见会(2014.04—2015.03)

朱中平(2005.03—2014.03)
3. 检修工程部
部长:
裴志清(2003.02—2005.03)
副部长:
柳 永(2004.07—2005.03)
专务副部长:
张长久(2003.02—2004.05)
4. 检修协力总部
部长:
裴志清(2000.06—2003.02)
陆德铭(1996.05—无资料)
副部长:
于 波(1996.05—无资料)
5. 原产业发展管理部
部长:
杨华兴(2007.03—2008.03)
副部长:
陶海森(2008.04—2009.03,主持工作)

## 三、其他

### (一) 原建筑分公司

总经理:
陈国裕(2012.04—2013.03)
范宏超(2011.04—2012.03)
曹 宏(2008.03—2011.04)
华敏玉(2007.06—2008.03)
张 文(2003.02—2007.06)
朱永贵、纪大初
党委书记:
范宏超(2012.04—2012.10)
薛 蕾(2011.04—2012.04)
顾伟兴(2007.03—2011.04)
徐立平(2003.02—2007.03)
朱永贵、赵守杰、王维藩
副总经理:
范宏超(2012.04—2012.10)
李 青(2008.08—2012.10)
高延峰(2010.03—2012.03)
顾伟兴(2008.03—2011.04)
徐 君(2008.08—2010.05)
高岩军(2008.08—2010.05)
林 鸿(2007.03—2008.08)
罗 斌(2007.03—2008.08)
曹 宏(2007.06—2008.03)
滕善涛(2007.03—2008.08)
丁海涛(2003.02—2008.08)
徐立平(2003.02—2007.03)
唐文革(2003.02—2007.03)
朱传根(2003.02—2007.03)
丁海涛(2003.02—2007.03)
常承志、张文同、林鸿、赵守杰、陈后安
党委副书记:
张 文(2003.03—2007.03)
顾伟兴、朱永贵、纪大初
总工程师:
李 青(2008.08—2012.10)
丁海涛(2007.03—2008.08)
陈定洪(2003.02—2007.03)
范耀中
总会计师:
辛增群(2006.07—2009.03)
工会主席:
薛 蕾(2011.04—2012.04)
顾伟兴(2007.03—2011.04)
徐立平(2003.02—2007.03)
纪委书记:
薛 蕾(2011.04—2012.04)
顾伟兴(2007.03—2011.04)
徐立平(2003.02—2007.03)
赵守节、顾伟兴

### (二) 原第三工程公司

经理:
宋祖德、孙运长、龚一平、王维藩
党委书记:
王维藩、宋祖德、刘恩祚、于琢文
副经理:

吴昌发、陈良淦、王维藩、田鸿臣、孙运长、翟传恭、应厚山、方宗林、孙明贤、何盛德、龚一平、高忠谋、张治国、程绍余、徐启文、张创一、陈后安、唐文革

党委副书记：

龚一平、方宗林、王维藩

总工程师：

高顺、林端豪

总经济师：

张治国

工会主席：

梁志中、曾凡全、顾伟兴

纪委书记：

王维藩

**(三) 原第五工程公司**

经理：

王怀涛、孙明贤、袁斌臣、纪大初

党委书记：

孙德志、程志广、骆锡柱、韩震江、蔚远年、何仕俊

副经理：

石桂德、茅奇、张经正、罗洪宝、董文军(挂职)、彭远鸣、邱世庆、陈良淦、江志明、杨永学、王沛、区炎培、孙明贤、盛华君、徐瑞国、朱永贵、范耀中、徐立群、曹中平

党委副书记：

王怀涛、唐奕、程志广、韩震江、蔚远年、袁斌臣、于波

总工程师：

曹祥麟、储文奇

总经济师：

盛华君

工会主席：

唐奕、袁斌臣、彭远鸣

纪委书记：

程志广、韩震江、于波、蔚远年、何仕俊

**(四) 原企业公司**

经理：

张镜、邓福才

党委书记：

王路、朱志中、王礼平、刘启顺

副经理：

王路、曹继植、孙富顺、程天才、汪鸿霞、高忠谋、梁继炎、刘启顺、孙新林、田鸿臣

党委副书记：

王文斌

工会主席：

王路、范贤才

纪委书记：

王路、朱志中、王礼平、刘启顺

**(五) 原钢管公司**

经理：

高忠谋

总经理：

孙新林

党委书记

绍统军

党委副书记

董如平

副总经理

董如平、王文龙

**(六) 原机修厂**

党委书记(党总支书记)：

骆国瑞

副厂长：

曾拔群、周连成、李保国、刘伯庆、王康德

**(七) 原职工医院、卫生处**

1. 原职工医院

院长：

王文斌、谭光俊、高国新、吴湘恒

党委书记(党总支书记)：

方福初、王怀涛、谭光俊

副院长：

张三斌、李洪琛、卢伯南、谭光俊、王庭献、金嶙、韩鸿基、王忠伟、李裕荣、吴湘恒

党委副书记：

杨国贤、张三斌、卢柏南、胡承江、

专务院长：

谭光俊
专务副院长：
卢伯南、韩鸿基
2. 原卫生处
处长：
王文斌、谭光俊、高国新
副处长：
李洪琛、卢伯南、谭光俊、王庭献、金嶙

**（八）原兰州分公司（2016年10月并入郑州分公司）**

总经理：
周义东（2013.09—2016.10）
高　鹤（2013.04—2013.09）
党委书记（党总支书记）：
史秉刚（2016.08—2016.10）
周义东（2014.04—2015.04）
周曹国（2013.04—2014.04）
副总经理：
孙剑民（2016.04—2016.10）
展凤芝（2013.04—2015.04）
总工程师：
王伟东（2015.04—2016.10）
周曹国（2013.04—2015.04）
总经济师：
王　昕（2013.04—2015.04）

**（九）原合肥分公司（2016年3月并入南京分公司）**

总经理：
曹中平（2013.10—2016.03，副职）

**（十）原越南分公司（越南河静项目部）**

总经理：
范耀中（2013.05—2014.07）
党委书记（项目工委书记）：
史秉刚（2013.05—2016.08）

**（十一）原宝钢协力生产分公司**

经理：
陈明、于波
党委书记：
于波、韩震江
副经理：
于波、裴志清、杨建林、韩震江
党委副书记：
于波、王琦
总工程师：
杨建林
工会主席：
高武久
纪委书记：
于波、韩震江

**（十二）原宝冶商品混凝土公司**

经理：
卢钢、刘雄
党委书记：
史秉刚、刘雄、卢钢
副经理：
施敬东、张庆涛
党委副书记：
张庆涛
总工程师：
施敬东
工会主席：
史秉刚、张庆涛
纪委书记：
史秉刚、张庆涛
专务经理：
卢钢

**（十三）原档案处**

处长：
董贵昌
副处长：
梁志中、刘启顺、纪大初

**（十四）原干校**

副书记：
王礼平
副校长：
陈文旺、何盛德

**（十五）原机关工作部**

部长：
谢红林、徐立平、郑国栋
副部长：

梁志中
专务副部长:
高大德

**(十六)原技工学校**

校长:
顾礼祥、谷永升

**(十七)原武汉办事处、武汉工作处**

1. 武汉办事处
党总支书记:
郑新城
主任:
郑新城
副主任:
陈文旺
专务副主任:
葛守义、何盛德
2. 武汉工作处
党总支书记:
郑新城
党总支副书记:
陈文旺
副主任:
葛守义、余家鸿、何盛德、谢派英、胡承江

**(十八)原基建、行政、后勤部门**

1. 基建办公室
主任:
刘宏杰
副主任:
李博文、陈德安
2. 基建房产处
处长:
张荣祥、陈斌龙、江毅东
副处长:
孙富顺、田鸿臣、李博文
专务副处长:
陈德安、区炎培
副主任:
朱志忠、陈德安、区炎培、李博文
总工程师:
区炎培
3. 基建工程处
处长:
陈斌龙
副处长:
田鸿臣
副主任:
区炎培、陈德安、李博文
4. 冶建生活区筹建办公室
主任:
张荣祥
副主任:
朱志忠、陈德安
5. 职工生活服务公司
经理:
何端森
党委副书记:
林焕然
副经理:
陈德安、茅奇
6. 行政处
处长:
黄德兴、何端森
副处长:
顾金福、王康德、王襄明、何仕俊、茅奇、陈德安

**(十九)原浦东分公司、国贸宝冶分公司、锦海房地产公司**

1. 浦东分公司
经理:
邵统军
副经理:
常晓础、杨永学
2. 国贸宝冶分公司
经理:
易传刚
副经理:
常承志
3. 锦海房地产发展有限公司
总经理:
孙明贤、邱世庆

# 第六节　直管项目部领导名录

1. 宁波建龙工程项目部
李家宇、付润庭、程绍余、钟录平
2. 技改工程项目部
吕玉平、唐文革、谈庆余、赵晋川
3. 梅山工程项目部
袁善良
4. 山西海鑫工程项目部
徐启文、张遇生、王学文
5. 克虏伯不锈钢工程项目部
肖育湘、罗达忠、沈怀东、罗明文、顾卫东
6. 浦东工程项目部
任尔宁
7. 威宇科技工程项目部
任尔宁、申向东、周志超、杨荣红
8. 武钢第二热轧厂工程项目部
徐瑞国、洪钢耀、胡培谦
9. 安钢工程项目部
陆囡春
10. 嘉兴污水处理工程项目部
程天才
11. 新余钢厂工程项目部
戴为志、徐卫、沈佳萍
12. 芜湖奥林匹克公园体育场工程项目部
黄伟强
13. 芜湖工程项目部
黄伟强
14. 缅甸纸浆厂工程项目部
刘宗启、皮道炎
15. 福建三安工程项目部
梁雪松、孙宽发
16. 焦化工程项目部
陈新华
17. 涟钢热轧带钢工程项目部
严梅峻、江志明、范新启、代金虎、王学敏、张治国
18. 江阴长发耐指纹钢工程项目部
张白
19. 涟钢炼铁工程项目部
严梅峻、陈汉兵、张红兵、陈秋林
20. 一钢工程项目部
刘燕清
21. 宝钢宽厚板工程项目部
胡英明、周杨春、董清、陈才能
22. 宝钢能源工程项目部
蔡汉荣、曾志平
23. 宝钢连铸工程项目部
谌南安、方来安、李青
24. 南钢工程项目部
曹宏、葛继明
25. 嘉麒工程项目部
范宏超
26. 杭州钢厂工程项目部
关振峰
27. 梅山工程项目部
张白、袁善良、曹宏
28. 宁波建龙煤气系统工程项目部
李家宇、李旭光、刘奉军
29. 日照工程项目部
周杨春、王安杰、陈才能
30. 郑州国际会展工程项目部
游志文、白小虎、黄文华
31. 海南金海工程项目部
曾志平、王昭洪
32. 上广电工程项目部
曹中平
33. 通用汽车南部工程项目部
任尔宁、周志超
34. 广州大学城工程项目部
王石磊、梁雪松、张友建、范耀中、白小虎
35. 太钢高炉工程项目部
严梅峻、游志文、孙景魁、张遇生、张红兵
36. 宝钢高炉工程项目部

张友建、李鹏、陈荣林、刘振钢

37. 安钢炼钢工程项目部

周杨春、陈才能、潘产金、靖中慧、苏云生

38. 涟钢薄板轧机工程项目部

洪钢耀、王靖涛、陈秋林、王学敏、张治国

39. 宝钢二炼钢挖潜改造工程项目部

肖育湘、申向东、周代杰

40. 南通体育会展中心工程项目部

黄伟强、钟录平

41. 华能玉环电厂钢结构工程项目部

肖瑾、李晋鹏、潘立

42. 湘钢宽厚板轧机工程项目部

范耀中、王学敏、王靖

43. 宝钢马迹山港工程项目部

蔡汉荣、唱伟、王伟东

44. 武钢工程项目部

徐瑞国、王军

45. 佛山世纪莲体育中心工程项目部

梁雪松、王海东、王昌辉

46. 武钢集团鄂州工程项目部

傅润庭、江志明、胡培谦

47. 昆山龙腾光电工程项目部

曹中平、钟录平、肖瑾、郭尚存、林梅花

48. 张家港浦项工程项目部

李桂森、罗明文、周建、茅锦麒

49. 梅山工程项目部

曹宏、骆向东

50. 宝钢1880热轧带钢工程项目部

胡英明、方来安、董清

51. 河北建龙检修工程项目部

陈汉兵

52. 浦钢搬迁罗泾工程项目部

朱永贵、张友建、董志军、金宏

53. 广州市财政局钢结构工程项目部

梁雪松

54. 宝钢公辅工程项目部

范宏超、王伟东

55. 舞钢工程项目部

谌南安、夏友木、高岩军、孟俊玲

56. 宝钢特钢检修工程项目部

董国新、傅强

57. 罗店基地建设工程项目部

任阳刚、杨争战

58. 首秦宽厚板工程项目部

陈汉兵、岳文彦、陈秋林、刘建春

59. 广州联众不锈钢工程项目部

徐卫、刘宗启、姜丰刚

60. 南京基地工程项目部

张白

61. 常熟体育中心钢结构工程项目部

肖瑾

62. 首钢冷轧工程项目部

高鹤、苏云生

63. 安钢工程项目部(150吨转炉连铸工程)

陆囡春、潘产金、朱惠彬

64. 佛山世纪莲体育场工程和广州市财政局业务用房钢结构工程项目部

王昌辉、白小虎、杨毅刚

65. 宝钢五冷轧工程项目部

周杨春、李青、王靖、梁雪松、刘帆、陈才能

66. 烟台国际会展中心工程项目部

关振峰、李洪

67. 常熟耀皮特种玻璃工程项目部

任尔宁、周志超

68. 武钢工程项目部(1580热轧项目)

胡崇富、李桂森、张白、樊立谭

69. 通用沈阳北盛工程项目部

陈后安、钟录平、金成利

70. 武汉宝钢华中贸易工程项目部

傅润庭、胡崇富

71. 山西海鑫1500热轧工程项目部

洪钢耀、郭尚存、张遇生、王昭洪

72. 常州体育会展中心工程项目部

黄伟强、茅锦麒、余邦昌

73. 宁波钢铁工程项目部

程绍余、张白、孙辉明、段长旺

74. 邯钢2250热轧工程项目部

胡英明、岳文彦、陈定洪、刘建春、王学敏

75. 宝钢分公司长材坯料生产系统优化工程项目部

曹宏、高岩军、李洪、周代杰

76. 佛山海景蓝湾工程项目部

白小虎、陈定洪、王海东

77. 梅山化工工程项目部

张红兵、王安、孙辉明

78. 厦门国际会展中心项目部

曹中平、庞洪海、关振峰、王昕

79. 梅山冷轧工程项目部

胡英明、陈秋林、周志超

80. 宝钢宽厚板轧机完善改造工程项目部

方来安、曾志平

81. 沧州中铁1250热轧工程项目部

陆囡春、李晓梅、余邦昌、陆国飞

82. 南京会展工程项目部

蒋振彦、黄文华

83. 赛迪大厦项目部

高岩军、白瑾

84. 首钢京唐公司第一冷轧厂工程项目部(改首钢京唐工程项目部)

肖育湘、刘振钢

85. 新余钢铁有限公司薄板工程热轧工程项目部

范耀中、杨振清、张庆涛、茅锦麒

86. 新余钢铁有限公司中板改造工程项目部

范耀中、吴传疆、郑建中

87. 梅山钢铁股份有限公司高炉易地大修工程项目部

游志文、吴圣杰、黄文华

88. 北京澳特莱食品加工物流分拨工程项目部

陈波、金超、王宏宏、欧阳平

89. 宝钢股份特钢炉卷热轧工程项目部

徐瑞国、孙辉明、董清

90. 沈阳阿诺德紧固件有限公司一期厂房工程项目部

蔡汉荣、杨争战

91. 淮安市国际会展中心工程项目部

黄伟强、钟录平

92. 宝钢股份冷轧不锈带钢后续7标工程项目部

刘燕清、方汉明

93. 涟钢产品结构调整技术改造轧钢工程项目部

洪钢耀、郑建中、徐立平

94. 沧州中铁1780生产线工程项目部

岳文彦、王学敏、余邦昌、刘建春

95. 厦门国际物流中心工程项目部

张友建、王兵、庞洪海

96. 厦门国际会展中心二期工程项目部

曹中平、庞洪海、王昕

97. 宁波钢铁3#转炉工程项目部

程绍余

98. 成都京东方工程项目部

梁雪松、高山、李晓梅、顾卫东

99. 湛江龙腾物流球团项目原料场工程项目部

蔡汉荣

100. 宝钢股份罗泾二步项目2#COREX炼铁工程项目部

高鹤、董志军、金宏

101. 深圳大运中心主体育馆工程项目部

黄伟强、王靖、李乘建、靳峰、方学军

102. 高行商品住宅工程项目部

张白、阮毅

103. 安阳钢铁股份1#170tRH真空处理装置工程项目部

朱惠彬

104. 世博会浦东园区高架人行平台1标工程项目部

关振峰、姜丰刚、王宏宏

105. 苏州世茂运河城16#17#地块工程项目部

丁海涛、林建新

106. 迪拜跑马场钢结构工程项目部

张景新、陈桥生

107. 天津星耀五洲七星级酒店建设工程项目部

陈波、杨松波

108. 成都天马微电子有限公司第4.5代TFT-LCD生产线工程项目部

方来安、方汉明、顾卫东

109. 邯钢新区二冷轧工程项目部

岳文彦、夏友木、周代杰、刘建春

110. 都江堰幸福家园逸苑一期工程项目部

方来安、王兵

111. 阳春新钢铁有限公司转炉炼钢连铸系统工程项目部

周杨春、吴传疆、刘帆

112. 湘钢5米宽厚板连铸工程项目部

范耀中、杨振清、蔡文龙

113. 广州JFE钢板有限公司180万吨冷轧工程项目部

范新启、苏云生、杨毅刚

114. 武汉天马微电子有限公司第4.5代TFT-LCD生产线工程项目部

胡崇富、曾志平

115. 上海世博会临时场馆C05片区A馆工程项目部

关振峰

116. 常熟中冶虞山尚园一期商品住宅工程项目部

丁海涛、金超、林建新

117. 二重镇江基地建设工程项目部

李鹏、陈荣林、林涛

118. 中国太原煤炭交易中心展览中心工程项目部

徐瑞国、张红兵、黄文华

119. 湘投金天钛金属有限公司热轧工程项目部

洪钢耀

120. 山西通才工贸有限公司炼钢连铸高速线材工程项目部

洪钢耀、郭尚存

121. 青岛温泉国际博览中心工程项目部

关振峰、王兵、张景新、周志超

122. 邯钢老区钢轧改造炼钢工程项目部

岳文彦、夏友木、王学敏、朱惠彬、杨毅刚、邹怡菲、刘建春

123. 三门峡市文化体育中心会展工程项目部

黄伟强、许银弟、王靖、顾卫东

124. 梅钢炼铁项目5号高炉工程项目部

李鹏、陈荣林、陶海森、伊兴伟

125. 镇江市体育会展中心工程项目部

高鹤、周曹国、姜丰刚、王伟东、王昕

126. 宝钢湛江钢铁工程项目部

吴传疆

127. 天津星耀五洲滑雪场水上世界工程项目部

范耀中、蔡文龙

128. 宝山区中冶尚园商品住宅工程项目部

孟松涛、罗斌、冯兴红

129. 安钢3#高炉工程项目部

吴圣杰、钟录平、王雄

130. 菲律宾马尼拉Gateway Tower大楼工程项目部

高岩军、谢洪军、王奇亭

131. 葫芦岛市龙湾中央商务区文化中心工程项目部

陈波、龚鹏、杨松波

132. 扬州西湖景园工程项目部

于百军、王宏宏

133. 珠海十字门中央商务区基坑工程项目部

徐卫、苏云生、庞洪海、林梅花

134. 沈阳财富中心工程项目部

王兵、冯有为、裴海清

135. 信阳市体育中心工程项目部

方汉明、林鸿

136. 信阳房地产工程项目部

方汉明

137. 慈溪梅林保障性住房工程项目部

盛双喜、阮毅、何宇

138. 无锡市惠山区新经济产业园一期工程项目部

丁海涛、林建新、周柏仁

139. 大型客机研制保障条件建设工程项目部

魏海军

140. 辽宁苏泊尔卫浴产业园工程项目部

唐兵传、杨振清

141. 上海罗店大型居住社区工程项目部

董清、周代杰、殷建、姚尧、叶华、高凯

142. 宝钢综合大楼工程项目部

徐瑞国、叶华、唐川

143. 万博广场工程项目部

范耀中、方学军、靳峰、申阳志、蔡文龙

144. 马鞍山市体育中心—体育馆工程项目部

曹中平

145. 上海三一重机有限公司联合厂房工程项目部

魏海军、张白

146. 山西通才120万吨双高速线材工程项目部

洪钢耀、郭尚存

147. 厦门国际会展中心三期主楼工程项目部

关振峰、范新启、王靖、姚尧、陈勇娥

148. 绍兴中冶梧桐园工程项目部

王学文、王群星、马建荣、宋连新

149. 鄂钢新2#、3#转炉技改工程项目部

刘帆、董志军、王鹏

150. 安钢1550冷轧工程项目部

王学敏、周志超

151. 浙江余姚工业园区邵巷安置房三期工程项目部

王学文、王群星、马建荣

152. 福欣不锈钢工程项目部

周杨春、刘振钢、李洪、杨振清、朱惠彬、魏鹏、陈慧、伊兴伟、梅正海

153. 宝钢取向硅钢后续工程项目部

徐瑞国、唐川

154. 上海嘉定D07项目总承包工程项目部

丁海涛、陈飚

155. 铁西金谷千缘总部公园城工程项目部

章荣辉、宫雪松

156. 马鞍山市体育中心—会展中心工程项目部

曹中平、靳峰

157. 防城港市职业教育中心一期工程项目部

唱伟、陈和忠、王昌辉

158. 山西海鑫1500热轧工程项目部

洪钢耀

159. 防城港青少年活动中心工程项目部

唱伟

160. 首钢京唐钢铁联合有限责任公司一期项目第三冷轧厂工程项目部

范新启、于华光

161. 太钢四号高炉大修工程项目部

张红兵

162. 上海祁连基地工程项目部

孟松涛、赫然、罗斌

163. 鄂尔多斯市体育中心建设项目体育馆工程项目部

高鹤、孟松涛、姜丰刚、周曹国、王昕

164. 沈阳华府新天地AB组团工程项目部

王兵、刘卫东、冯有为、裴海清

165. 珠海十字门中央商务区工程项目部

唐文革、方来安、苏云生、庞洪海、肖瑾、刘建春

166. 郑州和新郑卷烟厂联合易地技术改造项目联合工房工程项目部

范耀中、张月奇、邹怡菲、方学军、蔡文龙

167. 昆山金融街一期工程项目部

丁海涛、魏海军、周柏仁、顾卫东、王剑

168. 宝钢高炉工程项目部

李鹏、陈荣林、林涛、陶海森、陈荣林

169. 宝钢股份罗泾1#COREX炉整体迁建至八钢工程项目部

吴圣杰、董志军、金宏、王雄

170. 抚顺大酒店周边改造工程项目部

高岩军、沈怀东、杨松波

171. 闽南古镇工程项目部

关振峰、孙守先、刘广业、高凯

172. 信钢嘉园房地产一期项目部

方汉明、陈兴、刘立新

173. 辽中县全民健身中心及体育场项目部

陈波

174. 扬州体育公园体育场工程项目部

王宏宏、张白

175. 上海合景国际广场工程项目部

丁海涛、陈飚

176. 河南省民权县四季新城工程项目部

方汉明、刘立新、何宇、韩方杰

177. 泰州振昌65万吨金属铁深加工生产线工程项目部

段美良、茅锦麒

178. 华菱安赛乐米塔尔汽车板工程项目部

范耀中、杨振清、魏鹏

179. 上海金山和辉光电工程项目部

胡崇富、龚鹏、沈永经

180. 邯郸市连城别苑工程项目部

董清、张月奇、叶华、陶士洲

181. 河北石家庄国际商务广场工程项目部

范耀中、方学军、申阳志、杨松波、樊哲

182. 镇江玉翠园住宅小区工程项目部

董清、高延峰、何宇、冯云峰、阮毅

183. 烨辉(中国)科技材料有限公司151亩地厂房及设备基础桩基工程项目部

段美良、茅锦麒

184. 宝钢湛江钢铁基地2 030 mm冷轧一标段工程项目部

吴传疆、方四宝、潘宏亮

185. 宝钢湛江钢铁炼铁工程项目部

李鹏、陈荣林、王海军

186. 建发悦城中心综合体工程项目部

关振峰、胡建平、阮晶、陈勇娥

187. 后埔社区发展中心一期南楼主体工程项目部

关振峰、黄志勇、刘广业、梅正海

188. 青钢环保搬迁轧钢2、3高线工程项目部

洪钢耀、陈和忠

189. 扬州京华城中城A6工程项目部

徐瑞国、唐川、郭刚

190. 慈溪中冶置业北二环路东延综合改造拆迁安置房一期工程项目部

郭智勇

191. 中通客车制件车间建设项目工程项目部

章荣辉

192. 前海青年创新创业梦工场工程施工总承包项目部

黄伟强、许银弟、刘深根

193. 深圳前海市政工程Ⅰ标工程项目部

黄伟强、丁小峰、魏广峰、方四宝

194. 上海天马微电子有限公司通用厂房建设项目工程项目部

胡崇富、龚鹏、沈永经

195. 建发燕郡A标段主体工程项目部

关振峰、吴昊、刘广业

196. 深圳大学西丽校区建设工程(一期)项目Ⅱ标段项目部

魏海军、金超、刘深根

197. 越南台塑河静钢铁工程项目部

周杨春、夏友木、杨振清、李洪、樊立潭、蔡文龙

198. 云南盘兴博大广场工程项目部

孟松涛、连厚舫

199. 宝钢湛江钢铁总图运输工程四标项目部

吴传疆、胡勤文、王鹏、沈育龙、李忠伟

200. 柬埔寨筹备组柬埔寨金边 SKYVILLA 结构体工程项目部

谢洪军、肖海波、刘铧

201. 厦门天马工程项目部

胡崇富、沈永经、胡宏毅

202. 港中大项目部

陈波、洪钢耀、陈正欢

203. 宝钢湛江钢铁基地 1 550 毫米冷轧二标段工程项目部

吴传疆、孙鹏、王鹏

204. 乌兹别克斯坦利泰 12 万锭纺纱厂工程项目部

董志军、李凯

205. 莲塘口岸—旅检区建筑施工总承包项目部

范新启、冯云峰、周曹国、庞启东

206. 重庆中美协同创新加速器及大数据学院项目部

丁海涛、周柏仁、姚尧、王剑

207. 海南恒大海花岛项目部

胡鹰、陈兴灿、刘帆、刘振钢、丁得峰

208. 南京蜂巢酒店项目施工总承包项目部

徐瑞国、郭刚、游俊强

209. 贵州遵义清坪标准厂房一期工程项目部贵州新蒲经济开发区清坪标准厂房一期建设项目部

连厚舫、张鹏洲、余健

210. 扬州京华城中城 A1、A2 工程项目部

徐瑞国、梁尹、李文、郭刚

211. 长春龙翔国际商务中心工程项目部

唐文革、孙鹏、王灿超、王新军、蔡文龙

212. 东方龙之谷室内乐园项目部

徐瑞国、李文、郭刚、路兴隆

213. 贵阳市轨道交通 2 号线二期工程项目部(工程指挥部)贵阳市轨道交通 2 号线二期工程项目经理部

周仕仁、王洪华、钟芳凯、赵宝坤、丁小峰、叶剑波、胡宏毅

## 第七节　首席专家、高级专家、高级职称人员名录

### 一、首席专家

中冶集团首席专家：

2003 年

刘洪亮

2018 年

刘洪亮、宋茂祥

公司首席专家：

2002 年

蔡惠良

2003 年

蔡惠良、唐继尧、陆德铭、谌南安、杨光、蔡贵銮、周晋三、张孝本、李世耀、高顺、胡培谦、周永华、席德顺、李树彬、徐英禄

2006 年

蔡惠良、李树彬、徐英禄、高顺、席德顺、李世耀、胡培谦、唱伟

2007 年

陈定洪、高国荣、江园春、卢立香、肖瑾、许立新

2017 年

陈桥生、周曹国

### 二、高级专家

2002 年

张治国、高顺、席德顺、刘子祥、唐燕、庞鸣粱、刘宗启、胡培谦、周永华、李世耀、王国庆、张丕豪、刘启河、陈达上、李树彬、

杨青青、洪天乞、陈铁、聂建国、常承志、徐英禄、郑国栋、陈才能、康荣林、吴时雄、张朝泉、罗兴永、李继革、吴诚、许立新、陈荣林、夏友木、李晓梅、施剑栋、张立华、董清、沈佳萍

2004 年

李青、沈勤、陈荣林、卢静、董清、王学敏、钟录平、张瑞清、金宏、夏友木、罗兴永、管建华、李晓梅、李磊、吴时雄、周庆、邹根深、李继革、吴密华、万红兵、沈佳萍、叶华、马驷、陆建超、叶俊、程平、陈申芳

2005 年

沈勤、陈荣林、卢静、李磊、叶俊、金宏、董清、王学敏、钟录平、张瑞清、罗兴永、管建华、李晓梅、吴时雄、周庆、李继革、吴密华、叶华、马驷、沈清文、陆建超、程平、陈申芳、方四宝、裴海清、余邦昌、牛红霞、陈桥生、黄文华、卢立香、刘小滨、顾智红、王昕、孟俊玲、关丕东、陈慧

2007 年

沈勤、陈荣林、卢静、李磊、金宏、王学敏、方四宝、余邦昌、牛红霞、陈桥生、黄文华、管建华、周庆、李继革、吴密华、顾智红、王昕、孟俊玲、叶华、刘小滨、马驷、陈慧、关丕东、沈清文、陆建超、程平、陈申芳、罗兴隆、苏洪华、曲金光、王治俭、姜志前、潘新梁、孙玉真、王连军

2017 年

姚喜民、郭小康、隋炳强、卢立香

## 三、高级专业职称人员

1983 年

高级工程师：游道中、肖复春、罗曾勋、吴晋发、吴乃度、姚鹏飞、董尊经、蔡德慧、于家忠、朱见吾

1988 年

高级工程师：曹洋麟、詹世铮、陈绍志、张鸿元、卢志培、潘超、陈建国、封平勖、程克雄、林光宗、洪德昌、席德顺、赵海涛、付友仁、单永惠、蔡贵銮、张柏、余如法、周勤永、唐燕、徐英禄、钱大中、刘淑英、聂希圣、李维荃、郭善民、徐葆民、张荣光、黄榜泽、徐洋昌、区类培、王南、穆克、林作森、顾大雄、顿长清、陆德铭、赵权、汤永新、陈友曾、陈斌龙、王锦成、周世民、许春普、李树尧、陆强、陆振华、尹学鼎、唐贻民、樊秉仁、任慕松、王环、颜啸泉、高天赐

高级会计师：严雪坤、周正才、叶静华、陈肇贤、林允魁、谢琛、贺忱、黄少莲、王茂林

副教授：蔡克谦、肖涓

高级专业技术职务：张鸿志、盛华君、徐心莹、刘桂华、陈顶立、马全海、张静儒、齐勇、刘世清、刘炽豪、赵敏、张崇芳、孙明贤、张淑华、周淑贞、王剑泯、李世耀、王长峰、徐从源、瞿秉才、张荣祥、朱剑艺、钱树华、高孝铉、谌南安、常肖涓、程培兴、郭文玠、周永华、张起昌、周树仁、章绍奎、陈光中、朱圆汉、谢从方、陈汉山、胡志盛、周梦公、虞公韬、顾礼祥、胡洪法、王国庆、虞忠杰、吴俊佑、程树魁、沈景璋、刘启河、张国才、冯家堤、张应堂、赵茂祎、肖作琪、张正华、陶家宽、唐业洲、王永康、高玉良、高岐峰

主任医(药、护、技、师)：王书勤

副主任医(药、护、技、师)：关甲坤、李洪深、周枚、陈春生、金嶙、王铨麟、季淑明

高级经济师：张正、卢炽昌

高级统计师：倪涌强

高级会计师：王桂环

1989 年

副主任医师：张泽禄、曾照坦

高级专业技术职务(卫生)：梁剑平

1990 年

高级经济师：翟传恭、孙运长

副主任医师：高国新

1991 年

高级工程师：韩铭湘、冯桔烜、钱汝杨、罗跃兰、李光润、黄若松、章登桧、沈道黔、王沛、蔡惠良、付学海、李敦金、林一明、卢安民、周晋三、彭础基、吴德谦、陈国基、刘新景、胡军、

曾昭海、徐锦引、李惠光、李献辉、刘东洋、张春元、李进文、雷军、吴鸿恩、袁宏华、周元创、朱彤煦、徐祖银、王人向、孙宽发、刘春荣、王文灿、王长玮、全家鑫、孙家琪、李自茂、王道正、黄淑英、何怀春、王孝娟、李洪范、孟庚声、柳祖新、方河汇、陈达上、戚佩中、冉光国、聂道国、储文奇、胡培谦、李树彬、高顺、黄兆霖、梁淑岩、睦梅林、肖正樑、张福祥、雷作邦、陈凌云

高级政工师：梁志中、刘宏杰、李家丰、黄德兴、谢洪林、宋德祖

高级统计师：吴惠琴

高级会计师：洪天乞、许春龙

副主任医师：章建东、李安华

高级经济师：黄炜、杜品惠、杨起君、张德林

1992 年

高级经济师：董贵昌、陈德安

高级政工师：程志广、易晓民、张德良

1993 年

主任医师：关甲堃

副主任医师：顾建云、顾龙官、高长康、赵五妹、徐昌运

副主任技师：崔邦铨

高级政工师：洪海清、蔚远年、程柏青、徐长富、李文斌、黄天秀、李耀东、易元清、王维藩、马文举、江毅东、方福初、王文斌

高级经济师：张治国、雒国莲、邱世庆、陈才能、周桂华、郭月华

主任记者：晁国荣

1994 年

高级工程师：严梅峻、方宗林、田鸿臣、张孝本、肖育湘、曹赛平、邵统军、邓福依、张俊全、常承志、郑瑾、郑国栋、唐兆年、胡彦硕、龚一平、史金书、杨秀珍、李华安、张子庸、郭应兰、郑明礼、刘启图、钟信发、黄明远、韩光远、曾重美、薛国利、李国璋、吴淞宝、黄雅岚、刘志祥、孙景魁、张如季、陈家美、王玉珍、马维经、董大清、唐继尧、周大和、瞿刚、何爱芳、尤显治、左国平、孟庆华、戚月琴、林心南、章登材、翁时显、蔡权春、刘宗启、施肖椿、庞鸣梁、周成明、章慎、张新美、武安民、覃寿祚、曹继植、汪鸿霞、陈宏一、胡慈德、谭俊桂、杨光、张朝泉、乔世芳、刘佑松、阮志文、李秀中、朱鸿贵、李昌源、龚筱玲、顾淑娴、黄凯、戴为志、岳荣兴、周波、叶新民、宋文刚、陈凤珍、邵全有、刘达、徐国月

高级经济师：易传刚、高叶泉、吴惠兰、郑兴夏、陈菊英、张永杰

高级政工师：高岐峰、曾凡全、徐立祥、何仕俊、庞义、曾杰东、彭志利、胡春生、张万炎、韩新成、顿延玲、于波、朱志中、韩震江、郭强、王路、杨玄德、李明耀

高级会计师：王维华、周庆廉

1995 年

副主任医师：郭素珍、徐蓓华、郝承娄、周芙蓉、胡圣鸿、潘瑞芝

高级工程师：李家宇、刘振玉、王崇甫、方维正、方学武

高级经济师：高永良、朱遂南、蔡莉、王东荣

1996 年

副主任医师：杨国贤

高级工程师：袁斌臣、秦小平、张小新、罗镜元、吕玉平、何海江、陈新华、陈良淦、傅润庭、常晓础

高级经济师：纪大初、梁志中、张美琪、徐师婕、杨金海、高祀溥、刘启顺、郝致博、蒋文武

高级政工师：傅国安、李永贵、彭远鸣、吴群一、董涤平、闫振让、范贤才、郑建果、许广莲、沈培佳、陈三娣

1997 年

教授级高级工程师：高天赐、高玉良、姚廷杰、程培兴、陆德铭、冯桂煊、高顺、王国庆、卢志培、虞忠杰、储文奇、林光宗、刘子祥、席德顺、谌南安、胡培谦、刘新景、徐英禄、周永华、余如法、蔡贵銮、刘启河

副主任医师：徐荣惠

高级会计师：史雪琴、徐建鹤

副译审：曹福毅

1998 年

高级会计师：朱漠英、吴永煜

副主任医师：于克全、陈凤

高级工程师：傅国安、田先海、董广华、江园春、罗达忠、刘宜俭、徐卫、李发良、黄华胜、胡群利、高国荣、洪晓峰、毛华群、徐恺、裴雅文、王天临、白小庆、郑雅蓉、胡爱质、沈文龙、卢静、陈多弟、杨永学、鲁本道、王荣春、孙新林、徐刚、张抒、关静

高级经济师：张创一、李琪中、郭宁中、胡艳坤、周百勇、葛继明、陈明、谌月茜

高级政工师：徐金祥、白露芬、陈斌武、吴水松、郭永祥、李再娣、王树纯

1999 年

教授级高级工程师：唐兆年、肖育湘、唐继尧、常承志、张如季、施肖椿、覃寿祚、严梅峻、董文军、张孝本、郑国栋、曹继植、田鸿臣、史金书、薛国利、刘启图、黄明远、杨光、阮志文

高级工程师：华敏玉、肖建、吴清华、林凡、柳永、范一平、吴伟满、顾智红、蔡维明、谷远征、华美玉、徐崇庆、梁志中、周曹国、陈定洪、唱伟、祁建平、武立稳、姜志前、祝玮萍、周勤、黄飞娟、赵川、施剑栋、阮文亮、邹根深、沈清文、李青、王学敏、邵玉卿、陈才能、董清、傅红霞、刘燕清、马晓华、孙铎、张立华、张敏、吴凤芹、陆囡春

高级政工师：孙玲、史秀玲、朱劲容、张可平、徐志怀、方志明、易见白、余美珠、陆桂芳、贾连萍、谢元亭、吴惠军、崔乃发、张春生、徐立平、靖中慧、赵守杰、姚建利、童林福、张秀梅、张文才、张振华、鲍爱国、谢国林、李维国

高级经济师：李书霞、沈佳萍、刘应雷、兰慧顿、孙玉真、胡晓云、胡彦明、孙隽、曹忠、周昕蔚、刘建平、江毅东

副主任医师：张建国、杨国庆、卢侠、董晓英、李维平、徐伟建、许伟江、朱雯玉、贾玲玲、黄民霞

2001 年

高级工程师：王一琦、段长旺、陈秋林、张白、侯岚、陈汉兵、张瑞清、颜培明、杨兴华、丁明富、李旭光、徐春专、刘昌芝、罗丕均、郑小宝、罗勤业、顾伟清、徐小敏、罗斌、王昌辉、徐启文、刘洪亮、杜丽华、沈勤、孙怀平、校迎春、韩冰、方学军、朱乐宁、陈明顺、刘小滨、管建华、肖瑾、陈苏群、田保生、程小丘、李磊、杨民中、臧言礼、张福光、陈光明、袁善良、王茂甫、闵启献、吴时雄、陈国生、罗兴永、杨建林、何浩川、沈云、王秋蓉、章孟起、梁丽、陈刚、程志广、任尔宁、胡英明、张友建、范耀忠、江志明、黄伟强、曹宏、李宏庭、付光华、马驷、陈慧、岳金凤、周庆、陆建超、李时保、顾文彪、肖美男、刘亚莉、叶华、程平、程奇、苏云生、梁雪松、蔡建国、刘振钢

高级经济师：杨静、王维藩、张益民、张镜、张丕豪、张廉政、陈克勉、杨青青、黄晓红、陈狄青、陈国裕、陈俊、陈铁、李继革、吴传疆、孙希成、于春福、季万山、刘曦、杜志信、杨荣红、葛红明、于波、金江卫、沈有福

高级政工师：罗耀衡、陈思明、张三斌、李永莉、李建冶、梁宇、范光胜、任好礼、李自学

2002 年

教授级高级工程师：程志广、傅国安、孙景魁、邵统军、孙宽发、尤显智、冉光国

高级工程师：贺建明、许立新、鞠文、王军、李晓梅、顾国才、杨益清、谢政敏、曲登伟、刁良栓、金磊、黄江、高鹤、郑建华、周红武、杨晓莉、曹中平、朱永贵、陈荣林、樊少岩、李鑫、李坤、孙剑民、唐旭明、王昭洪、胡国忠、胡勤文、汪烈智、须宏刚、马继业、秦保仁、袁春芳、彭强、曲金光、熊丽芳、高武久、洪钢耀、方来安、钟录平、申相东、唐文革、徐瑞国、周志超、周杨春、蔡汉荣、王安杰、骆向东、王学文、余邦昌、张遇生、陈明、张创一、王石磊、朱国坤、张惠国、张继华

高级会计师：彭海清

高级经济师：金红兵、孟俊玲、王昕、林鸿、

杨柳、余立君、史秉刚、沈志铭、焦德军、刘安义、方汉明、徐立群、裴志清、董如平、鲍五益、郑建果、万红兵、曾晴芳、张超志、皮道炎、陈后安、于立、陈清蓉

高级政工师：刘广汉、邓福才、张全民、顾伟兴、姚萍

2003 年

教授级高级工程师：华敏玉、高国荣、李发良、江园春、徐卫、李青

高级工程师：游志文、吴诚、金宏、卢立香、苏洪华、程俊彪、夏友木、王少君、王黔、王伟、龚利文、叶俊、赵永城、吴瑞良、李旭东、顾震宇、潘新梁、包朝亮、金凤美、张贵文、杨喜梅、陈琳、王亦奇、裴海清、张文、郑启辉、章荣辉、阳刚、沈宾、曾庆辽、殷可夫、王治俭、初文恩、卢世钢、骆强、徐晨尧、马伟、陈狄青、周旭东、滕善涛、林楠、宋连新

高级经济师：徐立平、吴密华、刘广汉、王安、吴文忠、邓福才、吴水松、赵晋川、高颖、陆宇琴、简蔚清、李玉涛

高级政工师：邹珑、李钢、胡宏远、王传林

高级会计师：王秀珍、朱彩云、温小民、于立

副译审：杨欣

2004 年

教授级高级工程师：陈定洪、张创一、刘洪亮、周勤

高级工程师：林夏雨、聂文清、尤爱彬、于贺、曹霞珍、武玉花、韩晋川、陈涛、刘帆、刘斌、张本明、曲爱英、牛红霞、岳文彦、江勇、孙学清、潘立、艾亮辉、王艾明、李大国、周军生、方四宝、刘全义、陈飚、陈文胜、鲁仲平、丁丽群、吴文洪、邱国平、甘树科、杨毅刚、苏新年、孙芸波、张友邻、余瑛、彭根东、张贵廷、叶岚、李文、刘云蓉、刘雄、张红兵、彭开年、关振峰、朱惠彬、游泰、高光星、刘巍、吴晓牛

高级会计师：徐立群、尹纪林、沈明、喻南京、宋勇、田怡卿

高级经济师：徐建青、李霞玲、许晖、潘惠芳、徐君、张懿频、张月红、胡鹰、王红明、周寅如、顾伟兴、夏涛、马明彪、叶平、张利安

2005 年

教授级高级工程师：陈刚、杨华兴、孙怀平、柳永、张立华、校迎春、孙铎、陈汉兵、张敏、唱伟

高级工程师：张月奇、朱卫军、陈桥生、朱宝良、罗兴隆、高新东、王连军、周义东、吕华、陈文剑、江红、李琳、郭宇、阮毅、姚英琴、林涛、陆江海、姚江波

高级经济师：李玉霞、秦飞、鱼莉、张丽霞

高级会计师：辛增群、孟彬

高级政工师：厉见会

2006 年

教授级高级工程师：陈慧、陆建超、华美玉

高级经济师：蔡凌、陈素华、高云霞、李红、林梅花、刘冬梅、刘惠英、时代、王侠、张春艳、张红丽

高级会计师：孔令芳、李睿、王燕娴、张骁

2007 年

教授级高级工程师：王石磊、徐启文、朱永贵、许立新、周红武

高级工程师：宫雪松、王伟东、黄文华、刘艳、吴雪芬、陈娟、盛双喜、申阳志、聂元茂、赵庆科、张景新、吴圣杰、李乘建、吴希婧、孙杰、金毫毫、张华、魏崴、庞洪海、朱少君、刘立新、刘安义、王鹏、唐小军、吴卫忠、颜梅香、王玉勇、李鹏、张向红、陈宝文、王旺、陶海森、樊奥、陈辉、潘俊、曹继泽、朱长根、李雯、杨江华

高级经济师：黄红华、应向军、周明、夏铮、赵湘萍、袁春红、刘瑛

高级政工师：龚伟

2008 年

教授级高级工程师：杨晓莉、滕善涛、刘亚莉、卢立香、陈桥生、程俊彪、肖瑾

高级工程师：李文明、罗明文、倪军、代超、王勇、夏利平、陈建川、蒋胜利、周建东、王海东、杜志信、奥娟、茅锦麒、丁海涛、杨振清、胡艳春、陈春雷、王宏宏、廖前哨、周代杰、李中德、刘春波、唐兵传、宋林、赵淑荣、唐根福、刘炜航、张谨屏、白瑾、龚俊杰、宋卫红、宋鸿喆、李敏宽、

郭智勇、邵丽雯

高级经济师：黄盛莲、莫佳铃、毛悦颖、彭先刚、刘中艳、龚慧、金龙、郑建萍、白宇仙、樊哲、党丽婷、任梦霞、殷苏鸣、陶利华

高级政工师：康安

2009年

教授级高级工程师：高鹤、包朝亮、苏洪华、李大国、牛红霞、刘全义、郑小宝、曲金光、曹霞珍、程平

高级工程师：黄鸣钟、刘冬青、董志军、张宏伟、宋茂祥、李鹏斌、成红芳、张翔、邓再春、侯振峰、赵智勇、王英鸽、李晓东、王铁、何玉标、林建新、张庆涛、李旻、王忠辉、朱素君、胡艳、夏彧彬、孙秋明、靳峰、郑琪、熊春莲、杨国雄

高级会计师：李丛峰、张宏

高级经济师：孙宇、李飞、周展斌、丁建荣、杨华、殷建、何靖昕、程卫星、洪美琴、张菁、李鸽、梁蕊、张志勇、张利芳

高级政工师：毛一新、桂海虹

2010年

教授级高级工程师：沈勤、龚利文、张贵文、董清、金凤美、叶华、罗兴隆、武玉花、尤爱彬、杨喜梅、王连军、叶岚、李彬、肖美男

高级会计师：丁勍、何燕、许海

高级经济师：魏金鹏、毕翠莉、秦洪花、商朝晖

高级政工师：邓军

2012年

教授级高级工程师：叶俊、王黔、方学军、曹继泽、施剑栋、初文恩、宫雪松

高级工程师：尉秀霞、杨立龙、王大伟、张宪彬、刘建春、蒋艳华、赵红茹、顾卫忠、余振林、陆星、陈援非、凌建宝、肖建明、殷玉、朱献文、叶鹏、高岩军、唐川、厉见会、李建军、兰彦、朱虹、张欣、陈申芳、陈青倩、韩波、曹广敏、赵卫华

高级经济师：白小虎、严军、陈勇娥

高级政工师：裴少青、李玲、张凌、刘建国

2013年

教授级高级工程师：唐兵传、庞洪海、陶海森、王艾明、赵淑荣、白瑾、姚江波、朱长根、孙杰、阳刚

高级工程师：李建蓉、吴天河、隋炳强、曹路桥、汪晓梅、吴春华、李瑞锋、方含友、张开甲、齐宏升、周金国、钟贤惠、袁学英、王伟、陶银、陈宇、毛广辉、徐云、魏鹏、邹怡菲、王耀、高玉弟、万小兵、伊兴伟、王章朋、杨争战、沈斌、徐亮、何明伟、游俊强、谢洪军、杨松波、朱卫华、任春莉、马兆兵、高隽、范华、邹超、曾庆林、庞伟、张永明

高级会计师：马心新、侯春生、郑玉梅

高级经济师：薛蕾、都梦娟、金梅、张贤新、凌秀红

高级政工师：任晴、杨柳

2014年

教授级高级工程师：周庆、鲁仲平、黄飞娟、游志文、李旻、宋茂祥、胡英明、杜志信、周曹国、侯振峰、梁丽、王英鸽、李敏宽、靳峰

高级工程师：吝健全、乐云苏、程定峰、陆海奇、陶福兵、王楠、范江剑、李惠宁、袁道名、方小才、李方、赵建玮、杨统元、黎静、程燕、姚尧、李家宏、马奎、姜丰刚、王文勋、连厚舫、马宝庆、岳燕国、李帆、孟波、李福奎、叶兴平、陈杰、姜龙、钟声、陈雪峰、查燕、沈惠、沈明强、印余辉、李振乾、丛红

高级经济师：方强、吴宏、顾蕾蕾、邝真、陈刚、高芳

高级政工师：张霞梅、孙宝林、赵光明

2015年

教授级高级工程师：刘冬青、孙剑民、遇瑞、赵庆科、吴圣杰、王雄、段美良、李朋斌、曾斌、芦涛、茅锦麒、刘晓、张惠国

高级工程师：代永勇、潘斯勇、赵增富、孙琳、蔡峰、陈志国、蒋国明、赵奋、朱伟峰、杨国强、张啸风、向鑫、曾光、闵廷超、包超锋、陈忠秋、韩智辉、姜顺、周涌、孟祥娟、吴昊、姚喜民、孙守先、贾晓明、李春林、胡洋、殷建、

孙涛、邓义仙、周仕仁、徐海峰、邱丹彦

高级经济师：刘汝峰、杨钧

高级会计师：蔡泳健、赖永莲、张文中、罗芯、申娟、蒋霖

高级政工师：赵培、杨青安、周萍

2016 年

教授级高级工程师：裴志清、陈建川、李昆、王学珍、裴海清、王宏宏、叶方徽、曹峰、徐春丽、徐赐敏

高级工程师：魏国春、许克、杜士青、雷家振、付水平、吴小庆、张志勇、沈祥波、黄金华、王永、俞华、朱伟、李慰萱、肖红广、吴志鹏、张志庆、蔡传国、崔万超、蒋林钢、张滋业、徐芳、高伟伟、郑金恒、朱艳丽、江志新、曹明爱、程博、魏巍、顾卫东、李永刚、邵嘉、林剑锋、刘广业、万克勤、彭秀武、崔平涛、童秦枫、元涛、陶群芝、邹健慧、魏广峰、刘卫东、杨卫平、赫然、王新军、李锦涛、马星桥、高海刚

高级经济师：刘明明、唐舒、端木瑾、李志会

高级会计师：邝真、张黎梅、赵彩艳、傅达红

2017 年

教授级高级工程师：岳文彦、张文、陈文胜、王鹏、熊春莲、杨立龙、张月奇、余维勇、吴锋、黄伟强、孙学清、张白、高延峰、胡艳、赵卫华、韩波、朱献文、罗斌、魏海军、陈彦君、张宏勇、丁小峰、王树盛、汤悦、李鹏、刘帆、赵广、吴民渊、郭飞宇

高级工程师：斯志军、张映波、张磊、李鸿骏、曲伟、丁得锋、王伟、智敏、刘卫健、余士奇、孙建奖、朱中平、沈涛、赵荣耀、岳洪滨、刘鹏、段英、靳亚北、刘奉军、王滔、周建刚、高崇巍、杨大海、刘红涛、张国恩、汤敬东、夏振义、刘智祥、袁金兵、李荣军、陈明、张士亮、高利、吴博、马飞、刘传根、李海、黄晓照、门熙晨、沈永经、龙钦宇、孙鹏、刘深根、彭辉、武克辰、施华、董标、潘洪亮、刘金波、于华光、高群波、张益昆、彭亮、吕庆余、尹卫民、李贤杰、杨小刚、唐涛、廖永亮、张振华、傅珂、徐柯锋、陈波、张海堂、李其兵、窦晓静、郝迎喜、赵鹏宇、刘阳、钱锟、柯昌凡、代凯、薛奡、杨芸、韩洁、孟松涛、杨娜、阮晶、李凯、王建梅、姜云剑、尹洪冰、李辉、赵爽、杨芸、崔永新、穆桐、张敏科、张莉、宋春峰、李庆、张有超、冯国红、韩娟、夏菲、宋世雄、张杨、况增光、杨景烽、王国华、夏腾成、成彦杰、马凤春、丁多发、刘斯斯、宋丽艳、斯琴毕力歌

高级经济师：孔钧、张卓阳、王丹、胡子明、陈祥云、李子君、严寒、李敏

高级会计师：王贵林

高级政工师：龚庆锋、陈晓云、殷萍

## 第八节　省部级以上工匠、技术能手、优秀项目经理名录

### 一、省部级及以上工匠

上海工匠

2016 年，毛琪钦

2017 年，钱国

2018 年，王学珍

### 二、省部级及以上技术能手

全国技术能手

2005 年，杨新松（砌筑工）

2006 年，毛琪钦（焊工）

2015 年，翟华（测量工）

上海市技术能手

2000 年，李柏源（电气安装调试工）

2006 年，阎增兴（焊工）、胡玉纯（电气安装调试工）

2007 年，张磊（焊工）

2008 年，张磊（焊工）

2009 年，胡玉纯（电气安装调试工）

2010 年，赵斌（安装钳工）、龚国兴（焊工）

2012年,邱永刚(冷作工)

## 三、省部级及以上优秀项目经理

全国优秀项目经理

2005年,张友建

2006年,李鹏

2007年,黄伟强、周杨春、洪钢耀、方来安

2009年,关振峰、段美良

2011年,高延峰、吴圣杰、宋茂祥

2012年,周杨春、汪烈智、陈建川、吴爱成

2013年,靳峰、邹怡菲、邱顶宏

2014年,陈桥生、赫然、靳峰、唐文革

2015年,周代杰、王铁、白海、丁得锋、李存忠

2016年,李旻

2017年,刘玉伟、游茂云、杨国强

全国建筑业优秀项目经理

2011年,王靖、张贵廷、章荣辉

2012年,唐兵传

2013年,李鹏、丁海涛

2014年,王连军、蒋胜利

2015年,游茂云

上海市优秀项目经理

2009年,关振峰

2010年,姜丰刚、高延峰

2011年,高延峰

2012年,李旻

2014年,陈桥生、李存忠

2015年,周代杰、高延峰

冶金建设协会优秀项目经理

2008年,高鹤、胡崇富

2011年,吴圣杰、宋茂祥

2013年,高岩军、蒋胜利、王树盛、王铁

2015年,周代杰、白海

2017年,邹怡菲、高伟伟、杨国强

鲁班奖项目经理

2008年,方来安、胡英明、顾卫忠、范耀中、徐瑞国、周杨春、游志文、朱国坤、朱永贵、张友建

2009年,许立新、张贵廷、孙剑民

2010年,黄文华、金宏、董志军、刘玉伟

2011年,高鹤、章荣辉、苏洪华、周杨春

2013年,黄伟强、靳峰、邹怡菲、陈桥生、曹路桥

2014年,王靖、徐瑞国、陆海奇

2015年,唐文革、丁海涛、姜丰刚、王大伟、李旻

2017年,黄伟强、胡英明、许立新、李旻、张贵廷、廖前哨、杨立龙、陈桥生、宋升明、张文

# 专记

# 专记一　落户上海

1978年5月，根据冶金部安排，冶金部第十九冶金建设公司（简称十九冶）参加武钢“一米七”热轧工程的施工队伍陆续调到上海参加宝钢工程建设，承担高炉、热连轧、石灰焙烧、水处理、管理中心等工程及动力与通信设备、给排水、动力管网的施工总包任务。

刚进宝钢时，由于宝钢工地条件所限，宝钢工程指挥部规定少进双职工、多进单职工，分配给十九冶的立户指标只有730户，但实际进沪的双职工远超这个数字，使得许多因工作需要必须进沪的双职工只有变成单身户落集体临时户口。因长期没有固定生活基地，家属一直随职工变迁，部分职工思想不稳定，两地分居的职工要求调到外地配偶的单位，部分技术人员应聘到其他城市。子女入托、上学、就业，老职工退休等存在诸多问题，对解除职工后顾之忧、稳定和发展职工队伍极为不利，在上海落户成为职工一直关心的问题。

## 一、落户经过

宝钢一期工程共有设备总量40万吨，其中需要进行维护检修的生产机械设备约183 000吨，平均每年大修量为37 000吨，大中小工业炉72座，共有砌筑耐火材料12万吨，包括大修在内平均每年检修量约3万吨；有钢结构和管道48万多吨，屋面墙皮43万平方米，共需维护涂漆面积达1 147万多平方米，按正常维护平均每年刷漆量为279万平方米。此外，宝钢总厂还有750台工程运输车辆需要维护检修。考虑到宝钢要续建三号高炉系统，以及生产维护检修任务量大，技术复杂，需随叫随到等特点，需要有一支人数较多、技术水平较高、装备比较齐全的专业队伍来承担宝钢主体设备的检修任务。而十九冶上海分公司在宝钢一期工程22个合同项目中承担了12个项目的建设任务，技术力量雄厚，土建、金属结构、机电、筑炉、液压、调整、自动化等工种配套齐全，对技术谈判、设计要求、设备性能、工艺流程等情况熟悉，能够胜任宝钢的检修任务。为此，国务院第七次宝钢现场办公会决定，由十九冶上海分公司承担宝钢的维护检修任务，并于1983年8月与宝钢总厂签订长期协作合同。

1980年2月18日，中共上海宝山钢铁总厂工程指挥部委员会向上海市委、上海市人民政府呈报《关于请求批准第十九冶金建设公司来上海队伍在宝山地区建立基地的报告》，请求将十九冶来上海的队伍基地设在宝山地区，在宝钢全部建成以后担任宝钢续建、大修和上海冶金系统工程任务，同时也可支援上海地区工业建设和其他地区的冶金建设。中共上海市委员会1980年3月26日发文批复，同意冶金部第十九冶金建设公司调来参加宝钢建设的施工队伍（15 000人）建立基地。基地设在宝钢，不进市区；基地建设投资由宝钢解决。

正当公司按上海市委的批复办理之时，宝钢建设进入“停缓建”，落户之事被搁置下来。

中央、国务院及有关部委和上海市委、市政府的领导来宝钢检查工作时，对十九冶上海分公司的落户问题极为关心。国务院代表韩光曾多次过问。1984年，国务院在宝钢第七次办公会议上确定由在上海的十九冶承担宝钢设备检修任务。1985年11月26日，在宝钢一期工程隆重举行投产仪式的庆典日子里，中央及国务院领导在宝山宾馆听取宝钢工作汇报，上海市委书记芮杏文提到十九冶上海分公司落户问题,国务院领导了解具体情况后明确指出:“十九冶落户问题该解决,就解决吧!”

此后,上海市各局、委、吴淞区有关部门、宝钢指挥部、宝钢总厂等单位为十九冶上海分公司的落户作了大量工作。1986 年 1、2 月份,上海市副市长朱宗葆、市劳动局、公安局、人事局、吴淞区公安局、宝钢工程指挥部和宝钢总厂等领导同志多次召开会议,研究有关落户的一系列问题。同年 3 月,宝钢工程指挥部和宝钢总厂联合向市人民政府呈送《关于要求落实宝钢十九冶户口问题的报告》。3 月 12 日,上海市劳动局向市人民政府呈送《关于冶金部十九冶金建设公司在沪落户问题的报告》。5 月 15 日,上海市委扩大会议上讨论通过了十九冶上海分公司落户问题。5 月 30 日,上海市人民政府下发 55 号文件,同意将冶金部十九冶金建设公司作为整个单位下放给上海宝山钢铁总厂,职工可在本市落户。6 月 4 日,冶金部下发文件《关于成立宝钢冶金建设公司的通知》,将冶金部第十九冶金建设公司上海分公司成建制改组成立宝钢冶金建设公司(简称宝冶),承担宝钢的维护检修和基本建设任务,同时为上海冶金建设服务。至此,公司落户问题最后确定下来。

从 1986 年 6 月正式着手办理落户工作,共经历了 6 月造册、7 月上报、8 月核对、9 月迁户、10 月落户、11 月填居民身份证等六个阶段,采取了统一领导与分工负责相结合、集中与分散相结合、实干苦干与争取各方支持相结合、突击任务和正常户口管理相结合的方法,职工、家属和子女共计 18 528 人落户上海。

## 二、落户意义

一是能在宝钢生产和二、三期建设中做出更大贡献。

宝钢是当时投资最大,技术最先进的大型钢铁联合企业,对中国实现“七五”计划具有重要地位。宝钢一期工程生产能否正常进行,二期工程能否如期建成,以及如何建设好三期工程,尽早发挥经济效益,都将对国民经济发展带来直接影响。因此不论是从生产设备的维护检修,还是从工程建设来看,都需要一支冶金建设队伍,而十九冶上海分公司落户后可以作为稳固的保驾队伍,对确保宝钢正常生产作出直接贡献。

二是能为上海冶金工业发展尽力。

上海具有一定的钢铁工业基础,宝冶落户后,在确保完成宝钢生产设备维护检修和宝钢二、三期建设任务的前提下,还能承担一定的改造和发展上海钢铁工业的任务,为促进上海冶金工业发展尽力。

三是能为企业的生存发展创造良好条件。

落户上海后能以上海同类企业同等条件参加竞争,为公司提高经营管理水平,增强竞争力创造了良好条件和场所。由于明确了同宝钢总厂的关系和主要任务,为企业制订中长期发展规划和目标提供了明确依据,对企业发展至关重要。

四是能改善公司集体福利和全体职工切身利益,有利于加强职工队伍建设。

参加宝钢建设八年来,由于没有正式户口和正规基地,在队伍的正规化建设,职工集体福利设施和文体设施、文化教育、子女入学、交通住房、物资供应等很多方面都受到不同程度的限制和影响。随着落户问题解决,这些关系到全体职工集体和切身利益的问题得到逐步改善。

## 三、落户花絮

1986 年 6 月 11 日,上海市劳动局、人事局、公安局及吴淞公安分局来宝冶明确总的落户原则,各项落户具体工作全面铺开。

为保证质量，宝冶上下均成立落户办公室并有明确分工。保卫处(科)负责审核户口，劳动人事处(科)负责审核在编职工，行政处(科)负责审核落户地址及粮食关系，综合组负责统一安排、资料汇总、表格印制等。

时值夏季，全体落户工作人员挥汗如雨，夜以继日。为避免风吹乱资料，有电扇不吹，有窗户不开。室内温度比室外高，无人叫苦。首先由 90 多人用 1 个月时间把分散凌乱的户口分别按迁入迁出地、集体户、住家户、干部、工人分别编号等不同要求填完 525 册名册。接着 60 多人用 13 天时间填完 17 384 人的户口迁移证、迁出登记表及 14 415 人的户口注销卡。9 月份派出 21 人(包括吴淞分局 1 人)去渡口、3 人去武汉迁移户口。工作人员到达目的地后，放下行装就工作。白天到当地派出所迁移，晚上在招待所核对整理，仅用 13 天办完全部迁移手续。10 月份用 13 天时间填完 18 197 人的户口簿并办完落户手续。

在专业班子苦干的同时，还得到各方通力配合。30 多台打字机日夜不停打印名册，仅 7 天就打印完 525 册计 53 500 张名册。印刷厂加班加点装订和赶印表格。车队派出专车为落户服务。机关处室和基层单位无论本职工作怎么忙，只要落户办公室抽人，要谁给谁，要多少抽多少。上海市公安局、吴淞区公安分局和马泾桥派出所的 5 位同志，8 月份去渡口、武汉两个“火炉”地区核对户口，不顾气候炎热，只用 19 天时间跑遍两市 37 个派出所及部分家庭，核完全部户口。

从 1986 年 6 月 11 日到 11 月底，占人口总数 99.8%的 18 244 人的户口和粮食关系分别从四川渡口市、湖北武汉市迁来上海。居住户口簿及购粮本发到职工手中，公共户口建到所属基层单位，居民身份证底卡上送制证。落户工作历时 5 月余基本结束。

## 四、落户十年成就

宝冶落户上海十年来立足宝钢、建设宝钢、艰苦创业、改革创新，成长为全国冶金建设战线上的排头兵，为上海及华东地区冶金工业建设作出了贡献。

——总产值十年增长 10 倍。由 1986 年的 1.98 亿元增长到 1995 年的 22.6 亿元。从建筑施工一业发展到检修协力、生产制造和三资三产四元产业，其产值分别达到 11 亿元、3 亿元、3.5 亿元和 5.1 亿元。公司继“七五”期间实现第一轮产值、利润、劳动生产率、固定资产净值、职工收入五个翻番后，“八五”期间又提前实现第二轮五个翻番。自 1988 年以来，公司主要经济技术考核指标连续七年在全国冶金建设行业中名列前茅。

——工程建设速度屡破纪录。公司全面完成宝钢一期工程建设后，再接再厉用 36 个月建成宝钢 2 050 毫米热轧厂，比武钢 1 700 毫米热轧厂建设工期缩短 9 个月；用 48 个月建成国内自行设计、制造、安装的宝钢二号高炉，比一号高炉建设工期缩短 28 个月。建设宝钢的同时，还以 25 个月时间建成上海耀华皮尔金顿玻璃厂二期扩建工程。此外提前或按期建成川沙水泥厂，上海地铁徐家汇车站、新闸路车站和新客站折返段，上海合流污水治理工程彭越浦泵站、陈行水库、月浦水厂、北仑港电厂、嘉兴电厂、南通钢厂、梅山钢厂、杭州钢厂、上钢一厂、上钢五厂、新沪钢厂、宁波机场、杭州机场等一大批外包工程。

——工程质量创优质，综合实力列前茅。公司获全国施工管理优秀奖、全国冶金行业管理优秀奖，获国家科学技术进步特等奖 1 项，冶金部科学技术进步奖 19 项，国家质量金奖 3 项、银奖 2 项，中国建设工程鲁班奖 1 项，上海市建筑工程“白玉兰”奖 1 项，上海市政工程金奖 1 项，上海市、冶金部优质工程 4 项，冶金部全优工程银牌 133 项，连续两年被评为全国优秀施工企业、全国建设百强企业，在 1994 年度、1995 年度上海市千余家建筑施工企业综合考评中，分别名列第一、二名。

——创立四元产业，加速四个转变。公司成立后总结历史经验，根据形势发展需要调整产业结构，突破基建一业的格局，创立和实践了建筑施工、生产制造、检修协力、三资三产四元产业理论，受到社会经济理论界的充分肯定和高度评价。与此同时加速四个转变，即由过去大而全劳动密集型企业向科技、管理、装备、资金密集型企业转变；由过去只承担国内建设生产任务的内向型企业向国际市场延伸、发展的内外相结合型企业转变；由单项奖到中国建设工程鲁班奖、上海市建筑工程“白玉兰”奖、上海市市政工程金奖多项转变；由冶金施工企业向建设总承包和钢铁行业设备检修、生产协力、综合服务的总承包公司转变。

——国有资产保值增值，职工收入稳步提高。国有大中型企业是国家的支柱，使国有资产保值增值既是中央的要求，也是企业应尽的责任，公司努力使国有资产保值增值，在按规定上缴税收后，尽可能增加固定资产投入和补充资本金，公司固定资产净值由 1986 年的 7 584 万元增长到 1995 年的 25 806 万元。职工平均工资由 1986 年的 1953 元/人・年，增长到 1995 年的 13 366 元/人・年，增长近 7 倍。职工的工作、生产、生活条件得到较大改善。

——精神文明建设硕果累累。公司创办业余党校、政治学校，围绕各时期形势任务和企业中心工作，对党团员、领导干部、广大职工进行政治思想理论教育培训，弘扬“团结、奉献、求实、创新”的宝冶精神，涌现出以全国劳动模范王茂松，上海市劳动模范潘超、史金书、蔡德慧、刘跃富、王宗明、王元喜、高国荣，冶金部劳动模范向国强、张起昌等为代表的先进典型。4 个单位获评上海市文明单位，4 个单位获宝钢工程指挥部文明单位称号。

# 专记二　全产业链整合

## 一、与中冶东方的整合

**【整合背景】**

中冶东方工程技术有限公司(简称中冶东方)前身为冶金工业部包头钢铁设计研究总院,成立于1957年。最早是从冶金工业部北京黑色冶金设计总院抽调455名骨干员工成建制组建的冶金工业部北京黑色冶金设计总院包头分院,同年改名为冶金工业部包头黑色冶金设计院,1978年更名为冶金工业部包头钢铁设计研究总院。

1998年2月20日,国家机构改革,冶金工业部撤销,冶金工业部包头钢铁设计研究总院划归中冶集团管理,成为其子公司,1999年更名为中国冶金建设集团包头钢铁设计研究总院,简称中冶包院。

2004年12月21日,中冶包院实施主辅分离,由国家事业单位改制为现代化企业,在青岛注册成立中冶东方工程技术有限公司,中冶包院的优良资产、核心技术全部进入中冶东方;后勤、离退、资产及相关辅业以存续公司的形式保留中冶包院(后于2016年并入中冶华天)。

2010年10月11日,中冶东方首批150人从包头迁往青岛;2012年5月,第二批600余人迁往青岛。至此,中冶东方主业板块核心团队共计800余人开始在青岛中冶东方大厦办公,中冶东方地域优化战略全面完成。

在计划经济时期,中冶东方先后参与建设了包钢、酒钢、西宁特钢,青钢、莱钢、首钢、宝钢等国内外百余家钢铁厂的工程设计;改革开放后,中冶东方投身城市发展和市政建设,在包头、秦皇岛、鄂尔多斯等地留下了一座座地标建筑;进入21世纪,特别是中冶东方扎根青岛西海岸以来,迅速崛起,先后参与了中德生态园建设、董家口港区规划、青钢搬迁等一大批当地的大型项目,参与了城发长江瑞城高端社区、嘉陵江路第三小学、新区雨水调蓄、热力管网建设等一大批市政民建项目。

受钢铁产业断崖式下滑和企业面临重大风险项目等影响,为优化资源配置,化解企业经营管理风险,中冶集团领导数次组织召开专题会议,研究中冶东方的发展问题,以对历史负责、对未来负责的态度,决定中冶东方与宝冶实施战略重组,中冶东方主体并入宝冶,在中冶集团内部率先打通了冶金建设领域从设计、供货到施工的全产业链支撑体系。

**【整合过程】**

2016年11月18日,中冶集团党委常委、中国中冶副总裁,宝冶董事长王石磊在中冶东方召开全体干部大会并作重要讲话。中冶集团企业策划与管理创新部部长邵波主持会议并宣读中冶集团暨中国中冶对宝冶与中冶东方进行整合与业务重组的决定。

王石磊表示,宝冶作为中冶集团优秀的施工类子企业之一,已经进入高速发展的新时期。中冶东方优秀的工程技术人员加入宝冶,是对宝冶人力资源发展的有效支撑。中冶东方将按照中国中冶山东区域公司定位,进一步开拓山东市场,优化产业布局。重组后的中冶东方,抵御风险能力更强,开拓市场的潜力更大,未来发展的空间更广阔。

宝冶总经理、中冶东方董事长白小虎表示坚决支持和拥护集团决定,整合后的中冶东方将进一步发扬"大包院"的优良传统,在新的平台上,轻装上阵,思想大解放、观念大转变,以全新的精神面貌,尽快融入宝冶,为宝冶的长远发展和中冶东方的涅槃重生作出新贡献。

2016年11月26日,宝冶与中冶东方对接工作全面展开。白小虎在推进会上强调,中冶东方和宝冶是中冶集团旗下具有各自传统和文化的企业,要在兼顾设计类企业特有的流程特点上,尽快从管理体系、制度、流程上实现对接统一;要从宝冶整体发展的高度上做好中冶东方的顶层设计,并按照中冶集团的要求,统一考虑中冶东方作为中国中冶山东分公司职能定位,整体考虑,分步实施;在企业调整的同时,做好人才的充分利用和员工的合理安排。

新的制度下,宝冶充分发挥集团化管控模式,从战略发展、人力资源、物资采购、信息化等方面进行全面融合。

**行动整合**。2017年1月1日起,中冶东方调整作息时间与宝冶同步,员工享受数年的"两个半小时"午休时长被取消,执行数年的"弹性工作制"被彻底改革。一开始员工颇有怨言,甚至有中层干部以午休时间不足影响工作为由带头反对。白小虎召开中层干部会议,强调作息时间"军令如山",一个企业如果连作息时间也无法统一,谈什么改革!从元旦后第一天上班开始,高管带头,中层干部争先,员工精神风貌有了极大改善,公司整体形象发生质的变化。通过完善组织机构、定员定编,机关管理人员由整合前的124人减少至52人,"瘦身健体"取得明显成效。

**制度融合**。中冶东方迅速梳理宝冶在用的各类管理制度和作业流程,邀请北京中建协相关专家指导授课,从体系层面和制度层面进行全面梳理再造。从2017年3月开始,对接宝冶薪酬体系和考核体系,颁布实施《中冶东方绩效考评实施方案》《中冶东方2017年度工资总额分配办法》,充分调动广大员工的积极性。通过绩效考核,打破"大锅饭",实现多劳多得,按劳分配,充分体现出绩效工资对员工的激励作用;双方开通企业专线,实现OA办公平台和财务NC系统一体化;依托办公平台,人力资源管理纳入统一管控范畴;成立物资采购管理部,将项目工程物资和企业日常资产全部在同一个平台上采购和配送,降低采购成本;统一飞机票订票、无纸化会议等一系列平台,以宝冶整体打包的模式和优良的管控模式,降低企业运行成本。

**文化融合**。宝冶提出的"宝冶·家"文化和中冶东方多年来形成的"团结亲和"文化一脉相承。中冶东方同宝冶整合后,全面推行"合创之道"文化,倡导"合则兴,创则盛"的文化精髓,引导员工以整合为契机,依托大平台,探索新思路,找准新定位,谋求新发展。

2017年9月3日,宝冶召开青岛地区干部扩大会议,研讨EPC全产业链业务对接,推进中冶东方和宝冶深度整合融合,明确定位,寻找突破口,培育核心竞争力。白小虎简要总结并高度肯定中冶东方同宝冶整合以来的工作,指出中冶东方要聚焦于"E",提升设计集成能力;宝冶要聚焦于"C",优化施工总承包能力;同时发挥各自优势,加速装备设计制造能力发展,强化"P",切实强化EPC全产业链贯通。宝冶总经理陈刚指出,中冶东方要主动挖潜,根据宝冶主业发展需要,补齐前端设计服务,发挥设计引领作用。宝冶各二级单位要充分利用中冶东方的设计优势,主动寻找业务结合点协同发展。

**【整合成效】**

60年来,东方先后参与设计了包钢、酒钢、西宁特钢等国内外百余家钢厂的工程设计,在冶金方面拥有极其丰富的经验,尤其在铁合金领域具有世界级的领先技术。宝冶先后参与了武钢、攀钢、宝钢、湛江钢铁、越南河静钢铁等大型冶金工程。但是仅仅依靠单一的施工或与设计单位联合实施工程总承包项目，有着很大的局限性，宝冶很难成为第一梯队。中冶东方作为优秀的甲级设计企业与作为特级施工企业的宝冶实施战略整合，是彼此借力互补发挥优势，前移市场参与点，促进产业链更深更广、平台更大更好的过程，是全面快速实现和打通全产业链竞争优势的推进器，是中冶集团冶金建设国家队再拔尖、再拔高、再创业的主力军和排头兵。

整合重组后的中冶东方，以“一统、两融、三贯通”为指导思想，实现了管理体系统一、企业文化和职工思想进一步融合，市场链、产业链、创新链逐步贯通的良好局面，多项财务指标发生根本性好转，呈现出良好的发展态势。双方快速对接设计业务，在 EPC 领域实现突破，通过联合经营安钢原料场总承包项目及脱硫脱硝项目、郑州中原区开发、上海奉贤区河道治理、萍乡钢铁料场、濮阳供热、南乐县城区集中供热工程等一批重点项目，EPC 全产业链竞争优势初步显现，市场竞争力进一步提升、项目盈利能力逐步提高，得到业主的高度评价和行业内的广泛关注。中冶东方积极、稳健、有序地开展整合事务性工作，做好了人员安置和业务融合，出现人才回流的可喜现象，员工精神面貌焕然一新，重组后的中冶东方焕发出勃勃生机。

## 二、与包头院的整合

**【整合背景】**

中冶华天包头设计研究总院有限公司（简称包头院），前身是原冶金工业部直属的包头钢铁设计研究总院。1957 年，由北京分迁至包头，系冶金工业部大型综合性钢铁设计研究院。2016 年 7 月，中冶集团将中冶华天与原中冶东方包头地区实施战略重组，成立中冶华天包头设计研究总院有限公司。

包头院是以科研、设计为龙头的城市与产业发展系统解决方案提供商，是工程项目投（融）资、咨询、规划、设计、建造、运营等全生命周期服务商。拥有 7 项工程设计专业甲级资质，工程设计业务范围涵盖市政、建筑、环境工程等行业，是内蒙古自治区甲级资质最多、资质种类最全、资质等级最高的科研设计类企业。自建院以来在建筑行业（建筑工程）、市政公用行业（给水工程、城镇燃气工程、热力工程、环境卫生工程、排水工程、道路工程）和相关的技术与管理服务中业绩出众，尤其是民用建筑和市政管网设计方面尤为突出，历年来共计获得来自内蒙古自治区、建设协会及中冶集团等优秀工程设计奖 100 多项。

**【整合过程】**

2018 年 11 月 23 日上午，中冶集团暨中国中冶在包头院召开会议，会议宣布：为进一步优化资源配置，打造具有国内一流水平的工程总承包企业，彻底解决中冶东方控股有限公司和中冶东方工程技术有限公司重组后的历史遗留问题，经研究，决定将包头院并入宝冶。

中冶集团暨中国中冶党委常委、中国中冶副总裁、党委组织部部长闫爱中出席会议并指出，2016 年集团对中冶东方及包头院的拆分重组决定是符合当时企业改革发展需要所做出的正确决定，两年来，中冶华天及宝冶做了大量工作，实现重组工作平稳过渡，达到预期效果，对包头院下一步整合工作提出三点要求：一是统一思想，顾全大局。中冶华天和宝冶要高度重视，成立整合专项工作组，确保整合过程中“业务不能断，队伍不能乱”。二是措施得当，执行有力。中冶华天、宝冶要坚决落实集团对整合工作的要求，专项工作组要尽快制定周密措施，有效对接，整体工作做到“稳、快、好”。三是立足当前，谋划长远。包头院管理权移交后，宝冶要做好顶层设计，认真研究制定企业发展战略,做好核心业务的梳理和衔接,做好核心人才的保有和培育,化解当前经营管理中的风险,夯实企业管理基础,提升企业管理水平,切实肩负起企业发展的重任。

11 月 24 日,包头院召开干部会议,宝冶党委书记、董事长白小虎在会上作了重要讲话。

白小虎指出,中冶集团 2016 年对中冶东方控股有限公司和中冶东方工程技术有限公司的拆分重组是完全符合当时企业情况的正确决定,包头院并入宝冶也是中冶集团根据目前情况做出的最有利于包头院发展的审慎决策,对宝冶的发展也有着重要意义。中冶华天两年多来对包头院的发展作出了贡献,但由于包头院和中冶东方工程技术有限公司在债权债务、应收账款等方面存在大量历史遗留问题,统筹管理更有利于企业发展。青岛、包头两地的设计力量要无间合作、资源共享、独立核算,保持中冶东方的完整性,实现共同发展。包头院并入宝冶后,依托宝冶这一平台,能获得更好的市场前景和更强大的市场风险抵御能力,而包头院强大设计力量的并入也为宝冶继续打造成为国内一流的最具产业链竞争优势的全生命周期工程服务商提供有力支撑。

# 专记三　四元产业

“四元产业理论的建立与实践”是宝冶在企业转换经营机制过程中的创新成果。1986年开始创造，1988年基本形成建筑施工、加工制造、检修协力、三资三产的四元产业理论和经营结构。经过十年发展，公司的主要经营范围和产品（包括控股投资企业）拓展到：工程建筑总承包、钢厂设备检修和生产协力作业、钢结构、管道、压力容器制作、集装箱制造、不定型耐材、自动焊丝、电缆、漆包线、高分子发泡材料、厨房炊具生产、中高档服装加工以及房地产，国内外贸易等等。

## 一、四元产业理论建立起因

**外因：**计划经济时期，宝冶人走南闯北，参加过哈尔滨101厂、武钢、攀钢、宝钢等国家重点工程建设。实行市场经济后，这种平衡状态被打破。企业生计面临两个方面的挑战：首先是断“皇粮”（指令性任务）的挑战，其次是微利经营的挑战。随着国家治理整顿工作的深入，基建投资规模大幅压缩，建筑市场僧多粥少，施工企业处于生存困境。

**内因：**一是宝冶传统产业中机、电等专业力量过剩，而加工生产和设备检修产业主要是从专业力量中分离。建立四元产业，重新配置生产要素，可以克服土建、专业结构不合理的矛盾。二是宝冶多年已形成强大的“二线”加工系统，有齐全的设备、宽阔的厂房、先进的技术、完善的管理。但这些加工系统长期被基建所包围，成为封闭型的辅助生产。设备利用率不足50%，作业率不足60%。建立四元产业，把依附于基建施工的“二线”由单纯的为施工服务转向社会生产，由单一的半成品生产转向多种产品生产，由靠施工补贴转向自主经营、自负盈亏的创利单位。三是建立四元产业后，可以把宝冶内部的可利用资金、空闲厂房、闲置设备和富余人员等及时分流到新行业、开发新产业上去。

## 二、四元产业理论实践内容

1986年，宝冶由基建产业分离出设备检修和生产协力，即检修协力产业，形成了基建施工和检修协力二元产业，初步竖起两根经济支柱。

1987年，宝冶以综合开发公司成立为标志，建立起“建筑施工、检修协力、三资三产”的三元产业，初步形成三根经济支柱。

1988年，宝冶在上述三元产业基础上，以开发“二线”为标志，把附属辅助生产的“二线”推向社会，建立起加工制造产业，初步形成四星拱月的企业经营格局。

为加强对四元产业的管理，宝冶成立四个事业部分管四元产业，工程管理部负责建筑施工业、生产经营部负责加工制造业、检修协力部负责检修协力业、对外经济部负责三资三产业。4个事业部的经营管理职能覆盖宝冶及所属11个分公司的四元产业经营活动，同时设有综合计划部等综合经营部门对四元产业履行综合经营管理职能。

## 三、四元产业理论建立成效

四元产业理论与实践的形成过程，是宝冶由基建施工型向经营型转变、由单一生产型向四元产业型转变的过程，它既是宝冶经营机制转换的一条主线，又是宝冶产业结构调整的突破口，给企业带来四个方面的变化：

一是建筑施工产业稳步发展。基建施工是宝冶的传统优势和主导产业，宝冶一方面做好宝钢热轧厂、二号高炉和三号高炉建设，另一方面走出宝钢，参与建筑市场竞争，先后承接上海川沙水泥厂、沪嘉高速公路、地铁 1 号线新闸路站、徐家汇站、上海合流污水治理一期彭越浦泵站、月浦水厂、浦东耀华皮尔金顿二期、新沪钢厂二期工程以及南京梅钢一号、二号高炉改造、宁波北仑港等建设任务。建筑施工产值从 1986 年的 1.43 亿元上升到 1994 年 6.91 亿元，增长 3.8 倍。

二是加工制造产业走向社会。组建年加工万吨的大型钢结构加工厂、年产 35 000 吨的螺旋焊管厂、年产 1 800 吨的彩色压型板厂、年产 2 400 吨耐火材料组合砖加工厂，5 万立方米商品混凝土加工厂。加工制造产值从 1986 年的 0.494 亿元上升到 1994 年 2.66 亿元，增长 4.4 倍。

三是检修协力产业实现专业化。宝冶于 1986 年组建检修公司，各工程公司相继成立检修协力分公司(部)，在体制和管理上与宝钢接轨，并开展备件修复业务。检修协力产值从 1986 年的 0.024 6 亿元上升到 1994 年的 1.72 亿元，增长 68.9 倍。

四是三资三产产业兼生并存。通过多年开发，至 1994 年宝冶已有 112 个独立法人地位经济实体和 15 家中外合资企业，并在中国香港、美国等地成立分公司。三资三产产值从 1986 年的 0.022 5 亿元上升到 1994 年的 0.54 亿元，增长 23 倍。

四元产业使宝冶结束几十年来沿袭冶金基建施工固守一业的历史，走上多元经营、良性发展轨道，综合实力有很大提高。企业总产值由 1986 年的 1.98 亿元上升到 1994 年的 11.83 亿元，增长近 4.97 倍；全员劳动生产率从 1986 年的 11 236 元/人・年上升到 1994 年的 64 813 元/人・年，增长 4.77 倍；实现利税从 1986 年的 1 210 万元上升到 1994 年的 5 721 万元，增长 3.73 倍；企业固定资产净值从 1986 年的 7 584 万元上升到 1994 年的 2.4 亿元，增长 2.16 倍；职工平均收入由 1986 年的 1 953 元/人・年上升到 1994 年的 8 729 元/人・年，增长 3.47 倍。

1996 年以后，由于市场、决策、人才、管理以及合作伙伴等多方面因素，三资三产(即对外长期投资)这一元产业的总体效益一直不好，加之加工生产的钢结构、压型板与建筑施工紧密相连，任务承揽不宜分开，因此宝冶对这两元产业进行调整。对三资三产企业按照市场和效益原则进行清理整顿，在管理体制上进行调整，成立产业发展分公司，对三资三产企业进行统一归口管理。撤销加工生产部，加工生产并入施工系统一起管理。此后又将分散于二级单位的协力生产进行集中，成立协力生产分公司。

# 专记四　三次攻坚战

**【"8·13"宝钢原料码头引桥抢修】**

1987 年 8 月 13 日上午，宝钢原料码头引桥被巴拿马籍"大鹰海"号货轮拦腰撞断，160 米桥体和桥上机电设备全部坠落江中，码头原燃料输送系统生产中断。

事故发生后宝钢立即在现场成立以黎明为组长，胡志鸿、王佩洲为副组长的事故处理领导小组，连夜开展工作，以最快的速度制订码头抢修方案和维持生产的应急措施。

8 月 14 日晚，宝冶召开经理办公会，形成一致意见：宝钢原料码头有关修复问题无条件接受任务，顾全大局。

8 月 15 日，宝钢工程指挥部提出每个冶建单位各要承担一块大梁修复任务，宝冶立即组织人员进入施工现场实地观察摸底，委派二级公司一名副经理坐镇码头指挥抢修。从上到下进行宣传动员，使参战职工明确这一工程是党中央、国务院、冶金部、上海市和全国人民都十分关心的"第一号"工程，明确宝冶职工在这次抢修中的责任。

9 月 7 日，宝冶在抢修现场举行 4 个冶建公司钢梁修复联合竞赛签字仪式，从公司到班组进一步明确竞赛目标。尽管宝冶负责的钢梁最后上岸，梁体构件损坏严重，吊装位置极为不利，且开工比其他各冶晚 3 天，但参战职工下定决心要确保钢梁的竣工工期，要与兄弟单位赛质量、赛安全、赛文明施工，做到协作好，抢困难，让方便，抢险一盘棋。

在联合竞赛中，广大职工高涨的劳动热情集中体现在"一抢、二苦、三巧"的实际行动上。

**抢：**宝冶接到抢修任务后立即召集有关人员研究具体方案。当时大梁还在浑浊的江水里，损坏程度无法估量。宝冶按大梁损坏严重只能报废和大梁可以修复两种情况制订方案，待大梁出水后经过鉴定，宝钢总指挥部决定采用修复方案。宝冶早已做好一切准备，提前两天完成预加工件。

8 月 18 日中午，接到总指挥部电告，要求宝冶加固驳船。下午 1 时许，工安公司已将 178 根道木运到大件码头，从组织人员、调度车辆、装卸货物，只用 90 分钟完成任务。五公司接到要立即清理梁上残砼块的通知后，经理、书记带领技术人员急赶码头登船落实实物量，不到 2 小时，一支由 40 人组成的施工突击队带着设备、材料、工具等赴现场，从下午 2 时动工直到深夜清理完梁上所有杂物。在修复大梁的紧张时刻，指挥部下达了吊梁用的八片大吊耳、二片小吊耳共计 32 吨重的加工制作任务。工安公司加工厂立即组织 160 余人连续奋战三天三夜，完成急用的加工件。

**苦：**箱型梁长 40 米，宽 16 米，二端只有二个小孔，施工人员钻进去除污刷油，气味难闻令人作呕，工安二队党支部发出"党团员带头入内"的号召，几名党员立即钻进箱型梁大干，在场的职工以党员为榜样，也都钻入箱内坚持作业，直到完工。几台抢修车的汽车司机每天服务于现场，来回跑十几趟，谁也没有怨言。供应科的同志遇上大风货船停开就将氧气、乙炔等物资通过扛抬渡船送到主码头。

**巧：**箱型梁主梁的三个端部扭斜损坏严重，旁侧的悬臂梁等也有十多处需修补及更换构件。要经过拆、烤、装、焊、油漆等工序，现场修复量大，难度高。技术人员和班组工人一起研究制订方案，提出合理化建议，安全、质量检查人员深入现场加强过程控制，使施工顺利、快速进行，钢梁修复质量一次达标。

在第一阶段码头抢修过程中,宝冶承担其中一块桥面箱型梁修复任务、引桥残物拆除和打捞的破损物清理等工作。电装公司拆除电缆 72 千米、电缆槽 1 800 米、电缆支架 1 600 米;机装公司拆除皮带 900 米、皮带机、支架 240 米;工安公司拆除残管 600 米、恢复 16×40 米大梁一块、新制钢结构 600 余吨、拉临时电缆 1.6 千米。经过 18 天舟船往返,每天 24 小时轮班抢修,终于在 9 月 22 日早上 7 时圆满竣工,9 月 28 日吊上桥墩就位,接通了被分隔 45 天之久的原料码头南北引桥。

经过各方大力支援和现场参加抢修、保产的职工努力拼搏,11 月 3 日,原料码头全线修复。11 月 18 日宝钢在现场召开庆功大会,对抢修过程中涌现出的先进集体和个人进行表彰,宝冶 17 个单位、90 名个人立功。

**【宝钢一炼钢“2·28”抢修】**

2000 年 2 月 28 日傍晚,宝钢一炼钢三号转炉电缆竖井内地面处的电缆遭小动物咬损后,故障发热引起燃烧并扩大成灾,造成 2 号电气室、2/2 电气室及电缆夹层大量电缆、部分电气控制系统的设备、炉前操作室仪表操作台被烧毁,使 3 座转炉被迫停产。

事故发生以后,宝冶领导和相关部门负责人于当晚 7 时 49 分赶到现场察看情况,接受抢修任务。当晚 10 时,宝冶在现场召开紧急动员会议,成立抢修领导小组,要求各单位把宝钢的事情当作自己的事情,迅速集中人力物力财力投入抢修。

根据宝钢对抢修的统一部署,宝冶承担恢复正式照明、拆除烧毁电缆、敷设新电缆、修复烧损电气盘箱、安装新旧盘箱、电缆线头接线、更换 10.8 米主控室平台大小梁等任务。宝冶对各单位抢修任务作了分工:电装公司承担 96 块 MCC 马达控制中心电气盘箱修复、拆除烧毁电缆并新敷设 400 多根 200 多千米的电缆;工安公司承担新安装 2 号和 3 号炉操作室平台梁,其中大梁 9 根,小梁几十根;五公司承担操作室新增电气室天花板、墙皮瓦、压型板的拆除和安装、地坪混凝土的清除和重新浇灌、室内装修;检修公司承担所有照明恢复,包括接临时照明;协力分公司承担渣包台车的电气盘箱修理。5 个参战单位集中 2 100 人的抢修队伍,发扬不问价钱、不分彼此、不讲条件、不惜代价、不分昼夜的“五不”精神全力以赴投入抢修。

2 月 28 日晚 11 时,电装领导班子紧急传达宝冶部署的抢修任务,连夜调集当年参加建设和后来参与技术改造的施工人员和技术人员,会诊电缆的来龙去脉,并从外包项目上火速召回精兵充实抢修力量。29 日一早,电装公司抢修人员来到现场,清理已经烧坏的电缆和还可以修复使用的电缆,将 96 块已经烧坏的电气盘箱拆到电装公司加工厂进行检查、测试和修复。电装公司检修队、调整队、加工厂、仪表室职工全部出动抢修电气盘箱,经过二天二夜连续奋战,96 块盘箱全部修复,修复质量受到宝钢表扬。电缆敷设是一项最紧急的任务,电装公司出动一、二、三、四队和调整队参战,五公司、检修公司、工安公司、协力分公司打增援,最高每天敷设电缆 50 千米,创电装公司纪录。

检修公司职工不怕危险、不怕困难,消防人员撤下来不久,他们就冲进漆黑的现场。组织到一部分电缆就马上敷设一部分电缆,组织到一部分灯具就马上安装一部分灯具。经过奋力拼抢,重要部位于第二天早上放亮,到第二天下午,整个事故现场全部放亮。

截至 3 月 7 日 18 时,宝冶只用八天八夜时间完成一号转炉系统修复任务,为转炉在 3 月 8 日午夜恢复生产作出贡献。从 3 月 8 日开始,又马不停蹄地投入二号转炉系统抢修。3 月 24 日 21 时 50 分,二号转炉恢复生产,比原计划提前一天。按照生产惯例,一炼钢三座转炉通常运行两座,即“三吹二”。因此二号转炉恢复生产,标志着一炼钢生产能力全面恢复。3 月 31 晚 8 时多,三号转炉恢复生产出钢。至此,经宝冶和宝钢各单位以及北京冶金自动化院连续 32 天的奋战,宝钢一炼钢三座 300 吨转炉全部修复恢复生产。

在宝钢一炼钢“2·28”事故抢修中，宝冶电装、检修、工安、协力、五公司 5 个单位 2 100 名职工先后完成一炼钢临时和正式照明施工，拆除所有被烧毁的电缆，新敷设 4 000 多根长 600 千米的新电缆，完成约 12 万个电缆线头的接线配线任务，修复电气盘箱近 200 个，安装新旧盘箱 300 多个，完成 10.8 米平台 9 根主梁和几十根小梁的加工制作和更换任务，完成 2 号电气室、2/2 电气室和新电气室以及操作室的地坪、墙面和天棚的拆除和重新修复任务。

宝钢一炼钢“2·28”事故发生以后，日本专家曾预言需要半年时间才能全部修复恢复生产。宝冶和宝钢职工只用 32 天就全部修复恢复生产，这是宝冶和宝钢人创造的奇迹。在一炼钢抢修期间，宝冶各参战单位既保工程进度又保工程质量，使一炼钢在较短时间内全面恢复生产，将损失减少到最低程度。宝冶职工的风格、情操、自我牺牲精神、战斗力受到宝钢主要领导的称赞。在宝钢一份反映“2·28”事故抢修动态信息的会议纪要中记述了宝钢主要领导对宝冶的褒奖和评价：“参战各单位要向宝冶在本次转炉抢修过程中发扬的一切以大局为重的高姿态及为确保抢修进度发扬的拼搏精神学习”。

宝钢三座转炉全面修复恢复生产以后，宝钢在一炼钢二楼门墙上方留有的火灾痕迹处挂上警示牌。警示牌上写有火灾发生的时间、原因，烧毁的电缆、电气、操作室和设备，参加抢修的单位，3 座转炉恢复生产的时间。警示牌最后写着：特留此火灾痕迹，以示后人为戒；隐患险于明火，防范胜于救灾，责任重于泰山。

**【武钢“一米七”复产升级改造】**

2018 年 12 月 10 日，投产运行已 40 年的武钢“一米七”热轧线由于电气系统严重老化导致 5 号电磁站起火，逼停产线。武钢果断决策，启动复产升级改造工程。

宝冶领导高度重视此次攻坚战，第一时间做出指示，要求公司领导坐镇一线，靠前指挥，以“冶金建设国家队”的责任与担当，高标准严要求，全力以赴圆满完成任务！

2018 年 12 月 13 日，宝冶总经理亲自部署，成立武钢一热轧升级改造指挥部，复产升级正式开工。

一场以“合同不耽误、产能不受影响”为目标，为期 23 天的升级改造攻坚战就此打响。此次升级改造进度要求极速，23 天完工。精度要求准确，剥茧抽丝。配合要求紧密，无缝连接。而现场环境却是错综复杂，桥架电缆纵横交错，还要克服图纸短期重新设计后的不足，边施工，边调整。

宝冶作为参战主力军，负责 83 面高压柜，约 400 面其余盘柜，400 余千米电缆的安装、调试工作，施工期之短，工作量之大，复杂性之高，堪称同类型改造任务施工之最。宝冶能源环境工程公司驻武钢常规检修项目部在完成本职检修任务的基础上，调集 150 余名骨干，并紧急启动常规检修储备作业力量投入抢攻大决战。宝冶工业工程公司从各地项目部紧急抽调 50 余人的精锐技术力量奔赴武钢。

400 余千米电缆相当于绕杭州西湖 30 圈，83 面高压柜，约 400 面其余盘柜，能铺满一个标准体育场跑道。主电室地下电缆室环境复杂、空间狭小，施工人员只能猫腰匍匐前进。临时搭建指挥中心灯火通明，每日早 8 时、晚 7 时会议雷打不动，以小时为计算节点，合理部署，统筹协调，分工协作。安全工作严防死守，通过教育、巡查、整改等多重方式，确保了高峰期近 1 000 人交叉作业的情况下，整个工程零受伤，实现“不破一块皮，不流一滴血”的承诺。“战区保障部”24 小时精准服务，物资采购快速高效，共计采购工器具、劳保用品、辅材 43 422 件。后勤保障打造贴身管家服务，累计供应工作餐 35 000 份,饮用水 1 000 余桶,姜汤 200 余桶。

12 月 16 日,宝冶提前 13 小时完成拆除项目;12 月 20 日,电气柜到位,完成所有电缆桥架搭建工作;12 月 26 日,完成高压系统安装任务,达到高压送电条件;12 月 27 日,完成低压、传动及自动化系统的所有电缆的敷设、连接及试验工作;2019 年 1 月 2 日,粗轧热负荷轧制成功;1 月 4 日,全线通板成功。

宝冶员工日夜鏖战,创造了高压受电最快、调试速度最快、供配电系统恢复改造最难、最短时间内制作电缆头最多等多项纪录,实现“合同不耽误、产能不受影响”的工程目标。武钢给宝冶发来感谢信,对宝冶给予的鼎力支持致以诚挚的敬意和谢意。

# 专记五　退休老工人集访

自2004年10月11日起，原上海宝钢冶金建设公司退休（内退）部分单职工及家属开始集体上访，集访人员的诉求是要求房改（享受福利分房或给予一次性住房补贴）。

## 一、集访形成的历史原因

1978年3月30日，中央批准宝钢建设项目，冶金部从第十九冶金建设公司抽调13 400余人分批赴上海宝山钢铁总厂参加会战。1986年6月4日整体落户上海，成立上海宝钢冶金建设公司。2003年1月17日分立改制，成立上海宝冶建设有限公司。作为存续公司的上海宝钢冶金建设公司于2007年3月改制为中冶宝钢技术服务有限公司。

根据国发〔1978〕104号文附二《国务院关于工人退休、退职的暂行办法》第十条"家居农村的退休、退职工人，应尽量回到农村安置，本人户口迁回农村的，也可以招收他们在农村的一名符合招工条件的子女参加工作；退休、退职工人回农村后，其口粮由所在生产队供应"，在当时的大环境下，国有企业单职工（家属户籍在农村老家）不享受福利分房，在职期间由企业提供单身宿舍，享受每年一次探亲假，路费全额报销，工资照发，退休后返回原籍家庭生活基础所在地，安享晚年。

2004年时，两个企业共有退休单职工4 000余人，其中有600余人不愿返回原籍。他们长期拖儿带女留住在上海，主要在宝山区租借民房或以其他形式居住。由于房价和房租上涨等原因，给这部分人员生活带来一定困难，他们转而要求企业实行房改，解决其住房问题，从而导致集访事件的发生。

## 二、集访主要情况

集访发生后，集访人员先后多次到宝山区信访办、上海市信访办走访，同时还进京到中冶集团信访办、国资委信访办、国家信访局、建设部等上级信访部门走访。2005年5月1日，修订后的国家《信访条例》正式实施。集访人员分别派出代表于2005年7月至9月期间，分别到两个企业分（子）公司的信访办、两个企业的信访办和中冶集团公司信访办走访，各级信访部门均按照《信访条例》的要求，给予书面答复、复查、复核意见。至此，集访人员已经走完正常的三级信访程序。但是，三级信访程序终结后，集访人员仍然不断非法越级上访或集体上访。

个别退休单职工仍不断给市委、市府领导，以及国家部委领导写信。

2005年底至2006年初，个别集访人员向上海市宝山区人民法院和上海市第二中级人民法院提起诉讼，要求企业给付住房补贴20万元，并将其户籍迁回上海，其诉求均未获得法院支持。

由于集访人员的诉求缺乏政策依据，一时难以解决，部分集访人员出现过激及违法行为。由冲击、围堵办公场所升级到封堵办公场所、占据并留宿办公楼，限制车辆和人员的出入，限制员工上下班；由静坐升级到哄抢午餐、损毁公物；由辱骂、围攻工作人员升级到群殴工作人员；由封堵企业办公场所升级到冲击公安机关；此外，还在互联网上发布一些不实文章以引起社会关注，混淆视听。

## 三、企业所做的主要工作

集访发生后,上海市、宝山区、月浦镇、中冶集团等各级领导对公司的矛盾化解和维稳工作给予了大力指导与支持帮助。

针对集访人员的诉求和事态发展,公司投入大量人力、物力和财力,开展深入细致的思想教育、政策解释和法制宣传工作。公司领导和职能部门负责人始终保持与集访人员的对话交流;工作人员除了在集访现场做劝解工作,还分成若干工作小组上门做好政策解释和法制宣传;公司开展岗位帮困、困难补助、号召员工捐款捐物等多种方式的帮困送温暖活动;做好信访接待,制定预案,及时妥善处置突发情况。

2008 年 7 月,上海市政府专门召开会议听取宝冶汇报,研究解决方案。按照上海市、中央督导组以及中冶集团有关会议精神,本着尊重历史,考虑全局的思路,在上海市有关部门和上级组织的支持指导下,经企业职代会讨论通过,中冶集团批准,并报上海市政府和国资委备案,出台《宝冶退休(内退)部分单职工及家属居住补贴实施方案》(宝冶建设〔2008〕202 号文)。此方案对符合条件的退休单职工每月补贴 350 元、遗孀每月补贴 175 元。

实施方案出台后,公司通过《公开信》形式向退休(内退)单职工及遗孀告知实施方案内容,并就集访人员关心的问题给予书面解答,得到绝大多数相关退休单职工及家属的同意。2008 年 12 月,99%以上符合条件的退休人员签订《领取居住补贴确认书》,至 2018 年 12 月,仅剩 4 名退休集访人员未签订《领取居住补贴确认书》。

# 专记六　越南“5·14”暴乱事件

越南台塑河静钢铁厂是东南亚最大的钢铁联合企业，总投资约 300 亿美元，规模类似于宝钢，这是宝冶在海外的第一个钢铁项目。2014 年 5 月 14 日，越南发生有史以来最大的反华暴乱，由最初的示威游行迅速演变成打砸抢烧，项目被迫中止。

因中国与越南两国关于南海西沙群岛领土争端问题，越南爆发群众暴乱。2014 年 5 月 12 日，距离胡志明市两小时车程的平阳省新加坡工业园里，一家台资鞋厂约百名越南员工发起游行。到 13 日早上，全厂工人罢工，大批越南民众响应，而另一所台资工厂和一所港资工厂的几千名员工也加入，驾驶电自行车包围工业园区，最高时多达两万人聚集，部分人撞开围栏闯入园区，示威蔓延至越南北部。很快，原本只有百人的游行开始大肆蔓延起来，小规模游行开始演变为越南民众的大规模抗议。随后，游行开始从平阳省向周边地区扩散，并开始从越南南部向中北部蔓延。台塑越南河静钢铁厂位于越南中北沿海地区，与平阳省南北相隔遥远。当时河静钢铁厂是受到越南政府及军方、警方保护的安全区域。

2014 年 5 月 14 日上午 7 时，宝冶越南河静钢厂项目部（简称项目部）人员上班途中发现厂内 E09 主干道上，约 10 名越籍人员骑着摩托车、手举国旗和胡志明头像的标语在喊口号游行，当时施工现场并无异常。但据出厂办事的人员描述，上午厂门口约 100 多名越籍人员在示威游行，无过激行为，有几个警察在维持秩序。

上午 10 时，台塑集团召集河静钢铁厂项目施工的中方企业管理人员开会，提醒各家企业保持稳定，会议精神基本定调为“约束员工、避免冲突、遇事通报”。

13 时 30 分，项目部人员上班经过台塑钢厂门口时发现约有 200 名越籍人员在示威，并阻碍车辆进出场，现场只有数名警察维持秩序。

14 时 30 分，项目部召集相关人员研究启动应急预案，成立应急工作队伍。随后，安排横山工人生活区宿舍管理员清点已返回横山生活区的外协队伍人数，并通知其他外协队伍尽快撤离施工现场，返回生活区，不许外出且做好防范工作。

16 时，宝冶越南分公司（简称分公司）领导紧急召集各部门、专业项目部及各施工队伍负责人开会部署应对措施。很快，16 时 30 分，第一波游行队伍已逼近项目部，几十名持械越籍人员围堵在施工区的入口处，叫嚣着威胁越籍值守人员：我们就是来打中国人的。面对游行队伍的威胁，越籍值守人员选择了妥协，第一道防线被轻易突破。紧接着第二波、第三波大量越籍人员冲入河静钢厂厂区内，开始打、砸、抢、烧。分公司领导立即通知各单位组织就近员工从北门撤离，其他人员向办公大临聚集。

面对一群已失去理智的越籍暴乱分子，如果不借助当地的武装力量，仅项目部人员的抵抗与防范太过无力。分公司党委书记史秉刚立即与当地公安部门取得联系，通报面临的危险情况，要求越南公安部门派武装力量支援。在当时警员严重紧缺的情况下，越南公安部门迅速调来 8 名公安把守项目办公大临大门，当地公安力量的加入使得项目部与暴乱分子之间有一个相对安全的屏障。随后，通过公安部门帮助，联系大客车运送人员有序撤离。一小时左右，项目部约 900 余人安全撤离至横山生活区和英宝生活区，没有一人被落下。

17 时 40 分左右，暴乱分子几近疯狂，对厂区内的施工机械、工具、材料进行洗劫，不能搬走的就肆意破坏、放火烧毁。正在建设的高炉区有两处着火，浓烟滚滚，整个现场一片狼藉。此时，还有趁机前来结算要钱的越南工人。史秉刚安排专人帮助外协队伍结算前来要钱的越南工人的工资，以确保横山工人生活区没有越南人逗留。

18 时 15 分，史秉刚、杨振清、陈忠、叶尉、党智勇、徐德海 6 人最后一批到达生活区。随即对派驻公安进行重新调配，6 名公安(含后增配 2 名)赶往横山生活区，4 名公安留在英宝生活区。

19 时 30 分，分公司领导召集应急工作队成员部署防范措施。第一，建立两道防线，以楼道口为第一道防线，楼梯口为第二道防线，依托两道防御工事，严防死守。第二，封堵楼道，设置障碍，做好自卫准备。第三，安排应急分队人员轮流值班，并在三楼阳台设置观察哨，随时注意外部情况，做好应变准备。同时一再强调，一旦有人落单被越南人围攻，必须全力抢回，决不能让一个同胞落单而陷入危境。

19 时 53 分至 20 时 30 分，越籍暴乱分子约有百余辆摩托车驶至横山生活区、英宝宿舍区，多次企图进入生活区和宿舍楼，均被把守大门的越南公安劝退。21 时 10 分左右，三航院和江苏神龙海岸的员工得知宝冶生活区有公安人员把守，200 余名人员翻墙进入横山生活区，请求在宝冶生活区避难。张志刚及时向领导汇报，史秉刚明确表示：只要是中国人，我们全部接纳。并把三航院及江苏神龙海岸的同胞编组安排至生活区食堂避难，做好防御措施。

暴力事件持续至 15 日凌晨，这是一个心惊胆战的不眠之夜。5 月 15 日凌晨 3 时 30 分，横山、英宝生活区接到台塑通知，将派车辆和公安部队护送被困人员撤离至台塑宿舍区。但直至凌晨 4 时 30 分仍未见到车辆及公安出现。在此过程中，分公司领导多次与台塑联系，答复都是待施救人员太多，正在积极协调。如果再等下去，天亮了人员转移将会更加危险。分公司领导与自请的几名公安协商，最终决定由他们护送，用自有车辆运送人员撤离。至清晨 6 时，英宝生活区全部人员安全撤离至台塑宿舍区。

第一批人员到达台塑宿舍区后，分公司领导立即与台塑重工、炼钢及管理处联系营救横山生活区人员。得到的答复依然是需要施救的地方太多，公安及车辆调度困难，正在尽力协调。直至 8 时 30 分，分公司 747 名工人和收留的 200 余名三航院及江苏神龙海岸同胞仍被困于横山生活区。如果继续等待下去横山生活区的人员将会处于更加危险的境地，史秉刚情急之下直接闯进台塑招待所九楼指挥中心，找到台塑总管理处副总经理张复宁，说明危机情况，请求给予帮助。张复宁在了解情况后，安排相关部门对横山生活区的人员组织营救。

9 时 20 分左右，综合管理员张志刚分别接到越方公安和分公司领导的通知，准备组织人员撤离。张志刚立即组织各单位在宿舍门口排队有序撤离，同时向分公司领导汇报，横山生活区还有 10 余名前来避难、不相识的中国籍人员怎么办？史秉刚斩钉截铁地说：“不能遗漏一个中国人，凡是中国人，无论是哪个单位的，我们都有义务带他们一起撤离到安全地带。”

从 9 时 30 分第一批人员开始撤离，至中午 12 时，横山生活区人员全部安全撤离至台塑生活区。

刚回到台塑宿舍区的员工还惊魂未定，又传来消息：18 日越南暴乱分子将举行全国性游行。才经历了生死逃离的员工深知暴乱分子的残暴行为，员工又一次恐慌起来，尤其是协作队伍的情绪极不稳定，都急于回国。有两家协作队伍通过朋友私自联系了车辆准备撤离，分公司领导得知后及时制止。从台塑宿舍区到友谊关驱车要 16 个小时，途经好几个省市，再加上车辆没有警方护送，出了事谁都负不了责任。分公司领导一方面安抚员工情绪，另一方面要求宝冶所有员工及协作队伍服从统一指挥，不得擅自行动，员工与协作队伍的情绪逐渐稳定下来。

此时，台塑生活区已经容纳3 000多名中国同胞，所有的食物供应都统一配送。为防止员工哄抢，分公司领导召集各部门、协作队伍负责人开会，积极协调配合台塑工作，安排专人到取餐点领餐，再分发到每个宿舍有序就餐；就餐完毕后清理餐盒，注重环境卫生。不管在何种环境下，宝冶人都体现出良好风范。

在项目员工奋力自救的同时，他们的遭遇迅速传到国内。暴力事件通过中冶集团迅速上报国资委，后又经国资委迅速上报中央。习近平总书记作出重要指示，要求尽快接回自愿回国的中方人员。李克强总理批示要求各有关方面切实配合，精心做好相关撤离工作，确保我国人员安全。中国政府跨部门工作组迅速赴越展开交涉工作，外交部部长助理刘建超亲任组长。与此同时，宝冶在中冶集团的统一组织协调下迅速着手研究应对措施，并根据中冶集团董事长国文清《关于目前中越时局对河静项目影响的汇报》所做的重要批示，迅速成立应急领导小组、启动应急预案。

在中国政府跨部门工作组的领导下，国内、台塑多方协调、联络，统筹调动全体中冶参建子公司项目部各种资源，全力担负起河静中资企业人员撤离的组织协调任务，在最短时间内协调2架包机和4艘客轮赶赴越南开展撤离工作。在撤离工作中，宝冶员工再一次起到协调、配合作用，协助台塑以及越方出入境管理局，将撤离的中方企业员工按编分组，逐个进行护照登记、造册记录。

5月19日下午，赴越接运中方人员的4艘客轮“五指山”号、“铜鼓岭”号、“紫荆12”号、“白石岭”号，搭载着3 567名在越南暴乱事件中受冲击的中国企业员工，陆续离开越南河静省永安港，返回祖国。撤离时，史秉刚与9名员工在这次撤离中并未回国，他们看着宝冶的最后一名员工登上“紫荆12”号船后，又返回台塑继续做查损等善后工作。

5月20日下午，经过24小时航行，“紫荆12”号抵达中国海口秀英港。宝冶领导带队早早等在港口迎接员工到来，并与海关方面协商，为员工们开辟快速通道，提前为员工和协作队伍安排住宿、预订返乡车票。回到祖国，看见亲人在等候，大家热泪盈眶，不因经历生死，只因生死中同胞们的相互鼓励。

留守的范耀中、史秉刚、杨振清、马心新等10名人员在完成损失清点、钢构卸船、协作队伍和供应商付款工作，并对现场保安工作进行妥善安排后于5月24日才返回国内。

2014年6月20日，宝冶对在越南“5·14”暴乱事件中表现突出的员工进行表彰和嘉奖。给予最后留守越南河静台塑钢厂的范耀中、史秉刚、杨振清、马心新、王建、叶尉、李文静、张翔、刘军、周涌10名员工每人嘉奖5 000元；给予表现突出的王建、赵国优、陈继光、张志刚、叶尉、刘军6名员工调整系数；给予杨振清、蔡文龙、马心新、李文静、张志刚、张翔、陈忠、党智勇、徐德海、周涌、徐方11名员工记大功；给予史秉刚记特等功，奖励3万元。

正是因为宝冶有一个坚强有力的领导班子、有一支高素质的管理团队、有一个切实可行的应急预案、有一支服从命令听指挥的协作队伍，才使得宝冶在这次突发的暴乱事件中无一人死亡、无一人受伤、无一人掉队，并帮助其他单位的中国同胞一起安全、有序撤离。

在妥善处理事件后续事宜的同时，宝冶组织项目部和各专业公司积极行动，2014年7月20日进行复工动员。复工后，严格执行业主调整施工进度的要求，短短一个月时间里，河静项目各项工作完全步入正轨，9月便进入到大干阶段。整个项目将近15万吨的钢结构加工和安装，加工全部在国内完成，再通过海运到越南。短期内如此大量的构件加工和运输对加工厂、对整个加工的协调发货、运输的把控都是史无前例的，现场的安装配套、人员组织更是前所未有的挑战。2016年，宝冶如期完成越南河静钢铁项目建设任务。

# 附录

# 一、重要文件辑录

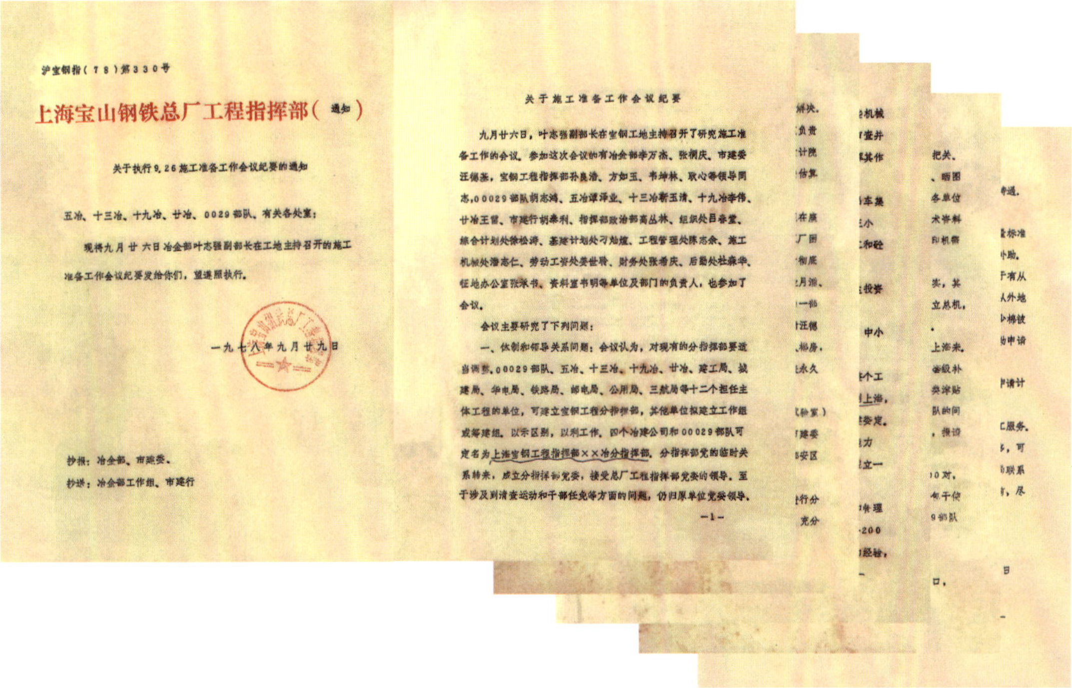

沪宝钢指（78）第330号

上海宝山钢铁总厂工程指挥部（通知）

关于执行9.26施工准备工作会议纪要的通知

五冶、十三冶、十九冶、廿冶、0029部队、有关各处室：

现将九月廿六日冶金部叶志强副部长在工地主持召开的施工准备工作会议纪要发给你们，望遵照执行。

一九七八年九月廿九日

抄报：冶金部、市建委、

抄送：冶金部工作组、市建行

关于施工准备工作会议纪要

九月廿六日，叶志强副部长在宝钢工地主持召开了研究施工准备工作的会议。参加这次会议的有冶金部李万杰、张桐庆、市建委汪锡荪，宝钢工程指挥部孙良浩、方如玉、韦坤林、耿心等领导同志，00029部队胡志鸿、五冶谭泽业、十三冶靳玉清、十九冶李伟、廿冶王留、市建行胡桑利、指挥部政治部高丛林、组织处吕春堂、综合计划处徐松涛、基建计划处刁灿煊、工程管理处陈志余、施工机械处潘志仁、劳动工资处姜世聆、财务处张希庆、后勤处杜森华、征地办公室张承书、资料室韦明等单位及部门的负责人，也参加了会议。

会议主要研究了下列问题：

一、体制和领导关系问题：会议认为，对现有的分指挥部要适当调整。00029部队、五冶、十三冶、十九冶、廿冶、建工局、城建局、华电局、铁路局、邮电局、公用局、三航局等十二个担任主体工程的单位，可建立宝钢工程分指挥部，其他单位拟建立工作组或筹建组。以示区别，以利工作。四个冶建公司和00029部队可定名为上海宝钢工程指挥部××冶分指挥部。分指挥部党的临时关系转来，成立分指挥部党委，接受总厂工程指挥部党委的领导。至于涉及到清查运动和干部任免等方面的问题，仍归原单位党委领导。

—1—

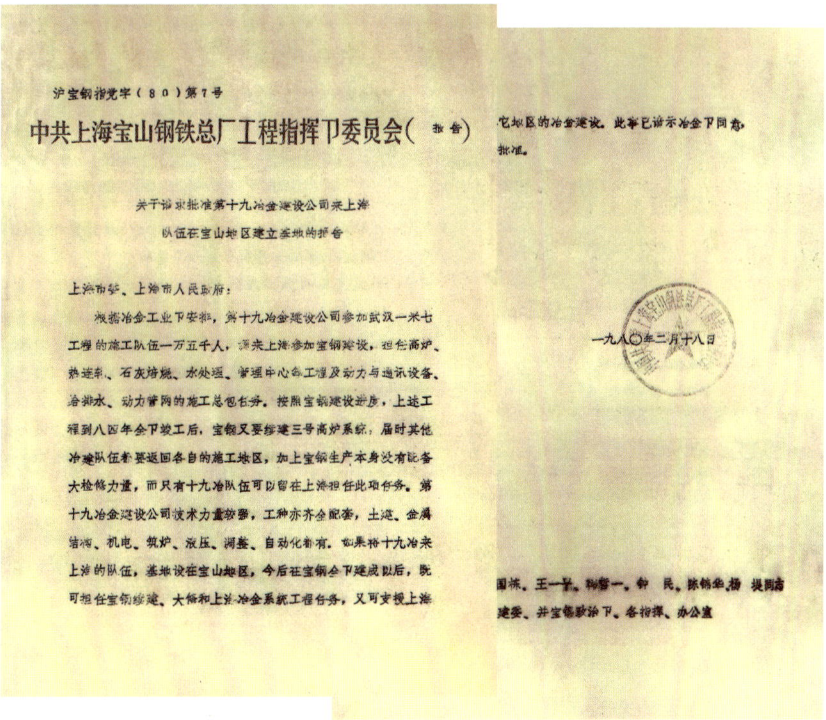

沪宝钢指党字（80）第7号

中共上海宝山钢铁总厂工程指挥卩委员会（报告）

关于请求批准第十九冶金建设公司来上海队伍在宝山地区建立基地的报告

上海市委、上海市人民政府：

根据冶金工业卩安排，第十九冶金建设公司参加武汉一米七工程的施工队伍一万五千人，调来上海参加宝钢建设，担任高炉、热连轧、石灰焙烧、水处理、管理中心各工程及动力与通讯设备、给排水、动力管网的施工总包任务。按照宝钢建设进度，上述工程到八四年全卩竣工后，宝钢又要续建三号高炉系统，届时其他冶建队伍都要返回各自的施工地区，加上宝钢生产本身没有配备大检修力量，而只有十九冶队伍可以留在上海担任此项任务。第十九冶金建设公司技术力量较强，工种亦齐全配套，土建、金属结构、机电、筑炉、液压、调整、自动化都有。如果将十九冶来上海的队伍，基地设在宝山地区，今后在宝钢全卩建成以后，既可担任宝钢续建、大修和上海冶金系统工程任务，又可支援上海

它地区的冶金建设。此事已请示冶金卩同意。

批准。

一九八〇年二月十八日

国栋、王一平、韩哲一、钟 民、陈锦华、杨 提同志

建委、并宝钢政治部、各指挥、办公室

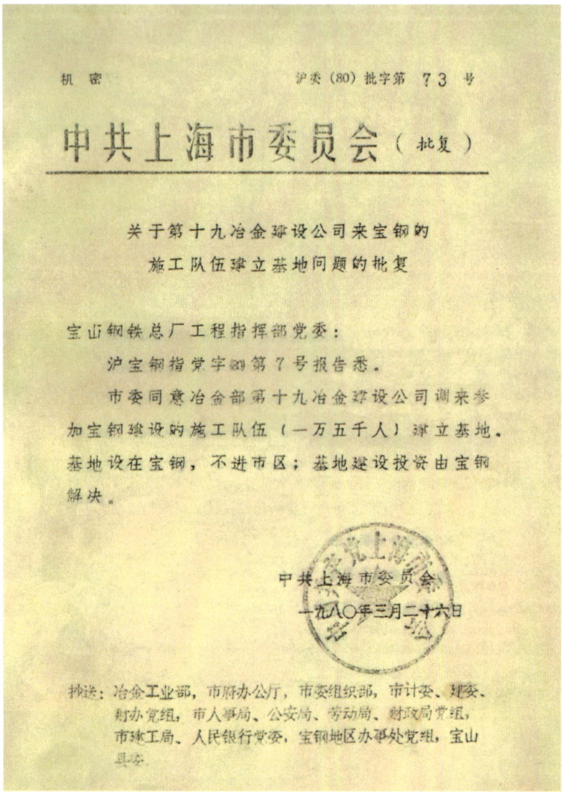

机密　　沪委（80）批字第 73 号

中共上海市委员会（批复）

关于第十九冶金建设公司来宝钢的施工队伍建立基地问题的批复

宝山钢铁总厂工程指挥部党委：

沪宝钢指党字(80)第7号报告悉。

市委同意冶金部第十九冶金建设公司调来参加宝钢建设的施工队伍（一万五千人）建立基地。基地设在宝钢，不进市区；基地建设投资由宝钢解决。

中共上海市委员会

一九八〇年三月二十六日

抄送：冶金工业部，市府办公厅，市委组织部，市计委、建委、财办党组，市人事局、公安局、劳动局、财政局党组，市建工局、人民银行党委，宝钢地区办事处党组，宝山县委

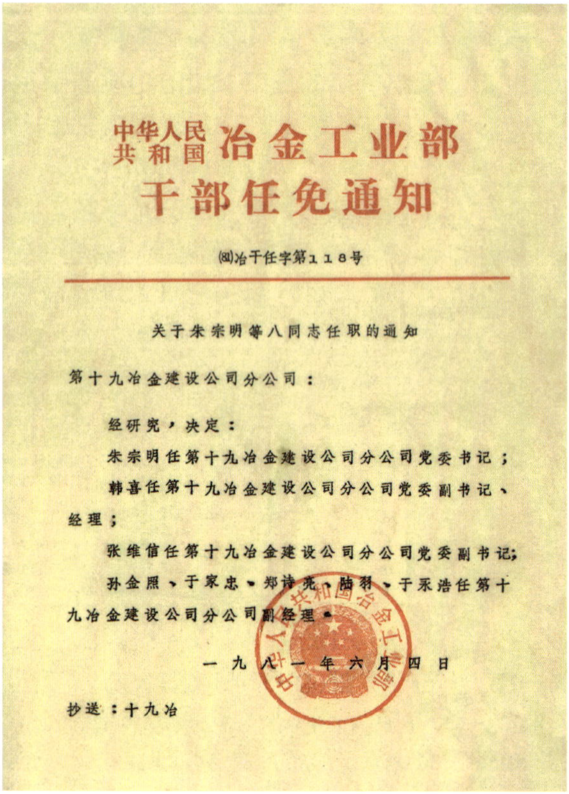

中华人民共和国冶金工业部

干部任免通知

(81)冶干任字第118号

关于朱宗明等八同志任职的通知

第十九冶金建设公司分公司：

经研究，决定：

朱宗明任第十九冶金建设公司分公司党委书记；

韩喜任第十九冶金建设公司分公司党委副书记、经理；

张维信任第十九冶金建设公司分公司党委副书记；

孙金熙、于家忠、郑诗光、陆羽、于承浩任第十九冶金建设公司分公司副经理。

一九八一年六月四日

抄送：十九冶

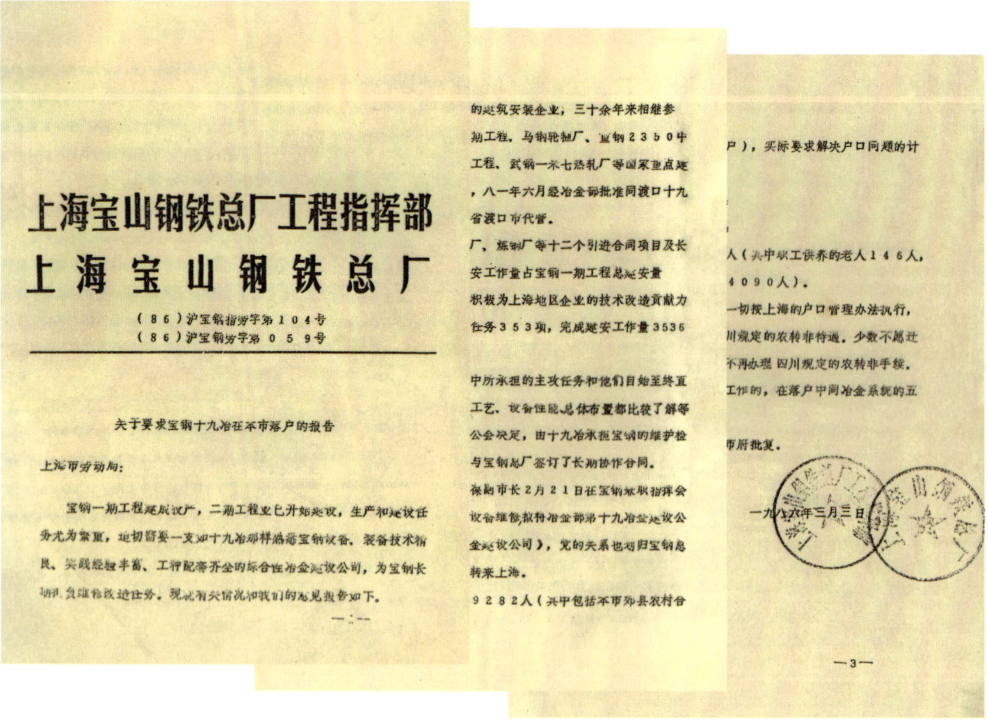

上海宝山钢铁总厂工程指挥部

上海宝山钢铁总厂

（86）沪宝钢指劳字第104号

（86）沪宝钢劳字第059号

关于要求宝钢十九冶在本市落户的报告

上海市劳动局：

宝钢一期工程建成投产，二期工程业已开始建设，生产和建设任务尤为繁重，迫切需要一支如十九冶那样熟悉宝钢设备、装备技术精良、实践经验丰富、工种配套齐全的综合性冶金建设公司，为宝钢长期承担维修改造任务。现就有关情况和我们的意见报告如下。

—1—

的建筑安装企业，三十余年来相继参

期工程、马钢轮轴厂、宣钢2350中

工程、武钢一米七热轧厂等国家重点建

，八一年六月经冶金部批准同渡口十九

省渡口市代管。

厂、炼钢厂等十二个引进合同项目及长

安工作量占宝钢一期工程总建安量

积极为上海地区企业的技术改造贡献力

任务353项，完成建安工作量3536

中所承担的主攻任务和他们自始至终直

工艺、设备性能总体布置都比较了解等

公会决定，由十九冶承担宝钢的维护检

与宝钢总厂签订了长期协作合同。

俣副市长2月21日在宝钢观职指挥会

设备维修拟将冶金部第十九冶金建设公

金建设公司），党的关系也划归宝钢总

转来上海。

9282人（其中包括本市郊县农村台

户），实际要求解决户口问题的计

人（其中职工供养的老人146人，

4090人）。

一切按上海的户口管理办法执行，

川规定的农转非待遇。少数不愿迁

不再办理四川规定的农转非手续。

工作的，在落户中同冶金系统的五

市府批复。

一九八六年三月三日

—3—

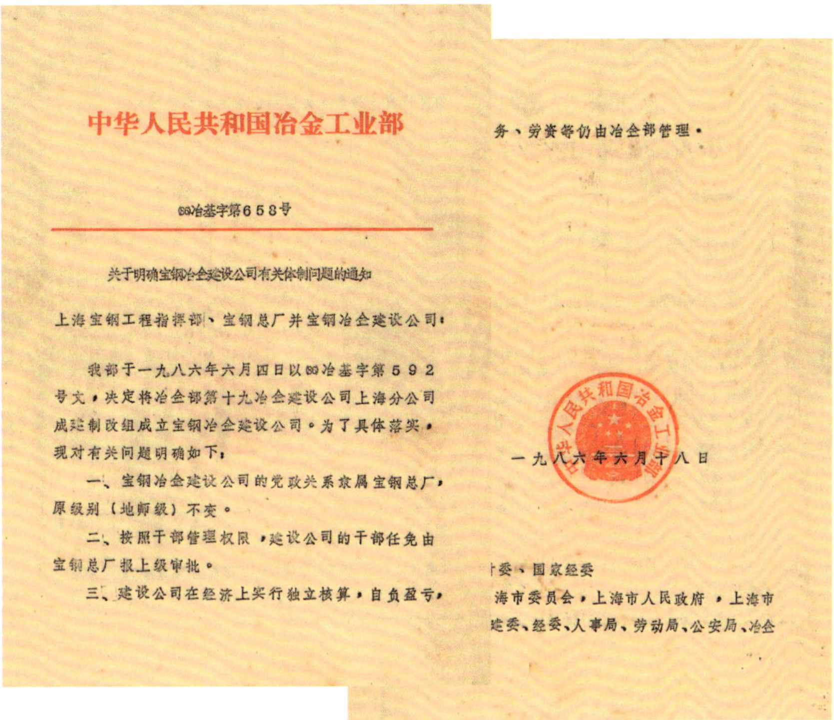
中华人民共和国冶金工业部

(86)冶基字第658号

关于明确宝钢冶金建设公司有关体制问题的通知

上海宝钢工程指挥部、宝钢总厂并宝钢冶金建设公司：

我部于一九八六年六月四日以(86)冶基字第592号文，决定将冶金部第十九冶金建设公司上海分公司成建制改组成立宝钢冶金建设公司。为了具体落实，现对有关问题明确如下：

一、宝钢冶金建设公司的党政关系隶属宝钢总厂，原级别（地师级）不变。

二、按照干部管理权限，建设公司的干部任免由宝钢总厂报上级审批。

三、建设公司在经济上实行独立核算，自负盈亏，

务、劳资等仍由冶金部管理。

一九八六年六月十八日

计委、国家经委

海市委员会，上海市人民政府，上海市

建委、经委、人事局、劳动局、公安局、冶金

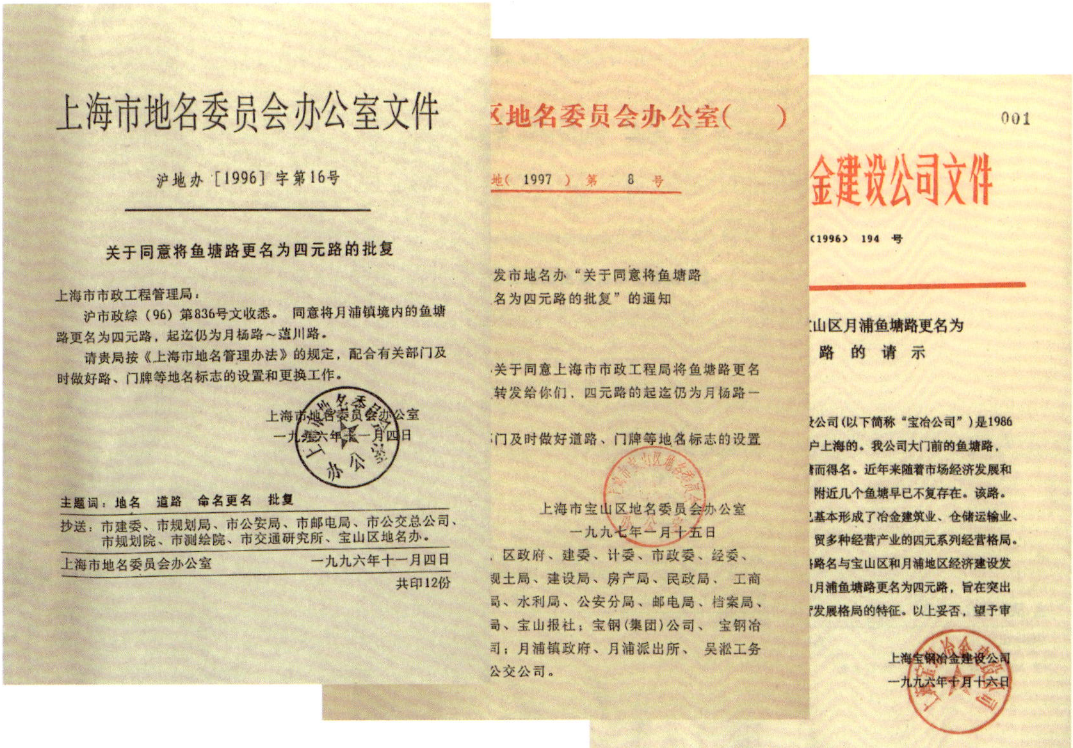
上海市地名委员会办公室文件

沪地办［1996］字第16号

关于同意将鱼塘路更名为四元路的批复

上海市市政工程管理局：

沪市政综（96）第836号文收悉。同意将月浦镇境内的鱼塘路更名为四元路，起迄仍为月杨路～蕰川路。

请贵局按《上海市地名管理办法》的规定，配合有关部门及时做好路、门牌等地名标志的设置和更换工作。

上海市地名委员会办公室
一九九六年十一月四日

主题词：地名　道路　命名更名　批复

抄送：市建委、市规划局、市公安局、市邮电局、市公交总公司、市规划院、市测绘院、市交通研究所、宝山区地名办。

上海市地名委员会办公室　　一九九六年十一月四日

共印12份

区地名委员会办公室(　　)

地（1997）第 8 号

发市地名办“关于同意将鱼塘路名为四元路的批复”的通知

关于同意上海市市政工程局将鱼塘路更名转发给你们，四元路的起迄仍为月杨路一

门及时做好道路、门牌等地名标志的设置

上海市宝山区地名委员会办公室
一九九七年一月十五日

区政府、建委、计委、市政委、经委、规土局、建设局、房产局、民政局、工商局、水利局、公安分局、邮电局、档案局、局、宝山报社；宝钢(集团)公司、宝钢冶司；月浦镇政府、月浦派出所、吴淞工务公交公司。

001

金建设公司文件

（1996）194 号

山区月浦鱼塘路更名为
路 的 请 示

公司(以下简称“宝冶公司”)是1986
户上海的。我公司大门前的鱼塘路，
而得名。近年来随着市场经济发展和
附近几个鱼塘早已不复存在。该路。
基本形成了冶金建筑业、仓储运输业、
贸多种经营产业的四元系列经营格局。
路名与宝山区和月浦地区经济建设发
月浦鱼塘路更名为四元路，旨在突出
发展格局的特征。以上妥否，望予审

上海宝钢冶金建设公司
一九九六年十月十六日

# 中国冶金建设集团公司文件

中冶集企[2003]5号

## 关于成立上海宝冶建设有限公司的批复

上海宝钢冶金建设公司：

你公司“关于成立上海宝冶建设有限公司的请示”（宝冶发〔2003〕7号）收悉，经集团公司研究，批复如下：

一、根据中冶集企〔2002〕58号文关于对“上海宝钢冶金建设公司改制方案的请示”的批复，同意你公司分立组建上海宝冶建设有限公司（简称宝冶建设），宝冶建设由中冶集团公司控股，同时吸收社会股东参与投资，注册资本3.6亿元，其中：中国冶金建设集团公司1.836亿元；华宝信托投资有限责任公司1.638亿元；中冶集团建筑研究总院360万元；山西省海鑫钢铁有限公司360万元；上海宝恒物流经济发展有限公司360万元；北京中冶和坤防腐工程有限责任公司180万元。

二、宝冶建设以施工总承包为核心主业，以宝钢发展为依托，逐步实现与国际行业接轨，积极开拓国内外工程承包市场，提升市场竞争能力，充分发挥冶炼工程总承包特级资质企业的技术装备、赢利能力和

宝冶建设做强做大，为股东提供满意的回报。

批复。

2003年1月16日

公司　批复

司领导

企划改革部印发　　共印15份

欣　　校对：曹小军

# 中国冶金科工股份有限公司文件

中冶发规[2010]18号

## 关于变更企业名称的批复

上海宝冶建设有限公司：

你公司《关于上海宝冶建设有限公司更名的请示》（宝冶建设发【2010】5号）收悉。根据股份公司整体战略部署，经研究，同意你公司将企业名称由“上海宝冶建设有限公司”变更为“上海宝冶集团有限公司”。

请你公司按照国家有关规定，规范办理名称变更手续。

二〇一〇年一月二十五日

主题词：战略规划　子公司　更名　批复

中国冶金科工股份有限公司办公厅　　2010年1月25日印发

录入：田　欣　　校对：晋　强

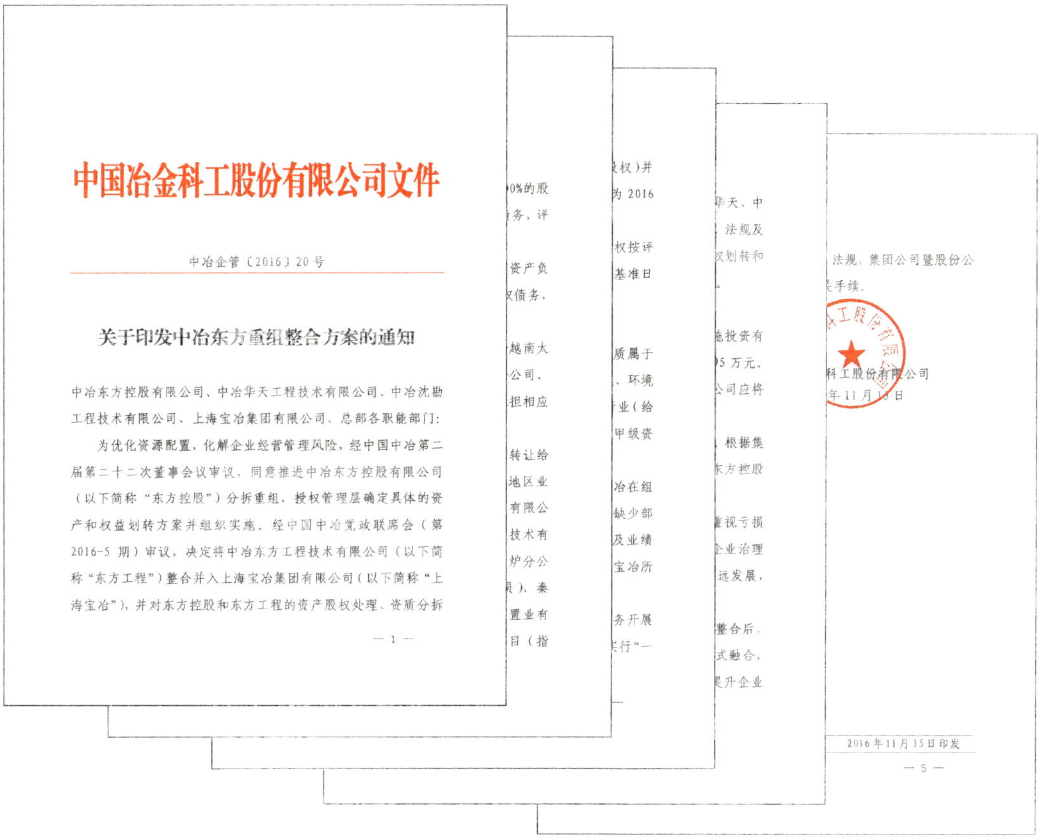

# 中国冶金科工股份有限公司文件

中冶企管〔2016〕20号

## 关于印发中冶东方重组整合方案的通知

中冶东方控股有限公司、中冶华天工程技术有限公司、中冶沈勘工程技术有限公司、上海宝冶集团有限公司、总部各职能部门：

为优化资源配置，化解企业经营管理风险，经中国中冶第二届第二十二次董事会议审议，同意推进中冶东方控股有限公司（以下简称“东方控股”）分拆重组，授权管理层确定具体的资产和权益划转方案并组织实施。经中国中冶党政联席会（第2016-5期）审议，决定将中冶东方工程技术有限公司（以下简称“东方工程”）整合并入上海宝冶集团有限公司（以下简称“上海宝冶”），并对东方控股和东方工程的资产股权处理、资质分析

— 1 —

中国冶金科工股份有限公司

2016年11月15日

2016年11月15日印发

— 5 —

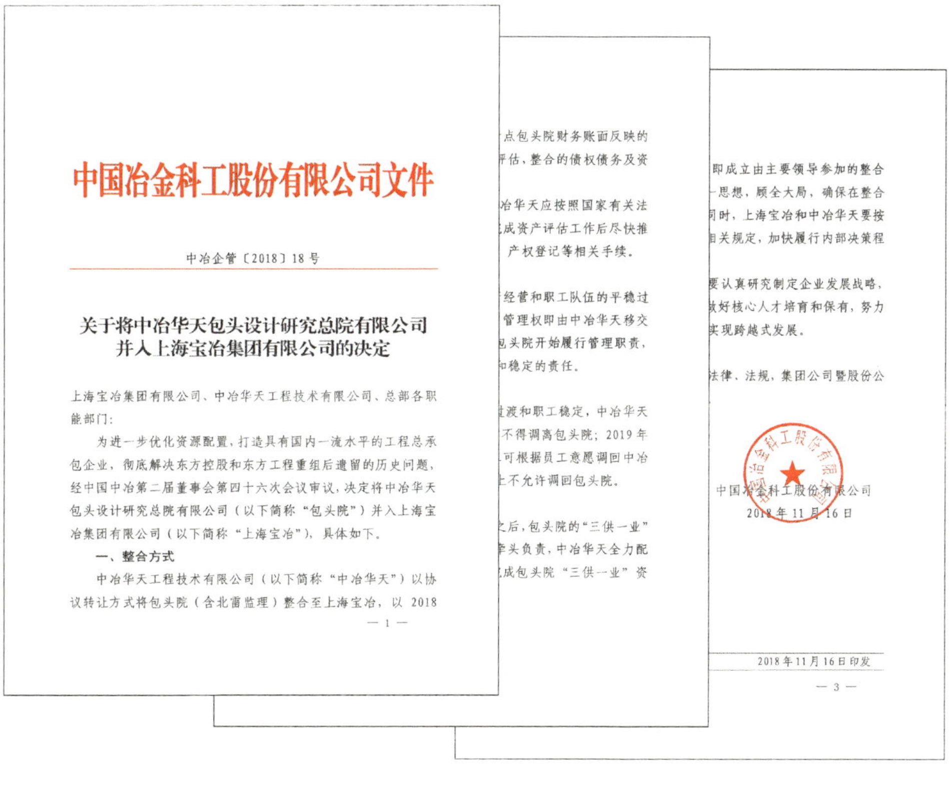

# 中国冶金科工股份有限公司文件

中冶企管〔2018〕18号

## 关于将中冶华天包头设计研究总院有限公司并入上海宝冶集团有限公司的决定

上海宝冶集团有限公司、中冶华天工程技术有限公司、总部各职能部门：

为进一步优化资源配置，打造具有国内一流水平的工程总承包企业，彻底解决东方控股和东方工程重组后遗留的历史问题，经中国中冶第二届董事会第四十六次会议审议，决定将中冶华天包头设计研究总院有限公司（以下简称“包头院”）并入上海宝冶集团有限公司（以下简称“上海宝冶”），具体如下。

**一、整合方式**

中冶华天工程技术有限公司（以下简称“中冶华天”）以协议转让方式将包头院（含北雷监理）整合至上海宝冶，以2018

— 1 —

中国冶金科工股份有限公司

2018年11月16日

2018年11月16日印发

— 3 —

## 关于上海宝钢冶金建设公司实行经理负责制的批复

[中华人民共和国冶金工业部]

(87)冶基字第1161号　　　　1987年11月14日

中共上海宝钢冶金建设公司委员会、上海宝钢冶金建设公司：

你公司《关于上海宝钢冶金建设公司实行经理负责制的申请报告》收悉。经研究，同意你公司从一九八八年元月起实行经理负责制，经理任期五年。请制定经理任期责任目标报宝钢工程指挥部审核后报部审批。

望你公司认真贯彻执行全民所有制工业企业三个条例，切实提高各级领导干部和广大职工对经理负责制的认识，进一步完善经理、党委、职工代表大会工作条例实施细则，并在实行中注意总结经验，不断提高；紧紧围绕生产经营这个中心，按照分工，努力完成各自职责范围内的工作；充分调动各个方面的积极性，同心协力，认真学习推广"鲁布革"经验，搞好内部经营机制改革，提高经营管理水平，不断增强企业活力；坚持改革开放，自力更生，艰苦创业，在两个文明建设中取得更大成绩。

## 上海宝钢冶金建设公司首届职代会关于民主评议干部的办法(节录)

[上海宝钢冶金建设公司首届职工代表大会审议通过]

1987年8月27日

为了搞好民主评议干部工作，根据中共中央、国务院颁布的《全民所有制工业企业职工代表大会条例》中"企业在实行厂长负责制的同时，必须建立和健全职工代表大会制度和其他民主管理制度，保障和发挥工会组织和职工代表在审议企业重大决策、监督行政领导、维护职工合法权益等方面的权力和作用"的规定，结合我公司具体情况，特制定本办法。

**一、民主评议干部的指导思想**

民主评议监督干部，就是把党的干部政策和新时期党对干部的要求交给群众，通过对干部进行群众性的评议，达到密切干群关系，促进党风根本好转，调动干部、群众两方面的积极性，共同办好社会主义企业，同心同德干好宝钢二期工程的目的。

**二、民主评议干部的原则**

为保证民主评议监督干部达到预期目的，要求在民主评议干部过程中，注意掌握以下原则：

1. 坚持"团结—批评—团结"的原则。
2. 坚持"一分为二"的原则。
3. 坚持实事求是的原则。
4. 坚持看主流、抓大节、不纠缠枝节问题的原则。
5. 坚持表扬与批评相结合的原则。

**三、民主评议干部的对象、方法和分工**

民主评议的对象，主要是评议企业的行政领导干部。

民主评议干部一般可采取以下五种方法：1. 背靠背的评议；2. 书面评议；3. 个别征求意见；4. 自我评议；5. 投信任票。

评议干部的分工：副处级以上干部，由公司工会委员会组织，工程公司（处）工会委员会负责评议本单位科级干部。

在时间上，一般一年评议一次。

……

**六、检查验收民主评议干部工作的标准**

民主评议干部工作搞得好不好，主要看是否调动了干部和群众积极性。密切了干群关系，促进了生产的发展，提高了企业的经济效益，具体有以下五条标准：

1. 民主评议干部组织机构健全；民主评议干部中党、政、工三方面互相支持，协同工作。

2. 职工代表对民主评议干部的意义和作用有比较明确的认识：参加民主评议干部的人数是否达到应参加人数的90%以上，群众发动面是否超过应参加人数的80%。

3. 干部对民主评议干部是否有比较明确的认识，能否正确对待群众批评；有没有“顶牛”现象，有没有“穿小鞋”、打击报复行为；民主评议提出的主要问题是否制订了整改规划。

4. 是否根据民主评议意见，恰当地对干部进行了奖惩：对确实不称职或有严重错误的干部提出降职免职等建议，对表现突出有特殊贡献的干部提出提职、晋级建议。

5. 是否调动了绝大多数干部和职工积极性，党风、厂风是否有明显好转，经济效益有明显提高。

本办法修改解释权属于宝冶职工代表大会干部评议委员会，本办法如与上级有关规定相抵触，以上级规定为准。

本办法自宝冶首届职代会讨论通过之日起执行。

## 关于建立经理例会制度的通知

［上海宝钢冶金建设公司办公室］

宝冶办发〔1992〕32号　　　　1992年10月13日

各二级单位、直属处室、机关处室：

为了适应深化改革、扩大开放，转换企业经营机制的新形势，适应宝钢三期工程建设和完善四元产业结构，加快四个转变的需要，加强对生产经营工作的研究与交流和行政指挥系统的信息沟通，以进一步提高领导经营决策水平和管理水平，经公司研究决定建立经理例会制度。

经理例会的主要内容是：

1. 传达贯彻冶金部、上海市、宝钢集团、总厂和指挥部等上级文件和重要会议精神。

2. 通报宝冶近期主要大事和生产经营情况。

3. 各二级单位和行政处室互相通报本单位的重要事情，向公司反映生产经营中的重大问题。

4. 各单位互相交流生产经营管理工作的好做法、好经验。

5. 研究一些重要事项和重大的共性问题。

6. 听取和讨论生产经营管理中的重大方案及规划、重要规章制度等的建议和意见。

7. 研究讨论其他一些重大事宜。

经理例会由公司经理主持，公司行政领导和各工程公司经理、直属处室和机关行政处室处长参加。经理例会每月一次，由经理办公室通知。

# 关于开展向高孝铉学习活动的决定(节录)

[中共上海宝钢冶金建设公司委员会]

2000 年 4 月 25 日

上海宝钢冶金建设公司副总经理高孝铉于 1999 年元月兼任上海宝钢冶金建设公司厦门国际会展中心工程总指挥、党工委书记,代表公司协调、组织总包项目管理。以高孝铉为首的宝冶厦门国际会展中心项目部,在厦门市各级领导和业主、监理、设计等各方面的大力支持下,克服一系列困难,带领总包项目部和参建单位数千人日夜奋战,科学管理,精心指挥,精心组织,精心施工,工程雄姿已凸显,工作得到各方面充分肯定。高孝铉尽管年过花甲,在工期紧、任务重、要求高,公司最需要的时刻,服从组织安排,毅然亲临施工一线,坐镇指挥,运筹帷幄,统一思想,坚定信心,鼓舞士气,精心管理,协调各方,吃苦在前,日夜操劳,为厦门国际会展中心工程建设作出了重大贡献。为此,高孝铉获 1999 年度宝冶标兵称号。为弘扬高孝铉同志爱岗敬业,为宝冶生存发展勤恳工作的奉献精神,公司党委研究决定:在全公司范围内广泛开展向高孝铉学习的活动。

向高孝铉学习,主要学习他:

一、积极探索、开拓创新的精神。厦门国际会展中心是宝冶总承包承建的第一个大型标志性公共建筑,是宝冶的信誉工程、窗口工程和效益工程。高孝铉兼任项目总指挥伊始,首先从转变观念着手,带领有关人员,主动拜访业主,积极与地方建委、质监站、安检站、劳力站等部门联系沟通,疏通外部关系,适应市场变化,克服前期工程合同谈判一波三折、开工办证手续烦琐、材料设备定(询)价周期长、设计变更频繁、总包管理协调难度大等一系列困难,特别是经历了厦门市 40 多年未遇的 1999 年 14 号强台风袭击的特大自然灾害的严峻考验,使工程稳步推进,创造了良好的施工业绩,得到了业主和厦门人民的认可和肯定。在项目总包管理上,以抓总包管理体系的建立、定制度、定目标为基础,以强化过程控制为手段,加强合同管理和质量控制,不断探索丰富总包管理方式和方法,为宝冶走总承包管理模式的发展之路积累了经验,奠定了基础。

二、严于管理、努力增效的精神。为提高工程项目的经济效益,高孝铉在厦门国际会展中心工程项目上推行真正的项目管理,建立起比较科学高效的项目管理模式。通过严格对分包合同的管理、材料供应的管理、质量安全的管理和加强对施工网络进度的控制,控制各项不必要的支出,降低工程成本。同时还十分重视应用施工新技术、新工艺,使工程主体地下室大体积混凝土浇捣、劲性柱混凝土浇捣以及装饰性清水混凝土样板浇捣三大质量控制难点取得突破,不仅工程优良,而且大大降低工程成本,仅采取大体积防渗漏技术,取消原设计的抗裂缝的钢纤维膨胀剂一项,节省工程费用 500 万元。……

三、爱岗敬业、热爱宝冶的精神。高孝铉尽管年过花甲,却很少考虑个人利益得失,一切以宝冶的利益为重,服从组织安排,毅然担负起工程总指挥这一挑战性的工作。并且对工作兢兢业业,任劳任怨,埋头实干,一心扑在工作上,心系工程,情系工程,真正做到了干一行、爱一行、专一行。

四、艰苦奋斗、勇于奉献的精神。高孝铉虽居公司副总经理和厦门国际会展中心工程项目指挥,却始终能保持艰苦奋斗的优良作风。在工作中不辞辛苦,深入实际,深入工地,不论是刮风下雨,还是寒冬酷暑;不论是在高空,还是在地下室,在工地的每个角落都留下了他的身影和足迹,随时随地掌握工程施工中的第一手资料,摸清工程中存在的问题和难点,及时协调,及时攻关,及时解决。在生活上跟工地广大职工同吃同住,和群众打成一片,从不搞特殊化,只讲奉献,不讲索取。

五、坚持两手抓、顾全大局的工作方法。高孝铉在抓好工程项目的施工生产过程中，十分重视项目部员工的思想政治工作和队伍建设，将思想政治工作贯穿于施工生产之中。他经常深入群众，深入工地，给员工讲形势、讲任务，组织员工学习法律知识、市场知识和工程技术知识，不仅创造了优良的施工业绩，而且使员工的思想政治素质和业务水平得到了提高。……

开展向高孝铉学习的活动，在社会主义市场经济条件下加快公司的改革和发展有着十分重要的现实意义。在公司千方百计加大市场开拓力度，努力落实全年经营任务中，迫切需要一大批像高孝铉那样转变观念、开拓进取、一心为公、无私奉献、心怀全局的领导干部，迫切需要一大批勤奋敬业、忘我工作、艰苦奋斗的高素质员工。经公司党委研究，决定在全公司中广泛开展向高孝铉学习的活动。要求公司各级领导干部要带头向高孝铉学习，学习他服从安排，勇挑重担，开拓进取，严格管理，团结带领职工挑战困难，为公司发展尽心尽力的精神。各级党组织要把向高孝铉学习活动同党内开展"创先争优"活动结合起来，组织党员认真向高孝铉学习，争做优秀共产党员，在公司改革和生产经营等各项工作中充分发挥先锋模范作用。……

## 上海宝钢冶金建设公司改制实施方案(节录)

［上海宝钢冶金建设公司三届六次职工代表大会审议通过］

2002 年 12 月 30 日

为适应市场经济竞争环境的要求，建立现代企业制度，抓住冶金工业经济结构调整和新一轮基础设施建设高潮的契机，努力拓展企业经营规模，逐步走向海外工程承包市场，提高宝冶公司的核心竞争力。结合中冶集团公司对改制工作的统一部署和要求，特提出《上海宝钢冶金建设公司改制实施方案》。

**一、企业概况**

上海宝钢冶金建设公司的前身是第十九冶金建设公司上海分公司，在承担宝钢工程的建设任务期间，于 1986 年落户上海，改为现名。1998 年，冶金部根据国有资产管理的有关规定，将上海宝钢冶金建设公司的资产委托中冶集团公司统一管理经营，同年，上海宝钢冶金建设公司进入中冶集团。

自公司落户上海以来，公司推行多元产业的经营战略，营业规模由最初的 14 349 万元施工产值，至今已增加为企业总产值 283 473 万元，净资产由 13 800 万元增加到 43 214 万元，员工人数成立之初 18 654 人，减少到目前 8 700 人左右，其中各类专业技术及管理人员 3 015 人。公司具有冶炼工程施工总承包特级、房屋建筑工程施工总承包一级、市政公用工程施工总承包一级、机电安装工程施工总承包一级以及多项专业承包序列资质。

**二、改制目的**

本着培育核心竞争力、主业突出原则，以先分立再回购方式整体改制，使分立后的两个公司均达到主业突出，资产结构合理。同时改制企业吸收其他股东，建立起效益至上的市场运作机制、新型的契约劳动关系，达到管理科学严谨的目的，形成技术密集型、管理密集型工程总承包公司。

**三、改制原则**

（一）确保国有资产保值、增值。

（二）产权清晰，结构合理。

（三）核心主业突出、避免同业竞争。上海宝冶建设有限公司以施工总承包为核心主业。

（四）具有可操作性。根据国家、地方法规以及集团有关规章制度，进行资产重组、人员结构优化。

（五）合法性。改制过程中的各项措施不违反现行国家法律、地方法规。

（六）藉分立解决企业的历史问题，达到有限责任的目的。

**四、改制目标**

（一）以工程施工总承包为核心主业，具备较强的竞争能力。

（二）资产结构合理，中冶集团控股，充分吸收社会参股。

资产负债率下降5%左右；

改制公司对外投资比例≤40%；

中冶集团股权比例≤60%。

（三）主辅分离，两层分离。

（四）社会职能妥善分流，员工合理安排。

（五）确保分立后存续公司持续生存能力。

**五、改制思路及资本设置**

（一）改制思路

中国冶金建设集团作为出资人，将上海宝钢冶金建设公司资产进行重组、人员结构进行优化，首先以分立方式改制。将现在的上海宝钢冶金建设公司改制分立为上海宝冶建设有限公司（简称宝冶建设）和上海宝钢冶金建设公司（简称上海宝冶）两个公司。将从事工程施工总承包和以工程施工承包资源为依托的检修经营业务，从现上海宝钢冶金建设公司分立，同时吸收社会股东参与投资，成立上海宝冶建设有限公司。存续的上海宝冶公司从事协力生产、废钢收购、加工与存储、钢渣处理、货物运输，工程机械、冶金设备、运输车辆维修及冶金机械设备修造，钢渣检验、工程机械液压检测，耐材生产、砌筑，物业管理、房屋置换中介、餐饮服务，国际经济贸易、金属制品加工，劳务作业及多种经营、实业投资等，并兼营建筑工程施工经营承包业务。

……

**七、经营范围**

（一）宝冶建设

1. 工程总承包。

2. 施工总承包：冶炼工程、房屋建筑工程、市政公用工程、机电安装工程、水利水电工程。

3. 专业承包：钢结构工程、地基与基础工程、管道工程、机场场道工程、堤防工程、无损检测、建筑智能化、消防、建筑防水、防腐保温、机电安装、预拌商品混凝土、炉窑、建筑装饰工程、环保、特种专业等。

4. 海外工程承包及工程技术咨询与服务、具备工程资质许可的“四技”服务。

5. 检修协力工程承包、货物运输、特种设备安装维修、锅炉维修、车辆维修、设备维修、废钢收购、加工业务、周转材料、小型机具和机械设备的租赁业务、冶金机械设备修造、物资储运、渣处理加工、冶金设备成套业务、机电设备管理等等。

6. 耐材的生产、砌筑以及螺旋焊管的承揽加工、金属制品制造加工。

7. 工程检测与校准、建筑工程质量检验（含无损检测、桩基检测、建筑材料检化验、基坑测试、土工试验、化学分析、金属及构件检验及焊接工艺试验、评定、房屋质量检验、钢结构、液压、油品质、电气、仪表、气动元件、工业阀门、耐材）；压力容器、起重机械检验、维修；液压设备维修；焊工培训，金属结构件制作、加工、安装；金属喷漆、热处理、化学清洗、粘接；仪器测试、安装、检修；建材、装潢材料（除专项规定）制造、加工、计量器具检测等。

8. 钻孔灌注桩；房屋及构筑物拆除；锅炉、压力管道安装；网架工程的制作安装；高速公路、桥梁、隧道、浮法玻璃工程的建设；建筑工程设计；工程测量。

9. 建设机器人和自动化、机电控制设备的设计研究、制造、销售、租赁；计算机维修、技术开发培训、计算机配件、金属材料、电线电缆、建材销售。

10. 房地产开发与经营。

11. 汽油、柴油、润滑油、石油包装容器零售、批发。

……

**九、内部组织机构设置**

（一）上海宝冶建设有限公司的组织机构设置。

宝冶建设公司职能部门定位为公司经营管理的执行者，各专业分公司体现专业承包、协作经营，形成公司综合的核心竞争优势。

1. 宝冶建设公司职能部门设立行政事务部、企业管理部、计财部、审计部、技术中心、人力资源部、项目管理部、工程承包部和党务部、工会办以及单独设立的会计核算中心共十一个职能部室。宝钢项目部履行宝钢技改、检修工程的项目合同履约、项目实施管理职能。

技术中心是公司的研究开发机构，是公司的技术决策、支持服务、技术监督的管理体系，进一步完善试验检测中心的专业检测体系。

2. 宝冶建设公司设立物资分公司、机械动力公司、特种公司、检修工程公司、机装公司、电装公司、工安公司和建筑分公司八个专业分公司和一个设计研究院，均系公司的分支机构。

各二级公司继续从事其现有经营业务，各公司的经营范围在向工商部门申报时，将按现有营业执照和已获得的资质证书完善后申请。

3. 宝冶建设公司控股子公司采取对外投资方式设立，具有独立法人资格。这些子公司将吸收社会股东参与投资，力争2004年底前推进产权多元化工作，改造为有限责任的公司。

上海宝冶工业炉窑工程公司、上海宝冶商品混凝土公司、上海宝冶工程技术公司、上海同济宝冶建设机器人有限责任公司、上海宝光建筑装潢有限公司、上海宝冶奥达建筑自动化工程公司、上海藻北物资中转储存有限公司、上海宝冶第一加油站和上海宝冶特种压力容器复新厂等成为投资控股和经营控股型公司。

（二）上海宝冶公司内部组织机构的设立。

1. 按照主营业务突出的原则，尽可能注销产业类同的子公司，成立专业化的分公司。

2. 改制过程中各二级单位中成建制的劳务队和建筑工程劳务公司、安装作业劳务公司进一步整合为工程建筑劳务分包作业为主的股份合作制劳务公司和普通劳务公司。

3. 房屋管理分公司从事职工单身宿舍等非生产性房产的物业管理。

4. 上海宝冶公司的经营发展战略，机构设置、管理制度、子公司的专业定位等企业全局的筹划与控制由企划部负责。

5. 上海中冶国际经济贸易有限公司是上海宝冶公司参股的从事国际经济贸易的专业公司。

……

# 二级单位组织架构设置建议方案(节录)

[上海宝冶集团有限公司]

上海宝冶发〔2016〕234 号　　　　2016 年 7 月 3 日

为确保公司战略目标实现,进一步优化二级单位职能管理体系,促进其提升自身运营能力,现提出《二级单位组织架构设置建议方案》。考虑二级单位所涉及的主业及其管理环节差异等因素,方案中组织架构的设置并不包含满足其自身发展所需要的专业性实体单位,只重点说明涉及职能管理体系的组织架构。各二级单位组织架构的设置不要求与总部职能部门一一对应,但必须能满足集团管控方式下相应职能的提升要求。

**一、组织结构设置的原则**

1. 战略引领原则:机构设置和岗位设置以实现集团战略为基本出发点。

2. 责权利对等原则:明确各职能部门的责任、授权、监控、考核、分配机制,使权责分明、激励与约束相统一。

3. 精干高效原则:减少管理层次、优化流程设计,实现灵活高效的组织设计。

4. 分工协同原则:降低由部门机构众多、权利分散而造成的合作壁垒,通过整合归并实现业务协同和区域协同。

5. 不相容职务(岗位)分离原则:对业务流程中所涉及的不相容职务,实施相应的分离措施,形成各司其职、各负其责、相互制约的工作机制。

**二、集团管控体系下二级单位应履行的主要管理职能**

1. 战略管理;全面风险管理与内部控制;企业管理体系建设;资质证照管理;“三合一”管理体系建设;资产管理;信息化管理;市场营销管理;员工管理;人力资源规划;员工培训;薪酬社保管理;员工福利与职业健康管理;文秘;档案管理;总务后勤管理等;

2. 工程管理;项目资源管理;质量管理;特种设备管理;工程技术管理;科技开发与技术创新;安全管理;事故管理;交通安全管理;消防管理;质量管理体系运行与改进;环境管理体系运行与改进;职业健康安全管理体系运行与改进;物资采购管理;物资供应;周转材料管理等;

3. 财务信息管理;成本管理;企业全面预算管理;税务管理;清欠管理;统计管理等;

4. 合同管理;预结算管理;项目成本管理;工程分包招标管理;审计管理;法务管理等;

5. 党群工作;工会;团委;维稳;信访;督查;纪检;宣传等。

**三、二级单位组织架构设置建议方案**

围绕职能管理体系,二级单位组织架构设置应按以下规定进行调整优化:

(一) 二级单位管理职能机构设置数量

二级单位管理职能机构设置时,可根据需要将相近的职能设置在一个部门,但必须符合不相容职务分离原则,并完全覆盖所有的管理职能。

(二) 二级单位管理职能机构定编要求

考虑二级单位的专业类型、营业规模、员工数量、区域分布、管理模式、发展目标等因素,二级单位管理职能机构定编原则上控制在其人员的 15%—25%之间(不含市场营销管理部门的编制),每个二级单位管理职能机构具体定编由企业发展管理部与二级单位共同审定。

……

# 关于加强上海宝冶领导能力建设有关工作的通知

〔上海宝冶集团有限公司党委〕

上海宝冶委发〔2017〕5 号　　2017 年 2 月 17 日

各二级单位党委、党总支、机关党委：

1 月 18 日，中冶集团暨中国中冶 2017 年度工作会议在京召开。中国五矿集团总经理、党组副书记，中冶集团董事长、党委书记，中国中冶董事长国文清同志做了题为《关于中冶集团领导力建设的问题》的重要讲话。在中冶集团由稳步发展步入跨越式发展的关键时期，中冶集团工作会议提出了领导力建设这个关键问题，眼光敏锐、针对性强、切中发展要害，在集团上下引起了巨大反响。

2017 年是中冶集团领导力能力提升年，中冶集团党委日前印发了《关于加强中冶集团领导能力建设有关工作的通知》（中冶集党委组织〔2017〕3 号），要求以子企业总部机关作风整顿为重点，在全系统开展领导力建设大提升工作。为深入贯彻落实通知精神，进一步加强上海宝冶领导力建设，现将有关工作通知如下：

一、请各单位认真组织学习，切实做好会议和讲话精神的贯彻落实。公司党委将组织开展一次关于加强领导力建设的学习及大讨论，组织开展一次关于领导力建设的专题讲座。要求两级领导班子带头深入学习，在准确把握内涵要义、吃透精神实质的基础上，紧紧围绕干部能力提升、干部作风建设、打造宝冶特色的领导力品牌集思广益，群策群力，共同谋划部署各项工作。

二、两级总部机关，要本着精简、高效、服务的原则进行机构设置和人员配置，精简机构、消减冗员，建设权威、高效、服务型总部，加强集团化管控。

三、各单位要把领导能力大提升、抓干部作风建设和管理提升、改革创新、提质增效、开拓市场等各项工作有机结合起来，推动企业发展再上台阶，确保全面圆满完成公司 2017 年各项工作目标，提前 2—3 年全面实现“531”目标，争取“四五”期末新签合同额、营业收入在 2016 年基础上实现“双翻番”，将宝冶发展成“最具产业链竞争优势的建筑企业集团”，快速跻身国内优秀建筑企业第一方阵。以更加优异的成绩助力“四五”战略目标的早日实现，为继续谱写“建设美好中冶”精彩篇章作出新的更大贡献。

公司党委将结合各单位领导班子的年度考核情况以及作风整顿情况开展专项检查。

# 二、重 要 报 道

## 超越自我　创造卓越

——上海宝冶建设有限公司荣获全国“五一劳动奖状”纪实

（原载 2004 年 9 月《施工企业管理》）

上海宝冶建设有限公司是随着国家重点工程建设的发展而成长起来的工程总承包企业。多年来，始终保持全国同行业排头兵企业的位置，建造的工程大都是高、大、难、新的重点工程，从 20 世纪建设大钢铁厂，到新世纪建设大机场、大电子工程、大会展中心、大体育场馆，均反映了中国经济和城市建设发展的历史进程，从而受到了社会的高度关注，并给予了高度评价。近三年来企业总产值和全员劳动生产率平均每年增幅超过 30%，职工人均收入每年平均增幅超过 20%。连续 14 年各项主要经济技术指标在全国同行业名列前茅，多次获得全国优秀施工企业、全国用户满意施工企业、全国质量效益型先进施工企业、全国工程建设质量管理优秀企业等荣誉。2004 年荣获全国五一劳动奖状。

宝冶能够取得这样的成绩，是因为始终把企业的发展作为头等大事来抓，保持全面、协调、可持续的发展，实现了十大突破。

**一、抓体制与机制的建立，实现现代企业制度的新突破**

成功地完成了公司制的改造，构建了现代企业法人治理结构，建立了职工董事、职工监事制度，成立了员工集体股权管理委员会，完成了员工集体合同的签订，企业的法人治理、民主管理工作不断深化。

**二、抓企业信息化建设，实现企业现代化管理新突破**

宝冶根据外部市场的变化和内部加强管理的需要，抓企业的信息化建设，架构起确保企业决策科学周密、营销快速反应、施工高速优质的信息管理平台，并应用于企业各个部门，不断推进了企业现代化管理。2003 年企业信息化建设获全国现代化管理成果一等奖。

**三、抓营销，取得企业产业发展的新突破**

宝冶充分利用企业资金、装备、技术、人才等优势，利用已形成的高炉、炼钢、热轧、钢构、会展中心、体育场馆等品牌优势，企业营销和经营工作一年上一个台阶。其中钢结构产业呈现跨越式发展，钢结构产量近三年由 5 万吨、10 万吨到 15 万吨，跻身全国最大的钢结构制作、安装大企业前列。

**四、抓人力资源结构调整，企业人才高地建设取得突破**

企业通过每年近 8 000 人次的各类教育培训，调整员工的知识结构，使员工适应企业面向市场，适应企业未来发展，适应企业现有岗位。在调整员工知识结构基础上，调整员工构成结构，管理人员、技术技能人员比例增大。在此基础上，企业已初步形成企业管理、项目管理、技术专家、作业能手四大人才高地。现专业技术人员已占员工总数的三分之一以上。

**五、抓综合实力的加强，企业核心竞争力的形成取得突破**

通过不断购置先进的装备，企业已有各类先进的施工机械和门类齐全的先进设备数千台，其装备不仅满足了企业需要，还向社会租赁创效，企业实力大为加强。通过几年来资源的整合、人才的引进培养、机制的建立、设计能力的强化，总承包实力大为增强。通过与设计单位联合，与建筑单位联合，与业主联合，与高校联合，与地方政府联合，优势互补、大小互补、实现共赢，企业开拓市场能力大为加强。

**六、抓以人为本、党的建设、精神文明建设，企业文化工作取得突破**

企业始终把“促进人的全面发展”作为企业发展之源。党建工作、企业文化工作、精神文明建设工作，始终围绕企业发展、围绕人的素质提高、围绕经济中心来开展。并创新思想观念、创新运行模式、创新方式手段，取得了初步效果。宝冶党委荣获中国冶金集团先进党委称号，纪委获上海市先进纪委称号，二级公司先后有一半以上荣获上海市文明单位称号。

**七、抓企业商誉，树企业信誉，扬企业美誉，企业品牌化建设取得突破**

宝冶通过树立强烈的品牌意识，打造“高速度建成、高质量交工”的双高品牌工程，形成创品牌的科技实力，进行深化品牌内涵和外延的市场开拓，实施品牌化发展战略，树立了八大品牌，即高炉品牌、转炉品牌、热轧品牌、会展中心品牌、体育场馆品牌、电子品牌、水力围堤筑坝品牌、钢结构品牌。其中许多品牌代表了先进科技和市场发展方向，有的被中冶集团、财政部列为重点资助和扶持项目。

**八、抓科技生产力的形成，取得科技创新的突破**

宝冶坚持把技术创新作为企业跨越式快速发展的根本途径，确保企业装备、工艺、技术、人才的科技含量，确保形成企业自己的核心产业与技术。宝冶强化和提升了具有技术含金量和市场前景的技术系列，如地基基础工程技术系列、建筑装潢和装饰系列、大型液压自动提升系列、压力容器制作安装系列、江海围堤筑坝系列、特种焊接技术系列、电子自动化控制系列、大型钢结构设计制作安装系列等。企业获得了联合国科技之星、全国科技进步先进企业、全国新技术示范奖等多项科技荣誉。

**九、抓企业经营创效，取得资产重组、资源配置调整改革的突破**

为加强管理、提升水平、增强企业核心竞争能力，宝冶认真论证、果断决策，在资产和产业结构调整、企业资源配置的改革方面迈了五大步。一是将原分散在六个单位的协力生产人员、设备、设施进行整合，成建制转轨，成立公司，归口管理；二是将两个土建公司进行整合，摆脱原来困境，实施优势互补；三是将宝冶三资三产企业进行整合、清理、重组，解决历史遗留问题；四是将五个钢结构厂进行整合，进行统一定位和规划；五是将分散在五个单位、十大类大型工程机械进行资源整合，加强协调和管理，组建工程机械租赁中心。整合后，加强了管理，精干了人员，提高了效益，降低了风险。2003 年，协力生产、土建产值、钢结构安装制作均创历史最高纪录。

**十、抓市场覆盖率、占有率，取得非冶金市场项目开拓的突破**

针对冶金建筑施工市场容量小、风险大的特点，宝冶以变应变，未雨绸缪，抓非冶金市场开拓，获得非冶金市场的资质和业绩，创出非冶金市场的品牌。如获得全国新技术金奖的厦门国际会展中心工程，获得“卢兹杯”“黄山杯”的芜湖奥林匹克体育馆工程等。对非冶金市场的开拓，宝冶已形成重点系列，如会展中心、市政工程、大剧院工程、体育场馆工程、电子工程、造纸工程、水利工程、电力工程等。目前整个企业的非冶金市场项目比例已接近 70%，企业抗风险能力和创效能力大为增强。

“超越自我、追求卓越”，这是宝冶企业精神的精髓，在新的时期面临新的形势，宝冶还将继续超越、创造卓越，取得更加辉煌的发展！

## 历久弥新的精彩 基业长青的辉煌

——上海宝冶集团“前身今世”六十年记(节录)

(原载 2014 年 9 月 17 日《中国冶金建设协会》)

大江东去,惊涛拍岸,长流不息,不知见证了多少英雄奇迹!上海宝冶从 20 世纪不凡的“前身”,到辉煌至今的“今世”,在扬子江、金沙江、长江,宝冶沿着母亲河,以磅礴的气势,纵横驰骋,走遍四方。其精彩历史——岁月如歌;其杰出品牌——美誉如金;其市场转型——搏风击浪;其高端发展——基业长青。宝冶“踏遍青山人未老,风景这边独好”,尽管风风雨雨六十年变迁沿革不断,但无论计划经济,还是市场风云,企业发展长盛不衰,堪称行业的奇迹!

**精彩历史——岁月如歌**

上海宝冶集团有限公司是大型国有控股建筑企业。公司有着悠久的历程、闪光的轨迹、传世的丰功。历史上曾被誉为冶金建设的“排头兵”,南征北战的“野战军”,不穿军装的“解放军”。

1955 年这支队伍建设武钢,开创了百废俱兴新中国钢铁工业建设的先河;几年后在三年经济困难时期又建设了马鞍山轮箍厂,结束了中国土地的火车百年依靠洋轮箍的历史;1965 年建设了攀枝花钢铁厂,开创了中国自主建设大型钢铁基地的新纪元;1974 年又回师武汉,建设了我国第一个从国外引进的大型现代化武钢“一米七”热轧工程;1978 年建设了举世瞩目的宝钢。至今宝冶所建的钢厂数不胜数。

宝冶人创造了中国冶金建设史上的许多奇迹。在宝冶传统主业丰功榜上,宝钢已成为标志和代表。2008 年中央电视台《走遍中国》栏目选取十大题材向世界展示中国改革开放三十年经济发展重大成就,摄制组专程来沪拍摄宝钢建设专题片,在反复酝酿确定脚本过程中,决定以宝冶建造世界最大高炉,又不断以世界一流水平连续创出高炉大修的世界纪录拍专题片。2009 年 4 月 30 日 20 时,中央电视台四套国际频道《走遍中国》栏目向全球首播长达半小时的专题片《高炉传奇》,其历时达半年之久,可谓空前。央视专题片向世界展示永载史册的骄傲,而宝冶建设宝钢 30 年光辉历程得到充分反映。

2009 年 6 月,美国 PBS 电视台与国务院新闻办合作,拍摄六集世博系列片《上海,你准备好了吗?》,建筑行业中选中宝冶为代表进行专题采访,该片通过美国 PBS 电视台向全美 350 多家加盟电视台播出。……

**杰出品牌——美誉如金**

企业的发展短期靠机会,中期靠实力,长期靠品牌。一个长盛不衰的企业必有杰出的品牌。在漫长的岁月中,宝冶经历了许多变化,但“品牌金品质”始终不变。

宝冶制造的不仅仅是建筑产品,而且不断在铸造着企业品牌。宝冶的精品工程在国内和国外“众多如云”,口碑和好评“美誉如金”。在传统冶金企业,宝冶仅在宝钢就获得了四个鲁班奖,冶金工程为中冶科工集团鲁班奖获奖最多。在更广阔的市场,在电子、汽车、水利、环保、能源、化工、造纸等众多领域宝冶同样工程精品业绩骄人。……这集中表现在从 2008 年到现在几年间,每年都有三到五个鲁班奖,宝冶获工程鲁班奖几年间高达 17 个。其中 12 个是民建、公建工程鲁班奖,比冶金工程 5 个高出一倍多。

不仅鲁班奖数量多,而且随着建造许多具有国内国际影响的重大标志性工程,宝冶品牌名扬天下。如宝冶建造获得鲁班奖的 2008 年北京奥运会“鸟巢”工程,被称为世界顶级建筑产品。……在鸟巢钢结构卸载施工中，中共中央总书记胡锦涛来到现场视察，与宝冶员工现场合影。仅2008年2月底3月初，一周之内，国内知名媒体东方广播电台、《解放日报》记者先后专程来到宝冶进行零距离深入采访。北京奥组委网站主办了“2006年度北京奥运十大新闻评选”，鸟巢钢结构完成卸载评选为2006年度十大奥运新闻。而在中国建筑业协会评选十大新闻中“钢结构卸载”又登上榜单。该工程众多美誉集一身，获中国建筑钢结构金奖，中国建筑鲁班奖，新中国成立60周年钢结构金奖十大工程奖。美国《商业周刊》称“鸟巢”为现代十大建筑奇迹之首。……

**转型市场——搏风击浪**

“沧海横流，方显英雄本色”，逆水行舟，更能展现企业的生存能力、竞争能力、发展能力，宝冶就是这样一个逆风飞扬的企业。

随着钢铁产能的过剩，随着国家宏观政策的调整，宝冶的传统主业曾经历市场急剧萎缩，还有全球金融危机的冲击。是消极退缩，还是积极奋进？是守业等待时来运转、东山再起，还是先人一步及早挖掘新的市场经济增长点？宝冶所有的答案是明确的。这就是面向新的挑战，大举向非冶金全市场更广阔领域进军，进行发展质量的转型，发展效益的转型，发展稳健的转型，创造更美好的明天！

为此，宝冶有效地实施了转型发展的五大突破，一是新的行业市场的突破。即冶炼的钢铁厂面临限产调结构，市场大幅萎缩，宝冶就大举进入房屋建设的高层建筑市场，进入大型公建的会展、体育场馆市场等。二是新的区域市场突破。即紧跟国家整个区域规划走，瞄准重要的开发区市场，进入重要的新型工业区域市场。既以重点区域城市的分公司为堡垒打阵地战，实施区域运营新模式，还针对特大工程进行了“大集团”多区域运动战。三是新的战略大客户合作的突破，即与信誉好、实力强的客户、长期合作的客户，形成良好的共进共赢的战略合作关系，有效稳定客户大资源。四是新的产业优势的突破。即推动宝冶优势产业发展。为此，宝冶形成了大规模钢结构设计、制造、安装、检修、检测产业链一条龙，还有宝冶正在迅猛占领市场的、在国内低碳环保先进石灰窑市场形成的EPC总承包全产业链的优势等。五是营销大订单的突破。即充分发挥宝冶的综合实力提高市场运作效率，重点做大和特大工程的订单，支撑宝冶的转型发展。

宝冶转型非钢市场的“五大突破”成效显著，突出表现在宝冶由钢厂建设的主力军，变身为国内大型会展中心场馆建设的主力大户，十多年来建设的场馆会展中心已70多个，成为这一领域数量最多企业之一。2005年十届全运会的南京奥林匹克体育中心，2008年北京奥运会的鸟巢主体育馆等工程，2010年上海世博会的主题馆等工程，2010年广州亚运会自行车馆等工程、深圳大运会主体育馆，还有2014年亚青会、APEC会议等一系列有重大影响标志性工程，其建筑规模大、市场份额多、工程质量优，令业界瞩目。同时，近年来宝冶非冶金项目营业收入比例始终保持在70%以上。大订单的比例也逐年增加，2013年超过5亿元以上的大项目已占全年签约总额的42.35%。

**高端发展——基业长青**

“鲲鹏展翅飞，扶摇九万里”，宝冶在自身发展的历程中，始终以“超越自我，创造卓越”作为其企业文化的精髓，志存高远，不断提升发展层次。

而高端发展也为宝冶在狭路相逢、激烈的市场竞争中，赢得了高端市场客户，筑就了发展的康庄之路。现代化的世界五百强企业大宝钢几十年先后将四座特大高炉建造全部给宝冶。炉龄到限后，又先后将四座高炉大修改造全部给宝冶。而一揽这块市场天下的宝冶又以世界一流的技术水平创造了98天、78天、76天中国和世界的高炉大修行业纪录，谱写了特大高炉高端施工传奇。岂止是主业施工如此，在大型会展中心施工上，厦门会展中心十几年来，一期、二期、三期大型的现代化工程均交付宝冶总包建设，青睐的同样是宝冶在市场上高端实力和水平，这样的例子在宝冶层出不穷。

而对今后的高端市场发展，宝冶确定了"巩固冶金、加速向民建市场转型发展"的战略发展方向，确立了民用高端市场的市场定位；全面进军"高、大、深"的建筑领域("高"——超高层、地标性项目；"大"——大体量、城市综合体的项目；"深"——拥有高技术含量的深基础项目)，逐步退出技术含量低、体量小、经济效益差的低端市场，并主攻市场档次高的项目、有影响力的项目、标志性的项目、高技术含量的项目和有利润空间的项目，以推动企业在更高层次的发展。

……

高端科技也带来高端市场突破，如宝冶在国务院批准的珠海横琴新区开发建设中，首期就总承包总额达40亿元核心区珠海十字门中央商务区工程。这些由国际标准甲级写字楼白金五星级酒店等大型会展、音乐厅、塔楼、大型绸带式建筑等组团式公共建筑群成了珠海和澳门国际经典建筑新地标的"城中城"。层层在推进、步步在登高，高端市场成了宝冶创新发展的新亮点和新方向。

江一般的悠长历史，海一般广阔的胸怀，位于长江入海口的上海宝冶，没有停止发展的脚步，依托母亲河长江，面向浩瀚的大海，正在为实现中国梦，不断续写"历久弥新的精彩，基业长青的辉煌"！

## 紧扣时代脉搏　打造行业品牌　彰显央企实力

——中冶上海宝冶集团转型发展纪实(节录)

(原载2017年6月29日"新华网")

上海宝冶集团有限公司是世界五百强中国中冶旗下核心施工子企业，始建于1954年。60多年来，上海宝冶积极投身国家基础工业领域，为建设现代化钢铁基地贡献了巨大力量。在"三块石头支口锅，帐篷搭在山窝窝"的艰苦条件下，承担并顺利完成了中国第一个自己建设的钢铁基地——武钢的建设；在"文化大革命"时期，建设了攀枝花钢铁基地；1978年来到上海建设宝钢，1986年6月4日落户上海。

凭借多年的积淀、传承和发展，宝冶在从计划经济转向市场经济的过程中，成功实现从冶金建设领域向民建领域的转型，建设足迹遍布全国各地，涉及各行各业。时至今日，上海宝冶以国内领先的建筑全产业链竞争优势，运用新技术，拓展新产业，聚焦大型公建、超高层、市政基础设施、主题公园、综合管廊、智慧城市、美丽乡村、投融资开发等领域，承建了诸多彰显现代建筑文明的标志性工程，成功打造了中冶集团领跑者和"王牌军"品牌，综合实力位列"中国建筑业竞争力百强企业"前20强，企业发展不断焕发勃勃生机。

### 辉煌历史——冶金建设国家队

从1954年成立的第一天起，宝冶就承担了中国第一个自己建设的钢铁基地武钢，其历史使命就决定了其冶金建设国家队的地位。在计划经济和市场经济环境下，宝冶人走南闯北搞建设，大河上下度春秋，人称"四海为家的野战军""不穿军装的解放军"。其足迹遍布长江上、中、下游，走出的是一连串闪光的轨迹，创造的是一系列辉煌。

第一个五年计划时期，宝冶在百废待兴的艰苦条件下，在长江中游湖北武汉青山安营扎寨，建设了武钢，打破了美英认为中国不可能自己建钢厂的预言。在国家三年经济困难时期，宝冶在长江下游的马鞍山艰苦奋战，攻克难关建设了马鞍山轮箍厂，结束了我国从1876年以来一直进口洋轮箍的历史。20世纪60年代"文化大革命"时期，宝冶在长江上游四川金沙江畔攀枝花大黑山下安营扎寨，在"三块石头支口锅，帐篷搭在山窝窝"的艰苦条件下，建设了外国专家认为不可想象的奇迹工程攀枝花钢铁基地。在"文化大革命"后期，宝冶又回师武汉，建设了当时国内最先进、规模最大的武钢"一米七"热轧工程。1978年,冶金部抽调骨干力量承担宝钢工程建设,宝冶又在长江出海口上海宝山安营扎寨,建立了全国注目、世界著名现代化的大宝钢。1986年6月4日,宝冶发展进入崭新阶段,宝钢一期工程建成投产后,经冶金部与上海市人民政府协商同意,宝冶正式落户上海。

宝钢工程建设规模大、新技术多、工期紧,不管是在工程技术上,还是人员的综合素质上,都对施工队伍提出了更高的要求。而宝冶承担的都是重要的主体工程建设项目,如炼铁、炼钢、热轧、冷轧、宽厚板等,宝冶人以高速、优质干工程载誉宝钢工地。尤其是在宝钢特大型高炉的建设和易地大修中,宝冶更是工期一再刷新自身纪录,技术不断创新并创造中国和世界纪录,书写了独属宝冶的"高炉传奇",成为行业的领先者,为国家钢铁事业的发展作出了卓越的贡献。

2013年5月,承担着促进钢铁行业转型升级、珠三角区域结构调整和发展循环经济的重任的宝钢湛江钢铁基地开工建设。宝冶作为中冶集团打造全球最大最强最优冶金建设运营服务"国家队"中的主力军,派出精锐部队挥师湛江,以高效的管理、创新的科技、周密的计划和顽强拼搏的精神,确保了高炉点火投产目标的顺利实现,并创造了"湛江速度",书写了冶金建设新的篇章。

此外,宝冶承建了越南台塑河静钢厂。该项目建成后将成为东南亚乃至世界钢铁建设与运营的标杆和样板工程。正在建设的马来西亚关丹产业园350万吨钢铁项目,更是中国与马来西亚在共建21世纪海上丝绸之路中产能合作的创新和探索,对落实国家"一带一路"倡议来说具有广泛示范效应。

**功勋卓著——基本建设主力军**

1998年,宝冶成为中冶集团的全资子公司。在全球经济一体化的发展浪潮中,宝冶审时度势,以高瞻远瞩的眼光上下求索,在保持冶金建设国家队实力担当的同时砥砺前行,率先进入了从冶金建设市场向其他建筑市场的转型发展期,并于2005年取得房屋建筑施工总承包特级资质,成为中冶集团首家双特级单位,总承包施工的第一个大型标志性公共建筑——厦门国际会展中心一期项目成为宝冶转型发展的里程碑。

近20年间,宝冶以上海为依托,全面参与了全国各地各类关系国计民生的公共及民用建筑、市政、交通、新兴电子、水利、建材、轻工、军工、化工等工程建设,全力拓展非钢市场,逐步扭转工程承包主业高度依附于冶建市场的局面。特别是进沪30年在宝钢建设和上海国际大都市发展建设中,以全新的理念、广阔的视野、创新的精神,以长江般气势的企业发展融入了市场经济的大海。宝冶在继承中创新,在创新中发展,历史的传承和现实的精粹结合在一起,形成了企业发展新的推动力。……

宝冶始终坚持精品工程战略,以质量赢得品牌,以品牌赢得市场,斩获鲁班奖37项,并被授予"创鲁班奖工程特别荣誉企业"和"创鲁班奖工程特殊贡献奖",获得国家、省、部级优秀工程设计奖、发明奖、科技进步奖等奖项近500余项。珠海十字门中央商务区、鄂尔多斯市体育中心体育馆,一座座地标性建筑拔地而起;上海迪士尼、深圳莲塘口岸、上海罗店大型居住社区、深圳前海市政、南京河西医院、香港中文大学、南京金鹰广场,一座座实用性建筑服务民生,打造出兼具技术实力与优质服务的"宝冶品牌"。2015—2017年,宝冶每年获鲁班奖3—4项,且获奖项目全部为民建项目,创造了民建领域鲁班创奖新纪录,充分展现了宝冶向民建领域更广阔大市场、大区域、大客户全面辐射发展转型升级所取得的骄人业绩。

……

**合创共赢——新兴产业领跑者**

得益于超前的战略眼光和成功的转型升级,宝冶始终保持快速稳健发展,即便面临国内钢铁行业深度调整的"冰河期"和国内经济新常态的挑战,宝冶各项经济指标以每年两位数的速度逆势攀升。到2015年公司“三五”规划期末,宝冶全面超额完成既定奋斗目标,各项经营指标都达到历史新高,企业实力和企业形象进一步增强。

2016年,宝冶以“一天也不耽误,一天也不懈怠”朴实厚重的中冶精神,吹响了向公司“四五”规划新征程迈进的冲锋号。宝冶发布了《企业文化手册》和《“四五”战略发展规划》,在底蕴深厚的“合创之道”文化理念和科学明晰的发展战略的引领下,宝冶以崭新的姿态、全新的面貌,优化顶层设计,打造总承包—专业承包—资源配套三类公司协同发展的新格局;调整完善管理职责,理顺业务流程,简政放权,提高工作效能;完成冶金、安装、钢构、房地产等资源整合,凸显公司在专业领域的核心技术能力和综合竞争优势。2016年11月,宝冶与中冶东方实施战略整合,宝冶在全国率先实现了冶金建设领域EPC全产业链贯通,具备国际领先的竞争优势。

宝冶紧跟国家“十三五”规划,践行“诚信、笃行、创新、共赢”的核心价值观,聚焦“一带一路”“新型城镇化”“京津冀一体化”“五大城市群”等目标市场,在高端民建、新能源建设、城市地下综合管廊、海绵城市、美丽乡村、智慧城市、主题乐园等领域持续发力,收获了国内最大的室内主题乐园南京龙之谷、贵阳地铁2号线、长春龙翔国际商务中心、郑州市中心城区地下综合管廊项目、贵阳龙洞堡国际机场三期工程、浦东国际机场三期工程、贵州“村村通”项目、国家存储器基地项目、中芯国际电子项目、贵州关岭新铺光伏电站项目等一大批重点工程。宝冶还积极探索业务新模式,做好与地方政府的对接,先后与遵义市、贵阳市、铜仁市、许昌市、濮阳市、禹州市、三门峡市、来宾市、黄冈市人民政府签订了战略框架协议,并促成了多个项目的落地,宝冶跨上了转型升级、转档提速的发展新台阶。

……

2017年是上海宝冶深入实施公司“四五”规划,实现企业跨越式发展的关键一年。在“建精品工程,铸长青基业”的使命感召下,以白小虎为董事长、党委书记的宝冶领导班子,正以更大的勇气、智慧和魄力,团结和带领广大员工,通过“四型总部机关”服务公司战略发展,以“平台建设年”为起点,聚焦“集团化管控年—标准化管理年—跨越式发展年”这一主线,围绕发展大局,搭建好市场营销、项目管理、集团化管控、创新发展四个平台建设,打造EPC全产业链竞争优势,朝着成为“打造全产业链、全生命周期的工程服务商,成为最具产业链竞争优势的建筑企业集团”的美好愿景再攀高峰,再谱新篇,开创更加美好的新未来。

## 上海宝冶:一个因改革开放而生的企业(节录)

(原载2018年11月22日“上海新闻网”)

上海宝冶亲历见证了中国改革开放以来发生的巨大变化,并始终伴随着城市经济建设的发展而壮大。

40年激荡历程,不断涌现的新榜样与持续迸发的新力量,推动着改革征程的破浪前行。中国改革开放,也是宝冶践行使命担当的40年,伴随着新中国崛起而不断发展壮大的上海宝冶,因改革开放而生,也因改革开放而兴,从追赶时代到引领行业,宝冶人走出了一条跨越发展之路;从传统建造到多元化经营,宝冶人走出了一条开放发展之路;从传统优势到转型升级,宝冶人走出了一条创新发展之路。

### 勇立时代潮头　回眸忆改革巨变

上海宝冶,是中国钢铁工业的开拓者和主力军。这支见证了共和国冶金建设一个又一个奇迹,成为引领中国钢铁工业加快转型升级、由钢铁大国迈向钢铁强国的“冶金建设国家队”的主力军,锻造成为国家基本建设的主导力量和新兴产业的领跑者。

钢铁雄师哪里来？1978年乘着国家改革开放的春风，1.8万建设大军从武汉挥师南下，来到上海建设当时全国瞩目、开启中国钢铁现代化序幕的宝钢，同时深度参与了上海早期城市建设，并于1986年6月4日正式落户上海。宝钢是新中国成立以来投资规模最大的钢铁项目，是1949年以来钢铁工业乃至全国建设工程中投资最多、技术最新、难度最大的一个工程项目，举世瞩目。经过近13个年头的建设，到1991年6月，宝钢一二期工程建成投产。宝冶人不仅为国家献出了一个年产671万吨钢的大型化、连续化、自动化的冶炼、轧钢现代化的大型钢铁联合企业，而且通过引进、消化吸收国外先进管理技术、工艺技术、装备技术、生产技术，中国具备了大型钢铁联合项目的规划和自主集成能力，由技术引进走向自主集成。并带动了施工企业在管理、技术、装备等各方面的跨越式发展。建设宝钢40年，历史证明了宝冶人不辱中国钢铁振兴的使命；服务上海40年，历史注定了宝冶人将承担起特殊的使命。进入"十三五"时期，站上新时代改革创新的舞台，宝冶开辟转型升级的新路径，制定出"一流的最具产业链竞争优势的全生命周期工程服务商"发展战略。

上海宝冶党委书记、董事长白小虎多次提到，进入宝冶"四五"高速发展期，宝冶在项目管理、绿色工地、智慧工地方面都取得了突出的成绩，通过和中冶东方的战略整合，更是在全国率先实现了冶金工程全产业链贯通。从投资、研发、设计—采购、制作、施工到运营、维保，从上游到下游，提供全流程一体的服务。先后承担了河北纵横集团丰南钢铁有限公司轧钢热轧、山钢集团日照钢铁精品基地项目等冶金项目的建设，捍卫冶金建设"国家队"地位，在巩固传统冶金市场的同时，充分激发EPC全产业链的内生动力，在EPC领域实现突破，通过联合经营安钢原料场总承包项目及脱硫脱硝项目、郑州中原区开发、布咔智能化停车场、濮阳供热EPC总承包项目等一批重点项目，EPC全产业链竞争优势初步显现，得到业主的高度评价和行业内的广泛关注。

……

**紧扣时代脉搏　蝶变呈发展新颜**

宝冶正是伴随着企业的改革发展一路走来，一路发展壮大的。40年间，无数个宝冶"质造"是匠心的承诺，也是宝冶人走上世界建筑大舞台、跃上发展快车道的隆重"奠基礼"。

在全球经济一体化的发展浪潮中，宝冶审时度势，以高瞻远瞩的眼光上下求索，在保持冶金建设国家队实力担当的同时砥砺前行，率先进入从冶金建设市场向其他建筑市场的转型发展期，并于2005年取得房屋建筑施工总承包特级资质，成为中冶集团首家双特级单位，宝冶人还着眼未来，锐意改革，不断超越自我，以总承包施工的第一个大型标志性公共建筑——厦门国际会展中心一期项目拉开向大型公建、民建市场转型的大幕，实现了从冶金建设向市政民建领域的华丽转身。

凭借多年的积淀、传承和发展，宝冶在从计划经济转向市场经济的过程中，成功实现从冶金建设领域向民建领域的转型，建设足迹遍布全国各地，涉及各行各业。2000年以来公司在大型公建市场取得了一系列重大突破，全运会、奥运会、世博会、大运会、亚运会等大型场馆建设使宝冶为全社会所关注。时至今日，宝冶以国内领先的建筑全产业链竞争优势，运用新技术，拓展新产业，聚焦大型公建、超高层、市政基础设施、主题公园、综合管廊、智慧城市、美丽乡村、投融资开发等领域，承建了诸多彰显现代建筑文明的标志性工程，成功打造中冶集团领跑者和"王牌军"品牌，综合实力位列"中国建筑业竞争力百强企业"前20强，企业发展不断焕发勃勃生机。

……

2018年，宝冶聚焦"一带一路""新型城镇化""京津冀一体化""五大城市群"等目标市场，在高端民建、新能源建设、城市地下综合管廊、海绵城市、美丽乡村、智慧城市、主题乐园等领域持续发力，收获了2022冬奥会雪车雪橇中心、全球最大环球影城——北京环球、国内最大的室内主题乐园——南京龙之谷、贵阳地铁2号线、长春龙翔国际商务中心、吴淞邮轮码头、贵州“村村通”项目、中芯国际、广州富士康电子项目等一大批重点“明星工程”，吸引了无数的目光，这些有着巨大影响力的建设项目，就是宝冶现在最重要的产品，也是宝冶品牌的体现。宝冶人用实际行动诠释了“超越自我，敢为人先”的企业精神，在国家城市经济建设中创造了辉煌的成绩，也因此跨上了转型升级、转档提速的发展新台阶，书写新时代改革开放建筑行业新篇章。

作为全球顶级盛会专业服务商，用高质量、高效率为2018年中国首届国际进博会的召开全面保驾护航。从进博会上海浦东机场专用机坪到进博会主场馆(国家会展中心)，从进博会周边美丽街道建设到市容景观提升，充分发挥全生命周期工程服务商的优势，筑新时代“上海服务”。

作为具有60多年深厚历史底蕴的大型央企，这支“基建国家队”每一次的创新、转型和奋进，都与国家同脉、城市发展共频，宝冶人以“超越自我，敢为人先”的匠心，宝冶人以新时代下的“工程服务”，探索和实践商业模式、服务模式、管理模式的创新，成为勇担新时代城市经济发展的参与者和推动者。

**与时代同呼吸　续写建筑传奇**

是什么让宝冶人勇于面对挑战，拥有寻求突破、解决发展瓶颈的智慧和勇气，是宝冶人自我改造、在改革中前进在探索中发展的魄力和信心。是什么让这一个个项目从“不可能实现的任务”到“创造奇迹”。是宝冶人坚持技术引领、创新驱动，打造核心技术新亮点，拥有了独占鳌头的关键技术，核心竞争力不断提升，市场影响力不断增强，形成了较强的技术优势和市场优势。创新，根植于宝冶的企业发展理念之中，与核心价值观交织融合，厚积薄发。“走在前面”“做别人做不到的事”是长久以来宝冶对自己的要求。今天的宝冶更加开放、包容与自信，拥抱变化，迎接挑战。

……

站在历史新征程的新起点上，在行业现代化发展大潮的引领下，宝冶将科技创新放在企业发展的优先位置，坚持走谋求攀登高端市场、高端科研项目、高端装备、高端人才的创新发展之路，加快推进传统技术品牌向高新技术品牌转化、冶金技术行业向民用建筑领域转型、国内优势市场向境外新兴市场拓展、传统营销方式向“互联网＋”模式转变。宝冶人打造装配式绿色建筑产业链。以研发、设计、生产、施工、运维为一体的产业模式，推动装配式建筑产业发展，不断培育自身EPC总承包以及全产业链的建筑技术能力，成功获批国家首批装配式建筑产业基地。经过装配式建筑实践，形成PC建筑产品、钢结构产品以及工程模块三大产品体系。为建筑全生命周期提供优质的技术服务，形成具有宝冶特色的装配式建筑总承包技术能力。一系列亮眼的数字化、工业化、绿色化建造技术，让宝冶以国内领先的全产业链核心竞争优势，在近5年实现了从施工总承包到工程总承包，再到工程服务商的华丽转身。2018年，宝冶通过国家级高新技术企业认证，实现了企业发展征程上的一次跨越和飞跃。放眼未来，更需立足当下。宝冶以科技创新塑新引擎，跋涉前行，接续奋斗，力争采用城市综合建造、投资建设运维一站式服务、“互联网＋建筑”等模式，在新兴产业和市场结出一串串丰硕的硕果，留下一道道闪光的足迹。

……

改革开放，弹指四十年，绚丽夺目的黄浦江畔，写满宝冶故事，四十年之旅，已吹响新时代的号角。面向未来，宝冶人将秉着新一轮改革开放的东风，不忘初心，牢记使命，为早日建设成为富强民主文明和谐美丽的社会主义现代化强国砥砺前行，不懈奋斗！

……

# 三、重要综合奖项

（一）省部级及以上综合类奖项

| 获奖单位 | 奖　项 | 颁奖单位 | 时　间 |
|---|---|---|---|
| 第十九冶金建设公司上海分公司 | 1985 年冶金工业先进企业 | 冶金工业部 | 1986 年 1 月 |
| 第十九冶金建设公司上海分公司 | 1985 年基建统计年报评比工作获一等奖 | 冶金部基建局 | 1986 年 2 月 |
| 宝钢十九冶分指挥部计划处统计科 | 1986 年上海市统计工作先进集体 | 上海市统计局 | 1986 年 10 月 |
| 上海宝钢冶金建设公司 | 1987 年施工年报评比优胜奖 | 冶金部基建局 | 1988 年 5 月 |
| 上海宝钢冶金建设公司 | 1988 年基建统计工作优秀单位 | 冶金部建设司 | 1988 年 12 月 |
| 上海宝钢冶金建设公司党委 | 制止动乱、稳定上海、稳定大局、坚持生产、保障生活作出贡献 | 中共上海市建设工作委员会上海市建设委员会 | 1989 年 7 月 |
| 上海宝钢冶金建设公司广播台 | 1988—1989 年度上海市基层先进广播台 | 上海市总工会宣教部<br>上海人民广播电台<br>上海市基层广播工作者协会 | 1989 年 12 月 |
| 上海宝钢冶金建设公司 | 全国冶金工业 1989 年度企业管理优秀奖 | 冶金工业部 | 1989 年 12 月 |
| 上海宝钢冶金建设公司 | 全国先进集体称号<br>五一劳动奖状 | 中华全国总工会 | 1990 年 2 月 |
| 宝冶分指挥部 | 1989 年度指挥部系统信息工作竞赛第一名 | 上海宝钢工程指挥部 | 1990 年 2 月 |
| 上海宝钢冶金建设公司 | 1989 年施工统计年报工作优秀单位 | 冶金部建设司 | 1990 年 3 月 |
| 上海宝钢冶金建设公司 | 1989 年度施工计划管理工作优秀单位 | 冶金工业部建设司 | 1990 年 3 月 |
| 上海宝钢冶金建设公司 | 全国施工技术进步先进企业 | 建设部 | 1990 年 11 月 |
| 上海宝钢冶金建设公司 | 全国施工企业微机应用先进单位 | 建设部施工管理司 | 1991 年 1 月 |
| 上海宝钢冶金建设公司 | 1990 年度施工企业计划管理工作评比第一名 | 冶金工业部建设司 | 1991 年 3 月 |
| 上海宝钢冶金建设公司 | 全国先进施工企业 | 建设部 | 1991 年 12 月 |
| 上海宝钢冶金建设公司 | 全国建筑业统计工作先进单位 | 国家统计局 | 1992 年 4 月 |
| 上海宝钢冶金建设公司 | 1992 年重合同守信用单位 | 上海市宝山区人民政府 | 1993 年 2 月 |
| 上海宝钢冶金建设公司 | 全国质量效益型先进企业 | 国家技术监督局<br>中国质量管理协会 | 1993 年 3 月 |

(续表)

| 获奖单位 | 奖项 | 颁奖单位 | 时间 |
|---|---|---|---|
| 上海宝钢冶金建设公司 | 1992年度中国建筑施工综合实力百强企业 | 建设部<br>国家统计局 | 1993年7月 |
| 上海宝钢冶金建设公司 | 全国先进建筑施工企业 | 建设部 | 1993年12月 |
| 上海宝钢冶金建设公司 | 全国建筑业统计工作先进单位 | 国家统计局 | 1995年3月 |
| 上海宝钢冶金建设公司 | 1994年优秀企业 | 上海市建筑业管理办公室 | 1995年3月 |
| 上海宝钢冶金建设公司 | 1993—1994年重合同守信用单位 | 上海市宝山区人民政府 | 1995年6月 |
| 上海宝钢冶金建设公司 | 1994年度上海建筑业施工企业经济实力50强排名第一位 | 上海市统计局<br>上海现代统计产业发展中心 | 1995年8月 |
| 上海宝钢冶金建设公司 | "全国鲁班奖工程暨新技术、新材料、新工艺成果展示会"合乎参展资格 | 建设部科学技术委员会<br>中国建筑业协会 | 1995年9月 |
| 上海宝钢冶金建设公司 | 《四元产业理论的建立与实践》获1995年度冶金企业管理现代化创新成果一等成果 | 冶金工业部 | 1995年9月 |
| 上海宝钢冶金建设公司 | 1995年度上海市优秀施工企业 | 上海市建筑业管理办公室 | 1996年3月 |
| 上海宝钢冶金建设公司档案处 | 全国冶金档案工作先进集体 | 冶金工业部 | 1996年5月 |
| 上海宝钢冶金建设公司 | 第十三届国际档案大会支持单位 | 第十三届国际档案大会组委会 | 1996年9月 |
| 上海宝钢冶金建设公司 | 1995年度上海经济实力前50家建筑企业排名第1位 | 上海市统计局<br>上海现代统计产业发展中心 | 1996年9月 |
| 上海宝钢冶金建设公司 | 1994—1995年度上海市优秀企业 | 上海市优秀企业、优秀企业家评选委员会 | 1996年12月 |
| 上海宝钢冶金建设公司 | 上海市优秀施工企业 | 上海市建筑业管理办公室 | 1997年3月 |
| 上海宝钢冶金建设公司 | 1995—1996重合同守信用单位 | 上海市宝山区人民政府 | 1997年7月 |
| 上海宝钢冶金建设公司劳动人事部 | "百万职工大练兵"优秀组织者 | 上海市总工会<br>上海市劳动局 | 1997年12月 |
| 上海宝钢冶金建设公司 | 1997年度上海市优秀施工企业 | 上海市建设委员会 | 1998年4月 |
| 上海宝钢冶金建设公司 | 1996—1997上海市优秀企业 | 上海市企业管理协会<br>上海市企业家协会 | 1998年6月 |
| 上海宝钢冶金建设公司 | 1997年度上海综合实力50强建筑企业第一位 | 上海现代统计产业发展中心<br>上海市统计局 | 1998年8月 |
| 上海宝钢冶金建设公司 | 上海市优秀施工企业 | 上海市建设委员会 | 1999年4月 |
| 上海宝钢冶金建设公司 | 1997—1998年度重合同守信用单位 | 上海市宝山区人民政府<br>上海市工商行政管理局 | 1999年7月 |
| 上海宝钢冶金建设公司 | 1998年度上海综合实力50强建筑企业第一位 | 上海现代统计产业发展中心 | 1999年9月 |

（续表）

| 获奖单位 | 奖项 | 颁奖单位 | 时间 |
|---|---|---|---|
| 上海宝钢冶金建设公司 | 上海综合实力前50家建筑企业第一位 | 上海市统计局 | 1999年9月 |
| 上海宝钢冶金建设公司 | 1999年度上海市重合同守信用百家优秀企业 | 上海市工商行政管理局 | 1999年11月 |
| 上海宝钢冶金建设公司 | 99上海工会“再创新业绩，迎接新世纪”立功竞赛活动先进单位 | 上海市总工会 | 2000年3月 |
| 上海宝钢冶金建设公司 | 上海市优秀施工企业 | 上海市建设委员会 | 2000年4月 |
| 上海宝钢冶金建设公司 | 1999年度上海综合实力50强建筑企业第一位 | 上海现代统计产业发展中心 | 2000年9月 |
| 上海宝钢冶金建设公司 | 1998—1999年全国冶金建设行业优秀施工企业 | 中国冶金建设协会 | 2000年12月 |
| 上海宝钢冶金建设公司 | 2000年度上海市优秀施工企业 | 上海市建设和管理委员会 | 2001年4月 |
| 上海宝钢冶金建设公司 | 1999—2000年度重合同守信用单位 | 上海市工商行政管理局 | 2001年6月 |
| 上海宝钢冶金建设公司 | 2000年度上海综合实力50强建筑企业第一位 | 上海现代统计产业发展中心 | 2001年9月 |
| 上海宝钢冶金建设公司 | 1998—1999年度上海市优秀企业 | 上海市企业管理协会 | 2001年1月 |
| 上海宝钢冶金建设公司 | 2001年度上海市优秀施工企业 | 上海市建设和管理委员会 | 2002年4月 |
| 上海宝钢冶金建设公司 | 上海市重合同守信用百家优秀企业 | 上海市工商行政管理局 | 2002年8月 |
| 上海宝钢冶金建设公司 | 2001年度上海综合实力50强建筑企业第一位 | 上海现代统计产业发展中心 | 2002年8月 |
| 上海宝钢冶金建设公司 | 2000—2001年全国冶金建设行业优秀施工企业 | 中国冶金建设协会 | 2002年11月 |
| 上海宝钢冶金建设公司 | 全国守合同重信用企业 | 国家工商行政管理总局 | 2003年1月 |
| 上海宝钢冶金建设公司 | 2002年度上海市优秀施工企业 | 上海市建设和管理委员会 | 2003年4月 |
| 上海宝冶建设有限公司 | 2002年度宝山区重合同守信用单位 | 上海市工商行政管理局 | 2003年7月 |
| 上海宝冶建设有限公司 | 2002年度上海综合实力50强建筑企业第一位 | 上海现代统计产业发展中心 | 2003年8月 |
| 上海宝冶建设有限公司 | 2003年度上海市重点工程实事立功竞赛优秀公司 | 上海市重点工程实事立功竞赛领导小组 | 2004年1月 |
| 上海宝冶建设有限公司 | 全国建筑安全生产先进集体 | 中华人民共和国建设部 | 2004年3月 |
| 上海宝冶建设有限公司 | 2003年度上海市设备维修安装企业五十强单位 | 上海市设备管理协会<br>上海市设备维修市场管理办公室 | 2004年5月 |
| 上海宝冶建设有限公司 | 2003年度上海建筑业综合排名50强企业第一位 | 上海现代统计产业发展中心 | 2004年8月 |

(续表)

| 获奖单位 | 奖项 | 颁奖单位 | 时间 |
|---|---|---|---|
| 上海宝冶建设有限公司 | 2002—2003年度全国冶金建设行业优秀施工企业 | 中国冶金建设协会 | 2004年11月 |
| 上海宝冶建设有限公司 | 2005年上海实力企业、上海成长型企业 | 上海市信息库系列活动组委会 | 2005年 |
| 上海宝冶建设有限公司 | 首届(2004年度)上海市建筑施工企业综合实力排名30强企业 | 上海市建筑施工行业协会 | 2005年8月 |
| 上海宝冶建设有限公司 | 连续十年荣膺上海建筑业综合排名50强企业 | 上海现代统计产业发展中心 | 2005年10月 |
| 上海宝冶建设有限公司 | 2005年度上海市建筑企业综合经营规模排名第四名 | 上海市建筑施工行业协会 | 2006年7月 |
| 上海宝冶建设有限公司 | “十五”全国建筑业技术创新先进企业 | 建设部 | 2006年7月 |
| 上海宝冶建设有限公司 | 全国冶金建设优秀企业 | 中国冶金建设协会 | 2006年12月 |
| 上海宝冶建设有限公司 | 2006上海企业100强 | 上海市企业联合会<br>上海市企业家协会 | 2007年1月 |
| 上海宝冶建设有限公司 | 2006年度上海市建筑施工企业综合实力排名30强企业 | 上海市建筑施工行业协会 | 2007年6月 |
| 上海宝冶建设有限公司 | 2008上海企业100强第39名 | 上海市企业联合会<br>上海市企业家协会 | 2008年1月 |
| 上海宝冶建设有限公司 | 2007—2008年度冶金建设行业优秀企业 | 中国冶金建设协会 | 2008年1月 |
| 上海宝冶建设有限公司 | 2006—2007年度上海市守合同重信用企业 | 上海市工商行政管理局 | 2008年1月 |
| 上海宝冶建设有限公司 | 2006—2007年度合同信用等级AAA级企业 | 上海市合同信用促进会 | 2008年1月 |
| 上海宝冶建设有限公司 | 2007上海企业100强第40名 | 上海市企业联合会<br>上海市企业家协会 | 2008年2月 |
| 上海宝冶建设有限公司 | 上海市2007年度企业诚信建设奖 | 上海市“知荣辱、讲文明、迎世博、建诚信”活动组委会 | 2008年3月 |
| 上海宝冶建设有限公司 | 2007年度上海市建筑业诚信企业 | 上海市建筑施工行业协会 | 2008年10月 |
| 上海宝冶建设有限公司 | 2008年度上海市建筑业诚信企业 | 上海市建筑施工行业协会 | 2009年7月 |
| 上海宝冶建设有限公司 | 2008年度上海市建筑(集团)企业经营实力排名第五名 | 上海市建筑施工行业协会 | 2009年7月 |
| 上海宝冶建设有限公司 | 第八届上海市设备管理优秀单位 | 上海市设备管理协会 | 2009年8月 |
| 上海宝冶建设有限公司 | 迎世博2009九鼎杯上海市场诚信经营先进单位 | 上海市商业联合会<br>上海市合同信用促进会 | 2009年8月 |

（续表）

| 获奖单位 | 奖项 | 颁奖单位 | 时间 |
|---|---|---|---|
| 上海宝冶建设有限公司 | 上海企业100强第38名 | 上海市企业联合会<br>上海市企业家协会 | 2009年9月 |
| 上海宝冶建设有限公司 | “宝冶”商标被认定为上海市著名商标 | 上海市工商行政管理局 | 2010年1月 |
| 上海宝冶集团有限公司 | 上海企业100强第34名 | 上海市企业联合会<br>上海市企业家协会 | 2010年1月 |
| 上海宝冶集团有限公司 | 2009年度上海市建筑业诚信企业 | 上海市建筑施工行业协会 | 2010年7月 |
| 上海宝冶集团有限公司 | 2009年度上海市建筑（集团）企业经营实力排名第七名 | 上海市建筑施工行业协会 | 2010年7月 |
| 上海宝冶集团有限公司 | 江苏省重质量守信誉诚信施工单位 | 江苏省施工企业管理委员会 | 2011年4月 |
| 上海宝冶集团有限公司 | 2010年度上海市建筑业诚信企业 | 上海市建筑施工行业协会 | 2011年7月 |
| 上海宝冶集团有限公司 | 2010年上海市建筑企业（集团）经营实力排名第7位 | 上海市建筑施工行业协会 | 2011年7月 |
| 上海宝冶集团有限公司 | 上海市一星级诚信创建企业 | 上海市建筑施工行业协会 | 2011年7月 |
| 上海宝冶集团有限公司 | 上海企业100强第36位 | 上海市企业联合会<br>上海市企业家协会 | 2011年9月 |
| 上海宝冶集团有限公司 | 上海市二星级诚信创建企业 | 上海市安装行业协会 | 2012年7月 |
| 上海宝冶集团有限公司 | 2011年度上海市建筑业诚信企业 | 上海市建筑施工行业协会 | 2012年7月 |
| 上海宝冶集团有限公司 | 上海企业100强第41名 | 上海市企业联合会<br>上海市企业家协会 | 2012年8月 |
| 上海宝冶集团有限公司 | 上海市著名商标 | 上海市工商行政管理局 | 2013年1月 |
| 上海宝冶集团有限公司 | 2012年度上海市建筑业诚信企业 | 上海市建筑施工行业协会 | 2013年7月 |
| 上海宝冶集团有限公司 | 2010—2011年度上海市守合同重信用企业 | 上海市合同信用促进会 | 2013年7月 |
| 上海宝冶集团有限公司 | 上海市三星级诚信创建企业 | 上海市安装行业协会 | 2013年7月 |
| 上海宝冶集团有限公司 | 上海企业100强第40名 | 上海市企业联合会<br>上海市企业家协会 | 2013年8月 |
| 上海宝冶集团有限公司 | 2013年度上海市建筑业诚信企业 | 上海市建筑施工行业协会 | 2014年7月 |
| 上海宝冶集团有限公司 | 上海市“四星级诚信创建企业” | 上海市“企业诚信创建”活动组委会 | 2014年7月 |
| 上海宝冶集团有限公司 | 2013年度上海市建筑（集团）企业经营实力排名第六名 | 上海市建筑施工行业协会 | 2014年7月 |

(续表)

| 获奖单位 | 奖项 | 颁奖单位 | 时间 |
|---|---|---|---|
| 上海宝冶集团有限公司 | 2013年度上海市金属结构行业诚信企业 | 上海市金属结构行业协会 | 2014年8月 |
| 上海宝冶集团有限公司 | 2012—2013年度上海市守合同重信用企业 | 上海市合同信用促进会 | 2014年8月 |
| 上海宝冶集团有限公司 | 上海企业100强第39名 | 上海市企业联合会<br>上海市企业家协会 | 2014年9月 |
| 上海宝冶集团有限公司 | 2014年度上海市建筑(集团)企业经营实力排名第六位 | 上海市建筑施工行业协会 | 2015年7月 |
| 上海宝冶集团有限公司 | 2014年度上海市建筑业诚信企业 | 上海市建筑施工行业协会 | 2015年7月 |
| 上海宝冶集团有限公司 | 上海企业100强第37位 | 上海企业联合会<br>上海企业家协会 | 2015年9月 |
| 上海宝冶集团有限公司 | 上海市五星级诚信创建企业 | 上海市“企业诚信创建”活动组委会 | 2015年9月 |
| 上海宝冶集团有限公司 | 2015年度上海市建筑施工行业信息宣传工作优秀单位 | 上海市建筑施工行业协会 | 2016年4月 |
| 上海宝冶集团有限公司 | 上海市五星级诚信创建企业 | 上海市“企业诚信创建”活动组委会 | 2016年6月 |
| 上海宝冶集团有限公司 | 2015年度上海市建筑(集团)企业经营实力排名第六位 | 上海市建筑施工行业协会 | 2016年7月 |
| 上海宝冶集团有限公司 | 2015年度上海市建筑业诚信企业 | 上海市建筑施工行业协会 | 2016年7月 |
| 上海宝冶集团有限公司 | 上海企业100强第41位 | 上海企业联合会<br>上海企业家协会 | 2016年8月 |
| 上海宝冶集团有限公司 | 2014—2015年度上海市守合同重信用企业 | 上海市合同信用促进会 | 2016年8月 |
| 上海宝冶集团有限公司 | 上海市五星级诚信创建企业 | 上海市“企业诚信创建”活动组委会 | 2017年6月 |
| 上海宝冶集团有限公司 | 2016年度上海市建筑(集团)企业经营实力排名第五位 | 上海市建筑施工行业协会 | 2017年7月 |
| 上海宝冶集团有限公司 | 2016年度上海市建筑业诚信企业 | 上海市建筑施工行业协会 | 2017年7月 |
| 上海宝冶集团有限公司 | 上海企业100强第40位 | 上海企业联合会<br>上海企业家协会 | 2017年8月 |
| 上海宝冶集团有限公司 | 2017年上海市建筑施工行业企业文化成果三等奖 | 上海市建筑施工行业协会 | 2017年11月 |
| 上海宝冶集团有限公司 | 2016—2017年上海市守合同重信用企业 | 上海市合同信用促进会 | 2018年5月 |
| 上海宝冶集团有限公司 | 2016—2017年度合同信用等级AAA级 | 上海市合同信用促进会 | 2018年5月 |

（续表）

| 获奖单位 | 奖　项 | 颁奖单位 | 时　间 |
|---|---|---|---|
| 上海宝冶集团有限公司 | 2017年度上海市建筑（集团）企业经营实力排名第五位 | 上海市建筑施工行业协会 | 2018年7月 |
| 上海宝冶集团有限公司 | 2017年上海市建筑业诚信企业 | 上海市建筑施工行业协会 | 2018年7月 |
| 上海宝冶集团有限公司 | 上海企业100强第40位 | 上海企业联合会<br>上海企业家协会 | 2018年8月 |

（二）行业级综合类奖项清单

| 获奖单位 | 奖　项 | 颁奖单位 | 时　间 |
|---|---|---|---|
| 上海宝钢冶金建设公司 | 推广应用网络技术先进单位 | 中国建筑学会建筑统筹管理研究会 | 1986年10月 |
| 上海宝钢冶金建设公司 | 1988年度施工企业管理优秀奖 | 中国施工企业管理协会 | 1989年5月 |
| 上海宝钢冶金建设公司 | 1989年推广应用网络计创技术先进单位 | 中国冶金建设管理协会网络计创技术研究会 | 1989年11月 |
| 上海宝钢冶金建设公司 | 最佳信誉企业 | 中国最佳信誉企业最佳产品最佳企业家评选委员会 | 1992年7月 |
| 上海宝钢冶金建设公司 | 1993年度全国优秀施工企业 | 中国施工企业管理协会 | 1994年6月 |
| 上海宝钢冶金建设公司 | 全国企业形象最佳单位 | 中国公共关系协会<br>全国企业形象评选活动组委会 | 1995年11月 |
| 上海宝钢冶金建设公司 | 中国企业最佳形象AAA级 | 中国企业最佳形象认定委员会 | 1995年12月 |
| 上海宝钢冶金建设公司 | 《一次成功的跨国界企业公关》获第二届中国最佳公共关系案例大赛优秀奖 | 中国国际公共关系协会《公共关系报》社 | 1996年10月 |
| 上海宝钢冶金建设公司 | 《宝冶四元产业理论的实践与发展》获第一届全国工程建设企业管理现代化成果一等奖 | 中国施工企业管理协会 | 1997年2月 |
| 上海宝钢冶金建设公司财务部 | 企业信息工作先进单位 | 中国企业管理协会<br>中国企业家协会 | 1997年3月 |
| 上海宝钢冶金建设公司 | 管理培训工作先进单位 | 中国企业管理协会<br>中国企业家协会 | 1998年1月 |
| 上海宝钢冶金建设公司办公室 | 企业信息工作先进单位 | 中国企业管理协会<br>中国企业家协会 | 1998年4月 |
| 上海宝钢冶金建设公司 | 中国建筑企业信誉AAA级单位 | 中国建筑业联合会<br>中国资信评价中心<br>中国工业设计协会 | 1999年12月 |
| 上海宝钢冶金建设公司 | 2000年全国工程建设质量管理优秀企业 | 中国建筑业协会 | 2000年12月 |
| 上海宝钢冶金建设公司 | 2000年度全国优秀施工企业 | 中国施工企业管理协会 | 2001年5月 |
| 上海宝钢冶金建设公司 | 全国质量效益型先进施工企业 | 中国施工企业管理协会 | 2003年 |

(续表)

| 获奖单位 | 奖　项 | 颁奖单位 | 时　间 |
|---|---|---|---|
| 上海宝冶建设有限公司 | 全国工程建设质量管理优秀企业 | 中国建筑业协会 | 2004 年 |
| 上海宝冶建设有限公司 | 冶金企业管理现代化创新成果三等奖 | 中国钢铁工业协会 | 2005 年 |
| 上海宝冶建设有限公司 | AAA 级信用企业 | 中国工程建设社会信用管理委员会 | 2005 年 8 月 |
| 上海宝冶建设有限公司 | 第四届全国优秀生产力理论与实践成果奖成功企业典范奖 | 中国生产力协会<br>第四届全国优秀生产力理论与实践成果奖评选委员会 | 2005 年 10 月 |
| 上海宝冶建设有限公司 | 2005 年度全国安装行业质量管理优秀企业 | 中国安装协会 | 2005 年 12 月 |
| 上海宝冶建设有限公司 | 2005 年度全国建筑业企业工程总承包先进企业 | 中国建筑业协会 | 2006 年 1 月 |
| 上海宝冶建设有限公司 | 2006 年度全国优秀施工企业 | 中国施工企业管理协会 | 2007 年 3 月 |
| 上海宝冶建设有限公司 | 2006 年度科学技术奖—技术创新先进企业 | 中国施工企业管理协会 | 2007 年 4 月 |
| 上海宝冶建设有限公司 | 2006 年度全国建筑业诚信企业 | 中国建筑业协会 | 2007 年 4 月 |
| 上海宝冶建设有限公司 | 创鲁班奖工程特别荣誉企业 | 中国建筑业协会 | 2007 年 11 月 |
| 上海宝冶建设有限公司 | 2007 年度全国优秀施工企业 | 中国施工企业管理协会 | 2008 年 3 月 |
| 上海宝冶建设有限公司 | 2007 年度科学技术奖—技术创新先进企业 | 中国施工企业管理协会 | 2008 年 8 月 |
| 上海宝冶建设有限公司 | AAA 级信用企业 | 中国施工企业管理协会 | 2008 年 12 月 |
| 上海宝冶建设有限公司 | 第八届全国设备管理优秀单位 | 中国设备管理协会 | 2009 年 1 月 |
| 上海宝冶建设有限公司 | 2008 年度全国优秀施工企业 | 中国施工企业管理协会 | 2009 年 3 月 |
| 上海宝冶建设有限公司 | 全国首批建筑业 AAA 级信用企业 | 中国建筑业协会 | 2009 年 5 月 |
| 上海宝冶建设有限公司 | 第十届全国建筑施工企业设备管理优秀单位 | 中国建筑业协会 | 2009 年 7 月 |
| 上海宝冶集团有限公司 | 第十三届中国工程建设管理体系论坛管理体系运行优秀企业 | 中国工程建设管理体系论坛秘书处 | 2010 年 1 月 |
| 上海宝冶集团有限公司 | 2010 年度全国安装行业先进企业 | 中国安装协会 | 2010 年 1 月 |
| 上海宝冶集团有限公司 | 2009 年度全国优秀施工企业 | 中国施工企业管理协会 | 2010 年 3 月 |
| 上海宝冶集团有限公司 | 全国建筑业先进企业 | 中国建筑业协会 | 2011 年 12 月 |
| 上海宝冶集团有限公司 | 2010 年度中国建筑业竞争力百强企业 | 中国建筑业协会 | 2011 年 12 月 |
| 上海宝冶集团有限公司 | 2011 年度全国安装行业先进企业 | 中国安装协会 | 2011 年 12 月 |

（续表）

| 获奖单位 | 奖　项 | 颁奖单位 | 时　间 |
|---|---|---|---|
| 上海宝冶集团有限公司 | 2011年度中国建筑业竞争力百强企业 | 中国建筑业协会 | 2012年1月 |
| 上海宝冶集团有限公司 | AAA级信用企业 | 中国施工企业管理协会 | 2012年1月 |
| 上海宝冶集团有限公司 | 2011年度全国优秀施工企业 | 中国施工企业管理协会 | 2012年3月 |
| 上海宝冶集团有限公司 | 2012年度全国工程建设质量管理小组活动优秀企业 | 国家工程建设质量奖审定委员会 | 2012年7月 |
| 上海宝冶集团有限公司 | 推进工程项目管理先进企业 | 中国建筑业协会 | 2012年8月 |
| 上海宝冶集团有限公司 | 2012年度全国安装行业先进企业 | 中国安装协会 | 2012年12月 |
| 上海宝冶集团有限公司 | 2012年度中国建筑业竞争力百强企业 | 中国建筑业协会 | 2013年1月 |
| 上海宝冶集团有限公司 | 全国钢结构行业AAA级信用企业 | 中国钢结构协会 | 2014年1月 |
| 上海宝冶集团有限公司 | 2013年度中国建筑业竞争力百强企业 | 中国建筑业协会 | 2014年9月 |
| 上海宝冶集团有限公司 | AAA级信用企业 | 中国施工企业管理协会 | 2014年11月 |
| 上海宝冶集团有限公司 | 全国诚信施工十佳企业 | 中国施工企业管理协会 | 2014年11月 |
| 上海宝冶集团有限公司 | 2015年度中国工程建设诚信典型企业 | 中国施工企业管理协会 | 2015年1月 |
| 上海宝冶集团有限公司 | 2014年度中国建筑业竞争力百强企业 | 中国建筑业协会 | 2015年12月 |
| 上海宝冶集团有限公司 | 全国建筑业先进企业 | 中国建筑业协会 | 2016年1月 |
| 上海宝冶集团有限公司 | 2015年度中国建筑业竞争力200强企业 | 中国建筑业协会 | 2016年1月 |
| 上海宝冶集团有限公司 | 2016年度中国工程建设诚信典型企业 | 中国施工企业管理协会 | 2016年1月 |
| 上海宝冶集团有限公司 | 2015年度全国优秀施工企业 | 中国施工企业管理协会 | 2016年3月 |
| 上海宝冶集团有限公司 | 2017年度中国工程建设诚信典型企业 | 中国施工企业管理协会 | 2017年1月 |
| 上海宝冶集团有限公司 | 2016年度全国优秀施工企业 | 中国施工企业管理协会 | 2017年3月 |
| 上海宝冶集团有限公司 | 2016年度中国建筑业竞争力200强企业 | 中国建筑业协会 | 2017年8月 |
| 上海宝冶集团有限公司 | AAA级信用企业 | 中国施工企业管理协会 | 2017年11月 |
| 上海宝冶集团有限公司 | 创建鲁班奖工程突出贡献单位 | 中国建筑业协会 | 2017年11月 |
| 上海宝冶集团有限公司 | 创建鲁班奖工程优秀企业 | 中国建筑业协会 | 2017年11月 |
| 上海宝冶集团有限公司 | 2017年度全国优秀施工企业 | 中国施工企业管理协会 | 2018年3月 |

(续表)

| 获奖单位 | 奖项 | 颁奖单位 | 时间 |
|---|---|---|---|
| 上海宝冶集团有限公司 | 2018年建筑业企业管理现代化二等创新成果 | 中国建筑业协会管理现代化专业委员会 | 2018年7月 |
| 上海宝冶集团有限公司 | 2018年度中国工程建设诚信典型企业 | 中国施工企业管理协会 | 2018年11月 |

# 索　　引

## 图 片 索 引

图 4 - 1 - 1　中冶东方大厦　　163
图 4 - 1 - 2　酒钢全景　　168
图 4 - 1 - 3　包钢四号高炉　　169
图 4 - 1 - 4　1958 年的公司办公大楼(中冶西北)　　175
图 4 - 1 - 5　2017 年的公司办公大楼(中冶西北)　　176
图 4 - 1 - 6　包钢建设初期一号高炉　　178
图 4 - 1 - 7　包头市新都市区三期管廊工程(全国首批试点项目)　　183
图 4 - 1 - 8　设计院办公楼　　188
图 4 - 2 - 1　冶金工程公司揭牌　　196
图 4 - 2 - 2　安钢第二原料厂　　202
图 4 - 2 - 3　工业工程公司更名揭牌　　205
图 4 - 2 - 4　上海市中环线共和新路立交工程　　212
图 4 - 2 - 5　美洲加勒比年产 100 万吨甲醇转化炉整体模块制作　　213
图 4 - 3 - 1　北京分公司办公楼　　217
图 4 - 3 - 2　北京 2022 冬奥会国家雪车雪橇中心项目　　220
图 4 - 3 - 3　郑州分公司办公场所　　222
图 4 - 3 - 4　郑州市民活动中心项目　　224
图 4 - 3 - 5　南京江宁滨江基地　　226
图 4 - 3 - 6　南京河西儿童医院　　229
图 4 - 3 - 7　建筑工程公司新春联欢会合影　　232
图 4 - 3 - 8　宝钢马迹山港施工　　233
图 4 - 3 - 9　成都分公司办公场所　　240
图 4 - 3 - 10　成都中电熊猫 8.6 代液晶面板项目　　242
图 4 - 3 - 11　厦门分公司办公场所　　243
图 4 - 3 - 12　广州分公司办公楼　　247
图 4 - 3 - 13　深圳宝安体育场　　250
图 4 - 3 - 14　广州大学城美术学院　　251
图 4 - 3 - 15　科威特医保医院项目中外员工在项目现场合影　　253
图 4 - 3 - 16　“2+1+1”战略布局图　　257
图 4 - 4 - 1　钢构公司办公楼　　258
图 4 - 4 - 2　安装工程公司办公楼　　266
图 4 - 4 - 3　香港中文大学(深圳)机房实景　　268

图 4-4-4　装饰公司新年团拜会部分在沪员工合影　276
图 4-4-5　上海市世博会波兰馆　279
图 4-4-6　上海迪士尼主题乐园明日世界夜景　280
图 4-4-7　市政工程公司办公楼　283
图 4-4-8　宁国市城北新城综合开发 PPP 路桥项目　290
图 4-4-9　能源环境工程公司办公楼　292
图 4-4-10　邯钢 2 250 毫米热轧工程　294
图 4-4-11　贵州省安顺市关岭县新铺 50 MWp 光伏电站 EPC 总承包项目　296
图 4-4-12　工程技术公司办公场所　297
图 4-4-13　物资公司办公场所　306
图 4-4-14　公司接卸中国石化单体最长、最大、最重的塔体设备千吨百米长的“巨无霸”运送至安装现场　311
图 4-4-15　郑州宝冶钢构公司办公楼　312
图 4-5-1　投融资事业部合影　318
图 4-5-2　宁国城北新城综合开发 PPP 项目宁国中学迁扩建项目　319
图 4-5-3　教培中心办公楼　322
图 4-5-4　宝冶技校实习实验基地协议签字仪式　330
图 4-5-5　宝冶电大分校机电 93 班毕业答辩　331
图 4-5-6　中冶集团职业学院挂牌仪式　333
图 5-2-1　武钢“一米七”热轧工程开始挖土　380
图 5-2-2　武钢二热轧　381
图 5-2-3　武钢二冷轧　382
图 5-2-4　攀枝花的建设者们在初具规模的攀钢建设工地集会　383
图 5-2-5　建成后的攀钢烧结、焦化、炼铁三大厂全景　383
图 5-2-6　宝钢高炉群　385
图 5-2-7　宝钢一号高炉　386
图 5-2-8　宝钢二号高炉破土动工仪式　387
图 5-2-9　宝钢 2 050 毫米热轧第一卷　388
图 5-2-10　宝钢三号高炉点火投产仪式　389
图 5-2-11　宝钢二炼钢　390
图 5-2-12　马迹山矿石中转港　391
图 5-2-13　宝钢 5 米宽厚板轧机机架吊装　391
图 5-2-14　宝钢浦钢搬迁罗泾工程　392
图 5-2-15　宝钢 1 880 毫米热轧　392
图 5-2-16　宝钢 1 730 毫米冷轧　393
图 5-2-17　宝钢四号高炉快速大修　394
图 5-2-18　湛江钢铁一号高炉　395
图 5-2-19　湛钢 2 030 毫米冷轧　396
图 5-2-20　首钢京唐 2 230 毫米冷轧　398
图 5-2-21　首钢京唐三冷轧　398
图 5-2-22　上海克虏伯不锈钢工程　399
图 5-2-23　山西海鑫钢厂 80 吨转炉炼钢工程　399
图 5-2-24　太钢 4 350 立方米高炉　399
图 5-2-25　福欣特殊钢一期项目　400
图 5-2-26　安钢 1 550 毫米冷轧　401
图 5-2-27　山钢日照公司冷轧工程 2 号连退机组第一卷　402
图 5-2-28　厦门厦顺铝箔工程　402

图 5-2-29　爱励铝业(镇江)铝合金中厚板厂　403
图 5-2-30　山东魏桥铝电公司年产 60 万吨高精铝板带箔厂　404
图 5-2-31　天津忠旺 1 号冷轧　404
图 5-2-32　天津忠旺 1 号熔铸　405
图 5-3-1　厦门国际会议展览中心　411
图 5-3-2　苏州国际博览中心　412
图 5-3-3　郑州国际会展会议中心　413
图 5-3-4　上海世博会主题馆　413
图 5-3-5　珠海十字门国际展览中心　414
图 5-3-6　北京雁栖湖国际会展中心　415
图 5-3-7　中国博览会会展综合体　415
图 5-3-8　芜湖奥林匹克公园体育场　416
图 5-3-9　南京奥林匹克体育场　416
图 5-3-10　国家体育场(鸟巢)　417
图 5-3-11　深圳大运中心主体育馆　418
图 5-3-12　鄂尔多斯市体育中心　418
图 5-3-13　武汉光谷国际网球中心　419
图 5-3-14　国家雪车雪橇中心　419
图 5-3-15　中芯国际集成电路制造(上海)有限公司　420
图 5-3-16　上广电 NEC 第五代薄膜晶体管液晶显示器工程　420
图 5-3-17　昆山龙腾光电　421
图 5-3-18　上海新昇半导体厂房　421
图 5-3-19　厦门天马微电子 G6 厂房　422
图 5-3-20　国家存储器基地　423
图 5-3-21　珠海十字门中央商务区塔楼　424
图 5-3-22　保定万博广场　425
图 5-3-23　龙翔国际商务中心　426
图 5-3-24　武汉市轨道交通 7 号线三阳路风塔配套综合开发项目　426
图 5-3-25　易方达金融大厦　427
图 5-3-26　哈尔滨大剧院　427
图 5-3-27　上海迪士尼主题乐园——明日世界　428
图 5-3-28　四川国际旅游交易博览会场馆　429
图 5-3-29　绍兴东方山水乐园　429
图 5-3-30　沪嘉高速公路　431
图 5-3-31　上海浦东机场　431
图 5-3-32　京沪高速铁路上海虹桥站　432
图 5-3-33　京沪高速铁路济南西站　433
图 5-3-34　广州白云机场 T2 航站楼　433
图 5-3-35　上海吴淞国际邮轮码头　434
图 5-3-36　上海地铁 1 号线新闸路车站　435
图 5-3-37　中环线 A2.6 标共和新路立交桥　435
图 5-3-38　上海罗店大型居住社区　436
图 5-3-39　南京河西儿童医院　437
图 5-3-40　深圳市莲塘口岸　437
图 5-3-41　郑州市农业路快速通道　438
图 5-3-42　上海浦东国际机场三期扩建工程　438

图 5-3-43 贵阳市轨道交通 2 号线 439
图 5-3-44 郑州市民活动中心 439
图 5-3-45 广州大学城美术学院 440
图 5-3-46 深圳大学西丽校区 440
图 5-3-47 香港中文大学深圳校区 441
图 5-3-48 哈尔滨工业大学深圳校区 442
图 5-3-49 清华大学深圳研究生院创新基地 442
图 5-3-50 顾村世界外国语学校 442
图 5-3-51 中山大学深圳校区 443
图 5-3-52 宝钢股份金太阳示范项目 444
图 5-3-53 云南石林北大村 60 兆瓦光伏电站 444
图 5-3-54 贵州省安顺市关岭县新铺 50 兆瓦光伏电站 445
图 5-3-55 贵州省纳雍县猔岭北风电场 446
图 5-3-56 上海耀华皮尔金顿 447
图 5-3-57 福建漳州后石电厂 447
图 5-3-58 镇江金东纸业 448
图 5-3-59 上海通用汽车城 448
图 5-3-60 天钢联合钢铁有限公司 3×600TPD 石灰窑 449
图 5-3-61 中冶尚城 449
图 5-3-62 京东物流仓储 450
图 5-3-63 中国乒乓球博物馆 450
图 5-4-1 阿联酋迪拜跑马场 458
图 5-4-2 科威特中央银行大厦 458
图 5-4-3 菲律宾 Gateway Tower 大楼 459
图 5-4-4 台塑河静钢铁基地 459
图 5-4-5 柬埔寨金边 Sky Villa 豪华公寓楼 460
图 5-4-6 马来西亚联合钢铁厂 460
图 5-4-7 马来西亚拉庆苏丹伊布拉欣体育场 461
图 5-4-8 科威特医保医院 462
图 7-3-1 战略管理图 574
图 8-3-1 宝钢 5 米宽厚板轧机 692
图 8-3-2 “宝冶云”平台模型浏览 696
图 8-3-3 BIM 设计方案 697
图 8-3-4 宝冶承建的项目获全国建筑业绿色施工示范工程 698
图 8-3-5 装配式项目施工 698
图 8-7-1 公司科协开展“讲理想 比贡献”活动 739
图 10-1-1 上海宝钢冶金建设公司企业徽标 798
图 10-1-2 上海宝冶建设有限公司企业徽标 798
图 10-1-3 上海宝冶集团有限公司企业徽标 798
图 10-1-4 宝冶微信公众号 802
图 10-2-1 上海青年话剧团到宝冶慰问演出 811
图 10-2-2 上海市总工会领导带领茉莉花工人艺术团慰问抢建宝钢二号高炉的宝冶职工 811
图 10-2-3 宝冶举行庆祝建党 70 周年文艺晚会 811
图 10-2-4 宝冶第五届班组演唱会 811
图 10-2-5 宝冶首届安全生产文艺小品比赛 811
图 10-2-6 首届全国冶金施工企业优秀歌手大赛在宝冶举行 811

图 10－2－7 第三届上海宝山国际民间艺术节赴宝冶工地专场演出 812
图 10－2－8 宝冶艺术团为“发挥国营大型建筑企业骨干作用理论研讨会”慰问演出 812
图 10－2－9 宝冶举行庆祝建党 85 周年文艺演出 812
图 10－2－10 宝冶承办第十届上海宝山国际民间艺术节暨第十四届月浦锣鼓年会 812
图 10－2－11 宝冶职工大合唱《我爱你中国》获五矿集团职工合唱比赛一等奖 812
图 10－2－12 电影《最后的贵族》在宝冶举行首映仪式。著名导演谢晋、著名电影表演艺术家陈述、潘虹等光临 813
图 10－2－13 著名电影表演艺术家陈述为宝冶题词“南征北战建高楼，长江两岸度春秋” 813
图 10－2－14 第二届“宝冶杯”围棋邀请赛 813
图 10－2－15 宝冶、十七冶、一冶联合举办“三山杯”美术书法摄影联展 813
图 10－2－16 《宝冶杯》通俗小说征文颁奖大会 813
图 10－2－17 上海小说家联谊会成立大会在宝冶举行 813
图 10－2－18 宝钢二期工程建设时期职工食堂烹调技术表演赛 814
图 10－2－19 宝冶首届“十佳新员工”评选擂台赛 814
图 10－2－20 上海市“宝冶建设杯”职工书法篆刻作品展 814
图 10－2－21 “宝冶建设之春”书画笔会 814
图 10－2－22 “宝冶建设”杯全国青少年武术散打锦标赛暨亚洲青少年武术散打锦标赛中国散打选拔赛 814
图 10－2－23 宝冶广州分公司总经理白小虎作为亚运会建设者代表成功当选亚运火炬手，在广州大学城传递圣火 814
图 10－2－24 退休老员工王铭璋在重阳节、也是他 90 大寿这天，在一大群儿孙陪同下参观宝冶展示厅，喜看企业发展变化 815
图 10－2－25 整修一新的宝冶员工餐厅举行点火仪式 815
图 10－2－26 宝冶和中国一冶联合举办“冶建情”第二届职工摄影书画联展 815
图 10－2－27 丰富的文体活动 815
图 10－2－28 职工摄影协会、书画协会开展采风、创作活动 816
图 10－2－29 打造“宝冶・家”企业文化 816
图 11－1－1 宝冶援建安徽金寨天堂寨乡希望小学 823
图 11－1－2 央视直播宝冶黔东南州村村通项目竣工贯通暨首届苗家丰收节庆典 824
图 11－1－3 宝冶援建的汕尾市陆丰市东海镇龙光村—炎龙村道路工程开工 824
图 11－1－4 宝冶捐助的救灾物资准备运往上海火车站 825
图 11－1－5 宝冶向长江流域受灾地区捐赠 70 万元 825
图 11－1－6 宝冶员工书画作品参加赈灾义卖捐款活动 826
图 11－1－7 宝冶员工参与厦门市道路清理疏通等救灾工作 827
图 11－1－8 宝冶员工发起新年献爱心衣物捐赠活动 828
图 11－1－9 邀请医务人员为施工现场的农民工量血压 828
图 11－2－1 宝钢长江引水工程施工 830
图 11－2－2 月浦水厂一期工程开工 831
图 11－2－3 宝冶做好厦门金砖会晤幕后维保工作 832
图 11－2－4 严格控制厦门金砖会晤会场温度 832
图 11－2－5 宝冶承建进博会主场馆桩基工程 833
图 11－2－6 宝冶承建进博会周边区域形象提升工程 833
图 11－2－7 宝冶承建深圳大运中心主体育馆 834
图 11－2－8 首钢京唐烧结烟气脱硫脱硝深度改造工程 835
图 11－2－9 宝冶承建的山钢日照钢铁精品基地宽厚板工程 836
图 11－2－10 宝冶承建的德州太阳能小镇 837
图 12－1－1 韩喜(中)陪同中共中央书记处候补书记郝建秀(左二)视察宝钢炼钢厂 843

图 12-1-2　童选卿检查电机时的情景　　846
图 12-1-3　童选卿获颁“庆祝中华人民共和国成立 70 周年”纪念章　　847
图 12-1-4　王茂松(中)在现场与职工交流工作　　850
图 12-1-5　毛琪钦专注工作中　　852

# 表格索引

表 2-2-1　股东变化情况　　133
表 2-2-2　2003 年股东及股权结构　　134
表 2-2-3　2009 年股东及股权结构　　134
表 2-2-4　2011 年股东及股权结构　　135
表 2-2-5　2017 年股东及股权结构　　135
表 2-2-6　董事、法定代表人变更情况　　135
表 2-2-7　监事变更情况　　136
表 2-2-8　总经理变更情况　　136
表 2-2-9　董事会秘书变更情况　　137
表 4-1-1　中冶东方设计和总承包建设的炼钢工程(截至 2016 年)　　168
表 4-1-2　中冶西北主要设计类奖项列表　　184
表 4-1-3　宝冶设计院优秀设计项目列表　　190
表 4-1-4　宝冶设计院装配式项目列表　　192
表 4-1-5　宝冶设计院工程咨询成果列表　　193
表 4-1-6　宝冶设计院 BIM 应用项目获奖列表　　193
表 4-2-1　冶金工程公司主要经济指标完成情况　　203
表 4-2-2　工业工程公司主要经济指标完成情况　　214
表 4-3-1　郑州分公司主要经济指标完成情况　　225
表 4-3-2　江苏分公司主要经济指标完成情况　　230
表 4-3-3　建筑工程公司主要经济指标完成情况　　239
表 4-3-4　广州分公司主要经济指标完成情况　　252
表 4-3-5　国际工程公司主要经济指标完成情况　　256
表 4-4-1　安装工程公司主要经济指标完成情况　　274
表 4-4-2　市政工程公司主要经济指标完成情况　　290
表 4-4-3　工程技术公司主要经济指标完成情况　　302
表 4-5-1　2000—2018 年宝冶工程项目软件培训数据统计　　328
表 4-5-2　2001—2018 年宝冶教育培训中心培训人数统计　　332
表 4-5-3　宝冶职业技能培训中心主要项目培训人数统计　　333
表 4-5-4　哈工大宝冶学习中心招生人数和毕业人数统计　　335
表 4-6-1　2002 年度宝冶子公司清单(共 47 家)　　339
表 4-6-2　2003 年度宝冶子公司清单(共 15 家)　　339
表 4-6-3　改制进入宝冶的子公司现状(截至 2018 年底)　　340
表 4-6-4　宝冶对外投资公司(全资及控股)情况一览表　　341
附件一：注销三产企业清单　　360
附件二：保留存续公司的三产公司和子公司清单　　362
附件三：改制后处置公司清单(转让和注销)　　363
附件四：注销分公司清单　　364
表 5-2-1　炼铁工程　　406
表 5-2-2　炼钢工程　　407

表 5-2-3 热轧工程 407
表 5-2-4 冷轧工程 408
表 5-2-5 有色工程 409
表 5-3-1 文化体育场馆主要项目列表 451
表 5-3-2 电子厂房主要项目列表 452
表 5-3-3 城市综合体(超高层)主要项目列表 453
表 5-3-4 特色主题公园(文化娱乐)主要项目列表 455
表 5-3-5 交通枢纽主要项目列表 455
表 5-3-6 新能源主要项目列表 457
表 5-4-1 海外工程主要项目列表 462
表 5-5-1 1978—2018 年宝冶承建工程获奖情况(鲁班奖) 464
表 5-5-2 1978—2018 年宝冶承建工程获奖情况(国家优质工程金质奖) 465
表 5-5-3 1978—2018 年宝冶承建工程获奖情况(国家优质工程银质奖) 466
表 5-5-4 1978—2018 年宝冶承建工程获奖情况(中国土木工程詹天佑奖) 466
表 5-5-5 1978—2018 年宝冶承建工程获奖情况(钢结构金奖) 467
表 5-5-6 1978—2018 年宝冶承建工程获奖情况(中国安装工程优质奖) 469
表 5-5-7 1978—2018 年宝冶承建工程获奖情况(中国市政工程金杯奖) 470
表 5-5-8 1978—2018 年宝冶承建工程获奖情况(省、部级优质工程) 470
表 5-5-9 1978—2018 年宝冶承建工程获奖情况(冶金部优质产品) 474
表 6-2-1 宝冶在其他企业承揽的主要检修项目 490
表 6-3-1 宝冶工程技术公司装备制造业绩一览表 501
表 6-3-2 宝冶工业工程公司装备制造业绩一览表 501
表 7-1-1 宝冶下属二级公司列表 525
表 7-1-2 管理体系文件改版、修订情况 536
表 7-2-1 政府类战略协议表 561
表 7-2-2 企事业单位类战略协议表 562
表 7-5-1 外包工程合同签约额完成情况一览表 587
表 7-5-2 合同签约额完成情况一览表 588
表 7-5-3 建安工作量完成情况一览表 591
表 7-5-4 四元产值完成情况一览表 592
表 7-5-5 营业收入完成情况一览表 592
表 7-8-1 全国绿色施工示范工程项目清单 633
表 8-2-1 博士后培养进出站培养情况 690
表 8-4-1 1987—2018 年科技成果一览表 699
表 8-4-2 1987—2018 年获得科技奖一览表 707
表 8-4-3 参加历届上海市优秀发明选拔赛获奖项目清单 717
表 8-4-4 发明专利一览表 723
表 8-4-5 新技术应用示范工程清单 731
表 8-5-1 (2003—2018 年)主编、参编国家、行业或地方标准(已发布)情况 733
表 8-5-2 获得国家级工法一览表 735
表 8-6-1 论文总结汇编总目表 736
表 9-3-1 历届职代会审议通过重要事项 777

# 编 后 记

历经1年8个月,《宝冶志(1978—2018)》终于与读者见面了。

2017年,宝冶决定编修《宝冶志(1978—2018)》。2018年4月,宝冶开始筹划《宝冶志(1978—2018)》编纂工作。是年11月29日,宝冶下发"关于成立《宝冶志(1978—2018)》编纂工作领导小组的通知"和"关于各二级单位、职能部门做好《宝冶志(1978—2018)》编纂工作的通知"两个文件。专门成立了《宝冶志(1978—2018)》领导小组、编委会和顾问组,领导并组织实施《宝冶志(1978—2018)》的编纂工作,同时在宝冶党群工作部、企业文化部设立《宝冶志(1978—2018)》编纂小组。明确了坚持党委领导、行政主持、编委会组织实施、各单位分工负责的领导体制和工作机制。

《宝冶志(1978—2018)》编委会秉持"承前启后,继往开来"的宗旨,以反映宝冶60余年发展全貌为目标,聚焦宝冶生产经营、改革发展、队伍建设三大核心,真实、准确、全面地编纂这一时期的宝冶发展史志。为此,《宝冶志(1978—2018)》编纂小组以高度负责的态度,凝聚各方智慧,反复研究编纂方案,精心修改编目结构,拟定了编修计划、编目纲要和《宝冶志(1978—2018)》编纂手册,并报宝冶和《宝冶志(1978—2018)》领导小组审议通过。依此,编纂人员先后采访了多位老领导、老干部,听取老领导对编纂工作的指导建议,先后赴武汉、攀枝花等地寻根溯源,并到武钢博物馆、一冶展示厅、三线建设博物馆、宝钢博物陈列馆、上海改革开放40周年主题展馆参观学习。

经过一系列准备工作,2018年11月底,编修《宝冶志(1978—2018)》工作正式启动,编纂工作进入到上下两级全面撰稿阶段,拉开了"众手成志"的帷幕。宝冶历史悠久,时间跨度长达60余年,作为编者,我们对这段历史心存敬畏,深感时间紧迫、责任重大、任务艰巨。由于企业的飞速发展,经营方向和产业结构调整、机构变革和人员变动都给资料的保管留存带来一定影响。其间,又经历了2003年改制分家,在资料收集上,公司上下都遇到很大困难。面对这些困难和挑战,公司全体专、兼职编纂人员以职责担当、不惧挑战的精神,全身心投入编纂工作。编纂小组先后在宝武集团中央研究院情报中心查阅近200个案卷,扫描照片70张;在公司档案室搜集整理档案文件1 600份,计36万字;扫描整理档案室、宝冶网站保存相册及画册照片35 600余张。查阅《宝冶报》30本合订本,以及1978—1988年之间的《宝钢报》,《一冶志》《中国十九冶志》等。原宝冶老领导、老专家、退休员工或提供历史资料,或详细回忆叙述。为帮助参编人员尽快进入角色,宝冶开展了编纂工作培训,邀请宝武集团史志办主任张文良授课。在编纂初期,为及时纠偏,解决编纂过程中遇到的问题,编纂小组加强沟通联系和指导,认真审核各二级单位、职能部门提交的初稿,对发现的问题提出修改意见并全部给予书面反馈。在《宝冶志(1978—2018)》编委会的正确指导下,在宝冶各级领导和撰稿人员的强力支持下。到2019年3月底,上下两级编纂人员,经过艰苦努力,共撰写各篇志文稿80多万字。

2019年4月1日和9月19日,宝冶两次召开《宝冶志(1978—2018)》编纂工作推进会。会上,编纂工作领导小组组长白小虎指出:“宝冶是有60多年悠久历史和深厚底蕴的企业,是有着光荣革命传统和红色基因的企业。一流的企业,必然有一流的文化,也要有一流的志书,一部全面完整反映宝冶发展历程的史书,越发显得尤为重要。编纂《宝冶志(1978—2018)》,使命光荣,责任重大。”推进会召开后,各单位高度重视,紧急行动,组织力量,进一步展开史料收集工作,反复修改、补充、撰写文稿。6月初,第二稿《宝冶志(1978—2018)》达148万字。7月底,各单位共补充资料5万余字,编纂小组也经过补充、调整和重写10万余字,第二稿总字数达163万字。尔后,编纂小组依据领导小组和编委会的意见及志书体例要求,认真把关、挤干“水分”、补充史实,增删、调整、改写篇章,并撰写总述、无题简述、大事记、专记、彩页、凡例等内容,对重复交叉的内容、各种重要数据及各类表格等进行必要的核实、修正。到8月底完成第三稿,约有103万字。9月底,公司组织9名编纂人员进行为期7天的集中审核、修订,以及打磨润色,完成第四稿,约有95万字。11月初,历时一年多的辛勤耕耘,最终完成第五稿,并以此为《宝冶志(1978—2018)》送审稿,由各单位、各部门和公司领导进行审定、增删和调整,直至定稿。可以说,这部《宝冶志(1978—2018)》是宝冶人发挥集体智慧、共同创作的结晶。

《宝冶志(1978—2018)》得以顺利出版,承蒙得到一冶、十九冶、二十冶、中冶医院、宝武集团情报中心、武钢档案馆、宝山史志办以及老领导、老员工、专家学者的关心、支持和帮助。在此,向所有帮助过修志工作的人员和单位表示诚挚的谢意!

有本来才有未来,有传承才有创新。这是宝冶的第一部志书,也是我们献给当代和后代的一份珍贵史料,供各方研究、借鉴、纠讹、匡正。但因知识水平有限,加之时代的局限、史料的缺失,本志难免存在疏漏与瑕疵,祈盼读者批评指正。

《宝冶志》编纂委员会

2019年11月

**图书在版编目(CIP)数据**

宝冶志：1978—2018/《宝冶志》编纂委员会编
. —上海：上海人民出版社，2019
ISBN 978－7－208－16183－2

Ⅰ. ①宝… Ⅱ. ①宝… Ⅲ. ①企业集团—概况—上海
—1978－2018 Ⅳ. ①F279.275.1

中国版本图书馆 CIP 数据核字(2019)第 255364 号

**责任编辑** 赵 伟
**封面题字** 陈振濂
**封底篆刻** 程建强
**封面设计** 陈酌工作室

**宝冶志(1978—2018)**
《宝冶志》编纂委员会 编

**出　　版** 上海人民出版社
(200001 上海福建中路 193 号)
**发　　行** 上海人民出版社发行中心
**印　　刷** 浙江新华数码印务有限公司
**开　　本** 889×1194 1/16
**印　　张** 66
**插　　页** 4
**字　　数** 1622,000
**版　　次** 2020 年 1 月第 1 版
**印　　次** 2020 年 1 月第 1 次印刷
ISBN 978-7-208-16183-2/F·2616
**定　　价** 680.00 元